2019年度国家出版基金资助项目"中国农村调查（村庄类）·黄河区域"的成果之一

教育部人文社会科学重点研究基地华中师范大学中国农村研究院2016年基地重大项目"作为政策和理论依据的深度中国农村调查与研究"（16JJD810004）的成果之一

华中师范大学中国农村研究院"2015版中国农村调查"的成果之一

中国农村调查

徐勇 邓大才

主编

江苏人民出版社

• 总第 52 卷

• 村庄类第 21 卷

• 黄河区域第 2 卷

• 宁晋县 · 正定县

图书在版编目(CIP)数据

中国农村调查. 总第52卷,村庄类. 第21卷,黄河区域. 第2卷 / 徐勇,邓大才主编. ―― 南京:江苏人民出版社,2020.9
 ISBN 978-7-214-24351-5

Ⅰ.①中… Ⅱ.①徐… ②邓… Ⅲ.①农村调查―研究报告―中国 Ⅳ.①F32

中国版本图书馆CIP数据核字(2019)第271184号

出 版 人　徐　海
出 版 统 筹　杨建平　鲁从阳
策 划 编 辑　汪意云　陈俊阳

书　　　名	中国农村调查(总第52卷·村庄类第21卷·黄河区域第2卷)
主　　　编	徐　勇　邓大才
责 任 编 辑	鲁从阳
特 约 编 辑	陈俊阳
装 帧 设 计	姜　嵩
出 版 发 行	江苏人民出版社
出版社地址	南京市湖南路1号A楼,邮编:210009
出版社网址	http://www.jspph.com
照　　　排	江苏凤凰制版有限公司
印 刷 者	苏州越洋印刷有限公司
开　　　本	787毫米×1092毫米　1/16
印　　　张	51.5　插页6
字　　　数	945千字
版　　　次	2020年11月第1版　2020年11月第1次印刷
标 准 书 号	ISBN 978-7-214-24351-5
定　　　价	816.00元(精装)

(江苏人民出版社图书凡印装错误可向承印厂调换)

《中国农村调查》编辑委员会

主　　编　徐　勇　邓大才

编辑委员会成员　（以姓氏笔画为序）

丁　文	马　华	万婷婷	邓大才	王　静
王　勇	王义保	石　挺	卢福营	冯春凤
刘义强	刘金海	刘筱红	李华胤	李海金
朱敏杰	任　路	汤晋苏	肖盼晴	何包钢
应小丽	吴晓燕	陆汉文	陈军亚	张大维
张向东	张利明	张晶晶	胡平江	郝亚光
姚锐敏	徐　勇	徐　剑	徐小青	徐增阳
董江爱	黄振华	詹成付	彭正德	熊彩云

本卷编辑整理　李华胤

总　序

2015年是华中师范大学中国农村研究院历史上的关键一年。在这一年，本院不仅成为完全独立建制的研究机构，更重要的是进一步明确了目标，特别是进行学术整合，构建了一个全新的调查研究计划。这一计划的内容包括多个方面，其中，中国农村调查是基础性工程。从2015年开始出版的《中国农村调查》便是其主要成果。

学术研究是一个代际接力、不断提升的过程。农村调查是本院的立院之本，兴院之基。本院的农村调查经历了三个阶段。

第一阶段主要是基于项目调查基础上的个案调查（1985—2005年）。

20世纪80年代开启的中国改革开放，起始于农村改革。延续20多年的人民公社体制废除后，农村的生产功能由家庭所承担，社会管理功能则成为一个新的问题。这一问题引起我院学者的关注。1928年出生的张厚安先生是中国政治学恢复以后较早从事政治学研究的学者之一。他与当时其他政治学者不同，比较早地关注农村政治问题，并承担了农村基层政权方面的国家研究课题。与此同时，本校其他学者也承担了有关农村政治研究的课题。1988年，这些学者建立起以张厚安先生为主任的农村基层政权研究中心，由此形成了一个自由结合的学术共同体。

作为一个学术共同体，农村基层政权研究中心有其研究宗旨和方法。在学术共同体建立之初，张厚安先生就提出了"三个面向，理论务农"的宗旨。"三个面向"是指面向社会、面向基层、面向农村。"理论务农"是指立足于农村改革实践，服务于农村改革实践。这一宗旨对于政治学者是一个全新的使命。政治学研究政治价值、政治制度与政治行为。传统政治学更多研究的是国家制度和国家统治，以文本研究为主要研究方法。"三个面向"的宗旨，必然要求方法的改变，这就是进行实地调查。自学术共同体形成开始，实地调查便成为我们的主要研究方法。

自20世纪80年代中期，以张厚安先生为领头人的学者就开始进行农村调查。最初是走向农村，进行全国性的广泛调查，主要是面上了解。1995年，在原农村基层政权研究中心的基础上，成立了农村问题研究中心，由张厚安先生担任主任，由1955年出生的中年学者徐勇教授担任常务副主任。新的中心的研究重点仍然是基层政权与村民自治，但领域有所扩大，并将研究方法概括为"实际、实证、实验"，更加强调"实"。这种务实的方法开始引起了学术界的关注，并注入国际学术界的一些研究理念和方法。我们的农村调查由面上的了解走向个案调查。年届七旬的张厚安先生亲自带领和参与个案村庄调查，其代表作是《中国农村村级治理——22个村的调查与比较》。这一项目在全国东、中、西三个地区选择了6个重点村和18个对照村进行个案调查，参与调查人员数十人，并形成了一个由全国相关人员参与的学术调查研究团队。

第二阶段主要是基于机构调查基础上的全面调查（2005—2015年）。

1999年，国家教育部为推动人文社会科学研究，启动了教育部人文社会科学重点研究基地建设。当年，华中师范大学农村问题研究中心更名为"华中师范大学中国农村问题研究中心"，由徐勇教授担任主任。2000年，中心成为首批教育部人文社会科学重点研究基地。在基地成立之前，以张厚安教授为首的研究人员是一个没有体制性资源保障，纯因个人兴趣而结合的学术共同体，有人坚持下来，也有人离开。成为教育部基地以后，中心仍然坚持调查这一基本方法，并试图体制化。其主要进展是在全国选择了20多家机构作为调研基地，以为全国性调查提供相应的保障，并建立相互合作关系。

作为教育部重点基地，中心是一个有一定资源保障的学术共同体，有固定的编制人员，也有固定的项目经费，条件大为改善，但也产生了新的问题。这就是农村调查根据各人承担的研究项目而开展。这不仅会造成研究人员过分关注项目资源分配，更重要的是造成调查研究的"碎片化"和"片断化"，难以形成整体和持续性的调查。同时，研究人员也会因为理念和风格不同而产生分歧，造成体制性的学术共同体动荡。为了改变调查研究项目体制引起的"碎片化"倾向，2005年，徐勇教授重新规划了基地的发展，提出"百村观察计划"，计划在全国选择100多个村进行为期10年、20年、30年以至更长时间的调查和跟踪观察。目标是如建立气象观测点一样，能够及时有效地长期观测农村的基本状况及变化走向。这一计划得到时任华中师范大学社会科学研究处处长的石挺先生的鼎力支持。2006年，计划得以试行，主要由刘金海副教授具体负责。最初的试点调查村只有6个，后有所扩展。2008年，在试点基础上，由邓大才教授主持，全面落实计划，调查团队根据严格的抽样，确定了200多个村和3000多个农户的调查样本。

"百村观察"是一项大规模和持续性的调查工程，需要更多人的参与。同时它又是一项公共性的基础工程，人们对其认识有所不同。因为它要求改变项目体制造成的调查"碎片化"和研究"个体化"的工作模式。为此，学术共同体再次发生了有人退出、有人坚持、有人加入的变化。

2009年正式启动的"百村观察计划"，取得了超出预想的成绩：一是从2009年开始，我们每年都要对样本村和户进行调查，调查内容和形式逐步完善，并形成相对稳定的调查体系。除了暑假定点调查以外，还扩展到寒假专题调查。每年参与调查的人员达500人左右，并出版《中国农村调查》等系列著作。二是因为是大规模的调查，可以进行分析，并在此基础上形成调查报告，提供给决策部门，由此也形成了"顶天立地"的理念。"顶天"就是为决策部门服务，"立地"就是立足于实地调查。这一收获，使中心得以在教育部第二次基地评估中成为优秀基地，并于2010年更名为"华中师范大学中国农村研究院"，由徐勇教授担任院长，邓大才教授担任执行院长。三是形成了一支专门的调查队伍并体制化。起初的调查者有相当部分是没有受到严格专业训练的志愿者。为了提高调查质量，自2012年起，研究院将原来分别归于导师名下指导的研究生进行整合，举办"重点基地班"。基地班以提高学生的调查研究能力为导向，实行开放式教学、阶梯性培养、自主性管理，形成社会大生产培养模式，改变了过往一个老师带三五个学生的小作坊培养方式。至此，农村调查完全由受到专门调查和学术训练的人员承担，走向了专业化道路。四是资料数据库得以建立并大大扩展。过往的调查因为是项目式调查，资料难以统一保管和使用。2006年，我们启动了中国农村数据库建设。随着"百村观察计划"的正式实施，大量数据需要录入，并收集到许多第一手资料，资料数据库得以迅速扩展。

第三阶段主要是基于历史使命基础上的深度调查（2015年至今）。

农村调查的深入和相应工作的扩展，势必与以行政方式组织科研的现行大学体制产生碰撞。但是，已经有一个良好开端的调查不可停止。适逢中国的智库建设时机，2015年，华中师范大学中国农村研究院成为完全独立建制的研究机构，由1970年出生的邓大才教授担任行政负责人。

中国农村研究院独立建制，并不简单是成为一个独立的研究机构，而是克服体制障碍，进一步改变学术"碎片化"倾向，加强整合，提升调查和研究水平，目标是在高等学校中建设适应国家需要的智库。实现这一目标有五大支撑点：一是大学术，以政治学为主，多学科参与，协同研究；二是大服务，继续坚持"顶天立地"的宗旨，全面提高服务决策的能力，争取成为有影响力的决策咨询机构；三是大调查，在原有"百村观察计划"基础上构建内容更加丰富的农村调查体系，争取成为世界农村调查重镇；四是大数据，收集和扩充农村资料和数据，争取成为最为丰富的农村资料数据库；五是大平台，将全校、全省、全国，乃至全球的农村研究学者吸引并参与到农村研究院的工作中来，争取成为世界性的调查研究平台。这显然是一个完全不同于以往的宏大计划，也标志着中国农村研究院的全新起步。

独立建制后的中国农村研究院仍然将农村调查作为自己的基础性工作，且成为体制性保障的工作。除了"百村观察计划"的持续推进以外，我们重新设计了2015版的农村调查体系。这一体系包括"一主三辅"："一主"即以长期延续并重新设计的"中国农村调查"为主体；"三辅"包括"满铁农村调查"翻译、"俄国农村调查"翻译和我们团队到海外农村进行实地调查的"海外农村调查"，目的是完善农村调查体系，并为中国农村调查提供借鉴。

现代化是一个由传统农业社会向现代工业社会转变的过程，这一转变是从农村开始的。农村和农民成为现代化的起点，并规制着现代化的路径。19世纪后期，处于历史大转变时期的俄国，数千人参与对俄国农村的调查，持续时间长达40多年。20世纪上半叶，日本在对华扩张中，以南满洲铁道株式会社为依托开展对中国农村的大规模调查，持续时间长达40多年，形成著名的"满铁调查"。进入21世纪，中国作为一个世界农业文明最为发达的大国，正在以超出想象的速度向现代工业文明迈进。中国需要也应有能够超越前人的大规模农村调查。"2015版中国农村调查"正是基于这一历史背景设计的。

"2015版中国农村调查"超越过往的项目或者机构调查体制，而具有更为宏大的历史使命：一是政策目的。智库理所当然要出思想，但"思想"除了源自思考以外，更要源自可供分析的实地调查。过往的调查虽然也是实地调查，但难以对调查进行系统化的分析，并根据调查提出有预见性的结论。在这方面，19世纪的俄国农村调查有其长处。"2015版中国农村调查"将非常重视实地调查的可分析性和可预测性，以此提高决策服务成效。二是学术目的。调查主要在于知道"是什么"或者"发生了什么"，是事实的描述。但是，这些事实为什么发生？其中存在什么关联？这是过往调查关注比较少的。以致大量的调查难以进行深度的学术开发，学术研究主要依靠的还是规范方法，实地调查难以为学术研究提供必要的基础，由此会大大制约调查的影响力。"2015版中国农村调查"特别重视实地调查的深度学术开发性，调查包含着学术目的，并可以通过调查提炼学术思想。其作为一种有实地调查支撑的学术思想也可以间接影响决策。为此，"2015版中国农村调查"在设计时，除了关注"是什么"以外，也特别重视"为什么"，试图对中国农村社会的底色及其变迁进行类似于生物学"基因测序"的调查。三是历史传承目的。在现代化进程中，传统农村正在迅速消逝。"留得住乡愁"需要对"乡愁"的记录和保存。20世纪以来，中国农村发生了太多的变化，中国农民经历了太多的起伏，农民的历史构成了国家历史不可或缺的部分。"2015版中国农村调查"因此特别关注历史的传承。

基于以上三个目的，"2015版中国农村调查"由四个部分构成：

其一，口述史调查。主要是通过当事人的口述，记录20世纪上半期以来农村的变化及其对当事人命运的影响。其主体是农民个人。在历史上，他们是微不足道的，尽管是历史的创造者，但没有历史记载他们的状况与命运。进入20世纪以后，这些微不足道的人物成为"政治人物"，尽管是"小人物"，但他们是大历史的折射。通过他们自己的讲述，我们可以更加充分地了解历史的真实和细节，也可以更好地"以史为鉴"。口述史调查关注的是大历史下的个人行为。

其二，家户调查。主要是以家户为单位的调查，了解中国农村家户制度的基本特性及其变迁。中国在历史上创造了世界最为灿烂的农业文明，必然有其基本组织制度支撑。但长期以来，人们只知道世界上有成型的农村庄园制、部落制和村社制，而没有了解研究中国自己的农村基本组织制度。受20世纪以来的革命和现代化思维的影响，人们对传统一味否定，更忽视对中国农村传统制度的科学研究，以致我们在否定自己传统的同时引进和借鉴的体制并不一定更为高明，使得中国农村变迁还得在一定程度上向传统回归。实际上，中国有自己特有的农村基本组织制度，这就是延续上千年的家户制度。家户调查关注的是家户制度的原型及其变迁，目的是了解和寻求影响中国农业社会变迁的基因和特性。

其三，村庄调查。主要是以村庄为单位的调查，了解不同类型的村庄形态及其变迁、实态。农村社会是由一个个村庄构成的。与海洋文明、游牧文明相比，农业文明的社会联系更为丰富，"关系"在中国农村社会形成及演变中居于重要地位。中国在某种意义上说是一个"关系国家"，但是作为一个历史悠久、人口众多、地域辽阔、文明多样的大国，关系格局在不同的地方有不同的表现，由此形成不同类型的村庄。国家政策要"因地制宜"，必须了解各个"地"的属性和差异。村庄调查以"关系"为核心，注重分区域的类型调查。通过不同区域的村庄形态和变迁的调查，了解和回答在国家"无为而治"的传统条件下，一个超大的农业社会是如何通过自我治理实现持续运转的；了解和回答在国家深度介入的现代条件下，农业社会是如何反应和变化的。

其四，专题调查。主要是以特定的专题为单位的调查，了解选定的专题领域的状况及其变化。如果说前三类调查是基本调查的话，专题调查则是专门性调查，针对某一个专题领域，从不同角度进行广泛深入的调查，以期获得对某一个专门领域的全面认识和把握。

"2015版中国农村调查"是一项世纪性的大型工程，它是原有基础的延续，也是当下正在从事，更是未来需要长期接续的事业。这一事业已有数千人参与，特别是有若干人在其中发挥了关键性作用；当下和未来将有更多的人参与。历史将会记录下他们的功绩，他们的名字将与我们的事业同辉！

2016年6月，教育部公布了对人文社会科学重点研究基地的评审结果，我院排名全国第一，并再获优秀。这既是对过往的高度肯定，也是对进一步发展的有力鞭策。为此，本院再次明确自己的目标，这就是建设全球顶级农村调查机构、顶级农村资料数据机构，并在此基础上，形成自己的学术领域和学术风格，而达到这一目标，需要一代又一代人克难攻坚，不懈努力！

徐 勇

2015年7月15日初序

2016年7月15日补记

凡 例

作为教育部人文社会科学重点研究基地,华中师范大学中国农村研究院历来重视农村调查与研究,《中国农村调查》(村庄类)是基地新版"中国农村调查"项目的重要成果,在付梓之际,特做以下说明。

1. 根据徐勇教授提出的"中国农村七大区域学说",即华南区域、长江区域、黄河区域、西南区域、西北区域、东北区域、东南区域,本项目在借鉴日本满铁调查的基础上,按照七大区域的次序,进行村庄形态与实态的调查。这也是整个项目实施所遵循的技术路线。

2. 在村庄调查点的选取上,结合"中国农村七大区域学说",依据每个区域所辐射的省、市、县,一是按照每个地级市两个县、每个县一个村的标准,二是按照典型点与普遍点结合的原则,三是按照中心与边缘结合的原则,随机抽样选点。每个村庄一位调查员,在调查之前均受过严格的学术培训,每个村的调查时间为60天以上。

3. 每一篇村庄调查报告的写作分为村庄由来与形成、自然、经济、社会、文化、治理六章,以"传统形态—变迁—当下实态"为主线,进行写作。在每篇报告的后面附有调查员的调查小记、调查日记等,以供读者了解整个调查的心路历程。

4. 在报告的写作中,县名、镇名、村名、人名、部门单位等均为实名。但是,报告中所出现的照片、人名、数据等信息,均得到了访谈对象或数据提供对象的口头授权或书面授权。另外,档案材料、政府部门提供的资料、历史材料等,在写作中均做了详细的引用说明。

5. 农村传统形态的调查,主要靠老人口述来获取信息、数据,因而报告中的数据可能不甚精确,仅供参考,也请各位读者、学者在引用、使用的过程中,酌情处理。

6. 农村变迁调查会涉及土地改革、"文化大革命"、"四清"等内容,但是,调查者均怀揣学术研究之心,从农村变迁与发展的历史视角去调查与写作,力求客观、真实地再现中国农村的历史变迁。

7. 在出版方面,项目组组建了审稿与编辑小组,严格审查、校审每一篇村庄调查报告,并从中挑选优秀报告,分七大区域,集结成卷出版。

8.《中国农村调查》(村庄类)的重点在于传统形态的调查,是一项抢救历史的学术工程。由于时间仓促,其中不免有错漏,也希望海内外学术界、读书界提出批评、建议,帮助我们提高这套丛书的质量。

《中国农村调查》编辑组

2016年12月19日

目录

村庄类分序　质性研究视角下农村区域性村庄分类 ········· 1
　　一、"因地"与"分类"：质性研究方法 ················· 1
　　二、"分"与"合"：维度与条件 ··················· 3
　　三、作为农村研究对象的区域 ····················· 6
　　四、作为农村研究对象的村庄 ····················· 8
　　五、作为农村研究对象的区域性村庄分类 ············· 12

"户落"整合：井灌区村庄的社会联结与治理
——黄河区域双井村调查

第一章　双井村的由来与演变 ····················· 23
　第一节　村庄的形成 ························· 23
　　一、村名与村庄 ························· 23
　　二、村民与村庄 ························· 24
　　三、姓氏与村落 ························· 27
　第二节　村庄建制沿革 ······················· 32
　　一、郡县制前后的境域建制 ··················· 32
　　二、民国时期的村落建制 ····················· 33
　　三、1949年以后的村落建制 ··················· 34
　第三节　村庄当下概况 ······················· 34

第二章　双井村的自然形态与实态 ··················· 37
　第一节　自然地理 ························· 37
　　一、村落坡降地貌 ························· 37
　　二、村落气候条件 ························· 38

三、村落土壤特征 ……………………………………………………………… 42
　　四、资源要素与生产生活 ………………………………………………………… 42
　　五、村落交通状况 ………………………………………………………………… 44

第二节　干旱与水利 ……………………………………………………………… 45
　　一、干旱社会 ……………………………………………………………………… 45
　　二、水井与水利 …………………………………………………………………… 50
　　三、旱井灌溉与生产 ……………………………………………………………… 53
　　四、水患与村庄灾变 ……………………………………………………………… 54
　　五、人与干旱、水利的关系 ……………………………………………………… 56

第三节　平原与麦作 ……………………………………………………………… 56
　　一、田块分布 ……………………………………………………………………… 57
　　二、田块边界 ……………………………………………………………………… 57
　　三、田块距离 ……………………………………………………………………… 60
　　四、田块耕作 ……………………………………………………………………… 60
　　五、麦作关系 ……………………………………………………………………… 60

第四节　集居与空间 ……………………………………………………………… 62
　　一、村落民居概况 ………………………………………………………………… 62
　　二、民居空间关系 ………………………………………………………………… 63
　　三、神居空间关系 ………………………………………………………………… 66
　　四、祖居空间关系 ………………………………………………………………… 67
　　五、市场空间关系 ………………………………………………………………… 68
　　六、公共空间关系 ………………………………………………………………… 70
　　七、村落空间结构关系 …………………………………………………………… 71

第五节　双井村自然变迁与实态 ………………………………………………… 72
　　一、1949年以后的自然状况变迁与实态 ………………………………………… 72
　　二、自然灾害的治理变迁与实态 ………………………………………………… 73
　　三、地震灾难与空间布局变革 …………………………………………………… 74

第三章　双井村的经济形态与实态 …………………………………………………… 76
　第一节　人与土地及其生产能力 ………………………………………………… 76
　　一、人与土地的关系 ……………………………………………………………… 76
　　二、人与生产能力的关系 ………………………………………………………… 78

三、生产工具关系 ·· 78
第二节　产权与产权关系 ·· 83
　　一、土地产权概况 ·· 84
　　二、土地买卖关系 ·· 88
　　三、土地租佃关系 ·· 93
　　四、土地典当关系 ·· 97
　　五、土地置换关系 ·· 99
第三节　经营与经营关系 ·· 101
　　一、经营单位 ·· 101
　　二、分工经营 ·· 104
　　三、合作经营 ·· 106
　　四、雇工经营 ·· 107
第四节　交换与交换关系 ·· 118
　　一、村落市场概况 ·· 119
　　二、村内交换 ·· 119
　　三、村外交换 ·· 125
　　四、村民私下的交换关系 ·· 127
第五节　分配与分配关系 ·· 130
　　一、分配单位 ·· 130
　　二、分配决策 ·· 131
　　三、分配内容 ·· 132
　　四、分配关系 ·· 133
第六节　消费与消费关系 ·· 134
　　一、消费单位 ·· 134
　　二、消费决策 ·· 135
　　三、消费内容 ·· 135
　　四、消费关系 ·· 137
第七节　继承与继承关系 ·· 141
　　一、财产继承权 ·· 141
　　二、继承内容 ·· 142
　　三、继承关系 ·· 143

第八节　双井村经济变迁与实态 ································ 147
　　　　一、1949年后的村落经济变迁 ····························· 148
　　　　二、村落经济实况 ·· 150

第四章　双井村的社会形态与实态 ································ 153
　　第一节　血缘与血缘关系 ······································ 153
　　　　一、血缘主体 ·· 153
　　　　二、血缘关系 ·· 157
　　第二节　地缘与地缘关系 ······································ 162
　　　　一、地缘主体 ·· 163
　　　　二、地缘关系 ·· 165
　　第三节　业缘与业缘关系 ······································ 172
　　　　一、业缘主体 ·· 172
　　　　二、业缘关系 ·· 173
　　第四节　信缘与信缘关系 ······································ 175
　　　　一、信缘主体 ·· 175
　　　　二、信缘关系 ·· 176
　　第五节　交往与交往关系 ······································ 178
　　　　一、交往活动 ·· 178
　　　　二、交往关系 ·· 181
　　第六节　流动与流动关系 ······································ 183
　　　　一、流动概况 ·· 184
　　　　二、流动关系 ·· 184
　　第七节　分化与群体关系 ······································ 186
　　　　一、社会分化 ·· 186
　　　　二、群体关系 ·· 201
　　第八节　冲突与冲突关系 ······································ 202
　　　　一、冲突类型 ·· 202
　　　　二、冲突关系 ·· 205
　　第九节　保护与保护关系 ······································ 208
　　　　一、保护主体 ·· 208
　　　　二、保护关系 ·· 212

  第十节 双井村社会变迁与实态 ·· 217
    一、村落的社会变迁 ··· 217
    二、村落社会实况 ·· 219

第五章 双井村的文化形态与实态 ·· 221
  第一节 崇拜与崇拜关系 ··· 221
    一、祖先崇拜 ·· 221
    二、崇拜关系 ·· 225
  第二节 信仰与信仰关系 ··· 227
    一、信仰对象 ·· 227
    二、信仰关系 ·· 231
  第三节 思维与思维关系 ··· 232
    一、思维活动 ·· 232
    二、思维关系 ·· 233
  第四节 态度与态度关系 ··· 236
    一、生育态度 ·· 236
    二、生产态度 ·· 240
    三、生活态度 ·· 240
  第五节 习俗与习俗关系 ··· 241
    一、婚姻习俗及关系 ··· 241
    二、丧葬习俗及关系 ··· 253
    三、节庆习俗及关系 ··· 257
  第六节 规训与规训关系 ··· 261
    一、规训主体 ·· 261
    二、规训关系 ·· 264
  第七节 文娱与文娱关系 ··· 266
    一、文娱活动 ·· 266
    二、文娱关系 ·· 269
  第八节 双井村文化变迁与实态 ··· 272
    一、1949年以后村落文化变迁 ·· 272
    二、村落文化实态 ·· 274

第六章 双井村的治理形态与实态 ·········· 277
第一节 政权治理与治理关系 ·········· 277
一、政权治理 ·········· 277
二、政权治理关系 ·········· 281
第二节 村落治理与治理关系 ·········· 282
一、村落治理 ·········· 283
二、村落治理关系 ·········· 294
第三节 家户治理与治理关系 ·········· 296
一、家户治理 ·········· 296
二、家户治理关系 ·········· 304
第四节 亲族治理与治理关系 ·········· 315
一、亲族治理 ·········· 316
二、亲族治理关系 ·········· 318
第五节 信缘治理与治理关系 ·········· 320
一、信缘治理 ·········· 320
二、信缘治理关系 ·········· 322
第六节 双井村治理变迁与实态 ·········· 323
一、1949年后的村落治理变迁 ·········· 323
二、当下的村落治理状况 ·········· 324

附录一：双井村调查小记 ·········· 326

附录二：双井村调查日记（节选） ·········· 331

环井而治：平原紧凑型村庄的秩序与权力
——黄河区域牛家庄村调查

第一章 牛家庄的由来与演变 ·········· 357
第一节 村庄的形成 ·········· 357
一、村落的形成 ·········· 357
二、村名的由来 ·········· 361
第二节 村庄建制 ·········· 363
一、1949年以前的村庄建制 ·········· 363

|　　二、1949年以后的村庄建制 … 364
第三节　村庄当下概况 … 365
|　　一、人口概况 … 365
|　　二、交通概况 … 368
|　　三、经济概况 … 368
|　　四、文化概况 … 369

第二章　牛家庄村的自然形态与实态 … 370
第一节　自然地理 … 370
|　　一、气候特征 … 370
|　　二、平原地形 … 372
|　　三、土壤特征 … 373
|　　四、自然资源 … 374
|　　五、巷道纵横，大路直达 … 377
第二节　干旱与水利 … 378
|　　一、干旱情况 … 378
|　　二、干旱与农民活动 … 379
|　　三、水患与救灾 … 393
第三节　平原与麦作 … 395
|　　一、田块分布 … 396
|　　二、田块边界 … 401
|　　三、田块耕作 … 402
第四节　集聚与空间 … 404
|　　一、空间格局概况 … 404
|　　二、民居与村庄 … 405
|　　三、神居与村庄 … 412
|　　四、公共空间与村庄 … 413
|　　五、空间关系 … 415
第五节　牛家庄村自然变迁与实态 … 416
|　　一、灌溉改良 … 416
|　　二、居住变化 … 418
|　　三、交通变革 … 419

第三章 牛家庄村的经济形态与实态 ··················· 421
第一节 人与土地及其生产能力 ··················· 421
一、人与土地的关系 ··················· 421
二、人与生产能力的关系 ··················· 423
第二节 产权与产权关系 ··················· 431
一、土地性质 ··················· 431
二、土地买卖及关系 ··················· 436
三、土地租佃及关系 ··················· 440
四、典地及关系 ··················· 444
五、土地置换及关系 ··················· 445
第三节 经营与经营关系 ··················· 446
一、经营主体 ··················· 446
二、合作与经营关系 ··················· 454
三、雇佣与经营关系 ··················· 456
第四节 交换与交换关系 ··················· 466
一、茶馆和饭馆及其关系 ··················· 467
二、集市交易及其关系 ··················· 473
三、流动商贩及其关系 ··················· 475
四、村落借贷及其关系 ··················· 476
第五节 分配与分配关系 ··················· 479
一、分配单元 ··················· 479
二、分配内容 ··················· 480
三、分配次序 ··················· 482
四、分配结果 ··················· 483
第六节 消费与消费关系 ··················· 485
一、消费权主体 ··················· 485
二、消费内容 ··················· 486
三、家庭内部消费关系 ··················· 488
四、家庭外部消费关系 ··················· 491
第七节 继承与继承关系 ··················· 496
一、继承权 ··················· 497

二、继承物 ··· 498

　　三、继承程序 ·· 500

　　四、继承关系 ·· 503

第八节　牛家庄村经济变迁 ··· 507

　　一、1949年前传统经济形态状况 ······································ 507

　　二、1949年后传统经济形态变迁 ······································ 509

第九节　牛家庄村经济实态 ··· 512

　　一、产业 ·· 512

　　二、交换与消费 ··· 524

　　三、分配 ·· 525

第四章　牛家庄村的社会形态与实态 ··· 528

　第一节　血缘与血缘关系 ··· 528

　　一、血缘主体 ·· 528

　　二、血缘关系 ·· 532

　第二节　地缘与地缘关系 ··· 535

　　一、地缘主体 ·· 535

　　二、维系地缘关系的活动 ··· 540

　第三节　业缘与业缘关系 ··· 542

　　一、集市经纪及其关系 ·· 542

　　二、集市管理 ·· 546

　第四节　信缘与信缘关系 ··· 546

　　一、龙王的信仰及关系 ·· 547

　　二、基督教的信仰及关系 ··· 549

　　三、伊斯兰教的信仰及其关系 ··· 550

　第五节　交往与交往关系 ··· 550

　　一、家庭内部交往及关系 ··· 551

　　二、亲戚交往及关系 ·· 554

　　三、村内交往及关系 ·· 555

　　四、村外交往及关系 ·· 557

　第六节　流动与流动关系 ··· 558

　　一、土地与流动关系 ·· 558

二、高利贷与流动 560
　　三、当兵与流动 560
　　四、日军侵略与流动 561
第七节　分化与群体关系 563
　　一、财富分化及其关系 563
　　二、职业分化及其关系 565
　　三、血缘分化及其关系 584
　　四、权力分化及其关系 585
第八节　冲突与冲突关系 587
　　一、家庭内部冲突 587
　　二、村民之间的冲突 592
　　三、村民与外村之间的冲突 596
　　四、村民与外国人及其代理人的冲突 600
第九节　保护与保护关系 601
　　一、家庭保护 601
　　二、亲戚保护 602
　　三、邻居保护 603
　　四、村落保护 604
第十节　牛家庄村社会变迁 607
　　一、1949年以前的村庄社会形态 607
　　二、1949年以后的村庄社会形态变迁 608
第十一节　牛家庄村社会实态 612
　　一、血缘关系 612
　　二、地缘关系 613
　　三、社会分化 614
　　四、社会保障 615
　　五、社会流动 617
　　六、社会冲突 618
　　七、社会保护 618

第五章　牛家庄村的文化形态与实态 620
　第一节　崇拜与崇拜关系 620

  一、祠堂及其崇拜关系 ·· 620

  二、祖坟和族田及其崇拜关系 ·· 623

  三、族谱及其崇拜关系 ·· 624

  四、祭祖及其崇拜关系 ·· 627

  五、孝道及其崇拜关系 ·· 629

第二节 信仰与信仰关系 ·· 631

  一、寺庙神及其信仰关系 ·· 631

  二、家神及其信仰关系 ·· 633

  三、鬼怪及其信仰关系 ·· 635

第三节 思维与思维关系 ·· 636

  一、经验思维 ··· 636

  二、务实思维 ··· 638

  三、循环思维 ··· 638

  四、中庸思维 ··· 639

  五、平均思维 ··· 640

第四节 态度与态度关系 ·· 643

  一、生育态度及其关系 ·· 643

  二、生产态度及其关系 ·· 647

  三、生活态度及其关系 ·· 647

  四、社会态度及其关系 ·· 648

  五、政治态度及其关系 ·· 649

  六、人生态度及其关系 ·· 649

第五节 习俗与习俗关系 ·· 650

  一、婚姻习俗及关系 ··· 650

  二、丧葬习俗与关系 ··· 661

  三、节庆习俗及关系 ··· 667

  四、日常习俗及关系 ··· 674

第六节 规训与规训关系 ·· 677

  一、家庭教育及其关系 ·· 677

  二、族内教化及其关系 ·· 678

  三、学校教育及其关系 ·· 678

第七节　文娱与文娱关系 ································· 683
　　一、看戏及其关系 ··································· 683
　　二、打牌及其关系 ··································· 685

第八节　牛家庄村文化变迁 ··························· 688
　　一、1949年以前的村落文化形态 ·················· 688
　　二、1949年以后的村落文化形态变迁 ············· 690

第九节　牛家庄村文化实态 ··························· 693
　　一、信仰和崇拜 ······································ 693
　　二、文化习俗 ··· 693
　　三、文化教育 ··· 696
　　四、文化娱乐 ··· 696

第六章　牛家庄村的治理形态与实态 ··············· 698

第一节　政权治理与治理关系 ······················· 698
　　一、政权治理概况 ··································· 698
　　二、政权治理主体及其关系 ························· 699
　　三、政权治理内容 ··································· 701
　　四、政权治理方式 ··································· 703
　　五、政权治理关系 ··································· 704

第二节　村落治理与治理关系 ······················· 706
　　一、村落治理主体 ··································· 706
　　二、村落治理内容 ··································· 708
　　三、村落治理方式 ··································· 711
　　四、村落治理关系 ··································· 715

第三节　亲族治理与治理关系 ······················· 718
　　一、亲族治理主体 ··································· 718
　　二、亲族治理内容 ··································· 719
　　三、亲族治理过程 ··································· 720
　　四、亲族治理关系 ··································· 721

第四节　家户治理与治理关系 ······················· 723
　　一、家户治理单元 ··································· 723
　　二、家户治理主体 ··································· 723

三、家户治理内容 …………………………………………………… 724
　　四、家户治理规则 …………………………………………………… 738
　　五、家户治理关系 …………………………………………………… 740
第五节　信缘治理与治理关系 …………………………………………… 745
　　一、好好道及其治理关系 …………………………………………… 745
　　二、香道及其治理关系 ……………………………………………… 746
　　三、信缘组织与民众 ………………………………………………… 747
第六节　业缘治理与治理关系 …………………………………………… 748
　　一、武校及其关系 …………………………………………………… 748
　　二、果木会及其关系 ………………………………………………… 751
第七节　牛家庄村治理变迁 ……………………………………………… 755
　　一、1949年前传统治理形态概况 …………………………………… 755
　　二、1949年后传统治理形态的变迁 ………………………………… 756
第八节　牛家庄村治理实态 ……………………………………………… 759
　　一、村委会治理 ……………………………………………………… 759
　　二、划片治理 ………………………………………………………… 760
　　三、会议治理 ………………………………………………………… 760

附录一：牛家庄村调查小记 …………………………………………… 762

附录二：牛家庄村调查日记（节选） ………………………………… 766

本卷后记 ………………………………………………………………… 795

村庄类分序

质性研究视角下农村区域性村庄分类

徐 勇

在我国，经历了数十年的艰苦探索，且付出了沉重代价，才得以形成农村基本的经营制度及相应的基本政策和基本方法，即以家庭经营为基础，统分结合，双层经营，宜统则统，宜分则分，因地制宜，分类指导。但在实际进程中，为什么和怎么样才能做到"宜统则统、宜分则分"，"因地制宜"，进行"分类指导"，却还有待继续深入探讨。在实践中往往出现的是"统得过死，分得过多"，或者"一刀切"，很难因地制宜，分类指导做出决策。其重要原因之一就是对"地"的属性和"类"的区分缺乏深入调查和研究，对整个农村实际情况的认识更多的是片断的、零碎的、表层的。这就需要学界对中国农村进行深入调查和深度研究，以为因地制宜，分类指导的国家决策提供依据。而"区域性村庄"，则是农村研究的重要内容。自2015年，华中师范大学中国农村研究院开启大规模的"2015年版中国农村调查"工程，其中包括对中国七大区域的村庄进行调查。为什么要进行区域性村庄调查，为什么要分为七大区域进行村庄调查？以下就此做出说明。

一、"因地"与"分类"：质性研究方法

社会科学是现代社会分工的产物。作为一种社会科学研究，重要的不是发表政策言论，而是为制定政策提供理论与实际依据，供决策者参考和选择。这是现代社会分

工的要求。学者只有寻找到最适合于自己的位置，才能发挥自己独特的优势。长期以来，从事农村研究的学者不少，发表的成果更是浩如烟海，但是能够对决策层产生直接或间接、短期或长期影响的成果却少之又少。作为学人，我们可以对政策发表意见，乃至评头论足，但最重要的是要反思，学者对政策的制定提供了什么有独特价值的贡献？

中国是一个历史悠久、地域辽阔的大国，地区发展不平衡。因此，"因地制宜与分类指导"成为制定农村政策的基本原则，也是农村研究的重要目标。所谓"因地制宜"，就是根据各地的实际情况，制定适宜的办法。这就意味着，此"地"与彼"地"不同。所谓"分类指导"，就是根据事物的类型状况进行有针对性的指导。这就意味着，此"类"与彼"类"不同。因此，"地"和"类"是在比较中界定的，具有一种区别于其他"地"和"类"的特质或特性。农村研究最重要的是准确把握"地"和"类"的属性和特质，政策制定者才有可能"因地"和"分类"做出决策。

社会科学研究不同一般的言论发表，特别需要方法论的自觉，并选择最为适合的方法达到自己的研究目的。农村研究要准确把握"地"和"类"的属性和特质，需要研究者在学术目标指导下，进行实地调查，收集资料，通过分析来完成，因此特别适合于"质性研究"（又被称为"质化研究""质的研究"）方法。这一方法被认为是"以研究者本人作为研究工具，在自然情境下采用多种资料收集方法对社会现象进行整体性探究，使用归纳法分析资料和形成理论，通过与研究对象互动对其行为和意义建构获得解释性理解的一种活动"[1]。质性研究方法为什么是最为适合的方法呢？

首先在于以实际调查为基础的多种资料的收集。农村研究要了解"地"和"类"的属性，需要直接面对"地"和"类"加以认识，而不能凭空想象。即使是文学作品特别强调想象力，也有必要的实体基础。正如鲁迅所说，"燕山雪花大如席"尚属正常的夸张，而说"广州雪花大如席"就太离谱了。正因为如此，做农村研究的，一开始就将实地调查作为首要方法。人类学、民族学、社会学等重视实地调查的学科成为农村研究的重要支撑。实地调查的目的是认识对象，收集资料，但收集资料不仅仅依靠实地调查，还需要其他方法加以补充，如历史文献资料的收集等。

其次在于整体性探究。农村研究要了解"地"和"类"的属性，需要在整体比较中发现。换言之，农村研究不能仅仅只是对某一个"地"和"类"进行了调查便可以得出结论，它需要对构成"地"和"类"的范围进行整体比较才能发现此"地"与彼"地"、此"类"与彼"类"的不同。在农村研究中，我们经常会看到对村庄的分类，

---

[1] 陈向明：《质的研究方法与社会科学研究》，教育科学出版社2000年版，第12页。

但这种分类大多属于研究者对某一个地方和类型进行调查后得出来的结论，而不是整体内相同维度中的差异比较，因此很容易产生一村一类型的轻率结论。所以，为了在普遍性中发现差异性，质化研究并不排斥量化研究。只是量化研究很容易采用他人资料和数据，往往会造成资料来源的同质性而无法发现"地"和"类"的差异性。

再次在于通过归纳产生理论。农村研究要了解"地"和"类"的属性，调查和比较是基础，最后要产生结论和理论，即通过调查和比较，我们能够做出什么判断，并提供给他人。从提供理论的角度看，质性研究与其他研究没有区别，区别在于如何得出理论。质性研究是通过归纳的方法产生理论的，这不同于理论演绎和量化假设。为了得出准确的判断，质性研究要求在自然情境下，而不是人为制造的场景下，通过客观中立的调查，获得完整准确的材料，然后对材料加以归纳，最后得出结论。只有这样，我们对"地"和"类"的界定才是可供参考和验证的。

第四在于与对象的互动。农村研究要了解"地"和"类"的属性，要在与对象互动中发现。因为，农村研究的"地"和"类"与一般自然界的"地"和"类"有所不同，它是自然—社会—历史交互作用的产物。研究者在进行调查时，不仅要把握自然环境，而且要掌握人文社会和历史，调查中要与人交往和互动，才能发现"地"和"类"的属性及其与他"地"和"类"的区别。如在调查中，我们可以通过方言发现某"地"和"类"的属性及其区别，但方言只有在与对象互动中才能意识到。

二、"分"与"合"：维度与条件

农村研究关注"因地"与"分类"，均涉及整体与部分的关系。"因地"通常是指在一个国家整体内，由于条件不同而形成不同地方的特点；"分类"通常是指对一个事物整体内的不同要素区分为不同类型。如何界定农村研究中的整体与部分的关系呢？这就需要寻找统一的维度。这一维度就是"分"与"合"。

"分"是由整体中分化或产生出部分，包括分开、分散、分化、分离等。"合"是指各个部分合为一个整体，包括合作、合成、整合、结合、联合等。"分"在于个别性、部分性，"合"在于一般性、整体性。

"分"与"合"是人类社会一般的表现形态。中国著名小说《三国演义》开篇就表达："话说天下大势，分久必合，合久必分。"现代社会科学通过不同的科学概念对"分"与"合"的状态进行概括，如经济学领域的"分工"与"合作"，社会学领域的"社会分化"与"社会整合"，政治学领域的"分权"与"集权"等。

人类是作为个体的"人"与作为整体的"类"共同构成的。从人类社会的发展看，"分"通常意味着变化，由一个整体向不同部分的变化过程。如在中国，由"天下为公"分裂为"天下为家"，由"天下为家"分裂为"天下为人"，整体社会不断裂变为一个一个独立的个体，先是家庭，后是个人。"合"通常意味着秩序，由不同的部分通过一定方式形成一个有序的整体。整体尽管会裂变为个体，但个体不可能脱离整体而存在，任何个体都是相对整体而言的。将不同的个体结合为整体就会形成一种秩序。有序，整体就会存在；无序，整体就会解体。"天下为公"尽管会裂变为"天下为家"，但是一个个"家"又会结合成为"国"和"天下"。如"齐家治国平天下"，"齐""治""平"就是结合的机制与手段。"分"与"合"是相对而言的，是部分与整体的关系。这一关系是农村研究中的"因地"和"分类"的基本维度。

人类社会的"分"与"合"不是无缘无故发生的，必然受条件的制约。马克思说："人们自己创造自己的历史，但是他们并不是随心所欲地创造，并不是在他们自己选定的条件下创造，而是在直接碰到的、既定的、从过去承继下来的条件下创造。"[1] 构成农村研究中的"地"与"类"的条件并影响农村社会"分"与"合"的条件主要有：

（一）自然条件

自然是指人所面对的宇宙万物，是宇宙生物界和非生物界的总和。对于农村来说，自然具有十分特殊的意义。这在于农村是农业产业为基础的，而农业与工业相比，对自然具有高度的依存度。自然条件为人们的生存设置前提条件，构成人们生存的自然环境。愈是人类早期，受自然条件的制约愈大；愈是农业社会，对自然条件的依赖愈大，甚至赋予其神圣价值，如"风水"。

自然条件是由各种自然因素（包括人化自然）构成的自然环境系统，主要包括：天（气候）、地（地形）、水、土、区位等，形成了所谓的"一方水土"，即"地"，并分为不同的类型。而"一方水土养育一方人"，不同地方会产生不同人的特性和行为。法国启蒙学者孟德斯鸠认为，气候是人的品性和行为的决定因素，"气候的权力强于一切权力"。酷热有害于力量和勇气，寒冷赋予人类头脑和身体以某种力量，使人们能够从事持久、艰巨、伟大而勇敢的行动，因此，"热带民族的懦弱往往使他们陷于奴隶地位，而寒带民族的强悍则使他们保持自由的地位。所有这些都是自然原因造成的"。[2] 孟德斯鸠可能言过其实，但自然条件对人类社会的影响无疑具有重大作用，并制约着"分"与"合"。一般来讲，在自然条件比较适宜的地方，"分"的可能性更大；而为了

---

[1]《马克思恩格斯选集》第1卷，人民出版社1995年版，第585页。
[2] 参见［法］孟德斯鸠《论法的精神》（上卷），许明龙译，商务印书馆2013版，第321页。

应对恶劣的条件，"合"的可能性更大。

（二）社会条件

社会是人们通过交往形成的社会关系的总和，是人类生活的共同体。社会是由各种要素构成的社会环境系统，主要包括：以物质生产为基础的经济要素、以人口生产为基础的社会因素、以观念生产为基础的文化因素和以治理生产为基础的政治因素。不同性质的要素，决定了社会分为不同的形态。而人类社会形态又是在一定的空间里存在的。法国学者列斐伏尔认为："社会生产关系仅就其在空间中存在而言才具有社会存在；社会生产关系在生产空间的同时将自身投射到空间中，将自身铭刻进空间。否则，社会生产关系就仍然停留在'纯粹的'的抽象中。"[1] 因此，不同的社会条件便造成不同的"地"和"类"，对人的行为产生直接的作用，并成为造成人类社会"分"与"合"的直接因素。如在自然经济条件下，"合"的可能性更大，最小的经济单位也是作为共同体的"家"；在商品经济条件下，"分"的可能性更大，最小的经济主体可以是作为个体的个人，商品经济伴随着社会分化，当然也意味着更高层次的社会整合。

（三）历史条件

人类社会是一个不断生长、发展、演化的漫长进程。无论是自然，还是社会，都是在历史进程中变化并构成人类存在条件的，由此构成由不同文明断层组合的历史形态。只有将自然和社会条件置于不同的历史形态中才能发现其动态演化的过程，也才能更准确理解"地"与"类"的特性和对人的行为的制约。如人类社会就是共同体裂变为个体，分化为不同个体的过程，同时也是一个由不同个体结合为新的共同体的历史演变过程。"分"与"合"贯穿于整个历史过程之中，但在不同的历史时空里表现形式则不一。德国社会学家滕尼斯在其《共同体与社会》一书中便表达了这一思想。马克思更是从自由的角度论述了个人与共同体（"类"）结合的演变及其不同类型，指出："从前各个人联合而成的虚假的共同体，总是相对于各个人而独立的；由于这种共同体是一个阶级反对另一个阶级的联合，因此对于被统治的阶级来说，它不仅是完全虚幻的共同体，而且是新的桎梏。在真正的共同体的条件下，各个人在自己的联合中并通过这种联合获得自己的自由。"[2] 人类社会是一个过程，形成不同的层面，有的进化时间长，层面多，有的反之。因此，对农村研究中的"地"与"类"及其"分"与"合"的考察，要十分注意历史条件。

---

[1] 转引自［英］德雷克·格利高里、［英］约翰·厄里编《社会关系与空间结构》，谢礼圣、吕增奎等译，北京师范大学出版社2011年版，第95页。
[2] 《马克思恩格斯选集》第1卷，人民出版社1995年版，第119页。

历史是一个过程。这一过程是由不同阶段与节点构成的。中国农村研究的历史维度主要有两个：一是传统与现代。一般来讲，人们将农业社会称为传统社会，将工业社会称为现代社会。由此，现代工业社会之前的社会都可以称之为农业社会。现代化就是由传统农业社会向现代工业社会转变的过程。传统性与现代性是了解作为农村研究对象的区域性的重要历史维度。二是形态与实态（1949年前后）。在传统农业社会，由于各种条件的制约，区域的异质性差别非常突出，并构成不同区域的传统形态。而现代国家则是一个由多样性向一致性、一体性变迁的过程。但是这一过程正在变化之中，尚未完全定型，因此构成当下的研究者着手研究时的实际状态。在中国，形态与实态的分界线可以1949年为界。尽管1949年前，中国的传统形态已有些许变化，但由"改朝换代"的高层变动到"改天换地"的全面变革则在1949年以后，且这一变革尚处于了而未了的过程之中。

只有在充分了解自然、社会和历史条件的基础上，我们才能有效地"因地"和"分类"，了解人为何而"分"，因何而"合"，其内在的机理如何。

三、作为农村研究对象的区域

"因地"着重于整体中不同部分，"分类"也在于对整体中不同类型加以区分。就整体和类型单位而言，国家是整体，"地"和"类"分别是国家整体之下的不同部分。换言之，国家是由不同的部分构成的。农村研究要通过调查和归纳方法，研究一个国家的"地"和"类"的特性，但我们不可能穷尽所有对象，而且也没有必要。如中国有数十万个村庄，数亿农村人口，我们不可能，也没有必要都进行调查，再归纳出"地"和"类"的属性。这就需要寻找合适的研究单位。而区域是重要的研究单位。

区域是一个地域空间概念。一定地域总是由不同的区域所构成的。农村研究要了解的"地"和"类"，总是存在于一定的区域空间内。在农村研究中，引进"区域"单位是非常必要的。

从农村研究传统看，主要有两种研究单位。一是整体国家的视角，即将全国整体作为研究对象，是一种宏大叙事式的宏观研究。这种研究的资料来源主要是档案文献，或者理论建构，其成果甚多。代表性著作有费孝通的《乡土中国》等。这种研究将国家作为一个整体研究，具有高度的概括性，但也存在相当的局限。例如，《乡土中国》一书就主要是基于中国核心区域的研究，而许多次生区域或边缘区域的现象就被忽视。

二是个案社区，即将某一个个案作为研究对象，是一种微小叙事式的微观研究。

目前，这种研究日益增多。可以费孝通的《江村经济》为代表。这种研究主要是基于实地调查，其优点是可以进行深入的挖掘。但其也有一定的限度：一是在社会多样化的条件下，一个案例很难解释一类现象；二是因为选取的案例不同，一个地区可以得出完全不同，甚至自相矛盾的结论。

因此，为了弥补现有研究的不足，需要借助于其他学科在研究方法上的进展。近些年来，历史学界开始注意寻找新的研究视角，也就是区域性研究。傅衣凌先生提出："由于生产方式、社会控制体系和思想文化的多元化，由于这种多元化又表现出明显的地域不平衡性和动态的变化趋势，中国传统社会产生了许多西欧社会发展模式所难以理解的现象。"[1] 而杨念群则从方法论的角度提出了"中观"理论。由于区域社会研究进展较快，产生了不少区域性研究成果，它们开始被视为某种"学派"。其中，山西大学和南开大学对华北农村的研究被视为一派，而基于对华南农村的研究也出现了所谓的"华南学派"等。

与中国学界的情况类似，国外对于中国问题的研究视角也经历了一个由整体到部分的变化过程。在早期，比较多的研究是国家整体研究，以美国学者费正清的《美国与中国》一书为代表。后来，随着美国学者柯文《在中国发现历史》一书的问世，区域社会研究开始迅速增多，其代表性著作有美国学者裴宜理（Elizabeth J. Perry）的《华北的叛乱者与革命者：1845—1945》、美国学者黄宗智的《长江三角洲的小农家庭与乡村发展》和《华北的小农经济与社会变迁》、美国学者濮德培（Peter C. Perdue）的《榨干土地：湖南的政府与农民，1500—1800》等。

现有的区域社会研究无疑大大弥补了原有学术传统的不足。但是，对于"地"和"类"的农村研究来说，它们仍然不够理想。其主要在于：相当多数的区域研究，只是对某一个地区的某一现象的研究，更多属于国家整体之下的地方性研究，如华南的宗族研究，华北的水利社会研究，湖南的土地、农民与政府研究，等等。有学者甚至将区域史与地方史加以等同，认为"区域史，又称地方史"[2]。

严格来说，区域研究不能等同于地方研究，区域社会研究的价值不仅仅在于对某一个地方的现象的研究，更重要的是寻求造成区域性特性的构成要素，从而形成区别于其他区域的特质。因此，区域研究至少有两个基本特征：一是同质性，即同一区域具有大体相同的特质，正因为这一特质而导致该区域相类似的现象较多，具有区域普遍性。当然这种同质性并不是区域现象的绝对同一性，主要在于其规定的现象多于其

---

[1] 傅衣凌：《集前题记》，收于《明清社会经济史论文集》，人民出版社1982年版。
[2] 李玉：《中国近代区域史研究综述》，《贵州师范大学学报（社会科学版）》2002年第6期。

他区域。二是异质性，即不同区域具有比较明显的差异性特征，正因为这一特质促成该区域同类现象不同于其他区域的同类现象。无论是同质性，还是异质性，都需要经过比较才能体现。而比较则需要有确定的标准。因此，区域研究与地方研究都属于国家整体的部分研究，但又有不同。地方研究可以不用比较，是某个地方就是某个地方，其研究限定于某个地方。而区域研究一定要发现该区域与其他区域所不同的特质，一定是在比较中才能发现其特质，且这种特质是内生的、内在的，而不只是外部性的现象。

作为农村研究对象的区域性，主要是指某类现象在某个区域内更为集中，并因此与其他区域不同。在中国，最大的区域差异是北方与南方。中国地理分布的分界线之一是秦岭—淮河一线，以北为北方区域，以南为南方区域。费正清曾描述道："凡是飞过大陆中国那一望无际的灰色云天、薄雾和晴空的任何一位旅客，都会显眼地看到两幅典型的画面，一幅是华北的画面，一幅是华南的画面。"[1] 在世界上，很难找到有中国这样南北差异之大，并对经济社会政治产生巨大影响的国家。中国历史上就曾数度出现过南北分化、分裂、分治时期，如南朝、南宋。南北差异也给政治决策和走向带来影响，如开辟大运河，首都东移和北进，政治过程中的南巡和北伐等。这都表明中国北方和南方有着不同的自然—社会—历史土壤，会生长出不同的结果。如我国农村合作化起源于北方，而分田到户则发源于南方。因此，将区域性作为农村研究的对象，有利于根据区域性特质，"因地制宜"和"分类指导"。

四、作为农村研究对象的村庄

国家是由不同区域构成的空间单位。一般来讲，区域的范围比较大。要对区域内的所有对象进行调查研究，不可能也无必要。由此需要进行二次分类。村庄则是农村研究的基本单位，也是发现区域特性的重要基础。只有通过对村庄性的深刻把握才能深入把握区域性。

农村社会由一个个村庄构成。村庄是农村社会成员的地域聚落。农民的生产、生活和社会交往都是在村庄内完成的。对于传统社会的农民来说，村庄就是其世界，人的终生都可能在村庄内度过，因此有所谓"十里不同音，百里不同俗"的说法。愈是进入现代社会，村庄的地位愈是重要。1949年以后，伴随着集体化，村庄成为具有明确和固定边界的单位，集体经济以村庄为单位组织，即"村集体"。同时，村庄也成为

---

[1] ［美］费正清：《美国与中国》，世界知识出版社1999年版，第4页。

国家治理的基本单位,即"行政村"。

更重要的是,村庄不仅仅是农业空间聚落,而且是人与人的结合,并形成人与人之间的关系及其相应的意识形态。透过村庄这一微观的社会组织,我们有可能发现整个农业社会及其区域性特质的构成要素。法国学者列斐伏尔认为:"社会生产关系仅就其在空间中存在而言才具有社会存在;社会生产关系在生产空间的同时将自身投射到空间中,将自身铭刻进空间。否则,社会生产关系就仍然停留在'纯粹的'的抽象中。"[1] 农业社会关系及其区域性特质都将通过一个个村落空间体现出来。换言之,没有村庄载体,农业社会及其区域性就无从充分展示出来。因此,村庄是农村社会一个完备的基本组织单位,亦成为农村研究的基本单位。

将村庄作为农村研究的基本单位,并通过村庄性把握区域性,对于运用质化研究方法把握农村研究中的"地"与"类"具有重要价值。

与量化研究强调普遍性相比,质性研究更强调深度性,即通过深度调查,"将一口井打深",来获得对对象特性的深入理解。因此,质性研究十分强调"扎根理论"和"深描"。

"扎根理论"是质性研究的一种重要方法。"扎根理论方法包括一些系统而又灵活的准则(guideline),让你搜集和分析质性数据,并扎根在数据中建构理论。"[2] 这一方法要求:第一,进入现场搜集和分析,这是前提;第二,数据是质性数据,得是最能反映对象本质特征的数据;第三,扎根于所搜集的数据之中建构理论,而不是在数据之外推导出来理论。因此,运用扎根理论方法,进入村庄现场调查,是了解村庄特性的有效方法。

"深描"作为质性研究方法,是相对"浅描"而言的,特别强调互动性、过程性、细节性和情境性。[3] "深描"最早用于人类学研究,是基于一种异文化的调查研究方法,用此方法可以更好地发现和比较不同对象的特质,也是发现村庄特性的有效方法。尽管"深描"注重细节,甚至微不足道的小事,但是决不是什么小事都要进行研究,恰恰相反,对对象必须有所取舍,以选择最能达到研究目的的对象。[4] 这种研究显然有助于在比较取舍中把握村庄的特性。

质性研究的"扎根理论"和"深描"都特别强调研究者的亲身调查与经验。但是,

---

1 转引自〔英〕德雷克·格利高里、〔英〕约翰·厄里编《社会关系与空间结构》,谢礼圣、吕增奎等译,北京师范大学出版社 2011 年版,第 95 页。
2 〔英〕凯西·卡麦兹:《建构扎根理论:质性研究实践指南》,重庆大学出版社 2009 年版,第 3 页。
3 参见陈向明《质的研究方法与社会科学研究》,教育科学出版社 2000 年版,第 347 页。
4 参见澜清《深描与人类学田野调查》,《苏州大学学报(哲学社会科学版)》2005 年第 1 期。

要让调查者对调查区域的所有村庄进行调查，然后产生结论，是不可能，也没有必要的。村庄在英文中为"village"。有一句西方谚语说，"Every village has its idiosyncrasy and its constitution"，就是说每一个村庄，都有自己的特性和脾气。但每一个村庄也有其同类型的共同性。我们可以通过寻找其共同性把握某区域的村庄性。这就需要寻找符合区域理想类型的村庄。

理想类型研究是德国社会学家韦伯所创立的研究方法。这种研究将事物的本质特性抽象出来，加以分类，如韦伯将统治合法性的类型分为三类。在农村研究中，可以借用这一研究思路和方法，选择最符合区域性特征的村庄进行深度调查。区域性特征就是研究者的目标和理想类型。只要选择若干最能体现区域性的村庄进行调查研究，就有可能从总体上把握该区域类似村庄的共同特征，而不必要对所在区域的所有村庄都进行调查研究。因此，村庄性与区域性是相联系的。只有从区域性整体特征出发，才能选择最能反映区域特征的村庄；只有深度把握村庄特性，才能充分说明区域特性。

相对区域而言，村庄的范围小得多，更容易做深度调查基础上的质化研究，将区域性具体化、实证化、动态化。"因地制宜"的"地"和"分类指导"的"类"最具体和最终体现在村庄属性上。由此要根据不同的标准对村庄加以分类。在对村庄性研究中，以下标准及其分类非常重要：

1. 以村庄名称为标准的分类。村庄名称是一种符号，通过这一符号，可以发现某类村庄的特质。在中国，村庄的"姓"以人的姓命名的非常多，反映了血缘关系与农耕社会同一体的特质。但在不同区域，村庄的"名"却有区别。如在黄河区域，村庄更多是以庄、寨、营、屯、卫等冠名，村庄的建构性、群体性强；在长江区域，村庄更多是以村、冲、湾、垸、岗、台等冠名，村庄的自然性、个体性强，与水相关。

2. 以居住状态为标准的分类。村庄是农村社会成员的居住聚落。村庄名称是一个村庄的标识和指称。这种标识和指称并不是随心所欲的想象，而有其内在的含义，反映了一种居住状态。根据居住状态，可以分为"集居村"和"散居村"。庄、寨、营、屯、卫、店等，更多的是一个人口居住相对集中的农村聚落，集居、群居，集聚度高，属于集居型村庄，即"由许多乡村住宅集聚在一起而形成的大型村落或乡村集市。其规模相差极大，从数千人的大村到几十人的小村不等，但各农户须密集居住，且以道路交叉点、溪流、池塘或庙宇、祠堂等公共设施作为标志，形成聚落的中心；农家集中于有限的范围，耕地则分布于所有房舍的周围，每一农家的耕地分散在几个地点"[1]。

---

[1] 鲁西奇：《散村与集村：传统中国的乡村聚落形态及其演变》，《华中师范大学学报（人文社会科学版）》2013年第4期。

村、冲、湾、垸、岗、台等，更多的是人口居住相对分散的农村聚落，主要是散居，甚至独居，分散度高，属于散漫型村庄，即"每个农户的住宅零星分布，尽可能地靠近农户生计依赖的田地、山林或河流湖泊；彼此之间的距离因地而异，但并无明显的隶属关系或阶层差别，所以聚落也就没有明显的中心"[1]。鲁西奇认为，传统中国的农村聚落状态，"从总体上看，北方地区的乡村聚落规模普遍较大，较大规模的集居村落占据主导地位"；而在南方地区，"大抵一直是散村状态占据主导地位；南方地区的乡村聚落，虽然也有部分发展成为集村，但集村在全部村落中所占的比例一直比较低，而散村无论是数量，还是居住的人口总数，则一直占据压倒性多数"[2]。

3. 以村庄形成为标准的分类。无论是集村，还是散村，都是历史进程中形成的。根据村庄形成的标准，可以分为自然村和行政村。自然村是由村民经过长时间聚居而自然形成的村落。其语音相对独立统一，风俗习惯约定俗成，以家族为中心。自然村数量大、分布广、规模大小不一，有仅个别住户的孤村（如在山区），也有数百人口的大村（如在人口稠密的平原地区）。自然村是农民日常生活和交往的单位，但不是一个社会管理单位。为便于国家管理，国家建构了农村社会管理单位，即行政村。行政村是为实现国家意志而设立的，是一种体制性组织，又称为"建制村"。在不同的时代，行政建制名称不一样。如秦汉时期的乡里、明清时期的保甲。自然村与行政村有可能相重合，也有可能不一致。在南方散村区域，自然村一般较小，通常是若干个自然村合为一个行政村。在北方集村区域，自然村较大，往往是一个自然村为一个行政村。显然，自然村与行政村的合一，有助于国家意志的贯彻实施，村与户的关系更为紧密。

4. 以血缘关系为标准的分类。无论是自然村，还是行政村，其基本组织单元都是由血缘关系构成的家庭。血缘关系是农村村庄存在的基本关系。在中国，血缘通常以姓氏加以表征。根据血缘关系，村庄可以分为"单姓村"和"多姓村"。单姓村指一个村一个姓氏。如宗族社会的村庄通常都是单姓村，自然村往往是单姓村。多姓村指一个村庄由多个姓氏的人构成，意味着村庄成员来自不同的血缘家庭，村庄的因地缘结合的特征突出。而"多姓村"又可以进一步分类："主姓村"和"杂姓村"。前者意味着以一个，或者若干个姓为主，后者看不出明显的主姓。

根据不同标准，村庄还可以进一步细化，如根据经济水平分为贫困村和富裕村；根据产业类型，可以分为农业村、牧业村、农工商合一村；根据村庄成长历史，可以

---

[1] 鲁西奇：《散村与集村：传统中国的乡村聚落形态及其演变》，《华中师范大学学报（人文社会科学版）》2013年第4期。
[2] 鲁西奇：《散村与集村：传统中国的乡村聚落形态及其演变》，《华中师范大学学报（人文社会科学版）》2013年第4期。

分为历史名村、移民新村；根据民族归属，可以分为汉族村、少数民族村，等等。但就作为农村研究对象的村庄性而言，村庄的分类不是随意和无限的，而要与区域性的理想类型关联起来，寻找村庄分类对于理解区域性和村庄性的价值与意义。比如，集聚和散居不仅仅是一种居住形态的差异，同时也蕴育着人与人之间的结合关系及其意识形态，从而建构起"村庄性"。鲁西奇就认为："采用怎样的居住方式，是集中居住（形成大村）还是分散居住（形成散村或独立农舍），对于乡村居民来说，至关重要，它不仅关系到他们从事农业生产的方式（来往田地、山林或湖泊间的距离，运送肥料、种子与收获物的方式等），还关系到乡村社会的社会关系与组织方式，甚至关系到他们对待官府（国家）、社会的态度与应对方式。"[1] 而在法国学者阿·德芒戎看来：每一居住形式，都为社会生活提供一个不同的背景；村庄就是靠近、接触，使思想感情一致；散居状态下，"一切都谈的是分离，一切都标志着分开住"。因此，也就产生了法国学者维达尔·德·拉·布拉什所精辟指出的村民和散居农民的差异："在聚居的教堂钟楼周围的农村人口中，发展成一种特有的生活，即具有古老法国的力量和组织的村庄生活。虽然村庄的天地很局限，从外面进来的声音很微弱，它却组成一个能接受普遍影响的小小社会。它的人口不是分散成分子，而是结合成一个核心；而且这种初步的组织就足以把握住它"。[2] 所以，村庄分类不是为了分类，更主要的是通过分类，更好地把握村庄性乃至区域性。

五、作为农村研究对象的区域性村庄分类

"分"与"合"是对人类社会的存在状态，也是农村研究的基本标准。由于自然—社会—历史的条件不同，"分"与"合"在一个国家内不同农村区域的表现形式不一样，使得某些村庄在一定区域存在多一些，某些村庄在一定区域存在少些，由此构成不同的区域性村庄。

根据"分"与"合"的维度与自然—社会—历史条件，执照典型化分类的标准，我们可以将中国农村分为以下七大区域性村庄：

1. "有分化更有整合"的华南宗族村庄

"聚族而居"是华南宗族村庄的存在状态。血缘关系是人类最原始、最基本、最古

---

[1] 鲁西奇：《散村与集村：传统中国的乡村聚落形态及其演变》，《华中师范大学学报（人文社会科学版）》2013年第4期。
[2] ［法］阿·德芒戎：《人文地理学问题》，葛以德译，商务印书馆1993年版，第192页。

老的关系。人类最初是以"群"("类")的方式生存,早期传统农村实行"聚族而居",通过一个个由血缘姓氏结合而成的宗族将农村社会成员组织起来,形成"家族同构、族高于家"的宗族村庄。宗族村庄普遍存在于早期中国农耕区域。在漫长的历史长河里,由于多种原因,"聚族而居"的宗族村庄社会四分五裂为一个个个体家庭构成的分散型村庄。但在中国的南方,特别是赣南、闽西南、粤东北、浙南、皖南、湘南、鄂南、四川等区域尚存在比较完整的宗族村庄。这类宗族村庄因集中存在于赣南、闽西南、粤东北等地,所以以"华南宗族村庄"加以概括,其最典型的特征就是保留了完整的传统宗族社会,构成了中国传统农村的历史底色。

需要说明注意的是,华南是一个区域性概念,并不是所有的华南区域的农村都是以宗族村庄的形式加以体现,也不是只有华南才有宗族村庄,而是指宗族村庄在华南区域更为集中,保存得更为完整。我们通过对华南区域的宗族村庄的了解,则基本可以把握宗族村庄的整体状况。

华南宗族村庄的气候环境和水利条件适宜于农耕,属于水稻产区。许多村庄交通便利,有一定的商业,但总体来看,地理位置偏僻,处于国家地域中的边缘地带。与南方区域的散村形态不同,宗族村庄通常为集居形态。这与宗族村庄大多因战乱迁移,特别注重整体安全有关。

"有分化更有整合"是宗族村庄的鲜明特征。宗族与氏族不同,它是以个体家庭为基本单位的。如果说宗族是"大家",那么,个体家庭则是"小家",只是"小家"是由以共同的祖宗为纽带的宗族"大家"分化出来的。"小家"尽管有相对独立性,但是与宗族"大家"有紧密的联系,宗族村庄通过共同的血缘关系、财产关系、社会关系、文化关系和治理关系将各个小家和个人结合或者整合在一起,形成以血缘关系为基础的共同体。这类村庄有"分",但更有"合",或者更强调"合",并有促进"合"的机制。因此,宗族村庄以宗族整体性为最高标准,其内部存在差异性,但更有将差异性抑制在整体性框架内的机制,从而形成宗族村庄秩序。

宗族村庄在"因地"和"分类"的农村研究中具有重要价值。其核心是整体性与差异性、"分"与"合"的并存,特别是在如何"分"与"合"方面有诸多机制。如通过适度的"分"获得宗族竞争活力,通过公共财产形成维系宗族共同体的财产基础。中国农村改革权威杜润生就在论证"分田到户"的合理性时指出:"所有权和使用权的两权分离,过去在中国社会也曾经存在过,但不是很普遍,比如,村庄的祠堂地、村社土地一类。"[1] 当下,许多地方以行政村为基础的村民自治陷入困境,而在广东清远

---

[1] 杜润生:《杜润生:中国农村体制变革重大决策》,人民出版社2005年版,第153页。

市农村的村民自治却十分活跃,其重要原因是以宗族为基础的自然村作为自治载体,并以自然村的自治推动着土地的整合。

正因为宗族村庄存在久远,至今仍然有很大影响,且内在机理仍然有重要价值,所以成为农村研究中的重要对象,产出的成果也较多。只是对这类村庄为何存在,如何存续还有许多未解之谜,也还存在许多问题需要通过调查进一步探讨。如研究中国宗族村庄的权威专家弗里德曼将水稻种植作为宗族村庄存续的理由之一,但是我们如果进一步追问,同样是水稻区,为什么有的宗族村庄未能存续呢?显然,宗族村庄还有许多问题有在充分调查基础上进行研究的必要。

2. "有分化缺整合"的长江家户村庄

"随水而居"是长江家户村庄的存在形态。气候与水对于农业具有至关重要的影响。以秦岭—淮河为界,中国形成南北两大区域,分别有两大水系,即南方的长江与北方的黄河,由此构成南北两大农村核心区域,并具有各自的特质。在长江流域,特别是长江中上游,即四川、重庆、湖北、湖南、江西、安徽等地,主要为平原与丘陵,主产水稻,属于稻作区,人们随水而居。自然村和散居村多,村名大多与水相关,如冲、湾、垸、岗、台等。一个个家户星罗棋布,散落于平面形态的小块水田旁,形成最为典型的传统小农经济,即一家一户、农业与手工业结合、自给自足的自然经济。在自然经济形态占主导地位的传统社会,小农经济状态决定着国家的兴衰,所谓"湖广熟,天下足"。长江中上游区域最为典型的特征是家户小农经济基础上的家户社会。家户社会以血缘关系为基础,以裂变的个体家庭为中心和本位,不同于宗族社会。

"有分化缺整合"是长江家户村庄的鲜明特征。如果将"聚族而居"的宗族村庄视为大树的话,那么,"随水而居"的家户村庄则是大树的枝丫和树叶。只是与宗族村庄不同,家户村庄的个体家户与远祖缺乏内在的联系,犹如脱离了树干,散落在各地的枝叶。个体家户及其相近的亲族在日常生活中占主导地位,近亲愈近,远亲愈远,缺乏共同祖宗崇拜、共同地域、共同财产、共同社会关系、共同价值、共同治理等机制将一个个个体家户联结起来,形成具有整体性的共同体。家户本位的私人性、差异性、竞争性强,村庄联系和合作的整体性、共同性弱。

家户村庄是最为典型的中国农村底色。毛泽东在1940年代就指出:"在农民群众方面,几千年来都是个体经济,一家一户就是一个生产单位,这种分散的个体生产,就是封建统治的经济基础,而使农民自己陷于永远的穷苦。克服这种状况的唯一办法,就是逐步地集体化;而达到集体化的唯一道路,依据列宁所说,就是经过合作社"[1]。

---

[1]《毛泽东选集》第3卷,人民出版社1991年版,第931页。

由分散的个体家户生产走向农民合作的集体生产，是中国农业社会主义改造的基本前提。只是这种改造带有很强的国家整合的特点，换言之，农村的"合"主要是外部力量推动，由此形成的人民公社统一经营体制缺乏必要的农村社会基础。而对公社统一经营最不适应且率先对这一经营体制进行挑战，探索包产到户（民间习称"分田单干"）的则集中于长江中上游区域。民间一度流行"要吃粮，找紫阳；要吃米，找万里"[1] 的说法。邓小平就表示：以包产到户为主要内容的农村改革"开始的时候，有两个省带头。一个是赵紫阳同志主持的四川省，那是我的家乡；一个是万里同志主持的安徽省"。[2]

当然，家户村庄也有其限度。一家一户为单位的家户村庄将个体家户的私人性激发出来，分化带来了活力，但由于缺乏必要的横向机制将一家一户联结起来，形成有机的整体，只能依靠政府的纵向整合，而这种整合往往会进一步弱化家户村庄的公共性。在当下的新农村建设中，人们会经常发现，由于一家一户分散的原因，造成道路难修、水管难通等。因此，对于"有分化缺整合"的长江家户村庄而言，在私人性基础上发育和形成公共性，还有大量问题需要研究。而这对于全国也具有普遍性价值。

3. "弱分化强整合"的黄河村户村庄

"集村而居"是黄河村户村庄的存在形态。黄河区域主要指黄河中下游区域，包括陕西、山西、河南、河北、山东等地。这一区域本是中华农业文明的主要发源地。农业文明最早就是以人们群居的村庄聚落形态表现出来的。同时，黄河区域紧邻北方游牧区域，长期是国家的政治中心地带，受战乱的影响深远。黄河区域农耕的自然条件与长江区域截然不同，属于干旱区，主产小麦等旱作物，地势平坦。一个个村庄聚集在一大块农田麦田旁边。村庄大多以庄、寨、营、屯、卫等命名，属于人口集居村庄。本来，宗族社会最早起源于黄河区域，后因为战乱、灾害等原因，南移到华南。黄河区域由宗族社会而裂变为个体家户社会。但因为自然—社会—历史原因，黄河区域村庄的存在形态在于其集聚性、集体性，个体家户集聚、集中在一个空间领域，村庄群体与家户个体具有紧密的依赖关系，由此构成村户社会，与长江区域的分散性、个体性的家户村庄形成鲜明的差别。

"弱分化强整合"是黄河村户村庄的鲜明特征。自然条件、社会条件和历史境遇的同一性，使得黄河区域村庄内部的分化程度不高，或者分化比较简单。同时，黄河区

---

[1] 赵紫阳于1975—1979年间担任中共四川省委书记，万里于1977—1979年间担任安徽省主要领导。他们在任职期间都积极支持以家庭为生产经营单位的农村改革。
[2] 中共中央文献研究室：《十二大以来重要文献选编》（下），人民出版社1988年版，第1443页。

域的农村社会成员的集聚度高，人与人之间的联系紧密，村民之间的横向联系较强，特别是由于外部自然条件恶劣（如缺水）和社会条件严酷（如经常性战乱）而产生的强制性整合，导致村庄的集体依赖性和整体性强。如果说，在中国，少数民族进入中原地区后会"汉化"，那么，中原地区也会"胡化"。其游牧民族的部落群体对于中原，尤其是黄河区域有很大影响。这也是黄河区域村庄整体性强的重要原因。总体上看，黄河区域的村庄地域整体的地位高于血缘家户个体，集体意识和行动能力强。

黄河区域的村户村庄在中国农村社会变迁中有其特殊地位。在20世纪，中国共产党改造传统个体家户社会的依据是一家一户小农经济，通过集体合作的集体化，避免社会分化。但集体化最早起源于黄河区域。例如，山西的张庄早在1940年代后期土地改革刚结束时，就开始了集体互助。1950年代农业集体化进程中的模范典型也大多产生于黄河区域。例如，山东的厉家寨就被视为合作化的典范。人民公社最早发源于河南和河北。在人民公社化的进程中，最早实现人民公社化的9个省，有8个在黄河区域。[1] 到六七十年代，作为全国集体经营旗帜的大寨则位于山西。直到1980年代后，黄河区域还有一些村庄仍然在坚持集体统一经营。

当然，黄河区域的集体化在相当程度上是特定的自然—社会—历史条件造就的，具有强大外部整合的特点，村庄缺乏个体性和差异性，也缺乏竞争和活力。随着社会发展，家户在农村社会的地位愈益突出，社会分化、分离性增强。但是，其集体性、整体性、共同性的历史底色仍然存在，且还会发挥作用。如在黄河区域的山东、河南、山西、河北等地，以行政村为单位的农民股份合作、农村城镇化、农村社区建设、农村村民代表会议等发展较快。因此，对于"弱分化强整合"的黄河区域村庄来说，如何在社会分化日益突出的基础上，推进自愿基础上的社会联合、社会合作，具有重要价值，也具有普遍意义。

4."小分化大整合"的西北部落村庄

"逐草而居"是西北部落村庄的存在形态。中华文明是在农业文明与游牧文明互动中形成的。游牧文明主要发生和存在于西北区域。游牧是一种不同于农耕的生产方式，具有很强的流动性和不可控性。以游牧为生的人通过一个个部落群体组织起来，共同应对外部挑战。一个个部落逐草而居，分布于茫茫草原上。在农业文明与游牧文明互动中，游牧部落会受到农耕家户的影响，农耕家户也会受到游牧部落的影响。如黄河区域的集体性既有古典的宗族社会影响，也有游牧部落的影响。西北区域主要包括新

---

[1] 参见《当代中国农业合作化》编辑室编《建国以来农业合作化史料汇编》，中共党史出版社1992年版，第501页。

疆、内蒙古、西藏、甘肃、青海、宁夏等牧区,其典型特征是部落村庄。

"小分化大整合"是西北部落村庄的鲜明特征。家庭是部落构成的微小单元,但家户寓于部落之中,部落的地位远高于家户,其内部的分化程度非常小。同时,为了应对恶劣的环境,部落之间还会形成联盟,由此形成大整合。这种整合不同于黄河区域以村庄为单位的整合,而经常会超越一个个部落单位,从而获得更为强大的整体性和集体行动能力。传统游牧部落以"十户长""百户长""千户长"作为组织建制,便反映了大整合的特点。这也是游牧民族得以经常战胜农业民族的重要组织原因。

西北部落村庄在中国农村社会变迁中有其独特地位,并形成鲜明特色。农村村庄本来是固定在一个地域上的农民聚落。而部落村庄的特点是流动性,并在流动中形成整体性和共同性。长江区域家户村庄因"随水而居"产生的是分散性、个体性,西北区域部落村庄则因"逐草而居"产生的是集聚性和整体性。同时,西北部落村庄位于国家边陲的浩瀚草原中,流动性强,其特点突出,治理难度大。如何针对这一特点,"因地制宜"进行"分类指导",是国家治理的重大问题。如在流动性的西北区域,实行与内地"包产到户"类似的农业政策,其难度就较大。

5."低分化自整合"的西南村寨村庄

"靠山而居"是西南村寨村庄的存在形态。中华文明是在由核心向边缘不断扩展中形成的。除了黄河、长江等核心区域以外,还有广阔的边缘区域。与茫茫草原和沙漠地带的西北边缘区域不同,处于崇山峻岭之中的西南边缘区域与核心区域的互动较少,相对封闭,主要包括广西、贵州、云南,以及四川、重庆、湖北与湖南部分被称为少数民族地区的区域。这些区域远离政治中心,自然条件恶劣、文明发育进程较缓,有自己独特的自然、社会、文化与政治形态。为了应对环境,人们大多"靠山而居",以山区村寨的小集居、大散居的方式居住、生活,村庄大多以"寨""屯"之类的集居聚落命名。尽管家庭是基本单元,但村寨共同体的地位高于个体家户。因此,西南区域村庄组织形态是村寨社会。

"低分化自整合"是西南村寨村庄的鲜明特征。由于自然、社会和历史条件的同一性,西南村寨的社会分化程度很低,人们世世代代过着相同的生活,与外部交往很少。正是在封闭的生活空间里,形成了独特的习俗,人们根据世代传承的习俗进行自我调节,其自我整合的自治性强。与此同时,由于位置偏远,中央政府对于这些地区实行"因俗而治"的政策,使得村庄自我调节得以长期存续。

与黄河区域村户村庄的集体性主要是外力推动不同,西南村寨的合作与集体性主要源于内在的动力与机制,是人们长期共同生活中获得的一种自我认同。这种基于村民自我认同的集体性比较容易达成一致，进行有效的自我治理。人民公社体制废除以后，中国在村一级实行村民自治，其制度来源于广西自治区的合寨村。在西南区域，实行自治更多带来的是团结，而不像社会分化程度比较高的地方，实行自治往往带来的是进一步的分裂、分散。当然，西南区域村寨的"低分化自整合"与其地理位置和交通条件相关，随着交通和通信条件的改善，其对外开放程度提高，"低分化自整合"的形态也在悄然发生变化。

6."高分化高整合"的东南农工村庄

"逐市而居"是东南农工村庄的存在形态。文明可以分为原生、次生、再生等不同层次。再生即在原生文明基础上再生出一种新的文明形态。中国的东南区域，包括江苏、浙江、福建、广东等地本属于南方农耕区域，具有农业社会底色，且属于农业文明非常发达的地区，如长江三角洲和珠江三角洲，曾经有"苏常熟，天下足"之说，江苏和浙江更号称"天下粮仓"。但这些地方属于沿海地带。随着文明的进步，人们除了以农业获得生存资料以外，还试图通过工业和商业获取生存和发展，而东南沿海赋予这一地带优越的条件，使得这一区域的人们率先挣脱土地和农业的束缚，形成农业与工业、商业相结合的村庄。工商业与市场和城市相关。人们"逐市而居"，尽管仍然是农村聚落，但与城市和市场联系非常紧密。这与"小村庄小集市"的长江家户村庄形成明显的差异。

"高分化高整合"是东南农工村庄的鲜明特征。农工村庄的商品经济较为发达，开放度高，与市场和城市联系紧密，社会分化程度高。这种分化不再限于农业村庄，而是跨越村庄，与城市和市场相关。如1949年前，东南区域出现许多城居地主和工商业地主，这与其他区域主要是在村的"土地主"有所不同。伴随高分化的是高整合，这种整合也不再只是局限于村庄内部，而是跨城乡，以市场为中心的整合。人们之间的横向联系不仅仅限于乡土人情，更重要的是市场理性网络。村庄只是整个市场社会之中的一个环节。

东南农工村庄在整个中国农村变迁中处于领先地位。除了领先于农业文明以外，也领先于工业文明。在中国由农业社会向工业社会转变中，率先崛起的就是东南农工村庄。费孝通先生在其著名的《江村经济》中提出了通过"草根工业"解决中国农村农民问题的超前思路，得益于他在其家乡——江苏吴江的调查。改革开放以来领先于中国的"苏南模式""温州模式"和"珠三角模式"都位于东南区域。只是随着工业化、城镇化，这一区域的农业底色逐渐消退，但其底色却规制着这一区域的工业化和城镇化道路，如"小城镇大市场"。

7. "强分化弱整合"的东北大农村庄

"因垦而居"是东北大农村庄的存在形态。包括黑龙江、吉林、辽宁及部分内蒙古地方的东北区域,原属于非农耕区,且是满族圈禁的地带。只是在数百年前,这一地方因为地广人稀,土地肥沃,导致大量来自山海关内的农民迁移到那里开荒垦殖,将其变为农耕区,俗称"闯关东"。在金其铭看来,"东北的农村聚落实际上是华北聚落的一个分支"[1]。这一地带是狩猎、游牧、农耕的混合文明区域,又属于边疆地区,具有晚开发、跳跃性、移动性特性,农耕文明的历史短暂,但地域辽阔,人少地多,与核心地带的"人多地少"形成鲜明的区别。广阔的大平原、广袤的大草原、广大的大森林,使这里以"大"为特(当地称"大"为"海"),并为"大农业""大农村""大农民"提供了基础,与长江地带的小农有着明显的区别。农村社会成员"因垦而居",属于集居村庄,大多以"屯""堡"之类的集聚村落命名。

"强分化弱整合"是东北大农村庄的鲜明特征。开荒垦殖意味着原地荒无人烟,人们依靠强力获得土地而定居,并产生社会分化。这种分化不是经长期历史自然形成的,而具有很显著的突然性、人为性和强力性。同时,国家治理的缺失,也造成了社会的强力占有和争夺,"匪气"和"匪患"严重。正因为如此,尽管东北村庄以集居方式存在,但相互间的横向联系纽带缺失,村庄犹如一个"拼盘",人虽在一起,但缺乏共同财产和共同心理认同,村庄整合度弱。

由于优越的自然地理条件,东北可以在大农业发展方面发挥重要作用。如中华人民共和国建立以后,东北的"北大荒"成为"北大仓"。改革开放以来,东北成为村民自治"海选"的发源地。但是,"人心不齐"的弱整合也制约着东北大农村庄的发展。人们难以通过村庄提供大农业发展需要的社会服务。一家一户的生产经营方式仍然占主导地位。而东北的"海选"恰恰是因为缺乏村庄共同性而产生的不得已的行为,也正因为缺乏共同的心理基础,"海选"之后的治理仍然困难。

---

[1] 金其铭:《中国农村聚落地理》,江苏科学技术出版社1989年版,第137页。

"户落"整合：
井灌区村庄的社会联结与治理
——黄河区域双井村调查

吕进鹏*

* 吕进鹏，甘肃临夏人，西南财经大学马克思主义学院讲师，华中师范大学中国农村研究院（政治科学高等研究院）2016级博士研究生。

第一章 双井村的由来与演变

双井村的形成离不开当时的官府移民政策、自然灾难以及经济关系的变动，其中，移民政策是主导性影响因素。村庄的建制过程，主要经历了三个阶段，现如今，双井村为唐邱乡下辖的一个行政村。

第一节 村庄的形成

明朝时的"燕王扫北"让原本生活在山西洪洞县的村民移居河北宁晋县境内繁衍生息，这一迁徙过程促进了双井村的形成。双井村的村名起源于当地的双口古井。在双井村这片土地上，生活着20多个姓氏，其中张姓村民的人数最多。

一、村名与村庄

说起双井村的村名，不得不提到一口古井。据村民王丰娟[1]回忆，村庄南边有一双口古井，大井口为方形、小井口为圆形，村庄由此起名曰双井村，后来，邻村的村民总拿双井村名开玩笑，他们谈起双井村时就说"一泡尿刺了俩坑"。

对于双井村名，除了从民间流传得知，还可借助史志记载得以证实。双井村名的较早记载见于明朝隆庆年间（1567—1572年），"明代，隆庆《赵州志》载，宁晋县设编户里

---

[1] 王丰娟，女，现年87岁，娘家与婆家均在本村。王丰娟老人思维清晰、口齿伶俐，为调研员提供了诸多双井村历史信息。

社20个……'双井在州东二十里安宁社,其村曰双井村,有二井相并,其水清澈可饮',故名"[1]。至于双口古井的具体修建时间以及修建者等,史志并没有详细记载,如今的双井村老人们也无从回忆。双井村的村名自形成之日起,就没有发生过变更。

图1-1 双井村名

与双井村依据古井取村名不同的是,邻村的村名多依照村民姓氏而定,如郝庄,"在双井村南1.5公里处,相传,该地原有两个自然村,滹沱河为界,南为寨子,北为郝庄,居民多数姓郝。后滹沱河改道,寨子村淹没,合为一村,取今名";再如邻村孔小营,"位于双井东北3.8公里处,民国32年(1943年)前,该村是两个自然村,东为孔小营,居民多数姓孔,隶属赵县;西为小营里,属宁晋。民国32年,两村合并,属宁晋,取今名"[2]。

二、村民与村庄

(一)燕王扫北与最初的村民迁居

据老人张英江[3]与史增麟[4]讲述,双井所在地土著居民受战争灾祸,繁衍较少,真正繁衍至今的多是迁民后裔。查阅《宁晋县志》可知,双井村村民祖上主要为明朝燕王扫北(历史上将"靖难之役"俗称为"燕王扫北")时期山西洪洞县迁民,官府的移民政策内容详见下文:

> 《明史》载,元末因水旱、蝗、疫、战争等天灾人祸,河北、河南、山东省,人烟稀少,土地荒芜。明初,竟至"春燕归来无栖处,赤地千里少人烟"的情况。相反,山西汾河平原,风调雨顺,人丁繁衍,人口超过河北、河南两省总数。明洪武十四年(1381年),河北人口总数189300人,河南189100人,山西4030454人。明永乐皇帝朱棣决定,移民屯田,令山西官府,各地

---

[1] 宁晋县地方志编纂委员会编:《宁晋县志》,中华书局1999年版,第35、81页。
[2] 宁晋县地方志编纂委员会编:《宁晋县志》,中华书局1999年版,第81页。
[3] 双井村村民,现年85岁,男,张氏家族16世族长。
[4] 双井村村民,现年93岁,男,本村当下年龄最长者,天主教徒。

宣传:"凡不愿迁徙者,须三天之内赶到洪洞县大槐树下集合。愿迁徙者,在家等待。"第三天,大槐树周围集中了10多万人,官兵骤然包围起来,宣布:大明皇帝圣旨,凡来大槐树下者,一律迁走。《洪洞县志》载:洪洞城北两华里处有一株大槐树,荫遮数亩,树上筑有整个老鸹窝。明官府迁民局,设在大槐树下的广济寺。官员强迫百姓登记、编队,发给移民"凭照川资"。当时移民,万般无奈,背井离乡。[1]

双井村民的迁居过程并非一蹴而就,而是逐步进行,比如双井村的大族张氏家族,其上祖最初从山西迁居400公里之外的廮陶古郡尧台村(今属宁晋县贾家口镇,位于县城东南方向)繁衍生息,后来家族内部支系庞大,人口不断增加,有的支系迁入他处分门立户、谋求生计。双井村张氏族支首先迁居尧台村东北方向的大陆村,而后又不断迁徙,最终定居于大陆村西北方向的双井村(距离大陆村约9公里)。对于上祖的这段迁徙历史,村庄《张氏家谱》有所记载:

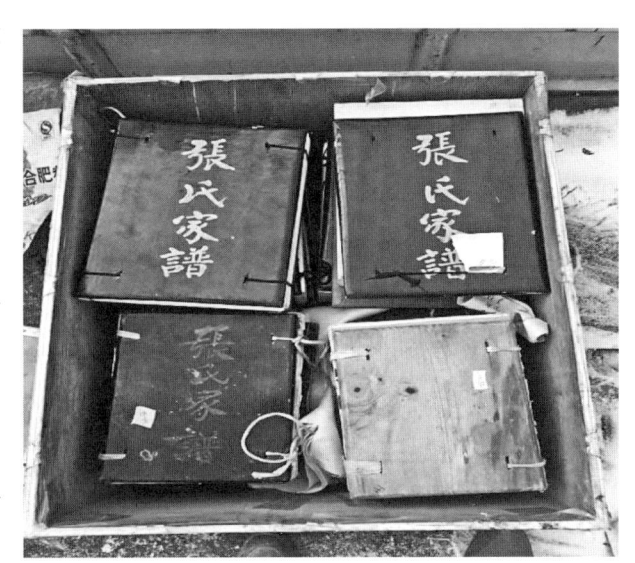

图1-2 双井村张氏家谱

> 录赵州宁晋县城北十八里双井村张氏合族家谱序:当思族繁则支派易紊,世远非谱不可考者夫。家谱何为而修,记世系也;世系何为而记,支派分也。惟其支分而派别,世系不可不记,是以忆。吾始祖文彬系明朝永乐四年(1406年)奉召,自山西平阳府洪洞县城北张家庄徙入廮陶古郡[2]。及民国,年四百余岁,世传十代无谱可稽,其间由一门而分为数门,由数门而更分数门,户口繁衍,脉络不贯,恐后见者不知其出于何支称者,不知其由何世世系错乱,支派茫然,以至于此。视此家,家谱诚重典也,以上无谱可考,不

---

[1] 宁晋县地方志编纂委员会编:《宁晋县志》,中华书局1999年版,第195页。
[2] 今宁晋县。

知自何世不传，不知其何代迁居何处。今合族共议修谱六部，令各小支藏家一部，以备便览后世，则支分派晰，生子生孙命名授字免致日久名字有所犯复，且即遇患难流离，务记携谱，虽代远年湮，各谱不能尽失，张氏世传百代自不失其系矣，愿后人惊之。大明永乐年间迁是县，住尧台村，后自徙居大陆村，又移处双井村安居为业。相传城南张华庄有张姓者，系是同宗，向亦是相往来，但不知几世迁居，宗派叙次不清，录之，知两村张姓为一本所出也。[1]

类似的迁徙还有双井村王氏家族。王氏始祖为明朝永乐年间王氏九世系子嗣，后来随着人口的不断繁衍，王氏后裔迁居宁晋县内不同村落，包括双井村、北塔庄、裴家庄等地，如《王氏家谱》记载：

> 邢台地区宁晋县北塔庄、双井村、裴家庄三村王氏合族家谱序：当思族繁则支派易紊，世远则情意多疏，非谱固无以合其散而明其序然。斯时富人往往不顾念本宗，甚或锦衣美食餐饮仆婢之口、炫耀奴僮之躯而九族之亲不免号寒啼饥失其所者有之矣，兹因无谱可考也。夫家谱何为而修，记世系也；世系何为而记，支派分也。惟其支分而派别，世系不可不记，是以忆。吾始祖传记为明朝永乐年间王氏九世孙，本县人也，一直安居为业。[2]

(二)民国时期的村民迁居

最早迁入双井村的族裔如张氏、王氏等，如今仍在本村生活，其中，大族张氏定居双井村已有600余年的历史（已繁衍至23代）。民国时期的双井村，既有族姓迁出，也有其他姓氏不断迁入，当时村民们频繁的迁徙与他们面临的家庭经济环境、家庭内部关系及与外部社会的联系密切相关。

一是因为逃荒而迁徙。灾荒严重的年月，有的族姓无法维持生存，便设法外出逃荒，落户他处。有些族姓逃荒后只是暂居于某处，待双井村年景变好，再回来继续生活，比如，村民王氏一家逃至他村做生意维持生计，几年之后重新迁回双井村，而有的村民逃荒距离远，比如迁至东北某地，不再回来。过去，既有本村村民逃荒迁出，也有外地村民逃荒至双井村。比如有一年，铁匠老春带着妻子和两个女儿从山东某地

---

[1]《张氏家谱》，1981年辛酉正月本。
[2] 摘自《王氏家谱》。

逃荒至本村，继续打铁为生。老春来到本村后，向村里"好管事"[1]的人们求情下话，希望给他找个落脚的地方，好管事的人们于是安排他暂住官房（村庄公共的拜神场所）。村民们考虑到老春是穷苦人家、年老之人，带着一家妻小外出逃荒不容易，就让他免费居住，村长、村副、"地方"[2]等人对他定居本村没有干涉。老春在双井村住了一段时间，就与"当户落"[3]的村民们打成了一片，当户落的人也给他两个女儿说媒（两女均嫁到了本村，其中，二女儿嫁给了家住村南的光棍汉某氏）。老春的两个女儿结婚时，当户落的人们都去"撺掇"（帮忙）、"挤份子"（随礼）。后来，老春长女的婆家出地出力，为老春盖了两间屋子，老春从此定居双井村。老春逝后，同一户落的乡亲们看在他亲家的面子上，把他安葬在了长女婆家的坟地里（离家2.5公里左右），他的丧葬仪式比较简单，没有请和尚念经。他在世时，无人找他学艺，逝后，无人继承其打铁手艺。

二是因避免家庭矛盾以及建立婚姻关系发生搬迁。本村有的村民与家人不和或与左邻右舍产生了矛盾，不愿在此继续生活，于是选择迁至外村，与此同时，也有外村村民因躲避家庭纠纷，依靠双井村亲戚的帮助，迁居双井村。有些外地族姓还通过与双井村民之间的姻亲、血缘关系迁入双井村，比如有一户定居外村的党姓人家与双井村民有血缘关系（党姓的舅舅、姥爷等人为双井村世居村民），党姓人于是在双井村亲戚的帮助下迁居双井村，过上了更好的生活。

三、姓氏与村落

（一）大族张氏与诸姓聚居

1949年之前的双井村大约有400户人家（2000多人）、20多个姓氏（如下表所示）。

表1-1 1949年之前双井村姓氏统计概况

张	李	王	武	池	牛	刘	柳	闫	冯	周	田	孟	胡
陆	杨	曹	沈	申	谷	班	白	高	寇	程	杜	翟	党

据传，燕王扫北后，宁晋只剩下古丁桥下幸存的孙、张、两王、高、赵、薛七大

---

[1] 方言，意为为人热情、爱管闲事。
[2] 经纪，兼具村庄治理之责。
[3] 在当地，"户落"一词指共同居住的某片区域，"当户落"特指同一个户落。

姓，无翔实依据。[1]《宁晋县志》记载曰："多数姓氏从洪洞县迁来，全县298个自然村，其中，193个由洪洞和其他地方迁民所建，占全县村落总数的65%。旧志载，明洪武初年（1368年）宁晋居民310户，2754人。永乐迁民后，嘉靖七年（1528年），3126户，24190人。非土著繁衍，由迁徙所致。"

双井村诸多姓氏中，张氏祖先最早于1409年落户双井村并繁衍为本村大姓。当然，在同村生活，"一姓未必是一家"，双井村存在4个张氏家族，其中之一为4个张姓中人口最多、势力最大的家族，据老人们讲述，民国时期，大族张氏的人口数量就已占据双井村总人口的一半左右。

（二）部分族姓村民的家庭状况

双井村村民们同饮古井之水，相互交往，共同走过了600多年的历程。以下为1949年之前双井村部分族姓家庭情况。

图1-3 双井村张氏家族续谱仪式

表1-2 1947年土地平分运动*以前双井村部分村民家庭状况

农 户	阶级成分	职 业	民 居	土 地	基本简介
张化楠	地主**	务农	院落4处	70亩	祖上自明朝起就是土地众多的大户人家，民国时期约有70亩地（一块50亩、一块20亩，分别在村东和村西），后来卖了不少地。家有弟兄3人，排行老二；妻子为东枣村（本村正西方向约5.4公里）刘氏，育有2个儿子、1个女儿，均受过教育；父亲是村里看病的"先生"，村民们尊称其父为大先生。他家里置办有种地的耧耙、马车，喂了5头左右的骡马，大田里有两口田井（有两台水车）。他家除了常住的一处院落，另有3处闲置院落（破产的邻居的房屋），据老人讲述，他家的院落可以从东西街前街排到后街。日本侵华战争全面爆发，当地皇协军、黑军经常到他家敲诈勒索，他为此把大部分土地低价卖给了本村人，据悉，当时一亩地按正常价算，可以卖2布袋粮食（约240斤），低价处理时就卖一布袋半（约180斤）。1947年8月底土地平分运动开始，他被划分为恶霸地主

---

[1] 参见宁晋县地方志编纂委员会编《宁晋县志》，中华书局1999年版，第196页。

续表

农 户	阶级成分	职 业	民 居	土 地	基本简介
池文仙	地主	务农纺织	房屋规格高	70亩	家有两块大田，其中一块位于村西，约有40亩，另一块位于村北，约有30亩，每块地的中间位置都有一口旱井，使用水车浇地（两台水车），家里还养了一头黑驴。他的父母去世较早（大约逝于1935年），家中大小事务由他大姐说了算。另据池文仙的儿子池广军回忆，池家过去有2头骡子，祖上是靠纺花织布发家致富的。家中觅（雇）了3个长工，均是双井村人，分别是池氏、刘氏（哑巴）和杨氏
张老宣	地主	管家务农	不详	60亩	张老宣属于新兴地主，早年在邻村唐邱村某好主人家"闺女院"中当"管家先生"，积攒了不少钱财之后变为富户人家，其土地大多距离本村二三公里以外。他家住村落南北街，有老"丁们儿"（弟兄）3人，起初没分家，一大家子十几口人共同生活。家有5头骡马，觅了一位长工（邻村孔小营村民），主要负责为他家"套头"（驾驭牲口）耕地、拉物件，春天时套头驾车往地里拉粪，收秋割谷后用马车将作物拉到家里，过年时，长工也待在他家。此外，张老宣为了省事，把无力耕种的边边角角的地外包给他人
池冲入	中农	务农种树	不详	14亩	现年82岁，家有8口人（3男5女），有14亩土地，主要种植"柳子、杆子"（树苗），苗地不用浇灌。一批树苗需要三年的成长周期，收的柳子可以用来编制簸箕以及其他"家当"（工具），杆子长成后可以用来做铁锹把、锄头把。家里买树苗的钱很有限，有时需要借钱买苗，买苗时一般去宁晋县城东边的刘路村（距离本村8公里左右）
张联须	中农	务农当差	10间房屋	30亩	1949年之前家有11口人（分别是奶奶、父亲、母亲、叔婶、2个哥哥、3个姐姐、1个侄子、自己），有20亩旱地、10亩水浇地、1辆马车，养了1头牛、1头驴。在家中，奶奶是管事的人，只有种地的事情由父亲说了算（父亲常年在家务农），叔叔常年在邻村唐邱村姥娘（外婆）家的当铺当差，赚的钱都交给奶奶保管。家庭住房分内院和外院两部分，内院有2间北屋（父母居住）、2间东屋（叔叔和婶子居住），外院有3间半北屋（奶奶居住）、3间西屋
张小考	下中农	务农放羊	不详	7亩	1929年生，现年87岁，1949年之前家6口人、7亩地，妻子为本村李氏。他家当时养了10多只羊（一般去田间地头放羊）。解放后，他担任本村民兵队长

续表

农　户	阶级成分	职　业	民　居	土　地	基本简介
张大丑	贫农	务农屠夫烧酒匠	有8间左右的北屋	10亩	1917年8月生，文盲，家住村落西北角，有9口人（父亲、妻子、2个儿子及5个女儿），约有10亩旱地，他与弟弟分家单过，母亲跟弟弟生活。他于1925—1935年在家务农，1936年去赵县黎村卖肉，1937—1938年在赵县大石桥烧酒，1939年回家务农，1956年在双井农业社当社长
张小寿	贫农	短工小贩皇协军民兵	不详	5亩	1925年生，文盲，家住村落前街。家有6口人（父母、妻子、妹妹、女儿）、5亩旱地，他妹妹一直住在娘家，没有出嫁。他早先与邻村郝庄某氏成婚，后将妻子"打跑了"（没有生下儿女），当户落的人都说他妻子贤惠。后来，他再婚，因妻子未生育儿女，于是从米家庄某村民家抱养了一个女儿（据说双方非亲非故，抱养时找了本村好管事的人做中间人）。他有时还走村串巷炸油馃子，做一点小买卖。1941年他在邢台市当小工，1942年6—11月在赵县当皇协军，后来回家务农，1943年8—12月在本村当民兵，1944—1947年担任本村民兵队长（当民兵那时候很威风，在村里耀武扬威，村民们称他为"浑寿"）
张焕茂	贫农	卖粉条养猪务农	4间北屋、东西各2间厢房	20亩	1914年生，初小文化水平。家住村落东西街北边，家庭经济水平中等，约有20亩土地，家里人口多，他父亲几弟兄早先没有分家，"伙着过"。在生活中，他父母亲住北屋（正房），叔叔婶婶住东屋，他和妻子及孩子住西屋，家里来了亲戚就在北屋招呼。一家人在村里开设粉坊，他父亲比较老实，去赶集卖粉条时不会算账，经常亏本。他妻子得病早逝，生了2个儿子，后来的他"赶集赶赔了"，穷困潦倒的情况下将分得的土地卖给了米家庄村民（该地靠近米家庄，距离本村较远）。1922—1925年，他在本村上初小，1926—1930年给粉坊养猪，1931—1955年在家务农，1956年担任双井村农业社会计
柳老真	贫农	务农瓦匠	2间西屋	2亩	1902年生，文盲，1910—1921年在家务农，1922—1932年在本村当瓦匠，1933—1938年在家务农，1939—1944年在本村任农会主任。家住村落东西街后街，有4口人（妻子、2个女儿）、2亩左右的旱地，家里"穷得没法"，盖了两间西屋
班珞能	贫农	务农长工	4间北屋4间南屋	几亩	1903年生，文盲，家住村落东西街后街南边。有4兄弟，他排行老三，大哥有3个女儿（大女儿在外唱戏），二哥有1个儿子1个女儿，弟弟没有孩子，他妻子为郝庄村人士（患有精神病），生了1儿1女（女儿外嫁至杨宦村）。他于1911—1922年在家务农，1923—1942年在本村做长工

续表

农　户	阶级成分	职　业	民　居	土　地	基本简介
李庆生	贫农	务农 屠夫 卖瓜枣	不详	不详	1914年生，文盲，1922—1929年在家务农，1930—1940年在石家庄卖肉，1941—1945年在石家庄卖瓜枣
张文伏	贫农	务农 皇协军 瓦匠	不详	6亩	1917年生，1925—1939年在家务农。家住村落东西街前街，有6亩旱地，弟兄3人，他是长子，一直未婚，他三弟有1儿3女。他于1940年初至1940年12月追随李小贞参加皇协军，1941—1944年在本村当瓦匠，1945年担任本村抗日联合会主任
牛银海	贫农	抗日民兵	不详	10亩	1925年生，1933—1939年在本村上学，1940—1945年参加宁晋县抗日小队。家住村北，有弟兄3人，排行老三，他们3兄弟早先没分家，大哥娶了奉教的老闺女，二哥有2个儿子2个女儿，他妻子为本村张氏，生有1个儿子
冯文堂	贫农	务农 皇协军	不详	不详	1920年生，天主教徒。1928—1934年在本村上初小，后又上高小，1935—1944年在家务农，1945年参加宁晋县皇协军任号长，1949年11月加入中国共产党，1949年至1954年2月在定县解放军任排长，后在家务农
张发海	贫农	务农 油漆匠 卖馍	不详	不详	1912年7月生，1920—1931年在家务农，1932—1935年为油漆匠，1936—1938年在本村开卷子坊（馍馍铺，位于村庄南北街），1942年加入中国共产党，1956年担任生产队长
张老寿	贫农	长工	2间房屋	不详	1908年10月生，文盲。1916—1927年在家务农，1928—1944年做长工（在地主池大眼家），1945年加入中国共产党，同年至1947年6月在本村任公安员。他家里有两兄弟，妻子是杨扈村人，因病早逝，生下1个儿子（后在杨扈村姥娘家长大），他后来与好主家奉教的老闺女一起生活（据说没有举办婚姻仪式）
闫生德	贫农	长工 抗日民兵	不详	不详	1913年9月生，文盲，天主教徒，家住村东，育有1女。1921—1931年在家务农，1931—1938年在本村做长工，1939—1941年在本村做小生意，1942—1943年加入宁晋县抗日小队，1944—1945年6月在赵县当皇协军，同年入党，1946年在冀中新兵连当班长，同年5月至1947年在本村当民兵，1948—1955年在本村担任治保委员

＊即土地改革。
＊＊当地人习惯于把地主以及富裕的大户人家称为"好主"。
资料来源：宁晋县唐邱乡历史档案（笔者于调研期间前往县档案局查阅相关资料）及访谈内容。

第二节　村庄建制沿革

考察史志与村民族谱可知，双井村建制历史悠久，在明朝时期就有了正式的建制，至今已有 600 余年。民国时期的双井村，隶属于宁晋县北区，1949 年以后的集体化时期，双井村由自然村变为公社，如今成为行政村。

一、郡县制前后的境域建制

据《宁晋县志》记载，远古时期，双井村境域始称杨地，又称杨纡。《水经注》中载：

> "杨纡，大陆泽地。古有杨城，泽流纡回城下，因曰杨纡"；唐尧之世，分天下为九州。《尚书·尧典》载：尧时，杨地属冀州之域；舜时，分天下为十二州，冀州分为幽、并二州，杨地属并州；夏商二代，幽州、并州合并，杨地属冀州；春秋时，《太平寰宇记》有"春秋时晋杨氏邑"记载，属晋国地；战国时，属赵国之城；秦代，"废分封、设郡县"，全国分三十六郡，杨氏邑属邯郸钜鹿二郡地；西汉，高祖十一年（公元前 196 年），杨氏称邑，置杨氏县；公元 9 年，王莽新政，杨氏称功陆；东汉，光武中兴，复将杨氏县归属冀州刺史部钜鹿郡；三国魏时，杨氏仍属冀州钜鹿郡；晋代，泰始元年（265 年），晋武帝司马炎"封诸王以郡为国"。咸宁六年（280 年），西晋统一天下，分全国为十九州，杨氏县属冀州；北魏，杨氏旧址置廮遥县，县治杨氏旧城；隋代，隋文帝改州、郡、县制为州县制。开皇三年（583 年），廮遥改属栾州；唐代，廮陶县先属赵州，武德五年（622 年）属栾州。贞观元年（627 年），唐太宗分全国为十道，廮陶县属河北道赵州。天宝元年（742 年），唐王朝避"廮陶"谐音"应逃"不祥，取"安宁晋福"之意，改称宁晋，属河北道栾州；五代，宁晋属赵州；宋代，属赵州；元代，太宗六年（1234 年），属真定路永安州，太宗七年废永安州，属真定路赵州。

明代，洪武二年（1369 年），宁晋县属直隶中书省真定路赵州[1]，后改中书省为京师，改路为府，宁晋属京师真定府（今正定）。清初，宁晋县仍属于赵州。康熙十八年（1679 年）《宁晋县志》载，县下分城东南西北四乡，辖 221 个村，双井村为城北乡辖村。雍正二年（1724 年）升赵州为直隶州，宁晋属之，双井村属该县。嘉庆二十五年

---

[1] 据张联须老人讲述，古时，"一府辖九州、一州辖五县"，正定府下辖赵州，赵州下辖宁晋县。

（1820年）为避宣宗名讳旻宁，改"宁"（晋）为"甯"。清光绪年间《宁晋乡土志》载："境内分23个区，旧名23个疃，辖272个村，双井村为二十一区（唐邱疃）辖村。"

表1-3 明清时期双井村建制沿革

时　间	建　制
明代永乐年间	外地族姓居民迁入双井村，距今约600多年
明代隆庆年间	双井村隶属于赵州宁晋县安宁社（编户里社），位于赵州东20里处
清代康熙年间	双井村隶属于宁晋县城北乡
清代光绪年间	双井村隶属于宁晋县二十一区（唐邱疃）

二、民国时期的村落建制

民国十八年（1929年）《宁晋县志》载："民国成立后，县下分城东南西北中五区，辖284村，北区辖原4个疃44个村，包括唐邱疃（13个村），双井村隶属于北区；民国27年，宁晋县置五区，第五区辖唐邱、双井、曹伍疃、米家庄、大陆村、周家庄、刘路一带村庄；民国29年（1940年）4月，县城西沙河南，城东石家庄—南宫公路南村庄析出，置宁南县，宁晋、宁南分治。宁晋县置七区，五区辖唐邱、西马庄、裴家庄一带村庄；民国34年9月，宁晋县城建立城厢区，辖城内村庄。"日本侵华战争爆发以后，战火烧至双井村，村庄存在多重政权力量，行政建制较为混乱。

表1-4 民国时期双井村多重建制概况

时　间	多重建制	具体内容
民国十八年（1929年）	国民政府的基层建制	"县下设区、村两级组织。区村均称公所，县置五区，设区长、助理、区丁；村设村长、村佐。民国22年（1934年），区下设乡，乡下设邻、间。规定100户以上的村为乡，设乡长、乡副；十户为一邻，十邻为一间，邻设邻长，间设间长。"* 这时的双井村隶属宁晋县北区
民国二十六年（1937年）10月	日伪政权的基层建制	日军入侵宁晋县，全境战乱，处于无政府状态，当年农历九月初九，日军侵入双井村。民国三十一年（1942年）夏，日伪政权建立伪大乡，在当地推行保甲制度，建立了基层治理机构，"设乡、村两级基层组织，乡设乡长，村设村长。村下十户为一甲，十甲为一保，甲设甲长，保设保长"*
民国二十七年（1938年）9月	抗日民主政府的基层建制	宁晋县抗日民主政府组建5个基层区公所，实行县辖区、区辖村建制，双井村隶属于第五区。区、村均称公所，区公所为基层政府，设区长、副区长、秘书、财粮、民政、文教等职；村设村长、副村长，助理二三名。民国二十九年（1940年）4月，宁南县建立，设3个区公所

* 均摘自宁晋县地方志编纂委员会编《宁晋县志》，中华书局1999年版，第442页。

三、1949 年以后的村落建制

1949 年 10 月，宁南县并入宁晋县，复原建置，设 11 区，辖 306 村，其中辖双井村的第九区驻唐邱。1950 年 6 月，11 个区改建为 7 个区，辖 306 村。1953 年 7 月，七区下置 87 个乡，辖 306 个村，成立的双井乡下辖双井、郝庄两个村庄。1956 年 7 月，88 个乡镇并为 37 个乡镇，辖 306 个自然村，双井乡下辖 3 个村，原孔小营乡并入双井乡。1958 年 9 月，20 个乡改划为 8 个人民公社；同时，进行划村工作，全县 306 个村划分为 311 个自然村，373 个行政村，双井公社下辖 3 个村（6 个大队，即双井大队、郝庄大队、孔小营 4 个大队）。1984 年 1 月，41 个公社改为乡，辖村未变。1995 年，全县共 5 个镇 36 个乡。[1]

表 1－5　1949 年以后双井村建制沿革

时　间	建　制
1950 年 6 月	隶属于宁晋县六区
1953 年 7 月	隶属于双井乡
1961 年	成立双井公社双井大队
1984 年	成立双井乡政府，双井村为该乡辖村
1995 年至今	隶属于唐邱乡

第三节　村庄当下概况

图 1－4　当下双井村庄大门

双井村境位于河北省中南部平原，东与新河县、冀州、辛集市交界，西与赵县、柏乡县相连，南与隆尧、巨鹿县接壤，北与晋州市、赵县毗邻。双井村在人民公社解体以后为双井乡乡治驻地，位于县城北偏东 9.3 公里处，东靠唐邱、高庄寨乡，西接曹伍疃乡，北依赵县杨户乡，南邻孙家庄乡。双井乡区域面积为 25.74 平方公里，耕地 1719.4 公顷，辖 6 个行政村（3 个自然村），农户 4058 户，16747 人，全为汉族。乡区

1　参见宁晋县地方志编纂委员会编《宁晋县志》，中华书局 1999 年版，第 39—48 页。

图1-5 当下双井村农田

地势平坦,东部为沙壤质潮土,西、南部为轻壤土。

村民们除了种植小麦、玉米(亩产量为1000斤左右)还栽种梨树,村庄拥有公共和私人的梨园(每亩可收入2000元左右)。村民的人均土地占有量约为1.3亩。

表1-6 当下双井村概况

户 数	1670
人 口	6789
耕地(亩)	8800
水 井	2
街 道	2条南北街、6条东西街
卫生室	2(每所卫生室有医护人员7名)
小卖铺	8
村民小组	村落分4个片区,每片划分为6个小组
村干部	4人(1位村长、3位委员),每人负责一个片区,村支书与村主任为"一肩挑"

续表

党员人数	105
小　学	1
幼儿园	2（1所为公立，1所为私立）
参加新型农村合作医疗户数	1670

图1-6　当下双井村居住格局

村庄的空间面貌在经历了1966年邢台大地震以后发生了重大的变化，村民们的居住环境被重新规划。但是，当下的村民们依旧集中居住、相邻建房，没有改变传统的居住习惯。村民们的房屋各有差异，有的农户修建了高墙大院，住上了二层小楼，有的农户住在小平房内，还有大约几十户已搬进了整洁的社区楼房。住进社区的村民除了偶尔与其他村民一起参加村庄公共活动，其他时间主要活动在社区内，与户落、邻居、党乡人之间的日常联系、交往较少。

当下的村民依旧信仰神明，他们的信仰可分为两类：第一类是指汉教村民对真武爷、老佛、龙王爷等的信仰（当下村民不再举行求雨仪式，但是他们在特殊的节庆期间依旧祭拜龙王爷）；第二类是指天主教民的信仰，天主教徒每天去教堂祷告，他们的婚丧习俗与汉教村民不同，但相比以前有所改变，比如结婚时也在家中办酒席宴请宾客。

村民们平时的文化娱乐活动主要是跳广场舞、练太极、打牌等，打牌的地点一般在村落的十字街，十字街周围平时热闹非凡，大家在此购买商品、打牌看牌、下棋、聊天。有些老人们不喜欢热闹的地方，便聚在某个人家，聊天、听广播。

在村庄的治理中，村委会成为当下村民自我管理的主要机构，村两委的选举、日常事务的办理都公开化、透明化，村庄每3年进行一次党支部与村委会的换届选举（上一次的村委会换届选举工作开展时间为2013年）。

第二章　双井村的自然形态与实态

传统时期的双井村，土质贫瘠、气候干旱、水源缺乏，农业生产中普遍采取井灌作业方式。村庄的田块集中分布且大小不一，村民的居住方式以集中相邻为宜，民居、店铺、神庙及其他公共性建筑物的分布错落有致。村落内外交通环境便利，村民与村外的交往比较频繁。

第一节　自然地理

双井村的地理风貌整体上为冲积平原，村落气候四季分明，降水量偏少，属于典型的东部季风暖温带半干旱区。在这种自然环境下，村民们既种植粮食作物，也种植棉花等经济作物。村落的自然资源条件比较差，限制了村民的生产生活。

一、村落坡降地貌

（一）地貌概况

村庄地处宁晋县西北部，属于该县海拔最高的村庄之一。据《宁晋县志》记载："双井村境域地貌，为太行山冲积扇缘交界洼地。洪冲积，湖相沉积填充，历年抬高，黄土、沙层加深。近现代，地貌以黄土、混沙土、细沙、中沙洪冲积物、湖相沉积物为主。河流冲积平原，沙层深浅不一。湖相沉积，形成黏土、亚黏土。境内受诸多自然条件影响，形成三个独具特点的地貌单元。西部扇缘冲积平原：洨河、北沙河沿东侧向东南洼地纵流，西部平原，与洼地交接。耕种历史悠久，土壤熟化程度最高，通体轻壤，易耕种。地势较高，纵有洪害，顺势南泄，很少受灾。"[1]

（二）坡降地形与井灌、防卫

双井村坐落在坡降地形中，整体而言，这一地形深刻影响了双井村民的住房选择、田块分布与井灌作业。村民们主要聚居于地形较高的地方，即围绕村公所（俗称"老局子"）居住，从而形成不同的户落（片区），村公所同时也成为整个村庄的中心。村外较低的地方皆为田块，田块依据地形的高低被分为不同的等级，地形高、地势平坦的土地被划分为"好地"（上等田），低洼的土地被认为是"赖地"（差等田），上等田与差等田在作物耕种、产量、交易价格方面均有很大的不同。与此同时，坡降地形还影响着村民的农田井灌作业。村民们在农田中打井时，优先选择较高的位置，这样，打出来的井水可以沿着地形坡度，自动流淌至农田沟渠中，实现自然灌溉。

村落的坡降地形除了利于灌溉，还对村庄的整体防卫产生了重大影响。据老人们[2]讲述，与双井村相邻的米家庄、唐邱等村庄均修建了高巍的村墙，它们修建村墙，一方面是为了防止大水淹没村庄。据悉，过去每逢雨季，位于石家庄附近的河流（上游）河水暴涨，时常将下游的村庄、田地淹没，为此，米家庄和唐邱村等地势相对较低的村庄都修建高墙防水。而双井村民认为村落位居特殊的坡降地形，自然而然可以防范水灾，于是没有修建村墙（村民们集中居住在村落的较高处，暴雨季节，村内的大水沿坡流至村外，一般的水患不会成为村落的威胁）。另一方面出于防范土匪袭扰的目的。兵荒马乱的民国年代，当地匪患严重，土匪时常骚扰村庄，邻村通过修建高巍的村墙以抵挡来犯之匪。

二、村落气候条件

（一）气候概况

双井村地处东部季风暖温带半干旱区，四季分明，雨热同期，降水量偏少。据《宁晋县志》记载，夏季东南风盛行，气温增高。雨量分配不均，多集中在7月下旬至8月上旬。民谣曰，"五月旱，不算旱，六月连阴吃饱饭"。冬季受西伯利亚、蒙古冷高压控制，气候干燥寒冷，降雪稀少。

当地月平均日照时数，5月最多，为282小时，日照百分率为64%，亦最高。日照时数在11月最少，为174小时。日照百分率7月最低，为51%。下表为当地日照时长、百分率状况。

---

[1] 宁晋县地方志编纂委员会编：《宁晋县志》，中华书局1999年版，第88页。
[2] 引自张小考、王丰娟等人的口述。

表 2-1　1957 年至 1995 年月均日照时长、百分率状况

月　份	1	2	3	4	5	6	
日照（小时）	186.2	180.5	222.1	228.3	282.0	274.8	
百分率（%）	62	59	60	58	64	62	
月　份	7	8	9	10	11	12	全年
日照（小时）	227.7	224.0	224.6	215.5	174.0	178.2	2610.6
百分率（%）	51	54	61	62	57	61	59

资料来源：宁晋县地方志编纂委员会编：《宁晋县志》，中华书局 1999 年版，第 90 页。

当地气温年较差大，具体的气温状况详见《宁晋县志》："1957 年至 1995 年间，年极端温差为 65 ℃，年平均气温为 12.5 ℃。最热年（1961 年），平均气温为 13.4 ℃。最冷年（1969 年），年平均气温为 11.4 ℃。7 月最热，平均气温为 26.6 ℃，1 月最冷，平均气温为 -3.9 ℃，气温年较差为 30.5 ℃。"[1]

表 2-2　月平均气温状况　　　　　　　　　　　（单位：摄氏度）

月份	1	2	3	4	5	6	7	8	9	10	11	12
平均气温	-3.9	-1.0	6.2	14.1	20.1	25.5	26.6	25.0	20.0	13.6	5.0	12.5

日平均气温稳定通过 0 ℃，初日表示冰雪消融，土壤开始解冻。初日一般在 2 月 25 日，终日为 12 月 1 日。初日 4 月 4 日，中温作物谷子、高粱、豆类播种。终日 10 月 27 日，经 206 天，积温 4371.8 ℃。日平均气温通过 15 ℃ 的初日为 4 月 27 日，是夏播作物最佳期，是春播棉花、花生生长旺期。

（二）气候条件与作物种植

农作物的生长、发育、结果和日照百分率密切相关。据统计，1957 年至 1995 年年平均日照时数为 2610.6 小时，日照百分率为 59%，能满足长、短日照作物需要。气候条件直接影响着村民的农事安排。当地俗语称"谷雨前后，种瓜种豆（当地很少种瓜）；秋分前后，开始秋收；秋三月、麦十天"，意为秋季有 3 个月的时间，而收割只需 10 天左右。

上述的气候条件不仅对粮食作物的种植产生影响（传统社会，谷子、玉米、高粱、豆类等作物一般一年一熟），而且对于经济作物的种植至关重要，双井村自古种植棉花，棉花的生长需要较高的气温、日照、降水条件。村民种植的棉花分为"籽花"与"好百花"两个品种，籽花品种的棉花呈泛黄色，产量较低（一朵生 3 瓣），价格低，

---

[1] 宁晋县地方志编纂委员会编：《宁晋县志》，中华书局 1999 年版，第 90—91 页。

主要用于织布,村民们种此类棉花的比例较小;"好百花"品种的棉花呈漂白色,产量高(一朵生5瓣,3斤棉花出1斤瓤),价格高,村民们喜种此类棉花。到了农历八月摘棉花的时节,家里的男女老少都需要下地干活(不包括失去劳动能力的老人),赶在九月之前完成采摘任务。当地素有"花收九月霜"的说法,即到了农历九月份,如果棉花还未采摘,秋霜降临,会影响棉花的颜色(白色的花头霜打之后,变为黄色)。

表2-3 棉花生育期日照、温度、降水状况

生育期		苗 期	蕾 期	花铃期	吐絮期
日 期		4月20日至6月20日	6月21日至7月10日	7月11日至9月10日	9月2日至10月20日
温度(摄氏度)	要求温度	≥19 积温125	25—30	≥15 积温1500—1600	20—25
	实际温度	185.2	26.8	1589	20.1
	适合温度	充足	适宜	适宜	偏低
日照(小时)	要求日照	460	220	460	280
	实际日照	466	232.0	452.6	288.9
	适合程度	适宜	适宜	偏少	适宜
降水(毫米)	耗水量	40	95	300—345	84—90
	降水量	25.1	61.1	251.6	45.9
	适合程度	少	偏少	偏少	偏少

(三)地温条件与村民行为

当地全年之中6月份地温最高,平均值为30.8℃,1月份最低,平均值为-4.1℃。极端最高温度为70.0℃,出现于1962年6月17日;极端最低温度为-25.5℃,出现于1950年1月5日。[1]

表2-4 月地表温度 (单位:摄氏度)

月 份	1	2	3	4	5	6	7	8	9	10	11	12	年平均
温 度	-4.1	-0.5	8.6	17.6	25.6	30.8	30.5	28.5	23.7	15.4	5.4	-1.8	14.8

地中温度与深度相关。冬季深度增加,温度提高;夏季深度增加,温度降低;春秋两季,变化差异较小,地中温度不高于0℃,土壤中水分成冰、冻结,形成冻土,

---

[1] 宁晋县地方志编纂委员会编:《宁晋县志》,中华书局1999年版,第93页。

地中温度越低，冻土越深，层厚越大。

表 2-5　月冻土深度

月　份	1	2	3	4	11	12
冻土深度（厘米）	25	53	27	1	14	38
出现年份	1981	1980	1969	1962	1971	1980

1949年以前的农历六月，气温最高，村庄街道里的沙土温度也高，人们无法光脚走路。在六月伏天，强烈的光照条件下，地表水分大量蒸发，时常引发旱灾，正如村民所感慨的，"三年两头旱，碌碡不翻身"（意为旱情严重，庄稼几乎颗粒无收）。面对严重的旱情，少数大户人家可以打旱井浇地，大多数的村民无力打井，只好通过举行仪式祭拜龙王爷或向天主祷告的方式，求助于神明。

村庄的冬天，气候寒冷，水井旁边常有结冰，增加了村民们打水时出意外的风险。此外，冬季的低温冻土层厚度达2尺左右，这时如果死了人要挖墓坑（俗称"挖穴"），先在冻土表层烧把火，等冻土表层融化后再开挖[1]，这样可以节省挖穴者的体力。

（四）降水与"任水四流"惯例

双井村境内冬季降雪稀少，夏季雨量偏少且季节分布不均。据1957—1995年资料统计，夏季平均降水量为318.1毫米，占年总量的67%，变率为30%，属四季中最小。冬季降水量为11.9毫米，占年总量的35%，变率为65%。春秋降水量、变率介于冬夏之间。[2]

表 2-6　季均降水量

季	春	夏	秋	冬
平均降水（毫米）	59.1	318.1	87.3	11.9
占总量（%）	12	67	18	3

表 2-7　连续降水天数与雨量表　　　　　　　　　　（单位：毫米）

月份	1	2	3	4	5	6	7	8	9	10	11	12
年份	1967	1978	1979	1964	1963	1982	1978	1963	1960	1968	1961	1974
日期	26—28	7—10	29—31	14—20	22—26	12—17	21—29	2—10	23—30	5—10	16—20	1—4
天数	3	4	3	6	5	6	9	9	8	6	5	4
降水	4.9	6.5	21.8	81.6	33.1	71.8	99.2	54.3	53.3	136.4	24.2	15.1

1　根据张小考老人的讲述整理所得。
2　宁晋县地方志编纂委员会编：《宁晋县志》，中华书局1999年版，第94页。

降水丰富的季节，村民自家院内积水沿着村庄坡降形过道自然地排至村外，村庄由此形成了"任水四流"的规则。村民们以此规则来处理与排水相关的问题，比如农户甲的房屋地形高于四邻的，从甲排出的积水灌入邻居的院内，按照任水四流的规则，邻居也不能责怪。但是在实际生活中，有些邻居、一户落的村民之间难免会因为积水的流向、排泄发生摩擦，这时，相互间需要体谅。正如当地俗语所称，"没有走不到的道，没有用不到的人""人要有口气，你不敢说上哪"，意为人们之间和谐相处，不要"薄皮"（斤斤计较），不要把对方看"绝"了。[1]

三、村落土壤特征

（一）土壤特征

双井村发育在宁晋县西部扇缘平原上，属于典型的潮土区。地下水位逐年下降，淋溶作用增强，典型潮土有褐土化演变趋势。土体假菌丝、砂礓结核现象，是土壤主要特征。成土母质为砂质主流冲积物和壤质漫流冲积物。耕种历史悠久，成土时间长。通体轻，砂壤均质，通气性良好，宜于耕种。有机质分解快，积累少。地势高，地下水位低，影响作用减弱。气候干旱，降雨集中，地表径流、井灌淋溶作用加强。表层碳酸钙含量为5%—9%，深层增加10%以上。有机质0.7%，全氮0.041%，C/N10。着生丛草类半干旱植被，白茅草、蒺藜、狗尾草、节节草、蒲公英、星星草等。作物宜种棉花、谷子、高粱、玉米等。[2]

（二）村民对土质的改良

在双井村的调查中得知，土质较好的田块主要用来种植谷子、玉米等主粮，土质较差田块则主要用来种植高粱、豇豆、棉花、树苗等，如老人所言，"黑豆、黄豆、豇豆属于杂粮，它们的成活率高"，一般种在沙地、洼地中。在风调雨顺的年份，上等田每亩产300斤左右的粮食，差等田每亩产200斤左右，旱荒之年，上等田与差等田的亩产量均在60斤左右，这时，部分村民将土地抛荒，外出逃荒。

村民们深知上等田带来的收益，于是为了提高土地的产量，通过熬制土粪、拾粪、买粪（主要是大户人家买）的方式，增加土壤的肥力，通过打井灌田，增加土壤的湿度。村民们改善田块的土壤质量属于自发的行为，村庄和官府并未有组织改良土壤的措施。

四、资源要素与生产生活

1949年前的双井村，长期处于穷困的境地，矿产资源缺乏，主要的自然资源包括

---

[1] 夏季的降水还对具有不同水利条件的农户产生不同的影响，比如距离水井较远的家庭，在日常生活中更加注重节约用水，因为大家都知道挑一桶水需要费很大力气，于是碰到下雨的时候，用缸接雨水，洗漱、洗衣服时就用雨水。

[2] 宁晋县地方志编纂委员会编：《宁晋县志》，中华书局1999年版，第103页。

水文资源、耕地、林木资源。

（一）地下水资源与井灌作业

通过前文对双井村村名的追溯可知，水井是双井村的重要特征，村民开发地下水资源、打井吃水的历史至少有600余年。《宁晋县志》载曰："掘井灌溉，境西部最早，系土、砖井结构，提水工具为木桶（俗称为'梢'）、提罐（饮水用）、辘轳（灌溉用），后出现水车。"村民饮水、灌溉水源基本依靠地下水资源。地下水质不同，咸淡分界呈不规则走向（西南—东北走向），西部为全淡区（辖双井村）。矿化度2克/升以下，面积526.94平方公里，东部为咸水区。

表2-8 地下水资源量状况　　　　　　　　　　　　（单位：万立方米）

水分量区\项目	降水入渗 Q降	河道入渗 Q河	渠道渗漏 Q渠	地下水径流 Q径	井灌回归 Q井归	总补给量 Q总补	采取系数 P	浅层淡水可开采量
合计	6508.94	408.11	258.67	499.1	1304.38	8979.2	0.95	8499.31
一	1961.79	219.23			422.71	2623.73	0.95	2492.54
二	2573.54	188.88		（十）968.4	550.17	4281.29	0.95	4069.22
三	1347.2		258.67	469.3	279.32	1415.91	0.95	1345.11
四	447.73				28.53	476.26	0.90	428.63
五	178.66				3.35	182.01	0.90	163.81

双井村附近无河流、湖泊等水源。地下水资源保障了村民的生产生活。开凿饮水井属于村庄某一片区的公共事务，打农田灌井基本属于单家独户的私人事务（拥有私人田井的农户主要为家财雄厚、土地众多的好主、富裕人家，穷家小户家境贫困、土地少，很少有田井）。全村村民皆有自由利用、开发地下水资源的权利，对于打井事务，村庄权威和官府不加干涉。

（二）耕地、林木资源与生产生活关系

古代农业社会，土地是村民们赖以为生的最重要资源。从历史上看，双井村境域的耕地资源分布情况屡有变化："明朝洪武元年（1368年），全县人均土地18.24公顷；明朝嘉靖七年（1528年），人均耕地2.077公顷；民国25年（1936年），人均耕地0.257公顷；1949年，人均耕地0.257公顷。"[1] 1949年之前的双井村约有400户居民，2000多人，土地总量约为7000亩，人均土地占有量约为3.5亩，土地资源相对有限，

---

[1] 宁晋县地方志编纂委员会编：《宁晋县志》，中华书局1999年版，第661页。

村民对土地资源的占有出现不平衡的现象（这其中的原因主要是土地买卖）。据调查，在当地人眼中，土地资源的多寡是衡量一户人家经济财富水平的最主要标准，村民们努力积攒财富，主要目的在于购置土地（俗称为"要地"）。

双井村地处冀中平原地带，即便缺少大面积的原始山林资源，但不乏林果资源，双井村境域种植果木的历史可以追溯至秦汉时期，"河北中南部平原种植梨、枣、桃、杏。汉司马迁《史记·货殖列传》载，'安邑千树枣……常山以南，河济之间千树梨'……民国26年（1937年）后，日伪军破坏，果林毁坏"[1]。双井村大户人家种植的果木主要是梨树，部分农户家种植柳木，比如村民池冲入[2]在1949年之前，以种植"柳子、杆子"（树苗）为生，苗木一般购自宁晋县城东边的刘路村（距离本村8公里左右）。"刘路村柳杆、杞柳和农作物间作，有数百年历史，杆、柳个豆类、花生、谷类间作……口碑资料，延白、刘路、薛庄杞柳和柳杆，明代成片种植，素有'金条、银条'之称。"[3] 林木地不必浇灌，旱涝保收，但收益较低。

五、村落交通状况

（一）"棋盘街"与村落内部交通关系

村民们将村内街道比喻为棋盘街道，即南北街道和东西街道相交形成，类似于棋盘。村庄有2条南北街（分别是村东与村西的边界）、3条东西街（其中中间一条为正街道，其他两条街分别为前街、后街）。村民们识别乡亲的具体家庭住址，时常以前街、后街、十字街、南北街北边或南边方位以及这些街道的某个过道（胡同）为准，比如，村民们会说："××住在南北街北边的第×个过道里"。棋盘街道打通了村内的交通网，保障了村民的出行。

（二）村道与村落外部交通关系

村庄的社会交往，有赖于便捷的外部通道（见图2-1[4]）。调研发现，村庄外部通道一般与村庄边界重合，村民都熟知村界土地[5]的界线，土地的界线

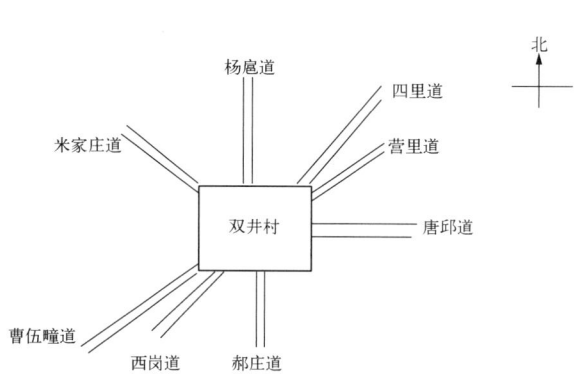

图2-1　1949年之前双井村村外道路概况

---

[1] 宁晋县地方志编纂委员会编：《宁晋县志》，中华书局1999年版，第697页。
[2] 池冲入，男，现年82岁，1949年之前为中农家庭。
[3] 宁晋县地方志编纂委员会编：《宁晋县志》，中华书局1999年版，第695页。
[4] 道路交通信息引自张联须老人的口述资料。
[5] 有些土地因其形状得名，比如裤腿子地，有些因地形而得名，比如杨沟地。

也称"官背",官背两端分别栽有一个石灰桩(俗称"打灰橛")。村民心理上的土地边界(方位)主要有村东头、村西、老村南、村北、杨扈道、米家庄道(西北方向)、唐邱道(正东方向)、曹伍疃道(通往西南的曹伍疃村)、营里道(通往东北方向的孔小营村)、郝庄道(通往正南的郝庄村)、胡岳道(通往东南的胡岳村)等等。村民去地里的道路主要有杨扈道(通往村北的杨扈村、范庄等)、西岗道(西南方向,约1.5公里)、四里道(东北方向)、杨沟道、坡六路道、东要道等,这些道路也是土地的边界,一般宽2米左右,路边都有"道旁"(宽度约60厘米),人们赶马车出行的过程中,一般是人走道旁,马车走中间道路,这些道路均属于公共的财产,"是老年那时候走出来的道"[1]。

村外道路损坏之后,无人组织修护,村庄也没有成立专门修建、管理道路的组织(如路会)。村庄内部及附近没有桥梁、河流,村民出行主要靠陆路,交通工具主要为驴车、马车,下地干活一般赶敞篷驴车、敞篷马车(俗称"粗车"),走亲访友、赶集、举办婚庆之事、送妻子回娘家时一般乘坐席车(即篷车)。

第二节 干旱与水利

干旱是双井村的一个重要自然特征,传统时期的村庄时常发生旱灾。村民为了缓解旱情,一方面举行求雨仪式,将希望寄托于神明,另一方面采取打井灌溉的方式,改善农业水利条件。

一、干旱社会

(一)"三年两头旱""碌碡不翻身"[2]

当地古有民谚:"西北旱、东南洼,东北片片沙圪垯。"1949年之前的双井村旱灾频发,干旱几乎成为一种常态,正如村民所讲,"三年两头旱"。村庄每年降水量变化很大,当地称"对年头",即如果今年的雨水多,明年雨水就可能会减少,旱情加重。村民们用"碌碡不翻身"来形容旱灾荒年的景象。1949年之前的双井村境域历史,近乎是一部旱灾史。

---

[1] 摘自张联须老人的口述资料,张氏现年81岁。
[2] 碌碡即碾场农具,"碌碡不翻身"原意指该年用不着碌碡碾谷子。

表 2-9 双井村境域旱灾史

时　　间	旱　　情
东汉桓帝元嘉元年（151年）	旱，河北饥，人相食
桓帝永寿元年（155年）二月	旱，冀州饥，人相食
东晋孝武帝太元十年（385年）夏四月	旱，冀州人相食。邑落萧条，以桑葚为军粮
梁武帝天监九年（510年）	冀、定二州大旱
元世祖至元三十年（1293年）	旱
明太祖洪武六年（1373年）	赵州、宁晋旱，民饥
宣宗宣德十年（1435年）	连旱三年，庄稼受灾
英宗正统六年（1441年）	旱，民饥流移
世宗嘉靖八年（1529年）六月	宁晋旱，民相食
嘉靖三十九年（1560年）	大旱，自嘉靖三十二年后，连续干旱7年，逃荒者流移在道，人多相食
神宗万历十三年（1585年）	大旱
万历四十二年（1614年）	自春至秋无雨，七月十一日夜雨，民始播种
思宗崇祯五年（1632年）	河北中南部各县大旱
崇祯十二年（1639年）	大旱
崇祯十三年（1640年）	大旱，河流干枯，井地无水，野无寸草，人相食
崇祯十四年（1641年）	大旱
清康熙三年（1664年）	秋旱，大饥
康熙六十一年（1722年）	大旱，民食树皮
嘉庆十八年（1813年）	旱灾，饥荒，泊水干涸
咸丰元年（1851年）	旱
咸丰八年（1858年）	旱
同治元年（1862年）	旱
同治八年（1869年）	旱，民众无柴草做饭
同治九年（1870年）	春、夏旱
光绪二年（1876年）	夏大旱
光绪三年（1877年）	旱
光绪四年（1878年）	旱，粮价大涨
光绪二十六年（1900年）	旱
光绪二十八年（1902年）	旱

续表

时　　间	旱　　情
民国三年（1914年）五月	旱
民国四年（1915年）	旱
民国五年（1916年）	旱
民国九年（1920年）	大旱，自春至秋，滴水不落。西部井灌区稍有收成，县东一带赤地千里

资料来源：宁晋县地方志编纂委员会编：《宁晋县志》，中华书局1999年版，第114—115页。

（二）干旱的影响

干旱对村民的影响是多方面的：其一，从他们祖辈迁居双井村开始，干旱的影响就一直存在，干旱导致了村民的迁徙、村落的形成。"据《明史》载：元末因水旱、蝗、疫、战争等天灾人祸，河北、河南、山东省，人烟稀少，土地荒芜。"[1] 旱灾导致河北人烟稀少，双井村民的祖先们正是在这样的自然环境下迁居本村，祖祖辈辈们在三年两头旱的双井村生活了数百年，少见风调雨顺的年月。

其二，干旱对农业生产的影响。当地常年干旱的主要原因在于降水量的不足（少量的降水主要集中在六七月份）。干旱直接影响着村民的农业生产制度、生产选择，比如村民们不得不倾向于种植旱作物（小麦、谷子等），当然，更重要的影响表现在农田的灌溉、作物的收成方面。村民们对春季的雨水格外期盼，春季需要播种，却面临降水缺少的问题，当地俗语称"春雨贵如油"。到了炎热的夏季，干旱加重，农田灌溉成为摆在村民面前的重大困难，农田如果无法及时灌溉，收成会明显减少。村民们常讲述：如果某年雨水稍多，收成就会好一些，豆类高产（亩产量一般为300斤）；碰上雨水少的年份，旱情加重，发生大面积旱灾，庄稼"不见收"（当地方言，意为歉收），产量明显降低（玉米亩产量为50—60斤，谷子亩产量为100斤左右）。

其三，干旱导致的"灾上加灾"。据老人们回忆，干旱严重的年份，蚂蚱更容易泛滥，当地人将蝗虫称为蚂蚱，蚂蚱灾害与旱灾相伴而生，严重时有"蝗虫照艳天"之说[2]。每当蝗灾发生，大面积庄稼被吞噬，加重了旱情带来的灾难，进而引发饥荒。干旱带来的另外一个灾难就是干热风灾，1949年前，当地风沙大，夏季起干热风的时候，黄沙漫天，睁不开眼。历史上有关大风的详细内容，《宁晋县志》有如下记载：

---

[1]《宁晋县志》，宁晋县地方志编纂委员会编，北京：中华书局1999年版，第195页。
[2] 摘自史永来老人的口述。

"受季风影响，南风多北风少。3月份起，偏南风增多，至10月～11月始转偏北风。东南、西北风次之。东风、东北风间有发生。"……风速变化大，3月～5月最大，8月～9月最小，年平均风速2.7米/秒。大风发生频率较多，冬春干冷风最多，夏季干热风成灾，瞬间风速≥17米/秒为大风。[1]

表2-10　历年风向频率

风　向	北(N)	东北(NE)	东(E)	东南(SE)	南(S)	西南(SW)	西(W)	西北(NW)
平均年频率（%）	17	11	6	13	24	6	4	9

表2-11　历年风向频率　　　　　　　　　　（单位：米/秒）

月　份	1	2	3	4	5	6	7	8	9	10	11	12	平均
风　速	2.5	2.7	3.4	3.8	3.5	3.3	2.5	2.0	2.1	2.4	2.5	2.5	2.7

干热风突发性强、速度快，时常造成灾害。大风致使春季失墒，夏秋作物倒状或被淹，冬季摧折树木。严重时，飞沙走石，威胁生命财产。地里的庄稼秆都被沙土淹没，只能看到谷穗，大风过后，院子里能落30厘米厚的沙土。村民们把自家院子里的沙土清理到村庄过道内（村庄不会组织全体村民清理沙土的活动），下雨的时候，沙土被雨水冲到村外低洼的地里。

（三）干旱与村民的行为

面对时常发生的旱灾，村民们采取了各种措施，这其中既有村民个体的行为，也有家户层面的举措，更有村落整体的应对。

1. 村民的抗旱举措

首先，在干旱的气候环境下，村民因地制宜生产经营，主要种植抗旱作物，俗称"秋粮"，即玉米、谷子、高粱、黑豆、黄豆、豇豆、绿豆，所有作物都是一年一熟。其次，村民们通过在田里开凿水井（当地将凿井称为"打旱井"），实现农田灌溉，缓解旱情。打旱井的举措还催生了一批常年以凿井为生的人，他们组成"打井班"，为村内外的村民解决凿井问题。

2. 家户的应对方式

一是节俭生活。大户人家有钱有能力打旱井缓解旱情，保证作物产量，而许许多多的穷家小户无力凿打旱井，只好采取其他办法。比如在年景好的年份，除了留出糊口的粮食，余粮均锁到仓房里储存起来，这样做的目的在于防止家庭成员在丰收年份

---

[1] 宁晋县地方志编纂委员会编：《宁晋县志》，中华书局1999年版，第95—96页。

挥霍粮食,导致来年发生灾荒时断了口粮。

二是外出逃荒谋求生计。逃荒的家庭一般是家中人口少(无老人、孩子少)、有几亩旱地的农户。遇到旱荒之年,村里年景一下子变差,部分无法维持生计的村民便选择逃荒,外村村民也会讨饭至本村。逃荒主要是家户层面的事务,村庄既没有实施鼓励村民逃荒的措施,也不干涉村民的流移。有的村民逃荒之后又会回到双井村,比如村民王氏一家三口在旱情严重的年月,逃至外地大石桥一中农家中暂住(该户老年妇女善待她们一家人,后来她父亲时常买点礼品去看望),以炸油馃子为生,过了几年,双井村年景变好,他们重新回到双井村种地。

3. 村落的求雨活动

发生旱灾时,官府一般不会组织集体性的救灾活动,只有村落会组织村民采取应对措施,比如举行盛大的求雨仪式。在天干少雨的六月伏天,村民们组织起来祭神,求老天爷下雨降伏,缓解旱情。

村民认为龙王爷是天上专管下雨的神,求它有用,求其他神不顶事。村民们求雨的地方一般选在村庄东南角的龙王庙和村庄水坑旁边。求雨活动主要由村子里面"行好"(指烧香拜佛)的老母会、玄天大会等组织发起,祭祀仪式也是由老母会和玄天大会自行组织,无须从外部请道士和尚。求雨活动的资金来自村民的捐款,此类活动中的募款也称"油钱",村民自愿捐献,有的多捐、有的少出,村庄没有规定每户必须均出,捐钱多者一般是求雨活动的组织者和主导者。募的油钱主要用来打油,购买香蜡、烧纸、供奉祭品等。活动资金的收支、剩余都由大会的会计、会首等负责核算后列到纸上,然后公布于众(张贴在龙王庙、真武庙的外侧墙壁)。求雨活动的整个过程详见下表。

表 2-12 民国时期村民求雨应旱过程中的社会关系概况

求雨过程	社会关系
"偷"神像	求雨仪式前一天晚上,村里找几位年轻力壮的小伙子去邻村东枣村把"老四"的神像请回双井村,供奉到龙王庙(由于是在半夜去请,因此也称"偷")。据说,龙王爷有五兄弟,供奉在东枣村的龙王爷排行老四,双井村的龙王庙没有神像,求雨时就从东枣村"偷"神像
祭拜	村民们在龙王爷神像前供奉各种食物(包括油炸的饼子、鸡蛋、水果等)、烧香点蜡,并在会首的组织下一起叩头祭拜(老母会的成员还要诵经念佛,老母会和玄天大会的成员若临时有事,无法参加求雨仪式,也不会受到惩罚)
抬驾	抬驾是指村民们抬着神驾,从龙王庙出发,围绕村庄游街、吆喝的祭祀环节,抬驾者主要是村里的年轻男性,大约 20 人左右。"三天仪礼、五天意外",抬驾后的五天内若please下雨,人们要请戏班子唱戏,中老年男性还敲锣打鼓,举行发驾仪式,在此环节,村民大声吆喝"下雨咧,喜欢咧,牛羊跳舞咧,下大雨了咧,有收成咧",发驾主要表示对龙王爷的感谢。如果抬驾后的五天内不下雨,村民们就把龙王爷的神像请到室外暴晒,以此表示对龙王爷的不满

续表

求雨过程	社会关系
"扫（读 chao）大坑"	扫大坑是指老母会的成员聚在水坑边，一边用扫帚将杂物扫进水坑，一边振振有词地念叨"扫的扫、拥的拥，不迟三天下满坑"，以此表达求雨愿望
送神像	举行完祭祀仪式之后，不论下雨还是没有下雨，村民们都要遵循当地的乡俗，把龙王爷神像送回东枣村

村落的求雨活动，并不是所有村民都参加，这些人主要有两类：一是对烧香拜佛不感兴趣、不行好的人，一般是指好主，他们家中有吃有喝，家境富裕，不必祈求上天下雨来缓解旱情；二是天主教徒（过去的双井村总人口大约有2000人，其中天主教徒约有400人），他们不参加，也不出资。天主教徒虽然不参加汉教村民举行的集体求雨仪式，但是他们会采取自发性的随机行为，比如去教堂念经祷告，祈求上天下雨免灾（主要表现为一种心理上的祈祷）。每天早晚，他们只要听到教堂的钟声，就去祷告，每次祷告半小时至一小时不等。如果下雨了，教徒们就认为这是上帝的恩赐，心中对上帝充满感激之情。

面对严重旱灾，政府层面也会采取一定的救济措施，政府行为影响面比较广，不仅救济双井村，还涉及其他旱情严重的区域，比如宁晋县志载曰："民国9年（1920年），严重旱灾，王怀庆输高粱数百石赈济。"[1]

二、水井与水利

（一）水利设施

双井村的水利设施主要是水井、水坑。不同的水利设施有不同的产权归属，也有不同的使用性质。饮水井、水坑均是村落公共的水利设施，田井基本上属家庭私有。

1. 大眼井、辘轳

当地人习惯于把饮水井称"大眼井"。双井村共有4口饮水井，其中，"双井"在村庄南边（民国时期已经干枯），另外3口井分别位于村落西北方（靠近真武庙[2]，该水井大概是在上世纪三四十年代凿成的）、东南方（靠近武道庙）及好主张氏家附近。每一眼井由该户落的村民"连钱"（筹款）凿成，井深4丈左右。只要是本村村民，都可以饮用村内任何一眼井的水，饮水井没有锁。如果A井需要维护，暂时不能拔水[3]，当户落的村民们就去其他水井拔水。外村村民不会来双井村讨水，据悉，当地每个村

---

[1] 宁晋县地方志编纂委员会编：《宁晋县志》，中华书局1999年版，第525页。
[2] 据老人讲述，过去真武庙有10亩左右的庙田。
[3] 在当地，从水井提水称为拔水。

庄都有吃水井。

村民们每天的拔水高峰出现在早晨五六点、晚上六七点两个时段，白天都忙于农活，无空拔水。拔水时，需要使用不同产权类型的器具，起初，水井没有公共的拔水设施，村民需自带绳子、扁担和梢[1]。后来，水井周围一户落的人共同出资，在水井上安装了公共的拔水设施，即辘轳[2]、公梢，村民们只要绞动辘轳，便可轻松拔水。

2. 旱井（田井）

双井村境内无河流，村民们要想实现农业灌溉，就不得不花钱打田井，在田地打井也称"打旱井"。村落共有3种不同产权的旱井，详见下表。

表 2-13 民国时期旱井产权关系概况

旱井类型	产权关系
农户私有旱井	好主或"成分高的人家"（当地人对地主、富农的称呼）拥有田井，部分中农家庭也有田井，大部分贫农没有财力打井浇地，自己打的旱井属私有财产
共有旱井	有一定数量土地但无法靠自己实力打田井的农户，一般选择与其他农户合伙打井，合伙的农户多是知己不赖、居住在一户落的四邻八家（通常是2户或3户人合伙打一眼井），浇地时普遍各浇各的，有时也会相互帮助，至于谁优先浇地，合伙人之间自行商定，不会出现无法协调的情况
产权分割的旱井	家庭的田井若是父亲出资打的，诸子分家后，田井的所有权依旧归父亲，但诸子可以与父亲伙用，父亲过世后，田井的产权归儿子们共有

村民打井一般请当村（指本村）或外村的专业打井班，打一口田井大约需要3天时间，主要工序为挖井、砌井墙、做井口。田井一般位于整块土地的中心位置（连片成块的好几亩土地都归一户好主所有），若整片土地中既有地形高的田块又有低田块，则井在高田，以便从高田浇低田，通常情况下，一口井可浇灌15亩左右的土地。村落里一般不会发生偷井水的现象，其因有三：一是井口都采取了防护措施，井的主人浇完地便把井口锁住，不让外人接触；二是从田井偷水需要使用牲口来车水，成本太大；三是对于需要大面积灌溉的农田，偷得的几分水无济于事。

3. 旱坑

1949年之前，村庄有四五处水坑，水坑也称"大坑"或"旱坑"。旱坑的形成与村民建房事务有关，过去人们建房主要用土坯，脱土坯时一般选择从土质好的空地取土，久而久之，这些地方就形成了旱坑，下雨的时候，旱坑变水坑。天干时节，坑水或蒸

---

[1] 当地方言，指木桶，用柏木制成，厚度达5厘米左右，大多从本村集市箍桶匠那里购得，一个梢的价格大约是一斗谷（约合30斤）。
[2] 辘轳为民间提水设施，由辘轳头、支架、井绳等部分构成。

发或渗入地下，水坑复原为旱坑。每个旱坑的面积大约为百八十平方米，它的产权属于某农户私有。别人在自家坑中取土脱坯，需要付费，一般是按脱的土坯数量计算。坑水的使用权不固定，本村人随意使用。坑水主要被就近的农户用于淘洗衣服（人畜不饮坑水），也很少用于灌溉（过去，水坑的水量有限，旱年无水，且水坑距离田地较远，不便灌溉）。

4. 淋口

水渠在当地也叫淋口，浇地时，需要从淋口引水。每块土地的地头都有淋口，淋口所有权取决于土地所有权（淋口所有权归农户私有），地邻间共同使用一处淋口，从地邻的淋口过水，不用支付费用，地邻间不存在互相阻碍、不让对方从自家淋口过水的现象，地邻间即便因为它事有了隔阂，也不能拿淋口说事，这是"乡俗"（老人如是讲述）。

（二）水利管理

村庄的公共水井由具备一定资格和责任心的人管理。看井人是有名望、爱管事、热衷于打抱不平的老人，比如闫老生、池老居等"庄稼人"，他们的家基本在水井的附近，距离水井 10 米左右（闫老生家住水井的西边，池老居住在井的东边）。看井人由村民自愿担任，无须村落选举产生，其具体职责详见表 2-14。

表 2-14 传统时期双井村看井人职责

职　责	内　容
看管水井	看井人都是自愿管理水井的。井的旁边放着几块大石头，还有一两处捣米的石窝，看井人有空时就坐在石头上边看井边和别人聊天。如果有小孩到井边玩耍，他们就会叫唤"离远点"，防止小孩落井事故的发生。看井人和家里的大人时常会给小孩们讲"井里有鬼"，小孩们听了就会害怕，主动远离水井。据说在较早时候，水井有盖，且上锁（上锁的目的是怕恶人投毒），井锁的钥匙由看井人保管。井台时常是老人们聚众打发时间、晒太阳的公共空间，人们把这样的公共空间称为"等死台"或"等死岗"
负责连钱*	每当维修水井、更换辘轳与井绳，看井人就要向村民们连钱。据王丰娟老人回忆，每年"连两回"（意为收两次钱），每户每次出两三毛钱。王氏父亲是个比较豁达的人，不管是村里哪口水井的看井人来连钱王氏家都会出，为此，她家也就有权享用村里任何一个户落的水井
负责监督	若看井人去农户家中收井绳钱，农户拒不上交，这时看井人会在心里记下一笔账，等到该农户去水井拔水，看井人便上前阻止，不让其拔水，就算该农户已打了水，看井人也会把水倒回井里。该农户只好难堪地离开，不会和打抱不平的看井人吵架，农户自己没有出井绳钱，所以没有理由和看井人理论

* 也称"捧钱"。

看井人为村庄服务，不需要报酬，正所谓"白点油"（当地方言，意为没有报酬），一户落的人们信任他们，他们也甘愿为村民做贡献。到了冬季天冷的时候，井台结了冰，看井人就会提醒拔水的人们多加小心以防滑倒，但一般不会将冰处理掉（今天处理了，明天又会结）。

三、旱井灌溉与生产

（一）灌溉状况

1. 家户的浇地行为

"春雨贵如油"，如果春季播种时节迟迟不下雨，没有田井的村民们只好在旱地里播种，下种后，从水井挑水浇苗、点苗。浇地时，有自家人时刻"看水"，不存在抢水的情况，部分好主的私有田井往往成为地邻的借用对象。村落不存在村集体组织打井浇地的现象，村长、地方等不会过问村民的灌溉之事。

村民们浇地时用骡马、耕牛、驴等从田井车水，两头牲口轮换浇地，每天可浇 2 亩左右。有些好主家的土地在房前屋后（或土地与房屋距离较近），这时他们就在自家院子或房前屋后打口水井，挖淋口，在家里套头户拉水车，就可以把地浇灌了。

表 2-15　传统时期双井村地主土地的一般浇灌形式

浇灌形式		具体内容
佃户浇灌		有的好主将土地租给佃户耕种，佃户为其管理、浇灌，佃户浇地时可免费使用好主家的牲口、水车
雇工浇灌	短工浇灌	短工分日工和月工，浇地时多雇日工，日工都从当村雇（多是没有地的穷家小户）。本村剩余的短工也会逃荒到外地，为田多的好主浇地，比如村民张永来，3 岁丧父，几年后母亲带着他们四兄妹沿途讨饭至石家庄市藁城区李家屯，他在该村为好主浇地
	长工浇灌	好主家也会雇长工浇地，工期至少为 1 年

2. 扒伤与挡水

当地麦作生产中有一道环节叫"扒伤"，"伤"指田畦，是田间蓄水的堤岸，大约 10—20 厘米高、10—20 厘米宽，相邻田畦之间的距离约为四五米。据村民讲述，他们只在拥有田井的地里做畦，对于无法灌溉的旱地、赖地不需要做畦。做田畦时，各做各的，一家一户单独作业，不存在家族、邻居、党乡人之间相互帮助作业的现象。

（二）旱井灌溉中的村民关系

1. 过水与插花田的灌溉

村民日常农业灌溉中，不存在田中过水现象。如果从邻田中过水，损害了地邻的庄稼或是过水带走了地邻田里的肥料，就需要赔偿，老人说："赔钱就代价大了，收成才有多少啊！不划算。"因此，村民们不会考虑从地邻田中过水。如果有其他农户的田与其插花开来，好主一般会租下或出高价购买邻地。

2. 浇地中的纠纷关系

村民们因为浇地发生打架、"吵包子"（方言，吵架）时，优先找一户落中好管事、明事理的党乡人来"打圆场"（方言，意为调解纠纷），其次会找近门[1]的"大辈"（主要指叔叔大伯）出面，一般不找村长、地方处理。对于大的纠纷，需要逐级打官司（区公所—县衙）。过去，村民间为了浇地吵包子的现象较少，尤其是住在村东[2]奉教的党家之间，很少发生矛盾，正如老人们讲述："奉教的人心齐，不会亏着良心做事。"

四、水患与村庄灾变

（一）水患概况

1949年前的双井村自然环境恶劣，植被稀少、风沙大。发生灾荒（水灾、旱灾、蝗灾）的年份，部分村民纷纷外出逃荒。历史上，双井村境域时常发生水灾。

表2-16 双井村境域水灾史

康熙七年（1668年）七月	大水，遍地行舟，漂没村庄、人畜不计其数，县城几乎淹没
嘉庆二十一年（1816年）	大水
道光二年（1822年）	大水
道光三年（1823年）	大水，庄稼受灾严重
道光十八年（1838年）	大水
咸丰三年（1853年）七月	大雨七昼夜，房屋倒塌无数，平地水深四尺上下
光绪十二年（1886年）七月	大雨三昼夜，全境大水，庄稼淹没，滏滢两河堤冲刷殆尽
民国二年（1913年）	大水，庄稼受灾
民国六年（1917年）	六月初七，倾盆大雨，昼夜不止，初九日，洪水弥漫，平地水深四五尺、六七尺、十余尺不等。境内房屋倾塌大半，庄稼全被淹没，人畜漂没不计其数。此次水灾数百年罕见
民国二十八年（1939年）秋	柏乡、宁晋等27县大水
1949年秋	水灾，受灾面积10080公顷

---

[1] 近门指家族。
[2] 村庄沿着南北主街道分为东西两个区域，村东居民约占村庄总人口的三分之一，基本上是天主教徒，村西为本土宗教信众的居住地。

（二）水患治理

1. 村民的应对行为

民国时期，双井村经历了5次左右的洪水，每次大水后的第二年，基本上都会发生大面积蝗灾，这时，穷困潦倒的村民们只好外出逃荒谋生（方言称"饿不傻"）。村里的老人们还记得民国六年发生的那场大水灾，据王丰娟和张小考回忆，此次大水淹没了村庄、田块，龙王庙就是在此次水灾中损毁的（对于此次水灾的更多详情，老人们无从忆起）。面对水患，村民们并不是无所作为，而是凭借生活中积累起来的经验、习惯来应对。

一是修建排水设施。传统时期至今，每家每户都建有水道，大门口不管朝西还是朝东，定要在大门底下留一处水道来排水（见图2-2[1]）。若过道地势北高南低，则水道口偏南，如果过道地势南高北低，则水道口偏北。水道都从"门筒"[2] 北侧经过，若是从门筒中部位置通过，马车拉物件进出大门时容易压塌水道，若是留在墙底下，需要凿墙基，造成房屋根基不稳。水道也不能修在房屋背后，屋后是邻居的"地当"（空间）。家中洗衣服、洗菜产生的脏水，一是倒进自家粪坑（把烧炕的灰倒进粪坑，经发酵熬成土肥料），二是泼洒在院子内，基本上不会从水道流入过道[3]，村民们这样做的目的在于防止污水流到邻居空间内（水道笔直延伸，不能弯曲，否则淤泥和杂物堵塞水道时不便清理）。然而，当大水漫村时邻居间无法清晰分出排水边界。

二是求助于神明。有些常年拜佛的村民自发祭拜龙仙，求得心理上的安慰，行好的村民认为诸神之中龙仙主管水的事务，祈求龙仙就是为了保佑家庭、村落不要发生水灾水患。与此同时，其他信奉本土宗教的村民日常祭拜玉皇大帝、真武帝；天主教徒祷告都是将希望寄托于神明，祈求神明保佑家人和村落平平安安、无灾无难。

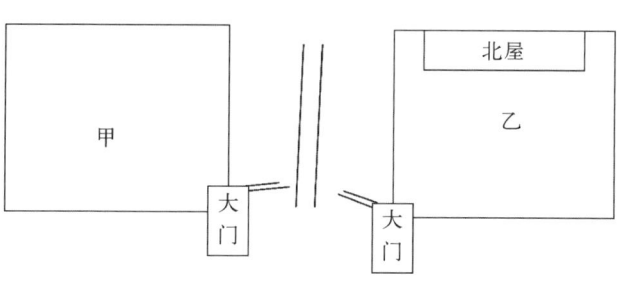

图2-2 双井村邻居过道图景

2. 村落的防水措施

对于水患，村庄一方面依靠自然的力量来解决，比如凭借村落特殊的坡降型地理

---

[1] 调研员依据调研实况手工绘制而成。
[2] 类似于门槛。
[3] 过去的双井村村民洗衣服一般去村外的大坑，洗完后铺在地上晾晒。如果在水坑里洗不干净，则在家里洗，这时需要去水井拔水，拔水是一项体力活（俗称"费劲"），还要花时间，为此农户们都自觉节约用水，节省体力。

特点、干旱的气候环境。村落地处干旱区域，土质水分少，积存的大水不久就会渗入地下。另一方面采取人为的排水措施，比如发挥旱坑的功能。在前文已提及，本村的各方位基本都有旱坑，下大雨发大水时，道路积水沿着过道流至旱坑，同时，旱坑排水可以有效防止积水流到村边的农田中淹没庄稼。

3. 政府的治理举措

政府的举措主要是针对包括双井村以内的整个县域的严重水旱灾害，其救济相对有限，一般通过赈济灾粮、发放生活物品的方式来安抚灾民。如《宁晋县志》载曰："民国6年（1917年）春旱，6月7日倾盆大雨，昼夜不止。9日，洪水弥漫，平地水深四五尺至丈余不等。县内房屋倒塌大半，田野庄稼尽被淹没，人畜漂溺。县长钟刚中邀绅商设粥场数十处，以救灾民燃眉之急，发赈济款数万元，棉衣数万件。"[1]

五、人与干旱、水利的关系

在双井村的历史上，水旱灾害频频发生。相对而言，村民们更加惧怕旱灾的发生，双井村当时的气候环境、水利境况及其地理土壤等自然条件导致旱灾对生产生活的影响更大，水灾发生的频率较低，其影响也较小。干旱、水利对村民的生产生活造成了深刻的影响，导致了村落的进一步分化与整合。

一方面，水旱状况加剧了村落的贫富分化。干旱使得村民的生活处境呈现出不平衡现象：旱年，拥有田井的富户人家可以车水浇地，能够保证一定的收成，而没有田井的底层农户则面临颗粒无收的处境，不得不走向逃荒、借粮维持生计的道路，甚至不惜出卖自己的田产，久而久之，地越卖越少，最终成为破产的农户；反观"有饭"[2]的农户，购置的田产越来越多，积累一定的财富之后打水井、买牲口，不断置办家业，使得家庭越来越兴旺。

另一方面，水旱状况维系了村落的整体运转。村民们在应对旱灾水灾、建设水利设施的过程中，积累了生产生活经验，形成了相互合作的关系，比如共同购置水利设施，组织村民集体的力量举行求雨仪式，信奉共同的神明（如龙王爷），不同水利状况的农户间借井浇地等，促进了村民间的联系，增强了村庄的凝聚力。

第三节 平原与麦作

传统时期，双井村的土地主要集中分布在村庄周围，村民间的土地有着清晰的边

---

1 摘自宁晋县地方志编纂委员会编：《宁晋县志》，中华书局1999年版，第525页。
2 当地话语，以此形容当时经济相对宽裕的农户。

界，通常以灰橛作为标识，田块边界时常因交易发生变更，村民们在田块的集中耕作过程中建立了一定的麦作社会关系。

一、田块分布

（一）平原地形与成片地块

双井村地处华北平原腹地，地势平坦、地块相对平整，适合成片耕种。大户人家的土地基本上成片分布，比如好主池氏家有两块土地，其中一块的面积为40亩、一块为30亩，村民们称这些人家的土地为大地。村落的土地计算单位除了亩，还有顷，村民们谈到整个村落的土地时习惯于说"几顷地"。村落中最大的地块面积约50余亩，最小的地块约半亩或几分，小块土地多因分家形成。村落中除了有大片整块的土地，也有"边边角角"（方言）的土地，这些土地的产权形式多种多样，村民为了耕种便利或应对家庭困难，通常将它们置换或典当于他人。

（二）地块分布：多集中、少交叉

村落田块呈星罗棋布状分布，大块土地与小块土地插花开来，本村田块与邻村田块交叉分布的现象普遍存在。相邻村落的地块之所以交叉分布，原因主要是邻村村民间的土地交易行为，比如双井村村民的土地交易给了邻村郝庄某村民，或者邻村唐邱村某村民将土地交易给双井村村民。对于土地面积的计算，当地人普遍采用多种标准：一是按亩计算，如A地为×亩×分×厘；二是按照淋口（灌溉水

图 2-3 双井村田块图景

渠）计算，一道淋口所覆盖的土地面积约为2亩；三是以顷为单位，以此为单位计算的土地多为大户人家的整块土地，如在调查中，老人们告诉笔者："××人家有几顷地，顶个好主，××人家是有饭（意为家境可观）的人家"。

二、田块边界

（一）灰橛与田块边界的确定

村民在确定土地边界时，先用直径为7—8厘米的圆形铁管在边界两端的界心位置打1米深的洞，然后灌入白石灰，形成特定的分界记号，再在记号处放置大石头或砖

块，使得分界点更加明显。地邻间如果发生边界纠纷，双方就寻找白灰记号，这是当地村民分田、标识土地边界时普遍采用的一种方法。当然也有部分村民分家（分地）时，不打灰橛，而是选择在边界两端栽两个石头桩，一般是圆柱体，直径为20厘米左右，高度约为70厘米（如果太短，栽得深无法看清楚，栽得浅不稳固），石头桩的三分之二埋入土中，外露三分之一即可。石头桩主要从村庄集市购买（一般由外地商贩用骡马驾车运到本村），费用由参与分家的儿子们均出，比如一块土地两人分，需要两个石头桩，则每人掏一个石头桩的钱。打桩之后，再沿着土地两头的灰橛划定官背，官背由分地双方共同出力从界线两边取土垒砌，官背的宽度与石头桩的直径一致，也是20厘米左右，官背长度也即地块的长度。

（二）田块官背的维护

村民在确认了自家土地的边界之后，无须向村长、村副、地方等报告，也无须去村公所进行公证，更不必去区公所。分家是家里的小事，官府不会过问。官背若移动或毁坏了，则地邻之间相互协商，按灰橛或石头桩重新垒砌，官背界线须笔直，不能歪曲延伸。地邻都熟知自己和对方土地的宽度、大小，如果灰橛丢失，则双方按照地契上的亩数重新丈量土地的宽度，确定灰橛的具体位置，然后共同出资出力重新立定边界。土地的官背上不能种树，即便是一棵玉米，也不能种。官背是地邻双方共同的界线，即以官背界心为准，左边为A所有，右边为B所有。如果A在官背上种了树或庄稼，影响了B田地作物的采光，B就不答应；如果官背上长了杂草，地邻在不损坏官背的前提下均可用镰刀割掉，也可以用锄头锄。

（三）因买卖产生的田块边界

过去，当地普遍存在土地买卖的现象，买卖过程中依旧以"老边"（即土地原文书中写明的边界）来定。每块地的地头都有公道、土路，宽度约为2米左右。公道的作用主要有三个，一是用来界定相邻的土地，二是便于人们下地干活，三是沿着地头公道可以实现本村与邻村、县城之间的互通。

（四）田块边界纠纷

1."插花田"地邻的边界纠纷

村民间的土地插花分布时也会发生边界矛盾。比如有老人讲到：村民A有10亩左右的土地（有口水井），村民B的2亩地和C的1亩地与A的土地插花相邻，B和C为亲兄弟。A家比较富裕，A为了扩大种植面积、种地方便，想把B和C的土地全部买下，但B和C不同意A的买地意见，于是，A不愿意给B和C借井浇地。B为了报复

A，就在自家地边种了几棵榆树，没过几年，榆树成荫，遮蔽了 A 的庄稼，这时候，A 非常着急，而 B 和 C 觉得不浇地无所谓，于是 A 与 B、C 两兄弟之间一直存在着矛盾（都没有请人来调解）。双方都不让步，"人都是争一口气"，直到 1947 年土地"平分"（土改），双方的土地纠纷才算解决。右图为 A、B、C 三人的土地分布简图。

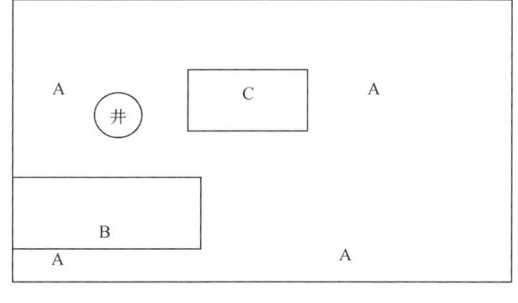

图 2-4 田块边界

2. "赶地边"[1] 导致的地邻纠纷

有的地邻间"不强"（当地方言，意为关系不融洽、不对付），任意赶地边，导致双方之间产生矛盾。当然，地邻间的赶地边并非全是有意而为，有些是无意间越界导致的。如果双方均赶地边，就需要挖灰橛，然后沿着灰橛重新做官背，如果有一方侵占的多，且不愿改正，则双方就会发生打架、吵包子（右图所示为地邻赶地边现象）。

当地邻间因赶地边发生矛盾，就会请当户落的或是与自己或是与邻居或是与双方关系都不赖的农户出面调解。在日常的生活中，人们已经形成了这样一种惯例。发生类似的纠纷，就找特定的、习惯于找的人出面打圆场，说几句公道话，为双方"结合结合"（当地方言），这些人多是爱管闲事的人。

通常遇到此类情况，在中间人的说和下，有错的一方给对方说几句道歉的话，比如"是我不对，你包（别）生气了"（不送礼物）。有些邻居特别刁钻，比如对方无意中赶地边占了自家土地，就不跟对方说明，而是自作主张把地邻种在自家地里的庄稼苗拔了（如果是在收割季节发现的，就把庄稼私自收割了）或者让对方赔偿粮食（比如赔偿一年之内从侵占的土地中收割的粮食），这样的地邻被称为"奸毒"之人。如果甲乙两家为地邻，甲侵占乙的地边已有几年，从乙的地里种了几年的粮食，甲得给乙进行补偿，否则，乙就得跟甲打架、吵包子，中间人调和时尽量劝说甲给乙付赔偿金，如果甲要赖、执意不赔，则中间人就劝说："你看你占了人家地多少年了，你不陪能占（行）啊？要是不多赔，少赔点也行嘛。"一般不能赔得太少，否则，吃亏的一方不答应。当地邻之间发生赶地边的情况而闹了

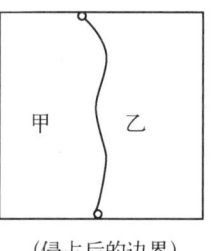

（正常地界）

（侵占后的边界）

图 2-5 田块边界

---

[1] 方言，意为任意越过土地官背，侵占地邻土地。

别扭,矛盾无法调和时,占了便宜的一方觉得心中有愧、良心上过不去,会托中间人主动向吃亏的一方说好话。

三、田块距离

有的田块距离村庄较近,有的距离较远。在调查中得知,最远的田块距离村庄3公里左右,最近的田块位于村庄边界处。田块之间以官背为界,田块之间的距离即官背的宽度,正如前文所述,该距离与石头桩的直径一致,也是20厘米左右。官背如果太宽,则占据了用于生产的土地面积,如果太窄,则界定不清晰,容易毁坏。

对于村民而言,田块与居住地越近越好,近的田块耕种时,相对方便。有些土地距离较远,农忙时节,村民们一般住进地里搭建的住房,不再回家吃住,这样可以节省农业生产时间。有些好主和富裕人家的土地如果靠近邻村,他们会在秋收时节依据就近原则,雇邻村人帮其看护庄稼,自家人不必前往看护。

四、田块耕作

村民主要种植谷子、玉米、高粱、黄豆等多种抗旱作物,这些作物也称秋粮,荒年减产。风调雨顺年份,豆类亩产量一般为300斤。豇豆主要在谷子和玉米地中夹带种植,该地没有水井,"凭天收"。耕种时,由于没有优质肥料,村民们怕苗长不起来,就把苗间距留大,即"一步三棵苗"(无须施粪肥,无须浇灌)。对于租佃的土地,收秋割谷之后交租,双方五五分成。

麦田的耕作相对有限,农作物一年一熟,一般是春耕秋收,农田耕作流程主要包括平整土地、上粪、播种、浇灌、锄草、扳苗、收割等,不同作物的种植工序有着重大差别。麦田的耕作主要以一家一户为单位进行,地主人家的大块土地由多位雇工同时耕作,比如春耕、秋收时节,地主多雇一些短工、临工,集中作业,提高生产效率。小家庭的土地,在耕种、秋收等重要环节,一般是合作耕种,即劳力相当、麦田数量相当的村民之间相互帮忙,早日完成双方的生产任务;在其他环节,比如玉米作业时上粪、扳苗,一家一户均可以单独完成。

五、麦作关系

村庄的麦田高度集中,尤其是大户人家的麦田更加集中。村民们为了使麦田作业更加方便(地方话语中称"好鼓捣"),实现集中连片灌溉、集中人力劳作,通常采取以下几种方式:

其一,通过交易、置换方式集中麦田。好主人家的土地集中、整块分布,小户人家的土地若与好主的土地插花分布,好主就想方设法,尽可能把对方的土地买下来或者置换得到，以便集中人力，成块耕种。

其二，土地交易中的地邻优先。村民在交易土地时，优先考虑地邻，将土地卖给地邻，"好鼓捣"，地邻为此会认为对方为人厚道，在平时的生产生活中会帮助对方。与此同时，田块的高度集中，使得地邻间的关系变得比较密切，比如某农户在租佃、交易、置换、典当土地时，均要告知土地四邻，让地邻见证，以便明晰邻地边界和土地的产权。

其三，维护地邻间的和谐关系。村民们在生产生活中，尽可能与土地的四邻保持一种和谐的关系，尤其是没有田井的农户，他们往往会考虑到要与有田井的地邻处理好关系，以便在浇地时就近借井。自己的土地若没有田井且与有水井的田地散落分布，则无法实现借井浇地。

在麦作过程中，地邻间既有相互合作的一面，也有冲突的一面，比如因为麦田走道问题发生矛盾纠纷。民国某年，村民王氏与刘氏因地边走道打起了官司。据悉，村民王氏家有5亩坟地，地邻为好主刘氏，王氏土地两边都是刘氏的土地，王氏地边没有走道，种地不方便，每次下地干活都要从刘氏地中穿过。某日，王氏跟刘氏商议，建议从两家地边留条走道，但是刘氏不同意，且故意刁难（刘氏想借此买下王氏的土地）。于是，王氏决定打官司解决此事，他将刘氏告到了官府。王氏平时为人憨厚老实、比较腼腆，所以请他弟弟出面帮忙打官司，他弟弟为人精明，是"不吃亏的狠人"。起初，双方打官司打不清，刘氏家有钱，给县衙"过手的人"（司法人员）行贿，王氏弟弟被扣留，后来，王氏经过多次奔走，打赢了官司，官府也将他弟弟释放并最终判定刘氏给王氏行便，让刘氏从地头留出一条东西走向、2米宽（能走马车）的走道。此次纠纷，双方没有请村长、村副、地方等出面，他们也没有主动去调解此事。

有的地邻间之所以产生走道纠纷是因为村民个人的品行。有些"半穷不赖"的村民不管有事没事，就喜欢欺负穷人。比如村民李氏弟兄俩喜欢刁难地邻王氏。据悉，李氏家中多少"有点饭"（意为中农户），而王氏是穷人。有一天，王氏拿把镰刀去地里割草，走到李氏地头的时候，李氏弟兄俩不让过，就因为是他家的地头，他俩一个在这边地头堵，另一个在那边地头堵，王氏当时很生气，拿起镰刀就把其中一位的腿子割伤了（据说割开了一道口子），王氏也没有给他们疗伤。后来，当王氏再去地里割草的时候，他俩不敢再拦。

第四节 集居与空间

双井村民普遍集中居住，相邻居住的村民间因边界、过道问题产生了不同的生活规则。村居沿着交通要道分为不同的片区（户落），而家庙、神庙、官房、村公所、麦场等公共空间因村民的需要分布在村庄的不同片区。

一、村落民居概况

（一）村落的空间概况

1949年以前，双井村空间布局错落有致，除了有集中修建的民居，还有各类神庙（包括天主教堂）、祭祖场所（家庙）、集市摊点以及其他公共性的空间，各类建筑物和空间点分别位于村落的大街小巷。村民以集居地的远近划分了多个户落，他们在户落空间之内共用水井、共享资源、交流情感。村落内的民居、神居、祖居、公共空间并非整齐划一分布，而是错落修建（王丰娟老人称"拐弯抹角"式样，民居的修建并未遵循特定的规律）。整体看来，在村庄内部，相对于一般的民居而言（除了大户人家的房屋），教堂、老店、村公所等类空间显得更加壮观。图2-6[1]所示为村落的空间面貌。

（二）村落的集居边界

村民们集中居住在村落之内，村落虽然没有封闭的寨墙，但是拥有清晰的边界。双井村的村庄边界多为与邻村土地的交界，邻村分为"正方位的邻村"和"偏方位的邻村"（也称"斜马村"）。双井村与正东方向的邻村唐邱村（两地相距约3公里）的边界为"三里坟"（双井村坟地）地界，与正南方向的邻村郝庄村（两地相距约1.5公里）的边界为土地边界（村民称之为"前街"的地），与正西方向的

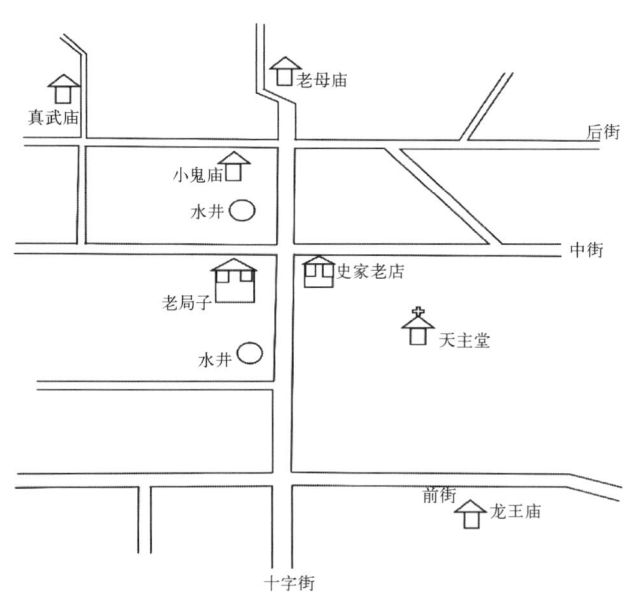

图2-6 1949年之前双井村空间布局概况

---

[1] 史增麟老人手工绘制所成。

邻村米家庄（两地相距约 4 公里）的边界为土地边界，该边界距离双井村 2 公里左右；双井村正北边是赵县的杨扈村（两地相距约 5 公里），两村边界为"横道"（连接两村的道路），该道距离双井村 3 公里。"斜马村"主要有两个，即曹伍疃村和李家疃村，双井村与前者的界线为土地边界线。[1] 村庄的边界线是村民们

图 2-7　双井村的集居状况及其边界图景

在生产生活过程中自然认定的，官府没有划定正式的边界。村庄的边界一般不会发生变动，如果村界处的土地卖给了邻村，则边界也会调整，这时就以所交易的土地的边界为准。村庄边界大多是物理上的边界，具有明确的标识。

二、民居空间关系

（一）集居的户落空间关系

在村民心理层面，村庄的内部边界产权比较模糊，只是以大概的方位来确定，比如村民们把村庄分为东北角、西北角、东南角、西南角等，把与自家住在一片的人称为"一/当户落"[2] 的人，"俺是一户落的、挨家挨户的，俺挨着哩！""近的是当户落、远的是党乡人"，四邻八家属于当户落范围以内的农户。村落或户落之内，区分一家一户的重要标志是院落和大门，大门的朝向不一，但普遍为东西朝向，主房屋（正屋）一般为坐北朝南。户与户之间大门门脸的高度存在明显的差异，大户人家的门脸高，大门外表镶嵌有金属，显得尤为阔气，大门的罩棚较宽，而穷家小户的门脸相对较低，大门相对简陋（图 2-8[3] 为民居空间图景）。

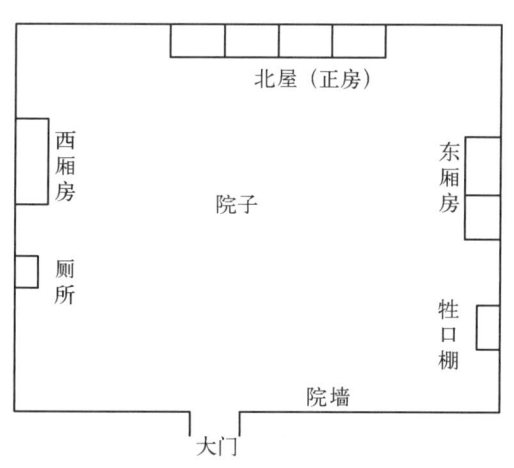

图 2-8　农户居住空间布局简图

1　摘自张联须老人的口述，老人现年 80 岁。
2　据张联须老人的讲述，邻村杨扈村的人们以"这一厢、那一厢"来判别村庄内的方位。
3　拍摄于 2016 年 10 月笔者在双井村开展田野调查途中。

户落与户落之间的物理边界无法做出明确的判断，只存在心理上的边界，比如村民甲住西北角这一户落、乙住东北角或其他户落，则甲乙之间的关系为党乡人，如果有村民恰好住在两个户落的中间位置，则该村民根据自己心理上的判断，认定围绕自家周围（与其他两个户落重合的地方也算）的地方为一户落。户落与户落之间也是相对的，比如村外人来双井村找村民打听某个人，村民就会说："俺这一户落没这人，你上东北角或西南角那户落打听吧！"户落的具体范围无法确定，有些村民认为与自家相距百八十米范围内的村民都为一户落的人，而有的村民可能认定的范围更广或更小。

当户落的人之间时常相互帮忙、借钱借粮，不过因为住得近，相互之间发生吵包子、抬杠的概率也高，比如偶尔会因为一句话说不对头就抬杠，或是因为相邻的过道、盖房时侵占过道而发生纠纷。农户、四邻八家、一户落、村庄之间的关系可参见图2-9[1]。

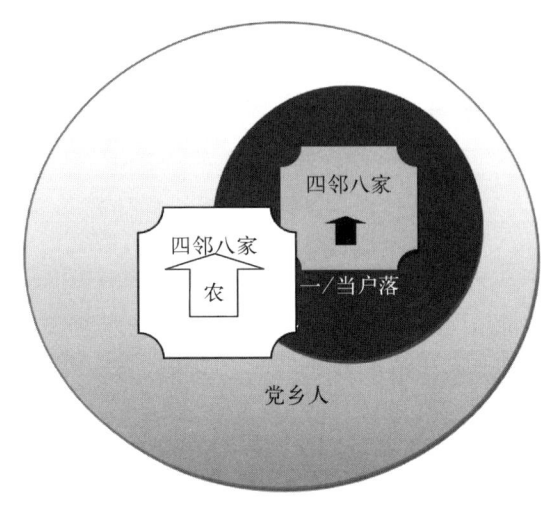

图2-9 双井村户落空间关系示意图

（二）民居边界关系

1. 民居一般边界关系

如果邻居、当户落的村民之间不对付、起了冲突，双方的孩子们都会看在眼里、记在心里，事后，家长们就会教育自己的孩子（平时不要和对方的小孩去玩耍，也不要去对方的家中），但小孩们就此会产生一些并非大人教给他们的想法，比如见到对方家的小孩，就会说"你包（别）从俺门上过"，大人若教孩子们如此话语，会显得自己很"薄皮"，会加深双方的矛盾。有矛盾的村民（大人们）之间，见面不打招呼，不说话。

2. 民居附属物的边界关系

每家每户都有粪坑（住房附属物），粪坑有大有小，大的粪坑可以容纳10车（粗车）左右的粪[2]。自己挖粪坑时需要选在距离邻居1米远的地方，否则会损坏邻居宅基地，导致邻居间关系不和（大多数时候，为了防止粪肥养料散失，需要用泥巴裹住粪

---

[1] 此图为笔者根据实地调研手工绘制而成。
[2] 拾粪时，一般早起去街巷、村道拾，不能去别人家的地里拾，拾的粪扛回来倒进粪坑。

堆，到了耕种时节，再把粪运到地里上了）。运粪时需要用马车（粗车），多数没有马车的农户，到了上粪时节，就向当户落和自己生活处境不相上下的农户借，不去借好主家的，他们也不会借，据说过去"一个角哈[1]差不多有3辆马车"。

（三）邻居空间关系

邻居之间若都是穷人且双方知己不赖，可以共同修一堵墙，分别建成东屋和西屋。当某农户与邻居决定共修一堵墙时，双方就得合伙脱土坯，一堵墙的厚度约为1尺，即等于一块土坯的长度，1尺厚的墙壁可供双方担岭条（椽子）。公用墙壁的地基也得双方伙出，一人一半，如果公用墙壁出现裂缝或歪曲，邻居之间相互协商维修，修建费用均出。如果某农户单独在自己的地基上先修起了房屋，则邻居之间不再"借墙供岭"，两家谁也不占谁的。如果邻居之间知己不赖，紧挨着建房，则"不拉缝"（方言，意为不留空当），后建屋的农户盖房时尽可能挨着邻墙砌墙，"抹"（方言，意为修建）屋顶时与邻居的屋顶无缝隙衔接，即老人所说的"一下抹过去，和邻家的房顶抹平"，这样做的目的在于防止雨水顺着屋檐落下侵蚀两家的墙根（房顶一般用树枝、草泥巴抹成，需要抹30厘米厚的泥巴，如果太薄，雨水容易渗透到屋内）。

平时，共用一堵墙或挨紧修房的邻居之间会维持好关系，会"越走越好"，相互串门"坐齿"（方言，意为拉家常）。如果自家有亲戚或其他村民来串门，坐的板凳不够，就从邻居那里借凳子；如果"生亲戚"（当地人对新结成的亲戚的称呼，比如新女婿等）来自家做客且能喝几杯酒，这时，就请邻家的"汉们"（当地人对成年男性的称呼）来陪酒、坐齿。如果邻居之间不共墙壁或留一定距离建房，则双方以过道为界，过道分东西或南北正走向，也分东北—西南走向，过道的产权归村庄，不属于某一户，村内外行人自由行走，"不拘束"（当地方言，意为不限制），任何个人无权干涉。

（四）民居纠纷关系

1. 房屋纠纷关系

当地俗语称，"三辈人修一个好邻家；好狗护三邻、好人护三村"，村民们对邻居关系非常注重。邻居之间"挨着哩、靠着哩"，房屋拐弯抹角皆相连，每家每户都有一个粪坑，如果自家粪坑挖得离邻居太近，把邻居的墙根损坏了，邻居就得和自家吵包子、抬杠。如果自家或邻居家的出水口留得不合适，自家流出的水常年积在邻居大门口或邻居常年排水到自家门前，邻居间就会出现不和谐现象；如果遇上不厚道、品行差的邻居，即便自家在相邻过道里堆放一堆柴草或秸秆，他都会有意见，会故意找碴

---

1 "哈"为语气词。——编者注

说:"把你那柴火放'半个'(音近词,别的地方)去,万一着火了烧了咱房咋办?"[1] 要是出现这样的纠纷,当事人就从当户落请与自己或是与邻居或是与双方关系都不赖的农户出面调解,双方不必为中间人付报酬,也不必请吃饭。

2. 庄窠地纠纷关系

在当地,若邻居之间留一条过道,且一方的地基较高,一方的地基较低,下雨时,水流到地基较低一方侵蚀了墙基,有时后者也会对邻居抱怨几句,但不会大动干戈与之打架、吵包子,而是想办法把自家的墙根用土垫护起来,让雨水或生活中产生的水从过道中间流出去。农户自家院子里都会修建排水通道,排出来的水不从邻家门前流过。过去,人们习惯于在屋顶晒粮食(谷子、玉米等),如果邻居的房屋紧挨着,人品差的邻居就会乘机偷对方的粮食,双方有可能为此吵包子,这时,由其他邻居和当户落好管闲事的人们来劝和、打圆场。

三、神居空间关系

(一)神居空间概况

传统时期的双井村内,建有真武庙、娘娘庙、小鬼庙、老母庙、龙王庙、岔棚(官房)、天主教堂等多处神明空间,与此同时,在村民们心目中,水井自然而然成为井神的空间,他们认为每一眼水井都有一位井龙皇守护。村落的神居,不论是本土神庙还是天主教堂,均建在住房周围,它们不是村落的中心。每个神居均处在不同的方位,神居方位的选择并不是随意性的,而是依据特定的乡俗、说法,比如真武庙坐落于村落西北角,可以"威震北方",护佑村民,其他神居比如龙王庙坐落在村落东南角、老母庙位于正北方、天主教堂修建在村庄东侧、小鬼庙在村落西北靠近主街的地方。此外,村庄还有两处官房,一处是真武庙附近的北屋,一处是南北街街口的西屋(2间左右)。

(二)神居空间关系

在神居空间的考察中发现,神居的方位、影响力均与村民的信仰类型密切相关。信仰本土宗教的村民与天主教村民在地缘空间上有着明显的区别,前者人数众多,主要聚居于村庄南北街西侧,主要的神庙真武庙在西侧,小鬼庙也在西侧,而后者人数较少,且主要聚居于南北街东侧,天主教堂位于东侧。各类神庙空间均与民居空间重合,本土宗教信众与天主教村民在各自神居空间范围内安居,日常生产生活中,他们之间保持着正常的交往关系,大家生活在同一个村落,抬头不见低头见,只是不到对方的神居空间内祭拜。

---

[1] 摘自王丰娟老人的口述。

村落内部的神居，大部分属于双井村，与其他村落基本上没有关系，比如真武庙、小鬼庙、老母庙、天主教堂等，参加这些神居活动的人大多是本村的村民（偶尔也有外村村民到双井村神居参与祭拜，比如真武庙玄天大会期间的拜神活动）。有些特殊的神居，比如龙王庙，几乎每个村都有，但龙王爷属于相邻几个村落共同祭拜的神，邻村之间存在地缘和信缘上的联系。

每一处神居都有相应的主管人，真武庙及其他庙宇的主管人一般是玄天大会的会首，天主教堂由神父主管，主管人负责组织神居祭拜事务的开展、神居的修建等。在村民们看来，神居环境的改善使得他们向神明的寄托能够早日应验，各类神居供奉着神的魂魄，真武庙内供奉着真武大帝，东侧有桃花女，西厢为文昌公，庙宇东侧为送子娘娘庙。神居是村民寄托心灵希望之寓所，村民们聚在神居举行各种祭祀活动，目的是神居里的"主人"能够收下他们的心愿，帮助他们免除灾难，保佑他们身体健康、农业丰收、人才辈出。然而，有时，神居也会对村民们的生命安全造成负面影响，如下文故事所呈现的：

> 民国时期，村民张氏是村里的好主，家有三个女儿（方言称之为"闺女"）、一个儿子（方言称之为"小子"），家附近就是一口水井。每年腊月三十，家里人都要去旁边的水井上供，并且这天每家每户要在家门口挂一个灯笼，喜迎新年。按照当地惯例，灯笼若无缘无故熄灭，就是不祥之兆，家中可能要出事。某年除夕，张氏家门口的灯笼莫名其妙灭了（当时没有刮大风），丈夫回到家中看到灯笼没有发光，便心生疑虑，当时家中其他人都在，唯有二闺女不在，张氏急忙问正在厨房烧火煮饺子的妻子，二闺女去哪了？妻子告诉他，二闺女去给井龙皇上供了。丈夫当时觉得不正常，立马跑到井边，发现孩子已经掉落水井，还在井里扑通扑通垂死挣扎。他一边喊当家十户、党乡人来救人，一边拧辘轳下井，孩子被救上来的时候已经死了。

此事一出，那一户落的人不再从该水井拔水，而是去真武庙附近的水井拔水，村民也不再去给井龙皇上供，不再把水井视为井龙皇的居所。

四、祖居空间关系

（一）祖居空间概况

在双井村村民的方言中，祖居空间被称为家庙，过去每个族姓几乎都有自己的家庙。有些族姓的家庙位于其他村落，比如王氏家庙位于岳家庄（本村正东偏南方向约

4.3公里），有些族姓的家庙在本村。位于本村的家庙，一般修建在家族人集中居住的中心地带，如张氏家庙。双井村有四个张氏家族，他们同姓不同根，其中人数最多、家族势力最大的张氏起初筹建的家庙位于家族居民的中心地带。

（二）祖居空间关系

对于王氏族人而言，他们参加祭祖活动需要前往邻村，即每年农历十月一，每一位王氏族人都到家庙参加盛大的"吃会"[1]活动，祭祖仪式结束后在家庙吃大锅菜。双井村的族人与其他村落的族人共同前往岳家庄参加家族活动，使得同村族人、不同村族人之间的联系更加频繁，族人们团聚家庙，增强了族人对家庙及其祖先的认同。

五、市场空间关系

（一）市场空间概况

双井村的集市由来已久，民国时期，双井村的集市贸易相对繁荣，集市为村民们的产品交换、社会交往提供了便利。集市有固定的集期，即逢一、逢六，集市的名称依据集期而定，故，双井村民通常称该集为一六集。一六集的规模较大，每逢赶集的日子，附近村落的小贩和村民们到一六集进行买卖活动。村落的市场空间除了以集市为代表的公共交换场所外，还不乏酒馆、饭铺、药铺、肉铺、杂货铺等私人经营的交换空间，一定规模且固定日期交换的公共市场与日常活跃的私人店铺共同构成了村落的交换空间，它们为村落的运转注入了活力。

（二）市场空间关系

1. 公共的市场空间关系

从双井村的空间布局来看，一六集正好位于村落的中心地带，即十字街处，集市与村落公共空间重合。平时，十字街是村民们交通出行、生活交往的主要空间，到了赶集之日，它就成为重要的买卖空间。集市没有正式的管理者，也没有管理组织。集市的管理职责一般由村落十字街附近爱管闲事的人们担任，他们没有报酬。

外村商贩到一六集，无须向村长、村副、爱管闲事的人打报告，集市上无人向他们收费。外村的人可以到一六集自由买卖，比如流动商贩，他们一般是没饭的穷人（家里或有二三亩旱地或无地），靠走村串乡、赶集谋生，一般挑担、推车转街。一六集的流动商贩中既有本村人也有外村人（郝庄、唐邱村、米家庄等邻近的村庄的村民），他们在本村大街（一般指1条南北街、4条东西街）叫卖馒头、花生、油盐酱醋、糖果、豆腐、油条等。小贩们除了赶集日来到一六集，平时也会在双井村叫卖（时间一般不固定）。流动商贩们基本上逢集必赶，如当地俗语所称，"赶集有四向"，商贩们

---

[1] 方言，意为参加祭祖仪式。

每天都有集市可赶，有时为了赶集需要走百八十里地。赶集时如果无法回家吃午饭，就在集市饭铺吃饭或买点干粮垫补下（赶集的日子不一定有庙会，周边村庄的庙会一般在春节或是其他节日期间）。

2. 私营的交换空间关系

一是餐饮空间关系。传统时期的双井村内有一处饭铺，也称史家老店。老店位于村庄十字街，赶马车的人路过十字街，就在老店吃饭、过夜，赶集的人也会在此歇脚。据老人们回忆，老店的老板姓史，是贫下中农，信奉天主教，家境一般，有7口人，种了几亩旱地，开店只能维持基本的生存，不能发大财。老店的顾客多是收入一般的小商贩和车夫，有钱有饭的好主、富人们不会经常赶集，也不会去店里吃住。老店的面积差不多3间，可以住3个车夫，院子不大，车夫们休息时，将马车赶进院子。平时，当户落的男性村民在老店内歇息、闲拉关（聊天），想喝水的时候自己提茶壶倒水喝[1]，老板不收茶水钱。老店不需要向官府缴纳营业税，黑军、皇协军进村劫掠时，老板就把店门紧闭。

除此之外，村庄东北角有一家肉铺，店铺老板名叫池小唐（天主教徒）。据悉，池家有几弟兄，没有分家，约有10亩左右的土地，他们边种地边卖肉，专卖鲜杀的驴肉、牛肉（驴、牛等主要从范庄集市购买），肉铺生意比较兴旺（"干得不赖"）。大户人家、好主家庭时常去肉铺买优质的肉（一斤约5毛钱），穷人家买不起好肉，只好买点剔骨肉（肉质差，一斤约2毛钱），池家肉铺常年向村民开放。夏天天热的时候，店主把鲜肉存放在地窖中保鲜，冬天的时候不用放在地窖中。池家与本村王氏知己不赖、"好得没法"（池家认王氏的儿子做了干儿子）。日本人入侵本村后，肉铺就关门了。

二是医药空间关系。双井村有3家药铺，分别位于东西街前街、西北角、南北街北边，每个药铺约有2间房屋。药铺里经营的全是草药，交易药材的时候用戥子（小型杆秤）称，戥子的最大量值为半斤，最小为1钱。这几家药铺均由农户个体经营，他们都没有觅伙计。村内3家药铺的顾客基本上为双井村村民，外村村民很少来此地买药。双井村药铺无法满足的药材由邻村唐邱村大药铺提供，唐邱村人多户多，药铺大，药材种类齐全。村民们经营药铺，不需要向村长、村副、地方等人报告，也不需要向上级有关部门交税。

三是货品空间关系。村庄主要街道有4家左右的杂货铺，多由中农户和贫农家庭经营，杂货铺不交税费。开杂货铺的本钱一般是挑粮食积攒的钱。杂货铺主要卖酒（主要从县城的酒坊进货）、烟、糖、花生等（花生一般从本村农户家进货）。对于日常

---

[1] 有人来家里串门，一般不喝水。

生活所需的油盐酱醋等调味品，普通村民一般去本村的杂货铺零买（据老人讲，一些穷人家一般吃不起油盐酱醋）。好主、有饭的富户人家买油平时去宁晋县城的大集市购买，他们相对有钱，一次可以称很多油（够吃一年半载），对于大户人家的这种消费理念，人们用俗语进行了概括："称大油、零买盐，一年省点零花钱。"

六、公共空间关系

村落拥有多处公共空间，比如磨道、水井、打谷场等。

（一）石磨与生活空间关系

石磨[1]所在磨道是村民们的主要活动空间之一。过去，有牲口农户套牲口拉磨，没牲口农户以人力推磨，有时也借牲口磨面。石磨（见图2-10[2]）虽是一户落的某农户独自安置的，但使用权归该户落的人，比如有的农户置了一个磨，别人也可以免费使用，不用掏钱，有的农户安的磨，一天都没闲过。如果石磨坏了，就用杵臼（见图2-11[3]）杵面（据老人们讲，石磨基本上不坏）。驴在拉磨过程中所产的粪归磨的主人，正如王丰娟老人所言："有些人安一个磨就是为了攒泡粪。"逢年过节时，大家排队磨面，在使用别人磨之前，先要和别人"下话"，如果双方不对付，就不用这家的磨。分家时，磨的位置不动，每个儿子都可以用。村庄公共石磨有两个，都是上祖们安置的。

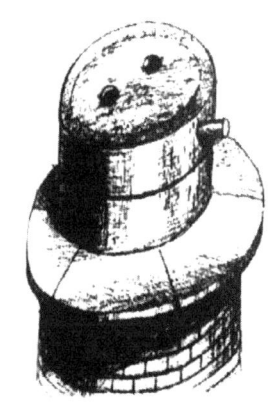
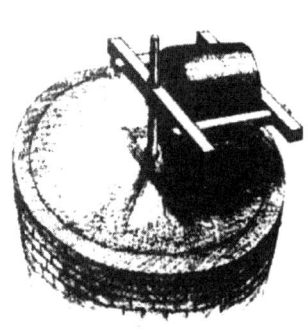

图2-10 石磨　　　　　　　　　图2-11 杵臼

（二）打谷场与生活空间关系

村庄没有公共的打谷场，主要是因为一是村庄穷家小户众多，大部分农户家都是小块土地，无法提供额外的空间当谷场；二是无法确定公共谷场的土地，人们都不愿意将自己的土地用作公共谷场。村庄周围都是私人的打谷场，谷场大小不一，有的占

---

[1] 一般是外人从山里拉来本村卖磨磨盘（然后当场安置），3块钱左右。
[2] 引自宁晋县地方志编纂委员会编《宁晋县志》，中华书局1999年版，第660页。
[3] 引自宁晋县地方志编纂委员会编《宁晋县志》，中华书局1999年版，第660页。

地面积 3 亩左右。好主人家、地多的农户都会有自己的打谷场，有的好主人家有使用土坯围成的大"聚林"（方言，院子），用来放置谷物。

收秋之后，村民们把谷场犁好，然后种植一些能够早熟的作物（如做笤帚用的植物），便于秋收时尽早收割，把田块变成谷场。主人家压场和犁场时，平时来借场打谷的农户不必帮忙，借场者也不需要帮主人家看护谷场。碾谷时节，村民们各家各户都在忙碌，自家碾自家的，当户落的村民间很少相互帮忙碾。碾豆、碾谷的时候，先将庄稼摊在谷场中晒一上午的时间，下午两三点钟开始碾。过去，"争秋垛谷"，秋收时，村民们都抓紧时间收割、搭麦垛，即争秋抢收。[1]

没有谷场的农户收点谷之后，要么在自家地里碾场，要么在自家院内碾，有时借用好主人家或当户落知己不赖的农户的谷场。如果借谷场，一般情况下，农户会选择向当户落与自己家境差不多的农户开口。借场借牲口时，不需要向对方支付报酬，也不需要提供牲口的食料，主人自己负责喂牲口。如果谷场的庄稼被盗，农户自认倒霉，如果别人的谷子放在自家谷场，发生被盗事件，自己也不必给对方赔偿。一般情况下，借场放谷的农户大多是穷家小户，他们的庄稼穗头小、产量低，小偷很少会去偷，而好主和大户人家的庄稼穗头一般比较大、产量高，原因在于一是好主人家有牲口，能攒大量粪肥，二是他们有财力打井浇地。提高产量，好主人家的土地亩产量在 2 布袋粮食左右（1 布袋为 120 斤），穷人家土地的亩产量在 1—1.5 布袋，如果穷人家勤快拾粪，攒的粪多，来年撒到地里，庄稼的产量也会增高。盗贼偷粮，往往会瞄准好主人家。

除了谷场，乱滩岗也是村庄公共的空间，它是村庄的公共用地，占地面积约 4 亩，得病死了的孩子（比如染上麻疹病后无法治疗的孩子）不能入祖坟，一般被扔到乱滩岗里让野狗吃掉。乱滩岗的交易权归村庄（当时，村庄没有交易过乱滩岗）。

七、村落空间结构关系

就村落整体的空间结构而言，村民的住房、诸神之居、祖先魂魄的居所、一六集及其他生产生活的公共空间均集中分布在村落之内，它们主要围绕民居而建。庙宇、天主教堂的空间分布与不同信仰村民的集居环境息息相关；家庙的修建考虑到族姓的集居状况；各类店铺的选址更是基于村落集市空间、交通环境，这些分散经营的店铺，能够为该户落的村民就近提供所需，也能为整个村落提供便利。神居为村民们提供了

---

[1] 谷场有时用于种笤帚草，主要由地多的好主、大户人家种植，穷人家无地种笤帚草，于是就去好主家的地里割点笤帚草（把草籽留给主人家，自己只把草秆带走）。好主家允许穷人们去割他家的草，不需要付报酬，但在割草之前，得跟主人家打声招呼，不能偷偷摸摸去割。

拜神的场所，信奉本土宗教的村民们同居一个村落、同建一座庙、同拜一位神，同一个族姓的人们集居一个户落、同建一座家庙、祭拜共同的祖先。真武庙、龙王庙的兴建正是干旱社会的产物，它们方便了村民们求雨祭祀活动的举行。

打谷场、磨道、某村民家的门槛底等诸如此类的空间也为村民们日常的交往活动提供了多样化的场所。夏天天热的时候，有的人吃饭时就聚集在一处凉快的地方，比如某农户的门槛底下，谁家大门比较宽敞，一户落的人们都去他家门槛下吃饭、凑热闹。或者到了吃饭时候，A 在自家门口放一个桌子，端一碟咸菜（用小葱、韭菜腌制而成）放在饭桌上，然后一户落的人们包括张氏、王氏、牛氏、李氏等多个姓氏的人（大人小孩、男男女女），都端点豆角、干菜、咸菜放在 A 的饭桌上，再端一碗玉米糊、糁子等，大家围着桌子蹲下吃饭，可以夹别人端来的菜。吃饭的时候，你糟蹋[1]我两句、我糟蹋你两句，A 东说一句、B 西说一句，逗大家笑，那时候都没文化，"瞎蹦跶"。聚在一起吃饭的或是邻居或是住得较远的，都是关系不赖的，吃饭时，大家不会对他人的饭菜说三道四。吃饭的碗多是大钵碗，一碗盛的饭较多，不必中途再回去舀饭，如果中途再去舀饭，一是费事，二是怕错过了一起吃饭时讲笑话的场景。一起吃饭的都是"穷主"（穷人），一户落的住户大多是穷人，好主住得比较分散，不和穷人一起吃饭。

类似门槛的多种多样的生活空间，在村落某个户落范围内时常成为公共的场所，成为村民们发生各类社会关系的空间媒介。

第五节 双井村自然变迁与实态

1949 年以后，双井村农业生产的自然条件、生活环境发生了重大变化，主要表现在农作物熟制的变革、旱灾和虫灾的减少以及空间格局的变化。

一、1949 年以后的自然状况变迁与实态

（一）自然环境变化与麦作熟制

随着生产技术的发展，村民们对水源、土壤等自然要素进行了改善。尤其是凿打机井，实施排灌工程，缓解了旱情，保障了农作物用水。对土壤的进一步改良，则改变了农作物的熟制，使得农作物从传统时期一年一熟制逐步向一年两熟制发展，1980 年代属一年两熟和两年三熟的间作、套种轮作制（小麦、夏播粮食作物，小麦、夏播

---

[1] 方言，意为开玩笑。

棉、油料作物，如下表2-17、2-18所示）。[1] 如今，当地的农业生产一直延续着一年两熟、两年三熟的间作、套种制度。

表2-17 冬小麦生长周期

生育期	播种	出苗	分蘖	返青	拔节	抽穗	成熟
日期	10月1日	10月8日	10月25日	3月5日	4月7日	4月25日	6月7日

表2-18 夏玉米生长周期

生育期	播种	出苗	拔节	抽穗	灌浆	成熟
日期	6月20日	6月25日	7月25日	8月10日	8月31日	9月20日

（二）土壤改良与农田生产

1949年以前，正如双井村老人们所描述："双井村的土壤含沙量大，多盐碱地，农户的土地占有数量各异，村民对土壤的改良有限，主要靠农家肥"。1947年，属于老解放区的双井村作为宁晋县土地改革示范村，开展了轰轰烈烈的土地平分运动。人民公社时期，当地依靠大量的人力对土地进行了平整，利用粪肥、化肥对土壤进行了改良，"1958年，人民公社成立，各社、队普遍开展整修农村道路，平整改造小块土地和深翻改。1976年开始，以社队为单位，进行农田规划，每年冬春开展大规模土地平整活动。1977年，统一进行方田规划。"[2]

在土壤改良过程中，"当地增施化肥的主要品种有硫氨酸、氯化铵、硝酸铵、尿素等。1980年后，农家肥施用量随着氮、磷化肥的增施而减少，一般每公顷施75方，标准氮肥1050公斤、磷肥750公斤，开始推广秸秆还田。"与此同时，还对沙土、间沙土壤进行了改良，即"治沙改土"。"沙土和间沙地漏水漏肥，土壤瘠薄，是典型的'买卖地'……经综合治理，平整土地，增施粗肥，客土掺沙、精耕细作，实行排灌工程配套，防止沥涝，收到了良好的效果。"[3]

当下村落的土壤品质更优化，村民们使用化肥的同时延续着传统的粪肥，农作物的产量因土质的改良得到了提高。

二、自然灾害的治理变迁与实态

传统时期的双井村，旱灾、蝗灾、水灾等自然灾害频频发生，极大影响了村民的生产生活，尤其是那些土地少、人口多的村民，面对自然的灾难，不得不逃荒谋生。

---

[1] 宁晋县地方志编纂委员会编：《宁晋县志》，中华书局1999年版，第98、667页。
[2] 宁晋县地方志编纂委员会编：《宁晋县志》，中华书局1999年版，第680页。
[3] 宁晋县地方志编纂委员会编：《宁晋县志》，中华书局1999年版，第681页。

1949年以后，在党和政府的大力支持下，当地对各类灾害进行了治理。

一是井灌设施的发展。中华人民共和国成立之后，当地政府不断推进机井开凿工程，保障农业旱涝保收。据《宁晋县志》描述："1950年，有砖井1.42万眼……1969年冬，水利建设指挥部成立，专管打井。1971年，该部更名为'抗旱打井指挥部'，机井建设出现高潮"[1]。双井村受惠于政府的机井建设，农业灌溉状况发生了重大变化。

图2-12 双井村农田井灌设施

二是根治海河以防水患。根据村庄老人们的回忆，人民公社时期，生产队组织社员，对海河进行了治理，防止了水患灾害的频发。如《宁晋县志》记载："1963年，海河南系发生特大洪水后，毛泽东主席发出'一定要根治海河'的号召。1965年至1980年，宁晋县根治海河指挥部带领民工，参加新河、献县、临西、任县、邢台等12个市（县），27期治理工程。"[2]

三是蝗灾的治理。"1950年代初提出'防重于治'和'治早、治小、治了'的植保方针，推广防治作物病虫新技术。1950年代后期，'六六六''滴滴涕'等杀虫农药推广。喷雾器、喷粉器应用，农作物害虫得到初步控制。1960年代末，控制蝗害。1970年代，化学农药普遍应用。"[3] 现如今，村民的农业生产不再受制于旱灾、蝗灾的影响，即便农业生产仍延续着传统时期的灌溉方式，但是灌溉条件已大大改善，大片农田中拥有多个机井。与此同时，随着生产技术、防治病虫害技术的持续推广和治蝗药物的普遍应用，蝗虫对农作物的损害现象已不存在。

三、地震灾难与空间布局变革

村民自建村之时就一直生活在这片土地上，土地、房屋的买卖时而发生。在旱荒之年，有的村民逃至外地谋生，收获之年又重新回到双井村生活，村民整体的居住环境未发生重大变化。然而，一场大的地震灾难，改变了村庄的空间格局。1966年，当地发生了地震灾害，据《宁晋县志》记载，当时的双井（双井公社）"100多处房屋倒

---

[1] 宁晋县地方志编纂委员会编：《宁晋县志》，中华书局1999年版，第596页。
[2] 宁晋县地方志编纂委员会编：《宁晋县志》，中华书局1999年版，第597页。
[3] 宁晋县地方志编纂委员会编：《宁晋县志》，中华书局1999年版，第681页。

往山墙、墙角塌落，前后墙裂大缝。震前有刮风样声音，震时南北摆动。"[1]

表 2-19 1966 年双井公社地震损失情况

公社＼项目	总人口（人）	户数（户）	伤亡数（人）	其中			房屋总数（间）	倒塌	不能居住
				轻伤	死亡	重伤			
双井	9868	2549	10	6	—	4	9493	4386	1500

资料来源：宁晋县地方志编纂委员会编：《宁晋县志》，中华书局 1999 年版，第 124 页。

地震之后，党和政府积极开展救灾援助活动，对灾区的村庄进行了重新规划。按照当时村镇规划与建房标准的要求，"农村新开街道不宜过多、过密、过宽、过窄，以汽车、拖拉机通过为宜，主街宽 8～10 米，干街宽 4～6 米，胡同宽 3 米左右。大村可设'十'字街、'丁'字街。房屋样式规划时，沿用传统平房，一般三间一处，间宽不过 3 米。连间总长不大于 20 米，即 6 间左右。每幢房屋，通间不超过两间，即 5～6 米……集体建房与个人建房同步进行"[2]。

现如今，村民的居住环境在灾后规划的基础上又进行了改善。几乎每家每户都安上了大钢门、大铁门（过去，正如张联须、张小考老人所讲，只有几户地主人家的门是铁制的，其余大部分的村民只有能力安木头门），有的人家盖起了二层楼，用砖筑起了高高的围墙，高墙大院式的民居成为双井村普遍的建筑景观。

图 2-13 双井村民居

---

[1] 宁晋县地方志编纂委员会编：《宁晋县志》，中华书局 1999 年版，第 121 页。
[2] 宁晋县地方志编纂委员会编：《宁晋县志》，中华书局 1999 年版，第 124 页。

第三章　双井村的经济形态与实态

传统时期双井村，土地交易、租佃、雇工现象普遍存在。村庄拥有不同产权的土地，因而也有着不同的经营方式。村庄的集市贸易、商贩买卖比较活跃，本村集市和邻近集市基本可以满足村民的交换需求。村民的消费活动以食物、人情消费为主。1949年以后，村庄的经济状况发生了很大变化，经济生产能力不断提高，生活条件得到了较大改善。

第一节　人与土地及其生产能力

双井村的生产能力主要体现为土地资源、劳动力、生产工具、大型牲口的占有。村庄人多地少的矛盾普遍存在，村民们一般通过继承、交易、赌博等多种渠道获得土地，对于生产工具、牲口不足的问题，村民们除了采取互借方式，还通过搭伙置办来解决。

一、人与土地的关系

（一）村落土地概况

"事变前"[1]的双井村，土地总量约为7顷，村庄旱地多、井地（能够用旱井浇灌的土地）少，据老人们回忆，过去80%以上的地都为旱地。好主家既有好地（井地）

---

[1] 当地老人多将1949年之前称为"事变前"，事变特指1937年"七七事变"。

也有赖地（沙地、旱地），一户好主的土地大概在60亩到1顷左右，1顷等于100亩（过去的1亩等于当下的1.42亩），一户中农的土地大概在30亩左右，一户贫农家庭拥有土地3—10亩，赤贫户无地可耕。那时村庄有10多户好主，土改中第一批被批斗的好主有3户。村庄的人口与土地占有量总体上呈现不均衡的状态。

（二）人地关系："人多地少养不住"

村民生产能力的强弱受制于人口与土地的不平衡状况。村庄的多个家庭为几兄弟共同生活的扩大家庭，这些家庭往往人口多、土地少，正如一位高氏村民（家有5弟兄）慨叹："人多地少养不住，一定要开个小饭铺。"后来，随着人口的不断繁衍、土地的分割，村庄人多地少的矛盾、土地占有不平衡现象日益凸显，人地关系越发紧张，土地的频繁交易更是加剧了这种不平衡的状况，有的村民源源不断地获得土地，而有些村民的土地不断流失。村民获得土地的方式详见下表。

表3-1　传统时期双井村村民获得土地的多种方式

继承	分家时，儿子们平均继承上辈的财产，包括土地、房屋、钱财等
交易	好主和中等农户不断积累家财，购置其他农户（包括破产的农户）的土地，土地的自由买卖使得村民的土地占有和财富数量呈现不平衡状况
抵押	有的村民急用钱财时，向对方"指地借钱"，将土地抵给对方，到了还钱期限，无力偿还时只好把土地给对方，土地的产权（包括经营权、所有权）就此发生转移
赌博	赌博也是村民获得土地的一种方式，有的村民喜欢赌博，缺乏赌资的情况下，将土地、房产作为赌注，在牌局输赢之中，将自己的土地输给对方或者获得对方的土地。如以下案例所示： 据悉，那时候冬天农闲时节，年轻人们没事干，一般聚在某个村民家推牌九、摸牌、溜色子，有的女性也参与。玩牌时要"搭头"、压底钱，好主和穷主也会一起打牌。民国某年，好主张家须和穷人张二五一起打牌，以土地作为赌注。起初，好主牌运差，输给穷主2淋口（方言，意为沟渠，1淋口为4亩）土地。好主想就此结束，准备收手，这时，穷主给好主说："我把赢的地借给你，咱还玩。"最后，穷主反倒输了。大家都说穷主没主意，不仅输掉了之前赢的土地，还把自己的庄窠（4间房屋及宅基地）也输给了对方，又都说好主心硬、狡猾。好主把赢的庄窠卖给了本村人，卖的钱全归己有，没有给穷主张二五一分钱。张二五被扫地出门，无家可归，他也没找人打官司评理，因为赌博是双方自愿的。就在张二五落难之时，他的堂哥伸出了援手，为其提供了一间空屋子（张二五带着妻子和3个儿子及家当搬到了该屋），堂哥也没向他要钱，让他长久居住。后来，张二五养不活几个儿子，把两个儿子（长子当时15岁，幼子当时7岁）送给了小枣村（邻村）有饭的农户家

资料来源：笔者在双井村的调研。

人口数量与土地数量的不均衡导致了村民生存方式的变化，有些出卖劳力的村民不再依附于土地，他们或是出卖劳动力，打短工、做长工，或是做生意为生。除此之外，村民的生产能力还受到当年自然环境的制约，在风调雨顺的年份，谷子亩产量可以达到 300 斤左右，而受灾年份，作物减产，亩产量为 80—100 斤左右。

二、人与生产能力的关系

（一）劳动力观念

在双井村村民看来，女孩长到 16 岁左右就算待嫁的大闺女，可以视为家中纺花织布的劳动力，男的过了十八九，就是"汉们"了，属于家中的主要劳动力。劳动力有年龄、性别之分，老人参加家庭劳动，一直到年老体衰无法干活时才步入养老阶段。家中主要的农活由年轻力壮的男性完成，纺花织布是女性的职责所在。

家庭的劳动力不能剩余。如果家中缺少土地或者土地收成一般（传统时期干旱的气候环境下，作物时常减产），多余且年壮的劳动力就需要从事其他职业，比如木匠、铁匠、烧酒匠、石匠、瓦匠、绳匠、鞋匠、剃头匠、屠夫、厨师、轿夫、管家等。反之，土地多、劳力多的农户，不必觅工，自家劳力也不必出去打工。

村民们的劳动力观念深刻影响着雇工过程，比如雇主觅长工，尤其注重长工的身体素质、劳力状况，要求长工年轻力壮（20 岁左右开始去做长工）、年龄合适（大多数是 30—40 岁之间的男性），能够干苦力活，干活勤快。

（二）劳动力概况

在双井村，劳动力多的家庭不一定是富裕家庭，劳力多而土地数量不足的家庭被称为"半穷不赖"的家庭，这类家庭人口多（弟兄五六个不分家），土地数量在 20 亩左右。家庭成员为了生存，出卖自己的劳动力，为本村和外村的大户人家做工。在一个家庭中，儿子们十五六岁就开始去打短工、当长工，一般由父亲（的人）来安排，父亲给儿子们找活、找雇主。儿子们若去打工，得向父亲报告，父亲同意后才能前往，如果父亲不同意，就不能去。

相对于半穷不赖的家庭而言，那些土地多的家庭被视为好主家庭，如好主张化楠家有 6 口人，池文仙家有 7 口人，他们的土地数量在 70 亩左右，他们在家庭劳动力不足的情况下雇长工、短工。

三、生产工具关系

（一）生产工具概况

双井村村民将日常使用的生产工具称为"家当""物件"，不同的生产环节，需要使用不同的家当，村民使用的家当有如下多种类型：犁、耠、耧、锄头、铁耙、杈子、绳子、镰刀、铁锹、铡刀、马车、纺车等。

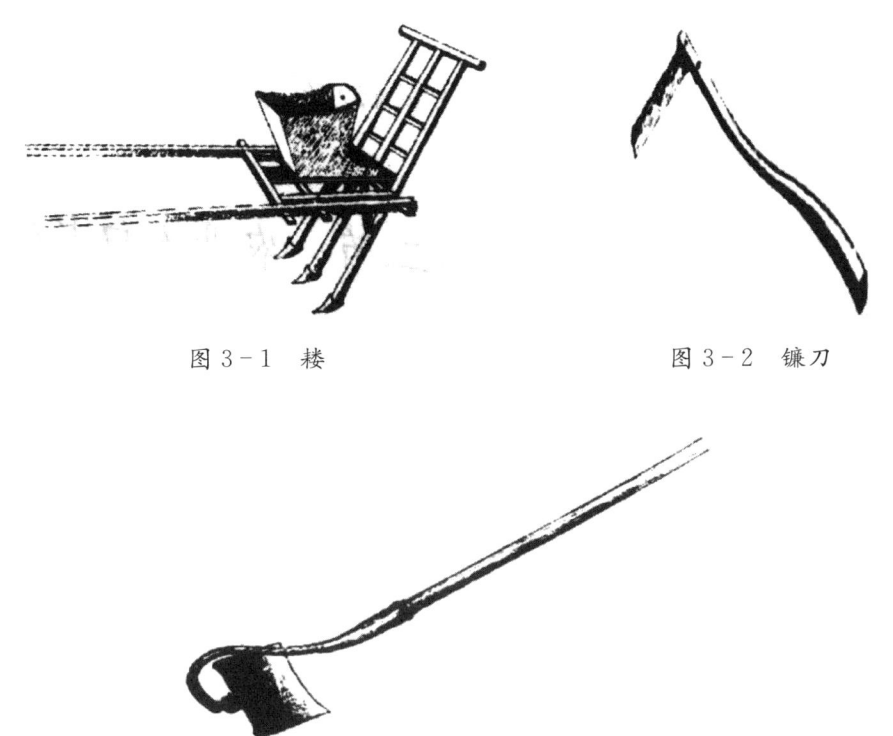

图 3-1 耧　　　图 3-2 镰刀

图 3-3 锄头

村民们春耕前需要上粪时用马车（粗车）运粪、用耧（见图 3-1[1]）播种，秋收时节用镰刀（见图 3-2[2]）割谷。村民常用的工具主要由自家制作，也有从祖上继承下来的，有些自己无法制作的得请工匠制作或从集市购置。村民的生产工具除了农业方面的，还包括副业用具，如纺车。过去，使用的纺车一般请本村的木匠制作（材料多是自家盖房时剩余的木材），一台纺车的价格约为 2 元，女性劳力多的家庭，至少制有 2 台纺车。

过去，村庄的生产工具不仅仅包括木质、铁质的犁、耙、镰刀等大量无生命的工具，还有耕牛、骡马、驴等有生命的工具。家家户户几乎都置有锄头（见图 3-3[3]）、绳子、镰刀、铁锹等日常使用的小型生产工具，但是大型的生产工具较少，比如马车、骡马（方言称"头户"）等。据悉，"一个角哈差不多有 3 辆马车"（即东南西北角每一户落约有 3 辆）。头户属于大型的工具，能够从事劳动生产和运输。当时头户的价格高，只有好主、富户人家才能养得起，当地人以是否有头户作为衡量一个家庭是不是大户人家的重要标准。普通人家养不起大头户，只能养头耕牛、驴等。家里的生产工

1　宁晋县地方志编纂委员会编：《宁晋县志》，中华书局 1999 年版，第 660 页。耧有独脚、二脚、三脚之分。
2　宁晋县地方志编纂委员会编：《宁晋县志》，中华书局 1999 年版，第 660 页。
3　宁晋县地方志编纂委员会编：《宁晋县志》，中华书局 1999 年版，第 660 页。

具若损坏了，自家人维修，比如农具、纺车坏了，由当家人（男的）负责维修，布笃、簸箕等坏了，由女性负责修补。

（二）无生命生产工具及其关系

村落中，各类家当的数量有限且各家拥有家当的数量不均衡，村民们为了完成麦作生产的各个环节，彼此间不得不围绕家当发生各类生产关系（如家当的借用、犏搛以及牲口的伙养等等）。

1. 生产工具借用关系

时常借用农具的村民一般是穷主，他们缺少家当，好主家庭一般家当齐全，不必借。村民主要借用使用次数较少的农具，很多常用的农具，自家一般会置办，很少去借。村民们借用农具，优先求助于近门的"弟们"（意为弟兄）、叔叔伯伯，其次会求助本村一户落知己不赖的人，包括四邻八家。好主和穷主之间除非有特别"不赖"的关系，否则，一般不会相互借用工具。借用之前，借方自己心中有数，"谁家有吗物件、有吗使的家当"。

在一个家庭中，如果要借小的家当，比如布笃、簸箕、笤帚等，就由家里的女性（妻子、儿媳、女儿等）去借。如果婆婆无空，儿媳去借，如果儿媳不愿去借，儿媳接过婆婆手中的活，让婆婆去借。若是去借铁耙、耧耩、犁、牲口等，就由当家人（男的）出面。借牲口时，若牲口的主人说当天无法借，让第二天再来借，借方也不会生气。

村民们借工具的方式一般遵循传统习惯，比如A去借B的农具，一进B家的大门，先站在院子里直呼B家孩子的名字（××，你爹/你娘在不?），不进B屋内。B当家人要是在家，边应声边出房门招呼，这时，A跟B当家人讲："哥哥/叔叔/大伯，借你家锄头/铁耙/杈子……使一下。"有时，A到B的家里借东西，A站在院内大声喊叫时，B有意不应声，先观察A的行为。如果A在B没有应声的情况下拿走了家当，B会私底下试探A的品行、为人，看他会不会还。一两天之后，A若没有还家当，B就会主动上A家要，这时，A的处境就变得比较尴尬，脸上无光。

A去借B的家当，如果B当家人恰好不在，这时，B家其他成员有权决定出借，但是当家人回来后，其他家庭成员一定要给当家人"消"（报告）：××借了自家××家当。如果他们没有及时给当家人报告，当家人使用此家当而找不着时，就会质问其他家庭成员：××家当去哪里了？其他家庭成员这时才想起来，忘了跟当家人报告××借家当的事情，赶紧给当家人报告。当家人知道此事后，就去××家取家当（他自己要用此家当），当家人也不会为此责怪自家人，家当借给当户落的人，自己也会放心。

有的人比较薄皮、人品差，去别人家借东西，发现该户大门敞开却没人看家，这时他/她在该户院内转悠一番，私自把对方物件拿走，昧着对方，时间长了，就赖作是自己的物件。比如有一次，村民 C 取出一块花布放在屋子显眼的地方，然后去收拾晒在房顶的山药片。这时当户落一女子来 C 家借东西，看到屋里没人，就随手把 C 的那块布偷到家里做成裤子，穿在了自己身上。当年农历正月十五过庙会时，该女子穿着用那块布做的裤子逛庙会，不料被 C 一眼认出，当着大伙的面，要脱该女子的裤子。女子的母亲赶忙跟 C 道歉，说好话（"闺女家不懂事，你包计较"），女子回家后把该裤子还给了 C，此事就此平息。后来，该女子的父亲也没有听说此事，如果他知道了，将会严厉惩罚该女子（打骂）。

在农具的借用过程中，借用期限为半天或一天，一般是谁借谁还。借用牲口，当天借当天还，还牲口时，借方需把自家的谷皮、糠面等送一点给主人家，作为报酬。对于借的其他农具，可以第二天再还。当家里其他成员借了别人家的家当，需要给当家人报告，并且用罢后需要及时归还。如果迟还，对方上门来取，当家人就会抱怨借东西的家庭成员，比如说："你这人'拉忽'，借人家的物件'不念意'（意为借了别人家的家当，不知道及时归还，还让对方亲自上门来取）。"如果农户 B 将农具（比如布箩、簸箕、铲子、笤帚等）借给农户 A，A 迟迟未还，B 要急用时就去对方家里取，如果不急用，就在去对方家串门时顺便取。如果 A 为人比较刻薄，B 来要自己的家当时，对 B 说赖皮话，如"谁家是万全宝啊？"字面意思是谁家都会有缺东西、借东西的时候，A 以此埋怨对方急于要回家当。有时，A 长时间不还，B 去要时，A 把农具赖作是自己的，双方为此发生矛盾，甚至就此断了关系。

农户间平时互借生产工具，一般不需要向对方支付报酬，用老人的话来说，"没有那说法，都是相互的，都是当户落关系不赖的"。如果农具的主人向借方索要报酬，则对方回复："谁家是万全宝啊？"（前文已有叙述）索要报酬会让自己成为对方眼中的薄皮之人。

2. 搿犋与村民间的合作

传统农业社会，搿犋体现出村民间紧密合作的生产关系。双井村也普遍存在搿犋的现象，有的村民家没有大型农具，无法靠自身的财力置办一件大型家当，而又不便借用别人家的，这时就会选择与他者"做伴"伙买农具，主要是伙买耧耩、马车等。双井村民搿犋时，优先将当家十户的叔叔大伯等作为合作对象，如果叔伯不愿或不必伙买，就选择当户落知己不赖的党乡人，搿犋费用一般平摊。对于伙买的农具，合伙人之间自行协商,根据相互的农活紧慢情况使用。A的农作任务相对紧急,A优先使用,B等A使用完之后再用,相互之间不会因伙具的使用发生矛盾。

通常来说,一年之内,家当是不会坏的,如果耩耭过程中,某一方恰好把工具损坏了,他要么负责维修,要么重新置办一件,不用给合伙人赔钱。双方之间关系不赖,如果赔钱,对方也不会收。如果一方在其他方不知情的情况下把农具借给别人且工具受损,则借方当事人负责处理。

(三)有生命体生产工具及其关系

1. 头户的借用关系

当地村民一般在春季耕种或秋收的时候,找一户落的当家十户、党乡人、本村的亲戚借头户。若从本村借不到,就从外村亲戚家借。

如果借本村党乡人或当家十户的头户,当天用完当天还,如果借用的是亲戚家的,则可推迟到第二天,"因为是沾亲带故的"。"借头户不给钱,借给你,你是有脸面,看在人情脸面上借的,要钱就薄皮了",当地俗语称"人情为重、礼情为薄"。借用时,借方负责给头户提供早晨和中午的食料,不提供晚上的食料,头户需要当晚还回,晚上的食料由主人自己负责。如果头户在借用过程中出现了意外,比如生病,借方需要第一时间内将牛的病情告知主人家,并与主家共同负责治疗(一般是找本村的兽医来家中看病,然后按兽医开的药方去买药),医药费由借方出。

村民在生产工具借用过程中,不存在以人工还头户工的现象。如果A借用了B的头户,A不必特意为B还工,借用头户是看邻里、乡亲的面子。如果A内心实在过意不去,可以找机会报答,比如在B平常的建房、"过事"(举办婚丧嫁娶之事)诸事中去揎掇。

2. 头户的伙养关系

过去,双井村村民养头户一般有两种方式,如下表所示:

表3-2 传统时期双井村村民喂养牲口概况

单家独户喂养	这类家庭一般是半穷不赖的家庭及好主人家。如村民张联须家,属于半穷不赖的中农户,他家当时独自喂养一头牛、一头驴,家庭财富比不上好主人家,买不起骡马(耕地时,套一头牛和一头驴共同拉犁,平时使用驴拉磨)
伙养	伙养牲口的生产行为一般发生在穷家小户之间。穷家小户缺乏喂养牲口的经济能力,于是选择与自己处境差不多的农户合伙喂养。即便伙养,也只能够喂养耕牛、驴等,耕牛、驴的价格比较低,可以担负

伙养耕牛的农户之间具有一定的关系,合伙对象一般是当户落的邻居或是党乡人,或是家族的兄弟、叔叔大伯以及本村、邻村的亲戚(姻亲关系等)。如村民王根春家当

时与大伯家伙养了一头小驴，再如村民张小考家当时与李家疃（本村西北偏北约 8 公里）的外婆家伙养了一头耕牛。伙养者之间相对知己不赖，伙养者均为家庭贫穷的人，好主之间不存在伙养耕牛的现象，他们也不与半穷不赖的中农户和穷家小户伙养。

在几户人家伙养耕牛时，买头户的费用均摊，不存在某一户多出、某一户少出的现象。伙养耕牛时实行轮养制，每户轮养的期限为"一集"（五天）。过去，双井村的集期为农历逢一、逢六（本村集市也称一六集），集期间隔为五天，村民轮养耕牛也以集期为准。比如王根春家与他大伯家伙养时，每家养五天，使用驴的时候，"在他那里喂他先使，咱就等，咱喂的时候咱先使"[1]。如果驴生病了，两家人伙着看，不过据老人讲述，"那时牲口生病的不多"。

伙养的耕牛、驴等，也可在伙养者之外的村民中互借。比如某农户与伙养者中的一方有不错的关系，一般情况下，只要对方开口，就可以借用。伙养时，恰好轮到自己养的过程中发生耕牛被盗事件，大家就自认倒霉，自己也不必给其他伙养者赔偿损失。过去，穷人家的耕牛很少被偷，"那时候牲口也瘦"[2]，牲口被盗，即便抓到了盗贼也无济于事，盗贼赔不起，村长和地方等人对偷盗之事不会管（民国时期，双井村成立了大刀会，主要保护好主和其他村民家的头户，防止被土匪抢劫）。

对于牲口的其他产出，伙养者之间以约定俗成的规则进行分配（详见下表）。

表 3-3 传统时期双井村牲口伙养中的收益权状况（以耕牛的伙养为例）

牛犊的归属	产权共有牛生的牛犊，属于伙养者共同的财产。穷家小户家一般不会养"闲牛"（即牛犊，不能从事农业生产的牛），牛犊养到一定时间需要出售。这时，优先在伙养者内部出售，如果内部无人愿意买，伙养者商量后卖给外人（优先卖给当户落的党乡人，若党乡人无人购买，才会牵到集市上卖）。卖牛犊的钱，伙养者之间均分
粪的产权	牛在谁家轮养，谁就拥有牛粪的产权，伙养者不需要均分

第二节 产权与产权关系

中华人民共和国成立前，村落水井的产权分为公有和私有两种，土地的产权也分两种（私有与共有），土地的产权经常会发生各种形式的变更，与此同时，房屋的产权也因交易发生变化。村落边界的产权主要体现为本村与邻村的界限。

---

[1] 摘自王根春老人的口述。
[2] 摘自张联须老人的口述。

一、土地产权概况

（一）共有产权的土地

双井村的共有产权土地类型多样，主要包括墓田（坟地）、庙地、族田等，这些土地内含着丰富的产权所属、产权分割、产权交易、产权纠纷关系。

1. 产权所属

村落的每一块共有土地均有特定的来由。在双井村，墓田也被俗称为坟地，它是村民心目中的风水宝地，村民"扎坟"（当地方言，意为依据风水学选坟址），一般请当地的风水先生（多从邻村郝庄请，扎坟时如果某块地不占好的穴位，就另选地块）。坟地选得好，就能使家族子孙兴旺。坟址选定后，需要测算墓穴的深度。

大家族都会有自己的祖坟地，族中大辈一般要埋入祖坟，其他人埋在自家的坟地。男儿若12周岁以上过世，可以入祖坟，12岁以下，需要埋葬在自家土地的边角处，儿媳妇、娶的妾、再婚的妻子等如果没有生儿育女，逝后不能进祖坟，如果生了孩子（不论男孩女孩），逝后都可以入祖坟，即"入穴"。叔伯逝后都可以入家族的坟地，如果祖坟墓穴位置有限，则后世子嗣可以"拔"（挪）坟另葬（一般是非长子另选坟墓，长子必须要葬在原墓）。当地素有"长子不离穴"之说，并存在夫妻"合骨并葬"的传统。

坟地官背两头有界桩（石头桩），人们骑着马或赶马车来上坟时可以将马拴在界桩上，它一般要比其他土地的界桩高出半截（二三十厘米）。因此，坟地的界桩也被称为"拴马桩"。拴马桩的所有权归坟地的主人，所有参与祭坟的人均拥有使用权。

每个族姓的族田（族地田）也称家庙的公田，其产权属于家族共有，任何人不能随意把族田交易出去。张氏家族的族田位于村庄南边，属于旱地（具体亩数不详）。族地田由族长亲自管理。如果族长年老体衰，无法单独管理家族事务，族里就要召开家族会议（一般在族长家中召开），族长和爱管事的族人共同参会，在会议上任命族中可靠的爱管事的人（一般是续谱时的"监理部"成员）负责续谱、族田管理的具体事务。

村落的共有土地除了家族的墓田、族田，还有庙地。真武庙、龙王庙都有一定数量的庙地，真武庙地位于西北角（张小考的房屋背后），龙王庙地在龙王庙邻近分布（庙宇东边），大约有2亩。真武庙地、龙王庙地的产权都归玄天大会所有，大会的会首也称领会人，早期的会首由村民推荐，自愿担任，民国时期每年轮流担任。会首一般是村里的好主，有钱人家、热衷于慈善之事的人。大会的敛首10名，主要帮助会首安排大会活动，同时也对庙地的产权负有监管的责任。民国时期，真武庙中居住着外地来的和尚，庙地留予和尚们耕种果腹。

2. 产权分割

有些人家分家时虽然也将坟地纳入分配范围，但不会像其他土地那样平均分配，而是诸子"拿球"（抓阄）决定，谁分到坟地，谁就永世耕种该地，坟地的收成都归自己。由于坟地中坟墓占据了一部分用于耕种的面积，因此，分家时，给分到坟地的儿子多分一点地（面积大约和坟墓的占地面积相等），算是其他弟兄们给他的额外补偿。分家后，当外嫁女在扫墓节日来娘家祭坟、烧纸，由弟兄几个轮流管饭，比如这次在大哥家吃饭，下次就去二弟家吃饭。如果兄弟姐妹们关系不赖、和和气气，则弟兄们争相邀请，大家不规定必须是由耕种坟地者独立承担外嫁女的消费。坟地名下的钱粮（公粮）也需要交，当年谁种坟地，谁就负责交纳公粮，其他弟兄不承担。每一块坟地，不论大小，均有文书。

与之相对，有些家庭分家时不分坟地，坟地所有权归几兄弟共有，大家轮耕。这时，坟地的文书并不随经营权的转移而转移，而是由长子永久保管，"因为数他最大，他知道的事多，在家里干的活多，经的事多，有经验"。如果成年的长子和未成年的弟弟们平分家产，长子会觉得吃亏，因为自己过去为家庭做了很大贡献。如果长子"不清亮"（糊涂），则文书由弟兄当中有能力的、靠得住的人保管。

3. 产权交易

村落的共有土地，不允许交易，坟地也是如此。即便有些家庭分了家，坟地归某个儿子，他也不能把坟地卖掉，坟地葬着列祖列宗，卖坟地属于破坏族规家法之事。

4. 产权纠纷

坟地不论轮耕还是分家后独营，如果被地邻赶地边侵占，则家族的任何一个人都有维护坟地产权的责任，其经营过程中也会时常出现产权纠纷。比如在民国某年，村民A和B（坟地相邻）都想把对方的坟地占为己有，双方都认为那块地方是风水宝地，谁也不让谁。于是俩人分别采取了措施：A在自家坟地里对着B祖坟的方向挖了个小窑洞，然后在窑洞中烧火，意为要把对方的祖坟烧了；B不甘示弱，在自家坟地里打了口水井，安装了辘轳，使劲地绞辘轳，意为要浇灭对方。双方就这样持续了很长时间。后来，双方家族的大辈们出面劝解："一个别烧了，一个也别浇了。"A和B这才停止各自的行为。

如果老人逝世时坟地里正长着庄稼，这时为了方便下葬，需要在坟地里铺开一条马车宽的道，就不得不损坏农作物或提前将作物收割。倘若属轮耕坟地，家族不会为当年轮耕的儿子赔偿损失，如果坟地已分给某个儿子永久耕种，此类损失也由该子自己承担，家族和其他兄弟不会支付费用。

（二）私有产权的土地

1. 产权所属

家庭层面除了有一般性的私有土地，还有几种特殊类型的私有土地：一是"庄子地"，顾名思义是靠近某村庄的土地。如果本村人购买了外村的土地，随即依照地缘相近原则，就近租佃给外村人或雇外村的长工耕种，此类土地就被称作庄子地。同理，如果外村人买了本村人的地（靠近本村），也会就近租给本村人或雇本村长工耕种。

二是体己地，它的存在主要与婚姻习惯、儿媳婆家与娘家的经济条件息息相关。在双井村，体己地的产生主要有两种方式。

表3-4 双井村民体己地的获得方式

娘家陪嫁	有的女儿出嫁时，娘家赔嫁妆钱（家境较好的娘家），让女儿到婆家后买点地，少则2亩左右，多则三四亩，以改善自己的生活。有的父母在嫁女儿（俗称"娶闺女"）之前，让婆家自出2亩左右的土地作为儿媳的体己地
自己购买	若儿媳妇在婆家勤快劳作、纺花织布，积攒一些收入，不交给大家庭，然后与女婿和其他家庭成员商量买点体己地，家里人一般也会同意，反正是"往家里面添了物件"

灾荒之年，庄稼颗粒无收，体己地的损失由儿媳和儿子自己承担，大家庭不会为其补偿。如果儿媳病故或改嫁，娘家和婆家人都会想方设法留住体己地，正如以下案例所呈现的：本村有一位名叫香兰的儿媳，娘家是杨扈村的（本村北边的邻村，距离本村约5.4公里）。她平常在秋收时节上地里拾棉花、拾谷穗，慢慢地攒了点钱，买了三四亩体己地，由婆家帮忙耕种。后来，她和丈夫二人"不对脾气"（不和）要"散伙"（离婚），改嫁去外村，这时婆家不允许她把体己地地契带走，她也没找人调解此事，体己地也就归了婆家，婆家人没有对她进行额外补偿。再如本村张氏（张家大闺女）嫁到了邻村李家疃，有5亩左右的体己地，后来因病而亡。娘家人舍不得大闺女的体己地和家业，于是将二闺女嫁给了李氏（二闺女的姐夫），让二闺女继承姐姐的体己地。

三是养老地，即一个家庭分家时留给老人养老的土地。养老地留多少，取决于自家的土地资源情况，"地多的多留点，地少的少留点"。养老地一般是"对块"的地，即小块、零碎、边边角角的土地，大块、平整的土地分给儿子们便于鼓捣（耕种），儿子们收的粮食多，可以过上好日子。如果父母亲年老体衰，失去劳动力，不想留养老地或者儿子们不给老人留养老地，则儿子们需要每年给老人一定数量的钱、粮食作为养老费用。这些费用由诸子均摊，弟兄们多，每个人均摊的少，如果弟兄们少，每人承担的就多。

2. 产权分割

一个大家庭中,即便有弟兄三五个,体己地永远是某个儿媳妇自己的,分家时,该地不参与分配。分家前,作为儿子,不能拥有自己的土地,儿子赚了钱买的地也要归大家庭,否则父母亲和其他兄弟不答应,"咱们一样过日子,怎么你手里弄了钱买体己地?"儿子们赚的钱理应全部交给当家人,但在实际生活中,有些儿子会留一点钱给媳妇,不会全部上交。如果嫂子存了私房钱买体己地,其他弟兄和妯娌管不着,但是他/她们有时会说几句闲话("漏几句"),相互猜忌(××藏了私房钱买体己地)。如果因此是非导致家庭内部闹别扭,则大家庭生活无法继续维持,需要分家单过。

3. 产权交易

庄子地多为自由交易所得,土地的所有权、交易权归村民私有,经营权一般可以转让给与土地相近的农户。庄子地一般为旱地,很少有田井,因为庄子地距离主人家较远,主人不会在该地里打井。购买庄子地者多为本村或外村的大户人家、好主。本村大南地属于庄子地,据说它是清朝以来的官宦人家(家住县城)的土地,位于村庄西南方,大约7顷。邻村唐邱村村庄大、人口多而土地少,于是该村村民们在裴家庄、小枣村等人少地多的村庄购买了大量的庄子地。庄子地的价格一般要比普通土地的价格高,如果出价低,土地的主人就会卖给本村人。庄子地名下的公粮由主人家交纳。

与其他土地一样,体己地也可交易。没分家之前,如果儿媳交易体己地,需要和大家庭的当家人商量,当家人不同意的情况下不能交易(当家人不点头,没有买主敢买),"看谁敢要这物件,一开吵就卖不了"。如果因为体己地的买卖导致儿媳和家人闹别扭,近门的大辈(叔叔大伯)就会主动前来调解。如果当家人要卖体己地,需要和体己地主商量,如果主人不同意,就不能卖。体己地交易时,优先卖给自家大家庭,都是一家人,价格相对较低。若卖给其他人,则一般按照市场价来交易,并且请地方出面做证。

4. 产权纠纷

各类私有产权土地在经营与继承过程中,偶尔也会引发矛盾纠纷(比如体己地)。对于体己地的交易和纠纷之事,儿媳的娘家人没有干涉的权利。如果儿媳妇因病身亡,则娘家人也无权利收回闺女的体己地。如果执意收回,引起与婆家的矛盾纠纷时,婆家一般会请近门的大辈出面调解,即"多少给娘家人出点钱"(一般要出土地价格的60%或70%左右),此类事务,不需要找地方、村长、村副等人调解。若体己地被地邻侵占,则全家人都会有责任与地邻交涉(虽然体己地属于儿媳妇,但她也是自家的人)。

二、土地买卖关系

传统时期，双井村普遍存在土地交易的现象。当地话语中，买地也叫"成"地或"要"地，买主即"成方"；卖地也叫"破"地或"去"地，卖主即"破方"。村民们普遍认为，有了土地，收成就有保障，日子才能过得好，有了大块土地，种了粮食变卖成现金，积攒本钱就可以干大买卖发家致富。土地归私人所有，村民个人可以自由买卖，官府不干涉。

（一）土地买卖状况

1. 买卖主体

关于买卖土地的主体分类，可详见表3-5和表3-6。

表3-5 传统时期双井村卖地群体概况

农户类型	具体内容
穷困潦倒的农户	一是家中无水井、无车马牲口的贫困人家卖地。如老人讲述，"他们没有水浇地，没能力鼓捣，荒着也是荒着，就去了"，"自己吃不起饭了就把地去给人家，然后买着吃，越吃越穷，人家越多越好过"*。二是家庭劳力少的农户卖地，包括部分好主家庭。若劳力缺少，无人耕种，就会卖地。三是有的家中发生灾难，便卖地救急（比如卖地看病救人）
被黑军绑架勒索的好主	"事变"以后，土匪组织和皇协军时常袭扰村民（尤其针对好主家庭），他们绑架好主家的人，然后勒索钱财，有些好主交不起赎金，便卖地卖房产。好主们为了减少自身的麻烦，一般会将土地低价卖出，如好主张化楠，经常被皇协军和黑军袭扰，他一气之下把大部分土地低价卖给本村人（本来一亩**地卖两布袋粮食，约240斤，低价处理时就卖一布袋半，约180斤），他家最后只剩下大约70亩的土地（一块50亩，一块20亩）
避免纳粮的好主	有的好主为了避免交纳沉重的赋税，便有了卖地的想法。据调查，官府以土地占有亩数摊派公粮，好主家交纳的公粮自然而然就多。有的年份天干地旱，好主们的收成不够交公粮，也无法打发黑军、皇协军，于是卖土地，没有了大片土地，就不必交纳大量的赋税
赌博、"吸药面"（方言，意为抽鸦片）的农户	有的村民沾染了赌博、大烟，没有赌资、毒资时就把土地卖了。官府对赌博、吸毒行为缺乏监管

* 摘自高县格老人的口述。
** 过去，1亩按10分计算，后来，1亩按7分计算。

表3-6 传统时期双井村买地群体概况

农户类型	具体内容
半穷不赖的农户	"半穷不赖的人越舍不得吃、越委屈，他们攒了钱就（越）想买地，买了地还要打井，打了井还要买水车、买头户，买了头户就算到了头了"

资料来源：摘自现年87岁的王丰娟老人的口述。

2. 买卖价格

土地价格由交易双方和地方参考以往的交易价格商议而定。大多数情况下，地方主导定价，如"××家那个地是什么样的价格，你这地和他那个差不多一样"。交易过程中，地方先与卖方当家人商谈价格（如果当家人恰好不出面，则交易不便进行，其他家庭成员无权做主），然后再去买方家中告知价格信息并商定价格，交易双方很少面对面说价，除非双方关系不赖。

过去，"荒年不行钱、行粮食，钱票不稳定"，地价按粮食结算，每亩好地售价一般为2布袋粮食（黑豆、棒子、谷子）。不同品质的土地有着不同的交易价格。在村民看来，好地一般是有田井的水浇地，是土质好的胶泥地，沙地、洼地属于差地，"沙地不长什么苗"。双井村和邻村的人们都熟悉每块地的土质，交易中，好地的价格相对较高，好地的价格一般要比差地高出30%左右。

在交易中，若一块地同时有多个买主（与地的主人关系一般），这时买主们会各自请地方出面，互相"抬价"（方言，意为竞价），卖方最终选择出价高的买主。如果两个买主出的价格相当，则遵循先来后到的规则，卖给先来交易的人。

3. 买卖定金（"码钱"）

双井村民交易土地，需要"下个码"（当地方言，意为交定金）。双方达成初步的交易协定后，买方"先下个码，怕不中，先占住，别人就要不成了"。码钱数额不固定，下码之后，交易双方一般不会反悔。如果买方反悔，且觉得自己掏的码钱数额较大，他得托地方给卖方说好话，让对方退还码钱，一般情况下，卖方不会退还。如果是卖方毁约，则码钱一定要退还给买方，如当地人所讲："因为是你自己不干了，这是规矩。"码钱的交付有一定的规则：得首先交给地方，地方再转交于卖方，"他经手了，就有证明了，中人证了"，如果地方不经手，交易就无法达成。码钱交付之后方可丈量土地。

分家后的弟兄之间也可以进行土地买卖活动，买卖过程中，同样需要请地方商议价格、丈量土地、请地邻见证、请人写文书。只是弟兄间买卖，买方不必下码钱，人们认为都是弟兄伙里买卖，一般不会再反悔卖给别人。

4. 土地丈量[1]

土地的交易过程中，买卖双方需要同时在场，重新丈量土地面积。负责丈量的人一般是地方，如果地方不便，也可请当户落中爱管闲事的人。丈量时，地方自带"道子"（丈量土地的器具，分长短两种，长的为六尺二，短的为五尺），丈量费用包含在

---

[1] 在当地话语中，丈量土地也称"实地"。

中介费之内,由买地的人支付。若请管闲事的人丈量,不需要付报酬。丈量土地时一般不会出现失误(因为有灰橛或石头桩标识)。

(二)土地买卖顺序

表3-7 传统时期双井村土地买卖过程中的阶序规则概况

优先顺序	遵循优先顺序的原因
优先考虑近门、当家十户的兄弟、叔叔大伯等	"他们是自家家的人,不脸生,物件(方言,特指土地、房屋等财产)到了自家人手中不好啊?这是乡俗。"若近门的人和别人出的价格相差不大(如卖一亩地,近门的人出1.8石黑豆,外人出2石黑豆),也会优先卖给近门的人,因为近门的人是同姓氏的,大多是平常相互来往、帮忙、借钱的人,而外人是异姓。当然,近门的人出价也不会太低,否则脸面上过不去
不考虑近门的情况	若近门的人与自家有了隔阂,不对付(有的近门,自家兄弟之间也不说话、不合适),就卖给外人
土地的四邻	如果近门中无人要地,便考虑土地的四邻,因为卖给四邻,"鼓捣时好鼓捣,地都挨着",种起来比较方便。当地俗语称,"能为近邻,不为远亲",近邻能就近帮忙。若邻居与自家不对付,宁愿卖给外村人,"有的住得远,但走得近;有的住得近,但走得远"。至于卖给四邻中的哪一个农户,没有特殊的规定,任何一个都行,如果四邻都想要,这时抬价,谁出的价格高、出的物件多,就卖给谁
其他人群	如果四邻中无人购买,就请地方联系其他人。地方开一个卖地的条子(内容大概为卖方的姓名、土地的面积和位置),然后在村庄里"传唤",比如"××去地,谁要地?"地方卖地,一般找本村的买家,或是卖给有钱的好主(他们买了土地可以扩大生产),或是卖给半穷不赖的农户

资料来源:引自村民张小考夫妇的口述。

若本村村民和外村村民同时买自家的土地,优先卖给出价高的人,如果本村人和外村人出价一样,则优先卖给本村人,"那是明事"。如果地里正长着庄稼,交易时,一亩地的价格比平时高(多2—3斗粮食)。

(三)土地买卖产权的确定

1.买卖契约

买卖土地时,双方需要立文书(字据),也称"立契""起文书",故交易土地也被俗称为"清契",即把原有的文书"誊哒誊哒"。文书起好之后,需要扣(加盖)区公所(乡级行政办公场所)的公章,否则不予承认。土地契约内容包括土地的面积(过去,土地的亩数较大,当时一亩地相对于现在的1.397亩,属大地),位置,四邻[1](东南西北的地邻)的姓名,交易金额(写明现大洋的数量或是多少石粮食,过去常以

---

[1] 也即土地的官背,当地将邻地边界称为"官背"。

黑豆为标准计算。文书中除了写土地的单价，还要写明交易总价），交易双方、证明人、地方的姓名，交易时间（民国×年×月×日），文书的最后还要写"立"字。

写文书的人只需请一位，此人一般为一户落中有文化的人（他可以不是专职的）。如果经纪有文化，就由经纪代笔。至于由谁请执笔人，没有特殊规定，破方、成方、地方都可以请。写文书的地方一般是买方家，买方是要地的人。文书一式两份，交易双方各留一份，地方不必存留。对于写文书的人，一般不付费，由买地一方管顿饭、管顿酒足矣。

2. 买卖中人（地方）

双井村土地买卖过程中离不开中人/经纪，正如张联须老人所言，"没有经纪就'不占'（当地方言，意为不成、不行），交易双方空口无凭，去地的想多要，要地的想少给，有了地方就好说话，脸皮上看着也好"。

过去，村庄集市有专事头户交易的经纪，有专事粮食交易的经纪，土地交易中的经纪被称为地方，他们负责成地，促使双方达成交易，故经纪名曰"地方"。地方是职业的，且是靠成地施钱（收取中介费来谋生）的人，他们起初善于干成地去地之事，久而久之，干得有了名了，当户落的人们都知道他们掌握着土地交易的信息，比如谁家去多少地、在哪个位置、谁家要地，他们都知道得一清二楚。村民交易土地都会主动找地方，一般是先请邻近的地方，如果该地方近期没有掌握土地交易的信息，就去请另一个。过去的双井村，有3名地方，他们的家境一般，不一定有文化，但一般能说能道。地方是在村庄里自然脱颖而出的，不由村民选举产生，也不由上级任命，其职责主要有两个方面（参见下表）。

表 3-8 传统时期地方的职责概况

职责	内容
交易	在土地买卖中，地方"为两头说合、做个证"，即便是家族成员内部交易土地，也要请地方出面做证
治理	在村庄治理中，地方是替村长、村副等人跑腿办事的人，比如敲锣收公粮，为村公所的事情"跑哒跑哒"，为村公所办事，没有报酬

经纪的中介费一般按交易额的5%抽取，由交易双方共同承担，即"成3破2"，成方担负3%、破方担负2%，后来改为成方一人担负，也是按5%抽取。破方因为需用钱或其他原因才卖地，成方有钱才买地，所以破方不担负为参与者请客的费用。交易达成后，如果恰好赶上午饭或晚饭时间，由成方在自家或在史家老店请文书的起草人、地方、破方等吃顿饭、喝顿酒，如果是在其他时间结束交易，就不必特意管饭、管酒，"都给你（地方）钱了，你是专门干那（从事土地交易）的"。

表 3-9　双井村地方的中介报酬状况

时　期	报　酬
民国时期	成方担负 3%，破方担负 2%
1949 年后	成方一人担负，按 5% 抽取

3. 买卖见证

在双井村，村民卖地时需要告知地邻。比如农户 A 去地，既要告知地的四邻又要把他们请到地头，当着他们的面去地。卖地者需要告知四邻的内容大概是"我要把地去给××了，去的地××宽、××长，灰橛没动"。去地时不改变原来的官背，四邻去交易现场主要是为了监督 A，防止他改变官背界限，私自做主把自家的地边卖给别人。如果四邻不去监督，农户万一将地邻的地边也丈量进交易的面积之内，地邻就会扯皮吵架。

每个农户的地都有文书，四邻去交易现场，一般也会携带自家土地的文书（也有地邻不带）。有些地邻间平时知己不赖，相互之间比较信任，且土地都有明显的官背，这时，当事人交易土地，地邻也可不必去交易现场。地邻对于交易时的丈量、价格等其他事情不会干涉，也不会提建议，正如老人所讲，"因为有地方，他是专门施钱干那的"[1]。交易达成后，双方不需要一定为土地的四邻请客，"当地乡俗里没那些规矩"。有的农户有饭，比较大方，买了地后会请卖方、地方、丈量人、四邻一起吃顿饭、喝顿酒

4. 官方认定

土地交易达成后，成方自带新文书（其他人不必随同）去区公所盖公章，没有被公证的文书也即"白契"，官府不予承认（农户因土地买卖或边界不清而发生纠纷时，官府不予保护）。盖了公章的地契将会受到国家的保护，即老人所说的"入了公了"。加盖公章时，需要交纳公证费（即交易税），公证费由成方承担，破方卖了土地便不再拥有土地产权。

交易土地时无须征求村长、村副的意见，他们也不会主动去干涉。他们主要管理村庄的公共事务，比如收公粮、派当夫等，对于村民的私人事务，他们不过问，村民一般也不会去找他们。

（四）土地买卖纠纷

买卖土地时，土地四邻间一般不会出现纠纷，如果出现矛盾，除了由地方来调解，

---

[1] 摘自张联须老人的口述内容。

当事人还会请近门的大辈、当户落的"知明者"调解，也会去村公所找村长等，"他们都有那个本事，在村里吃得开，能扛得起、放得下，说话算数，名气高，有文化"。如果需要打官司，上级办事人员来村庄调查案情时也会找替当事人"顶堂"的人（近门的大辈、当户落明事理的人）询问详情，聆听他们的意见。

土地丈量之后需要重新立文书，买方只有拿到新的文书才会"下大价"（当地方言，意为付全款）。写了文书，双方不能再反悔，若有一方反悔，需要找地方协调，如果地方协调不了，就去区公所或上级部门打官司。交易达成后，老契（旧文书）也需要处理（由地方和立契者做证，当场烧毁旧的文书）。交易后的土地的公粮由现主人交纳，原主人不再负责。过去，土地交易频繁，部分土地名下没有公粮，比如，有的农户有10亩土地，其中2—3亩土地不交纳公粮，这类土地也被称为黑地。

三、土地租佃关系

（一）土地租佃状况

当地将租佃土地称为"包种"，一般是好主人家外包土地。他们外包的土地有限，不会大面积外包，原因有三：一是把地包给外人，需要"撒股"（意为分成），而若觅长工和短工耕种，收的庄稼全部归自家，只需给长工和短工付工资便可，雇工种地的收益比包地收益高，好主们宁愿雇工种地也不会把地包出去。二是生怕把地包给别人，到时候地租"归"（收）不回来，自己吃亏。三是包地的人比较难找。过去，隔三岔五发生旱灾、蝗灾，这时包地就会面临风险，如果"爆了股"（即颗粒无收），主人家可以免租，但包地者一年白费力气，"赔了功夫了"[1]。如果收成少，不够交租，他们宁愿去打工也不愿包种。

本村较大的好主有3户，分别是张化楠、张老宣（家有60多亩土地，他为了省事，把自家无力耕种的边边角角的地外包出去）、池老董。当时池老董有句顺口溜："锄地俺有硬锄用，浇地俺有八卦轮，不着火不死人，干吗用着求爷们。"好主家庭若劳力少，承担不起大面积的农作物种植任务，就把地包给外人。有的好主早先自己种地，后来年老体衰，没能力继续耕种，就把地外包出去。有些农户家中有少许土地，"不够干"，于是会考虑再包点土地。

1. 包地顺序

土地包种时，土地的主人会优先考虑本村"壮劳"（当地方言，意为年轻力壮者）多、人口多、比较勤快、能干活的农户，外村的农户也包，但比较少（承包者大多是没有地、没饭的穷主）。好主外包的土地一般是边边角角的旱地、赖地、离家远的土

---

[1] 摘自现年84岁的王根春老人口述材料。

地，有水井的好地留着自家种。如果自己的土地远在邻村或恰好与邻村搭界，则优先包给邻村的人。比如本村村民张氏（弟兄7人），没有分家，人多地少，家庭劳力多，包了邻村米家庄好主王氏的土地×亩，该地与本村村西搭界，而距离米家庄又较远。时值日军入侵，社会动乱，盗匪横行，张氏在地里搭了个帐篷（可以住两三人），日夜住在地里守护庄稼，防止被人偷盗。住在村西的农户为了躲避日军，便自带被褥逃到张氏的帐篷里借宿，住不下的就围着帐篷睡，大家临时住在一起逃命、"闲拉齿关"（拉家常）。

2. 土地丈量

包租双方口头说定包地事宜后，去地里丈量土地面积（多宽多长、×亩×分×厘），土地面积的丈量、计算与文书的书写，由地方负责。包地的丈量环节，也需要找土地四邻，主人家需要向四邻告知包地的事宜，"哪是边，哪是沿，哪是他的边，哪是我的地……"，还要请四邻去地里监督。有的地邻信任对方，就说"我就不去地里了，你们按那个旧地边量吧！"主人家不必请四邻吃饭喝酒。

3. 中人见证

包地时，一般由主人家托一位地方做中间人，找包地的农户。据王根春老人回忆，过去的双井村，有3位地方，村庄每一个大户落就有一位，村庄"按南北街分开，村东是一大户落，村西是一大户落，西南角是一大户落，其他区域都很少有人住"。包地事成之后，主人请地方在家喝壶酒、吃顿饭。

4. 包地契约

包地时需要签订文书，文书的内容大致包括包种土地的面积、位置、四邻（东南西北的地邻）的姓名、租金（一般是交现金）、双方的姓名（不需要按手印，即只签字不画押）、期限，写好之后需要加盖地方的名章。文书一式两份，由包地双方各自保管一份，地方不必保管。双方不需要给地方额外付费，只需包地事宜办理之后给他管顿饭、管顿酒。在包地过程中，如果双方知己不赖、相互很信任，可以不签文书，"除了我的，就是你的"。[1]

5. 包地期限

包地的最低期限通常为一年，最高期限没有规定。包地一方生怕今年风调雨顺收成好，而明年遇到旱灾或蝗灾导致收成减少或颗粒无收爆了股，于是签订文书时一般只签一年，"包一年说一年"。交租时，双方顺便商议下一年的包地情况，"你愿种就接着种"。如果主人家不让种，包地的人就没有权利继续种。如果包地的人觉得第一年收成

---

[1] 引自王根春老人的口述。

不错，就续租，这时需要再找地方做中间人、立文书。

6. 包地地租

至于包地的租金多少，由双方先参考当时市场谷价商议，然后再与地方根据以往的包地经验进行协调后决定。不论收成多少，租金是固定的，一般是每亩地交 8—10 元。如果年景好、收成高，包地的人自己得的多，如果收成低，则赔钱。如果爆了股，则双方都受损失，佃户白种一年、颗粒无收，好主也没有租金收入。这时，佃户不再续租，主人家一般会主动问对方，比如"过完年你还包地不？"如果对方不再续包，他就托地方寻找其他需要包地的农户。

交纳地租的时间一般比较固定，基本上是每年秋收之后，佃户把收的粮食"挑"（变卖）成现金，然后交给好主。交租时，由包地的人主动找地方做中间人，做伴去好主家交租（交现金），一般不会等好主来催要租金。到了好主家，佃户当着好主的面把租金给地方，地方再转交给好主。这样做的目的在于避免发生交租意外，比如防止出现租佃双方互不信任、"倒口供"（方言，意为不认账）的现象，"一个说给了、一个说没给"，当地俗语称"三命在案"（即纠纷双方打官司时，需要有中间人调解，包地时以此做比喻，指包地双方商议事务，需要中间人做证）。交了租，好主一般会在自家请佃户和地方吃顿饭、喝顿酒（有时只喝顿酒、不吃饭），双方不必给地方另付报酬。

过去，货币不稳定，如果包地的时候粮食价格高，而挑粮食时价格变低，则佃户自己承担损失，好主的租金还是按包地时定的价格如数上交，好主不会减租。如果佃户不按时交租，好主就会托地方去佃户家讨要，自己不会出面。如果对方要赖，双方就成仇人了，好主也不会太计较，不会为此与佃户打架、吵包子或将对方告至官府，而是直接收回土地。在此过程中，地方为地主跑腿帮了忙，地主"看得长"，就请地方喝酒。一般情况下，租金不能拖欠（缓交），佃户即便第二年续租，也不能缓交，正如王根春老人谈道，"清了就清了，不能缓茬"。

7. 包地赋税

租佃地的公粮由地主交纳，佃户不承担，村里收税时就找地主，"谁的地谁交"。如果是免租外包，则公粮由佃户出，谁经营谁纳粮，土地的主人不再承担。

（二）土地租佃关系

1. 收成分配

双井村的包地历史上，形成了大包、小包的惯例，包地双方根据不同的承包方式商定收成的分配规则（详见下表）。

表 3－10　双井村包地过程中的收成分配规则概况

包地方式	收成的分配
大包	大包一般发生在知己不赖的村民之间，即佃户可免费使用好主家的物件，包括"车马牲口"、田井、水车、工具等，所得收入三七分，好主得70%，佃户得30%
小包	小包是指不包"车马牲口"，佃户得使用自己的工具、"车马牲口"，收成四六分或对半分，好主得60%或50%，佃户得40%或50%
其他	除了以上两种方式，有的村民包地时比较随意，比如好主张化楠将地包给本村3户张氏人家（其中有他的族人也有外族人）。双方知己不赖。据说是张化楠看到这3户人家穷困潦倒，无法生存，就"心发潦愿"主动去跟包地的人说："包我的地吧，到时候过个生活！"佃户们都答应包种，佃户可以免费使用他家的"车马牲口（以及牲口的草料）"、水车、农具等，收成对半分。春天或青黄不接之时，如果佃户家断了口粮，张化楠就对佃户说"拿个布袋来，给你几斗（2斗/4斗）粮食"。收谷之后，对方还也行，不还也行，他不会主动去要 对于佃户而言，如果耕种有旱井的地，一般会保本，如果种无井旱地有时会亏本。包地过程中，至于种何种作物，何时种，均由佃户自己决定，好主不再干涉（过去主要种植高粱、谷子、玉米等）

2. 地租减免

天干地旱的荒灾之年，如果灾情严重，包地双方都受损失，"种地的白费子（种子）"，这时佃户会请一两位地方陪自己去跟好主说好话，希望对方能够免租，好主也不会特意下地查看灾情，他自家也种地，天灾一旦发生，自己知道包出去的地也会与自家地一样减产。一般情况下，只要对方来求情，好主会免租，事罢，佃户请好主和地方在自己家里喝顿酒，一般不管饭。

此外，也有好主把自家的土地免租包给知己不赖、当家十户的人，"我的地多得弄不过来，你自家鼓捣，收多收少都归你"，即"自种自吃"。但是地的所有权还是好主的，至于免租外包土地的公粮，由佃户自己交纳，好主不再承担。

3. 包地纠纷

包地后，佃户如果与地邻因为"赶地边"发生纠纷，佃户需要立即告知好主出面解决。过去，因为官背不清发生赶地边的现象比较普遍，有时地邻会无意间误割对方的庄稼。比如村民王氏收玉米时，没有看清地界，不小心把地邻（外村村民）的数棵玉米割了，于是去邻村找地邻还误割的玉米，但当时没有找到对方的家，无奈之下，王氏就把误割的玉米栽回对方的地里。

4. 包地关系的维护

平时，租佃双方的关系一般。若好主和佃户"住得近、走得好"（方言，意为平常往来，关系较好），则过年时，作为小辈的一方要去拜访辈分大的一方（佃户一般是大辈，当地俗话说"穷大辈"，好主的辈分一般较小）。若好主家举办婚丧之事，佃户以党乡人的身份前去撺掇[1]，并上人情，则佃户家中举行婚丧之事，好主也会去撺掇，也上人情。如果好主与佃户非同村党乡人，过节时，佃户不必给好主送礼，过年时，也不必互相拜年。

有些好主与佃户之间关系融洽、"真好"[2]，好主对佃户帮助较多。比如民国某年，池冲入家要买头耕牛，需八九百斤粮食（按照当地过去的单位计算，1石等于300斤），自家又没有那么多钱或粮食，于是就向胡岳村的好主（双方为租佃关系）借粮食，好主答应出借，并且免去利息。好主认为池家劳力多，找这样一个一下子租种一顷地的人家不容易，于是对池家比较照顾，池家断了口粮的时候，好主也会借粮接济。逢年过节，池家不必去给好主拜年。

5. 包地关系的解除

双井村不存在土地转包的情况，如果A将地包给B，B再转包给C时，C还得找A商量、签订文书，A则一般会找碴不同意，除非A和B解除了包地关系，C才有机会包种A的土地。在包地关系确立之后，如果好主说话不算数，临时变卦，则村里人觉得该好主不可信，人们以后不再去包他的地，也少有人给他打短工。包地过程中，一般是佃户占有主动权，好主无权单方面解除包地关系，如果佃户主动解除包地关系，好主也会无条件答应。

四、土地典当关系

（一）土地典当状况[3]

1. 土地类型

若家中需用的钱、粮食较少，需当一部分土地时，优先典当差等地，上等地留着自己耕种。若既当上等地也当下等地，则需要考虑到上等地与差等地的典当费用，一亩上等地的典当费用约为5斗粮食，一亩差等地的典当费用约为2斗粮食。

2. 典当主体

过去，土地的典当者一般有以下几类（如下表所示）：

---

[1] 摘自张洒半老人的口述。老人现年90岁，1949年之前家有3口人，解放战争时期，他在张家口市为八路军抬担架救助伤员，后在家务农，家中没饭没地，属于贫农，时常外出讨饭。
[2] 摘自老人池冲入的口述。
[3] 村民的典当活动主要包括物品的典当和土地的典当，物品典当比较普遍（人们时常把家中值钱的衣服如皮袄、家具、古董、镯子、项链、耳坠等物件当给当铺），土地的典当相对少见。

表 3-11 双井村典当土地的主要村民群体概况

典当土地的农户类型	当出土地的缘由
家境贫困的农户	这类家庭，时常没有饭吃，遇到旱灾时没有水井浇地，生活越过越苦，就考虑把土地典当给有钱有田井的农户
生产能力弱的农户	家中没有车马牲口、种地能力差的农户也会把地当出去
无法承担赋税的农户	农户若担负不起赋税，就把土地交易或典当出去。
急需筹钱的农户	比如家中有人生病，看不起病，就需要典当土地以筹就医费用。有的人家遇到婚丧嫁娶之事，没钱办事，也典当土地筹钱。比如村民王氏家庭贫困，父亲去世时，将 5 亩坟地典当于地邻刘氏（好主），用当了地的钱安葬父亲

3. 典当顺序

村民典当土地，会根据与对方的关系[1]决定典当的优先权，如下表所示：

表 3-12 双井村村民在典当土地过程中遵循的优先惯例

其一，优先考虑近门、当家十户的兄弟、叔叔大伯等，他们是"自家家的人"
其二，若自己近门的人和别人出的当资相差不大，如当一亩地，近门的人出 2 斗粮食，外人出 3 斗粮食，也会优先当给近门的人。近门的人知道自己是在走投无路、紧急用钱用粮食的情况下才会典当土地，所以付的当资不会太低，否则情理上说不过去
其三，如果近门中无人典当，便考虑土地的四邻。把土地典当给四邻，"鼓捣时好鼓捣，地都挨着"，种起来比较方便。当地俗语称，"能为近邻，不为远亲"，近邻能就近帮忙。如果四邻都想要，这时谁出的当资高，就优先典当于谁。若邻居与自家不和，就当给其他人

4. 典当费用

A 把土地当给 B，每年向 B 收典当费用，一般是每亩地收 3 斗左右的粮食。若 A 在当期未满的情况下收回土地，得向 B 支付 3 斗的粮食作为补偿。

5. 典当数量

一般只当一部分。一是生怕如果全部典当出去，到时候都收不回来。二是全部典当出去，自家人的口粮无法解决（自家人还得吃饭，往后还要过日子）。

6. 典当期限

土地的当期一般为 3—5 年，最短期限为 1 年（需要完成当年的耕作任务，"把这茬庄稼收了"）。A 将地典当于 B，一般是等自己有了钱，才会考虑赎地。没到典当的最后期限，A 也可以提前赎回土地，简称"回地"，这时不需要支付违约金。到了典当期

---

[1] 一般当于有饭、家庭生活较好的家庭，当铺不接受土地。

限，B 就会主动问 A，比如"你那地还回不回，不回的话，我继续种"，若 A 需要回地，则双方办理相关手续。

7. 公粮

若典当的土地需要交纳公粮，则自己在当土地之前一定要跟对方说明，比如"××地名下有钱粮"。每年秋收之后，A 需要从 B 那里支取一定量的粮食来交公粮（A 自己去交，B 不再负责）。

（二）土地典当关系

1. 中人见证

典当土地时，需要请中间人做证，中间人一般是村庄街面上爱管闲事的人或是当户落能说能道、说话顶事的人。村长、村副、地方等对土地典当事务不加干涉，如果他们与典当双方知己不赖，且典当双方主动邀请他们参与当地过程，他们也会出面。与此同时，土地典当过程也需要四邻见证，当事人需要让四邻知道土地典当事宜，比如 A 将土地典当于 B，A 需要请地的四邻到田间地头做证，如果四邻比较信任 A，就不必下地。

2. 签订契约

典当土地过程中，双方同样需要签订文书，文书中要写明典当双方的姓名、土地数量、土地的位置、当期、典当费用等，写文书的目的在于保障土地主人到期收回土地的权利。如果没有文书，土地的四邻不承认典当过程。文书只需签订一份（A 将土地典当于 B，由 B 保存新立的文书，A 只保管原来的文书），新文书无须加盖村公所和区公所公章，只需典当双方及中间人签字画押即可，典当双方无须给中间人支付酬金，也不必请中间人及土地的四邻吃饭喝酒。等到赎地时，地的主人需要向对方出示旧文书，如果双方"知己不赖、好得没法"，就不必出示文书。

五、土地置换关系

（一）土地置换状况

1. 置换缘由

为使土地"鼓捣"（耕种）起来更加方便，节省种地的成本，村民之间也时常会考虑置换土地。比如农户 A（家住东头）的土地离农户 B 的住处（村西）比较近，而 B 的土地（村东头）又在 A 家附近，A、B 双方先私下商量，然后请中间人做证达成置换协议。

2. 置换时间

一般是在土地休耕期间置换。如果双方土地正长着庄稼，置换时，庄稼的产权跟随土地产权变动而变动，即如 A 和 B 互换土地，原为 A 土地的庄稼现归 B，B 不必为 A 做出补偿。若双方关系一般，则换地后，互相按比例补偿，双方一般会同意对方的补偿，如果不同意，就不会达成置换协议。

3. 置换主体

土地置换现象均发生在本村的党乡人之间，与外村村民很少置换。贫农也很少和好主家置换，贫农的土地"不拉点"（较少），而好主的土地亩数多、地块大。

4. 土地丈量

置换土地时，如果双方关系一般，互相之间缺乏信任感，就得请中间人和土地的四邻去田间地头做证，认定土地两边的石头桩，并重新丈量土地。如果双方"知己不赖、关系好得没法"，不必丈量土地，正如当地人所说，"旧边旧印的，不量就占"。

5. 中人出面

置换土地时，双方请当户落"白人"（平头百姓，不担任公职、爱管闲事的人）做公证人"说哒说哒"（调解），如果双方与地方知己不赖，也会请地方出面。中人不需要酬金，当事人也不需要请中人吃饭喝酒。中人出面，不能偏袒任何一方，"请你为的就是让你当中间人"。

6. 置换契约

换地时，双方优先请识字的中人书写新的文书。如果中人们均不识字，就由换地双方其中一人书写。如果双方都不识字，就从当户落请识字的人"誊哒誊哒"，比如找教书先生池小虎。村民认为池小虎为人教"强"（意为有文化，厚道、热心、能说会道、认真细心），请他写文书比较放心，"写得圆圆满满的"，一般不会出纰漏，写文书需用的笔墨纸砚由池先生免费提供。写文书时，四邻不必在场。文书的书写地点一般是换地双方家中（任意一方的家中都行）。文书一式两份，换地双方各自存留一份，中间人和立契者不必存留，文书写好后需要换地双方、中间人签字画押。文书内容大致为：××把地换给××，土地四邻的姓名，置换土地的面积大小（多宽多长），土地的位置，换地双方的姓名与中间人的姓名。

(二) 土地置换关系

1. 等量交换

一亩换一亩，一分换一分。双方的土地面积大小差不多，比如 A 的一块地面积为 3 亩，B 的一块地也为 3 亩，即双方"碰了块了"（意为地亩不相上下），可以达成置换协议。

2. 置换补偿

土地置换过程中，如果农户 A 的好地换农户 B 的赖地，B 需要给 A 补偿差价（或是土地或是谷子或是现金），一般是一亩半或 2 亩上等地换 3 亩下等地，错一亩上等地（平整、水浇地）需要补一布袋粮食（120 斤），错一亩下等地（边边角角的黄沙地）需补价 3 斗左右的粮食。如果双方需要置换的地亩较小（在半亩以内），且二人"好得没法、不提一点吗、对了脾气"（意为关系非常不错），地亩面积稍大的一方也不与对方计较，对方不需要为其补差价，在置换时，不需要请"当间人"（中间人）做证。

3. 四邻见证

换地过程中，一般需要提前几天和四邻的当家人打好招呼（比如"某天某个时间要清契，这地我不种了，跟某人换了"），便于他们在置换当天抽出时间去见证土地的边界、石头桩。双方在达成置换协议的过程中，四邻一般不会干涉。如果换地的双方家境较好，置换土地以后，可以请自己的四邻到家中吃顿饭、喝顿酒。A 与 B 互换土地，若不请四邻，A 在 B 的四邻不知情的情况下种 B 的土地，"靠里了、靠外了"（指越界耕种），B 的四邻会找 A 的麻烦。

4. 置换纠纷

换地之后出现边界不清或其他问题，双方需要打官司时，中间人、立契者都要去公堂做证、对质（土地四邻不必前往），办案人员会向这些人讯问当时置换土地的详细过程。

第三节 经营与经营关系

村民们的农业生产过程既有明确的分工，也有相互的合作。分工主要体现为家庭内部男性与女性主业的不同，合作主要是指多个家庭之间农事上的换工搭伙、建屋和婚丧嫁娶等事务上的相互协作。村民对土地的经营，采取家庭自主经营、租佃、雇工等多种方式。

一、经营单位

（一）家户经营

农田的耕作基本上以一家一户为单位进行（村民称这种方式为单干户耕作）。两三亩的小地块，完全可以由一家一户完成。如果家庭的土地数量多，田井设施不足、家庭劳动力不足，可以和同一户落关系较好的村民合作耕作，大户人家一般会雇长工、短工完成大片麦田的耕作任务。农田经营主要分以下几个步骤（参见表 3-13）：

表 3-13 传统时期双井村农田耕作过程概况

农田耕作环节	具体的操作
上粪	耕种之前需要上粪（老人和小孩们没事了就去外边大街上拾粪，有些人家用黑豆制作土肥）。家中粪肥不够时，需要花钱从粪贩子那里买，有些村民有偷粪的习惯
耕地	耕地时套头户拉犁（木制的），穷人家和半穷不赖的中农户一般使用牛、驴等小型牲口。牛、驴耕地效率低、速度慢，半天只耕一亩左右，他们为了提高耕地效率，一般同时套两头牲口（一头牛和一头驴搭配耕地，驴的速度快但力量小，牛的力气大但速度慢，牛和驴搭配可以达到互补的目的）。好主家都用大型牲口、大犁（口宽）耕地，一般套两头骡马，耕地速度快、效率高，半天可以耕 3 亩左右。若是水浇地，耕完之后还需要填沟（为了方便灌溉），旱地不需要填沟。耕完地，接着拉磨子擦地（把地磨平整）、耙地，自家若是没有牲口或需要借用别人的牲口耕地，就省去耙地工序。耕地时，只需要家中使头户的男性出工，女性不必去
播种	几兄弟共同生活的家庭，成员们下地播种的过程中，一位成年男劳力扶耧耩，另外一人负责牵头户。如果家中无兄弟，劳力缺少，女性也要下地（妻子负责牵头户），家里的老人（即便六七十岁也要下地）和小孩都要去帮忙，如果找其他人帮忙，需要还工。播种时使用一尺八口宽的耧耩（玉米行距为 30 厘米左右），每天可以种四五亩地。过去无化肥，如果播种行间距太小，苗吸收的养分就少，成活率低。村民们种植作物的类型一般多样，比如一个家庭有 5 亩土地，其中 2 亩用来种谷子，2 亩种玉米（玉米地里夹带种豇豆、绿豆），1 亩种黑黄豆（成活率高、生命力顽强，一般种在沙地中）
扳苗	下种之后，1 个月左右的时间出苗。如果种的是玉米，出苗后还要扳苗、锄地，若不下力气扳苗，苗长不好，影响当年的收成。好主家雇长工、短工扳苗、锄地，一般家庭自家成员去扳苗、锄地
收秋割谷	谷物的秋收时间在农历八月份。好主家种的地多，割高粱时先将穗头割了运回家，麦秆搁在地里等晒干后再运回家当作牲口饲料，"谷草是好草，留着喂牲口"。穷人家种的少，割谷子时，麦秆带穗一起割了运回家（如果只种了一两亩地，收割后自家人背回家，如果种了好几亩，收割后借用别人家的马车运回家）

（二）私有土地的经营主体

其一，庄子地的经营主体。庄子地的经营主体一般是佃户、雇工。庄子地的主人在选择佃户时，优先考虑土地所在村庄的村民，同理，优先雇用该村的长工，此般做法的目的在于使经营者就近耕种土地，不仅方便，而且节省经营过程中的时间成本。主人家在庄子地建有房屋，供佃户居住、放置农具（绳套、锄头、铁锹）。农忙时节，佃户就在该屋里吃住、歇息，比较方便。每到收秋割谷的时节，佃户、雇工住在该屋里看护庄稼，主人不给佃户和雇工支付额外的报酬，看秋属于他们正常职责范围内的事务。冬天农闲时节,佃户在自家吃住。

其二,体己地的经营主体。体己地的经营因人而异,一般情况下,体己地由自家的人耕种,如果没分家,家里人种地时捎带着种体己地,儿媳妇不需要为家里人支付耕种报酬,都是自家人的地。体己地里种植何种作物,儿媳要与当家人商量,若女婿当家,则给女婿说,若公公或哥哥当家,就由女婿给他们说:"种点××吧!"体己地的种子,家里人会提供,当家的公公会与其他成员商量,"自家儿媳妇买了点体己地,咱出种子种了吧,不分那么清",几亩地也花不了多少种子。浇地时,家人顺带着浇灌体己地。

其三,养老地的经营主体。养老地由老人自己耕种,不请外人帮忙。但老人的劳动力毕竟有限,作为儿子的,也会时常帮忙经营,比如帮助耕地、播种、收秋割谷等,儿媳妇一般不帮公公婆婆种地。儿子帮老人种地,老人不需要给儿子们支付报酬,也不需要管饭,至于每个儿子要帮几天,没有固定的规则。有的儿子不孝顺,从来不给老人帮忙,有的儿子比较孝顺,时间宽裕时就多帮几天,没空就少帮几天。若老人自己种地几年以后因身体状况无法耕作,就将养老地均分于儿子们。但前提是儿子儿媳们比较正经、孝顺,如果他们不孝顺或好吃懒做,则老人就把养老地卖掉,卖的钱归老人自己。

(三)共有土地的经营主体

在村落中,所有的族田、墓田、庙地都属于产权共有的土地(经营主体相对多样)。

其一,族田的经营主体。族田一般由村落内无地或少地的族人经营,如张氏家族的族田,本村族人拥有优先经营权(本族第3股世居于外村),外村的族人没有机会,也不允许外姓人经营。本族无地的人较多,他们都想经营,为此,采取轮流经营制度,即每两年换一次。

其二,墓田的经营主体。家族的墓田一般是没有水井的旱地,由家族成员轮流经营,旱年无收成时,经营者自己承担损失,其他兄弟不会给予救助,外嫁女来娘家探亲、上坟,经营者也需要管饭。坟地如何经营、种植何种作物等均由当年的经营者自己决定,其他人无权干涉。对于分家时不需要分配的墓田,由弟兄几人轮流经营,每一年轮换一家。

其三,庙地的经营主体。真武庙地由村民武喜春一家耕种,他家有6口人,在村庄东边有五六亩旱地,那时候他家有人生病了,家人就去真武庙上香拜佛,向真武爷许愿,自愿把家里的地捐给大会,但还是由他自己经营,别人也不想去种(因为都是荒沙地,"收不了多少物件")。龙王庙庙地由村民闫氏耕种,闫氏平时负责管理龙王庙,村落不给闫氏发放管理报酬。闫氏之所以具有龙王庙地经营管理权的资格,主要是因为他家靠近庙地,便于经营。

二、分工经营

(一)家长负责制

对于家庭的农业经营活动,家长说了算。若父亲是当家人,他就在吃晚饭的时候给儿子们安排第二天的农事,比如 A 去锄地、B 去扳苗,若 A 支支吾吾,不愿去锄地,可以与 B 换一下,他去扳苗,B 去锄地。父亲下地干农活时儿子们都跟着去(儿子们 15 岁左右开始下地干活),耕地的时候,父亲扶犁,儿子们拿铁耙"填墒[1]"。秋收时,若家庭劳力不足,当家人亲自去人市请短工,不会"支摆"(安排)孩子们去,当家人也不放心让他们去,怕他们不会传话、不会与对方讨价还价。如果儿子们都已长大成人,且打算从当户落请短工,父亲就会安排某个比较清亮、脑子好使的儿子去,如"××(儿子的小名),你去街里觅几家人吧!"如果几个儿子都靠得住,则安排当时在自己跟前(身边)的儿子去。

(二)男女分工

1. 汉们[2]耕地、让谷[3]

农业生产活动中,耕地事务主要由壮年男性完成,有些劳力缺乏的家庭,老年男性也会参与,女性不参与耕地事务。小孩们主要是玩耍、上学(好主和较富裕人家的孩子上学的多,极少数穷人家的孩子也会上学),一般不参与农活,也很少去放牛(耕牛以圈养为主)。

割谷时全家人基本上都要参与(公公、儿子儿媳、女儿),只留一位负责做饭(多数情况下是婆婆)。碾谷子时,家里的汉们(父亲、儿子)套牲口碾压,娘们(婆婆、儿媳、女儿等)负责翻谷草,较年长的老人来回跑哒,取布袋、簸箕等用具,午饭时,在场里忙碌的人不回家吃饭,儿媳妇及女儿回家取干粮、水。小孩们不参与碾场,大人也不允许孩子们来场里,一是怕他们捣蛋、闹腾,二是不让他们大热天的在户外活动。碾谷当天,起了草一般就到了后晌(下午四五点),这时趁着风扬场,扬场之人都是有经验的男性,他们用木锨等农具播扬谷子,去掉谷皮、尘土(如果不会扬场,谷皮和尘土无法分离干净)。好主人家碾谷子,一般靠自己家人(公公婆婆、儿子儿媳、

---

[1] 墒指犁地时犁出的垄沟。
[2] 当地方言中,"汉们"指成年男性,"娘们"指成年女性。
[3] 即扬场环节。

女儿）和觅的长工（不必觅短工）。碾谷之后，紧接着就要搭草垛（草垛表层需要抹一层泥，以防止草被雨水淋湿）。这时由一位有经验、会搭草垛的男性站在草垛顶上面把关，防止搭偏，其他男性用杈子挑草（需要费很大的力气），女性负责抱草。

有些家庭，男性除了务农，还在农闲时节经营其他副业。比如在村内外务工，当木匠、石匠、瓦匠、绳匠、屠夫、轿夫，或者贩盐、卖面、炸油馃子、贩卖牲口、贩卖瓜枣梨肉等。

2. 娘们纺花织布

家中女性在农作任务繁重的情况下不得不参与某些生产环节（如割谷、碾谷），其他时候很少干重活，她们都裹了小脚（10岁左右开始裹脚，脚大的女孩遭人嫌弃），不方便干重活。女性们很多时候主要从事纺花织布的副业，为家庭成员解决穿衣问题。过去，村民们时常种植棉花，每年棉花采摘以后，手巧能干的女性们就把棉花纺成线（一斤线可以卖几毛钱）用来织布。女孩在11岁左右就从有经验的家庭成员那里学习纺花织布（母亲教女儿、姐姐教妹妹）。如果儿媳妇刚娶进家门时不会纺织，公公婆婆和其他家庭成员不会嫌弃、批评她，而是让她慢慢学。手脚不灵便的女性织布效率低，于是将纺的棉线变卖成现金，然后直接买布料。一般情况下，女性一天可以边做三顿饭边织出一丈布，两天可以织好一块，技能娴熟、效率高的女性一天可以织两丈。有的儿媳妇比较愚钝，一直学不会织布，就只好在家洗衣做饭、刷锅洗碗、喂猪喂狗，"锅台边转哒"（意为做饭）。

除此之外，女性们还时常参与拾穗这一特殊的农业活动。拾穗者主要是穷人家的娘们、小闺女（大闺女在家纺花织布，一般不出门），有些家庭的小孩也参与拾豆、拾穗[1]。每当好主家割豆，妇女、小闺女们就坐在地边等候，她们不会下地去帮忙。她们和好主家"缠联"（来往）不多，好主家也不会觅她们。当好主家长工赶着马车来地里运庄稼，刚把麦捆或豆捆架到车上，妇女们就在车后抢着拾豆，年轻、腿脚灵便的人抢先把大穗头、大枝子拾了。拾花、拾豆的消息，由当户落的人们之间传唤得知，一户落的串通起来做个伴去地里，比如"××家割豆了，咱都去拾豆吧！"她们主要在本村好主的地里拾，一般不上外村。有些人家穷得揭不开锅，遇到秋收时节，孕妇和产妇们除了要干家务事（在家里拾掇零碎活，比如纺花织布、打扫院子、做饭），也会下地拾花、拾穗、拾豆，有的产妇刚生下孩子，就扎紧裤腿下地，生怕错过了拾穗机会，没有吃的了。

---

[1] 拾穗时，如果孩子们之间相互争抢、发生争执或一个把另一个打哭了，小孩的家长之间一般不会为此大动干戈，不会为小孩们的事情闹别扭。

三、合作经营

（一）换工经营

在双井村民日常生产生活中，换工现象比较普遍，尤其是家庭劳力缺少的农户之间，换工搭伙（方言中称之为"做个伴"）更为普遍，比如A干不了某项工序，找B来帮忙，然后B帮A做其他工序。一般来说，换工双方是当户落知己不赖、走哒得不赖（亲近）的人，他们既可以是当家十户的族人，也可以是邻居及其他党乡人。

换工时不存在固定的比例，彼此间多干或少干一天半天都不会觉得吃亏，也不会支付差工的报酬，"谁也不说谁"（意为不计较）。技术工和牛工、普通人工之间也换工，比如A借用B的牛一天，B有事的时候，A去帮忙干活，至于干多长时间，没有特殊规定，帮多帮少主要按B的劳务量大小。木匠和瓦匠之间一般是同等换工。当户落的女性和男性之间也会换工，都是乡亲关系，男性帮女性干重活，女性帮男性干其他轻活，比如男性买了一块布，找关系好且手巧的女性帮他缝一件衣服，女性需要耕地、"立墙"时，请男性帮忙。

（二）水利合作

村落内部灌溉水源缺少，不存在集体性的水利活动。村民的水利设施建设主要是家户行为，村民间的水利合作一般体现为伙打田井、合作灌溉。如前文所述，有一定数量土地但无法靠自己实力打田井的农户与其他农户合伙打井，合伙的农户之间多是知己不赖、基本上居住在一户落的四邻八家（2户或3户人合伙打一眼田井）。浇地时，谁优先浇地，相互间商议，不会出现无法协调的情况。

许多既没有私人田井也没有与他人伙打田井的村民，要么凭天收，要么借井浇地。如果地邻间"不对付"（方言，指有了矛盾）则不去借对方的井，宁愿让庄稼旱死也不向对方开口。在当地，借井浇地被喻为"喝汤"（这种现象一般发生在天干地旱时节）。若农户甲、乙为地邻，甲是地多有钱的好主，有一两眼地井，乙是穷家小户，没有地井，这时，如果双方知己不赖，乙可以借甲的井浇地，但是得等甲的农田浇完之后才能借。乙的土地一般较少，乙向甲说几句好话，甲一般会答应（双方当家人达成口头协定，就可借）。乙不用给甲支付费用，但会为其帮工，比如，甲修井时，乙不必出资，只需出工帮忙，以便为后期借井浇地打下基础。逢年过节的时候，乙去甲家串串门、送点礼物（一般是几个鸡蛋、一包点心）表示感谢。借用田井浇地，一般也要借主人家的头户、水车，如果自家有头户且土地少，就只借田井和水车。

比如村民王根春家借别人的井浇地时，套自家的小驴子（小驴子力小，还得靠人力推水车）。还如村民李氏[1]养了一头牛，种了几亩旱地，没有水井，某日，当户落的贫农刘氏（人称"老刘"）打田井时，李氏和当户落其他村民也去帮忙。后来，李氏和其他村民时常借老刘家的田井浇地。当户落没有帮老刘打井的农户（当时可能自家有更紧要的事要做）也可以借他的井浇地，老刘为人宽面，不计较。李氏借井浇地时套用自家的牛，无须给老刘家付钱、给粮食，但顾及情面，一般需要给刘家干半天或一天活。如果老刘家活比较"大"（方言，此处特指事务比较多），可以多帮一天，双方不会过于计较。他帮老刘干活时，需要刘家管午餐和晚餐（早餐一般在自家吃）。

（三）其他合作

若家境较好的农户 A 和家境贫困的农户 B 知己不赖、时常"走哒"[2]，则 B 就跟 A 打招呼，希望能在他的地边（空闲地方）种点菜，A 一般也会答应 B 的请求，B 不需要支付额外的报酬，因为种菜时需要上粪，B 在他的地边种菜，帮他"养地"（改善了土质）。第二年若继续借地种菜，就需要换地方种，以便改善另一块地边土质。

四、雇工经营

（一）短工经营

1. 短工市场（人市）

过去，每到春耕（农历三月份左右）和秋收时节，月工、日工们三五成群地聚在"人市"[3] 等候雇主。如果是农闲时间，短工们不在人市，则雇主自己或派自家长工去村庄大街上叫唤几声"干活去了"。这时若同时有三四人应声要去，而雇主只需两个短工，雇主就会说"用不着那么多人，去俩算了"，雇工们此时也会相互谦让，如老人所讲，"你去我不去，这是'和气事'"，大家都是当户落的四邻八家、党乡人，不会为此争来争去。如果雇主需要多个短工，而临时只招到了一个，这时已招的短工自己去联络周围的知己不赖的农户，如"咱上××家地里干活去"。

本村人市基本上都是村内短工，没有外来的短工。杨扈村人市（本村正北方，距离5.4公里）相对较大，集中了村内外雇工，包括邻村（双井村、唐邱村）短工。双井村村民如果在本村找不到合适的活，就去杨扈村人市，一般是与本村知己不赖的村民结伴去。春季（定苗、扳苗、锄地）农忙时节，双井村好主也会去杨扈人市觅工，这时如果遇到与他同村的短工，双方也会按工资高低商谈雇工事宜，不会太在意本村的

---

[1] 分家前，父母亲、兄弟姐妹 5 人一起生活，他排行老三，分家后家有 4 口人（育有两个女儿）。
[2] 意为来往。
[3] 人市即雇工市场，一般位于去好主家田地较近的村道口，人市没有专门从事雇工业务的经纪。

乡亲关系，正如老人所言，"在人市说价还好说"。人市短工均为年轻力壮者，农忙季节（如扳苗、锄地、收割时），雇主们会同时雇多个短工，他们认为这样比较划算，可以短时间内集中劳力完成农作任务。而在平时，如耕地、浇地、喂养牲口、打扫院子、赶马车等日常事务中，只需要雇一个或几个长工即可。

2. 各类短工的经营状况

当地村民在回忆过去的生产生活时谈道："八家七家打短工。"打短工成为双井村民谋求生计的重要方式。短工可根据具体的条件分为不同的类型，不同类型的短工处在不同的经营关系当中（正如下表所反映的）。

表3-14 双井村不同类型短工的经营关系概况

短工类型	经营关系
日工	短工分日工和月工，做日工者主要是家里地少、活少的村民，日工"干一天算一天"，每天日出时出工、日落歇工（当地人俗称日工工时为"两头见日头"）。雇主给雇工每天管三顿饭，另外支付报酬（一般给粮食），每天大约给一斗谷子或棒子，如果付钱，日工资为3毛（毛票）左右，雇主不给日工管住宿[a]
月工	扳苗、锄地、收秋割谷等都是阶段性的农活，在这期间，好主普遍雇用月工，而浇地、喂养牲口、清理牲口棚（清除粪秽）等属于长年累月的事务，一般要雇长工。过了秋收时节，村民们不再用月工。月工基本上都是本村人，他们的工期一般为一个月（也有干三五个月的）。月工大多在自家住宿，有时也住在雇主家里。他们平时的工作主要是干农活（包括锄地、浇地、割谷）、脱坯、打墙。在农田里做工，还要受好主家人或长工监督。如果今天干活不勤快、手脚慢，明天可能要被辞退
零工	零工的特点在于"干一会算一会"，一般干半天左右。零工主要帮雇主家种地、打墙等，干完活就可以领到工资（8个或10个铜子），一个铜钱可以买一捧花生（穷人家的孩子们见了富裕家庭的大辈们，就喊："爷爷/大伯，给个铜子，买花生吃。"）。日工、月工、零工等出工时，需要自带铁把、铁锄、镰刀等农具，大型农具（如楼耧耩、水车、马车等）都由雇主提供
农活短工	农忙时节，好主雇用多位短工为其干农活，一般是早晨天一亮就下地。短工若是本村人，则雇主不管早餐（短工自己在家吃），如果是外村短工，则一日三餐和住宿都得雇主管，午饭由雇主家人送到地里。每次送饭时按短工的人头算，每个人的饭量基本要平均，如果短工A饭量大，每顿饭吃的比人多（如别人每顿饭吃两个饼子，而A要吃3个饼子），东家觉得不划算，就不再续雇。短工们每顿饭没吃完，"还得给东家剩回去"，且吃饭时短工之间还会相互监督，比如A私藏东家的干粮，B看到后心里不舒服，就会在村里说闲话（跟别人说A私藏干粮之事，但不一定要给东家告密） 另外，雇工工资按雇主家待遇来定，若雇主为短工管一日三餐，则短工日工资按6毛钱算，如果不管一日三餐，则要给日工付8毛左右的工资（短工自带干粮）。
打墙短工	这类短工专事打墙（功夫硬，打的墙才结实），村民王丰娟[b]家过去为好主池文仙做短工（如果不做工，就吃不了饭），每天做工时，只管中午饭，早饭和晚饭回自家吃（不做工的时候三天吃两顿饭）。打墙的工钱等整个工程结束后结算，一般是打一丈需付五六毛钱。如果工程完结，好主赖账不发工资，双方之间就会吵包子，这时周围的四邻八家、当户落的人们前来劝和

续表

短工类型	经营关系
割麦短工	本村村民们在收秋割麦时节也会自带镰刀、干粮、被褥去较远的地方打短工、割麦。据本村老人张小考[c]回忆，他16岁（1945年）左右时当麦客，连续两三年和本村20多位青壮年劳力步行去15公里以外的宁晋县城东南的某村割麦（当地种植条件较好，可以种植小麦），大家一路上大家说说笑笑，饿了就吃点干粮。如果随身没带干粮，就花钱在沿路村庄集市买（1毛钱左右的干馍馍足矣），顺便在当地要点水喝，到了目的地，就待在该村人市，等待雇主来觅工。好主家的当家人或长工、月工等来人市觅工，要向短工们说明招工人数、割麦之事、日工资、饭食（伙食）条件、干活天数，如果短工们愿意去，就跟雇主先去他的"场房屋"[d]安排好住宿，然后跟着雇主下地割麦，双方不必签订雇佣协议。如果当天在人市没有被雇用，则只好睡在大街上，凑合过夜麦客的工资按日计算，不按数量计算（干多干少不影响工资），每天的工资差不多为3毛钱。雇主为短工管一日三餐（雇主家较好的伙食：蒸点年糕、落点干饭、煮点杂面、打点花油）。按照当地的割麦习俗，早餐一般要吃年糕（黏性大、柔韧性强），据说短工吃了年糕，割麦的时候比较有韧劲，不会感觉到累。午饭一般是干面饼子和白菜粥，晚饭较好，多是小米饭。割麦过程中，短工们需要遵循一定的规则，一般是3人一组，每人割2淋口，由一人先从中间割，即所谓的"打洞"，其他两人分别从左右两边跟进，这样一来，两边的割麦者可以用中间割倒的麦秆来捆麦，提高了割麦的效率。不会割麦的短工乱割，会降低割麦效率，使得雇主不满意（雇主不会因此扣他的工资）在上等麦田（麦子品种好、麦秆高、收割时比较费力），每人每天最多割一亩地，差等麦田，每人每天可以割3亩左右。短工割麦时，由雇主家的长工、月工带头，同时，他们也监督短工，如果短工们割的少，长工和月工无法给雇主交差。有时，雇主家当家人也会去地里查看（类似于监工），如果发现短工偷奸耍滑，第二天就不用他（过去，短工们割麦时很少出现偷奸耍滑的现象，给一个雇主割两三天就割完了）。当雇主家的人赶着马车来地里拉麦捆，短工们就暂停割麦，把麦捆装到马车上，装完一车，在地里稍作歇息、喝口水、抽口烟，顺便磨一下镰刀
逃荒短工	本村多余的短工也会逃难到外地务工。比如本村村民史永来，3岁丧父，几年后，母亲带着他们兄弟姐妹几个人沿途讨饭至石家庄市藁城区李家屯，他在该村为好主打短工、浇地，好主每天管他三顿饭并支付日工资（2—3升面），他的姐姐给好主家纺棉花（每天纺半斤左右），母亲负责照管好主家的小孩（报酬为米、面、油），够吃就行。好主家不管住宿，他们一家人住在李家屯天主教堂里。还比如村民周小路，现年87岁，妻子为曹伍疃高氏（现年82岁），1949年之前他家有6口人，没有土地，他自小做短工，8岁那年（1937年）逃荒到石家庄，在日本人经营的面包铺打短工，每天的工资为2斤高粱米。有类似经历的村民还如王氏，某年年景差，她父亲带一家人逃荒至石家庄市藁城区，在一大户人家落脚，父亲为该户打短工（月工，扳苗干农活），雇主家不管早饭，只管午饭，晌午时，雇主家人（一般是儿子）将饭送到地头，晚饭由自己在家张罗，母亲为雇主家织布（织一丈布付工资2毛钱），不管一日三餐。有一次，母亲私下给雇主家一位老闺女织了块布，老闺女偷偷给她母亲一点干粮（一升左右的杂面，雇主家掌柜的要是知道此事，会批评老闺女和王母）。雇主为她们一家三口免费提供住宿在日常生活中，短工的孩子不能和雇主家孩子一起玩，如果雇主家人看到两方的孩子在一起玩，雇主家人就会训斥短工的孩子"滚半个去"（滚一边去），雇主家觉得短工低人一等。比如某日，短工王氏小女和雇主家的小孩坐在一起吃糖，雇主家掌柜的（年长的老头）看到之后就把两个小孩训了一顿，不让他们一起玩

  a. 按当时的价格核算：1分钱可以买1斤粮食，1斗为30斤，1斗棒子（玉米）市价为1元（中央票），1斗谷子和高粱的价格均在7毛或8毛左右，1斗黑豆、花生的价格约为4—5毛。
  b. 王氏是民国十八年（1929年）生人，1947年入党，娘家在本村，婆家和娘家均为贫农家庭。1949年前家有12口（分别是爷爷、奶奶、父母亲、大伯、未婚的叔叔、哥哥、3个妹妹和1个弟弟），当时4个姑姑已经出嫁；家有5亩坟地、5间房屋（2间北屋、3间东屋），奶奶和叔叔住2间东屋，她父母和兄弟姐妹一起住1间北屋、1间东屋。当时爷爷当家，爷爷和大爷爷已分家单过，大爷爷一家迁到邻村李家疃居住（丈人家，家境较好）。她爷爷难忍孙子被杀之痛，3天后上吊自杀了，她大伯也上吊自杀了。据说她爷爷和大伯的自杀给家里招了阴魂，不久后，她弟弟和3个妹妹相继病逝。旱荒之年，父亲带着她和母亲逃荒至外地大石桥暂住。
  c. 老人还有一个弟弟，他16岁外出打短工，他的弟弟在家读书。
  d. 好主们在大场中盖的简陋房屋，供自家长工和月工在秋收时节看护收割的庄稼时居住，也供农忙时节雇的短工们临时居住。

3. 短工住宿

逃荒的短工一般在雇主家住宿（无须付房租），短工住外院，雇主家人住内院，平时，短工及其家人不能随意进出内院，只在外院活动，短工也会教育自己的家人不要进内院的大门。短工自己觉得低人一等，一般除了一大早去内院打扫一下卫生，其他时间，就很自觉地在外院活动。

4. 短工性别

雇主家做农活（耕地、种地、上粪、浇地、收秋割谷）、打墙等都觅男工，女工主要负责摘棉花、纺花织布。女工的报酬不以粮食、现金结算，而是以棉花结算（何时摘完何时算工资），具体而言，按所摘棉花斤数的10%计算。

（二）长工经营

1. 长工概况

当地将长工称为"揽活的人"，即长年在雇主家揽活，揽活也被称为当差。当长工者大多是以下几类人：一是家中地少（一般有3亩或5亩地）、活少的穷主，自家劳力过剩，为谋生存，便为人当差（长工家里若没有大事小情，就一直待在雇主家）。二是逃荒求生存的人，在年景不"强"（好）的时候，部分村民选择外出逃荒当长工，逃荒的地域范围分远近，较近的为同一个区内，较远就到县外了。三是家中无其他成员的单身汉，一般选择去给好过的人家揽活，家境较好的人不会去。除此之外，多个兄弟共同生活的家庭，几兄弟若要出门揽活，一般是各找各的主，不会去同一个好主人家。

成为一名长工，需要具备一定的资格条件，这是当地人都熟知的，即如下表所示：

表3-15 双井村长工的资格概况

条　件	具体表现
劳力、饭量	长工需要年轻力壮（20岁左右可以去揽活，大多数长工是30—40岁之间的男性），能够干苦力活，吃苦受累、为人老实，不会偷奸耍滑。如果长工偷懒、不轻快，雇主就会单方面解除雇佣关系，即掐（辞退）了。而且饭量应中等，如果饭量太大，一顿吃的多，雇主家就会嫌弃
德行	长工自身需要具有良好的生活和道德品行，否则就会面临解雇。比如本村张氏在某好主家揽活，平时比较懒散、干活不轻快且不注意个人卫生，经常在牲口棚里随意解手，不清理牲口棚，导致雇主对他很不满，没过几天，雇主就把他掐了。与此同时，长工需具备良好的道德品行，长工不能偷雇主家的东西，不能把雇主家的头户偷偷卖掉，不能对雇主家心生邪念。如果雇主发现长工有小偷小摸的习惯，就会即刻辞退长工（但不会扣他工资）
其他	雇主请长工时，一般不考虑长工的家庭条件，长工家的贫富状况，雇主不会过问（雇主们基本上都知道，出门做长工的，家庭条件一般差）

雇长工的家庭一般是好主、富裕人家，他们一是土地多、"活多人少，干不过来"，二是有钱请长工。在当地，大约耕种 30 亩左右的土地（自家劳力缺少的情况下），就需要觅一位长工，如果觅了 2 位，就会出现窝工现象（即劳力多余）。本村池文仙一家人是好主家庭，据他妹妹池令娥[1]回忆，过去池家有 70 多亩地，一块位于村西，约有 40 亩，另一块位于村北，约有 30 亩，每块地的中间位置都有一口水井，"井是觅人打的"，每块土地需要一个水车。池家觅了 3 个长工。

2. 雇佣顺序

一般情况下，雇主自己直接去找长工商量雇佣事宜，如果自己请不到，就只好托人请。雇主选择长工时优先请当户落关系较好的人（不一定是近门、邻居），有些雇主也会选择从外村请，比如好主张老宣从邻村孔小营觅了一位长工，为他家干农活，春天时套头户往地里运粪，秋收时用马车将作物运到家里。长工全年都在张老宣家，春节也在张家过。

雇主家一般不会找亲戚给自己揽活，亲戚一般有饭，如老人所讲："好主家好过，他家的亲戚能穷了啊？"[2] 好主的族人们也各过各的生活，不会为好主揽活。在一个有诸多弟兄的家庭，儿子们"心发自愿"决定是否去揽活，当家人（爷爷或父亲）和母亲、其他兄弟姐妹不会特意支派他，当长工赚的钱需要交给当家人。

3. 雇佣期限

长工上工前，雇主不必给他安排上工席，雇主在雇用之前就已经与长工说明一日三顿餐的质量，长工第一天上工时的饭菜与其他时间一样。雇主家觅了长工，需要试用 5 天左右，试用期内，雇主管吃管住，但不发工资，试用期结束，雇主觉得长工干活"占现"（方言，意为卖力、勤快），饭量中等，就会继续雇用，长工的工资也从正式上工那天算起。如果长工饭量大（普通长工每顿吃 3 个饼子，而他每顿吃 7 个左右的饼子），干活一般或者不勤快，试用期结束后，雇主就会辞了长工。[3]

---

[1] 现年 87 岁，如今已经年老体衰，耳背，难以交流。据她回忆，池家人都"奉教"（信奉天主教），她六七岁的时候，父母亲就去世了，她和姐姐十几岁开始就在家纺棉花、织布，他的哥哥池文仙农忙时节在家种地，农闲时"赶个小集，去四外村里卖，赚点小钱"（主要贩卖蔬菜）。池文仙从小在本村私塾接受教育，至于受过多少年教育，她无法回忆起。她 24 岁那年，与本村天主教徒曹氏结婚，她大姐张罗本门婚事，曹氏家中那时有 7 亩地，属于贫农家庭。20 世纪 40 年代末，本村开展土地平分运动时，她一家人被赶出家，家里的财产都被没收，她们就住在简陋的"场房屋"。

[2] 摘自现年 82 岁的高县格老人的口述。

[3] 雇主不会直接跟长工讲辞退他的原因是供不起饭，而是含蓄地对长工说"你个包（别）干了，头户供不上磨面了"（意为家里的面吃得太快），以此讽刺长工饭量太大。

长工正式的雇佣期至少为一年，每年正月十几（过完年）开始揽活，一直干到第二年的腊月二十左右算一整年，有的"大活"（高级长工）在正月初几就去雇主家，趁着过年在雇主家吃点好的饭菜。如果长工干活不勤快、干不好、不老实，干满一季或一年，雇主就会单方面辞退，但不会惩罚，辞退时也不必给长工补偿。

4. 雇佣契约

雇用长工一般不立文书，"活少了就不用你了"，如果双方信不过，雇主找与双方知己不赖、爱管闲事的人做证、立文书，写明何时出工，何时收工，工资多少，物件多少（衣物、鞋帽），吃住条件如何。文书只写一份，写好之后需要双方和中间人签字（不盖公章），由长工自己保管。

5. 雇工职责

长工的主要职责在于农事（如表3-16所示）。

表3-16 双井村长工的职责概况

职责	具体内容
农事	主要是耕地、种地、除草、拉水车、浇地、割谷及看护谷场，在扳苗、收秋等需要短期集中完成的工序中，一般会觅短工
铡草	雇主家一般将谷草、玉米和高粱的秸秆用作牲口草料，过完年，春天的时候，地里的农活还没开始，长工就需要把一年的草料全部铡好。在觅有一位长工的情况下，雇主家年轻力壮的男性负责"入草"（不费力），长工负责摁铡刀（需要消耗很大的体力），俩人铡一会歇一会。有时，雇主自家人不出工，而是雇一位短工（日工资约为3毛钱）与长工组班铡草 如果雇主家中觅有两位长工，则雇主家人不管铡草事务，由两位长工负责铡（轮流摁铡刀、入草）。若两位长工中有一位是大活（高等长工）、一位是"二活"（低等长工），则二人仍需轮摁铡刀，不存在大活一直入草而二活一直摁铡刀的现象
家务杂活	一是喂牲口、清理牲口棚（如白天负责除粪，晚上将晒干的土填进牲口棚）；二是碾米磨面、晒粮食、打扫院子（早起在院子里泼点水打扫一下）
看秋	有些好主家雇有看秋的人，他们只负责巡逻，不会睡在场里夜以继日地守护。长工白天干活，晚上吃过饭就去场里值夜（睡在场房屋或窝棚里）。大场的角落里一般放着几个盛满水的水缸（每个缸差不多能盛10桶左右的水），目的在于防范有些与自家不对付的人、心怀叵测的人、小偷或是小孩们放火烧场（有了水缸，庄稼失火时能够就近取水救火） 此外，好主家不雇洗衣服的佣人，长工也不用给好主洗衣服。好主家公公的衣服或是由婆婆洗，或是由其闺女（女儿）回娘家串门时帮忙洗，儿子儿媳一般不会帮忙洗。如果儿媳妇孝顺，也会帮助洗

6. 雇工等级

长工分大活、二活两个等级，大活一般指常年在雇主家揽活，属于有较强种地和揽活能力的人。他会使牲口，一般不下地干农活，只在家里喂养骡马，浇地时将骡马牵到地里套水车（二活不会套），等一匹骡马累了换另一匹，且平时还给二活安排农事。大活在雇主家干活，"今年过完年还来！"一干就是好几年，甚至是七八年。[1] 大活的具体职责包括以下内容（见表3-17）：

表 3-17 大活的职责概况

职　责	内　容
农活	大活样样精通。种地的每个环节如耕地、上粪肥、锄地、扳苗、用水车浇地、收秋割谷等，他都娴熟。他还会喂头户、使头户、套头户、赶马车，如果不会使头户，头户容易受到惊吓。大活有权参议农作之事，比如向雇主家掌柜的建议何种种作物、何时种、何时浇。至于大活是否长期下地干活，由当时的农活任务决定。比如今日要去地里干点零碎活（锄地、扳苗），不必使用"车马牲口"，则大活给二活安排，二活领着短工、零工等去地里干活，他就不必下地干活，留在家干点家务事、喂头户；如果需要使头户耕地、套水车浇地，则大活也要下地。若他家有急事需要处理，他的家人会去雇主家或地里找他
为雇主赶马车	雇主去远方亲戚家串门时，大活赶席车（有篷子的马车）前往，到了亲戚家，大活将马安顿好，便与雇主一起进亲戚家，吃同样的饭菜、喝同样的酒。雇主去远处赶集，比如要去范庄（本村正北方向约9公里，属赵县管辖）、宁晋县城（本村正南方向约10.5公里），也需要大活赶马车陪同。大活就如雇主的家里人一样，与雇主吃同样的饭菜。平时，雇主和大活在一起"拉齿关"（聊天、拉家常），过年时，大活不必为雇主拜年，雇主也不必去给大活拜年
觅工	雇主家觅短工，一般是大活自己去觅，也会支撑二活去。大活或者二活去觅工时只允许月工或日工带一件家当（如果带多了，就会有想多领取一份工资的嫌疑），发工资时按家当的数量发
日工工资的发放	日工的雇用人数、工资情况需要大活给雇主家掌柜的汇报。每天干活，上午时的歇息称为"头歇"（这时大家抽口烟缓一缓），下午五点左右的歇息称为"二歇"。二歇时雇主家掌柜的带着钱下地发工资，雇主让日工把自带的家当（锄头、铁耙、镰刀等）摆放在一起，然后按家当的数量"撒钱"（发工资），每个家当只代表一个工，每个人的工资一样多。如果掌柜的无暇顾及发工资之事，就向大活询问雇工的人数、工资情况，然后把钱支给大活，大活去地里发工资。大活不会虚报（多报）人数贪工资，不会蒙混过关、说瞎话，过去，大活都明白：找一个固定的雇主不容易（不会偷奸耍滑）

---

[1] 比如有村民干了多年终于熬成大活，在雇主家具有老资历，到雇主家的时间比其他长工和佣人们都早，干的年限也较长，属于长工和佣人当中"管事的"。

续表

职　责	内　容
安排农事	对于所有农田事务，雇主委托大活全权负责，自己不必去给二活、月工、短工等支摆事务，更不会下地干活，也不会支摆自己家人下地。二活和短工、零工、佣人都听从大活的支摆（"××，去觅几个人下地锄地去，××去觅几个人扳苗去吧，××去买菜买米……"），如果雇主给大活说，今天晒一下粮食，大活就支摆其他揽活的干。如果长工们干累了，雇主家好心的老人会拿一些稀罕的食物（如点心）分给长工，烧点水给他们喝，让他们借此"歇齿"（休息）一会，长工们为此会惦记着主家的好，努力干活。其他雇工如果不听从大活的支摆，大活就随意叫骂，对于屡教不改者，大活有权辞退（工资照发，大活不能私自扣留）。平时，二活家中若有事急需用钱，需要"截支"工钱时，二活自己去跟雇主讲，大活不过问，二活也不会托大活给雇主讲。二活和佣人家中有难时，雇主和大活都不会管。雇主家人之间吵包子时，大活和二活都不会去调解

二活同样属于雇主家的长工，但是他一般不会使头户或者不会耕地，揽活技能相对于大活来说比较差，被人们视为低等长工。二活一般需要完成锄地、撒粪、喂头户、铡草、磨面、打扫院子等事务。秋收时节，大活和二活有义务为雇主看秋（看护庄稼），防止别人偷抢地里的谷子、玉米。二活之间或是二活与佣人之间发生吵包子之事，大活出面调解，正如老人所言"好赖都他管"，雇主一般不管。吃饭时，大家伙一起吃，大活的穿着和二活基本没什么区别，大家都是给好主家揽活的人。如本村村民张氏在邻村（唐邱村）沈氏好主家闺女院[1]做管家先生时赚了不少钱（沈氏家人查账时，张氏说"没有存钱"）。张氏离开沈家，回到双井村后买了60多亩土地、四五匹头户、水车，还雇了三四位长工，其中有大活、二活等，他家农事都与大活商量。

大活一般只有一个，二活会有多个。一位大活的成长得先从二活做起。如村民张氏，18岁左右时被邻村米家庄黑军（土匪）拉拢入伙，张氏以胆小为由拒绝，黑军说只让他去牵别人家的牲口、不杀人，他为了躲避黑军，外逃至石家庄栾城区某农户家打短工。该农户看他为人勤快、老实，于是介绍给当地一户地主家揽活。雇主家据说当时只有哥哥嫂子、妹妹等几口人，哥哥当家。雇主家养了6匹骡马，觅了几位长工和一位做饭的佣人，张氏在雇主家做了三年的二活之后熬成了大活。

---

[1] 该家庭成员全部信仰天主教，若干女儿长大后不出嫁，一直待在娘家，与哥哥弟弟一样，具有同等分家产的权利，她们被称为老闺女。她们组成一个家庭，一起生活，雇管家先生为其掌管家事。

7. 雇工报酬

雇主家为长工付工资，管一日三餐。工资如果按粮食结算，需要用好的粮食（没有水分、干净的粮食）。雇主给长工发工资的时间一般在年底，也可以半年发一回。长工家中断了口粮、遇到大事小情而急需工资时可以向雇主预支，最多能预支两个月的工资。比如，秋收以后，先预支一部分工资（大约是一布袋粮食），腊月二十左右支付全年工资。如果长工一年内干得较好，令雇主满意，发全年工资时，雇主可以不把之前预支的工资算进去，"之前的那一布袋粮食就算了"，以此来激励长工（"你还不好好干啊！"[1]）。

长工一年的工资一般为30块洋钱或是几布袋的主粮（玉米、谷子），外加两套衣服（夏天一套单衣，冬天一套棉衣）、一顶草帽，鞋子和袜子没有规定，有时给，有时不给，即所谓"不拘束"。大活的工资也是按年结算，一年一般收入5布袋粮食（粮食主要是谷子、玉米、黑豆、黄豆，这几类的价格差不多），但依旧不够一家人的口粮（大约是五六口人的家庭），正如俗语所言："好汉养不起三蛋蛋（孩子）。"当时，大活一年的工资可以买两亩半左右的好地，一年半的工资可以买一匹骡马。二活的工资比大活的低，也是按年支付，一年一般是4布袋粮食[2]，如果揽活技能较差，只得3布袋粮食，二活一年的工资可以买一亩半左右的好地。[3]

8. 人身依附关系

传统时期，雇主与长工之间普遍存在紧密的人身依附关系。相对而言，后者对前者的人身依附程度更深（详见下表）。

表3-18 雇主与长工之间人身依附关系概况

依附关系	具体体现
"当差不自由"	长工不能随意开小差，不能在雇主没有准许的情况下回家，雇主家每天都有事情可干，长工不能自己想出工就出工、想歇息就歇息。如果长工家中有急事、过事*，可以提前几天向雇主请假（其间没有工资），一般请一两天，好主临时觅短工顶替长工做一两天工。平时，长工"没事没务"（没有其他重要事情）不能请假误工，正如当地俗语所云"当差不自由"。长工一年四季忙忙碌碌、马不停蹄地干活，很少有自由支配的时间。长工如果不告假就去办自己的事情，雇主知道后要训斥、扣工资

---

1 摘自张小考老人的口述。
2 一个拥有30多亩地的家庭，雇一位长工只需要支付400斤左右的年工资（外加吃住费用）。土地的亩产量约为300斤，一位长工的年工资约为1.5亩地的收成，除去长工的工资，其他收入（总计约8500斤左右的的粮食）全为雇主所有。若将土地租给佃户，收成对半分，东家每年只得5000斤左右的粮食。于是，东家宁愿雇工生产也不愿将地租给农户。
3 村民甲在外做了几年的长工，然后在本村买了6亩左右的荒地。后来，同村两位村民趁着甲再次外出做长工的机会，私自把甲的6亩地开荒耕种。甲回家后发现自己土地被人私自占有，于是将二人告至大陆村法院。法院的人最终判定该地是甲花揽活的钱买的地，甲打赢了官司，夺回了本属于自己的财产。

续表

依附关系	具体体现
长工在农闲时间的活动	比如在下雨天,无法干农活时,长工就待在家里喂牲口,在屋内或棚内歇息,一般不去雇主的房屋串门。长工若是本村人,下雨天,干完活之后还可以和村里的熟人一起打牌(赌博)、拉闲关(聊天),雇主不会干涉("你玩的是你的钱,把我家的事情干好就行了"),但只玩一会儿的时间就得回来
单方面解除雇佣关系	如果雇主家的待遇较差,平时让长工干重活、累活而不体谅,伙食和衣物方面不照顾,长工就可以单方面解除雇佣关系。但他不能半晌(中途)停工,得等某个月末或全年的工期结束("节末头",即春节前后),否则,工资不好结算

＊过去,长工不过寿,"穷得没饭吃,点灯的洋油都买不起"。

9. 雇佣双方的生活关系

在日常生活中,雇主与雇工之间具有紧密的关系(如下表所示)。

表3-19 雇主与长工的生活关系概况

日常关系	具体体现
"烟火不分家"	雇主家要是有人抽烟,就在地边种点烟叶(不会成块成片地种植),长工免费用雇主家的烟叶,"烟火不分家"(长工抽雇主家的烟,更会拉近双方的关系),雇主允许长工去地里摘烟叶
是否同桌吃饭	长工不必给雇主盛饭,雇佣双方不会同在一个地方吃饭,长工吃饭的地点一般有两个,夏天时在院子阴凉的地方,冬天的时候在牲口棚,雇主在自己房屋吃饭。雇佣双方的饭菜质量基本一样,或是棒子面、饼子,或是糠子、腌菜。雇主家一般觅有做饭的佣人(如果雇主比较勤俭就不觅佣人,让儿媳做饭)。每次到了开饭时间,雇主家掌柜的就会叫喊长工,如"××(长工的小名或绰号),端饭来",长工自己有个固定的大钵碗(一碗的分量相当于现在的3碗),一般放在雇主家厨房内。雇主儿媳或佣人负责舀饭,舀好一碗就放在灶台边上,再在碗边担一双筷子,在筷子上放3个左右的面饼,由长工自己去端。长工一顿吃不完的面饼得留给雇主家喂狗,不能私藏,也不能私自倒掉、扔掉。雇主家做饭的人知道长工的饭量之后,下次舀饭时会注意给长工少放几个面饼
长工住宿问题	长工的住宿一般由雇主提供。长工经常住在牲口棚里,不与雇主住同样的房屋。如果雇主家没有牲口棚,就住较差的房屋,"因为你是下人"。大活的住宿条件与二活及佣人一样,不会更好
共用茅房	雇佣双方一般共用一个茅坑(厕所),有些长工不注重卫生,不愿去茅房,就在牲口棚里解手

续表

日常关系	具体体现
长工的医疗	长工若生了小病（如头痛感冒等），雇主会请"先生"（医生）帮忙看病，如果雇主家有人会看病，就不必请外人，自家人给长工看病，不需要长工付费。长工若生了大病，雇主就让他回家养病，养好了病再来干活，养病期间没有工资。长工与短工组班铡草时，短工受伤（比如手指被铡掉了），由雇主家负责医治，给几块钱买点"养善"（养病期间的营养品，如鸡蛋、猪肉等）或给2斗玉米，不需要赔钱，长工也不需要承担责任。如果长工在铡草时受了伤或平日干其他活伤了手脚，由雇主家负责医治，并且给长工2斗左右的粮食作为补偿，如果长工伤情重，雇主就让他停工一段时间回家休养，雇主也不会为此给长工涨工资。[a] 如果长工在雇主家得了重病，则雇主通知长工的家人来接，长工一般不在雇主家养病。如果长工被雇主家的牲口咬伤了，雇主家负责医治，雇主家人侍候，给长工端饭送水。比如本村地主张老宣觅邻村（郝庄）村民小半（光棍汉）在他家揽活，[b] 有一天，小半被老宣家的骡马咬伤了，老宣帮其治疗，作为介绍人的小七在老宣家照顾受伤的小半，给他端饭。小七从小在老宣家长大，一直在老宣家干活，老宣一家人把他视为自家人。小半养好伤之后继续在老宣家揽活，后来，小半年老体衰，无法继续揽活，就离开了老宣家
长工衣服谁洗	长工衣服一般由他自己或其家人负责洗，雇主家不会帮着洗。夏天的时候，长工去地里浇地，顺便在地里洗洗汗褂，洗干净之后搭在水车杆子上晾晒。冬天的棉衣，穿脏了拿回家，由自己的家人负责拆洗
牲口借用关系	长工的土地由自家人耕种，长工若在雇主家干的时间长、手底下勤快，且雇佣双方是党乡人关系，他在忙完雇主家的农活之后可以借雇主家的牲口耕种自家的土地，如果自家的土地与雇主家的土地相邻，也可以借用雇主的田井浇地
雇主家与长工家人之间的关系	此类关系一般分两种：一是长工在本村或邻村当差，自家遇到急事，家人来雇主家找他，雇主不会为其家人管饭；二是有的村民逃荒到较远地方揽活，其家人隔段时间去雇主家看望他，雇主家一般会免费管2—3天的食宿（一般会安排在牲口棚或外院的闲置房间中），吃饭时，由长工自己去给家人端饭，如果雇主对长工家人不管不问，情理上说不通，"人家大老远来一趟不容易，需要管几顿饭"。雇主若对长工家人比较客气、待遇较好，长工也会感念雇主的好意，为雇主家尽职尽责
双方的日常称呼	雇佣双方按辈分、年龄大小互称哥哥、叔叔大伯、姊子、嫂子、大娘，雇主若是小辈，也要按辈分称呼长工和佣人，雇工之间也按辈分年龄大小互称，称呼前不加姓氏。但正如当地人认为的（不同于家族辈的称呼），乡亲之间称呼比较随意，有时比较混乱，叫顺口之后很难改正，当地有句俗语称"乡亲辈、瞎胡论，先叫后不改"（如A本应该称呼B为叔叔，却称哥哥）
张罗婚事	据好主池文仙外甥[c] 讲，"过去听人们说，我大舅还给他家揽活的说了个媳妇，待得亲乎乎的，揽活的后来一直在他家干活"。至于雇佣双方能否结婚，没有特别的规定，若雇佣双方情投意合，雇主家不嫌弃长工，二者可以结婚，但此类情况极少见。有时，长工自己觉得身份低下，拒绝和雇主家人成婚，比如村民张氏在石家庄雇主家做了8年左右长工，解放后回家时，雇主家的二女儿想嫁给他，但张氏自知雇主家对他善待有加，不想对不起人家，于是果断拒绝

日常关系	具体体现
雇佣双方的节日往来	过春节时,双方一般不会相互拜年。如果双方知己不赖且雇主家还有很多活要干,则长工也可以留在雇主家里边干活边过年,与雇主吃一样的饭菜(如包子饺子、粉条肉菜),平时就吃米面馍馍
雇佣双方的人情往来	如果雇佣双方同村生活,雇主家办红白之事,长工要帮忙,这既是长工的职责所在,也是作为一个党乡人该做的。如果双方知己不赖,长工会送一幅草纸画(比较廉价,大概是3毛左右),然后在"红彩簿"(婚事中上人情的账簿)上写上自己的名字。如果长工家中过红白喜事,雇主家人也会去捭掇,也主要是以党乡人的名义捭掇,不给份子钱,只送草纸画

a. 长工的家人生病,雇主不会管。
b. 据说老宣姑姑的婆家在郝庄,老宣的表哥小七觉得小半家中贫困,且小半为人老实、肯干,于是把小半介绍给了老宣,老宣平时称呼小半为表哥(因为小半和小七是同辈同龄人),小半在老宣家干了几年。
c. 本村曹氏。

10. 雇佣双方的其他关系

雇佣关系中,一般不发生劳资纠纷事件,不存在雇主拖欠工资、赖账的现象,如果出现"不对脾气"(方言,即发生矛盾),则"一个不愿干、一个不愿要",双方即可解除雇佣关系。此外,长工不参与雇主家庭内部的事,比如雇主家内商量土地买卖、头户买卖、婚丧嫁娶等"内情事"(当地话语称大事小情),雇主家掌柜的自己掌管,不允许长工参与。当雇主家发生灾难时,长工一般不会提供保护。比如大活和二活负责喂养雇主家的头户,头户被偷或被黑军、皇协军抢掠,他们不必承担责任,他们也不会替雇主抱打不平,不多管闲事,雇主也不会埋怨他们;如果黑军和皇协军来雇主家抢钱、抢粮、绑人,长工不会、也不敢替东家出头,黑军和皇协军一般不抢长工,他们只会找好主家掌柜的(当家人)。[1]

第四节 交换与交换关系

双井村民的商品交换活动一般包括村内外的集市贸易、店铺的经营以及与流动商贩的交易。村民们在频繁的集市贸易过程中形成了固定的集市圈、特定的交换偏好。不同的集市针对不同的贸易需求,多种类型的店铺、流动商贩们也根据村民的不同需求提供商品。与此同时,村民各类交换关系的发生还离不开经纪人群体,他们在交换

---

[1] 长工也不会替雇主充军。

事务中扮演着中间人的角色。村民定期的集市贸易、不定期的店铺交换、各类经纪人的调节，使得村庄商品经济不断延续。

一、村落市场概况

1949年以前的双井村，村民们普遍参与各类交换活动，它们交换的场所主要是集市，集市分为村内的一六集和外部的集市，多个集市之间形成了固定的集市圈，可以满足村民们日常交换的需要。村内的集市主要沿着十字街街心展开，村落集市的兴旺得益于村民们习惯性的赶集活动，也称"过集"。过集当天，本村村民以及外村村民之间进行多种多样的交换活动，比如买卖农产品、牲口、家禽等等。

集市贸易并不是村落唯一的交换形式，村落里还时常活跃着大批流动商贩（不定期叫卖）。商贩卖商品，既可以用现金支付，也可以用粮食换，比如用鸡蛋换盐换油（双方都没数，1个鸡蛋换半斤左右的葱），用黄豆、豇豆换杂面（一般是1.5斤豆换1斤杂面），女性还用积攒的头发换洋针、颜料，1卷头发换3根左右的洋针、一两包颜料。本村豆腐商贩王氏每天都在大街上叫卖豆腐、豆腐脑。据王根春老人[1]讲述，1949年之前他家有6口人（他和父亲母亲、2个姐姐和1个弟弟），种了3亩地，没有田井，属于贫农，与家族的大伯伙养了一头黑驴。他父亲在家经营一间豆腐坊（一间半左右），每天"呛起来"（方言，意为早起）开始做豆腐、豆腐脑，上午在村庄南北街上一边推车子一边敲梆子卖豆腐脑（村民主要拿鸡蛋、谷子、玉米、黄豆等来换，一般是1个鸡蛋换1碗豆腐脑），响午（中午）和后响（傍晚）卖豆腐，一般是1.5斤豆腐换1斤黄豆，生意好的时候，每天可以卖30斤，较差的时候就卖15斤左右（本村一共有3家豆腐坊）。他的母亲主要在豆腐坊帮忙、烧火，两个姐姐有时在豆腐坊帮忙，有时在家纺棉花织布。

二、村内交换

（一）村内交换场所

1. 交换场所的形成

双井村的交换场所形成于专门的立集活动，在当地，人们把建立集市、制定集期、发展集市联系等一系列活动称为立集。不论是双井村还是外村，立集活动的开展、集期的制定皆与外部集市息息相关，村落交换场所的具体形成过程详见下表：

---

[1] 民国二十一年（1932年）生人，现年84岁。

表 3-20 传统时期双井村交换场所的形成概况

关　系	具体体现
建立集市	在当地，周边每个村庄立集，都要考虑其他村庄的集期，在一个集市圈内，几个村庄的集期都不能重合，否则人流过于分散，任何一个集市都"赶不起来"（无法形成大规模的赶集人群），并且，几个村庄的集期要有连续性，使得集市圈内的人们每天都有集可赶。立集时，爱管闲事的人们支派腿脚勤快的年轻人去邻村和周边其他村庄贴告示（写明双井村立集日期、唱戏日期、给赶集的管午饭），本村立集不需要找周边集市的管理人员商议集期。双井村的集市地点主要在村庄南北街（主街）及东西街交汇的十字街，十字街附近是村公所
唱立集戏	村庄立集时，需要搭台唱戏，称唱立集戏，唱戏时间为"一集"（原为5天，但一般在正式立集前一天就开始唱，所以多唱一天）。唱立集戏主要是为了吸引本村和周边村庄的村民，聚人气，一般请本村的戏班子唱戏（本村人和外村人合组的戏班子），有时也请外地来的戏班子（河南、山东等地的），小的戏班约有四五十人，大戏班约有七八十人
做立集饭	立集期间，村民集体筹资，做大锅杂烩菜、馍馍，给赶集的人、看戏的人免费管顿午饭，每人的饭量不加限制，管饱足矣，不过也有村庄立集只唱戏不管饭
一六集期	双井村集期根据周边集市的集期而定，为农历逢一逢六，即每月初一、初六、十一、十六、二十一、二十六为双井村集市开市日子，集期间距为5天，因此，村庄集市也被称为一六集。据说，双井村为了立集唱了几回戏，但一直没有立起来。后来，村里决定将集期改为"逢五排十"，即农历每月初五、初十、十五、二十、二十五、三十为开市的日子，集期间隔为5天，错开了邻村的集期，但与赵县范庄、本县孔小营等较远集市的集期重合。在平时的赶集过程中，商贩和周边村民需要"一天赶几个集"，无暇顾及成立不久的双井村集市，于是集市人流少，无法继续交易，不得不暂停集市，双井村在这个时候出现了一段无集市的空白期。直到1960年代，村民们重新立集，将集期恢复为最初的农历逢一逢六
集期与生产生活的关系	集期深刻影响着人们的生产生活规则，人们在伙养牲口过程中制定轮养规则、大家庭制定妯娌之间轮流做饭规则，皆依据一六集期。比如轮养牲口，每户轮养的期限为一集，即5天，王根春家与他大伯家伙养一头小黑驴，每家喂（轮养）5天；有些大家庭中，妯娌之间不和，则掌柜的支摆儿媳妇轮流做饭，每个儿媳轮做5天；再如老人有养老房、自己无法做饭，又不想和儿子儿媳一起生活，儿子们每天得给老人送饭（一日三餐），送饭的规矩按集期制定，一般是轮着送，5天轮一家

2. 交换场所的分类

村民进行交换活动，离不开特定的市场空间，在集市以及村落其他地方，都有不同的交换场所，比如头户、猪仔交易场所。牲口交易场所在武道庙附近，相对于范庄交易场所而言比较小（村民们买牛卖牛一般去范庄集市，该集市有专门的牛羊交易场所，且有专事头户交易的经纪）。开集之日，早晨八九点钟，本村和外村的村民牵着牲口来此处交易，本村和外村的经纪也来交易场所。猪市主要交易猪仔，村民去赶集，将猪仔装进笼子，然后用独轮车推着，一般是自己去卖，很少请人帮忙（结伴同行）。除此之外，村庄主要街道还有几家杂货铺，它们由村民家庭经营（多是中农户和贫农），杂货铺不交纳税费，开杂货铺的本钱多是店家种地挑粮食积攒的收入。

3. 交换场所的管理

在制定村庄集期时，由"好管事的人们"（热衷于服务村民、参与村庄事务的人）带头组织、村民们集体商议制定，不找算命先生、风水先生等来测定集期。好管事的人们在集市上说话顶用、有威望，有组织能力、"好跑哒"（比较勤快，并非好主），他们理应负责集市的治安，但据老人回忆，他们的监管力度不够。一六集刚刚立成时，赶集的商贩少、人流量小、货少（"那时候村庄小，集市也小，没多少人，离县城又比较近"），加之本村摊贩和村民"欺生"，对赶集的外来商贩和村民肆意干涉，比如外来商贩在本村过集摆摊，本村摊主有时不让他们摆摊（"我是本村的，这地是我的，就把外村摆摊的赶走了"），有些本村村民不讲理，买了东西赖账，久而久之，外村摊主也不来双井村过集。集市监管不到位导致村落集市一直没有赶起来（只有在每年临近腊月的时候，人们置办年货，集市贸易才会有所活跃）。好主和村长、村副（副村长）等对立集、集市贸易、集市治安等不加过问。

（二）村内交换关系

1. 集市交换关系

其一，交换时间。开集当天，一般是早晨呛起来吃过早餐就去集市，有时，如果赶集时间长，就在集市买点干粮垫补一下。在各类交易中，猪市的交易行为一般发生在春季天气开始转暖的时候，这时候喂猪好喂，猪仔容易成活且长得快，但也要看市场交易行情。头户的交易多发生在秋收之后的农闲时节，这时赶集的人多，集市上的头户数量也多。相对而言，流动商贩的交换时间一般比较灵活，时间不固定，几乎天天可以走街串巷交换。

其二，交换活动。村民们赶集时主要买东西、买物件、闲逛、交易家禽（如鸡鸭等，不需要请经纪）。赶集之日，卖主自己在集市叫卖。打牌活动一般在家中，不会在集市街面上。有时，集市上如果有戏班子唱戏，就去看戏，有钱的好主们想看戏时也会去宁晋县城的戏院买门票看戏。不同于集市的交换活动，杂货铺主要卖酒（主要从县城的酒坊进货）、烟、糖、花生等（花生一般从本村农户家进货，有的农户种植花生，收割之后卖给杂货铺）。另外，若有外村商贩来一六集赶集或路过此地问路、讨口水喝，一方面，好心的村民也会给予帮助，另一方面，有的村民不愿帮助的同时还会挖苦几句，比如，有赶马车的人问路时，他们答："我听不着你说什么，我回家搬个梯子搭高跟你说。"

其三，交换分工。在当地的集市贸易关系中，存在相对明确的男女之分工，男女有着不同的赶集偏好（如表3-21所示）。

表3-21 集市贸易过程中的男女分工概况

村民性别	具体分工
男性村民	主要去交易农产品、头户、羊、家禽（鸡）、猪仔等，有时去挑粮食。如村民王栓堂挑2斗粮食去集市卖，他妻子一辈子没赶过集市，即便是本村的集市，也没有去过
女性村民	她们也有赶集的权利，相对于男性村民而言，她们赶集主要是挑几斗粮食（谷子、棒子、黑豆、黄豆）变卖成现金，或是将自己织好的布卖掉，然后再买点棉花（回家纺花织布）。贫困家庭的女性（一般是未出嫁的闺女）在秋收时间去地里拾棉花（别人地的棉花、谷穗也可以拾），将积攒的花拿到集市上变卖成现金，然后买件衣服穿；好主家的闺女们一般不会去地里拾棉花、拾谷穗，如果去了，就会被别人笑话，"家里有饭还跑出来拾花拾穗"，穷人家的闺女们去地里拾谷穗，无人说闲话、嘲笑

其四，交换价格。村民与流动商贩的交换过程中，讨价还价之后达成交易。箍匠补修锅、盆子时按需要补修的面积大小收钱，修补一个较大的窟窿大约需要5毛钱。胭脂贩的一钵（容器）雪花膏（粉）的价格为5毛钱左右，好主人家的女儿、儿媳妇等爱干净、爱打扮，她们是此类护肤品的主要消费对象，穷人家很少买。染布商进村叫唤村民染布，费用按需要染的布料面积计算，大概是染一尺布需要3毛钱左右。此外，他还染线（村民自家用棉花纺的线，染线的费用为3毛钱一斤）、染羊毛（需要耗费的颜料和工序较多，费用较贵，一般是1元钱一斤），有些薄皮（爱占便宜）的妇女故意将染羊毛的钱说成染线的，乘机占点小便宜，而染布的执意说是染羊毛的价格，为此，双方吵包子。这时，如果双方吵的声音大，当户落好管事的人要是听到了，就会主动前来"说哒说哒"、评评理、打圆场，让双方都让一步，一般会给染布的说："包（别）吵了、包吵了，少给你2毛钱也占（行），你就背点伤（吃点亏）吧！"劝说染布的少要点钱、村民（顾客）再加点钱，此类纠纷就算化解了。

在集市头户交易过程中，普遍进行"手摸价"，即不明说价格，价格如果说出来，则交易信息说漏了，旁人听到了会抢生意（干涉交易）。摸价的方式具体而言是在衣角下或是头巾下相互捏指头定价格，人们过去普遍戴头巾，一个原因是方便交易时取下头巾摸价。摸价之前，双方按头户品质估价，摸价时，首先摸大数目，接着摸小数目。

摸价有固定的"行话"或称"暗话",即单出大拇指称"十停子"(代表十),单出食指弯曲称"九勾子"(代表九),大拇指和食指同出称"八叉子"(代表八),大拇指加食指加中指一起出称"七捏子"(代表七),大拇指和其他四个手指同时捏在一起称"六挠子"(此手法像"挠"的动作),五个指头平行捏在一起就称"五个",除了大拇指的其他四个指头平行捏在一起就称"四个",食指加中指加无名指平行捏在一起称"三个",食指和中指并捏称"两个",食指单个直出表示"一个"。摸价时,买卖双方不会直接摸,需要有经纪,经纪和卖方先摸接着再和买方摸,他一般要在双方之间来回摸价多次。经纪由于是职业的,所以不会出现摸错价格的情况,如果卖方要价高,买方就请经纪"挖价"(即往低压价),如果买方出价低,经纪就帮助卖方"叫价"(即往高加价)。

过去,一头牛的市价一般为一石粮食(300斤)左右,约合洋钱20元,相当于高等长工半年的工资。干活有劲的壮牛(能下地拉犁的牛),价格一般在一石粮食以上。庄稼人(当地人对农民的称呼)买牛犊的很少,一般买壮牛(不能让牛白吃饲料不出力干活,牛饲料主要是玉米秸秆和谷草)。骡马的价格相对较高,一匹骡马的市价约为3石粮食(主要是好主、富户人家养),一头驴的市价约为2石粮食(主要是中农、贫农家养),长工(指大活)需要花一年半的工资才能买一头骡马,二活差不多得花两年的工资。头户交易中,一般用现金(洋钱)付款。

其五,交换经纪。集市的各类交换活动基本都需要经纪的斡旋。村民们请经纪,一般请自己熟悉的,让经纪帮忙问价、协调价格。经纪主要有以下几种(见表3-22):

表3-22 传统时期双井村不同类型经纪的交易关系概况

经纪类型	交易关系
头户交易经纪	村民们交易头户,必须经纪出面协调,交易双方无法直接交易。每个大小集市都有经纪,经纪一般是"眼好使、嘴好使"、能说会道的人。头户经纪主要帮助交易双方协调价格,以此来赚取报酬。一般是买方请经纪,经纪抽取交易额的5%作为自己的报酬(买方和卖方共同承担),"成3出2",即买方承担3%、卖方承担2%。经纪费用一般不能拖欠,需要当场付清。若是交易大型头户,经纪需要格外操心、来回说价,因此,需要的经纪费用较高。交易达成后,双方不需要给经纪管饭管酒。本村也有头户经纪,他们每逢周边村庄赶集日,就拿个鞭子去赶集(鞭子是头户经纪的表征),其中一位名叫张老金,人们平时称他为老金,有3个儿子,一家5口人,有5亩旱地,属于贫农家庭
粮食经纪	在没有粮食经纪的情况下,村民们不知谁要卖粮食、谁要买粮食(无法获取交易信息),所以双方都去固定的粮食摊子,通过经纪达成交易。粮食经纪的费用一般是交易额的2%。本村一村民为职业粮食经纪,人们叫他老赵,为单身汉,家中没有地,依靠经纪费为生。有的粮食经纪在当户落有威信,于是人们交易粮食时都找他,比如"××用斗强",意为××使用斗的能力强,不会让双方吃亏。外村村民来本村买粮食,也会顺便从本村请经纪

续表

经纪类型	交易关系
土地交易经纪（地方）	地方是专事土地租佃（包地）、土地买卖、庄窠地买卖的经纪。他们也是村庄治理的主要主体，比如收公粮、调解矛盾纠纷、帮人决策（拿主意）等。他们还时常服务于粮食的买卖活动，比如村民找他帮忙联系卖家，买几斗粮食，或是卖方找他联系买家，交易达成后，需要给地方付一定的经纪费，一般是谁请，谁承担费用。村民需要交易牲口草料时，也需要找他们做中介，比如本村有的农户收了庄稼后有多余的秸秆、麦秆（牲口草料），就请地方帮忙联系家有骡马、牛的农户，把草料交易出去
非职业经纪	村民交易物品时，除了找职业的经纪，也会请平时与自己知己不赖的人做中间人。村民请他们主要是基于熟悉和信任的情感，不给他们付报酬，然而，这些非职业的中间人有时会利用对方的信任为自己谋私利

2. 流动商贩交换关系

在村庄的集市贸易中，通常活跃着这样一类人，他们多以流动贩卖的方式穿梭在双井村及其邻村的大街小巷，为村民们的日常交换提供了便利（如下表所示）。

表3-23 双井村流动商贩的交换关系概况

商贩类型	交换关系
水果小贩	当地不少水果贩子经营的主要是梨、苹果等，他们分大贩子和二道贩子。赶集日子，大贩子驾着马车将水果运到集市，然后再批发给其他推车或挑担叫卖的二道贩子（小贩）
货郎	他们多是本村人，一般推车走村串街，主要卖布料、袜子、毛巾、颜料（村民俗称"红绿颜色"）、针线等。本村货郎李氏，人称"林哥"，家有7口人（他和妻子、3个儿子、2个女儿），有几亩旱地，属于贫农家庭；本村另一位货郎杨氏，也推车卖颜料、针线，家有6口人（夫妻俩加2个儿子、2个女儿），种有5亩旱地，属于贫农家庭。李氏和杨氏分别住在东西街（前街、后街），平时，两人知己不赖，他们几乎每天都会在村里叫卖
柴火贩子	本村无柴市，人们一般自己拾柴火。烧火做饭的柴草多是谷草、玉米秸秆。也会去地里拾柴草，穷苦人家地少、种的庄稼少、柴草少，"不拾柴火没的烧"，拾的牛粪有时用来烧，有时攒到粪坑里。有些大户人家没柴烧的时候，从柴火贩子那里买
粮食贩子	村里大型的粮食交易主要在固定的粮食摊子，由专门的粮食经纪经营。量小的交易依靠粮食贩子完成，这些贩子们推着独轮车走村串乡买卖粮食（既有本村的也有外村的）。有些小贩也会欺骗顾客，比如在本集市买点粮食，然后挑回家后掺点沙土，第二天再去别的集市贩卖，或者往粮食里掺一些淘过米的水，增加了粮食重量，让顾客察觉不到（用牙齿咬一下粮食，感觉不到掺了水，如果把普通的水直接掺杂到粮食中，顾客会感觉到该粮食中掺有水）
牛贩子	大多是外村人，他们家境一般，主要赶集贩卖牲口，从这个集市低价买头牛或买匹骡马，然后再去另一个集市高价卖出，赚差价谋生

商贩类型	交换关系
染布商	过去，经常有开染坊的人来村里染布，布匹一般是自家织成的白色粗布。邻村唐邱村的染布贩子每5天来一回村里（不一定是赶集的时间），他经常走村串乡，因此，双井村的村民大多熟悉他。村民把白布匹给染布商，染布商写一个布条（写上顾客的姓名、布的尺码、需要染的颜色等等），然后把布条卷成一团系在需要染的布匹上，5天以后，染布商把布送到顾客家门口，届时，双方按照布条上的交易信息，一手交布一手付钱
胭脂小贩	邻村唐邱村有一位老头，背一箱护肤品（主要是雪花膏），一般在冬季天冷的时候走村串乡叫卖，夏天是此类护肤品的淡季。他差不多五六天来一趟双井村，卖商品时边走边叫唤"卖胰子，卖粉，带卖雪花膏"
补锅工匠	有一伙从山东来的工匠，时常到双井村赶集做生意，基本上逢集必赶。该工匠班由4人组成，其中2人负责做工（比如用火炉将废铁炼为铁水，再用铁水灌补破损的铁锅、铁盆），2人负责叫唤："锔露锅、锔露锅……"他们主要补修锅、盆子，自带铺盖、锅碗瓢勺、干粮，到了饭点，自己在大街上做饭吃，村里不给他们提供食宿。他们进村，村里闲来无事的汉们、娘们都围在一起看热闹，村民们不会欺负他们

三、村外交换

（一）集市圈

双井村一六集与外部的多个集市共同形成了较为广泛的集市圈，集市圈内的村落基本上都是双井村的邻村，它们有的距离双井村较近、有些较远。概言之，双井村民的市场交换圈半径范围在3—18公里之间（详见下表）。

表3-24 双井村集市圈内较近村落

村庄名称	方位与距离
胡岳村	本村东南方向约6.2公里
小枣村	本村正南方向约3.1公里
东枣村	本村正西方向约5.4公里
高庄村	本村西北方向约6公里
岳家庄村	本村正东偏南方向约4.3公里
裴家庄村	本村东南方向约8公里
俞家岗村	本村西北方向约8公里
李家疃村	本村西北偏北约8公里
曹伍疃村	本村西南方向约6公里
郝庄村*	本村正南方向的邻村（两地相距约1.5公里），两村的边界为土地边界（村民称之为前街的地）

* 1990年代立集，集期为"逢五排十"。

表 3-25 双井村集市圈内较近集市

集市名称	集 期	商 品	与本村间的距离
米家庄集市	"逢二逢七",即农历每月初二、初七、十二、十七、二十二、二十七为集市开市日,集期间隔为5天	市场人流量大、商品需求量大,集期间距较短,商品种类齐全	本村西北方向的邻村,距离本村约4公里,与双井村的边界为土地边界,该地距离双井村2公里左右
杨扈村集市	与米家庄相同,为农历"逢二逢七"	主要交易杂粮、零食、水果、衣物、农具等	本村正北方向约5.4公里
孔小营村集市	"逢五排十"	主要交易杂粮、零食、水果、衣物、农具等	本村东北方向约5.3公里
唐邱村集市	"逢四逢八",即农历每月初四、初八、十四、十八、二十四、二十八为集市开市日,集期间隔主要为4天,只有一期间隔为6天	主要交易杂粮、零食、水果、衣物、农具等	本村正东方向的邻村,距离本村约3公里,与双井村的边界为"三里坟"(双井村坟地)地界

表 3-26 双井村集市圈内较远集市

集市名称	集 期	商 品	与本村间的距离
宁晋县城集市	"三、六、九",即农历每月初三、初六、初九、十三、十六、十九、二十三、二十六、二十九为集市开市日子	县城人流量大、商品需求量大,集期间距较短,商品种类齐全	本村正南方向约10.5公里
范庄镇集市	"逢五排十",即农历每月初五、初十、十五、二十、二十五、三十为集市开市日,集期间隔为5天	范庄集市是周围集市中规模较大、货品较全的集市,拥有大的头户及猪交易场所,双井村村民交易牲口主要去范庄集市	本村正北方向约9公里,属赵县管辖
杨家郭集市	"逢五排十"	属赵县管辖,大型集市	本村西北方向18.3公里
换马店镇集市	"逢五排十"	主要交易杂粮、衣物、农具等	本村西南方向约9公里
大陆村集市	"逢五排十"	主要交易杂粮、衣物、农具等	本村东南方向约9公里

(二)交换偏好

村民的交换偏好受到多个因素的影响:一方面,与集市能够供给的商品类型有关,比如有的集市主要交易头户(如范庄),有的集市主要交易其他零碎物件,如本村一六集(本村两位老人在南北街出摊卖零碎物件,不交纳税费)。到一六集赶集的商贩大多来自米家庄、唐邱村、岳家庄、郝庄等村庄,主要卖土布(农家织的粗布)、帽子、鞋子、蔬菜、锅碗瓢勺、农具（锄头、铁把、镰刀）、锯子、钳子、绳等。

另一方面，村民的交换偏好还取决于以往的交换经验。比如本村有位猪贩子（贫农张氏），经常赶集贩猪仔，有时把本村的猪仔贩卖到外村集市，有时在其他集市买了猪仔然后贩卖给本村村民。后来，本村人不再从他手中买猪仔，据说是因为他从外面贩的猪仔成活率较低，养几天就死了。当然在大多数情况下，村民们更愿意与当户落知己不赖的人就近交易，大家都住在一起，熟知对方猪仔的状况（猪仔交易时不称斤、只论个，鸡鸭等家禽类的交易中，也按只算，不称斤）。

四、村民私下的交换关系

（一）交换状况

1. 牲畜交易

村民私下的交换关系主要发生在牲畜（头户、猪仔等）、房屋的买卖过程中。在家中私下交易牲畜的情况很少见，但也存在，交易猪仔、骡马、牛、驴的双方，不论是本村还是外村的，只要双方知己不赖，就可不必去集市，也无须找经纪，买主直接从卖主家中买走牲畜。此类私下的交换，同样需要交纳税费。双方要是偷税漏税，被本村一般是与自家"不对付"（有隔阂）的村民告发，要担负被税务部门罚款的风险。

2. 庄窠（房产）交易

这种交易在双井村普遍存在。村民卖庄窠时，房屋、宅基地、院子、粪坑等都一起卖，房屋和宅基地不能分离交易（农具、锅碗瓢勺、桌椅板凳、柜子等家当）不算入交易范围内。即便只卖正房（一般是北边的上房）而不卖配房（位于东西两侧）时，仍然需要给对方划出一定的院子，即把卖的院子"说死"，一般是按房屋的大小而定，如果有4间房，只卖两间，则院子一半的面积归买主。就算院子"不说死"（范围不加以清晰界定），卖主也得让买方有权使用该院子，允许买主从同一个院子走路，从同一个大门进出。一般情况下，农户不会把所有庄窠地都卖了，往往是卖空闲的一部分，给自己留一部分。

（二）交换双方

牲畜交换中，如上文所述，双方只要是关系不错的熟人，就可达成交易，而在房产买卖中，卖方一般是一些特定的人群（详见下表）。

表 3-27 传统时期出房产的村民类型概况

村民类型	出卖房产的缘由
食物紧缺的村民	穷得过不下去的村民，"春天吃不起了"，卖了庄窠地，施点钱来吃饭，正如老人所讲，"没的吃、没的喝就去庄窠、去地，买几斗粮食"

续表

村民类型		出卖房产的缘由
遇有病难的村民		家中发生病头灾难,急需用钱农户,即如当地人所说的"有了病了、有了紧了",就卖庄窠地
人房矛盾的村民	人口减少的村民	这类农户家中人少房多(用不起),就把闲置的庄窠卖了
	人多口阔(多)的村民	此类家庭,为了维持生计就卖地。"比如本村张五爷家那时候人多、没物",家里人要吃饭,于是就把一部分庄窠地(3间房左右)出卖,"卖几布袋粮食吃"
吸毒、赌博的村民		吸药面(抽大烟)、玩钱(赌博)的人,他们没有毒资赌资时卖庄窠地,这类人被村民称为"不正经人"

买房一方主要是好主、有钱的人家或者没有庄窠的人(如果某农户家弟兄多,而庄窠地狭窄,就需要买房)。好主买了房,即便不住人,"干这干那的也方便"(如当作堆放杂物的地方)。村里卖庄窠地的消息,都是当户落的人们之间相互传唤得知,比如A给B说卖地的事情,B再传唤给其他村民。

(三)交换顺序

交易牲畜,一般优先在当户落近门、党乡人之间进行,比如某村民家的一只猪产了猪仔,当户落的一人若知晓了,就会传唤给其他村民,有人需要养猪,就先去跟该村民家预定,到时候猪仔出栏,留下几只卖给他。预定猪仔,不需要提前给对方交定金。有些村民也会选择去范庄集市交易牲畜。

房产交易中,卖方在选择买主时优先考虑近门(家族的兄弟、叔叔大伯等),正如老人所讲:"你去物件,先不让自家家的要?"如果当家十户的几个人同时要买,这时,卖方自己考量哪一家的房产少、哪一家比较"当紧"(急需住房),就卖给哪家,如果自己不便协调,就找当户落好管闲事的人去"说哒说哒"。其次考虑四邻,邻居之间住得近,自己给邻居提供方便,邻居也会对自己慷慨解囊。再次会选择本村其他人、外村村民。卖给外村人的现象少见,但是也存在,比如村民A是邻村的,他的亲戚朋友或其他熟人如果在本村,则A一般通过这些亲戚朋友等熟人的口获得本村某村民卖庄窠的消息。如果本村其他村民和外村村民同时竞买,则优先卖给出价高的买主。

(四)交换价格

牲畜的私下交易过程更为简单,双方在卖方家中自行商定价格,不必请经纪调节。当户落村民之间交易猪仔,一般比较优惠,当地俗语称"党乡人的面子强"。比如,村民A去范庄集市卖,一只猪仔卖价12元,而卖给当户落的村民,10元一只,这时,也会优先卖给当户落村民（他们出价不会低于市场价太多，否则双方脸面上过不去）。

房产交易中，农户对好房屋与差房屋的青睐程度也不一样。比如某房屋质量赖（差），有钱的人买时不会多给钱，要是房屋好，有钱的人买，也不会少出钱。不同房屋价格不一，好房（砖房）的价格比差房（土坯房）的价格高，一般是一间砖房卖一布袋粮食，一间土坯屋卖2—3斗粮食，价格由交易双方和地方协商而定。大多数情况下，写了文书就得交付全款，付款时需要由地方做证，交易双方关系再好，中间人不在场就不能付款，否则，一方说付了、一方说没付，容易发生扯皮。付款之后，交易双方和地方一起吃顿饭，不必请四邻。农户卖房之后住草屋或住官房，或者找好主说几句好话，住他家的空闲房屋（不需要支付报酬）。如果买主手中当时没有大笔的现金，买主可以找地方、四邻等做证，与卖方说合，缓期付全款，比如"我手里的零钱先给他花，等'亮清'了再给"（先给对方付一半左右的款），如果家庭贫困，预付得少。如果缓付，一般缓两个月的时间（卖庄窠地的人大多是急需用钱的村民）。

（五）交换经纪

村民们私下交易牲畜，不需要经纪，但在买卖房产时，买方需要请地方做中间人。地方若与交易某一方或双方知己不赖，帮助双方提供交易信息、商议价格、丈量面积，促成交易后不需要酬金，买方请他吃顿饭足矣。地方如果与双方或买方关系一般，则事成之后，买方需要给地方付几升粮食作为酬劳。经纪主要负责为交易双方平价，他们大多是贫农家庭，在村庄里的威信比较高，属于好管闲事的人，勤快"跑哒"，凭借施钱（中介费）谋生。

（六）交换契约

房产的买卖同样需要书写文书，村民们一般请当户落识字的人书写。执笔者帮忙写文书，不需要额外的报酬，只需买方请他吃顿饭足矣。写文书的纸张一般从小卖部买（交易双方谁掏钱买都可以），如果执笔人自家有纸，就免费用他家的。文书只需写一份，内容主要包括家庭人口数量、庄窠地面积大小（东西多宽？南北多长？院子占地多少？）、房间数量（几间北屋？几间南屋？配屋即东屋和西屋几间？）、房屋品质（是好房还是赖房？[1]）、房屋位置、四邻（前邻家、后邻家、两边邻家的姓名）。房屋的交易数量不固定，有多有少，卖三间、五间的情况都存在。比如好主张化楠有4份庄窠，都是从破产的穷人那里购得的。另外，房产买卖过程中，"实地"环节也不能少，即需要请地方丈量面积（长度、宽度）。卖主还需要邀请四邻来自家做证，他得让四邻知道此事（因为是"四邻厮守的"），四邻不必在文书上签字画押。文书由买主保管，

---

[1] 好的房屋是指用好"岭头"（椽子）、檩条搭建，差的房屋是指用差的檩条修建的。

需要双方签字画押。

第五节 分配与分配关系

双井村民家庭日常的分配过程中，家长掌握着最主要的支配权，其他人的支配权相对有限。分配的内容一般为实物和现金两大类，实物类主要是农产品，其分配方式具有一定的顺序，依次包括消费、交租、交纳赋税、交换等；现金的分配主要涉及家庭成员的零花钱、赶集消费活动。

一、分配单位

（一）私有产品的分配

家庭内部生产的农产品、财产属于私有的产品，主要以家庭为单位进行分配，不存在以家庭成员个体为单位分配的现象。在一些特殊的情况下，比如父母亲与儿女们"先分灶、后分家"，分灶吃饭期间，自己添置的物件归自己，不交给大家庭，分家时这些物件不参与分配，儿媳们自己纺棉花织布赚的钱不需要上交给大家庭，但是儿子们挣的钱得交给大家庭。

有些产权归某个家庭成员私有的土地，如体己地，其地契即便由儿媳妇和丈夫商量保管（夫妻俩谁主事谁保管，不交给大家庭保管），但是收的粮食需要按比例分成，一般是家里人留30%或40%，给儿媳多留一些（70%或60%）。如果儿媳妇和公公婆婆或当家人吵包子、抬杠（出现家庭矛盾），双方也不会提地里的事，"不说体己地长、体己地短"。体己地名下需要交纳公粮时，体己地的主人自己交纳，整个家庭不承担。体己地收成的支配权也归儿媳，用体己地的收入买点棉花织布，或为自己及丈夫和孩子买点日用品和衣物，都是她自主的行为，其他人无权干涉。

养老地的收成一般归耕者所有，如果老人失去劳动力，无法耕种养老地，则谁给老人养老送终，谁就拥有养老地的继承权，相应地，地的收成也归他。养老地也需要交公粮，即便老人与儿子们分了家，公粮还按之前的田亩数量来交纳，官府不管谁种地，只按地亩收税。老人若交不了养老地的公粮，儿子们也会帮着交纳，如双井村民所讲："公家的不能少，老人不掏儿子掏。"

（二）共有产品的分配

村落的共有产品主要是指族田、墓田、庙地等共有土地的收成，其分配单位为经营者所在的家族、村落。具体而言：

其一，每年秋收之后，族田的经营者需要给家族交租。族田的经营中，基本上无人负责核算地租，大家都争着种族田，至于租种者给家族分配多少产品全凭自愿，为此，族人们都认为租种族田是"沾光"的事情。族田的收入主要用于修缮家庙、续谱等事务。1947年土地改革运动时，族田被没收、充公。

其二，与族田类似，墓田属于分家时不参与分配的土地[1]，由弟兄几人轮流耕种，每一年轮换一人，墓田的收成全部归当年轮种的人，谁种谁收。外嫁的老少闺女（老闺女指娘家父母亲已过世的外嫁女）每逢清明节和十月一（节日）来娘家扫墓后，在娘家吃顿饭，一般是在当年轮种墓田的哥哥/弟弟家吃饭。外嫁女及其家人若到娘家来看戏（一般在正月十五过庙会期间搭台唱戏），也是去当年轮种墓田的哥哥/弟弟家吃饭。有的家庭，兄弟姐妹的关系较好，外嫁的姊妹们来娘家串门、上坟、看戏，几个兄弟纷纷邀请去自家吃饭（不考虑墓田的经营与收成状况）。

其三，庙地的收成归经营者和村落大会共同分配，每年秋收以后，真武庙地的经营者给大会交纳数额不定的油钱（钱或粮食），农历每月初一、十五，给大会捐点油，剩余的产品归自己所有。耕种龙王庙地的闫氏也是如此，他每年向玄天大会交纳一定的收入，用于龙王庙的祭祀活动，剩余的产品留给自己养家糊口。

二、分配决策

（一）家长的支配权

对于自家生产的农产品，家长拥有绝对支配权，其他家庭成员无权支配。例如每年何时吃新米由掌柜的说了算：当家中粮仓中还有陈米时，先吃陈米，吃完了陈米再吃新米。

一个家庭不分贫富、大小，均由掌柜的掌管家门和仓房（粮仓）的钥匙，一年四季，大门基本上不锁（尤其是有老人的家庭，"家里成天不断人"）。粮仓时常上锁，谷子、玉米、高粱、黑黄豆等粮食一般存放在粮仓，每年秋收后，农户舍不得挑新粮，于是将其锁在仓房里，勤俭节约，存放好几年，以防来年甚至后年碰到"减年"（荒年）时断了应急粮。尤其是年景好的年份，收的粮食多，如果不把粮食锁到仓房里，家庭成员们就会挥霍粮食，导致发生灾荒时断了口粮，同时，锁粮仓也是为了防止家庭成员偷卖粮食（当地俗语称，"家贼难防备"）。

（二）其他人的支配权

在一个家庭中，母亲/婆婆也享有部分的支配权，她对家庭农产品的支配权主要体现在成员衣食的安排中。在一个3代人生活的大家庭（如爷爷、奶奶、大伯、大娘、公公、婆婆、叔叔、婶婶、哥哥、嫂子、弟弟、弟媳、小姑子等一起生活的家庭），一

---

[1] 好主家的坟墓一般在四五十亩的大地中。

般是父亲当家，母亲和大娘、婶婶等负责做饭，奶奶如果管厨房事务，就提建议，如果奶奶不管事，就由大娘、母亲和婶婶商量着做饭。在此类家庭中，每天做什么样的饭一般由婆婆说了算，即便她不是当家人，也由她安排：早起一般熬点白米粥，比较简单，晌午时午餐一般揉点棒面、掌点杂面、熬点菜白粥（即白菜粥），晚上吃小米饭。大多数情况下，儿媳做饭时会主动征求婆婆的意见，比如问"娘，今天吃什么饭呢？"婆婆发话："熬顿菜吧！擀面吧！"在女性们的心目中，做饭的最遭罪。如果做少了，一家人不够吃，这时当家人和婆婆一般不会抱怨，没吃饱的人自己拿块干粮垫补一下。如果做得多了，剩下半锅饭，当家人和婆婆就想留着下顿热一下再吃，如果儿媳自作主张倒给牲口或倒进粪坑，当家人和婆婆等人就会责怪，久而久之，婆婆和儿媳的矛盾不断加深。

婆婆除了支配做饭，还支配家庭成员的穿衣。过去，村民们很少买衣服，基本上靠自家种棉花、织布缝衣服。小家庭内，妻子支配一家人的穿衣。大家庭内，婆婆支配穿衣，一般在秋收以后，婆婆就考虑给全家人添置新衣服，她与其他女性负责把收的棉花加工成棉线或将棉花变卖成现金，然后买棉线织布。每年，自家土地40%的面积用来种植棉花。如果父亲当家，收了棉花之后，由婆婆给每个儿媳平均分配，给老两口也会留较少的一部分，如果婆婆分配不均，"偏一个，向一个"，就会惹是生非。

三、分配内容

（一）实物分配

双井村的农户在分配家庭农产品时，主要依据自己的具体情况来安排，穷家小户，农产品主要用于自家成员的消费，好主和富裕人家将农产品主要用于交易、财富积累。具体而言，农户将农产品做如下分配（见表3-28）：

表3-28 双井村农户日常的产品分配关系概况

分配方式	分配关系
消费	过去，穷家小户为主的双井村，"三年两头旱"，作物产量低，农产品主要用于村民日常的消费
交租	包种土地的农户，正如前文所述，秋以后，需要交纳地租。如果双方采取了大包的方式，则农田收入三七分，好主得70%，包方得30%；如果小包，即不包马车、牲口，得包方使用自己的工具，好主自家土地多，需要时常用工具、头户，这时的收成四六分或对半分，好主得60%或一半，包方得40%或一半
交纳钱粮	农户一部分的农产品需要上交国家，俗称交纳钱粮，没有土地的农户不用交税，好主交纳的钱粮多。钱粮的交纳在秋收以后，种不同等级的土地交纳不同数量的钱粮，一般是好地每亩交纳亩产量的30%，差田每亩地交纳亩产量的10%—15%。遇到荒年，官府也会减免钱粮，尤其是受了蝗灾、冰雹灾害时，减免程度更大

续表

分配方式	分配关系
存储	秋收以后，村民交完地租和钱粮，将剩余的农产品存至仓房，以便节省食用
交换	家庭的一部分结余农产品通常用来交换。如果家中需要用钱，则一般是掌柜的去赶集，买卖牲口、粮食等。父亲当家，不让儿子们去赶集，也不让妻子去，有时赶集挑两斗粮食，需要背着去外村，妇女外出不安全 当家人赶集，买几把农具，交易牲口，买点油盐酱醋之类的生活用品。有的喜欢外出"跑哒"的女性，也去赶集，但需要跟自家当家人报告，比如将自己织的布拿到集市上变卖成钱，再买点棉花。如果女儿要去赶集，一般告知母亲就行；如果小姑子和嫂子做伴去赶集，大多数情况下由女儿向母亲告知，儿媳一般不向婆婆说。如果儿媳想去赶集，自己一般不会向公公婆婆报告，也不会直接向他们要钱，而是让女婿去跟母亲报告并要钱，比如："娘，拿几块钱吧，××（儿媳）要去赶集买点××。"如果婆婆不让儿媳去赶集，儿媳也没办法，只能听从婆婆的安排，但儿媳从此憋着一肚子气，"吵开的口、打开的手"，家里稍有点摩擦，儿媳就跟丈夫甚至与婆婆吵包子

（二）现金分配

在大家庭中，秋收以后，父亲（当家人）会根据每个儿子交钱的数量多少给每个人分发零花钱（8元/10元左右），若甲赚得多、交得多，分到的零花钱就相应地多一些，乙赚得少、交得少，分到的零花钱就少；在子女少、劳力少的人家，当家人给儿女和其他家庭成员的零花钱很少，孩子们花钱的地方也少。如果儿子是掌柜的，则父母亲需要零花钱时也找他要，但要告知花钱的理由，要是用在正当事务上就给，"胡买哒就不给"，如果哥哥是掌柜的，弟弟弟媳要零花钱也是如此。

若儿女、儿媳等去赶集，给当家人或婆婆报告，一是让他们知道自己去赶集的目的，二是不让家人担心自己的安全。儿子若要去赶集，需要跟父亲（当家人）说，"爹，给点钱吧，买点××（物件）"，如果父亲觉得有必要买，就会给钱，如果觉得不合适，就不许他去买。在大家庭中，如果儿子给自己媳妇买东西（零食、衣服），就不向当家人要钱，自掏腰包，买了东西也不会当场"漏"（告诉）给当家人和其他家庭成员，否则，其他家庭成员就会心生猜忌，造成家庭内部的不和谐。如果哥哥给嫂子买了件新衣服，弟媳妇要是知道了，心中就会不快，妯娌之间会相互攀比，弟媳也让弟弟去给她买。

四、分配关系

农户在分配家庭产品的时候，首先考虑保障自家的消费，其次留足公粮，农产品有剩余时，首先选择存储，再次选择交易。雇有长工的家庭，需要拿收成给长工发工资。包地生活的农户，如果当年的产品不够养家糊口，则将地租拖欠，好主一般不会当时逼租，为人和善的好主甚至会减免当年的地租。地方等前来没饭或当年口粮短缺的农户家中收取公粮时,该农户如果无法交粮,地方也会睁一只眼闭一只眼,然后去好主家收。对于无法交纳公粮和地租的农户,邻居、亲戚、当户落的党乡人和村庄不会给予帮助,村庄没有替村民交纳公粮的惯例。

除了少部分好主人家,大部分的穷家小户无法单靠农作来保障基本的生存,时常缺少口粮,于是,这些家庭选择做工、做生意、学手艺等生计方式。家中劳力缺少或遇到病头灾难时,不得不向当家十户的族人、当户落的知己不赖的农户、亲戚朋友借粮借钱。农户之间的借钱、借粮、指地借钱等活动,笔者将在接下来的消费与消费关系中详细叙述。

第六节 消费与消费关系

过去的双井村村民家庭当中,消费权与分配权一样均主要掌握在家长手中。村民消费活动一般涵盖生产投入、养老、人情、节日、医疗、教育等多个方面,村民们在没有消费能力的情况下需要借钱、借粮消费,借钱时遵循当地特定的规则,比如指地借钱,借粮的过程也有相应的关系规则。在名目繁多的人情往来事务中(诸如红白之事、过寿、生育等)村民们均需礼尚往来,送礼、掏拜钱、随份子,至于消费多少,取决于相互间的亲疏关系。

一、消费单位

双井村村民的消费活动主要以家户为单位进行,传统时期的村落,核心家庭多形成于分家过程,弟兄分家之前,扩大家庭是主要的消费单位。在家庭为单位的整体消费过程中,当家的父亲要考虑到每个人的消费权,比如当家人去赶集买东西,妻子、儿媳、女儿等就让当家人捎买点东西(如袜子、鞋子、布料等),若儿女想吃零食,就会主动跟当家的父亲说,如果父亲比较节俭,就不给他们买。儿媳若想买零食,一般不会让当家的公公捎带(除非当公公的主动给她买):一是自己不好意思开口,二是怕公公批评,"家里本来就穷,你还好吃嘴"。如果小两口与老人分家过日子,即便丈夫当家,赶集买东西,也要有家庭为单位的消费观念,即需要和妻子商量。有时夫妻俩一起去赶集,买点棉花、零碎东西,填补家庭。

对于家庭成员私有的产品,以成员个体为单位消费,比如体己地的收成,父母与儿媳按比例分配,但在消费时各自单独消费。家族、村落共有的产品,比如族田、庙地的收入,由家族、村民共同进行消费。尤其是在每年的家族祭祀活动结束后,家族在祠堂做大锅菜,以家族为单位进行消费,不同村但同族的人都可以消费。同理,村落每年举行大会,祭拜真武爷之后在庙宇做大锅菜,以村落为单位进行消费,当然,如果外村人自发来双井村参加拜神大会,他们也可以吃大锅菜。

二、消费决策

在日常的家庭消费活动中,掌柜的掌管消费权,他决定消费的方式、规模。家庭成员需要花钱买针线、鞋帽、盐、布匹、油料时需要向掌柜的报告,在父亲当家的家庭,儿媳妇一般不会直接向父亲要钱,而是跟女婿说,女婿再向父亲要钱。丈夫带妻子去赶集,媳妇若想买点自己想要的东西,而丈夫不同意,不愿为她花钱,俩人就在集市上闹别扭,妻子当场生气回家。丈夫逛完集回家,如果觉得对不住媳妇,就买点雪花膏(类似于面霜)、糖等带回家给媳妇,媳妇"喜欢了"(高兴了)也就算了,不会产生多大矛盾,夫妻之间的小矛盾,不需要请外人来调解。

一般情况下,儿媳妇、儿子没有消费家庭产品的权利,如果儿子、儿媳"好吃嘴"(方言,即喜欢吃零食)、好吃懒做,掌柜的就会当面批评,婆婆有权管教儿媳,甚至会将儿媳赶出家门。家庭成员不允许有自己的收入(除了儿媳的体己地),做生意、做工、当差赚的钱需要如数上交给掌柜的,有的儿子赚了钱之后私藏一部分,留着给媳妇买点零食。短工、长工不能私自消费雇主家的产品,如果雇主家掌柜的出于人情、乡邻的面子,比较照顾雇工,雇工才会享有产品的消费权,如雇主免费给长工一些烟叶。

村民日常生活中,如买盐、打油,或者吸药面或赌博输了钱需要借钱时,一般找邻居、当户落知己不赖的村民。借钱消费的权力也由父亲掌握,他去借钱时向对方开口说:"××,你拿给我几块钱吧!"对方也会打听借钱的缘由。大家庭中,也是当家人去借(张罗),儿子们长大了,就由儿子们去借,若长子当家,长子去借,但在借之前,得与弟兄、老人们商量。如果甲向乙家(找乙当家人)借钱(数额比较小),乙恰好不在家,则乙的妻子可以自作主张,先把钱借给甲,不需要打借条,等乙回家之后,妻子一定要跟乙"消"(说明),乙一般也不会埋怨她(一是借的数量小,二是对方与自家知己不赖)。如果乙的妻子无权保管钱财,也不知道丈夫乙将钱存放何处,则甲来借钱时,乙妻子就会委婉讲道:"俺家当家的不在,我手头没钱,你上别人家借吧!"

三、消费内容

在家庭消费中,日常生活、生产投入、养老、宴请宾客、人情往来、节日开销、教育投入、看病花费、认师学艺等构成主要的消费内容。这些消费活动中,既有单纯的现金消费,也有实物消费,更多情况下现金与实物消费并存。下表是村民的主要消费活动中,现金与实物消费方式选择状况:

表 3-29 双井村农户不同类型的消费关系概况

消费类型	消费关系
日常生活	谷子、玉米是人们食用的主粮、干粮,豇豆、黄豆、绿豆是杂粮（主要用来磨杂面），黑豆主要喂牲口，有时也会变卖成现金。村民消费的油盐酱醋等生活调味品，一般从本村的杂货铺零买（据老人讲，一些穷人家一般吃不起油盐酱醋），好主、有饭的富户人家买油一般去宁晋县城的大集市购买，他们相对有钱，一次可以称很多油（够吃一年半载）。对于大户人家的这种消费理念，人们用俗语加以概括:"称大油、零买盐，一年省点零花钱。"村民日常消费的食盐分"大盐"和"小盐"两种，大盐的品质较高、味道佳，一般由大户人家消费，而小盐的苦味重、品质较差，一般被穷人们消费，穷人们一次花一两个铜子（铜钱）买点小盐 衣物消费方面，大多数村民穿粗布，好主家的人们平时也穿粗布，只有在出门串亲戚或赶集时穿洋布。一般家庭，每人基本上一年穿两套衣服，夏天一套单衣、冬天一套棉衣。制作一件成年人穿的单衣、棉衣分别需要1.2丈、1.7丈左右的布料，制作一件小孩穿的单衣、棉衣分别需要0.5丈、0.7丈左右的布料。村民交公粮时，不必交棉花，自家棉花收的多，除了留下织布的（五六口人的家庭一般留100斤棉花足矣），其余由当家人负责出售至花坊（一般卖到唐邱村的花坊），一斤棉花卖几毛钱。有的好主人家种的棉花多，秋收时节，好吃好喝、没钱的穷人黑天半夜去好主地里摸（偷）棉花，一般摸成色白、花瓣大的花 此外，当家里没钱花的时候，当家人就把多余的布拿到集市上出售，卖布的钱归当家人掌管（积攒起来买牲口、土地、粮食）。当时一丈洋布的价格比一丈农户自织粗布的价格高2毛钱左右，不存在粗布与洋布补价互换的现象
生产投入	在生产事务中，如田井的维修、农具的购置、耕牛的伙养、纺车的制作、棉线的购买等一般需要消费现金，粪肥的投入一般是实物消费，但也存在部分好主人家以现金购买粪肥的现象。生产所需的种子主要靠自给自足，即每年收了粮食，留一部分作为来年的种子（玉米、谷子、高粱、黄豆、黑豆、豇豆）。种谷子、高粱等农作物，一亩地需要2斤左右的种子，作物行距比较宽（按照耧耩的间距来定，一尺八左右，行距如果太窄，苗吸收的养分有限，长不好，后来，苗间距改为一尺二）；种玉米，一亩地需要4斤左右的种子；种豆类，一亩地需要3斤左右的种子
养老消费	在养老事务中，主要以实物（粮食、布匹）消费
人情消费	在人情往来中，现金消费、实物消费并存，比如:"过红事"（结婚）时，既要消费现金（送"拜钱"）又要送实物（比如送馍馍、中堂画）。"过白事"时，亲戚朋友以现金消费为主（随礼钱），党乡人（包括老会成员）以实物消费为主（救济米粮）。生育仪式的人情往来中，主要以实物消费为主，比如送鸡蛋、挂面、婴儿衣物
节日消费	这类消费主要以实物的赠送为主，如外嫁女在节日来看望娘家人时，带一篮自家做的糖包子，娘家人则做一顿比平时较好的饭，比如捏顿饺子招待；产妇坐月子期间，主要以实物消费为主（吃鸡蛋挂面）
医疗支出	看病买药时，主要以现金消费
教育投入	教书先生的工资以实物结算，他一年的收入大约是5布袋粮食（与大活即高级长工的工资不相上下），由觅他的几户人家均摊，学生的家长亲自交到老师手中。过节时，学生去看望先生，一般需要带点礼品（不能两手空空），如买两包点心、鸡蛋，打几斤油等

四、消费关系

(一) 家户内部消费关系

1. 红白之事中的内部消费关系

名目繁多的过事活动，亲朋好友之间礼尚往来，增加了日常之外的消费。在这类消费活动中，一般由总理总体安排人去购买婚礼用品。宴席结束当晚，总理给主家当家人交账，即计算烟、酒、糖、轿钱（3元/4元）、聘礼钱、四色礼钱、买红绸缎的钱（有些人家从当户落借2条红挂在大门上）、块包袱的钱（2毛）、披红花费、媒人的报酬（1元）、买菜买肉等的消费。烟和酒等用品，从本村杂货铺购买，如果没有现钱，先"骗账"[1]，等主人家过事后两三天，用收的人情礼钱还账。

父母亲过世，举办丧事的费用主要包括置寿木、买菜、买米、买肉、租孝服等的花费，由诸子平均承担，外嫁女不必承担。对于无法承担丧葬费用的农户，老会予以帮助。亡人下葬后，由总理给孝家当家人清算账目，将收的白彩礼金、盒礼、肉的数量、馍馍的数量等一一清算。

2. 红事中的借钱消费关系

婚事中，如果自家结婚的钱不够用，需要借钱消费，具体的借钱关系详见下表。

表3-30 双井村农户在红白之事中的借钱关系

借约关系	具体内容
借约对象	过事需要用钱的数额一般比较大，无法向一个人家借一大笔款。因此，得向多个人家借，一般找"亲的、热的"人，即当家十户的叔叔大伯、父亲的姐妹、母亲的娘家人等，"从这凑点、从那凑点"，这样一来，家族的人和亲戚们都能承担
借约顺序	农户过事借钱时，优先向家族的叔叔大伯等人借，家族的人离得近、互通借钱信息较快；其次，向知己不赖的亲戚借；再次，如果从族人和亲戚那里凑不够钱，则求助于当户落关系不错的农户、党乡人
借约主体	比如儿子结婚，如果找弟兄、叔叔大伯、姑姑姑父借钱，一般是父亲（当家人）去，都是"自家家的人"。借党乡人的钱，也是父亲去借，借钱时多数情况下会向对方讲："孩子要过事了，这会钱不占现（不够用），需要借点钱。"如果需要向母亲的娘家人（姥爷姥娘、舅舅、姨夫姨妈等）借钱，一般由母亲去借，如果父亲方便，也可去借。儿子自己不会去，他结婚时才十六七岁，太小，还不能当家做主
心理预期	家有红白喜事，去借钱时对方一般都会借，过事是正儿八经的事情。如果家族的人和亲戚当时手头也比较紧缺，就会按自己的能力少借，比如需要借10元左右，而自己只能拿出8元或5元借给对方，对方一般也会领情、比较乐意。如果家族的人和亲戚比自己家境好、有饭、手头较宽裕，则主家去借钱时，对方"不打死角"（意为不会把事情看得太死），会"心发自愿"（心甘情愿）地多借一些，比如主家本想借10元，而对方多借3—5元

---

[1] 赊欠，店主落账，不收利息。由于是赊欠，买东西不付钱，故称"骗账"。

续表

借约关系	具体内容
还款期限	一般没有规定，大多时候，主家过了事，就准备还债
借款中间人	向亲戚、家族的人借钱，不需要请中间人介绍、当保人
借约条款	过事借钱，不论找家族的人还是亲戚、党乡人，都无须打借条，口头达成借约协议即可，比如"××要过事了，打你这里凑个钱""孩子过事过不起，打你这里借个钱花几晌（天）"。去借钱，不必给对方带礼物

3. 家庭内部借贷消费关系

在家庭内部，需要借贷消费时，一般找好主借高利贷，如果到期还不上，就把自家的土地、庄窠地、房屋等按市场价核算后抵给对方，俗称"核地"。借贷时需要打借条，一般是一式两份，借约双方各自保存一份，中间人不需要保存。借条上需要双方和中间人签字画押，到期还钱的时候也得请地方等中间人出面做证。

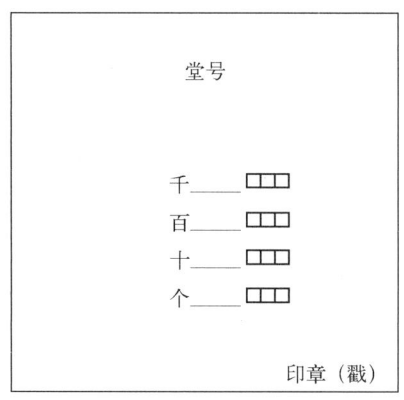

图 3-4 借高利贷的钱帖子

有些家境富裕的人家、好主人家（比如张老宣），在本村和邻村范围内发行自己的"钱帖子"，主要用于放高利贷（出账）。每个放高利贷的农户均有加印自家堂号的钱帖子（没有堂号的钱帖子不予认可），左图为钱帖子样式。

钱帖子上不必加盖村公所和区公所、县衙的公章，只需要加盖自家的堂号。农户 A 向张老宣借××元钱（支付高额利息），需要 A 先填写张老宣的钱帖子（用此做媒介），A 可以使用此帖在村内外置地买房、买粮食，比如 A 与 B 达成交易，A 将钱帖子支付给 B，B 再将钱帖子交给张老宣，从张老宣那里支取钱票、粮食。张老宣的钱帖子之所以能够在双井村及其邻村流通，主要原因是他家是好主，有房产、土地、牲口，村民们普遍信任他，他自己有文化（识字）。使用钱帖子借贷，会产生利息（月息为 5%—10% 之间），如果 A 向 B 借贷，B 知道 A 能还得起，则付 5% 的利息也会出借，如果 C 向 B 借贷，B 知道 C 还不起，则付 10% 的利息也不一定会借到。借贷双方若知己不赖，则利息较低，若双方关系一般，则利息较高。

（二）家户外部消费关系

村民们家户外部的消费关系主要涉及日常的人情消费，比如"掏拜钱""随红彩""随白彩"。

1. 婚事中的人情消费关系

婚事中，男方[1]的亲戚朋友上人情，各有差异，不同身份的亲戚、与主人家有不同关系的人，各随各的份子钱，各拿各的礼物，如下表所示：

表 3-31 村民婚事中男方的人情礼俗关系概况

礼 俗	人情关系
送盒礼	婚礼之日，男方的亲戚们来参加婚礼时基本都要带礼品，母亲的娘家人一般送一盒馍馍（内装24个），称之为"送盒礼"（盒子上写有亲戚的称呼，如姥爷、姑父等）。有的亲戚比较大方，送大馍馍，而有的亲戚比较小气，送的馍馍小，若东家看到亲戚送的馍馍小，心里会不舒服，亲戚蒸的馍馍越大，东家的脸上越有光，"脸面值千金"。婚礼之日，众人都在观看亲戚的随礼。宴席结束，主家还要给亲戚们"折盒礼"，即把一半的盒礼（12个馍馍）退给亲戚
掏拜钱（上人情）	上人情也被称为"掏拜钱"（据说，亲戚每上一份礼，新郎新娘都要拜一下，新郎磕一次头，新娘作揖即可），谁先到，谁就先掏拜钱，拜钱交给写红彩的人（专门收彩礼的人），过去，"人穷礼也轻"。新郎姥爷、姥娘的拜钱一般由其女儿自己垫付，舅舅一般掏2元（每个舅舅掏的拜钱一样多），姨姨们也是掏2元，表姐和表嫂等人掏5毛或3毛。若舅舅、舅妈一同参加，则红彩簿上只写舅舅（只写称呼不写名字）；若姑姑和姑父一同参加，则红彩簿上只写姑姑不写姑父；若姨夫姨妈一同参加，则红彩簿上只写姨妈不写姨夫，这是考虑直接血缘关系的结果。家族的兄弟、叔叔大伯等参加婚礼，也需要上人情，哥哥或弟弟一般掏5毛或3毛，叔叔、大伯等均掏一元左右。亲朋好友每上一份人情，写红彩的人就大喊一声，如"××，掏拜钱×元/毛"，两位新人随即给亲戚磕头谢礼（给每位上人情的亲戚朋友）。喊到舅舅的时候，舅母掏钱，舅舅不掏钱；喊到姨姨/姑姑的时候，姨姨/姑姑自己掏钱（如果姨姨/姑姑未出席，姨夫/姑父前来参加，则姨夫/姑父掏钱）；喊到大伯/叔叔的名字时，由大娘/婶婶代掏钱。与新郎家关系不错的朋友们（工友、同学等）来道喜，只带一副中堂字，不需要掏拜钱。有的亲戚朋友因故无法亲自参加婚礼时，一般托人捎带拜钱/中堂字画，"人不到、但礼要到"
乡亲份子钱	过事前两三天，村西当户落好管闲事的人张氏负责在大街上某个显眼的位置放一把椅子，椅子上贴有写着"××家××（时间）过事"的红纸，放一个人礼簿，与××家关系不错的农户看到之后，就请张氏在记账簿上写上自己的名字，然后交3毛或5毛左右的份子钱。张氏平时为小摊贩，家有4个儿子（次子参加了八路军），4弟兄（分家单过），有3亩土地，是贫农。张氏若收了10元，则花8元钱买一副中堂字画，剩余的2元留给自己作为管理此事应得的报酬（村东也有好管闲事的人负责收份子钱）。婚礼当天，张氏将中堂字画和人礼簿交给东家，随了份子钱的乡亲们不参加婚礼、也不吃酒席
邻居上人情	邻居一般都会单独给东家买一副中堂字画，不随份子钱，若邻居和主家关系不错，则邻居除了送一副中堂字画，还会送一副对联

---

[1] 当地谚语云："人在，人情在；人死，就把他埋个碑。"

表 3-32 婚礼仪式中男方家人情礼俗中的货币、物品

①	②	③
大舅 2元 二舅 2元 三舅 2元 大姨 2元 二姨 2元 三姨 2元 大表姐 5毛 二表姐 5毛 大表嫂 5毛 二表嫂 5毛	大姑 2元 二姑 2元 三姑 2元	大伯 1元 二伯 1元 三叔 1元 大哥 5毛 二哥 5毛 三弟 5毛
④ 工友 字画　同学 字画	⑤ 邻居 字画、对联	⑥ 乡亲 3毛、字画

记红彩的人收了钱之后,交给新郎,新郎细数,再转交父母。

如果某农户女儿出嫁(俗称"娶闺女"),当户落的人们不随份子钱,不送礼,亲戚、家族的人需要给新娘家送一块布,不给礼钱。近亲(舅舅、姨姨、姑姑等)每人送的布料尺寸大、质量好,够做一件衣服,家族的嫂子、婶婶、大娘等送的布相对较差,用作里子。

2. 丧事中的人情消费关系

比如父母亲去世,外嫁女前来参加葬礼,需要随 3 元左右的礼钱,母亲的娘家人(姥爷、姥娘、舅舅)、姨姨、姑姑等一般随 3 元钱。外嫁女除了随礼钱,还会在出殡当天早晨给孝家送肉,家境较好的女儿送 10 斤左右的肉,家境较差的送 2 斤或 3 斤。若婆婆过世,儿媳的娘家人(亲家)来奔丧时需要带 4 包点心、2 块孝布。出殡时,母亲的娘家人、父亲的姐妹、外嫁女等人还要送 9 个大馍馍。过白事时,家族的大辈(叔叔大伯等人)坐在大门外的长条凳子上迎客,亲戚们来奔丧时,他们负责在门前作揖行礼、迎接。

3. 寿宴中的人情消费关系

亲戚们来祝寿,近亲(女儿、姑姑、舅舅、姨姨等)需要上人情,礼金不定,有的给得少,有的给得多,还要给老人买礼品,比如寿面(大概买五六斤)。如果不卖礼品就带自家做的大馍馍(桃形模样,在每个馍馍上抹点红颜色),女儿和娘家人一般要蒸大馍馍。远亲只带礼品,不上人情。

4. 生育仪式中的人情消费关系

亲戚们来参加仪式,需要带礼物,姥爷、姥娘及姑姑、姨妈等一般各买 2 斤红糖(每斤的价格为 3 毛钱左右)、5—10 包挂面、一篮子鸡蛋(一元钱可以买六七个鸡蛋,多数是带自家积攒的鸡蛋)、芝麻,表亲可以不买红糖。娘家人还要给小孩做两三套棉

袄、裤子，带尿布（自家织的粗布）。家族成员，包括叔叔、大伯、婶婶、大娘、哥哥、嫂子等前来道喜，每户送30个左右的鸡蛋。亲戚之间遵循礼尚往来的规则，如果别人家过事，自己送的礼比较重，则自家过事时，别人也送得重，反之，送得轻。亲朋好友来道喜，不必给小孩钱，女儿女婿当天不需要给小孩的姥爷、姥娘磕头行礼。与此同时，主人家需要给亲戚朋友回礼。庆生仪式完毕，亲朋好友离开时，主家给每个人的篮子里放2个馍馍、2—3包挂面。

第七节 继承与继承关系

传统时期双井村村民的生产生活中，财产的继承保障了家庭财富的延续与积累，财产继承权的获得与继承者需要承担的责任相对应，儿子不承担父母养老送终的责任，就无法拥有继承权。财产的继承采取诸子均分的方式，每个参与分家者都要遵循特定的规则，父母亲要公平对待每个儿子并通过抓阄确保诸子间不会因房屋、土地、粮食、锅碗瓢勺、牲口等家产的分配发生矛盾，同时，父母亲还得考虑诸子均分家产后自己的养老问题。

一、财产继承权

在当地，通常而言，儿子、儿媳妇都是合法的财产继承人。父母亲逝世后，财产需要诸子均承，即"一厅一半分"（分个数、均分），当然，并非所有的儿子都一定具有继承权，儿子继承权的获得与其承担的义务息息相关。与此同时（视家庭情况来看），儿子儿媳之外，其他人也有继承权利（如表3-33所示）。

表3-33 传统时期双井村村民家庭财产继承者类型概况

继承者类型	继承关系
不承担养老义务的儿子	若老人有多个儿子，其中一个儿子没有为老人养老送终，不孝顺，则他没有财产继承权
不在家儿子	老人有多个儿子，其中一位时刻守在老人身边照顾，而另一位长年在外打工或做官，无暇照管老人，但时常给家里捎钱、捎物件（东西），家里有了大事小情，他也"捧钱"（筹资），则长年在家和在外的儿子均拥有财产继承权。不过，长年在外的儿子一般会"心发自愿"（当地话语）放弃财产继承权或继承的财产数量相对较少。除非某个儿子主动放弃，否则其他弟兄不能任意剥夺其财产均承权
女儿	有女无子（包括无过继儿）的农户，家产由未出嫁的女儿继承，外嫁女不能继承
侄子	有侄子（并未过继）和女儿的农户，逝世后由侄子继承财产，不能留给外嫁女（家产不能让女儿带到外姓人家），即便女儿和侄子一起为老人养老送终，女儿也不享有财产继承权；未出嫁的侄女也可以继承财产

续表

礼俗	人情关系
外嫁女	娘家只给外嫁女陪一点嫁妆,外嫁女不享有家庭土地、房屋、庄寨地等财产的继承权
倒插门女婿	他如果在这家生儿育女,就可以享有财产继承权
过继儿	过继儿*、抱养儿均拥有财产继承权
残疾成员	若有家庭成员是聋哑人,他们也有平均继承家庭财产的权利。他们若天生失去了劳动能力,则由父母亲照管,父母亲过世后,由兄弟姐妹负责照管,他们过岁过好都一样。当家十户的叔叔大伯、侄男婿女等有能力、有同情心,他们也会负责照管,如果他们自己生活窘困,管不到,就不管。若聋哑人只有姐妹,则他自己在家生活,姐妹们外嫁后时常从婆家接济粮食、衣物等给他
亲族	无后村民的财产一般由与其最亲近的当家十户的侄子继承,在他年老时,侄子常在他身边伺候,为其"捧茶递饭"(方言)。如果没有侄子过继,他逝世后,家产归近门的叔叔大伯等人,但此类情况少见,据说,财产一般留给下辈人继承。有的"绝户"**无后也无弟兄们,逝后由当户落乡亲辈的叔伯兄弟、侄男婿女等负责安葬,叔伯兄弟和侄男婿女均拥有财产继承权,但后者拥有优先继承权。不存在老会(民间自发组织的丧葬事务救济团体)继承"绝户"财产的现象,老会也无此权利
邻居	如果知己不赖的邻居为无后村民养老送终,邻居就可以继承其财产

* 一般是侄子,是叔伯的次子或幼子,不能过继长子,当地素有"长子不离父/宗"的说法。
** 只要是有侄子和弟兄的农户不称为"绝户"。

二、继承内容

一般家庭中,需要继承的财产主要分为三类,如下表所示:

表3-34 传统时期双井村村民家庭所要继承的财产类型

继承内容	继承关系
基本家产	若只有一个儿子,则其继承全部家产,包括土地、房屋、家具、锅碗瓢勺、牲口、钱等。若有诸子,则需要诸子均承。有儿子的农户,家产不由侄子继承
共同财产	对于家庭私有财产之外,家族共有的族田、墓田等,即便采取轮流耕种的方式,其继承权也归整个家族,它们由家族整体性继承,不再分配给单独的个人。村落的共同财产,如庙地,也同样由村落整体性继承
遗像	若父亲离世、母亲尚且在世,父亲的遗像由母亲保管;若母亲离世、父亲尚在,母亲的遗像由父亲保管;若父母亲均过世,父母的遗像由长子继承保管,但一般情况下,父母亲在哪个儿子家中养老送终(哪个儿子照管的时间长),就由哪个儿子继承遗像
家谱	家谱的继承权归长子,如老人所述,"他是大儿子,什么事都得他'找先'(优先),长子是'头',大的为'头',他不管不'占'(行)"

家庭财产继承时，有的兄弟之间和气，则父亲和长子负责安排清点、分配家产，"说哒说哒就占"，大家"你不吃劲、我不吃劲"（相互之间不斤斤计较），至于小的物件（如锅碗瓢勺），弟弟要了哥哥就不要，相互谦让。如果弟兄之间不和气，"一个碗摔两半、一根筷子扯三半"（即大小物件，都需要均分），这时需要请族长、"家长"、副"家长"、家族的大辈（叔叔大伯）中两三位处理事务较强、说话算数、德高望重的人出面做公证人，"平和平和这理"。弟兄们之间很少出现因为继承财产打官司的事情。

三、继承关系

（一）分家析产

1. 分家缘由

分家事务"事出有因"，村民分家的原因主要有以下几个方面（如表 3-35 所示）：

表 3-35 双井村村民分家的一般缘由

缘　由	具体内容
经济负担	如果老人觉得儿女们多，自己承受的负担太重，就主动提出分家，正如有村民所讲："你们分家吧，我拉扯你们这么多人，负担太重了！"
兄弟、妯娌、姑嫂之间的矛盾	大家庭中弟兄们多了，娶了媳妇生了孩子家里的人口就更多了，如果兄弟之间、妯娌之间抬杠、吵包子、闹别扭就分家，老人说："没有不散的宴席。"弟兄、妯娌之间若是和和气气的，"要伙就伙"。有的儿媳比较"尖巴"（尖酸刻薄），总觉得大家庭中生活，这不好、那不对，嫌家里人多、不合适，孩子们的吃穿成问题，就闹腾着分家。还如有弟兄俩的家庭，一个娶了媳妇，一个未婚，这时如果大哥两口子和其他人过得不和气，也会"分家"（即分灶吃饭）。比如，嫂子不做饭或吃了饭不刷锅刷碗（让婆婆刷碗），这时就得分灶吃饭，未婚的弟弟和父母一个锅灶吃饭，哥哥和嫂子一家人另起炉灶，但不会分财产，如土地、庄窠地、房屋、钱财等，得等弟弟结了婚之后才正式分家。如果弟兄们都未结婚，即还没有外姓人士进入自家家庭，一般不会分离
儿子儿媳与父母的矛盾	如果独生子结婚后，小两口嫌弃父母老了多管闲事或者婆媳之间出现不和，小两口就与老两口分开过，即分灶吃饭，"老的做老的饭、小的做小的饭"，但不会分家分财产，比如土地、房屋、粮食和钱财都不分。父母亲和儿子得等儿媳过门一年多之后才能分，儿媳刚过门还没来得及熟悉家里的事务，对街坊四邻比较陌生，这时候促分灶，会导致儿子儿媳的生活更艰难。在有弟兄俩的家庭，长子已婚几年，次子结婚后，就要分家（早晚都要分，但是得等次子结了婚、大家"伙"着过一年多之后才能分，不能刚完婚就分家，弟媳需要一年多的时间来熟悉家里的事务，比如做饭、洗衣服、喂猪等，新媳妇刚到家还没做过几顿饭，不能立马分家。当然，这种家庭分家时，哥哥和弟弟参与分配，父母亲不参与土地、房产的分配，只分钱财、粮食）

2. 分家主体

儿子是最主要的分家参与者，除此之外，其他人群也具有分家的权利（详见下表）。

表 3‐36 村民分家过程中的特殊参与群体

分家主体	内　　容
未出嫁的女儿	有哥哥和妹妹的家庭，哥哥结了婚，妹妹还未出嫁，如果一家人过不到一起，就可以分家，这时，土地、粮食、钱财等财产，妹妹也要和哥哥均分（但不分房），她分家后与父母一起过，等她出嫁了，她的那一份财产就留给父母亲，她名下的地交由父母亲耕种，如果她在婆家的生活比较富裕，则地的收成归父母，如果在婆家过得比较穷苦，则娘家的父母还得把地的收成接济于她。在特殊情况下，比如家里哥哥或弟弟多，则未出嫁的女儿不参与分家，把土地、粮食、庄窠地、钱财等留给哥哥或弟弟
外嫁女	外嫁女不再有分家的权利。过去，信奉天主教的家庭，有的女儿一直不出嫁（老闺女），则和哥哥、弟弟等拥有同等分配财产的权利
儿媳及其子女	如果哥哥和弟弟都结了婚，还没分家之前，哥哥或弟弟意外身亡而嫂子或弟媳没有改嫁，则以后分家时，嫂子及其子女或弟媳及其子女都有权利分家，如果不参与分家，则正如老人讲述的："儿女们长大了住啥呀？吃喝啥呀？"嫂子或弟媳如果改嫁了，就不再参与分家
过继儿	过继儿不参与原家庭的分家。村民们一般从家族中过继儿子，过继后的家庭也存在兄弟之间分家的现象，一般是因为自家没有儿子才会过继一个儿子，过继后的家庭的财产由过继儿继承，如果过继后，母亲又能生育了甚至是老来得子，则过继儿与亲生儿均分家产。分家时，不能给亲生的多分、给过继的少分，宁愿让过继的沾点光，也不能让亲生的沾光，这样做是为了照顾过继儿的感情。过继儿在过继后的家庭一般是长子，他结婚后，如果与弟弟等不在一起生活，分家单过，弟弟结婚的时候，如果哥哥（过继儿）懂事，也会帮着凑点钱，这主要看弟兄们之间的感情
前妻与续弦妻子子女	前妻的儿子和续弦妻子的儿子都需要同等对待，分家时平分家产

3. 分家规则："一厅一半分"

分家时，儿女们一般都得听从父母的"支摆"（安排），家里掌柜的（当家人）先统计、清算家产，然后请家族或当户落的文化人帮助公证。家庭的土地、庄窠地、房屋、粮食、头户、家当（桌椅板凳、锅碗瓢勺、碗橱、柜子等）都需要分配。母亲的嫁妆（陪送）、儿媳妇的嫁妆不能分，它们都归母亲和儿媳自己所有。对于所有家庭财产，需要平均、公平分配，一般不存在特意偏袒某个儿子的现象，但正如老人所讲，"怎么也公不了"，"紧公慢公还不公呢"。至于为何要平均分配家产，老人们的回答是"都是弟兄们，都是自家孩子，哪个是亲的，哪个是后的？亲的后的都要平分"，父母亲不存在给长子或某个儿子多分或少分的现象。整个分家过程由当家人主持，他一般是父亲，也可以是长子或者有能力的儿子，弟兄们分家，媳妇们不参加，"不管好歹，没娘们的事情,她们不掺和"。

4. 分家公证人

分家、留养老地需要请宗族的族长、"家长"、副"家长"或其他当家十户的大辈,如叔叔大伯等出面做公证人,帮忙"说哒说哒"。至于请几位,没有特别规定("那没数"),有的时候请几位,有的时候请一位就"占"(行)。如果只有两兄弟分家,则请族长、"家长"、副"家长"、叔叔大伯等其中的一两位,如果弟兄五六个或六七个参与分家,就要把族长、"家长"、副"家长"、其他叔叔大伯都请来,但主要还是请大辈中"拿事"(有能耐、能说公道话、说话顶事)的人来协调,"有的大辈自家的事情都管不好,你叫他干吗呀?"[1] 如果族长、"家长"和副"家长"等年龄太大、说话"不清亮"、耳朵"不占显"(耳聋),缺乏公证的能力,就不请他们。分家时,一般需要掌柜的自己去请公证人,去请时什么也不带(不带礼物)。大辈们帮忙分家,分停当了,如果恰逢饭点,就在主家吃顿饭,如果还没到做饭的时间,帮忙的人们也不会留下来非要等这一顿饭,而是各回各家。

5. 分家方式:拿球[2]

拿球行为主要存在于房屋的分配过程中,房屋有好房(北屋、正房)、赖屋(东西厢房)之分,分房时,拿球的目的在于防止弟兄之间因为分得不公平而抬杠、吵包子。分配房屋时一点也不能偏袒,小的物件可以马虎处理,但房屋分配要尽量做到公平公正。有几个弟兄,就写几个"球"(纸团),每个的大小差不多。一般是谁写球谁就攒纸团。写球的人,多是家族的大辈们,如果家族中无人会写,可以找当户落识字的人帮忙,他也可以是教书先生,如果先生与自家知己不赖,就请他来写。每个球需要编号,即写明1、2、3等序号,不同的序号代表不同的房屋内容(房屋的质量、位置、大小、间数)。拿到赖房球的儿子还可以得到补偿,比如搭配一个碗橱或柜子。拿到好屋的球,则搭配的其他家当相对赖(较差),如果拿到赖屋的球,则搭配的家当相对较好、较多,即尽可能使得分家过程公平、公正。

拿球的顺序没有规定,或是弟兄们自己拿球,或是他们的儿子拿球,不分先后,谁先拿都占(行),比较随意。拿球之前,家族的大辈们给参与分家的每个人都提前"说哒"好,谁的手气好,谁就拿到好屋的球,既然拿球决定,分到好屋、赖屋,兄弟们之间谁也不怪谁,不能相互埋怨。老人不参与拿球。拿球之前,要么是老人和家族的大辈给儿子们提前说好,比如老人们住哪间房屋(按照当地的传统,老人们一般住

---

[1] 摘自老人的口述。
[2] 拿纸团、抓阄。

在北屋的正房,儿子们住在东西厢房);要么是分到房屋间数多的儿子留一间给老人住,老人过世之后,这间房屋还是归此儿子所有。

6. 分家内容

大多数村民分家时,主要分配房屋、锅碗瓢勺、粮食、土地、牲口。具体的分配规则见下表。

表 3-37 村民的财产分配关系规则概况

财产内容	分配关系
房屋	分房时,如果家中房屋少,则给有的儿子分房屋,给有的儿子分"地当"(庄窠地),也是通过拿球决定,分到房屋的儿子需要给分到庄窠地的儿子出钱补偿(自己拿补偿款盖房,还需要本人自己填一部分盖房的钱)。如果分到庄窠地,还没来得及盖房屋,就先和老人凑合着住在一起,等盖了新房再搬出去。如果自家没有庄窠地,就花钱买别人的房屋或地当,庄窠地的价格一般要比耕地(好地)的价格贵(高出50%或1倍),好地一亩约为2布袋粮食(黑豆、棒子、谷子),庄窠地一亩的价格约为3布袋或者4布袋粮食。在每个分家者看来,分到房屋比分到庄窠地沾光,因为分到房屋后立马就能搬进去住,而分到庄窠地之后还得花钱、请人帮忙盖房屋,比较费事。盖房时,弟兄们之间也会相互揎掇(帮忙),当户落的人们也会主动来揎掇。有的儿子本事大、有能耐,如果觉得当时分到的房屋太窄、太小,赚了钱之后再买房屋或买庄窠地重新盖房(相对宽敞),那时候房屋"值不拉点钱"(意为便宜),一间的价格约为3斗粮食(谷子、棒子、黑豆)
锅碗瓢勺	分家时,也需要给每个儿子分配锅。家中已经使用了的锅就留给老人,给儿子们(需要由当家人购置)新的锅。如果已婚的长子和未婚的次子分家,则需要给长子买新锅,次子和父母一起生活。如果多个儿子参与分家,需要为每个人置办一模一样的锅,到时候,直接分给每个人,不再拿球决定
粮食	粮食一般不平均分配,谁家人少,谁就少分一些,哪个儿子家里人多,就给他多分几斗粮食,但也不会多出很多(一般多分2斗左右的粮食)。分粮食时不需要像分配房屋一样完全公平。分家时,穷人家积攒的钱少,没多少钱可分,好主家钱财多,分家时,需要均分,即诸子和老人都有份
土地	村民们分家分地时,依据浇地的淋口(沟渠),有的一淋口界定一两亩,有的淋口界定三四亩,按地块算。父亲、族长和儿子们都需要出面。如果灰橛丢失,无法确认,需要重新丈量,然后均分。正式分田地时,家庭内部进行协商,即好地和赖地、远处的地和近处的地搭配进行,不能给儿子A全部分好地、近地,也不能给儿子B全部分赖地、远地,一般是3亩赖地相当于1.5亩或2亩好地。分地时,一块土地平均分配,比如有两个儿子分一块田,则一人一半。分地时先用"度(duo)子"(丈量土地的工具)在土地两头丈量,确定分地界线的具体位置,然后在两头的分界位置处石灰橛
牲口	大户人家有多头牲口,一般由诸子均分,每人分得一头,如果A分得骡马,B分得牛或驴,骡马的价值高于牛和驴,则A需要给B相应的补偿。穷家小户若只养一头牛,分家时,抓阄分,A分得牲口,则B需要分得与牲口同样价值的其他财产,若无其他财产可分,则A需要给B补偿,补偿金一般比牲口正常价值低20%—30%,双方都是亲兄弟,不会完全按照市场价格来定,如一头牛价值20元,A需要给B支付15元左右的现金

7. 分家契约：分单

过去讲，"分家分单"[1]，分家时需要签订分家契约，俗称"分单"。家中若有识字之人，由其负责写分单，如果家里人都不识字，就请家族的大辈等公证人书写。分单的内容主要包括需要分配的财产（如土地、房屋、粮食、现金、牲口、锅碗瓢勺等）及关系规则，如长子××分得某个方位的几间房屋、次子分得某块土地（地亩大小、位置等一应写明）等等。分单一式多份，有几个儿子参与分家，就写几份，分单写好之后，当事人及公证人在分单上签字画押，然后交由诸子保存（各自一份），父亲和公证人不需要保存。

8. 分家纠纷

几兄弟分家，如果拿球之后对结果不满意或者不认拿球后的结果，"吵哒"好多日子都无法达成分家协议，但是早晚都得分，纠纷难免，出现类似的情况时，请家族的大辈来调解。比如他们劝解，让长子或次子或是幼子中某人暂时"背点伤"（吃点亏），"就一回的事"，劝说侄子们不要为一时的利益争来争去，希望他们看得长远一点。

一般不存在因边界（官背）发生的纠纷，过去"打灰橛"的目的在于标识邻地的界线，避免官背纠纷的出现，分家后如果一方私自逾越或挪动官背，对方就不同意，"谁过了官背谁就没有理了"。万一发生类似的纠纷，首先请近门或当家十户中明事理的大辈出面协调，其次是请当户落中能说能道的人出面解决（正如前文所提，"他们都有那个本事，在村里吃得开，在村里能扛得起、放得下，说话算数，名气高，有文化"），也会请村长、地方等出面。如果中间人无法协调，则双方去区公所甚至是县衙打官司，这时，一般请近门的大辈（叔叔大伯中有能力的人）、自家亲弟兄等去"顶堂"（当地俗语，意为能在公堂上帮当事人讲道理、辩解）。

第八节 双井村经济变迁与实态

1949年以前的双井村，农业生产水平相对低下，小农经济的生产模式并没有发生较大变化。1949年以后，随着互助组、人民公社化运动的开展，村民进入了集体化劳作的历史时期。家庭联产承包责任制实行以后，村民的生产积极性高涨。

---

[1] 摘自史永来老人的口述。老人现年83岁，信奉天主教，贫农出身，3岁时丧父，家有4个孩子，9岁时他去石家庄市藁城区讨饭。他说，过去的好主们也会"舍饭"救济穷人。

一、1949年后的村落经济变迁

（一）土地改革运动与小农经济变迁

当地处于老解放区，较早开展了土地改革运动。民国三十六年（1947年）7月，当地开始了土地改革。据《宁晋县志》记载，当时上级政府在大陆、双井、胡岳等村开展土地改革试点工作。8月末，县委书记张树楠在双井村搞试点，先成立贫农小组，让村干部在贫农会上"洗脸擦黑"，纠正强迫命令、多吃多占问题。接着发动群众批斗恶霸地主张化楠，将其枪决。

> 民国36年8月22日（农历七月七日），土地改革复查开始。次年11月中旬，划定阶级成分，三榜定案上墙。平分土地，签发土地证，实行耕者有其田，封建土地制度结束……土地改革使农村各阶级占有土地的情况发生根本变化。土改前，地主、富农占农户总数的7.17%，却占有农村土地总数的31.2%，人均土地0.8215公顷。土改后各阶层人均土地占有基本平均：地主、富农占0.21公顷，中农占0.3068公顷，贫雇农占0.2101公顷。[1]

双井村作为土地平分运动的试点村，受到县委领导的高度重视，土地平分运动开展顺利。村里根据上级指示，放手发动群众，依靠贫雇农，团结中农，查漏斗、假斗地主和对地主、富农照顾过多的问题，惩处了以张化楠为首的多名地主，将地主老财的土地、房屋等进行了重新分配，清算了他们在地租、雇工、放高利贷等方面的剥削账。贫雇农等获得了土地，分得了浮财。

（二）集体化时期的村落经济变迁

土地改革之后，双井村民分得了土地，生产积极性高涨，但是部分村民缺少农具、牲畜等生产资料，他们的农业生产遇到了不少困难，为此，上级政府鼓励、组织当地村民按照自愿互利的原则，进行互助劳动。如《宁晋县志》中有关内容所述："1951年'党代会'期间，强调在自愿、等价、互利的前提下，大力发展互助组织，逐步把分散、独立的小农经济经营方式转变为有组织的生产集体……1952年12月，当地采用典型示范、逐步推广的方法，引导农民将互助组发展为土地入股、统一经营的初级农业生产合作社……1955年冬，批判右倾保守思想，反对'小脚女人'，合作化运动超高速发展，出现整村、整乡、整区入社的高潮，迅速将初级农业生产合作社转变为高级农

---

[1] 宁晋县地方志编纂委员会编：《宁晋县志》，中华书局1999年版，第399、570页。

业生产合作社。"[1] 在"文化大革命"期间，由革命委员会统一计划安排公社生产任务（如下表所示）。

表 3-38 人民公社时期双井公社生产任务安排情况 [2]

> 关于分配一九七九年粮、棉、油定产定购任务的通知
> 双井公社革命委员会：
> 　　经县委研究，分配你公社一九七九年粮、棉、油定购任务如下：
> 　　一、粮食：社会总产 1003 万斤，其中集体产量 916 万斤，定购 183 万斤。原一定五年的包购 41 万斤的基数不变。
> 　　二、棉花：种植面积 5700 亩，平均亩产 39 斤，总产 22.23 万斤，定购 19.7 万斤。
> 　　三、油脂、油料：全年定购油脂 2.67 万斤。其中：花生种植面积 300 亩，平均每亩包购花生果 90 斤，包购总数 2.7 万斤，折油 0.67 万斤；芝麻种植面积 300 亩，平均每亩包购 37 斤，包购总数 1.1 万斤，折油 0.5 万斤；油菜籽种植面积_____亩，平均每亩包购_____斤，包购总数_____万斤，折油_____万斤；棉花种植面积 5700 亩，平均每亩包购油脂 2.6 斤，包购总数 1.5 万斤，油脂加价基数为 2.2 万斤。
> 　　望各公社按照粮棉油定产定购的政策，认真进行研究，并把任务合理分配落实到基层，以进一步调动广大干部群众的社会主义积极性，促进粮棉油的全面增产。
> 　　　　　　　　　　　　　　　　　　　　　　　　　　　一九七九年二月九日

一九七九年双井公社农作物种植面积计划如下：粮食总产量计划为 1340 万斤，计划种植大豆 750 亩、棉花 5700 亩、油料 500 亩（其中花生种植面积为 300 亩、芝麻种植面积为 300 亩）、药材 79 亩、林业育苗 200 亩。集体化时期，除了对农业进行了社会主义改造，私营工商业的改造也逐步进行，此过程主要是通过加工订货、统购包销、经销、代销的一系列形式。

（三）包产到户及后来的村落经济变迁

集体化时期的双井村民生产状况发生了变化，但也存在不少问题。1978 年秋，双井公社西南方向约 6 公里处的曹伍疃公社第一个实行"五定一奖"田间管理责任制，即定地块、定劳力、定产量、定报酬、超产奖励，以解决生产上的"大呼隆"和"大锅饭"，县委肯定了这一创举并予以推广。1981 年 5 月，中央政策研究室副主任杜润生来宁晋调查研究，肯定了曹伍疃公社的做法，指出不要"小牛"（干部）顶"大牛"（群众），要给群众以选择责任制的自主权。1981 年底，全县 2727 个生产队普遍建立生产责任制。农民经过反复比较，逐渐选定以家庭经营为主的联产承包责任制。1984 年，上级提倡包括双井村在内的井灌区"井、地、机"三结合办法，以井划方，以井定机，联户承包，分户经营，由产量决定各户承包收入。[3]

1　摘自宁晋县地方志编纂委员会编：《宁晋县志》，中华书局 1999 年版，第 403 页。
2　该资料源自笔者调研期间前往宁晋县档案局查阅所获内容。
3　参见宁晋县地方志编纂委员会编：《宁晋县志》，中华书局 1999 年版，第 408 页。

二、村落经济实况

当下双井村的经济状况在持续变化,村民们被卷入市场经济的大潮,产业类型不断扩展,生产经营方式更加多元,集市贸易更加繁荣,十字街周围坐落着大大小小的店铺,多种多样的生产经营提高了村民的家庭收入水平。

(一)生产经营状况

图3-5 当下双井村村民梨园

如今的村民们早已走出计划经济的模式,自主生产、自主经营,但还能看到计划经济时代的供销社建筑,该建筑地处村庄十字街,为宽敞瓦房,门前有几根石柱。前些年,它已变成了某村民的私人商铺,出售各类商品,村民们时常聚在该商铺门前打牌、闲坐。

当下的双井村民主要从事农业生产、外出务工、商铺经营、集市贸易等,在农业生产方面,他们主要种植小麦、玉米等作物,此外还种植梨等经济作物。近些年来,玉米的产量大增,一亩地能够产1000斤左右,但是由于销售环境较差,玉米价格一跌再跌,村民们对此无奈感慨,他们看来,如果不种地,好端端的农田就会荒了,如果种,产粮又不值钱。有些村民为此改种其他作物,如种植梨树等经济作物。有村民家有9亩地,一边种植梨树(另外承包了5亩地),一边经营商摊。

(二)产业类型

第一产业之外,第三产业发展势头良好,双井村的大街小巷均开设着各类商铺、摊店,如葱油大饼店。据调研,本村有两家卖大饼与面条的店铺,它们都位于村庄南北大街,店主一般从早上开卖,中午时关门歇业,店主都是本村人。其中一位店主家有5人,其长子在石家庄上班,据店主介绍,他家的摊店生意有旺季也有淡季,夏天生意好(夏天村民们比较忙,顾不上做饼,到了冬天都闲在家了,有时间做饼,相对而言,买饼的次数就少了)。

村庄第三产业的发展还涉及布匹、服装业,比如村民自营的印花坊与棉絮坊(棉絮坊也称弹花坊)。据一家棉絮坊的店主(双井村民王氏)介绍,他家作坊每天能弹六七十斤棉花,一斤棉花的价格及加工费总计12元左右,作坊属于小家庭经营,村民们谁家要弹棉絮就去他的作坊(冬季属于棉絮坊的生意旺季)。

双井村民在家庭经营中,既跟随时代的潮流,也部分地延续着传统的手艺。在调研中发现,有的村民家至今还保留着纺花织布的手工业工艺,一般是家里的中年女性农闲时间在家纺花织布。据一位大婶讲述,现在自家织的布用来铺盖,不会再用其做衣服,自家织布的成本比购买市场布料的成本低得多,且部分村民喜欢铺自家纺织的布。村民们织好粗布以后,将其拿到就近的印花坊进行加工,印制各类花色。村里如今只有一处印花坊,小作坊每天能够完成60斤粗布的印花任务,手工费用按斤收取(一斤布匹的印花费为5元)。如今来作坊印花的也大多是中年妇女。

图3-6 村民纺花织布图景

图3-7 村民印花图景

(三)交换状况

村民的交换不仅依赖赶集之日热闹非凡的贸易,还有平时随机的交换。在日常,村民们在自家门口或在十字街叫卖。有的村民在自家门口安个小喇叭,每天按时叫卖面条、葱油大饼,卖豆腐的小贩时常骑着三轮车在村里敲梆子叫卖,村民们听到梆子的声音,就知道是卖豆腐的,其他商贩一般不会敲梆子(梆子的声音清脆坚实,能够有效传播交易信息)。商贩们多是从

图3-8 豆腐小贩敲的梆子

外地来的,其中有些人在本村占据了固定的摊位。据笔者的观察,每个赶集日,商贩们的身影都会出现在集市固定的摊位,即便是在寒冷的冬季,小商贩们赶集摆摊的热

情也一点不会消退，对于他们来说，职业和谋生都很重要。

另外，其他类型的商贩也偶尔进村销售，比如某日，村委会大院来了一位销酒的商贩，他瞄准的主要是老年人，此次推介会，共有上百号人参加，推介会完毕后，大多数老人都买了商家的酒（一箱酒200元左右），据王氏老人讲述，当日该商家推销的酒就有十几箱。在小贩的叫卖之外，村里的大喇叭也会传播交易讯息（比如，某类蔬菜的价格）。某个早晨，村干部在广播里通知销售信息："注意咧，石家庄格力厂家做活动，卖空调、电视、洗衣机，各种电器都有，有买的，到双井格力加盟店咨询，有车接送，把你拉到厂里，上午管饭，买了东西再把你拉回来。"这样的消息，几乎每天都会广播给村民们。

（四）消费状况

自传统时期以来，双井村民的日常消费，除了一日三餐，其他各类消费活动基本没有中断（除了日本侵华期间）。如今的村庄集市仍旧沿用过去的集期，即一六集期，赶集之日，村内主要街道人来人往，小孩子们你追我赶地玩耍，流动商贩们叫卖着自己的商品。集市上的消费品种类很齐全，主要包括保暖衣物、床单门帘、家当（锅碗瓢勺、笤帚扫把、簸箕）、调料品、猪肉、蔬菜瓜果、玩具等，可谓应有尽有。在走访中观察到，男性村民主要关注家当（工具）摊子，而女性村民主要关注布料、门帘、衣物等，性别差异决定消费偏好。

第四章 双井村的社会形态与实态

村落传统的社会关系主要体现为血缘关系、地缘关系、业缘关系、信缘关系等，不同血缘、地缘关系的村民间遵循特定的社会规则，发生一定的社会交往关系、社会流动关系、分化与整合关系、社会冲突及保护关系。1949年以后的村落社会既延续了传统时期的底色，又发生了重大变化。

第一节 血缘与血缘关系

血缘是构成村民社会关系的基础方面，过去的几百年里，双井村民的社会生活一直离不开血缘关系的影响，在日常的生产生活中，家族、亲戚是主要的血缘关系主体，亲戚又因关系远近分为姻亲、内亲、外亲、表亲、远亲等。除了特定的血缘关系，拜把子兄弟间还形成了拟血缘关系。不论是正式的血缘关系还是拟血缘关系，都依靠关系方的日常交往来维系。

一、血缘主体

（一）家庭血缘主体

1949年以前的双井村，是一个众多家族、诸多姓氏构成的村庄。每个家族的成员数量均有差异，户数最多的族姓和最少的族姓之间的差别尤为明显，比如大族张氏的总户数约占双井村总户数的50%以上，而有的小族姓只有一两户人家。村落内，同姓之间不一定为同一家族，比如村庄有3个张姓家族，老人在访谈中告诉笔者"那不是我们一张家的人"，A族、B族和C族同为张姓，但互不参加祭祖和祭墓活动。据调查，双井村的几个张姓家族的祖先均从山西省洪洞县大槐树下迁居于此，早在祖先生活于洪洞县时，他们就属于不同的家族，迁居于双井村后，仍然属于同姓不同家族。在日常的生产生活中，同姓不同族的农户之间的亲疏关系与异姓农户之间的关系一样，不会因同为一个姓氏而觉得更加亲近。

家庭成员资格的获得主要靠生育、结婚、过继、抱养等方式，孩子、妻子、过继儿和抱养儿成为家庭成员，不需要在村落登记。具体而言，家庭成员和非家庭成员有如下几类（参见表4-1）：

表4-1 传统时期双井村村民家庭成员权概况

家庭成员	非家庭成员
爷爷奶奶、父母、子女	外嫁女不算家人（"嫁走了、没事了"）
没分家之前的叔伯、弟兄及其妻子、子女	外甥男女不算家人
上门女婿、过继儿、抱养儿*	揽活的（长工）
妾及妾生的孩子	佣人

* 当地人眼中，正如老人所说，他们也"顶个儿子"。

分家之后的家庭与原家庭不再是同一个家庭，当地素有"分家分单"的传统，分家时，家庭成员按直系血亲进行划分。如果家庭成员只是分灶吃饭，即小两口与老两口分开过，"老的做老的饭、小的做小的饭"，但没有分家、分财产（比如土地、房屋、粮食和钱财都不分），所有成员仍属于同一个家庭。没分家之前，"伙着过"的弟兄们都为一家人，每个人都需要为家庭尽心尽力，如前文所提，一位高氏村民（家有5弟兄）慨叹："人多地少养不住，一定要开个小饭铺。"

（二）亲属血缘主体

村庄内部的家庭分不同的类型，既有核心家庭，也有扩大家庭，扩大家庭的户数相对较多。由爷爷奶奶、父母、子女构成的家庭属于核心家庭，5人左右的家庭属于小家庭，扩大家庭人口一般在10人左右（即爷爷奶奶、父母、弟兄、妯娌、孩子等一大家人"伙着过"），扩大家庭一般存在于分家之前，扩大家庭的延续与家庭经济水平相关，属于中等经济水平的农户或被称为"半穷不赖"的农户主要是扩大家庭，其家庭成员规模在10人以上，土地占有量30亩左右。

（三）姻亲血缘主体

姻亲是一个家庭重要的血缘主体，夫妻之间属于姻亲关系，丈夫与妾之间属于姻亲关系。婚姻之事由父母亲做主决定，不需要向村长、村副、地方等人告知。如果父母早逝，则由当家的哥哥/姐姐决定其他成员的联姻之事。当地人在联姻时，需要遵循约定俗成的村庄规则，比如同姓之间不能结婚（不是同族的同一姓氏之间也不能结婚）。本村有一农户张氏不遵守此规则，娶了同村的另一位张氏，到了张氏家族续谱之时，族中大辈不让他入谱，就说他坏了规矩了，直到"老闺女"（张氏妻子）过世，家族才允许张氏入谱。

姻亲间的距离有近有远。联姻较远的地方有山西省、石家庄、保定、定县、宁晋县城（本村正南方向约 10.5 公里）等，最近的在本村，比如女儿、姐妹嫁到本村或儿媳的娘家在本村，此外还包括较近村庄与较远村庄，大多为集市圈内村庄。如下表所示：

表 4-2　双井村村民联姻距离半径统计表

联姻村庄名称	方位与距离
胡岳村	本村东南方向约 6.2 公里
小枣村	本村正南方向约 3.1 公里
东枣村	本村正西方向约 5.4 公里
高庄村	本村西北方向 6 公里
岳家庄村	本村正东偏南方向约 4.3 公里
裴家庄村	本村东南方向 8 公里
俞家岗村	本村西北方向 8 公里
李家疃村	本村西北偏北约 8 公里
曹伍疃村	本村西南方向 6 公里
范庄镇	本村正北方向 9 公里，属赵县管辖
杨家郭村	本村西北方向约 18.3 公里
换马店镇	本村西南方向 9 公里
大陆村	本村东南方向 9 公里
米家庄村	本村西北方向的邻村，距离本村约 4 公里，与双井村的边界为土地边界，该地距离双井村 2 公里左右
杨扈村	本村正北方向 5.4 公里
孔小营村	本村东北方向 5.3 公里
唐邱村	本村正东方向的邻村，距离约 3 公里，与双井村的边界为三里坟（双井村坟地）地界
郝庄村*	本村正南方向的邻村（两地相距约 1.5 公里），两村的边界为土地边界（村民称之为"前街"的地）

* 1990 年代立集，集期为"逢五排十"。

姻亲主体间接影响了村庄的外来户关系，落户本村的外来人多是与本村村民有亲戚关系的人，其中，由姻亲关系导致的迁居现象最为普遍。

（四）近亲、远亲血缘主体

不论是在传统时期还是在当下的双井村，村民们根据血缘关系的远近区分出多种类型的亲缘关系，正如下表所示：

表4-3 传统时期村民家庭的亲缘主体概况

	亲缘关系类型			
	内亲主体	外亲主体	表亲主体	远亲主体
内容	内亲特指与父亲"骨血相连"的亲戚，即奶奶的娘家人（当地人称之为"老亲亲"，和父亲是表兄弟）、母亲的娘家人（姥爷、姥娘、舅舅、舅妈）、父亲的姐妹及姐妹夫	外亲特指母亲的姐妹及姐妹夫，当地俗称"两姨亲，不是亲"（死了姨，断了根）	姑舅亲戚为表亲，当地话语称"姑舅亲，辈辈亲"	"骨血不相连"的亲戚称之为远亲，如母亲的干姊妹、父亲的门兄弟（拜把子兄弟），朋友是远亲

（五）拟血缘主体（门兄弟）

1. 拟血缘关系建立仪式

双井村的村民们在血缘关系之外，还建立了一种拟血缘关系，即所谓"拜门弟"。结拜兄弟时需要换帖，在某一方的家中烧香磕头结拜，结拜仪式结束后，需要吃顿饭、喝顿酒。结拜时，按年龄排序，年长者为哥、年少者为弟，若是同龄人结拜，则按出生的月份排大小。女性之间也可以互认干姊妹，也需要举行结拜仪式，即换帖、上香磕头。儿媳与其他同龄女性结拜，婆婆等不会干涉，婆婆也有自己的干姊妹。

2. 拟血缘关系建立规则

在日常生活交往中，这种拟血缘关系的建立与维持受到如下多重规则的约束（参见表4-4）：

表4-4 传统时期村民间拟血缘关系规则

规　则	具体内容
一是结拜	门兄弟之间均为异姓，同姓不同族的人也可以结拜，如果同族内结拜，人们会笑话。结拜之后，双方的家庭都会认可干亲关系。当户落的村民之间很少结拜为门兄弟，因为近距离居住，相互之间都能确定辈分。村庄的党乡人之间可以相互结拜（"乡亲辈，瞎胡论"）
二是称谓	平时，门兄弟之间相互称哥哥、兄弟
三是监管	拜门兄弟，自家人不会反对，也无须向村长、副村长、地方等人报告

比如某一年，村民刘氏、周氏、张氏、王氏等四位知己不赖、"好得没法"、亲乎乎的人结拜为兄弟[1]，4人住得比较分散，"住得不近、走得近"。有一次，王氏去外地（距离本村约9公里）赶庙会，顺便买了4双鞋，回村的时候，村民们见了他问道，为何买那么多鞋子。王氏就说，是给自己"门兄弟"们买的，"见一对、催一对、脱一对、跪一对"。结拜兄弟之间就以这样的方式来维持关系。

二、血缘关系

（一）时常走哒

亲戚分远近、关系分薄厚，如前文所述，近亲属于"亲的、热的、亲乎乎的"亲戚，如外嫁女、外甥男女、舅舅、姥爷、姥娘、姑父姑妈等，表亲属于远亲。

亲戚间常来常往、常走哒，除了在逢年过节时相互串门，平时也"插空去走亲戚"，比如女儿抽空去娘家探亲。去亲戚家串门，一般带两包点心、自家蒸的馍馍、糖包子等礼品，过去村民们普遍贫困，平时串亲戚很少送肉、鸡蛋等营养品。远亲之间，除了举办婚丧之事，平时走动相对较少，"各过各的生活"。亲戚间相互串门，一般会管食宿，家中有亲戚来访，自家的伙食要较平时为好，比如包顿饺子、熬顿杂烩菜。去亲戚家串门，有时不住宿，有时住几天，比如女儿来娘家探望父母，住两天陪陪老人。

平时，门兄弟来串门，需要高规格招待、更加重视，当地俗语称"越干亲，越致重"（认了干儿子、干女儿，平时的交往中也需要这般对待）。冬季农闲时节，结拜兄弟时常聚在一起喝酒、拉闲关，有时一起去赶庙会、赶集。

（二）节日拜访

亲戚间的节日拜访主要是在春节期间。每年正月初二，儿子儿媳带着孙子孙女前往儿媳的娘家拜年，去的时候带一篮子蒸好的糖包、馍馍，"千里送馍馍、礼轻人情重"。女婿到了妻子娘家，需要给近门（族内近支）的叔叔、大伯等人磕头（不带礼物），如果女婿当天有特殊情况，则不必去拜，岳父家也会理解。初四、初五时，侄子给姑姑家拜年、外甥给姨姨家拜年，一般是几弟兄一同前往，到了姑姑和姨姨家中，需要给姑姑和姑父、姨姨和姨夫等人磕头，同辈的表兄妹、两姨之间不必磕头行礼。拜年时，礼尚往来，今天晚辈给长辈家拜，明天长辈给晚辈拜，如果A给B拜年，B不回拜，则A就会有意见，如果连续两年不回拜，则双方就会断了亲戚关系。拜年时，亲戚间不分距离远近，都要去。给外嫁女拜年，一般是娘家的哥哥或弟弟去拜，父母不去。

门兄弟之间过年时也会互相串门、磕头拜年，即正月初一早晨，去对方家中，给

---

[1] 是否举行了正式的结拜仪式，老人无从讲起。

长辈磕头，门兄弟之间互相拜年可以不带礼物。

（三）过事往来

1. 婚事邀约

村民结婚，婚期择定后，男方买几张红纸，然后裁成小纸条，请本村的教书先生书写数份请帖（大户人家宾客多，需要写60份左右的请帖）。发请帖时比较随意，不分亲戚远近、先后，给家族的人不发请帖，男方宴请的宾客主要是母亲的娘家人（姥爷、姥娘、舅舅、妗子[1]），新郎的姑姑及姑父、姨姨及姨夫、表姐及表嫂。在多位亲戚中，母亲的娘家人地位最高，其次是父亲的姐妹及姐妹夫，再次是母亲的姐妹及姐妹夫。发请帖的人选没有规定，家里的任何一人去都行，给亲戚家发请帖，不需要带礼物。亲戚们收到请帖后，在婚礼之日自己前来参加，不需要男方派人接。对于没有血缘关系的人，比如村长、村副、地方等人，主家一般不请。他们若与东家知己不赖，则随份子，但一般不去撑掇，如果关系一般，就不随份子。

自己若有结拜的兄弟[2]，家里过事时，一定要邀请。结拜兄弟来参加婚事，随礼时一般比其他人随的多。他们宁可多出礼钱，也不能淡了关系，他们之间的关系既靠人情维护，更靠义气。

2. 席位次序

村民办婚事，宴席开始时，首先请娘家人入席，即先请女方道喜、压轿杆之人入席。每桌席安排6人，男女分开坐，每桌席不设上席。给娘家人准备的宴席档次相对较高，讲究八碗四盘（包括鱼肉、猪肘子、鸡、青菜、杂烩菜、馍馍），还有瓜子、点心等。上菜后，先由大辈带头夹菜，"来、动筷，来、端盅"，大辈不发话，晚辈不可先动筷。酒席中，总理带领新郎去给女方亲戚敬酒，俗称"换盅"（向对方说客气话，"换换盅吧"），同一桌的人，不分大小辈，从右到左开始打圈敬酒。酒杯不分高低，晚辈要跟长辈讲"大伯/叔叔/哥，敬你一盅"，而且得双手端盅，大辈也是双手端盅。娘家人（女客）在洞房吃菜。其次，请亲朋好友入席。娘家人吃完宴席离开男方家之后，男方的亲戚朋友开始坐席，家族的晚辈和村里帮忙的人负责端盘子上菜（菜的档次低于娘家人的宴席，如只有大锅杂烩菜和青菜，没有鱼、肉）。再次，帮忙的人入席。亲戚朋友吃罢酒席，村里帮忙的乡亲们开始入席。

3. 报丧

家中有人去世，当家人首先给总理报丧（总理安排丧事），总理指派当户落与主家

---

[1] 当地方言，即舅母。
[2] 门兄弟之间还存在伙养耕牛、斛犋（搭伙置农具）、搭伙赶集做生意的现象。

知己不赖的年轻男性去主家的亲戚朋友家报丧,主家成员不必去。报丧者差不多为三四人。报丧者每到一个村子,如果不知道主家亲戚的家庭住址,就向邻近的人们打听。到了亲戚家,报丧者首先问亲戚家的当家人,比如:"××,你们在双井有亲戚没?"对方若回答"有的",报丧者就告知对方"你们××家老了人了,××时间下葬",不必告知死因。如果不问青红皂白就给别人报丧,若是报错了人家,就会被别人笑话。

去报丧时,不必带礼物。报丧者到了亲戚家,亲戚需要给他管顿饭、给盒烟,如果报丧者没空吃饭,亲戚家不必管。如果主家的几个亲戚都在某一个村或几个相邻村庄,就由某一位报丧者负责,不必再派其他报丧者前往。报丧时,优先报于逝者的女儿(不必给当户落帮忙的农户报丧,他们相互传唤获知死讯)。其次报给母亲的娘家、母亲的姐妹、父亲的姐妹,如果母亲或儿媳过世,优先给其娘家人报丧。如果亲戚家当家人当时不在家,报丧者就先通知其家庭成员,由他们转达于当家人。再次,给老会成员报丧。总理得知丧事消息之后,会支派家族的某位年轻族人去给老会(丧葬组织)的会首报丧,会首负责给老会成员发签(俗称"撒签")通知,每个竹签上写着该户当家人的姓名。某老会成员家老人过世,会首告知邻居或当户落的人,帮其发签。如果去给某农户家发签,当家人恰好不在家,先把签留下,然后让其家庭成员转告当家人。不必给村长、村副、地方报丧。

(四)互相帮忙

在双井村民的生活中,帮忙的现象普遍存在,比如村民们种地时,往往采取你帮我、我帮你的方式,自家需要盖房、清除粪坑、过事,都需要请亲戚来帮忙。具有拟血缘关系的结拜兄弟也会来帮忙,比如过事时"一招呼就都去了",帮着打酒买肉、忙前忙后。

有时也会邀请亲戚来帮忙。亲戚若是长辈,一般由掌柜的去请,若是晚辈就支摆子女们去请,去请时一般带东西(2斗左右的谷子或棒子)。帮忙期间,东家要管一日三餐,午餐一般吃棒面饼子、白菜(有时也会买点肉),晚餐吃豇豆、小米粥、咸菜,尽可能地管饱、管好。开饭时,即便做的饭足够家人和帮忙的人吃,家里人也得先让帮忙的人吃,等帮忙的吃完了,自家人才开始吃,正所谓:"我给你干活来了,不要你一米一油,你还不让我先吃好啊!"家中有好吃的东西,如其他亲戚送的点心等,得先让帮忙的吃。如果亲戚和四邻八家、党乡人都来帮忙,东家给大家准备一样的饭菜,没有特殊。干活时亲戚和党乡人一样干,如果给亲戚吃好点,正如老人所言:"乡亲们就没法干了。"

（五）借钱、借粮

1. 借约主体

其一，近门之间。家中如果有难，去近门的弟兄、叔叔大伯家借钱（数额较小）时，恰逢弟兄、叔伯（当家人）不在家，嫂子、弟媳、妯娌或大娘要是知道存放钱的地方，就会自己做主当场借，回头再给当家人通报，当家人也不会责怪她们（如果她们不知道存放的地方，就会给对方说，比如"等你哥哥/弟弟/叔叔/大伯回来后再来借"），或者妯娌、婶娘平时与自家关系不错，去借钱时碰巧叔叔大伯不在家，妯娌、婶娘就可能会建议："你先回去吧，晚上让××（一般是当家人的小名）给你送到家里去。"如果借钱数额大，弟兄、叔叔大伯当场不方便给，就会向对方提议"你先回去吧，我到时候给你送回去"，大家都知道财不外露，一般不会当着别人的面取钱。过去，村民家里的"大钱"（即面值大、数额多的钱）一般会锁在箱子里，钱箱钥匙由当家人掌管。借钱时，为了避免上述当家人不在场情况的发生，一般是晚上去借。

近门间除了借钱，还会互借粮食。兄弟间互借粮食时嫂子和弟媳等人的影响力不容忽视。如果哥哥在嫂子面前没有权威（怕老婆）或嫂子是当家人，弟弟向哥哥开口借粮，哥哥即便答应，但嫂子要是不同意，也不能借。同理，弟媳妇当家或弟弟怕弟媳，弟弟想给哥哥借粮，但弟媳妇不同意的情况下，也不能借。哥哥去找弟弟借粮，不必和嫂子商量，"你是当家人，家里没吃的了，你还不去借啊？"而哥哥给弟弟借粮食，需要跟嫂子商量，哥哥即便当家做主，也得征求自己妻子的意见。老人和儿子若分家单过，老人一般不向儿子借粮食、借钱，老人一不娶媳妇、二不盖房屋、三不赶集、四不打酒买肉，自己收点粮食卖了攒点零花钱。

其二，亲戚、干亲之间。亲戚间普遍存在相互借钱、借粮的现象，一般是"好过"、有饭的给较穷的借。干亲之间也时常互相借粮食、借钱，一般是有钱、有粮食的一方主动借给另一方。亲戚间只要开口借，或多或少，都会出借，尤其是近亲之间，比如母亲去娘家借钱，姥爷、舅舅等一般会借，很少存在舅舅想借舅母不让借的现象。

距离较近的亲戚之间相互借钱，不会当场出借，而是一方抽时间送往借方家里。如果距离较远，就会当场取钱出借，借方大老远来一趟不容易。

除此之外，有些亲戚来帮忙建房的过程中甚至还会给主家借点钱（比如姐夫、妹夫、舅舅等）。亲戚来帮忙，既出力又出钱，还会带点礼物。

2. 借约规则

近门、亲戚间互借现金、粮食，都不需要请中人做证、付利息，也不必打借条，双方达成口头协议便可。拟血缘关系主体间借了钱、粮，也不需要打欠条、支付利息，如果打欠条、找人做证、索要利息，就意味着双方之间的信任感不强，结拜之情就会淡化，甚至就此断了拟血缘关系。

3. 借后偿还

其一，近门之间。近门间借钱、借粮，要有借有还且如数偿还，对方顾及近门情面，借给自己就已经不错了。弟弟要是借了哥哥的粮食不还，哥哥也不会主动向弟弟要，或者哥哥本也没打算让弟弟还，对于这种情况，嫂子首先不答应，即便哥哥是当家人，"哥兄弟是亲的，嫂子不会这样想"。同理，哥哥借了弟弟的粮食，弟弟可以不要，但弟媳妇一般不会答应。

其二，亲戚、干亲之间。亲戚、干亲间借了粮食也要还，如果对方不需要还，自己就不还。向亲戚借"一点半点"粮食，就不必偿还，对方不好意思要。但是，帮忙垫补的钱，大多数情况下需要还。知己不赖、"好得没法"的亲戚之间借了债，有时不用还（大多是因为家境贫穷还不起），即属于相互接济行为，比如：王丰娟老人（现年87岁）回忆，她有4个姑姑，分别外嫁到了邻村裴家庄村、郝庄村、杨扈村、唐邱村，裴家庄姑姑家境相对较好，"成天接济"。有一次，王丰娟奶奶去她裴家庄姑姑那里借了钱，买了一头小驴子，后来又借了2斗豇豆和绿豆，磨成了杂面变卖为现金。王丰娟奶奶逝后，家里无钱买寿木（棺材），于是她裴家庄姑姑帮忙买了一口寿木。

3. 借约纠纷

其一，近门之间。近门间借钱，一般会好借好还，然而有些人人品较差，借钱不还，导致双方产生矛盾。

> 村东一王氏村民A借了近门侄女B的5元钱（当时可以买5斗粮食），娶了一位外村的妇女（带有一孩子）。过了很长一段时间（A没有还侄女钱，这时5元钱只能买5升粮食），B想把钱要回来给自己亲哥哥，A妻子带的孩子照例也是B的哥哥，但毕竟不是亲的、热的，与自己没有血缘关系。B自己不好意思去找王氏要钱，于是托一位知己不赖的邻居C替她去，C和A也是当户落的人。C去要时，A耍赖，"她还要哩？没了"。C回来后给B说："碰上这人了，你就背点伤吧。"

其二，亲戚之间。亲戚间既有和睦一面，也有因为赖账、不还钱发生纠纷、矛盾的一面。比如邻村岳家庄村民甲和裴家庄村民乙因为借钱不还产生了矛盾，并引发了一场连环杀人案。

甲和乙是姻亲关系,甲的儿子娶了乙的女儿,甲的家境比不上乙,乙好过。有一次,甲向乙开口借钱,亲家公自己去借,据说借了大约几吊子铜钱,由于双方是亲家关系,口头达成了协议,没有写借条。后来,乙家道衰落,变成了穷人,而甲变得相对富有,乙于是给自己女儿说:"让你公公还了那钱吧!"当女儿替父亲向甲要债时,甲却昧着良心说"早给了"。乙听到此消息,一下子气疯了,把自己家人全杀了。乙的女儿和婆家人一起把乙从裴家庄绑到了岳家庄,然后锁在屋内,防止他再发疯祸害其他人。其间,也没有人来监管此事,没有将其抓捕归案绳之以法。后来,女儿和婆家人感觉乙的病好多了,也清醒了,不会再发疯杀人,于是打开了紧闭多日的房门,将其释放了。没想到,放出来没过几天,他又犯病。当时好主家觅的短工们正在地里铡草,他一见到铡刀又起了杀人之心,提起铡刀见人就杀,到双井村之后又杀了几人,据说一共杀伤 13 人(其中,4 人受伤,9 人被杀死,包括王丰娟的哥哥)。村民们没有将其抓捕,而是告知地方,经过地方等人的处理,最后判定由乙的亲家甲赔偿命价,每个死者家庭大约获赔 300 元洋钱。事后,村民们一见到乙,就拿起棍棒驱赶,乙最后跳到了井里。据王丰娟老人回忆,她哥哥被杀,家人获得了 300 元的赔偿金,她姥爷是"好吸药面"的人,听闻亲家王氏有了钱,于是趁机借了 30 元花了,王氏为此和亲家大吵包子,当时据说没有请人来调解,亲戚们也没来调解,"没事没务的,谁也不惹谁"。王丰娟哥哥死后三四天,她爷爷无法忍受失去孙子的痛苦,"孩子都没了,还活啥呢?"于是上吊自杀了。紧接着,她的大伯也上吊自杀了。后来,王丰娟的姊妹中有的病死,她父亲就说"家里不干净了",但也没找巫师来作法消灾。

第二节 地缘与地缘关系

双井村民们在日常生活中尤为重视地缘关系,村落地缘关系类型有邻居关系、党乡人关系、户落关系等,村民间普遍的帮忙、合作、借钱、串门等活动的举行主要基于邻居、党乡人、户落居民等地缘关系主体。

一、地缘主体

(一) 邻居

在当地人眼中，邻里由"邻"和"里"构成，"邻"特指四个方位的邻居、"十字为邻"，即东邻家、西邻家、南邻家、北邻家，"里"特指对角邻家、"插伙为里"，即东北方邻家、东南方邻家、西南方邻家、西北方邻家（见图4-1[1]）。

邻居之间的距离一般在1丈左右，大家几乎紧凑居住。自家修房时，不能占据别人的墙基。新邻家修屋，一般不会与其他邻家同用一堵墙。过去，如果邻居间的房屋高度不

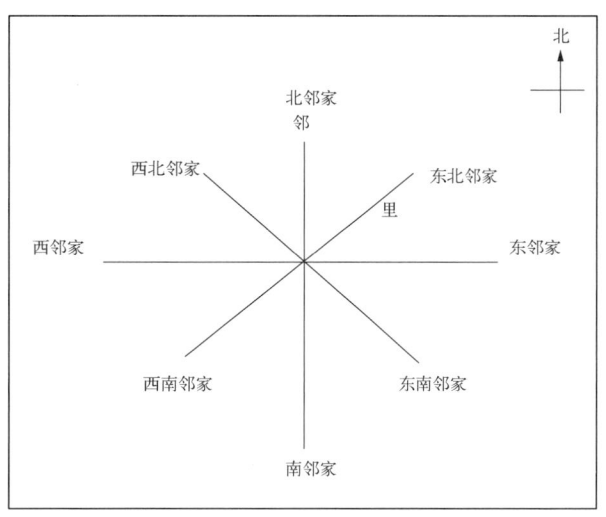

图4-1 双井村邻居空间关系示意图

同，一方的房屋较高，遮住了房屋较低的农户，使其无法采光，这时，后者不会找前者讨要"遮阳费"，邻居间不会因此而打架、吵包子。农户修建房屋，一般不会出现侵占过道的现象。

村民王氏与其四邻八家的关系为我们展现了传统时期的邻居地缘状况。据悉，王氏家住村庄南北街某过道，其东邻家为张氏、西邻家为胡氏、南邻家为张氏、北边为过道、西北方邻家为刘氏、西南方邻家为张氏，王氏与邻居之间均非亲戚关系。以下是王氏与各邻家的关系概况：

表4-5 村民王氏的邻居地缘概况

邻居方位	邻居家境及地缘关系
西邻	西邻家胡氏与王氏相依居住，家有2个女儿、1个儿子，种了5亩左右的旱地，属于贫农家庭，世居于此（"老辈里要的庄稼都挨着"）
东邻	东邻家张氏家有5口人（父母亲、妻子、1个儿子），有3亩地，张父是村里的头户经纪，平时赶集成交，张氏时常不干正事，后来去赵县高村投奔皇协军，再后来张氏与妻子"散伙"（离婚）。王氏与张氏家境相差无几，两家共建一面墙（王氏住东屋、张氏住西屋），双方平时知己不赖，两家人时常相互串门。当年修公墙时，双方共同脱坯，取土时任意选择从其中一方"土头强"（土质好，适合脱坯）的地中取，双方家里各出1位劳力，各自提供一半的墙基

---

[1] 此图为笔者根据实地调研手工绘制而成。

续表

邻居方位	邻居家境及地缘关系
南邻	南邻张氏家庭人口众多，有4弟兄，大家一起生活，没有分家，他家有10亩左右的旱地，属于贫农。张家在本村经营一家粉坊，平时卖粉条为生。粉坊（差不多有8间房屋）的生意一般，每天产200斤左右的粉条，他们平日早起开始做工（"烧火闹腾"），村民需要买粉条时就去他家，他们平时也会赶集卖粉条。村民们一般用山芋换粉条（山芋用来做粉条），交换比例大约为5：1，即5斤山芋换1斤粉条，生产粉条时产生的粉渣卖给喂养牲口、猪的人家，1斤粉渣的价格大约为5分钱。张氏与王氏的家境差不多
西南邻	西南邻张氏比王氏家穷困，张家有5口人（他、妻子、3个儿子），无土地，祖上没有留下什么家业。春季农忙时节，去短工市场，找到合适的雇主，就去打短工（锄地、扳苗）。收秋割谷之后，没有农活干，就偷一点别人家的粮食维持生计，张氏还与当户落的刘氏、吴氏等人偷树卖柴（俗称"卖片柴"），比如有一次，他们偷了邻村某人家的1棵大柳树，然后砍成一捆捆柴火，卖给肉铺及赶集卖烧饼的小贩，1斤柴的价格约为2毛钱。有时为了谋生，还会装作黑军打家劫舍。有一次，张氏和当户落几个穷人扮作黑军（头上戴一块白毛巾，然后用红布把笤帚包起来当作武器），去杨扈村、米家庄好主的地里抢花生，好主以为他们是黑军，不敢反抗，张氏等人随意装花生（据说每人抢了半袋子）。有一天，张氏与邻家王氏说："××，我好过了，买了5升高粱。"
西北邻	西北方邻家刘氏以唱戏为生，家庭基本情况在前文的戏班子职业中已有讲述

（二）熟人

双井村的村民们认为，村落范围内，除了本家族人和亲戚以外，见过几面，不面生的人都是熟人。也有部分熟人是村外的，大多是邻村的人。与自己距离最近的熟人是当户落居住的人，最远的熟人在本省外县之内，比如南宫县、赵县等地。村民们认识的熟人大多数是从事农业劳动的人，也有部分是技艺工匠、赌徒、唱戏的。

村外熟人的确定有多种方式：有一部分熟人是通过姻亲关系确定的，比如甲的亲戚（姥爷、姥娘、姑姑等）在A村庄生活，乙住在A村庄，甲和乙就有可能成为熟人。在平时的商品交换中，流动商贩也有成为熟人的可能。通过学艺建立的师徒关系、读书建立的师生关系、做工产生的雇佣关系、祭神产生的信仰关系都是熟人关系，如果甲、乙、丙三人同在一个雇主家做工，则他们三人之间就会成为熟人。此外，某村民逃荒时落脚于他处生活一段时间之后，与收留自家的好心人家就成了熟人。熟人关系在大多数情况下会转化为朋友关系，在自家举办婚丧之事时，朋友普遍会参加。

熟人不一定与自家同姓，不一定与自己有血缘关系。对于普通人家而言，他们认识的熟人的家庭条件与自家不相上下。自家与熟人家的土地不一定相邻，地邻一般为同村的党乡人。熟人之间没有明晰的边界。

（三）党乡人

双井村村民将同一个村生活的乡亲称为"党乡人"，本村范围内不论熟识还是陌生、不论亲近还是疏远，均为党乡人。具体而言，相邻居住但并非是当家十户、一户落居住的农户之间为党乡人关系，居住在村东的农户与村西的农户、村南与村北的农户之间仍为党乡人关系。党乡人之间并非从事相同的职业，而是各有各的谋生之路，比如从事农业生产、种植树苗、做工艺、教书、唱戏、开商铺、赶集做生意、杀猪卖肉、短工等，在这些职业类型当中，从事农业生产活动的党乡人最多，党乡人们赚了钱、"有点饭"（当地对有点家产农户的称呼）就想买地，扩大农作物种植面积，买头户耕地，不断积累家庭财富。

党乡人之间的社会地位参差不齐，自家认识的党乡人中，有的土地多、有饭，而有的穷困潦倒，甚至逃荒谋生，与自家时常往来的党乡人主要是和自己家庭条件不相上下的农户，即穷人和穷人走哒得比较近，富人与富人之间知己不赖。

二、地缘关系

（一）借约

1. 事由

同户落居住的农户之间的关系主要通过日常生产生活中的借钱、借粮、借种子、借农具、搆掇、伙养耕牛、生产合作、串门、做伴做生意等方式予以展现。据老人讲述，过去的人们花钱的地方相对较少，吃的粮自己种、穿的布自己织，自给自足，买东西（物件）一般用粮食换。如果温饱无法满足，就找人借粮食（如下表所示）。

表 4-6 村民借粮缘由

缘 由	具体内容
糊口	一般在春天的时候借粮，即当地人所谓的"秋接不住秋、谷接不住谷"的时候。如果能将就一段时间，马上到收谷时节，就去自家地里掠点谷穗救救急。借粮事宜由掌柜的（当家人）做主，如果去找当户落的农户借粮食，一般瞅中对方当家人在家的时机去借
谋生	据史永来老人回忆，他八九岁那年，母亲去好主（位于唐邱村）那里借了 2 斗黄豆，借的时候需要说明利息（为 30%），他母亲准备把黄豆变卖成钱买点棉花，然后在家纺棉花织布，不承想，借来的黄豆被人偷了，他的大姐为此气死了，他母亲没有找别人帮忙找回被偷的黄豆（"找谁都不顶事"）。后来，"过了秋，收了谷"就把借的黄豆还了
生产	生产中，若自家粮种数量不足、品质不好，就需要借别人的

如果自家修房子缺少"沙杆"（支撑的柱子，高达 2 丈），就去找好主家借，对方要是同意借，就从空置的房屋上卸几根，然后借给自己。刮风下雨时，需要用沙杆顶

一下房屋，这时也找对方借（何时用完何时还）。

2. 主体

其一，直接主体。当户落的人邻近居住，出了自家大门走几步路就能到对方家，从地理距离方面来考虑，借钱、还钱都相对方便。家里遇到婚丧之事，需要借钱时，一般由父亲（当家人）向当户落党乡人中知己不赖的人开口，如"××要过事了，这会（儿）钱不占现（不够用），需要借点钱"。

有些当家十户、四邻八家、党乡人之间还会采取"指地借钱"的方式，即借方向对方指明自己的土地，以土地为抵押物来实现借钱，这也是村民的无奈之举。指地借钱一般发生在采取普通方式借不到的情况下，比如A断了口粮、没饭，向有饭、比自己生活条件好的B借钱，B质疑A的还钱能力，拒绝出借，这时，A就当着B的面指地借钱："你先给我借点钱吧，我要是到时候还不上来，把我××地方的土地给你种。"A以土地来做保证，目的在于取得B的信任，让B放心。指地借钱时，双方都熟知对方土地的位置和面积大小以及好坏状况，所以不会去田间地头"指地"。

村民借粮，主要找当户落、与自家关系不错、有饭的农户借（他家家境比自己强点），找好主借，和谁走哒得比较近，就借谁家的，一般不需要抵押物。有时也会找好过的亲戚家借，但此类现象较少，亲戚之间多是知己不赖的关系，向亲戚借粮比较尴尬，不好开口（"不像向外人说的那么顺当"）。借粮食，双方多是知己不赖、"好得没法"的人，相互信任，一般不找中间人做保证。如果知道对方家有粮食，对方却不借，自己不会为此与对方断绝往来关系。

其二，委托主体。村民间指地借钱，可以采取委托借约方式。比如A向B指地借钱，如果B无钱可借，B可以找与自己知己不赖的C，由B向C指地（A的土地）借钱，然后再将钱转借给A，B成为中间人。托人指地借钱，也不需要打借条，A也无须请C吃饭喝酒。A托B指地借C的钱，比如打算借12元（该地也值此价），而若B也需要用钱，则B从C那里借到钱后可以与A商量，就给A转借10元，自己截支2元，以A的名义借C的钱，B自己也从中捎带借钱，A、B都不必给C告知此事。到了还钱的时候，A和B把钱凑一起（A还10元、B还2元），由B负责给C，如果A到期无力还款，则A把土地抵给B耕种，B先替A还钱，如果B无力替A还钱，A通过B，把自家的土地抵给C，由C耕种，何时还了钱，何时赎回土地。不论是B还是C，在耕种该地期间，无权私自卖地。如果三人之间能够达成交易协议，则A将土地优先卖于B或C。托人指地借钱，无须付利息。A向C还钱赎地时，需要经过B。B在此次借约中承担中间人的角色，给A帮忙借钱，A会感谢B，但一般不会特意请B吃饭喝酒,"那时候都困难,都没饭",逢年过节,A 不会因为借了 B 的钱,特意给 B 拜年或送礼。

3. 数量、质量

村民在借粮时,一般借几升、一斗、两斗,如果开口借一石,对方没有那么多粮食,即便有也不会借给自己,生怕到时候还不上,当然,自己也不会狮子大张口,否则到时候还不起。即便双方是亲戚,也不会借太多。借粮时,双方当场斗量[1]。农户去借粮,一般借好的,家庭再穷、借着吃也要借好的(如果不去借粮食或者想凑合过日子,就吃赖的饭菜,比如吃糠咽菜)。农户 A 去借农户 B 的粮食,B 若有陈谷和新谷(当年收的),优先借新谷(由 B 决定),陈谷一般会锁在仓房[2]里("能不开仓就不开仓")。

借粮种时,如果遇到像张化楠等为人宽面的好主,就能借的多,比如借一斗,他会给一斗半,以免出现播种时断了种子的状况。

4. 中人

穷人若去本村好主家借钱,一般要找地方、当户落知己不赖的村民等做保人。指地借钱时,也需要找地方做经纪。指地借钱,借方所提出的数额不能超过所指土地的价格,如果超出了该地的价格,则要么对方不答应,要么自己换一块能够与借钱数额差不多的土地,即地有所值,土地值多少钱,就借多少钱。

5. 利息

村民间一般的借钱,需要给对方付利息(俗称"利钱"),而指地借钱是为了养家糊口,迫于无奈才出此下策,所以对方不会索要利息。借种子,同样没有利息。

6. 契约

指地借钱时需要打借条(内容大致为:××时间、××人借了××人多少钱、还款期限、中间人的姓名等),即便双方都是当户落的熟人,也需要落字为据。一般由双方写借条,一式两份,借条上需要双方和中间人签字画押,还钱的时候也得请地方等中间人出面做证。借方还了钱,中间人就当着双方的面,把两份借条当场撕毁。

7. 期限

其一,正常期限。指地借钱的期限通常为半年或一年,如果到了期限,借方迟迟还不上钱,借方就主动去跟对方说,比如"我现在还不了,你把地拿去种吧",此时,对方有了土地的短期经营权和收益权,但没有所有权,即土地的文书一直由借方自己

---

[1] 当地俗称为"过斗"。
[2] 过去,村民普遍用囤存放粮食。

保管，不给对方，如果将文书给了对方，就等于把土地去（卖）给对方。如果本年度该地里种的庄稼还未收割，则借方向对方说："等过了秋，我把庄稼收了，你再拿地吧！"对方一般不会去跟借方要钱要地。

如果借方A将土地暂时抵给B耕种，B不能在耕种期间私自将该地出卖，即便卖此地，也没人敢买，因为本村的村民都知道此地的真正主人是A。该地在没有被主人赎回之前属于"岔弊地"（当地话语，意为产权不固定），如果B不想耕种，要将该地出卖，也必须要和A商量，取得A的同意，A若不同意就不能卖，A若同意就可交易，卖地的钱归A，但是在拿到钱的时候需要先还B给钱，剩余的留给自己。A若答应卖地，优先卖给B，此类现象称为欠债"合地"（方言，意为将土地折合成钱，然后给对方还）。借约双方由于知己不赖且借方因贫指地借钱，不会请对方吃顿饭、喝顿酒。

其二，赎地期限。如果借方将土地给对方种，所得收成全归对方，借方自己不再从中受益。借方逾期还款后，可以将土地赎回，何时还钱何时赎回土地，赎地的时间一般也在"过了秋"（得让对方把当年的庄稼收了之后才能赎）。

8. 偿还

其一，借钱与偿还方式。有借有还、再借不难，如果借了钱，可以采取多种方式予以偿还：一是典地还钱。有的农户急用钱，去借好主的钱，如果好主不借，自己只好将土地典当给对方，如果到期无钱赎回，土地就归对方所有。二是以工还钱。如果自己去找当户落关系不错的好主家借粮食，一般会向好主家掌柜的说，先给自己借点粮食，等对方家来年"开活"（意为农忙时节，即春耕、锄草、收秋割谷季节），自己再去给他打短工、干农活，以工钱偿还，很少直接给好主家还粮食（自家本来地少，粮食少，来年收的粮食留着吃）。如果自己做工还了钱，对方家里还有农活且自己还有空闲时间，则继续给对方打短工，"施点钱"，养家糊口。借好主的粮食，也可以按上述方式，"以工还粮"。

此外，若A向B借了1元钱，借时1元钱可以买1斗米，到了还钱的时候1元钱只能买半斗米或1升米，这时，A给B同样只还1元钱，不会因为货币贬值而给对方多还，B自己"背点伤"，不会去找A讨要额外的补偿。

其二，借粮与偿还方式。还粮的时间一般是收秋割谷以后，需要还当年新收的粮食，且需如数偿还，借1斗还1斗、借2斗还2斗，宁愿多还一些也不能少，且还是晒干后的粮食，不能将湿的粮食还给对方，因为当初借的粮食一般也是没有水分的。自己如果心中感恩对方的借粮救济之情，还的时候多还1升或2升。如果对方故意找碴，说自己还的粮食不是干的，则双方之间为此会闹得不愉快，以后很少会"同事"。A 将 1 斗粮食借于 B（借时过了斗），B 还的时候将粮食装在布袋里来还，且跟 A 说是 1 斗，A 当时出于对 B 的信任，没有当面过斗，后来若发现 B 当时还的粮食不足 1 斗，A 不会再去找 B 索要，但会为此与 B 保持距离，觉得 B 为人不厚道，以后尽量不与其同事。

借粮食还粮食、借钱还钱，如果借了钱，还钱时无现钱，则按市场价将粮食（玉米、谷子）核核价，还粮食。如果借的是玉米，还的时候一般也还玉米，借的是谷子就还谷子，不能"瞎换哒"（方言，意为不能自作主张换粮偿还）。还的粮食的品质要与借的粮食保持一致，即借好粮还好粮，借干粮不能还湿粮。如果去借好主的粮食，好主一般会借好的粮食，赖（差）的粮食留着喂猪、喂头户。[1]

借的粮种，一般是春借秋还，过了秋、收了谷，就还给人家，如果还不了，对方也不会催着要粮。

9. 借约纠纷

其一，邻居借约纠纷。比如村民王氏与邻居沈氏之间的借钱纠纷：王氏东邻家沈氏的儿子平时喜欢赌博（俗称"玩钱"），沈氏家为中农家庭，一天，沈氏儿子向王氏开口借钱："姑，给我拿几块钱吧。"王氏知道他喜欢玩钱，怕借了钱不还，于是不想借给他，但对方又开了口，又是邻居，不能直接拒绝，就变换了一种说辞："俺今天没钱，你在家等着，俺上半个（附近人家）给你'转转弯'（意为找别人家借）。"王氏给他借了几块钱（其实是自己的钱），王氏这样做的目的是为了让对方明白，是她找别人借的，这样一来，沈氏儿子到时候还钱的可能性较大。当时借钱时，双方没有打借条，也没有说需要利息，都是"挨着哩、靠着哩"，沈氏儿子借钱时没有说明具体的还钱时间（只说了"花几天"），王氏也没有与他讲。沈子还叮嘱王氏不要向他家人说借钱的事情，如果他的父母亲知道他借钱赌博，会惩罚他。借钱之后的第一年 7 月份，沈家收了梨，有了收入，按道理沈子应该给王氏还钱，但王氏向沈子要债时沈子没有给。第二年，王氏继续向沈子要债，沈子推辞说"等家卸（收）了梨再还"，当年的梨收了，沈子依旧没有还钱。等到第三年的时候，王氏再向沈字要债，沈子终于还了钱，但也因此和王氏闹了别扭（原因在于她向他要债），处处与王氏过不去。比如，王氏有一年在与他家相邻的过道里堆放了几捆秸秆（靠着自家的墙），沈子看到之后就说："你包（别）堆了，堆在那里着了火咋办？"

其二，指地借钱关系中的边界纠纷。在指地借钱关系中，B 耕种 A 的土地期间，

---

[1] 比如"让谷子"（谷子脱皮）时，谷皮太多即为赖谷子。玉米棒子也有好赖之分，如果棒子尖端处颗少无子，即为赖棒子。

若 B 与该地的地邻发生赶地边（侵占土地）及类似的纠纷，则 B 与地的主人 A 都有权维护土地的利益，B 不会因为是 A 的土地就不加监管，自己拥有暂时经营权的同时也有管理权。如果发生类似的纠纷，对方也知道土地的真正主人是谁，大家都当户落居住，都相互熟悉对方的情况。

（二）帮工

村民们在日常生活中普遍存在相互间帮忙的现象，"今天在你家干活，明天在我家干活"。当户落知己不赖的农户之间平时相互帮忙，甲动工修建房屋，乙看到之后自带工具主动去帮忙，无须甲特意来请。乙也可能是甲的邻居，邻居之间如果没有矛盾，一般会相互帮忙。

在建屋前的脱坯阶段，当家人只需去跟对方打声招呼，对方就会来帮忙。如村民王栓堂盖房的时候，就找村西的张忠明、村东的周光录等人来帮忙脱坯，当时王栓堂之所以请他们，一是他们和自己知己不赖、走哒得比较近，二是他们会脱坯，脱坯时一人负责推泥一人负责脱。此外，还有当户落其他村民来帮王栓堂。因为他手巧，是专门"糊纸佛"的能手，村民谁家若是"老了人了"（有人去世），就请他帮忙糊纸佛，好主家"老了人"，也会找他帮忙，所以，他在村里的威信比较高，"谁都说不着"（意为为人宽厚）。也正是这样的原因，每年正月初一，王栓堂母亲穿戴整洁、坐在高堂之上，等待村里的老老少少上门磕头拜年。

当户落的人来帮忙，需要自带工具。如果自己无家当，就向当户落的四邻八家借，大家都是一户落的党乡人，相互熟悉。如果自己的家当在帮工过程中使坏了，由自己负责，不用东家赔偿。如果借用的家当使坏了，也由自己负责，即谁借用、谁赔偿。

帮忙时的工期一般根据活的大小来定，如果 A "活大"（方言，意为事务多），需要的工期长，B 就帮 A 多干；若 B "活小"，即需要帮忙的工期短，A 就帮 B 少干，相互之间不会为此感觉到吃亏。当地人常言道"乡亲面子强"，帮工都是看"相互的乡亲面子"。好主家盖房，一般会请县城里的盖房班（二三十人左右组成，有的班子人多、有的人少，一般是包工作业），他们承包好主的整个工程，做工效率高，出工时自带家当。

相互帮工，不必支付报酬，最多是东家给帮工们买几盒烟、几瓶酒，正如老人讲述的："那时候的人们看得长，不会动不动要钱，要吗钱呢？都是当户落的党乡人。那时候也都穷，给不起。"[1] 亲戚来帮忙，也不需要给工钱。

当然，乡亲们前来帮忙，东家需要为帮工烧水，并且要管一日两餐（午餐和晚

---

[1] 引自张小考老人的口述。

餐），早餐由帮工在自家吃，东家不必供应。吃饭时，做饭的人将一大盆小米粥盛到饭桌上，然后放一个勺子，大家自己舀饭，舀饭时不分长幼、先后，帮工都是年轻力壮的人，吃饭时比较随意。过去，家家户户多是在长方桌上吃饭，饭桌上不设主位和次位，都是随意坐，帮工在桌子两边搭两块木板当板凳。吃饭过程中，帮忙的人"叽叽嘎嘎、连说带笑"，相互开玩笑，"你糟蹋我两句、我糟蹋你两句"，但一般不会开过分的玩笑。

（三）串门

村民们在空闲时间，主要去近门的兄弟、叔叔大伯、邻居、当户落知己不赖的农户家中串门，去亲戚、朋友家串门的机会相对较少，逢年过节或亲戚、朋友家过事（婚丧之事、过"十二晌"）时才会去走访，平时"没事没务地上人家那干吗去？"[1] 亲戚、朋友家居住得相对远，大多数是邻村或外村的，去亲戚家串门一般要带点礼物，比如糖包子、点心、鸡蛋等。走亲访友时互带礼物，一是显得双方的人情关系更加浓厚，二是"脸面"上看着比较好，亲戚朋友间好不容易有机会走访，如果不带礼物，脸面上过不去，尤其是外嫁女回娘家串亲，不带礼物就更说不过去。平时，到邻居、当户落的党乡人家串门，不必要带礼物，据当地人讲述，双井村党乡人之间互相串门，没有带礼物的乡俗（规矩）。近门、党乡人之间互相串门不带礼物的原因如下：一是过去人们生活水平普遍低下，平时不会送礼；二是正如当地俗语所称："党乡人面子强"，注重人情关系而非金钱利益关系，党乡人之间帮忙、串门时如果付报酬、送礼，就会嫌弃对方太薄皮（斤斤计较）。

（四）生产合作

1. 地缘雇佣

通常情况下，村民们在生产过程中需要帮忙的劳力时，优先请与自家家境差不多、有牲口的人家，不请好主人家（好主也很少会与穷人相互帮忙、"同事"）。然而在耕种环节，当户落村民间很少存在相互帮忙的现象。土地少的农户，自家劳动力就可以完成耕种任务，不需要请人帮忙或雇工生产。土地多的农户（一块土地有四五十亩或家中土地数量达几顷），在播种、扳苗、锄地、收割等生产任务比较集中的环节，都不需要请人帮忙，而是雇长工、短工。好主家或人少地多的其他农户觅短工优先从当户落觅，当户落的人是党乡人，觅他们干活，一方面是为了完成自家的任务，另一方面是为了让他们挣点工资过生活。

---

[1] 引自张联须老人的口述。

2. 同村换种

农业生产中常存在的换种也是同村村民们重要的合作形式。过去，谷子的品种多，主要有小穗黄（味道较好）、凤毛谷（穗粗、产量高，但不好吃）、七头白（穗子大、产量高）等，村民们听闻谁家的种子品质好、收成高，就去换谁家的。换种双方既可以是知己不赖的关系，也可以是一般关系。

换种时依照固定的比例，用升（木质）量，一般是1升换1升[1]，不找差价。不管谷子品种优劣如何，最起码都是谷子，双方不会薄皮。与此同时，依据乡俗，换种时谷子换谷子、玉米换玉米（玉米的品种少，换玉米种子的现象较少，换高粱、豆类种子的现象也少）。

3. 就近合纺

当户落的女性们在生产中的合作关系主要体现在纺花织布事务中。在无法单靠自家能力置一台织布机的情况下，家中娘们与当户落邻居或其他知己不赖的女性搭伙纺织（妯娌间如果当户落居住，纺花织布时，优先与妯娌搭伙）。织布机具，一般请本村的木匠做，织布机的木料和木匠的工资由伙具者平摊。

第三节 业缘与业缘关系

传统时期双井村业缘关系的建立主要基于村民的职业、生计。村民们因为从事共同的职业、为了相同的生计目的产生特定的业缘关系，比如共同搭建粮食摊子、组建打井班、合作贩盐等，他们在具体的合作事务中需要遵循行内的规矩。

一、业缘主体

过去，双井村的业缘关系主体主要有两种：一是各种各样的正式组织，它们一般由村民自发建立，比如打井班、戏班子；二是因共同利益产生合作关系的个体。

（一）业缘组织

一是打井班。在前文揭示双井村自然形态的章节中已提到，村庄的水井事务离不开打井班。打井班是本村善于处理水利事务的村民组成的业缘组织，它由党氏、张氏等年轻力壮的10多位男性组成，他们大多有过下井做工的经历，会点技术活，按照老人们的话来讲"会鼓捣"。

二是戏班子。本村有两伙戏班子，刘氏戏班子在村西搭台，唱弦子戏，另一个戏班子在村北搭台，唱梆子戏，"两家对着唱"。刘氏从外地买了一个媳妇（跟着他唱戏）、

---

[1] 1升等于3斤。

一个女儿（一直未能学会唱戏，成人后出嫁到外地，生了1儿1女，从小跟着刘氏唱戏），还收了两个巨鹿县（距离本村90公里左右）村民为徒（刘氏常年管其吃住）。刘氏家中有10亩地，由他哥哥负责鼓捣，家里还喂了一头牛，兄弟俩一直没分家，属于贫农家庭。他嫂子有一次牵着牛下地套水车浇地，不料牛被黑军（土匪）抢了，后来没有追回来。

（二）业缘个体

1949年前的双井村村民们为了谋生，或成为雇工或走上做生意的道路，村民做生意依赖于一六集及村庄内外的消费群体。有些家庭经济水平较差的村民在经营生意时，无法完全依靠自身的能力，于是和家境相当的农户结成业缘关系，基于共同的经济利益产生合作，比如共同筹集资金开设粮食摊子、油坊以及贩盐。

在当地，粮食摊子即挑粮食、买粮食的地方，每个粮食摊子由本村三四户粮食经纪自发合资经营，他们一般是当户落知己不赖的人。合伙的村民分工明确，其中一位负责"过斗"（称粮食，他不一定识字），一位负责管账（有文化、计算过斗数量、收钱，也被称为"先生"），其余的负责看管摊位，日常交易中赚取的经纪费需要平分。

村民间除了在粮食生意上合伙，还在盐、油等日常生活用品的买卖方面达成合作关系。比如村民王氏和张氏均为少地的贫农家庭（王氏的儿子为村里的手艺人），他们当户落居住，为了改善生活，平时在村庄街面上"做伴"（搭伙）卖盐，所得利润平均分配。还如村民张氏、李氏等4户人家（均为贫农）同等筹集资金，分别在村北、村东经营了2家油坊，开设油坊时不再额外雇劳力，而是每户出个劳力，油坊收入由4户人家均分。

二、业缘关系

（一）业缘范围

村落的粮食摊子一般在赶集之日经营，其业缘范围不仅限于双井村之内，除了本村一六集的2个粮食摊子（一个在南、一个在北），范庄、换马店、大陆村、唐邱村、米家庄等集市也有粮食摊子。不论是本村的粮摊还是外村的粮摊，基本上都遵循共同的行规，比如经纪费用均按交易额的5%抽取，不能随意升降。经纪自家人交易，也需要支付5%的费用。

与粮食摊子的业缘范围类似，戏班子、打井班、搭伙贩盐的村民、共营油坊的村民等的日常业缘范围同样比较广泛，包括双井村及其邻村。比如本村唱戏时，邻近村庄（郝庄、米家庄、唐邱村、李家疃等）的村民也来看戏，这其中不乏本村村民的亲戚（或是村民去邀请，或是自己主动来看戏），看完戏就在本村亲戚家吃顿晚饭，天黑了再回家，来看戏的村民一般不在亲戚家过夜。本村听戏的人一般是村里"没事没务"

的村民，包括男女老少、好主和穷人。村长、村副、族长、"家长"和副"家长"、地方、看井人等管事的人也去看戏，他们与有头有脸、好管闲事、能说会道的老年人（不一定是好主，也会去看戏）一般坐在戏台两边的凳子上看戏。普通人站在戏台底下的罩棚里，汉们站在罩棚中间位置，娘们一般站在罩棚两边位置，她们自知不能占据汉们的位置。

（二）业缘内容

1. 粮摊交易

在粮食摊子上交易时，买方先将钱交给经纪，经纪再转交给卖方。村民们一般根据与某个摊位经纪的关系好坏程度来决定去 A 摊位还是 B 摊位交易。村落的粮食摊子不用交税，也不用给村里交摊费。当时的粮食价格如下：1 斗棒子（玉米）市价为 1 元（中央票），1 斗谷子和高粱的价格均在 7 毛或 8 毛左右，1 斗黑豆和黄豆的市价约为 4 毛或 5 毛，一个馒头卖价 1 毛 2 分钱左右，交易粮食不用交纳税费。

2. 打井作业

打井班成员平时务农，遇到打井、维修水井之事，就临时组织起来，打井班内部也有组织者（老人们在访谈中已无法回忆起具体的组织者）。村里修缮饮水井时，一般请打井班，村里只需给他们连钱买点鸡蛋、馍馍等，管一顿饭足矣，无须额外付报酬。如果要给好主打井、修井，则需要报酬、管饭管酒。修缮水井，不请外部的专业打井队或打井班。他们打井作业，不需要向村长、村副、地方等村庄治理主体报告，管事的人们对打井班事务不加干涉。

3. 搭台唱戏

唱戏的时间一般比较固定：一是收秋割谷以后的农闲时节，戏班子就在村子里面搭台唱戏；二是每年农历正月十五，过庙会时唱戏（村民集体连钱募资）；三是大家族举行续谱活动时请戏班子唱戏（族人集体连钱募资）；四是举行求雨仪式，如果老天爷下雨了，就需要搭台唱戏（村民集体连钱募资）；五是过完年，戏班子们收拾行李外出唱戏。每次唱戏时间差不多为五天至一周，戏子们早上吃了饭就开始唱，一天唱两场或三场，一场约两三个小时。

每次唱戏前，当户落的村民们帮忙搭台（找两个水车架子、几根柳柱子、几块木板）。至于唱戏时是否收费，根据不同的情况来定，本村的戏班子不收钱（如果要听弦子戏、梆子戏，就不需要从外地请），如果要听秧歌戏，得从孔小营请戏班子（戏班子进村后住在村西的粉房或其他闲置地方），每场戏的费用由大伙筹集（由村民中好管闲事、爱热闹的人负责收钱）。戏班唱戏，一般是他们自己定戏，村里有些好吃好喝、

"半块咧咧"、不务正业的人有时给戏班子买两盒烟点出戏。

4. 做伴贩盐

如前所述,村民平时消费的食盐分"大盐"和"小盐"两种,大盐的品质较高、味道佳,一般由大户人家消费,小盐的苦味重、品质较差,一般被穷人们消费。小盐的加工程序较为简单、粗糙,有的村民自己制小盐(主要从当地盐碱土中提取),如当地人所讲:"刮小土,淋小盐,哪年不挣二百钱?先出盐,后出硝,没盐没硝瞎鼓捣。"搭伙贩盐的两人之间平常关系处得不错("不赖"),相互之间比较信任,不存在一方欺骗另一方的现象。二人卖盐需要落账,当甲在场乙不在场的情况下卖了盐,需要把盐的数量、收入记入账簿。二人的家庭成员无权参与他们的贩盐事务,如果家庭成员私下卖了盐,二人就要追究责任,甚至给予体罚。村民做伴贩盐,不需要向村里管事的人,即村长、村副、地方等人告知,也不需要给国家上交交易税。

5. 油坊交换

油坊的主人平时用棉花籽榨油,榨的油按斤出售(1 斤油约需要几毛钱)。村民们也时常带自家生产的棉花籽去油坊换油(不用谷子、玉米换油),如果用差的棉花籽换油,兑换比例为 10:1,即 10 斤棉花籽换 1 斤油;若棉花籽比较饱满,则兑换比例为 8:1,即 8 斤棉花籽换 1 斤油。后来,油坊生意不景气,两家油坊均歇业关门,村民们用油时只好从油贩子那里换取,外村(米家庄村)油贩子每 5 天左右来一趟双井村,村民们得知他进村,纷纷带着棉花籽去换。

第四节 信缘与信缘关系

从古至今,双井村民们有着比较丰富的精神生活,他们普遍信奉真武爷、龙王爷、天主等。信仰同一神明的村民在祭拜大会、信仰活动中形成了比较紧密的信缘关系,相对而言,不同信仰的村民之间的社会关系较弱。日常的生产生活中,不同信仰的村民间也会正常往来。

一、信缘主体

(一)庙宇

1. 真武庙

真武庙具有自己的组织机构,即玄天大会(玄天大会主要为了祭拜真武庙的玄天大帝而成立),负责大会的组织成员由村民自荐,没有任何报酬。如前文所述,每年正月初五,会首召集全体人员商讨布置十五庙会的事宜,唱戏,搭建神棚,各村来的香客的伙食、所收油款的公布等各项工作。真武庙坐落于本村西北角，威震北方，庙内供奉真武，东侧有桃花女，西厢为文昌公，庙宇东侧为送子娘娘庙，1966年地震时被毁。[1] 农历每月初一和十五，开门上香。

表 4-7 真武庙上的对联

真武庙对联：仗剑威风仙佛焉耶矣，降龙伏虎龟蛇云乎哉
娘娘庙对联：敬娲皇恩赐贵子，虔男女接子得嗣
文昌君殿对联：文昌君降灵犀状元及第，儒弟子苦读书克勤克俭

过去，村落修建神居，一般需要信徒出资出力，官府不予干涉。比如真武庙有2间瓦房，它的修建完全靠村民自己的力量。其他神居如小鬼庙、老母庙等的修建过程均与真武庙类似，由本村的汉教村民共同筹建。官房的修建也是如此，两处官房全为土坯房，由当户落行好的几十位村民（不分男女老少）筹资修建，不出资的人负责撺掇（帮忙）。

2. 龙王庙

龙王爷的塑像为泥制品，供奉于龙王庙，龙王庙空间不大（1间房左右）。庙宇东墙边立有一块石碑，高约2米、宽约1.2米、厚度达20厘米，刻有修建时间、庙宇捐资者的名单、庙地的数量、庙宇的管理者等。龙王庙由村里行好的人们发起筹资修建，龙王庙名下有庙地（如前文所述，龙王庙庙地位于庙宇东边，2亩左右，庙地由村民闫氏耕种，闫氏与龙王庙相邻居住，平时负责管理龙王庙）。

3. 教堂

双井村的教堂名称为"圣亚娜"，建筑占地面积约50间房屋大小，据说是一位国外的老修女捐资所修，至今已有150多年的历史（当年日本人入侵本村，曾到教堂搜查八路军，但没有破坏教堂）。双井村的老教堂早已不存在了，据村民回忆，老教堂在"文化大革命"和地震时被毁，目前耸立在村庄东边的新教堂是后来天主教徒们集资建成的。据张大伯介绍，该教堂是双井村迄今为止最大的工程了。

二、信缘关系

（一）汉教村民间的信缘关系

信奉汉教的村民们逢年过节、家有灾难的时候都会去真武庙祭拜真武爷。逢年过节去祭拜，具体时间是腊月三十、正月初一和正月十五，行好的人家每月初一、十五也要祭拜。普遍是一家人前往，家里除了留下一个看门的（一般是老人），其他人都去

---

[1] 1985年广大村民自愿商议重建。自建庙以来，香火未断，广大村民继续保持古老传统节日。

祭拜、磕头、上香、上供。家中有病或灾难时，由母亲或奶奶等人前去拜神。在举行祭拜仪式时，上3—5炷香，烧3—5张纸，并自愿捐献油款。据说正月十五是真武爷的生日，这天，需要村民们在真武庙集资举行盛大的庙会。每年腊月三十、正月初一、正月十五祭拜，行好的人家农历每月初一、十五也要祭拜，平时不去祭拜，患病的人家需要求神免灾（据老人回忆，真武庙宇中的另一位神桃花女位于东边，住在桃花村，会算卦）。村民去祭拜真武爷时一般买包点心、拿点香纸、放点油钱（几毛几块不限），自愿捐献，真武爷保佑一方平安。据说，村庄发生天灾人祸，真武爷都会保佑，给真武爷上供的目的在于"祈求不闹灾，给个好年景"[1]。

（二）汉教村民与天主教民间的关系

信仰同一神祇的村民之间关系比较亲密，平时相互交往，尤其是在举行庙会的时候，集体要参加、共同举行祭神仪式。

双井村除了有信奉真武爷、龙王爷的村民之外，还有少许信仰天主教的村民。信仰汉教的村民与信仰天主教的村民在地缘上有着明显的区别，前者人数众多，主要聚居于村庄南北街西侧（真武庙在西侧），而后者人数较少，且主要聚居于南北街东侧（天主教堂也位于东侧）。汉教村民不参与天主教徒的祭拜活动，同理，天主教徒也不参与汉教村民祭拜真武爷、龙王爷等拜神活动，但会给予帮助，比如汉教村民在真武庙举行庙会时，天主教徒也会来帮忙（搭帐篷等）。

在日常生活中，汉教村民与天主教村民为党乡人关系，村庄允许二者之间互结姻缘。在农业生产中，汉教村民与天主教徒之间可以互相借用农具、借井浇地，甚至伙养耕牛。在土地租佃、雇工生产关系中，二者不受宗教信仰因素的影响，汉教村民可以将土地包给天主教徒，信仰天主教的好主人家也可以雇用汉教村民从事农业生产，只是信仰汉教的一方将天主教徒视为"奉教的"，给别人介绍时，会将对方"奉教"的特征予以告知，如"××是奉教的"。双方的日常交往还主要体现在婚丧之事中，汉教村民家举办婚丧之事，与其知己不赖的天主教徒会以党乡人的名义前来帮忙，如果二者是沾亲带故的关系，还需要上人情、随礼钱。

（三）信仰圈

村庄区域中的村民以真武爷、天主为信仰中心，村庄修建的真武庙中，真武爷为主神，配祀神为文昌君（真武爷之左）和女娲（真武爷之右），村民祭祀主神时也会祭祀配祀神。真武爷主管双井村，邻村村民（主要是行好的）也会被邀参加双井村真武爷庙会。本村老母会成员均以某一户落为单元组成信仰圈，几个信仰圈之间互有往来，

---

[1] 摘自村民高氏的口述。

时常共同参加村庄的大型庙会、祭祀活动。

村民们不排斥外村来的香客，附近村庄举行庙会，比如米家庄长虫庙会、井里庄老母庙会、郝庄龙仙庙会、唐邱村真武庙会、岳家庄春分庙会中，本村老母会成员会被邀参加，其他信徒若有意愿也可参与。

第五节 交往与交往关系

传统时期的双井村民之间存在着丰富多样的社会交往关系，他们的交往对象一般包括家族成员、亲戚、邻居、党乡人等。村民们的交往活动既体现在农业生产活动中，也体现在婚丧嫁娶的事务、闲暇时间的串门等日常生活中。他们多种交往关系的发生离不开特定的交往场域、交往偏好和交往方式。

一、交往活动

（一）交往主体

村民之间普遍存在相互走哒的情况，交往的范围主要在户落之内，当户落与自家交往的人大多是家境相当的人，好主与好主交往（他们都是有饭的人家），穷主与穷主交往（均属于没饭的农户）。在生活中，交往最多的人是近门或当家十户的兄弟、妯娌、叔叔大伯等，在村民看来，近门的人是"亲的、热的、亲乎乎的"；其次是四邻八家。交往对象主要是农业劳动者、技艺工匠、小商贩等，如果穷主与好主是近门的兄弟或叔伯（前者有四五亩土地，而后者有几顷地），相互之间的交往也会比较频繁，这种交往主要是基于血缘关系，此类情况下，穷主主动找好主的时候比较多，前者找后者有时是为了串门、闲拉关，有时为了借钱、借粮、借农具等。

（二）交往缘由

村民在交往过程中，根据不同的交往内容、需求，选择不同的交往对象（如下表所示）。

表 4-8 双井村不同交往对象间交往关系

交往对象	交往内容
近门	与近门的交往活动主要是串门闲拉关、借用农具、帮忙、婚丧之事的参与、祭祖、拜神、拜访共同的亲戚、借钱、借粮等
邻居	与邻居交往主要是串门闲聊、修建房屋时相互帮忙、参与村庄公共事务、拜神、借井浇地、借磨磨面、借钱、借粮等
亲戚	与亲戚交往的活动主要涉及婚丧之事、生育仪式、寿辰仪式、伙养耕牛、借钱借粮等方面
党乡人	与党乡人（乡亲）交往的活动一般是全村事务，如求雨、治蝗、挖沟、摊派、生产雇工、商业交换以及庙会、打牌娱乐等

（三）交往内容

1. 闲拉关（聊天）

双井村民集中居住，农闲时间或下雨天无法下地干农活之时，家中汉们主要去四邻八家、知己不赖的农户家串门闲拉关，聊天内容一般是家中农业生产事务、家庭生计与出路、儿女情长、集市交换，比如一年的农业收成、家里的牲口及其价格、粮食价格、务工情况等等。娘们主要与当户落知己不赖的女性闲聊，老的与老的交往、年轻的与年轻的交际，婆婆与其他女性聊天，一般谈论自家的儿媳的好坏，儿媳与其他女性聊天，一般谈论自家公公婆婆的是是非非，也会谈论妯娌、哥哥、小姑子。闲拉关过程中，很少谈论国家大事、村庄公共事务。

2. 打牌娱乐

过去，打牌是村民主要的娱乐活动，也是村民间相互交往的主要内容。一起打牌的人多是当户落居住的人，村东户落和村西户落的人也会一起打牌，好主和穷人也会一起玩牌，参与者不分贫富。父子、弟兄们可以一起打牌，打牌时，谁也不让谁，即便是亲兄弟、父子，也不会相互谦让。天主教徒也参与（打牌交往的具体内容将在双井村文化形态章节中予以讲述）。

3. 撑掇（帮忙）

撑掇是交往的主要方式，当户落村民之间在农业生产、脱坯打墙、修房过程中普遍存在撑掇现象，一般是盖房前一天，主家去跟对方打声招呼。比如村民王栓堂盖房时，找村西的张忠明、村东的周光录等人来撑掇脱坯，之所以请他们，一是他们和王栓堂知己不赖、走哒得比较近，二是他们会脱坯。

4. 过事

举办婚丧之事、生育仪式（"十二晌"）时，近门的爷爷奶奶、叔伯兄弟、嫂子、婶婶等"亲的、热的人"参与，其他亲朋好友也参加，当户落的人也帮忙，过事的过程体现出农户与家族、与亲朋好友、与党乡人之间的人情交往、帮忙关系。在双井村民眼中，两个不论是有血缘关系的家庭还是当户落居住的没有血缘关系的家庭之间，相互断绝往来、不再交往的主要表现就是"事情都断了"（当地话语，特指婚丧之事中，相互不上人情、不帮忙、不交往）。如果一个家庭的某一个成员与另一个家庭的某成员有了矛盾，则一般会导致两个家庭的矛盾，两个家庭的所有成员之间就会有隔阂，大人之间见面不说话，孩子们也不会一起玩耍。

5. 家族事务

每个农户都是某一个家族的成员，有的属于大家族，有的属于小家族。家族的祭祀（祭祖、祭坟）、续谱之事中，成员之间通过分工协作发生交往行为，有的家族仅限于村庄内的交往，有的大家族，比如王氏家族，在举行家庙祭祀活动时，周围村庄的族人也需要参与，共同祭拜祖先、吃大锅菜。

6. 拜神事务

村民们逢年过节去真武庙祭拜真武爷、玉皇大帝时，或是一家一户前往或是与他人结伴前往。在举行真武爷庙会过程中，村民们更是熙熙攘攘地参与、集体祭拜、吃大锅菜，在祭拜、搭帐篷、置锅灶、吃饭的过程中，相互交流、分工协作。村东的天主教徒每天差不多固定的时间，去教堂集体念经，从教堂出来，一般结伴回家。村庄拜神组织——老母会，更是将时常行好的人组织起来，大家在统一的组织内拜神、交往，各个老母会之间也会相互交往。

7. 交换活动

日常的交换活动包括商铺中的交换、开市之日赶集、平时与流动商贩的交换以及买卖土地、房产、牲口、粮食事务，在这些交换事务中，买卖双方、国家税务人员与村民、中间人（包括粮食经纪、头户经纪、地方等）与买卖双方之间的关系均属于普遍的社会交往关系，进行交换活动的地域范围就是村民发生交往行为的范围。交换关系的主体不分男女，头户市场的交往主体一般为汉们，娘们主要与销售针线、鞋袜、布匹的流动商贩（如货郎、染布小贩）交往。

8. 村庄公共事务

村庄的公共事务包括求雨、治理蝗灾、挖道沟等，村民参与公共事务，一般在会首、村长、好管事的人的率领下进行。村庄防卫组织中也体现着丰富的社会交往关系，如好主人家组成的大刀会、联庄会，穷人组成的民兵组织等，在日常的防卫事务开展中（比如打击黑军组织、农闲时间的训练），成员之间频繁交往。

9. 其他生活事务

比如邻居或当户落的人们在磨面时产生的交往关系，有的人家没有磨，就借用邻居或当户落知己不赖的农户的磨。还如在水井拔水时产生的交往关系，村庄公共水井的使用中，青壮年帮助老人或小孩拔水。此外，借钱、借粮也是生活交往的主要内容。

（四）交往空间

村民之间发生交往关系的空间与一定的交往内容息息相关。当人们种地耕作时，交往行为发生在田间地头。闲拉关的空间一般在家门口、户落过道、大街上、农户家中。过事时的交往行为发生在主人家中、小鬼庙、女方娘家家中、道路等空间。交换物品时，村庄内外的集市、摊子、交易双方家就成为主要的交往空间。拜神时的交往空间主要为教堂、庙宇。祭祖时的交往空间主要为家庙、祖坟地。当交公粮、取信件、找村庄权威主体时,交往空间一般为村公所。

不同主体间交往的空间往往呈现差异。比如和家族的人交往,一般在家庙、家中、祖坟地、田间地头,和邻居交往的空间多是相互的家中、大门口、过道,和亲戚的交往主要在相互的家中,和党乡人的交往空间则显得更加多元且广阔:有时在家中,有时在酒馆,有时在磨道、田间地头、看戏的地方、庙宇、教堂、十字街、集市、油坊、肉铺、杂货铺、药店、粮食摊子、村公所、井台等。

二、交往关系

(一)交往偏好

村民在与亲朋、邻居、党乡人交往时,采用的方式基本一样,要么是串门,要么是走动,只有地域较远的亲戚间才会有书信来往。与近门、邻居的交往最频繁,其次是与党乡人的交往,亲戚间的交往相对较少,如果亲戚间同村居住或当户落居住,则往来比较频繁。

在交往过程中,村民大多数情况下喜欢与为人宽厚、有手艺、有文化、脑子比较清亮(形容该人明事理)的人交往,并且,知己不赖的人们的家庭生活水平不相上下,没饭的人与有饭的好主人家很少往来。与家族的大辈、为人宽厚、脑子清亮的文化人交往,主要是考虑到自己的日常需求,比如讨主意、写文书、处理纠纷、举办婚丧之事,一般要请他们出面帮忙、协调。与上述人士交往,除了过事中的人情往来,一般情况下不会相互送礼物,也不需要给帮忙之人支付酬金。请家族的大辈帮忙,主要是基于血缘关系,当户落明事理的人帮忙出主意、调解矛盾,主要是基于党乡人的关系,"乡亲面子强"(地方俗语),如果在日常的来往中,动辄要酬劳,就会淡化乡亲、血缘关系,会在一定程度上破坏了乡村礼俗,即当地人所谓的"乡俗"。与此同时,村民们会尽量处理好与邻居的关系,当地俗语称"能为近邻、不为远亲",邻居之间可以借钱、借粮、帮忙修房,甚至可以"借墙供岭",有时家中来了亲戚,还会请家族的大辈、邻居、当户落知己不赖的人陪客。除此之外,村民们喜欢与志同道合、年龄相仿的人交往,喜欢与同一职业的人交往,年龄相差无几、志同道合的人还可以结拜为门兄弟。

村民们有喜欢交往的对象,也有不愿意交际的人。平时不喜欢与比较"薄皮"(斤斤计较)、爱占便宜的人交往,更不喜欢与赌徒、盗贼、心术不正、不务正业之人交往。比如村中有一村民王氏,为人比较自私,家中置有一个铡刀,他为了防止铡刀被别人借用,每次下地干活时,把铡刀扛到地里,为此,一户落的人们都不喜欢与他交往,给他起绰号曰"老死子"。再如:村民甲与村民乙为一户落知己不赖的人。某日,二人一起喝酒,甲趁着乙喝醉的机会,私自偷了乙兜里的钱,乙酒醒之后追查此事,得知是甲偷了自己的钱。甲觉知自己犯了错,良心不安,于是请人向乙说和,请乙喝酒、向乙道歉,乙谅解了甲。此事之后,二人之间的关系再也回不到以前知己不赖的程度,双方即便没有直接断绝往来,但在以后的日子里,基本上没有交往。对于村庄内不喜欢的人,一般不会断绝往来,而是继续交往,大家都是当村(本村)的党乡人,抬头不见低头见,在村庄庙会、日常的生活(如婚丧之事)中还需要打交道。如果双方之间有了严重的冲突、矛盾,就不再交往,断绝往来,比如因偷情、借钱发生矛盾或者因土地边界产生严重的纠纷,就会一辈子不来往。

(二)交往方式

与不同的主体交往,维系关系的方式各不相同。与亲戚交往时,主要依靠祭祖、血缘亲情关系、人情往来、合作生产、互送礼物等方式。外嫁女在十月一时自带香纸到娘家,与自己的哥哥弟弟、叔叔大伯等一同前往祖坟烧纸。当自家无力喂养一头牲口时,与亲戚伙养(如村民张小考家与邻村外婆家伙养了一头牛)。亲戚举办婚丧之事,需要亲自参加,且需要带礼物、上人情,礼物一般是馍馍、猪肉,亲戚生病,去探望时要带礼品,比如点心、鸡蛋、挂面、糖包子(自己做的)、大馍馍等,亲戚间交往,礼尚往来。但亲戚分远近、人情有薄厚,亲戚间送礼,不会一视同仁,正如在前文婚事人情消费的记述中提到的:有的亲戚比较大方,送大馍馍,而有的亲戚比较小气,送的馍馍小。若东家看到亲戚送的馍馍小,心里会不舒服。亲戚蒸的馍馍越大,东家的脸上越有光,"脸面值千金",婚礼之日,众人都在观看亲戚的随礼。亲戚间送礼,宁可多送、不能少送,如果送的少/差了,亲戚的面子上不好看,没有给亲戚长脸,下次自家过事,亲戚送的礼物也会比较差。与亲戚间的交往方式一样,家族人之间的交往也重视礼尚往来的人情关系。家族人在婚丧之事交往中,会留意对方送的礼物,一般是妯娌之间相互监督,如家中母亲留意婶婆婆、大娘等人送的礼物。婶婆婆、大娘等送礼物一般代表叔叔、大伯整个家庭,如果婶子送的布匹较小、较差,则母亲会记在心里,婶子家过事,母亲就会送得更少或更差。家族人之间的交往除了借助于人情往来,还有生产合作、相互帮忙的方式,比如农业生产经营过程中的伙养牲口现象。老人王根春回忆,他家过去与家族的大伯家伙养了一头小黑驴,两家轮换使牲口。

(三)交往纠纷

在社会交往中,如果出现了误会,双方一般不会当场解决,而是自知理亏的一方请双方均熟悉又比较明事理的人"打圆场",进行调解,中间人可以是邻居,也可以是当户落的知己不赖的人。在处理交往误会的过程中，理亏一方需要请对方以及中间人去酒馆喝顿酒或者在中间人的斡旋、陪同下前往对方家中赔礼道歉（一般不带礼物），双方不必为中间人送礼，但会说道谢的话语。亲戚间交往，出现了误会，优先请双方都熟悉的明事理的亲戚"改和"（调解）。有错的一方需要带点礼品（打壶酒或者买两包点心）在中间人的陪同下去对方家中赔礼致歉，如果对方接受道歉，会在自家做顿饭进行招待。同样，误会双方不必为中间人支付酬金。村民讲述了这样一个事例：

1949 年之前，本村沈氏、刘氏、张氏三人平时关系"不赖"，沈氏住在当户落（本村某一片）东边、刘氏住在西边。某日，三人在户落里闲坐，那天恰好是邻村米家庄集市开市的日子，三人没事干，就相互怂恿："咱上米家庄赶集去吧！"但是三人都没钱，于是刘氏回家挑了 2 斗棒子（玉米）和其他两人一起去赶集，2 斗棒子挑了五六块钱。然后三人进酒馆喝酒，刘氏请客，酒馆老板是张氏的岳父。酒喝得差不多的时候，张氏和刘氏已大醉，沈氏从刘氏口袋中掏出刚刚卖棒子的钱结了账，但是"昧了良心了"，把剩下的钱装到了自己口袋。三人醉醺醺回家了，刘氏酒醒后发现自己口袋里的钱全都不见了，于是跑到米家庄酒馆打听喝酒时付账的消息。老板告诉他，是沈氏从他口袋中掏的钱付的账，剩下的钱装进了沈氏自己的口袋。刘氏心中很气愤，回村里找沈氏理论，俩人"吵包子、闹了别扭"，最终沈氏还是没有把钱还给刘氏。后来，沈氏觉得心中有愧，于是从当户落找了一位和自己、刘氏都关系不赖的人做中间人、打圆场，给刘氏说好话，并出钱请中间人、刘氏、张氏等人去米家庄酒馆喝了一场酒，在酒桌上当面向刘氏道了歉（没给刘氏还钱），此事就此了却。很快，事情传遍该户落。后来，刘氏和沈氏没再往来，当户落的人都说沈氏坏了良心了。

第六节 流动与流动关系

传统时期的双井村，社会流动现象普遍存在，村庄的社会流动包括村民的流进与流出。历史上的双井村是从山西迁入的移民缔造的，时间推移到民国时期，仍有部分外地村民迁入本村。然而，过去的村庄，经常闹干旱，气候环境恶劣，年景差的年份频繁出现，部分人口外流。有些村民离开双井村之后落户他处，再也没有回村，而有的村民离开几年之后重回村庄。

一、流动概况

在双井村，小商贩、务工者是主要的流动群体，这两类群体一般具有本地户籍，家庭条件艰苦，即村民所说的没饭的穷主、"穷得没法的人"，他们家中仅有2—5亩的旱地，人口四五人，即便有亲戚朋友，但在旱荒之年也是各顾各的生活，无法救助他们。他们流动出村，并非村庄权威主体和其他村民驱离，而是自愿的行为，希望通过社会流动（或外出卖瓜枣、炸油馃子，或外出打短工、"揽活"），为自己和家人找到一条活路。他们流动至外地，不需要经过家族、本村的同意，也不需要去当地政府机构办理相关手续，离开村庄后户籍仍在双井村，村庄和上级政府不予撤销。如果决定长期迁居外地，则在离开前把自家的土地、房屋、锅碗瓢勺等财产处理掉。土地和房产一般就近出售，如果家族的人有意愿、有财力购买，则优先卖给家族的人（锅碗瓢勺无偿送给家族的兄弟、叔叔大伯等人）。按照当地人的思维和惯例，物件（指财产）一般要"落到自家人的手中"，卖给自己家族的人，即便低价转让，也会觉得可取。

二、流动关系

（一）逃荒与流动关系

1. 地域

逃荒的地域范围较广，主要在省内相邻的县。有的村民也会逃荒至外省，比如村民武氏就逃到了东北，据说东北的耕地土质好（方言称"地皮好混"）。武氏家有一儿一女，早年在东北挖党参（药材），得知当地的生产环境好于家乡，于是回到本村后把自家人和当户落知己不赖的村民沈氏（只有妻子和一个女儿）也叫去东北谋生。他们当时乘坐火车去东北，临走时，把自家的几亩旱地和房屋都给了当家十户的"亲的、热的"人（如叔伯兄弟、侄子等人），逃荒至东北之后再也没有回来。

逃荒的家庭一般是家中人口少（无老人、孩子少）、有几亩旱地的农户。1940年左右，双井村年景差，部分村民逃荒至外地，外村村民也会讨饭至本村。有的外地人口来到本村后定居，如当时巨鹿县某村的一位中年女性到本村张氏家中讨饭，得知张氏早年丧妻，于是留在了张家。后来，该女子的丈夫甲上门找到妻子，张氏让该女子跟着甲回去，但该女子嫌弃甲太穷，不愿回去，张氏只好答应她留在自家，给甲两斗玉米、几块钱打发了。该女与张氏结为夫妻后生下一个儿子，她与前夫的女儿来本村住了几天就回去了。

2. 方式

逃荒的村民，有时带着妻子孩子独户外出，有时与当户落的村民结伴而出，亲戚之间也时常结伴逃荒（比如外甥和舅舅）。有的农户在外逃荒时有谋生之道，则会带着本村村民纷纷前往他自己逃荒的地方（多是井地多的村庄）。A决定逃荒时，把自己的家业（主要是房屋、土地、锅碗瓢勺、风箱）等靠给B，B可以是当家十户的叔伯兄弟、侄子等人。如果家族无人或家族人靠不住，就会选择当户落"知己不赖""好得没法"的农户，房屋暂归对方住，土地暂归对方经营（逃荒期间，A不享受该土地经营成果的分配权）。土地和房屋的文书一般存放在房屋的门头、墙洞等隐秘的地方，不随身携带，A只携带铺盖、一点干粮外出，B可以使用A的全部家当，但不能任意交易A的房屋、土地、家当，即B只拥有A的财产的使用权，不享有所有权。即B想交易A的房产、土地，但当户落的村民都会监督（"大伙都知道是谁的房屋、土地，大伙都看着呢"），B也不敢卖，本村的人也不会买。

3. 生存之道

男性逃荒至外地，一般从事做工（打短工、"揽活"）干农活、经营馍馍坊、赶集做小生意（卖瓜枣、卖肉）、乞讨等职业。年轻的女性逃荒后一般从事纺花织布工作，大多数是被别人介绍至雇主家，每天的工时按日升日落计算（方言称"两头见日头"），报酬用现金结算。如村民李双春一家三口，家有2亩沙地（坟地），住在村庄的官房（举行菩萨会的地方），在村里边开粉坊边耕种庙地，后来发生旱灾，无法在本村生存，就卷上铺盖拖家带口外出逃荒至西北方某村（距离本村15公里左右）靠打短工（锄地、扳苗）为生，经过一段时间的做工，赚了点钱，就在当地开了一家粉坊，重操旧业卖粉条，长期居住在当地。再如本村村民史永来，3岁丧父，几年后母亲带着他们兄弟姐妹四人沿途讨饭至石家庄市藁城区李家屯，他在该村为好主打短工、浇地，好主每天管其三顿饭并支付日工资，即2—3升米面。

4. 流动管理

外出逃荒，不必给本村的村长、村副、地方、族长等人报告（"打招呼"）。

（二）逃荒案例反映的社会流动关系

村民王氏一家三口有过几次逃荒经历。王氏在发生旱灾的年份（当地方言称"旱得着了火"），先逃荒至赵县大石桥，桥北某村庄的一位老年女性好心收留王氏一家三口（免费住在该农户的三间西屋中），该户人家当时有6口人（母亲、儿子、儿媳及3个女孩）。王氏一家人在该户人家生活了3年多的时间，其间，双方关系"好得没法"，王氏自己在当地做小生意（赶集炸油馃子）维持生计。3年之后，本村的年景有所改善，种地可以有收成了，王氏一家人决定回村生活，王氏回村前，给该户人家留了点自己炸的油馃子，以表达感谢之情。过了2年，本村年景又变差，地里收不到庄稼，于是王氏决定再次外出逃荒。这次，他和本村村民张路须父亲一同外出，张路须在村民杨氏的店铺打工。杨氏早年唱戏谋生，后逃荒至石家庄市藁城区周家庄，在当地经营馍馍坊、卖杂面。杨氏自知效益好，于是将本村村民吴喜春、杨清路、张小三、张喜春、王丰书、张小半、张路须等人觅为店铺的伙计，帮他经营，给他们开工资，为他们提供谋生之道。张父向王氏介绍，周家庄当地的"景"（年景）不赖，王氏于是带着妻小跟随张父一起前往周家庄。张父和王氏到周家庄之后，商量合伙赶集做生意，即"搭伙具"炸油馃子，张父提供了一桶40斤的油，王氏提供器具和手艺。张父好吃懒做，没过几天便跑回家中，王氏一家三口继续留在周家庄赶集为生，免费住在当地一农户的闲置房屋中。4年之后，本村开展土地平分运动，王氏一家人结束逃荒命运，回家种地。

第七节 分化与群体关系

过去的双井村既有分化的一面，也有群体的一面。村庄的社会分化主要是由经济水平的不平等、多种职业状况的差异、地缘关系的远近等三方面导致的，群体关系的形成则主要基于相互间的帮助合作、参加公共事务活动等。

一、社会分化

（一）财富分化

经济水平是衡量一个家庭在村庄的地位、层级的主要标志，同时也是造成村民分化的关键因素，家庭财富相当的村民在整个村庄里基本处于同等的地位。根据对双井村村民家庭财富水平的考察，可以将他们划分为三个层次，如下表所示：

表4-9 因财富导致的村民分化概况

层级分化	具体体现
第一层次的村民	这类村民拥有较多的财富，他们被称为好主、有饭的人家。这些人家普遍拥有七八十亩至几顷不等的土地，家中人口少、土地多，在日常农业生产中，雇用短工、长工，有的好主年老之后，不想雇工生产，就把土地租佃于其他农户。好主人家住房宽敞，有的甚至有几处庄寨。他们的房屋一般比较高档，在大门上镶有铁皮。村庄的治理权威也由他们掌握，村长、村副家庭为有饭的人家
第二层次的村民	他们属于中等户，即村民们常说的"半穷不赖"的农户。这些人家人多、土地有限，家庭人口一般在10人左右，土地数量约为30亩，家中"有点饭"。这类农户在村里占据大多数，他们也是相对勤奋上进的，除了种地，还经营商铺，比如开饭铺、杂货铺、药店、粉坊等
第三层次的村民	最低层次的村民为穷主，这类村民的家庭财富水平最低，时常被之为没饭的人家，"穷得没法"。他们的家庭人口数量一般在5人左右，拥有几亩旱地，家庭收入除了依靠务农，更依赖非农渠道，比如出卖劳动力成为雇工，或者自己做点小本生意，赶集贩卖瓜枣、卖针线、贩盐、炸油馃子，有的卖豆腐、做经纪。负责村庄税费事务的"地方"属于这一层次的农户。这些农户遇到旱年灾荒或家有病头灾难，无法维持生活，就会选择逃荒，去更远的地方做工或者做生意

(二)职业[1]与社会分化关系

职业是导致村民社会分化的另一个重要因素。传统时期的双井村村民除了种地，还从事其他职业，其中有的兼做其他职业，有的是专职者。据统计，村民的职业达 40 多种（如下表 4-10 所示）。从事不同职业的村民在家庭经济水平、社会交往关系、社会流动关系等方面均有差异。

表 4-10　传统时期双井村村民职业统计概况

职业
木匠、铁匠、烧酒匠、石匠、瓦匠、绳匠、鞋匠、剃头匠、印票、佣人、领孩子的（月嫂）、厨子、屠夫、轿夫、管家先生、看秋人、杂货商、饭铺经营者、看病先生、兽医、盐商、货郎、豆腐商、粮商、面商、猪贩、牛贩、梨贩、瓜枣贩、柴火贩、毒贩、油馃贩、书贩、粪贩、吸毒者、裁缝、当铺伙计、接生婆、唱曲人、说书人

1. 木匠

本村从事木匠职业的村民差不多有 6 人。木匠张小三，家里三兄弟，他排行老三，于是名曰张小三，号[2]曰"老孩"，别人称他为张老孩，由于他长期干木匠活，人们也一般称呼他"木匠三"。他家住村庄东边，有 3 个儿子、5 个女儿，耕种了七八亩旱地，属于贫农，早年不信奉天主教。他边务农边做木匠活，在当户落中是有名望的贤能人士、好管事的人，人们谁家有困难或需要帮忙的事情，比如病头灾难、家中断了口粮、出现家庭纠纷及村民间纠纷时都找他帮忙出主意、调解（打圆场、说和），他也不需要任何报酬，偶尔在帮别人后在当事人家中吃顿饭。后来，他信奉天主教，人民公社时期担任公社的调解委员。木匠陆益兴，贫农出身，家住村庄东边，有 4 亩左右的旱地，有 1 个儿子、2 个女儿，平时在村庄干木匠活。木匠张小七弟兄俩，家住村庄东西街，均为贫农出身，不奉教，哥哥张小七有 1 个儿子、1 个女儿，弟弟张书奇有 1 个儿子，弟兄俩一直没有分家，伙着过日子。木匠沈春来，贫农出身，家有 6 口人（父母亲、妻子、1 个儿子、1 个女儿），有几亩旱地（具体亩数不详）。木匠武胖孩，家有 2 亩旱地，贫农出身，家住村庄东边，不奉教，妻子无法生育，于是从当户落（非本家族）过继了一个女儿。木匠张琼生，贫农出身，家住东西街，生有 2 个儿子、2 个女儿，弟兄们分家后，自己得到的土地更少了，据说只有几亩旱地。下表为 1949 年以前本村木匠的家庭基本情况：

---

[1] 受访者：王丰娟、张联须、张小考、王根春。
[2] 外号。

表 4-11　1949 年以前双井村木匠家庭基本情况统计表

姓名	职业	家庭人口	土地数量	家庭住址	阶级成分
张老孩	木匠	10	七八亩旱地	南北街	贫农
陆益兴	木匠	5	4亩旱地	东边	贫农
张小七	木匠	5	几亩旱地	东西街	贫农
张书七	木匠				
沈春来	木匠	6	几亩旱地	—	贫农
武胖孩	木匠	3	2亩旱地	东边	贫农
张琼生	木匠	—	几亩旱地	东西街	贫农

考察木匠职业群体的社会关系，需要注意以下几个方面的内容：

其一，工种关系。木匠平时干的活种类繁多，比如做独轮车、柜子、纺车、桌椅板凳、结婚陪嫁的家具等。木匠的工种分日工和包工，日工的工资按天计算，东家支付固定的日工资，而包工，即是承包一项工程，工期不定，不存在一位木匠承包了一个工程后再转包给其他木匠的现象。木匠的工数需由他自己和东家两方同时记，"活起来了"（即竣工）之后双方"对账"，如果双方记的工不一致，则再核对、"再回想"，争取让双方都不吃亏。过去，很少出现因双方记工纰漏而打架、吵包子的现象，如果出现不和，就由当户落的四邻八家、党乡人来劝和。

其二，出工规则。家中需要请木匠时，一般由掌柜的去木匠家，去请时不需要带礼物。东家和木匠之间不签订书面协议。木匠出工，都是自带一套齐全的工具，如推刨、凿子、锯子、扳子、墨斗、锤子等。本村有多个木匠，村民们请木匠时都会有所选择，比如先通过村里的熟人打听，谁的手艺精湛，就先请谁。相对于其他木匠而言，张老孩和张琼生等人的手艺更好，他们在村内村外的口碑很不错，人们都评价他们做的木匠活"不赖"（好），如果当家十户的族人中有木匠，则优先请他，工资照付。

其三，报酬关系。日工主要是做零碎活，干一天记一个工，每天的工资约为一毛八或两毛。东家只给木匠管午饭（做点米面、棒子面，熬点菜白粥，没有鸡鸭鱼肉），早饭和晚饭木匠在自家吃，东家也不会给木匠管烟酒，因为当时大家都穷。东家为木匠管的午饭质量要比平时自家吃的好些，"要高待人家"，如果木匠的小孩来东家玩耍，也会为其管午饭。木匠们每天在自家吃了早餐就出工，中午在东家吃了饭就回家休息一会，后半晌（下午）再来做工。当时做一个纺车大概需要花五元钱（包括原料费用和木匠的加工费），请木匠做家具、纺车，由东家自己提供木料，比如旧的木头（拆除旧屋时留下的椽子、门板等）或果木（村民王氏请张小七兄弟俩做一个纺车花了一周左右的时间)。木匠的工资一般不拖欠,但也有部分村民赖账,长期拖欠木匠的工资,总是与木匠说类似"过段时间再还"这样的话。如果长时间不还钱,木匠会带着徒弟去要债。

其四,传艺规则。如果多个木匠一起做工,遇到核心工序,只有一两位拥有专长的老木匠能完成(当地人把最核心的技艺称为"擎手"),而他们不想让其他人学到这项技能,就会有所考虑,要么趁着其他木匠不注意的时候做或者想办法将其他人支开后再做(比如支使他人回家取工具等)。如果几位木匠之间"知己不赖",也会传授核心技艺。木匠可以把自己的手艺传给儿子(传男不传女),也可以传给孙子,有的人自己干了一辈子木匠,若不想让自己的后代再从事木匠职业,就不传授给他们。

其五,师徒关系。老木匠一般有些名气,收村内村外的学艺之人做徒弟,有的收得多、有的收得少,一般收2—3人。徒弟都是男性,长到十八九岁,成人了,能干活了,就可以学木匠手艺。徒弟都是穷苦人家,当木匠为的是谋生、有口饭吃,好主家孩子从小读书识字,不必做木匠。学艺认师前,徒弟的家人先打听师父"活是不是强"、手艺精湛与否,选定目标师父后带孩子去师父家登门认师。拜师时,徒弟的父亲要写一个拜师帖,内容大致为"××拜××为师"人。到师父家,需要将拜师帖送给师父,举行拜师仪式,即先由师父给北屋(上房)中堂供奉的南海菩萨或财神爷上三炷香,接着,师父和师娘坐供桌两旁的太师椅上("有饭"的人家普遍置有两把太师椅,分别放在供桌左右,普通人家只有长条凳子或四方板凳),徒弟行跪拜礼,给他们磕头(一个)。去认师不必给师父带礼物,认师仪式结束后,师父在家准备酒菜,招待徒弟及其家长。如果师徒之间为亲戚关系,比如外甥跟着舅舅学手艺,就不必举行拜师仪式。师父招收徒弟,双方一般不请中间人介绍。徒弟随师学习三年后方可出道,学艺期间,徒弟不给师父交学费,即正如当地俗语所称的"白拉三年门",师父也不给徒弟发工资,徒弟每次跟随师父出门做工,所得收入全归师父。徒弟出道之时,师父需要赠送一套木匠工具给他。徒弟既可以是本村人,也可以是外村人。师父带徒弟,一般会把自己所有的技能都传授,不会保留。

逢年过节,徒弟时常去师父家中串门。春节时,徒弟带礼品(一般是买两包点心)去师父家拜年、"坐齿"(方言,意为拉家常),一般是正月初三、初四去,如果师徒同在本村,徒弟就在初一时去,如果师父为大辈,徒弟要给师父磕头,徒弟家长不用去。有的徒弟家比较穷或小气,只让孩子在过年时去师父家拜年,过端午节、中秋节时,徒弟不给师父送礼,师父不必去给徒弟家拜年、过节。师父平时不管徒弟吃住,徒弟吃住在自家;如果师徒一起在本村做工,则师徒同在东家吃午饭,早饭晚饭、住宿均由自家负责；师父外出做工，也要带上徒弟，少则十天半月，多则几个月，这时自带被褥，东家管一日三餐、提供住宿地方，干完活才回家。徒弟出道后，既可以与师傅一起搭伙干（徒弟有自己的那一份工资），也可以单干。

其六，社会地位。木匠在村里的地位不赖，他们有技能，别人也会尊重。村民家举行婚丧喜事的时候，木匠也要参加，主要负责帮忙，在饭桌上，木匠和其他人一样，不会被安排为上席。当木匠，不必为村长、村副、地方等打报告，也不给他们送礼物。

2. 铁匠

本村有两位铁匠，一位是本村的，一位来自外地。村民钱小七，信奉天主教，家住村东，属于贫农家庭。钱小七有自己的铁匠铺，平时村民的菜刀、锄、镐等坏了，就去找他打制，手工费一般是几毛钱。钱小七后来把打铁手艺传给了儿子，村民中无人找他学艺。铁匠的收入比较低，不比木匠，据老人讲述，铁制物件（家当、家具）不容易坏，村民们打制铁具的频率低，而木质家当容易坏，需要时常制作，木匠手中的活比铁匠的多，铁匠家庭生活由此就差于木匠。

外地铁匠名叫老春，带着妻子和两个女儿从山东某地逃荒至本村，打铁为生。老春主要制锄、镐、铁把子、门拉吊（门闩）、铁钩子（拔水时使用）、刀具、马掌、铲子、套头户（牲口）的铁具等，手工费一般是几毛钱。他的顾客主要是本村村民，谁家的铲子坏了、刀具钝了，就去找他打制，邻村村民一般会在赶集时光顾，他的收入基本能维持一家人生存。

3. 烧酒匠

本村过去也有烧酒匠。村民张氏三兄弟做烧酒生意，自家购置烧酒器具，他家有5亩旱地，没有头户，属于贫农家庭。烧酒地方是租用的某好主家的，他们和该好主关系不赖，免费租用。他们烧了酒，主要卖给本村村民，一斤酒3毛钱左右。过去，官方不允许民间私人烧酒，没过多长时间，县里监管部门的人来检查，不让他们烧酒（没有罚款），据说是和他们不对付（有隔阂）的村民告发的。

4. 石匠（攒磨匠）

本村有2位张氏村民，平时边务农边从事石匠职业。他俩是当家十户的族人，都是贫农，其中一位家有6个儿子，属于大家庭。他们俩给村民帮忙做石匠活，很少收钱。另一位石匠专事攒磨，村民们称他为"张傻子"，他有2个儿子（均已婚）、1个女儿，家有10亩地。本村人请他攒磨，只管一顿饭，不需要付额外报酬，如果外村村民请他，除了管一顿饭，还需要付8毛或1元钱。他家没有置磨，谁家的磨出了问题或是磨盘用得久了不好使了，就请他维修。

5. 瓦匠

本村村民张氏长期在石家庄做瓦匠活，家有 7 口人（父母、妻子、1 个没有结婚的弟弟、2 个儿子），属于贫农。他家有 10 亩旱地，由家人耕种，他每年冬天天冷、工闲时间才回家，过完年又外出做工。另有一位张氏村民的长子也是瓦匠，张氏家住村庄南北街，有几亩旱地，贫农出身，长子在本村做瓦匠活，不管谁来请都会去帮忙，次子在家种地。

6. 绳匠

家住东西街的李福顺为打（加工）绳的绳匠，当时已近老年，家有弟兄两个，另有 2 个妹妹、2 个儿子，种了"不拉点"（几亩）旱地，没有牲口，属于贫农家庭。平时边种地边打绳，俗称加工"绳马利套"（主要制作绑东西的大绳、粗绳，拔水的井绳，拴牲口的缰绳和绳套）。打绳的原材料主要是麻（不会整亩、成片种植，而是在自家土地边边角角处、闲置地域种植）、棉花，村民找他打绳需要自带原料去他家。农户如果与李福顺平时"知己不赖、好得没法"，则打一条绳不需要支付报酬，只需请他到自家吃顿饭、喝顿酒，如果与他关系一般，则需要支付一定的酬金，不需要管饭管酒（"不吃你的饭、不喝你的酒"）。李福顺平时不去集市交易绳马利套和其他绳子。

7. 鞋匠

在当地方言中，鞋匠被称为"打鞋掌的"，均为男性。郝庄有几位打鞋掌的农户，他们在本村一六集开市之日，推着独轮车（载有打鞋掌的工具）到本村赶集。米家庄的鞋匠也时常挑着担来本村赶集打鞋掌。农户家中有人需要修鞋时，一般是婆婆去集市，儿媳和女儿等较少出门，尤其是大户人家的女儿和儿媳，很少出门，大户人家的规矩"大"（多），他们家的年轻女性自觉不外出、不串门。村民们除了去集市找专业的鞋匠修鞋，还会置办打鞋掌工具，比如，村民王氏找本村铁匠打制了一个钉掌工具（花了几毛钱），鞋子破了，就用自家打鞋掌的工具补修。后来，给当户落的借用，时间长了，被村民们借来借去，就丢失了，当户落的人也没有给他赔偿。

8. 剃头匠

本村村民刘小寿（驼背）是一位剃头匠，置有剃头刀。他家住后街某过道，有 4 口人（父亲、哥哥、嫂子）、1 亩旱地。父亲是媒人，长期给村内村外的人说媒，且时常行好（拜佛）。他哥哥当时在石家庄市藁城区某大户人家"揽活"（做长工），不久后得了重病，死在藁城了。嫂子是瞎子，哥哥逝世后，父亲为嫂子张罗婚事，带着嫂子去宁晋县城说媒，两人都饿死在外地了。有一次，和他当户落住的村民王氏见他穷困潦倒，就救济了他1件汗卦和2条裤子。当户落的村民需要剃头时，一般请他上门，每次剃头的报酬约为2毛钱或者一顿饭。如果某农户与他知己不赖，请他剃头，不用付报酬，也不必请他吃饭。给他钱他也不要（人穷，但面子强）。他剃头的对象一般是男性和小闺女（女孩），不分大小辈，若剃头时不小心划破了对方的头皮，对方也不会大动干戈与他打架、吵包子，而是双方商量包扎一下即可。村民只要去请他，他就不会拒绝，一般是家里的小孩去请。有的农户自己买一把剃头刀，给自家人剃头，如果当户落知己不赖的人来借，也会出借，如果有村民来该农户家剃头，该农户也不会拒绝，且不需要支付报酬。在一个大家庭中，几个弟兄之间互相帮着剃，谁的手灵便、会剃头，就让谁剃，父亲给儿子剃头，儿子也可以给父亲剃头，母亲若会剃头，就让她给儿女们剃，妻子一般不给丈夫剃头。

9. 印票

史增麟家有7口人（爷爷、父母亲、姊妹4人）、2亩旱地，他父亲赶集卖书本为生。后来，史父做起了印票（发行钱币）生意，发行的钱币为土票，土票上有自家的堂号，村民使用他印的票，攒多了就去找他兑换洋钱（银圆）、铜钱。村里还有2户村民也靠印票为生，其中1位姓胡，另一位为武喜春家，这3户人家均为庄稼人。土票只在本村内流通，村民之所以用他们的土票，主要在于土票便于流通，方便携带。如果土票流通到某农户的手中，该农户不小心丢失或损坏，印票者概不赔偿，该户无法兑换等额的银圆、铜钱。

10. 佣人

佣人既包括做饭的也包括丫鬟，做饭的佣人一般是本村老年女性，丫鬟基本上是外地的。部分好主家庭觅娘们（指中青年女性）和老婆子（老年女性）专门做饭，也有些好主家嫌弃娘们，她们一般留长头发，做饭时头发常掉到锅里，所以，觅的做饭的大多是汉们（中青年男性）。好主家的买菜事务，也靠（委托）给做饭的，掌柜的一般按月给做饭的支付买菜费用，至于每天吃什么饭由做饭的自己适当张罗，"合谋个差不多"，不必和大活（高级长工）、掌柜的商议。佣人除了做饭，还要刷锅洗碗、喂猪、喂狗。好主家一般只雇一位做饭的，从本村雇，不需要介绍人。做饭的工期一般是两三年，有的甚至干很多年，直到年老体衰才退休，由好主换别的人做饭。做饭的年龄一般在50岁左右，年轻娘们一般在家纺棉花织布、照顾家人（做饭、洗衣服、带孩子等，干家务事），年轻汉们一般在家种地或在村内外打短工、做"揽活的"。

做饭的赚的钱或粮食带回自家，供自家人生活。若家里没人做饭，则他（或她）给好主家做完一顿饭后还要赶回自家做饭，照顾自家老小的生活。佣人到雇主家后需要先试用几晌（天），大概是三四天，如果佣人好吃懒做、做饭手艺差，雇主就会"掐"（辞退），试用期内，雇主只管佣人吃住，不付报酬。做饭的工资一般是半年支付一次，如果自家有事急需用钱，则可以向好主家提前截支一些（大约是几斗粮食）。做饭的去好主家干活，不需要签订文书，只需达成口头协议，大多数雇佣双方平常的关系不赖，但也有个别"不占"（不行）。

村民张氏是好主家庭，从外地买了一个女孩给他家当丫鬟，每天服侍他，照顾他的生活起居。后来丫鬟长大了，张氏就为其张罗了一门婚事，在本村找了个婆家，生了一个女儿。丫鬟后来因病去世，她的女儿在婆家长大，一直认张氏。

11. 领孩子的（月嫂）

在当地，一般是穷困人家的妇女（中老年女性居多）为了给家里挣点粮食、钱，就去别人家领孩子。雇用领孩子的家庭一般是好主家庭或是有些小孩从小就丧母的家庭（为他们照管小孩）。领孩子的每年的报酬为 3 布袋左右粮食（玉米、谷子、黑豆、黄豆等），一般是一年结一次账，如果雇佣双方知己不赖，则雇主会偶尔给领孩子的一些物件（包括食物、衣物等）。

12. 厨子（厨师）

本村大约有四五个厨子，他们都是贫农家庭，大多都有几亩地，其中有一位厨子有 10 亩地，平时务农，村民过事时请他做菜。本村不论是好主还是穷主家过事，都请他们帮忙（村民们不从外村请厨子）。主家一般是在过事前几个月（定了婚期之后）就去预定厨子，由家里掌柜的去。去厨子家时不必带礼物，但需要给厨子一幅婚帖（写有婚期），厨子接过婚帖，就给主家列一个单子（与主家商量大概需要多少斤菜、多少斤肉等）。过事前一天，厨子就来主家，负责给主家"铺派"（有多少桌酒席，备多少酒菜）。这时，主家会管厨子一顿上好的酒菜，婚礼之日则管一日三餐，但是没有工资。厨子和主家都是一个村的党乡人，正如当地俗语所称"乡亲面子强"，厨子来主家是帮忙的，不需要支付钱、粮等额外的报酬。

13. 杀猪的（屠夫）

本村刘氏、沈氏等 10 户人家组了一个杀猪班，班子成员各有分工，有的负责从村民家牵猪，有的负责支架子，有的烧火，有的负责宰杀，有的负责烫猪（刮猪毛，在村庄大街上置了一口大锅），每年从腊月二十五六开始，杀猪班便起火烧水准备杀猪。大多数人家找他们杀猪（天主教徒也吃肉），一般是提前一天由自家掌柜的去给杀猪的打声招呼，第二天一大早，杀猪的就上门牵猪，农户自己还要出一捆柴火，杀一头猪的手工费为 5 毛钱左右。他们杀猪时，主人家一般会守在一旁，怕屠夫趁人不注意捞肥油或把舍皮（猪舌头）等私贪了，猪的肥油、肠子、心、肝、肺等都需要给主人家留着。外村的村民不来本村杀猪，他们村庄都有杀猪的。杀了猪，自家（谁去都可以）一般会邀请当户落知己不赖的人来家里吃顿肉，有时也会请当家十户的大辈，但没有规定必须要请，这是村民们"心发自愿"的行为。

14．轿夫

"过红事"（结婚）时，一般找当户落村民抬轿，轿子从邻村租。过事前10天左右，总理安排当家十户的大辈（叔叔大伯）去唐邱村的轿行预定花轿。轿行是该村几家农户合资经营的，一般有两顶轿子，一顶红轿、一顶蓝轿，娶亲的时候新娘坐红轿，花轿出租费差不多为10元一天。轿夫的报酬由轿行支付，每人一天的工资为1元左右。

15．管家（管家先生）

过去，当地也有大户人家雇管家（当地称"管家先生"）常年为其管理家事，东家把家庭的全部事务靠给管家先生，本村村民张氏早年在邻村（唐邱村）某好主家"闺女院"中当"管家先生"，闺女院有自己的堂号，名曰"贞节堂"。沈氏闺女院有4姊妹，全部信奉天主教，均未婚，一起生活。

管家先生需要负责掌管土地的经营、理清账目，负责找人包地（租地），收租、收账、放高利贷，同时，觅"揽活的"、短工之事也由他来掌管，即属于闺女院的当家人。他自己不种地，年底时，负责结算当年"闺女院"的收入与支出，给老闺女们报账。

16．看秋人（当负）

"看秋"指过秋（收秋割谷）的季节大户人家和村庄为了防止土匪和盗贼抢偷庄稼而雇用专门的人员看护农田的活动，它既包括好主家的私人活动，也包括村庄的公共活动。穷人家没吃的了，等到收秋割谷的时节，就去偷别人家地里的庄稼。一般偷好主家的，他们有钱、有头户，将积攒的牲口粪和买的粪上到地里（肥料多），地里的庄稼就比穷人家的长得好、穗头也大。看秋人也被称为"当负"，即常年当工、负担别人家的看秋事务，雇主要担负他的报酬。当负的社会关系如下文所示：

其一，私人雇用。好主家庭地多、家当多，雇两三人为其看水车（夏季，需要时常浇地，好主们就把水车安在地里，并雇人看管水车）、看秋，收秋割谷时节，防止盗贼偷庄稼。同时，好主家长工也会负责看秋事务，大多数好主不放心雇用的当负，认为他们是名义上的看秋人，怕他们不认真巡夜。为此，自家的看秋事务，还得依靠长工。

其二，当负主体。一般是本村穷困潦倒、"好吸药面"（抽大烟）、不讲道理、好打架的地痞无赖做当负，如好主张化楠雇用村民小陈和李氏两人看秋。[1] 村庄的当负也由好主家出，村长、村副等指定两户好主人家（一般是村里家庭生活最富裕的大户），让他们每户雇一位当负，负责全村的看秋事务。此类当负的工资也由这几户好主人家承担，谁雇的人，谁就付工资。当负一般不从外村请，也不请自家的亲戚，如老人所讲："好主家好过，他家亲戚也不会过的差。"

其三，报酬。看秋人的工资一般是按日计算（有时给钱，有时给粮食），不需要管饭管住宿。

其四，职责。作为职业的当负，其承担的职责主要有以下三个方面（详情参见表4-12）：

表 4-12 当负职业的职责概况

职　责	内　容
维护治安	当负一年四季负责为好主和全村庄看管田里的水车，收秋割谷时节负责看秋。张化楠在村西有个大院子，种有桑树，穷人们有时去偷他的桑叶，看秋的人不负责看管桑树。有一年春天的一个夜晚，本村村民张氏伙同他人偷了邻村唐邱村好主的水车据说是从地里偷的，走到本村武道庙附近时恰好被看秋人小陈和李氏撞见，小陈和李氏以为他俩偷的是由他们负责看管的水车，就把俩人打傻了。有的好主的地在村西，挨着米家庄，就雇米家庄村民为其看水车、看秋，比如本村一位好主雇米家庄某村民为其看护，该村民与米家庄黑军能说得上话，雇他看地也是为了防止黑军的抢劫
收钱粮	村民们收秋割谷以后，就要给官府交公粮。村里除了地方负责收公粮，雇用的当负也需要担负这一责任，给村里"跑哒跑哒"（如村民谁家还未交公粮，他们就上门催促）
打更巡夜	打更之事也被称为惊吓人的事，看秋人每天晚上不睡觉，从一更开始打，五更的时候歇息（天亮了），打更者有2人，他们拿一个大梆子（60厘米长，20厘米宽，声音大，"听得远"），在村庄南北街和东西街边巡逻边敲梆子。当负不为好主家干农活

其五，民兵的看秋活动。日本人投降以后（1945年后），"八路的开始实行了"（共产党领导的八路军地方政策在当地普遍实行），村里组建的民兵负责看秋，他们也称"霸口的"，兼顾村庄的防卫工作，维护村庄治安，他们主要在村庄东西南北四个正村口"霸口"，斜道口无人看管。一般是每个村口派2人，他们每天吃过早餐后就去"霸

---

[1] 村民张氏是张化楠的堂弟，"平分"运动（土改）时期，工作队把张化楠绑到大场里批斗，当时，让村民们有债的讨债、有冤的申冤，工作队员当时问张氏母亲："要活的还是要死的？"张母认为之前是张化楠派的当负打傻了他的儿子，借此说"要死的"，于是张化楠被枪毙了。

口",中午休息,晚上9点左右结束看管任务,他们无工资,一日三餐在自家吃。与此同时,村里的打更任务不再由当负承担,而是村公所支派人负责。据王丰娟奶奶回忆,他的叔叔王氏后来担起了村里的打更任务,每晚吃过饭,他就拿一个大梆子在大街里敲,几更天就敲几下,工资由村里支付。

17. 先生（看病的）

本村有2位先生,好主张化楠的父亲是有名气的先生,村民尊称他为"大先生",大先生读过书,有文化（考中过秀才）,家有多亩土地,几弟兄中他是长子。据说,他家祖上从明朝时期就是有饭的好主人家。大先生医术较高,人都说他会"断清"（把脉把得准,能找准病根）,他平时勤奋读书,阅读了大量医学书籍（自学成才）。据张小考老人讲述,不论是穷人还是好主,谁家有人生病了,只要去请大先生,他不管是白天黑夜、天阴下雨,一定会来看的,人们都认为大先生为人好（方言称"强得很"）,没架子,不嫌贫爱富（一般是穷人请他看病的多,人们都是把他请到自家）。去请他不需要带任何礼物,他给病人把脉,当场开药方或主家派人跟着他去开药方,然后,病人的家属就拿着开好的药方去本村张小青家的药铺或邻村（唐邱村、郝庄村）的药铺买药,大先生自家不开药铺。大先生看病,从不要报酬,从不收取人们的钱、粮,看完病,也不在村民家吃饭,村民们看好了病,为了对他表示感谢,就给他送一包茶叶。外村村民偶尔也找他看病,他也不要报酬。村民们对大先生的评价比较高,1947年本村开展土地平分运动时,他的儿子张化楠被批斗致死,而他没有被批斗。他家财产被没收之后,村民们还轮流管他饭,今天这家管,明天那家管。大先生逝后,村中好管闲事的人发起,组织村民连钱给他买了一口寿木（棺材）,将他安葬。张氏老人对此慨叹:"只是年头是那个年头。"此外,村里还有一位先生名叫张焕文,他主要擅长针灸,贫农出身,给人看病也不要报酬,都是看在党乡人的面子上行医。

18. 兽医

本村村民张老春（"老春"是贺号之后的名字）是村里的兽医,他刚出生不久就被过继给了家族的叔叔（好主家庭,据说有几顷地）。张老春小时候上过几年学,有文化,他边种地边做兽医。村民谁家头户、猪等生了病,就上门请他,去请时不必带礼物。他给头户看病,开药方,然后由主家拿着药方去药铺买药。看完病,他也不要任何报酬,也不在村民家喝口水、吃顿饭,人们只要去请,他就不会拒绝。

19. 卖杂面

本村两位张姓村民为卖杂面（面条）的流动小贩,每天上午推着单车走街串巷叫卖。两人均为贫农,其中一个家有3兄弟、几亩旱地。村民们一般用粮食换杂面,交换比例为一斤半酱豆或绿豆换一斤杂面。如果付现金，一个铜子或一块铜钱买一斤杂面。

20. 贩梨[1]

梨贩在收梨时，一般拖欠果农的钱，他们先给对方开一个支票（印有自家的堂号，需要写明梨子的价格和总金额、果农的姓名、交易日期），等他卖了梨再给果农付钱（梨贩自己没有大额的现金）。梨贩付钱时只认支票不认人，如果果农把支票丢失了，心地善良的梨贩会帮果农查阅之前的交易信息，给果农如数付钱，而有的薄皮的梨贩就会不认账。此外还有村民卖瓜枣为生，比如出身贫农的张氏，有3个儿子、1个女儿，时常走街串巷叫卖瓜枣。有一次去东枣村（本村正西方向约5.4公里）卖瓜枣，遇到了当地黑军头目小杨，断送了自己的性命。

21. 贩柴火

有些穷家小户、游手好闲的村民或是整天"玩钱"（赌博）、"吸药面"（抽大烟）的人手头没钱的时候，就去外村偷砍别人家的树，然后剁成一捆捆柴火，卖给本村杀猪卖肉的屠夫（需要大量柴火烧水烫猪）。他们一般不在本村偷，本村的要么是关系不赖的，要么是自家的大辈，如果偷了就容易被发现。他们偷柴、卖柴，村长、村副、族长、地方等不管不问。

22. 贩毒

本村村民"老黑"（号名）是光棍汉，整天走街串巷卖"药面"（大烟）。过去，他卖药面时先用红纸将药面分小包包好（每包的数量按小拇指指甲来量定），有的村民没有现金，就用谷子、衣服换药面。

23. 炸油馃子

村民栓堂是一个多面手，同时也是一个好强的人，他边务农边赶集炸油馃子（用面团炸的零食），另有"糊纸佛"的手艺[2]。他有1个哥哥、1个弟弟，另有4姊妹，她们分别嫁到了邻近的裴家庄（本村东南方向约8公里处）、郝庄[3]、杨扈村、唐邱村，裴家庄姊妹家境相对较好，成天接济他们家。有一年，他儿子被人杀害，家人获得了300元的赔偿金，丈人是个好吸药面的人，听闻亲家王氏有了钱，于是趁机借了30元花了，其父亲为此和亲家大吵包子，当时据说没有请人来调解，亲戚们也没来调解，

---

[1] 贩卖不同商品的流动商贩进村时，多会敲打不同的响器（传递特定商品的交易信息），如卖水果的不敲响器（只叫唤），粪贩子不敲响器，卖肉的进村时敲大梆子，卖香油的敲铜牌，卖黑油（棉花油）的敲大铃铛，他们响器都不相同，否则会扰乱市场交易信息。
[2] 他的手艺并非祖传，后来王氏把该手艺传授给了孔小营的表外甥。
[3] 1990年代立集，集期为"逢五排十"。

"没事没务的，谁也不惹谁"。

有的村民买他的油馃子时会欠钱，比如村北一位老年妇女欠了好几次钱，每欠一笔，王氏就在账本上记一笔，后来，该妇女还钱时不认账，想少还，王氏当时和该妇女争执，一气之下踢了她一脚。再后来，该妇女托了当户落双方都熟悉、知己不赖的人给王氏说好话，让王氏"背点伤"，不要和她计较，王氏觉得毕竟也踢了一脚出了气，就不再计较。

24. 卖书

据史氏老人（现年92岁）讲述，1949年之前，他家中有7口人（爷爷、父母、姊妹4人），种了2亩旱地，他父亲赶集卖书本为生，主要走村串乡，在本村和外村的学校门口卖，书本包括初小时读的《三字经》《百家姓》，也有高小学生读的《常识》《自然》《地理》《算术》，还有课外读本《三国演义》《西游记》等。史增麟老人18岁（1942年）完婚，1943年他父亲去世。

25. 贩粪

过去，种地时用农家肥（粪肥），村民们都需要在茅坑或粪坑里攒粪。没有土地或土地很少的穷人家攒了粪之后卖给粪贩子。好主家养的头户多，攒的牲口粪也多，穷人家积攒的主要是人粪和从外边拾的牲口粪，有的农户把掺了草灰的粪卖给粪贩子。好主家一般是凑够一坑粪后，把湿粪出到麦场里（由自家长工负责出粪），晒干后运到地里。穷人家凑够一坑后，等买粪的人上门。

一般是好主们买粪，村里有一位职业的粪贩子王氏，他将少地或无地人家的粪买了之后转手卖给土地多的好主。王氏是单身汉，贫农出身，时常推着"横车"在大街里吆喝："买粪了——买粪了——"粪坑满的农户听到他叫唤，就让自家小孩出门告知他："把我家茅坑里的粪出了吧"。大茅坑的一坑粪值3个铜子，小茅坑的一坑粪值2个铜子。王氏将买的湿粪运到好主们的大场中晒干（不付费，免费使用），一般要晒十天半月，凑够一大车粪，再卖给好主们，以赚差价为生。过去，也有村民偷粪，一般在深更半夜，到好主家白天拴牲口的院子中偷。只要不去圈里偷，好主们很难发现，若是被当户落的党乡人或是四邻八家发现了，也不会告密给好主，正如老人所言，"穷人都会护着穷人"。

26. 吸毒

过去，本村一部分年轻人染上了药面瘾，他们有的沦落为地痞流氓，然后被好主们雇用为看秋的人。村民张氏有一叔叔名叫张老浩（"老浩"为号名），生有一女儿，后来嫁到了邻村唐邱村。老浩的女婿平常好吸药面，据村民说就是他把吸药面之风带到双井村,导致双井村不少年轻男性(不分好主还是穷人)都染上了毒瘾,有些吸药面的人没钱了就走上了偷鸡摸狗、偷粮食、抢劫的道路,有的为了筹集毒资把家当(桌椅板凳、柜子、农具等)卖了,有的甚至把土地、庄窠地卖了。村长、村副、族长、地方等对吸药面的人不加监管。

27. 裁缝

本村村民张丰录做裁缝为生,好主家庭(属于大家庭),住村南,家有 14 口人,包括父母、弟兄 3 人及妻子、孩子等成员。他是长子,妻子为杨扈村孟氏,生有 1 个儿子,二弟生有 2 个儿子、三弟生有 3 个儿子。他家在村北有几顷地(属于井地,祖上买的地),土改时期被批斗。他在宁晋县城开了一家裁缝铺,双井村村民(不分贫富)去宁晋县赶集、办事时一般会去他裁缝铺叙叙老乡之情,歇息一下喝口水。他为人"强",比较热心,村民们见了他也是按辈分称呼叔叔、大伯等。除了叙旧,也有人去他裁缝铺缝制衣服,他没有带徒弟。1947 年 8 月末开展土地平分运动以后,他把县城的裁缝铺搬到家里,收村里的女孩们为徒弟。

28. 当铺伙计

过去,唐邱村有几家当铺,都是好主家经营的,其中一家是住在宁晋县城的好主开设的。开设当铺需要有一定的财富,还需要有自己的堂号,穷家小户没有钱开设当铺。村民一般将自家值钱的东西,比如衣服(棉袄)、绸子缎子、大褂、被褥、金银首饰、古董等当给当铺(有的东西贵重,有的较差),当期一般为 2—3 年。通常而言,1 元钱的物件,当铺以 5 毛钱左右的价格收,抵押期间,顾客需要向当铺支付一定的利息,每月利息为 2 分钱左右。顾客抵押物品,需要当铺开具当票(字据),当票内容大致包括顾客的姓名、需要抵押的物件及其价值、当期(抵押期限)、抵押时的时间等,一般印有当铺的堂号(也称"字号"),当票一旦丢失,顾客无法赎回抵押物。

到了当期截止日,顾客需要将抵押物赎回来,超过当期,当物就归当铺,当铺有权出售该物品。当铺里一般雇有收当的人,他具有一定的知识,能识别典当物品的好坏,能判断其价值。

29. 接生婆

当地人把接生婆称为"拾孩子的"。本村大约有 3 位接生婆,她们生性胆大、手巧,比较年长("老婆"[1] 们)。一般在产妇临产前,家里的人去请接生婆(一般是丈夫或公公、婆婆去请),如果当时该接生婆恰好不在家,就去请另一位,只要去请,她们都不会拒绝。她们来帮忙接生时不需要自带物件,剪脐带的剪刀由自家准备。去请时

---

[1] 当地人对老年妇女的称呼。

不需要带礼物，接生婆当晚就在主人家吃顿饭，小孩满月的时候主家就给接生婆做一双鞋（布鞋），表示对她的感谢。小孩过"12响"（生育仪式）时，不需要请接生婆吃酒席。如果产妇出现意外或生孩子不顺利，就找本村的先生瞧瞧。有的家庭，婆婆若胆大，就不去请接生婆，而是婆婆自己接生，自己剪婴儿的脐带。过去，正如老人所讲的，人们把生孩子不当回事，有的女性情急之下就把孩子生在茅房里。

30. 唱曲人

过去，村庄西北方向约 8 公里的俞家岗有位瞎子，时常带着年老的妻子来双井村唱曲讨口饭吃。他们一般于傍晚来双井村，在南北街唱，当户落的人们大都去听（白天村民们都下地干活，无人听他们唱曲，只有在晚上且一般是晚饭之后，人们才会有闲暇时间）。听曲的人包括汉们、娘们、老少等，基本上都是穷人，好主不会和穷人家一起听曲。老人唱曲时，村民们也可自己点曲目，比如点《秃曲子》："焦小秃，你没法哭，咱这小秃辈辈有：东庄一个秃大伯，西庄一个秃舅舅，还有一个秃姥爷，还有一个秃朋友。闲来没事上村西，村西一伙苍蝇往南飞。我问这苍蝇干吗去？去秃个脑袋去赴席。脑袋扣个西瓜皮，苍蝇一见起了火。焦小秃，没委屈，在家咱有三亩地。焦小秃，你没法哭，哪年不打二石谷……"

唱曲人演奏并非无报酬，每当他唱完曲，当户落好管事的人会临时连钱施舍给他，有的村民也会慷慨解囊，自愿给他们端碗饭、拿点干粮（玉米面），如果谁家有一间闲置的房屋，也会免费让他们住宿。唱曲人一般在本村待两三天后去别的村庄，他们时常走村串街，至于多久来一次双井村，没有固定的时间。对于唱曲人，村长、村副和地方等不加监管，他们可以自由流动，自由进出本村。

31. 说书人

家住本村东头（东边）的张老金为职业的说书人，单身汉，家里没有地，他一般在村庄南北街人多的地方说书，说书的内容一般有关玉皇大帝、其他神灵或穷苦人家的日常生活，说书时没有道具。他一般在夏天晚上没事的时候给大伙说书。村民无人给他施舍钱时、烟酒等，也没有管他，他说书时，如果讲得正确，大家就认真听，如果讲错了，大家就哈哈大笑。听书的人包括老少、汉们、娘们等，好主和穷人家不会一起听书。

（三）地缘分化

在双井村的调查中，一个特别值得注意的现象是户落与地缘的分化。正如前文所述，村民在心理上把东北角、西北角、东南角、西南角、老局子（村公所）所在的区域看作是户落，把与自家住在一片的人称为一户落或当户落的人，"俺是一户落的、挨家挨户的，俺挨着哩！"[1]

不同的户落将村民从地缘上分化开来，村民以户落为思考和行为的地域范围。在生产生活中，串门闲拉呱时，主要找当户落的村民，需要处理纠纷、帮忙、借钱、借粮时，一般求助于当户落的人家。村民的地缘分化在信仰方面体现得尤为突出，比如以村庄南北街为界划分了两大信仰区，南北街东侧主要为天主教民居住区，西侧主要为传统宗教信众居住区。村内3个老母会的组织划分也受到地缘的影响，即不同户落居住的老年女性各组成一个老母会，3个老母会分别位于3个户落。此外，村庄的非正式治理主体——好管事的人，主要在自己居住的户落内发挥治理功能，很少跨户落管事。

当户落人家在日常交往中，注意相互之间的谦让，如当地乡俗谚语曰："没有走不到的道，没有用不着的人。"不同的户落之间没有确定的边界，但在村民心理层面，有大概的范围，村民内心有着明确的户落概念，比如当户落与那户落。相比于和村庄其他户落村民的交往，当户落村民间的交往更加频繁。不同的户落之间虽有地缘上的模糊分化，但是有相互交往，这种交往一来主要发生在村庄公共事务的参与中，二来是由流动小商贩、打更人等带动的，打更人、小商贩不会在某一个特定的户落内活动，而是在各个户落间穿行。

二、群体关系

（一）群体关系认识

同村生活的村民之间即便有着财富和职业方面的分化，但也会形成群体关系，这种关系的形成与村民间的相互交往、接触密切相关。村民接触的对象主要是能够给他带来利益的村民，这些村民中，既有血缘基础上的族人，也有地缘基础上的四邻八家，邻居和同一户落内的村民之间也会接触，只是接触的程度有所差异。村民都愿意和有血缘关系（近门）的人、有共同利益以及从事相同职业的人接触。

（二）群体关系选择

在日常生活中，与不同村民的接触会给自家带来利益、情感方面的收获（比如涉及聊天、吃饭、谈论生意、帮忙、借用农具、借钱、借粮、伙养耕牛、祭祖、参加庙会、参与防卫组织、处理纠纷等生产生活的方方面面）。尤其是同一家族的人，通过祭祖、上坟、修族谱、吃大锅菜的活动，与有血缘关系的族人联结为一个群体。不同血缘群体的人们在上述的生产生活中发生交往行为，产生邻家、户落为单位的地缘情感，产生党乡人观念上的村落情感。

---

[1] 引自张联须老人的口述。

（三）群体关系建立

在村民社会关系中，参与共同的社会组织是建立群体关系的重要渠道，不同的群体建立起具有特定功能的社会组织，比如以好主人家为主成立的大刀会、联庄会等村庄防卫组织，以穷家小户为主成立的丧葬救济组织老会，以一个户落为单位成立的拜佛组织老母会，以及天主教民成立的教会等。各个组织通过一定的活动、规则将组织成员联结起来，强化成员内部的群体关系，比如大刀会时常以训练、打击黑军组织等活动保护组织成员及其家庭乃至村庄的安全，老会以丧事活动中的收发竹签、粮食救济、抬棺行为强化成员间的相互救助关系，老母会以定期的拜佛活动将组织成员及其他老母会成员联系起来。在村庄层面，求雨、庙会、赶蚂蚱、挖道沟等活动的开展，则将村庄不同的职业群体、财富群体、血缘群体联系起来。

群体间既有和谐的交往关系，也会发生打架、吵包子的冲突行为。当亲戚、家族等血缘群体内发生矛盾纠纷时，一般由亲戚、家族中明事理、头脑清亮、能说能道的大辈出面调解。当邻居、户落为主的地缘群体中发生冲突的时候，当户落好管事的人（如有文化的先生、木匠三、会首等）出头打圆场。

第八节 冲突与冲突关系

过去的双井村，大大小小的冲突事件频繁发生，这些冲突既有家庭外部的，也有家庭内部的。家外的冲突，有的是生产规则的破坏导致的，有的是生活交往的不和谐造成的。家庭内的冲突主要是成员间财产分配、工具使用、话语不和等引起的。冲突发生之后，一般会有中间人出面调解，维持家庭内外的秩序。

一、冲突类型

（一）村落冲突类型

乡村社会，人与人之间的冲突普遍存在。村庄的社会冲突分为家庭内部矛盾和外部纠纷，家庭之外，与他人之间因言语不和或者因为产权边界发生口角、纠纷，轻则相互抬杠，重则吵包子，甚至动手打架。民国时期，双井村主要的冲突发生在村庄内部以及家庭内部、亲戚之间，村庄与村庄之间的矛盾纠纷很少。家庭内部的冲突和外部的纠纷频繁发生，但是很少出现致使人员伤亡的重大冲突事件，在笔者向老人们访谈民国时期的社会冲突状况时，老人们讲到，在他们的记忆中，没有发生过大规模的村庄械斗，也没有发生过造成村庄成员死亡的重大事件。村庄内部，村民之间的纠纷主要发生在日常的生产生活中（如下表所示）。

表 4-13　传统时期双井村社会冲突类型

冲突类型	具体内容
水利纠纷	村民们在利用公共水井的过程中，既有相互的帮助与理解，也有矛盾冲突。比如村民们一起在水井拔水时，需要遵循先来后到的乡俗，如果有人插队，破坏拔水规则，就会被其他人劝阻，相互之间发生口角。有时也会因水桶产权发生不愉快。 通过调查得知：有一次，农户甲在拔水时不慎将水桶掉入井中，甲打捞数次未果，最终放弃打捞。后来，农户乙的木桶也掉入该井，乙在打捞自己的水桶时不料把甲的水桶打捞了上来，自己的却没有打捞成功。甲得知此消息后要求乙归还其水桶，乙拒绝归还，一是甲已经放弃该水桶，二是自己出力打捞，为此，应该属于己有。双方你一句、我一言，吵包子，这时那一户落的人凑过来看热闹，看井人和明事理、好管闲事的人顺便说几句公道话，调解矛盾。对此纠纷，村长、地方等不会予以调解，村民也不会为此求助村长，而若涉及庄窠、土地及其他财产纠纷，村民一般会求助于村长、地方等
土地边界纠纷	因地邻边界产生的矛盾纠纷现象在传统时期的村庄相对突出，按照村民的话来讲，就是"赶地边"。有时地邻中一方赶地边，有时地邻双方都相互侵占地边，双方由此会不对付、吵包子。地邻间除了地边纠纷，还会因走道问题发生纠纷，比如一方不允许另一方在地头留走道，导致另一方耕种作业时面临困境。地邻间有时因借井浇地问题发生矛盾，比如，甲想借乙的田井"喝口汤"（当地话语，意为浇地），乙如果不同意，则甲由此会与乙不对付，在日后的生产生活中，甲会通过其他方式报复乙，比如在地邻边界处栽树，当树木枝繁叶茂时影响双方农作物的采光，使得双方都有损失
邻居之间的冲突	村民在生产生活中，与邻居通过串门闲拉关、帮忙、借钱、参与村庄公共事务等方式频繁交往的同时，也会因为墙基边界产权问题、房屋附属物、借钱还债问题发生矛盾冲突
因交换发生的冲突	比如在土地买卖、土地典当、商品交易过程中存在矛盾纠纷
日常交际中的矛盾	比如赶庙会、喝酒时的不端行为造成双方之间的情感破裂、利益冲突

（二）家户冲突类型

乡村社会的另一个冲突领域主要是家庭，家庭内部，各成员之间因为自己的私人利益、立场发生口角、抬杠，尤其是在夫妻、婆媳、长辈与晚辈之间，日常的矛盾冲突不断。如果晚辈不务正业、不服从家庭的管教，好吃懒做或者赌博吸毒、败坏家风，长辈和当家人就会惩罚，这时往往会导致家庭的不和谐。

1. 分家矛盾

几兄弟分家，如果拿球之后对结果不满意或者不认拿球的结果，吵好多日子都分不了。与此同时，有的儿子如果觉得父母亲偏心，对待自己不公平，他就会以结束自己生命的方式威胁父母和在场的人，比如"你们要是不给我平分，我就喝农药、上吊，死给你们看"。出现类似的情况，由家族的大辈来调解，比如让长子或次子或是幼子中某人暂时吃点亏，"就一回的事"，劝说他们不要为一时的利益争来争去，希望他们看得长远一点。

2. 父子矛盾

如果父亲教育孩子不当或儿子不服从管教，会导致父子矛盾，严重的父子甚至会断绝关系。如邻村胡岳村有一村民整天不务正业（已婚），赌博成瘾，没有赌资时就去偷别人家的东西，于是，父亲将其关了禁闭，不给他吃喝，不允许其他人给他吃的，他的妻子有时偷偷给他送饭。对于此类家庭矛盾，四邻八家和当户落的人们都不会去调解，他们也不想替该村民说好话，该村民后来病逝了。

3. 父母与子女的矛盾

如果子女不孝顺父母，不给他们养老，有的父母亲就会以子女们的名誉损失来威胁子女，比如父母会跟子女们讲："我死后，不让你们前来送葬。"在当地社会，如果父母逝世，子女不负责送葬或不被允许参加丧葬仪式，周围的乡邻会认为该子女为不孝之辈，子女们会永久背上不肖子孙的骂名，会被人们看不起。

4. 母子矛盾

若母亲与儿子之间有了矛盾，儿子比较"混账"（方言，意为不孝敬）、不讲理，会选择与母亲断绝关系，这时，外人一般不会好言相劝。在父亲健在的情况下，母子有了矛盾时，父亲会向着母亲，将儿子说教一番，有时还会动手打儿子。

5. 姑嫂矛盾

有哥哥和妹妹的家庭，哥哥结婚了，妹妹还未出嫁，大家一起生活时，嫂子和小姑之间免不了会发生种种矛盾，有时候一句话说不合适就相互吵、抬杠，正如老人所讲的，"闺女们事多"。女儿还会给母亲出馊主意，挑拨婆媳之间的关系。

6. 弟兄矛盾

兄弟之间会因小事发生抬杠的现象。如哥哥要急用的农具被弟弟拿走了，哥哥就会抱怨弟弟，弟弟若知道了，可能会与哥哥顶嘴。

7. 婆媳矛盾

按照惯例，收秋割谷以后，家里有了粮食，当家人就要计划着给差不多所有家庭成员购买几件衣服，尤其是要给儿媳、女儿等添置。家庭成员的穿戴之事一般由母亲负责，"过了秋"，儿媳们都等着婆婆给大家添置衣服，而婆婆要是省钱，一直闭口不提添衣服的事情，儿媳们也不好意思向老人提意见，就会心生闷气，憋的时间长了就会与丈夫、公公婆婆等闹别扭、吵包子。

如果婆婆看不惯儿媳，就挑儿媳的毛病，比如嫌儿媳做的饭稠了或是稀了，甚至有时为此而吵吵闹闹，"婆婆喜欢儿媳的少，那时候的规矩大（多）"。有时，儿媳妇擅自做主家里的事务，公公婆婆若是知道了就会打骂。比如，民国某年，村民王氏和张氏搭伙卖盐，有一天中午，与王氏同住一户落的有位村民做饭时断了盐，就赶来王家买盐，而当时王氏恰好外出不在家，村民于是就向王氏的儿媳说明了自己急需买盐的情况，王氏儿媳见此情形，自作主张卖给该村民了1毛（毛票）钱的盐。过了一会，王氏回来了，儿媳妇向他说了私自做主卖盐之事，脾气暴躁的王氏听后不高兴，就开口训儿媳："谁让你管俺那事的？"（当时，王氏是当家人，公公做生意的事情，不允许儿媳插手。）儿媳不服，就反驳说："那人家等着吃盐呢。"王氏认为儿媳妇跟他顶嘴，于是到院子里拿起赶头户的鞭子，准备抽打儿媳，儿媳见势不妙拔腿就跑，王氏看到儿媳跑了，就没再追打（"跑了就算没啥事了"）。晚上的时候，儿媳回到家，王氏的气也早已消散，儿媳照常去做晚饭，当天晚上，双方都不出声，过了几天，一家人又和气了。

1949年之前，也有婆婆和儿媳站在村庄大街上相互对骂的现象。如果儿媳妇性格强势，不服婆婆的管教，同时，女婿又生性懦弱、怕老婆，眼睁睁看着自己媳妇和母亲对骂，管不了，这时，婆媳之间就会出现"平打平骂"的现象（即儿媳妇不畏惧婆婆的权威，与婆婆顶嘴、抬杠）。有的儿媳妇在婆家生了气、闹了别扭，就跑回娘家，长时间不回来。

二、冲突关系

（一）逃避冲突

若家中某成员与老人或是弟兄之间不和气（不对付），就迁居岳父、姥娘（外婆）等所在的村庄，重新置地买房、安家落户，一是使自己有亲戚可以依靠，二是求得内心的安稳，避开本村的家人——若居住在本村，时不时还要相互见面（落户本村的外来人多是与本村村民有亲戚关系的人，其中，由姻亲关系导致的迁居现象最为普遍。他们中有不少是因为与家人不和而外迁的，但更多的是因为原来的家庭贫困，无法安身立命，于是选择向相对富裕的村庄迁居）。

（二）调解冲突

1. 调解村落冲突

村落中发生小的纠纷，冲突双方自行解决，村民们认为"没有走不到的道，没有用不着的人"，不需要斤斤计较。比如不同辈分的党乡人见面打招呼，"乡亲辈同，瞎胡论"，没必要认死理。

对于较大的纠纷，需要第三者出面调解。村民一般会请家族的大辈或是当户落好管事的人帮忙调解，不需要与对方签订和解协议或保证性的契约，待事情解决了，大家还是照常来往，只是可能不会像以前那么融洽、"好得没法"了。如果管闲事的人们解决不了，就请具有正式权威的人，比如村长、副村长等人出面，他们也无法解决的情况下，才有可能选择去官府打官司。

比如地邻间发生矛盾，双方无法调和的情况下，从当户落请能说能道、比较公正、有文化、明事理的人出面调解，或者由当户落好管事的人劝解双方。邻居间因为墙基、水道发生纠纷或者言语不和抬杠，要么私下调解，要么当其他邻居和当户落好管事的人被"惊着了"（地方话语，意为邻居和好管事的人听闻此事），就由他们出面劝解。当土地、房产交易以及租佃、雇工关系中的双方当事人之间产生矛盾时，首先由地方以及其他在场的中间人进行调解，土地交易和土地置换中出现口角争论，被邀请做证人的四邻都可以说公道话、"改和"双方关系。

2. 调解家户冲突

对于家户内部的冲突，多由家族中处事公道、能说会道的大辈以及家庭中的当家人等进行处理，一般不需要请外部人士介入，具体调解状况如下：

父子之间若为小事发生矛盾（比如，父亲当家的家庭，儿子向父亲要钱买零碎东西，父亲不同意，双方就可能会抬杠），一般是平辈相劝，即母亲劝父亲、儿媳劝儿子，母亲站在父亲一方，儿媳站在儿子一方。大户人家，若父子反目，就请当家十户的叔叔大伯等前来调解，让儿子跪在父亲面前磕头，赔礼道歉。

父母、母子间的矛盾由家族的叔叔伯伯、亲戚中的长辈调解。姑嫂间的矛盾，由哥哥来调解。弟兄间的矛盾由父母来调解，一般不找外人；若弟兄间的矛盾纠纷情节严重，父亲管不了，就请当家十户的叔叔大伯中好管事的人出面调解（他们不需要报酬）。妯娌间发生矛盾，一般由婆婆请婶子、大娘或者其他妯娌出面劝和，婆婆自己不便出面；婆婆若自己调解，说公道话说不恰当，或者有所偏心，则儿媳会将矛头指向婆婆，和她抬杠。

父亲与母亲之间打架、吵包子（且当时儿女们小，不懂事）时，当家十户的叔叔大伯、婶子大娘、当户落知己不赖的人、四邻八家或是好管闲事的人若听到了，就会主动前来说公道话、劝和，他/（她）们来调解，一般是男性劝男性、女性劝女性。母亲若一气之下回到了娘家，就由家族的大辈（叔伯、婶子、大娘等）前去邀请，如果母亲的娘家人不想让自己女儿继续与对方过日子，他们就会派人（娘家家族的人）赶马车来婆家，将母亲的嫁妆拉回娘家。发生这种情况时，婆家当户落的人们就会自愿帮忙，截住娘家人，不让他们拉东西，好心人会替父亲给母亲的娘家人说好话、求情下话，调解矛盾。如果母亲娘家人执意将嫁妆拉到了娘家，而后来双方没离婚，破镜重圆了，这时，一般由母亲娘家的亲兄弟赶马车将嫁妆送回婆家，当家十户的叔叔大伯等人不会出面管此事，也不会亲自送嫁妆，他们要顾及娘家人的面子。

若儿子与儿媳之间吵架，由父母负责劝和，但在劝和时，表面上向着儿媳，心底里偏向儿子，有时，父母会当着儿媳的面打骂儿子。如果表面上不向着儿媳，则小两口的矛盾会越调越大。

弟弟和嫂子有了矛盾，弟弟打骂嫂子情有可原，当户落的人们也不会笑话，而只把这种矛盾看成是家庭内部正常发生的现象。若哥哥和弟媳有了矛盾或弟弟和弟媳间有了矛盾，哥哥出面打骂弟媳，弟媳就会跟哥哥顶嘴，比如"我是你弟弟的媳妇，又不是你的"，当户落的人们要是知道此事，就会笑话当哥哥的，"××不懂事，把兄弟媳妇打了一顿"。

如果爷爷奶奶之间因为言语不合发生口角、抬杠，轻则两人不说话，重则分居，相互间不来往。爷爷奶奶间发生矛盾，父母有时去说和一下，有时不闻不问，孙子、孙媳等不去调解。与此同时，孙子孙媳之间发生矛盾，爷爷奶奶也不会去调解，当地素有"截辈不管人"的传统，爷爷奶奶不管孙子辈的好事、赖事（比如矛盾）。邻村米家庄一女性和本村某村民偷情，男女双方没有举行正式的婚姻仪式，该女后来怀孕，到男方家没几天就生了2个儿子，双方在一起生活的日子里，相互间仇视，互相抱怨对方为不正经之人，俩人直到60多岁，一直没有正视过对方。

如果婆媳一起生活，双方之间不对付，闹了别扭甚至是抬杠、吵包子，儿媳赌气回到娘家，如果长时间不回婆家，当老人的就找家族中有能耐、说话顶事、能说能道、比较清亮的大辈（叔叔大伯等）领着侄子去丈人家劝说侄媳妇及其娘家人，叫侄媳妇回婆家。有时也向族长求助，族长自己不去，但会以商量的口气给家族的其他大辈说（族长辈高望重），让他们帮忙叫儿媳回婆家，族人帮忙不需要任何报酬，都是"亲的、热的、亲乎乎的、自家家的人"，不会那么薄皮（动辄要报酬）。公公婆婆自己不会去请儿媳，他们要顾面子。如果自家家族中缺少清亮、说话顶事的人，婆家人也可找当户落知己不赖的人（邻居或其他人）中能说公道话、"吃得开"（有能力、讲道理）的人帮忙拿主意，他们要么领着儿子去叫儿媳，要么给当事人出个主意，找其他人帮忙去叫（一般是找当户落的有能耐的好管事的男性去，女性如果有能耐、有脸面，也可以去）。

村民张氏是家里的独生子，妻子比较"强"（据说当时女方是看在他家只有一个儿子的份上嫁过来的）。他们当时与叔叔、婶子一起生活，张氏父亲早逝。某年，张母老来得子，给他生了一个弟弟，张氏妻子当时就与家人闹别扭，非要跟丈夫离婚——多了一个儿子意味着要和长子分家产。他们于是请家族的叔伯来帮忙处理，叔伯们最后调解的结果是张氏小两口与他母亲、弟弟分灶吃饭，母亲单独生活，张氏和妻子、孩子一起生活，让弟弟跟着叔叔一起生活。他叔叔家有5个女儿，没有儿子。为了避免弟弟在家让张妻心生不满，弟弟年少时就被叔叔安排到外地的酒坊去烧酒，弟弟出门干活去了，可以去赚钱了，张氏妻子就不再叫嚷着散伙了。张氏和叔叔、弟弟常年都在外边做事赚钱，家里就剩妇女了。侄媳妇和婶婆婆在一个院里生活，当户落一年轻小伙常去串门，该人被人们称为"三明两晃"的人，即不正经之人，他和这对婆媳都有通奸行为。为此，侄媳妇和婶婆婆相互争风吃醋，一辈子不通气，两家人的红白喜事都断了，叔侄之间的关系也因此断了，当户落的人们都说，是两个娘们搞的事情，把两个家庭的关系都断了。

第九节　保护与保护关系

双井村的延续和发展离不开一定的社会保护关系网络。具体而言，村庄的社会保护拥有多个主体，诸如家庭、家族、邻居、党乡人、会社等，而每个主体的保护倾向又与自身的社会关系密切相关，正是基于血缘、地缘、信缘、防卫等多类关系，村庄才具有了自我保护的功能。

一、保护主体

（一）自家保护主体

村民在生产生活中不免遇到各种各样的危险或灾难，当生病（生疹子）、生计无法保证时，由家庭内部先采取自我保护的措施——当孩子未成年时，父母保护孩子；当孩子长大成人之后，孩子保护父母，比如负责给他们养老。父母年老之后，还不忘保护儿子，比如分家过程中留养老地时，父母一般留"对块"的地，即小块、零碎的边边角角的土地，大块、平整的土地分给儿子们，这样儿子们鼓捣起来比较方便，收的粮食也多，过好日子。

如果家中有人欠了债，其他家庭成员也会帮他还。比如弟弟"吃嘴玩钱不干事"（好吃懒做、游手好闲），要么想方设法从家里鼓捣（要）钱，要么去借别人的，他借的钱，自己要是还不了，家里人也得替他还，正如老人所讲："好也是个儿子，不好也是个儿子；孝顺是个儿子，生番（不孝）也是个儿子。"弟弟借钱吃喝玩乐，当家的哥哥要是管不了（父亲要是也管不了），就不管，对于"吸药面"的儿子，家人更管不了。

在各种危难面前，农户除了向人间寻求保护，还会向神明求助，比如家中有人生病，信奉传统宗教的村民会去真武庙，给真武爷上供、磕头，希望真武爷显灵，帮助自家人免去灾祸。有的农户为了求得真武爷的保佑，向真武爷许愿，把自家的旱地（赖地）捐为庙地。有的庙地的所有权、经营权、收益权全归庙宇，有些庙地的所有权、经营权不变，只将收益权以庙宇的名义转让，比如村民武喜春家，为了免去家人的灾难，求神、捐地。与此同时，村民还祭拜路神、老佛、龙王爷（免去旱灾）、关公、家神（救苦救难的观音菩萨）、门神、宅神、龙仙、灶王爷、仓管神、玉皇大帝、阎王爷、马王、井龙皇等诸神，祈求它们保佑自家平平安安、没有灾难，保佑亡人在阴间的生活。

（二）亲人保护主体

亲人保护主体一般包括两种：一是家族。比如当家中生计无法保证，需要从家族的人、亲戚（主要是姻亲）、结拜兄弟（包括干姊妹）那里寻求保护（借粮、借钱），按照顺序而言，优先找家族的"亲的、热的、亲乎乎的人"，他们或是自家亲兄弟或是叔叔大伯。如果自己与其他人发生矛盾纠纷，动手打架时，家族的人（兄弟、叔叔大伯）也会出手相助，即如当地话语所称，"一家向一家，一户向一户"。

二是亲戚。家有为难之处，村民也会找亲戚帮助。笔者在调查双井村的过程中发现，亲戚中，姻亲之间的相互保护现象更为普遍，如果儿媳在婆家受了气，外嫁女优先向娘家人求助，娘家人为其解决麻烦；如果婆家有了危机，需要借钱、借粮时，就求助于亲家（前提是亲家一方的家庭条件相对较好）。比如，穷家小户王氏家，在日常生产生活中，主要受到与自家有姻亲关系的裴家庄某氏的接济，老人讲述："成天接济。"[1]

（三）村落保护主体

1. 自发性保护主体

村落的自发性保护主体一般是邻居、当户落村民、党乡人等。村民遇到灾情、病难时，他们会进行保护。比如某人家中发生火灾时，当户落的四邻八家均主动帮忙救火，如果地方得知某村民家发生火灾，他会紧急敲锣告知乡邻，让大家去救火。如果家人生病，家中无法自我救治时，优先请本村的先生（当地将看病的土医生尊称为先生）。

2. 组织性保护主体

其一，大刀会。1937年以后，当地经常"闹皇协、闹黑军"，村民们为了防范黑军，自发组织成立了大刀会。《宁晋县志》记载：

> 民国27年（1938年）11月27日，日军占领县城，地主富农组织起大刀会，以小刘村、常家庄为中心，逐步发展到白木、清善桥、讲理、双井等60多个村庄，主要对付土匪、保护地富利益。成员多地主、富农或富裕中农子

---

[1] 摘自王丰娟老人的口述。

弟，宣扬"披法"后刀枪不入。民国 28 年冬，宁晋县委、抗日县政府，根据上级指示取缔大刀会。县长张纪光带县大队到小刘村一带收缴大刀会大刀。三八五旅到西马庄一带收缴大刀和武器，各村大刀会解体。[1]

大刀会会首由成员中的好主们[2]推举有文化（识字）、有能耐、说话顶用、"好跑哒"（公益心强）的人担任，任期不限（不一定是村长）。会首家住村西附近，所以成员们都聚在那一片练武。会首组织成员们集体连钱，从宁晋县城购置长刀，每把刀的价格大约为四五元钱。大刀会的运转中，除了组织筹集买刀的费用，其他时候不连钱（募款），都是成立起来自我保护，不存在谁向谁付费的情况，他们保护村庄内的非大刀会成员也不需报酬。

农闲时节，大刀会组织成员在村庄西边的院子里进行日常训练，每天晚上 6 点多开始集体训练。大刀会存在集体组织拜神、拜师的现象。每次训练之前，在院子的墙上挂一面"黄表"（旗帜），摆一个供桌，然后上香、烧纸、磕头，举行祭祀仪式，所有成员聚齐后一起祭拜，带头祭拜的人有两位。由于黑军一般在夜晚袭击，所以大刀会的训练主要是在夜晚（震慑对方）。训练时，每个成员头裹一块白毛巾，口中发出"哼、哼、哈、哈"的声音，张牙舞爪练武。有的不时用身体撞墙，意为自己练成了"金刚不坏之身"，刀枪不入；有的还不时用长刀在胸部拍几下，展现自己的气功。教拳的有 3 人，邻村人士，每次教拳结束，他们就在某成员家中吃顿饭，一般是轮流做东，这次在甲家，下次在乙家。大刀会训练时，其他村民也会去观看。

其二，联庄会。当地的武装组织除了大刀会还有联庄会，当时，在县级联庄会的带领下，双井村与周边几个村的富裕户联合（几个村的大刀会纷纷加入联庄会），其性质与大刀会类似，主要是地主、富户人家组织成立，也是为了保家护村，防止黑军、皇协军进犯。双井村并非联庄会的发起村庄，但是深受其影响，双井村的村民也加入了联庄会。黑军侵犯，没有国家的保护，村民只好自行组织起来防卫，村民间相互保护，不存在谁给谁发工资的情况。

《宁晋县志》记载：

民国 26 年（1937 年）11 月，地主豪绅纷纷组织壮丁队、保卫队等组织，后改为联庄会。联庄会头子：城北耿老昆、城东李敬轩、城西赵勤甫。联庄

---

[1] 引自宁晋县地方志编纂委员会编《宁晋县志》，中华书局 1999 年版，第 545 页。
[2] 据现年 90 岁的张洒半老人讲述，"好主和富农们住的也是土坯房"。

会分三个团,第一团团长赵勤甫,驻河渠;第二团团长王绍卿,驻东汪;第三团团长李俊杰,驻大杨庄一带。起初,各团有200人左右,后发展到500～1000人,共14个大队,2000多人,兵多雇用,规定每50亩地的户出一个人,100亩地出一个人一支枪。民国26年11月24日,司马疃联庄会和束鹿、晋县联庄会攻打驻赵县大夫庄土匪李小贞(冬枣村人)部。[1]

联庄会会首也称司令,他由各庄大刀会的会首推举产生。民国时期,联庄会司令为河渠村好主赵苟旦。

其三,自卫团。自卫团也属于地主武装,影响范围广,据《宁晋县志》记载:"民国27年3月,赵苟旦纠察队改为良民自卫团,名为抗日队伍,实为地主武装。5月5日,改为平汉抗日游击队,赵苟旦任司令,冀南区派孙子斋任政治部主任,孙子云、葛茅堂分别任组织、宣传部长"。[2]

1940年左右,本村范围之内成立自卫团。有饭、有文化而且能跑哒(热心)的人担任自卫团的首领,大约有三四人担任首领,他们负责张罗村庄的安全防卫之事。成立自卫团的目的在于保护村民的人身、牲口、庄稼安全,防止土匪、盗贼侵犯村庄。好主和贫农皆可参加自卫团,其成员约有30人,都是年轻力壮的男性村民,女性不参加,天主教徒也可参加,张小考爷爷说:"这就是个庄稼人的组织",他们没事的时候就去街里转悠。每次巡逻,所有成员均需要去,如果无故缺席,自卫团也不会惩罚。自卫团为所有成员配备服装。村长、村副、地方等人不参与,也不会干涉。

其四,老会。老会是指村庄中某一户落的人们自发成立的丧事救助组织,主要是为了解决丧葬事务中的种种困难,用老人的话来说就是"穷人给穷人帮忙的"。民国时期,本村只有一个老会。

老会会首的当选同样需要具备一定的条件,会首在任期间,需要承担起相应的义务,会首的资格与职责详见下表:

表4-14 双井村老会会首的资格、职责

资 格	会首是老会的发起者,名叫王凤贵,男性,年龄在30岁左右。他没有文化知识,家境贫寒,田里没有水井,弟兄三人,脾气比较暴躁,但脑子精明、好管闲事,有组织领导能力、说话顶用。会首由发起人自行担任,无须村民选举产生,"是自家张罗的"
职 责	主要在于收发竹签(竹签的大概内容:过事了,早上送去2升米,晌午出一个抬驾的),竹签是成员内部告知死讯、捐资救助的凭证,竹签数量按参与的农户数量来定,大约有70多个。会首除了收发竹签,还监督管理丧葬事务中成员的连钱救助行为

---

[1] 引自宁晋县地方志编纂委员会编《宁晋县志》,中华书局1999年版,第544页。
[2] 引自宁晋县地方志编纂委员会编《宁晋县志》,中华书局1999年版,第545页。

老会只设一名会首，全权负责组织的运转。村民加入老会属于自愿行为，无人强迫。老会的成员均来自村庄西边的某一户落，大约70户，不分姓氏，均为经济生活无保障、较贫困的农户，这些农户无财力承担丧葬费用，于是组织起来，借众人之力完成丧葬事务。相对于此，不为丧葬事务发愁的村民理所当然不参加老会，比如下表中的两类村民。

表4-15 双井村非老会成员群体概况

群　体	不参加老会的缘由
天主教徒	奉教的村民按照教会的仪式安葬逝者，其丧葬费用相对较低，教徒们不加入老会
好主	好主和富裕人家一般有财力承担丧葬费用、有饭吃*，好主家过事，"半斤馍馍不拘束"，家境更好的好主甚至给帮忙抬驾的人每人发两个馍馍

* 据老人们讲述，过去评价一个家庭是否富裕，主要看是否有饭吃。

二、保护关系

（一）家户保护关系

父母年老之后，需要儿子们提供一定数量的养老粮，由诸子均摊，一般是一年给一次，每年收秋割谷以后，每个儿子给老人一缸（约300斤）粮食（谷子、棒子、黄豆等都可以，黑豆不能吃）作为养老粮。如果父母卧病在炕，则晚辈要照料，给父母熬药、做饭端饭，这些事情一般由儿媳妇来承担，请先生看病、买药属于儿子们的事情。如果儿子们不给予及时的保护，父母就可以将儿子告至官府，如张联须老人所讲，"讼吾儿不孝"。家庭成员间的保护关系除了受长幼辈分因素的影响，还与性别因素相关。在一个家庭中，一般情况下，汉们负有保护娘们的职责，比如，汉们替娘们干家里的重活、替娘们出气。父亲当家、儿子已婚的家庭的日常生活中，儿子一般替儿媳出面与父母打交道，比如，媳妇需要买针线、零花钱时，不方便向公公婆婆开口，于是跟丈夫说，丈夫替她向父母要。

在生产事务中，家户的保护关系主要体现在收秋割谷时节的看秋护秋（有些老人将过去看护庄稼之事称为护秋）。护秋时，部分好主人家在自家的田地里安装防卫工具，比如走线枪，安装它主要是防范盗贼侵犯棉花地，有的好主还会雇用村里吸药面和赌博之人为其护秋。

有些村民收秋割谷以后，把庄稼放在好主家的谷场里，没人会偷，且会更加放心，好主家有专门的人（好主自家人或是觅的长工）日夜看管谷场（谷场里建有场房屋或搭建的窝棚供看场人居住）。如果需要自家人去看管，尤其是在晚上，一般安排家中胆大、勤快的男性成员去。在几弟兄组成的大家庭中，若无人自愿去看管谷场（夜晚的时候，尤其是结了婚的弟兄，都想待在屋子里陪媳妇，不想去谷场看护），这时当家人安排儿子们轮流值班看护，每人看护一夜。如果家中只有一个儿子，则儿子负责看场。娘们（女儿、妻子、儿媳等）不负责看护，一是她们比较胆小，二是考虑到她们去看场不安全。在几代人共同生活的家中，老人（祖父、祖婆、爷爷奶奶）不去看场，他们老了，行动不方便，当家人若是年轻力壮的男性，也需要去看场（不会安排小孩去）。[1]

（二）亲人保护关系

近门的人与自己有血缘关系，相互间的保护意识较强。农户面临困境，优先向家族人寻求保护，其次会找当户落知己不赖的人（包括邻居）。在家族人的相互保护中，家境好的农户会主动向近门中家境差的农户提供保护，比如好主张化楠，得知族人张氏家穷困潦倒，无法生存，就心发自愿主动去跟张氏说："包种我的地吧！到时候过个生活"[2]。当时，包他的地，包方可以免费使用他家的车马牲口、水车、农具等，收成对半分。在日常生活中，如果遇到土地纠纷、儿女不孝之事，当事人需要打官司时，优先向家族中头脑清亮、处事有方的大辈（叔叔大伯等）寻求保护，希望他们出面顶堂、出主意。

家族人之间还会帮忙打架、劝架，当户落的乡邻们认为这是情理之中的事。A与别人打架，如果B不是A家族的人（相互之间并非沾亲带故），但与A知己不赖，B出面帮A大打出手，这时，别人会认为B多管闲事；如果A与B是同族之人，B与C关系不错，A与C发生纠纷甚至打架时，B不会偏向A与C中任何一方，而是从中斡旋、说和。

在亲戚关系的保护中，有一种特殊的保护关系是通过姻亲体己地建立的。比如好主或一些有饭的大户人家嫁女儿时，为了避免女儿到了婆家受苦受难，特意将自家的几亩土地作为陪嫁，或者给女儿一部分现金，让她到婆家之后用这些钱买几亩地，作为体己地。

结拜兄弟之间也会相互帮忙、保护，比如A和B是结拜兄弟，A与C发生冲突，B会帮A出手。

（三）村落保护关系

1. 自发性保护关系

村民遇到一般的危机，比如需要借粮、借种子，找当户落的邻居等人，他们一是

---

[1] 如果家庭内部无法自我救助时，一般根据危机的不同，求助于不同的保护主体。
[2] 摘自张小考老人的口述。

和自己住得比较近，借粮、还粮时比较方便，二是经常往来、相互串门，时常帮助对方。大家一起居住，邻居间有时会"借墙共岭"，当户落人之间抬头不见低头见，"乡亲面子强"。此外，当面临矛盾纠纷时，也会找当户落能说会道、有公益心、爱管闲事的人出面调解。

旱荒之年，家户无法生存时，也会得到当户落党乡人的保护，比如前文在讲述逃荒与社会流动关系中所提的案例：双井村村民杨氏早年唱戏谋生，后逃荒至石家庄市藁城区周家庄，在当地经营馍馍坊、卖杂面。杨氏自知店铺经营效益好，于是将本村村民吴喜春、杨清路、张小三、张喜春、王丰书、张小半、张路须等人觅为店铺的伙计，杨氏给这些村民开工资，为他们提供谋生之道。

2. 组织性保护关系

其一，大刀会组织的保护关系。老人张联须说："因为黑军有组织，所以好主们也组织起来，跟他干。"大刀会成员有时也会故意伤害村民，比如有一次，一位米家庄的妇女（她姐姐嫁到了双井村）来双井村的田里拾穗（邻村的村民也会来本村的田间地头拾穗），被双井村一位大刀会成员施展功夫，揍了一顿（主要是借此欺负生人）。大刀会虽然是富户人家组织成立，但也会保护村庄内的贫困农户，它负责整个村庄的安全防卫。

其二，联庄会组织的保护关系。双井村邻村，南边的郝庄、西北的米家庄、东边的大陆村、东南的裴家庄、东北的孔小营、东南的大陆村以及南部的郝庄，还有邻镇（河曲镇）的某些村庄等都属于联庄会的范围。每个村根据好主的人口规模成立大刀会，然后联合起来。加入联庄会的村庄之间基本可以实现街连街、坊连坊。

据悉，双井村内曾发生过黑军偷抢联庄会成员耕牛的事情。事发之后，该成员向本村的会首报告，会首再将抢牛之事告知其他联庄会，联庄会成员们召集起来开会，准备攻击黑军组织。黑军听说联庄会要出动攻打他们，于是害怕之余，就将抢来的牛送还给牛主。通常情况下，联庄会成员牵着耕牛、带着工具下地干农活，会在大型农具上插上一面小旗子（即为联庄会的标志），黑军看见小旗子，就知道是联庄会的人，不敢偷抢。

黑军组织的活动范围主要在邻近几个村庄。村民们普遍认为，邻村米家庄在过去是个土匪窝，即大部分村民加入了黑军组织，本村也有村民参加黑军。村民张氏与一位黑军成员甲拜了门兄弟（结拜兄弟），甲经常在张氏家居住。张氏家有三弟兄，他是幼子。他把外村的孩子绑架之后带到家中，让哥哥决定赎金金额，此外，他把抢的东西交给嫂子保管，人们称他哥嫂为"窝宝主"。后来，有一年的秋收时节，八路军来逮捕他们，他闻风而逃，哥哥被抓后就地枪毙。

邻村（东枣村）村民李小贞为该片区的黑军组织头目，后来投靠了皇协军。据《宁晋县志》记载："民国 26 年，李小贞和邓西光在大曹庄、东汪扩充土匪六七百人。他们明抢暗砸，危害百姓，县内乌烟瘴气、民不聊生。李小贞活动最猖獗，时间最长。民国 26 年，日军侵占藁城，李小贞袭击日军一个班，夺得全部枪支。从此回宁晋驻大曹庄招兵买马，发展队伍。其队伍全部穿便衣，号称'万人大军'，李小贞自封为师长。后来改为抗日先遣队，自封司令。民国 27 年（1938 年）春，联庄会攻打李小贞，李小贞部死伤严重。民国 29 年（1940 年）3 月 20 日，日军收降李小贞。"[1]

在调研中也发现，双井村村民主要深受李小贞部的危害（有村民也加入了李小贞的黑军组织）。总的来看，黑军的主要活动有以下几个方面：

表 4-16　传统时期危害双井村村民的土匪组织活动概况

黑军日常活动	危害关系
抢夺财产	黑军主要在夜晚侵入村民家中抢劫粮食、头户。他们一般抢好主家的头户、钱、粮食，也会抓人绑票。好主当家人如果被绑架，由家里的其他人去赎，如果被绑的是其他人，就由当家人去赎，如果不按黑军要的筹码付钱，他们就要用大铡刀铡好主家人的脑袋
袭击村民	黑军也会袭击小商小贩、穷家小户。如本村张氏贫农出身，以卖瓜枣为生，他有 3 个儿子、1 个女儿，时常走街串巷叫卖。有一次他去东枣村（本村正西方向约 5.4 公里）卖瓜枣，遇到了当地黑军头目小杨，小杨买了点他的瓜。张氏不确定对方是不是小杨，如果确定是小杨，他想多给小杨几斤瓜，目的是和小杨套近乎，以后不要带人抢劫他。小杨买了瓜还没走多远，张氏就好奇地向周围的人们打听："这就是黑军头小杨啊？"不料被小杨听到了，小杨以为张氏打听他的消息，可能会对他不利，于是起了杀死张氏的念头。当天晚上，张氏卖完瓜枣，在回双井村的路上被小杨截杀了。本村村民无人敢管此事，张氏的家人惹不起黑军，也没去报官。当时，黑军势力大，村长、地方等人见了黑军躲都来不及，不会去管此事，他们也管不了。当时的社会兵荒马乱，官府缺乏对土匪的打击
砸明火*	民国十九年（1930 年）前后李小贞靠拉洋片为生，后来当了土匪，依仗有盒子炮在手，砸明火、绑票，常驻藁城**

＊ 方言，意为强奸。
＊＊ 引自宁晋县地方志编纂委员会编《宁晋县志》，中华书局 1999 年版，第 547 页。

其三，自卫团组织的保护关系。每天晚饭后（俗称"后半晌"），自卫团所有成员在村公所集合，由团长带领大伙在村庄主要街巷及本村田间地头巡逻，人人都有武器土枪，土枪大多数由自家制作。他们没有与土匪交过手。村庄不给他们发工资，也不

---

[1] 引自宁晋县地方志编纂委员会编《宁晋县志》，中华书局 1999 年版，第 547 页。

需要连钱供养他们，自卫团成员平时不需要练功。如果日本人和皇协军来侵犯，他们不会去对抗，据说日本人和皇协军人数众多、武器先进，自卫团根本不是他们的对手，前者来侵犯，村民们只有躲藏、逃跑的份。自卫团差不多存在了四五年的时间，后来被八路军收编。

自卫团参加者除了有本村人，还有外村人（多是邻村的），支队有队长，他们的吃喝主要从好主和富农等有饭的人家征收（不会抢掠）。他们有专门的军装，主要成员为穷人，名义上负责村庄的治安（包括保村护民、看护庄稼），实际上是组成一个小队，讨口饭吃。他们也会时常去外村巡逻。与其类似的组织还有便衣队，它是由胡岳村（本村东南方向约6.2公里）高氏拉起的一支队伍，参加者既有外村人也有本村人，差不多有十多人，人手一把枪。高氏经常不干正事，家里人时常打骂他。便衣队在双井村待了三四年，后来高氏带队投奔了皇协军。

其四，老会组织的保护关系。成员家中若有人去世了，一般由当家人首先向老会会首报丧，并从会首那里领取所有竹签，然后将竹签逐一送到每个老会成员家中，成员们收到竹签就知道孝家死了人，需要捐资、出人力帮忙。次日一大早派人将5升（15斤）小米送至孝家，并且将竹签交给会首，会首以此来监督每个成员是否出资。过去，只要是参与老会的农户，都会主动出资出力，相互帮忙，不存在偷奸耍滑的现象，要是有此类想法，就不会加入老会。当时没有发生哪个农户因为不捐资、不帮忙而被开除老会的现象，加入老会的成员中没有自行退出的。孝家收到众人捐助的粮食后将其变卖成货币，然后购置丧葬用品，支付其他丧葬费用，比如买寿木做棺材。如果捐的资金有剩余，不必退还给老会，而是留予自家消费。

除了丧事，老会平时不举行其他活动，也不连钱。成员间很少有是是非非，大家都是四邻八家、穷人。非老会成员家中过事，所有老会的成员都会出人力去帮忙，大家都是党乡人，但无须捐资。保长、甲长、村长以及地方等不会干涉老会的活动。老会的成员普遍认为，老会不赖，给穷人们救了急、解决了困难。几年之后（具体时间老人无从忆起），由于饥荒，会首王凤贵外出讨饭，没有人再组织老会活动。

（四）综合保护关系

当家户面临危机时，由当家人向家族人、当户落知己不赖的人、亲戚等人求得保护，一般需要当家人亲自登门拜访，很少通过别人捎带信息。家户寻求保护过程中，所求助的对象的范围与自家危难的严重程度相关，如果自家危难严重，需要借用的钱、粮食的数额比较大，这时，该家户需要求助于多个主体，而不是单单向某一个族人或亲戚寻求保护，否则，对方家庭生活水平有限，没有能力救济。当家户向上述主体寻求保护，对方一般会给予救助，除非借钱是为了吸药面、赌博。亲人、亲戚之间保护时，考虑到自己家庭的生存与发展，会选择有所保留地保护，不会全力保护。若家户得知自家左邻右舍、亲戚朋友家境较差，没有能力给自己提供经济上的救助，自己也不会开口求助。若某一家户向家境比自己好且平时知己不赖的人寻求保护，而对方不予救济时，该家户成员的心中就会不快，和对方的关系就会变得比较一般，以后不会频繁交往，也不会再去找其求得保护（但仍与对方继续维持一定的近门、亲戚、朋友、党乡人的关系），自己的困难自己想办法解决，但不会因此产生报复对方的想法。对于保护自己的亲人，会产生感激之情，保护自己的人即便不是亲戚，也会加以回报。比如：村民王氏（一家三口）在某年逃荒至外村非亲非故人家时，该人家一位妇女收留了他们一家人，给他们提供住宿，在生活上给予照顾。后来，双井村年景变好，王氏回村生活，但不忘当年该妇女的帮助与保护，偶尔去拜访该好心人家，看望她，给她送礼品。

第十节　双井村社会变迁与实态

传统时期的双井村在历史的长河中形成了一系列社会准则，这些准则维持着村庄的运行。1949年以后，村庄社会在某些方面发生了重大变化，而有些方面仍延续着传统。

一、村落的社会变迁

（一）1949年前传统社会形态状况

传统时期的双井村落，村民的生产生活依靠丰富多样的社会关系。族人、亲戚等血缘关系主体以及具有地缘关系的四邻八家、当户落知己不赖的人、党乡人等是村民们在农业生产中互助合作、家庭事务中相互帮忙、遇到困难时相互救助的主要对象。与此同时，家族和同一户落、大部分的党乡人之间通过祭拜共同的神明建立了信缘关系，大家共同参加拜神活动，比如玄天大会、龙王庙求雨活动等等。

村落社会形态中既存在相对和谐有序的一面，也有很多的冲突，这些冲突既发生在村民家庭内部，也发生在村落层面。相对于家庭内部冲突而言，村落的冲突内容更为广泛，它涉及村民生产生活的方方面面，比如住房、土地耕作、社会交往、借约关系等等。对村落秩序产生不良影响的因素除了社会冲突，还有各种各样的灾难，比如水灾、蝗灾、传染病以及匪患等，村民们面对不同的灾难，选择不同的保护主体。村落的社会保护一方面是个体自发性的行为，另一方面是组织性的集体行为，比如大刀会、联庄会等防卫组织。

（二）1949年后村落社会变迁状况

双井村的社会变迁是在传统底色的牵绊中进行的，传统时期遗留下来的血缘关系、地缘情结、共同信仰等依旧对村庄的社会发展产生着重要影响。

首先是血缘关系的持续影响及变迁。双井村属于老解放区，于1947年8月进行土地改革，传统的土地制度就此发生了翻天覆地的变革。然而，村民们的血缘观念没有迅速、完全地变革，姻亲关系的建立、族谱的修订、祖墓的维护等都延续了传统时期的行为，在家庭的婚丧嫁娶活动中，家族的长辈仍旧作为总理，安排和管理事务。

与此同时，传统时期的地缘空间关系也深刻影响着村民的生产生活，1949年后的村民一直沿用着户落、邻家、党乡人的地缘名称，村民们生产生活中日常的帮忙、请工、串门、交往、借钱借工具等活动，很大程度上与传统时期一样，主要发生在户落、邻居、党乡人等特定的地缘关系范围内。虽然在邢台大地震之后村庄的街道重新进行了规划，但是村民们的活动范围鲜有明显的变化，不论是在心理层面还是在物理实际层面，户落、四邻八家、街东街西、街北街南或是前街后街、十字街的东西南北，都是村民们自古至今习惯性的地理方位认知，都是他们日常行为的地缘范围。

另外，恒久运行的信缘关系也是双井村社会变迁过程中的一个重要表现。过去的村民们信奉各种各样的神明，如今的村民们也没有放弃信仰。以天主教为例：1949年之前，本村居住在东北角的村民大多数信奉天主教，教民大约有400余人，全部为天主教会成员，成员之间不分贫穷富裕，不过大多数为贫农。1949年之前至今，教堂名称为"圣亚娜"，建筑占地面积约为50间左右的房屋面积，据说是一位国外的老修女捐资所修，至今已有150多年的历史（当年日本人入侵本村，到教堂搜查八路军，但没有破坏教堂）。当下教会的活动经费由教徒自愿捐献，属于个人慈善行为，家庭经济水平较好的农户捐款较多，捐款的数量教会从来不会公之于众，经费支出也不予公布。教会成员间的关系一如既往，成员不会因为大家都是教会的人而觉得格外亲近、感情格外深厚。教徒们每天早晚去教堂祷告，每个人的祷告时间不固定，由自己决定，"自是教徒家庭的成员，从生到死都是天主教徒"（不分年龄大小）。当有教徒去世，需以天主教的习惯举行丧葬仪式，这时本村所有天主教徒都要参加，非教会成员也可参加仪式，教徒结婚时，也按天主教仪式进行。教会有固定的节日，每逢圣诞节（每年公历12月25日）教徒们集体去教堂诵经，复活节（无固定日期）时也去教堂念经，复活节以后的降临节不举行特殊的活动，和平时一样，大家自行去念经。此外，信仰传统宗教村民与信天主教村民之间的关系并没有随着时间的推移发生重大变化，大多数时候与过去一样,双方之间"只说话、不同事"(即平时各拜各的神),如村民所讲,"和和气气说话,但走的不是一条道,弄不到一家,只是在村里面见了面说几句话"。如果有人家过事,大家不分信仰,都来帮忙,传统宗教信众与天主教徒相互帮忙。本村真武庙举行庙会,天主教徒也来帮忙,但不会祭拜真武爷。

二、村落社会实况

人民公社解体以后,实行家庭联产承包责任制,村民的生产积极性高涨,村庄的经营类型更加多元,集市贸易重新复活,村庄的经济生产水平不断提高,村民们不再像集体化时期那样追求平均,而是在市场经济的潮流中追求家庭财富的增长。这种情况下,村庄的社会分化不仅没有消除,反而越发加剧。

图4-2 双井村天主教堂

(一)村落的社会面貌

在传统社会,村庄的地主人家土地多,他们是村庄的上层人士,而村里大多数的村民是穷困人家,基本能维持家庭生计(他们属于底层人士)。在当下的双井村,人们之间的财富水平同样出现了不均衡,有的从事商业贸易,有的跑运输,有人成为种地大户,也有些家庭人口少、劳动力缺乏,甚至成为五保户。各个家庭因社会职业、经济收入、劳动力等的差异出现了不同程度的分化,即便没有出现过去大户人家、小户人家之类的区分,但仅仅从住房就可以得知实际的贫富差距:有的农户修建了高墙大院,住上了二层小楼,而有的农户则住在小平房内。

村庄还建有自己的社区,大约几十户人家已搬进了整洁的社区楼房。住进社区的村民偶尔与其他村民一起参加村庄公共活动,其他时间主要活动在社区内,相比传统时期,与户落、邻居、党乡人之间的日常联系、交往明显减少。

(二)村落社会关系

现如今,村庄呈现出分化一面的同时,其整体性也逐渐减弱。传统时期,村庄有多种多样的群体性活动,比如祭祖、拜神、求雨、赶蚂蚱、看戏、过灯笼节等,这些公共性活动的开展,为村民们相互间的联系创造了条件,增强了村庄的整体性。现如今，村民们不再举行吃会、求雨、看戏、灯笼节，取而代之的是少数中年女性的广场舞、中老年男性三三两两的打牌看牌活动，整个村庄层面的整体性减弱。

当然，村民们的有些社会行为、社会活动延续了传统，比如仍旧用当村（本村）、当户落（同住一片）、知已不赖、四邻八家或邻家、挨着哩靠着哩、亲的、热的、亲乎乎的、近门或党家十户的叔叔大伯（大辈）、党乡人等概念。这样的概念均体现出血缘相系、地域相近、利益相关的关系逻辑，这样的关系底色正是他们在当下及未来很长时间内想当然行为的内在因素，如果自身遇到任何困难、任何事情，行为的第一选择便是考虑到与周边人的关系亲近程度。

第五章 双井村的文化形态与实态

双井村在几百年的历史绵延中形成了独特的村庄文化，概言之，村庄文化形态主要体现在村民的祖先崇拜、孝道文化、诸神信仰、婚丧生育、规训教育、文娱活动等多个方面。村民们在参加多种多样的文化活动、举行正式非正式的文化仪式、发展多类型的文化教育的过程中增强了村庄的凝聚力。1949年以后的村庄文化较之传统时期有所变化，但也有所延续。

第一节 崇拜与崇拜关系

祖先崇拜是双井村民从传统社会延续至今的重要文化活动，过去的家族设立了族田，并定期举行家谱的修订、祖先祭祀仪式、吃大锅菜等活动，家族的多重崇拜方式增强了后裔对祖先的信仰，丰富了族人的文化生活，使他们对老者更加孝敬、对血缘更加注重。

一、祖先崇拜

（一）祠堂（家庙）

过去，双井村的每个大家族基本上都有家庙，其中有些家族的家庙在双井村，有的在外村。张氏家庙位于本村东西街的过道，当年，张氏族人每户"捧了点粮食"（募款）买下了杨氏的房屋，该房屋空间宽敞，有4间北屋、3间西厢房、3间东厢房。后来，张氏族人缺少资金（家庙需由全体族人连钱修建），一直没能盖起家庙。此外，张

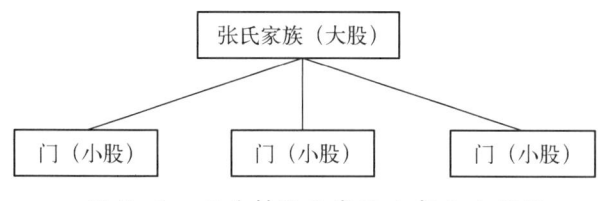

图 5-1 双井村张氏家族内部分支简图

氏家族一个大股下分若干小股,也称"门"(约为 3 或 4 个),每个门不设门长,各门可以自行组织修建门庙(小家族的祠堂),供门内族人祭拜。

王氏家族也有家庙,但与张氏家族不同,王氏家庙在外村。平时,家族人除了举行祭祖仪式时去家庙,其他时间不去,族人们平时也不在家庙开大会。王氏家庙有族田 10 多亩,由家族的大辈们管理,每逢祭祖时节,大辈们负责征收族田的租金,然后用该租金来举办当年的祭祖活动,家族不再向族人们筹款。在有些没有会首、敛首等组织者的家族,一般由族长负责看管家庙,族长无任何报酬。若家庙出现破损,族长就会召集各股(房、支)中爱管闲事的人召开家族会议,发起维修活动,这时家族层面的"家长"、副"家长"及家户的当家人都参会(民国时期,王氏家庙没有进行维修)。据悉,修建家庙、续谱时,移居外地的族人也要"捧钱"(包括宁晋县城的族人)。

对于双井村的村民而言,家庙是安放祖先魂魄的地方,其中供奉着祖先们的牌位,家庙除了是族人举行祭祖仪式、吃大锅菜的地方,还是族人们召开家族会议、修订族谱的场所。家庙具有很高的神圣性,本族人和外族人都不得玷污或肆意践踏,族人们不得在家庙做出对祖先不敬的行为。祭祖时节,如果有族人不去家庙,就会招致其他族人的冷眼。

(二)家谱

村落的每一个大家族都有自己的家谱,家谱记载着家族延传的历史,家族需要定期进行家谱的修订活动,如张氏家族自清朝同治八年(1869 年)始修家谱,至今已经 147 年,其间修缮 7 次(详见下表)。

表 5-1 双井村张氏家谱记载的家族延传关系概况

续谱时间	续谱简介
第一次缮修时为清朝同治八年(1869 年)	当时张氏家族已在双井村生存四百余年,世传十七代,家族分门别户,人丁孔繁,无谱以联,当时有个族孙名叫珏,尽心访问各门详究,使门第昭然不爽。于是就建谱一部。因"众口异辞",没有印制,令各支文人抄录一本,藏之于家,备后人接谱增续近派
第二次续谱时为民国四年(1915 年)	时隔 46 年,当时续谱时,稽考各支藏谱,有仅续本支不顾他支的,有讳字选择有所犯复的,更有性懒笔拙置之不修的,参差不齐,不能一律。于是合族共议,修缮十部,令各小支藏家一部,以备便览。同时,十五代族孙贡珠等会同合族共议,统一了十八、十九代的名讳用字

又如张氏家谱序、王氏家谱序所载内容，详细记述了传统时期家族的来由、迁居、修谱状况（见表5-2、表5-3）：

表5-2 双井村张氏家谱记载的家族延传关系概况

家谱内容	家族延传关系
（1）录	录赵州宁晋县城北十八里双井村张氏合族家谱序：当思族繁则支派易紊，世远非谱不可考者夫。家谱何为而修，记世系也；世系何为而记，支派分也。惟其支分而派别，世系不可不记，是以忆。吾始祖文彬系明朝永乐四年（1406年）奉召，自山西平阳府洪洞县城北张家庄徙入廮陶古郡。及民国，年四百余岁，世传十代无谱可稽，其间由一门而分为数门，由数门而更分数门，户口繁衍，脉络不贯，恐后见者不知其出于何支称者，不知其由何世系错乱，支派茫然，以至于此。视此家，家谱诚重典也，以上无谱可考，不知自何世不传，不知其何代迁居何处。今合族共议修谱六部，令各小支藏家一部，以备便览后世，则支分派晰，生子生孙命名授字免致日久名字有所犯复，且即遇患难流离，务记携谱，虽代远年湮，各谱不能尽失，张氏世传百代自不失其系矣，愿后人惊之
（2）凡例	谱内世系图应五代一提，有嗣者本名下从图，无嗣者本名下从点，过继者于图内本支名下系一过字，继支名下系一继字，后即从继支，本支不复序，谱内兄弟排行以左为长，提先提长门，某名配某氏书明。后凡童子每至十岁方可登谱定例，每至十二年一序。合族选定五字（振兴志明清）为讳首，十世至十四世各用一字，望后人继续推选，不犯祖讳名者方可使用
（3）始迁	大明永乐年间迁是县，住尧台村，后自徙居大陆村，又移处双井村安居为业。相传城南张华庄有张姓者，系是同宗，向亦是相往来，但不知几世迁居，宗派叙次不清，录之，知两村张姓为一本所出也
（4）谱序	详解家谱合族重行接序谱序：且夫人子务本，莫重于修谱，谱备稽考，以裨后世之便览，谱宜勤修，更免讳字之失迷，今合族共议，欲行重修，照旧接序，宜谨记讳字，细心补缀，以开清序之基。凡例于谱内世系图，将辈数阅清，各股兄弟排行，莫废长幼之节，方可画图书名，乏嗣无继者点之，下笔不可错讹，慎之慎之。时，民国四年拾壹月吉日立
（5）修谱要旨序	自合族修谱以来，迄今十余年矣，细览修谱要旨，有以（之）字为名讳者、有以（人）字旁为名讳者，已见以二字。一字分为名讳者，眉目清晰，统归一律，再能详细翻阅，选择斟酌不犯祖讳者，此乃大中至正，不敌之良规也。今合族执事人议定，二十世以二字选择，下必以（如）字为主者，二十一世以一字选择，必以（日）字旁为主者，修谱规则恪守谨遵，支分派别脉络清真，要求完善，善望于后人。十六代兰芬敬撰，发起人：十三代（灵芝）、十四代（作新、作栋）、十五代（振海、预培、士选）。十六代孙（见宾、见德）督理
（6）合族修谱要旨	昔自前清修谱以来，至今四十余年，稽考各支藏谱，有仅缮修本支，不顾他支者，亦有讳字便择有所犯复者，更有性懒笔拙置之不修者，参差不齐，不能一律。今有十五代孙（贡珠）等会同合族议定，十八代以（之）字选择讳字，十九代以（人）字旁选择讳字，通归一体，不可僭越，此合族修谱之要旨也，后人宜当遵守焉。发起人：十三世代孙（香芝、光绍）、十四代孙（作新）、十五代孙（云龙、承祯、王川、贡珠、预义、玉玺、士俊）。十六代孙（见道、见仁、见春）督理

资料来源：摘自《张氏家谱》。

表 5-3 双井村王氏家谱记载的家族延传关系概况

家谱内容	家族延传关系
（1）谱序	详解家谱合族重行接序谱序：且夫人子务本，莫重于修谱，谱备稽考，以后世之便览，谱宜勤修，更免讳字之失迷。今合族共议欲行重修接续，宜谨记讳字，细心补缀，以开清序之基。凡例于谱内世系图，将辈数阅清，各股兄弟排行，莫废长幼之节，方可画图书名，乏嗣无继者点之，下笔不可错讹，慎之慎之
（2）凡例	谱内世系图应三代一提，有嗣者本名下从圈，无嗣者本名下从点，过继者于图内本支名下系一过字，过继支名下系一继字，后即从继支，本支不复序。谱内兄弟排行名以左为长，提先提长门，某名配某氏书明。后凡童子每至三岁方可登谱定例，每至十二年一序
（3）始记	始祖以上无谱可考。传闻城东北五里许谷家庄王姓为一本所出，因年久兵荒马乱谱序失修，造成断续而无谱查阅。据残谱审阅，谷家庄王姓确为一本所出，因谷家庄无谱考查，辈数不清晰，今修谱未续录之
（4）言录	邢台地区宁晋县北塔庄、双井村、裴家庄三村王氏合族家谱序：当思族繁则支派易紊，世远则情意多疏，非谱固无以合其散而明其序然。斯时富人往往不顾念本宗，甚或锦衣美食餐饮仆婢之口、炫耀奴僮之躯而九族之亲不免号寒啼饥失其所者有之矣，兹因无谱可考也。夫家谱何为而修，记世系也；世系为何而记，支派分也。惟其支分而派别，世系不可不记，是以忆。吾始祖传记为明朝永乐年间王氏九世孙，本县人也，一直安居为业

资料来源：摘自《王氏家谱》。

（三）祖墓

村落中较大的家族都会有自己的祖坟地，用于安葬祖先。在家族中，一般是大辈要埋入祖坟，其他人埋在自家的坟地。祖墓[1]及其迁居皆关乎祖脉的延续、族运的昌盛（详见下表）。

表 5-4 双井村张氏、王氏祖墓搬迁关系概况

族　姓	祖墓及其搬迁
张氏茔记	始祖茔在村东南距村里许，一支：五世祖（体性）由老茔迁葬于村东南角附近地，八世祖（时）由老茔迁葬于附近西北角地，九世祖（明起）由老茔迁葬于村东北，距村四里许，又九世祖（明焕）迁葬老茔附近东北地。二支：六世祖（失纪）由老茔迁葬于村南附近地，七世祖（允仲）由老茔迁葬于村东北，距村五里许，又七世祖（应花）由老茔迁葬于村正西三里许，又七世祖（应治）由老茔迁葬于村西北二里许，八世祖（辉）迁葬于老茔东北角附近地。三支：六世祖（失纪）由老茔迁葬于村北二里许。以上三支录载均由老茔徙，其余各小支复行迁葬者，因其过繁，不便登录。一支始祖在村西北杨扈道三里许，二支始祖在村东北胡岳道一里许，三支始祖在村西北杨扈道二里许，一支三世二股（失纪）迁村东北一里许，二支五世三小股迁村西北小寨道二里许，一支六世文珠迁村东北寺里道三里许，一支七世曙迁村北营里道三里许，一支七世昭迁村西北小寨道一里许，一支十世振余由寺里道迁村东唐邱道北一里许，一支九世（　）元由村北营里道迁村东北二里许，一支九世（　）让由寺里道迁杨扈道五里东一里许，一支九世（　）利由北营里道迁村东寺里道

---

[1] 史氏家族有族长，有族田，没有家庙。

族　姓	祖墓及其搬迁
王氏祖坟搬迁记	始祖茔在城北偏西五里许北塔庄村东北，距村半里许，后仍在此地，为一支；二支十世祖迁葬于双井村米家庄道道北，距村五里许，茔地又名沙岗；三支十一世祖迁葬于裴家庄村西郝庄道道南，距村一里许。以上录载迁徙，其余各小支复行迁葬者，因其过繁，不便登录。民国6年（1917年），附近河流发大水，王氏祖坟地被淹没，平时，祖坟地无人侵占

资料来源：摘自《张氏家谱》和《王氏家谱》。

（四）孝道

族人所遵循的孝道主要从两个方面来呈现：一是孝敬已故祖先。如上文提及的，农户对于祖先的孝敬充分展现在家庙祭祀、祭坟仪式中。已经建成家庙的家族，每逢祭祖时节，族人需要前往家庙上供（大馍馍、彩供、点心、猪肉，一般是端9碗大馍馍、5碗彩供）、上香、磕头，参加隆重的祭祖仪式；十月一时，需要去祖坟给祖先烧纸、上供。二是孝敬在世族老。在双井村，族老一般指族长、家族的"家长"及副"家长"，在祭祖仪式中，主持人（不分辈分大小，选贤任能）发号令，全体族人一起行跪拜礼（3次），给族长和"家长"、副"家长"磕头。平时，族人要敬重族老，见面要问好。

二、崇拜关系

（一）家庙祭祀

1. 祭祀时间

清明节、十月一这两个时节，族人举行祭墓仪式后，就去家庙祭祖、"吃会"（免费吃大锅菜）。过去，如果"老闺女"（即娘家的父母、兄弟姐妹已故）来祭坟，无人接待时，可以去祠堂吃会。每年农历正月初一，族人们都要去家庙、祖坟上供，去祭祖时需要自带香蜡、烧纸、供品，这是老祖宗留下的规矩。

2. 祭祀仪式

祭祖时节，族人们先统一去家庙祭拜，而后各门族人分别去门庙祭拜。参与祭祀活动的人，不分贫富，正如老人所讲，"好主也不高、穷主也不低，都一样"，家户（单干户）内部不举行祭祖仪式。族内有事，主事者需要派族人通知移居外村和县城的族人，对于连钱时无力交纳的农户，家族不会惩罚。

祭祀活动中，所有参与人员按辈分大小前后列位，然后由族长和正副"家长"代表族人在庄严的氛围中为祖先敬香，接着由主持人发号令，全体族人一起行跪拜礼（3次），给族长和"家长"、副"家长"磕头。族人参加祭祖仪式，不需要掏钱，免费吃大锅菜（杂烩菜，由粉条、白菜、猪肉等熬成）。

对于祭祀活动参与者的资格，族里都有规定。比如张氏家族祭祖，原则上本村和张华庄张氏老少（男性）均需参加，但有的族人旅居他乡或外出做工，他们可不参加；女性不能参加，外嫁女可以回娘家祭坟但不能参与家庙祭祀活动；过继儿和抱养儿可以参加，上门女婿不能参加。

（二）家谱修订

对于一个家族而言，家谱的修订是族中大事，除了遇到特殊的年代，一般情况下，族谱的修订不能间断。

1. 续谱机构与组织关系

续谱工作由族长、"家长"、副"家长"发起，续谱时，召开由族长和正副"家长"、其他大辈参加的家族会议，组建家族续谱管理机构，即监理部（如下图）。监理部成员主要为家族的大辈，选任不分贫富，他们为本村3个股中好管事的人、代表（张氏家族分为4个股，各股不设股长），总理为续谱机构成员。监理部包括资筹组、外交接待组、伙房组（只给编撰部人员管饭，其他人各回各家吃饭，族长和正副"家长"一般在家吃饭）、后勤组，另设修缮部（下设顾问督察组、择字组、排印组、编校组、摄制组、装订组、书写组）。修缮部由30多位有点名堂、能说能道的人组成，监理部成员负责为修缮部买东西、打杂跑腿。续谱机构人员，各司其职。

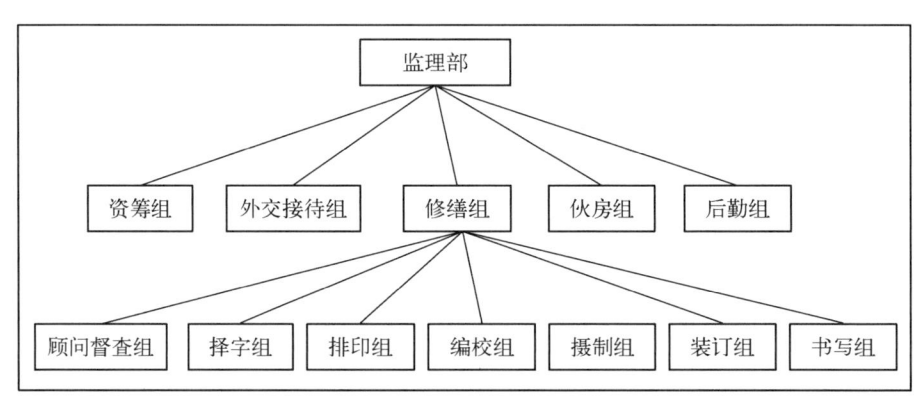

图5-2 双井村张氏家族续谱管理机构示意图

2. 续谱时间与地点的商定

依据族规，家族每12年续一次谱，每次续谱前，族人请阴阳先生测算良辰吉日，预选立冬以后的两个日子，然后经过续谱机构商议决定哪个为续谱吉日。续谱过程需要一个月左右。续谱地点为本族人的闲置房屋，续谱机构商议选定，谁家有闲地方就去谁家（一般是在管事的人家中），不需要付房屋租用费。全族男性均可以入谱，妻子可以入谱，外嫁女不能入谱，外甥或外甥女等不能入谱。过去，续谱完毕后，还要在村里请戏班子唱5天大戏。

3. 续谱资金的筹集

族中有文化、有学识的人们负责修谱，家族不会为其支付报酬，但是管一日三餐。每次续谱时先考虑族田收入，若收入少，不够续谱消费，则需要连钱，主要用于伙食、唱戏、买笔墨纸砚等的花销。张氏家族续谱，每位族人名下均需交纳，外嫁女和外甥也需交纳，外村张家庄族人也要为续谱出资，数额不等；除此之外，有饭的族人还会自愿捐资。续谱时需要轮流值班。续谱后，家谱一般由族中年长辈高的识字人家保管，族长和"家长"、副"家长"各存一本，等到下次续谱时需要族人将谱交到族长家中。

4. 续谱事宜与村落权威的关系

村长、副村长、地方等人对于某一家族的续谱事务一般不加干涉。续谱时，如果村长、副村长等均为该家族的人，他们都需要参加，且发挥着主要的管理功能，比如村长若为张氏族人，修订张氏家谱时，他为管事的人。本村天主教会不干涉续谱一事，张氏家族为本村唯一大族，该族中无人信奉天主教。

（三）贺号仪式

"贺号"为当地一种习俗，是村民对祖先崇拜的一种方式，它体现着家族辈分秩序。具体而言，男性在12岁左右时，按照家谱的辈分贺号，称之为"起官号"。到了40岁，别人对自己的称呼就要改变，即称呼"老＋名（姓氏、辈分都省略）"，比如老全、老宣、老孩等，但是过事的红彩簿、白彩簿中依旧要写官号。有些大辈、好主人家贺号的时间选在戏班子在村内搭台唱戏之时，以便让号出名，让贺号者脸上有光、有面子。

第二节　信仰与信仰关系

从古至今的双井村民除了崇拜祖先，还信奉多种多样的神明。村民对神明的信奉基于自身的不同需求。有些神明是村庄传统宗教信众（部分天主教徒除外）集体信仰的，有些神明是家庭层面祭拜的。他们借神明来慰藉自己的内心，消解世俗社会的苦难。

一、信仰对象

（一）村落诸神

1949年前的双井村村民，根据家户和村庄的需要，修建了不同的神庙，祭拜各类神明。村落层面主要的神明包括女娲、文昌君、路神、龙王爷、关公爷、玉皇大帝、井龙皇、真武爷等。

表5-5 双井村民崇拜的诸神及其功能概况

诸神名称	神的功能
女娲	求子
文昌君	考学
路神	出行
龙王爷	求雨
关公爷	
玉皇大帝	保佑平安、风调雨顺
井龙皇	保护水井

1. 女娲

"奶奶庙里讨娃娃",村民祭拜奶奶庙女娲,目的在于求子。"女娲在天地间窥见田地荒芜、河洛纵横,天地间一派荒凉,于是用双手捏成泥人,有男有女,天地间有了生气。但嫌用手捏太慢,于是改用草绳蘸泥浆甩,每一个泥点化作一个人,很快人多起来。男婚女嫁,从此天地间有了人类。所以女娲为人类始祖,善男信女向女娲皇求子,娲皇会给虔诚的善男信女源源不断地赠送贵子,故称娲皇为送子奶奶。乙未年夏末"。

2. 文昌君

村民祭拜文昌君,主要是为了让他保佑本村学生能够金榜题名。文昌殿简介曰:"文昌君,塑像为张亚子,又叫张恶子,在晋朝做官,唐朝安史之乱后说迎唐玄宗入川有功,唐玄宗、唐僖宗追封其为左丞相、济顺王,主管仕途利禄。在主神文昌帝君两侧有两位童子像,为天聋地哑人,特意安排了两个聋哑人,为的是防止向凡人泄漏考卷秘密。殿内北墙壁上赤发蓝面之神,立于鳌头之上,一手握斗,一手执笔,为科举中试人名字,此即所谓魁星斗,独占鳌头。文昌本是官名,包括六颗星,斗魁(魁星)为主大贵的吉星、主宰功名利禄之神,民间称之为文曲星,为读书学子升学仕途之主宰神。乙未夏末"。

3. 路神

路神是专管道路、出行的神,"大家谁不走路啊,路神是保平安的,功劳不小"[1]。村庄没有路神庙,行好的人家在大门口摆置路神香案,每逢农历初一、十五,给路神

---

[1] 摘自村民高县格的口述。

上供。路神的生日为农历六月初一（有时定为五月三十），这一天，除了天主教徒，其他村民皆在自家门口祭拜路神。并且，在路神生日当天晚上，老母会成员及行好的村民在会首的组织下，在村庄十字路口摆置供桌、香案，摆供品、烧香念经，举行隆重的祭祀仪式（白天的时候，村民们要下地干活，无空参加）。

4. 龙王爷

本村的龙王爷排行老四，求雨时，村民们将龙王爷抬在架子上转街游行。祭拜龙王爷的主要目的在于祈求它保佑村民们在这一年中风调雨顺。天干地旱时节，祈求龙王爷下雨，如村民高县格所讲："都是这一片的好心，不下雨，收不到，吃吗喝吗？有时灵了就下雨，不灵就不下，不管下不下，咱们到了这一天就都去求雨去。老天爷，下大雨，收了庄稼供向你。"农历六月初六是龙王爷的生日，村民们一般在这天举行求雨祭祀仪式。此外，腊月三十的晚上也会去龙王庙祭拜，正月十五也要去上香。平常的时候，农历初一、十五，拜佛的人会去龙王庙上香、磕头。

5. 关公爷

关公爷被供奉在关帝庙中，关帝庙由玄天大会统一管理。关帝庙没有庙碑、庙地。当地村民们认为关公爷有两个生日，农历五月十三是单刀日，六月二十四是双刀日，生日当天，大家祭拜关公爷，目的在于求雨免灾。给关公爷上供时，烧5炷香、5张纸，供品较少，据老人讲，当时人都吃不饱饭，祭拜神灵的供品也就少，"人穷神也穷，人富神也富"。行好的人还会给关公爷念经，后来，人们不再去祭拜关公爷，据说关公爷不显灵。

6. 玉皇大帝

村民们筹集资金为玉皇大帝修建了玉皇庙（在村南），庙宇没有庙地、庙碑。每年的正月初九是玉皇大帝的生日，这一天，村民们不举行祭祀仪式。正月十五过庙会时，在真武庙举行祭祀仪式（同时给玉皇大帝庆生），村民们祭拜玉皇大帝主要是为了祈求村落平安、风调雨顺、五谷丰登。

7. 井龙皇

据村民讲述，每个水井中都有一个井龙皇，给井龙皇上供能使家人平安健康，免去灾难。井龙皇祭拜的具体内容见下表：

表5-6 1949年之前双井村井龙皇祭拜关系概况

祭拜规则	具体内容
上供时间	村民们主要在腊月三十除夕夜去上供，有些积极行好的人家，逢年过节和每月农历初一、十五都要去上供

祭拜规则	具体内容
上供地点	一般在水井台
上供主体	每个井龙皇都由该户落的村民负责上供，不过他们主要祭拜 A 井井龙皇，A 井恰好位于村庄三条主街道附近的中心位置。一般是家中的妇女、老人去上供
上供方式	村民去上供时自带供品，如果是除夕夜上供，一般端 3 碗饺子，每碗盛 3 个，（如果去亡人的坟墓祭拜，得端 4 碗），还要带烧纸、香。到了井台，烧香烧纸，一般烧 3 张或 6 张，不能乱了规矩，香的数量不固定。上香烧纸后叩头，撒供品

（二）家户诸神

表 5-7 双井村家户崇拜的诸神及其功能概况

观音菩萨	免灾
老　佛	免灾
门　神	保佑家人平平安安
宅　神	
龙　仙	
灶王爷	
仓管神	储粮
马　王	保护牲口

1. 观音菩萨

农户在北屋（上房）的中间位置摆置一个供桌，在墙上挂一幅菩萨像（一般去马庄找专业的人士画像），如果北屋之中没有供奉神灵的位置，则可以选在配屋（东屋或西屋）中供奉。时常行好的老人一般住在配屋，便于每天祭拜家神（农历二月十九是家神的生日，除夕当天也是祭拜家神的日子，这两天都需要给家神上供）。家中过事（娶亲），由当家人给家神上供，求观音菩萨保佑家中平安无事。家中有人生病时，也需要祭拜家神，求它显灵，使病人早日康复。

2. 门神、宅神、龙仙、灶王爷

每当腊月三十，村民们在大门上贴门神，不需要举行祭祀仪式。门神之内有宅神，它主管妖魔鬼怪，逢年过节，村民在院内上香、烧纸祭拜，这一活动多由家中老年女性主导进行。对于家中的水利事务，由龙仙主管，村民求龙仙就是为了保佑家庭不要发生水灾水患。此外，还需祭拜灶王爷，它保佑一家人平平安安，监督儿媳妇的偷米偷面行为，提醒家人不要浪费粮食。如果家庭成员有浪费粮食的行为，灶王爷就会认为其有罪，将其告至天庭，天庭会对其进行惩罚。

3. 仓管神

仓管神管理粮仓[1]，保佑粮仓里的粮食不会发霉、越吃越多。正月二十五是仓管神的生日，这一天一大早（黎明时分），村民们在自家院内上香上供，给仓管神磕头。

4. 老佛

祭拜老佛是一家一户的事情，村庄没有集体祭拜的老佛。农历每月初一、十五的早晨，村民们都需要给老佛上供，逢年过节也需要上香上供，供品为5碗菜、9个馍馍，每次负责祭拜的人多是家中年老的奶奶、母亲等人，汉们一般不祭拜。但只是奶奶或母亲一人祭拜，她们的言行代表全部家庭成员。祭拜老佛的目的在于求得家庭成员的平安健康。

5. 马王

马王是专管牲口的神，有牲口的农户家，每年过年时，写"马王"帖贴在牲口棚门口，祈求马王保佑牲口平安无事，不要生病。

（三）鬼怪

村民们相信人死之后到了阴间成为鬼，阎王爷会在阴间安排鬼的生活。为此，村民们修建了阎王庙（又叫小鬼庙），祭拜阎王爷。阎王庙为一间房屋大小，庙宇中间位置供奉着阎王爷，左边是判官（替阎王爷跑腿）、右边是小鬼，小鬼专门负责"掏阴魂"。当某农户家老人过世，穿戴寿衣完毕，由儿子前往小鬼庙报庙（报信），若逝者有多个儿子，则他们都得去报庙。报庙时，烧纸、磕头，不上香。报庙之后，小鬼掏走亡者的灵魂，亡者才会进入阴间，如果不去报庙，逝者的灵魂就会一直萦绕在家，如当地人所言，"老人走不了"。阎王庙没有庙地，也没有庙碑。

二、信仰关系

（一）诸神地位与信仰关系

村民们认为，家宅六神（南海观音菩萨、宅神、门神、路神、仓管神、龙仙）中，观音菩萨的地位最高、权力最大；在村庄的各个神灵（真武爷、龙王爷、关公爷、阎王爷、女娲、文昌君）中，真武爷的地位最高、权力最大。穷苦人家祭神之后，把供品带回家与家人分享，好主人家相对富裕，祭神之后不需要把供品带回家。如果家里的老人行动不便，可以不去拜神，由儿孙们去祭拜。

---

[1] 粮仓俗称"囤"，圆形器具，编制囤的原材料购自集市。囤分大小，大囤可以装2000斤粮食，小囤可以装1000斤粮食，过年时，囤的外表贴上写有"仓管"字眼的纸条。

（二）舍饭行为与信仰关系

家中有人生病，当家人就会带病人去真武庙上供、许愿。为了祈求神灵的福佑，该农户一般需要舍饭三年，有的农户只舍饭一年，舍饭年限长短由农户许愿时自行决定。每年只舍一次，舍饭时间一般是秋收之后的农闲季节。舍饭活动期间，该农户煮两桶米汤，运至村庄大街上，给前来要饭的村民每户舍一勺，该户主人自己舀饭。村民们前来盛饭时需要自带碗具，盛饭的多是穷人家，好主人家不参与。舍饭信息由村民间相互传唤获知，比如"××家×时×地舍饭"。舍饭行为属于农户自发的选择，村长、村副、地方和族长等不加干涉。如果农户许愿三年，舍饭一次或两次之后，病人痊愈，该农户再没有舍第三次，而此后，家中要是发生不顺之事，其他人也生病，该户就会很后悔当时没有舍够三次。

第三节 思维与思维关系

1949年以前，村民思维活动主要包括经验思维、务实思维、平均思维以及其他类型的思维，这些形成于日常生产生活中的思维活动及思维关系又反过来深刻影响着村民的各种社会行为。

一、思维活动

（一）经验思维

村民们在产生活中的各种行为，一是依据从先辈那里传承下来的经验，二是基于平时积累下来的经验。比如大家都熟知拔水是汉们的事情，是力气活，一般由家中的壮年负责，妇女一是体力弱，担水吃力，二是裹了小脚，不便行走。拔水事务中，汉们从经验思维出发，帮助老幼，比如某农户家中父亲恰好不在，母亲就使唤几个小孩去拔水，这时前来拔水的其他年轻力壮的党乡人会帮其拔水（一是小孩无力拧辘轳，二是怕在拧辘轳的过程中出现落井的危险）。在当地人的生活经验中，大人帮助小孩是个礼节，大家都是这一户落的人，都是同村的人，抬头不见低头见，来挑水的大人们一般会认得这是谁家的小孩。若孤寡老人来挑水，年轻力壮的村民也会给予帮助。不过，孤寡老人亲自去拔水的现象较少，如果自己年老体衰，家中无后，就雇人常年为其挑水，一年到头为雇工支付一定报酬。一般雇四邻八家、家境贫寒的农户，富裕人家看不上那么一点报酬，据老人讲，雇工挑水的报酬大概是每月一两元钱。

除此之外，农户过事时按照以往经验，从玄天大会领取锅、碗（几百个同质粗瓷席碗）、篮子、瓢、勺、筷子、茶壶、茶碗（汤碗）、酒壶、酒盅、盘子、桌子、板凳、帐篷等。这些器具均由大会负责筹资购置，一般放在会首或敛首的家中（谁家院子大、房屋宽敞，就放在谁家）。过事前几天，主家将写有所需器具数量的清单交给会首，领取器具，会首与主家当场负责清点。过事当天下午（后半晌），宴席结束，主家派人将所有器具（有的人家洗干净送回去，有的人家不洗）还到会首家中。还的时候，会首也要清点器具数量，查看损坏情况。如果筷子缺少了，可以用主家的筷子顶替，如果其他用具被损，需要主家赔钱（不赔粮食）。

（二）务实思维

村民的务实思维主要体现在以下几个方面：一是勤俭节约。比如每年收秋割谷后，农户舍不得挑新粮，将其锁在仓房里，存放好几年，以防来年甚至后年碰到荒年时无粮糊口。大多数情况下，如果父亲当家，锁仓房主要是为了防备娘们，即女儿、母亲、儿媳妇，她们时常在家，当家人担心自己不在家时她们偷卖粮食，尤其是娶了"好吃嘴"的儿媳，更要处处防备。父亲用不着防备儿子，儿子时常出门干活或打工，不会常待在家里。如果儿子有不良嗜好，比如吸毒、赌博，也需要锁仓房防备。如果家中负责做饭的人感觉磨的面差不多要吃完了，就提前几天跟当家人说，比如"没面了，取出点谷子、棒子吧！"当家人这时才会打开仓房门锁取出点粮食。

二是重视私利。比如有些村民之间平时交往频繁，关系不错，但是一方有难，去找另一方借钱，另一方有钱但是为了私利，表现出薄皮的一面，拒绝出借。如1949年之前，村民张氏与当户落的王氏是知己不赖、"好得没法"的人，王氏母亲有一天做饭时才发现没有米了，于是去找张氏借1升米，张氏当即说无粮可借。王母当时有些灰心，随口说道："要不就把自家这个缸卖了。"张氏听到王母打算卖缸，就跟王母说："我挖给你2升米，把你那缸卖给我。"王母当时答应了。王氏向张氏借粮，张氏说没有，而听说王氏要卖物件，他就有粮食了，王氏当时心里很生气。这件事之后，王氏对张氏不再有以往的信任和情感，但也没有就此与对方断绝关系，双方平时依旧来往。

二、思维关系

（一）经验思维关系

村民们在以往经验性思维下，认为借钱时找党乡人相对容易，找亲戚借反倒比较为难。如果向亲戚开口借，亲戚怕自己还不上，亲戚家若有事情需要用钱时还不好意思要。如果不借，双方又比较为难，觉得没有顾及亲戚情面。

在婚事中，村民们从经验思维出发的同时会灵活处理，而不是按部就班地模仿他人。比如陪嫁妆时，娘家人若家境较好，则一般给新娘陪柜子、茶壶、梳妆台等，不陪被子（由男方自备4床被子）、不陪粮食。如果娘家人生活穷困，就给女儿陪嫁一个茶壶、6个茶碗（宴席中，一桌坐6人），送嫁妆的人均是当户落18岁左右的年轻男子（差不多10人），他们每人根据自己的家境给新娘送一件嫁妆，如大镜子、小镜子、大盘子、洗脸盆子、脸盆架子。他们在娶亲当天提前将嫁妆送到男方家，人手一件嫁妆，男方家需要给每个人发一盒烟、管顿饭，"一桩家当换盒烟、吃顿饭"。在当地，"人缘走得好"的人家嫁女儿，送嫁妆的人多，而"人缘走得凶"的人家嫁女儿，很少有人送。

除此之外，村民的经验性思维关系还体现在雇佣关系中。比如雇主家觅有佣人（做饭的）与长工，佣人要是对长工不敬、伙食上故意亏待，长工就按行规处理，把两根筷子绑起来交给雇主，雇主不必多问，依据经验，就知道是怎么回事，于是替长工出面，即刻辞退佣人（工资照付）。

（二）重利思维关系

有的人人缘好、威信高，家中有事时，前来帮忙的人多；有些农户比较薄皮（口碑较差），只重一己之利，这样的人，家中有事时很少会得到别人的帮助。比如村民王氏平时跟着老年妇女们行好念佛，家中置了一口铡刀，他每次下地干活时，把铡刀扛到地里，以防当户落的人借用。为此，当户落的人们给他起绰号曰"老死子、死王八子"，村民们也几乎不和他打交道。他盖房时，当户落没人去帮忙，他自己平时也不给别人帮忙，他逝后，当家十户的人将其安葬。

类似的善于从算计、只重私利的思维出发的村民还有很多。比如村民A和C之间交易粮食，经纪B与A知己不赖，而和C关系一般，A请B帮忙过斗，B将布袋中的粮食倒进斗里，每过一斗，一般能帮A省下一斤左右的粮食，且让对方看不出破绽。如果B能帮A省下10斤左右的粮食，A会请B到自己家中喝壶酒，或者去杂货铺喝酒，经纪不会觉得有愧于C，正如当地的谚语所说："阳世三间人弄人，阴曹地府鬼弄鬼。"如果经纪和卖方关系一般，而和买方知己不赖，交易时由卖方自己过斗，经纪不会帮买方占到便宜，但是会保证让买方不吃亏。如果交易双方和经纪的关系都不错，经纪自知偏向任何一方都不妥，这时，卖方自己过斗，买方也不会吃亏。

又如某年，村民A跟当户落的B念叨（B整天在王氏家门口闲坐），要把自家的缸卖了，B听了之后就给A说："我给你找个人卖了吧！"A出于对B的信任，把缸交给B，B把缸卖给了C，卖价为4元，而B却给A说，该缸卖于C，只卖了3元。有一天，A在村里遇到C之后，谈起卖缸的事情，C跟A讲，当时自己是花了4元钱从B的手里买的缸，A听了之后很生气，但没有去找B算账、吵包子，自己"背了点伤"。

(三）颜面思维关系

顾及脸面的思维与思维关系深刻影响着双井村民，当地谚语云，"冻傻不烤灯头火，饿傻不吃猫食菜"（意为人活着为了一口志气，即便要饭，也不会从对方门上过）。家有困难，需要借钱时一般不找亲家借，不会向儿媳妇娘家借，否则，自认为儿媳妇娘家人会瞧不起自己，觉得自家"背性"（可怜、穷困潦倒）。正如张联须老人讲述的："你上儿媳妇娘家借粮借钱，让人小看咱，家里没的吃，自己背性。"但会向母亲的娘家借，因为是老亲戚，不存在相互瞧不起、要面子的现象。

此外，颜面思维关系还主要体现在对村民在村落中的地位、声誉的影响上。比如不肖子孙会遭受当户落的邻居、党乡人、亲戚朋友等人的舆论评判，人们会谈论不肖子孙的是是非非。孝敬父母是祖辈多少年来延传下来的规矩，如果后人违反了该规矩，就要受到人们的舆论惩罚。如果儿女不孝，老人会对他们讲带有威胁性的话语，如："你们不给我养老，我死了也不要你们来送葬，看当户落的人们说不说你们。"当老人过世，儿女因某种原因不参加老人的丧葬仪式，该儿女就会被村民们舆论评判（戳脊梁骨），并且在守孝期间，儿女若违背了当地的乡俗，他们就要遭受家族人、亲戚朋友、村庄党乡人的言语批评，他们在村里就会一辈子抬不起头，失去了做人的颜面。

（四）炫富、哭穷思维关系

比如某村民刘氏，如果家里煮了白米粥（属于较差的饭），就不会端着碗在大街上吃饭，生怕当户落的四邻八家看到了，嫌她家穷。如果她家里做了杂面面条（属于较好的饭），她就端着碗出门，在街上吃饭，有时不吃，只把面条故意挑来挑去，在四邻八家面前炫耀她家吃得好、过得富足，"不哭穷、要面子、看俺吃得强"。其实，她家吃得好不好、过得富不富，她家的家庭条件，当户落的人们都心知肚明。相反，有的农户喜欢哭穷。让孩子们在家的时候，吃黑豆或玉米面做的饼子（较好），且不让他们拿到外边让人看到。如果孩子们外出玩耍，就让他们拿着山芋面饼（较差）去大街上吃，以此让当户落的人们觉得他家貌似穷苦、无法生存，博得人们的同情。但实际上，他家有头驴，有几亩地，生活还能过得去，比他家条件差的村民还有很多。

（五）其他小农思维关系

比如某日，村民王氏在村庄大街上捡了1元钱，拿去买酒喝，被当街闲坐的人们看到了。过了几天，有个小女孩找王氏要钱，说王氏捡的1元钱是她丢的。王氏不知是不是她的，也没计较，就给小女孩了，但是提了个条件，让小女孩叫他一声爷爷，他才肯给，小女孩答应了。后来，街里的人们见到王氏就问："到底是不是她的？"王氏则笑答："不管是不是她的吧，叫我一声爷爷也能值1块钱。"

又如村民 A 和准媳妇 B 去赶集，双方的家人都知道他俩去赶集的事情。到了集市，B 偷偷拿了 A 兜里的钱，A 知道是 B 偷的，但没有与对方当场对质。A 自己跑回家，把 B 留在了集市上，B 找不到回家的路，就去附近的姐姐家（换马店镇，本村西南方向约 9 公里）落脚。A 回到家后，家人批评他，比如"人家要是丢了，娘家人找你要人咋办？"

第四节 态度与态度关系

村民的文化态度一般表现为某种观念，比如生育、生活方面的观念。在传统的生育观念中，村民们认为一个家庭应该人丁兴旺，多生男少生女，无子家庭是绝户。小孩出生后需要举行仪式，无儿无女的家庭往往会过继一个孩子，有的家庭甚至出现买孩子行为。

一、生育态度

（一）生育观念

1. 绝户观念

若某农户有多个女儿、没有儿子，他就被称为"绝户"（该户在村里的地位不受影响，如果自家经济条件好，地位也不会低）。光棍汉无后，也算绝户。

2. 多生观念

当时的村民们都有多生孩子的偏好，普遍生七八个孩子，少则生两三个。过去，婴儿夭折（俗称"糟蹋"）的现象比较普遍，有的孩子五六岁时因病早逝。春天的时候，孩子们生天花、生麻疹，如村民王氏的 6 个孩子（2 男 4 女）全部病逝。孩子多了，家庭负担就重，有时生得起、养不起，只好被饿死（当地谚语云："半不壮小子，吃傻老子。"）当时医疗水平低下，没有生育结扎措施，女性怀孕后就把孩子生下来，有的女性不想把孩子生下来，于是"挤肚子"，想把孩子挤掉（但都没有成功）。

3. 重男轻女

当地俗语称："三个茄子不顶一个白瓜。""十二个落花女不顶一个瘸脚儿（残疾儿）。"女儿再多，一般要出嫁，这时家产将被家族的人争分，若家里有一个儿子，即便是残疾儿子，就不算是绝户，就不会有人来争家产。本村杨氏家中只有他和母亲两人，后来母亲过世了，他外出参军，家中财产无人看护，村民张氏（大户人家）和杨氏一近门的俩人密谋私分杨氏家产。他们认为，那个年代兵荒马乱，去参军的人说不定早死了，"如果杨氏一个月内不回来，就分他的家产"。不料，杨氏一个月之内回来了,大家认为,张氏和杨氏近门的人白忙活了一阵。

4."掺和"偏好

"掺和"偏好指村民们希望生的孩子中既有男孩又有女孩。如果生的全是男孩,则家庭负担重,家里的纺花织布等活无人干,养老时,儿子不如女儿那般体贴。如果生的全是女儿,则认为断了根,无人继承家产。(村民胡氏的母亲临产前没有家人照顾,刚生下孩子,看到家里的羊跑出来了,于是赶紧放下孩子去赶羊,把羊圈好之后,才钻到被窝里"暖孩子"。)

(二)生育关系

1. 生育仪式

如果某农户中年之后生了儿子,则被称为"老来得子",等小孩两三岁的时候,当户落的关系不错的人们跟小孩父亲讲:"得了老来子,给你贺贺喜吧!"主家一般会举行庆生仪式,但不需要请亲戚朋友。老来得女,不需要举办庆生仪式,不请亲朋好友喝喜酒。

1949年以前的双井村,"12晌"是村民生育仪式中最为重要的环节,详情可参见下表:

表5-8　1949年之前双井村"12晌"生育仪式中的社会关系概况

仪式规则	主要内容
仪式主体	村民只给长子长女和次子次女举行"12晌"仪式,不必给所有孩子都举行
主家报喜	举行"12晌"仪式前三四天,小孩的亲生父亲及近门的哥哥、兄弟等人去亲戚家报喜(由孩子父亲亲自去妻子的娘家报喜),不带任何礼物,娘家给女婿管顿饭。有的亲戚家比较远,因此需要更早通知。当户落人们之间相互传唤,便得知某家给小孩举行"12晌"仪式,就主动前来道喜,不需要主人家挨家挨户去通知
宾客上人情	亲戚们来参加仪式,需要带礼物,姥爷、姥娘及姑姑、姨妈等一般带红糖2斤,(一斤3毛钱左右)、芝麻,鸡蛋(一篮子,1元钱可以买六七个鸡蛋,多数是带自家积攒的鸡蛋)、挂面(5—10包),表亲可以不买红糖。娘家人还要给小孩做2—3套棉袄、裤子、带尿布(自家织的粗布)。家族成员,包括叔叔、大伯、婶婶、大娘、哥哥、嫂子等前来道喜,每户送30个左右的鸡蛋。亲戚之间遵循礼尚往来的规则,如果别人家过事,自己送的礼比较重,则自家过事时,别人也送得重,反之,送的礼轻。亲朋好友来道喜,不必给小孩钱,女儿女婿当天不需要给小孩的姥爷、姥娘磕头行礼
主家回礼	庆生仪式完毕亲朋好友离开时,主家给每个人的篮子里放2个馍馍、2—3包挂面,作为回礼
仪式中的村庄权威	在该仪式中,族长一般不参加,村长、村副、地方等也不参加。给小孩过"12晌"是自家的小事,主家不必请他们

续表

仪式规则	主要内容
帮忙关系	庆生仪式的规模较小时,只需当家十户的人帮忙(摆桌子、切菜、端盘子、洗碗等)。如果仪式规模较大,需要请当户落的乡亲们帮忙(不必随份子钱),如写红彩时,需从当户落请3位识字的人帮忙记账、记礼品。主家需要给帮忙的人管顿午饭。仪式所用的器具(锅碗瓢勺等)从当户落的人家借
祭祖关系	给小孩庆生,不需要去祭祖、拜神

生完孩子的母亲,在坐月子期间,需要补充营养(喝红糖水可催奶,多吃鸡蛋等营养品补身体),她的饭菜质量比其他家人要好,比如"煮点挂面、打俩鸡蛋、肥一顿饭"。小孩满月时,父亲赶着马车,备上100个左右的鸡蛋和挂面,送母亲和小孩去娘家待一个月,俗称"住待月",小孩父亲当天赶回婆家。如果母亲不想在娘家待很长时间,可以提前回来,"住待月"期间,小孩及其母亲的生活全归娘家负责。小孩和母亲在娘家待够一段时间之后,父亲去娘家接。

小孩的姓名由父亲一方取,一般是在满月左右。爷爷奶奶负责给小孩起名,谁想的名字合适、好听,就用谁的,如果爷爷奶奶早逝,则由父母取名。取名时,不能与家族的人重名。

2. 过继

过去,普遍存在过继的现象。一般是没有生育男孩的村民,过继一个小子(即儿子),日后为其养老送终。有些有女儿但没有儿子的家庭,也往往会选择过继一个儿子。一般只过继一个孩子,如果过继了两个,就会增加家庭的生活负担。有些家庭人口少,为了增加劳动力,也可过继两个男孩。主要过继儿子,很少有人过继女儿。如果男孩已经懂事,过继时,父亲会对儿子说:"你去给你叔叔(大伯)当儿子吧!"

表5-9 传统时期双井村村民过继行为中的规则概况

血缘关系	过继时主要考虑血缘因素,优先从自家的哥哥兄弟那里过继,其次从近门的叔叔伯伯家过继。如果前两者均无合适的过继儿,或者近门的兄弟、叔伯之间不投脾气,就无法过继,这时可以考虑从本村知己不赖的农户家过继,如果本村也无合适的过继儿,才会选择从外村过继。农户过继儿子,一般会考量对方的家庭条件,如果对方没有财产、住房和土地,穷困潦倒,就不会将自己的儿子过继给对方,生怕儿子到对方家中受苦受罪
过继幼子	如果农户家只有一个儿子,就不会将他过继给别人。如果自家有2个儿子,则一般是过继小儿子,当地素有"长子不离父"之说。如果过继时儿子们的年龄都比较大,两个儿子都想跟着亲生父母,不想被过继,这时,"拿球"决定谁成为过继儿。如果自家有3个儿子,则一般也是从次子和幼子中选择一个过继,如果有一个儿子不同意被过继,只好"拿球"决定,三个儿子都参与"拿球"。如果自家生有一儿一女,儿子和女儿均不会过继给对方。

主动过继	也有生了多个儿子的农户，因为家庭贫困，养育能力有限，便主动向近门的人过继儿子。比如本村杨氏家有四弟兄，老四家有 6 个儿子（养不起），老大生有 3 个儿子，"一头一尾（分别指长子和幼子）是清亮的，当间（指次子）是个傻子"，老二和老三是光棍汉，于是，老大将自己的幼子过继给了二弟，老四把自己的长子过继给了三哥。部分生有数个儿子的农户也会主动将儿子过继给外村村民。比如本村东边陆氏生有 6 个儿子、2 个女儿，将 3 个儿子分别过继给了邻村唐邱村、小道村村民和家族的大伯（后来，过继儿早逝）
矛 盾	如果农户 A 和 B 为亲兄弟，A 有数个儿子，B 无后，B 向 A 开口要孩子而 A 不答应，弟兄之间就会出现矛盾。比如村东边一农户家有 4 个儿子，他的"丁们儿"（方言，意为兄弟）向他开口过继一个孩子，该农户没有答应，于是两人就不对付
改名换姓	如果在家族内部过继，可不改名，若从外姓人家过继，需要换姓但可以不改名。从兄弟或叔叔大伯那里过继的儿子不必改口，过继儿结婚后，妻子需要改口
过继契约	过继时一般需要立文书，内容大致包括过继双方的姓名、过继儿的名字、何时过继、过继儿的义务（如过继后需要承担养老送终之责）、见证人的姓名等。立了文书，需要过继双方当事人与见证人在文书上画押，文书一式两份，过继双方各保留一份；如果见证人比较心细，考虑得周全，这时文书一式三份，见证人也需要保留一份。过继时一般请当户十户的大辈、兄弟等做证。过继双方之间一般不需要支付费用，近门之间过继是为了延续本族的血脉，若因生了多个儿子而自家养不起，过继给对方也是为了让儿子"逃活命"（当地话语，意为解决生存问题）。儿子过继后因病死亡或出现意外事故身亡，则由过继后的家庭负责埋葬，原家庭也不会追究对方的养育责任。如本村某村民 A 过继了一个儿子，后将其抚养成人并为其张罗了婚事，过继儿到了 A 家学了木匠手艺，有一次去别人家做木匠活时不小心伤了脚，后来得了破伤风身亡了，过继儿的原家庭没有怪罪 A
相互来往	若是家族内部过继的儿子，可以时常回原家庭看望自己的亲生父母和兄弟姐妹，过继后的家庭无权干涉，因为过继双方都是自家的弟兄或叔伯。如果是从本村或外村过继的儿子（非亲非故），不被允许回到原家庭，过继后的家庭也不让孩子去认亲，担心认了亲，就再也不回来了。双方家庭即便过事也不再来往，过继儿也不能回原家庭参加婚丧之事、不能上人情。如果原家庭的父母想念过继儿，执意要认亲，则对方可能会劝阻说："孩子早死了。"

不论是从家族内部还是从外姓人家过继的儿子，不再承担原家庭父母的养老送终责任和生病时的医药费用等，也不再拥有参与原家庭的财产继承和分家的权利。如果是家族内部过继的儿子，在其生父生母过世后，不需要承担丧葬费用，但是要披麻戴孝（以侄子的身份）。若是过继的外姓儿子，生父生母过世后，既不需要承担丧葬费用也不用披麻戴孝。过继儿在过继后的家庭若是被虐待或是不加关爱，自己就跑回原家庭，若他在过继后的家庭已婚，且被家人看不起或对待不好，就分家单过，不必回到自己原家庭。过去，过继现象较为普遍，本村当户落、当家十户的人们对过继儿不会嫌弃或是歧视。

3. 买卖孩子

过去，当地存在买卖孩子的现象，也有偷孩子的现象，一般是家中无儿无女的绝户偷。比如，民国某年，本村有一对老年夫妻（村民称他俩不是什么"正经物件"，即品行较差），老头（当地人对老年男性的称呼）在当地卖颜料为生。某日，老婆子（当地人对老年女性的称呼）从东南方向 70 公里 外的南宫县某村偷了一个 2 岁左右的孩子 A，该村是老婆子的娘家。老两口将 A 抚养成人，给 A 娶了媳妇，生下了 3 个儿子和 1 个女儿。多少年来，本村村民都没有将此事通告于外人，也没人将其告到官府，A 的家人一直在打听儿子的下落。后来，老婆子将其偷孩子的事情告知了自己的妯娌（嫂子），不料妯娌将此事告知了 A 的亲生父母。A 的哥哥（在宁晋县城当官）来到本村调查此事，确定 A 是自己失散多年的弟弟，于是将弟弟和弟媳及 4 个孩子、所有值钱的家当（柜子、桌椅板凳、蒸笼等）全部带回到自家，A 对当初偷他的老婆子和他的老伴并没有留恋。A 的原家庭没有将这两位老人告到官府，当时本村的村长、村副、地方等人对此事也没有干涉。反倒是本村的村民们从此对这两位老人更加不待见，也没人再买老头的颜料了，村民们都说老两口"坏了良心了"。

二、生产态度

传统时期双井村的农业生产活动中，单家独户的生产方式占主导，外加部分的换工搭伙、互帮互助方式，集体性的生产作业很少。村民们之所以偏好单干户式的生产，主要是因为村落存在一定程度的分化，即村民们的土地占有状况、劳动力状况、生产能力状况、职业状况等均有差异。土地少的农户农业任务轻，不必与人合作就可以完成，然后再通过赶集、出卖劳力的方式增加家庭的经济收入。

村民的生产态度除了体现在生产方式的个体性之外，还体现在生产的自主性方面。农户对于私有土地，都有独立自主的经营权，他们可以自主决定耕种的作物类型、耕种时间，家族、地主和村落不会干涉，也无权干涉。至于其他形式的私有土地，诸如庄子地、体己地、养老地等，都由相应的主体自主经营，家族和亲族、村落的治理主体都不会干涉。即便是原先一起生活的家庭成员，分家后自主经营所分土地，相互之间不再肆意干涉。

三、生活态度

双井村民们在对待生活上，有着不一样的态度。总体而言，大多数的村民们对生活抱有无奈与悲观的态度。过去三年两头旱，遇到天荒、病头灾难，没有办法谋生计的时候，要么拜神求雨，要么出门逃荒，正如王丰娟老人慨叹，"那些老年（旧社会）的生活说不成"。大多数村民是穷主，百分之七八十的家庭打短工为生。

旧社会穷苦的生活条件使得村民们普遍养成了勤俭节约、勤俭持家的习惯。每一个当家的人都知道柴米油盐贵，当家人最重要的职责之一就是省吃俭用、勤俭持家，省点钱买地、买房产。然而，其他家庭成员不当家就不知柴米油盐贵，愿意吃好点、穿好点，于是家庭成员就会对当家人产生意见，正如当地俗语云："当家三年，猪狗都嫌。"比如儿女要钱买东西，作为当家人的父亲比较节俭，不给儿女零花钱，在这样的情况下，儿女们心里就会不舒坦。又如生活条件方面，众口难调，家庭成员有时向当家人抱怨"吃的瘦了"（方言，比喻饭菜质量低下，没有油水），当家人不会为此提高家庭的消费水平，而是一如既往地勤俭持家，教导其他成员要节俭过日子。

在村内家外，如果某村民年轻时好吃懒做，有吃喝嫖赌的嗜好，且无儿无女，则年老之后，四邻八家的人也不会管他。比如村民刘氏，年轻时不正经，没有结婚，老年之后无人照顾。他于是坐在家门口向过往的村民乞求，"谁给我端碗水啊，现开一元钱"，但是无人理会。逝后，由本村一位奉教的妇女为其做了一套下葬的衣服。孤寡老人的挑水问题，也可依靠邻近（当地村民一般集中居住，户与户之间要么挨着，要么距离30米左右）的近门的侄子、孙子等晚辈帮助解决。

第五节 习俗与习俗关系

习俗是村庄文化的重要组成部分，双井村几百年的持续运转离不开村民们对特定习俗规则的遵循、特定习俗活动的举办、特定习俗仪式的举行。1949年以前的双井村习俗一般体现在婚丧嫁娶仪式、节日活动当中，婚姻习俗除了一般的形式，还有休妻、续弦、纳妾、入赘、童养媳等比较特殊的类型。

一、婚姻习俗及关系

（一）一般婚姻习俗及关系

1. 婚姻半径与地缘关系

本村村民主要与相邻村庄的村民联姻，集市圈内的村庄基本上与婚姻圈内的村庄重合（包括米家庄、郝庄、唐邱村、孔小营、李家疃、曹伍疃、范庄、大陆村、岳家庄、胡岳村、换马店、宁晋县城、赵县等地）。在宁晋县范围之内，婚姻圈半径最小为1.5公里，最大为10公里。有婚姻关系的村庄之间，平时的往来比较频繁，比如在赶集、庙会等活动中相互走动，儿女亲家之间逢年过节你来我往、相互串亲。

2. "娶大媳妇""穷大辈"与婚龄关系

有的男孩到了13周岁就结婚，称之为"娶大媳妇"，女头（女方）比男头（男方）

大五六岁，男方由于年龄偏小，不懂事，娶大媳妇进门之后可以照顾男方。在当地，一般情况下，16周岁左右是最佳的结婚年龄。男方结婚的时间早晚与自家的家境有关，家境较好（有地、有饭）的人家有钱娶妻，结婚早，而穷困潦倒的农户家境差，迟迟说不上媒，结婚晚，普遍在20岁左右成婚，有的村民结婚更晚，到了中年才娶妻，于是按照辈分排，就成了"穷大辈"。

3. "做宾"与"跑媒"关系

说媒的女性被称为媒婆，男性说媒被称为"做宾"，如果他让男女双方结定红缘，则他被尊称为"宾公"，宾公既给好主人家说媒，也给穷主人家跑媒。本村村民张小环常年为人说媒，他家有3个儿子、1个女儿，没有土地，属于贫农，在村里属于爱管闲事的人，他说媒需要当事人支付一定的报酬（说定一桩媒需要1元钱左右，主家不必管酒管饭）。其他家庭穷困的农户，也可从事牵线搭桥的红缘之事，村庄东北角有两位老年女性，也以说媒为生。邻村每个村庄都有媒人，张小环和邻村的媒人平时不来往。

4. 换帖与婚姻准契约

男女双方在媒人的斡旋下，把婚事说"停当"（妥当），决定联姻时，先需要换帖，换帖也称"下帖"，帖子分小帖、大帖。如果不换帖，意味着此婚约没有凭据。帖子一般由家中有文化、识字的人书写，如果自家无人会写字，则请当户落有文化的人帮忙书写。

决定换帖时，先换小帖再换大帖，换小帖（互换男女双方的人根信息）时，先由男方将自家儿子的帖子交给媒人，媒人抽空送往女方家中，女方不必摆一桌酒席款待媒人。此后，媒人再负责把女方的生辰八字送至男方当家人手中。男方若是大户人家，就在家里摆一桌酒席，请媒人上坐，把当家十户的男性大辈（爷爷、叔叔、大伯等人）请到自家陪着吃喝一顿（"喝一天酒"），在酒桌上，媒人给男方继续介绍女方的情况。如果男方是穷家小户，就在家做顿饺子，请媒人上坐。如果媒人没有说成此桩婚事，则男方不会宴请、答谢媒人，也不会支付报酬。在换帖过程中，男方较主动，如果女方优先下帖，则会被人们认为该户女儿愁嫁。

在双方下帖、回帖过程中，男方需要遵循以下规则：必须敬称对方，落款写爷爷的姓名，如果爷爷已逝，就写父亲的姓名，如果爷爷、父亲均不在世，则写家族大伯、叔叔的姓名（依据辈分、年龄顺序选择合适的大辈）。具体说来，如果男女双方的爷爷均在世，下帖时落款写男方爷爷的姓名，后跟"弟"；如果男女双方的爷爷均已逝，下帖时落款写男方父亲的姓名，后跟"弟"；如果男方爷爷已逝而女方爷爷在世，下帖时落款写男方父亲的姓名，后跟"晚生"；如果男方爷爷在世而女方爷爷已逝，下帖时落款只写男方爷爷的姓名，不必在姓名前加"弟"或"晚生"。小帖格式见图所示：

```
          金  允
          诺  命

          敬
          求
          悉
          眷

    ××    弟/晚生
          鞠
          躬
    民国×年×月×日
```

女方回帖也有一定的规则：如果男女双方的爷爷均在世，回帖时落款写"弟"，后跟女方爷爷的姓名；如果女方爷爷已逝而男方爷爷在世，回帖时落款写"晚生"，后跟女方父亲的姓名；如果女方爷爷在世而男方爷爷已逝，回帖时落款只写女方爷爷的姓名，不必在姓名前加"弟"或"晚生"。回帖格式见图所示：

```
          台
          命

          谨
          遵

          姻
          眷

    ××弟/晚生
    民国×年×月×日
```

男方写大帖时，若自家没有识字之人，就由父亲请本村有学问的人帮忙代笔，"××，你给写个帖吧，孩子攀了亲了"。这时，要写帖子的人要给对方倒杯水，写帖人（男性）一般不打听对方的婚事信息，而写帖人的母亲或妻子则会打听，比如"媳妇是哪里的?"男方下帖规则：需要书写三代以内的人根信息，即便爷爷、父亲不在人世，也需要写上爷爷、父亲的姓名以及自己（准婿）的乳名、讳名、出生年月日等。男方写好帖后，用红纸包裹，然后装进梳妆盒，交给媒人，送到女方家中。女方请家族的大辈等陪媒人在家吃顿酒席，如果媒人喝醉了，就由女方派人送其回家。换帖时，男方还需要给女方准备"四色礼"（也称送四色线，寓意"天配姻缘用线牵"），陪送两根针、一对戒指（多为银戒指）、一对手镯（银制），女方给男方准备本子、衣服（褂子）等。如果婚帖在过事（举行婚礼仪式）前不慎丢失，双方都认这门亲，不必再补写帖子。

5. 联姻仪式吉日的选择

结婚的良辰吉日，由男方请本村的教书先生择定，先生一般择秋收以后的时间（这时候属于农闲时间，过事时间与农忙时间不相冲突）。择定两个日子后，由男方当家人将两个"晌"（写有婚期的帖子）送到女方家中，让女方先挑选一个，择定两个日子的目的在于让双方都拥有在自家办婚宴、接待宾客的时间。

6. 下聘礼

婚礼前10天左右，男方需要给女方下聘礼，包括2套衣服的布料、2双花鞋（意为好事成双），不送彩礼钱、肉、菜等。下聘礼时，新郎的嫂子、弟媳妇等2人负责将聘礼送往女方家（女方不管饭）。有时下聘礼，双方会因为各种缘由发生矛盾，比如村北刘氏把女儿A嫁给了村南的张氏家（家有4个儿子），婚礼前几天，双方的父母结伴去9公里以外的某大集市赶集，商量着给A买布料。当时女方要求买两块大的布料，婆家坚持要买小的，双方于是闹矛盾，在集市上吵包子。赶集结束后各自回家，男方找家族的总理出面，去女方家说和、调解，此事就算了结。村民们认为，结婚前双方发生矛盾是比较忌讳的。就上述案例而言，张氏儿媳A过门之后，经常和嫂子吵吵闹闹，当时是张氏长子当家，弟兄4人未分家。A将与嫂子发生纠纷的事情告知了自己的表姐，她表姐夫当时在唐邱村当皇协军。有一天，表姐和表姐夫带着一队人马来到A的婆家，找她嫂子算账，嫂子当时害怕被打，于是请家族中管事的大辈（总理）前来调解，为自己说好话。总理于是带着她前往A的娘家，给A的父母下跪磕头认错。不久之后，张氏家庭分了家，A与嫂子后来一直没有来往。

7. 悔婚行为与姻缘规则

举行正式的娶亲仪式之前，如果一方认为另一方家庭条件太差，想要悔婚时，由家族的大辈（一般指总理）出面协调。比如前街的张氏与邻村某人家女儿定了亲，到过事那一天，娶亲队伍走到半路，女方派人来跟娶亲的人说，女方临时悔婚，不同意此门亲事。女方悔婚的理由在于男方家庭条件太差。这时，女方请媒人去男方家悔帖（把女方的大帖换回来，顺便把四色线及礼品退给男方），女方没有向男方做出其他赔偿。

8. 接客规则

婚礼仪式中，当户落关系不错的村民会前来帮忙，总理等人指定专门负责接客的人，新郎的父母、新郎新娘等不需要亲自出门接客。有的亲戚朋友赶马车（有篷子的席车）来道喜，总理安排帮忙的人负责照料、看护宾客的牲口、马车。

9. 娶亲仪式中的规则

当地娶亲仪式的内容比较丰富，一般表现在以下几个方面：

一是安排娶亲班。娶亲时一般抬两顶轿子，领亲人坐蓝轿走前面，新郎披条红坐红轿子走后面，娶亲队伍在锣鼓声（村民免费使用真武庙会的锣，娶亲时，从本村请两位敲锣之人）、喇叭声（从外村请专业的喇叭班，穷人家请6位喇叭手组成的喇叭班，好主人家请8—12位喇叭手组成的喇叭班）中前往新娘家。

二是抬轿规则。每4位轿夫抬一顶轿子，轿夫由轿行安排，如果新娘为本村人，则安排8位轿夫。如果需要出村娶亲，需要安排16位轿夫，每8位负责抬一顶轿子（4人换班抬），如果男方的乡亲帮忙抬轿，抬轿费用也由轿行承担，主家管其两顿饭（早晚和午饭）。如果女方与男方家庭距离太远（3公里左右），为了减少娶亲的时间和雇用轿夫的金钱成本，穷家小户选择在娶亲前一天下午或婚礼当日凌晨，先用马车将新娘接到女方的旧亲戚家（一般与新郎家同村居住）。到娶亲时，直接抬轿子去女方的旧亲戚家（自家的党乡人）迎娶。

三是娶亲仪式。娶亲队伍到女方家门口，新郎先下轿，然后走到领亲人的轿子前，作揖行礼，领亲人下轿，这时，女方压轿之人（新娘家族的大辈，如爷爷[1]、大伯、叔叔等）出门迎接娶亲队伍，女方需要置办酒席，让娶亲人员吃顿宴席。娶亲时，新郎进入正房的门，需要把桌裙（女方早已在屋内桌子上放了一块红布）拽下来，如果不拽，人们就会笑话新郎是傻女婿，不懂规矩："红布蒙了女方的眼。"在宴席上，新娘的侄子侄女给新郎披红[2]（形成十字红），在新郎礼帽上插上2朵红花，男方领亲人这时需要给披红的孩子几毛钱。出门时，新郎还要偷一个酒盅，到了男方家参加婚礼时，女方要用2毛钱换酒盅。

四是接新娘。女方霸轿杆的人扶新娘上花轿，负责放枪的枪手打几枪之后，娶亲队伍起轿出发。领亲人坐着马车走在最前面，新郎坐蓝轿、新娘坐红轿紧跟其后，女方压轿的人乘坐马车走在最后面，据说这样安排是为了遵循重男轻女的古代礼教。当娶亲队伍经过坟墓时，枪手需要朝天空打几枪（镇压妖魔鬼怪）。

五是女方道喜队伍的安排（详见下表）。

---

1 年纪不大的爷爷。
2 长度约2丈的红色绸缎。

表 5-10 1949 年之前双井村婚姻仪式中的女方道喜规则概况

规　则	关　系
道喜	新娘家族的人（叔叔、哥哥等）约 10 多人组成道喜队伍来男方家道喜，由叔叔领队。新娘的父母和亲戚等一概不参加，道喜之人不需要上人情
送饭	一般由女方从自己村庄请两位穷困潦倒的老年女性（自带一块黑布）帮忙送饭。到了男方家中，送饭之人将剩菜、剩馍、干面饼子等裹到黑布里带回自家，无须给女方家
送女帖	新娘的嫂子及其小孩（拿包袱）给男方送女帖，男方需要给孩子约两元钱
送女亲	新娘的嫂子、婶婶、大娘等四五位女性担任送女亲的角色
接饭	男方找两位女性（新郎的嫂子，若无亲嫂子，就请当户落乡亲中的嫂子帮忙）负责接饭，她俩负责迎接女方送饭的人，当送饭的进入男方家门，接饭的迎面优先点头，送饭的后点头，送饭的临走时对接饭的道一声"请回"，接饭的随即回复"远送"

六是迎亲。娶亲队伍到达男方家门口后，领亲人将送女亲、新娘、女方压轿杆之人领进家门，与男方领礼之人面对面作揖行礼，当新娘和送女亲到新房门口时，早已等候她们的娶女亲（新郎的嫂子、婶婶、大娘等人）先向女方一行人作揖行礼，女方一行人再向男方娶女亲作回揖。接着，由女方道喜之人、压轿杆之人给男方迎喜的人（家族中年长辈高的人，如祖父、曾祖父等担任迎喜人，大门内的迎碑前放置 1 张迎喜桌、2 把椅子，他们坐在迎碑前）作揖、磕头道喜，迎喜者只作揖回礼，无须给对方磕头

10. 拜堂仪式

举行拜堂仪式时，在院内放置一张天地桌（摆放 2 个斗、1 副弓箭、纺线的工具），请新郎新娘站在天地桌前，由写红彩之人主持举行拜堂仪式：一拜天地，一对新人作揖；二拜高堂，先拜爷爷奶奶，再拜父亲母亲，不拜家族的叔伯；夫妻对拜后，新娘入洞房。婚礼仪式这天，新郎新娘以及他们的家人不需要去家庙给祖先行祭祀之礼，也无须去祖坟祭祀。

11. 长幼的婚姻仪式无差别

长子和次子的婚姻仪式无差别。若几弟兄分了家，谁的能力强、家庭条件好，谁的婚姻仪式就举办得较为隆重。

12. 闹洞房规则

结婚当天，当户落的年轻男性都来闹洞房，顺便看新娘的脚丫子（脚如果没有裹好或是大脚，他们就会笑话）。穷人家结婚，好主家的人不来闹，好主家人结婚，穷人家也不会去闹，正所谓"富人闹富人、穷人闹穷人"。晚辈结婚，家族的大辈们不能闹

洞房，越是血缘近门，越不能闹，否则就会被人笑话。如果新娘为大辈（婶婶、嫂子），则晚辈们闹洞房时，闹得比较狠，当地俗话说："老嫂比母。"闹洞房时，新娘的婆婆、婶婆婆、大娘等女性长辈前去洞房劝阻闹洞房的人。闹洞房也会引发不愉快的事情，比如村民张氏结婚（新娘娘家在本村），闹洞房时，有一年轻人把一碗热水泼到了新娘的身上，把新娘惹生气了，新娘的娘家人得知后和闹洞房的人吵包子。这时，总理出面调解，替闹洞房的人给娘家人赔礼道歉，"好了好了，包（别）着急了，这帮混孩子们闹得太狠了"。婚礼当天，村里的小孩们纷纷来到主家看媳妇、看热闹，主家不给他们管饭。

13. 暖炕

当地人结婚具有暖炕的习俗，暖炕、铺床的人多是新郎的嫂子（一般是俩人），暖炕者需要配偶健在、儿女双全。对于暖炕之人，主家无须付报酬。举行婚礼仪式之后，新娘就算是婆家的家庭成员了。

14. 认门规矩

新娶的媳妇，生眉生脸，不认识乡邻。婚礼第二天一大早，儿媳洗漱完毕后给婆婆问好，磕一个头，婆婆给儿媳2元或3元钱。给公公只问好不磕头，公公不需要给儿媳钱。之后，婆婆带新媳妇到邻居、当家十户、当户落关系不错的人家去认门，自家婚礼上随了份子钱的农户家都要去拜访。婆婆教新媳妇给每户人家的长辈问好（如这是大伯，这是婶子，这是大娘……），穷人与好主人家也互相行认门礼节。

15. 回面

婚礼第二天，认门礼节结束后，两位新人回娘家，称之为"回面"，由当户落一位与新郎同辈的兄弟带24个馍馍，陪同前往娘家送礼，另有2位家族的同辈之人（男性）陪同（主要负责陪酒，娘家人要给新郎及其陪同人员敬酒）。回面时，赶马车前往，如果自家没有马车，就从当户落的农户家借一辆（该户使头户的人也需要一起前往，赶马车，不需要付报酬）。到了娘家，给车夫管饭管酒。两位新人来回面，新娘的叔叔大伯、兄弟等陪同，其他女性不参加。回面当天，岳母要给新郎2元或3元钱，新郎带回家后将钱交给媳妇。当晚，新娘与新郎都得回到婆家。

16. 婚后规矩

结婚后，新娘不论是在婆家还是回娘家，都要遵循当地特定的礼数规则，具体内容见下表：

表 5-11　1949 年之前双井村村民婚姻关系中新娘所要遵循的规矩概况

规　矩	内　容
特殊禁忌	一是婚后两位新人不去家庙祭祖
	二是"新媳妇，不出二十一，过了二十一，死女婿""新媳妇，不出正（正月），出正死公公""新媳妇，不过二十五，过了二十五，婆婆入了土"，即举行婚礼的这个月的农历二十一、二十五及当年正月，新娘必须待在婆家。如果在这几个特殊的时间回了娘家，对新郎、公公婆婆都是不吉利的
	三是结婚当年的腊月二十三，"二十三，糖罐粘，新媳妇不过二十三，过了二十三，糖罐粘了外头了"（新媳妇若去了娘家，二十三之前必须要回到婆家，否则，二十三这天给灶王爷上供之后，灶王爷把新媳妇"粘"到婆家外边，她就不能算是婆家的人了）
	四是婚礼后的第一个"二月二"节日，新媳妇需要给新郎做 2 双新鞋，给婆婆 5 元左右的现金
回娘家规矩	新媳妇回娘家时，需要给婆婆报告，如"娘，我回趟娘家，待×天，××时候回来"。媳妇从娘家回来后，得向婆婆问候："娘，俺娘问您好呢。"见到嫂子、婶子、大娘时也要问候："嫂子/婶子/大娘，俺娘问你好呢。"不需要给公公、叔叔大伯问候
家族规则	新媳妇娶进门，恰逢家族续谱时间，则新媳妇可以入谱，若恰逢祭祖吃会，新媳妇也可参加
家户规则	新媳妇要给公公婆婆舀饭、端饭，但不需要给哥哥、嫂子等人舀饭、端饭
新年规矩	结婚后的第一个春节，正月初一早晨，新媳妇要给公公婆婆磕头，大方的公婆给儿媳钱，有的不给

17. 天主教徒的婚姻仪式

天主教徒结婚，即所谓"圣事"，结婚即"立约"，立约后需要双方永久性遵守，不能违背。届时，需要按照宗教礼仪来举办婚礼，请神父来主持婚礼。主家需要办酒席，宴请宾客前来道喜，宾客需要随份子钱，家族中奉教的村民和其他信传统宗教村民前来帮忙均需随份子。信传统宗教的亲戚来道喜需要送十盒礼，天主教徒不送礼。

（二）特殊婚姻习俗及关系

1. 近亲婚姻习俗及关系

过去，存在表亲之间结婚的现象，一类是舅舅的女儿嫁到姑姑家，姑姑兼婆婆，这类婚姻称之为"亲上加亲"；另一类是姑姑的女儿嫁到舅舅家，称之为"姑血倒流"，此类婚姻极少，但也存在。

通常来说，联姻的表亲之间的关系非常和睦，相互之间不嫌弃，如果双方关系一般，则不会联姻。结婚后，如果姑姑和侄女之间的关系（婆媳关系）不错，人们不会说闲话；如果处理不好，双方可能会成为"死仇人"（"谁见了谁都想咬两嘴，嘴里不骂、心里骂"），这种情况下，人们就会谈论，"××人家成天生气，做了亲戚，仇人死害的"[1]。

表亲联姻，需要双方换帖，即便是表亲，如果不换帖，婚后出现吵包子、打架、散伙的现象时，没有凭据。与此同时，男方需要聘请媒人，一般是双方的亲戚做媒，当户落好管闲事的人也可以成为此类婚姻的媒人。表亲结婚，需要举办正式的婚礼仪式，在男方家举行，女方不举行。生的孩子姓氏随父亲一方。

2. 续弦（"继"）习俗及关系

在双井村，如果妻子早年病故或离家出走，丈夫在经济条件允许时，就可以续弦。续弦也需要媒人为双方牵线搭桥，"说合说合"，如果双方有意向，便可联姻，村长、族长等对这类事务不加干涉。续弦时有的人家举行婚姻仪式，宴请亲朋好友，而有的家庭不举行。仪式之前，男女双方不见面，媒人说停当（撮合成功）了就可以联姻。丈夫续弦之后，如果前任妻子生有儿女，续弦的妻子就为他们的后娘，在生活中，后娘对前妻的孩子会有偏见，分家时，一般也会偏向自己的孩子。

当地也存在妹妹续弦给姐夫的现象。如本村刘氏有两个女儿，大女儿嫁给了本村家境较好（"有饭"）的武氏。后来，大女儿病逝，娘家人不想自己女儿辛辛苦苦经营的一份家业落入他人之手，于是将二闺女续嫁给了武氏。

3. 入赘习俗及关系

1949年之前，当地入赘或招上门女婿的现象比较少见，但也存在。比如某村民家有一个女儿，父母不想让她嫁人，这时就可以招一位上门女婿。如果家有多个女儿，哪个女儿比较老实、和父母亲对付（合得来），就给她招。招上门女婿，也需要媒人牵线搭桥，媒人多是本村与自家知己不赖的人。除此之外，入赘双方还需要遵循很多的规则（详见下表）。

表 5-12 1949 年之前双井村村民入赘若干规则

规　则	内　　容
同姓不攀亲	女方家招女婿时，与自家同姓氏者不能招，即当地人所讲的"同姓人不能攀亲"。招上门女婿，女方家不必为男方送礼送钱物
顾及原家庭	上门女婿与自己原来的家庭基本上很少来往，只有家里有人过世或过红事时，需要参加并上人情。自己的父母生病了，想尽下儿子的孝心，就私下给父母一点钱财，不能正大光明地送，生怕自己做不了媳妇的主。如果父母去世了，他不需要承担丧葬费用

---

[1] 摘自李氏老奶奶的口述。

续表

规　则	内　容
财产继承	上门女婿不能参与原家庭的分家，也没有继承财产的权利，正如老人所言："出了这门了，不是这家的人了，你走了，还给你啊？"父母也不会特意留一份私产给上门做女婿的儿子。
家庭矛盾	招的女婿若是在生活中不讲理、好吃懒做，对妻子及其家人不好好对待，妻子如果比较强势，就会打骂女婿，女方的父母也会骂他，"你××家一个火柴都没拿，这一个大闺女就给了你了"。也有将招的女婿赶出门的现象。如果招的女婿自己决定离开女方家庭，不会分得财产。对于此类事务，村长、地方等不会干涉
家族关系	招的女婿逝世后，可以进入女方的祖坟，其名也可以入女方的家谱
上门女婿的地位	女婿到了女方家，村民们和家人也会平常对待，"都是平常的庄稼人"，不会受到歧视
当家人	女婿刚招进门的一段时间，由妻子当家，当生儿育女之后，妻子一家人才会对女婿放心，可以"撒权"（即可以让他来当家）。在当地人心目中，不论是招的女婿还是娶的儿媳，只要是生儿育女了，就意味着不会再轻易背叛对方
家庭财权	入赘家庭，家里的钱物一直保管在妻子手中
上门女婿的名声	有的上门女婿不忠不孝，把自己名声败坏了。比如过去本村有一个上门女婿干活能力强，带着村里的一伙人去打工，后来他结了所有人的工资跑了，雇工们就去他妻子家找人，但是一直没找到

入赘过程中，女方家需要举办婚礼。女方提前给自家的亲戚朋友送帖子："××时候，过事。"女方家庭支摆酒席，宴请亲朋好友（姑舅姨、表亲）、当家十户的叔叔大伯、婶婶大娘等，"明个人"，即让大家认识一下，相互知道××家招了个女婿。如果女方不邀请亲朋，则大家不了解招的女婿，但会认可。结婚这天，女婿的父母和家人都不参加婚礼。女方的亲朋好友来贺喜，需要给新娘几块钱（"挤份子"），给多给少都行。女婿入赘之后，不必改名换姓，但所生的孩子必须要随母姓；生育的小孩要称呼父亲的父母为"姥爷姥娘"，称呼母亲的父母为"爷爷奶奶"。

4. 纳妾习俗及关系

过去，村民中普遍存在纳妾的现象，有的大户人家娶三房太太，有的穷人家一个媳妇都娶不起，更不存在再娶妻的现象。大户人家之所以再娶亲，与家庭生育状况、经济条件有关。如果妻子无法生育，男方为了防止绝户，就另娶一房，繁衍后代；有的人家有钱，只要自己愿意娶，有能力养活一大家人，就可以娶，也不会考虑妻子是否有生育能力。好主人家纳妾，"娶老二、娶老三……"时，没有"门面相对"（门当户对）之说，只有在娶大房即正房时，才会考虑"门面相对"。妾的家庭一般比较穷，她们嫁为人妾,主要是看上了对方丰厚的家产。妾一般是外村、较远地方的人,好主们一般不从本村娶妾,本村人都相互熟知,"谁也不愿把自己的女儿嫁做老二"。对于纳妾之事,外人不会过问,村长、村副、地方、族长等不会干涉,谁家有钱有能耐,就可以娶,这属于村民"心发自愿"的行为。

纳妾时也需要找媒人做中间人,双方也需要换帖,男方需要明媒正娶,举行正式的婚姻仪式,办酒席宴请宾客,所有亲戚、朋友都参加。妾的娘家人也要组成送亲队伍前来道贺。仪式当天,亲戚们也需要掏拜钱(与娶大房时掏的拜钱一样多),当户落的村民们也会去帮忙并一样随份子钱(与娶妻时随的数量一样多)。妾出嫁时,也有娘家的嫁妆,陪嫁的物件归自己,放置于自己的房屋。

在有妻妾的家庭,公公婆婆和其他家人都需要一视同仁地对待妻子和妾,不能对任何一方有所偏颇。妾生的孩子也需要过"12晌",举行生育仪式,家人对妾的孩子和妻子生的孩子一样对待。家族中续谱时,妾和妾的孩子都可以入家谱,妾如果英年早逝,则埋葬于自家土地的边角处,不能入祖坟,如果妾生有儿女且老了才过世,可以入祖坟。不过在有些方面,妾的地位较低。一般来说,妻子为正房(大房),妾为二房或三房,妾要伺候大房,听命于大房。在妾的婚姻仪式当天,大房在新房的门上挂一条自己穿过的旧裤子,意为"你到我家里来了,从我裤裆底下过,你就得听我的"。有了妾,妻子就不用干家务活,做饭、磨面、喂猪、喂牲口、洗衣服[1]等家务事全由妾来承担,大房就像婆婆一样管教着妾。妾与大房之间一般以姐妹相称。家里不存在妾不听从大房的现象,妾也不敢和大房大吵大闹,任何时候,她都不占理。如果妾与大房之间发生矛盾纠纷,一般是丈夫从中调和,不请外人来调解。家庭允许大房的孩子和妾的孩子一起玩耍,如果发生打架、吵包子的现象,则各自打骂、管教各自的孩子,不能互相打骂对方的孩子。大房在世时,妾若生了小孩,则她的小孩们得称呼大房为"大娘";如果大房也有儿女,她的儿女们称呼妾为"姨姨/姨娘"。如果妾生了孩子之后意外身亡,则她的孩子们就改称大房为"娘"。

如果长房去世,妾可以"扶正",即所谓"老大一死,老二就可以扶正",只要大房在世,妾就没有出头之日。大房逝世后,妾需要等一年才能扶正,一般是妾自己提出扶正要求。妾在扶正时,男方家无须举行隆重的仪式,也不请亲戚朋友来道贺,只邀请当家十户的爷爷奶奶、叔叔大伯、婶子大娘等到家里吃顿杂烩菜,当户落的人们也会来帮忙并趁此吃顿菜。当然,至于妾是否需要扶正,由妾自己决定,如果她自己不愿扶正,婆家就不会强行扶她为正房。

---

[1] 不需要挑水,女性裹了小脚,不上井台。

村民王氏的姨娘和姨夫（马氏）结婚后没有生育孩子，于是两人商量后娶了个小妾。妾是南营人士，生了一个儿子，在儿子6个多月的时候，马氏意外去世了。妾后来染上了毒品，经常"吸药面"，3年以后，妾改嫁于当户落，大房没让妾把孩子带走，妾改嫁后又是当二房。大房自己一直抚养妾的儿子，并供他上学，儿子一直称大房为"大娘"，直到他8岁那年，才改口称大房为"娘"。儿子每次去上学都要经过亲生母亲的家，妾想儿子的时候不时去学校门口偷偷探望，儿子若见了她，就开口骂她。妾改嫁之后又生了2个儿子，再后来因为家庭矛盾"气傻了"，"加气伤寒"，后来病逝了。

5. 童养媳习俗及关系

其一，童养媳概况。传统时期的双井村普遍存在娶童养媳的现象，女孩一般是在三四岁的时候被送往婆家，娘家人不需要婆家出钱。娘家将女儿送给别人家，目的在于让其在婆家过上较好生活，"把孩子送给别人家，吃人家的、穿人家的，还要什么钱？"[1]

逃荒的村民将女孩送给男方后，男方不允许童养媳回娘家，不再让亲生母亲与之相认，婆家辛辛苦苦把她养大，怕她与娘家人相认后有其他想法，不回婆家。童养媳长大后一般不会外逃（不识字，不知道娘家的信息），婆家认为童养媳不是自家生的，骨血不相连（"骨血里是半个的"，即外人），但会把她当作是自家女儿，会好心照顾，"闺女家也不容易，没有了娘家，婆家人也不能让她着急"。婆家人商量大小家事，也会让童养媳知道。如果童养媳的娘家人来双井村打听自己的女儿，当户落的人们都会帮婆家人隐瞒，或者直接跟娘家人讲，"孩子早就去世了"。

其二，童养媳的娘家与婆家关系。童养媳的婆家一般是家里女孩多、养不起的穷苦人家，还有可能是逃荒人家。有些外村村民带着孩子逃荒至双井村，遇到愿意要孩子做童养媳的人家后，就把女儿送给该农户。但娘家人总想把女儿送给家境较好的人家，免得女儿到了婆家继续受罪。

其三，童养媳的待遇。童养媳没有接受教育的机会，10岁左右开始跟着婆婆学习纺花织布，稍大一点就开始做饭、刷锅洗碗，不下地干农活。童养媳生病，婆家人找先生给她看病。如果童养媳的婆家与娘家距离较近，童养媳在婆家因故过世，就将其埋在婆家的地头，但婆家需要通知娘家人，如"闺女是有了病了，没看好"，娘家人不会为此与婆家人打官司，不会让其赔偿命价。如果婆家人品行差，婆婆和丈夫内心不善良，长期虐待童养媳，娘家人待自家光景转好，就可以给男方一定的补偿，将女儿领回娘家。

---

[1] 摘自王丰娟老人的口述。

其四，家庭纠纷。如果婆家将童养媳虐待致死，娘家人知道后会向婆家要人。双方如果发生矛盾，就由双方家族大辈中明事理的人出面调解，也有当户落好管闲事的人进行调解的，若民间调解无果，娘家人会将婆家人告知官府，要对方做出相应的赔偿。

若婆家人看不惯童养媳，童养媳长大后，男方不愿娶她，就可以让其出嫁。如果婆家不让其出嫁，而她不愿嫁给这家的儿子，发生这样的家庭矛盾时，当户落知己不赖的人就来劝童养媳，如"去外头不比咱自家好啊，去外头，没扑头（指望）"，嫁到外地，没爹没娘，没有兄弟姐妹，在这家，还是"亲乎乎的"。如果童养媳在家听话、勤奋干活，外人就会夸赞她，"这闺女家有材料，能听老人的话"；如果童养媳在家闹腾，外人就不会讲她的好话。

其五，童养媳婚礼。童养媳长到 15 岁左右，婆家就让儿子与其结婚，这时不再进行一般的婚姻程序，如换帖、订婚、娶亲等，而是只举行结婚仪式。童养媳从小就生活在婆家，长大后结了婚，与婆家的关系更加亲近，婆家人觉得是自家带大的（"童养媳是自家人了，不说这不说那的"），比嫁进来的媳妇更放心（从别人家迎娶的媳妇与婆家不是一条心）。正式的婚礼仪式举行之后，童养媳才算拥有了婆家家庭的成员权。生了孩子，婆家会更放心，认为童养媳能够和自己的儿子过一辈子，这时，婆婆也会更加关爱儿媳。

其六，婆家与娘家的交往。若童养媳的娘家在邻村，且娘家和婆家关系好、相互走动，童养媳生病后，婆家允许娘家人来看望，娘家有大事小情婆家带着孩子去参加，婆家有了大事小情娘家人也会来参加（"娘家人生她养她，是她的根"）。平时，双方互相帮忙，时间长了，婆家送童养媳回娘家住几天。

二、丧葬习俗及关系

当地方言中，老人过世，需要称"老了人了"，不能直接讲"死"。年轻人过世，可以说"死"。小孩过世，只给其姥爷、姥娘报丧，不给其他亲戚报丧。举行丧葬仪式被称为"过白事"。

（一）一般丧俗及关系

1. 报庙丧俗

家中老人过世，儿子们得去小鬼庙报庙，老人若有多个儿子，多个儿子都得去。若无儿子，只有女儿，则女儿去报庙，意味着她是老人财产的唯一继承人。若老人无儿无女，则逝后由侄子去报庙，老人的家业由侄子继承。报庙时，不分冬夏，儿女得光脚去，不能穿鞋，意味着"老人死了，儿女们顾不上穿鞋，急急忙忙前来小鬼庙向阎王爷报信",以显示人们对阎王爷的重视。亡人过世当天晚上,诸子披麻戴孝(头戴香帽)走在前面,侄子和孙子等人紧随其后,当户落知己不赖的年轻男性手持保险灯,带领报丧队伍前往小鬼庙烧几张纸、磕头、上供,女孝子们在村庄十字街附近烧几张纸、磕头,不必前往小鬼庙。负责穿老衣者一般是当户落的人,孝家只要去请,对方不会拒绝,孝家不必为对方支付报酬。

2. 吊丧("吊哭")习俗

吊丧时,当户落的老者拿2—3张烧纸,带领年轻人参加吊丧仪式(老头带领男性吊丧者,老婆带领女性吊丧者)。领头人到灵柩前给逝者作揖行礼,这时孝子们要给吊丧者作揖回礼,领头人然后蒙着脸"哈哈"两声。亲戚朋友前来吊丧,也需要给逝者作揖行礼、烧几张纸,孝子给亲戚朋友作揖回礼。

3. 守灵参与者

入殓之后,将亡者尸体装进棺材,帮忙的人负责把棺材抬到灵棚,孝子们在灵棚里守棺,搭建灵棚所需的东西均从大会领取。守灵者按儿子、孙子、外甥、女儿、婶婶大娘等的前后顺序跪着守,亡人的哥哥弟弟、叔叔大伯等不守灵,他们忙于他事。亲戚朋友一般不守灵,若舅舅去世,外甥和外甥女得守灵。

4. 选坟址

如果家里一直比较顺当,没有发生病头灾难,就将亡者葬于祖坟。如果自家一直不顺,主家就得请风水先生给自家坟墓看风水,如果家族人觉得自家不顺,也会乘机与主家商量,请人看风水、选坟址。有的老人生前拔好坟,如果觉得自家不顺,就把逝者的尸骨从祖坟挪到另外一个风水较好的地方下葬。风水先生若是本村的,主家就给他一盒烟或一壶酒,如果是外村人士,主家需要给对方一定数目的现金作为报酬,不付粮食。

5. 棺材

穷苦人家买柳木做棺材,好主人家用上等的木料,如榆木、柏木等,更有大户人家用松木做棺(外部镶柏木套)。双井村村民做棺材或买棺材就去本村木匠某氏的材铺,某氏在村庄开设一家专营棺材的铺子,觅了几个木匠,外村人也来他的材铺买棺材。好主人家给逝者做棺材之后需要请油漆匠在棺材外表油漆,穷家小户只用桐油油漆,防止棺材腐烂。富人家的棺材木料厚度达30厘米左右,穷人家的木料较薄。好主人家有人过世,需要请和尚念经,本村没有和尚,一般从外村请,穷家小户没钱请和尚。

6. 丧事帮忙

丧葬活动中,近门的所有人都会前往孝家帮忙,当户落每户去一人,不分男女,不一定是当家人。女性主要负责帮孝家缝香帽、白裤、白鞋，她们一般坐在孝家的大门口缝制，不能将孝布拿到自家。男性帮忙安置锅灶，烧水做菜，招待亲戚，抬棺材，领孝服。双井村有一位农户专租孝服（白大褂，几十套孝服，自家制作），谁家死了人，就由总理支派帮忙的人前往他家租孝服（按孝子人头数租借），一套孝服的租金约为2毛钱，逝者下葬之后孝家需要将孝服还回。孝服在出租期间被损坏，一般不必赔偿，如果丢失，则要照价赔偿。帮忙的人还得从真武庙大会领取锅碗瓢勺和桌椅板凳。不论穷家小户还是大户人家过白事，都需要从当户落请厨师，厨师基于和孝家乡亲的关系帮忙做菜，不收报酬。前来帮忙的农户不必为孝家上人情，孝家每天给帮忙的人管三顿饭，不付其他报酬。抛墓时，总理支派当户落年轻力壮的七八位男性组成抛墓班子在亡者长子的带领下前往墓地，抛墓前需要举行简单的祭祀仪式，长子在坟址上供、磕头。孝家给抛墓者准备点心，抛墓者当中没有领头人，抛墓时，所有人轮流抛。长子自己不出力，但他需要开头，抛墓时的第一铁锹土由他来挖。

抬棺材时，总理和家族的大辈们支派20多位年轻力壮的男性帮助主家。抬棺材的人分两拨，相互轮换。好主人家的棺材架子讲究"龙头凤尾"，以显排场，穷家小户只用大会的平架子抬棺材。棺材入穴时，有力气的青壮年们争着"挎材头"，棺材两边站两位壮年，时刻保护挎材头之人。

7. 仪式参与

丧葬仪式的参与者主要是当户落的人、亲戚朋友，若长工与雇主非同村居住，长工家中有人过世，雇主只准假几天，工资照付不"破"（扣），雇主不参加长工家的丧葬活动。佃户若与好主同村生活，也会相互参加对方的丧葬仪式，并相互帮忙。村长、村副、地方等人一般不参加村民家的丧葬事务。远亲也需要参加出殡仪式，但不必前往坟地。孝家为前来奔丧的亲朋好友管一顿饭。

出殡时，若家中一位老人过世，而另一位尚在，选在农历单日出殡，双日为出殡忌日，若家中只有一位老人且过世，出殡日不分单双。穷人家老人过世，亡人尸骨在家停放3—5天，好主人家需要"排七"，即停放7天，出殡日越靠后，孝家需要给帮忙的人多管几顿饭，举办丧事的成本也就越高，因此，一般家庭尽可能早出殡。大户人家出殡当天，需要众人抬着棺材在村庄主要街道转街，以告知乡邻自家在过事，孝家在人们面前显得有面子。双井村村西有一个牌坊（"哨门"），大户人家出殡时，孝子们行至牌坊前行礼。

8. 孝子贤孙

丧事期间，孝子需要戴香帽，穿孝服。父母过世，儿子、孙子需要穿最长的孝服，戴香帽。叔伯、兄弟等人只戴香帽，不穿孝服。女儿头戴 30 厘米宽的白布条，布条落至脚跟，婶子、大娘等人头戴较窄的白布条，且布条较短，此外，女性穿短孝服，不戴香帽。重孙和重孙女的香帽上需要系一条红色或蓝色布条。所有孝子都需要穿白布鞋。出殡时，儿子需要在两耳边塞两朵棉花，长子端供盆端灵牌、长孙提花篮，并且所有儿子、孙子、叔叔伯伯、兄弟等都需要手持丧棒，亲戚和女儿、孙女等人不必持丧棒，而是拿几条柳枝。出殡时女性哭丧，儿子们不哭丧，女婿也哭丧，有人过世后，如果女儿女婿等人不哭丧，就会被乡邻笑话。有饭的农户家老人过世后需要立墓碑，碑文为父母的名字，落款为儿女的名字，并写明立碑时的年月日。

9. 并骨合葬

当地有并骨合葬的传统，即夫妻需要合葬在同一个墓穴之中。比如丈夫先逝，妻子逝后，人们需要打开丈夫的墓穴，挨着丈夫的棺材，在右边继续挖一处空间，将妻子的棺材并行下葬，不会再为妻子重新挖一处墓穴。若丈夫还有二房、三房，则按名分高低，依次并列，三妻四妾与丈夫一起并骨合葬。兄弟几个的坟墓需要并排分开（未出嫁的老闺女逝后不能入祖坟），儿孙的坟墓从上到下依次排开。开坟时，需要上供、烧纸。（左图[1]所示为祖孙三代人的坟墓排列图。）

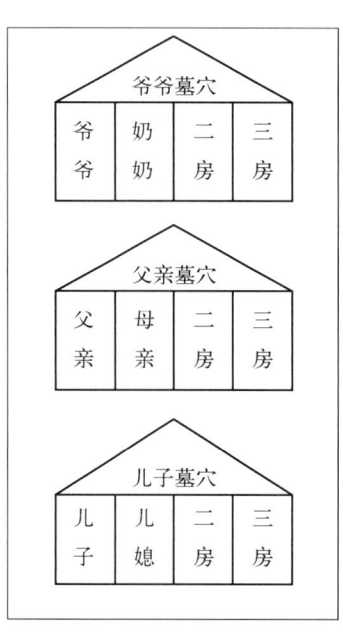

图 5-3 双井村村民祖坟安葬序列示意图

未婚的成年男性早逝（一般是 18—26 岁之间，即成婚的最佳年龄段），且听闻别人家成年的女儿未婚早逝（十八九岁），可以去买女方的尸骨，将其与自家早逝男性并骨合葬，称之为"娶干"（冥婚），意味着该男性逝后也不是光棍汉。买尸骨时，需要男方支付女方的棺材钱、衣服钱及其他丧葬费用，该女性的丧葬仪式在女方家办。等丧事完毕，男方将尸骨运回家门口，接着将其运到丈夫墓穴处，并骨合葬。娶干现象在大户人家中比较盛行，穷家小户无法承担。

10. 丧葬禁忌

家中有人去世，主家需要严格遵循当地的丧葬禁忌、规则（详见下表）。

---

1 笔者根据张联须老人的口述手工绘制而成。

表 5-13　双井村村民丧葬习俗中的禁忌概况

其一，家中年轻人过世，需要在自家大门口撒一道土灰，目的在于防止亡人的阴魂进门
其二，守孝。父亲过世，儿女要守孝 3 年，其间，儿女要穿 3 年的白裤、白鞋，3 年以后不必再穿，6 年以内儿女的上衣（不管是褂子还是袍子）边都需是白色；母亲过世，儿女守孝 2 年，儿女要穿 2 年的白裤、白鞋，2 年以后不必再穿，2 年以内儿女的上衣（不管是褂子还是袍子）边都需是白色。守孝期间，儿女的鞋帮需要反做。叔叔、大伯、婶子、大娘等过世，侄子侄女守孝 1 年，在这期间，侄子侄女只穿 1 双白鞋，穿破了就可以改穿其他颜色的鞋子
其三，孝子在戴孝期间不得去别人家串门，亡人下葬后可以去串门；父母过世，儿子守孝 100 天之内不能理发（有的儿子察觉父母亲快要离世，就提前把头发理短）
其四，若老人在农历腊月三十过世，不能立马为其举办丧事，而是要等过了其正月初一；若第二天家中有人举行婚礼，而头天其他家庭成员过世，则当晚先把逝者尸体掩盖后停放在其生前居住的房屋，不让外人接近，等一对新人成亲之后再为逝者举办丧事；守孝期间，孝子可以结婚
其五，丧事期间，大门贴白色对联，老人过世第一年春节时，门联为蓝色；丧事过后，孝子需要在正屋厅堂内摆置香炉，守孝期间，每天早晨上一炷香，晚上烧纸

11. 丧后习俗

老人下葬后，第六天需要烧纸，其他时间是在逢七日才烧纸，在"七七四十九天"、一百天时，自家人为亡人烧纸、上香，不必请和尚念经，亲戚不必参加。十月一、头周年时，外嫁女赶回娘家与兄弟姐妹为过世的父母亲烧纸、上供，家族的叔伯不管此事。

（二）其他丧俗

若外来的乞丐饿死在本村，村民们要是认识该乞丐，就给他的家人报信，让其家人负责埋葬。若村民们不认识该乞丐，就由当户落的几人自发将其尸体扔到乱滩岗；若自家井里发现一具尸体，自己找弟兄们将该尸体捞上来，为了避免节外生枝，就把死尸扔进别人的井里。若儿媳在婆家受气、被虐待致死，娘家人来找婆家算账，女婿不敢露面，婆家请当户落爱管闲事的人出面说几句好话，或者请家族中明事理的大辈出面调解，给对方承诺，比如给已逝的儿媳买一口好棺材、置一套好衣服。等丧事完毕，男方的大辈带女婿（买点礼品）去娘家赔礼道歉，"能为活的，不为死的"，人死不能复生，以求娘家人宽恕。

三、节庆习俗及关系

（一）春节习俗及关系

春节从腊月三十开始，当地过春节，素有"大年三十头一天，过了初二是初三"之说。

1. 节前准备

农历腊月二十以后，家家户户开始准备蒸干粮、蒸年糕、蒸花馍馍（用于节日时给诸神上供）、做豆腐、炸油馃子、摊煎饼，都是儿媳妇和婆婆协作，做好之后就可以吃，不需要等到腊月三十。做好的干粮、油饼等不需要给外人送，亲戚间也不互送。弟兄几个分家后，临近春节，几个妯娌搭伙做馍馍，若公婆与儿子儿媳分家过，儿媳妇这时也会帮婆婆准备。蒸之前，各家都准备发酵面，搭伙做馍馍时，谁家的面先开（酵好），就先做谁家的，油炸食物的用油多用自家棉花籽兑换。此外，村民们还会置办年货，比如买肉、葱、花椒、醋，大多数人家从腊月二十开始置办，有的人家二十四五置办，二十一买糖罐，二十三糖罐粘。置办年货时，一般由当家人去，如果当家人不愿赶集，就派其他人前往。

2. 祭拜灶王爷

腊月二十三晚上，由婆婆给灶王爷上供，供三碗饺子（每碗盛三个），上炷香，烧三张纸，磕个头。

3. 祭祖

腊月三十一大早，父亲带着儿子前去家庙祭拜祖先，若有多个儿子，则都去，女性不参与。去祭祖时，需要带酒、杂碎、水果、香。几弟兄分了家，若住得近，则一起去家庙，若住得远，各自行动。三十后半晌，当家十户的族人自带鞭炮、供品，一同前往祖坟举行祭祀仪式，女性不去祭坟。当天后半晌，婆婆领着儿媳去真武庙上供（点心）、上几炷香、烧3张纸，婆婆负责烧纸、上香，儿媳磕头即可。

4. 贴春联、年夜饭

腊月三十的下午，家家户户开始打扫院子，清理房前屋后的垃圾，贴春联（当家人和孩子去贴），在大门上贴门神（富人家与穷人家贴同样的门神）。三十晚上，全家人一起吃年夜饭（"团圆饭"），如果弟兄几个分家单过，则各在各家吃。

5. 正月期间的禁忌规矩

一是女性忌讳。"一不扎，二不缝，三寡四绝恨五穷，七钉八瞎九里花，初十扎了老鼠眼。"妇女在初一、初二两天不能缝缝补补，不干针线活，否则就会丧夫守寡。若在初四干针线活，家里就会绝后。到了初五可以做针线活。初七至初九，若做针线活，会磨到手指、刺瞎眼。初十干针线活，就会惹了老鼠。初七这一天，女性不能洗或剪头发，否则，家里会生蚰蜒；初八时，蝎子多，女性不能干活。二是习俗规矩。初十捏饺子，如捏住了老鼠嘴，防止其祸害庄稼；二十五，女性不能干活，"二十五，老天堂，老马老骡歇一晌（天）"。

6. 乡亲间拜年规则

每年大年初一早晨，村里的晚辈们三五成群做伴去给长辈拜年，只磕头不送礼，磕头的主要规则有以下几点（见下表）：

表 5-14 双井村村民春节期间的拜年规则概况

规　则	内　　容
成年男性	均由成年男性去拜年，当地素有"不娶媳妇不拜年"之说，意为男性在结婚之前不去拜年
辈分有序	如果好主辈分小、穷主辈分大，这时，好主也要给穷主去磕头，如果好主辈分大，则穷主要去给好主磕头
不分姓氏	每年的这一天，同一个姓氏的晚辈都要给长辈磕头，如果是异姓村民之间，平常知己不赖的晚辈去给长辈磕头。如果异姓大小辈之间关系一般，平常很少交往，则过几年去磕一次头，不会每年都去
长幼有序	同辈之间，年龄小的村民要去给年龄大的磕头。每年正月初一早上，正如王根春老人所说的，"这个给那个磕头，那个给这个磕头，来来往往，磕头的人们像赶集一样，非常热闹"
不分官民	乡亲间磕头拜年，村长、村副、地方等人无例外，他们如果辈分小，和其他村民一样，均要给辈分高者磕头拜年

7. 过年唱大戏

正月十二、十三，玄天大会的会首负责将装有飞蛾的盒子放至真武庙里，十五过庙会，十六时开始送神，会首负责把蛾拿到村南的大道上烧掉，意为"神蛾归天"。正月十五，玄天大会组织村民前往真武庙参加一年一度的庙会，届时需要请戏班子搭台唱戏，邻村行好的人也被邀请参加，庙会管饭。十五的晚上，庙会买鞭炮，在村外空闲地方放炮，还要从外村请人表演节目如骑小驴、划船、舞狮子等，庙会管参演者饭，不需要支付报酬，他们来表演是为了吃一顿斋饭。

（二）二月二习俗及关系

"二月二，龙抬头"，农历二月初二一大早不能去水井拔水，如果不遵守此规则，据说会碰到龙头。到了中午，就可以去拔水。这一天，女性不能干家务活，据说有蝎子缠着。行好的家庭，此时会给家神上香、上供，但不必去庙里上供。不需要走亲访友。

（三）清明节习俗及关系

清明节俗称"寒食节"，"头寒食，烧十日"，清明节前10天左右，村民们纷纷上坟烧纸，一般家里的晚辈去，长辈（爷爷奶奶、父亲母亲）参加祭坟仪式。外嫁女需要赶回娘家烧"寒食纸"，她们来烧纸，需要自带烧纸，另外带一篮子糖包，她们与兄弟姐妹一起上坟，儿媳妇有时也会去烧纸。祭坟完毕后，外嫁女在娘家吃顿饭，如果有几个弟兄且已分家，则每个兄弟主动到父母居住的院内请外嫁的姐妹吃饭（或是哥哥弟弟亲自来请，或是派其孩子来请）。通常是轮流招待，比如今年在哥哥家吃，明年在弟弟家吃。如果父母在世，外嫁女就与父母待一晚，如果父母已逝，则去哥哥或弟弟家过夜；外甥有时也会来祭坟。清明时节，不必去拜祖（"吃会"）。

（四）端午节习俗及关系

端午节据说是从海瑞那里流传下来的，当地素有"海瑞祭江"的典故，称海瑞为人熊所养育，有一次，人熊回家后发现海瑞丢失了，于是投江自尽。节日期间，大门上不必插艾草，亲戚间不必相互走动。好主人家包粽子过节（乡亲、亲戚间不必相互赠送粽子），穷家小户不包粽子，家家户户熬烩菜、做顿饺子，吃的比平时较好。行好的农户届时需要在家拜神，去庙里上供（端几个饺子，烧两张纸）。

（五）六月一习俗及关系

农历六月初一，家家户户需要做饺子，在家祭拜家神并上供，不必去庙里上香上供。届时，亲戚间不必相互走动，乡亲之间不必相互拜访，学生不去给老师送礼。真武庙和其他庙宇均不需要举行活动，村民们也不需要去祭祖。

（六）中秋节习俗及关系

中秋节俗称"八月十五"，届时需要吃顿饺子（晌午）、蒸馍馍，穷家小户在八月十五这一天过节，晚上全家人吃团圆饭，大户人家在八月十六过节（包顿饺子、熬顿杂烩菜）。家家户户祭拜家神，外嫁女不必来娘家过节，其他亲戚间不必相互串门，行好的农户去真武庙上供，村民们不必去祖坟、家庙祭祀。

（七）重阳节习俗及关系

重阳节俗称"九月九"，农历九月初九，家家户户买豆腐做杂烩菜，在家祭拜家神并上供，不必去庙里上香上供。这一天，亲戚间不必相互走动，乡亲之间不必相互拜访，村民们也不需要去祭祖。

（八）十月一习俗及关系

到了农历十月，阎王爷把鬼都放出来了（清明节时收鬼），家家户户都去祖坟烧纸祭拜。一般是在九月二十以后就开始去烧，赶早不赶晚。给自家父母、爷爷奶奶的坟墓烧纸时，也会顺便给附近的叔伯亡人烧两张纸。外嫁女也要回娘家过节，如果不来烧纸祭拜，就被认为是不孝之女（但是娘家人不会惩罚）。她们来的时候一般会带鸡蛋、烧纸和两包点心，如果村里没有唱戏的活动，烧完纸就在娘家吃顿饭，一般是在当年轮种坟地的弟兄家吃饭。相应地，外嫁女及其婆家人若到娘家来看戏（一般在正月十五过庙会期间搭台唱戏），看完戏也是去当年轮种坟地的弟兄家吃饭。有的弟兄和姐妹的关系较好，外嫁的姊妹们来娘家串门、上坟、看戏，几个兄弟纷纷邀请姊妹们去自家吃饭，如果外嫁女自家有事需要尽早赶回去，就不在娘家吃饭。十月一的饭菜，一般比较好，主要包括饺子、杂烩菜。这天，当家十户的叔叔大伯、兄弟之间不会互相请吃饭，也不会聚餐。此外，立冬、冬至等节日时，不必举行活动。

第六节 规训与规训关系

过去，村民的社会生活受到家庭教化与学校教育的深刻影响。即便家庭没有成文的家训，但是许多经验性的非正式教化在村民个人成长的过程中发挥着举足轻重的功能。私塾学校的正式教育更是让村民获得了学习知识、规范行为的机会，这两种主要的规训方式使得村庄相对有序地运行。

一、规训主体

（一）家庭教化与规训

在家庭中，当家人对成员的教化、事务安排以及成员对当家人意志的顺从均体现着家庭内部的规训关系。儿女们从小就听从家长、父母的教化，规范自己的行为，父母教导儿女不能杀人放火，不做伤天害理之事。

当一个大家庭内部，兄弟姐妹、妯娌姑嫂等之间发生矛盾纠纷，当家人就有权对当事人进行批评教育。比如几弟兄分家单过，哥哥勤俭持家，干活卖力（"着力"），赚的钱多，家里不会断口粮，给自己媳妇和孩子买新衣穿；弟弟若游手好闲、好吃懒做，赚不了钱，弟媳见到嫂子穿新衣，就会不欢心，回到自己的屋里，与丈夫闹别扭。有时，弟媳闲来没事，向哥哥或嫂子打听赚钱的消息，如果对方赚的比自家多，弟媳就会责怪弟弟。妯娌之间若有矛盾，不会当着自家人说对方的不是，一般选择在当户落的女性当中背地里说对方怎么长怎么短。村庄西北角（一户落）被村民们称为"烂西北角"，它是村里的"是非场"。据说住在西北角这一户落的人们都喜欢说是非，"东邻家这长、西邻家那短"，比如儿媳妇动不动向邻居说自己的婆婆，对于上述的家庭不和，当家人会边调解边教育。

有的儿子结婚后，媳妇要是说婆婆有啥毛病，儿子就劝媳妇，比如"她是老人嘛，你就多理解一下，不要计较"；要是婆婆给儿子说媳妇这不对那不好，儿子就跟母亲说，比如"俺自己找的就这样的嘛，难道还要散伙啊"，儿子不会在她们之间消（意为传达）来消去，这样家里永远就和和气气的！有的人家有多个闺女和一个儿子，比如大闺女上娘家来时跟父母讲儿媳不好，而二闺女说："娘啊，你有这么多闺女，哪个都没你儿媳妇好，你儿媳妇天天伺候你照顾你，你哪个闺女天天来看你！"婆媳纠纷，一般由当家人调解。

(二) 学校教化与规训

1. 家庭先生规训

好主和富裕农户（差不多七八户人家），相互商量，觅一位先生教育自己的孩子，教室由房屋多的农户自愿提供，读书期限为4年。

先生一年的收入大约是5布袋粮食，与大活的工资不相上下，由觅他的几户人家均摊。学费由家长亲自交到老师的手中。临近春节，村民们找先生写对联，笔墨砚由先生免费提供，纸张由农户自己准备，先生帮村民写对联，不需要收取费用，村民也不必给先生送礼。

本村有位先生（家庭教师）名叫李林之，人称"书呆子"，在本村教书。他家住东西街某过道，有3间屋子，家有3兄弟，1949年之前分了家，他是长子，属于贫农。家有10亩地，分家后，弟弟和侄子等人帮他种地（种自家地的时候捎带着种），他们不向他要报酬，收秋割谷时弟弟和侄子等人帮忙收。他年老之后不会干农活，去地里套水车浇地时曾把水车套反了（"林之浇地反挂套"），学生及家长不帮他经营农业生产活动。他婚后没有生育孩子，后来妻子病逝，他又娶了一位老年女性。他对学生严格要求，如果学生不听话、不勤奋读书，他就用1米长的棍子惩罚（打手心），学生的家长不能干涉他教育之事（不能让先生难堪）。他的食宿自己解决，农户不管吃住。

2. 私塾教育。

当地过去有两所私塾，私塾的办学地点一般是当地有名的大户人家自愿捐的三四间房屋，并且该户负责向当地读书求学的农户募资（"连钱"），然后交予先生（属于先生的教学费用），学费在开学之前或当年收秋割谷以后交纳都行。先生的食宿一般也在该农户家，该户为先生免费提供食宿，他的子女在该私塾上学不必交纳费用。学生吃住均在自家，私塾不负责。

私塾的两位老师（一位姓池，一位姓李）在本村属于有名望的人，村民见了他们，一概称呼"先生"。当户落的人们家有大事小情，请先生出面协调，帮忙书写帖子、对联等，对于村民间的矛盾纠纷（打架、吵包子），先生也管。平时，先生还被别人邀请做中间人、保人，比如A家没有粮食了，就找先生帮忙拿主意，或是请先生做保人，向其他村民借粮食（"过了秋"，就还给对方）；土地交易时，当户落的村民也会找先生做公证人，主笔写文书，从中"说哒说哒"。在类似的事情上，给村民帮了忙，村民不必支付报酬。先生家盖房时，别人也会去帮忙。村民打官司时，不找私塾先生写状子，先生也不为别人出头。

先生们识字，学问高，威望也高。如果没有威望，村民们不敢把自家孩子交给他们。他们是中农家庭，村民称"他们的成分不太高"。家住村庄北边的池小虎在自家开办了一所私塾，他家祖上为好主人家，他从小上过学，开办私塾时有40多岁了，该私塾招有20多名学生（生源地均为本村，学生多为好主家庭出身）。穷家小户的子女很少上学（即便不需要他们交学费），他们需要干家庭农活，不能耽误拾柴、拾粪、打草（割草）等，但有个别家庭，大人识字，有点文化，因此，即便家境贫寒，也会让子女去上学。据老人讲述，"家里的大人爱识字，就会让子女去上学识字"。先生池氏自行解决食宿（过去，人越穷，吃得越多，每人每顿饭一斤粮食不够吃，现在半斤足矣）。家有几亩地，春耕和秋收时节，学生们帮他种地、收粮，但不必替他交纳公粮。他家境富裕，办学教育学生，主要是为了落个好名声，别人评价他"为名宽面"。当时他家里只有两口人（他和妻子，没有儿女），他不信奉天主教。在学校，学生称他为老师。

家住村东头的李氏[1]也是双井村的私塾先生，他主要在外村（宁晋县城东南某村）的私塾教学。他家有10亩地。每年春季耕种农作物时节，他的三四位学生赶着自家的牲口来帮他耕地、种地，李氏不需要付报酬。这些学生每人每年交4元（洋钱）左右的学费。

私塾的学生不分贫富，穷人的孩子和好主的孩子一起上学，有些赤贫户上不起学。本村所有小孩中，大约有30％接受过私塾教育，当时上学的少，大多数的家庭太贫穷，无法供孩子上私塾。私塾学制一般是4年左右。私塾的学生都是本村的，每个私塾大约有30名学生。

表5-15 传统时期双井村私塾办学概况

学 期	有的学生上4—5年，有的上一年半载就休学了（或是家里无力供应）
学 时	学生每天学习的时间分两个半天，即前响（上午）和后响（下午）
年 级	私塾先生既教低年级学生，也教高年级学生。学生不分男女、贫富
假 期	私塾在每年农历正月十五以后开学，其间没有假期，腊月二十左右放假

3. 学校教育

"民国以来，风气渐开，学堂改称学校，据各村儿童多寡依次增设"[2]。当时的双井

---

[1] 据说，土地平分以后，他的学生当中出了不少干部、官员。
[2] 摘自宁晋县地方志编纂委员会编《宁晋县志》，中华书局1999年版，第883页。

村有3所公立学校（俗称"官校"），均为初小[1]，其中村庄西边有一所男校，村庄东边有一所男校和一所女校。东边的两所学校被简称为东校，一所东校位于两条东西街道的中间某过道，该校教室约4间房屋面积大小，校内有40多名学生，全部为本村人。东校聘有2位老师，一位是本村原来的私塾先生池小虎，另外一位是唐邱乡东马庄人士。西校的办学状况与东校相差无几，也有几十名学生，聘有2位老师。

初小学生的入学年龄在8岁左右。上初小，不必参加入学考试。初小学生在自家住宿，学校不给学生安排食宿，学生们每天中午和下午放学后回家吃饭（一日三餐均在自家）。每年初小开学时间大约是农历正月初十，放假时间大约是农历腊月二十。

本村无高小，初小毕业后需要去唐邱村的高小参加升学考试，成绩合格者方可进入高小（指5、6年级的小学）学习，不合格者不予录取。高小的入学考试时间被安排在收秋割谷以后（农历七月份左右），所有学生不分贫富、贵贱、辈分，均可参加升学考试。高小差不多是50人一班，北屋为教室，是一位好主家的房子，配屋是宿舍。学校在秋天的时候给师生放假半个月左右，也称"放秋假"。

夏天，昼长夜短，学生在自家住宿，每天早起去上学时自带干粮（午餐），午餐时学校会给每个人提供一碗米汤，中午不用回家，晚餐由学生各回各家吃。收秋割谷以后，天气转凉，越往后，昼越短、夜越长，学校为了避免学生们天寒地冻时间每天往返于学校与家之间，特意安排住宿。学生们每个礼拜回家一趟，礼拜六下午放假，下周礼拜一下午返校，礼拜二早晨开始上课。学生们在每周休息日结束返校时，从家里带够5天的干粮（棒子面），另外炒点白菜、做点酱豆等。冬天的时候，学校会在学生的宿舍内生火炉，学生各自取一些白菜放进茶缸，然后在火炉上烤热后吃。

二、规训关系

（一）家庭规训关系

家庭的教化既体现于父母对子女的说教，还表现在当家人对家庭事务的安排上。比如帮忙，当家人安排家庭成员去帮助他人是为了教育他们日后做人做事需要有合作观念。具体而言，当户落及本村与自家知己不赖、走得比较近的人家盖房或举办婚喜事，一般是父亲自己去揎掇，如果父亲年老，无法行动，就安排成年的儿子们去。一般只安排一个人去，谁有空就安排谁去，家里的女性不去揎掇。当家十户的叔叔大伯家过事，一家人（男女老少）都去，年轻力壮的负责揎掇，男性主要负责摆放桌椅板凳、盘锅台、烧火、烧水、刷锅洗碗，女性帮忙做被褥、捏饺子、蒸馍馍、切菜、做饭等。在丧葬事务中，女性还要提前去主家帮忙缝制白布香帽、护鞋、白裤子。

---

[1] 指低年级小学，1—4年级阶段。

如果儿子们不听从父亲的安排，父亲就骂一顿，一般不会打。女孩们在家纺花织布，收秋摘棉花的季节女性们也要去地里摘棉花（打的棉花籽可以用来做肥料，当地民间素有"棉花籽长灰斑，上到地里出八桶"之说）；如果儿子们去耕地没有耕种好，苗出不全，当家的父亲也不会埋怨。当家人还要支摆家人去给邻居或当户落人家撺掇种地，去做短工，去赶集。若是别人来请自家人去撺掇，首先要向当家人请示，向当家人说明事由，当家人再安排家庭成员去，请人者不能直接跟想请的人说。当家人发话，家庭成员一般会服从，有的"半番"[1]儿子不听从当家人的支摆，动不动就与当家人吵嘴、抬杠，遇到这种情况，当家人就会拿棍子、鞭子打，儿子们若看到父亲发怒准备拿鞭子打人，拔腿就跑（老人讲，"跑了就没啥事了"），父亲也就不再追着打了（儿子们不会站着不动让父亲打，父亲一般会做出打的动作，但不会真正动手去打，都是自家孩子）。

当家人（父亲）如果犯了错，妻子和儿子们就轻言埋怨，不能说狠话，如果说狠话，当家人就会反驳，比如"错了就错了嘛"。如果儿女和妻子犯了错，当家人轻则对其言语批评，重则用鞭子、棒子或巴掌打。

（二）学校规训关系

1. 私塾规训关系

当时的私塾主要给学生们教授《三字经》《大学》《中庸》《孟子》《论语》，《论语》又分上《论语》和下《论语》，书本由学生自己购买。老师平时也会教育学生们如何做人、题诗作对，还要教学生练习毛笔字，如果学生背书不用功，老师会"打板"惩罚。

过年，正月初三、初四左右，学生们要去老师家里，给老师和师娘磕头拜年（只磕一次），去的时候不能两手空空，一般需要带点礼品，如两包点心、鸡蛋、几斤油等。学生们一般自行前往，不需要组织大家一起行动。老师也会在家准备饭菜，给前来拜年的学生管顿饭。端午节、中秋节时，学生需要去给老师送礼（点心、鸡蛋、油等）。逢年过节，毕业的学生或中途辍学的学生也自愿去老师家拜访、磕头，如果不去，老师也不会责怪。

学生读完私塾，去县城、京城考试时，考官需要当场验明考生身份，考生需要将自己、父亲、爷爷的个人背景做一介绍，如果祖上是下九流，即赌徒、剃头匠、修脚的、锔露匠等，就不能进入考场。村庄私塾的开办，村公所不会干涉。

2. 新式学校的规训关系

初小的课程，主要是语文、算术，学生读的课本也与私塾的课本一样。日本侵华

---

[1] "半番"为当地方言，形容人不讲道理、不听从好言。

战争时期，皇协军侵入本村，烧毁东校。

高小开设的课程主要包括语文、算术、地理、体育。学生们每天上 8 节课，一节课为 40 分钟，课间休息时间为 10 分钟，每天的体育课安排在下午的最后一节。初小、高小的老师一般不会惩罚学生，如果学生不听话、不好好学习，老师就会告知学生家长，由家长进行管教。村长、村副、地方、好主、贫农的孩子们同在一个教室内读书。[1] 在校期间，学生轮流值日。每 10 人组成一个值日班，每班轮流值日一天，值日生主要负责打扫教室卫生。

第七节 文娱与文娱关系

双井村民的日常生活并非单调乏味，而是充满着乐趣，村民们在空闲时间、特定时候都会开展一些文化娱乐活动，为生活增添色彩。村民们一般的文娱活动有打牌、逛庙会、过灯笼会等，他们在开展这些活动的过程中形成了特定的社会规则，建立了特定的社会关系。

一、文娱活动

（一）文娱活动概况

1. 活动类型

（1）打牌

过去，打牌是村民主要的文娱活动之一，有些村民整天打牌。村民打牌主要是为了赌博（牌的种类分推牌九、玩玉虎、玩笨虎、摸憨棍、玩江湖等），当户落的人（包括邻居）时常一起打牌。村东户落和村西户落的人也会一起打牌，好主和穷人也会一起玩牌（参与者不分贫富，不分宗教信仰），父子、弟兄们可以一起打牌。在玩牌的过程中，谁也不让谁，即便是亲兄弟、父子，也不会相互谦让。村长、村副、族长、正副"家长"、地方、"白人"（好管闲事的人）等村落治理主体一般不玩牌。

如果按照年龄、性别来分，"半大不小"（适婚年龄）的男性是打牌者的主要人员，女性很少打牌。打牌时，如果人数不够，比如三缺一，这时，先到的三人边拉闲关边等另外一人；如果玩牌的人多，这时相互谦让，比如"你来玩吧！你先来玩吧！"不会争抢。押注较大的牌局（"玩大钱"），一般也包括外村人（唐邱村、郝庄的村民）。专职打牌的人每天不分早晚，早晨吃过早饭（八九点）开始上牌桌，后晌、晚上都有人玩牌。

---

[1] 据张小考老人回忆，1946 年时，他 17 岁，他有个弟弟在本村小学上学（八路军办的学校）。

打牌过程中，参与者都要遵循一定的规则：

第一，下赌注。牌九总计32张牌，每次由庄家给其他3人各发2张牌，掷骰子时从坐庄一方开始数数。农闲时间几乎每天都会玩，每次去玩牌，一般不会相互预约（"谁也不喊谁"）。大多数时候，到了打牌的时间，赌钱的人们就会纷纷前往固定的地方。赌牌分大赌和小赌，小赌主要是赌钱（铜钱、毛票、银圆等），大赌时押的钱多，有的村民甚至把家当、土地、庄稼等作为赌注。比如李家疃（本村西北偏北约8公里的村庄）李氏有一次去唐邱村赌博（玩大钱），身穿一件大衣，当时还推着一辆独轮车。那天他的牌运好，赢了一筛子钱，他把面值大的钱整理后装进兜里，把面值小的钱用大衣盖住。赢了钱又不能脱身，于是他想了个办法，谎称自己要去解手，乘机推着车子溜走了。当他走到米家庄已是傍晚了，在路上遇到了两位玩钱的熟人（据说是曹伍疃村民），他被这俩人约到米家庄继续玩钱。他这时的牌运很差，把之前赢的钱和本钱全部输光了，把车子也输给对方了。回到家后整天蒙头大睡，他父亲得知他输钱输车的情况后，去找曹伍疃村民把车子赎回（赎一辆旧车比置一辆新车的成本低）。

第二，依据赌资坐庄。比如推牌九，需要4人参与，有一人自愿坐庄，比较随机而非轮流，一般是在玩牌之前，由财大气粗的人自愿坐庄。如果另一人争坐庄，则相互间先亮钱，看谁的钱多，坐庄的权力就归谁。坐庄的人被称为庄家，庄家负责推牌和掷骰子，推牌九时以牌的大小决定输赢。

第三，输赢规则。若庄家的牌大于其他3人，则庄家通吃，其他3人都要给庄家付钱；如果庄家的牌大于A而小于B和C，则庄家收A的钱，且需要给B和C付钱；若庄家的牌大于A和B而小于C，则A和B都要给庄家付钱，而C只收庄家一家的钱；若庄家的牌小于其余3人，则庄家全输，需要给其余3人付钱。如果庄家兜里的钱全部输光或庄家输的钱过多，自己不想玩，可以临时退出，此轮牌局就此结束（"散伙"），然后由其他人参与进来继续玩（重新定现钱最多的人做庄家）。如果其余3人中有一人的钱全部输光了，他也可以临时退出。如果某一轮当中庄家一直赢牌，则他一直坐庄，不会轻易主动让出坐庄的权力。此外，赢了钱的一方中途不能随意退出牌局，一局规定4方牌需要打完4方牌才可以退出。

第四，给主家"搭头"。推牌九一般只需要4人，他们在某农户家里推牌九，需要给该农户"搭头"（付报酬，因为该农户为玩牌的人提供场所、熬灯费油），一般是每晚付3—4元。至于如何搭头，玩牌者之间有着约定俗成的规则，谁一次赢得多，谁就出1元钱搭头。推牌九时，一般在打完本轮4方牌之后，赢钱多的人把面值大的钱装进自己兜里，把面值小的零碎钱留给主家。

第五,"跟门"规则。当4个人参与玩牌,有时每个人的后面会有3—4人"跟门"(押庄,每次押1元左右),类似于投股份,玩牌者的输赢决定跟门者的输赢。如果参与者赢钱,其跟门者按股分钱,如果参与者输钱,跟门者自认倒霉,参与者不会为其赔钱。

第六,牌桌上下。在牌桌上,参与者之间一般不谦让,自己或对方赢钱后,一分钱都不能少,如数付钱。而在牌桌下,参与者之间不再斤斤计较,而是随意相处,有时你请我一顿饭,有时我请你一顿酒,不会计较一点一滴的得失,如当地俗语所称,"玩钱玩薄了,喝酒喝厚了"。赢钱的人不一定要给输钱的人请客,除非他自愿请。赌博过程中,如果一方赢了另一方,输钱的一方也不会记恨对方,牌局结束后,相互之间正常往来("该怎么说话还怎么说话")。打牌时,相互之间诡诈,正如当地俗语所称,"玩钱诡,诡不住四根桌子腿;玩钱精,精不过两盏灯[1]。"

(2)过庙会

庙会也称"醮会",过庙会时,村民们纷纷前去真武庙上香、磕头、上供、捐资(俗称"掏油款"),一般需要从赵州县、宁晋县城等地的大庙里请两位和尚诵经,庙会期间,村民们还组织起来请戏班子唱大戏。赶庙会时,按各个庙会的时间先后顺序安排行程,由老母会会首统一组织成员前往,各自准备香、纸、供品、油款,对于行善拜佛之事,村民们用这样的俗语来形容,即"行好难,行好难,光赔钱,不赚钱",所用物品需要从集市购买。

老母会成员除了参加本村的庙会,还经常去外村赶庙会(见下表)。

表5-16 1949年之前双井村庙会关系概况

日　期	村　庄	庙会名称
农历六月	米家庄	长虫庙会
农历正月十九	井里庄	老母庙会
农历正月十八	郝庄	龙仙庙会
农历三月十五	唐邱村	真武庙会
春分日	岳家庄	春分庙会
农历三月十五	—	西山庙会
农历四月十五	孟家庄	娘娘庙会
农历四月十九	本村东北九龙口	铁佛寺庙会
正月	赵县	百灵寺庙会

---

1 晚上打牌时,需要在牌桌上点两盏灯照明。

（3）灯笼会

每年春节时，村落的各个街道（4条东西街、2条南北街）分别成立一个灯笼会（每个灯笼会设一名会头），以活跃村落文化氛围。据悉，每家每户都要轮流组织灯笼会，即"领会"，有的农户家中没人，就不必领会。

2. 活动空间

打牌的地点比较固定，不会随意变动，大多数时候是在村民的家里打牌，这些村民家都有纸牌。这些人家一般是光棍汉家庭和不嫌弃赌徒的人家，正经人家及好主人家不会招揽长期赌博的人。村民张氏是光棍汉，他家在东西街前街，是赌徒们经常聚集的地方，有3间房，每到冬天，院内卫生很差，到处是赌客们撒的尿结成的冰。为此，一般人家不招揽赌客，村里没有对外经营的赌场。此外，庙会的活动空间即为庙宇，灯笼会的活动空间为村落主要街道。

二、文娱关系

（一）文娱活动中的交往关系

1. 打牌活动中的交往关系

打牌的过程中不乏看牌的人，看牌者边看边闲聊，聊天内容包括议论邻居的是非、自己和某人在某处玩牌的事情、输赢情况（如张三赢了多少、李四输了多少）。看牌的人大多是没文化的庄稼人，一般不聊自家家务事、地里的事，也不聊村公所的公事。有些识字的人动辄就聊国家大事。看牌的人不能"多说话"（胡乱评价打牌人的牌），怕走漏了打牌人的信息。打牌的人一般不愿让周围的人看到自己的牌，看到其他人来自己身边看牌，就把牌遮住。有些玩牌的人为了防止别人看牌，索性就把赌场大门扣住，不让外人打扰。

打牌的人们如果决定需要玩一整天时间，就不去家里吃饭，而是在集市上买几个包子垫补一下，或者设赌场的人家专门给赌客提供饺子（一碗几毛钱，他们不对外营业）；有些打牌的人回家吃午饭和晚饭，由旁边看牌的人接替他，但此类情况很少见。打牌一般是一起入伙、一起散伙，当牌局解散后，赌徒和看牌的人一起从赌场出来，走在大街上，村民们见此情形就评论："撒鸡窝了！"有些知己不赖的牌友会相互邀请去对方家里吃饭、喝酒，比如A和B是关系不错的牌友，A去B家中吃饭喝酒，A自己买壶酒或由B请客。[1]

---

[1] 平常的时候，关系不错的人们互相邀请对方到自家喝酒，被邀请的一方如果决定赴约，一般会去杂货铺打几斤酒，主人家提供饭菜，女性一般不喝酒，好主不和穷人一起喝酒。酒友们喝酒时，一般聊家里的大事小情，如地里的农活、庄稼收成好坏、喂养牲口等事情。如果几人一起喝酒，其中一人喝醉了，则由酒量好、比较清醒的人送其回家，或由主人自己去送。如果几人全都喝醉了，不能正常走路，则主人家会吩咐自家人找当户落知己不赖的人送喝酒之人，或者去醉酒之人的家中通知其家人，让他们来搀扶醉酒之人。如果酒桌上某两位因为话不投缘、抬杠，发生纠纷矛盾，一般先由一起喝酒的其他人调解，如果调解无果，则请当户落好管闲事的人来调解，家族的大辈、村长、村副、地方等很少来调解酒场矛盾。

常在一起打牌赌博的人是牌友，牌友之间平时相互往来。比如本村村民黑蛋（绰号）与某邻村村民启成常在一起玩钱，他俩是关系较好的牌友。某日，本村王氏赶着马车在大路上行走，不小心把启成撞了一下（轻伤）。双方当时没有发生冲突，而是先"叙话"（闲聊，打听对方的情况）。启成先问王氏是哪村的人，王氏回答自己是双井村人，启成听了之后接着问王氏："你认识黑蛋吗？"王氏说认识，并称自己与黑蛋整天在一起玩钱、关系"好得没法"。启成得知王氏和黑蛋熟识，王氏也得知对方与黑蛋是熟人，双方就此由陌生人变成了熟人。王氏给启成装了一杆（锅）烟，"烟火不分家"（当地俗语），启成当时没再提王氏撞伤他的事。启成接着说："你知道我和黑蛋是什么朋友吗？我们是玩钱的朋友。"启成还特意热情地向王氏介绍自己的家庭住址，并且告诉王氏，王氏若有大事小情，就去找他帮忙。过了四五天，王氏觉得撞伤了对方，对方即便没有追究，但自己心里愧疚，于是买了4斤点心去看望启成。启成热情招待了王氏，给他管饭管酒，俩人很快就成了知己不赖的朋友，在酒桌上，俩人越聊越近，原来启成的妻子是双井村某村民的外甥女。后来，王氏在本村见到黑蛋时向他提及邻村的启成。

2. 庙会活动中的交往关系

邻村米家庄在六月举行长虫庙会，本村老母会成员应邀参加。据说有一天，米家庄某小孩打了地里的长虫，长虫后来跑到该小孩家中绕了几圈，该户人家就出了事，屋子内突然出现了半盆血水。于是，该村爱管闲事的人联络诵经念佛之人，集体凑钱修建了长虫庙，每年六月，村民们在庙宇举行祭祀仪式，并请戏班子唱戏。

在菩萨庙会中，菩萨会的会首称为"领会人"，她是好管事的人。村民李光东的母亲曾是领会人，村民生了病就找李母看。村民们见了她，按辈分称呼，叫她婶子、大娘、奶奶等。若是几个月或几岁（三五岁、七八岁）的小孩生了病，家人就把小孩"寄养"在李家，即家人按照自己小孩的模样自制一个布娃娃（有的人家比较细致，还用黄金纸包装布娃娃）代表自己的小孩，然后送到李家，由李母负责"养育"（供奉在自家佛像面前）。每年农历三月十五和四月十五过菩萨会时，李母把所有"寄养"的布娃娃拿到官房，当着大家的面烧毁，这些"寄养"小孩的家庭第二年再重新做一个布娃娃送到李家，每年换一个，且每年布娃娃的身高要增加，意味着自己小孩也成长了。小孩到了12岁，就由家长带着去李家参加扫堂仪式（每个人拿一把笤帚、一个簸箕、一块毛巾，还要端着供品），给李母支付10元左右的报酬。小孩跪在佛前，李母念完佛，就让小孩口含一根木条，然后，李母用带来的笤帚打一下小孩，小孩立马跑到门外，扫堂仪式就算结束。

(二) 文娱活动中的合作关系

1. 庙会活动中的合作关系

正月十五是真武爷的生日，正月十三，村民们就要把其他神（除了阎王爷和家宅六神）请到真武庙，请时没有先后次序，请神到位之后，村民们得上香、祭拜，行好的人们开始在佛前念经。正月十四一大早，由会首及剑首组织一部分村民去村西空旷地方请如来佛，即举行请佛仪式（摆置好供桌、供品，由和尚负责念经）。在村民们心目中，如来佛最大，管所有的神灵。请佛之前，村民们需要把村庄街道打扫干净，由两位年轻的男性拿一块黑布，另有几人沿着主要街道泼水（即清水漫街），仪式中，所有女性都要回避，据说"女性不干净，会玷污了神灵"。正月十五这一天，村民们在真武庙集资举行盛大的庙会，由大会的人安排村民给外村的会首发请柬（内容为庙会时间、地点），外村村民一般会来参加。赶庙会的成员大多是老年女性、老年男性，年轻人基本上不赶庙会（他们需要干活赚钱养家）。庙会结束，当晚就要把诸神送走。

菩萨庙会期间（每年农历三月十五、四月十五），行好的人们（包括老母会成员及部分玄天大会成员）聚在官房里举行仪式，当户落的村民也会去另外一户落的官房参加盛大的祭祀仪式。平常的时候官房里不供奉佛像，只在举行菩萨会期间人们会将佛的画像挂在官房里，活动举行完毕就把画像收好，交给行好人当中好管事的人保管。菩萨会这天，人们（不分男女老少）聚在官房念佛、上供，需要连油钱（每人出几毛），部分村民自愿捐助。

2. 灯笼会活动中的合作关系

一般而言，举行灯笼会活动，每个农户都会自觉领会，不会推脱。会头任期为一年，由每户轮流担任，在会头的带领下，村民们合作举行灯笼会。

表 5-17　1949 年之前双井村灯笼会活动中的合作关系概况

职　责	内　容
连钱	灯笼会活动的经费来自整条街农户的连钱活动，即每户交几毛钱（油价便宜的年份每户需要交 3 毛钱，油价较贵的年份每户需要交 5 毛钱），主要用来买油、买木料、支付木匠工资。灯笼为四方形状，每年农历腊月二十左右，村民连钱购买木料，然后请本村的木匠制作灯笼
挂灯	在会头的组织下，整条街的农户一起挂灯笼、点亮灯笼、添灯油。灯笼分别挂在每户的大门口，腊月三十晚上全部点亮，差不多一炷香的时间换一次灯油，夜深之后不再添油；其他时间，每天晚上点亮之后只添一次灯油
监管	如果有村民无故损坏灯笼，会头就会罚款，一个灯笼赔 2 毛钱。如果灯笼并非人为损坏（风吹日晒损坏），村民不必赔偿
收灯	正月十六，一年一度的灯笼会结束，会头组织村民收灯笼，收好之后需要交到准备下一年度担任会头的家中

（三）文娱活动中的冲突关系

文娱活动中时常会发生矛盾，尤其是在打牌时，参与者之间容易出现吵包子现象。比如 A 输给 B 3 元钱，A 耍赖，只付给 B 2 元，则双方之间会发生矛盾。这时，由现场一起打牌和看牌的人进行说和，调解成功之后，发生矛盾的双方还会一起玩牌，不会相互计较，"玩牌人，没出息"（当地谚语）。在当地，没有发生过因打牌纠纷去打官司的事情。打牌时，一般不存在相互赊欠赌资的现象，如果 A 输得少且没有钱付给对方，则 B 看在同村乡亲、熟人的面子上，免去该次赌资，不再执意向对方索要，双方之间不存在写欠条的事情；如果 A 输得多，则 A 需要借钱还债。

有些村民常年以赌博为职业，不干正事，他们大多是光棍汉、没有土地的人、偷鸡摸狗的人（方言中称这类人为"摸这摸那"的人）。村民们私底下会议论这类人，比如"××成天不干活，成天玩钱，没个正经样子"。

第八节　双井村文化变迁与实态

双井村在几百年的传统社会，孕育了集血缘、信缘、文娱、孝道、习俗为一体的村落共同体文化。随着时间的推移、外部环境的变革，血缘崇拜、宗教信仰、传统习俗等文化形态在革新的同时，也绵延至今，依然对村落的治理具有重要的影响。

一、1949 年以后村落文化变迁

抗日战争胜利以后，宁晋全县解放（1945 年）。随之，传统文化形态进行了革新，主要表现为以下几个方面：

（一）文化教育的变革

随着时代变迁，传统的私塾教育不复存在，民国时期的学校教育发生了重大变化。"建国初期，国家无力投入大量资金修建校舍，遂改祠堂、寺观、教堂等为校舍"[1]，在这期间，双井村的东校和西校合并，村落东边的天主教堂成为临时的教室。"1958 年，'大跃进'时期，学校畸形发展……是年，学生大量参加劳动，课程耽误较多。下半年，小学均集体食宿。年底，学生食堂解散，'寄宿制'解体。1961 年，开始整顿教育……1966 年 6 月，'文化大革命'运动开始，学校秩序被打乱。1967 年 2 月，中央发布《关于小学无产阶级文化大革命的通知（草案）》，要求小学坚持上课。依据中央文件精神，小学教育基本没有中断。1968 年夏，'贫下中农管理学校委员会'普遍成立，并陆续进驻学校。年底，根据上级指示精神，全县小学均下放到生产大队管

---

[1] 宁晋县地方志编纂委员会编：《宁晋县志》，中华书局 1999 年版，第 915 页。

理……1977年,贫宣队撤出,教学制度恢复……1984年初,实行'谁办学谁受益,谁负担'的方针,将中小学全部划归乡、村办"[1]。与此同时,村民的技术教育也在发展,如《宁晋县志》记载:"1988年,技术培训教育全面展开,各乡镇逐村逐户登记造册……唐邱乡(如今双井村所在乡)成人学校被评为'河北省实施燎原计划先进单位'"[2]。1991年,当地政府单位和社会各界力量筹集资金,为双井乡投资15万元以上,改善其办学条件。

（二）文化习俗的变迁

传统时期至今,文化习俗对村落的治理发挥着重要的影响。过去的双井村民婚姻不自由,青年男女结婚,需要遵从"父母之命、媒妁之言"。主张男子娶大媳妇,普遍具有"女大三,抱金砖"的观念,男女双方要门当户对,男方给女方下帖子,婚姻双方依据礼俗,不得触犯禁忌,比如忌婚期变动等。在丧葬方面,传统时期讲究并骨合葬,还存在结冥婚。1949年以后,当地婚丧习俗进行了革新,具体表现为以下几方面:在婚姻方面,主张男女平等、婚姻自由,严禁包办和买卖婚姻,青年男女可以自由恋爱,冥婚习俗消逝,换亲、转亲习俗少见。1960年代,"提倡新事新办,婚礼简单化……1980年代,结婚时的大操大办之风盛行,男女双方都设宴席,亲友送礼、凑份庆贺。迎亲时请吹鼓手和鼓乐队、放鞭炮"[3]。相对而言,丧葬习俗的革新较为缓慢,"1950~1960年代,孝子孝女戴黑纱、白花,亲友送花圈致哀。1970年代,当地推行火葬,埋葬骨灰盒。农村执行难度大,旧俗难改,偷埋现象时有发生。1980年开始,披麻戴孝、跪拜叩首、举幡选墓等旧俗盛行,丧葬仪式大办之风渐长"[4]。此外,文化习俗的变革还体现在贺号之风中,传统时期的双井村民贺号之风兴盛,中华人民共和国成立以后,此习俗逐渐消逝。

（三）宗教信仰状况的变革与延续

过去的双井村民普遍信奉各类神明,信奉传统宗教的村民信奉真武爷、老佛、玉皇大帝、龙王爷、路神、井龙皇等各路神仙,举行求雨、烧香拜佛拜神活动,信奉天主教的教徒参与教会活动。"建国以后,政府提倡科学。1966年,城乡破除迷信,仅少数老年人供神"[5]。"文化大革命"期间,天主教受到冲击,教堂被破坏,双井村十多位教徒受难。十一届三中全会以后,国家"落实宗教信仰自由、团体教产政策。1987年

---

[1] 宁晋县地方志编纂委员会编:《宁晋县志》,中华书局1999年版,第884页。
[2] 宁晋县地方志编纂委员会编:《宁晋县志》,中华书局1999年版,第897页。
[3] 宁晋县地方志编纂委员会编:《宁晋县志》,中华书局1999年版,第175页。
[4] 宁晋县地方志编纂委员会编:《宁晋县志》,中华书局1999年版,第176页。
[5] 宁晋县地方志编纂委员会编:《宁晋县志》,中华书局1999年版,第177页。

后，双井、唐邱等村的天主教堂陆续修复完成……1995年，双井村的天主教徒占全村人口的三分之一以上"[1]。

二、村落文化实态

当下的村落文化既结合了新时代的元素，又延续着传统的底色，双井村民继续举行祖先崇拜、神明信仰活动，婚事方面行兴大操大办之风。

（一）续谱与血缘文化实态

村落依旧举行续谱仪式，比如2017年，大族张氏举行盛大的续谱活动。此次续谱工作由族长、"家长"、副"家长"发起并组建张氏家族第八次续谱管理委员会，管委会设3名主任，均为17世的大辈，不分贫富，分别是双井村3个股的代表（各股不设股长）。管委会另设12名常委，他们多是总理，现任村长张梦秋也为常委。管委会委员有32人（16—20世），管委会下设办公室、后勤组、财务组，另设编撰部。

本次续谱由族人请阴阳先生测算良辰吉日，预选了立冬以后的两个日子（农历十月二十二和十月二十四），后经过管委会研究决定后者为本次续谱吉日，续谱地点是管委会选定的本族人的闲置房屋（无预付报酬）。续谱的资金靠族人筹集，本村张氏族人每人名下需交纳10元，外嫁女和外甥也需交纳，外村张家庄族人也为本次续谱捐资，其他族人自愿捐资（几十元到一百元不等），族长和正副"家长"以及其他管委会成员均需出资。

整个续谱活动，包括以下环节：

一是收谱。本村族人现存留的家谱有18本（8本旧谱、10本新谱），一般由族中年长辈高的、识字的人家保管，族长和"家长"、副"家长"各存一本。续谱前几日，族人将谱交到族长家中，续谱当天，族人再将收齐的家谱列置供位。

二是盛请族长、"家长"、副"家长"。早晨9点半左右，族人们敲锣打鼓、放鞭炮，请出族长等人，沿着村庄街道游行一番，然后前往续谱仪式地点。自古至今，族长和"家长"、副"家长"的人选不分贫富，不论学识高低与贤能与否，而是由辈分最高、年龄最大的人继任，比如现任族长张仁江为16世族人中最年长者（85岁），"家长"为16世次年长者张俊祥，副"家长"为16世复次年长者张留拴；族长过世，由"家长"继任族长。

三是仪式。如今的续谱仪式，原则上，本村和张家庄族人（本族张氏，其他非本族的张氏人家不参加）均需参加，但旅居他乡、外出打工的族人可不参加，上门女婿可参加（过去不允许），妇女不参加（过去也不参加，但可以围观），村长（本族人，由于辈小，主要负责打杂跑腿）、总理参加，过继儿和抱养儿参加（过去一样，但入谱

---

[1] 宁晋县地方志编纂委员会编：《宁晋县志》，中华书局1999年版，第182、183页。

规则有所改变)。所有参与人员按辈分大小前后列位,然后由族长和正副"家长"代表族人在庄严的氛围中为祖先敬香(主持人要求众人关机),接着在主持人(不分辈分大小,选贤任能)的号令下,一起行跪拜礼(3次)。礼毕,由19世代表介绍祖先迁居历史:"明朝永乐年间(距今600多年),'燕王扫北'之时,本村始祖从山西平阳府洪洞县张家庄迁至本县,后在大陆村生活两年,最终定居双井村"。接着由18世代表宣读管委会成员名单,17世代表介绍家谱及续谱历史,宣读完毕,族长和正副"家长"上坐,全体族人行跪拜礼(1次)。然后,族长宣布续谱仪式开始(族长年长,声音短促,只说了"续谱就开始了啊"几个字),门外族人接着燃放鞭炮,整个仪式到此结束。仪式结束后,族人领取家庭成员登记表。

整个续谱过程,前前后后需要一个月左右。过去,续谱完毕后。还要在村里请戏班子唱5天大戏,如今不再举行类似的活动。现任村支书为李氏,只负责派人向张氏族人"喊喇叭"通告续谱之事,对于其他事务不加干涉。

(二)婚姻礼俗实态

笔者在双井村的调研途中有幸参加了某村民(张世成)的婚礼。据悉,新娘来自邻村边村,男方家给女方送彩礼10多万,女方陪嫁18万。此次婚礼,由总理(该家族中有威望的大辈担任)掌管,乡亲们前来撺掇并各司其职,比如迎喜、领礼、领亲、领鼓号、大伙房、烧火、烧水、小伙房、管馒头、涮碗、记红彩、看车、催车、看库、待客等。婚礼伊始,男方请锣鼓队、仪仗队游街庆贺。婚礼的参与者包括家族的人、亲朋好友、知己不赖的乡亲,新娘的父母亲不参与婚礼,由新娘叔父带队参与。婚礼上不设上席、主位。亲戚朋友入席,男女分桌坐,男性吃酒席(较好),女性只吃大锅菜(较差)。婚礼之日,亲朋好友都要随礼,200—500元不等,村民也要随礼,只是相对少随,有的随10元、20元,有的随30元、50元,关系较好的随100元。

(三)节日礼俗实态

村民们依旧重视春节、清明节、十月一等传统节日期间的礼俗活动。比如农历十月一这一天是当地的鬼节,外嫁的女儿都要回娘家来给自己的祖先扫墓,顺便看望一下父母和兄弟姐妹(这天一般不会去家族的叔伯家串门)。十月一当天,笔者来到王丰娟奶奶家感受节日气氛,王奶奶家里人来人往,比较热闹,她的女儿四个都嫁到了本村,其他三个嫁到了邻村,由于女儿们都住得比较近,所以时常来她家串门。在农忙季节,女儿们隔三岔五来帮忙,来的时候也会带点礼物,一般是水果、饼干、蔬菜、肉等。十月一这天,两个女儿给她送了点礼物(肉、水果等),王奶奶一边招呼自己的女儿们，一边跟笔者聊天，或许是母女之间住得近，常来常往，王奶奶对女儿们的到来也不再格外重视。

（四）文娱活动实态

当下的双井村，偶尔也会开展由上级政府组织的文化下乡活动，比如放电影，但是村民们对放电影这样的文娱活动几乎不感兴趣，大人们很少参加，只有几个小孩子在现场跑来跑去。如今，家家户户都有电视，有的家中还有电脑，村民们闲暇时间就待在家中看电视。尤其是手机大为普及的今天，村里的年轻人对放电影这样的活动置之不理。

与此同时，广场舞和广场太极已经成为村民们重要的文化活动形式，村里的中年女性们已经长期"占领"了村委会的大院，几乎每晚都要在大院里跳广场舞，还有一拨村民人手一把剑，练太极。

第六章 双井村的治理形态与实态

双井村落早在明朝时期就已纳入政权治理范围,民国时期,其政权形态呈现多样化。村落自身的治理方面,存在村长、村副、地方、爱管闲事的人等正式或非正式的权威主体,他们治理着村落繁杂的事务。家户、亲族治理方面,同样存在多元治理力量,他们负责处理家庭、亲族内外事务。村落的信缘治理,主要体现为组织化的治理特点。1949 年以后,双井村的治理状况发生了重大变革,村落在经历了土地改革、人民公社阶段以后进入了村民自治时期。

第一节 政权治理与治理关系

村落的传统政权治理可以追溯到明朝隆庆年间,当时推行里甲制度,清朝的基层政权治理延续了明制。民国时期,外敌入侵,基层政权治理呈现混乱局面,多重治理力量并存,双井村民们既需要交纳各种各样的赋税,还要服兵役、苦力劳役。

一、政权治理

(一)政权治理概况

1. 里甲、疃庄:明清时期基层政权治理概况

明朝时期,基层政权的治理中开始推行里甲制度,《宁晋县志》记载曰:"城内设

坊，近城称厢，农村称里。一百一十户为里，设里长一人，轮作为首，十年一轮。十户为一甲，设甲长一人，十户轮座，十年一轮。"[1] 双井村在明朝时期属于安宁社，据明朝隆庆年间（1567—1572年）《赵州志》载，"双井在州东二十里安宁社，其村曰双井村，1261户，5388人"[2]，这是有关双井村纳入国家政权治理的较早记录。

清代的基层政权建设沿袭明制，据康熙十八年（1679年）《宁晋县志》载，"县下分城东南西北四乡，辖221个村"，双井村为城北乡辖村。雍正十年（1732年）推行十家牌制度，"十户为一牌，立牌长；十牌为一甲，设甲长；十甲为一保，设保长。乾隆年间，县下设疃，疃下设庄；疃设约正，全县共设二十三疃"[3]。光绪年间（1875—1908年）《宁晋乡土志》载，"境内分23个区，旧名23个疃，辖272个村"，双井村为二十一区（唐邱疃）辖村。

2. 民国时期基层政权治理概况

正如在双井村建制变迁的描述中提到的，民国时期，"县下设区、村两级组织。区村均称公所，县置五区，设区长、助理、区丁；村设村长、村佐。民国22年（1934年），区下设乡，乡下设邻、闾。规定100户以上的村为乡，设乡长、乡副；十户为一邻，十邻为一闾，邻设邻长，闾设闾长"[4]。双井村隶属于宁晋县北区。

日军侵华年间，抗日民主政府根据上级"实行革命的两面政策，建立革命的两面政权"的指示，"领导各村成立两面政权，'以合法手段开展对敌斗争'。两面政权分三种情况：第一种是抗日的两面政权，即村干部真心抗日，假意对敌；第二种是一般两面政权，即村干部倾向抗日，又与敌保持联系；第三种是亲日两面政权，即村干部为敌效劳，对我应付。第三种村庄多靠近县城或大据点。"

（二）政权治理内容

1. 明清时期政权治理内容

明清时期，基层政权的治理主要表现为官府的赈灾行为。当百姓面临饥荒之难，官府会采取赈粮救济措施，如《宁晋县志》记载，"明隆庆三年（1569年）大饥，邑御史蔡瑗粟三千石，银一千两赈民。清康熙三年（1664年）大饥，邑御史郑民输粟千石赈民"[5]。

---

[1] 宁晋县地方志编纂委员会编：《宁晋县志》，中华书局1999年版，第442页。
[2] 宁晋县地方志编纂委员会编：《宁晋县志》，中华书局1999年版，第81页。
[3] 宁晋县地方志编纂委员会编：《宁晋县志》，中华书局1999年版，第442页。
[4] 宁晋县地方志编纂委员会编：《宁晋县志》，中华书局1999年版，第442页。
[5] 宁晋县地方志编纂委员会编：《宁晋县志》，中华书局1999年版，第525页。

2. 民国时期多重基层政权的治理内容

（1）国民政府基层政权治理内容

国民政府基层政权的治理内容主要体现为公粮及杂税的交纳、民间纠纷的调解等方面。

其一，政府的公粮征收。国民政府统治时期，村民们需要交纳政府的赋税，即为纳钱粮，具体内容详见下表：

表 6-1　民国时期村民纳粮事务与治理关系概况

纳粮规则	具体内容
按亩纳粮	当地按土地交纳钱粮，没有土地的农户不用交税，好主交纳的钱粮多，一般在秋收之后交纳。种不同等级的土地交纳不同数量的钱粮，一般是好地每亩交纳亩产量的30%，差田每亩地交纳亩产量的10%—15%。荒年也会减免钱粮，尤其是受了蝗灾、冰雹灾害时，钱粮减免多。每当交钱粮时节，地方就敲着锣上门收，过去，每个村公所有一位"先生"，负责计算每家每户需要交纳的钱粮数目。有些好主家为了少交纳钱粮，便虚报所交土地的亩数，比如，今年自家卖了10亩地，而对收钱粮的人说去了15亩，以此来减少自己的钱粮负担。因此，正如张小考老人所述，"大部分土地的名下没有钱粮"
发放钱粮票	每到收钱粮之时，区公所的办公人员就会来到村公所，给村长下发收粮通知及钱粮票，告知双井村当年需要上交多少石粮食。村长收到钱粮票之后，请老先生计算、分配钱粮，把农户当家人的姓名和土地亩数及需要上交钱粮的数额等填写进钱粮票。村长、村副再支派地方鸣锣通告村民，把钱粮票送到相应的农户家中
按期交粮	农户收到钱粮票之后，在期限之内，将钱粮交到老局子（村公所），然后由地方负责押运至县城（安排一位地方去交纳足矣），村长、村副等人支派本村有头户有马车的农户负责送地方至县城

二是政府的杂税征收。民国时期，政府向村民征收的杂税主要是土地交易税、牲口交易税等。正如前文讲述的，村民们达成土地交易之后，由成方自带新文书（其他人不必随同）去区公所扣（盖）公章。没有被公证的文书也即白契，政府不予承认，农户因土地买卖或边界不清而发生纠纷时，政府不予保护；如果农户一直保留着没有扣公章的白契，政府也不会惩罚。扣了公章的地契将会受到国家的保护，即老人所说的"入了公了"。加盖公章时，需要交纳公证费（即交易税），公证费由成方承担，破方卖了土地便不再拥有土地产权。

交易头户需要交纳交易税，开集之日，县税务部门一般派两位公职人员来村庄集市收牲口交易税。他们一大早就来集市，摆一张桌子（称之为"税桌子"）开始收税在每个进行牲口交易的集市都有税务人员征税，主要对骡马、牛、驴等大型牲口的交易征税，交易税由卖方独自承担。交了税，税务人员要给纳税人开税票、扣税章。

（2）日伪政权的基层政权治理内容

一是抓壮丁。过去，十三支队、皇协军、黑军、便衣队等都需要钱粮（名称自取）。交钱粮、要物件，都是有饭的出，没饭的不交。除了交粮，还需要抓壮丁。日军侵入当地之后开车来本村，抓年轻男性去当皇协军，"要么给你个吊钱，要么就不给，到外头死了也不管"。皇协军一般去好主家吃、喝、要钱、要粮、牵头户、绑票。据说，抓壮丁时，谁的枪杆子多，谁就有权势。各方势力来抓壮丁，都是悄声无息地进行，村长、村副、地方等不会监管。

二是抓苦力（详见下表）。

表6－2 抓苦力过程中村庄的治理关系概况

抓苦力目的	1937年，日本人进村后，正月十五的庙会被迫停止。当时，会首杨氏通知本土宗教信徒，每人在胳膊上缠一块红布条。正月十六，日本人和皇协军入侵双井村，将正在参加大会活动的村民和前来帮忙的天主教村民，共几十人，全部抓到邻村（孔小营）修工事（挖沟、修碉楼）。碉楼周围建有护楼河、壕沟，且有吊桥，防止民兵和八路军袭击
买苦力	日本人来抓苦力时，好主人家花钱觅人代之，穷人家无钱觅人，只好认命。一般抓家里的当家人、青壮年男性
送　饭	苦力去做工，母亲、妻子、女儿等去日据点送饭（白粥、干粮、鸡蛋等）。有时，皇协军趁机抢吃苦力的饭。女性去送饭，基本上结伴前往。她们在壕沟中多待一段时间，自己的丈夫或儿子等就可趁机少干点活。若某农户被抓去做苦力，而没人给他送饭，当户落知己不赖的四邻八家的妇女们就会给他救济，如老人所讲，"这个给碗粥，那个给点干粮，相互帮助"
工　期	修工事的工期差不多为20天左右，完工后可以回家
惩　罚	日本人和皇协军如果发现某苦力偷奸耍滑，就会抽打，比如某苦力找借口说要去解手，若此现象被皇协军发现，就要打骂。日本人和皇协军来村里，有时会将村民集合起来，逼问八路军的下落。有一次，皇协军逼问某男性村民，有一位妇女说了一句"他是个傻子，你别问了"，皇协军认为该妇女多管闲事、多嘴，将其打得头破血流

（3）抗日民主政权治理内容

一是挖地道（挖"道沟"）。日军入侵以后，村长带领庄稼人们挖道沟，提防日军和皇协军的侵犯。道沟的深度为1.5米，宽度为1米。在本村范围内，道沟与道沟之间互相串通，村庄南边与郝庄相通。挖道沟时，按自家土地的亩数来摊派任务、劳力，穷家小户，家有5亩左右的土地需要出一个劳力，而大户人家，10亩左右的土地需要出一个劳力。如果好主人家土地多而劳力少，则可以交纳粮食、代替劳力，交纳的粮食发给出力的穷人。每次挖道沟之后，村长给穷人们发放写有赈济粮食信息的纸条（类似于粮票），内容大致为给某某多少斗粮食，穷人们拿着粮票去指定的好主人家领取粮食。挖道沟的时间大约为2天。

二是征收赋税。抗日战争年代，据老人们回忆，八路军来了就实行了。上交钱粮的数额有所变化，一亩地需要交纳20斤粮食（谷子、棒子、黑黄豆），但一般是交纳现金，10亩土地需要交纳3元左右的银圆，棉花需要折现。交钱粮时有的交得多，有的交得少，家中有饭的农户多交纳，没地或没饭的人家少交或不交，有些赤贫户常年不交粮食，地方等也不再去收。但是，有能力交纳的农户，必须要上交。

三是组织村民生产自救、治理蝗灾。民国三十二年（1943年）春夏两季干旱，秋季水淹，伴有蝗灾、瘟疫发生。多数贫苦农民吃树皮、草根、高粱帽、玉米轴，有的逃荒乞讨、卖儿卖女。县委、县政府采取度荒措施：一是干部战士降低吃粮标准，节约粮食支援灾民。口粮交给房东，同吃一锅饭，以糠代粮，野菜充饥。二是组织群众生产自救。秋后下透雨，县委、县政府帮助群众贷款、贷种子，动员开明绅士献种子，保证群众种上小麦。三是"虎口夺粮。民国32年春，县大队掩护二、三、四区群众千余人，夜间秘密进入唐邱据点（今唐邱乡政府所在地，辖双井村），夺回粮食三万多斤"。

二、政权治理关系

（一）政权评价

民国三十三年（1944年）春，抗日民主政府组织开展赎地缓债运动，帮助贫困户把灾荒时低价卖出的土地原价赎回，赎地款可缓交。同年秋，当地发生蝗灾，县委书记、县长及县区干部带领群众灭蝗。交一斤蝗虫，奖励两斤粮食。宁晋重灾区，日收蝗虫数千斤，宁南县三区，一天捕打蝗虫上万斤，减轻了灾害。村民们对此记忆犹新，认为这样的举措让他们减少了生存困难。

（二）服从与反抗

日本人入侵以后，两位张氏村民分别担任伪村长和伪村副。他们去向好主张氏收钱粮时，好主拒不交纳，于是他们将张氏扣押在了村公所（老局子），直到张氏交了钱粮才被获释，但双方就此"收了仇了"（意为结了仇）。有一次，村长、村副二人知道张氏家财产多，于是搭伙去张氏（与村长同为张氏家族的某一股）家征收电线杆，张氏就把从自家旧房屋拆的椽子交给他们，他们不同意，要截张氏家门前的树，张氏不同意，于是双方又有了矛盾，"闹了别扭了"。[1]

---

[1] 1947年8月本村开展"平分"运动时，村长和村副对好主张氏进行了猛烈批斗、殴打。后来，与好主张氏关系较好的池氏（本村好主，信奉天主教）托人将此消息告知了张氏的次子（当时，在外当皇协军），张氏次子在一天夜里，带了一队人马来村里把村长和村副"打傻了"（老人如是回忆），当时被"打傻"的还有一位村里管事的人（来自上马庄的黄氏）。没过几天，八路军就把通风报信的池氏枪毙了。张氏次子后来投降解放军，抗美援朝时期奔赴前线，立了战功。

（三）官司诉讼

村民们知道犯了法就得接受惩罚，当地俗语称："人犯王法身无主。"当时的基层政权主要的职能之一在于调解纠纷。村民们打官司，一般先去唐邱区公所，如果区公所无法调解，就去县级相关单位。比如土地四邻间出现因官背的侵占引发的纠纷，除了由地方来调解，当事人还会请近门的大辈、当户落的"知明者"出面，也会去村公所找村长等人。又如头户交易中，双方如果发生矛盾纠纷（吵包子、打架），则由税务人员调解，不需要为其支付调解费用。

> 村民张氏家住双井旁边，双井在民国时期已经干枯，没有被填，也无人看管。当时的张氏育有俩女儿，大女儿7岁，小女儿2岁。有一天，张氏妻子正在干家务事，让大女儿看护小女儿，小女一直哭闹不停，正在干活的妻子当时心烦意乱，随口抱怨了一句："太闹了，再闹就把她扔井里去。"不料，大女儿以为母亲是认真的，就抱着小妹妹跑到双井边，随手将其扔进了井里，据说是从小井口扔下去的。妻子当时还在家中干活，大女儿回到家中向母亲告知了此事，母亲立马哭唤周围的村民快来捞人，小女儿被救上来的时候已经死了。此事一下子在村里传开了，四邻八家的党乡人纷纷议论：某人的媳妇把闺女扔井里去了……张妻伤心欲绝，没想到自己随口一说导致了如此后果。后来不知谁报的案，宁晋县法院的人来到村中把张氏妻子抓捕归案，并判了几年刑（具体年限老人无从忆起）。据老人讲述，当时的村长、地方等人没有干预此事，他们也不是报案者。张妻在狱中服刑期间，因伤心过度患了重病，法院于是将张妻释放，此时的她已经在狱中度过了两年多的时光。张妻回到婆家没过几天就病逝了，她的大闺女因为年少无知，免去了惩罚。[1]

第二节　村落治理与治理关系

双井村的传统治理中，村长、村副和地方、爱管闲事的人等扮演着重要的主体角色，他们的产生、资格都有特定的规则，他们在村落的防卫事务、赋税征收、矛盾纠纷调解、蝗灾治理、疾病救助、求雨事务、集市贸易等多元治理活动中履行着自己的职责，维持着村落的运转。

---

[1] 摘自王丰娟老人的口述资料。

一、村落治理

（一）村落治理主体

1. 村长和村副

1949年以前，村长、村副等人负责村庄的行政事务，担任村长、村副的人需要有一定的资格，需要履行特定的职责（详见下表）。

表6-3　双井村村长、村副的资格、产生与职责概况

资　格	"事变"以前的双井村，有1位村长、2位村副（副村长）、3位地方，村长、副村长由村里的好主和富农担任。据张小考老人介绍，当时的村长、村副等人是"有点饭的，家里没点吗，谁听你的"，他们一般是年长的人（"老头"），有文化，识字，没有任期限制。他们没有公事的时候就和村里的老头们坐在一起"拉齿关"（拉家常）。村民张老藤担任过村长，他家在村庄属于中等偏上家庭，"丁们儿"（弟兄）较多，家住西北角。"事变"以后，村庄也设1名村长、2名副村长，由村里的穷人担任，"村长也是庄稼人，他们没有架子，村里说话算数的，谁干了也一样，都是这乡俗"。此时的村长，有时由大家推举，有时自己担任，村长、村副都需识字		
产　生	村长和副村长一般由大家族（比如张氏家族）的人们推选，然后再由区公所任命，他们不是族长，"家长"和副"家长"（族长和正副"家长"只是辈高年长的人、有威望的人，没有实权）。村长、村副比地方的权力大。日本人来了以后，村民张老义担任村长，他当时已年近半百（"老头"），有2个儿子和1个女儿，女儿外嫁到李家疃（本村西北偏北约8公里），长子在家干农活，次子年轻的时候不务正业（村民称该人比较浑，后来投奔李家疃的姐姐），家有6亩左右的旱地，属贫农家庭，在本村的名气较大（自己有文化）。后来的张氏（1909年生人），家有6口人，妻子为曹伍疃王氏，有6亩旱地，属于贫下中农，在本村读过5年私塾，是有文化的"清亮"人士，他一般在村公所里办事。他任村长期间，正时兵荒马乱之时（其他人不敢担任村长，"里外不好惹"），需要应付日本人、皇协军、黑军、八路军等各方人马。他在村庄的威信比较高，据说当时村民们开会推选他为村长。张氏担任村长有几年的时间，他能和八路军搭上话，主要负责为八路军办事。唐邱村村长（为皇协军办事）找张氏向八路军求情不要杀他，而张氏没有帮他（八路军把唐邱村村长枪毙了），于是在1945年2月的某一天，张氏去米家庄集市赶集卖粮食，走到半路，被驻扎在邻村唐邱村的皇协军打了黑枪。当时的村副同为张氏，家住村南，有30多亩地，属于下中农，有文化，也是由大家选举产生，当时的选举大会，每户派一位代表参加（一般是掌柜的）		
职　责	派　饭	八路军地下工作者来村里时带着村长开的条子，去好主家吃饭，一般是每个好主家安排一个人，称之为"派饭"	
	不担防卫职责	当皇协军、黑军来村里时，村长、村副不管，自己躲藏起来，让地方敲梆子收钱粮（皇协军和黑军的派粮），如果不上交，皇协军和黑军就闯入村民家中抢钱抢粮、牵头户	
	双重职责	村民张氏有2个儿子、1个女儿，家里"有点饭"，属中农家庭，家住村南边。他大伯较早参加了八路军。他30岁左右担任村长，家有10多亩地，有文化，比较能"跑哒""清亮"，能办事，也有能力集资。他干了村长就能应付上级，有时还有能力让村民们不交钱粮，因此，村民们比较信任他	
	组织召开群众会	1937年以后，在农闲时节晚上，由村长组织召开群众会，主要传达上级指示，动员村民抗日，每家每户派1人参加（当家人），也有好管事的人去旁听、看热闹*	

* 本村有一池姓妇女（天主教徒），皇协军的密探，经常打听本村八路军的情报，然后跑到唐邱村的碉楼报信，后来，被八路军堵在村北枪毙了（她爹收的尸，将其简单埋葬）。

2. 地方

其一，资格。如前文所述，当地土地交易中的经纪被称为地方，他们负责成地。过去的双井村有3名地方（见下表），一般是一户落中人缘好的人。地方年龄没有要求，"什么年龄都占"[1]，但那时候的地方大多是50岁左右的人（也不一定是大辈）。村民见了地方，也不会害怕。地方在村公所里帮忙，"跑哒跑哒"，均是贫农出身，家里没饭，他们开口说话，村民们都会听，他们心地善良，自己有几亩地，谁家要是挑粮食或买粮食，就找他们，"叫他管管"。地方不一定有文化，但一般能说能道（不配枪）。

表6-4 双井村地方与治理关系概况

村 民	家庭、治理关系
陆同喜	家境一般，属于村里的中等户，他干了3年左右。家住村庄东南角，信奉天主教，有3个儿子，是村里"跑穷腿的"。上级有事吩咐下来，就由他在街里传达。
张老喜	外号"毛爪子"，家住村庄西北角，家有3个儿子（当时均未婚），有几间房屋、几亩旱地，属于贫农。后来，长子在家务农，次子去了邢台市。平时成交土地，他虽没文化，但能清算账目
杨志喜	天主教徒，家住天主堂附近（村庄东北角），是个绝户（无儿子），他当时已有50多岁，耕种2亩土地。家里有2间房屋，有1个女儿、1个兄弟，妻子早逝，女儿成年后嫁到了本村。杨志喜后来从外村抱养了个儿子，但因自家贫穷，儿子长大后一直未婚，没有人愿意将自己的女儿嫁到他家，儿子后来病逝。此人没有文化，但在村庄有点威望，有人气，平时成交粮食、土地施钱，在村公所当值催公粮。逝后，当家十户的族人为他举行丧葬仪式，他的房屋和土地被弟弟继承

其二，产生。地方是自然形成的，不由村民选举产生，也不由上级任命，他通过充当经纪人角色，逐渐在某一户落凸现出来。当村长、村副需要安排村庄事务时，就派他们负责，村民们有大事小情，都会找他们帮忙。

其三，职责。地方的职责主要有以下多个方面（详见下表）：

表6-5 双井村地方承担的多重职责与治理关系概况

职 责	治理关系
交易经纪	如前文所述，"土地交易中，有了地方就好说话，脸皮上看着也好"。在村庄集市上有专事头户交易的经纪、专事粮食交易的经纪，土地交易中的经纪被称为地方。在土地买卖中，地方"为两头说合，做个证"

---

[1] 引自村民张小考的口述。

续表

职　责	治理关系		
调解交易纠纷	买卖土地时，土地四邻间一般不会出现因官背的侵占引发的纠纷，如果出现纠纷，除了由地方来调解，当事人还会请近门的大辈、当户落的"知明者"调解，也会去村公所（当地称"老局子"）找村长等。"他们都有那个本事，在村里吃得开，在村里能扛得起、放得下，说话算数，名气高，有文化"		
调解土地边界纠纷	村民们打灰橛的目的在于标明邻地的界线，避免官背纠纷的出现，如果地邻私自逾越或挪动官背，对方就不同意，"谁过了官背谁就没有理了"。如果发生类似的纠纷，首先请近门、当家十户中明事理的大辈出面协调，其次是请当户落中能说能道的人出面解决，也会请村长、地方等出面。如果中间人无法协调，则双方去县相关部门打官司，去打官司时，一般请近门的大辈（叔叔大伯中有能力的人）、自家亲弟兄等去"顶堂"		
收公粮	在村庄治理中，他们是替村长、村副等人跑腿办事的人，比如收钱粮时，村长安排地方去执行、通知农户。他们为村公所的事情"跑哒跑哒"，如果村民不交钱粮，地方们隔三岔五往农户家"跑哒"、催促。替村长、村副办事，村公所为其支付报酬		
通告信息	一是通告村庄公事信息	收公粮时，他们在村庄主要街巷"传锣"（鸣锣）叫唤："民众都听着，咱们要上公粮了"	
	二是通告私人信息	比如某农户家的人走失了或者牲口被盗，农户去地方家中，请地方鸣锣告知乡邻，帮忙寻找；再如某农户家或村庄失火了，地方就主动鸣锣，告知乡邻前来救火	
负责打更	传统时期的村庄内，由地方和当负两人一班，负责打更。当皇协军和黑军（土匪）来村庄抢劫，他们不会出面		

3. 好管事的人

其一，资格。村落中，爱管闲事的人一般是"白人"（没有任何公职，多少有点威信，即"为名宽面"），"不要一点吗"。他们时常在村里"好跑哒跑哒，好管闲事"，一般是有能耐、说话顶事、能说能道、比较"清亮"、或多或少有点文化（识俩字）的人。村民遇到大事小情，如借粮食、调解纠纷等，"去找××看看吧、找××拿个主意吧 \ 说说吧，××人在街里管了一辈子事了"。他们主要服务于当户落的村民，如果是地方，则一般服务于整个村庄的党乡人。

其二，职责详见下表。

表 6-6 双井村"好管事的人"多重职责与治理关系概况

职 责	治理关系
收份子钱	过事时,好管闲事的人帮忙收乡亲们的份子钱
立集	立集时,集期由好管事的人带头、村民们商议制定,他们在集市上说话顶用,有威望
接纳外来户	如前文所提,外地铁匠名叫老春,带着妻子和两个女儿从山东某地逃荒至本村,以打铁为生。来到本村后,老春向村里好管事的人们求情下话,希望给他找个落脚的地方,于是好管事的人们暂时安排他住到了官房
调解纠纷	如村民"木匠三"(张老孩)就是一位好管事的人,据说他当时差不多有40岁左右,为人宽厚热情、有能耐、脑子快、好管事,有文化("识俩字"),平时除了木匠手艺不错,在村里的威信也高。当户落的村民家有困难或需要帮忙的事情,比如病ж灾难、家中断了口粮、出现家庭纠纷及村民间的纠纷等,都找他帮忙出主意、调解(打圆场、说和)。村民求他,他也从来不会拒绝,帮了忙,自己也不需要对方的任何报酬,偶尔在帮别人处理完事后在当事人家中吃顿饭。他说的话,当户落的人都会听。解放以后,村民们把他选为生产大队的调解委员
打官司	如村民"二拐子"姓张,人称"官司家子",是当户落好管事的人。他的一条腿有伤病,走起路来一瘸一拐,活动时需要挂着拐杖,为此人称"二拐子",此人能说能道,是个"半穷不赖"的中农户,当时50来岁,家有6个儿子、1个女儿,有30亩左右的土地,养了3头骡马、1头驴。他在当户落算是脑子"清亮"、有点文化("识俩字")、明事理的人,据说帮当户落的村民打赢了两场官司("顶堂"、辩护),被人们称为"官司家子"。帮人打官司也不收钱,村民们一般不必给他送礼,有的村民比较仁义,给他送两瓶酒表示感谢。人们只要去找他,他就能帮忙。当户落的人们都评价他为人"不赖"(但不见得人们都会去找他)。他逝后举行丧葬仪式时,大伙吃了两顿饭,头一顿在出殡前吃,叫"起灵饭",后一顿在下葬后吃,叫"回灵饭"
管地契	村民张文清也为村里好管事的人,村民们土地交易之后,委托他将地契带到县里,把钱粮拨到买方的名下,当地人称他为管"社书"(地契)的人。他家住西边东西街户落,有5间房屋,是文化人(识字),家有3弟兄(他是长子),结婚后没有生育孩子。他家有10亩左右的旱地(其中,3亩左右的地需要交纳公粮),没有养头户,属于中农家庭。据说他家祖上三代都是管社书的,宁晋县第五区所有村庄(包括唐邱、双井、曹伍瞳、米家庄、大陆村、周家庄、刘路一带)的土地的社书都归他管。外村和本村村民买地之后,需要将白契交给他,请他帮忙送至县公署,办理公粮过户手续,张文清不会当时就去县公署,而是在去县城办事时顺带着去,交易土地的双方不必陪他前往。买地的人请他办事,不需要支付酬金,但要管顿饭,若买方家庭较富裕("有饭"),就给他几升或几斗粮食,买方"心发自愿"决定。他平时除了管社书,还担任村庄的教学任务,他是曹伍瞳官校聘请的老师,其二弟也是老师,三弟在家种地

此外,老先生、会社的会首等也是村庄中爱管闲事的人(详见下文)。

其一,老先生。村民张干会是村公所管账的"老先生",年龄较长,家住村南边,有3亩旱地,弟兄3人,当时已经分了家。他育有2个儿子,后来妻子病逝,他又娶了邻村郝庄的某氏,生了4个儿子、2个女儿。他家属于贫农家庭(他是村里的文化人,有较高威望)。当户落村民家有大事小情,需要写文书、帖子、对联时,请他帮忙主笔。如果当户落村民间发生打架、吵包子、抬杠之事，他听闻之后也会主动去调解。村民见他打招呼时称呼"老先生"，他在村里的人缘较好。每当上级收钱粮，请他来负责计算每个农户家的地亩及交粮的数量，村庄不给他支付报酬，即所谓"白撺掇"。

其二，会首。如在社会组织章节记述的，老会和大会的会首均为好管闲事的人，他们是该组织的发起者，比如老会会首王凤贵，没有文化知识，家境贫寒，田里没有水井，弟兄3人，属于村里的穷人，脾气比较暴躁，但脑子精明、好管闲事，有组织领导能力，说话顶用。大会的会首也称领会人，早期的会首村民推荐、自愿担任，民国时期，每年轮流担任。其职责与老母会会首的职责基本类似，会首在庙会期间，前往村庄各个庙宇尽管理之责，防止小孩们瞎捣乱。

（二）村落治理内容

1. 水利事务

其一，水井维修。双井村拥有4口吃水井，水井底下有泉眼，水井用的时间长了，泉眼会被泥沙堵塞，这时就需要组织人力淘井。村庄打井班负责淘井、水井维修事务，淘井的时间大概在农闲时节，一般是秋收之后。平时维修水井时，由该户落的农户集体出资伙修，"井坏了老党家们一起修"，每次维修费时一天左右。对于维护水井之事，村长、村副、地方等人不会干涉，也不会带头去监管。

其二，合伙连钱。村庄公共水井事务方面的资金利用主要有以下几个方面：

表6-7 传统时期双井村公共水利资金利用状况

水利资金去向	具体的消费内容
工具消费	买一个辘轳大约需要连钱3—4元，一户落的人筹集资金，修水井需要买砖、买石头（砖购自本村砖窑，石头购自农户）。大多数农户都尽力交款，否则，修井买绳无法实现，大家就没水吃了。井绳主要从本村集市购买，也会从本村绳匠李福顺那里购置，质量好的井绳一般可以使用六七个月，质量差的用了三四个月就烂了
下井人的报酬	维修水井时，一部分人下井做工，一部分在井口接应（比如拧辘轳拔水、提土）。下井人没有工资，"都是这一户落的人伙起来修井，修好了大家吃水，谁给谁发工资？"但该户落的农户们会收集饼子、鸡蛋，有时会募集的钱款从集市购买鸡蛋给下井人吃，下井人干的是力气活、重活（主要是清理淤泥、掏水），需要吃好点，补充体力。井口接应的人（绞辘轳的人、在井口清理淤泥的人）没有鸡蛋和饼子，都是回自家吃饭
总体费用	连钱数额不定，一般是家境富裕、人口众多且有牲口的人家多出钱，因为他们用水量大，每天需要三四担水，牲口每天需要饮水2桶。与水井的距离长短也决定农户出资数量，有的农户距离水井只有三四米，有的却远达百八十米，距离水井较近的农户多出（因为他们用水方便），距离水井较远的农户若是富裕人家，可自愿多出钱，若是穷家小户，则少出。另外，吃此井水的农户不必为彼井的维修出资，因为他们基本不会舍近求远跑到彼井拔水

2. 调解（"改和"）事务

一般情况下，党乡人之间抬杠、相互糟蹋几句、说几句闲话，掐（吵嘴）过了也就算了，不会一直记恨对方。然而，正如下表所列案例反映（详见表6-8），当村民们遇到关乎自身利益的重大纠纷时，会做出不同的行为选择。

表6-8 双井村的日常纠纷及其治理

纠纷类型	治理关系
土地纠纷	如民国某年，村民A和村民B因坟地发生纠纷。据悉，他俩的坟地相邻，两人都想把对方的坟地占为己有，双方都认为那块地方是风水宝地，谁也不让谁
庙会中的纠纷	有一次，邻村郝庄过庙会，本村村民（约有几十人）也去看热闹，耍把戏的人不小心把正在观看节目的双井村村民A的额头打破了，A家族的叔叔和本村在场的村民当时就要和对方吵包子。冲突发生后，郝庄庙会的会头等管事的人赶紧出面调解，向受害人及亲属、党乡人赔礼致歉（说了几句好话），但没有赔偿医药费，双井村村民也听劝，没有再闹事。郝庄与双井村是邻村，两个村的村民之间有着错综复杂的婚姻关系，双方理性解决了此次冲突，没有发生大规模械斗
偷窃与纠纷	村民张某从孔小营偷了一包袱花生*（长吊的），偷回家的时候在家门口掉了几个。当户落的村民张氏也种了花生（是圆形品种），他家地里的花生也被偷了，有一天，张氏路过张某家时看到了家门口掉落的花生，就以为是张某偷了他家的花生，去张某家讨说法。事后，张某委托当户落知己不赖的人打圆场（调解），给张氏说好话，就说自己从孔小营偷的是长吊子的花生，而不是他家的，此事就算了结了。张某也没有给帮忙打圆场的人付报酬，也没有管饭管酒（老人说："那时候大家都吃不起饭"）
通奸与官司	村民张氏家有5口人（包括母亲、哥哥、嫂子、妹妹等，父亲早逝），张氏平时爱鼓捣枪炮。有一年，他母亲与南北街南边18岁的年轻小伙武氏通奸，后来该小伙又和张氏嫂子（米家庄人士）偷情，张氏哥哥和嫂子夫妻俩平时就不大和气，武氏小伙借此将张氏哥哥杀害了。张氏很伤心，于是去县法院状告武氏和嫂子通奸杀人的行为。县法院的人骑着高头大马，来村里贴了告示，准备逮捕武氏和张嫂。当时，他俩还不知自己被状告的事情，正在屋内亲热，张氏母亲给他们报了信，俩人闻风丧胆，急忙出逃，被张氏亲手截杀在了半路。后来，张氏和本村史氏等人合伙去外村的洋布棚（卖洋布的商铺），"把人砸了明火了"（强奸民女），被法院的执法人员逮捕，张氏被判入狱，后来死在监狱

＊当地人将花生称为"疙瘩"。

还如前文所讲的案例，张氏和沈氏原为"好得没法""知己不赖"的人，就因为一次喝酒时闹了不愉快之事，后来两人没有再往来，只是看在乡亲面子上，见面时打个招呼而已。不过，对方以后过事（红白喜事），一般也要不计前嫌，去参加。在村庄水井事务中，连钱时不存在例外规则，即一是看井人也需要交纳修井、买绳的钱；

二是对于村民而言,"你掏了钱,不吃水没事,不掏钱就不让你吃水,上远处去吃水去"。[1]

3. 治理蝗灾(赶蚂蚱)

当地人将蝗虫称为蚂蚱,每当发生蝗灾,大量的蝗虫会吞食庄稼,导致村民颗粒无收,进而引发饥荒。蝗灾往往与严重旱灾相伴而生,蝗灾严重时有"蝗虫照艳天"之说[2]。

蝗灾发生的时间一般集中在秋收季节,即农历八月份左右(作物成熟时节,蝗灾大面积发生),只要蚂蚱经过的地方,几户颗粒无收,如当地俗语所称:"经过翻,经过乱,经过的蚂蚱滚了蛋。"蚂蚱喜欢吞食棒子(玉米)、高粱、谷子等,但不吃酱豆、黄豆、黑豆,棒子、高粱和谷子的产量相对于豆类较高(村民不会为了蚂蚱的吞食偏好而改变作物种类)。

村民们面对蚂蚱的侵害,会采取自发治理的措施,比如当家人带一家老小去地里赶蚂蚱。

如果蝗灾严重,村庄会组织村民集体去救灾。据村民李氏(老奶奶,娘家也在本村)回忆,大概是在她10岁那年(1944年),当地发生严重蝗灾,村里管事的人张福玉(老人无法确定该人是不是村长、地方等,只知他是贫农)敲着铜锣转街,叫唤大家集体去地里赶蚂蚱:"民众人都听我,有了××(事情)了……"("蚂蚱把庄稼都祸害了,谁不心疼啊?")村民们相互传唤,决定先去村西的地里赶蚂蚱,只要是腿脚方便、能干活的村民,不分男女老少都伙着去,村西没有土地的农户也需要参加。赶蚂蚱的工具由村民自带,主要是树枝、扫把、蚂蚱棍(长度1米左右)等,有的拿着盆子、簸箕,到地里边敲盆子、簸箕边赶蚂蚱,有的用树枝、蚂蚱棍、扫把赶蚂蚱。往年赶蚂蚱时,已在地头挖一条30厘米宽、1米深的沟,都是各挖各的,蚂蚱被赶到沟中不易再飞起来,这种举措在当时最为普遍。村民将沟中的蚂蚱捕捉后装进大口袋,用推土车运或肩膀扛至村庄东南角的枯井,防止其祸害庄稼。有的农户还将蚂蚱捉了之后带回家中,先蒸煮、再暴晒,然后食用。

民国时期发生蝗灾后,除了村民自发救灾,村公所也会参与进来,它特意实行捉蝗赏粮的措施,鼓励大家捕捉蝗虫。一般是捉一斤蝗虫赏一斤粮食(棒子、高粱),村公所规定好主人家出赏粮,对受灾严重的农户额外赈济高粱,赈济的粮食较少,不够一家人的口粮,据说只有几斗粮。政府除了鼓励捉蝗,还会采取减免当年钱粮的措施,

---

[1] 引自王丰娟老人的口述。
[2] 摘自史永来老人的口述。

以减轻村民的生活负担。

另外，对于那些包地的人（佃户）而言，如果包种过程中出现大面积蝗灾，导致颗粒无收（主要种植谷子、玉米、高粱等主粮），也会尝试用豇豆交租。但好主不会收，因为豇豆不是主粮（蝗灾年份，除了好主，贫困人家一天三顿吃豇豆）。

除了上述的措施，有些村民还会通过宗教信仰的慰藉来消解蝗灾带来的伤害，比如奉教的老人讲述，教徒们每天去教堂祷告时，抱着求神免灾的期望。

4. 传染病治理（"咂疹子"）

过去村落的传染病类型有疹子（麻疹）、天花等，麻疹传播的主要群体为5—8岁的孩子（不分男女），成年人偶尔也会生疹子。麻疹发生的前兆是发烧，其症状主要是在脸部、胳膊、脚心等部位出现红疙瘩，浑身发痒，有的孩子出了疹子治愈后会留下后遗症（如"水啦眼"，风一吹就会流眼泪）。

疹子的发病期限一般是"出3天、干3天、回3天"，发病9天以后，身上就不再生疹子，每个人在孩童时期只生一次疹子。疹子是一种广为传播的疾病，它主要在同龄人之间传播，比如一家有几个孩子，一个孩子得了疹子，其他孩子也会被传染，他们基本上吃住在一起。由于当时的生活条件有限，没有医疗设施，没有多余的房屋，加上人们的心眼死，脑筋不灵活，没有办法阻止疹子的传播。村民们得了疹子，只好自己用土办法治疗，比如用嘴咂（吸）疹子（疹子内部聚集了大量的黑色血液，砸破疹子以释放毒液），然后将用香菜根泡制的水涂抹到疹子处止痒。村里看病的先生没有治疗疹子的秘方。每年春天的时候，小孩们普遍生疹子。本村的池秀生（天主教徒）、沈书孩、杨清路等人帮助村民们咂疹子，他们一是年轻有力（咂疹子需要耗费很大的体力），没有特殊权力，是普通的庄稼人、贫农出身；二是比较热心，乐意帮助村民；三是具备一点医疗知识，能够确诊疹子，他们都会咂（某村民请他们咂，咂好之后，他们的名声就在当户落传开了）。其他村民生疹子（包括好主人家、穷人家），就主动去请他们来家中咂疹子，去请时不必带礼品。在咂疹子过程中，只需要主人家备一盆清水，咂疹子之后，患者的病情就会好转，如果无法治愈，就只好听天由命。村里的不少孩子死于疹子传染病（据老人讲述，因病而死的孩子不能进祖坟，而是扔在村子外的田间地头，成为野狗的食物）。上述几位好心人为人治病，不需要酬金，只需在咂疹子之后，主人家给点水漱漱口，有些人家还请他们喝两盅酒表示感谢。治完病，碰巧是吃午饭或晚饭的时间，主人家会留他们吃顿饭，如果不是饭点，也不必请他们吃饭，如当地话语中表达的"吃饭看让紧慢"。他们在村里的威信比较高，在村民心目中的印象较好，人们"说不着"（方言，意为评价好）。咂疹子的人给别人帮忙治病，会有损于自己，比如会出现牙齿脱落等问题。

当孩子得了疹子，大人就不让孩子外出，"疹子怕风"（小孩出门若遇到风，病情会加重）。如果村民们得知 A 家的孩子得了疹子，就不去 A 家串门，也不让自家孩子去找 A 家的孩子一起玩，防止将疹子传染给他们，如果别人家的孩子来找 A 的孩子玩耍，A 考虑到别人家孩子的健康，也不让其进家门。别人要是有事来自家，主人不让对方去患病孩子的房屋。孩子生疹子不算大病，大人们不会给别人"消"（传唤），也不会告知亲戚朋友，当家十户的叔叔大伯偶尔来家里询问一下病情，亲戚朋友不必前来探望小孩。

村民们除了生疹子，还会得天花，天花一般在二三月份大面积发病，天花病不会传染（无须将得天花的孩子隔离开来），但是若不及时诊治，脸部会留下疤痕，出现麻子脸。村里的医生无法治疗天花，大先生和其他村里的先生都不会接种疫苗，村民们自己也没有土办法治疗，得了天花主要请外村的先生诊治。水痘、天花等出现后如果能自行脱落则更好，若孩子们自己挠破水痘和花，则脸部等地方会留下疤痕（结婚时，夫妻双方不会提前看亲，因此，脸上的疤痕等对婚姻几乎不产生影响）。

后来，赵县小寨村（距离本村十几里地）的先生每年春季来本村给孩子们"种花"（接种疫苗），每年来两三次。先生进村先给某农户家孩子种花，此信息很快就传遍本户落乃至全村落，其他村民纷纷把孩子抱到该农户家中，让先生接种。先生进村不需要向村长、村副、地方等人打报告，村庄权威也不会干涉他。孩子们接种疫苗之后会出现发高烧的症状，于是有人就说，"种花"是给孩子没病找病。有多个孩子的家庭，每个孩子都有接种疫苗的权利和机会（不分长幼、性别），有时让几个孩子同时接种，有时今年先让孩子甲接种，明年再给乙接种。接种时，孩子的左右胳膊上都需要"种花"，每人接种的费用为 3 毛钱左右。

5. 风灾治理

1949 年前，当地受季风影响，南风多北风少，3 月份起，偏南风增多，至 10—11 月始转偏北风。东南、西北风次之。东风、东北风间有发生。

表 2-10　历年风向频率

风向	北（N）	东北（NE）	东（E）	东南（SE）	南（S）	西南（SW）	西（W）	西北（NW）
平均年频率	17	11	6	13	24	6	4	9

风速变化大，3—5 月最大，8—9 月最小，年平均风速 2.7 米/秒。大风发生频率较多，冬春干冷风最多，夏季干热风成灾，瞬间风速大于 17 米/秒为大风，干热风突

发性强、速度快，时常造成灾害。大风致使春季失墒，夏秋作物倒伏或被淹，冬季摧折树木。严重时，飞沙走石，威胁生命财产。[1]

表2-11 历年风向频率　　　　　　　　　　　　　　　　　（单位：米/秒）

月份	1	2	3	4	5	6	7	8	9	10	11	12	平均
风速	2.5	2.7	3.4	3.8	3.5	3.3	2.5	2.0	2.1	2.4	2.5	2.5	2.7

当夏季起干热风的时候，黄沙漫天，睁不开眼，地里的庄稼秆都被沙土淹没，只能看到谷穗，大风过后，院子里能落30厘米厚的沙土。村民们把自家院子里的沙土清理到村庄过道内，下雨的时候沙土就被雨水冲到村外低洼的地里。面对大风灾害，村民们除了自发防御，没有其他办法，村庄不会组织全体村民清理沙土，民国时期的政府也没有采取相应的治理措施。

（三）村落治理方式

村落的治理方式主要是不成文的乡俗规则，这些规则涉及村民生产生活的各个方面。比如自家盖房时，邻家和当户落知己不赖的人知道了就会自带家当（工具）主动来（帮忙），不需要自家特意去请，大家同户落居住且平常关系处得不错，正如老人说，"这个村的乡俗好"。

没有谷场打谷农户，若要借场，一般需要等到对方打完谷之后。借场时需要自家当家人（当家人比较"老道"，即能说会道）提前几天或当天早晨去问对方的当家人，打听对方是否会在今天打谷或者有无他人提前预借，如"你今天打呗？你家场今天闲着没？不打了，我用一下你家的场"。不会让家里的孩子去问对方，一是怕孩子不会说话，把大人的话传得不合适；二是对方会觉得大人不够重视此事，让一个孩子来借场。有谷场的农户一般也有牲口，无谷场无牲口的农户借用某农户的谷场时顺便也借该户的牲口。借场时需要遵循先来后到的原则，比如A先预借了B的谷场，C后预借，这时，C需要等A打完谷才能借用谷场。A去借B的谷场，B一般会借，如果B不借，则A不会把收割的庄稼堆到谷场里，而是堆在自家院子内或者大门前，A也不会因为此事与B断绝往来关系，人穷没志气，正如当地谚语所称："穷人肚里没犟劲。"如果A向B开口借用谷场以搁置谷子，B跟A讲，"你看，场里的物件都摆满了，没空地当了"，这时A也要理解对方，不能无理取闹。

即便使用水井，都需要遵循特定的规则，如下表所示：

---

[1] 宁晋县地方志编纂委员会编：《宁晋县志》，中华书局1999年版，第95—96页。

表 6-9 传统时期双井村公共水井的使用规则

规 则	内 容
先来后到	多个农户同时去拔水,需要自觉遵守先来后到的原则,不用相互提醒,也不用排队,而是围在井边,等前面的一位拔水结束,另一个再接着拔水。由于拔水者都是一户落的熟人,谁都认得谁,谁先来谁后到,大家心中都有数,没有严格的明文规则
地位平等*	村长、族长及其家人来挑水,与其他村民同样遵守先来后到的规则,拔水过程中不存在等级阶序现象,不会发生村长、地方、族长等后到但优先挑水的事情
亲疏有别	如果甲和乙知己不赖(当地方言,意为关系不错),去拔水时,甲先到、乙后到,这时若甲让乙先拔水,则晚于甲但早于乙的农户们不会答应,"你和他(指乙)知己不赖,那是你俩的事,我们和他(指乙)可不亲近"
相互礼让	如果某农户去拔水恰好赶上高峰期,且自家有急事,这时,可以和大伙说几句好话,让自己先拔水,一般大伙都会同意,都是一户落的党乡人(同村居住的乡亲),抬头不见低头见

* 若上级公职人员下村,村长要给好主家派饭,即一户负责给一位公职人员管顿饭,村公所无力管饭。

除此之外,村落的乡俗规则还体现在联姻之中:一是门当户对的乡俗。给儿女说媒时,需要遵循"门面相对"的规矩,即男女双方的家境基本一致,"穷(赖)的寻穷(赖)的,富的寻富的,唱戏的寻唱戏的"。也有穷人家的女儿嫁入富户人家,但嫁过来之后在婆家的地位较低,动辄受气,婆家人看不起她,如果儿媳娘家人借了婆家的钱、粮食,则儿媳在婆家更没有地位;大户人家的女儿下嫁到穷家小户的现象基本不存在,好主家的女儿与长工很少结婚。二是同宗之内禁止通婚。同村异姓之间可以联姻,本村同姓不同宗的村民之间可以联姻,同宗之内禁止结婚。同村村民间联姻,不顾及辈分大小,比如男方为李氏、女方为张氏,李氏辈分大而张氏辈分小,双方为乡亲(党乡人)关系,可以联姻。在双井村,同村村民间联姻的现象比较普遍。三是"亲亲不过门,两来无视人"。换了大帖就算定了亲,定亲之后、婚礼之前,逢年过节时,男女双方不必走动(俗称"不串通")。如果准女婿在过事前去了女方家,乡邻就会笑话:"××家不懂事,还没过事,就让人来了"。四是"能拆三座庙,不破一门子亲"。联姻前,女方需要打听男方家的家境状况,这时,不需要通过媒人来打听,村民们认为,通过媒人来打听"会透了气"(走漏了女方打听男方人根的风声,怕男方知道后会觉得女方不信任己方),于是一般找自家在对方村庄生活的亲戚、朋友或其他熟人打听(家境怎么样?家里有几亩地?是否有车马牲口?准女婿是否"清亮",即是否明白事理?)如果从中间人那里打听到对方家境不赖(不错),女方就会同意此门婚事。女方派人来向男方的邻居打听,若邻居和男方不对付(有矛盾),则邻居一般会闭口不言,如果邻居和男方知己不赖,则会尽量说男方的好,"能拆三座庙,不破一门子亲"[1]。男方打听女方的情况,主要看准媳妇个人及家人的人品(是否"清亮"),对于其家庭经济条件,并非很在乎。

村落治理凭借的乡俗还有其他方面。比如平时一户落的晚辈们闲坐在某个公共空间闲拉呱,晚辈们看到长辈到来,就得主动给长辈让座,如果不让,该长辈或其他好管事的人就要批评,比如说,"见到老人过来了,也不知道腾(挪)地方"。

二、村落治理关系

(一)村落治理空间关系

双井村的村民们习惯称村公所为老局子,村公所为2层小楼(院内有几面房屋)。村长、村副、地方、老先生等人在此办公,村民们遇到公事,就去村公所找村长等人。村公所是村庄某一户落的中心,村民们围绕村公所开展日常的活动,且它也成为村庄治理的某一个自然单元。与此同时,村公所还兼有邮局的职责。本村无邮局,村民寄取信件,就去村公所,县城的邮递员每隔一段时间就把信件捎到村公所,然后由地方负责通知村民,比如"你家在外边××(地方)有亲戚呗,有你一封信捎到村里了(村公所),你自己去拿",地方不会将信件送到村民家中。

(二)村落治理一般关系

村长、村副、地方等治理主体行使公共权力时,村民们一般不会也不敢反抗。比如地方去征收赋税,村民们不得不交。比如村长、村副等指定两三户好主人家每户雇用一位当负负责全村的看秋事务,当负的工资由这几户好主人家承担,谁雇的人,谁就付工资,好主们收到这样的支派,不能反抗,只能服从。

平时,村民们遇到困难,就会去找村长、村副、地方以及爱管闲事的人,希望他们给予建议和帮助,他们一般也会管。比如张文清在本村属于有威望的名人,平时当户落不识字的村民遇到大事小情,需要写文书、立字据、写帖子时请他帮忙(一般不需要支付酬金),村民如果不求助,他们不会主动去管。

村民间出现打架、吵包子现象,如果村长、村副、地方等人被"惊着了"(指听闻此事)或恰好路过遇见,就主动去调解,帮双方"结合结合",不需要报酬,纠纷双方也无须请他们吃饭、喝酒;村民打官司,一般也会寻求他们的帮助(他们不会主动去帮村民打官司)。当户落的村民家有大事小情,拿不定主意的时候也会找他们帮忙做决定,俗称"拿主意"。以下案例呈现了村庄中"好管事的人"的治理关系,遇到类似的家庭矛盾(小事情),村长、村副、地方等不会管,人们一般也不找他们帮忙。

---

[1] 当地俗语。

民国某年，有一张氏村民，家住村北，妻子是邻村米家庄（本村西北方向约4公里处）人士，生有2个孩子。有一天，张氏去村东天主教徒冯氏家中串门，对冯氏家的老闺女产生了爱慕之心（前文已有讲述，有些信奉天主教的人家，姑娘成年后一直不出嫁，久而久之就成了老闺女），两人没多久就"好上了"（情投意合、相互爱慕）。张氏回家后就和妻子闹别扭，想和妻子"散伙"（离婚），然后和冯家老闺女结婚。张氏父母亲不同意，不让他离婚，但老两口尤其是父亲比较老实、软弱，"说不上话"，又阻止不了儿子。儿媳妇得知丈夫心里有了别人，气得把家里的盆子摔了，丢下两个孩子，自己准备跑回娘家去。婆婆看到儿媳妇摔盆子、甩脸，当时也生她的气，在儿媳出家门的时候，取了一卷烧纸在门口烧（称之为"烧断道纸"），意味着不要儿媳妇了，自家要和儿媳妇一刀两断。但实际上双方是一时赌气，并没有解除婚姻关系。过了一段时间，张氏父母想了再想，觉得这样下去不是事，于是张父就去当户落张老孩那里"讨主意"（请求指点迷津），张老孩没有拒绝，对张父提建议，内容大概是"你听我呗！你听我呗！那就让××（张氏小名）去娘家赔礼认错，把媳妇叫回来呗！我陪着去吧！"过去，穷家小户没有钱，娶个媳妇不容易，不能说散伙就散伙。过了几天，张老孩带着张氏（还有张氏的俩孩子）一起去米家庄（媳妇娘家）认错，叫媳妇回来。为了能得到对方的原谅，张老孩让张氏和俩孩子一进米家庄村庄南门口，逢人就磕头。双井村与米家庄离得不远，两村的村民们基本上都熟悉对方村里有名望、"好跑哒的人""好管事的人"，张老孩经常去米家庄做木匠活，对该村村民也比较熟悉。张氏和俩孩子沿米家庄村道磕头，一直磕到了丈人家，一进丈人家门，张氏就跪在丈人面前赔礼道歉。当时，丈人家已经给女儿说了另一个婆家，"把锅碗瓢勺准备好了"等着过事（结婚）。张老孩见此情形，"清亮"言说，给张氏丈人求情，大概是说"不为别的，为了这俩孩子，让你闺女回去吧！"张氏的丈人当时也心软了，同意让女儿回原婆家过日子。

不过此时，妻子向张氏提了一个条件，跟着他们回去可以，但是要给娘家人陪300毛钱（毛票），即意味着重新再娶她一次，这300毛票等于是给她家的彩礼钱。当时张老孩当着她们一家人的面做了保人（至于当时是否写保证书，老人无从回忆，未能讲述），当天就把儿媳妇领回来了。据说，婆家给的300毛票最后还是在儿媳妇自己手中，并没有给娘家人。张老孩给张氏家帮了如此大的忙，张氏并没有给他付报酬，张老孩自己也没有索要，至于是否请他在家吃顿饭，老人的回答是"可能有"。儿媳妇回到婆家，过了几年，又"养活"（生）了2个女儿。

第三节 家户治理与治理关系

双井村民的家户治理过程中,当家人是最主要的治理主体,其产生、更替都有一套较为完整的规则,当家人作为家庭的代表,依据一定的治理规则,处理家户内外的多重事务。在家户内部,洗衣做饭、清扫卫生等生活的方方面面,都能体现出当家人与家庭成员间的支配关系、家庭成员之间纷繁复杂的治理面貌。

一、家户治理

(一)家户治理单元

民国时期,当地的"户"即日常所说的"家",一户代表一个家,诸子分家之后,成为新的一户,不过普遍会沿用原家户的堂号。如果自己想重新起一个号,原家庭不会干涉,堂号即家户的代称(如某农户家是什么号),家庭不允许出让堂号。过去,每个农户家几乎都有堂号,堂号由当家人决定,一般写在北屋墙壁的中间位置。定堂号时,当家人自己选字,若当家人不识字且家中无其他识字之人,就请教书先生或当户落识字的人帮忙选。

某农户家起堂号之后,当户落的人都会相互传唤,一传十、十传百。穷家小户影响力小,其堂号一般只在当户落之间传唤,大户人家或经营大型店铺的农户的堂号一般会广为传播,自家经营的店铺(如杂货铺、馍馍铺、药铺、肉铺等)名称也为堂号。

若粮食摊子或其他店铺是几户人家搭伙经营的,则该摊子或店铺名不加堂号,因为不好确定堂号。若写甲的堂号,乙不同意,若写乙的堂号,则甲不答应,为了避免堂号引起的麻烦,合资经营的店铺名索性就不加堂号。

自家的家当,如布袋、桌椅板凳、马车(写在车底下)、叉子、犁、耙、耧秸等,均标有堂号,别人借用自己的家当,归还的时候不会出现混淆(易识别)。

(二)家户治理主体

其一,产生。每一个家庭,都有一位主事的人,家庭内部,成员们将管理家庭事务的人称为当家人,而外人一般尊称为"掌柜的",意为看得起。农户不论家庭贫富,都有当家人,但在村民们看来,大户人家的当家人地位比较重要,穷家小户,当家人发挥作用的地方少,比如管理的钱财少,当家人的概念相对模糊。

当家人也分内当家与外当家,在大户人家、有饭的人家,丈夫当家,丈夫外出打短工赚的钱交给妻子(即妻子掌管家庭财权),当户落的人们称该丈夫为外当家,外当家被称为"跑外交的",即时常为家里买东西、跑腿,而称该妻子为内当家。当家人除了内外之分，还有其他区分，不同家境的家庭，当家人的人选和当家状况各不相同（详见下表）。

表 6-10　民国时期不同家庭家长的担任与治理关系概况

（1）一般家庭是"爹当家"，大户人家/好主家庭、"半穷不赖"的农户（中等户）家庭，一般由汉们当家。如果汉们当家，就由他负责家庭的耕地、种地、扳苗、锄地、浇地、收秋割谷等农田事务。女性（主要指婆婆）负责家里的洗衣做饭、买衣服等事务，每年"过了秋"，收了粮食，婆婆就张罗给家人买衣服或买布缝衣服
（2）对于有父母和姐姐、弟弟的家庭，父亲一直当家，不能把家庭靠给女儿，女儿要出嫁。弟兄们分家之后，各当各的家，他们都能独立生活了，父亲就不再插手他们的当家事务
（4）天主教家庭，也可以让不出嫁的女儿当家（女性"清亮"的也能当家）。比如村庄东边信奉天主教的家庭，女儿如果不出嫁（老闺女），且是长女或懂事较早，也可以继任当家人。如好主池文仙家，他父亲过世后，即由未婚的大姐当家，安排家户内外的一切事务（处理大事小亲）
（5）老人一般不会把家靠给儿媳（除了个别家庭）。1949 年之前，村民刘氏有 2 个儿子（都娶了媳妇），他后来和二儿媳好上了，他就让二儿媳当家。对于公公和儿媳之间的不正当行为，当地村民称之为"爬尾头"；如果哥哥和弟媳发生不正当关系，则称哥哥为"檐尾头"；嫂子和小叔子若发生不正当关系，嫂子就被称为"缠魔头"

其二，更替。在漫长的家户治理中，当家人的更替需遵循特殊的规则，在不同形式的家庭，当家人的更替规则有所差异，如下表所示：

表 6-11　民国时期当家人的更替与家户治理关系概况

当家人更替规则	具体内容
长子继任	大家庭中，如果爷爷"清亮"、有能力，辈高望重，大家都尊重他，就由他一直当家；如果爷爷老了，愿意把家庭靠给某个儿子，就由某个儿子继任。父母亲和多个子女一起生活的大家庭，父亲当家。如果父亲年老体衰，无法执掌家事，就由长子继任当家人，老人把家靠给长子。若长子靠不住、不老实、无法管好整个家庭或缺乏安排家庭事务的能力，就让其他争气的儿子当家，谁能料理家事就让谁当家。如果几弟兄争着当家或父亲将当家人的位置传给长子，次子不同意，或让次子当家，而长子质问："为何不让俺当家？"这时，父亲就会批评争着当家的儿子，抱怨他不成材、不争气、好吃懒做、不老实。在当地，父亲指定当家人时，主要注重继任者"老实"的品行
父亲指定	多个子女共同生活的大家庭，若当家的父亲年老无法继续掌家，就由他指定继任者，其他儿子即便不同意父亲的决定，也无济于事，他们只好心里生闷气，不能违背父亲的意志。父亲若卧病在床，无法当家，就和母亲商量，把诸多儿子中老实、争气的某儿子（一般是长子）叫到床边，就说自己有病，无法掌管家庭，需要把家靠给他，让他继任当家人，父亲也不需要开家庭会议与大家商议。到了晚饭时间，儿子们都聚齐了，母亲就通知所有儿子，比如"你父亲把家靠给你们大哥了，你们以后有事就跟大哥说"，父亲随即让母亲把家里的账本交给长子，长子从此以后开始"落账"（即什么时间，谁买什么东西，花了多少钱）。有账本的家庭多是"半穷不赖"的家庭（有 20—30 亩地，弟兄五六个），穷家小户没有账本。长子当家之初，手忙脚乱，不会处理当家事务属于正常，但是时间长了，他还"弄不了这一摊"，比如家里的收入、开销，仍旧无法计算清楚，父亲也不会帮其处理，他自己就提出辞去当家人，让其他弟兄当家，这时，父亲不再干涉

续表

当家人更替规则	具体内容
家庭会议决定	在有些几兄弟共同生活的大家庭中,当家人的继任需要父亲主持召开家庭会议决定。一般在晚饭时间,几弟兄相互商量,有的毛遂自荐,有的相互推辞,最终推举贤能、老实的人继任当家人
家族无涉	指定和更替当家人时,不需要取得族长的同意,也不必和当家十户的叔叔大伯、四邻等进行商量,爷爷/父亲自己决定或者大家商议决定即可
无代理当家人	本村不存在代理当家人,比如当家人外出看病,几天的时间,不会请人代管家庭

此外,在一些特殊的家庭,由管家先生当家。比如本村张氏在东边的唐邱村好主沈氏家承担家庭管账事务。沈氏家是天主教徒,家里地多、人多、账目多,自家人嫌麻烦,不愿管账,于是雇用张氏管账。张氏有文化,会算账,沈氏家庭成员谁要"施钱"(用钱),都要从他那里支取,由他开条记账,家庭成员谁要是赚了钱也需要交给他,统一保管。

(三)家户治理内容

在家庭中,家长全面负责治理家事,正如老人们所讲,"家里好歹都要他跑哒"(具体内容详见下表)。

表 6-12　民国时期家户治理内容概况

家户治理内容	落账
	置办衣物
	安排串亲戚
	张罗婚事
	处理农事
	安排喂养牲口
	交易土地、交易牲口
	负责借钱
	赶集
	安排孩子上学事务
	安排看病
	管理儿媳妇回娘家
	招呼客人
	代表家户开会
	参加祭祀活动

1. 家财事务管理

父亲当家,则父亲掌管家庭财权,几个儿子在外打短工、当小工(修建房屋)赚了钱,都要如数交给当家人,有的儿子先交给母亲,然后母亲再转交给父亲。当家人自己需要落账,记下每个儿子交钱的情况(谁交得多、谁交得少)。儿子们若老实、忠肯,就不会留私房钱;若不老实,就会藏点私钱(留给自己媳妇),被父亲发现后,就会训斥一顿(不会进行肉体惩罚)。家里花钱买了土地、牲口、家当(锅碗瓢勺、农具),父亲作为当家人,也需要落账。到了年底,父亲让每个儿子来自己屋里开家庭会议,当着大家的面公布一年的账目,如"买××,花了××钱"。如果父亲自己不想宣布,就派某个识字的儿子来宣布。如果父亲不识字,不会写字落账,他就把每笔账目合谋(方言,意为计算)一下,记在心里(心中有本账),不会请儿或外人帮忙落账。

2. 张罗婚事

儿女的婚事,由当家人(父亲)来张罗。几兄弟共同生活的大家庭中,若长子娶媳妇花了100元,次子娶媳妇花了150元,长子的媳妇就会有意见,抱怨当家人处事不公平,给她置办的家当少或是婚庆仪式办得不够光彩,这时,当家人就给她们小两口买几件家当予以补偿。

3. 安排牲口喂养

大户人家或好主家庭,由长工负责喂养牲口。"半穷不赖"的农户家,若养了一头驴,由当家人、婆婆或儿媳等喂养;若养了骡马,则一般是当家人亲自喂养或安排某个儿子去喂。白天喂牲口,谁方便谁就去给牲口填点草,晚上需要看守牲口棚时,父亲安排几个儿子轮流值夜,每人轮值一夜。如果儿子们不尽职尽责,父亲就会打骂;若儿子们还小,无法担起看守牲口之责,则当家人(父亲)自己去值夜。

4. 负责借钱借粮

借钱时,如果涉及的数额大,则当家人亲自去借。若找当户落的人借"块二八毛"钱(方言,意为一元钱左右),则让母亲、妻子等人去借,她们也可以不让当家人知道,等自己手头有了钱就还了。

借粮之事也由当家人出面,父亲当家,就由父亲去找与自己私交关系"好得没法"的人借;如果爷爷当家,爷爷也会去找与自己而非自家关系不赖的人借。如果爷爷不方便去借或身边没有比自己有饭的主,就支摆父亲找与自己(父亲)知己不赖的人去借,谁有面子谁就去借。家庭其他成员去借钱借粮,需要给当家人通报。

5. 交易土地、牲口

当家人去赶集,主要是买卖牲口、粮食等。父亲当家,不让儿子们去赶集,也不让妻子去，有时赶集"挑"（卖）2斗粮食需要背着去外村，妇女外出不安全。

若是交易土地、牲口等大型财产，当家人要和家庭成员商量。比如父亲当家，他要和爷爷、儿子（已成年）商量，爷爷如果年老（耳聋目瞑）就不参与家事的商议过程，娘们（奶奶、母亲、女儿、儿媳妇）一般不参与此事、不能插嘴，当家人也不会让她们参与。如果是父母和孩子组成的小家庭，父亲当家，交易土地、牲口时需要和母亲商量。比如某村民（两口子组成的家庭）与妻子商量买了一头叫驴（雄性），每天晚上叫唤，吵得一家人睡觉不安稳，妻子于是建议丈夫在赶集日子去范庄集市把该叫驴卖了，然后买一头母驴回来。丈夫听了妻子的建议，把叫驴牵到集市上卖了。然而他在买驴时不会识别、不知情（人称"混蛋人"，"不清亮"），偏偏又买了一头叫驴回来，晚上的时候，驴开始叫唤，妻子又埋怨丈夫。等到下一个赶集日，丈夫把叫驴牵到集市卖了，据说为此还赔了2斗谷子。

6. 家庭教育

当家人决定儿女们的教育事务。穷家小户一般让儿子去上学，女儿无法受教育。在村民们的心目中，女孩上学无用，女孩要外嫁，一出嫁就成了别人家的人，识了字也无用。穷人家若有多个儿子，而只能供应一位学生，就让不能干农活的儿子去，一般是长子早点帮家里干农活，不上学。如果有儿女在校不勤奋读书，则当家人就让其退学在家干家务事，让勤奋好学之人继续读书。

7. 病患治理

家庭成员若生病了，就向当家人报告。儿媳妇生病，儿子去请村里的先生来把脉看病，然后向父亲要钱买药；儿子生病，父亲去请先生来家里看，若父亲不在家，就由哥哥或嫂子去请先生，谁去请先生谁就顺便去买药（先生看完病，临走的时候需要家人送行）。如果大家庭中，某个儿子、儿媳或孩子生了病花的钱多，则由大家庭出，分家的时候，弟兄伙里不能提之前看病花钱的事，否则会伤了和气。

8. 管理儿媳妇回娘家

新媳妇回娘家得向丈夫和婆婆报告，说明回娘家的理由以及待多长时间（一般待两三天，若是在农闲时间，可以待十天半月）。如果儿媳妇"老成了"（指结婚几年以后），回娘家时只需告知要去娘家的事情，不需要告知何时回婆家。儿媳回娘家，不需要向公公报告，也不需要告知妯娌、叔伯兄弟、婶婆婆、大娘等。

9. 招呼客人

若男性亲戚、朋友来家里串门（一般带点礼品），由当家人招呼；如果是娘家的女性亲戚来串门，汉们不管，不应酬。如果外嫁女、外甥女（男）来串门，当家人和其他人都招呼，他（她）们在家吃顿饭就走了，女儿若有空，就在家里住一两天，陪陪爹娘。

10. 参与村落会议

村里召开公事大会，当家人代表家庭出席。如果当家人年老体衰，就派家里脑袋比较"清亮"（聪明伶俐）的成员出席，比如，"××，你去听听吧，看他们说什么事呢？"该家庭成员参会结束后回到家中，需要给当家人如实报告会议的内容。

11. 祭祀活动

举行全族人的祭祖仪式时，当家人（父亲）带着儿子去参加，女性一概不能参加。过庙会时，全家人都可以去参加，这时把大门锁上，不留看门的人。

12. 串亲戚

平时若去孩子外公家串门，妻子需要向丈夫（当家人）申请，当家人（丈夫）同意后妻子带着几个孩子去，如果当家人不同意妻子就不能去（丈夫会指责她："没事没务的，你干吗去？"）。妻子不在家的这几天，当家人自己做点饭或从街里买点杂粮吃。过年的时候，爷爷奶奶在家看门，父亲、母亲及孩子去外婆家拜年，父亲的姐妹们若来拜年，看到自己的哥哥（弟弟）嫂子（弟媳）不在家，就自己做饭，一般情况下会提前约好（哥哥嫂子或弟弟弟媳在家等候）。去姑姑家串门，侄子自己去或带着孩子一起去，侄媳妇一般不去。去姨姨家串门，或母亲一人，或外甥一人，或母子俩人结伴前往（带一篮子糖包子或买点点心）。去父亲的朋友家串门，父亲自己去，不带妻儿老小，去的时候带点酒、肉等。

13. 置衣物

家里做衣服、鞋子之事由婆婆说了算。在大家庭内，婆婆不织布，由儿媳们负责纺花织布。若妯娌间和气，"走哒得不赖"（关系融洽），则伙搭活具，共织一块布，比如甲织2丈、乙织1丈、丙织1丈，织好织坏，都是属于自己的，相互之间不会埋怨。如果妯娌间不和气，婆婆安排几个儿媳妇轮流做，这次由大儿媳做，下次就由二儿媳做。公公婆婆的布料由儿媳们轮织，一般是每人织一天，儿媳们若心里有憋屈也要忍着，不能不管公婆。

在拥有多个女儿的家庭，女儿15岁左右开始学习纺花织布，一般是母亲来教她，如果姐姐学会了，就教妹妹，如果自家人不会，就请当户落关系不错的女性来教（比如安梭），不需要付报酬。如果小姑子和嫂子之间比较和气，则会一起伙具织布。分家后，妯娌间也会搭伙织布，共同织一块布，分配的时候按照自己当初出棉花的比例来分，谁出的棉花多谁就多分，或者按提供棉线的数量来分，比如甲当时"捧"（筹集）

了 3 斤线，乙"捧"2 斤线，织好一块布，分配的时候甲就按 3 斤线的数量来分。伙具织布时，妯娌间合计，甲先织，织完自己的那一块之后停工，抹点墨汁打个记号，然后乙接着在此纺车上织布。除了妯娌间搭伙织布，女性还和当户落知己不赖的女性搭伙。儿媳们若需要洋布，则婆婆给她们同等购置，不能给甲买洋布，给乙买粗布，婆媳间不存在伙具织布。

14. 家户防卫

看秋是部分大户人家的事务。据老人们讲述，好主人家都有枪，分土枪和走线枪，走线枪主要是防范棉花地里的盗贼。每到农历十月"拾花"的季节，好主们将枪安在田间地头，用一根长线（拴着枪的扳机）围地绕一圈，盗贼一旦触碰到线，枪就会响。好主们在田里做好防范措施后，站在地头向其他人叫唤，"地里下了走线枪了"，人们一听，就不敢去他家地里偷棉花了。

15. 过寿

有些家庭，需要举行过寿活动。老人 60 岁、70 岁、80 岁寿辰时需要举办仪式，60 岁是小寿，70 岁和 80 岁是大寿。过去，穷家小户的人们三天两头挨饿，不会举办过寿仪式，"穷人家不过寿"。好主、大户人家有饭，家境好，就举行过寿仪式。过寿时，有的人家小办，有的人家大办，主要依据自家家庭经济水平来定。仪式当天，亲戚们送的所有礼品都要摆在寿桌上，寿桌摆放在正房的门前，寿星及其老伴坐在高堂之上，前来祝寿的亲朋好友（晚辈）给两位老人磕头。过小寿时，主家只需自家人做杂烩菜；过大寿时，请厨子熬大锅杂烩菜，还需要杀猪杀鸡，置办酒席，宴请宾客。过寿时，买菜、买肉及其他零碎花销由各个儿子均摊，外嫁女不用承担，只在过寿当天买点礼品来参加就可以。

给老人过寿，如果仪式简洁，只请"自家家的人"（当家十户的叔叔大伯、妯子、大娘等）及外嫁女，大办时则请"亲的、热的"人（包括当家十户的叔叔大伯、爷爷、妯子、大娘、奶奶及姑、舅、姨等）来参加仪式，大户家的女性也过寿，需要请她的娘家人来参加仪式。村长和副村长、地方、族长等人不参加，如果是他们家族的成员或与自家知己不赖的人过寿，就会去参加。如果自家人在朝廷做官，则过寿时一般会邀请诸多名流。据说，清末县城城北名人王怀青官任九门提督，他母亲过寿时，请了很多朝廷官员，包括翰林院的。当天，有名人士为他家写了一副对联，上联是"八十老母不是人"，下联是"九天仙女下凡尘"。

过寿期间，一般是家族的年轻人（侄子、孙子等）帮忙"跑哒"。邻居和当户落的人若和主家知己不赖、"好得没法"，也会去帮忙，主要是烧水、支摆桌椅板凳、迎接亲戚、端盘子等。家族的大辈们给来的亲戚（男性）敬酒。仪式结束后，主家给"撺掇"（帮忙）的人们管顿饭，表示感谢。

亲戚们来祝寿，近亲（女儿、姑姑、舅舅、姨姨等）需要"上人情"，礼金不定，有的给得少，有的给得多。还要给老人买礼品，比如寿面（大概买五六斤），如果不买礼品就带自家做的大馍馍（桃形模样，在每个馍馍上抹点红颜色），女儿和娘家人一般要蒸大馍馍。远亲只带礼品，不随份子。

（四）家户治理规则

1. 家规概况

其一，行为规范。家庭中，每个成员都要遵守行为规范，不能干伤天害理、伤及无辜、损害左邻右舍的事。如果儿子赌博、吸毒，父亲也会打骂管教，甚至关禁闭；弟弟赌博、吸药面，哥哥有权管教。但染上此类陋习的人很少能改正，家族的人不会管教，也无法管教，有时就连他的亲生父母都管不了。

其二，晚辈问安。大户人家，儿媳每天早起后需要给公公婆婆问安，给他们端尿盆（只端几天）；刚刚过门的媳妇，婆婆不让其进厨房做饭。媳妇从娘家回来，如前文所述，得向婆婆问候"娘，俺娘问您好呢"，见到嫂子、婶子、大娘，也要说"嫂子/婶子/大娘，俺娘问你好呢"，不需要给公公、叔叔大伯问候。

其三，其他规则。比如涉及家里带孩子的事，一般是谁生的孩子谁带，儿媳妇带孩子时婆婆做饭，若婆婆帮儿媳带孩子，则儿媳做饭（两人轮流带孩子）。再如母亲坐月子期间，需要喝红糖水（催奶）、吃鸡蛋补身体。坐月子的母亲，饭菜质量要比其他成员的好，比如煮点挂面、打俩鸡蛋、"肥一顿饭"。

2. 家法执行

家长掌握着家法的执行权，执行方式有时比较粗暴，或是用巴掌、拳头打，或是用鞭子抽打。如果儿媳犯了错误或婆婆对儿媳不满意，挑儿媳的毛病（比如，没有按时做饭[1]或者回娘家住的时间过长），婆婆就告知儿子，儿子把媳妇劈头盖脸打骂一顿，公公婆婆一般不会亲自动手打儿媳。如果媳妇有狐臭[2]（当地有谚语云："人有九露，不露狐臭"），丈夫闻不到，婆婆闻到了就会监管，不让儿媳和儿子同床共枕。比如有一婆婆发现儿媳妇有狐臭，于是监管儿子、儿媳，让小两口分居，等到儿媳60岁左右，婆婆逝世，儿子儿媳才正大光明同床共枕，此事已在当户落私下传唤开来。

---

[1] 过去主要是看日头判断时间，穷苦人家基本没有钟表。
[2] 汗液经分解后产生臭味，据说有的人嗅觉灵敏，能嗅得到狐臭味，而有的人嗅不到。如果说媒时媒人知道男女一方有狐臭，就不会为其做媒，如果婚后一方知道对方有狐臭，比如丈夫知道妻子有狐臭，丈夫可以写休书休妻，娘家人也不会与男方打官司，因为自己不占理。

二、家户治理关系

(一)家庭成员间的相互关系

在家庭内外,各个成员之间的关系丰富多样,反映在洗衣做饭、打扫卫生、睡觉习惯、进出家门、养老等日常生活的各个方面。

1. 饮食制度与成员间关系

其一,做饭的成员。做饭是女性的分内之事,一般家庭,由母亲做饭。如果儿子娶了媳妇,则儿媳妇做饭,儿媳娶进门之后,就自觉上锅台做饭,公公婆婆和丈夫一般不会主动要求她去做饭;如果儿媳妇不好好做饭,婆婆就要管教,公公即便为当家人,也不会管此事——如王丰娟老人所述,"做饭是娘们(女性)的事,汉们(男性)不怎么管这事"。婆婆一般不会直接跟儿媳妇讲,生怕双方发生矛盾,而是跟儿子抱怨:"你媳妇来了也不知道做饭。"儿子听了母亲的抱怨,回到自己屋里跟媳妇说:"你怎么不做饭,不知道干活?"如果媳妇犟嘴,小两口就抬杠、吵包子。如果儿子胆小、生性软弱,怕老婆(人称"怕老婆顶灯"),就不吱声。在儿媳忙着纺花织布的时节,由婆婆负责做饭。如果家有3个儿媳,且妯娌间和气,则3个儿媳都上锅台做饭,有的负责烧火,有的蒸干粮,有的切菜(山芋、萝卜)。如果妯娌间不和气,就轮流做饭,每人做一集(5天)的饭。

在大家庭中,逢年过节或家里来了重要客人需要买菜,一般是当家人或儿子去买,平常的时候很少买菜,基本上是吃自家地里种的菜。如果要去地里拔菜,则一般也是由儿子或弟兄们去,女儿、儿媳和婆婆等不会去拔菜,过去的女性是小脚,走远路、下地不方便。

其二,成员间的监督。儿媳做饭时,婆婆需要精打细算并监督儿媳,让其节约粮食。比如,儿媳做饭时放了点绿豆、酱豆,婆婆看到了就会叨叨,下次做饭别放豆,把豆磨成豆面吃,这样做的目的在于能够节省绿豆、酱豆;也不让儿媳煮白米粥,因为煮粥时粥容易粘到锅边(米粘锅边易浪费)。若家中口粮所剩无几,留着给老少糊口,年轻力壮的外出打工谋生(外出打短工者一般是年轻的家庭成员,包括当家人,老人和孩子待在家里)。对于"好吃嘴"(方言,指喜欢吃零食)的儿媳,公公和婆婆一旦发现,将会采取不同的处置方式,公公一般会顾及儿媳的面子,委婉处置,而婆婆则会当场与儿媳撕破脸,坚决处置。下述案例一和案例二即分别体现了公公和婆婆的不同处置方式。

案例一

有一农户家有3个儿子,长子结了婚,而其他两个儿子未婚。大儿媳平时好吃嘴,某年寒冬的一天,公公取了一个馒头(切成两半)放在屋子火炉上烤,然后出门干点其他事情,准备稍后回来吃。不料,一会儿的功夫,他回来的时候发现儿媳妇把烤的馍馍吃了。公公没有计较,而是又烤了一个,然后出门溜达了一圈,进屋后发现馍馍又被儿媳妇吃了。公公觉知儿媳妇好吃嘴,但没有当场跟儿媳妇挑破此事,而是选择在当天晚上,当着3个儿子的面"欢欢喜喜"地提出分家要求,让长子和媳妇分家单过,其他两个儿子和父母一起生活。当户落的人们评价说,老公公找了个巧办法,"不吵这、不吵那地分了家了,就算没啥事了"。

案例二

本村一户半穷不赖的人家,儿媳妇好吃嘴,经常偷米换一些零食。时间长了,婆婆发现儿媳妇有好吃嘴的习惯,于是将粮仓锁了起来,儿媳妇每次做饭时,婆婆亲自从粮仓取一顿饭的米,取完便锁住粮仓,对儿媳不放心,"婆婆整天管着儿媳妇"。但此做法还是没有防住儿媳妇偷米换零食的举动,儿媳妇想方设法,每次做饭时,乘着婆婆不注意,将下锅的米偷一点私藏在兜里。没过多久,婆婆发现不对劲,自己每次取的米是有数的,但是儿媳妇做出来的饭却是米少汤多、比较稀,于是起了疑心,监督着儿媳的一举一动。有一天,儿媳妇做饭时如是效法,将下锅的米又私藏了一点,被婆婆抓了个正着,婆婆一气之下把儿媳的嫁妆箱子抬到了家门口,要将儿媳扫地出门。当时在左邻右舍的劝阻下,婆婆忍住了。儿媳的娘家人听闻此事,赶来向婆家道歉、求情下话,并教育自己的女儿要改掉好吃嘴的习惯,此家庭矛盾就此了结。

其三,饭桌上的成员间关系。开饭前,一般是儿女们负责取筷子。儿女们要是无动于衷、不勤快,当家人(父亲)不发话,先观察观察,如果端来了饭,儿女们还没有放筷子,则当家人就会责骂,比如:"不知道拿筷子啊?"

在四代人生活的大家庭(如爷爷、奶奶、大伯、大娘、公公、婆婆、叔叔、婶婶、哥哥、嫂子、弟弟、弟媳、小姑子等一起生活),如果有爷爷奶奶,头一轮舀饭,第一碗饭舀给爷爷,第二碗饭舀给奶奶,再舀给大伯、公公、婆婆、叔叔等(按由长辈到晚辈、先男后女的顺序舀饭),而哥哥、嫂子和弟弟、弟媳都是"平辈人",不分先后,负责舀饭的人最后吃饭。如果长辈的第一碗饭吃完了,就由儿子们去舀饭(谁方便谁就去舀),如果儿子们不去舀饭,父母就会喊叫:"××,你没看见吗?××没饭了,你不张罗盛饭?"

大家庭内,弟兄们多,吃饭时一般放一个长方桌,不分主位次位。小孩子们一般围着桌子吃饭(太小端不起碗),大人们或是各自端一碗饭去自己屋内吃,或是围着桌子吃,或是端碗去门外吃,他们端碗外出,不必向当家人报告。若家有亲戚来做客,吃饭时的规则一般会按亲戚的亲疏发生改变。比如,外嫁女来串门,吃饭时大家伙着吃,都是"亲的、热的",父亲母亲、哥哥嫂子及弟弟弟媳一起吃饭。如果父亲的朋友来做客,做好饭之后,儿子先给客人和父亲盛饭、端饭,然后各回各屋吃饭,做饭的人最后吃饭。

如果大家庭内和气,一般是奶奶、大娘、婆婆、婶婆婆、嫂子、弟媳、女儿等围着一个桌子吃饭(小孩子和母亲一起吃,如果孩子太小,母亲喂着吃),儿子们(只要能自己吃饭)大多和爷爷、父亲、叔叔、大伯等一起吃饭,如果一个桌子坐不下,就把两个桌子拼在一起。平时,家里出力干活的汉们的饭菜质量相对较好,比如要吃面、吃干粮、下菜,而娘们吃干粮、干菜(用萝卜、白菜腌制的咸菜)。汉们下地干活"累得慌",而家里人又多,条件有限,炒不起那么多菜,于是炒的菜就让汉们吃。家人平时很少吃鸡蛋,攒的鸡蛋用来送礼、换盐、换豆腐脑等。亲朋送的礼品(点心),一般留给老人和小孩吃,家里有点其他好吃的也是留给他们。

家里的孕妇吃的饭菜比其他成员较好,比如煮点粥,"人家有了孕了,身体软了,吃点干粮、小米饭",为的是大人和孩子都有营养。儿媳生了孩子坐月子时,由婆婆照管,女婿农闲时也会照顾,妯娌间一般不会相互照管,即便双方和气,也很少会照管。儿媳刚生小孩的头一天,娘家人(一般是母亲)来伺候,在男方家待四五天。亲家母来的这几天,依旧由婆婆做饭,早上给儿媳煮粥,中午及晚上煮挂面(打俩鸡蛋),儿媳妇吃"小锅饭",其他人吃的与平时一样。在整个月子期间,婆婆负责做饭,给儿媳端饭,女婿或小姑子、嫂子等帮忙洗衣服。满月这一天,儿媳早起洗漱完毕后,要给婆婆磕头,"娘,你伺候了我一个月,给你磕个头(只磕一个)"。满月后的十天半月内,婆婆依旧做饭,儿媳与大家伙着吃大锅饭,但仍旧享受额外的待遇,比如吃小米饭,婆婆做好饭后先给儿媳盛点稠的,给其他人后盛饭,且盛的比较稀。

其四,家禽、牲口喂养与成员间关系。喂养关系主要考虑家中喂猪、喂狗、喂牲口时产生的关系。谁做饭,谁就最后吃饭,吃完饭得负责刷锅洗碗,洗涮之后还得负责喂猪、喂狗。穷人家一年一般只喂一头猪,好主和大户人家一年至少喂两头猪。牲口饲料主要是黑豆、谷草之类的,穷家小户自家养头牛、驴,由公公婆婆来喂,儿子、儿媳妇一般不管。

2. 卫生制度与成员间关系

其一，衣物清洗与成员间关系。夏天热的时候，村民们先去村外的大水坑里把衣服洗干净，然后拿回家接着用挑来的井水淘洗，这样做的目的在于节约井水（节省挑井水的体力）。过去没有洗衣粉，村民洗衣服时用猪皂（土制肥皂）。在一个大家庭中，家庭成员的衣服，各洗各的，各屋洗各屋的。汉们一般不洗衣服，多是娘们来洗。过去，村民们平时不太注重卫生，正如老人所讲，"都是庄稼人"，平时洗衣服的频率较低。

老人的衣服大多是出嫁的女儿回娘家探亲时顺便"洗哒洗哒"，如果女儿一直未出嫁，女儿负责洗，儿子不会帮忙洗。如果老人有多个儿媳妇，则哪个儿媳妇孝顺哪个就帮忙洗，若几个儿媳都孝顺，就随机给老人洗衣服。如果儿媳妇不给公公婆婆洗，谁也不会怪她，当家人不会安排某个儿媳负责给老人洗衣服。比如儿媳甲一直和公公婆婆一起生活，而儿媳乙与公公婆婆分家单过，甲要是孝顺，则洗自己和丈夫的衣服时顺带着洗公公婆婆的衣服，如果甲不孝顺，就不会帮着洗，而乙要是孝顺，也会来公公婆婆家帮着洗衣服。爷爷奶奶的衣服，孙媳妇不管。妻子负责洗丈夫的衣服，男性当家的家庭，当家人的衣服也由妻子来洗。哥哥若无妻子，自己的衣服自己洗，哥哥也不能要求弟媳洗，哥哥衣服又脏又粘的，不好意思麻烦弟媳，弟媳也觉得哥哥不是自己屋的人，不愿帮忙洗。若哥哥结了婚，他和嫂子的衣服都由嫂子负责洗，即便哥哥是当家人，也由嫂子洗，弟媳和妹妹不会帮哥哥洗。儿子们若成年后还未娶媳妇，则一般是母亲给他们洗衣服。小孩的衣服由母亲负责洗，谁的孩子谁管。如果孙子少，奶奶疼爱孙子，则奶奶帮着洗孙子的衣服。

其二，卫生清扫与成员间关系。对于大家庭而言，院子的环境卫生，谁勤快谁就打扫，家中没有规定必须某个成员打扫或所有成员轮流打扫（不存在妯娌之间轮扫的情况）。婆婆要是勤快，婆婆扫，儿媳若勤快，儿媳扫。小家庭内，一般是男性早起在院子里泼点水，打扫一下，女性早起后要洗漱、做饭及干其他家务事，比如做鞋子等。当地俗语称，"过了十月冬，梳头洗脸十一供"，临近春节，母亲就要给孩子们做新鞋。1949 年之前，穷家小户一般不注重家庭卫生，不会勤扫院子，院子里一片"柴瓜葛脑"（方言，意为乱作一团）的景象。

在房间卫生清扫方面，如果父母和儿子分家过，父母的房间由母亲打扫，儿子儿媳的房间由儿媳自己扫。如果父母与成家的儿子一起生活，则儿媳负责打扫自己和公公婆婆的房间，如果儿媳只扫自己的不打扫公婆的，婆婆不会当着儿子儿媳和当家人的面说儿媳的不是，而是背地里给当户落四邻八家"消"（传话）。婆婆要是给儿子说儿媳的不是，儿子晚上回到房间就会和媳妇抬杠、吵包子。

其三，洗漱规则与成员间关系。每年过年前，杀了猪，当家人或者家里的长辈将猪肚油风干后用酒精、碱面泡制，再用工具碾烂，然后搓成小球（胰子）。寒冷干燥的冬季，人们将胰子涂在皮肤冻裂处。

家庭成员日常洗漱用水的准备过程反映出成员间的各种关系。在距离水井较远的家庭，成员们在生活中更加注重节约用水，因为挑一桶水需要费力气。下雨的时候，需要用缸接雨水，洗漱时就用雨水，接雨水之事主要由家里的女性（婆婆、儿媳）负责。在阳光明媚的早晨，婆婆或儿媳主动在院子空闲的地方晒一盆水，下地干活的人们回来后，用晒热的水擦洗身子。有的家庭成员不注重个人卫生，从地里回来后，不洗手、不洗脸，将脏手在衣服上擦一下，就拿块干粮吃，其他成员也不会说三道四。

比较注重生活细节的农户，冬天的时候用烂棉花做一个壶套保温（壶为瓷制品，保温效果差，需要壶套保温）。冬天早晨洗脸时，谁要洗，就自己倒热水，晚辈不给长辈盛热的洗脸水。村民们一般每天只洗一次脸（一般在早起时洗），如果早起下地干活，就不洗脸，等干完活中午回家吃午饭前才洗脸。[1]

洗脸时，早晨谁起得早谁先洗，不分长幼先后。如果几位家庭成员同时起床，则平时爱干净、注重洗漱的人先洗，其他人先干点家务事，等有空了再洗。有的妻子早起不洗脸就去张罗早餐，或做饭时脸上沾了灰，丈夫要是提醒一下妻子，妻子就会反驳："你还嫌我脏啊？"

洗脸时，大人的脸自己洗，小孩的脸一般没人给他（她）洗，如果家人不在太注重卫生，孩子长到七八岁，都没人帮他（她）洗脸，他（她）依旧是脏脸孩子。如果大人要带孩子去亲戚家串门，则由母亲帮孩子洗脸（方言为"拿块布擦哒一下"），若母亲没空，则奶奶帮着洗。卧病在床的家庭成员，比如老人卧病在床，由女儿帮忙洗脸，若无女儿，则由儿子帮忙洗，儿媳要是孝敬，也会帮着洗一下。至于谈到女性的梳妆，儿媳一般不给婆婆梳头，母亲的头发一般由自己的女儿帮忙梳。

过去，村民家很少有洗脚盆。夏天经常干活，需要常洗脚，从地里干完活回来，卷起沾着泥巴的裤腿，用尿盆盛一盆凉水，在粪坑边上洗洗脚即可，洗完脚的水倒进粪坑。冬天不下地干活，十天半月不会洗一次脚，如果脚很脏而不得不洗，就用洗脸

---

[1] 到了夏天的时候一般不饮用、使用热水，村民们干完地里的活，回家后拿水瓢从缸里舀一瓢凉水咕咚咕咚喝了。老年人多喝热水，由于没有烧水的壶，于是采取另外一种常用的方法烧热水，即做饭时在锅里多加点水，等水烧开之后灌到瓷壶中，谁做饭谁就负责烧水、灌水。

盆盛点热水在屋内洗洗，洗脸和洗脚时常共用一个盆子，一家人不会相互嫌弃。过去，村民普遍普穷，很少洗澡，如村民所言，"人脏得都提不起来了，穿的衣服都生油"，村庄也没有公共的澡堂。

在一个由三辈人组成的大家庭中，爷爷奶奶、父亲母亲、叔叔大伯、婶子、大娘、孙子孙女等一家人共用一个洗脸盆。如果儿子成了家，则儿子和儿媳共用一个洗脸盆。该洗脸盆属于儿媳的陪嫁（娘家人为女儿陪嫁一个洗脸盆和一个木质脸盆架子），其他人依旧使用原来的那一个盆子。冬天的时候，洗脸盆架一般放在正房的角落里，有些人家会将脸盆放在正房的桌子底下某处空地方。夏天时，脸盆架子就放在院子里，从缸里舀点水，在院子内擦洗，冬天的时候，接盆水在屋子内洗。一家人都爱惜脸盆，脸盆若没有破损到无法使用的地步，就不会轻易更换，如果出现破损，就请锔露锅的工匠进行修补。有些人家，一辈子就使用一个脸盆。有的村民无钱置盆子，将尿盆当作饭盆，比如本村有一次请来了外村的戏班子，村民管饭，戏班子自带一个洋铁盆，晚上将其用作尿盆，白天临时将其洗刷一下，用来盛饭。

夏天，父亲、叔伯、儿子等下地干活午饭时间回家洗漱时，要么一前一后洗漱，要么几个人同时洗。A先盛水洗脸，洗脸水若不太脏，则B继续使用此水洗脸，如果B嫌弃，B自己再换一盆干净的洗脸水，A洗完脸不必负责倒洗脸水。洗完脸的脏水一般泼洒到院子里或粪坑里，冬天时不能泼到房门口，否则门口结了冰家人出门易滑倒，与此同时也不能泼到大门口。穷家小户没有洗脸用的毛巾，家庭成员洗完脸，就撩起自己的衣角擦脸或是用衣服内层擦；大户人家比较注重卫生，时常在脸盆架子上放一块擦脸布。

4. 进门制度与成员间关系

其一，进大门规则与成员间关系。公公和儿媳不能并排行走，也不能一起进门。公公若看到儿媳妇走在前面，就有意放慢脚步，让儿媳妇先进门；若公公在前面走，儿媳在后面走（俩人距离较近），这时，儿媳妇拐弯和当户落的人闲拉关，让公公先进去，自己也不会紧跟着进门。奶奶、母亲和儿子、儿媳、女儿等可以一起进门。爷爷和孙媳妇也需要一前一后进门，谁在前面走，谁就优先进。哥哥和弟媳妇可以一起走路，进大门时比较随意，谁先进都可以；嫂子和弟弟之间更加不分先后，进门更加随意（"更加没说的"）。夫妻之间进门比较随意。

其二，进房门规则与成员间关系。大人和孩子一起行走时，大人先进房门，孩子们后进。兄弟姐妹之间进相互的房门时没有规定，相对随意。儿子、侄子结婚后，父亲、叔叔大伯不能随意进出儿子儿媳、侄子侄媳的房门。即便儿子和儿媳、侄子和侄媳当时都在屋内，男性长辈也不能随意进出，遇到事情需要找儿子商量或给小两口通知消息时,父亲就在屋外边叫唤。婆婆、婶婆婆、大娘等可以随意进出儿子儿媳、女儿、侄子侄媳的房门,儿子儿媳也可以随意进出父母的房屋。哥哥不能随意进出弟弟弟媳的房门,嫂子可以随意进出弟弟弟媳的房门。妯娌之间相互串门,不加规定。弟弟弟媳可以随意进出哥哥嫂子的房门。哥哥嫂子可以随意进出妹妹的房门,妹妹也能随意进出哥哥嫂子的房门。

5. 债务偿还与成员间关系

其一,父债偿还与成员间关系。父亲借的债,得他自己还,如果自己还不了,就由儿子们帮忙还,即父债子还。儿子们要是不愿意承担父亲的债务,父亲会批评儿子们。父亲借债主要是为了养育儿女、给儿子们娶媳妇,一个小家庭,娶亲时多少得借点债(方言为"捅窟窿"),分家的时候,诸子均承父债,即如当地方言中所说的"分家分窟窿"。若哥哥结了婚,弟弟未婚且和父母同灶吃饭,此时分家,只能先分灶吃饭(分粮食),不能分地、分房屋,哥哥赚的钱不必交给父母。当弟弟结婚时,父亲为其张罗婚事,哥哥需要给弟弟凑钱("捧钱")。如果哥哥不出钱,当户落的人们会笑话他。弟弟结婚差不多一年之后,两兄弟才完全分家,即分土地、房产,这时,家里的债务需要平均承担。

其二,子债偿还与成员间关系。儿子借的债,父亲也要还。分家之前,哥哥捅的窟窿,弟弟若心善,也会帮忙还。分家之后,弟兄之间不会互相帮忙还债,各过各的生活,"哥哥有本事,整天享福,弟弟懒散,整天要饭"。

6. 养老制度与成员间关系

家里有饭、好主人家的人,年轻时就不必干活,家里没饭、穷困潦倒的农户,老人一直要干活到六七十岁,直到干不动了才歇。

其一,养老主体。老人到了一定的年龄,就由儿子们负责养老,没有儿子的村民一般过继儿子来养老送终。如果有女儿无儿子,也没有过继儿,则女儿负责养老,并继承家产。如果自家家庭好,就找一个倒插门女婿,如果自家家境贫寒,就外嫁,待父母年老之后接到自己婆家去养。父母到了女儿的婆家,如果公公婆婆不同意,则女儿就提出和公公婆婆分家单过,如果公婆既不同意跟儿子儿媳分家又不同意亲家来养老,则儿媳妇就会向公公婆婆说狠话,如不给他们养老送终。外嫁女也有养老责任,她不必付养老粮,但要时常管老人,一般是过几天或半个月左右来看望一次,来的时候给老人带点吃的,给一点钱(如果女儿家庭贫困,就不给钱)。老人自己如果有钱,就不要女儿的钱。如果一段时间后女儿们不来看望老人,老人就会抱怨:"怎么这么长时间不来呢?"女儿要是一个月不来看望,老人和哥哥嫂子或弟弟弟媳就会有意见。过去，联姻距离有限，大多是嫁到邻近十里八里的村庄。女儿要是嫁到了本村，就隔三岔五来看望父母，到娘家串门。

其二，养老方式。如果老人自己无法动手做饭了，就由诸子轮养。一般是诸子商议决定，兄弟之间每个人负责轮养一段时间。按照当地的惯例，每人或是轮养一个月或是一年（最长轮养期限为一年），即从今年的某个时候算起一直到第二年的这个时候，"什么时候开说的，什么时候就算一年"。当老人在某个儿子家中的轮养期限已到，就需要搬到另一个儿子家中，如果不搬走，儿子可以同意父母在自家多待一段时间，而儿媳妇一般不同意、不愿意伺候，儿媳妇一般不会向儿子一样对待公公婆婆，如老人所谈："哪个儿媳是婆婆生的？"儿媳有了意见，不会直接和公公婆婆说，让他们搬到另一个儿子家，而是会跟自己的丈夫说："让老两口待着吧，再待下去我就不给他们做饭了。"如果在这个儿子家轮养的期限还没到，就不能提前去另一个儿子家。过去，据说没有哪个儿媳喜欢伺候公公婆婆的，"人老了就没有稀（稀罕）了，都臭了"，意为自己卑贱了，不会讨得儿子儿媳们的欢心。因为老人不管在哪个儿子家养老，什么也不能干，且儿子儿媳们每天还要端饭、伺候，有时饭烫了、凉了，老人也会抱怨儿子儿媳；有的老人还喜欢唠叨，"说过这事又论那事"，对儿媳妇看不顺眼就唠唠叨叨，看见不合适的就说三道四。"老人是老思想，儿子儿媳们不想听"，比如儿媳做饭时做剩了，就要倒掉，这时老人就会唠叨儿媳，"不珍惜粮食，要是包倒了，下回还能吃"，儿媳妇听到后就会不高兴，厌烦公婆。轮养期间，老两口需要一起生活，儿子们不能把父母分开，除非老两口自己想分开单过。

其三，分家与养老关系。对于一个家庭而言，分家时，往往面临养老的问题。分家后谁来养老，如何养老，这些问题都要在分家的过程中同步解决。下表内容呈现出家庭的分化与养老之间错综复杂的关系。

表 6-13 村民分家过程中的养老关系概况

财 产	养老关系
养老粮	老人若有多个儿子，大家一起管，共同负责养老。若老人有养老房而没有养老地，老两口就在养老房里生活，自己做饭，儿子们需要给老人一定数量的养老粮，由诸子均摊，一般是一年给一次。每年收秋割谷以后，每个儿子给老人一缸（约300斤）粮食（谷子、棒子、黄豆等都可以，黑豆不能吃）。到青黄不接时，如果老人断了口粮，则继续向儿子们要粮食，只要老人开口要，儿子们都会给；儿子们要是不给，老人就去找家族的大辈（叔叔大伯）中有能耐、说话顶用的人跟儿子们说好话。此类事务，不找族长（一般在80岁以上），族长老了，管不动事情了（大脑糊涂、不行了）。当然，家族的大辈们也不会把老人的儿子们逮到家庙惩罚。如果家族的大辈们管不了、协调不了，则老人只好将儿子们告到官府，即如张联须老人所讲，"讼吾儿不孝"。官府劝说后，若儿子们依旧不听劝，就将其刑拘，何时给老人养老粮何时释放。如果每年的养老粮有剩余，老人也不会退给儿子们，而是自己拿到集市粮食摊子卖了，卖点钱花

续表

财　产	养老关系
养老房	分养老房时老人不参与"拿球",在拿球之前,或是由老人自己提出,或是家族的大辈给儿子们提前说好,比如老人们住哪一两间房屋。分家时,自家房屋多、宽敞,老人就留养老房,如果院落狭窄、房屋少,就不留(儿子们都没有住的)。留养老房,各家各户的情况不一,"一家一个样"。按照当地的传统,老人们一般住在北屋的正房,儿子住在东西厢房;或者是所分房屋间数多的儿子留一间给老人住,老人过世之后,这间房屋还是归该子所有

分家后,老人不仅仅需要有财产,而且还需要有人尽养老义务(照顾他们的日常生活)。双井村的村民们在生活中形成了特定的养老规则,包括负责老人日常生活的方方面面(如下表所示)。

表6-14　村民分家后的养老生活关系概况

养老生活事务	具体关系
养老饭如何送	老人如果没有养老房,就去儿子家吃住;老两口若有养老房但自己无法做饭,又不想和儿子儿媳一起生活,则儿子们每天得给老人送饭(一日三餐)。送饭一般是每个儿子轮着送5天,即一集的时间(双井村是一六集,集期间隔为5天,儿子们轮流送饭也是习惯于5天轮一家)。送饭时,儿子、儿媳和孙子孙女都可以去送,没有特殊的规定。送饭过程中,如果老人吃完了第一碗饭,晚辈就再送一碗,把第一个碗换了。老人吃完饭后,由晚辈负责洗碗,一般是儿媳妇负责洗。至于养老饭的质量,每个儿子家不一样,有的儿子自家吃什么,就给老人端什么饭,而有的不然。比如老人有3个儿子,有的儿子家境好,家里吃得好些,而有的儿子家境较差,在有的儿子家养老,对待比较好,而在有的儿子家对待得较差。老人轮家养老时,心里也会比较儿媳们的厨艺,有的儿媳做的饭好吃,有的儿媳做的饭味道较差。如果吃得不好、胃口不适,老人也不会跟儿子儿媳提意见,更不能挑儿媳妇的毛病,否则儿媳妇就不给老人做饭,甚至还会顶撞他们,"不好吃就不要吃"
老人衣服谁来洗	大多数情况下,如果有女儿,就由女儿来洗,如果女儿出嫁了,则等她回娘家串门时顺便帮忙洗了。如果有多个女儿,一个嫁到了本村,另一个嫁到了外村,则本村的女儿时常来娘家给父母洗衣服,该女也不觉得吃亏,因为是自己的父母。如果老人自己有能力,就自己动手洗洗算了
养老炕如何烧	过去,村民们都睡土炕,每家每户都有炕,夏天时不烧,冬天时烧(烧门炕,即锅灶和炕相通,每天做三顿饭,就得烧三次炕,锅灶的火既能煮饭也能烧炕),烧炕的物件多是脱的谷子皮。老人的炕,一般得自己烧,如果身体欠佳无法干活,就由儿子们帮忙烧,儿媳妇一般不会管老人烧炕的事情。如果孙子、孙女们长大成人了,就由他们给爷爷奶奶烧炕

续表

养老生活事务	具体关系
老人生病如何治	老人若是生病,原则上需要几个儿子共同负担医药费,普遍的情况是家境较好的儿子多出钱,家境较差的儿子少掏钱,但是不能不掏钱,穷的儿子就算借钱也要负责给老人看病。过去,老人生了病,就请先生来家里号脉看病,若是小病,比如发烧、头痛等,老人自己掏钱买药(老人在哪个儿子家中养老,就由哪个儿子跑腿去买药)。若是在某个儿子家中轮养时生了大病,需要有人守在炕边贴身伺候,这时就由该儿子通知其他弟兄们,大家轮班伺候。老人的养老、生病问题,每个儿子都要管,他们要是不管,就会对下一代产生不良的影响,即他们自己也有孩子,等他们老了,他们的孩子也"上行下效",不给养老、不给看病,当地俗语称"前头有车,后头有辙""上辈走的什么道,下辈就跟着走什么样的道",以此形容上辈对下辈的影响。如果父母对爷爷奶奶孝顺,则孙子孙女们对父母也孝顺,下一代也是如此;如果父母对爷爷奶奶不管不顾,则父母老了之后,他的儿女们也就不会管他们了。此外,养老中还存在一定的角色分工。如果老人卧病在炕,则晚辈要照料老人,给老人熬药、做饭端饭,而这些事情一般由儿媳妇来承担,请先生看病、买药属于儿子们的事情

(二)家庭内部其他关系

1. 婚事安排关系

如果哥哥姐姐已婚,而弟弟妹妹未婚,且父母早逝,则弟弟妹妹的婚事由哥哥姐姐帮忙张罗,姐姐即使已经外嫁也可以帮弟弟张罗婚事,妹妹出嫁时的嫁妆也由哥哥姐姐帮忙张罗。父母亲健在但哥哥当家的家庭,也由哥哥张罗弟弟妹妹的婚事,不过这时他会参考父母的意见。

2. 住宿关系

双井村村民家家都有土炕,炕上铺的多为柴草、席子,夏天的时候,炕上只铺席子(凉快)。盖的被子,基本上两人一床,夫妻盖一床、两个孩子盖一床,如果被褥多,可以一人盖一床。家人的早起晚睡没人监管,当家人也不管。小孩起床后,由母亲帮着穿衣服,到了冬天的时候,小孩不愿意穿厚衣服,这时,母亲就会打骂孩子,强行让其穿厚点,以防冻着。

家中有亲戚来访,一般待的时间不长。外嫁的女儿来娘家看望父母,一般和父母睡在一起;若舅舅来做客,白天一般在母亲的屋里,晚上的时候,舅舅要是留宿,就和父亲睡同一个炕,如果家内宽敞、房间多,可以安排舅舅单独在一个房间休息。

有的孩子小时候在姥娘(外婆)家寄住,姥娘、舅舅负责监护,孩子到了能下地干活的年龄,就让他回到自己的家庭。在寄住期间,其衣食均由姥娘家提供,自家人不必给姥娘家支付报酬,若舅母不愿意让外甥长期寄住,则外甥就少住或不住在舅舅家。

3. 雇佣关系

雇主家若有内外两院房子，短工、长工一般住外院或牲口棚，雇主家人住内院。短工、长工不能随意进出内院的大门，更不能进出雇主家人的房门。雇佣双方若结伴行走，一般是雇主在前、雇工在后，进大门时，雇主先进、雇工后入。

好主人家的猪和狗，由做饭的佣人负责喂，牲口由觅的长工负责喂养。

4. 休妻：家与成员的关系

表6-15　1949年之前双井村村民休妻行为关系概况

休妻缘由	生育问题导致的休妻	妻子要是无法生育，家人就带她去看病，如果看不好，婆家只好认栽。穷人家庭，丈夫有时想不通，就会摔碗、摔盘子出气，"倔哒"（方言，意为吵闹）几天出了气，就不再折腾，不会选择休妻，因为娶个媳妇不容易。而在大户人家，会出现妻子因为无法生育而被婆家休了的现象，女儿不生育，娘家人不占理，不会为此与婆家打官司，双方"干巴离了脆"（双方和和气气离婚）。休妻时，男方写休书，一般由丈夫自己写，不请中间人，即便请，也没人愿为此事帮忙（"宁拆三座庙，不破一门子亲"）。另外，双方需要将帖子（双方的生辰八字信息）换回
	婆媳矛盾导致的休妻	比如某村村民张氏的婆家和娘家均在本村，张氏结婚后，与婆婆不和，天天闹矛盾。丈夫李氏站在母亲一方，听了母亲的话，与妻子离了婚，当时妻子已有身孕。张氏后来改嫁至太原，生了3个儿子
	逃荒与休妻	有的赤贫户逃荒到外地，从外地领个媳妇回来。有的已有家室的女性，旱荒之年，丢下一家老小或只带小孩外出讨饭，改嫁给当地有饭的人家（和自家原来的丈夫又未散伙）
	儿媳自身的问题	儿子儿媳过不下去了，老人们也会允许离婚。"老年（过去）的规矩大"，如果儿媳妇经常好吃懒做，婆家就会选择将其休掉。这时，儿媳的娘家人（父母或家族的大辈）来婆家求情下话，说好话，教育自己的女儿，希望不要散伙
休妻规则	财产权的分割	休妻时，女方一般需要将结婚时的陪嫁全部带回娘家（丈夫不会亲自送妻子回娘家）。娘家人来婆家拉嫁妆，男方如果要劝阻，双方就可能会发生纠纷，这时，当户落好管闲事的人出面进行调解。休妻时，女方无权分男方的土地、钱财，有的女性自愿净身出户，"不带一片瓦"离开婆家
	被休之妻可改嫁	妻子被休之后，可以改嫁，前夫家庭不再干涉，前夫也可以续弦。如果前妻改嫁之后生了孩子，前夫不能去相认
	双方的交往	一日夫妻百日恩，双方离婚后，若是在街里遇见，一般会相互打招呼，"没仇没恨的"，如果某一方觉得对方亏欠自己，则见面时不出声。逢年过节，双方不再来往，双方即便为本村的党乡人，离婚之后，对方家过事，自己也不再去上人情、帮忙

附：双井村一个中农家户的治理关系

（一）家户概况

张联须家 1949 年之前有 11 口人，分别是奶奶、父亲、母亲、叔叔、婶子、哥哥（2 个）、姐姐（3 个）、侄子（1 个）、自己，家有 20 亩旱地、10 亩水浇地。家庭住房分内院和外院两部分，内院有 2 间北屋（父母居住）、2 间东屋（叔叔和婶子居住），外院有 3 间半北屋（奶奶居住）、3 间西屋。他结婚后，叔叔婶子搬到了外院的西屋。他大嫂为邻村杨扈村梁氏，哥哥自幼读书，后在家务农。

（二）家户治理主体

奶奶当家，叔叔在唐邱村当铺当差，赚的钱都要交给奶奶，如果叔叔藏私房钱，一大家人就不会伙着过，"吃的是伙里的，花的也是伙里的，挣了钱之后不交给伙里"，就只能分家单过。奶奶负责掌管家里的钱财（收入和支配），父亲安排家里的农活，"女的不会外头的事，只管家里的事"，交公粮的事务也由父亲说了算。老人当家但自己无法下地干活，就由种地的成员负责农事，当家人不再干涉（弟兄们几个人当中，既有出头的，也有不出头的，有的长子不愿出头，不会与其他弟兄争夺当家的权力）。

（三）家户治理关系

家里每顿饭吃什么，由奶奶说了算。他母亲和婶子合伙磨面、做饭，后来由儿媳妇做饭。舀了饭，回到屋内吃饭。平时，带孩子一事，也由母亲和婶子负责。

张联须小时候和奶奶、母亲、婶子、3 个姐姐一起在炕桌上吃饭，奶奶盘脚坐在炕上，小孩也坐在炕上，母亲和婶子等坐在炕头。婶子和母亲给奶奶端饭，姐姐们长大后，由她们负责为奶奶、母亲、婶子等人端饭。父亲和叔叔、哥哥等一起在北屋的高桌子上吃饭，哥哥负责为父亲和叔叔舀饭。小孩自己无法吃饭时，由母亲负责喂。吃饭时，女性和女性在一起吃，男性和男性在一个桌子上吃（除了小孩），男女有别的目的一是表示女性对男性的尊敬，二是顾及脸面，属于一种家规，"看着也好看"。

第四节　亲族治理与治理关系

村落的亲族治理是以族长、正副"家长"、总理等人为主的治理，他们都是家族内部具备一定资格、能力的大辈，他们凭借正式或非正式的族规，主导着族内祭祖、扫墓、婚丧嫁娶活动的开展。

一、亲族治理

（一）亲族治理主体

1. 族长、"家长"[1]、副"家长"

一是资格。族长是族内辈高年长的人，族人对族长、"家长"和副"家长"很尊敬，族人按辈分称呼他们为爷爷、大伯、叔叔等。族长不一定是好主，一般是穷人，当地有种说法即为"穷大辈、穷大辈"，"穷人家底薄，娶媳妇娶得晚，生孩子也晚"。有的穷人40岁左右才结婚，而好主和有饭的人家结婚生子较早，比如富人家庭已经有孙子（第三代继承人）了，而穷人家还没有儿子（第二代继承人），久而久之，也就成了大辈。

二是产生。族长的人选不依贫富、学识、贤能，而是由辈分最高、年龄最大的人担任，比如某任族长一定是当时最高辈分中年龄最长者。族长过世，由"家长"继任，"家长"一定是当时最高辈分中年龄次高者，副"家长"一定是当时最高辈分中年龄复次高者。

2. 总理

村民家举行婚丧嫁娶仪式（俗称过事），皆从本村请管事的人，即"总理"。

一是由来。总理在村民的婚丧嫁娶事务中扮演着重要的角色，他们在村民过事时总地管理事务，为此被称作总理。总理是能说公道话、好管事的人，是说事、了事的人，比较"清亮"（当地人对能人的敬称），具有一定的组织安排能力，村民的大事小情如打架、吵包子之事他都能管。大家都会赞成、信服他们，他们能帮东家把过事时的开支、花销理清楚，他们既不是村长，也不是地方。

二是资格。人多势众的大家族，比如张氏、池氏等都有总理，张氏家族拥有多位总理（家族下分4股，每个股又有几位总理）。本村内若干小家族没有总理，过事时就找大家族的总理帮助。总理一般由家族中的大辈（叔叔大伯）担任，他一般不是族长和正副"家长"。总理不一定是好主，不论贫富，只要说话顶事、有能耐就行。总理的年龄一般在30岁以上，太年轻的话缺乏主事经验，也有60岁左右还主事的，要是总理自己觉得老了干不动了（反应慢，腿脚也不灵便了），就主动退位，其他人不能把他拉下马。

三是产生。总理并非大家推举产生，而是有名气、好管事、说话能"占"（行）的人自动担任。大家心中认定某人有能耐，具有一定的主事经验，便会建议去请他，人们会习惯性地找某个人担任总理。比如农户甲过事请A担任总理，乙过事时人们一般会建议请A，"去请A当总理吧，上次甲过事也是请A帮忙主事的"。

四是报酬。过事前，主家做酒菜招待一下总理，厨子也在这时大吃一顿。过事之后，主家再上一桌酒菜，请总理吃喝一顿，不送烟酒，也不付钱粮（总理是要面子的，

---

[1] 家族内部的大家长，地位次于族长但又高于家庭的家长，类似于房长，用引号标出以示区别，本报告皆如此。

不是来讨饭的，给他们钱他们也不要）。总理如果安排事务不妥当，东家也要担待，不能和总理吵嘴。

(二) 亲族治理内容

亲族的治理内容一般包括以下几个方面：一是召开家族会议，商议续谱之事。如张氏家族，每隔12年，族长、正副"家长"等组织族人开展族谱修订活动。在村民过事时，也需要召开由总理主导的家族会议，一般是过事前四五天，东家请总理，家族的兄弟、叔叔大伯、爷爷辈的人来自家开小家族会议（亲戚即便在本村，也不必邀请参会）。本族每个家庭派一个人（当家人）前去主家开会，一般由总理主持该会议，会议上开始"派事"（给自家人和当户落帮忙的分工），比如需要买多少饭菜、馒头、烟酒等。二是安排族人经营管理族田。三是组织开展家族的祭祖、祭坟仪式（"吃会"）。四是进行族规的修订、完善，主要的家族事务由族中能说会道、德高望重的人负责管理。

五是总理婚丧之事。比如村民过事，亲族的总理负责掌管全部事务，支摆干活的人员（分工）并督派人手，比如安排人请厨子、管库房（一般是安排本家信得过的人，东家心里和谁近，就把谁推荐给总理，总理再进行安排，主要管烟酒、礼品等），安排管吹唢呐、抬轿的人，还要安排挑水、烧水的人员。过红事，总理安排揎掇的人（大多数为当户落的乡亲）各任其职、各负其责：安排约五六人负责写红彩（记账），他们或是当家十户本家族的人，或是党乡人；安排一人管伙房（锅台）；安排家族的人买菜买肉，如豆腐、粉条、白菜、猪肉（10斤左右）、油、猪杂碎等；安排砌炉子、烧水的人员3人左右；安排2人迎亲，并安排领亲人、送头帖的人、护送轿子的人、迎喜人、娶女亲、接饭之人等。若宾客、揎掇的人酒后滋事或是闹洞房出了事，就由总理出面管理，维持秩序。

(三) 亲族治理规则

据《张氏家谱》记载，"上承先辈之遗嘱，教诲铭记，吾族各支均为一体，团结不裂，凡系本族男女不可通婚，违者严处。遵纪守法，孝敬父母，尊老爱幼，是吾族之大法也"。在入祖坟方面，男儿12周岁以上过世可以入祖坟，12岁以下过世需要埋葬在自家土地的边角处。儿媳妇、娶的妾、再婚的妻子等如果没有生儿育女，逝后不能进祖坟，如果生了孩子，不论男孩女孩，逝后都可以入祖坟，即"入穴"。

祭坟时需要遵循族规，比如清明节和十月一去祭祀葬有祖宗三代的祖坟，优先祭拜父亲坟墓，其次祭拜爷爷和叔伯的坟墓（祭拜爷爷和叔伯坟墓，不分先后）。如果只是给父母"扫周年"（过世一周年后需要祭扫亡者之墓），不必在爷爷和叔伯坟前烧纸。

如果去祖坟祭拜、烧纸，需要家族人一起去。如果去自家坟地烧纸，家族的其他人不必参加，烧完纸还要在每个坟头压两张纸。祭家坟，也会分远近。在有几弟兄的大家庭中，如果叔伯在世的时候对侄子侄女们比较关爱，则他们逝后，侄子侄女们在给自己父母祭坟时也会顺便给他们烧两张纸，如果叔伯在世的时候与侄子侄女们不和气，侄子侄女们不给叔伯烧纸。

家族中若有儿女不孝敬老人，老人就找家族的大辈（叔叔大伯）中有能耐、说话顶用的人跟儿子们说好话，进行劝解。此类事务，不找族长（一般在80岁以上），家族的大辈们也不会把不孝子女逮到家庙去跪家庙或惩罚，家族里对此也无书面的规定。对于不敬孝者，如果家族的大辈们管不了、协调不了，则老人只好将儿子们告到官府，他们若依旧不听劝，就会被关押。

二、亲族治理关系

（一）亲族成员间的治理关系

亲族成员之间既有相互的帮助与救济，也有重利不重情和矛盾纠纷。有的亲戚间借粮，有时也会出现算计、令对方不愉快的情况。比如村民张氏卧病在床，有一天，东枣村的妹夫来探望，看到哥哥家里穷困潦倒、没有米下锅，妹夫就给嫂子说："你上俺家弄点谷子吧！"嫂子委婉回答："俺不借，怕还不起。"妹夫又说："你去借吧，没事。"后来，嫂子领着孩子去妹夫家借粮，当时妹夫不在家，妹妹答应借粮食（约5升），她让嫂子在屋子里坐着等一下，自己去取粮食。妹妹趁着嫂子不注意，在布袋里装了2升米、3升谷子皮，嫂子当时没注意查看（对妹妹比较信任），回家后打开布袋口子一看，掺杂了3升谷子皮，嫂子非常恼火，心想，"你哥哥还在生病，这还是亲妹子呢"。此事发生后，双方交往越来越少了，但没有就此彻底断绝关系。

有的亲族成员之间为了相互体谅，在遇到一些因利益而为难的时候，好管闲事的人们会给予建议，比如下文描述的亲族成员间房产买卖的案例，反映了亲族成员间的情感关系、空间关系、利益关系。

农户A，张氏家族中的大辈，为人厚道，当户落的人都称他为"五爷"。某年，五爷要卖自家的庄窠地（老人回忆，面积约为3间房大小），准备卖给近门的农户B（五爷的邻居）。B家中比较穷，有4兄弟（B是长子），一直没有分家，庄窠地狭窄。B若买了五爷的"地当"（方言，此处指庄窠地），自家就变得宽敞一些，可以盖几间房屋，到时候分给弟兄们。这时，农户C听闻五爷卖地之事，起了买地之心，他也是五爷的邻居，同时也是张氏族人。

他家地当比较宽敞，且家庭经济情况比较好（"有饭"），他出的价格比 B 出的高，当户落人说："C 多出 2 布袋粮食都不吃劲（当地方言，意为比较轻松，不吃力），而 B 要多出 1 布袋粮食就很吃劲"。在这种情况下，五爷和 B 都觉得很为难，五爷比较同情 B，卖地时偏向 B，但不能因此事得罪了 C，他觉得都是一张家的人，如果 C 为王氏、李氏等外姓人，就不会出现如此为难的事情。于是某日，B 跟当户落知己不赖、好管闲事的老头们讲出了自己的难处，如果不和 C 竞买，自家地当就没法扩展，如果竞买，自家又没有那么多粮食。好管闲事的人们听了 B 的为难之处，便给 B 出了个主意：让 B 提前跟五爷私底下讲好价格，比如以 2 布袋粮食买他的地，"该是多少就多少"，不要让 C 知道实际价格。C 若与 B 抬价（竞价），则 C 出 1 布袋粮食，B 就出 2 布袋，C 要是出 2 布袋，B 就出 3 布袋或是 4 布袋……以这样的方法来压倒 C。最终，五爷的地卖给 B，地的价格还是之前私定的价格。

当家族成员之间因土地、房屋的边界、分家等问题发生矛盾纠纷时，优先找家族的大辈出面调解，如果家族大辈调解无果，再找一户落中好管事、明事理的党乡人来打圆场。亲戚间发生纠纷，双方当事人自行解决，如果自己无法调和，就请亲戚中明事理的长辈出面调解。亲戚之间的矛盾纠纷一般较小，很少发生大的冲突。

（二）亲族与成员的治理关系

亲族的治理主体如族长、"家长"、副"家长"、总理等在族人中具有很高的威望，家族中的晚辈和年轻人见到族长时称呼"族长"，或者按辈分称呼（如叔叔、伯伯），不能直呼其名。年龄小于族长但已步入养老之年的族人见到族长时一般不称族长，而是直接根据辈分大小来称呼。族人对"家长"、副"家长"的称呼一般只按辈分，不会特意称呼"家长""副家长"。

在家族的重大活动中，族长、"家长"、副"家长"处于最重要位置。比如修订族谱时，族长等人上坐，全族人一起行跪拜礼（跪 3 次），然后族长宣布修谱活动正式开始。除了家族事务，春节等节日中，族人需要前往族长家中拜年、行叩拜礼，不必带礼物。在亲戚间举行的活动中，大辈上坐。

每个家族都有特定的族规，家族的成员都要遵循族规。比如张氏家族规定族人一律不得信仰洋教（天主教），否则就被视为是背叛祖宗的行为，而如沈氏家族、史氏家族则对族人的信仰不加规定，其成员可以信仰天主教。

第五节 信缘治理与治理关系

在双井村的传统信缘治理中,老母会和玄天大会是最主要的治理主体。它们基于成员的共同信仰,组织成员,建立起特定的信缘关系,然后在会首等人的带领下参与多种多样的信缘治理活动。

一、信缘治理

(一)信缘治理主体

1. 老母会

(1)概况

老母会是村中行好的老年女性组成的会,所有成员都烧香念佛,祭拜的神一致,主要祭拜真武庙的玄天大帝、龙王庙的龙王爷、三观庙的关老爷。1949年以前的双井村约有400户人,村庄较大,成立了3个老母会,每个老母会由居住在那一户落的老年女性组成。每个老母会的成员大约为20人左右,全部为年龄在六七十岁的老年女性,这些人基本为贫困家庭出身,富裕的好主家庭基本不行好。老母会成员不分姓氏、家族。在日常活动中,老母会成员之间知己不赖,很少出现矛盾隔阂,如果有了隔阂,就不再一起参加集会。

(2)会首的产生、职责

老母会的会首也称"领会人",每个老母会都有一位会首,由所有成员轮流担任,每年轮换一位。会首的主要职责在于负责该年度集会、求雨等活动的举行。其间,她要负责组织置办香蜡烧纸、祭祀供品,联络会员和其他活动人士。每年轮流做会首时,需要将神的画像从前任会首家移至新会首家。每月农历初一、十五,会首在神像前烧香点蜡、磕头祭拜(神像要在会首家中挂一年,直到下一年轮换会首时再移动)。此外,会首还要负责连油钱,集会和求雨活动所需的油钱,由会员和其他行好的村民自愿捐献,油钱的收支状况会员都会熟知,会首也会公布于众。

2. 玄天大会

(1)概况

双井村玄天大会流传多年,主要为祭拜真武庙玄天大帝而设,实际上,它管理村庄所有大小庙宇,组织开展庙会,包括在龙皇庙的求雨活动。大会组织村民祭拜真武帝,祈求本村人免遭灾难、身体健康、农业丰收、人才辈出、香火延续。大会成员均为本村行好、烧香的中老年男性,女性不参加。大会有固定的会期,即每年农历正月十五。

(2) 会首的产生、职责

会首也称"领会人",早期的会首经村民推荐自愿担任,民国时期,每年轮流担任。会首一般是村里的好主,有钱且热衷于慈善之事的人(会首在领会期间多少得吃点亏)。据清朝初年真武庙重修原碑文记载:"直隶赵州宁晋县城北双井村众善人姓名并布施开列,庙旧有地三亩,坐落村东西。计开,会首:张珍、张明祚、武喜明等三人。清朝初年,重修此庙,许家郭许珠五钱,米家庄曹义信一百文,会首武喜明施地四亩,成为庙田。会首张珍捐油款十两,为本次修庙捐资之首;武喜明捐油款八两,次之;张明祚捐资六两,复次之。"

大会会首的职责与老母会会首的职责基本一致。庙会期间,会首前往村庄各个庙宇尽管理之责,防止小孩们瞎捣乱。同时,还要负责监管庙地的经营。

(二) 信缘治理内容

1. 老母会的主要活动

老母会的会期主要有三个,每年农历二月十九在会首家中集会,正月十五在本村真武庙集会,旱年六月伏天集会求雨。老母会既举行内部的集会,也参与村庄公共事务。每逢天干地旱的六月伏天,老母会成员在龙王庙集会,在会首组织下与大会成员一起举行求雨仪式。每年农历二月十九,所有成员在该年度会首家中集会拜神,会期之前,每位成员先要交纳3斤粮食,主要是谷子、棒子,会首和邻近的成员提前一起推磨或请人推磨,磨好面之后在会首家中做供品(油炸的面食)。二月十九这天,所有成员集会烧香念佛、祭拜神明,祭拜时不分先后,大家一起上香、磕头。祭神仪式完毕,所有成员一起进餐、吃供品、聊天、谈乐(老人说,过去人们的娱乐活动较少,一起拜神后聚餐也是为了乐呵乐呵)。除此之外,老母会成员还参加村庄的庙会。比如腊月三十晚上,老母会成员自行前往真武庙和三观庙、龙王庙进行拜神,不再集体组织活动。农历正月十五"过庙"(即真武庙会)时,所有成员前往庙宇祭拜玄天大帝,自行捐助油钱,不举行聚餐活动。

2. 大会的主要活动

相对于老母会而言,大会组织比较松散,成员结构多元。大会日常的活动较少,主要是在腊月三十晚和正月十五的庙会中祭拜神明,求雨时组织村民和老母会成员集体在固定的地点举行仪式(村中老母会成员一般全部参加,其他村民中信佛、行好的人也会参加,不分男女老少,有的并不行好的村民也参与其中,主要是为了看热闹)。平时,如果遇到维修庙宇之事,大会会首与其他组织者发起连钱活动,召集村里积极行好、烧香拜佛的村民捐款。

二、信缘治理关系

（一）老母会的社会交往关系

对于老母会的日常活动，村长、村副、地方等不加干涉。同一个村的老母会之间，也会出现相互交往的情况。各个老母会祭拜同样的神。村庄大型祭祀活动，比如求雨仪式，三个老母会的成员同时参加，相互交流。解放以后，村内外的老母会之间互送请帖，互邀参加集会。

（二）大会的组织运转关系

大会设会首3名，敛首10名，敛首主要帮助会首安排大会活动（敛首：闫喜才、张还、张明善、张明亮、张经、柳士明、张明用、柳士连、张祉、张乔）。负责大会的组织机构成员由村民自荐，他们没有任何报酬。每年正月初五，会首召集全体人员商讨布置十五庙会的事宜（包括唱戏、搭建神棚，各村来的香客的伙食，所收油款的公布等）。大会的活动经费源于众多村民的自愿捐助，如在清朝初年重修真武庙时玄天大会公布的连油款名单所示。

```
张明让 三两    曹有 一钱    申名 一钱    杨山 二钱    杨鹏 二钱
张成 二钱     武从 二两    张慎 一两    闫忠 一两    闫绩 四两
张纯 一两     张信 一钱    张明亮 三钱   池堂 三钱    贺茂文 四钱
张明亮 二钱   张喜勋 一钱  贺振武 二钱   张明亮 一钱  谷振起 二钱
贺明 一两    张敬 二两    杨龙 二两    柳士孝 一两

杨振科 六钱   张明福 二两   张明顺 二两   张明和 三两   张士禄 五钱
张喜兆 三钱   张喜成 二钱   王成 二钱    杨胜 一钱    王兴 二钱
枒明 二钱    李亮 三钱    张明 钱半   杨老明 钱半   闫让 三钱
李还 二钱    张容 三钱    张克 五钱    李旺 二钱    枒林 三钱
                                                    班喜增 一钱   王自立 五钱   闫顺才 五钱

李文福 钱半   张发兴 二钱   张士高 六钱   张明起 二钱   张尔文 五钱
张喜席 一钱   李士朝 一钱   李文秀 二钱   枒美 五钱    张士士 一钱
杨国介 五钱   杨士云 三钱        李忠 六钱    张玉 四钱    张宣 五钱
张见 二钱    张学 二钱    李容 五钱    张替 五钱    枒甫 一钱
寇镇 钱    张贵 钱    王勉 三钱    张魁 五钱

张喜贵 五钱   程从志 一钱   枒士俊 三钱   杨明魁 五钱   张喜贵 五钱
           张守山 五钱   闫志才 五钱   杨兴坤 二钱   杨自义 六钱
张振富 二钱   杨明兴 二钱   张明亮 二钱   闫喜善 二钱   高维才 五钱
胡有 四钱    杨学 六钱    李代 钱    谷风 一钱    高余 二钱
申学 一钱    张弼 一钱    周亮 钱    王孝 一钱    张孖 三钱

曹贵 一百两   张明珍 十六两  张祚 八两   武明喬 二两   张祉 一两五钱
张经 两     张还 五两    枒士连 四两   张明用 四两   枒士明 三两
```

说明：该名单摘自真武庙碑文。

第六节 双井村治理变迁与实态

1949年以后的双井村治理状况因国家政策的改变而改变，传统政权形态寿终正寝。随着互助组、人民公社的推进，村落的治理状况不断变迁。如今，村庄治理呈现新的面貌。

一、1949年后的村落治理变迁

（一）解放初期的村落治理变迁

中华人民共和国成立以后，双井村的治理变革首先表现在村落建制的变化上。1949年10月，双井村属宁晋县第九区即唐邱区管辖。1953年7月，全县分7区，下置87个乡，辖306个村，即双井乡成立，辖双井、郝庄两个村庄。1956年7月，双井乡下辖3个村，原孔小营乡并入双井乡。1958年9月，双井公社成立，下辖3个村、6个大队，分别为双井大队、郝庄大队与孔小营4个大队。

总体而言，双井村的治理变迁与其地处老解放区的特殊性相关。早在民国时期，该村就已经成立了农会，当时村民柳老真任农会主任（1939—1944年）。1947年8月，双井村开展土地平分运动，成立了新的贫农小组、农会，村落权力归农会。农会主导土地改革的进行，逐步实施土改方案，划分阶级成分，"依据农户占有土地和生产资料的多少、剥削程度，由贫农团评定，农民大会通过，最终确定阶级成分"[1]，正如过去地主家庭出生的老人所述，"最后还是吃了地的亏"。她们一家人在土改期间被扫地出门，她本人过了两个月乞讨为生的日子，家里的财产都被群众没收，有的群众在没收财产时挑三拣四、挑肥拣瘦，比如挑木质较好的家具。她们一家人为了避免身体上的伤害，整天东躲西藏，不敢待在村里。

（二）集体化时期的村落治理变迁

1956年7月，双井村始建农业合作社，替代村公所职能，合作社设立社长、副社长。1958年9月，双井公社成立，村庄进入公社化治理时期，当时召开了公社化庆祝大会，大力宣传"人民公社'一大二公'的优越性……1958年秋，当地办起'公共食堂'，实行'半工资半供给制'，吃饭不付钱，给每个劳力发放一定数量的工资。实行'组织军事化、生产战斗化、生活集体化'管理"[2]。在公社化的初级阶段，双井公社社员劳动积极性高涨，他们依靠集体的力量对村庄土地进行了平整，利用粪肥、化肥对

---

[1] 宁晋县地方志编纂委员会编：《宁晋县志》，中华书局1999年版，第399页。
[2] 宁晋县地方志编纂委员会编：《宁晋县志》，中华书局1999年版，第404页。

土壤进行了改良,"1958年,普遍开展整修农村道路,平整改造小块土地和深翻改。1976年开始,以社队为单位,进行农田规划,每年冬春开展大规模土地平整活动。1977年,统一进行方田规划"[1]。此外,生产队还组织社员对海河进行了治理,防止了水患灾害的频发。"文化大革命"期间,由双井公社革命委员会负责粮、棉、油等定产定购任务的分配工作,比如公社需要定购粮食183万斤,原一定五年的包购41万斤的基数不变,定购棉花19.7万斤,全年定购油脂2.67万斤,以促进粮棉油的全面增产。

总之,1949年以后的村落治理状况是国家运动式治理的产物,土地改革运动和人民公社时期,民众的身份被重新塑造(如反动分子、农会干部、队社成员等),村落治理权力主体发生了翻转。以往的贫苦人家、穷家小户在这期间跃升为贫农团干部、农会干部及领导、公社干部、生产队干部等。比如现年94岁的史增麟老人(1949年之前家中有6口人、4亩地),人民公社时期担任生产小队队长、会计、饲养员、农业技术员,其阶级成分的划分历经波折,他家先被划为贫农,后被改为下中农,最后又被改为中农。还有贫农张小三,过去是村里爱管闲事的人,中华人民共和国成立以后担任公社的调解委员。

二、当下的村落治理状况

(一)村落治理现状

1984年1月,双井公社改称双井乡政府,辖双井村,村设村委会,生产小队称村民小组,双井村隶属唐邱乡管辖,进入了村民自治的新时期。当下的双井行政村共有1670户村民,6789人,耕地总面积为8800亩,下辖24个村民小组,村小组的划分按村庄片区进行,村庄共有4个片区,每片分6个小组。村干部有4人(1位村长、3位委员),每人负责一个片区,村支书与村主任为"一肩挑",共产党员105人。

双井村上一届村委会换届选举工作在2013年进行,村落每3年进行一次党支部与村委会的换届选举。

(二)村落便民服务治理状况

村庄设有便民服务站,以"便民、公开、依法、高效"的原则全程代理村民各项需求,具体代理环节如下:

(1)受理。由办事群众向村级便民服务中心提出口头或书面申请,并提交相关证件和资料。办理人员对提交的材料进行审核,材料不全的,一次性告知需要补充的资料,对于材料齐全的群众,可以进行受理登记,并告知办理流程、时间、有关业务的收费规定等。不属于中心服务范围的事项,应当解释清楚,并引导申请人到相关单位办理。

---

[1] 宁晋县地方志编纂委员会编:《宁晋县志》,中华书局1999年版,第680页。

（2）办理。办理人员按照代办、协办或即办的不同程度及时办理，确保在承诺的办理时限内完成。

（3）回复。事项办理完毕后，及时将办事结果通知申请人，并归还有关证件，做好有关业务费用结算，听取申请人的意见。

村民便民服务室的主要职能具体包括五个方面的内容：

一是村民事务代办。开展便民利民服务，对群众需求事项提供代理代办服务，帮助群众解决生产生活中遇到的实际困难和问题。

二是提供政策咨询。熟悉各类事务办理程序和上级政策，对群众申办事项不能代办的，要向群众解释清楚办理流程，方便群众的办理。

三是掌握民情舆情。认真听取群众意见和建议，及时了解思想动态，发现苗头隐患，做好信息的收集和反馈工作。

四是调解矛盾纠纷。排查调处矛盾纠纷，解决问题，做好思想疏导和稳控，处理来信来访，代理信访事项，教育引导群众依法信访。

五是提供致富信息。收集致富项目，为群众自主经营、创业发展提供多方面信息支持。

在日常治理事务中，村落便民服务室帮助村民交纳电费、手机话费，代收村民的医疗保险费用（每人150元），方便了村民的生活，提高了村落的治理能力和现代化治理水平。

附录一

双井村调查小记

惯调之路，寻进北部村落。每一次走向田野，总会有不一样的感受和期待。2015年初秋，我在华南宗族村落调研，体认实证治学；刚刚结束的江汉平原村调中又感知了水网稻作社会的精耕细作，而今奔赴政统腹地河北，调研华北小农的底色机理。对于田野学子而言，"学府理性智识"与"根部事实逻辑"的相互寻找使得生命变得更加沉重、沉静！

如今的华北大地，秋高气爽，在和之前联系的闫姐相见后汇报了我们的调研初衷！第一天的调研之行中感觉燕赵大地河北人的工作节奏普遍慢于南方，生活方式比较粗放，不像南方人那么精致。这里的人们身材魁梧，较为厚实。对于乡土村民，像走亲戚一样去对待就行了！

当天晚些时候，中国农村研究院官方微信推出了我们的国庆节调研实况，正如有同学所言，"法定节假日并没有打乱村庄的生活节奏，反而是气候的变化带动着村民的变化"。自古以来，国家节日对与政权紧密相关的群体产生重要的影响，而对于乡土村民来说，它貌似只是一种外化的日期表征，对村民们的生产生活并没有产生重大影响。如今天观察到，裴家庄村民们还是像往常一样干活，有的在田里忙着收割玉米，有的在家中或家门口剥玉米皮，有的在闲逛。晚饭时间，我与李伯小酌两杯，也算是在新的一片土地上过节假日了！

试调查已进行了一段时间（后续的调查还得更加深入），自己的心情每天不一样。

感谢华北老农,是他们让我认知了小农的传统生活形态,感谢学府导师和同学的教诲与鼓励。惯行调查之路,实证治学,需要与大家一起前行,北部寒冷的冬季即将临近,但不会那么可怕,因为乡土大地的乡民和学府师友给予了我们知识的温暖、理性的光芒。

此后的每天,早上起来做的第一件事情便是打开手机看一下当天的天气状况,自从来到邢台,每天的天气状况或显示"不利于健康"或显示"不利于出行"。早已听闻河北的空气质量很差,这次算是见识了!

从华南、江汉的稻作社会到华北的麦作区,惯调之路,行走于乡土尘世,汲取了纯粹理性,体认了"族""户""庄"的政治传统,感知它们都有自己的特性和脾气!以往的自己,总是受到建构理性的羁绊,而现如今,不断地进行田野调查,不断地接受实证训练,终于实现了向纯粹理性的转变,以事实研究为导向。将乡土社会的传统事实形态予以展现,是实证学子的历史使命。对纯粹理性的追求,使得个体容易保持一种中立的价值态度,而不致走向主观建构的价值深渊。就拿最近的调查而言,从农民自己的话语中把握习惯性的行为逻辑,将获益匪浅,也是对农民真正的认知。只有深刻认识农民本身,才能谈农民问题,才能评价农民的行为。如果只是单纯地坐在教室、图书馆读书,那只能称之为是一种形而上的庙堂思索,久而久之,距离现实越加遥远,由此得出的结论和主张将更多的是理想化、不切实际的。马克思主义哲学的经典理论早就告知我们"一切从实际出发"。

通过这个深秋的事实调查,发现当地传统时期最大的特色在于"横向的联结"。比如地主阶级内部成立的大刀会、联庄会,主要是基于防卫目的而形成的横向联结(大刀会和联庄会也会保护村庄穷人的利益);穷人们为了解决丧葬事务中的经济、人力困难,组织起来成立老会,即便老会的功能比较单一,但它和大刀会、联庄会一样,体现的都是为了解决个体面临的实际困境而选择集体行动的逻辑。在传统社会,尤其是民国时期(兵荒马乱的时代),黑军组织、皇协军时常进犯村庄,而国家救助、提供安全的职能缺失,小农们为了求生存,为了自身安全,不得不自发地行动。然而,个人的力量总是弱小的,为此,户落、村庄成为村民们最佳的行为、组织单元。户落和村庄是村民长期生活、生产过程中所依赖的共同体,利益的交换、情感的交互皆在这个共同体中发生,甚至是在多个村庄形成的联庄共同体中发生,比如联庄会的形成主要考虑地缘相近的条件。双井村的大刀会所联合的村庄主要是邻近的郝庄、米家庄、裴家庄、唐邱村等,还有邻镇的村庄。老会的形成更是将地域相近这一条件的优越性体现得淋漓尽致,它由一户落的人自发组织。除了老会,老母会的运转和村民间日常的帮工、互助行为也主要是在户落层面组织和实现的，户落中的村民们相互帮助，拥有共同的信仰，生产中相互协作，互相交流感情。

只有对一个地方的人们的生产生活方式有一个深入、具体、历史的理解和认识，才能去谈论这个地方的政治传统、民主前景。在调研途中，内心一直在自我叮嘱："为了心中坚守的理想，为了一种对学术职业的追求，在乡土大地上不断汲取纯粹的理性，磨炼自己的心智。"正如最近热播的中纪委宣传片《永远在路上》中所讲述的一样，"不忘初心，方得始终"。

现如今，不到二十年的时间，社会日新月异，村里的家家户户都有电视了，这得益于改革开放以来国家经济的急速繁荣、社会的急速发展，只有国家繁荣昌盛，底层民众才能过上不一样的生活。在近些年的村庄历史调研中也感受到，国家政治秩序的稳定与动荡，对于基层民众有着关键性的影响，而非有些西方学者认为的"传统中国上层社会一直在变革，而基层社会始终没有变化"。历史上的基层社会，民众一直在寻求各种能够通往上流社会的通道，只是每个人理性选择行为的结果不同罢了。有的家庭经过几代人的财富积累成为地主，并且培育出乡土精英，有些家庭因为突如其来的变故，或破产或迁徙或通过市场化的交易、职业的转换，强化了社会流动性。

历史的寒风从冀中平原走过，留下了多少风云变幻的民国往事，又留下了多少耐人寻味的故事。在这个经历了将近 600 年（明朝永乐年间至今）历史的华北村庄中，民众的身份也随之走过了风云变幻的路程。日本侵华战争爆发以前，村民的基本身份为农民、雇工、工匠，而之后，村民的身份发生了天翻地覆的变化，被塑造为"战时身份"，如抗日民兵、土匪、皇协军等。在土地改革运动和人民公社时期，民众的身份又被重新塑造为革命身份，如反动分子、农会干部、队社成员等。当革命年代已逝，大多数民众又回归底色身份，依旧成为农民、雇工、工匠等。

访谈数日，从老人王丰娟的经历中能够看出她宽和的心境所造就的一番豁达的生活景象。人生的意义不在于相互的斗争，生活不是"一切人反对一切人的战争"，而是能够时刻以一种豁达、开放、为他人着想的心境去博得周围人的认同，人与人只有相互帮助、相互体谅，才能实现生活共同体永久的善。对于政治学专业的研究学子而言，更需注重一种和善的美德所带来的生活、政治秩序。孔夫子几千年前就提出了"己所不欲，勿施于人"的大同理想治国方案，同样地，在西方政治学鼻祖那里，"政治是追求一种共同体的善"，是一种"公共的善"，这种善的达成最终造就社会的公平正义。

晚上的时候，窗外寒风凛冽，据天气预报提醒，明天开始，将有一股冷空气席卷而来。或许这样的经历会让我们这些行走田野的学子更有感触，今年暑期，调研长江流域的村庄，恰逢高温"烧烤"，目前调研华北村庄，已经感受到了寒冷，自己也已在前段时间经历了一场严重的感冒。希望在接下来的日子里，不要再因为天气和身体的缘故，影响了调研的进度！当然，通往"理性"之路不会那么顺利，但只要不轻言放弃，有毅力坚持下去，就能做出一定的成果。

通过这些天的调研，发现村民们处理纠纷时不乏各种民间机制、方式，每个人都有自己的理性选择。在关乎自己的重大事情发生时，村民第一时间做出的反应和选择体现出他们内心最原始的诉求，这也许就是习惯性行为发生的最初因子，而这些基因正是需要我们下力气挖掘的。在这段经历中，尤为感谢王奶奶，感谢她对我调研的支持，感谢她费口舌为我讲述甚至还原了那段历史，后来的人们从她那里得知前辈的故事，该有多么的欣慰。不知其他人会做何感想，反正自己感觉是很欣慰的。每天都能听到老奶奶讲过去的事，每一件事情都会给我留下深刻的记忆，因为在那些形态各异、元素多样的案例中，能够体会华北小农的行为，认知中国最深厚的历史底色。

所以，我不由得觉知如今的乡土社会，每一次的冲击带来的后果需要当时的人们相互去回应，至于回应的结果如何，就要看当时的人们对于传统和现代交替程度的理解。现代的人们可能更需要迫切理解历史人物，更需要年轻一代不要割裂历史太远。或许，我们这些关注农村社会变迁的人，更需要关注的是如何认识传统与现代起承转合过程中发生重大影响的因子。

传统的建制对村民们的惯行产生了一定的影响，但在实际调研中发现，村民自发成立的组织、相互间以户落为单位产生的关系，对他们的治理造型发挥着更加有效且频繁的功能。比如在日常的住房修建、婚丧嫁娶之事、纠纷处理、经济生产活动中，村庄政权的影响较小，而近门、当家十户、党乡人之间的知己不赖的特性则自然而然地体现着威力。这些主体间纷繁复杂的关系使得村民们自觉不自觉地发生某种行为，久而久之，成为一种习惯性的行为，最终将自然政治的基因传递给子孙后代和四邻八家、一户落的党乡人。这也是为什么华北小农能够实现村庄自治的缘由，而其中，血缘、地缘及地域规模是最深刻的因子。

走向历史深处，不难发现，在阶级斗争的革命年代，在土地改革运动中，民众所经历的一次次变革是他们从来无法预想的。土地是农业社会创造财富的源泉，但同时也是政治革命的导火索，土地本身可能不具备多大的效应，但附着于土地上的人与人之间的利益关系，人们的身份地位、意识形态等的差别、变动才是关键性因素，这些因素是政治革命的主要组成部分，也是一个社会和国家现代化进程中必然要面对和解决的。如果不进行田野调查，可能无法正确地审视历史，无法正确地把握和挖掘政治革命的起源，也就无法剖析中国这个传统农耕帝国在现代化进程中遇到的种种治理难题。幸运的是，我们已经在这么去做了，国家根部治理的研究前景是光明的，但是道路是曲折的，比如每天的访谈中，需要苦苦寻找适合访谈的老人。

附录二

双井村调查日记（节选）

2016年10月4日至12月2日，我在河北省邢台市宁晋县唐邱乡双井村，从事"黄河区域小农村落形态与实态调查"，根据调查进程撰写了《双井村调查日记》，主要内容是按调研的时间顺序记载了调查准备、入村经历、调查经过、材料来源与搜集、调查感受、调查发现以及心得体会。本文主要是从《双井村调查日记》中选取了一部分，进行梳理、出版，并与读者进行交流。

9月29日　晴

今天上午与覃博士一起前往邢台市宁晋县廉州镇城子村试调研，发现了当地的几大特征（存在水井、看井人、看青、庙宇等）。城子村没有河流、堰塘构成的水网，只有水井，水井分灌溉水井和饮水水井，前者在田、后者在村，水井的产权或属于几户公有或属一个大户私有。如果自己的井水水质差，就从别人的水井中担水吃。由于本村其他制度形态较少，于是决定换镇寻村。

上午的调研让人感受到了当地人的懒散、低效。于是，到了中午我们决定分开行动，覃博士继续留在藁城区，我直奔下一个点。本来我的下村路线是藁城区—石家庄市—邢台市—新河县，但为了赶时间，我下午直接从藁城区赶往新河县民政局接洽，该单位负责人说没有收到邢台市民政局的任何通知，拒不接待。于是我打通了邢台市民政局负责人电话，他们告知我：没有收到省里的通知和公函，所以不能给新河县打电话,就说这是个程序问题。我随即就和陈老师取得了联系,陈老师和我多次给河北省老龄办打电话,但一直没有联系上。下午4点半,我再给邢台市负责人于主任打电话,就说明天早晨拿着公函去邢台市民政局当面沟通,于主任答应了。快到5点时,我从县民政局出来,准备去邢台市下榻,但两地距离2小时车程,每天下午4点以后,新河县就没有去邢台市的班车了。就在我不知所措的时候看到对面驶来一辆旅游大巴,车上没有一位乘客,司机恰好要去邢台,心想自己好幸运的。想起上次在广东调研时,无班车的情况下坐了一辆鄂牌渣土车。调研之路,艰辛与幸运并存!

去往邢台市的路上,期待能够在明天中午民政局下班前返回新河县,与当地民政局接洽好,下午就能下到某个村。因为后天就是节假日了,地方干部们迫不及待回家过节了!

经过一整天的奔波,得出了自己的调查经验:调研员最好去趟市里与负责人当面接洽,再下到县、镇、村,有时打电话沟通的效果没有当面沟通的好。

9月30日 晴

祖国母亲生日来临之际,秋高气爽,行走在燕赵大地,两日内,感受颇丰!初到石家庄市藁城区,觉知当地人工作节奏慢于南方,生活方式比较粗糙,不像南方社会那么精致。从长江"水网村落"走向华北"水井村落"。水井村落的试调研还在进行中,对于乡土村民,假日并未对他们的生产生活产生多大影响,对于行走乡野的调研员,假日的概念早已在与村落历史拯救和老人生命的赛跑中被淡化!

此前,我们已与另外一个乡的干部取得了联系,明天一大早便可寻访该乡。今日的邢台貌似少了往日的雾霾,早晨起床,简单洗漱,没来得及吃早餐便前往邢台市民政局老龄办,希望尽早接洽,赶回新河县。走进老龄办,见到了解秘书,与她边交流边等待于主任。据解秘书讲述,新河县比较穷,那里的人很朴实、真诚。9点多时,于主任来到办公室,与我简单交流一番,我向他汇报了我们的调研初衷,他听了之后也建议我去新河县调研,新河是邢台市贫困县,与邢台市距离3小时车程。于主任一边与我交流,一边给新河县老龄办负责人打电话,请他们对此次调研活动给予积极协助和支持!我从市老龄办出来,收拾好行李,便乘上去往新河县的中巴车,期待下午能够顺利进村!

我于下午1点半抵达新河县,但由于新河县地方干部不大热情,不支持我的工作,于是我在市领导的协助下来到宁晋县调研。下午几经周折,终于在傍晚下到黄儿营西村了。但与村干部简单交流之后发现这个村现在很发达，村庄过去虽然是较穷的农业村，但形态遗存很少，于是自己联系了另外一个乡，明天继续选点！

10月1日 阴

一大早，黄儿营西村大伯带我去吃早餐，之后便送我搭上去宁晋县的车，由于昨晚睡得晚，所以在车上小眯一会。到了县里，节日的气氛有所体现，我没有等到去往唐邱乡的班车，只好打车去。上午来到唐邱乡政府，见到了协助我调研的刘主任，主任正忙着其他工作，我在镇政府办公室等候了半个多小时。刘主任忙完一阵后，便与我交流调研事宜，我向他陈明调研的大概情况后，他说可将我安排在镇政府，下村不便安排食宿。主任所想切合情理，但对于深入研究农村的学子而言，吃住在村民家，与村民同劳动，才能深刻体会当地的民情，于是在我的请求下，刘主任立马联系了裴家庄村支部李书记，李书记在电话里答应安排我的食宿问题。

与镇里的接洽工作完成后，刘主任派人开车将我送到裴家庄。来到村委会，首先见到了等候我的李书记，他一脸官相。与书记走进村委会办公室，看到了学院为本村所授的"新农村建设观察点"牌匾，顿感亲切和激动。和书记交流一番之后，他联系了自己的父亲，把我安排在他的父亲家中，随后又找来了李会计，让他协助我接下来的调研工作！从村委会出来，已是午饭时间了！来到支书父亲家，两位老人热情地接待了我，给我安排到了一间干净亮堂的屋子。安顿好之后，我先骑车到村庄里溜达了一圈，熟悉一下村庄的总体环境。回到李大伯家，开始吃午饭。村民的生活虽说比较简单，但对于长期生活在西北地区的我而言，饮食方面与当地几乎没有差别，午餐是一碗面和油条，我与大伯大妈边吃饭边聊这边的生活与我家乡以及学校生活的差别，午餐之后，我回到房屋休息了一会。下午联系了李会计，到村委会查阅本村80岁以上的老人名单。在村庄的花名册上，我看到了目前80岁以上的男性老人有11位，其中，85岁以上且思维清晰的老人4位，80—85岁的老人7位。对村庄老人数量做了大概统计之后，我开始入户调查。李会计首先带我来到了老人郭大田的家，郭爷爷现年93岁，在试访谈中，他跟我讲述了裴家庄许多形态：（1）该村1949年之前有李、曹、刘等多个姓氏、360多户集中居住；（2）村民主要种植黑豆、高粱、谷子，靠天吃饭，没有灌溉水源；（3）村庄有2口饮水井；（4）有3座庙宇，分别是观音庙、三观庙、龙王庙；（5）地主10多位，老人将地主称为"好过主"；（6）有村庄集体组织在龙王庙求雨现象；（7）有看青的"拥"（看护庄稼的组织，成员七八人）；（8）有2名打更人（当地人将"更"字读 jing);(9)有共产党领导的自卫队,还有其他组织,如自卫团、大刀会;(10)村民组织挖地道,反抗日军侵略。

通过近两天的试调查,自己内心存在几个疑惑:一是当地过去不种小麦,整个邢台市过去很少种小麦,有些不符合调查理想;二是缺少公共性的财产和组织;三是日本侵华对当地影响重大,有些底色惯行中断,又有些战时的组织或行为产生,且八九十岁的老人恰好是日本侵华时期出生的,所以感觉口述的内容不大符合历史底色的绵延性。近两天的邢台试调研、选点过程中困惑很多。

10月2日 晴

走访马振多老人家。老人现年84岁,1949年之前为自耕农,家有10亩地、5口人,1951年结婚,妻子李氏也为本村人士。老人说,据前辈的口口相传,裴家庄原来可能是邻村胡岳村村民的庄子地(即胡岳村村民离村较远的土地,村民在与居住地较远的地里修建一两处简易房,农忙时节就在简易房吃住,便于就近忙农事,农闲时节回村居住),裴家庄那时属于宁晋县胡岳乡。老人的阶级成分为贫农,当我问到村里是否有地主时,老人回答:"有地主。"在他的记忆中,以前村里有教书先生,3户或5户请一个先生教育子弟,老人自己在1941年左右去裴家庄学校读书。当时的裴家庄,马姓1户(从邻村岳家庄迁至此地。两村相距3公里,当时马振多老人的祖母为裴家庄人士,因姻缘关系搬迁至岳家庄,后因岳家庄人多地少,又搬至人少地多的裴家庄),李姓100户左右,刘姓约20户,曹姓约20户,孙姓约20户,王姓约20户,郭姓约20户,张姓5户,高姓约10户,梁姓3户,岳姓1户。村庄有三座庙宇,分别是关帝庙、三观庙(供奉尧、舜、禹)、龙王庙。1937年农历九月初九,日军进犯本村,老人说,他对这个日子记得很清楚,因为他的表弟李大牛就是这天出生的。1939—1940年左右,村庄成立了大刀会,目的在于防范土匪侵犯,后来大刀会更名为自卫队。他的祖爷还在本村经营一家饭铺。

10月3日 晴

离开裴家庄之后,又来到双井村。寻村四日,最终选定宁晋县唐邱乡双井村,初访本村两位老人。

第一位:史增麟老人。老人现年93岁,1949年之前,家中有6口人,4亩地,其阶级成分比较多样:先被划为贫农,后被改为下中农,最后又被改为中农。人民公社时期,他担任生产小队队长、会计、饲养员、农业技术员。

第二位：张小考老人。他现年88岁，1949年之前家有4口人，成分为下中农。

据两位老人回忆，传统时期的双井村概况包括以下内容：(1) 1949年以前，本村有400多户，村民2000多人，70多顷土地，大地主3户，村民主要种植豆类、山芋、高粱、谷子；(2) 400多人信仰天主教，其他村民信仰传统宗教；(3) 吃水井4口，灌溉井

图1　与史增麟老人访谈

众多，地主、富农、中农家庭几乎都有浇地的水井；(4) 村庄公共领域包括史家大车店（客栈，供吃住）、大场（碾谷场所）、庙宇（真武庙、五道庙、龙皇庙、观音庙）、村庄集市（集期：农历逢一、逢六）、天主教堂、村公所（也称老局子）、3所学校（东公立小学、西公立小学、女校）；(5) 公共组织包括大刀会、联庄会、教会、自卫队、自卫团、老母会；(6) 公共活动主要有看青、庙会、吃会（祭祖）、求雨、赶蝗虫；(7) 村治主体由保长、甲长、村长、村副、先生（管账目）、族长、"家长"、"好管事的人"、打更人等构成。村庄的公共性体现在打井、修路、设庙田、临时性的村庄救济等方面，双井村与邻村都有官房，调研中第一次听说有这种房屋，我边行走边思考：传统社会的治理元素真是丰富！估计还会有其他内容，只是老人一时间没想起来。

走访数日，我吃住在乡政府和农户家，玉米粥、馒头、蚂蚱、羊汤尽有。感谢乡干部，感谢陪同我进村入户的张哥……

今天下午，我向在河北调研的成员们汇报了选点感受："众里寻它千百度，终于选定一个村，寻村之路不易，但幸运也会相伴！且行且调研。"具体的感受是，"北方村支书的权威很强，村支书不发话，其他事情免谈，和村干部打交道要耐住性子"。下午3时许，乡政府刘主任给我打电话说让我与村支书取得联系，他已经给村支书打好招呼了，村里会给我安排食宿。但是到了村里，村支书电话始终打不通，于是回乡镇住宿，第二天再行动。

10月4日　雾霾

今天一大早，与刘主任沟通一番，他决定再给双井村村支书打电话，就我的调查目的与食宿问题进行交流。随后，村支书与副支书张真巧取得联系，让副支书给我安

排食宿。中午，我自己打车从唐邱乡政府回到双井村，在双井村便民服务干事张哥的帮助下，安顿好了住处。下午开始入户调研，张哥骑着电动车带我去了几户重点调查对象的家，不料老人们都不在家。外出闲逛，在行走中偶遇 85 岁高龄的张仁江老人，他是现如今本村张氏家族的族长，为张氏 16 世中最年长的人。据他讲述，担任族长最主要的条件是辈高年长，村里的每个族姓都有一位族长，族长由某一世中辈分最高、年龄最大的人担任，原族长过世后，由同辈中年龄次高者自然继任，不必进行推举，当地人称"轮着走"，无须考虑威望、文化学识、个人致富能力、家庭经济水平等。张仁江老人家 1949 年前有 6 口人、3 亩土地，务农为生，妻子高氏为邻村郝庄人士。据他回忆，当时的双井村，除了建有张氏家庙，还建有李氏家庙（本村有李姓农户 5 户），位于本村老杨扈道口（小地名）。

10 月 5 日　阴

早晨起来，简单吃了早餐，8 点多前往史增麟老人家访问，不料，一进史家大门，被老人的儿孙拒绝了，他们不允许我继续与老人访谈，理由是老人年岁已高，身体欠佳。当时内心一震，莫名其妙，昨晚与我轻松交谈的老人家，为什么今天拒绝我？无奈心灰意冷，离开他家，踏上了寻找其他明白人的路。在接下来的村庄寻访中，有幸遇到了张小考老人，据老人回忆：过去与本村村民联姻的村庄主要是邻村，如南边 1.5 公里外的郝庄、正东 3 公里处的唐邱村、西边 4 公里外的米家庄、北边 5 公里外的杨扈村以及裴家庄，他的妻子为本村李氏。

走访张小考老人后，决定还是得去一趟史增麟老人家。第一次去史增麟老人家时没带礼物，他们对我很热情！再次去的时候给他们送了点礼物，他们欣然接受了。第三次去他家，被莫名其妙赶出来了，就说我给他们送了礼物，是不怀好意，说我可能是骗子。因为之前村里来过骗子，先是给老人送东西然后行骗，心想这下糟糕了！下午的时候，工作无法开展，部分老人对我抱有戒心，于是我找村支部副书记出面，消除老人们的疑虑。副支书先带我去了王丰娟老人家，老人现年 87 岁，16 岁入党，由于父亲是党员，所以自己后来也入了党。据老奶奶讲述，过去比较穷的村民大多数以做短工为生，短工权益没有保障，"雇主说好了给 10 元，但干完活结账时可能给 3 元或 5 元，剥削人"。与此同时，副支书还给我介绍了村里有威望的张联须老人[1]。

---

[1] 现年 80 岁，1949 年之前家有 11 口人，务农职业，妻子岳氏为邻村岳家庄人士。据他讲述，1949 年之前的双井村比较穷，邻近的唐邱村和米家庄相对较富。

10月6日　小雨

这天早晨，我在村庄便民服务室干事张龙龙的带领下，先是来到了孤寡老人留拴的家中。他虽然是孤家寡人，但左邻右舍的老人们有空了就去他家闲坐、拉家常，在我与留拴老人聊天的一会的时间内，六七位老人陆陆续续来到他家。张留拴老人现年78岁，土改时的阶级成分为上中农；刘小偶老人现年77岁，为贫农；严省老人现年79岁，中农家庭出身；张顺严老人现年80岁，贫农出身；张增锁老人现年78岁，也为贫农。与老人们交流一番便收工回到住处，整理调研思路。

10月9日　阴

早晨8点多，支书安排给我做向导的张大伯就来找我，在他的陪同下，先去了华明家，当家人不在，于是就找周小路老人！一路上，大伯告诉我，那时候的水井台等公共的场所被称为"等死台"或"等死岗"。后来，史姓老人也有过类似的讲述：在过去，老来没事的人们聚在一起聊天、晒太阳、打牌的村落公共空间被称为等死台或岗，以老年人们聚居的空间而得名！农民造词，富有智慧！第二天天气晴好，张大伯8点半就来找我，在他陪同下，我们前往周小路老人家，开始一天的访谈工作。在老人那里，访谈到了老母会、大会的相关内容。出了他家门，一路上，我向张伯打听当下农作物产量，他告诉我，当下的棒子（玉米）亩产量在800斤，小麦亩产1000多斤。

10月18—19日　晴

邢台的风俗与家乡的风俗差异很大，早晨又听见锣鼓喧天的声音，原来，今天又有村民结婚，仪仗队、豪车接亲队彰显出当地村民摆阔、好面子的特征。除了婚事，今天本村村委会大院来了一家销酒的推销商，他的推销对象主要是老年人，此次推介会，共有上百号人参加。推介完毕，大多数人都买了商家的酒，一箱酒200元左右。据王丰娟老人讲述，今天该商家推销的酒差不多有十几箱。

今天的访谈对象主要是张联须老人和王丰娟老人。早上去张爷爷家，找他访谈有关赶集的历史形态，从他那里得知当地村民定集期的有关活动，但是和他聊了不到一小时就结束了，因为他要去转亲戚。从张爷爷家出来，就直奔王丰娟老奶奶家访谈，奶奶跟我讲述了过去发生在本村的两次落井事故以及人们祭拜井龙皇的活动，传统时期的祭祀、信仰真是丰富多样。晚上回来后，我向老师和同学们汇报了自己近期调研中的一些发现，即华北的乡村社会有两大特点：1.信仰体系很发达，村民们信仰的宗教分天主教和传统宗教（调研员访谈信仰可多找老奶奶们，由于这边村庄比较大，有的老奶奶娘家就是本村的,因此对村庄信仰了解得比较详细);2. 拳术和防卫体系发达(此主题可多访问老爷爷,尤其是以前的地主)。信仰和拳术的结合可能是起义和革命的起源,正如裴宜理、周锡瑞等前辈在对红枪会、白莲教、义和团运动的研究中所提到的。杜赞奇先生通过对祭祀、庙宇、经纪等的研究提出了"文化网络",他对邢台闸会的研究更是通过发掘龙王爷的祭祀体系所展现的!所以,自己觉得,在接下来的调研中可以多发掘一下信仰组织、防卫组织等,以便认识传统时期农民的社会联结惯行。

今晚睡觉前,洗了头发,收拾了下房间,稍有点感冒的症状,所以就早点休息了,此时已经是夜里12点半了。希望自己在河北乡下的这段时间内能够发掘出更加丰富的资料,不枉此行,给自己和村民一个交代。

10月28日　晴

去找王丰娟老奶奶时,她正在吃早餐,于是去找周小路老人访谈。小路爷爷今天穿戴很整齐,他对我讲,今天无空与我聊天,让我明天再来。据说他的女儿们要来看望他,原来马上就到农历"十月一"了,这天是当地传统的鬼节,外嫁的女儿都要回娘家给自己的祖先扫墓,顺便看望一下父母和兄弟姐妹,一般不会去家族的叔伯家串门。从小路爷爷家出来,还是去了王丰娟奶奶家里,她家今天也人来人往,比较热闹,她的女儿四个都嫁到了本村,其他三个嫁到了邻村。

在与奶奶的访谈中得知,过去,本村最大的好主张化楠有很大一片庄寨,从前街到后街一片很多间房屋(具体间数不知)都是他的,大多是从穷人家买的。接着,奶奶给我讲述了本村大仙"白老长"的故事,具体情节不乏真实性,如打官司、各种关系往来。在此故事中,我们能够发现某些惯行,比如,农户在打官司时会得到谁的帮助?是邻居、乡里乡亲,家族的叔叔伯伯,还是亲戚朋友?类似的故事都会告诉我们华北小农的日常行为。和奶奶访谈了大约有俩小时,就收工吃午饭了。下午两点半左右去张联须老人家中访谈,到他家中时,发现老爷爷正在睡觉,他看到我来了,就起床了。在与老爷爷的调查中发现,过去当地的村民还是热衷于祖先祭祀的,比如本村最大姓氏张氏修建了张氏家庙,定期举行全族人参加的祭祀仪式,定期去祖坟祭拜,还会定期修谱。每次修谱时需要开会商议,主要是族长、"家长"、副"家长"和各股(族内各个分支)中好管事的人参会,筹划本次修谱事宜,修谱结束后还要在村外的大场内搭棚子唱戏。爷爷还给我讲,过去家族有族田,数目不详。说着说着,老人给我拿出了今年即将修谱的事务安排计划表,他是上一届的修谱成员,由于现在年岁已高,无法握笔写字,于是把修谱事务交给其他人去做。今年的修谱具体时间定在立冬之日,据说当下得花费大约一个月的时间来完成整个修谱之事，修谱结束后仍要延续唱戏的风俗。

从爷爷家出来已到6点了，回到住处准备吃晚饭。今晚村委会大院来了放电影的人，他们是上级派下来专门为村民丰富文化活动的，但是几乎没有人去看，只有几个小孩子在现场跑来跑去。类似的场景在我调研华南宗族村庄时也遇到了，如今的人们已不再对此感兴趣，家家户户都有电视了，有的家中还有电脑，村民们不再聚在公共场所一起看电影。尤其是如今手机大为普及的情况下，村里的年轻人更是对放电影这样的事置之不理。想到自己小时候，跟着姐姐们、伙同本村的小伙伴，有时跑到几公里以外的村庄去看电影，而平常的时候，吃过晚饭就去村里的人家看电视剧（比如《还珠格格》《圆月弯刀》《甘十九妹》等），因为那时候家里较穷，一台彩色电视都买不起。

10月29日　晴

今天早晨出门较晚，因为提前计划了要去找老奶奶访谈，她每天早晨8点半到9点才吃早餐，所以，掐着时间点去她家。到了奶奶家，跟她儿媳和孙女闲聊一会，等奶奶吃完早餐。在和她访谈过去当地人的家庭祭祀时得知，基本上每个姓氏都有祠堂，当地人称家庙，张氏家庙就建在本村，而其他姓氏的家庙一般在外村，比如王氏。在家族的规定中，针对不同的人群，有着不同的"入穴"（当地方言，意为逝后入祖坟）规则，对于不遵守宗族规则的农户，不让入族谱。

图2　受访者王丰娟老人

种种的祖训、族规都制约着族人的日常行为、思维观念。在与老奶奶访谈的过程中，还了解到了一桩因姻亲之间借钱未还导致的连环杀人案。在当时的无政府状态下，对于一桩桩命案，如果可以私下了却，就不必上县法院打官司（凶手犯案后照样可以逍遥法外）。当讲到伤心处的时候，老奶奶禁不住流下了眼泪，如果没有我的访谈，老人可能永远都不想再提起以前的伤心之事。上午的访谈，收获很多，很感谢老人的宽容大量，始终没嫌弃我这个喜欢"打破砂锅问到底"的学生。临走时，她的儿媳妇还要留我吃饭，我说："在农户××家吃住，他们也在等我回去吃饭呢"。

下午去找周小路老人访谈村民拜神的历史形态，老人跟我讲的不多，有些事实他也讲不清楚。于是和他的老伴访谈，他的老伴叫高县格，是邻村曹伍疃人士，现年82

岁，她和在她家门前晒太阳的一群老奶奶一起向我讲述了过去当地村民的拜神情况。双井村村民传统信仰体系纷繁复杂：（1）村落层面，村民们主要祭拜真武爷、玉皇大帝、关公爷、井龙皇、龙王爷、路神（五月三十和六月初一）、女娲娘娘、文昌君、阎王爷；（2）家户层面主要祭拜家宅诸神：门神、宅神、南海观音菩萨、路神（每月初一和十五）、龙仙（管水的神）、灶王爷、仓管神（管粮仓）；（3）村内庙会：农历正月十五的真武庙大会，二月十九的老母会，三月十五和四月十五的菩萨会；（4）村外的庙会主要有井里庄老母会、郝庄龙仙庙会、唐邱村真武庙会、岳家庄春分庙会、曹伍疃真武庙会、孟家庄娘娘庙会、九龙口铁佛寺庙会、赵县百灵寺大会、西山庙会。如此多的神明，需要村民们逐个进行祭拜。祭拜中的花费基本靠自筹，因此，就有了老人们所说的"老年（过去）人穷神也穷"！

10月31日 阴

天气愈加寒冷，但这里的人们赶集的热情似乎一点都没有减弱，今天是村庄的集期，一大早就听到街上赶集人摆摊、吵闹的声音，真可谓"赶集要赶早"。昨天徐老师在指导同学们调研时认为，河北燕赵大地是典型的防卫型社会。在本村的调查中也深刻体会到了这一点，最初来到本村调研，村民的戒备心理超乎我的想象，他们见到我的第一反应就是："你是干吗的？调查这干吗哩？你调查那没用……"最近去找高奶奶和王奶奶访谈，总会有其他老人来围观我们访谈的场景，高奶奶在跟我讲述传统时期的祭祀形态时，其他老人坐在一旁听，她们都知道很多的细节，但是不想也不愿意讲述。高奶奶说："我不怕进法院，我就跟他说了。"看来，在老奶奶的心目中，跟我讲述过去的事意味着对法律的碰触，高奶奶是一位心直口快的人，自己知道什么就给我讲什么，我也宽慰她，我们的调研没有其他目的，就是让她们讲过去的故事，留下一些值得后人去了解、阅读、研究的东西。在老人们那里，日常生活中习以为常的事情貌似没有任何价值，但在研究农村的学子中间，这样的生活惯行蕴含着深厚的意义，是值得去挖掘的东西。每到一个地方，即便会找众多老人访谈，但有些老人会让自己记忆深刻，调研结束后很长一段时间内仍旧会想起他们，本村王奶奶就是值得我去敬佩、去回忆的人物。她在近期的访谈中，动辄就给我讲几个故事：（1）亲家俩人为借钱还债发生的纠纷案件；（2）她家与地邻刘氏好主因在地头留一条走道发生纠纷，引发一场官司；（3）三个关系不错的村民赶集喝酒时发生纠纷，只因另一个贪财；（4）俩准亲家刘氏与张氏之间因婚嫁聘礼之事发生纠纷；（5）妯娌之间因家事发生纠纷，弟媳依靠皇协军姐夫占了上风；（6）张氏7岁的女儿将2岁的妹妹扔到了井里，后来村里的人把张氏妻子告上了县法院；（7）两支娶亲队伍因"抢媳门"而引发纠纷官司……

早晨在张联须老人家访谈时，他的老伴从集市上给他买了双鞋子，花了15元钱。老人很不耐烦地试了一下鞋子，老奶奶说比较好看，可以在这个冬天穿，两位老人你一句、我一句，相互唠叨。可能在他们的一生中，相互唠叨的时候多了去了，恰好今天找老人访谈婚姻的历史形态。在过去，结婚之前，男女双方都不知道对方长啥样子，"过了事（举行了婚礼）了就成了"，一辈子俩人就叮叮当当过日子了。而现如今，一切发生了天翻地覆的变化，正如老奶奶下午跟我讲的，"现在的孩儿们，每当晚上的时候，都约着出去玩去了，男男女女都出去了，不知道晚上干啥去了"。据说如今的村庄里，青年男女谈恋爱的多了去了，双方还没有举行婚礼仪式就已经让女方怀了孕，虽说社会已经很开放了，但是在村里，左邻右舍的还是会纷纷议论，"谁家闺女……谁家小子……"。有的人家，新媳妇过门没几个月就把小孩生了。这样的现象虽说已经不值得大惊小怪一番，但是在村里的人眼中，这样的行径就是不正常的。

图3　受访者张联须老人

11月2日　　晴

在当地人的建房习惯中，有一个特殊的现象，即大门内要置一块"迎碑"，客人们一进家门便能看到迎碑上的文字，碑文内容多为古代诗词，也有现代伟人、名人的诗词和言论，迎碑彰显着家庭的文化涵养。在具有特殊历史文化底蕴的村庄，调研走访中感受到了在传统时期所突显的联结性，这种联结主要体现为村民们自发成立的为了实现某些特定功能的社会组织，如为了办理丧葬事务成立的老会、为了防御土匪黑军而成立的大刀会和联庄会、为了行好拜佛成立的老母会，当然，加入土匪组织的民众也体现着一种联结。除此之外，为了对抗外部强力的侵略而成立的民兵组织主要是在国家、政党、武装团体层面领导的秘密的团体。每一个组织几乎都有着自己的信仰和仪式，如老母会信仰道教和佛教，并且定期举行祭神仪式；大刀会和联庄会也有信仰的神明，每次训练之前，都要举行特定的祭祀仪式，这在张小考、王丰娟老人那里都得到了印证。

11月3日　晴

在今天调研出发前，希望能够找到一些明白那个时代村庄土地关系形态的老人。不知不觉中，又来到了张小考老爷爷家，他是本村第二高龄的人，如今有些耳背，我在访谈时不得不提高嗓门。老爷爷给我讲述了民国时期村长张氏和村副（即副村长）与本村好主张氏之间的纠纷与冲突，这次冲突导致了他们在不久后的革命运动中的特殊行为，这样的行为也给自己带来了灾难。在张爷爷那里听得不太清晰的细节，随后在王奶奶那里得到了补充。王奶奶最近一直在家，如果我不去找她聊天，她就坐在家门口与老人拉家常。

图4　与双井村民张小考访谈

下午去找张小考老人访谈土地买卖的内容。在之前的调查中，其他老人对土地买卖的某些规则没有特别清楚的讲述，张爷爷的讲述总算让此行没有留下太多遗憾。据他讲述，过去交易土地，需要请地的四邻去地里当面见证，"告知邻居，把地卖了"，不能在不告知邻居的情况下私自卖地，这是当地的"乡俗"。这样的规则在前一段时间的长江小农调查中也有所体现，这是个值得关注的现象。老人在给我讲述的过程中还提到了一个案例，一下子激发了我的兴趣，故事讲的是一桩张氏族内土地交易的事情，这其中既有族内血缘关系维持的优先交易权，也包含了华北小农的经济理性。当发生令当事人发愁的事情时，左邻右舍的人会为其出点子，帮他想办法，这样一来，最后的方案不会让任何一方感觉到不被尊重、不被理解，不会造成不和谐的局面。从这样的案例中可以看出，乡土村民在处理自己切身利益或是与熟人关系时都能偏向于理性的选择，在这当中，可能不需要外部官方力量的协助。

晚些时候去王奶奶家访谈。当时已经是下午4点半了，老奶奶正在电视旁看电视，看到我来了，就动身收拾桌子上摆放的杂乱无章的东西（她曾孙女才2岁左右，正是淘气的时候）。老奶奶关了电视，坐在沙发上与我聊天。快到6点的时候，结束了调研，准备回屋。每次离开她家时，老奶奶总要走出大门送送我，挂着拐杖望着我离开，我向她招手说再见。回来后吃过晚饭，就去村庄大街上溜达、散散步，穿过了几条胡同，如今的胡同比传统时期的过道宽敞多了，据老人们讲述，传统时期村庄的街道狭窄又曲折。

11月5日　雾霾

今天既是周末又是双井村村民赶集的日子，村内主要街道人来人往，小孩子们你追我赶地玩耍，流动商贩们叫卖着自己的商品，衣物、鞋子、蔬菜、水果等，应有尽有。赶集的人大多是从外地来的，他们在本村已经占据了固定的摊位，在我观察的日子里，每个赶集日，商贩们熟悉的身影都会出现在固定的摊位。有些村民会在自家门口安个小喇叭，每天叫卖面条、葱油大饼。卖豆腐的小贩时常骑着三轮车在村里敲梆子，人们听到梆子的声音，就知道是卖豆腐的，其他商贩一般不会敲梆子，梆子的声音清脆坚实，在这种声韵中又能感受到一种深厚古朴的历史气息。村庄如今的交易讯息，多是来自喇叭广播，村庄大喇叭里不时传来商品交易的信息（比如某类蔬菜的价格），在另一个大喇叭里则时常传来村支书通告村庄事务的声音。整个村庄热闹非凡，让人一时间感受不到深秋的寒意了。

为了对村庄历史有一个全面深刻的认识，我的调研还得继续进行下去。昨晚去村副支书家做客，小酌两杯，今天起床较晚，吃过午饭，准备去找老人访谈，希望越行走越幸运。下午与以前生活在地主家庭的池令娥访谈。老奶奶现年87岁，对自家的情况比较熟悉，但是她耳背，听不清我说话，我扯大嗓门与她交流，艰难地问出了一些细节，比如家庭土地的情况。老人的一句话说出了地主家庭在革命年代经历的风风雨雨，"最后还是吃了地的亏"。

11月6日 星期日 阴

时下已经悄然进入了冬季，学术调研也在持续推进。早上出门准备前往张小考老人家，快走到他家时，看到老人蹒跚地走在乡间道路上，我快步走上去和他聊了会，老人如今有点耳背。他的妻子李氏也是本村人士，现年82岁，老奶奶对过去童养媳的领养细节了解甚多，奶奶思维清晰，能和我正常交流。据她讲述，有些人家从小就将女儿送给"有饭"（当地人对富裕人家的称呼）的家庭做童养媳，而有的童养媳则来自外地。比如过去兵荒马乱的年代，有些母女两人讨饭至本村，看到一个愿意收留女儿做童养媳的富裕人家，母亲就将女儿留在此地。正有老人所言，"年头就是那个年头"，人们把女儿从小送给别人家，就是让她在婆家过上好日子，不想让女儿跟着自己受罪。至于这其中是否存在金钱意义上的买卖关系，老人们一致的回答是否定的，因为接受的一方需要从小养育女儿，供她吃、供她穿。老奶奶在跟我讲述的同时，从柜子里拿出水果给我，再三留我吃午饭，遇到老奶奶这样热心肠的老人，再寒冷的冬季也不会感到那么冷酸。

  然而，现实社会是多元与复杂的，包含了具有不同人格和人性的个体。在下午去找史增麟老人访谈时，遇到了自己迄今为止没有感受到的冷漠：他的儿子看到我来了，一边忙着手中的活，一边对我说，"你咋又来了，我们不欢迎你"。村庄大了，什么样的人都有，也不知道自己在什么地方做得不恰当，让一位天主教徒（他们一家人都信奉天主教）对我的到来如此抵触。今天没见到史爷爷本人，而是恰巧见到了他的儿子，如果爷爷见到我可能不会有这么大的反应，因为之前是村支书带我去见爷爷本人的，老人家也愿意对我讲述过去的事。自己之所以执意找老爷爷访谈，是因为他是本村现如今最年长的人（1924 年出生），对于日本侵华战争爆发前的双井村治理状况，没有人比他更清楚了，其他的老人均在 90 岁以下。他的家人的冷漠并没有给我带来多大的心理负担，从他家出来，去找张联须爷爷访谈。张爷爷今天独自在家，他的老伴最近生病住院了，由三个儿子负责照顾。张爷爷跟我讲述了过去村民们分家的情况，老人说，那时候如果家里有儿子结婚了，迟早要分家的，如果是独生子家庭，老人和儿子儿媳过不到一起，也会分开单过，即儿子儿媳另起炉灶，但不会和父母分土地、分家产。在有些信奉天主教的家庭，女儿一般不出嫁，一辈子待在娘家，这样的人被称为"老闺女"，她们也拥有与儿子一样的财产继承权。不过在其他农户家中，很少存在老闺女，如果老人和儿子们分家时，老人生怕儿子们以后不孝顺，便主动提出要求留一份"养老地"，这样的要求在那时不为过。在旧社会养老缺乏政府关注与保障情况下，老人的自利性考虑也是可取的。

  11 月 7 日 小雨

  今天是立冬之日，下着小雨，屋内比较暖和。吃过早餐后寻思着今天的调研计划，在深入访谈中感知，北方村庄与南方村落相比，前者户数和人口均比后者多。北方的老人们有空时聚在一起拉家常，主要是因为大家住得近，都是"一户落"生活的人，而南方村民分散居住，都是单家独户生活，北方村庄老人数量多。但不知为何，他们普遍失忆且容易耳背，南方老人能说会道，思维比较活跃，交流时的语速也较快，这样的差异导致自己在北方村庄调研中困难相对较多，每天早晨醒来后就在想，如何针对不同的老人设置不同的访谈主题。今天准备去找张联须老人，接着访谈过去村民们分家的情况。与张爷爷访谈中，了解到过去还有一类村民称为"当负"，即官府让好主家庭长期雇用一两个村民，负责为整个村庄看秋和打更，由好主自己负担他们的报酬。可见，传统的治理元素真是丰富多彩！不同身份的人在村庄中承担不同的社会角色，只为实现村庄的治理。从张爷爷家离开时，老人将我送给他们的水果又给了我，他再三推辞说我还是学生，自己没有赚钱，不要给他们买这买那的，"心意到就行了"。从张爷爷家出来，恰好碰到了史增麟老人，老人看到我还是比较亲切的，即便他的儿子对我一再冷漠，史爷爷也愿意继续给我讲述过去的故事，他笑着对我说："小吕这脾气好。"老爷爷说这话是有根据的，因为我之前去他家几次，被他的儿子拒绝了两次，所以老人会觉得我会为此而不快。这些不快乐都不重要，重要的是从老人那里获得一些传统的知识，果然老爷爷给边回忆边讲述：日本侵华战争爆发以前，本村有村长、村副，他们是治理村庄的权威，在1937年以后，中国共产党领导的抗日政权在本村不断生根……与老人的访谈结束后，回去吃午饭。下午上班时间去张小考老人家访谈，老人和他的妻子给我讲述了分家的历史，而在当下，他家的分家实态也值得研究。他有5个儿子，如今已经分了家，当时分家时也按过去的规矩，"拿球"（当地方言，意为抓阄）决定，还要请家族的叔叔大伯等来做公证人。

11月9日 晴

在乡下的每一天，只要出门去调研，就会有收获。这两天，村干部给我找了辆自行车，出行更加方便了。今天吃过早餐后，就去张联须爷爷家里访谈。爷爷还是独自在家，他的老伴去医院看病还没回来，我到他家，也算有个人陪他聊天解闷了。今早与老人的访谈主要包括养老与过寿。据老人回忆，过去老人的养老问题或是由老人自己解决，或是由子女们负责，但更多的是后者。村庄孤寡老人很少，即便自己无后也要想办法过继或抱养一个男孩，而不会孤独终老。过继的儿子与亲生的儿子一样需要继承财产，承担养老送终之责。如果儿子们拒绝养老，按照当地人的说法，老人可以去官府打官司，即"讼吾儿不孝"。老人说，过去几乎没有老人真的为了养老问题将儿子告到官府，但是这样的观念是存在的，"讼吾儿不孝"乡俗规则主要是为了防止儿子们不负养老之责。与老爷爷聊了较长时间，他的子女回来看望他，与他商量吃中午饭的问题，他的儿子说让我中午就在他家吃午饭，他的女儿这几天常来他家主要是为了照顾父亲的生活。

下午准备去找王奶奶，她现在搬到西北角小区住。我骑着自行车沿着村庄东西街道走，不料走到贸易街时看到老奶奶又回到老家了，她坐在门口和其他老奶奶聊天。原来，王奶奶在小区的新房子里住不习惯，她说住在那里整天心里憋屈，总想回到老家住。她担心我到了小区找不到她家的大门，前两天一直坐在小区新家门口等我。听到这里，内心很感动，老奶奶将近90岁高龄，在寒冷的日子里仍不忘为我考虑。选择了这条路，不论是艰辛还是幸运，自己能够走下去的勇气除了来自理想的呼唤，更多的是来自周围好心人们的关怀与支持。尤其是每当初到一个陌生的地方，他者的理解与支持显得尤为重要。也正是这样的经历，让自己内心变得日益强大，不会在遇到有些受访对象的拒绝和不欢迎之后显得格外失落和沮丧，而是能够静下心来认真考虑下一步的举措。没有人有责任理所应当地去接受一个外来人烦琐的追问，别人接受你的访问这是人家的宽容，别人不接受也是正常的现象。当自己能够始终以这样的心态去调研，去接触陌生的社会时，才会觉得一切不会那么的糟糕。至少，在乡土社会，淳朴和可爱多于尔虞我诈，只有抱着这样的心态，才会对农村、农民怀有一种敬重和情怀。

11月11日　晴

今天是特殊的日子，当人们都在互联网电商的大潮中疯狂购物时，田野学子们依旧行走在乡土大地上挖宝取经。早起吃了个馒头就去调研了，先来到张爷爷的家中访谈。他今天感冒了，身体有点不适，所以聊天时我尽量慢慢地问，老人也慢慢回忆借钱的历史细节。过去的生活中，借钱的现象比较少，借粮食的较多，因为过去花钱的地方少，吃的穿的多能自己生产，吃的不够了就去借。借粮对象有所选择，很少去借亲戚家的，尤其是借儿媳家人的，因为借亲家的钱会让婆家人脸上无光，会让儿媳家人看不起婆家人，所以一般是从本村或外村的知己不赖的党乡人那里借。当然，也有部分人家从亲戚那里借。与他交流了一番，先让老人休息一会，这时来了一位张氏家族的人，来和他商量续谱之事。这时快到中午11点了，自己先回房间，中午稍作休息。下午依旧去找张爷爷，他在屋外晒太阳，看到我来了，就让我进屋，支了个桌子便于我写调研笔记。爷爷在访谈中讲到了"体己地""坟地"的产权与经营，一下子引起了我的注意，与他深入地访谈。过了一会，他的老伴从医院回来了，老奶奶身体康复了，一家人也算放心了，跟老奶奶寒暄了几句，就离开了，不想在老人们生病、内心烦恼的时候再打扰。从张爷爷家出来，骑着车子准备去找王奶奶聊天，不料在另外一个过道里碰到了王爷爷，老人现年84岁，耳聪目明，能够回忆起1949年之前的诸多生活历史，于是就和他畅聊了一个多小时。傍晚的时候王爷爷的女儿回来了，带着老人回屋歇息，我的调研也就此暂停。

11月12日　晴

今天是周末，村里的小孩子们都不用去上学，在村委会的大院里尽情地玩耍。一大早，张书记就来找我，告诉我可能无法去找他的亲家公访谈了。他的亲家公是邻村唐邱村的谷氏，现年80岁左右，在土改时被划分为好主，据说能讲述一些过去的故事，于是满怀希望地等待与老爷爷的访谈。而现如今，这一切都无法实现了，原因是谷氏家开办的工厂最近发生了事故，不便前去打扰。与张书记一起出门，开始去找本村其他的老人访谈了。首先去找王丰娟奶奶，从她那里了解过去村民们借钱借粮食的事情，老奶奶一边回忆，一边哄她的曾孙女。与老奶奶的访谈结束时已经上午11点半了，先回来休息了。下午出门去找张小考爷爷访谈。爷爷和其他老人一起坐在自家家门口晒太阳，周小路爷爷家门口常年放着两个大沙发，街坊四邻的老人们没事干了就去他家门口聊天、晒太阳，他家位于两条街道相交的十字路口，因此，方便人们来聚。与张小考爷爷访谈中一直追问"指地借钱"的细节，这是一种过去本村存在的借钱方式，是农民们最后的选择，农民们在无法借到钱粮时，只好指着自家的地来增强对方的信任感，以此来达成借钱的目的。指地借钱后，如果借方无法按时还钱，则对方有权将他的土地收回来自己种，但该地的所有权并不会转移，转移的只是经营权。如果借方后来有了钱，可以还款赎地。这样的借钱方式在我的调研经历中还是第一次遇到，所以格外好奇。但同时也看到了，传统时期，农民走投无路，便指地借钱，这是他们无奈的选择、悲情的逻辑。

11月15日　晴

今天天气放晴，没有雾霾，内心也敞亮了许多。早上去县城理发洗澡（村里没有洗澡的地方），收拾好心情、整理好衣冠便返回村里继续工作。今天是村里开集的日子，村庄南北街和东西主街道摆了很多卖衣服的货摊，村民们络绎不绝买卖商品。市场经济的发展使得村民也能在自家门口买到形形色色的商品。我穿梭在集市人群中，体验着村民们赶集的生活。下午两点左右

图5　与陈军亚教授、史增麟老人合影

去找老人访谈，调研传统时期的节日习俗，王奶奶给我细细道来，对每一个节日的来历及节日期间村民们开展的多种多样的活动进行了回忆。尤其是在春节期间，本村村民、亲戚间相互拜年磕头，晚辈给大辈磕头，不分穷富，只论辈分，其中某些掌握专业技能的人家会格外显眼。比如王丰娟奶奶的父亲在世时专做丧葬用品，谁家有人去世，都要找他做（有些是免费的），他老母每到大年初一，就穿戴整齐坐在家中厅堂内，村民们纷纷来给她磕头拜年，据说都是仰仗他儿子的面子。除了春节，"十月一"也是当地村民们比较重视的节日，这天，外嫁的闺女们都要回娘家，到祖先们的坟墓祭扫叩拜，娘家人要给她们管饭。

11月16日　晴

一大早就听到广播通知村务的声音。早起洗漱后不想吃早餐，就去找老人访谈，先去了张小考爷爷家。老两口已经吃过早餐在搓玉米棒子了，我坐下来与老人边聊天边帮他们搓了几个玉米棒子。干这活，自己还是有经验的，农民家庭出身的我，从小搓玉米棒子的功夫还是不错的，三两下就搓了几个，比起老人家慢腾腾的动作，自知年轻人手脚利索，干起活来有劲。搓了几个棒子之后，与爷爷开始访谈传统时期的"庄窠"买卖情况，老人说，那时候的人们"穷得没法"，只好将从祖上继承或自己修建的庄窠卖给有钱的人，然后买点粮食糊口，没住处就去庙里住。有的人家寄居在村庄的"官房"（拜神的场所），也有部分人家人少房多，卖庄窠过生活。在当地，卖庄窠时将庄窠地一并交易，房屋和宅基地不会分割。庄窠交易对象的选择也与土地交易一致，优先卖给近门的叔叔大伯、弟兄等，如果近门无人购买，就卖给四邻，最后才会考虑村内外的其他买主。从张爷爷家出来，途经印花坊（村民们自家纺织白粗布，然后拿到印花坊内印各种颜色的图案），被其传统的经营模式吸引了。进入作坊，与老板闲聊几句，得知他的小作坊每天能够印60斤粗布，每斤布的加工费5元。如今来作坊印花的大多是中年妇女，她们有空的时候在家织布。据一位大婶讲述，现在织的布用来铺盖，不会再用其做衣服，自家织布的成本比购买市场布料的成本低，且部分村民喜欢铺自家纺织的布。在传统时期，家庭内部的纺织作业产生了重大的功效，通过前段时间在老人家的访谈，比较中感知到"女性"的伟大与小农经济的延续："纺花织布、染布印花"的家庭经营模式，蕴含着丰富的惯行元素，诸如生产基础与手工作业、供求关系与市场交易、女性角色与家庭权力等。

下午出门后，与老人家王氏访谈过去村民们"打牌"的情况，老人过去也是打牌常客，会玩好几种牌，尤其是推牌九。在老人的口述中，能在一起打牌的人不分远近，在牌桌上会为一分钱争个你死我活，但是在牌桌下，相互交往时不会斤斤计较，你请我喝顿酒，我请你吃顿饭，有时为了请顿酒，互相谦让。或许，这正是扑克牌所具有的除了赌博以外的其他价值。老人为了便于给我讲述，还特意拿出牌九现场展示，其中的奥妙可真不少。过去的人们打牌主要是为了赌博，而非娱乐，有些村民常年赌博为生，赌博关乎诸多的利益主体。

11月17日　晴

一如既往的早晨，伴随着闹钟声起床、洗漱，早餐过后开始一天的征程。接下来的这几年都会在调研和写报告之中度过。如有的同学给我打电话问我在干吗，我的回复要么是在写报告，要么是在调研。同学听了我的回复，就说："你又在写报告，又在调研？"是的，选择了某种生活方式，就得坚持不懈地走下去，做调研、做学问，看似重复着昨天的故事，但实际上每天都在挖掘新的"原料"、创作新的知识、生产新的"理性"，这是求学和学问之路给予人最大的乐趣和价值了。

在田野调查的每一分钟都会有新的收获。今天一大早去找王根春老人访谈。老人前几年一直在本村收破烂为生，有一次去邻村杨扈村（正北方向，距离本村约5.4公里）收破烂，半路犯病，若不是当地人的关怀，老人家可能活不到现在了。今早走进他家大门，小狗开始乱吠，老人独自一人躺在床上看电视，看到我来了，就下地与我寒暄，我赶紧跟爷爷说，他躺在床上与我聊天就可以。据老爷爷口述，过去的双井村也会有一部分的土地租佃，不是很普遍。当地人也将土地租佃称为包地，包地的过程蕴含着一系列的惯行。比如，包地对象的选择、包地过程中地方的角色和管理功能、保障土地的四邻知晓包地信息的权利等等，类似的惯行在土地交易中普遍存在。由于老爷爷身体有病，所以访谈一段时间得休息一下，老人家中午还要给家人做饭，家人白天都出门忙活去了。从老爷爷家出来，沿街经过村庄棉絮坊时，停下脚步，进作坊参观一番。棉絮坊也称弹花坊，是王奶奶四闺女家开的，她闺女对我已经熟悉了，因为之前我一直和她母亲访谈。据她丈夫讲述，该作坊每天能弹六七十斤棉花，一斤棉花的价格及加工费总计12元左右，作坊属于小家庭经营，村民们谁家要弹棉絮就去他的作坊，现在正值冬季，属于棉絮坊的生意旺季。从棉絮坊出来差不多到午饭时间了，回屋吃午饭，睡午觉。下午两点多出门，买了点香蕉去王根春爷爷家访谈。她的闺女也回来了，正在给老人备药，张小考老人也来他家串门，王爷爷的闺女一边干手中的活一边和我聊天，打听我的底细，她之前对我不了解，对我始终没有消除戒心，即便已经来了两三次了。等她出门了，我就和两位爷爷聊天，他们都跟我讲述那时的村庄自然环境。过去，土地大多是沙地，刮大风的时候尘土飞扬，吹得满院子、满大街都是，有时落在地上的尘土厚度达二三十厘米，给村民们的出行造成了影响。等到下雨的时候，满大街的沙土就被雨水冲到村外的田地里。村民们各扫自家院内的沙土，门外街道上的沙土无人铲，村里也不会组织人们集体铲沙土。在和两位老人聊得起劲时，王爷爷的儿子回来了，他听说家里来了一位陌生人，于是急忙赶回来，生怕我对老人们有什么歹意。王爷爷的儿子要我拿出证件，还特意问我来这里的目的。

从王爷爷家出来顺着东西街道来到了王丰娟老人的家，老奶奶看到我就笑了，她问我："你今天打算和我聊什么？"我说随便聊。从其他老人那里听说村民们过去时常得麻疹，于是就和老奶奶聊麻疹的生发和治疗，从治疗过程中挖掘村民们的行为和各种关系。那时的人们得了病只好用土办法救治，没有科学的医疗救助措施，如果治不好，就只能听天由命了，有不少小孩子因为得了麻疹失去了生命，老人说，"那时候地里到处是扔的死孩子"。

11月18日　小雨

早晨刚刚醒来，就从广播里听到村支书通知村务的声音。书记用方言通知，我一个外来人听得不太清楚，隐约听到了有关通知村民们"拔水"浇地的事情，书记还特意提醒村民们在浇地时要相互理解、体谅，都是当村的党乡人，不要斤斤计较。在前段时间的调研中感受到村民们在传统时期因为浇地而发生的纠纷很少，人与人之间的关系维持在良好的道德与乡俗框架之内，相互之间凭借着当家十户、党乡人的血缘地缘关系实现低成本的农作、灌溉、交际事务。比如借井浇地、借头户拉车时，对方只需给井的主人、头户的所有者帮一两天的忙，甚至不必帮忙。而前几个月在长江流域的村庄调研时发现，当地人们对类似的事务需要进行量化，对产权的注重细化了制度性的惯例，借邻居或本村乡亲农具或牲口，需要支付一定的报酬（或是物质的或是体力的）。利益的关联性决定了人与人之间的互动需要某种看得见的规则。而在本村（不敢说是华北平原），村民们之间的互助行为依据当户落（同住一片区域）的地缘关系即可以轻松实现。

今天准备去周小路老人家访问，但是他的老伴身体不太舒适，需要去医院看病，所以，访谈计划就此改变。最近听到很多老人生病的消息，自己的内心也十分难过。他们都经历了传统向现代的变革，见证了古老农耕帝国的转型，在这一转型的过程中，他们或成为流民或成为革命者，见证了外敌入侵时的摧残，经历了斗争、病菌、枪炮、逃荒的苦难！只希望岁月安好，让他们能够度过一个安详的晚年。近来，听说有的老人生病,其他人就慨叹:"××见过几回阎王了。"听到这里,内心就会泛起同情、敬重之感。感慨归感慨,还得一路前行,只希望能够从他们的口述中拯救更多的历史,在急速变革的现代潮流中,从老人们的记忆中寻求这个古老国度的延续基因。怀着这样的抱负,继续前行在田野。路过周小路爷爷的家,看到门前坐着多位"闲拉齿关"的老农,于是凑上去,加入他们的行列,开始聊天说笑。从张小考爷爷的口述中得知,过去时常发生水灾、旱灾、蝗灾,灾年无法安生此处时只好走上逃荒之路,逃荒的人们几乎是举家外迁,有的外迁几年之后返回本村,有的定居他乡。如今的人们,安居乐业,老人们回忆起那段往事时不禁发出各种感慨:"老年的事情没法说!"

11月19日 阴

如今生物钟已经固定了,早晨不用手机闹钟叫,自动就醒了。今天还是像往常一样去找老人访谈,出门后在水果摊买了点橘子给老人。从住的地方走到村庄西北角的新小区,需要十几分钟。到了王奶奶家,她们一家人正在吃早餐,老奶奶的曾孙女看到我之后很高兴,叫我一声大伯,听着好舒坦。等奶奶吃过早餐,就开始和她聊"平分"运动(1947年的土地改革)以前她的四邻的故事。老人家把她东西南北的邻居都跟我讲述了一遍,把他们的土地、人口、职业、生活境遇等进行了回忆,尤其是讲到她家和东边邻居张氏的关系,老人用几个形容词进行了界定:那都"亲得没法",和他家是"亲的""热的""亲乎乎的"。两家共建一堵墙修屋,东屋归她家住,西屋归邻居,但是邻家出了个浑小子(有一年中秋节时,邻居张氏的妻子患了重病,做饭烧火时躺着烧,张氏儿子看到此景后,就埋怨:"烧火还躺着烧!"张氏妻子无奈地说:"××(她儿子的名字),你包喊了,我有病了。"没过三天,张氏妻子就离开人世了)。作为共墙建屋的邻居,对方家中大声说话、吵架,她家人都能听得到。她家和几个邻居的家庭境遇都差不多,只有一家较差(没有地,农忙时打工、偷点物件生存)。与老奶奶聊了一段时间,家里来客人了,她的女儿和外孙女来看望她。没过一会,她孙子的朋友也来串门,家里人来人往,没法和老人安静地访谈了,于是上午的调研就此结束。

下午两点半左右出门去找张小考老爷爷。走到周小路爷爷家门口的时候,看到很多老人坐在一起,他们见到我,就笑着说:"又来了"。我说"是的"。接着去找张小考爷爷,不料爷爷也从家里出来了,他说不去家里了,就在路边的石灰台子上坐着聊天吧!老爷爷跟我讲述他过去与村里的人们做伴去宁晋县东南边的某村收秋割麦、打短工的事情。该村距离本村有20多公里,那时他们都走着去,赶路饿了就在沿路村庄街上买点干粮(买一毛钱左右的干粮垫垫肚子就行)。去的时候,自带一把镰刀、一床被褥，到了该村的"人市"（即长工、短工市场），等待雇主招工。爷爷跟我讲述的时候，村民们时不时过来瞧瞧我们，顺便跟我寒暄几句，问我是干吗的。我给他们解释一番。爷爷跟我讲完打短工的事情，接着讲述过去村里的孩子们上学的情况。据爷爷回忆，那时村庄有两位私塾先生，其中一位在本村开办了一家私塾，当地人称之为"私校"，学生们上学需要交费，学生和家长们有的还要给先生家帮忙干农活。土改以后，建设了"官校"，小孩们上学不收费用。在爷爷的口述中，还得到了一个关键的信息，就是教书先生的权威：先生在村民们心中的威望较高，人们家有大事小情需要写帖子都请他主笔，家中没有吃的了就请他帮忙做保人借别人家的粮食，平时的家庭纠纷，也请他出面调解；但是打官司时他一般不会给予帮助，他不管写状子之类的事情（村民们去县法院打官司，就在法院门口找专业的人士写状子）。为此，他家有事时，村民们也会去帮忙。

图 6　老农张小考

图 7　老农张小考及村落街景

11 月 20 日　阴

冷空气又一次来袭，早晨起来明显感觉到一股冷意。最近每天出门调研，自己感觉有些累了，所以，今天就打算不出门，在屋内整理调研材料。近来每天访谈的资料越堆越多，无法做到"当日事当日毕"，只能边调研边整理。今天是周末，村里的小孩子们都来村委会大院（如今这里已不再办公）玩耍，不管天气有多冷，也挡不住小孩子们玩乐的热情，但是他们时常将垃圾丢在大院里，使得负责大院卫生的李大哥很恼火。李大哥眼部天生残疾，腿又不好使，他父亲早年扔下他落户他乡，他自己一人在村里，无人照看。他家的土地早先归他叔叔耕种。后来，经过村干部的协调，李大哥从他叔叔那里要回了一亩多地，村干部让他免费住在村委会的公房，也算是对他的照顾（他大脑清醒）。村干部让他每天打扫下大院的卫生，看管一下大院里的健身设施，以防小孩和赶集的闲杂人士破坏。他自己还是本村政策救助的主要对象之一。

与此同时，今天是本村的赶集日子，不管天气有多冷，小商贩们赶集摆摊的热情一点也没有消退，对于他们来说，职业和谋生很重要。双井村村民们赶集的热情也很高，村庄集市人来人往。上午10点多，我出门去集市转悠，集市上的商品种类齐全，主要是保暖衣物、床单门帘、家当（锅碗瓢勺、笤帚扫把、簸箕）、调料品、猪肉、蔬菜瓜果、玩具等等。在走访中观察到，男性村民主要关注家当（工具）摊子，而女性村民主要关注布料、门帘、衣物等，性别差异决定购物偏好。在传统时期，村民们赶集也有着类似的取向。

11月23日　晴

风雪过后，天气骤冷，但族人们热情高涨，只为隆重举行12年一次的张氏家族续谱仪式。昨天傍晚时，村里的干部就广播通知，今天上午9点在村里举行张氏家族的续谱仪式，我一个外族人听到此消息，比别人还兴奋。前段时间对家族祭祀和修谱事宜的传统形态进行了挖掘，如今能有机会见识真面目，这是我这个田野研究者的幸运。今天一大早，我就去街上候着，等待仪式的举行。据续谱管理委员会介绍，双井村如今共有4家张氏，今天举行续谱仪式的张氏是本村人数最多、家族最大的族姓，本族现有人口3000多人，占本村总人口的40%左右，本族自第2世开始分为4股（4房），其中第3股世居附近的张华庄，如今本族已繁衍至20世。本次续谱的筹备工作已进行了很长时间，在我前段时间与张联须老爷爷访谈的时候，族里的人们时常来找他，张罗立冬后的续谱之事。

追随张氏续谱仪式东奔西跑一整天，晚上有些累，回来没来得及吃饭，便开始整理今天的访谈材料，把仪式的整个过程记录下来，以防过了今天，有些细节被忘记。在整理时白天的一幕幕场景映现在脑海中，乡土社会的仪式感太强烈了，在我以前的生活经历中，从未有过这样的视觉体验。

11月26—29日

这两天准备集中整理前段时间积累的访谈资料，顺便准备预定接待导师巡访的计划。今天是周末，村庄民乐大药房为村民提供免费的体检，村庄大喇叭里还通知村民们得从今天开始交纳医疗保险费用（每人150元），一周之内，自己交到村委会便民服务室。

12月1日　小雨

时间过得真快，一晃又到村庄逢集的日子，赶集者如往常一般，一大早就已经摆摊忙碌了。早起的我今天本没有出门调研的想法，但是在整理中发现几个细节有待补充调查。于是，吃过早餐后背上书包去找老人访谈。在路上遇到了张小考老爷爷，他和赶集的补鞋匠坐在一起闲聊，该鞋匠是邻村米家庄人士，我接着和张爷爷访谈传统时期鞋匠的职业概况。据爷爷回忆，过去的鞋匠被称为"打鞋掌的"，本村没有从事打鞋掌职业的人，邻村郝庄有两位打鞋掌的村民，每逢本村"一六集"开市日子，他们就用担子挑着家当来赶集。此外，在过去，村里也有职业的剃头匠，他们都是家庭贫困的人，"逢这赶集的都是穷人"。据说，学生去参加考试，进考场前需要审查资格，即说明自己、父亲和爷爷三代人的职业，如果祖上是剃头匠或是打鞋掌的，就不允许进考场，原因是他们世代贫穷。

与老爷爷访谈结束后，接着前往王奶奶家。奶奶见到我就念叨，说这几天没见我来调查，以为我已经走了。她说和我已经熟悉了，看着我感觉到亲乎乎的（当地人最喜欢用"亲的""热的""亲乎乎的"等词汇来形容与一个人的亲密关系）。我被老人的言词感动了，如果要是在以前，可能会感动得落泪了。在老人家的关爱和支持下，自己的调研也已完成了一大半，今天找奶奶主要访谈过去几位村民的家庭生活状况和职业，老奶奶一一给我讲述。下午接着去找老人访谈，老奶奶给我讲述了"大场"（打谷场）的传统形态。双井村没有公共的大场，每个好主家都有自己的大场，部分穷人家也有大场。没有场的村民在收秋割谷之后，借用别人的场打谷、打豆子，一般是借当户落知己不赖的村民的场，这些村民大多与自己生活水平差不多。借场打谷、放置作物，一般不需要给对方付报酬，大家都是乡里乡亲的，看的是乡亲的面子，不会动辄以利相交。

12月2日　晴

调研的最后日子里，深刻感到"平原的傲慢"源于"政治诸人"（包括村长、村副、地方、族长、"家长"、副"家长"、叔叔大伯、私塾先生、"好管事的人"、地痞无赖等）及"治理诸神"（包括井龙皇、龙王爷、阎王爷、真武爷、文昌君、女娲、路神、耶稣、宅神、灶王爷、龙仙、仓管神、门神）构成的权威性资源。

环井而治：
平原紧凑型村庄的秩序与权力
——黄河区域牛家庄村调查

刘馨宇[*]

[*] 刘馨宇，河北省康保县人，华中师范大学中国农村研究院（政治科学高等研究院）2015级硕士研究生。

第一章　牛家庄的由来与演变

牛家庄位于河北省石家庄市正定县的北部5公里处，南距省会石家庄市20公里，北至首都北京266公里，它的历史可谓源远流长。因为此处地势平坦、便于耕种，最早追溯到初唐时期就有人居住于此。由于国家政策、战争、民族矛盾以及自然灾害等因素的影响，它的村名几经更改，一共有4次大的名称变化；村域归属也不断变动，它曾为村、为乡、为区、为社，有过14次归属地变化，直到1949年中华人民共和国成立，它的归属和名称才基本固定下来。

第一节　村庄的形成

从碑文解读以及其他资料的研究来看，村落大致经历了初唐、元末、明朝洪武年间和万历年间这四个大的村庄重塑时期，在这期间，主要经历了择地而居、政策移民和因地移民。大家族与小姓氏家庭不断涌入、融合、迁出，逐渐形成了现在的姓氏与人口格局。

一、村落的形成

（一）择地而居

据唐代刘道兴墓志、刘忠孝墓志记载，最早的一批拓荒者于隋唐时期迁入此地。刘道兴墓志是最早能证实牛家庄来历的证据，该墓1970年代出土于树林村北，墓志缺盖，底为青石质。方形，边长41.3厘米，厚6.7厘米，序文16行，行20字，铭3行，行21字。出土后由于风吹雨淋，保管不善，字泐近半，但尚可辨知墓主："卒于唐咸通八年（867年），春秋六十有三，同年九月葬于真定县尚德乡寿阳村村南约二百步大茔"。

刘忠孝墓全称"唐故成德军衙前将试太子通事舍骑都尉刘忠孝墓"，在1978年5月自县化肥厂出土，志缺盖，底为青石质，方形，边长37厘米，厚9厘米，志文阴刻楷书，20行，行字不等，四侧刻云纹，志文记："刘忠孝开成三年（838年）七月二十六日卒，年六十一，十一月七日卜兆通吉，安厝镇府北寿阳村西南二里旧茔"。

虽有证据表明牛家庄最早迁入的时间，但却没有类似证据说明迁入的原因。但从牛家庄的地理区位分析，这里正处于华北平原，有滹沱河流经，可谓田肥水美。隋唐时期是中国农耕文明的大发展时期，人口的快速扩张需要更多的良田来提供更多的农产品。从这个角度看，牛家庄的出现是大势所趋。

（二）政策移民

村落安然地度过唐、宋两代，终于在元朝末年遭逢战乱。当时祸不单行，还赶上天灾不断，村域内遭到严重破坏，村落人口迅速下降、土地大量荒芜，亟须一大批人员补充，仿佛已经为接下来的大规模移民做好了铺垫。

据《明太祖实录》记载，自明洪武二十一年（1388年）起，"陆续从山西移民真定等县宽闲之处，拨田耕种，依例输税，免田租一年"。这道圣旨只是个开端，有一小批移民迁徙到该村落。当时还流传着一句话，"广济寺门口有棵大槐树，树上有个老鸹窝，移民从这里离开山西"，但谁也没想到，有"大槐树"情结的村民将越聚越多，乃至构成今日村落的主体。

太祖之后，燕王朱棣（明成祖）发动"清君侧"，真定县是这次战争的主战场，所以本村也难逃泯灭的厄运。战后，为恢复生产，明成祖颁发了更大规模的移民政策，大批山西移民（见表1-1）迁徙至此，成为未来村落稳定居民的雏形。其中王建政家族始祖于明万历年间从山西洪洞县迁至牛家庄，居住在村东北片；任新石家族于明万历年间由山西省洪洞县迁至牛家庄，居住在村东片。这两姓家族移民时间最长，历时四百年，历经十八代，一直到现在都是村中最大的家族。在村中逐渐形成"王家院"和"任家街"。

表1-1 牛家庄明朝移民情况

姓 氏	家 族	迁入时间	祖 籍	人数和村内居住地	备 注
王氏	王建政	明万历	山西洪洞县	89户，506人，村东北片	历十八世
任氏	任新石	明万历	山西洪洞县	261户，1400余人，村东片	历十八世

续表

姓 氏	家 族	迁入时间	祖 籍	人数和村内居住地	备 注
邢氏	邢老强	明朝	山西洪洞县	5户，21人，村西北片	由山西省洪洞县迁至正定县西邢家庄，后又从西邢家庄迁至牛家庄
	邢月饼	明朝末年	东邢家庄	8户，40人，村东片	历十三世
梁氏	梁元智	明朝	张家口兴和楼村	14户，67人，村西北片	明洪武初年先祖迁至正定北圣板村。清同治年间十五世祖由北圣板村迁至牛家庄
何氏	何志强	明朝	—	11户，57人，村东北片和西北片	始祖于洪武三年自山西洪洞县迁至正定北高家营。七世祖遵1508年移居南高家营。清朝末年，二十世祖广智、广裕、广庆兄弟三人迁牛家庄
马氏	马老踹	—	山东济南马家庄	12户，28人，村东片	明代移居正定城内南门里。兄弟五人，其中一支由南门里迁居牛家庄

（三）因地移民

明代后期，牛家庄重新建村后人口逐年增长，据清光绪元年《正定县志》记载，至清光绪元年（1875年），牛家庄已有117户计257人。除了因政策迁入的人口，还通过土地买卖、土地租佃等方式吸引了一大批移民迁入（见表1-2）。

表1-2 牛家庄因土地迁入的移民

姓 氏	家 族	迁入时间	祖 籍	人数和村内居住地	备 注
王氏	王士珍	顺治二年（1645年）	正定县胡村	24户，1468人，村西片	历十七世
	王庆礼	—	北贾村	66户，321人，村西北片和村东片	
	王双林	—	—	6户，32人，村东片	
	王献国	—	—	4户，21人，村西北片	
	任新江	—	—	14户，49人，村西片	
秦氏	秦新院	—	—	69户，320人，村西北片	四门
	秦焕文	1900前后	—	45户，207人，村西北片	
龚氏	龚俊江	1900前后	—	33户，150人，村东北片	
	龚正义	—	—	23户，109人，村东片	

续表

姓　氏	家　族	迁入时间	祖　籍	人数和村内居住地	备　注
张氏	张经仁	1900前后	—	15户，69人，村西北片	历八世
	张才奇	—	北永固	7户，30人，村西片	历九世
	张玉生	1949	安徽省	2户，14人，村西片	历五世
	张锅腔	1940	岸下村	7人，村西北片	
	张记书	—	—	14户，44人，村东片和西片	
	张金瑞	—	正定县	2户，16人，村东片	
	张面托			3户，14人	
晏氏	—	—	—	27户，127人，村东北片和西片	
于氏	于园	清末	岸下村	22户，86人，村东片	历九世
	于顺成			24户，108人，村东片	
焦氏	焦庆瑞	1900前后	南永固	23户，107人，村西片	历十一世
	焦锁柱	—	南永固	5户30人，村东片	
李氏	李秀生		新乐县姚村	16户，76人，村西片和西北片	
	李文发			6户22人，村西北片	
	李路海		—	3户，14人，村东片	
左氏	左瑞杰	道光年间	藁城蔡家岗	15户，64人，村东北片	历八世
梁氏	梁元智	同治年间	张家口市兴和楼村	14户，67人，村西北片	明洪武初年先祖迁至正定北圣板村。清同治年间十五世祖由北圣板村迁至牛家庄
赵氏	赵小黑	—	—	8户，46人，村西北片	
	赵喜朝	1949前	正定城	2户，4人，村西片	
熊氏	熊三顺			9户，39人，村西北片	
高氏	高银贵			6户，34人，村西北片	
樊氏	樊小贞			9户，50人，村东片	
吴氏	吴梅轻	—		4户，21人，村西片	
罗氏	罗更喜	—	平山县观音堂乡骆驼岸村	4户，17人，村东片和西片	
郑氏	郑金华		—	3户，11人，村东片	
崇氏	崇申利			3户，10人，村东北片	
杜氏	杜朝海	—	—	2户，12人，村西北片	历六世
孔氏	孔祥瑞	1945	正定城内四合街	10人，村东片	历四世

续表

姓 氏	家 族	迁入时间	祖 籍	人数和村内居住地	备 注
邬氏	邬来福	—	—	7人，村西片	
杨氏	杨银生	—	正定城	6人，村东北片	
贾氏	贾计栓	—	藁城三丘	6人，村东片	历四世
董氏	董俊奇	—	正定城	3人，村西北片	
景氏	景玉申	—	—	2户，8人，村东片	
边氏	边连平	—	灵寿南营镇大地村	3人，村东片	
周氏	周小文	1949前	正定城	3人，村东北片	
鞠氏	鞠玉魁	—	—	5人，村东片	

其一，买地迁入。据史料记载，明朝中后期，土地几乎已经开垦完毕，村民多通过土地的购买来增加自己的财产。这部分余钱多出自遗产的继承和自己的奋斗，钱少买的地只够自己耕种成为自耕农，而钱较多超出自己耕种能力的则成为富农或者地主。

其二，租地迁入。除买地迁入外，大多数村民都是租地迁入。据老人介绍，县城的马家、王家和晏家，各自拥有土地百亩以上，是名副其实的大地主。本村地主王玉清、任永文、顾贵卿、任丕如相比较而言拥有土地量就比较少，最多60亩，少的10亩左右。他们的土地多了，自己无法照顾周全，就会想办法"觅人"干活，也就是招人租地。许多外地人正是因为听说本村有地可租才慢慢迁入，时间长了也就定居下来，繁衍生息。

（四）因族聚民

最早落户的有王、任、邢、秦、龚等姓氏，多为山西移民。他们多居住在一起，形成十字街。除了上文提到的王家和任家，中期焦姓、秦姓、张姓、左姓，末期何姓、梁姓、于姓陆续迁居牛家庄，并以十字街为中心向东西两侧发展，逐渐形成昌平西路、昌平东路、兴安南街、后街四条主干街道（见图1-1所示）和不计其数的村户行道。无论是早期移民抑或是后来者，无论出于什么原因在这片土地安顿下来，都沿着自己的血脉努力延续。到清代光绪年间，村内共565户计2578人，有王、任、秦、龚、张、李、晏、焦、于、邢、梁、刘、左、何、樊、赵、熊、高、马、吴、罗、杜、郑、崇、孔、邬、贾、杨、孙、景、边、董、周、鞠共34姓。

二、村名的由来

牛家庄历史悠久灿烂，名人辈出，第一批大规模移民是洪武年间前来开垦落户的山西人。村庄名字也几经变迁，村名的变化反映了村域的文化背景、村址环境和村内姓氏等方面发展变化的特点。

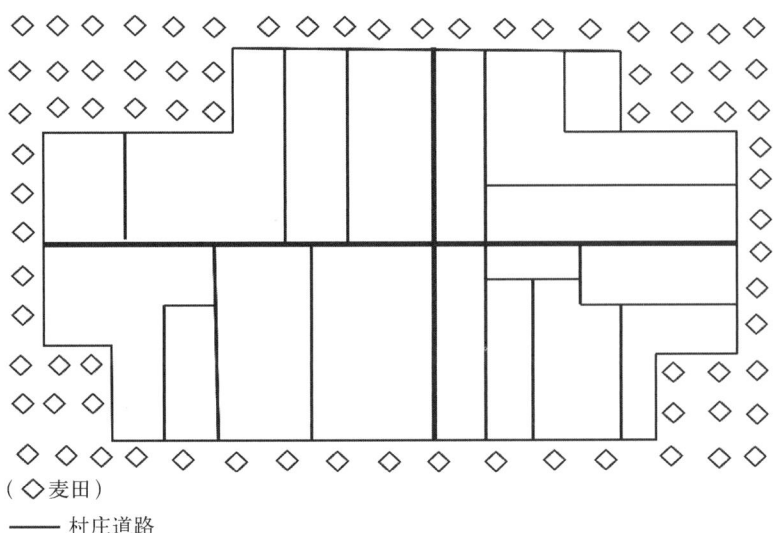

(◇麦田)
—— 村庄道路

图 1-1　1949 年前牛家庄村落

(一)寓意命名

上文提到,最早的一批拓荒者于隋唐时期迁入此地,始名寿阳,隶属真定县尚德乡。尚德,顾名思义,为"崇尚道德",展示了该地人民对美好德行的追求。"寿阳"的解释已经无处可考证,山西寿阳的名字含义为"寿水之南",而《太平御览·时序部》引《杂五行书》:"宋武帝女寿阳公主,人日卧于含章殿檐下,梅花落公主额上,自后有梅花妆。"由此看出,"寿阳"也同样代表着对美好事物的向往。

(二)景物命名

自明万历五年(1577年)至清顺治三年(1646年)70年的时间里,正定县新增100村,牛家庄就在其中,起名柳下庄。之所以这样命名,老人推测是因为本村多柳树,村庄是在柳树下逐渐兴建起来的。"不管是以前还是现在,牛家庄的柳树都是一道景色。春天来的时候,到处飘的都是柳絮,因为村里哪里都种着柳树。村民们对树的保护也比较重视,在以前的木料使用中,柳木算是比较上乘的材质,如果是盖房、打井或者打棺材等需要用到柳树,砍掉之后就会重新栽种。可以说,柳树对村庄做出了相当大的贡献。村民为了感谢柳树,所以把它作为村庄的名字。"

(三)避讳命名

不了解当地的历史不禁会产生疑问:牛家庄内没有一户牛姓人家,也没有产牛大户,何以产生牛家庄这个名字?明朝万历年间,县城的回民祭祀常践踏村南庄稼。村民改村名为朱家庄(谐音猪家庄)以示不满,此举引发械斗。万历十八年(1590年),为调和回汉纠纷,白将军主动与村民协商,提出议和方案:一是保证回民上坟不踩踏庄稼,白将军捐资为本村重修龙王庙;二是改朱家庄为牛家庄,回汉永世修好。从此牛家庄这个名字被一直保留下来。

第二节 村庄建制

从上文牛家庄的整个形成脉络来看，它的人口扩充和发展起于明朝，并于民国达到井喷状态。它历经千年，虽然称谓和所属也发生过许多的变化，但是行政建制变化较小。1949年中华人民共和国成立之后，牛家庄所在地的行政区划更替频繁，村庄受国家政策变化的影响频率大为提高。牛家庄从形成之初到最终建成，曾为乡、村、社、区，一共有4次大的名称变化和14次归属地变化。

一、1949年以前的村庄建制

牛家庄的建制在1949年以前经历了非常复杂的变迁。牛家庄在唐、宋、元三代都名为寿阳，归属于真定县尚德乡。明朝洪武年间山西移民开始迁入，名称未变；永乐年间，村庄遭到破坏，村名和区划不得而知；万历年间更名两次，分别为柳下庄和朱家庄。明万历至清顺治期间，全县乡村置12社，牛家庄属北牛社。民国二十一年（1932年），全县划为9个区，牛家庄属第2区。抗日战争时期（1943年），依抗日政府行政区划，牛家庄为正藁县第4区；依日伪政府行政区划，牛家庄属第5区牛家庄乡。解放战争时期，依民主政府行政区划，正定县辖7区，牛家庄属第5区（朱河）；依国民党政府行政区划，正定县辖5镇29乡，牛家庄属牛家庄乡（1944—1947年）。

表1-3 牛家庄1949年以前的建制

时期		村名（区划）	归属
唐		寿阳	真定县尚德乡
宋		寿阳	真定县尚德乡
元		寿阳	真定县尚德乡
明	洪武	寿阳	山西移民
	永乐	*	山西移民
	万历	柳下庄	真定县
		朱家庄	真定县
		牛家庄	真定县
清		牛家庄	真定县北牛社
抗日战争时期		抗日政府行政区划	正藁县第4区
		日伪政府行政区划	第5区牛家庄乡

续表

时　期	村名（区划）	归　属
解放战争时期	民主政府行政区划	正定县第5区
	国民党政府行政区划	牛家庄乡
1950	牛家庄	第4区牛家庄乡
1956	撤销区的建制	木庄乡
1958	牛家庄	南牛（东风）公社
1961	牛家庄	曹村公社
1984	生产大队管委会改为村民委员会	曹村乡
1996	曹村乡并入南牛乡	南牛乡

＊村庄被毁

二、1949年以后的村庄建制

牛家庄的建制在1949年以后主要是集体化时期比较复杂。

中华人民共和国成立后（1950年），全县设6个区，牛家庄属第4区牛家庄乡。

1956年9月，撤销区的建制，全县将75个乡镇合并为22个乡镇，牛家庄属木庄乡（五里铺和树林村属牛家庄）。

1958年8月28日，县以下成立人民公社（以下简称公社），牛家庄属南牛（东风）公社，五里铺和树林村划归城关（跃进）公社。

1961年4月，全县将原来的4个公社调整为20个公社，牛家庄属曹村公社。

1984年，公社管理委员会改为乡（镇）人民政府，生产大队管委会改为村民委员会，牛家庄属曹村乡。

1996年，全县撤乡并镇，原曹村乡并入南牛乡，牛家庄归属南牛乡至今。

解放以后，村内政务由村公所管理，村公所的成员由村长、副村长、抗勤队长、民兵中队长、民兵指导员、治安员、财政主任、粮秣主任、教育主任、妇女主任组成。

1956年成立高级社，政社合一，社长即是村长，另有副社长、会计、生产主任、劳动定额主任、公安员、教育主任、妇女主任等。1958年成立人民公社，各村称生产队（1961年改为生产大队），村政领导机构为牛家庄大队管理委员会，由大队长、副大队长、民兵连长、治保主任、会计、秘书、监察主任、教育主任、妇女主任组成。1968年（"文革"期间）牛家庄成立革命委员会，党政合一，由革委会主任及10名委员组成。1969年至1978年党支部恢复工作，革命委员会成为村政管理机构。主任由支部书记兼任，副主任主抓生产，另有9—12名委员。1979年至1984年1月革委会改为牛家庄大队管理委员会，由大队长、副大队长及数名委员组成。1984年7月至2000年牛家庄大队管理委员会改为村民委员会，由村主任、副主任及数名委员组成。2000年后，精简机构，村委会由村主任、副主任、妇联主任三人组成，经村民投票产生。

表1-4 牛家庄1949年以后的建制

年　份	村名（区划）	归　属
1950	牛家庄	第4区牛家庄乡
1956	撤销区的建制	木庄乡
1958	牛家庄	南牛（东风）公社
1961	牛家庄	曹村公社
1984	生产大队管委会改为村民委员会	曹村乡
1996	曹村乡并入南牛乡	南牛乡

第三节　村庄当下概况

1949年以后牛家庄发生了翻天覆地的变化，人口增长，经济发展迅速。牛家庄是正定县有名的大村，不仅长寿老人云集，是著名的长寿村，而且私企林立，是产生了一位亿万富翁、几位千万富翁和诸多百万富翁的富翁村。

一、人口概况

牛家庄村内东西长1300米，南北宽900米，村域面积5平方公里。据2011年统计，全村耕地5285亩。2012年全村有1164户，5281人，人均耕地1亩。其中，男2593人，女2688人，男女性别比例为100∶103.4。主要街道为昌平西路、昌平东路和长安南街。

1949年，全村有565户，2578人。1959年，全村有595户，2741人，比1949年增加30户，163人，平均每年增加16人。1969年，全村有773户，3648人，比1959年增加178户，907人，平均每年增加90人。1979年，全村有884户，4106人，比1969年增加111户，458人，平均每年增加46人。1981年，全村有996户，4206人，比1979年增加112户，100人，平均每年增加50人。2012年，全村有1164户，5281人，比1949年增加599户，2703人（见表1-5）。

表 1-5 牛家庄村 1949—2012 年户数、人口统计表

年　度	户　数	人口总计	年内出生人口	年内死亡人口
1949	565	2578	—	—
1952	587	2620	—	—
1956	593	2599	—	—
1957	597	2648	—	—
1958	598	2738	—	—
1959	595	2741	—	—
1960	601	2652	—	—
1961	572	2680	—	—
1962	644	2832	—	—
1963	646	2908	—	—
1964	665	2977	—	—
1965	677	3072	—	—
1966	693	3220	—	—
1967	703	3298	—	—
1968	721	3380	98	33
1969	773	3445	112	27
1970	783	3550	110	21
1971	779	3619	130	25
1972	794	3724	118	26
1973	816	3816	118	34
1974	850	3900	84	18
1975	850	3966	52	24
1976	901	3994	49	30
1977	918	4013	65	18
1978	919	4060	75	29
1979	884	4106	80	26
1980	931	4160	73	33
1981	996	4200	106	30
1986	1028	4276	85	24
1987	1147	4337	95	32
1988	1109	4400	63	33

续表

年　度	户　数	人口总计	年内出生人口	年内死亡人口
1989	1159	4430	75	26
1990	1306	4479	65	23
1991	1356	4521	65	26
1992	1356	4560	78	28
1993	1356	4610	66	23
1994	1356	4653	58	30
1995	1350	4681	60	35
1996	1250	4706	66	35
1997	1161	4737	56	39
1998	1160	4754	67	34
1999	1150	4787	59	26
2000	1155	4820	67	37
2001	1155	4850	60	29
2002	1128	4881	54	32
2003	1162	4903	65	22
2004	1176	4946	60	41
2005	1188	4965	66	37
2006	1187	4994	62	24
2007	1199	5032	61	12
2008	1205	5081	58	15
2009	1216	5124	65	11
2010	1217	5178	72	38
2011	1247	5212	67	17
2012	—	5281	—	—

在行业分布上，据2012年统计，全村5281人中，从事运输业的354人，占总人数的6.8%；从事建筑业的521人，占9.8%；企业职工1056人，占20.3%；从事商业的186人，占3.5%；从事医疗卫生的20人，占0.38%；从事农业和不便分类的劳动者690人，占13.1%；在校学习的学生691人，占13.1%；老年人和1—5周岁学龄前儿童1518人，占28.7%；在外地打工的245人，占4.7%。

二、交通概况

牛家庄现隶属于河北省石家庄市正定县南牛乡,位于正定县城北 5 公里,南至吴家庄 2.5 公里,东南至西洋村 2 公里,东至东洋村 3 公里、至东邢庄 2 公里,北至木庄 1.5 公里,西北至吴兴村 3 公里,西至岸下村 1.5 公里。

牛家庄村西邻 107 国道和京广铁路,东靠京珠高速公路,交通十分便利。2005 年,牛家庄开始修建外环路,2006 年竣工,路长 3.8 公里,宽 8 米。2010 年全村大街小巷全部实现硬化。20 世纪末期以来,小轿车进入家庭,据统计,到 2012 年,全村轿车、面包车共计 500 余辆,电动车代替了自行车,几乎家家都有。

三、经济概况

党的十一届三中全会以后,拨乱反正,实行农村经济体制改革,推行家庭联产承包责任制,撤销与生产力发展不相适应的大队、生产队等组织,极大地提高了农民发家致富的积极性,牛家庄村的经济状况发生了根本性的变化。人均年收入由解放初期的 71 元提高到 1986 年的 540 元,2012 年达到 7200 元,农民真正走上了小康之路。

改革开放以后,村两委领导班子一心为民办实事,领导全村农民发家致富。在改革初期,牛家庄曾创造了全县"三个第一":第一个安装、普及全自动电话机的村,第一个组织全村各企业参加财产保险的村,第一个普及有线电视的村。牛家庄村多次被省、市、县命名为"先进村""文明村""示范村"。

农民企业家任俊国在改革开放的大潮中创办了资产达 15 亿元的河北正华实业集团公司。焦新愿的天天乳业集团有限公司,安云霞的先锋饲料有限公司,王丙礼的牛家庄车队及福牛建材有限公司,杜朝海的达诺房地产开发有限公司,产值都在亿元之上。牛家庄千万元以上的企业有十几家,百万元以上的企业近百家,全村共有私人企业 250 多家,这些企业对牛家庄乃至正定的发展都起到了重要作用。

改革开放后,随着农业机械化的迅速发展,牲畜逐步被淘汰。至 2013 年,牛家庄仅存骡子一头,偶尔为个别农户的零星地块耕作,另有一养殖户喂养肉驴 4 头。个体喂养逐渐减少,国家对养殖业加大扶持力度,大型养猪场成为发展方向,规模都在数百头以上,甚至上千头。在县畜牧技术人员的指导下,猪场工作人员都熟练掌握了接生、疾病防治、猪舍消毒等养殖技术,为食品安全及市场供应提供了保障。生牛养殖也是大项,也是改革开放后,有两个养牛户逐渐发展起来,一个是东片的任栓岭,一个是西片的焦连申,他俩规模差不多,存栏都是三四十头。每到秋收季节,养牛户都要搞好玉米秸秆青贮工作,把全年的饲料备足,实行科学管理,定期防疫消毒,推广机械化挤奶,保证鲜奶的质量。1991 年,养鸡业逐渐发展起来,两三年内牛家庄发展养鸡户三百余家，养鸡规模在三五千只不等，最多的是王恒业，到1995年发展到一万多只，成了牛家庄的养鸡大王。当时村周围遍地是养鸡场，街谈巷议都是在"说鸡"，牛家庄成了养鸡村。养鸡业的发展，还带动了饲料业和运输业的发展。牛家庄先后建起了7个饲料厂，即永丰饲料厂、先锋饲料厂、王恒敏饲料厂、秦焕文饲料厂、晏小国饲料厂、王建忠饲料厂、王新年饲料厂，后来，永丰饲料厂和先锋饲料厂都形成了较大规模，成为省饲料行业的龙头企业。当时，村内十几辆卡车都以运输鸡蛋为主。2000年后，养鸡业已经达到饱和状态，随着周围各地养殖业的兴起，牛家庄的养鸡业逐渐开始衰退，2013年养鸡户已所剩无几。

四、文化概况

在文化方面，牛家庄是一个文化强村，具有尊师重教、勤奋好学的光荣传统。自中华人民共和国建立以来，全村大学毕业生共计546名，其中博士生导师一名，博士后2名，博士4名，硕士40名。同时还造就了一批专家、教授、高工、高干等国家栋梁。

2002年，牛家庄村被省委宣传部命名为"河北省宣传文化示范村"。2003年、2005年、2007年牛家庄村先后被正定县政府命名为"文明村"。党总支在2002年、2003年、2010年先后被评为"正定县先进基层党组织"。2011年被评为"河北省先进基层党组织"和"全国先进基层党组织"。现今，牛家庄全体村民正在村两委的带领下，团结一致，奋力开拓，为把牛家庄建设成经济繁荣、事业兴旺、安乐祥和的现代化新农村而努力奋斗着。

第二章 牛家庄村的自然形态与实态

占据华北平原的天然优势和温带季风气候的条件，牛家庄的一代代人享受着春种秋收的劳动喜悦。而地处太行山脉背风坡的特点，又让它的整体温度都高于同纬度地区。这一特点则意味着牛家庄可以比其他地方获得更多的热量，从而生产更多的农产品；同时也意味着，此地的旱情要比同纬度地区更为严重。除此之外，牛家庄本身又没有大江大河，甚至没有一条潺潺小溪，河流水位暴涨的可能并不存在，但因突降暴雨而排水不畅所导致的水患却一直威胁着它。一望无际的平原上，人们择良田而耕，逐水井而居，经历着耕种与收获的轮回。

第一节 自 然 地 理

牛家庄位于河北省西南部、华北平原中部的冀中平原，地势较为平坦，总趋势西北高、东南低。属于东部季风气候区，大陆性气候。多年平均日照率为58%。一年中7月最热，1月最冷，春季升温和秋季降温比较明显，昼夜温差达12℃以上。降水过于集中，年际变化较大，所以旱涝灾害频繁。中等土多，肥力较强。村庄没有明显的河流，但是大小水井密布，缓解了当地的旱情。

一、气候特征

（一）寒暖干湿，四季分明

牛家庄四季分明，夏天热，降水多；冬天冷，下雪少；春秋两季风大、干燥，属于典型的温带季风气候（见表2-1）。老人说："春天、秋天的风比较硬，女人都爱裹个头巾，男人愿意带个帽子，这个时间段，人们的皮肤都比较干。石家庄属于中国的'新火炉'之一，夏天奇热，男人一般是短裤、背心，女人是长裙、半袖。吃过饭之后，都在树下或者房间里乘凉，最好是有一把摇椅、一把蒲扇，日子就非常美了。冬天冷得不行，没有棉衣棉裤根本顶不住。早年间人们生活质量差，不兴买衣服，但兴做衣服。做衣服要布，如果买不起或者做不起布，蓄不起棉花，冻死人是常有的事。"

表2-1 牛家庄的四季特征

季 节	气候特征
春季	天气多变，干燥多风
夏季	天气炎热多雨，大雨或暴雨多发，年际降水变化大，旱涝差异显著
秋季	天气晴朗凉爽，初秋阴雨较多
冬季	天气寒冷，干燥少雪

（二）气象稳定，旱涝保收

从上文可知，牛家庄地处温带季风区，它的各种具体的气候指标（见表2-2）都与牛家庄的农事生产密切相关。老人说："春秋光照强烈，家家户户都是平房顶，人们在上面晒粮食和棉花；早上和晚上要加衣服，中午打赤膊也可以，因为很热。冬天低温太低，整个冬季庄户人家的地都种不了，人们只能做纺棉或者其他小买卖。小时候最喜欢吃霜打的柿子，村里有很多柿子树，一到冬天孩子们就往上爬。那时候的雪是真大，日本人来的那一晚也是个大雪天。夏天雨水一般比较多，但也有其他季节下雨少，就难免有缺水的时候。缺水时，农民不会接水，因为有井，总可以打到地下水。牛家庄好像是老天保佑，旱涝保收，从没有出现过大批难民逃亡的情况。这里的人都敬龙王，因为龙王管雨。"

表2-2 牛家庄的气候指标

气候指标	特 征
日照	平均日照率为58%，春季日照最多，占年日照总数的29%，冬季日照最少，占年日照总数的21%。一年中晴天日数平均108.3天，最多133天（1982年），最少92天（1959年）
气温	日平均气温13.1℃，极端最高气温42.5℃（1955年7月），极端最低气温-26.5℃（1951年1月）。一年中7月最热，日平均气温25.5℃；1月最冷，日平均气温-3.4℃。春季升温和秋季降温比较明显，昼夜温差达12℃以上
地温	5厘米地温年平均13.8℃，7月地温最高平均29.2℃。土壤开始结冻日平均在11月12日，最早10月14日（1961年）；土壤终冻日平均在3月13日，最晚3月31日（1985年）。年最大冻土深度达54厘米（1984年）

续表

气候指标	特　征
霜	初霜日平均为10月17日，最早10月2日，最晚11月11日。终霜日平均为4月4日，最早3月8日，最晚4月26日。无霜期年平均198天，最长225天（1982年），最短171天（1978年）
雪	初雪日平均为12月1日，最早11月10日（2009年）。终雪日平均为3月9日，最晚4月7日（1976年）。年最大降雪量25.9毫米，最大积雪深度达54厘米（2009年11月10日）
降水	多年平均降水量525.3毫米，1954年降水最多，达1105.5毫米，1975年降水最少仅265.8毫米。年内降水高度集中于夏季，多年平均夏季降水348.7毫米，占年降水总量的66.4%，春季降水占12%，秋季降水占19%，冬季降水占2.6%。由于降水过于集中，年际变化较大，旱涝灾害频繁

二、平原地形

牛家庄西依太行山脉，地处华北平原，地势较为平缓，西北高、东南低，不仅沃野千里，也方便了村民的居住。人们只需要考虑自己的土地情况，而无须担心因地形的差异给自己的居住带来的影响。

（一）一望无际

平原地形最大的特点就是一望无际，这就给牛家庄本身提供了广阔的生活和生产空间。在牛家庄走一遭就会发现，"路平任驰骋，天下任我行"。老人说："小时候很喜欢跟小伙伴一起狂奔，尤其在地里跑，好像怎么也跑不到尽头。秋天到的时候，就看地里黄澄澄的庄稼，根本看不到边，我和小伙伴藏到里面，家长半天也找不到。当时人们只要有钱就可以盖自己的院子，多大都行，还能养各类小动物。"

地形优势为牛家庄吸引到第一批移民，也成功吸引着一代又一代的人在这里定居。因为无论村民如何开拓土地、照料事业，地形因素阻碍的概率非常低。

（二）一马平川

平原的地形，一马平川（见图2-1），相视无碍，村民之间沟通的成本较低，联系非常方便。村民的联系有以下几类：

一是相互串门走动。因为地形平坦，村民们的房屋一般会相聚而建，家庭人口多的聚祖而居，人口少的则喜欢居住在人群中，喜欢"先后有个照应"。因为都住在一

图2-1　牛家庄的平原地形

起，所以平时的相互串门路程很短，有什么事情沟通会非常及时。村邻之间距离很近，喊一嗓子就知道发生了什么事。

二是生活互助。村里的生活互助无外乎打井、盖房、红白喜事帮忙和借钱粮。因为地形平坦，直线距离往往就是实际距离，也大大降低了帮忙的难度。

三是生产互助。村民的生产互助主要体现在农忙时地里农活的"攒忙"。因为地形平坦，地邻可以清楚地知道彼此的劳动情况，所以是否需要帮忙有时无须多言。老人说："找人帮忙没必要非得上人家里去求情。地里的这些农活啊，喊一嗓子就能传达，看一眼就能知道。要是乐意帮，你不说也会去帮；要是不乐意，你再请他，他也不会去。这就要看平时的交情了。"

四是集市。关于集市下文会有着重介绍，但牛家庄集市的特点可以用一个词概括：密集。集市都摆在街上，开市的时候常常是人山人海，街道被围得水泄不通。倒不是因为道路太过于狭窄，而是因为集市里摆的东西种类繁多，吸引着大批的村民前来。这恰恰又证明了地形的平坦与面积的广大。

五是公共娱乐。村里的公共娱乐，比如看戏、打牌、打鼓等都需要比较大的面积，因为地处平原地形，丝毫不用担心此类问题。看戏有戏台，打牌有空的居民房，打鼓在街上。即使是平时晚饭后随时上演的一段说书快板，也有足够的地方容纳观众。只因街道宽阔，终究还是归因于地形的平坦和土地面积的广大。

六是共同信仰。村庄信仰繁多，因后文会详细介绍，所以只谈地形对信仰的影响。全村最大的庙是龙王庙，还有送子菩萨庙、小鬼庙、关公庙、后街菩萨庙等等。虽然众多，但是因为地处平原地形，村民来去祭拜十分方便。这也是本村信仰繁荣的一个原因。

三、土壤特征

一是牛家庄土壤"多而肥"。牛家庄共有耕地5285亩，耕地的土壤（见图2-2）属轻壤质石灰性褐土（黏土）。该土表土为轻壤，距地表100—150厘米大部为轻壤，间有中壤、沙壤，土层厚，保水、保肥能力较强。当地的老百姓将土地分为三等，其中一等地地势平

图 2-2 牛家庄的土壤

整,肥力强,黏土占比多,占所有耕地数量的20%;二等地地势不平,肥力强,占70%;三等地地势不平,肥力差,占10%,白土、沙土占比多。老人说:"土改的时候分土地,会把差的土地分给地主,但是说实话村里根本没有太差的,都是肥力中等以上的。分家的时候,兄弟几个也会根据肥力的大小来平均分配土地。"

二是肥力保持得好。牛家庄土壤好也是远近闻名,当地人一直在传说,隋唐时期之所以有人肯落户牛家庄,就是看中了这里的土壤。再加上,当地的村民多用农家肥,无论是动物粪便还是人的粪便,统统积攒在猪圈里,等需要上肥的时候整车拉到地里。一年两年不起作用,但每年如此,就极大地保持和提高了土壤的肥力。老人说:"有句话说的是'肥水不流外人田',就是说自家的粪肥上在自家田里才是最划算的。早时候人们在地里解手的有的是,为的就是给土地上肥。很多时候,尿急得不行,没到自家的地坚决不尿。"

四、自然资源

牛家庄的自然资源主要有几种,一种是土地资源,这在上文已经提到过;另外一种是农作物资源。这里不仅可以种植小麦、玉米、谷子、山药、高粱、荞麦等粮食作物,还可以种植棉花、花生、油葵等经济作物,除此之外,还可以种植大白菜、白萝卜、胡萝卜、韭菜、葱、茄子、茴香、黄瓜、芸豆角、菜豆角、北瓜、西葫芦、辣椒、西红柿、香菜、菠菜等蔬菜,是粮、油、菜生产基地。

(一)村内的农作物

牛家庄可种农作物(见表2-3)非常多,沙地适合种花生和山药,而黏土适合种华北平原上所有的农作物。大宗小麦多用来交租,其他如玉米、山药等是主要的果腹食物。不过,种类虽然多,但在1949年以前都普遍低产。

表2-3 牛家庄的农作物

农作物	物候
小麦	周期为8个月。"春分早,霜降迟,寒露的麦子正应时",寒露(10月5日到15日)种冬小麦。返青3月1日,拔节4月10日,孕穗4月25日,抽穗5月1日,开花5月5日,成熟6月10日
棉花	周期180天。播种4月20日,出苗4月29日,现蕾6月15日,开花7月10日开始,吐絮9月10日开始
玉米	玉米周期98—110天。出苗6月10日,拔节7月20日,抽雄8月1日,授粉8月10日开始,灌浆8月25日开始,成熟9月25日
谷类	周期90—100天。谷雨种,大暑收获
山药	分为春山药和夏山药,周期90天。春山药立夏种,七月中旬收获。夏山药小满种,霜降收获

续表

农作物	物候
黍子	周期80天。谷雨种,大暑收获
高粱	周期90天。谷雨种,秋分收获
豆类	周期90天。小满种,秋分收获
荞麦	周期80天。立秋种,霜降收获

据老人介绍:"一年学成庄稼汉,十年学不成生意人。种了一辈子地,什么时候该干什么,只要按照老天的安排,自然会收获;不同于做买卖,可能一辈子都挣不了钱。小麦是主要农作物,但几乎吃不到嘴里,辛苦种一年最后都给东家了,自己再种下茬玉米糊口。玉米又叫苞米、棒子,是村里穷人的主要吃食,秸秆可以烧来做饭。年成不好的时候玉米糊糊都吃不上,只能去地里挖野菜。除了玉米之外,山药是另外一种管饱的食物。不需要多少肥力,也不需要多少土地,生命力旺盛得很。牛家庄还有零星的几种谷物。比如小米,当时种地都是间种,就是除了种小麦之外,在田垄间再撒上其他周期短、需要肥力少的粮食种子,因为靠小麦,实在是养不活人。再比如黍子,它种得最少,间种的时候很少种这个,但是它周期短,来东西快,租人家地少的会种一点。再比如高粱,这种东西最难消化,以前给地主干活,地主不给好好吃饭就会给吃高粱馍馍,吃了以后都拉不出来。以前村里的几个人被日本兵抓去北海道去挖煤,每天就吃这个,很多都因为过度消化不良死在那里。比谷物种得还少的就是豆类和荞麦,豆类一般用来做豆腐,平时也舍不得吃,只有亲戚来的时候会去端一两块。荞麦常用来做荞麦粉或者荞麦馍馍,属于粗粮,跟玉米和山药相比,它充饥效果要差一点。"

除了种植粮食作物,经济作物也是牛家庄的大头项目,是普通农户增加家庭收入的优质途径。不怕正定府遭贱年,就怕纺棉不挣钱。正定县包括牛家庄当时棉花很挣钱,一亩棉花要比一亩小麦值钱得多。家里条件好一点的,除了种小麦以外,还会另外辟一块地种棉花。外村的小偷常去摘棉花,因为卖了可以换很多钱。村里甚至会组织专门的看棉小队。

(二)动物资源

1. 野生动物

长期生活在这里的鸟类有麻雀、斑鸠、喜鹊、啄木鸟、杜鹃、布谷鸟、鹰、猫头鹰、乌鸦、家燕、野鸽等,兽类有狐狸、獾、黄鼬、野兔、刺猬、蝙蝠、田鼠等,爬行动物有蛇、蜥蜴、蟾蜍和青蛙,野生植物主要有酸枣、茵陈、蒲公英、艾、牵牛花、枸杞、苍耳、蒺藜、蒿、沙蓬、菰扒蔓等。老人说:"小伙伴一般是一块出去玩,地里长着蒲公英，开的时候，我们拔起来一吹，满天都是它。小时候最爱干的事就是抓各种小动物，比如套鸟、逮兔子。为了抓鸟、掏鸟窝，我们常常要去爬树，为这个不知道挨了家长多少骂。我们还会去野地里抓兔子、刺猬，要是跑得不快根本逮不住。村里没有河，有时候下雨能汇成小渠子，如果很长时间都不干，里面就会有蛤蟆、小鱼什么的，我们在那边上玩，一玩就是一下午，家里大人叫吃饭才回去。"

2. 家庭饲养动物

一是饲养的动物多。猪、鸡、旱鸭子、狗和鹅是本村最常养的几种小型动物。如果养鸡、鸭子和鹅，每家养15只左右，公的占20％，用来吃肉，母的占80％，用来下蛋。老人说："狗用来看家，养一只；有时鹅也可以用来看家。猪用来吃肉和出售。"

二是饲养地点不一。鸡、鸭子和鹅晚上分别关在笼子里，公母呆在一起，白天把笼门打开；狗养在狗窝，平时用狗绳拴着；猪养在猪圈。猪圈一般是在地上挖坑，猪平时就在里面活动，在圈内垒一个土台，上用土坯或者砖盖一个猪窝，是猪的休息场所，猪窝和猪圈用一个小土坡相连。

三是常去抓幼崽。挑货郎在街上叫卖鸡、鸭、旱鸭子，家里人听到后，当家人妻子带着小孙子出来买，如果她不在家或者不方便可以让媳妇自己或者带孙子买，小孩去了只是看热闹。如果不止一个儿媳就让大儿媳去买。零钱从当家人那里支取，买完后对账。猪是当家人在集市的猪市购买。狗不是每家都有，全村大概有一半农户家有，通常是当家人、妻子、儿子、儿媳甚至是小孙子从邻家或者朋友家抱一只回来。

四是多由女性喂养。没有儿媳就当家人妻子去喂，闺女稍大点让闺女去喂，没有闺女未成年的儿子也能喂，有了儿媳让儿媳去喂。如果不止一个儿媳就轮流去喂。如果儿媳都不在家，就让没有出嫁的闺女去喂。如果都不在婆婆去喂，如果婆婆也不在就当家人喂。老人说："猪、鸡、狗、鸭子和鹅吃糠、豆面[1]等都可以。鸭子和鹅吃食比较专一，要喂什么一直都是什么，不能换，不然不下蛋。"

五是鸡蛋较为珍贵。老人说："三鸡下蛋，顶一个老婆婆纺线。"养鸡、鸭和鹅用来下蛋。蛋除了给小孩、生产后的女性和病人吃之外，都用来换盐。老人说："鸡会飞，鸡窝设在树上、架子上或者窗台上。鸭子和鹅不会飞，在棚子里打一个窝。蛋的质量跟喂料有关，如果喂得好，一天下一颗蛋，喂得不好，三天下两颗。母鸡可以不交配自己产蛋，但是蛋孵不出小鸡；通过交配的蛋才可以孵出。鸡下蛋以后是儿媳或者婆婆去拿蛋，小孩不允许去，怕把蛋打碎。"

六是"叫圈"和"赶圈"。母猪在圈里一直在叫，就是"叫圈"，表示发情需要交

---

[1] 干山药叶或者谷子壳。

配。农户当家人把公猪赶到叫圈的母猪圈里进行交配，叫作"赶圈"。农户更愿意养母猪，因为除了可以吃肉还可以下小猪，但是公猪除了吃肉，只能交配使用，它本身不能产小猪，虽有交配费用，但是经济效益远不如母猪。通常由于公猪不划算，很少有人养，一旦有一家有公猪的，周围农户家的母猪都会找他家的猪进行交配。交配一次需要报酬，通常是一头猪崽或者5块钱。

五、巷道纵横，大路直达

牛家庄地理位置优越、交通方便，到1949年以前已经交织出一张复杂而又密集的交通网。不仅有驿站、土路，还有公路、铁路。虽修建年代不同，却都经历了牛家庄的荣辱与浮沉。

（一）村内道路

万历年间，山西移民沿着村落东西街发展，形成东西、南北十字街的雏形，后十字街东西向的起名为昌平西路和昌平东路，南北向的起名为兴安北街和兴安南街。随着人口的增加和住户的增多，根据地界形成了交错复杂的村间小路。"井"字路和"十"字路不计其数（见图2-3）。且这种路的宽窄大致相同，如果没有提示，极其容易迷失方向。这些道路均由村内村长组织修建，平时

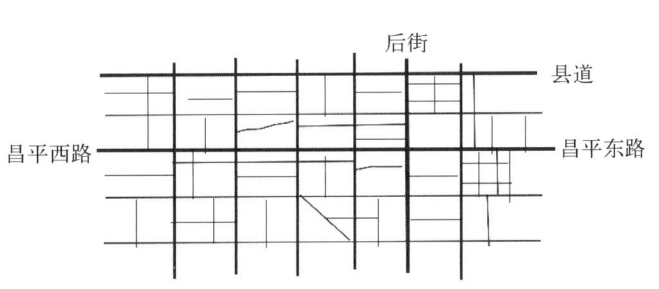

图2-3 牛家庄街道

的养护靠村民自觉，遇到坑洼之处大车难走就主动填平。遇到暴雨天气，因为村内没有专门的排水设施，全靠雨水自然下渗，这时村内西北、东南方向的道路几乎都被淹没，村民自觉等待下渗；如果有街道之水倒灌进村民院落或者，一般不会引发纠纷。老人说："以前的路其实是分家时留出的空间，尤其是家户之间的小路。这种路一般是家户自己人修的，修时需要亲戚朋友来帮忙，修成后请大家吃顿饭就算得了。但是比较宽的路，就需要村长找保长，再让保长来找乡亲来干了。"

（三）村际道路

1. 驿站

据唐代李吉甫《元和郡县志》载，隋唐修御道，开驿路。唐代经真定的驿路有4条，其中北路由正定北城门经由五里铺、十里铺（属牛家庄村）、拐角铺、府城驿（新城铺）、定州、保定直通范阳（北京）。驿道宽50步，经夯实，每隔6步植树一棵。到明清时期，正定境内设两处驿站：恒山驿和府城驿。恒山驿在城内府衙西南，备马200

匹。府城驿即今新城铺，备马60匹。驿站下设铺司，与驿站相表里，十里铺就是铺司所在地，常驻兵丁、邮差数名。因为十里铺有着的特殊地位，所以它从一个名不见经传的小村落逐渐声名鹊起。商客、旅人经过必会在此安顿，使之一度成为重要的中转之地和休闲场所。老人说："听我爷爷讲，他年轻时做生意，一定会去的地方就是十里铺。那里除了可以休息，因为全是各地的商人和旅客，有不少的可以做生意的机会。在那里呆久了可以听到不少奇闻异事，也是因为这个原因他在那里一呆就是好几天不回家。"

2. 公路

牛家庄距离正定县城北5公里，南至吴家庄2.5公里，东南至西洋村2公里，东至东洋村3公里，东邢庄2公里（以新修的"村村通"为界），北至木庄1.5公里（以杨曲线为界碑），西北至吴兴村3公里，西至岸下村1.5公里。道路由县政府修建，乡公所参与养护。老人说："公路都在村子的外围，除非去别的村子，不然很少走那里。解放前我常常去县里探亲，必须要走公路。步行的话要2个小时，如果赶车去一般就只要半小时。"

3. 铁路

清光绪二十六年（1900年）芦汉铁路滹沱河大桥开始修建，1901年芦汉铁路保定至正定段建成通车，到1906年4月16日京汉铁路全线通车。老人说："我爷爷小时候就被抓去和大人们一起修铁路了。主要是垫石子、抱枕木、铺铁轨。爷爷跟我说，当时为了修铁路用了不少人，村里的男人几乎都被抓去了。每天要自己带干粮和水，晚上才放回去。"

第二节　干旱与水利

牛家庄在享受自然区位优势所带来的丰厚物质回报的同时，也承受着自然区位劣势所带来的麻烦——干旱。早期人们"看天吃饭"，无法摆脱自然灾害的桎梏，但本村在很早的时候，就使用了一项伟大的发明——水井。众多的水井形成了本村落的水利体系。

一、干旱情况

（一）缺水

一是季节性缺水。牛家庄每年3月到10月是农作物的生长季节，也是农作物最需要水的时候。但本村落属于温带季风气候，降水主要集中在夏季，即6月到8月。也就是说农作物生长的7个月里,有4个月都得不到降水。

二是河流较远。村中没有任何可见河流;最近的河流滹沱河,在村落以南11公里;北边的磁河距离村子有16公里。在解放前村落生产力低下的前提下,通过河流取水灌溉的成本极大,几乎是不可能完成的任务。老人说:"这两条河平常几乎不怎么见,只有在去其他村子赶庙会或者去县里探亲戚的时候才会路过。路过了也只是看看,要说灌溉,那就是没影儿的事。"

(二)蝗灾

一是旱灾带来蝗灾。蝗灾是北方地区尤其是缺水地区不可避免的话题,而它又是与旱灾紧密联系起来的。牛家庄旱灾平均每3—5年就有一次,大约会有四分之一的土地受灾。特大旱灾大概每20—30年就会爆发一次,这时与之相伴的就是蝗灾。1947年的时候发生过特大灾情,都在五六月份。

二是蝗灾较致命。虽然蝗灾的爆发不是很频繁,但每次爆发往往都是致命的。每到大旱的春末夏初,便是孕育蝗灾的季节。蝗灾爆发时,飞舞的蝗虫遮天蔽日,以整齐的阵型从东北向西南行进,所到之处绝大多数农作物将遭到大面积的啃食,等待村民的结果只有大规模减产或者颗粒无收。对于之前的一次蝗灾,老人现在都记忆犹新。老人说:"5月份的时候,小麦已经长硬实了,蝗虫咬不动,损失得比较少。但是刚发芽的春玉米、谷子、高粱和棉花就没那么好运了,几乎种多少都会被吃完。"

三是不曾因干旱逃荒。对于干旱,农民并没有很恐惧,因为旱灾的频率低、破坏小,即使最干旱的时候也有地下水可以用。再难的时候农民都可以吃饱,不会去乞讨,从未出现大规模的逃荒,恰相反,牛家庄反而是历朝历代避难的风水宝地。

二、干旱与农民活动

为了抗击干旱,牛家庄村民世世代代都在努力,其中主要的也是最有成效的办法就是在对水井的管理和驱蝗两方面。

(一)水井治理

"天少下雨,近无河流"的尴尬局面,让村民的眼光不得不从天上和地上转移到地下。为了合理地利用地下水,智慧的牛家庄人打了大大小小的水井——牛家庄的水井共有大概100—200眼(见表2-4)。

表2-4 牛家庄各类井的情况(部分)

序号	姓名	家井	官井	地井(独)	地井(共)	人口	地亩	成分
1	王玉国	0	1	0	0	4	5	下中农
2	王大柱	0	1	0	0	3	0	贫农

续表

序 号	姓 名	家 井	官 井	地井（独）	地井（共）	人 口	地 亩	成 分
3	秦震岭	0	1	0	0	2	2	贫农
4	王发生	0	1	0	0	6	0	贫农
5	王小伏	0	1	0	0	6	0	贫农
6	王肇维	0	1	0	0	4	0	贫农
7	王发岐	1	0	1	0	9	3	下中农
8	王老泽	1	0	3	0	—	100	地主
9	王老虎	1	0	2	0	—	8	上中农
10	王永海	1	0	0	2	—	—	
11	王永祥	1	0	0	2	—	—	
12	晏云清	0	1	—	—	12	—	—
13	晏黑棍	0	1	—	—	5	—	—
14	秦四柱	0	1	—	—	5	—	—
15	秦老强	0	1	—	—	5	—	—
16	李文法	0	1	—	—	12	—	—
17	秦杰德	0	1	—	—	6	—	—
18	秦老根	0	1	—	—	5	—	—
19	秦树岭	0	1	—	—	8	—	—
20	李金生	0	1	—	—	3	—	—
21	张伏文	0	1	—	—	6	—	—
22	张五宝	0	1	—	—	6	—	—
23	秦唤文	0	1	—	—	5	—	—
24	何老顺	0	1	—	—	4	—	—
25	秦计连	0	1	—	—	15	—	—
26	于小满	0	1	—	—	12	—	—
27	于孟冬	0	1	—	—	6	—	—
28	邢四福	0	1	—	—	15	—	—
29	邢五幅	0	1	—	—	5	—	—
30	晏狗蛋	0	1	—	—	5	—	—
31	龚小丑	0	1	—	—	5	—	—
32	任清锁	0	1	—	—	10	—	—
33	任东海	0	1	1	0	10	—	中农

续表

序号	姓名	家井	官井	地井（独）	地井（共）	人口	地亩	成分
34	任五城	0	1	—	—	2	—	—
35	任件	0	1	—	—	7	—	—
36	熊毛子	0	1	—	—	8	—	—
37	秦老明	0	1	—	—	5	—	—
38	秦顺德	0	1	—	—	10	—	—
39	秦九福	0	1	—	—	15	—	—
40	高小房	0	1	—	—	2	—	—
41	瓮老等	0	1	—	—	8	—	—
42	王均平	0	1	—	—	5	—	—
43	秦四福	0	1	—	—	7	—	—
44	秦狗蛋	0	1	—	—	8	—	—
45	任窝囊	0	1	—	—	3	—	—
46	任立显	0	1	—	—	15	—	—
47	王肇邦	0	1	—	—	5	—	—
48	王肇丙	0	1	—	—	5	—	—
49	王小卯	0	1	—	—	5	—	—
50	焦小月	0	1	—	—	8	—	—
51	王喜珍	0	1	—	—	7	—	—
52	王晓清	0	1	—	—	7	—	—
53	王肇黑	0	1	—	—	10	—	—
54	王兰	0	1	—	—	8	—	—
55	王文珍	0	1	—	—	6	—	—
56	王傻福	0	1	—	—	8	—	—
57	王肇德	0	1	—	—	5	—	—
58	王喜伏	0	1	—	—	5	—	—
59	王老者	0	1	—	—	17	—	—
60	王栓	0	1	—	—	—	—	—
61	王小亮	0	1	—	—	—	—	—
62	王双福	0	1	—	—	—	—	—
63	王生	0	1	—	—	—	—	—

续表

序号	姓名	家井	官井	地井（独）	地井（共）	人口	地亩	成分
64	王绍刚	0	1	—	—	15	—	—
65	王小文	0	1	—	—	—	—	—
66	王老福	0	1	—	—	—	—	—
67	王双叶	0	1	—	—	—	—	—
68	王文珍	0	1	—	—	—	—	—
69	王小林	0	1	—	—	—	—	—
70	龚秋	0	1	—	—	—	—	—
71	王多叶	0	1	—	—	—	—	—
72	王大眼	0	1	—	—	—	—	—
73	王双支	0	1	—	—	—	—	—
74	王小盒	0	1	—	—	—	—	—
75	王福禄	0	1	—	—	—	—	—
76	任长明	1	0	1	0	—	30	上中农
77	任北瓜	1	0	1	0	—	30	上中农
78	王二锤	1	0	1	0	—	40	富农
79	王二宝	1	0	1	0	—	30	上中农
80	人老支	1	0	1	0	—	60	富农
81	王中信	1	0	1	0	—	20	上中家
82	秦立德	1	0	1	0	—	50	富农
83	任大吉	1	0	1	0	—	50	富农
84	王文德	1	0	1	0	—	20	上中家
85	任永文	1	0	1	0	—	60	地主
86	王少文	—	—	0	1	—	11	—
87	王少长	—	—	0	1	—	5	—
88	秦老根	—	—	0	1	—	5	—
89	晏老藏	—	—	0	1	—	5	—
90	赵小柱	—	—	0	1	—	5	—
91	秦凤梨	—	—	0	1	—	10	—
92	秦凤支	—	—	0	1	—	6	—
93	秦六支	—	—	0	1	—	5	—
94	焦小盆	—	—	0	1	—	12	—

续表

序号	姓名	家井	官井	地井（独）	地井（共）	人口	地亩	成分
95	龚黑毛	—	—	0	1	—	5	—
96	龚大锁	—	—	0	1	—	5	—
97	王丑小	1	0	—	—	—	10	上中这
98	王建基	1	0	—	—	—	15	中农
99	何丑仁	1	0	—	—	—	10	中农
100	任三元	1	0	—	—	—	10	下中家
101	左连柱	1	0	—	—	—	5	中农
102	晏白棍	1	0	—	—	—	3	下中农
103	晏二九	1	0	—	—	—	10	下中农
104	秦老金	1	0	—	—	—	7	富农
105	左五子	1	0	—	—	—	10	中农
106	任立方	1	0	—	—	—	6	上中农
107	王文德	1	0	—	—	—	6	上中农
108	任怡贵	1	0	—	—	—	4	地主
109	任小伍	1	0	—	—	—	20	上中农
110	任罗子	1	0	—	—	—	10	上中农
111	任永吉	1	0	—	—	—	5	上中农
112	任义德	1	0	—	—	—	5	下中农
113	人老红	1	0	—	—	—	5	中农
114	任立清	1	0	—	—	—	20	中农
115	任花子	1	0	—	—	—	10	下中农

1. 打井

村里的井分为两种，一种是灌溉用，一种是吃水用。灌溉农田的井叫地井，直径两米，分为"独井一院"和共井；吃水井分为家井（见图2-4）和官井，直径一米左右。村中有句话流传很广，叫"宁盖三间房，不打一口井"，说明了打井的难度。一般要选择春季开工，因

图2-4 家井

为这个时候土地刚刚开化，农事又尚未开始，"人们有闲也有钱"。

（1）打井过程

打井分11个步骤，分为选地、挖筒、架辘轳、下盘、垒砖、落盘、下泉眼筒子、填井框、垒井口、垒井池、安水车。

首先是选地。独井建在个人土地的最中心一块地势高的地方，共井则在周围几块田中选取一处高地。其二是挖筒。此即挖井的主体结构，深挖大概二丈五到三丈，呈圆柱形。其三是架辘轳。下面挖筒的时候，上面要架辘轳。先搭一个4—5尺高的架子，叫井架，上面架辘轳，连接绳索和柳筐（实底），用来拉上污泥。其四是下盘。将柳盘置于井底，柳盘厚度与砖相同，面积略小于井口，中间有一眼，刚好可以放入一个柳木筐。其五是垒砖。在盘上垒砖，沿着四壁垒，中间站人，用"茬灰"（白灰和黄土的混合物）将砖黏合在一起，但是不与四壁接触，一直垒到超出井口。把柳筐放进，人用之通过柳盘中间的眼挖泥，然后井上的人把柳筐拉出。其六是落盘，即在垒砖时柳盘下沉到适合位置的过程。井内人不断掏出盘下污泥。一个人在井口观察砖位的水平变化，即"观楼"，如果倾斜则会提示挖另一边，如喊"落东"则表示西边高了，东边需要挖，喊"落西"则相反。其七是下泉眼筒子。垒砖后一直挖到水没到腰深，则开始下竹筒，为直径5厘米的空心竹筒，6尺或者9尺，直到碰到白沙地，插入后留在地表1尺，与此同时要将井内的污泥大致排干净。其八是填井框。人搭竹筐上来，然后井上的人开始填井框，即以柳盘为基地垒好的砖体与井之间的缝隙需要填上。下面的出水层用石头，上面用沙。其九是垒井口。用砖垒好井口，多为方形或者圆形。其十是垒井池。如果是地井，则要垒井池，便于水拉上来后沿着水渠流入田地。十一是架水车。如果是地井，把早已准备好的水车架到井上，就可以浇地了。如果是家井或者街井，则还是用之前的辘轳。

（2）打井人

一是井分两类。独井一院是自己打井，而共井则是周围4—5家共同打井。家井并非家家都有，中农以上会自己打井，请亲戚、邻居5—10人一起打井；官井是"自己挖不起的井，就和街上的人一起出资挖井"。

二是打井人有讲究。讲究团队、人数、衣着、酬劳、隐私，甚至还有些迷信。打井需要庞大的团队——挖泥2人、拉泥2人、倒泥2人、铲泥2人、维修辘轳的1人、"看楼"1人，二人组的一个小时一换班，至少要10人以上，均为亲戚、邻居、好友。人人赤膊，井内的人头批麻袋片子，穿裤头，没有安全帽，如果砖没有粘牢落下会有生命危险。如果打井出事,则由打井一方负责,如果有人受伤或者死亡,都要赔偿。打井人不要钱,但是要管中午和下午两顿饭。老人说:"40年代,我当时还是小伙子,帮一家打井。那家的老大娘不愿给帮忙的人吃饭,便把馒头都做酸,人们都没有胃口,只能回自己家吃。虽然大家都不高兴,但毕竟老大娘岁数大了,没人跟她计较这些。"

(3) 纠纷

一是女性经过的纠纷。本家如果打井,会在井口插个小红旗,意思是除本家女眷外,其他女性不得从井边过,但未成年女性可以过。因为在打井时,男人都是赤身裸体在干活,如果不巧被路过的妇女看到,就会涉及纠纷,不仅是隐私的问题,还会被认为非常不吉利,若打井发生事故,则责任全部归该女性。

二是发生事故的纠纷。如果在打井的时候发生了安全事故伤了人或者死了人,一般要出资打井的所有人一起赔偿医药费和其他损失费。通常都不用中人出面,如果实在没人负责,才会请他们出动。

2. 用井

用井包括用井产权和使用权限、使用方法、借用等等。

(1) 产权和使用权限

井的边界其实不是非常明显,因为毕竟上面也没有刻上拥有者的名字。要想知道井的主人到底姓甚名谁,可能必须要找到管事的人或者找好几个农户共同论证才知道。但是可以根据井所处的位置来大致判断。一是吃水井。这口井在谁家,99%的概率井就属于这家,使用边界就不会超出这个家户。如果这口井在一条街上,那么挨着它住得最近的农户很有可能就是它的主人,它的产权边界就在这条街上;即使不是,它的主人也会大概率出现在这条街上;有时候主人不只一个人,这种情况就出现在平摊打井中。二是地井。这个判断的方法跟吃水井有异曲同工之处,井在谁家的地上就是谁的,井的边界也就仅限于他家。但这类井被农户独自拥有的概率较小,因为能实现的只有有限的几个地主,大部分人都需要根据土地的多少平摊打井,这时的边界就是平摊出资的几家农户。

(2) 使用方法

因为有两种不同类型的井,所以相应的使用方法和规则也有所不同。

一是吃水井。吃水井用水时间多在上午、中午和下午的三餐时间,一次打一担即够一家人全天的用水量。使用官井,一般管事的先要征求几家出资人的意见,然后做出用井顺序的规定。地亩多的人家出钱也多,所以一般是按照出钱多少来定浇

图 2-5　辘轳

地顺序，一户一浇，轮流使用。二是灌溉井。灌溉井较深，用井必须借助一定的工具。传统时期，牛家庄主要是靠辘轳（见图 2-5）放桶提水；后来技术进步，主要使用水车（见图 2-6）取水。辘轳和水车大部分都是自家私有，少部分由几户共同出资，共同使用。而使用井的这两种工具也是出资人的一种权利。

①辘轳浇地

一是辘轳浇地历史悠久。辘轳也叫"浇园"，是一种木制滚轴，上面缠绕着绳索。因用辘轳取水需要一圈圈地绞，所以也叫"绞水"。可见在水车发明之前的很长一段时间，辘轳都是当地最主要的取水工具，也是水井单元所有出资人的共同所有物。但毕竟辘轳的取水量小，就需要大量的人力，攒忙的情况就在所难免，这又极大促进了村民之间的友谊。老人说："辘轳取水时，都是由当家人或者成年的儿子们去干，女性不参与。先在井口上安装辘轳，用辘轳把斗子[1]送到井中，再慢慢往上绞。一次绞两桶，用扁担担回家。家里的水缸要灌满，耕地一天要浇 2 亩。浇地一般选在白天，晚上看不到。在使用水车前，吃水井用单辘轳，地井用双辘轳[2]或者三辘轳[3]。农忙的时候多'觅人'来提水，来提高灌溉效率。有水车后，因水车有 8 个斗子[4]，转 3 圈的出水量等于三辘轳提水 8 回。"

二是合买伙用。合买的辘轳必须一起用，如果长时间自己使用，则会被水井单元的其他成员抱怨，甚至打架，管事的介入调解才可平息。由此可见，使用辘轳浇地也是水井单元在用井方面实施强治理的一个表现。因为辘轳多是水井单元平摊购买，一旦加入某个水井单元，成员就有使用辘轳的权利，谁也无法剥夺。老人说："大伙一起合买的就一起用，谁也不能老用，时间都是分配好的，保证每个人都用得上；有的大件，比如水车只有个人有的，一起打井的人都可以用，只要是跟他说一声就占[5]。"

---

[1] 提水工具，跟桶差不多。
[2] 双辘轳就是同时在井口设立 2 个井架和辘轳，并且同时下桶。
[3] 三辘轳就是同时在井口设立 3 个井架和辘轳，并且同时下桶。
[4] 水斗分为木斗子和铁斗子。
[5] 占，可以的意思。

②水车浇地

一是水车效率高。辘轳的效率太低,水车出现后,水车因其超高的灌溉效率获得人们的青睐,成为主流灌溉工具。我国用水车灌溉很早,《宋史·河渠志五》记载:"地高,则用水车汲取,灌溉甚便。"但这个水车是在河边用的水车,跟井边架起的不太一样。早年用的水车多是通过水的自然流动产生动力来提水,而井上的水车需要其他的动力。当时村里流行一句话,"要想把地打理好,三个大件不能少",而三大件指的就是旱车、牲口和水车。

图 2-6 水车

二是浇地按时令。有钱的人家多会置办一个水车,地多时可以打多口井,在不同井口轮换使用。浇地分几种情况。一种是纯粹的软化地皮。这是因为长期没下雨,为了让土质更加松软,耩地前需要浇地。第二种是灌溉浇地,灌溉时间为每年农历三月到十月。如果浇小麦,头水要在小雪节气浇,称为"压冬水";第二次为第二年的三月十五以后;第三次为春分;以后每15—20天浇水一次,直到收获。

三是水车浇地要雇人。1949年前后,中国华北地区的传统耕作模式是以牲畜拉犁、拉耩耧、拉车、拉水车为主,其中牲口与水车是"黄金搭档"。浇地前需要"推草","用秸秆做的一次性球状物推各个垄口,直到垄口又光又滑,这样水不容易下渗"。因为浇地是力气活,一般需要成年男性来完成,这时候就需要当家人、成年儿子们或者长工来做。如果没有牲口,通常雇用人力,成年男女都可以,老人说:"每次雇8个人,推水车一起上,从晚上8点干到第二天早上8点,一共12个小时,每人能分2块钱。"坐井地浇地耗时少,远井地浇地耗时长。老人说:"一般一天浇10亩地左右,每次浇地一遍就行,每隔15天左右再浇一遍。(如果)土地不在一个地方,一块地浇完,需要把水车取下来,再安到下一个井口。有土地地段高,水车提出的水浇不上,需要在高的地段旁挖一个坑,把水车提上的水引进去,再通过人力用斗子去浇地。一亩地大约有30个畦,浇水用铁锹堆土,改变水流方向,这个活儿都是短工来干。"

四是改畦。除了改变水流方向,还要密切关注畦的高度:有些畦高低不平,需要弄整齐。老人说:"一个畦大概进水三指深就需要改畦[1]。"除此之外,当农户用水车浇地的时候,只会给自己的地浇水,浇了别人的地吃力不讨好,这时候在水溢出之前也

---

[1] 改畦,就是给水道变向。

会改畦。老人说:"(如果)大人比较忙,妇女或者小孩就去干。(因为)不需要什么技术和力气,只要跑得快,灵活一点就行。"一般畦背高4寸,水浇到3寸即可基本满足庄稼需要,但有人会故意增高畦背,增大田地的吃水量,有的抬到5寸以上,这样用水时间就会拉长。老人说:"后面等着用(水车)的人会不满,会一直催他快点,毕竟水车是大家伙的,不能他一个人老用,不过不至于引起很大的矛盾。合用井的(农户),家里的地都不多,顶多多浇一两天。"

(3)借用

①出借同意:"管事儿的要答应"

因为水井单元的存在,管事的要对所有出资人负责。他虽然拥有出借的权利,但是他的家庭并没有因此沾光也享有出借权利;同时对于前来借井的农户也会有一些要求和条件。

一是出借方必须为管事的,而管事的在一家之中多是家长。当外人敲门时,问"家里有人么?"如果当家人不在,只有其妻子在,只能回答"没有人"。这意味着女性在家里没有处置井的权力,不可以随意出借东西。老人说:"如果有人来借井,尤其是对方让未成年的儿子来借,管事的通常会出题让孩子回答。问题是'什么人多,什么人少,什么人喜欢,什么人恼?'答案是'小人多,君子少,借的喜欢,还的恼'。"借此来提醒和教育借井的孩子"好借好还"。如果孩子回答不上来就不借。孩子回家跟当家人要到答案,再来管事的这里学一遍才可以借出。如果管事的去世,就要考虑换其他农户家的当家人来管事。

二是想要用井的农户,必须由该户当家人以自己的名义借。如果当家人没空或者身体不适,可以由家里的其他男丁来代表——比如儿子或者孙子,但女性不可以代表。如果儿子、孙子多,谁能把情况说清楚就可以去借,但必须以其当家人的名义。如果儿孙有了自己的能力和威望,并得到了村里人的认可和信任,这时候也能以自己的名义借。多数情况下,派出儿孙借井都不会成功。即使成功了,后面如果出现了纠纷都会找家长来解决。如果当家人去世了,可以由其妻子和其儿子结伴去借,这时还是要以当家人的名义,能否借出来依然要看去世的当家人生前和管事的之间的"情分"。老人说:"借用的时候必须跟管事的说,不能自以为关系好就可以不说直接用,那样会当作偷。被发现后管事的不会说什么,但是会把辘轳或者水车摘走,让她用不成。"

②出借水井:"大家不用就能借"

确认了借入方的资格之后,管事的下一个权利就是决定借什么。能借的首先就是水井,他拥有自己的井或者共井借出的特殊权利。但通常管事的要求不会太苛刻,只要"大家不用就能借"。这又具体分为以下两种情况：

一是借给本村人水井。如果一个人在几个水井单元同时做管事的，那他管的水井都可以借用。但他一次只能借出一个，因为灌溉需要的人力和器械都有限。水井的借用常常发生在关系要好的朋友、邻居或者乡亲之间。老人说："一般只能借1—2天，因为时间再长可能会耽误自己的使用。出借时不收钱，（但如果）井被损坏了管事的有权要求赔偿。一般分两种情况：（如果）是被故意损坏的，就让借的人全价赔偿；（如果）是无意损坏，就与他各出一半钱来修井。"

二是借给外村人水井。虽然多数情况下都是借给本村人，但也有借给外村的情况，借的对象多是水井单元成员的亲戚。老人说："在村庄边界，如果打井一般不会正好选在边界上，而是在自己田的中央。（如果）自家井有问题会跟本村人借用（并且）加紧修自己的井，很少跟邻村的地邻借用，即使关系再好也觉得不该，认为丢面子。如果邻村买到了本村的地，原则上这块地就属于邻村，那它周围就会被本村的地包围，如果它周围有本村的井，也可能会求情使用，但是不到万不得已他也不会张口。"

③出借取水工具："谁先来就先给谁用"

一是富裕人家才有用水工具。除了井，还有一个能出借的就是井工具，包括辘轳和水车。这些井工具可以由农户自己购买，但多数人还是无法负担，所以有时在打井平摊时会顺便平摊这部分费用。旱车和水车只有家境较为宽裕（中农成分以上）的人才会有，贫农通常只有小型工具，大型工具一般买不起。虽然买不起，但农户更多选择去借而不是偷，因为"水车不用时一般是冬天农闲，这时农户会给它上锁，再加上结冰，根本偷不到"。

二是不愿意出借。老人说："以前一辆水车非常贵，一样的钱可以买一头骡子。"农户的水车一般不愿意外借，不仅是因为珍贵，而且水车的使用损耗极大，与此同时拉水车需要大牲口，"没有牛、骡子不行"，要借水车还得借牲口。但没有水车的人一般地都很少，"用水车不超过一夜即可浇完，最多三天"，所以再难也会去借。为了调和矛盾，借出水井工具也会由管事的制定出一套规则。老人说："老刘家有水车和10亩地，我要借用，需要在老刘浇地到8亩的时候跟他说好话。如果太晚说老刘就可能要换井口浇地，就是要移动水车；不说好话肯定借不到。即使借到了也不能影响老刘的浇水。等老刘浇完，能借1—3天；或者等老刘白天浇完，我晚上浇。水车很结实，可以承受一吨的压力，（所以）不会坏。除非有人故意捣鬼——用锯条把水车下半部分锯开一点，水车在压力的作用下裂缝越来越大。如果水车借出后有损坏，老刘一般不会计较，因为关系好，换了其他人可能需要维修或者出修理费。晚上借用水车一夜从晚上7点到第二天7点可以浇7—8亩地，地少的一夜就浇完了，白天睡觉；地多的就需要多借几次。"

三是出借损坏要赔偿。出借工具不收钱，但如果被故意损坏要让借入方全价赔偿，如果是被无意损坏那双方各出一半合买新的。老人说："有些人爱贪图小便宜，明明自己可以买，但是怕磨损非要借用别人家的，这样人不招人待见，人们又拿他没办法。"井工具的使用不抵工，以后只能以同样的形式再还回去。

(4) 纠纷

在用井时，一般就是用水的纠纷，包括多用与少用、先用与后用、霸占使用与没得用之间的纠纷。这时候村民都会"吵包子"[1]，需要打井管事的来解决。实在不行才会找保长、村长仲裁。

3. 护井

(1) 水井单元看护义务

水井在使用的过程中，要确保井和取水工具不被破坏，要保证井水的水质，与此同时还要提防有人掉进井中。这些都是水井单元的看护义务，包括防止破坏、防止坠落和防止污染。看护人不仅包括管事的，可以说水井单元的全体成员都是看护的责任主体。

一是防破坏，"用行、弄坏了不行"。这里指的破坏主要有三种，一是对井本身的破坏，二是对取水工具的破坏，还有对井中龙王的惊扰。井比较结实，但还是比较容易破坏。对井本身的破坏主要是扔石头、偷井盖和偷井砖；取水工具相对就容易破坏得多，主要是偷盗、过度使用和故意破坏；对于龙王的惊扰主要是不尊重民风民俗，是对人们信仰的破坏。

二是防坠落，"井里殁了活物太麻烦"。村里井不多，但每天都有人用，地点也很明确，从小家长就会教育娃娃远离井口，拉着牲口路过也尽量会远离。但依然会出现井中掉进活物的情况，所以水井单元的成员都会多个心眼。

三是防污染，"井口周围常要扫扫"。井水很容易污染，地井倒是没有关系，因为它主要用来灌溉，不太干净也没事；但是官井不一样，平时都要靠它解决生活用水，最关键就是饮水的问题。所以水安全和清洁问题就非常重要。一方面是防止静态的污染，如沙尘、枯枝烂叶等官井一般比较难看管，主要是靠村民的自觉。还有一方面就是防止动态的污染，比如投毒、人为倒垃圾和各类牲口自然的排泄。

---

[1] 吵架。

（2）水井单元养护义务

除了看护之外，井也需要一定的养护。这也就是水井单元的另一个义务——养护，包括淘井、绳子、水桶的换新以及井的再深挖。

一是周期淘井，"时间长了井得洗"。挖井后必淘井。淘井又叫洗井，是指从打井之时到井彻底废弃这段时间内经常淘换井水，让新井水不断从地下渗出，并使井水更加干净的行为。刚打井时必须淘井，直到井中的水不再浑浊。等一段时间一般是春、夏、秋三季，如果井水浑浊可以继续淘井。这时不需要费用，只要多用几次井水，最好把旧水用光，再等新水上涨即完成淘井；但是如果这方法不再奏效，就必须深挖井。

二是定期换新，"绳斗用坏平摊换"。井使用到一定的期限，就会不可避免地出现一些老化，而和井配套使用的一些工具也会出现不好使的情况，这时候就需要维修或者换新。这类事情一般也是管事的提议。涉及维修和换新的一共有五个项目，都需要用钱，出钱的方式是比例制，地井是按照各户各自所要浇灌土地面积的比例来确定出资数目，官井则是之前合伙打井的几户人家平摊。定期维修包括井、绳、桶、水车、辘轳等一套东西，每一个零部件的检修都不容小视，成为水井单元养护义务中的不可或缺的一环，是整个单元安全用井的保障。

三是旱年深挖，"旱时不深挖没水"。遇到旱年，水位下降、出水量减少，水井单元更要严格遵守轮流用水的制度而不可擅自多用。再深挖井时还是管事的主事，以前一起打井的人不再出资，因为只是深挖，不需要请瓦工，也不用买砖块，一天即可完工。需要深挖的井一共有两种，一种是老井，另一种是旱年的井常年的老井在用到十年、二十年或者三十年以上的时候需要深挖。这时井因为沉积了太多的污垢、枯枝败叶等等，简单的淘井已经不能让水更干净。而且水位已经下降，几乎已经无水可用；即使水位不下降，当时打井能涌出来的水也已经所剩无几。旱年的井一旦没水可打就要深挖。不过牛村的旱年并不多，水位的下降主要是过量开采造成的。

（3）水井单元废井处理义务

无论一口井如何看护和养护，总是敌不过寿命的限制。当井彻底报废的时候，水井单元依然有义务"送井最后一程"，包括平摊废料、废井掩埋以及归还占地等等。

①废料平摊："有用的都拿回家"

一口井大概能用30年以上，一般可以照常使用。如果水位下降得太厉害，要想出水就必须挖得很深，但是太深的话人下去就很难再上来，所以这样的井一般会选择废弃，但井废弃之后并不是不再完全不管，水井单元依然会负责到底：独井废弃后，所有材料归本家所有；而共井或者官井废弃后，所有材料归出资人平摊。

②废井掩埋:"不埋就怕掉进人"

一是管事的提议,出资者出力。填井的时候一般还是要管事的先提议,看多数人都同意就可以实施。一旦决定填井,出资者全部要出力,一般各家都要派出至少一个壮劳力。没有任何一户可以置身事外,"如果不出劳动力可以买酒或者做饭"。

二是埋井有三种类型。村里打井的频率高,而埋井的频率低。埋的井有几种类型:一是常年不用的枯井,井中可能已经积满了垃圾;二是因为之前没有打好已经坍塌的井,水源的位置也不是很好,如果重新再打要耗费更多的财力和人力;三是打的时候找错了水源地,打好后发现根本就没有水。"这时候把砖拆出来的风险太大,不如直接填上。"

三是填井要拉土。填井的土一般是从外村或者荒地中拉的碱土,因为村子里的土一般是可以耕作的土,"这样的土比较金贵,舍不得用来填井"。管事的套上自己家的车,找大家一块去,回来以后几个人用铁锹合力把土填进去,直到完全填好、抹平,最后还要在上面踩几脚,确保掩埋严实。

③井地归还:"占谁的地还归谁"

所有的井都是占用了耕地或者街道。废井掩埋后,地一般情况下都要物归原主。废弃的井大多数都是历经了几十年的时间,虽然这块地没有变,但是其所归属的主人可能已经发生了变化,这时就要根据不同情况归还。

一是有主的地要直接归还。无论是什么类型的井,当初修建的时候都是盖在某人的地界上的,当时造井的时候选他是因为他的这片地地势最高,利于周围大部分土地的灌溉。井废弃后做了封埋处理,那井占的这块地就依然归属于这个农户。

二是无主的地做好善后。井填完以后,如果这块地的主人已经搬离了村子,或者已经死亡,一般会找到他留在村中的家属和亲戚,把这块地送还。如果一个人都找不到,那这块地就是无主的地,最后就是归村落所有。

(4)纠纷

护井时的纠纷主要是有人故意在井中倒脏东西、投毒或者有人溺死在井里。倒脏东西会由管事的出面调解,严重的会让肇事者自费淘井。投毒的事一直在传说,因为日军占领的时候常常害怕给百姓下毒而不敢饮水。如果有人溺死在井里,"通常这种情况是不赔的,算那人自己倒霉。除此之外,死人的家属还要跟井的所有者道歉脏了井水"。

(二)驱蝗

蝗灾是北方地区尤其是缺水地区不可避免的话题,而它又是与旱灾紧密联系起来的。牛家庄旱灾平均每 3—5 年就有一次，特大旱灾大概 20—30 年就会爆发一次，这时与之相伴的就是蝗灾。"1947 年的时候发生过特大灾情，都在五六月份。"虽然蝗灾的爆发不是很频繁，但每次爆发往往都是致命的。每到大旱的春末夏初，便是孕育蝗灾的季节。蝗灾爆发时，飞舞的蝗虫遮天蔽日，以整齐的阵型从东北向西南行进，所到之处绝大多数农作物将遭到大面积的啃食，等待村民的结果只有大规模减产或者颗粒无收。

一是组织驱蝗的队伍。面对这种情况，快速组织一支驱蝗的队伍就显得尤为重要。这时候水井单元是现成的小规模组织单元，只要保长一动员，就可以集齐一支不同水井单元组合而成的驱蝗队伍。因为蝗虫并不是所有的田地都经过，也不是所有的庄稼都吃。通常是保长在街上喊人，带领 15—20 人在飞蝗飞行路线的前面挑[1] 1—2 米宽的大沟，阻止蝗虫继续前进，并在两旁安排 30 人用木棍、扫帚驱赶蝗虫。将蝗虫赶进沟以后，放上秸秆焚烧。没人管饭，3—4 个小时一换班。蝗虫飞行路线上的村民既要出人，也要出秸秆。"不用强制，因为受灾的都是自己的农田。眼看自家庄稼被咬的村民会出得多一些。"

二是求神现象。发生蝗灾后，有两类人会去烧香求神，保佑自家的庄稼损失降到最低，一是出力的水井单元中家里的老太太，二是还没有受灾的其他水井单元中的老人。村长、保长不拜神，也不主动请和尚、道士。平时关系好的邻居、朋友看见蝗虫来了，（即使）自己家的田没有被咬也会主动帮忙，村长、保长的田遇上蝗灾（时），帮忙的人更多。

三是自救。蝗灾一旦发生，几乎没有救济，只能靠水井单元的村民自救。因为受灾面积较小地主也不会减租，被蝗虫咬的部分要重新种植。经过数年的摸索，村民发现春玉米、谷子和高粱比较容易受灾。棉花和小麦秸秆因为比较硬，所以蝗虫咬不动。即使发现了这点，但因为本村受灾时候少，所以不会根据蝗虫的喜好来调整农作物。

严重时，蝗灾可造成 40—50 亩地的破坏，但是因为村民的地多是插花田，即使被咬也只是一部分，家里的农田被全部啃食的情况比较少见，所以不至于造成百姓食不果腹、流离失所的情况。

三、水患与救灾

（一）洪灾

牛家庄虽然属于偏干旱性的气候，但因降雨的季节性分布、庄内水系特征、地形等原因，仍然偶有水患发生。

---

[1] 挖。

一是降水原因。牛家庄多年平均降水量525.3毫米，1954年降水最多，达1105.5毫米，1975年降水最少，仅265.8毫米。年内降水高度集中于夏季，多年平均夏季降水348.7毫米，占年降水总量的66.4%，春季降水占12%，秋季降水占19%，冬季降水占2.6%。由此可见牛家庄降水过于集中，年际变化较大，是水患形成的原因之一。

二是水系特征。牛家庄没有河流，所以没有泄洪的天然优势。村内最多的水利是水井，暴雨降临时，雨水又很难流入水井。因为井一般打在一片区域的最高处，跟下水道的功能还不能相提并论。

三是地形因素。牛家庄地势较为平坦，总趋势西北高、东南低。雨小时不积水，雨水就地下渗；雨稍微大一些的时候，大水漫流，形成自然河道，由西北流向东南，也可以顺利排出；但如果突降暴雨，虽然水道形成，但水量太大无法及时排除，就会造成大水漫灌，形成洪灾。

（二）洪灾中的村民活动

根据牛家庄相关资料记载，牛家庄发生过多次水患。民国二十八年（1939年）和民国三十一年（1942年）均发生了较大的水灾。据《正定县志》记载：民国六年（1917年）全县大水灾，滹沱河溢水深数丈，浸泡城墙大半截。牛家庄村南（下坡园）一片汪洋，水深一米有余，600余亩耕地连泡数日，庄稼颗粒无收。面对洪灾，村民一是保命，二是保收。

1. 保命

一是围堵。洪水稍有端倪，一般会有雨水从地面流进家户。这时村民们的办法就是围堵。"洪灾可是不眨眼的，不起眼的小雨一会就下成了暴雨。水开始还能下渗到地底下，但是一会都流进家了。"村民们用麻袋、破布等装进土和砖头，堵在家门口，用来阻止和延缓大水蔓延的趋势。一般的小水灾，这种程度就够了，因为一会就会云散雨停。村民们用瓢或水桶将家里已经流入的水舀出，剩下就是等着雨水下渗。大概再过一两天，村民的生活就会恢复如常。

二是躲避。洪水太大的时候，垒再高的沙袋都没有用，水上涨的速度太快，"根本来不及用上沙袋"。眼看情势不对，村民一般会拿上金银细软等最值钱的东西，一起到屋顶上躲避。"有时候雨大人们都来不及回家，只能爬上树，等着水势变小。早年间人们没有雨衣也没有伞，就是拿个盆在头上扣着。在外面来不及回家的只能用衣服顶在头上。"

三是呼救。一旦落水，面对生死存亡，村民都采取呼救的办法。"有睡觉的时候泡在水里的，有房子太矮的，还有腿脚不利索的，还有掉进水里的，这时候都会大声呼救。"可毕竟是北方地区,村里会水的人不多,所以能救的人十分有限。因为县城很少有救援,即使有,赶来救援也为时晚矣,所以自救非常重要。

2. 保收

(1) 抢收

一是棉花的抢收。"不怕正定府遭贱年,就怕棉花不赚钱",在牛家庄,除了玉米、豆类等农作物用来果腹维持生存之外,要想赚钱那就全靠棉花。但是棉花又非常难养,地里种植后要靠太阳暴晒才能有花骨朵出来,它的天敌就是下雨。只要一下雨,棉花就会全部损失掉。"眼见下雨,村民会赶紧往地里跑。不管棉花开成什么样,一律摘掉。因为花骨朵也比什么都没有强。"

二是速度是关键。其他作物,不到收获的季节一般是很难有时间去抢收的。一般的小雨正是农作物生长需要的,而如果下成了暴雨,人都走不脱,根本无法施救。但在秋收的时候情况却不同,人们已经把农作物收割回家,但是还要晒场,一旦下雨就会长芽,所以这时候速度最为关键。民国六年(1917年)发大水,从岸下村北来水穿过铁路,直涌牛家庄西南地域,水势凶猛,足有一米多深,流向东南西洋、吴家庄地域,入河道直到诸福屯、固营汇入滹沱河。这两次水灾将村西南大片土地淹没,秋粮绝收,低洼之处水深过米持续几个月,直到十月中旬仍地软如泥,土沤如粪,种麦时勉强翻地播种。

(2) 重种

并不是洪灾之后马上种植马上就会有收成,重种多是指等到事宜的时机重新种植,以期下次收获。如果棉花没有来得及收就被全部淋掉,那就是不可挽回的损失,只能等来年再种。如果是小麦等农作物遭遇洪灾,同样是灭顶之灾,村民只能等到秋天再种冬小麦,来补救这次的损失。"其实洪水来的时候人没事是最主要的,至于庄稼的收成都是其次的,人活着比什么都强。有句老话说得好,'留得青山在,不怕没柴烧',牛家庄的这种大灾很少,遇上了算倒霉。但是只要人在,只要勤劳,庄稼收获都是早晚的事儿。"

第三节 平原与麦作

牛家庄坐落于华北平原上,地势较为平缓,西北高、东南低。村落的耕地连片,都分布在村庄四周,是一个典型的小麦种植区。虽然村内人均土地较少,但是土地肥沃,产量稳定,即使再大的灾害都可以保证村民基本的收成,不致产生流民。

一、田块分布

（一）围户而耕

牛家庄从早年耕种的第一块土地开始，就是有意识地把土地选在离自家近的地方。久而久之，随着人口越来越多，房子占地也越来越大。房子侵占了原有耕地的区位，就迫使耕地的区位迁移。但为了方便生产，耕地总是围着家户的居住场所而转。从全村的视角来看，耕地一般处于以家户为中心点，以乡间小道为半径的同心圆上。总结起来说就是"田距适中，方便耕种"。距离村庄最近的麦田有5米，最远的是1.5公里。之所以这么做主要有几个原因。

1. 交通方便

一是家与劳作场所的距离近。"一般来说，距离居住的村庄100米的距离比较方便耕种。"早年间没有机械化作业，耕种全靠简易的工具，比如犁、耙、铢等，而这一切都要靠人来操作。每天背负这些东西如果路程太远，将极大地减缓耕种的进程。而"出门即进田"，让耕种更加便捷。

二是吃饭方便。"近地狗糟蹋，远地不养家"。如果麦田距离太远，村民耕种的时候中午需要送饭，收割的时候中午还要有专人看管，这样很不方便；如果距离太近，又会被家里养的牛马鸡狗之类的禽畜糟蹋。

三是灌溉方便。村中的农田除了靠下雨灌溉之外，主要是靠水井灌溉。地井是最主要的灌溉渠道，但是它的价格不是所有村民都可以承受的。如果田地距离家近，可以部分使用家井的水来浇地。这也可以极大地缓解农户的经济状况。

2. 便于抢收

"一麦顶三秋"，种一次麦子的产量要远远高于秋天收获的其他农作物，如豆子、玉米、谷类等，所以必须快速收割，保卫劳动果实。操作流程为拔麦子、捆绑、拉到打谷场、去秸秆、晒麦穗、轧场、去花秸、扬场、晒麦子，最后拉回家入瓮。

除此之外还有几个注意事项。首先，防太熟。如果麦子太熟，会自动脱粒，如果麦粒落入土中则会发芽，以致无法收获。通常的做法是拔一株麦子在手心摔打来看是否太熟，如果麦子已经很干，而且摔打时脱粒，就表示太熟，需要加速收割。其次，防雨。如果麦子成熟后下雨，麦子将作为种子在麦柱上发芽。最后，防冰雹。"如果冰雹在小麦成熟后、收割前打下来，麦粒会被打落进泥土生根发芽，我们庄户人这一年就白干了。一旦发生了，需要用扫帚把麦粒扫出来，然后晾干，加上其他的抢救工作，非常麻烦。"

（1）拔麦子

"抢秋躲麦紧打场。"老人说："芒种前三天到五天要开始拔麦子。"

一是参与者。因为麦子是人们最重要的粮食,麦子成熟后都是全家齐上阵,故除了男性之外,女性也可以参与。通常是家里的男性和女性都出来拔麦子。如果雇用了长短工,则男工、女工在一起拔,少数情况下童工都在一起拔。

二是工具。方法是用手连根拔起,农民王肇玉说:"因为当时不懂得用镰刀,而且没有手套。根据我的修车经验发明了一种方法,即用缝制好的自行车里带,套在三个常用手指上,这样拔麦子不起泡,大家都觉得好用,渐渐都用上了。"

三是合作。拔麦子需要四到五人一组。前面一人领头,动作要领是先拔掉麦子,然后用力在脚上把土磕掉,接着把麦子扔到一边,中间的人跟上,跟着做,把麦子扔到领头人的麦堆里,最后一个人扎捆。

四是任务分工。通常领头的为长工,主家会在干活当天给长工吃面条和鸡蛋,并委派他做头儿。后面的人多为短工,因为扎捆的技术难度最小,手不疼,所以短工会照顾身体不好的人,派他来扎捆。

五是酬劳。拔麦子短工管饭,一个人吃一斤面都不够,所以主家为了省粮食,会在开饭前给短工们喝蜂蜜水,短工们觉得好喝会多喝几碗,然后主家再开饭,等短工们喝撑了吃不进去,主家才会开饭。饭吃多少算多少,不能带走。"主家招工时,告诉大伙儿午饭吃面。但是饭点端上来才发现所谓的'面'是北瓜面和白面混在一起做的。大伙不服去问主家,主家说北瓜吃进嘴里也挺'面'。短工们没有办法,心里想下次再也不给他干了。"

六是惩罚和纠纷。整个行动,走在队伍中间的人如果跟不上,就会被解雇。所以拔麦子领头的长工干得太快,就会招来后面人的不满。"中间的人摔土的时候会故意往领头人脸上甩,如果领头不满,中间的短工以后就躺倒不干——只拔麦子不摔土,气得领头的只能跟他打架。"

(2)扎捆、拉麦子和去秸秆

①扎捆

一是男人干。拔麦子小组最后一人要扎捆。用10根左右的秸秆结成绳,拉直放在地上,再把一大捧麦秆放到上面,接着捆绑,打活扣,成捆的直径大约30厘米,最后码在田中,等待拉走。最后的这个人力气不是小组中最大的,但是也不能太弱,因为扎捆需要的力气也不小,所以女人、孩子一般干不了。"家里人少,实在没办法的,只能用女人和孩子去扎(捆)。只不过扎得松一点,(因为)他们没有那么大的力气。"

二是纠纷。这个流程一般是雇人来干。拔麦子只需要一个动作,而后面扎捆的需要好几个动作。如果前面的人太快,后面的人就可能赶不上前面人的进度,如果被主家看到,轻者会挨一顿骂,重则辞退不要。

②拉麦子

一是会使牲口的干。一般是由当家的套车拉到打谷场,家里有长工的就让长工拉。他们的共同特点是会使牲口,而女人、短工都不可以。

二是只要大头。男人把麦子放到车上,掉在地上的整个麦穗要捡起来,但地里的零星麦粒不捡。"因为全部捡起来也不过一把,觉得不值得。这些麦粒本村其他人也不捡,因为数量太少,花费的时间又多,还不如要饭来得快。"

③去秸秆

这个工序比较简单,就是用铡刀去掉麦秆的下部分,留下麦穗。这一步完成后会留下大量的秸秆,通常可以作为农村烧火的燃料。

一是铡到手。因为要用到铡刀,所以很容易铡到手。所以这项工作一般要找熟练工来做,女人也可以,但是孩子是坚决不允许做的。如果伤到手自家的一般是抓一把土撒到伤口上;如果是重伤,就只能拉到县里找医生。

二是去不干净。有钱人家里常会雇小工来干这活,所谓的铡不干净就是把粮食铡进去了,或者去的秸秆太少,都会被主家骂一顿,严重一点就会辞退。如果用自己家里人则不会这样严格,大家心里都想着赶紧把活干完,所以一般比较自觉。即使有偷懒的,当家人也不会太严厉。

(3)轧场和去花秸

一是培训上岗。轧场难度小,除了当家人、成年儿子、长工外,儿媳、短工都可以做,但必须经过当家的或者长工的培训。用碌轴[1]轧场,分为轧路和脱粒两个步骤。轧路先要在自己麦田拔一片麦子或者找一块空地(约2.5分的土地),在地里用柴火铺满后,用牲口拉着碌轴轧,将地面轧平滑,约等待2个小时,等麦场硬化晒干后就可以放麦子。脱粒是等麦捆运过来以后,用铡刀将麦穗铡出来,然后将麦穗暴晒,晴天大约晒2—3天。接着就把麦穗放到场里,依然用牲口拉着碌轴轧,完成脱粒。"秸秆要放到一边的地里垛起来,它可以烧火,最后再轧一遍还可以喂牲口。"老人说。麦穗上的麦粒大部分经过轧场都脱掉,但是还会有一些残留,这时需要人工抖动,把所有的麦粒都抖下来——这个过程叫作去花秸。花秸不用重轧,晒干后就可以直接喂牲口。

二是矛盾。这时候的矛盾主要集中在做这个流程的人不能按照标准的要求来,

---

[1] 一种木质圆柱体。

总会出一些差错。比如还没有等到麦场硬化就开始轧,很容易把粮食都轧进土里,很难剥离出来;再比如没有把麦穗暴晒,直接轧,会把麦穗轧扁,麦汁四溅;再比如没有去把残留的麦子抖下来,造成极大的浪费。这时候一般会由主家出面,扣短工的工钱;如果是一家人,则是家长把干这活的家人骂一顿,孩子则可能被打一顿。

(4)扬场

一是搭配干活。扬场是家里的当家人或者成年儿子干,长工和短工都可以,但因为扬场需要力气和窍门儿,所以需要两人搭配:一个铲,一个扬。需要用两个工具:铲麦子用的长柄木铲和扬场用的柳条簸箕。扬场要等风,看到有树叶来回晃动不止,就是扬场的最好时机。扬时需要上扬大概 3 米高,使粮食落下来形成一条直线,"会扬一道线,不会扬一大片",以此来去麦壳。如果风不大,需要重新再扬一次。等全部扬完后,入库前要最后扬一次。扬场后,就完成了脱粒,被风吹出来的就是糠秕。糠秕会落在扬场处半径 5 米的范围内,可以用来喂牲口。

二是矛盾。如果铲麦子的人太使劲,飞溅起的糠秕会迷扬场人的眼睛;如果扬场人不会,那铲麦子的还要多干几回。"有的人第一次干这个活,扬起来迷人的眼睛的正常;但是有经验的老农民还是犯这样的错误,那就是故意的。为了这些事儿,常常吵包子。"

(5)入库

一是家长提醒注意事项。入库需要农户家里的当家的、成年儿子、长工或者短工来干,女性不可以。在农户家有一间正房专门用来放粮食,粮食放在麻袋里、瓮里或者用席子围成的囤里。家长常常提醒有几个事儿要注意:其一,防潮。需要在粮食底下放一层麦糠,与粮食中间用布隔开。其二,防虫。在粮食上放一层椿树叶。其三,防鼠。会养猫或者用捕鼠夹,通常不用药,因为人还要食用。

二是不能私自挪用粮食。虽然每人都有粮仓的钥匙,但是不可以私自取用,必须跟当家人汇报。因为粮食有痕迹,非常容易被发现,一经发现,处罚同上。老人对此讲了一个故事:一家儿媳妇轧棉花,想要给娘家送 30 斤,当家人同意了,但是走的时候媳妇私自多拿了 10 斤白面,当家人看到了但是没有直接说,而是说"我怕不够,咱们再称一下吧"。一称多了 10 斤,当家人把棉花揪下 10 斤才让儿媳带走。一斤棉花能换 5 斤白面,媳妇虽然知道亏了但是不敢吭声,不然会受到惩罚。

三是不可以私开山药窖。虽然山药窖没有锁,但是取用山药必须跟当家人申请。无论是谁私自挪用,都将受到当家人的责骂、责打。

（二）集中连片

牛家庄的麦田大多集中在一起（见图2-7），环绕在村周围。形成这种地块分布特点，主要是土地肥力均等，集中利于高产。当地的又根据水源的远近，将麦田分为坐井地和一般土地。坐井地因近水而土肥，一般土地则要全靠其本身的肥力。小麦虽然是最重要的农作物，但产量低，农民辛苦一年所得的小麦差不多都用于交租了。1949年前，小麦亩产平均百斤；1949年，全村小麦种植面积2250亩，总产量169吨，平均亩产150斤。玉米生产期短，但产量太低，1949年前也只有百斤，1949年亩产达到200多斤。谷子有生产期长、产量低、品质好的特点，在1949年前也能达到百斤以上，1949年一般亩产在200斤左右。山药种植面积较大，是本村亩产最高的农作物，在1949年前能达到1000斤，1949年能达到2500多斤，是牛家庄村民用于果腹的主要食物。

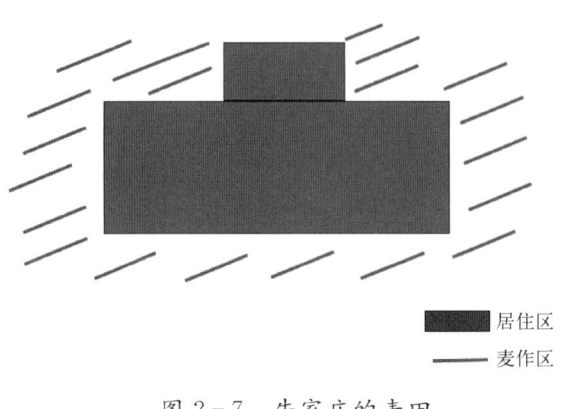

图2-7　牛家庄的麦田

（三）插花田多

牛家庄自古而今都是人多地少，清光绪年间（1872年），村内有耕地51顷45亩，117户，257人，人均耕地3.15亩；2012年，全村有耕地5285亩，有1164户，5281人，人均耕地1亩。

一是农户农田交叉分布。牛家庄坐落于华北平原上，庄内的麦田多是规整的矩形或者正方形，没有圆形、三角形等。麦田面积大小不一，被田埂所隔开，隶属于不同的农户。有的农户同时拥有几块大的田块，总数超过百亩，有的农户田块不足3分，多数为插花田。"最大的一块60亩，是村庄富农任某的土地；最小的一块只有几分，是贫农的土地。"

二是为土地出售规则所致。这主要归功于庄内的土地出售规则：离乡不离土，买近不买远。牛家庄有几个不在村的地主，他们在村里有几百亩的土地，但是人不在村中。他们人在城里居住，但是并不会把村里的土地卖掉，这就是"离乡不离土"，这种现象使得村里的土地不会轻易减少，即使是出租也只针对本村人。买土地的时候，一般会选择离自己住所不远的土地，这就要求在村内物色土地，使土地在村内流转。而且在传统时期土地是农民的命脉，不会轻易卖地，土地交易也就比较少见。在如此规则的调整之下,牛家庄的麦田很少有和外村相交叉的情况。小部分和其他村庄麦田相交叉的是随着人口的增加而新开垦的土地,或者因土地买卖和共用水井而产生。

二、田块边界

(一)标志物

土地边界分两种,一种是本村村民之间的土地边界,一种是村落之间的边界。村落的边界,参照农户土地的地界。牛家庄主要有两种物理边界需要标志物来辨识:一种是户界,一种就是地界。而这种标志物一般是灰橛或者桑棵。

1. 户界选桑棵

户际边界一般首选桑棵,次选灰橛。桑棵是一种低矮的耐冻植物,容易生根,生命力极强,即使在冬季也可以用肉眼识别,所以把它作为一种边界标识。用桑棵省时省力,容易辨认;用灰橛制造比桑棵麻烦,且冬天挖土不便、难以辨认。

2. 地界选灰橛

牛家庄麦田之间的距离为20—25厘米,有田埂,在田地的四个角都要灰橛。灰橛是一种人工标志,它的制作流程是用直径为2厘米的铁棍插土中约一米深,把铁棍拔出后,在洞中灌入水泥,用一小时把该洞晾干,然后铺上柴草。

一是灰橛造假。有些人为了个人利益,可能会使用假的灰橛。辨别真假灰橛也有一套手段:制作假灰橛因担心被人发现,水泥灌入仓促,导致灰橛中间间隙多、气泡多;而真灰橛因为时间足够,灌入的水泥多且敦实,中间少气泡,甚至无缝隙。鉴别时,只要把灰橛挖出看缝隙、气泡的多少,就可以做出正确判断。

二是确立地界。村落有边界,即为农户土地的地界,没有公证,也由灰橛确定。村落边界大致固定,但会随着土地的买卖而变动。村界变迁为物理变动,但租给邻村的土地不算变动。如果记录丢失,需要看桑棵或挖土看灰橛重新找边界。

(二)田块边界的纠纷

一是边界不得侵犯。兄弟也好,亲戚也罢,一旦有破坏灰橛的,或是犁地超过边界压到畦上的,抑或是在畦上私自种植或者占用的,再或是灌溉时破坏畦口抢水的,则构成明显纠纷。如果打井需要占用他人土地,则需要跟所占地的主人协商。"相邻的土地会留出20—25厘米的间隙,产权一人一半,不得越界。边界不允许种任何东西,也不允许私自占用。(一旦)种了植物则会被另一方拔走,占用的如果是小物件,会被另一方移走;大物件搬不动也无法破坏的,会被对方告到村长(处),(如果)无法解决会告到县里。"

二是找权威调解。兄弟出现田界纠纷,可以私下解决,无法解决的,可以找族长调解。这里的权威可以是分家时的证人、调解纠纷的仲裁。如果兄弟间分到一块田，由于不会共同耕作，所以需要继续平分，同样找"说合人"做证、找四邻看地界、插灰橛，确定边界。

三是以分单为准。本村分家会产生分单，如果日后有边界纠纷，通常依照分单以及四邻的文书来评判，之后重新订立边界。订立的原则就是公平、公正。如果日后分单丢失，将挖出灰橛辨明。

四是申诉机制。如果不服可以向调解人员（无专门的调解人员，就是保长、村长、县长）提出质疑，并由家长亲自继续上告（保长、村长、县长），在纠纷双方的家里、村公所或者县衙调解此事。在村公所或者县衙调解时，不占理的一方如果不愿意前往，这时候就会被公职人员如衙役等强行绑来。"如果一方被官府断定无理取闹，将遭到20—30大板伺候。"老人回忆说。请族长、保长、村长调解至少需要请吃一顿饭，乡长、县长则不用请吃饭，但需要用钱打点。

五是调解后的兄弟关系。如果是小事，双方的关系会趋于缓和甚至重归于好；如果闹到打官司，头破血流，关系将会疏远、断交，甚至结仇。

三、田块耕作

一套完整的耕作流程，需要顺应耕作时间、选用合适的耕作工具，还要遵循一整套耕作制度。不同的农作物耕作时间、工具和制度都不同。这里以小麦为例，介绍牛家庄的田块耕作。具体的步骤通常包括到地、拉粪、浇地、拱地、打耙地、擦地、耩地[1]、扒畦、立冬浇水、春分浇水、锄草，直到6月收割。

（一）到地

一是男人所干。到地需男性干，而且必须会使牲口。多数都是当家人或者成年儿子。如果家里雇了长工，就是长工到地。短工、女人和小孩干不了。

二是帮忙。耕地和耩地是技术活，需要常务农的人（庄稼把式）来帮忙，地邻便是最佳人选。地邻通常不必全家都请去，只要请1—2个人，这不仅是因为地邻家需要劳动力来干本家的活儿，也是因为农民的地都不多，不需要太多人来帮忙。

（二）拉粪

一是男人掌握拉粪技术。拉粪要由会使牲口的去干，通常为当家人或者成年儿子。如果家里雇了长工，就是长工拉粪。短工、女性和小孩干不了。粪从猪圈出。因为猪圈通常是3米长、2米宽、2.5米深，所以储量极大，可以提供所有需要的肥料。先用铁叉将猪粪、人粪和树叶的混合物堆到猪圈沿上，等叉子触碰到圈地的煤渣，则不再叉粪；接着用

---

[1] 播种。

铁锹把粪铲到车上，不装袋；最后运到地里，撒在地表，深度要有二指即可，有时粪少深度为一指半也可。

二是进口肥料不受欢迎。日军侵入牛家庄的时候带来"肥田粉"即化肥，开始专门雇人种植棉花，后来推广到全部农作物。"当时以记账的形式分给每家，但直到日军投降也没有结账。施肥后，亩产提高，从150斤提高到200斤每亩。日军撤退后，留下大量'肥田粉'，但农户都不再使用，怕对土壤不好。"

(三)浇地和拱地

一是浇地谁都能干。浇地的流程跟水利灌溉一样，无论女人还是小孩，只要会改畦、会推水车都可以做。唯一的诀窍就是及时改畦，让水浇得均匀、透彻，且不能浪费。

二是拱地是男人专属劳动。通常是当家人或者成年儿子等会使牲口的去做，如果家里雇了长工，就是长工做，短工、女性和小孩干不了。"过程是牲口在前面拉，人在后面扶着或者干脆站在铧子上，为的是把土地弄得更为疏松。"

(四)打耙地和擦地

一是男人专属。打耙地和擦地都要会使牲口的男人来做，因为它不仅要求丰富的经验，还需要很大的力气和精准控制。女人和小孩都无法掌握这项技术。

二是配合劳动。这两种劳动都需要至少两人配合。如果自己有两个成熟劳动力，就用自家人，如果没有就只能跟地邻搭伙。"牲口在前面拉，人在后面扶着或者人干脆站在耙子上，以此把土地弄平整，将土块打破，将枯草、废渣等东西耙出去。"擦地过程是牲口在前面拉，人在后面扶着或者人站在擦子上，把土地弄得更为平整。

(五)耩地

一是时机选择。"秋分早，霜降迟，寒露的麦子正应时"，耩地这个过程就是播种，在寒露前后耩地最为恰当。

二是劳动技术要求高。耩地是种小麦所有步骤中，最需要技术的环节之一。通常为当家人、成年儿子、长工等会使牲口的去做，"短工、女性和小孩干不了"。每垄麦子之间的距离需要根据土壤的肥力来选择。如果土壤肥力小，则为8寸，正好是耩子腿的距离；如果土壤肥力大，则距离为4寸。例如先耩地了2垄，则要得到4寸的距离，需要把耩子"骑"到这两垄中间。

三是需要人手多。耩地时，后面还要跟一个人，要用墩子[1]夯实土地。墩子主体为木质圆柱体，两边有石轮。宽度同耩子腿间宽度一样。夯实后，种子将完全埋入土中。

---

[1] 一种夯实土地的农具。

因为技术难度较小，稍微有些力气的都可以胜任。所以如果成年男性不够，女性和16岁以上的孩子也可以搭把手。

（六）拉土和扒畦

一是会赶车的去拉土。拉土需要赶车，所以必须由会使牲口的人去做。一般为农户家庭、当家人、成年的儿子或者长工去拉土。"土质多为碱性，外村有不要的碱性土壤，可以用来垫猪圈，这样猪圈冬天不冻。套牲口每天能拉一车，大约半吨重。"

二是男人来扒畦。这道程序多使用农户自己家的人，当家人、成年男性都可以做，因为是技术活，所以不用女性和孩子。"不用牲口，由人亲自操作。通常两人一组，前后搭配，前面的要技术好，能把畦扒得很平直，并且能初步形成畦背，后面的人再给畦背填土，使其厚实。扒畦只做一轮，以后不再加固。"老人说。

（七）锄地

一是难度小，谁都能做。因为锄地难度小，所以男女老少都可以。没有长工的农户家庭由家里的当家人或成年的儿子去锄地；有长工的则由长工去锄地；如果人不够，则雇短工锄地，男工、女工和童工都可以干。

二是工具不同对应的方法不同。麦田和豆田锄一次，因为麦苗和豆苗一旦长高，其他杂草就没有了生长的机会。玉米锄地两次。棉花锄地三次，"棉花锄三遍，棉花像鸡蛋"（形容锄三次的棉花长得又大又好）。

第四节　集聚与空间

牛家庄平坦的地形和集中居住的习惯，造就了牛家庄民居的高度集聚。最早定居的有王、任、邢、秦、龚等姓氏，多为山西移民，他们多居住在一起，形成十字街，其中王、任两大家族人口众多，又集中居住，在村中逐渐形成"王家院"和"任家街"。中期焦姓、秦姓、张姓、左姓，末期何姓、梁姓、于姓陆续迁居牛家庄，并以十字街为中心向东西两侧发展，逐渐形成昌平西路、昌平东路、兴安南街、后街东南西北四条主干街道和不计其数的村户行道。

一、空间格局概况

牛家庄村落的空间格局（见图2-8）有一个明显的特点——"一大块儿"。

由于地处华北平原且没有河流的阻碍，让村民得以集中连片地建造自己的房屋。所以村落民居的整个形状看起来就是"一大块儿"。这个"大块"又用横纵两条大路组成的十字形，将整个村落一分为四。形成一个变形的"田"字形。而居民区四周全部都是真正的"田"，让田地把居民区包围。村民生活常用的碾子、石磨等工具就均匀等散落在各条主要的道路上。几个神庙也建在"田"字的几条关键道路之上。所以村民的生产和生活都包括在这个"田"字形的"一大块"中。

图 2-8 牛家庄空间格局

二、民居与村庄

牛家庄民居的分布特点，一句话概括为"集中连片"。因为牛家庄属于平原地区，地势低缓、土地肥沃，这就意味着每一寸土地几乎都是好地，所以民居大都建在自家的耕地上。迁入不同姓氏人口的历史使得牛家庄房屋密集，为了生活方便，村民建房时选择与他人的房子相邻。个人的繁衍以及家族的延续，又使得"人多力量大""人丁兴旺""宗族抱团"的观念深入人心。由此，牛家庄的民居的整体布局遵守"依田而建，依邻而建，依血缘而建"的原则。民居不仅是安身立命的场所，同时也是养老携幼、炫耀财产和地位的一种手段，所以在民居内部，房子的安排服从"以东为尊，以高大为荣"的原则。

（一）村落民居整体格局

1. 依田而居

依田而居的原因主要有两个。一是没有差地。这种原因主要适用于村民选址余地非常大的建村早期。因为牛家庄没有肥力特别差的土地，也很少荒地、沙地，所以民居建造时就无法选择此类地形。二是分家使然。这个原因适用于村落建成中后期。村庄的土地几乎已经开发完毕，要想再盖房子，已经没有多余的空地来使用，只能用自家的土地。而当时自家的土地又由房屋用地和耕地组成，如果在以前的房屋用地上翻

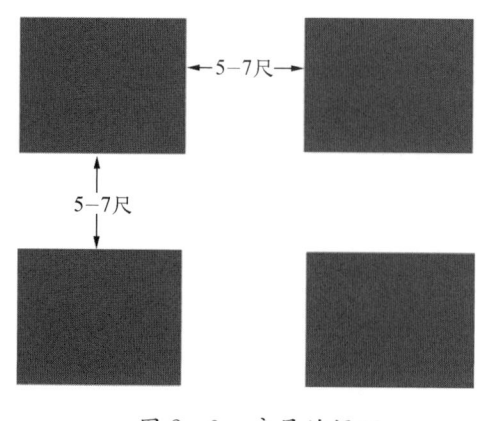

图 2-9 房屋的间距

盖,或者在院落中盖房,就算占用原来的房屋用地;如果原来的这部分面积不大,就只能占用现有的耕地。由于原来的房屋用地也是耕地,所以综合来看,在建村中后期盖房,占用的多是自家的耕地。房屋边界依然根据以前田间的边界——灰橛来确定。房屋中间的道路也是以前的田间道——田埂。"分家时,将在各个田间留出 5—7 尺的距离作为田间道,如果是七尺道可以通过一辆马车(见图 2-9)。"

2. 依邻而居

家户之间的房屋排列多是依照邻居的房屋而建。例如(图 2-10)农户要新盖房子,如 1 号农户,一般要在自家的农耕土地上建造,如果继续盖 2 号农户的房屋,则间距要保持 5—7 尺,如果不临街而是紧紧相邻,则为 5 尺;如果临街,就如 1 号农户与 8 号农户的关系,则要留出至少 7 尺的距离过马车。之后再盖房,3—7 号农户要跟 1、2 号农户的房屋保持在同一个水平线,10—14 号的农户要跟 8、9 号的农户房屋保持在同一个水平线,久之就会在房屋之间形成小巷和街道。原来的房屋多处于十字街上,又因为牛家庄地处平原

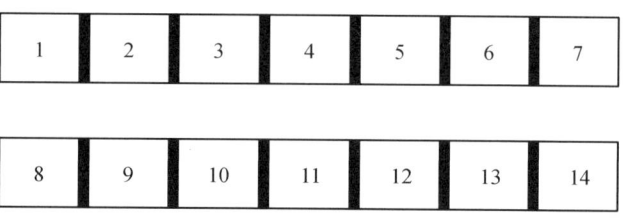

图 2-10 居民排列规则展示

地区,随着人口的不断增加,此种房屋排列方法不断延续,慢慢形成了多个十字街纵横交错的街道格局。

3. 依血缘而居

1949 年以前,村内共有 565 户,2578 人,有王、任、秦、龚、张、李、晏、焦、于、邢、梁、刘、左、何、樊、赵、熊、高、马、吴、罗、杜、郑、崇、孔、邬、贾、杨、孙、景、边、董、周、鞠共 34 姓。

因为任、王两家居住年代最久、人数最多,形成"王家院"和"任家街",但随着时间的推移,王姓几乎已经遍布全村。除它以外,其他的姓氏都分散居住在村的各个方位,但一般是簇拥而居。因为在早些年祖先迁移至此,为了生活方便,大多抱团生活。后来随着分家、土地买卖等事情的发生,逐渐分裂开了,但所到之处定然也形成了一个个小的集团,遍地开花(见表 2-5)。由于井字街的密布,外人行走在牛家庄的

居住区中，如果没有熟人引路，极其容易迷路。

表 2-5　1949 年前各姓氏在村内的分布情况

姓　氏	村内分布
王	村西片
	村东北片
	村西北片
	村东片
任	村东片
	村西片
秦	村西北片
龚	村东北片
	村东片
张	村西北片
	村东片
	村西片
晏	村东北片
	村西片
于	村东片
焦	村西片
	村东片
李	村西片
	村西北片
	村东片
邢	村西北片
	村东片
左	村东北片
梁	村西北片
何	村东北片
	村西北片
赵	村西北片
	村西片
熊	村西北片
高	村西北片

续表

姓 氏	村内分布
樊	村东片
马	村东片
吴	村西片
罗	村东片
	村西片
郑	村东片
崇	村东北片
杜	村西北片
孔	村东片
邬	村西片
杨	村东北片
贾	村东片
董	村西北片
景	村东片
边	村东片
周	村东北片
鞠	村东片

（二）住宅内部格局

1. 以东为尊

农户自家的房屋排列规则要相对复杂一些。

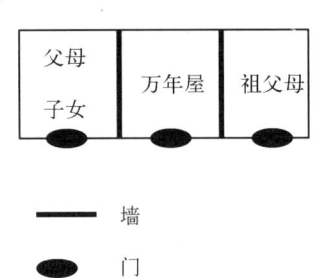

图 2-11 三间正房

一是至少三间房。老人说，"就某一家而言，家里面最少三间正房"（见图 2-11），三间房东西排列。客厅安排在中间，称为万年屋，它与房间大门相连；最西侧的房子是家里小辈分的人住；最东侧的房子是家里的长辈来住。东西两间房都开一扇小门冲阳面。如果家里有一对夫妻且没有孩子，则西侧的房子自己住，东侧的房子男方的父母住；如果这对夫妻有孩子，则他们跟孩子一起住，男方的父母依旧住最东边。以东为尊，象征着对长辈的尊敬和爱戴。

二是五间房的格局。"大一些则五间",五间房东西排列(见图2-12)。此即在上文提到的三间房两侧再加两间房。原三间房居住的人不变,新加的西房,此时在最西侧,一般住叔伯;新加的东房此时在最东侧,作为厨房。因为厨房中有灶神,置于最东,表示对它的敬畏。此时长辈和小辈的房间不再单独开朝阳的小门,而是开门与万年屋相连,一是避免开正门以阻挡煞气,二是表示相连的三间为一家,共享一个大门,所谓"不是一家人,不进一家门";叔伯的房间和厨房要开冲阳面的门,一是自己开门活动方便,二是厨房的烟火气可以顺利排出。

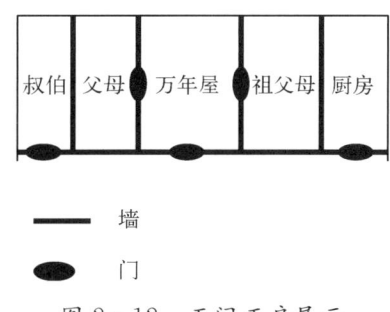

图2-12 五间正房展示

三是配厢房。"再大一些则配3—5间厢房"。厢房(见图2-13)一般也是3—5间,在整个农户的院落内在正房以南,而靠东一侧南北排列。这类房屋一般适用于家中人口较多,且生活比较富裕的家庭。一般这样的家庭会有子辈和孙辈,他们统统都要住在厢房。房间较多时还可以设置客房和丫鬟的房间。这几间房以靠近正房为贵,所以厢房中靠北的房屋留给子辈住,而靠南的几间留给孙辈和客人住。子辈和孙辈的房间互不相通,各开大门。子辈的卧室安排在北边房屋靠南的一间,因为北边的一间开门,一是来缓解煞气,二是有利于保护隐私。孙辈的房间安排在南边房屋中的最北一间,它与客房共享一个大门,相互连通,这样安排的用意,一是阻挡煞气,二是相对客人来说体现孙辈在家庭中的地位,三是与子辈的房屋仅有一墙之隔,有任何动静方便照顾。

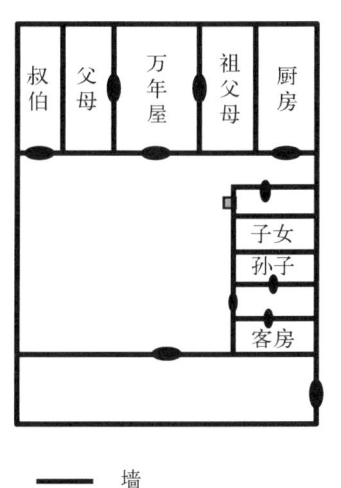

图2-13 正房、厢房展示

四是门的分布。在紧靠客房的一侧墙处南北方向安排开门,此为二门,格挡整个院落的煞气;在东墙边,整个院落的东南角设置大门,避开南北相冲的方向。如果农户家中有饲养家禽畜类,一般会将牲口棚子设置在与大门相对的西墙边,这样做,一是远离人的住所,安全而卫生;二是如果养狗还可以看门。假如家中还雇有长工的话,则安排长工在牲口棚中居住。

五是高度一致。在房屋内部,户与户之间,要保持高度的一致,但正房要高于厢房20—30厘米。院内盖房原则是"一间正房一丈一,间南不间北,间东不间西",意思是房屋长度平均为一丈一;南边留出空,北边靠墙;东边留出位置,西边靠墙。

六是间隔有讲究。正房和厢房的间隔原则是三间厢房则留出间隙三尺，这个三尺其实是四舍五入，通常为二尺八，不能是三尺；五间厢房则留出间隙五尺，同理，一般是按四尺八算，但不能满五尺。

2. 以高大为荣

(1) 多数房子都低矮朴实

1949年以前，农村一般农户的住房几乎都是土坯房。土坯房的构造很简单，基础用少量的砖砌成，地皮以上的墙体全部都是土坯。房架有柱、梁、檩、椽组成，椽上面盖上苇箔，苇箔上面铺上麦秸，再用黏土和麦秸和成的泥摊在麦秸上，人们在上面光着脚踏实、踏平，最后将烧过多年的土炕坯砸碎铺到屋顶上用脚踩，直到踩平、踩光。炕坯被柴草熏烧多年含有大量的"焦油"，撒到屋顶上，能起到防水、防渗的作用。依照传统模式，农户一般在靠窗台处盘一火炕，并留有炕洞，准备冬天烧茅柴取暖。屋里没什么摆设、家具，有的放一张小桌，有的就用坯垒个窑窝做土桌。

(2) 有钱人的房子追求高调

穷人也许这样就度过了一生，但是有钱人家认为房子不仅是安身立命之所，还是权力与财富的象征。

一是数量多。普通的农户家里有正房和篱笆围成的矮墙；而有钱的人家，不仅有房、有墙，还有瓦顶、砖墙、花雕门窗；再困难的人家就只有一间正房，篱笆墙都不会有。村内最气派的房子是国民党营长的房子，他有5间正房和10间厢房，有大院子和高围墙，"人人都知道他当时的权力和地位有多高"。

二是门脸高。在村庄内部，房屋与家户区分的关键，即院子。在同一个院子里的都是一户人家。一家一户的房屋有明显的标识就是门脸（见图2-14）。门脸朝向的确定要根据街道的位置和自己屋子的面积和形状（为矩形）。如果东西方向较长，则在东西向开门，街在东则开在东，街在西则开在西。如果南北方向较长则南北开门，街在南则冲南开，街在北则冲北开。门脸的朝向没有一致性，如今都改为朝南开。户与户之间的门脸有高低的差异，后盖的房子会想方设法比先盖的高出几厘米，以显示自家的光景比邻家的好。村民在建房的时候，

图2-14 门脸

是先搭各个支撑墙,最后做门窗。这样符合建筑原理,先做门脸不好盖。就一家而言,门脸的高度不能超过正房的高度。因为正房为主,厢房、大门都为次。

三是围墙高。在村落中行走,房屋之间、农户之间最直接的辨识标志就是围墙。一堵堵围墙,或高或矮,或简陋或奢华,都是最明显的家户之间的房屋边界。要是辨别一户之内的房屋边界,这个方法也行得通,但是可能边界距离就会稍近。在某一家户之中,一般的边界就是盖房时所遵照的行业标准,除了泥瓦匠没有人特别在意。农户的心理要求是越近越好、没有最好,这样方便照顾。只有闹分家的时候,边界才显得尤为重要,这时候关乎利益,房屋边界就是财产的边界,这时候农户又希望这个边界越远越好,越明确越好。

(三)民居与纠纷处理

一是分家是最容易产生纠纷的时候。父母的房屋是最小的儿子家的正房东头,除了老人的房子,分家时其他的房子都可以作为分配的对象。正常的顺序是,先要在家庭内部将大小房子进行分割,比如规定两间厢房等于一间正房等等。这个划分办法一般要全家人一起商量,最后家长拿主意。具体操作时可以农户家自己分割,或者请"说合人"来分割。即使自己分割,还是会再听取说合人的意见。在说合人的监督下,分割好东西要标好数字并写好对应的纸团,准备抓阄。在这之前,说合人会提醒抓阄后不得反悔,之后由兄弟几个抓阄选择。接着在街坊、四邻的帮助下,在各自分好的房产、地产周围打下灰橛,以此为界。然后还要在说合人的见证下,请执笔人立下"分单",写明房屋的归属。最后请说合人和执笔人吃饭,这也标志着房屋分配的结束。房屋周围的附属物如树木等随房子一起归该房子的拥有者。如果对房屋进行扩建,不得过边界。这个过程无须向官府登记,如果日后分单丢失,将挖出灰橛辨明。父母去世后,房子归小儿子,边界依然是灰橛。

二是避免共墙。虽然村子内部有多个姓氏,但同一个姓氏不会住在一起,除非是一家子,因为人太多,属于不同门。村庄内的"共墙"现象很少,因为墙被视为家庭财产的一部分,是保护家庭隐私的重要组成部分。一般分家时,如果以前的房子不够分,通常会在另外的地基上增盖房屋,避免与兄弟共墙。只有家庭条件差,没有能力再盖新房,才会出现共墙。但共墙方关系只有是兄弟才可以,其他人则不会共墙。当一方想修葺而另一方不想,或者一方的修葺影响到另一方的居住,则容易闹矛盾。这时候要看分单,看四邻的文书,重新订立边界,原则就是公平、公正。如果一方不服可以向调解人员即保长、村长、县长提出质疑,由不服一方的家长亲自继续上告村长和县长,地点选在双方当事人的家里、村公所或者县衙。在村公所或者县衙调解时，若不占理的一方不愿意前往，就会被公职人员如衙役等强行绑来；如果官府断定一方无理取闹，则该方将遭到20—30大板伺候。"事后请族长、保长、村长调解至少要请吃一顿饭，乡长、县长不请，但要用钱打点。"老人说。房屋拆除，不得触碰。

三、神居与村庄

村中央十字路口东北角处是龙王庙，是村庄的中心，也是人们的信仰中心。西行120米路北是五道庙；再往西200米是送子奶奶庙和菩萨庙，路南、路北各一座，俗称对子庙；北后街以东是菩萨庙；再往后东北处是关帝庙。这些神居全部属于本村，由村内百姓共同出资修建，资费平摊。平时都开门，没有专人看管。各个神居，功能不同，但男女老少均可参与，同时也不排斥外地信奉者。他们均匀地分布在各条主干道，方便了百姓。百姓把这些神居（图2-15）都奉作神殿，不容一丝侵扰和破坏。

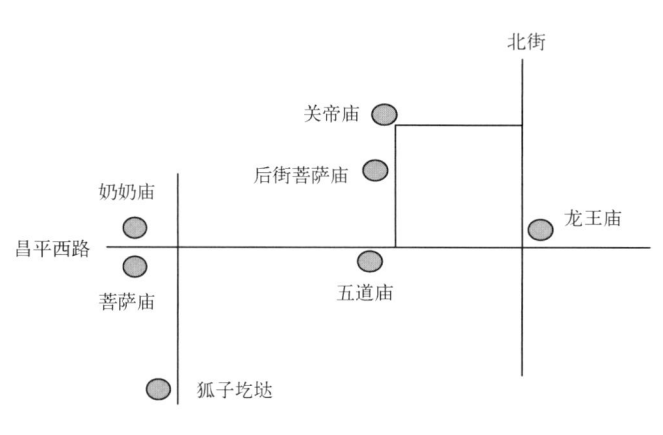

图2-15 村内各种庙宇分布

一是仁义智勇的关帝庙。关帝庙，坐落在牛家庄村后街保健站东北处。庙宇占地东西宽5米，进深4米有余，高3米多。外墙是红色，起脊飞檐，蓝瓦盖顶，庙前额正中央挂有"关帝神庙"金字大匾，门两旁镶嵌对联一副，上联是"兄玄德弟翼德，德兄德弟"，下联是"师卧龙友子龙，龙师龙友"。庙内中央塑关羽像，面南背北而坐，红面长髯，手捧《春秋》，凤眼微睁，恰似天神。左边是关平按剑而立，右边是周仓手握青龙偃月刀，豹眼圆睁虎视前方。东西两墙壁画活灵活现，栩栩如生。东墙是《桃园三结义》《三英战吕布》《三顾茅庐》，西墙是《千里走单骑》《单刀赴会》《水淹七军》《擒于禁斩庞德》。十里铺也有一座关帝庙，农历三月初一是庙会。

二是管姻缘的菩萨庙。菩萨庙位于西大街路南，是一独院，占地0.4亩，始建于明代。庙坐南面北，庙高4米有余，宽6米，进深5米，建筑别具一格，是双脊起拱，后高前低，青瓦盖顶，滴水飞檐，东西山墙随脊起伏，中凹处有排水孔，雨水从东西两侧流下。大殿正中塑有端坐的南海观世音菩萨神像，眉目清秀、威严端庄，手持拂尘。两旁童子侍从手执杨柳净瓶。像前有供桌，是一方竹叶青花宝石（拆庙后已不知去向)、香炉、供品在上。庙门、香池、佛堂门在南北一条中轴线上。青砖铺地,两旁古柏参天。庙堂左前面立石碑,记载着建庙时间和捐款者姓名。1949年后菩萨庙被拆除,村里用庙内柏树做了3面大鼓,东街、西街、北街各一面。

三是送子的送子观音庙。在菩萨庙对面是送子观音庙,俗称送子奶奶庙,因和南面菩萨庙相对,俗称对子庙。庙中供奉神像是一尊怀中抱着一个男孩的妇女形象,发髻高耸,飘带两垂,慈祥和蔼,左有金童,右有玉女。据传说,若有人设欲[1]求男,礼拜供养送子娘娘便得福德智慧之男;设欲求女,便生端正有像之女。

四是求福的后街菩萨庙。后街菩萨庙位于现在保健站东半部,是一个独院。东西宽4米,南北长20米。庙堂坐北面南,堂前一方青石磨平供桌,1.2米见方。庙高3米有余,起脊青瓦盖顶。庙内供奉菩提祖师神像,手提净瓶,内插蟠桃枝。排将左为净瓶观音,右为箭王后羿。该庙解放后被拆除。

五是求保佑的狐子圪垯。狐子圪垯也叫狐神圪垯,位于现在永安街的中段西侧。占地三分多,高丈余,是一个孤立土丘,被葱茏树木所掩盖,南面东面建有小狐神楼。"1962年后,平整过土地,狐神圪垯被铲平建设成宅院。"

四、公共空间与村庄

牛家庄公共空间包括碾子和窨子在整个村落的分布与使用。从需求层次来讲,碾子和窨子属于生存层次。如果从生产、生活、娱乐的角度来看,碾子的使用本身是生产使用,但是同时又产生了聊天等生活元素;窨子本来就是共同生产的场所,但是里面却是很多人的生活。所有的公共空间留下的不仅仅是冷冰冰的合作和对抗,更多的是温暖人心的生活。苦辣酸甜都融入到公共空间中,是牛家庄村民的物质生活和精神生活的重要组成部分。

(一)石碾

一是去中心化分布。石碾子(见图2-16)全村共10个左右,不一定处于村庄的中心位置,分布在村落各处(见图2-17),这样做方便居住在全村各个方位的村民使用。老人说:"距离最近的石碾是本家的,最远的在街上约距离100米。"石碾子由石匠修建,建好后用大车搬运。

二是多为合伙使用。石碾分为个人家用和共用,个人家用一般家中有钱,独自出钱修建,而

图2-16 牛家庄的石碾

---
[1] 设欲,佛家语,假设、假如的意思。——编者注

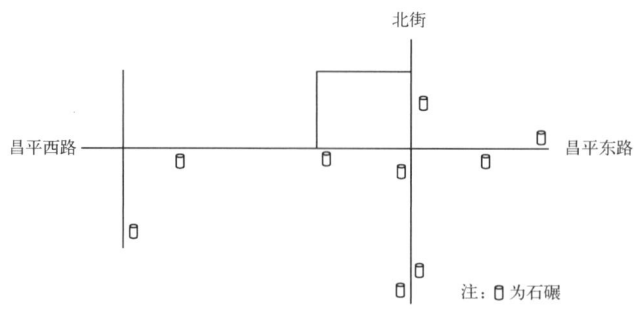

图 2-17 牛家庄石碾分布情况

没钱的村民因为住一条街就需要平摊费用共同购买碾子。本街出钱的几户都是关系好的,多少都沾亲带故。如果是个人所有,他人可以借用,但是本家使用优先;平摊购买的碾子,没出钱的村民也可以使用,但也是本街出钱的优先。平时使用时要用扫把放在碾子上面,表示占用,取得优先权。用完以后,再由别人用扫帚占用。平时没有人专门看管,因为石碾子质地坚硬,不容易损坏,即使是偷也不好拉走,还容易被街坊邻居发现。其他村庄的村民也可以使用,但是要经过本村村民的同意,一般要跟管事的商量。

三是可作为娱乐空间。因为石碾子比较大,可以坐 3—4 人,夏天还比较凉快,磨面、吃饭的时候,妇女会在石碾子那里逗留。女人们总是聊家长里短,无外乎婆媳关系、孩子调不调皮、丈夫对自己好不好等话题,有时会相聚在那里晒太阳,一起织毛衣。在温暖的冬季下午,可能待到傍晚,直到饭点必须回家做饭。

(二)纺棉窨子和织布窨子

牛家庄有一种独特的公共场所,它是村民冬季劳作的温室,那就是窨子。因为冬天没有炉子取暖全靠过炕灶,为了省燃料做饭时才舍得烧一会,所以农户家里极冷。因为地下保暖效果好比家里暖和很多,人们又想要纺棉织布,所以就想到了冬天在地下挖窨子的办法。

1. 纺棉窨子

一是场地要借用。纺棉窨子是纺棉的特殊场所。冬天的时候,要找一个大院子来挖窨子。一般从富农家或者有闲置院子的农户家里找。找到之后,要取得院子主人同意,然后几家准备使用窨子的人家会各出一个男劳动力合力来挖一条长 7—8 米、宽 3 米、深 2 米的坑。坑上面先搭木头,后盖高粱秆,再盖麦子花秆,最后盖一层土,抵御风雪。再用砖垒 2 个气口换气。坑留一口,下安梯子,梯子上盖盖子。

二是妇女纺棉的集中地。这个窨子冬暖夏凉,能同时容纳十几辆纺车。街坊邻居中 10 个左右的妇女——一般是小媳妇或者六七十岁的老太太——在这里相约纺棉,她们自带棉花,自备纺车,平摊煤油灯油钱,从下午 4 点吃过饭后就开始纺织,一直工作到晚上 10 点左右。算一个副业,织好后到集市上卖掉挣些钱。全村这样的窨子共 10

个左右，一般由关系要好的邻居或者亲戚免费提供。"夏天下雨，纺棉窨子就会塌陷，只能第二年冬天再重新盖，所以它是一个临时的纺棉地点。"老人回忆说。

2. 织布窨子

除了纺棉的窨子，还有织布的窨子。

一是男人加入窨子劳作。织布工序复杂，是个技术活，织布前要经过拐线子、浆线子、落线子、经线子、印线子、缯线子等几道工序。虽然男女都可以干，但是男人手劲大，织出来的布比较密实，手脚快的一天能织一匹布——大约3丈6尺至4丈2尺，村中的晏某、典某、陈某、袁某等人都干过。织布一般在自己家里，但是如果冬天太冷，就会去村里的公共窨子织布。因为织布机高大，坑要挖到4米深。坑上面盖领子和瓦片，与建屋顶的材质一样，所以比较结实，一年四季都可以使用。老人说："地多的冬天出来干活，家里没地的就全职做手工。"

二是纺织农户地位较高。纺棉和织布多为自家劳动，但是也有雇人干活的。雇人的农户除了完成自己的纺织任务，还接外单。由农户自己提供原料——棉花和线，完成后客人来取，卖纺织品不优惠但是可以赊账。干纺织的农户地位跟中等农民的一样，吃酒席落座和称呼都按辈分。通常纺织规模较大的农户会给招来的伙计每天提供三顿饭。如果伙计是本村的就不管住，伙计过年要给老板拜年；外村伙计老板管住，伙计过年回家，也就不给老板拜年了。纺织雇佣不交税，也不用给村长、保长送礼打招呼。

五、空间关系

（一）因方便物质生产和生活发生集聚

一是方便生产。在牛家庄刚刚建村的时候，村民先是看重了平坦肥沃的土地，然后就将自己的房屋建在土地的边上。随着人口数量的增长和土地开垦量的增加，村民将自家房子盖在自家的农田上，同时继续在外围进行开垦。这样就产生了地邻，在平时的薅锄、换工等生产合作中，都起到了相互扶助的作用。老人说："可以说从最早的时候说起，牛家庄对于土地和民居的布局都是奔着有利于生产的因素去做的。我也是听我爷爷讲，以前人们都爱把房子建在土地周围，为的就是好灌溉，来回快，中午回家吃个饭也方便。不然太远了总是要带饭，很麻烦。如果赶上摘棉花，一场雨来了就完蛋，你不抓紧，离家那么远，是肯定不行的。"

二是方便生活。除了农户自家的繁衍外，随着人口的增多，村落逐渐产生了邻居、街坊、乡亲等新的关系。他们为了更好地生活，依然选择在邻居的隔壁建房，而不是在村外围的农田上。平时邻里之间、乡亲之间因为距离近可以相互照应，在红白喜事、房屋建造、打井用井、脱粒磨面等方面有了除亲戚以外的关照。老人说："谁都不愿意远离大家伙,新搬来的人家都想跟其他人住在一起。这样有什么事儿都可以相互照应。你自己去个村边边,有了事儿光路就要走半天,等到了黄花菜都凉了。那你又何苦呢?"

(二)集聚又促进了精神生活的发展

一是集聚丰富了精神信仰。在村中共信仰寺庙神五种,家神七种,鬼怪无数。他们并不是某个或者某些村民的信仰的集合,而是全体村民的信仰集合。它们或者是在建村前期被村民分别带来并传播开来,抑或是在村落建成之后从外面引进,但都归功于整个村落的集聚特性,让不同的信仰主体可以相互碰撞与交流,使得村内的信仰对象极大地丰富。老人说:"村里各种各样的神仙鬼怪都很厉害,但也不是都怕。有的人怕王母,有的人怕狐仙。平时大家一起交流,哪路神仙更加灵验就信哪个。现在别看都不信了,但是在旧时期,人们平时遇到过不去的坎儿,就拜拜神仙,不同的事儿找不同的神仙。这事儿没准就成了。"

二是集聚有利于休闲娱乐。传统时期,每天晚饭后和整个冬季都是农闲时期,因为村落整体集聚的特征,产生了需要多人才能进行的娱乐项目和休闲活动,比如唱戏、敲鼓、打牌等等。因为集聚,村民在需要放松的时候总是可以找到志同道合的人一起休闲。这就更加有利于村民在辛劳工作之后能量和情感的宣泄和释放,也丰富了村民的精神文化生活。老人说:"平时不对付的人如果能玩在一起,也能缓解两个人的关系。我隔壁的王老二和任老大平时因为土地有点越界的事情谁也不理谁。后来碰到一个机会,两个人一起敲鼓,还上台表演了一次,以前结下的梁子也解开了。"

第五节 牛家庄村自然变迁与实态

自然变迁离不开人类生产力的进步,如灌溉技术的不断进步,房屋结构的不断优化,道路交通的持续完善。但从根本上说是人的进步,是家户的进步。此外,随着村庄人口的逐渐增加,为了容纳更多的居住人口,村子的边界不断拓展。

一、灌溉改良

(一)1949年前的灌溉

正如前文提到的,在相当漫长的时间里,牛家庄都使用最原始的灌溉方法,一是靠天吃饭,二是大水漫灌。

1. 靠天吃饭——等雨

追溯到牛家庄刚刚建村的时候,人们往往靠天吃饭,"老天爷下雨"就有个好的收成,"老天爷生气"就会减产甚至颗粒无收。牛家庄特殊的气候,使得人们都把希望寄托在暴雨集中的夏季，而其他季节或多或少的雨水情况亦牵动着所有农民的心。所以"求雨""拜神"等活动盛行，村中信仰各种"有求必应"的神仙。老人说："旱的时候天不下雨，一家老小都跪在地里给老天爷磕头；最多的时候全村的人都会这样做。眼看着自己的庄稼缺水不长苗，心里比谁都着急，那时的水利跟不上，只能靠老天爷。可往往老天爷是靠不住的。"

2. 大水漫灌——辘轳

牛家庄最早的井何时出现已经无从考起，但井的出现，让牛家庄的整个灌溉水平上了个很大的台阶。村民不再依靠"老天"，只要有井，只要井的水位不下降，一年的收成就有保障。最早的时候使用辘轳提水，在田里堆出垄口，然后从田边浇水，让水自然流入，直到把所有的自家田都灌溉一遍。老人说："水下渗得太快，导致有的地方浇透了，甚至水都溢出来了，有的地方却只湿了地皮，根本没有湿润到庄稼的根部，浪费了不少水和人力不说，最后的亩产也不怎么高。"

(二) 1949年后到改革开放前的灌溉

1. 人力畜力的延伸——水车

1949年前后依然是使用大水漫灌的方法，但浇灌效率有了不小的提升。1940年代初，开始使用木制八卦水车。1949年后改为铁制挂斗水车，沿用至1960年代。后来推广轮式滚筒水车，时间不长即被淘汰。之所以说水车是人力畜力的延伸，是因为它只需极少的人力和畜力，就可以提取大量的地下水，并且减少了中途送水的过程。老人说："水车的使用和借用是早时候最重要的事情，它决定着人们能不能把地浇完浇透，也就决定着来年是不是个丰收年。"提水效率大大提升，但浇地时依然是用大水漫灌这种方法。需水量大得惊人，但实际的有效灌溉率并不理想。

2. 人力畜力的解放——泵与机井

1970年后，开始使用离心式水泵，与柴油机、拖拉机、电动机配套。到1980年，由于水位逐年下降，原来地下水位只有10米，现在已下降到近50米，离心式水泵被淘汰，改用电动机为动力的潜水泵、深井泵，但是远不如水位没降时效率高。老人说："20世纪60—70年代，三吋（英寸）泵每天可灌溉15亩，现在3吋潜水泵只能灌溉5亩左右，水位下降已经相当厉害。"

1957年，牛家庄开打第一眼封闭机井，深72米，用锅驼机抽水灌溉。1960年，开始办电，牛家庄安装了第一台变压器，电动机取代了锅驼机，陆续打机井安水泵，到1963年彻底淘汰了水车，普及了机井灌溉。

（三）灌溉实态——机井和地下管道的普及

1980年后，随着工农业生产的快速发展，地下水开采量加大，造成水位迅速下降，原来的机井、水泵已不能满足灌溉的需要，遭到废弃。深井泵取代旧式离心泵，成为现代农业灌溉的主要设备。

据2012年统计，牛家庄共安装10千伏变压器31台，实用机井127眼。为了达到节约用水的目的，1983年至1984年农田修筑了防渗垄沟，2003年又安装了地下管道，彻底解决了渗水问题。实现了节水灌溉。老人说："效率极大地提高了。但是并不是人人家都有机井，需要的时候还是会相互借用。乡里乡亲的，不会不借给。相反，现在的技术先进了，要借就用一会就能把地都浇透，无非就是用点电，其实要比以前借出去的成本还要低。"

二、居住变化

随着时间的推移和人口的逐渐增加，住户范围在原有的基础上向四周拓展了一大圈，但整体的村落布局没有太大的变化，变化主要体现在建房材料和内设方面。有些家族已经不再比邻而居，但依然残存着聚族而居的影子。

（一）1949年前的房屋格局

一是土坯房为主。1949年以前到1970年代，村内的民居还是以土坯房为主。如果遇到大水灾，土坯房经不住连续7天的雨水浸泡，村内近半数民房倒塌，翻盖房屋成为受灾农民的一件大事。盖房首先得打坯，预先订好日期、人员、工具，到时两人组成一班，一人供土、一人打制，500块为一架，一天都能打600块左右。西街4人、东街2人等都是打坯的高手。盖一幢房子需要十来架坯，集中一两日打完，晾干后利用晚上时间把乡亲们请来，拉大车往家里运坯，不出两日便将坯运完，以备盖房时使用。

二是聚族而居。在依靠劳动力吃饭的时代，相同姓氏的家户往往簇拥在一起，无论是生产还是生活都有相互的照应。老人说："以前分房兄弟几人同样还是住在自家以前的院子里，平时抬头不见低头见，（虽然）不在一口锅里吃饭，（但）还是一家人。（如果）有的家住得稍远，当家人就算换房换地，也要把一家人凑在一起，（所以）村里很多四世同堂甚至五世同堂的家庭。"

（二）1949年后到改革开放前的房屋格局

一是房屋建材的改进。20世纪70年代，经济条件逐渐好转，农户盖房有了变化，房屋四角、房檐、前墙窗台以下部分改用"砖打斗"（外边是砖，里边是坯），室内家具也有了改观，人们不再垒土窑窝，都用木料做些简单的桌、椅、坐柜等。1980年代，农户开始建砖房，门窗也一改过去的小格窗棂而为开扇玻璃窗。到1990年代，平房都是套间，前三间后四间或前三间后五间，随自己的使用开间。正门内是宽敞明亮的客厅，两侧为居室，后为厨房、仓房、浴室等。房顶盖楼板，地面铺瓷砖。

二是同族相聚的趋势不再明显。由于物质生活水平得到了提升，人们的思想观念也就相应发生了变化。很多新分家的农户不愿意再跟父母同住，而选择在村中的其他地方居住，但是又不会离太远，以方便照顾老人。老人说："老王头今年80岁了，在村里修自行车，自己住一个十几平的小屋。有个儿子60多了，住在步行10分钟的另外一条街道，晚上都会来看他老父亲一眼。一是看父亲的身体状况好不好，二是看家里缺不缺粮食，如果见不多了，就会马上补齐。"

（三）房屋格局实态

一是房屋内设的丰富。进入21世纪，村中二层楼兴起，型式多样，单面楼楼梯在外，套间楼楼梯在内，室内安装吊灯、壁灯、暖气等，客厅配有沙发、茶几，卧室备有单人床、双人床、电视、电扇、电话、空调。

二是单飞的迹象明显。越来越多的牛家庄人选择在离父母很远的地方居住，比如嫁到邻村，到县里工作，到市里定居，甚至到国外生活。所以现在村里的房屋，相邻的住户大多数已经不再是同族，甚至同姓都少。老人说："遗留较多的是上一辈的老人，上了岁数不愿意挪动。年轻一辈的都奔向了大城市，等到过年过节的时候回来看一看。孩子多的一般是还住在村里的孩子来照顾，其他的孩子出钱；孩子都不在的，平时就比较可怜，有病有灾的时候就全靠街坊邻居能及时发现。"

三、交通变革

牛家庄因地处平原地形，自古都以交通便利著称，主要体现为公路、铁路的发达。

（一）1949年前的交通

这一阶段的特点是大路方便，小路不便。

清光绪二十六年（1900年）芦汉铁路滹沱河大桥开始修建，1901年芦汉铁路保定至正定段建成通车，到1906年4月16日京汉铁路全线通车；1936年，开始修筑保定至石家庄公路。但是村道比较原始，人马一过就尘土飞扬，下雨天更是泥泞不堪。老人说："牛家庄去县里、市里坐车都比较方便，但是如果从村里直接出发就差一点。以前从村里出发全靠步行，如果下雨那地就坑坑洼洼的全是泥，很不好走。"

（二）1949年后到改革开放前的交通

这一阶段的交通特点是高速路大发展，小路发展较慢。

一是公路铁路的发展。1966年107国道全部硬化；1987年3月2日北京至深圳高速公路正式修建。一时间，牛家庄西邻 107 国道和京广铁路，东靠京珠高速公路，全村依靠便利的交通也在快速发展。

二是乡间小路发展缓慢。村庄的小路得到平整，但依然充斥着尘土和沙石。老人说："相比以前小路好走了不少，以前小孩子在小路上玩耍比较容易脏衣服，现在好多了。但是一下雨下路就全泥了，下个暴雨比较容易被冲垮。"

（三）交通实态

这一阶段的特点是高速路持续发展，村际沟通更便捷，村内小路得到优化。

一是高速路的发展。北深高速路在 1991 年 3 月 23 日竣工通车，意味着牛家庄在致富的路上又多了一份优势。老人说："现在家家户户都有车，即使在市里上班，家落在牛家庄，上班和回家也都非常方便，以前需要几个小时，现在只需要几十分钟。"

二是村际沟通更便捷。2005 年，牛家庄开始修建外环路，2006 年竣工，路长 3.8 公里，宽 8 米。这就使得整个村庄在对外沟通方面有了更便利的条件，"邻近的外村人都愿意走我们村的这条路"。这条道路的修建，不仅更加方便了村际的交通，更给村庄的经济交流提供了更多的可能。每个月大大小小的集市，在这条道路畅通之后，实现了跨域式的发展。

三是村内路的优化。村落本来就是井字街、十字街纵横交错，大大小小的街道不计其数，只不过一直被道路基本以石土为主，容易泥泞的问题所困扰。2010 年全村大街小巷全部实现硬化。老人说："因为我们的小路也非常方便，所以很多外村的人也会专门绕路从我们村中穿过。集市的规模也比以前更大了，来来往往的人增了不少。"

第三章 牛家庄村的经济形态与实态

牛家庄人多地少，土地较为肥沃，整个村落"重农抑商"，以土地经济为中心。在以土地为主要依托的经营活动中，农户还同时进行着分配、消费、财产继承等活动，即使从事非农行业，也同样以家户为基本单位，即家户是传统时期牛家庄村全部经济活动的基本单位和中心单元。

第一节 人与土地及其生产能力

从宏观角度来看，1949年之前牛家庄人多地少，人地关系较为紧张。虽然土地80%以上肥力强劲，但是人均土地占有量严重低下是牛家庄人与土地关系最为突出的矛盾。"以农为本"的重农思想原本让村内可选的职业并不多，但是糟糕的人均资源量现实、经济压力以及不对等的家庭优势，让村里人从事各类职业，开展多种经营。除了种地外，纺棉织布是村内第一大副业，各类小买卖不计其数，各种靠手艺吃饭的行当诸如打铁、木工等也在村内站稳了脚跟。农忙时劳动力的紧张除了可以通过人情解决外，其他超负荷的部分就只能通过出卖长工、短工的"人市"来解决。村落的土地资源、人口规模及其生产能力决定着人地关系和村民职业的分布。

一、人与土地的关系

（一）肥力不尽相同，人依附于土地

牛家庄地分三等，人均地少。村内多水浇地，少坡地。地分三等：一等地，地块平整，肥力强，占20%，黏土占比多；二等地，地块不平，肥力强，占70%；三等地，地块不平，肥力差，占10%，白土、沙土占比多。好的土地亩产高，差一点的亩产低。但是很长时间内，村内的地租是不区分好坏地的，无论是好是坏都要交一半。打粮食多的土地，除了交给地主的粮食，剩余的粮食几乎可以果腹；而打粮食少的土地，即使一粒粮食都不交都不够果腹，每次交租，都意味着不可能吃饱。因此，同样是辛苦一年，肥力高的土地只需要按正常的耕地制度走一遍就是丰收年；而肥力稍差的土地，要想不挨饿，就要精耕细作，付出更多的汗水与辛劳。

（二）人均占有土地少，多去打工谋生

清光绪年间（1872年），村内有耕地51顷45亩，117户，257人，人均耕地3.15亩；2012年，全村有耕地5285亩，有1164户，5281人，人均耕地1亩。村民单靠耕地难以度日，多打工或改行。关于人们认为的土地理想状态，老人这样说："如果要满足生存需要，人均3亩左右最为合适，这样就有条件也有必要置换一辆旱车，打一口水车，再买一头牲口；除去租子，4—5亩地最为理想，这样就可以再盖几间带有院子的房子，还能娶妻生子。但现实是只有1亩。"

在清末之后，村落的边界已经确定，荒地几乎已经开垦完毕，除非去外地讨生活，没有土地的人们如果选择留下来，就只能通过打长工、短工，或者从事其他职业来缓解生存压力。

（三）地主占地多，贫雇农依附于地主

一是地主阶级占有绝大多数土地（见表3-1）。牛家庄地主分为在村地主和不在村地主，村内50%以上的土地被不在村地主即城内地主——马家、王家和晏家通过买卖、继承所占有，各自拥有土地百亩以上；本村地主有王玉清、任永文、顾贵卿和任丕如，土地都在10亩以上，跟不在村的地主比起来，他们的土地拥有量只是小巫见大巫。但他们因为拥有超过平均水平数倍的土地，所以在村内依然拥有较高的地位和生活水平。

二是非地主家庭只占少量土地。村内有地的农民其实只占四成，包括富农、中农和贫雇农。富农在其中占比较小，除了自己种地，还雇佣他人劳动；中农有一定的土地，自给自足，不雇佣别人，也不出去打工；贫雇农的土地最少，最多也只是几分地，多数情况下是一分都没有。造成贫雇农地少这种局面的原因是多样的，较为常见的原因是分家使得土地越分越少。少地或者无地的农民只能另择他业，比如经商、当兵、上学，但多数人都选择了继续种地，条件稍好的租种富农或者地主的土地，按时按比例交租；条件最差的给别人打短工和长工，以获取粮食或者钱财等报酬。这就使得人口上占绝大多数的贫雇农依附于地主。

表 3-1 牛家庄村土地归属情况

土地所有者	土地亩数	占比（%）	主要经济来源
地主	3000	60	租出土地
不在村地主	2500	50	租出土地
其他村民	2000	40	租入土地或打工

二、人与生产能力的关系

劳动力观念决定了一个劳动力的行为模式，劳动力的规模决定了生产的规模，劳动工具决定着生产的效率，而劳动分配则决定着劳动用力的方向。最终，生产力水平和生产关系都在村落的这几种要素中得以体现。

（一）劳动力

劳动力在人地关系中是第一要素，没有劳动力，整个人地关系就无从谈起；它同时也是人地关系状况、人口的职业选择的重要影响因素。在传统的土地经济时代，劳动力的多寡直接决定着整个家户甚至整个社会的经济水平。这里将从劳动观念和劳动力概况两个方面来阐释牛家庄的劳动力情况。

1. 劳动力观念

（1）劳动力为本

牛家庄有"多生多劳力"的观念，但"多子多福"和"养儿防老"的观念更重。一个普通的农户家庭人口数都在 5 人以上，大一些的家庭甚至可以达到 20 人，这在村里叫作"人丁兴旺"或者"香火旺"，往往被认为是福气的代表。而家中因丧偶、丧子等各种原因只有形单影只一人时，或者夫妻相随却不能生育，家中又有老人的负担，则被认为是"上辈子造了孽"。这样的情况一定要从亲戚或者村内过继一个孩子，否则"香火"将不能延续。不仅自己要面对孤苦无依的压力，而且还会招致邻居、街坊的嘲笑和冷落。

（2）劳动力以年龄和性别划分

①以年龄划分的劳动力

能下地干活的都算劳动力。成年就算是劳力，经过 18 年的洗礼，无论在技术、体力还是对农业的理解，都达到来一个成熟庄户人家的水平；14—18 岁的小孩因为小时候在父母的言传身教下耳濡目染，对农事劳动已经有了一定的认识，年纪的原因使他不能全面掌握农业技术，但依然可以成为爷爷、父亲的左右手。在浇水时的改畦、平时院落的打扫、喂养猪、鸡、狗等牲畜等方面已经可以完全胜任；50—60 岁的老人算半劳力，他们由于年岁已高，体力上已经力不从心，主要的重活、技术活比如驾车等都会交给成年的儿子或者孙子来做，自己常常给儿孙打下手，或者跟老板一起在家做家务或者看孩子。60 以上的老人也不算劳力，此时体能和技能尽失，自己生活可能都已成问题。如果加上身患疾病，那将成为整个家庭的重担，老人心理负担会很重，但除了个别特殊情况外，孝顺的子女通常都会竭尽所能去赡养父母，除了血缘关系上的牵绊外，他们还受到街坊邻居的道德监督，"怕被人说闲话"成为他们孝顺老人的另一大原因。

表 3-2 劳动力分类

类 型	性 别	年 龄
全劳动力	男	18—50
半劳动力	女	18—50
半劳动力	无论男女	14—18
		50—60
非劳动力	无论男女	0—14
		60 以上

②以性别划分的劳动力

成年男子是全劳力，而成年妇女只算大半个劳力，之所以说是大半个，是因为她们因为对农业的整个流程和技术都有比较详细和全面的了解，但是因为体力和传统观念的原因，有一些技术如驾车或大部分农事劳动的事情女性不会交给女性去做，她们大部分名以在家纺棉织布、带孩子、伺候公婆、饲养牲畜、包揽家务为主要职责；14 岁以下的小孩不算劳动力，因为他们无论从体力还是技能上，都对农业劳动没有很大的把握，他们的主要任务就是学习或者玩耍，但在课余时间要参与家庭的部分劳动，诸如捡柴、拾粪，跟随大人送饭等等。老人说："能干活的老人在家做家务、看孩子、喂牲口。劳动力多的，家中土地不一定多，但一定比较富裕，因为即使没有地，还可以去经商、上学，最次去扛长工，每年也赚不少粮食。"老人说。

（3）劳动力以农为主业

在职业选择中，"士农工商"的职业等级观念较浓重，大多数村民都认为学而优则仕，认为当官的人最了不起；其次是务农，这是人安身立命的看家本领，但在所有职业中是最普通的；有手艺的人来钱快，但是也需要从小吃苦，一身技艺并非朝夕间练成。村内学手艺的比较多，师从铁匠师傅、木匠师、瓦工等等。"铁匠师傅是山东来的师傅，其他的都是本村的师傅。"村中老人说。经商的人虽然排在最末，但在村民眼中不会是"奸"的代名词，相反都觉得算有真本事，因为"三年学成庄稼汉，十年学不成买卖人"。

2. 劳动力概况

(1) 劳动力与土地不"合套"[1]

村内各户平均有 2—3 名劳动力，每人可以种 2—3 亩地。但多数家庭的劳力都与家中的土地数量不合套——不是土地多人少，就是土地少人多；地多人多和地少人少的情况并不常见，但是地少人多的情况却比比皆是。地多人多的农户，除了可以料理好自己的土地外，富余的土地可以对外出租，劳力富余可以出去租地、扛长工、打短工，甚至从事其他职业，比如从商、当兵、耍手艺等等。土地和人口均不富余的农户和地少人多的农户，他们的共同点是有人，但是地不够种或者没得种。他们又要根据本身的经济条件分两种情况：一是置得起农业三大件——旱车、水车和牲口，这样的农户通常选择租地；而置不起这三大件的，就只能外出觅活。

(2) 以出租地和觅人为主来消化剩余土地

上文提到，村内六成左右的土地都被地主所占有，其中在村地主和不在村地主消化剩余土地的方式侧重有所不同。

一是不在村地主靠出租地。有五成左右的土地属于城中地主，这就意味着他们不得不依靠本村的人来耕种土地，即出租地。他们往往雇村内的上地经纪来办理此事，负责找人、催租。地主以默许经纪在地租上吃回扣和每年收粮时请经纪喝一壶作为报酬。他们自己一般不会回来，只有逢年过节走访村内亲戚时会顺便巡查自家土地的情况。

二是本村地主靠觅人。觅人是招工的统称，分为招长工和短工。区分长工与短工的一个重要标志就是是否提供住宿。因为本村地主一般有自己的固定住所，所以一般能为长工提供住宿。如有稍微好一点的条件，长工可以住进地主家专门为佣人所预留的房间，但大多数情况下长工只能住在牲口圈中，东家在里面盘炕、通火炉，与牛马同屋。这样不仅解决住宿，而且还方便照看牲口。

(3) 以租地和觅活为主消化剩余劳动力

家里少地或者没地的农户，多选择觅活和租地来生存。选择之间也有个明显的区分，那就是是否有能力购置三大件。

如果有能力，家里劳动力多，只要租地即可。本村的农户平均租地 2—3 亩，最多的租过 60 亩。如果自己家的三大件不齐全，一般是采用换工互助或者辩犋的方法来解决困境。这样的农户一般倾向于租本村的旱地，不管对方是在城地主还是在村地主，

---

[1] 匹配。

他们都需要一个联络人——中人来帮助他们与之搭上线。不订契约，全凭口头约定，在这个关系中，地主就是天，可以制定所有的规则。但是大部分不在村的地主平时因为无暇顾及，这一部分权力就默认移交给了地主经纪，使得村落出现了几个比较有势力的经纪。

如果没有能力，家里依然有剩余劳动力，那只能选择"觅活"，就是打工，分长工和短工两种。给别人干活一般在一年以上、十年以下，长工一年工资4石粮食，通常为3石小麦和1石小米，合80元；短工（壮工）年工资不超过1石粮食。长工常年吃住都在主家，无须自带工具；短工干一天活即享受三顿饭，需要自带工具。雇主觅人选择有经验、技术高、吃苦耐劳的人，而受雇者觅活则选择家里光景好、粮食多、守信用的人做雇主。

（二）劳动工具

1. 器物类工具

器物类生产工具包括大小铁锹、大小锄头、犁、耙、铧子、镰刀、旱车和水车。

（1）来源和产权

工具的来源一般有两个，一个是继承，即通过分家所得；二是购买，即农户家自己出钱或者与他人合买所得。如果是农户自家所买，产权归自家，如果是合买，则按照各家出钱的比例来确定相应的产权。旱车和水车只有中农以上成分的人才会有，贫农一般只有其他小型工具，大型的买不起只能借用。

（2）购买

小型的工具可以在集市上购买，而诸如水车、旱车等大型工具要去本村专门做工具的木匠和铁匠那里置办。老人说："小型工具不值几个钱，三块两块的就能买到。要命的是水车和旱车，旱车的价值相当于一头牛，而一辆水车的价值相当于一头骡子。"

（3）借用

工具的借用常常发生，多在本村，主要是关系要好的朋友、邻居或者乡亲相互借用；也有跟外村借的，借的对象多是亲戚。工具一般只能借1—2天，因为时间再长可能会耽误出借一方的使用。借用时不用给钱，但如果工具损坏了就要赔偿。一般分两种情况：如果是故意损坏的，就要全价赔偿；如果是无意损坏，只要与主家各出一半合买新的就可以。有些人爱贪图小便宜，明明自己可以买，但是怕磨损非要借用别人家的，这样的不招人待见，但人们又无可奈何。借用工具不抵工，以后只能用这类借工具的形式再还回去。

（4）维修

小型工具因为常用，所以磨损得很快，时间长的一两年修一次，短一点的几个月就得修理，集市上有专门的修理师傅，去木匠和铁匠铺也可以，全看修理人住所与修理站点的距离而定。这类维修的费用较少，一般是几毛钱。

大型工具因为本身较为结实，所以很难损坏，使用寿命多是几年。一旦损坏，就要找木匠和铁匠去修，修理费在几块到几十块，如果损坏较严重，还可能达到上百块。

（5）工具选择

耕种不同数量的土地以及不同的耕种工序，所需要的工具有差异性。

一是到地。工具为钵子[1]和犁杖[2]。钵子每次能到地4寸，犁杖可以到地8寸。如果地少、牲口少，用钵子；如果地多、牲口多，则用犁杖。使用犁杖比钵子费劲，但是到地的面积却更大。富农、地主家多用犁杖，中农和贫农多用钵子。

二是拉粪和拉土。使用的工具有粪叉、铁锹和大车。能种得起地的农民都有大车，但是给别人当长工的可能家里就只有粪叉，甚至铁锹都没有。这样的情况就只能从有这些工具的人家里借用。

三是浇地。对于灌溉，家里面只有几分地的，一般用不到水车，用斗子自己就能提；而家里的地超过一亩的一般需要用到水车。对于扒畦，工具为一个木质或铁制的板，板上有手柄。

四是拱地。工具用钵子，但是要把犁镜取下，只剩下铧子[3]和铧窝。这类工具比较便宜，所以一般的农户家庭都负担得起。

五是打耙地和擦地。打耙地用耙子[4]，形状为"前八后九，两头都有"，即前面8个齿，后面9个齿，柄为木质，齿为铁制。擦地的工具用木质擦子[5]。这两类工具一般是和牛马等牲畜一同使用的，人力很难用得上，所以一般要借牲口来配套干活。

六是耩地。工具为耩子[6]，前后各有2根铁棒，前面2根套牲口，后面2根做人的扶手。中间是木制漏斗状，漏斗下开一口，直指两个空心耩子腿，耩子腿距离为8寸。耩子腿前面有2根水平伸向前方的铁棒，用来开道，与耩子腿距离为3寸。每个漏斗放2升种子，牲口在前面拉，人在后面推，还要左右摇晃，才能把种子漏出来（漏斗口有小木棍挡）。等种子从耩子腿中漏入土中，则自动被土掩埋。

1　木制工具。
2　铁制工具。
3　一种铁制农具。
4　一种碎土农具。
5　一种平整土地的农具。
6　一种撒种农具。

七是锄地。工具为大锄头和小锄头。锄头为一个铁制半圆形,垂直与一根木棒(锄头把)相连。大锄头锄宽5寸,把长2米;小锄头锄宽3寸,把长0.3米。使用方法是"正锄三,倒拉五,小豪锄一天一大亩"。用大锄头时,可以正着锄,即在麦垄的两边各锄一下,然后前进,每天可锄地3亩;可以倒着锄,每次只锄麦垄的一边,一天可以锄地5亩。小锄头在垄间距窄时使用,正着锄一天可以锄地1亩。小锄头不能倒着走,因为垄间距太小会踩到农作物。

2. 动物类工具——牲口

牲口在农业生产中具有举足轻重的地位,"要耕地必须有三大件:水车、旱车、牲口。没有牲口的甚至不能租种地主的土地,只能扛长工"。这部分将从牲口的购买、喂养、使用、借用、看护和宰杀几方面来介绍。

(1)买牲口

各家的牲口都由各自独自购买,不存在合资购买的情况。首先,一旦合用,喂料、使用和照看问题上容易发生矛盾;其次,即使牲口很贵,一旦交配很快就会生产出小牲口,可以用来卖钱继续投入到生产中,或者替换老的牲口。所以既不合资购买,也不搭伙使用。

买牲口是有讲究的。村中老人说:"首先要看牲口的行情,农户会根据自己田地的多少和各种牲口的特征来选择牲口。"骡子力气大、速度快、不爱生病、吃得少,寿命在25—30年之间,一头可照应20—30亩地。牛虽力大,但性子太慢、吃得多,寿命在15—16年,一头可照应15亩地。马速度快,但容易闹病、吃得还多,寿命15—16年,一匹可以照应20亩地。驴和马特征相同,寿命25—30年,一头小驴可照应5—6亩地,一头大驴可照应10—15亩地。当时的行情是一头骡子的价格相当于2匹马或2头驴或4头牛。所以骡子是最受欢迎的也最贵的常用牲口。

买牲口的时候是当家人自己或者找一个会看牲口的朋友一起去。女性和孩子不懂,所以不会跟着去。挑骡子也有技巧,"先看蹄把,再看胸,掰完嘴巴看眼睛"。一看蹄把,蹄把就是腿,腿分扁的和圆的,扁腿老实肯干,圆腿性轴难使唤。二看胸,胸大呼吸有力,干活就使得上劲;胸小吸气量小,干活就软弱无力。三掰嘴巴,看3个部位,包括槽牙、草口和腮帮。看槽牙,分两牙、四牙、齐口、八岁口和老光板。两牙是2—3年的幼骡刚换完乳牙,有2颗正常牙,此种是最贵的;四牙是4—5年成年骡,前排4颗牙;齐口是6—7年的壮年骡,前排6颗;八岁口是8—9岁壮年骡子,前排牙8颗;老光板意思是牙齿都磨平了,成了光秃秃的板儿,15年以上骡子,也是最老、最不值钱的。草口指下颚,宽的意味着能吃肯干,窄就意味着好逸恶劳。看腮帮是看腮帮是否有肉，有肉吃饭有嚼劲，腮帮没肉干活稀松。四看眼睛，眼角开、大眼睛，意味着聪明肯干；眼角连、小眯缝，意味着愚笨迟钝。

(2) 使牲口

牲口一般是当家人使唤。"牲口有灵性很难使唤，平时跟当家人多相处磨合，呆久了才知道相互的习惯和脾气。女人不占[1]，因为她们不懂得。"使牲口的口令包括"嘚""吁""吁嘘"和"喔"，意思分别是前进、停、向左和向右。使用牲口的工作地点有两个：地里和家里。

地里的工作包括拉庄稼、压场、到地、拉粪、再到地、浇地、拱地、打耙地、擦地、耩地、再浇地，最后又拉庄稼，进入下一个循环。拉庄稼，就是从地里拉到打谷场。压场，是用柴火在地里铺满后，牲口拉着碌轴在上面碾压，一直到地面平滑为止。到地，就是牲口拉着犁松土。拉粪，是农户从自家猪圈把猪粪、人粪和树叶的混合物铲到车上，再由牲口运到地里，农户再堆在地表。再到地，是等收庄稼后，农户将粪撒到田里，然后由牲口拉着犁杖或者铧子把土翻到粪上面。浇地，是农户把牲口套上水车用井水给农田灌溉，牲口转一圈能提8—12斗水，一天可以浇10亩地左右，这一步是让土壤湿润为接下来的工作做准备，比如拱地、打耙地、擦地和耩地。再浇水指的是浇冬水和浇春水，这之后每15—20天都要浇水一次，直到6月粮食成熟了再拉庄稼。

家里的工作包括拉土、拉人和拉物。拉土就是冬天拉碱土，外村有不要的碱性土壤可以用来垫猪圈，这种土冬天不冻，很容易挖起来；每天拉一车，一车大约半吨。平时从集市买粮食等大型物件需要用到牲口，到县城办事也需要用牲口拉人，还有赶集、红白喜事等需要长途出行的要用牲口拉人、拉物。

(3) 喂牲口

牲口需要多休息，"加料不如缓套"即指给牲口多吃不如让牲口休息，体能恢复得更好更快。

牲口都由当家人喂，因为只有当家人懂得如何去喂，一旦喂不好牲口容易闹病。如果当家人有事或者去世，就让成年的长子喂，如果孩子都未成年就让当家人的兄弟喂。

村中老人讲了几个喂养原则：一是"草饱料力水上膘"，意思是草要吃饱，饲料要给力，还要把水喝足，这才能长肉；二是"一寸铡三刀，不喂料也上膘"，意思是把草铡得烂一些，便于牲口咀嚼和消化。

---

[1] 不行。

农忙和农闲喂养各有规矩（见表3-3），一是农忙时。喂骡子、马和驴一般要喂两顿。早上安排在5点左右，筛草喂料共4—5斤。中午分两次喂干草共2斤，然后让牲口休息；接着饮牲口一桶水约30斤；然后筛草并将煮过的黑豆、小米、玉米、山药片搅拌到一起约5—6斤喂给牲口，这是因为牛没有上牙，需要嚼软一点的食物；最后把麸子、草、水搅拌，不能太稀也不能太稠，呈糊糊状喂牲口。下午筛干草4—5斤喂牲口，饮水半桶到一桶。二是农闲时，牲口吃草或者麸子就可以。

表3-3 喂料

	农 忙	农 闲
上午	筛草喂料4—5斤	草或者麸子
中午	分两次喂干草共2斤，让牲口休息；饮牲口大约30斤水；筛草并加煮过的黑豆、小米、玉米、山药片共5—6斤；最后把麸子、草、水搅拌呈糊糊状喂牲口	
下午	筛干草4—5斤，饮水半桶到一桶	

（4）借用

老人说："自家没有牲口可以从邻居家或关系不错的亲戚家借。"所以出借方多数为本村人，少数为外村的。出借方式有两种：一种是出借方派人随同牲口一起帮忙。这是因为出借的一方害怕牲口认生、不习惯，也怕别人使用的时候没有深浅，导致牲口生病。同时，为了避免牲口在食物上的不习惯，出借方还会自己带饲料。另一种是直接借牛，不出人力。这种情况比较少，一般是出借一方实在走不开，或者对借用牲口人的牲口驾驭和养护能力十分放心。

出借牲口不需要钱但是可以用来换工，使用1天牲口可以换6天人力，但具体情况没有那么严格，相互帮助时把活干完即可。因为当时牛家庄的牲口较少，农忙的时候一牛难求，谁家有牲口，可能会出借给多家使用，如果借用时间太长就会耽误出借方自己家的农活，所以每家最多借1—2天。如果牲口在借出干活时死亡，借走的人要全赔，还要给出借方赔礼道歉；如果牲口在借走后患病，要由借走人负责给牲口看病，直到痊愈为止，否则必须赔偿。

（5）看护

牲口平时都拴在自家的牲口棚中，由家人或者长工看护。为了看好牲口，长工甚至就睡在牲口棚里。即使牵着牲口出去干活，中午不回来时也会拴在树上，生怕丢失。路太远中午在地里睡觉时，农户往往都非常警醒，时不时要醒来看看牲口的状况；有人甚至都不再午睡，就怕牲口丢失。借别人的牲口更要严加看管，一旦丢失，就需要全赔。本来自家没有买牲口的经济能力才会借别人家的使用，如果再赔就是雪上加霜。即使这样，牲口依然有被偷的危险。牲口被偷后，通常会找村长或者报官。清末民初就发生过丢牛事件。本村村民杜某在城中以拉车为业，中午去饭馆吃饭把黄牛和车都拴在门外。等吃完饭发现门外只剩车，牛不翼而飞。于是杜拉着车就去找住在城西门公馆的王士珍。王士珍是牛家庄人，清末的北洋三杰之一，做过民国总理。把这件事告诉他后，王士珍要求马快[1]去通告县衙，要求四门紧闭，并派人四处寻找这头牛。开始没有找到，最后在"杀个"[2]找到，牛还没有被杀。马快把偷牛的打了一顿，并将牛归还。除了在县城里发生过的丢牛事件，在村里偷牛的可能性要小很多。因为牲口认生，尤其牛走路太慢，极容易被发现。老人说："1940年，外村的丐帮想偷本村的驴，但是驴走得太慢，一会就被主人发现了，丐帮丢下驴就跑了。"

（6）宰杀

因为牲口是一家主要的劳动力，不会随意宰杀，一定要等牲口得病一直不好，或者年迈干不动才会宰杀，包括宰杀牛、马、骡子、驴。杀大型牲口，要去专门的牲口屠宰场，即"杀个"，把牲口卖给屠夫后，由屠夫宰杀了按斤卖掉。马肉、骡肉、驴肉一斤5元，牛肉一斤4元。老人说："活着的牲口贵，死的便宜。"即使有卖牛、马、骡子、驴肉的肉铺，但是能吃到的农户是少之又少，一般的农户家里本来就没有大牲口，过年的时候能割2斤猪肉做馅儿包一顿饺子就不错；马肉、牛肉、驴肉等大牲口的肉也只有财主或者富农可以吃到。

第二节 产权与产权关系

1949年以前，牛家庄的土地绝大多数都是私人所有，不在村地主的土地拥有量约占全村土地的50%，本村地主土地拥有量约占10%，而中农、富农的土地占有量约占40%。占人口大多数的贫雇农占极少量的土地，有些甚至一寸都没有。从产权类型来看，庄内有私田、族田、共有田等几种类型。村落土地的租佃、交易较多，而置换很少。

一、土地性质

牛家庄内的土地主要有私田、族田、公共田三种类型。另外，还有官道，属于国有土地，乡间道路中部分所有权不明，各村人都可以自由通过。村间道路大部分都是农户自家农田的一部分，少部分由于历史原因不得而知。

清同治年间（1872年），村内有耕地51顷45亩，117户，257人，人均耕地3.15

---

[1] 马快，旧时官署里从事侦查、逮捕罪犯的差役。——编者注
[2] 屠宰场。

亩；2012年，全村有耕地5285亩，有1164户，5281人，人均耕地1亩。这其中，污龙渠、吴家坟和各类庙宇属于公共土地，村内最大的家族任家和王家都有自己的族田，其他的都属于私田，私田上有井。

（一）产权所属

1. 公共田

村落公共土地主要是吴家坟、寺庙和污龙渠。

一是吴家坟。村西南的吴家坟大概有4—5亩，进士梁清标曾为吴松孕撰写墓志铭。建坟后遍栽松柏、白杨，整个墓地青石牌坊、碑亭林立，荆棘灌丛相映衬，更增添了庄严肃穆的气氛。吴氏茔地，从宣德年间（1426—1435年）到正定解放，时经500多年，都有看坟守墓者，并代耕周围土地，以供上坟祭祀者享用。整个墓园古柏成林，遮天蔽日，雾霭缭绕，郁郁苍苍。北来风沙沉积于此，年积月累，自北向南淹没坟丘，石碑、古柏掩埋数尺。除了安放吴家后人之外，专门处理无处安置的死人，包括死婴、孤寡老人和乞丐。埋在这里的尸体多是村长找人用席子裹着搬运，然后在这片坟地上找空地挖坑埋掉。这部分土地不能耕作，土地与它相邻的农户种地时都非常自觉，不会侵占这里的土地，因为坟地在传统时期是一个神圣不可侵犯的地方，而且可能也是他们最后的归宿，所以一般不会去打扰。

二是污龙渠。污龙渠在1949年以前是自然形成的，专门用来排水泄洪的一条渠道。平时没人看管，也没人特意修筑。村中老人说："因为平时使用水井，下雨很少有积水，即使有水也都下渗到地底。"平时的生活用水、脏水都会倒入猪圈，暴雨时的积水根据自然流向——西北到东南的方向流去，先流入大街，最后汇入污龙渠。因污龙渠是村内唯一一条自然产生、消失的渠道，也是洪涝期间唯一一条排水渠道，所以村内不会有人故意破坏，公共的土地也不会有人侵占。

三是寺庙。牛家庄的寺庙共有7处：村中央十字路口东北角处是龙王庙，是村庄的中心，也是人们的信仰中心；西行120米路北是五道庙；再往西200米是送子奶奶庙和菩萨庙，路南、路北各一座，俗称对子庙；北后街东边是菩萨庙；再往后东北处是关帝庙以及小鬼庙。它们全都神圣不可侵犯，只有规定的时间才可以去祭拜。平时没有人看管，"虽然村长派人掌管钥匙，但是因为庙里实在没有值钱的东西，慢慢就不管了，全凭大家自觉"。虽然没人管，但其实是集体看管，一旦有人故意破坏，会被村民抓起来打一顿。村内有个乞丐，无处安身，一直睡在小鬼庙，因为对庙没有什么破坏，所以大家一直没有理会。直到一天天气太冷，人们进去的时候发现他的尸体，才把他埋到了吴家坟。这些庙统统由村内百姓共同出资修建，资费平摊，土地的产权属于村民集体所有。

2. 族田

宗族的土地分为两个部分：祠堂和族田。祠堂的修建和修缮都要用到土地，通常需要族长召集族人共同决策。村落的大姓任家和王家都有自己的族田，属于祖坟地界，不光埋着历朝历代的祖宗和亲人，同时也留出一片地用来种田。村南有王氏族田4亩，任氏族田4亩，除了埋本族的亲人外，主要用于种植棉花。由族人以家户为单位，按年轮流耕种，收入归个人所有，但自负农业税。老人说："每年清明节上午，由族长组织，本族人[1]各家出代表30人左右共同到祖坟祭祖，必须是男性，不得缺席，否则失去轮种机会。当天要由当年的轮种一户出钱请大家吃午饭，如果不请就失去下次的轮种机会。"

因种植棉花经济效益通常比较好，所以没有交不起税的情况。祖坟不得出卖、不得典当，由族内共同管理，族长不得任意处置。如果祖坟被铲，族人将跟破坏者结仇，并报告官府，以"红叉子罪"[2]论处。

3. 私田

私田在牛家庄广泛存在，包括地主土地、自耕农土地等等。60%以上属于地主，其中不在村地主占50%，在村地主占10%。剩余的40%属于富农、中农、贫农和雇农。但比例也是极其不均衡，有人拥田几十亩，有人才有几分。这部分田地的所属都用田契规定并作为凭证，村民可以买卖、典当与租佃的方式，让土地流转起来。私田保护最为严格，也是纠纷最多的田地类型，轻则打架生气，重则打官司、老死不相往来。

一是地主土地。清光绪元年（1875年），全村有耕地51顷45亩，城内地主占50%以上，在村地主土地拥有量占10%左右，而有地的农民土地占比只有不到40%。县城的马家、王家和晏家，各自拥有土地百亩以上，是名副其实的大地主。本村地主王玉清、任永文、顾贵卿、任丕如相比较而言拥有土地量就比较少，最多60亩，少的10亩左右。他们的土地都是水浇地，肥力肥沃，没有太差的。他们的土地除了少部分自己耕种外，绝大多数都要租出去。若想租种地主的土地，对于在村地主和不在村地主，有完全不同的两种方法。

二是自耕农土地。村内自耕农的土地比例虽然不大，但是自耕农本身比较多。他们中田亩多的有20几亩，少的只有几分。土地多是从祖上继承或者分家所得，少部分是买地所得。自耕农不管有多少地，都可以满足自己一家基本的生活，不用再出去觅活。要想把自己地打理好，一般有三大件：旱车、水车和牲口。因为不用交租，所以

---

[1] 不跨村。
[2] 杀头罪。

多种小麦；有时收成不好，还要种些山药充饥；赶上行情好的时候，也会单留出一块地来种棉花。例如村民王肇玉，家里有 23 亩土地，均为祖上传承的旱地。平时都是自己家的劳动力料理农田，不用雇人，但是在农忙时也会找些短工来帮忙，当时多为换工和帮工，不要钱，只管饭。

（二）产权认定

村内的土地都可以认定，因为牛家庄的土地多是农户的私有土地，产权的认定更为频繁。产权的认定包含几种方法，不仅有法律意义上的认定（包括田契的签订和到官府的手续"顺契"），还有土地的边界（包括诸如灰橛和桑棵等实物边界）、文书记载（如族谱等）以及心理边界。

1. 公共田产权认定

一是吴家坟。吴家坟因为年代久远，通过实物认定已经非常困难，主要是采取族谱认定的方法。

> 吴氏祖籍安徽凤阳，明代建文年间（1399—1402 年）"靖难之役"后，始祖吴海功勋卓著，受封保定左卫前所正千户（军队建制辖 1128 人）。永乐十七年（1419 年）10 月，调任正定卫左所正千户。从此定居正定城内吴家胡同和吴兴兵营，死后葬于正定府东三里沙岗处。三世孙吴瑛、吴琇因坟地窄小且土地漏沙而弃之，将坟迁于正定府北牛家庄村西。这里地高土肥，周围岗陵连绵起伏，左右高岗直接南道，南有砚池，靠山近水，是阴宅福地。于是将高祖吴海迁葬于此，为中宫始祖。六世孙吴绍行于明万历三十七年（1609 年）又在坟四角立石柱，刻步数以为标记，东长 156 步（一步为五尺），西长 128 步，南阔 100 步，北阔 76 步，占地共计 52 亩。另外，在西北角还有一块坟地东靠主坟，西是张指挥坟，南是刘家坟，北是秦思荣家坟，此坟地专葬早折幼口（孩子坟）。地东葬无儿女者，西南角处是女儿坟。主坟墓布局：始祖吴海墓穴坐落在最北端，坟丘前立有墓碑，记载着吴海的生平。前有石桌，桌前往南是神道甬路，两旁分立石人、石马、石羊直到南边牌坊，全长 240 米。牌坊阔为三间，中间高两侧低，高约 5 米，巨大的石柱和横梁条石古朴雄浑，甚为壮观。神道两侧左昭右穆，后世子孙葬之。五世进士吴守直、吴守节，八世进士吴松孕皆葬此处。[1]

---

[1] 引自《牛家庄村志》。

二是污龙渠。主要通过水渠的印记来确认。污龙渠边界的确认主要是为了防止人为占用，这样全村唯一的过水通道就会堵塞，造成村中大水的漫延。雨季污龙渠内涨水，所以有水的地方就是边界，但必须以不淹没周围的土地为前提。不下雨的时候雨水以及生活用水下渗，主要通过水干涸后水渠的印记来确认；如果印记无法辨认，一般会由村长请来污龙渠周围的村民做确认。

三是寺庙。主要是通过村里公文手续和心理认定来确认。寺庙的建造年代一般比较久远，建造公文一般存放在村公所里面，着重记述了修建年代、修建选址、修建原因、修建过程、修建时间、参与人员等等，只有在重修或者拆除的时候才会查看。平时涉及寺庙产权的，主要是外村人故意的破坏。这时村民的心理认定更为重要，世代膜拜的寺庙在村民心里已经超越了公共产权的范畴，而是神的产权，寺庙象征着神，代表神的住所，所以一切破坏寺庙的行为都会激起民愤，进而引发冲突。

2. 族田产权认定

族田的认定比较特殊，主要通过田契和族谱来确认。在田契中规定了某块田地属于某个农户，但是谁可以使用，却必须在族谱中才能找到答案。田契一半都保存在族长手中，并且代代传承。所以在一般的情况下，族内的土地都不会有大的变动。除非是像王士珍一样的名门望族，掌握权力和财富后购置了大量的土地，变现在田契中就是田亩数量的快速激增。但也有因为政治变迁等原因衰败的家族，不得不典当或者出卖土地，族田的数量也就相应减少。

3. 私田产权认定

一是田契认定。无论是田地交易还是遗产继承，田契都是必不可少的。一旦发生土地纠纷，最有力的武器和证据就是田契。所谓田契，就是在土地买卖后，由买地的农户请街坊、知名人士、村长、保长等有名望的人来做中人，在他们的见证下签一份文书，确认所交易土地的四至，规定土地大小和交易日期，将这块土地所属人换成买地的人。田契的签署表明土地交易受到法律的保护。

如果兄弟分家所得的土地有了纠纷，则要拿出分单请中人来仲裁。中人必须是之前订立分单的那些人，只有他们有资格来做公证。

二是顺契认定。这是民间说法，其实就是在村中发生土地交易后，要到县城中做报备，并缴纳土地税，取得县里的公证。这一步之后土地交易就有了政府的保护。兄弟之间的分家填写的分单不需要到县城里顺契，只需要让有威望的中人知道就可以。

三是实物边界认定。这个边界就是灰橛和桑棵。灰橛是一种人工标志，它的制作是用直径为2厘米的铁棍插土中约一米深，把铁棍拔出后，在这一米的洞中灌入水泥，用一小时把该洞晾干,然后铺上柴草。整个流程结束,灰橛制作完成。桑棵是一种低矮的耐冻植物,容易生根且生命力极强,即使在冬季也可以用肉眼识别,所以把它作为另外一种边界标识。只要有了纠纷,用肉眼一般就可以发现边界。这类方法可以避免很多矛盾,但是有时候边界因为时间太长会变得模糊,这时就不得不用田契来做最权威的认定。

四是心理边界认定。牛家庄内谁家的地在哪里、有多大,大家都心知肚明。因为村落虽然很大,但农户每天都在田间地头劳作,这些事情早已了然于心。尤其对于相邻的土地的边界,因为涉及耕作的问题,丝毫都不会错。不是自家的土地绝对不会去到,这不像灌溉,即使水溢出到别人的农田,别人不会说什么,一旦到了别人的地,别人会以为你故意为之想要侵占土地,只能吵架打架。最后通过灰橛和桑棵辨认,如果确实侵占了还得给对方赔礼道歉。所以一般的农户折腾不起,都小心谨慎。"是自己的地就种,不是自己的碰都不会碰。"老人说。

二、土地买卖及关系

牛家庄的公共田和族田不能买卖,所以下文主要是讲私田的买卖。虽然土地买卖是私人间的民事活动,但除了按照当地通用的规则来进行之外,还必须到县城衙门去顺契,这不仅是要完成对国家的纳税义务,也是为了取得官府对民间土地交易的支持。

(一)土地买卖程序

土地在乡土社会是人之立足、发展的基础,人们对于自己的土地都无比谨慎,看作"天大的事情",甚至比自己的生命都重要,因此土地的买卖往往需要比较复杂而又严格的程序。

1. 自由买卖

私有土地可以自由买卖,不用得到村落的许可,老人说:"只有有人愿意卖,恰好有人愿意买,这桩生意就可以做。"村落土地不能随便买卖,要村落开全体会同意;家族土地不能随便买卖,要由族长召开门长会议。

一是卖家不为求财,多为果腹。村里卖地的多是急需用钱的农户,人分为三种类型:一种是遇到丧葬、娶亲、还债等花费巨大的事情,这时家里的积蓄不够支付,同时对外又借不到钱的可能会卖地。第二种是因为政治流亡、躲避自然灾害、外出经商等原因,村民本人很长一段时间将不能留在村里,而家里也再没有其他亲人,如果家里还有几亩地就会考虑卖出。第三种是家里穷,因为种种原因挣不来钱、吃不起饭又借不上钱的,如果家里只剩下一些地,那就会考虑卖地。在这三个原因当中,本村卖地的人多是因为吃不上饭。

二是买家以地主居多。买地的人多为有闲钱农户,也分本来没地想要地的情况和本来有地想多要的情况,具体分为以下几种情况:一种是家里本来没地,但是经过扛长工、经商等正当途径赚取了一笔钱，那他就可能会买地。第二种是本来没有地，因为家族继承了一笔钱，这时可能买地。第三是通过当匪、当兵、从政贪污等各种不正当途径发财的会买地。第四种是因为盗墓、偷窃、抢劫等犯罪活动发财的都会买地。第五种是家里本来就有地，还想要更多地的人想要买地。在以上各种原因中，最后一个原因占比最多，因为本村的买地人当中多数是住在县里的地主。

2. 优先权

卖出土地有顺序，村中老人说是"兄弟优先，然后是外人。"这就是说一旦农户决定卖地，则最先要去问兄弟，如果兄弟要买，则要商量价格。因为是兄弟之间，所以比较好说话，而且一般稍微低于市场价；如果有几个兄弟都想买，一般就采用竞价的方式，谁出的钱高就给谁。这个过程不需要中人。问过兄弟之后，就是其他亲戚优先，询问方法跟兄弟一样，而不再考虑是否出价最高，但是需要用到中人。如果亲戚也没有人买，这时候要托中人打听其他买家。若熟人买，价钱也会低于市场价。这部分买家包括邻居、本村的其他乡亲或者外村的乡亲，朋友、熟人、亲戚、邻居等可以赊账，陌生人不行。但是一般打听不在村地主是否买田的时候多，因为土地比较贵，一般只有地主可以支付得起。

3. 找中人

买卖土地是大事，必须要有个见证，所以土地买卖必须要通过中人说合来促成买卖。本村称呼中人为"说合人"。中人一般会找保长和邻居街坊中的好事者来做，约3—5人。保长的人脉广，信息多，一般促成交易的几率更大。谈到买卖土地的时候一般不会在茶馆、饭馆等公共场合说，一般是私下讲。因为在当时卖地不是一件光荣的事情，被别人知道了会说闲话。同时还要请有文化的"先生"当执笔人写契约。如果说合人中有文化人，执笔人可以由其兼任；如果没有，就必须要另请执笔人，执笔人多为教书的、看病的、当会计的先生。写契约时，说合人需在场做证，以防日后打官司。事成之后买地的人请中人喝酒，"摆合食"。"跟婚宴规模一样，但是不能在家里，必须在饭店请。"老人说道。卖地的人一般不请客，也不会参与吃饭，因为他本来家里就没钱，卖了地心情也不好，只想赶紧办完事情离开。

4. 看田

不同档次的田价格不同，所以买卖田地时买田人需要看田。衡量的标准有四个：一是土地是否平整无坡；二是土壤中黏土多还是沙土多；三是土地附近是否有井，地在井边的叫"坐井地"；四是土地旁边是否有道路，没路的称为"摊牛地"。根据这几个标准把地分为三个等级：第一个等级叫一等地，这样的土地平整无坡，黏土多沙土少，旁边有路，属于坐井地；第三个等级叫三等地，这样的土地不平整，黏土少沙土多，附近没有井，属于摊牛地；在一等和三等之间的地是二等地。老人说道："在所有的标准里，土地是否平整以及黏土、沙土的比例是最重要的。"看田的时候需要丈量，丈量的事情一般是邀请四邻插灰橛，其实就是明确土地的边界，一方面是确保不会妨碍到邻居的利益，二是如果不邀请他们则土地的边界没有公信力。这次邀请属于帮忙性质，不再另外支付费用。

5. 讲价

买卖地可以讲价，卖地的一方叫价，买地的一方压价。但不会采取直接谈判的方式，而要通过说合人，因为买卖地不是小事，涉及的数额巨大，如果没有证人，一旦打官司将对自身不利。"一亩田可以卖12石粮食，一石为250斤，即约3000斤粮食或50块银圆。"老人说。一般说合人会采取比较公正的态度，不会太偏向某一方，价格会取买卖双方的中间值。

6. 田契

如果价格商量好，必须要签订一个买卖的凭据，这个凭据就是田契，它的作用是规定土地的产权，以便以后查证。签订田契时尤其需要之前帮忙找买家或者卖家的说合人到场，如果不到交易不能进行。契约的内容包括买卖田地人姓名，买卖原因，买卖田地数量，田地所在的位置、大小和四至，买卖的价格和支付方式，执笔人和时间。这份田契签订后，买卖双方要按手印，之后由买家保管。之前的旧田契则要卖家在众人面前当众销毁。四邻不参与田契的签订，签订结束后也不再告知四邻，但这时就到了请中人吃饭的时间。土地买卖的钱款都是一次付清，不存在赊欠的情况。这一套流程对于所有买卖土地的人都适用，即使是亲戚或者村内人也不例外。

卖田契

××因急用款，村中有××亩，转卖给××名下。长××米，宽××米，四至为南至××家，北至××家，西至××家，东至××家。现交××石粮食或银圆××元，当面交清。

立字为证，以无后患。

立字人：×××

执笔人：×××

××年××月×日

手印（签字）[1]

---

[1] 来源于王建政老人口述。

7. 顺契

合食吃完之后，土地买卖并没有真正结束。请中人只是得到了村庄的认可，田契的签订只是得到了法律的认可，虽然不用在村落中报备，但是还需要国家行政机构的认可和支持。所以在中人（一般是村长）的陪同下，要去县城衙门去交税，做一个报备，叫作"顺契"。至此，土地买卖就全部结束。

8. 纠纷

纠纷分两种情况。一是签订田契后一方后悔，要求退还钱财；二是农户在没有取得家人支持的情况下把土地卖掉，其家人知道以后要求退还钱财。

第一种情况又分两种情况。一是双方较为熟悉，一方反悔得到了另一方的理解和支持，那还要把之前邀请的说合人和四邻全部叫过来，在他们的见证下，将田契撕毁。因为以前的田契已经在新田契签订的时候就销毁，所以这时候双方要补签一份田契，大意就是一方因某原因反悔，将田地、钱财退回原处。反悔的一方还要道歉，不然就要承受村民的嘲笑。二是一方反悔但是另一方不同意的，这时候就需要之前的说合人把双方叫到一起调解。调解成了，反悔的一方要请所有人吃饭赔罪，调解不成还要继续到县衙去打官司。

第二种情况多是因为农户家的男性因为赌博等原因将土地卖掉，家中的妻子或者子女不让而告到村长那里。这时候村长就会酌情进行调解。如果卖地的一方比较弱势，而妻子、儿女比较强势，那村长就可能和买地一方商量，将土地退回。"如果卖地的家中本来就强势，那妻子和子女的告状都是白告。"老人说。

（二）土地买卖频率

只要有钱，任何人都可以买，所以牛家庄的土地买卖频率比较高。本村没有"亲戚不买亲戚地"的情况，相反，这类比较优先。"村中买卖土地，多卖给兄弟，这样不用找中人，还能便宜。"老人说。土地买卖的优先顺序是：土地优先卖给兄弟，然后是亲戚，再然后是本村人，最后是外村人。本村普通关系的土地买卖多于有亲戚关系的买卖。邻居买邻居地的也很少，卖给外村的更少。老人讲了一件土地买卖实例："有一家户主吸大烟，把家里的20亩地、5间房子和媳妇都要卖掉做烟资，但最后想要卖闺女的时候被他的兄长拦住，并好心买下并收养了他的女儿。"

（三）土地买卖规模

土地买卖时都以"亩"为单位。本村没有强买强卖的情况，地主的土地除了继承之外，多是在经商或者干其他职业挣了钱后来"收买土地"来获得土地的积累。而卖地的人多是濒临破产之人，有地的人多数只有几亩地，上几十亩和上百亩地的交易就很少。所以牛家庄的土地交易虽然很频繁，但大都是小亩数的交易，规模不大。

三、土地租佃及关系

牛家庄因为60%以上都是地主的土地，而地主只有10人左右，所以大部分有地或者少地的农民就不得不租种地主的土地来谋求生存。上文提到的两种地主即在村地主和在城地主，出租的方式有很大的不同。除此之外，土地租佃还会产生更多的关系和村民之间的互动。公共田不对外出租，族田租佃已有介绍，所以下文着重介绍私田的租佃。

（一）土地租佃惯习

1. 租地者与出租者

牛家庄的土地出租比较普遍，出租者和佃户的身份类型与租佃出发点有很大的不同。

出租者都有一条硬实力——家里土地富余，他们多是富农或地主，地主居多。他们选择佃户的时候也并非盲目，也有一套自己的标准，比如他们会优先租给出价高的佃户或者预定靠前的租户。本村的两种地主，在村地主和在城地主，二者在土地出租上有很大不同。在村地主都是土生土长的牛家庄人，他们因为常年居住在村中，和村民抬头不见低头见，所以相对友善，比较好说话。在村地主有王玉清、任永文、顾贵卿、任丕如等人。在城地主常年居住在县城里，但是村中有大量土地。他们可能只有几个亲戚留守，但是这些留守的人也没有跟佃户谈租地的资格。这些地主对村民就没有什么感情可言，丁是丁卯是卯，容不得一点宽限。在城地主有马家、王家和晏家，各自拥有土地百亩以上，其中王家是指王三春，他是王士珍的过继儿子，拥地800亩土地。

佃户的身份有两种：一是家里无地或者少地的农民，迫切需要土地来耕种以解决全家的温饱问题；二是家中土地已够家人生活的农民，他们还有富余劳动力可用，想要"人往高处走"。

2. 中人

租地的方法也比较简单，需要在村内找熟悉双方的人做中人来牵线。"两边在中人的介绍下说道说道，就能把事儿定下来。"老人说。请中人也分两种情况：

一是租种本村地主的地。一般要找村中经常做中人的"管事者"来担任，他们往往是村中有名望、有地位的人，可能是村长、保长、绅士等等。由他们给佃户联系地主，如果地主同意就在中人的牵头下订好口头契约。之后佃户要请中人"喝一壶"。有时因为佃户跟地主比较熟悉，不需要经过中人，双方约定就能达成协议。

二是租种在城地主的地。因为不怎么熟悉，要想租地，就必须到县城里跟地主取得联系。但是这样做的成本往往是巨大的。抛开路费和耽误的时间不说，如果跟地主关系不熟悉，就连地址也不知道，更不用说即使找到了住址也可能被地主拒绝。这个时候就出现了一个行业，叫作"土地经纪"（见表3-4）。本村干这行的共3人，他们都是富农，在村中认识的人比较多，人脉较广，分别效力于不同的东家并收取好处，帮地主负责觅人和催租。他们的具体工作是帮地主在村内甄选出老实可靠的佃户，并由他们牵头带佃户到城里跟地主见面把租地的事情谈妥。谈的内容也是租地的时间和租子的多少。时间都在一年以上，租子也是固定租和分成租。租佃也是口头协议，一旦地主答应让佃户租地，之后的事情实际上就全权委派给了经纪。这就为经纪牟利提供了方便。具体来说就是，假如经纪看中了某一块长势喜人的田地，觉得有油水，"就会在地主不知情的情况下单独提高租价，比如跟地主商量的时候每亩地只需要交70斤，但是经纪会提高到80斤，多余的10斤自己拿"。若佃户答应就继续种这块地；若不同意，不管之前的协议如何，都会被强行终止并转租给其他佃户。这时候佃户没有直接跟地主沟通的渠道而常常有冤无处申，只能选择跟地主的土地经纪合作，搞好关系。

表3-4 经 纪

经纪成分	经纪职能	经纪特权	牟利方式
富农	觅人和催租	转租	抬高租子

3. 订约

订约包括制定规则的人，租子的多少，租期的长短，订约的方式等等。

一是制定规则的人。牛家庄的佃户管出租者叫作东家，"租金由东家说了算，农户不能协商"。当时分成租金和固定租金各占半壁江山，但百姓更希望是分成租，但什么形式农户说了不算，通常要听地主的。

二是租子的多少。粮食地租又分为固定租和分成租。固定租是不管丰年还是灾年，一粒粮食都不能少——好地每亩一年交5斗粮食，中等的土地要4斗，坏地每亩一年交3斗粮食，小麦和谷子各交一半。但总体来说，交3斗的时候比较多。分成租比较人性化，无论收获多少，都要交一半。租地6个月到12个月的交一年租，不满半年的交半年租。

三是租期。租佃关系在春耕前的正月十六确定，租佃周期最短半年，最长则无限期。地主没有权随时收回土地，必须等半年或者一年有了收成。交租后双反任意一方都可以提出解除租佃关系。

四是订约的方式。长期、短期租地都不用写租佃契约，都是口头约定。这样做的原因一方面是当时人们的文化程度较低，多数农民都不识字，不太相信白纸黑字的东西，怕自己上当受骗；另一方面是村落中人们都比较老实本分，追求"一言九鼎"和"一言既出驷马难追"，"一口唾沫一个钉"，老人说，"如果说了不算以后在村里也没脸见人"。

4. 交租过程

租佃协议一旦达成会根据土壤的肥瘦，规定每亩每年交租的数额，多数时候交租用粮，少数时候交租用现金。当时每亩地平均产量为6斗，即150斤，最多的时候有8斗即200斤。交租分为两种：

其一分成租。在庄稼成熟后，由佃户带地主在地里看查。由一道垄口将麦田一分为二，让地主选一边（见图3-1），选好的这边的收成全归地主，但需要地主自己安排收割。剩下的一边归佃户，佃户同样自行收割。地主会将收割的事交给自己的土地经纪，而经纪则会另外找一户同样租种该地主地

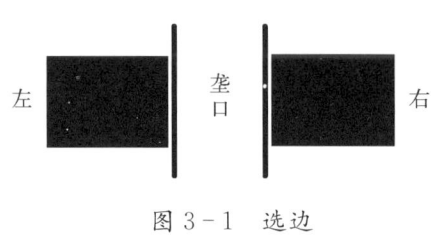

图3-1 选边

的佃户帮忙收割和运送。

其二固定租。庄稼成熟后，由地主的土地经纪到地里现场催租，并带着佃户套车到县里给地主送粮。到了之后地主会用自己的秤来检查分量。这样的秤大部分都是公平秤，少数秤不准。"太潮湿和太脏的都不要，需要佃户拉回家重新处理后再拉来检查，直到东家满意为止。"老人说。因为送粮时都有家人一起前往，路也不远不偏，所以没有粮食被劫走的情况。租子交完后，地主通常会请自己的土地经纪吃顿饭、喝一壶酒。

5. 续租、减租和缓租

当时规定的租期（多数是一年）到期之后，如果租佃双方相处愉快，就可能续租。如果在租种一个地主土地的时候出现几个佃户，那么老佃户优先；如果是有续种的佃户，则更要优先。

对于缓租，一般出现在土地是在城地主所有的时候。如果遇到自然灾害或者佃户家中需要大量粮食来救急，使得剩余的粮食不够交租，这时候就必须找中人商量，延期交，或者跟朋友借粮交租。

对于减租或者免租，一般只有所租土地是本村地主所有的时候比较容易成功。如果当年的年成不好，佃户会要求地主给予减免，"妇女孩子都在地主跟前哭，都是乡里乡亲的，地主没办法，常常就会答应"，而且"来年其实都不用补租"。

抗日政府和民主政府为使贫苦农民增加收入，改善生活，限制地主的剥削，于1938年至1944年先后在解放区和游击区的村庄开展了减租减息和增加雇工工资运动。

减租的办法有两种：一是先定产、定租，再减地租的25%为应交地租数；一是定产后，直接按产量的37.5%计算应交地租。减息的办法是按借贷双方原协议定的利率减25%。借贷时间较长，交付的利息已超过本金的，不再付息。至于提高雇工工资，大工年工资增到5石小米，二活年工资增到3石小米，小活年工资增到2石小米。在减租减息、提高雇工工资的基础上，还推行合理负担：所有农户每人以1亩水浇地为免征点，超过的土地按规定计征公粮。这样一来，大大减轻了贫困农民的负担。

6. 转租

土地经纪通常在地主不知情的情况下难为佃户。"比如梁某，发现某年的庄稼长得非常好，就要求佃户的租子从3斗提到4斗，否则就转租给别人。多要的部分全部自己'觅了'[1]，不会给地主。如果佃户接受，则继续租种；如果拒绝，就只能重新租其他地。"老人说。已经种好的庄稼会租给家里劳动力多、对该地收成有很高期望值的农户。该农户则会把该地的种子和肥料折价退还给原租种农户。这时候原农户需要找还没有租出去的土地来耕种，如果错过了小麦的种植期，则只能等下茬种山药。种之前跟地主约定挑"检"[2]，等收获时可以获得挑的那"检"的山药，剩下那"检"的归地主。即使农户不服，也只能忍气吞声，因为本村的土地极少，大部分土地都属于县城的大地主，而跟他们的唯一联系渠道是土地经纪，经纪是县城地主唯一信赖的"伙伴"，普通老百姓无法直接与在城地主对话，只能巴结土地经纪。得罪了土地经纪，则没有地种。如果不服上诉到村里或者县里，都不会受理。

（二）租佃关系

地主和佃户是雇佣关系，所以一般是经济上的关系。但是传统社会是有地人的天下，为了巴结和讨好东家，附加的农业劳动都少不了。但多余的关照也仅限于此，过年、过节、红白喜事等送礼和帮忙的事情，租佃关系中都不会涉及。

1. 农事帮忙

牛家庄本来就有相互"攒忙"的传统，这种传统不限于普通的邻里、朋友、亲戚之间，如果租佃关系中的地主与佃户的关系较好，佃农一般会伸出援助之手。老人说："通常是佃户派一个成年壮劳力去干，一个月大概干几天，不要工钱，但可能在东家家里吃饭。"这种攒忙一般是指佃户对在村的地主，而反过来则行不通。因为佃户给地主

---

[1] 贪污了。
[2] 即土地由垄口一分为二，挑其中一边。

干活是因为种地主的地，有求于人；而地主只关心按时收租，至于租给谁并没有多重要。所以就形成了不对等的攒忙关系。至于在城地主，由于路途太远，几乎不会找本村人帮忙，即使叫了也不见得会去。

2. 过年、过节和红白喜事

牛家庄中对于过年、过节和红白喜事中佃户给地主随礼或者干活会比较不屑，会觉得有"过于巴结东家"的嫌疑。所以通常来说对于此类事情，佃户的第一反应就是拒绝。

用老人的话说："如果佃户家里有红白喜事，除非有亲戚关系或者关系特别要好，否则在村地主和在城地主都不会参加。在村地主的红白事，不请自到的佃户去得多，因为都想去巴结讨好；在城的地主办红白喜事距离太远，也用不着村里的人，所以佃户也不会去参加。"

3. 矛盾和纠纷的处理

一是减租和缓租。佃农交不起租金或者租金过高可以申请减租，但本村地主和在城地主的处理有天壤之别。老人说："本村地主比县城的更好打交道，所以佃农可以直接去求情，因为是'乡里乡亲，哭哭啼啼'，本村的地主都会酌情减租。延期不收利息，但只针对一直耕种的佃农。"本村在城地主通常都住在县里，与佃户的联系几乎全部仰仗土地经纪。所以一旦佃户有需求，没有直接与地主对话的通道，而必须通过土地经纪，减租和缓租的机会不大。

二是单方毁约。地主不会提前收回土地，会等至少半年有收成后再转租或者收回，而土地经纪常常擅自决断，提前收回。若佃户欠租超过一年，就不会再让续租。老人说："佃户与地主发生纠纷，佃户几乎很难占到便宜。如果与土地经纪发生纠纷，因为无法与在城地主沟通，所以只能吃哑巴亏。因为村长中立，即使打官司，地主必赢，因为他给了县官很多好处，而普通老百姓是给不起的。"

四、典地及关系

牛家庄的公共田和族田不能出典，所以主要介绍私田的典当关系。相比土地买卖和土地租佃，牛家庄的典地关系发生得较少。典地关系包括出典人条件、承典人条件、典期、典地、签约仪式、毁约等等。

农民借地主的债，以自家土地做抵押，土地由本户租种，按规定交租，到期若能如数还债，土地归农民，如还不起债，土地即归地主所有。农民称这种办法为"典当租回"。典地的价格比买地的价格低得多。据《正定县志》记载，20世纪30年代至40年代，农村有30%至40%的贫困农民靠租种土地维持生活，70%的农户或多或少负有债务。

出典人。典地多发生在急用钱之际或者劳动力少之时，时间多选择在秋收后，这样做"以保证自家有余粮"。出典必须是父亲或者祖父，家长不在时不能典地。

承典人。承典人就是典地的对象，一般是需要地种的人，此类人需要出典人自己主动找。承典人要在中农、富农或者地主中找，因为只有他们有能负担的可能，贫农是没钱承典的。

典地。典出的地不会是出典人全部的土地，多数情况下只是一部分，老人说"不然自己没法生活，要保证够用。"而且典出的必须是好地，坏地没人要，典出的概率比较小。典出的土地所对应的赋役和杂派由承典方承担。承典人成功典地之后可自己种，也可以租给他人。

典期。典地的期限一般是1—5年，典期不满不能赎回。到期之后，出典方把典金返还承典方，就可以顺利拿回典地。如果超过典期就不能再赎回典地。

典价。1949年前每亩地典43.5块大洋。"村中王某典出4亩6分地换了2000块大洋。"老人说。如果是亲戚、朋友等非常熟悉的人之间典地，会有一些优惠，但是不会太少。

签约仪式。典地时要找知名人士、保长或村长当中人，请他们不用给钱，但要请喝酒。如果典地双方都同意，则要在中人的见证和主持下写典契，来规定权利和义务，地点选择在典地双方任意一方的家里。签约完成后不用向村落或者官府登记报告。

毁约。如果在典期内没有将土地赎回，则土地就会归承典方。这时出典方出于生活的需要，很大概率会继续租地。但是碍于面子，不会再去租自己没有能力赎回的那块地，宁愿去租别人的地。

五、土地置换及关系

牛家庄的公共田和族田不能置换，所以主要介绍私田的置换关系。本村很少土地置换，土地置换有两种情况：

一是农地换农地。这么换的一般是因为农户的田地有多块，但是不集中，耕作和灌溉都不方便。如果恰好有两个农户的某一块地在对方的地中，这时置换土地就可能发生。如果换地，那跟土地买卖流程差不多，也要找中人，看田，查肥瘦、大小、四至，定田契，去县城顺契。但通常都不会这么幸运，要想置换成功，需要跟多个农户进行调换，这样做要把土地做很多切分，非常麻烦，所以这么做的农户几乎没有。

二是农地换宅地。两种土地价格不同。房屋12石小麦一亩，农地只有4石一亩。这么换的农户一般是想扩张自家的房屋，所以用农地来换邻居的一部分宅地。"（村中老任想换老邢的一块宅地，需要付出几倍大小的农田作为代价。但这样大块的农田一般比较偏僻，老邢又不愿意。"老人说。所以这种情况下农户会直接买卖地，很少置换地。

第三节 经营与经营关系

传统时期都是以农为本的，可以说，村民一年之中料理农业的时间占农户整个劳动时间的80%以上。人们种自己的地、种租来的地、给别人当长工、短工，几乎将力气用尽。人们投入大量的时间去劳作，不仅全家能干活的齐上阵，为了获得更高亩产，还会动员乡亲近邻甚至换工，可以说为了土地耗尽了心血。有些做长工的农户，即使在春节时分也还在主家帮忙，为的就是多挣一口饭钱，少给家里增添负担。闲散月份多从事娱乐活动，如去茶馆、饭馆，或者做副业去集市摆摊，或者织布纺棉等。有的地少，平时也需要做副业。男性有技术的多去做脚夫、织布等，没技术的则打牌、看戏；女性有技术的去纺棉，或者去集市摆摊，没技术的则收拾房屋、带小孩儿、饲养家禽家畜。村内以劳动的多少和勤劳程度来判定一个人的精神品质和生活状态。辛勤劳作、勤俭持家的农户会成为村内的道德和劳动榜样；而好吃懒做，拒绝劳动的农户则会被村民冷落和鄙视。劳动能力强，不仅是婚恋市场上男性的主要优势，也是婆婆看重的优势之一。因为本村公共产权不存在经营关系，下文主要讨论私有产权的经营及其关系。

一、经营主体

（一）经营单位——家户经营

图3-2 传统家户

传统家户（见图3-2）所有的劳作基本上都是采取家户经营的方法，但是在分家但未婚的情况下，会有一小段独立经营的插曲。

1. 种植业的家户经营

从一个婴孩呱呱坠地降生在一个农户家庭起，他的一生都会被编织在种植业家户经营的安排之中。

一是农业为主，副业为辅。以种植业为主的家庭，最成熟的技能就是务农。而种植业是前后传承的一门技艺，多数情况下都是长辈带小辈，三年之内即可完全掌握。这部分技能在男性之间传递和流动，是男性的专属技能。但光靠务农无法解决农户生活的所有要求，家庭的琐事及副业必须要有人手来操持，这时候女性一般会接过这项任务。老人说："家里要想过得好，光靠种地是不行。家里怎么得养个鸡啊，猪啊，狗啊。咱们牛家庄跟其他村庄还不一样，棉花比较值钱。所以不论地多地少，家家都想法儿留出一块地来种棉花，那玩意来钱比种那点粮食快多了。"

二是全劳力为主，半劳力为辅。农户家中的主要经济来源大部分都是由务农产出的，这就使有着务农专属技能的男性变得格外重要，全劳力数量的多寡，成为家户生产能力强弱的重要标志。"好钢用在刀刃上"，家户中的精英角色都会用于农事安排中，但人口少的家户依然无法解决温饱问题。这时候孩童、老人等半劳力就必须编进家户劳动的编制中，成为家户经营的重要组成部分。老人说："村里多数家庭人口都算比较多的，可是保不齐有少的。就算是人口多的，全靠几个成年人也养不活那么一大家子。（所以）能动换[1]的一般会下地劳动，能干点啥就干点啥，老人、孩子都能用上。"

2. 耍手艺人的家户经营

一是手艺活为主。"一招鲜，吃遍天。"本村耍手艺的人不在少数，而且都很知名。瓦工、木匠、铁匠为代表的手艺人从小学艺，经过小十年才磨炼成一身技艺。他们不务农，专门耍手艺，因为技艺精湛，大大小小的手工活都会邀请他们来做。他们的身价自然也会水涨船高，光凭借手艺就能养活自己，也能养活家庭的大部分人。

二是以师傅为主，徒弟为辅。手艺人的家户多是师徒关系组成的，徒弟在很小的时候拜入师傅门下，管吃管住管教学。徒弟边学边做，给师傅打工，"三年学艺，三年效力"。每次接活儿以后都是师傅当大工或是把式，由徒弟做小工和副手，在师傅的指挥下完成全部工作。每次的工钱由师傅拿大头，徒弟拿小头。所以每次干活都是一个师门的集体行动。

3. 做买卖人的家户经营

一是全家上阵，不分主次。村里有不少买卖人，在每次的集市上都能看到他们的身影。村中较大的买卖有茶馆、饭馆以及各类小摊贩。他们通常是全家都在忙碌，能搭把手的都上手，不再分男女老少。老人说："集上有个面摊儿，老板叫老李，他自己擀面、和面、切面，他老婆下面、煮面和盛面，他们10岁的儿子端面，他的老父亲擦桌子、摆凳子，他的老母亲收钱。一家人都有活干，忙忙碌碌一天，他们都挺开心。"

二是雇用工人，作坊管理。这种老板往往是单身，雇用了几个工人，其实都是自

---

[1] 动弹。

家的亲戚。平时老板交代任务，工人按时按点完成。按天或者按月结账，采取的都是小作坊的管理方式，比较像家族式的管理。因为都是自己家里的亲戚，不能完全按照工人的标准去要求，所以管理比较松散。虽然是老板和工人的关系，但是平时在一起吃饭，看起来更像是一个家庭的关系。

（二）经营方式

1. 独立经营

独立经营一方面指经营内容自由选择，具体为经营项目自选；另一方面是指经营权利自由，不受干涉。

一是经营项目自选。无论是自有土地，还是租佃土地，农户都有独立的自主经营权，想种什么都是自己说了算，农户可以根据自己的需要来自主选择经营项目。但是项目自选有几个前提：首先是必须遵循物候的规律。只能种植牛家庄气候、地形、土壤、水资源等自然条件下允许生长的作物。然后是根据市场的行情。在牛家庄，棉花卖得特别好，所以在种植农作物之外，很多农户都可以选择种植棉花等经济作物。最后是要符合收租人的要求。如果农户家租种了他人的土地，要求用小麦还，那佃户就必须保证用于还收租人的小麦的数量足够，然后再考虑其他来果腹，比如玉米、山药等等。

二是经营无须许可。关于种什么、怎么种，农户不需要得到任何人或者组织的许可。家族、地主、村落都不能干涉，也不会干涉。家族不干涉是因为家族只在乎族田不被破坏以及族田的收入的稳定。地主不干涉是因为地主只在乎能顺利全数收租，至于租子交完种什么并不感兴趣。村落不干涉是因为只在乎能否收齐赋税，至于农户用什么交，地里种什么，都不在其考虑范围内。

2. 惯性经营

农户的生产生活都依照一定的惯性进行，经营方面也同样。

一是子承父业。在家户生产经营中，家户本来的职业会给下一代带来深远的影响，这种影响多数情况下都是积极的。如果说农户家世代以种植业为本，那么子子孙孙有非常大的概率继续干这一行。再比如农户家祖父辈、父辈都是做木工或者铁匠的，子孙从小必然耳濡目染，将来也会从事这一行业。再重新选择行业的成本是非常巨大的，如果不是万般无奈，绝不会贸然改行。老人说："早时候都是家里穷的没有地，当家的往往会让孩子出去学点手艺。这样家里不用管吃住，负担就会小很多，等孩子学成了，手艺赚到钱还能贴补家里。真正家里有地的谁愿意让孩子出去受那个罪啊，都是伺候人家师傅的，有的走了几年都没有消息。"

二是女承母志。除了男性之外，女性的经营一般也是依惯性而为，只不过其效仿对象是母亲。在家中，大多数女性都是一个操持家务，给男人打下手的角色，女儿从小浸淫在这样的气氛中，嫁人后一般会"完全变成跟母亲一样的人"。少数女强人在家里有话语权成为当家人，她自己的女儿就比较自立自强，之后就很有可能在新组建的家庭中担任当家人的角色。

（三）经营分工

1. 家长负责制

一是男人决定大事。一个农村家庭，对于家庭土地的经营，由家长说了算。一般是由男性家长领导全家，遇到事情可以跟家人商量，但是决定权在男性家长。具体分几种情况：如果没有分家，是由祖父当家长，祖父自行决定或者跟父亲商量；如果祖父上岁数了，就由父亲当家长，父亲自行决定或者跟祖父商量；分家后各个儿子当家长，这个时候不再跟祖父商量，都是自行决定，父亲只能给建议，而无法左右儿子的决定。农事生产属于大事，而女人多数都不懂，所以不与女人商量，都由男人做主。

二是事务决策非正式化。家庭事务商量不正式，在田间地头或者吃饭休息时就可以进行。地里的农活，都由干活的人自己安排，如果有不懂的事可以请教父亲或者祖父，因为他们通常可以独立完成小麦耕作的任何一个环节。

三是家长掌管财政。家庭所有人的钱都由家长负责，不允许有自己的独立收入，儿媳娘家人给的彩礼除外。村中老人说："儿女需要花钱时需跟家长申请，如果父母不给就不能用钱。很少有儿女自己主动要钱的时候和机会，因为有什么东西需要买，家长都会提前把钱分给几个儿子，平时的吃穿用度不用申请也人人有份。若有儿女偷家里的粮食卖了或者偷钱花，被家里发现会骂一顿，不会告官。"农户家庭收入包括每年种的小麦、高粱、谷子、玉米、山药等农作物的利润，棉花、花生等经济作物的利润，以及纺织棉线和布匹的利润，这些收入的使用都要得到家长的同意。

2. 男女分工

地里的事务通常由一家之主即成年男性负责分配，家里的事务则由女性诸如家长的妻子或者有能力的儿媳来负责，正所谓"男主外，女主内"，从而构成了牛家庄男女搭配的劳动分工模式（见表3-5）。

表 3-5 劳动分工

男劳力	女劳力	男女均可
下地干活和喂牲口	碾面、磨面、做饭、喂家禽、洗衣服、带小孩、摘棉花、做衣服和鞋	拔麦穗、掰玉米、摘棉花、拔谷穗和织布

一是女主内。因为"男尊女卑"和"重男轻女"的观念一直存在，所以女性多裹脚，平时大门不出二门不迈。她们从小就开始干收拾屋子、喂养禽类畜类、伺候父母、织布缝衣、洗衣做饭、看孩子等事情，一般不允许去上学，受过最多的教育就是"三从四德"，相夫教子，做好家庭内部的事情。在一些拔麦子等非技术性劳动中，农忙时人手不够才派妇女上场。

二是男主外。男性一般被视为家中的顶梁柱和香火的延续者。从小能够接受更多的文化教育，长大以后选择职业的余地也比较大。村内比较常见的有做农民、当兵、做小商贩、当教师、做手工业者等等。在最普遍的工作——农事生产中，都是男人下地干活。对于到地、拉粪、浇地、拱地、打耙地、擦地、耩地、扒畦、立冬浇水、春分浇水、锄草，直到 6 月收割这整整一套农耕流程，一个成熟的男性劳动力可以独立完成，没有必须由男女合作才能完成的环节。技术性最强的农事技术——使牲口也都是男性掌握，从无例外。而这一技术并不是所有男性都可以掌握的，熟悉牲口、孔武有力的农户才可以深谙此道。老人说："男劳力主要负责下地干活和喂牲口，女劳动力负责碾面、磨面、做饭、喂家禽、洗衣服[1]、带小孩、摘棉花、做衣服和鞋等等。男女都可以参加的工作有拔麦穗、掰玉米、摘棉花、拔谷穗和织布。"

3. 不同劳力分工

（1）有劳动力的家庭

一是只有男性成年劳动力。这样的情况多见于成年后分家但还没有娶妻的时候。此时如果有土地，可以很好地耕作，没有土地也可以出去打工，只要没病没残养活自己不成问题；如果再勤奋一点，家务事也同样干得井井有条。

二是只有女性成年劳动力。这样的情况多见于未出嫁但家中父母过世，或是丈夫死亡但是还没有改嫁。此时女性可以凭自己的手艺去织布纺棉，也饿不着自己，只要从小训练过家务事也不成问题。

三是只有半个劳动力。这就说明该劳力没有满 18 岁而父母双亡或者是自己已过半百但是还没到 60 岁。这样的农户生活就比较吃力，干正常的体力活有些吃力，只能拿

---

[1] 用秸秆灰水。

一半的酬劳。村中有老人自曝儿时去做童工，干的都是成人的活儿，不会因为自己是童工就少做一点，但是酬劳只拿童工的那份。

四是既有男性成年劳动力又有女性成年劳动力。这样的农户是最理想的农户，上没有老人的负担，下没有儿童需要抚养，自家又劳力充足，男耕女织、自给自足。未成年的孩子也可以做一些活儿，比如扫院子，再比如看孩子（村里哥哥带着弟弟妹妹到处玩闹的情况很多，自己还是个孩子，但已经是小大人了）。如果是男孩，要学着赶牲口、放牛、放羊、赶猪回圈；要学会浇地，大人在赶牲口转水车的时候，他要灵活地改畦，就是给水道变向。如果是女孩，要学着收拾屋子，做饭，喂养牲口，给爹娘倒夜壶。

（2）没有劳动力的农户

一是只有14岁以下的儿童。这种情况在村中并不多见，但绝不是一个也没有。之所以儿童有这样的遭遇，或者是因为父母的早亡，或者父母丧失了劳动力，卧病在床。这样的农户光靠自己无法存活，不是上街讨饭就是需要靠叔伯来抚养。老人说："村里要饭的孩子是兄弟俩，老爹很早就不在了，老娘有重病躺在床上下不了地。他们兄弟俩只能出来要饭。村里的人都可怜他们，每次来要多少都会给一点。但是收成不好的时候自己都顾不上，就更别说他们了。但是后来俩孩子都挺出息，长大以后去县城上班了。"

二是只有60岁以上的老人。如果家里有地，通常需要本家的兄弟来帮忙照顾田地，并在丰收的时候分得粮食；如果家里没地，或去乞讨，或靠侄子、外甥来照顾。老人说："村里还有一个老汉也是乞丐，自己没有什么劳动力，也没儿没女，只能上街要饭。他要饭就比较困难，自己本来就有病，走路很慢，后来再没人管死在了庙里。"

4. 行业分工

村里的劳动事务，除农业外，以手工业、商业居多。

一是手工业。会手艺的匠人，家里有地农忙的时候需要帮忙，地少或者没地就出去卖手艺。这些手艺包括织布纺棉、打铁、做泥瓦匠、做木匠活等等。手艺不是祖传就是从小拜师学艺。大部分当年做这行都是父母的主意。入了师门，孩子的劳动力就卖给了师傅，做什么、做多少都听师傅调遣。等孩子长大成人或是手艺学成，是否继续做这行则完全自己说了算。

二是商业。村内多是小买卖，体现在集市上的各类小商品服务。做这行，不是因为家里没地，就是因为实在不喜欢劳动。如果是家庭作坊，生产、加工和卖货都要听家长差遣。如果是独立的个人生意，则全凭自己的本事。做这类生意的，有全年都在集市上摆摊的,这类劳动全凭自己做主;也有临时生产了东西,需要以物换物或者换钱的,这时候换多少依然要听家长的。

(四)经营时间

1. 农忙和农闲

因牛家庄以农业为主,所以主要讨论农作物种植的经营时间。牛家庄的劳动时间都是顺应自然的。具体到一年中,农户种地干活集中在清明到10月这段时间,共8个月。其中,最忙的时候集中在芒种前后的六月和立秋前后的八月,前者要收麦子,后者要收玉米、谷子。从11月到次年的2月是农闲时间。"闲的时候要摘棉花柴[1],纺棉花织布和拉碱土。"老人说。

2. 农忙季节安排

对于各类农作物的种植、管理和收获,要严格按照不同作物自身的物候情况见表去调整农户的作息。本村的农作物较多,除了以小麦、玉米、山药等为主的粮食作物之外,还有棉花等经济作物。农忙的时候种植粮食作物和经济作物,农闲的时候就将粮食作物出卖,或是对经济作物进行加工和售卖。

表3-6 牛家庄各种农作物物候

作 物	周 期	物候现象	时 间
小麦	8个月	播种	寒露(10月5—15日)
		返青	3月1日
		拔节	4月10日
		孕穗	4月25日
小麦	8个月	抽穗	5月1日
		开花	5月5日
		成熟	6月10日
棉花	180天	播种	4月20日
		出苗	4月29日
		现蕾	6月15日
		开花	7月10日
		吐絮	9月10日
		收获	秋分

---

[1] 即把还未开放的棉花骨朵搬到房上晒干,将棉花取出。

续表

作　物	周　期	物候现象	时　间
玉米	98—110 天	出苗	6月10日
		拔节	7月20日
		抽雄	8月1日
		授粉	8月10日
		灌浆	8月25日
		成熟	9月25日
谷类	90—100 天	播种	谷雨
		收获	大暑
春山药	90 天	播种	立夏
		收获	七月中旬
夏山药	90 天	播种	小满
		收获	霜降
黍子	80 天	播种	谷雨
		收获	大暑
高粱	90 天	播种	谷雨
		收获	秋分
豆类	90 天	播种	小满
		收获	秋分
荞麦	80 天	播种	立秋
		收获	霜降

3. 农忙每日安排

具体到一天中，农户种地集中在上午和下午，正所谓"日出而作，日落而息"。如下表所示，农户一般早上6点出门，8点有人去地里送早饭，中午12点回家吃饭，午睡一觉到下午3点出门，下午6点回家吃饭。晚上没事则待在家聊天、串门、打牌，或者在村街中心看戏。有闲钱还会去茶馆、饭馆和赌场。太热的时候要凌晨3点起床拔麦子，中午为了避开毒辣的阳光10点就回家，12点吃午饭，下午4点到7点去锄地和打场。如果下雨或者下雪则不出门，同样待在家中陪家人聊天或是打牌。

表 3-7 每天劳作安排

季节和天气	上午出门	早饭	午饭	下午出门
春秋（晴）	6—12 点	8 点送饭	12 点	3—6 点
夏天（晴）	3—10 点		12 点	4—7 点
雨雪	不出门			

二、合作与经营关系

1949 年以前，搿犋、换工、攒忙等方式都是牛家庄比较普遍的生产经营关系。

（一）搿犋

搿犋专门是指农业生产中畜力的搭伙使用。

1. 畜力不足促成搿犋

传统时期能买得起以马、牛、骡、驴为主的畜力的农户非常少，即使能买得起，如果田亩较多，所买的畜力也完全不能满足农业上的需求。这个时候智慧的农民就发明了一个方法，就是有畜力的农户家庭一起耕作，今天你出牛到我家的土地上跟我的牛一起劳作，等我家的农活全部干完，我再用我的牛去帮助你。

2. 搿犋应用范围广

在收割、到地、拉粪、浇地、拱地、打耙地、擦地、耩地、扒畦、锄草等需要用到畜力的农事环节都可以搿犋，这样做的好处就是大大提高了劳动效率。

3. 多为邻居搿犋

一起搿犋的农户分两种：一是土地相邻。平时抬头不见低头见，处得关系比较好，地里有活儿干不完可以随时招呼，马上就会结成对子。二是居住上的邻居。平时生活上相帮相助，关系也不错，虽然土地不相邻，但是人都熟悉，如果恰好都有畜力，需要的时候搿犋就有了可能。

（二）换工

农户平时各干各的，农忙时则可能换工。

1. 换工范围广

换工比搿犋的合作范围稍微扩大，即不局限于畜力之间的交换合作，既可以是人与人之间的合作，还可以是人与畜力之间的交换合作，具体就是用牲口换人力，或者用人力换人力。换工范围可大可小，村内外都可以，但邻居、亲戚之间换工居多。

2. 工种有区分

在换工中常出现男工、女工、技术工、普通工等词汇。男工是最常交换的一种，在收割、到地、拉粪、浇地、拱地、打耙地、擦地、耩地、扒畦、锄草中任何一个环节中都可以交换；女工交换一般用来摘棉花，但她们工作的时候不能带着孩子。换工有一个交换尺度，1.5个普通工人可以换1个技工，1个畜力可以换2—3个人力。

3. 换工有报酬

换工期间不用其他报酬，只需要管饭——每天2顿，吃得好坏不论，但是必须管饱。使用的工具分两种情况，一种是普通的器物类工具，一种是牲口。器物类工具由主家准备，如果换工时用坏了，要分情况处理：如果故意弄坏，这时换工的要全赔；如果是无心之失，这时换工的赔一半，再与主家合买新的。牲口类工具，换工时一般是换工人自备，即他会带着自己的牲口来换工，这期间牲口出现任何问题都由他自己负责。

（三）攒忙

1. 攒忙多为情分

除了在农业上，农户间还有许多事情需要相互帮忙，比如盖房子、盘炕、盘炉子、盘灶台等，称为攒忙，这时亲戚、邻居或者关系好的朋友就会派上用场。但"帮工不帮钱"，攒忙的范围并不包括借钱。请人的频率从亲戚到邻居再到朋友依次降低——请亲戚是因为血缘关系最近，请邻居是因为空间距离近，请朋友是因为关系好。

2. 主家管饭

来帮忙的不用带礼物，主家也不付工钱，但会管饭。管饭包括早、中、晚三餐，但午饭才有酒。主食为白面馒头、饼或者面，菜多有鸡蛋。因攒忙多在夏天，所以吃饭不进家，多在院子里。席位不分先后，不分尊卑，没有敬酒也没有陪酒。老人讲了一个晒棉的攒忙："采摘棉花后，还会有一些含苞待放的棉花没有摘出来。这个时候就要把它们连秆砍倒，扎成捆，搬到房上去晒。房上也不是简单的平面，而是需要用三齿[1]墩了，（接着）用平板的棒子砸，最后用泥抹抹平的用煤渣和石灰搅拌而成的平面。平面的制造一般在上午，需要4人，天气好的话，下午3点即可交工。"

3. 攒忙可以偿还

攒忙可以通过换工或者随份子的方式来还，亲戚、朋友都一样，没有差异。攒忙请亲戚，至少有九成的把握会来，且请来的个个年轻力壮；若有特殊情况实在无法帮忙，亲戚不需要道歉。攒忙后不在本上记账，但是会记在心里。如果帮忙次数多于被帮次数，不会觉得吃亏，因为对方迟早都会补上，欠的人情总要还。老人举例说："例如我家帮邻居家干活一次去了3个人干了一天，等下一次邻居家帮我家干活如果只出

---

[1] 铁制类似耙子的工具。

一人的话,就干3天。如果亲戚不来主动帮忙,主家会亲自去请,不用礼物。如果请来帮忙的人把工具损坏了也不用赔偿。"

三、雇佣与经营关系

因为牛家庄都是一家一户的劳动,除了耪楫、攒忙、换工等不需要报酬的合作之外,还需要在市场上寻找一些合作对象,分为请工、短工和长工。

(一)请工

请工多是指请市场上有技术的人来帮忙,例如瓦匠、木匠、铁匠等。常常需要请工的事情有盖房、打井等,这些事情中涉及很多技术性的部分,平时合作的农民只有力气,在此时的关键技术上帮不上忙。这里以盖房为例。

盖房有几个原因:其一,有了闲钱;其二,当家人给儿子娶媳妇;其三,分家后重新安置。盖房的时间多选在春秋两季,因为冬天太冷,盖好的房子不牢固;夏天雨水太多,建筑材料很难保持干燥。盖房通常要先请木工做木架和门窗等,再请瓦工做瓦工活,去盘炕、垒灶台和盘煤火[1]。

1. 木匠活

(1)木匠活有专业团队

木匠活一般的农户做不成,必须要找专业的木匠来干。通常是一个木匠师傅带着2—3个徒弟,工作的时候不需要其他人帮忙。一个做过木工的老人说:"盖5间房子需要3—4天完工。师傅当大工,在前面带;徒弟当小工,在后面跟。工作包括做门窗、做椽子、包台、做檩子、做房顶梁条等。做木架时角柱最难,由师傅负责。"

(2)木匠有较好的待遇

一是吃饭和休息要到位。7点吃早饭,食物是粥、馒头等,桌子摆在主家院里,由师傅带徒弟先吃,吃完后开始干活,然后主家才开始吃。12点一到就吃午饭,但主家要在11点就开始准备,到点后师傅指挥徒弟停止工作。吃饭前,主家要在脸盆里打好热水、准备毛巾,以供木匠擦洗。午饭有炒鸡蛋,菜都带油水,主食为馒头。饮料有白酒,每个木工都能喝2两左右,再多喝师傅就会用眼睛瞪他,意思是下午还要工作,不能喝醉。这时主家不上桌,所以主家没有人陪酒,只添饭和菜。木匠吃过饭后主家再上桌。饭后,木匠在工地上坐着吸烟、打盹或者聊天,但是不能完全睡着。大约一个小时后,师傅便叫徒弟们起来干活。下午主家依然提前一小时准备饭菜,干完活后,由师傅叫停吃饭,饭前主家提供热水盆和毛巾。晚饭油水也比较多,但是不能喝酒。木匠吃完后回家休息次日再来。主家在木匠走后开始吃饭,是否喝酒没有限制。

---

[1] 炉子。

二是报酬较高。木匠活干完，经过多次检查后即可交工，由主家当家人给木匠结账。"钱都给师傅，师傅分配。师傅一天5块，徒弟一天3块。若事后房子发现问题，会由师傅派一个徒弟回去检修。"

（3）木匠与主家的纠纷

一是吃饭不到位。木匠出现消极怠工甚至罢工的情况一般是因为吃饭。主家故意做难吃的饭，不给喝酒或者没有油水，"省了你的酒，省了我的手。省了你的饭，省了我的蛋"。如果招待得不周，则会消极怠工。老人说，"干活不伸手，磨洋工都能孵蛋了"，故意让工程出一些小问题，建造时不再尽心尽力。

二是不能垄断。因为工钱是按天结算，有些木匠就试图故意拖延时间。为了刺激木匠好好干活，主家常常会比较好几个木匠班子，甚至同时让不同的班子上手。这时候做工拖延又用料多的班子多会被淘汰，所以对全体木匠班子都是一个积极的行为约束。但手艺人是讲求垄断的，所以木匠会提前跟主家说要请木匠只能请一家。如果不能独家代理，谈妥的第一家木匠班子会威胁离开。

三是受伤。如果木匠在主家干活时发生自身原因导致的事故，如用锯子锯到手之类，主家不会赔偿；有些主家会出于同情帮忙找医生，但不会出钱；有时师傅会管，但多数情况下只能算木匠自己学艺不精，自认倒霉。由于主家的失误造成伤亡的，就要主家赔偿。

2. 瓦匠活

（1）瓦匠活步骤

一是问卦。门窗等木匠活做好后，就需要瓦匠。因为盖房中的"超平"[1]是盖房的头等大事，所以在木匠活干完之后，不是马上开始做瓦匠活，而是要去找"封建先生"[2]问卦，来选一个良辰吉日。封建先生，为村中的智者，家中有卦历，他可算出"超平"的最佳时间。算完后，主家请先生喝一壶酒或者给一盒烟。

二是超平。占卜后，即开始"超平"。瓦匠活需要2—4个瓦匠把式，再找15个左右的乡亲、朋友攒忙，把式做大工，攒忙的做小工，但必须都是成年男性。在地上四角各放一个碗，碗中水平放白纸，人站在四角中间用尺子测量，当四个角度都一样后在纸上用红蓝铅笔做记号，然后开始建造。这是瓦匠活中最有难度的工作之一，需要有经验的把式师傅来干，徒弟在旁边帮忙。

三是包台、立木架。超平之后，就到了这一步。如果有两个把式，通常一个把式技术高，一个技术差。技术高的负责墙拐角处的垂直，技术差的则负责拉线，并沿着

---

[1] 定地基的水平线。
[2] 算卦的先生。

线垒砖。垒墙和抹墙最难。垒墙要做到横平竖直、灰浆饱满、灰缝均匀、边沿整齐、颜色一致。其他攒忙的则搬砖和铲泥。瓦工师傅在时由他指挥其他瓦工和攒忙的小工,若瓦工师傅不在,则由技术最好的瓦工指挥。

四是盘锅台、炉子和炕。房子都成形后便可以盘炕、灶台和炉子。要请一个瓦匠把式,再从家里出一个成年的男性小工。第一天盘锅台和炉子,第二天盘炕和抹泥。炉子和锅台多用砖,所以小工的工作包括搬坯、搬砖与和泥。盘炉子的关键在于是否盘在风道上。炕可以通灶,可以通炉子,也可以单独掏一个炕洞。盘炕时多用坯,但是炕沿需要用砖[1]。一天工钱3块2毛,两天完工。

图 3-3 炕

图 3-4 灶

(2) 瓦匠待遇

一是吃饭和休息到位。一间房子需要一天时间,5间房子就是5天。早上7点左右师傅带着徒弟和攒忙的到主家吃早饭。在院子里摆桌子,食物是粥、馒头等,瓦匠和攒忙的不分座次,不论辈分,他们先吃,吃过后便开始干活,然主家开始吃早饭。午12点为午饭开饭时间,但11点主家就得开始准备。师傅或者技术高的叫停吃饭,其他人才可以停止工作。吃饭前,主家要提供洗脸盆打上热水再搭上毛巾,供瓦匠和攒忙的乡亲擦洗。中午饭有炒鸡蛋,其他菜都有油水,主食为馒头。午饭可以喝白酒,每个瓦匠和攒忙的可以同桌,不分座次,不排辈分,不相互敬酒,自斟自饮。每人最多能喝2两左右,再多喝师傅就会用眼睛瞪他,意思是下午还要工作,不能喝醉。这时主家不上桌,所以主家没有人陪酒,只添饭和菜。中午瓦匠和攒忙的吃过饭后主家再吃饭。吃饭后,瓦匠和攒忙的在工地上坐着吸烟、打盹或者聊天,但是不能完全睡着。

---

[1] 坯太灰,容易粘屁股,而且不结实。

大约一个小时后，瓦匠师傅便叫徒弟们起来干活，攒忙的也开始干活。下午干完活后，主家依然提前一小时做好饭，由师傅叫停吃饭。吃饭前，主家要提供热水盆和毛巾，供瓦匠和攒忙的擦洗。晚饭油水也比较多，但是不能喝酒。瓦匠和攒忙的吃完后，就各自回家休息第二天再来。主家在瓦匠和攒忙的走后开始吃饭。因为有时攒忙的人数众多，主家并不太想让他们吃太好，以免造成太大的损失，所以常常在食物上做文章。关于这个老人讲了两个故事：

案例一

下午干完活后，主家男人带瓦工和攒忙的回家吃饭，见其妻子只做了玉米饼子，脱下鞋就往妻子头上打，还大骂："大家辛苦一天，你就让大家吃这个，不是让你做馒头么？"妻子哭了，委屈地说做差了[1]。人们拉架说："能吃饱就行了，吃啥无所谓。"等人们吃罢离开，媳妇从后厨端出了馒头，一家人自己开始吃。原来是把好吃的藏起来了。

案例二

盖房吃饭时，主家是老婆婆给做饭，饭是玉米、荞麦、高粱各种面混合而成，而且还没有发酵，吃起来一股酸味，菜里面没有油，吃起来齁咸。瓦工和帮忙的吃不进去，只能回自家吃，吃完后继续干活。表面上大家都没说什么，其实内心里面有很多不满。

二是报酬也很高。瓦匠活干完后，主家当家人当天要结账。"技术高的3块2毛，技术差的2块5毛，攒忙的不给钱。"老人说。全部做完后，房顶还可能会漏，但已经不算是瓦匠的工作范畴，需要主家自己找普通农户攒忙，用些大泥把房顶抹上。如果家中需要装修，则也不属于盖房子的瓦工的工作范畴，需要请专业的装修工，例如贴瓷砖的等。

（3）瓦匠纠纷

一是同行之间的纠纷。因为工钱是按天结算，有些瓦匠同木匠一样，就试图故意拖延时间，但村里有多个瓦匠班子存在，竞争很激烈，这对全体瓦匠班子都是一个积极的行为约束。但在食物和酒水上的问题，依然是主家和瓦匠最大的矛盾。且瓦匠也讲究独家代理，喜欢搞垄断，这也是矛盾的导火索。关于这个老人也讲了两个故事：

---

[1] 做错了。

案例一

村中某家盖房，请了两门不同师傅的瓦匠。先去的一门瓦匠老邢正在沿着线垒砖，后去的另一门老龚把线割断，凭感觉垒砖。老邢没有线不能干，而老龚可以，老邢只能去搬砖。

案例二

不同师门的瓦匠在一个脚手架上垒砖，其中一门的老邢不服另一门的老龚，用肩膀扛了老龚一下，结果老龚从3米高的脚手架摔下来。虽然没有什么大事，只是手脚磕破，可是老龚也干不下去了，只能跟主家辞职不干。后来主家主动送老龚去看了医生，中间看望过他好几次，最后还结清了老龚的全部工钱。

二是主雇之间的纠纷。同木匠一样，如果瓦匠在主家干活的时候因自身原因发生事故，如木架不牢导致坠落等，主家不会赔偿。有些主家会出于人道主义帮忙找医生，但不会出钱。有时师傅会管，但多数情况下只能算木匠自己学艺不精，自认倒霉。由于主家的失误造成伤亡的，则要主家赔偿。

（二）短工

牛家庄短工在本村又叫"小做活"、雇工、"二做活的"。

1. 短工的门槛较低

一是技术难度要求低。如果家里人手不够，地主、富农和上中农在农忙的时候会去人市[1]觅人或者请本村的人力经纪介绍雇工。找短工，为的是完成农业生产或房屋建设中不太重要的那部分工作，所需要的技术能力较低，通常是"有一膀子力气就行"。本村出现的人力经纪有6人，其中本村人力经纪有2人，外村的北关、西关、南关共4人。

二是男女老少均可。短工多为贫雇农。受雇时，若雇工是成年人，则以自己的名义交易；若是未成年，则以家长的名义介绍和交易。短工可以是男工、女工或者童工，范围可以扩展到外村，但本族人优先。若雇用包括家人、亲戚在内的本族人就不需要给钱，但要管吃饭。雇用本村或者外村的非族人需要给工钱，当天结清，一般为日工。

2. 短工酬劳较低

酬劳方面，短工无论是不是本村人都不提供住宿。老人说："酬劳是男工每天5分至3角，平均1角7分；童工每天5分。"主家中午和晚上管饭，粥多饭少，节日会改善伙食。过年、过节没有礼物，不如长工的福利好。

---

[1] 位于正定县西关，就是劳务市场。

3. 短工的工作内容多

工作内容上，男工中，是否会使用牲口是区分长、短工的一大标志。如果一个人会使用牲口，则为长工，其他的活一般会干；如果不会使用牲口就只能做短工的活儿，如锄地、浇水时拉水车、改畦、收获时拔麦子或者扬场。童工、女工的工作内容跟男短工的相同，但女工多用于拉水车。

表3-8 不同工种的工作内容

工　种	工作内容
短工	锄地，浇水时拉水车，改畦，收获时拔麦子或者扬场
长工	短工活，赶车

4. 短工与主家的关系复杂

一是主家信任的做工头。如果短工人数较多，主家会任命一名跟自己关系好的短工做工头，负责领其他短工干活，防止偷懒，但工头没有招募短工的权力。工头跟其他短工报酬一样，但因得到主家信任，每次雇工都会得到工作机会。

二是请假容易，但须主家知道。短工若有事，可以直接找主家或者工头请假。如果没干活儿请假，就没有工钱；完成了一部分工作请假，工钱按小时付。"如果工作不着急，而请假的人想拿一天的酬劳，在告诉主家和工头的前提下可以将一天的活儿分几天干，但只拿一天的工钱。"老人说。

三是短工与东家的人情往来较少。东家的红白喜事，短工不会参加，除非是经常雇用的短工，并且和主家交情不错；若主家的亲戚需要免费帮忙，短工不会去，除非有报酬。短工工作不用得到村长、保长的许可，也不用给他们带礼物。

四是短工与主家的纠纷，主家占据主动。若短工雇佣期出事故如受伤、生病等，主家不承担责任。短工多需自带工具，自负耗损；若使用主家工具，不管是器物还是牲口一旦出问题都要赔偿。

（三）长工

1949年前，牛家庄中请长工的现象比较普遍。长工指邀请的在农业上有全面技术的农民，来帮忙完成农业上的安排。请长工的东家多为地主、富农和上中农，他们地多人少，农活干不完，或者人力都去经商，务农的劳力太少。

1. 长工标准较高

一是长工本身要年轻力壮。他们请长工有几个标准：年龄在20—50岁、老实肯干、男性。雇用女性长工的情况比较少见，有些地主家大业大，除了会雇男性长工完成地里的农活外，一般还会雇女性长工来做饭、洗衣、喂家禽等。

二是不在人市的不要。雇长工有固定的地方，一个是本村的人市，二是外村的人市。他们都需找中人介绍，谈妥之后口头立约，没有书面契约，事成后东家要请中人喝酒。老人说："如果长工不是本村人，在本村做工就不需要请保长吃饭，也不会被保长拉壮丁。日本人来的时候不一样，抓人做劳工不会分籍贯，只要能动弹的都会被强迫劳动，不做就会被毒打甚至杀掉。"

2. 长工工作强度大

男工每人至少种 30 亩地，"刮风起圈（出粪），下雨磨面"。通常需要收割（玉米或者山药）、拉粪、到地、浇地、拱地、打耙地、擦地、耩地、扒畦、浇立冬水、浇春分水、锄草，还要拉土、拉庄稼。女工很少，有一名是从邯郸逃荒而来的，叫侯李氏，只做饭、洗碗、洗锅。村里常招 16 或 17 岁的童工，因为还不到 18 岁，所以工钱给得少，但是却要干成年男工的活。

3. 长工福利好

老人说："长工的福利与短工相比，已经高了好几个档次。"

一是工资高。长工的工资较高，一般比短工要高好几个等级，工资按年计算。大做活（技术全面）年工资为 4 石粮食，通常为 3 石小麦和 1 石小米，合 80 元；小做活（壮工）年工资不超过 1 石粮食，合 20 元。童工年工资 4—5 斗小米，合 8—10 元。女工年工资 7 斗或 8 斗小米，合 15 元。有的只管饭不给工资。

表 3-9 不同工种的收益

工 种	工资（实物）	工资（元）
大做活	3 石小麦和 1 石小米	80
小做活（壮工）	1 石粮食	20
小做活（童工）	4—5 斗小米	8—10
小做活（女工）	7 斗或 8 斗小米	15

二是伙食与主家相同。长工干活期间，主家和长工饭菜相同，一般是饭多粥少，但不能区别对待。有些主家背着长工自己改善伙食，一旦被发现，会引起长工的不满，轻则消极怠工，重则怂恿他人盗窃农作物。老人说：

> 主家王家雇用长工小黑，自己吃好饭却让小黑吃粗茶淡饭，时间一久小黑受不了，想了很多办法给主家下绊子。比如收割麦子时晚上故意多留些麦子在地里，或者摘棉花时晚上不都收完，或者挖山药时不都收完，还叫自己的朋友晚上去偷，所得归朋友所有，主家一直都不知道是怎么回事。

三是与主家同工同食。长工和主家同吃同劳动,饭桌上不分主次。如果土地离家远,上午干完活后直接在地里吃午饭,若主家有人一起干活就一起吃;晚上回去,长工和东家分开吃——长工在厨房领饭,然后回自己的小屋和其他长工一起吃,东家的人回自己屋吃。平时除了一起干活在地里吃饭,每年只有农历十月三十可以在主家万年屋和主家一起吃饭。

四是住宿不挨冻。男性长工住宿在院子南边[1]的二门外(见图3-5),通常跟牲口睡在一间屋里。房间一般用土坯搭建,条件好的用砖瓦搭建,有一门、一窗。牲口靠近门,人远离门。里面东家出钱盘炕,炕与一面墙相连,墙上挖洞,炕中空,与一根烟囱相连,烟囱多建于墙外。人在墙外点燃枯树叶、秸秆后通过墙洞放入炕内,接着用盖子盖上墙洞,以此来热炕。若是家里还雇用了常年的女性长工,那她睡在二门内的一间厢房。如果家里有童工,因为多数是男工,一般跟成年男工一起睡。

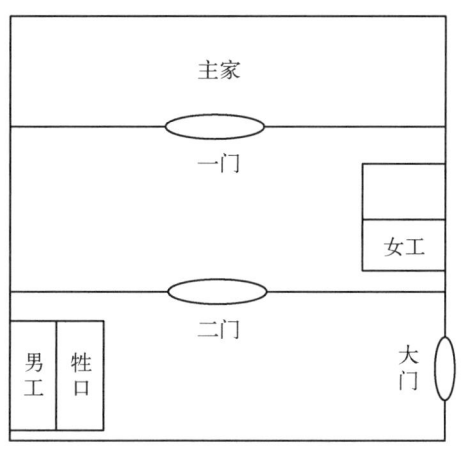

图 3-5 长工住所

四是医疗原始,但丰富。长工在主家干活有一套医疗的办法(见表3-10)。长工生病,雇主会帮忙治病。如果是感冒,主家会用葱根、香蕉根、白菜根、生姜、红糖、扫帚籽熬制热汤,用来给长工发汗;长工有皮外伤,一般用的都是土方法,即用土、尿或者火烧以后的棉花止血。如果久治不愈,主家会放弃治疗长工并将他辞退,之后通知长工家人将其抬走。

表 3-10 长工的医疗方法

病 种	治 疗
感冒	葱根、香蕉根、白菜根、生姜、红糖、扫帚籽熬制热汤
皮外伤	土、尿止血或者用火烧以后的棉花止血

五是请假有原则。如果长工请假治病,2—3天内可以不扣工资,但是时间太长主家就会辞退他再重新招募。事假也可以请,但是不能超过2天,不然就会扣工资,甚至辞退。

六是特定日期福利好。除了工资,长工还可以获得主家的其他福利。家境不好雇用一个长工的农户,通常只有在十月三十提供福利;而如果雇用超过2个长工,将提

---

[1] 主家在北边。

供更多福利，男工、女工和童工的福利一样。这是因为雇工数量就体现出主家的经济实力，福利自然不能相提并论。具体福利如下：长工过生日，雇主没有特别表示；八月十五，主家会给每个长工一篮子月饼；十月三十，主家会做饺子和几个肉菜。一年当中，主家给每个长工足够做 2 件衣服的布，外加一篮子白面馒头约 20—30 个。老人说："女工平时有零花钱，虽然舍不得花。本村唯一的女工在 1949 年时就不用做饭，后来村里给她盖了两间房子，还划为五保户。"

4. 长工与主家的人情较浅

长工如果想第二年继续干，会独自一人在大年初一空手去给东家拜年，东家会留吃饭。东家红白喜事会请长工帮忙，但长工不上礼；长工家的红白喜事会邀请东家参加，有些东家愿意去，有些不愿意去，愿意去的东家不会送礼；东家的亲戚有红白喜事，不会请长工参加，如果不清，长工也不主动去。如果长工不是本村人，村落其他人家的红白喜事，除了关系特别要好的，不会请长工参加；长工家的红白喜事，可以请跟他一起打工的几个要好的人参加。东家的亲戚有事情需要帮忙，东家会让长工去帮忙，没有报酬。

5. 长工与主家的纠纷较多

一是工具损坏看情况处理。如果工具被毁损，主家会主动维修或者买新的。如果牲畜生病，主家去治疗。如果牲畜在长工使用期间生病，一般也不用长工负责；但如果被主家发现是长工故意为之，那长工要全赔。但是也有例外，老人讲了这样一个故事：

> 主家说："以后听我的声音，我只要一叫你，你马上过来。"长工老全答应。当时长工老全正在井口打水，听到主家在叫他，马上松手，把斗子摔坏了。主家责怪，长工老全说："你说让我听到你叫我就马上过去，也没让我把手里的活干完再过去呀。"主家无奈，也没法让他赔，只能自己生气。

二是主家过度指挥导致长工消极怠工。东家雇用长工，有时会管得太死，力求让长工做到"我让你干吗就干吗"，而且要绝对服从。长工没有了生产的主导权，也就失去了生产的积极性，往往和主家对着干。老人讲述了几个故事：

> 一天，长工老全在主家院子内垫土，主家埋怨长工老全垫得不好，一会说垫这儿，一会说垫那儿。主家嫌麻烦，于是说："你就看我的手指，指向哪

里，你就往哪里垫土。"长工老全答应，于是跟着主家的手指垫土。主家突然觉得脑袋痒痒，于是抠了一下头皮，长工老全直接把土扬到主家的头上。主家大怒："你怎么往我头上垫土?"长工老全道："你说的，你的手指指向哪里，我就垫到哪里。你的手刚刚指了头，但又没说头上不能垫土。"主家无可奈何。

另一天，长工老全要去地里干活，主家说："你看到我摆手，你就回来。"长工老全答应。老全刚到地里，看到主家往房上拴绳子，于是赶着马车返回，主家问："怎么刚去就回来了?"老全说："你不是说看到你摆手我就回来?"主家说："我刚在系绳子，没有摆手啊。"老全说："我只看到手，没有看到绳子。"主家还是没办法。

一次，地邻在地里跟长工老全借农具，老全答应。回头跟主家报告，但主家说："以后没有我的允许，不得私自借，你必须要先问我。"长工老全答应。过几天，又有人借。恰好主家去赶集，长工老全也不急，慢悠悠地跟在主家后面，也不让主家发现。大概跟了一天，下午主家在茶馆休息时，长工老全进门跟主家说有人借工具。主家说："这么点事，还跑这么远问我，耽误了一天的劳动!"长工老全说："你说的有人借要跟你请示的，也没说让我花多长时间跟你请示。"主家依旧没办法。

遇上赶集，主家对长工老全说："给你拿些钱，带我儿子豆子去集上逛一逛。"长工老全答应。于是带着豆子逛了一天。到了中午饭点的时候，长工老全对少东家豆子说："你原地别动，我去解手，马上回来。"其实长工老全是去吃了午饭。等逛了一天回到家，少东家豆子哭，主家问怎么了，豆子说没吃饭。主家问长工老全："不是给你拿钱了?"长工老全说："你让我拿钱，但没说让我拿钱买东西吃饭呀，所以我们回来吃饭。"主家只能自己生气。

三是主家要求非正常时间工作，引起长工反抗。正常的工作时间就是晴天和白天，但是有地主家为了尽快完成农活儿，就会在其他不合理的时间压榨长工，这就会激起长工的不满。老人讲了两个故事：

一天夜里，主家让长工老全去地里干活，长工老全跑到自己屋里抓虱子。主家说："这么黑，抓虱子能看见么?"长工老全说："这么黑，干活能看见么?"主家只好放弃让长工老全去干活的念头。

长工是小眼睛，主家总让他在晚上干活，长工就假装眼睛不好，看不清。吃饭的时候，做了玉米饼和高粱饼。因为高粱饼吃了不好排便，很难受，长工假装看不清，就依然吃玉米饼。主家看了不愿意，偷偷地把两样换了位置。长工假装没看到，说："不好意思，总吃玉米饼，尝尝这个是什么味道。"结果就去拿另外一种，其实已经被主家换过，依然是玉米饼。主家无可奈何。

四是主家辱骂长工，引起反抗。长工虽然吃住在主家，但还是有自己的尊严在，不可能任主家大骂，无法容忍的时候就会反抗。老人又讲了一个故事：

一天长工老全在锄地，但主家嫌他干得不好，骂了一句："你干得这么差，还不如去刨房顶！"于是长工老全真爬梯子上了主家房顶刨了2米多宽的坑。主家回家看见，急忙制止，问为什么刨房顶。长工老全说："你让我刨房顶的呀。"主家无奈，只得说："别刨了，跟我套车拉土，重新填吧。"

6. 主家决定是否跟长工续约

长工的"劳动合同"从每年春耕开始，农历十月三十到期。到期这天，主家会设宴招待所有的长工。如果主家有心留用某人，会与其探讨比如一年的吃喝是否习惯、工资是否满意、工作是否顺心等问题，如果长工觉得都满意，或者提出的新条件可以让主家接受，就续约一年。相反，如果主家不打算留用，就只吃饭，不商量，到来年正月十六重新觅人。

第四节　交换与交换关系

牛家庄村的交换场所主要有各类集市、庙会、流动摊点等等，不仅因为本村做小买卖的人数众多，还因为很多农户在丰收的时候愿意将富余的粮食、棉花等拿出来贩卖换钱，他们不是全职做生意，但还是可以贴补家用；还有的农户愿意以物换物，用富余的农产品换一些家中没有或者需要加工的产品，例如用鸡蛋换盐，用麦子换卷子、麻糖和馒头，用花生换油等等。除了本村热衷交换的农户之外，由于牛家庄是远近闻名的集市大村，周边的农户和商人都会定期赶来进行交换活动。这就使本村形成了众多固定的集期。交易品种多、交易频率高、交易数量大、交易人口多是本村交换活动的特点。

一、茶馆和饭馆及其关系

茶馆、饭馆本来是个吃饭、喝茶的地方，但却掺入了聊天、纠纷解决、请客、合作等更多的互动。

（一）茶馆及关系

1. 开茶馆的资质

开茶馆的一般是小本买卖，而且不赚钱、只能糊口，比较有钱的地主、富农不会开茶馆。村中老人回忆道："开茶馆的人都是家中地少的或者没有地无法生活的人，或者因为年岁大了没法儿继续从事农业劳动的人。"他们跟普通种地的农民社会地位一样，最多相当于贫农。本村茶馆（见图3-6）有三，扣子茶馆[1]、红儿茶馆[2]和明亮茶馆[3]，它们均开在常办集市的西街。

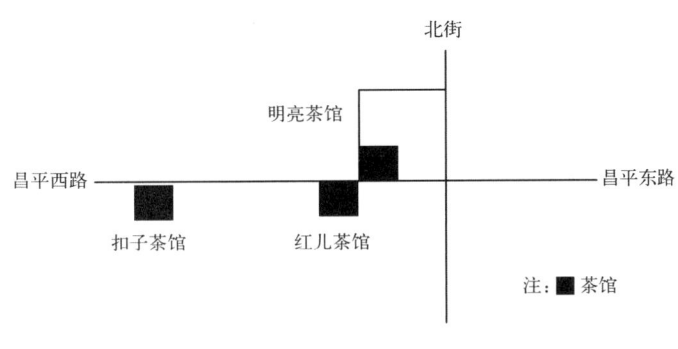

图3-6 茶馆分布

一是扣子茶馆。这个茶馆开得最早，场地是自己家宅改造。老板叫晏扣子，和老伴两人一起经营。他们都是本村人，家中没有一分田地，家里一贫如洗，没有雇伙计。老人说："1947年解放时，两人不再卖茶，屋子给子女入住了。"他们的主要客人是西街的街坊，生意一般。

二是红儿茶馆。茶馆也是家宅改造，在扣子茶馆之后开张，由本村张红儿和老伴操持，家中也没有地，没钱雇伙计。"红儿于1945年死了，之后茶馆无人料理不久就倒闭了。"老人回忆说。他家主要经营西街中部生意，生意一般，收入较少，但全家不至于挨饿。

三是明亮茶馆。这家茶馆开业最晚，也是家宅改造，由本村单身汉秦明亮一人操持，待人温和，同样没有伙计。因为靠近街中心，客流量最大，成为生意最火爆的茶馆，在三家茶馆中排名第一，名头最响。老人回忆说："后在1945年的时候转手给本村光棍秦老兴，1956年倒闭。"

---

[1] 晏扣子开办。
[2] 张红儿开办。
[3] 秦明亮开办，后同族秦老兴后接手。

其他各村均有茶馆,大村茶馆多、小村茶馆少,但本村人大部分时间都在本村喝茶,只有在外地干活或者走亲戚时才会在外村喝茶。茶馆不用交税,也不受黑社会力量保护,虽然挣些钱,但说到底三家茶馆都很穷,没钱给乡长、保长送礼,只能平时给保长、村子优惠或免些茶水费来取得支持。村中老人说:"如果本村人遇到事情不会找茶馆老板帮忙,因为茶馆的老板大都上了年纪,没有什么威信也没有钱,即使有心帮忙也会因为茶馆的生意人手不足而走不开。"

2. 茶馆服务

(1) 茶馆主营内容丰富

茶馆内供财神赵公明,有4—5张方桌,每桌配4条凳。

一是以茶为主,主要提供"歇脚处"。喝1—2碗白开水可以免单,但喝茶必须付钱。茶水论壶卖,不同质地的壶,价格不同——馆内有锡壶和铁壶,锡壶的茶泡出来更加香甜所以卖得更贵。不同的茶也价格不同,白水免费,菊花茶稍贵,龙井、铁观音最贵。有钱人可以喝到龙井、铁观音,没钱的人比如过路的普通农民只喝菊花茶或者白开水。来喝茶的人,可以自带茶叶,这样则按喝水的时间收费:喝半天收一毛,一整天收两毛。除了茶水,茶馆还出卖瓜子、点心、糖块和香烟——"大前门"和"大迎人"一度成为牛家庄最好的香烟。

二是距离戏台近,增加了客流。茶馆内没有说书或者唱戏的,但是每天夜里在附近的街中心会有史老冬、任金生说书。他们都是贫农,不为挣钱,只是爱好。开说时先要击鼓或者打竹板,以引起人们的注意。表演的时候往往会吸引村民前来观看。村内老人回忆:"著名段子有《七侠五义》《小五义》《小八义》《呼延庆打擂》《隋唐演义》等。"

(2) 茶馆允许赊账

一是赊账有条件。喝茶可以赊账且不需要利息,但需要三个条件:一是熟人;二是有偿还能力;三是有东西能抵押,比如说粮食等等。

二是要账有期限。如果赊账人一直没有还账,茶馆老板会亲自登门要账,要账的时间也有讲究:一年只能要账一次,一般选在腊八到正月二十三之间。因为这几天是过年的期间,是村民一年中最有钱的时候,也是最有闲余时间的时候。

三是赖账导致纠纷。客人赖账一般有两种情况,一种是自称自己没钱给不起,二是耍泼皮、装病、装疯、装醉就是不给。这个时候老板的办法是先给他记账,等日后去要账。如果已经欠了一次钱或者已经赊账过一次依然还没结清,只能第二年同一时间继续要账,最后实在不行就会请保长、村长来调解。

3. 茶馆来客

（1）来客不设限制

男女老少都可以进茶馆，但是具体情况有不同。

有钱、有时间、喜欢去茶馆的农民每天都会去茶馆，一般会待半天；普通家庭的农民每3—4天去一次，一般是提水就走；而家里一贫如洗的农民几乎不去；关系好的村民之间如果相互间帮了忙，会相约到茶馆喝茶，消费4—5钱。外地人只要有钱，就可以进茶馆喝茶；女人去茶馆的情况较少，即使去了打壶水就带走，不与男人同坐；因容易毁坏茶具，小孩不可单独进入茶馆，如果想去需要家长陪同。

（2）来客相处有规矩

一是座次有讲究。进茶馆可以随便坐。平辈不分座次，差辈要分座次——按照南北向北为尊、东西向东为尊排序，具体来说就是北边排首位、东边排二位、西边排三位、南边排四位。乡长、保长进茶馆都会安排上座。乡长为尊，保长其次。

二是同桌要"对付"。身份不对等的可以一起进茶馆，也可以坐一桌或者一起交谈。熟悉的人一直在一起，但是跟"不对付"的人却不然。外乡人或者路人可以进茶馆，不会跟本地人坐一起，而选择单独坐。

三是"起头的付钱"。若坐同桌的都认识，会相互争着给钱；若后面入座一位陌生人，则不会为其买单。如果同桌的几人争着开茶钱，服务员收钱要首先找那个要求结账的。

四是权威人士有优惠。乡长、保长去茶馆喝茶，通常有优惠或者免费，且享受更好的茶或更多的副食，比如点心、糖块、瓜子、香烟。通常情况下，有事相求的人可能给乡长、保长出茶水钱。

五是话题休闲无大事。进茶馆的人谈论的话题都是无关紧要的八卦或者闲话，大事闭口一概不谈：比如土地买卖不谈，尤其是买卖未完成时，因为怕泄漏信息，输给竞争对手；典当不谈，怕有心人耻笑；保媒不谈，怕好事者传播新人丑闻等等。

六是酒醉易打架。"本村的两人曾发生冲突，一言不合就大打出手，两个人都头破血流的，最后没有经公，私了作罢。"老人说。

4. 茶馆与小摊儿的关系

一是互不干扰。牛家庄集市繁荣，茶馆门口常有卖布的、卖衣服的、卖鞋的、卖蔬菜的等小摊，应有尽有。这些摊位位置不固定，先到先得；但是必须给茶馆让道，不能妨碍茶馆做生意。小摊贩都归管集的管，与茶馆一般没有利益关系。除了各市的经纪，小摊不用向任何人缴纳税款，包括茶馆。集市都是当天办，所以晚上摊贩必须回家,这时候货物不会寄存在店里,因为摊主害怕货物丢失。他们累了可能会进茶馆喝茶,但不用给茶馆老板送礼。

二是互不相助。如果茶馆需要人帮忙一般会找本家人,而不是小摊贩,因为摊贩大多是外村人。但茶馆对集市来的小摊比较欢迎,因为他们可以为茶馆带来收入。同样,小摊也不会找茶馆的人帮忙。村中老人说:"如果小摊的摊主有事如解手等需要暂时离开,通常会找临近的摊主帮忙照看,而不会找茶馆老板帮忙。"

(二)饭馆及关系

1. 饭馆资质

本村饭馆有2个——小注饭馆和兆邦饭馆(见图3-7),开在热闹繁华的西街和北街,老板分别是顾小注和王兆邦。稍微有钱的都不会选择开饭馆,本村开饭馆的人跟普通种地百姓的社会地位一样,家里都比较困难。他们因为年迈、没有土地或者没有子嗣,几乎不能参加任何农业劳动或者村内公共事务。同样的原因,也不用交农业税,因此也不会因为交不起而面临做"当夫"的危险。"有军队来抓

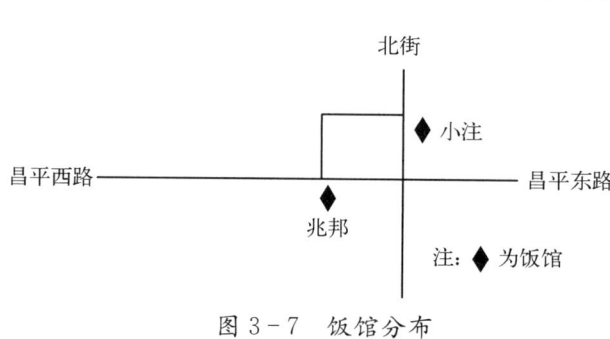

图3-7 饭馆分布

丁时,看到是开饭馆的也不会去抓。所以村内的公共事务,比如修路、修炮楼等工程,饭馆老板都不参与。"老人回忆说。

(1)兆邦饭馆

一是老板人生坎坷。位置在十字街以西,开于民国初,于1947年倒闭。"老板王兆邦为本村人,没有土地,贫农成分,雇了2个伙计,但是生意较差,他本身是厨师,倒闭后继续做厨师。"老人回忆说。饭馆里有另外的厨师2个,一个张春生,一个王某。张春生是老板卖麻糖的舅舅家过继来的,他家里有1—2亩地,3个儿子、3个闺女。张从小学瓦工,因为厨师吃得好、挣得多,所以后来干了厨师,饭馆倒闭以后又去干瓦工。"王某家里有4兄弟和1个妹妹,他父亲一共娶了3个妻子,但是她们总是先后去世,再加上其他开销,最后不得不卖地卖房子,之后只剩下一半的房产,所以王某家也不好过。"老人说。

二是伙计待遇较好。伙计由老板招聘,他们之间没有亲戚关系。伙计在饭店干活,没有合同,虽然不提供住宿但是可以免费吃饭,因为村里做饭的待遇比瓦工好很多;每月都能拿工钱,如果当月生意不好,会推迟到下个月结算,到年底都会付清。除此

之外,伙计过年没有像长工一样的福利,老板给够工资、管吃就已经是最大的福利。这个饭馆没有发生过纠纷,因为一旦发生,老板会立马让挑事儿的伙计下岗。

(2) 小注饭馆

一是生意好。开于民国初,在1950年倒闭。老人说:"老板顾小注是外村的单身汉。家中没有地,贫农成分,从家中带来3个伙计,都是他嫂子娘家人。"因为靠近龙王庙,所以生意最好,但没有攒钱买地。

二是社会关系薄弱。饭馆不受黑社会力量保护,因为都很穷,没钱交保护费,也没钱给乡长、保长送礼;过年、过节也不用走动关系,但是平时会给保长、村子优惠或免单来取得对自己小店的支持。如果本村人遇到困难一般不会找饭馆老板帮忙,因为他们跟茶馆老板一样——年老体衰又没有什么威信或者财力,即使饭馆老板有心帮忙店里因为人手不足也走不开。"实在是要好的朋友或者亲戚家过红白喜事,才会出一个人去帮忙炒菜做饭,再带些礼物。"老人说。

2. 饭馆的客人

(1) 来客不设限制

饭馆男女老少都可以去,但以成年男性居多。去饭馆的情况大致分为三类:一是有钱人(如地主、富农)常去吃饭;二是托人办事,无论有没有钱也去饭馆;三是村长、保长常有人邀请帮忙,所以他们也常去。人们去饭馆多吃饭、喝酒、聊天,通常待一个小时左右,如果是晚上通常会待3个小时以上。

(2) 饭馆吃饭多为三种情况

农户不会常去饭馆吃饭,因为不划算,更没有全家人都去饭馆吃饭的情况,多为当家人去饭馆买些熟食带回家吃。但有三种情况会吃:一是赶集路过。因饭馆内的肉食有限,客人可以在集市买了牛羊肉熟食去饭馆吃。喝酒只能男性去,女性不可以。即使在家也不可以,通常是男性喝酒,女性喝汤。二是请人办事。如说合人、执笔人等,通常需要请其喝一壶,如果家里没有那么多菜会来饭馆。所以权威人物如村长、保长是饭馆的常客,因为常常有人找他们办事。三是朋友聚会。很久没见的朋友在集市碰到,回家吃饭不方便,会在饭馆喝一壶。

(3) 座位有讲究

一是权威人士上座。如果有人包桌则多为请客,被请的一方坐主座,例如乡长、保长等,其他人按照左为尊的次序排。吃饭一般是请客的一方结账,但只要是参加饭局的人都会说"我来吧"。二是朋友间随意落座。经常在饭馆吃饭的不一定坐固定位置,随意落座。如果是朋友的普通聚会一般吃饭钱会平摊;还有相互争着给钱的情况,如果后面入座一位陌生人，不会为其开酒钱。如果同一桌的几个人争着开酒钱，伙计则要找先说话付钱的人收钱。三是陌生人可以同桌。陌生人可以坐同一桌吃饭喝酒；如果熟人之间喝酒时没有包桌，有陌生人也可以同桌。四是身份不对等的人可以同桌可以一起进饭馆、坐一桌和交谈。但总的来说，坐在一起的都要对脾气。老人讲："熟人会坐一起，跟'不对付'的人一定不会坐一起。外乡人或者路人进饭馆后多单独坐，不会跟本地人坐一起。"

(4) 纠纷较少

饭馆内很少有纠纷，有的就是喝醉后打架斗殴，这个时候饭馆老板会派伙计去找当事人家属把肇事者拉回去，并赔偿饭馆的损失。如果闹事的是外村人，需要找村长、保长帮忙解决，等外村人酒醒后，还要赔偿饭馆，事后老板要请村长、保长喝酒，而且平时乡长、保长去饭馆喝酒通常也会打折。请客的农户需要付全款，可以赊账，但是不会优惠。跟进茶馆一样，进饭馆的人除了喝酒，会谈论的话题都是无关紧要的八卦或者闲话。

3. 饭馆的服务

(1) 明码标价，价格亲民

饭店供奉财神赵公明，内部通常地盘不大，只放得下 3—4 张可以容纳 8 人的桌子。饭馆点多少菜、吃多少饭都有明确的价格。饭馆内卖酒菜肉饭：酒多为散酒；菜一般有 10 个左右，都是饭店的拿手菜，比如炒鸡蛋等；肉多为熟食，比如猪肉、驴肉、鸡肉等等；饭为炒饼、面条、卷子等等。这些饭菜一般是普通的亲民价格，如果有客人要求提供更好的酒或给更好的菜则收更高的费用。

(2) 可以赊账，但坏账概率大

跟茶馆一样，饭馆可以无息赊账，但同样要求有偿还能力、关系较熟悉，还要抵押东西。结账时必须用货币，不能用粮食抵。如果赊账人一直没有还账，茶馆老板会亲自登门要账，要账的时间也有讲究：一年只能要账一次，一般选在腊八到正月二十三之间。如果实在要不到，就只能请保长、村长调解。老人说："通常要账时会打些折扣，这时收账则相对容易。比如有人赊账 550 元，老板为了快速收账，会少收他 50 元。"

(3) 离戏台近

饭馆内也没有其他的文化娱乐节目。想要娱乐的一般是每天夜里去街中心看史老冬、任金生说书。"一听到击鼓或者打竹板就要赶紧往外走，不然就会错过许多有意思的内容。"老人说。

二、集市交易及其关系

(一)集市概况

牛家庄村集市起于何时无据可查。1949年前有过一段鼎盛时期,那是在日伪统治时期,正定城门岗哨林立,兵痞盘查,强取豪夺,欺压百姓。农民不敢进城买卖,但出于生活、生产的需要,必须进行必要的物资交换,为避免兵匪骚扰,弃城从乡,牛家庄村的集市贸易随之兴旺起来。城里商人把洋货弄到乡下销售,邻村近地的农民可以从集市买回或卖出各种商品。

牛家庄的集市(图3-8)有一个特点就是集期密集,集集环绕。因为本村不仅有村内集市,还有村外集市。村内集每个月有6次集:逢一、逢六,即农历初一、十一、二十一、初六、十六、二十六。村外集包括县集和其他村集:县集一个月有12集市,逢二、逢七为大集,逢五、逢十为小集;南牛三、八集市,吴兴四、九集,权城二、五、八集市。这些集市交织在一

图3-8 街市

起,使得牛家庄的交换变得非常便利。老人说:"开市时间为巳时四刻(上午10点),因为外村商贩赶来需要时间;到申时(下午3点)就差不多要撤摊儿了,因为不想赶夜路的就需要早回。"除了平时日期不一的零星集市,龙王庙会算是本村最大的庙会了,一般这时候人们除了在龙王庙拜龙王之外,必定要去逛庙会。

村民日常购物去村集,大宗去县集。村集货少,县集货全;村集就近。"每个人一个月大概赶集1—6次。"老人说。"村集每月去2—3次,县集每年去4—5次。"老人说。虽然村里的集市就设在村中的主干道上,那也是村民每天的必经之路,但是当时人们没钱,几乎不逛街,即使路过,看的也比买的多。

县集步行一个小时,外村的市场和县里的市场距离本村都不是很远,通常都是在买家一日往返的日程之内。购买的农产品主要有粮食、牲口、肉类等,优先去物美价廉的地方,产品质量是第一考虑,而不会靠关系,因为靠关系反而吃亏。

（二）赶集

1. 交易主体

（1）卖方

本村除了专职的小商贩外，村民有了剩余产品也会拿到集市上卖，这样省去差价，获利更多。生意人不局限于本村，外村人也是牛家庄集市的常客。他们一般离得不远，吃饭都在市场里解决，如买个卷子等；最好当天返回，"不然只能住在十里铺的旅店，开销就大了。"老人说。政府不会收税，对待本村商人和外村商人一视同仁，但是会有专门的市场管理。

（2）买方

当时都是家长出门买东西，多是买大宗的物件，比如粮食等等。家里人有什么需要可以跟家中提前说，然后由他买回。"有时候遇到了高兴的事，家长也会给家人偷偷买东西，给一些惊喜。"老人说。女人也会上街，但是零钱要跟家长申请，一般是上街买菜或者去"以物换物"；如果申请到更多的零钱，还可以买些胭脂等女性用品。小孩逛街要跟着家长，喜欢买零食和玩具。一般这时候家长都寸步不离，因为集市人多，容易走丢。但是一般不会出现全家人一起逛街的时候，至少也会留一个人在家里看门，以防有亲戚朋友上门拜访。

2. 交易内容

市场在村庄的中心。摊点从东到西，长约1公里，南北街也有零星摊位。市场交易产品繁多，多为小宗的日常用品，蔬菜、粮食、猪肉等都有专门的市场，除此之外还有人市，即人力市场。老人回忆说：

> 以十字街为中心，往东是糠市、花生市。往南街道比较宽阔，是猪市、牲口市（包括骡子、马、驴、牛）和木货市。往北是豆饼、花生饼市。往西是卖柴米油盐酱醋茶等小百货的，卖鞋、袜子、衣、裤、帽、手套等布匹类的，卖小麦、高粱、谷子、玉米的粮食市，卖大锄头、小锄头、大车的农具市场。再往西是棉花市、土布市、卖棉线和麻绳的线子市。除此之外，还有卖青菜、干菜、豆腐等的菜市。（还卖）刀、铲子、锅碗瓢盆、案板等厨具，剪子、锤子、蜡烛、柴火等日用，镜子、柜子等家具，生肉、瘦肉等肉类，各种水果、白面和酒，花生、瓜子、糖块、糖人、糖糕、糖棒、点心等零食。

赶集时买东西一般要货比三家，买的是经济实惠、结实耐用，而不管与卖家是否熟悉。卖家卖钱贴补家用，也不管买家是否相识。老人说："农户家自己有剩余的东西，会在得闲时自己到集市卖，而不卖给收购的小贩，因为集市的价钱高，获利多。"

3. 交易方式

集市内通常用货币交换，但也可以用原材料换产品，用鸡蛋换盐，用麦子换卷子、麻糖和馒头，用花生换油。本村人交易多数要付现金，但有支付能力的情况下，赊账也可以。村外都为货币交换，因为没有熟人，不能担保，所以不能赊账。

交易中是市场定价，农户想要获得市场信息必须亲自去市场打听。市场上都是明码标价，即使有些敏感价格，也可以找到有经验的人来估价。一般交易时顾客都会杀价，牲口交易时摸手问价。

4. 交易地位

在买卖中，商人处在弱势地位，因为卖家想把自己的货物卖出，就要通过低廉的价格和良好的态度来赢得顾客。有些急需出手的东西会提前联系买家。农民要想把农产品卖到好价格，必须辛勤耕作，待收获时要看准行情，选择一个缺货的地方卖货，即使稍微要走远路也在所不惜。

5. 交易之外的活动

除了买卖东西之外，人们去赶集的最大目的就是跟熟人、好友聊天，叙叙旧、问问最近的情况，也打听一些新闻和信息。因为当时的交通和通信都不发达，距离近的人们面对面交流，远一些的赶车去，再远的就只能写信。所以当时的信息非常闭塞，而赶集时候茶馆、饭馆就是非常好的信息集散地。如果人们在集市相遇，可能会在这里坐下来休息下，交换下信息，不管是重要的还是不重要的，人们都感到非常放松和惬意。赶集附带看亲戚（比如五月端午送粽子，八月十五送月饼，春节拜年，五月十七赶小庙），以及访朋友、听戏、喝茶、逛庙会、在县里饭馆吃饭等等。

三、流动商贩及其关系

（一）商贩类型

村中有四面八方的流动商贩，多为土地在5亩以下的贫农。货物琳琅满目，有各类青菜、黄瓜、西红柿等蔬菜，有鸡蛋、油盐酱醋茶等货物，有糖葫芦、糖人等小吃。还有各类维修的商贩，比如修锅碗瓢盆的、磨剪刀菜刀的、修鞋擦鞋的等等。

（二）商贩工具

他们运货工具有很多：日常货物肩扛、扁担挑或是小推车推，大宗货物用牲口拉。他们不固定在某个地方，逢集便进，即使山高路远。除大宗货物用车拉之外，其他多数情况是步行，步行最远距离是从村里到市里，约20公里。即使往返时间长，也要尽量回家住，因为住店往往要花费一天的收入。

（三）商贩资质

他们进村不用向村里报告，也不需要交摊位费，卖小百货的就是典型的流动商贩。村中的挑货郎各式各样，老人说："成员有王兆成、孔祥瑞等 都卖小玩意，比如针线、水果。"他们在集市吃饭，而不去亲戚家，因为不想麻烦亲戚。

（四）交换方法

大部分是货币交换，有部分物物交换，如村民可以用鸡蛋换盐，用麦子换卷子、麻糖和馒头，或用花生换油。他们走街串巷，边走边吆喝，如"磨剪子来锵菜刀——""糖葫芦——"等等。

四、村落借贷及其关系

借贷分为贷款、贷粮两种。

（一）借钱

1. 借贷方式

（1）机构借贷

村内有一家房贷机构，叫"三合号"。合伙人有三：任A（中农）、任B（富农）、任C（中农）。其中，任C以种地为主，放贷为副业，家中45亩田，有一头白花骡子、一头驴，没有担任过保长等职务。县里有两个银号："文兴城"和"自然坊"。他们自己刻银票，其中村内的土地经纪王某为这些银号跑信贷业务，从中抽取提成。贷款月息30%——100%，群众称"驴打滚""阎王债"。

（2）亲朋借贷

村民在急需用钱但跟亲戚、朋友都借不到的时候会选择借贷。相比专门的借贷机构，农户更愿意向有关系的朋友借贷，因为这样的利率低，甚至不要利息；而相比在外村借，人们更想在本村借，同样因为这样做的利率更低一点。关于借钱，老人讲了一个惯例：

> 邻居来老王家借钱，但是本人不来却让儿子出面，这时老王会问孩子："什么人多，什么人少，什么人喜欢，什么人恼?"答案是"小人多，君子少，借的喜欢，还的恼"，用来提醒和教育借钱的孩子"好借好还"。如果孩子回答不上来就不借。孩子回家跟当家人要到答案，再来这家学一遍才可以借给他。

2. 借贷手续

（1）中人和地点

借贷时，由借款人找中人担保，没有中人不贷。

一是机构借贷。银号或者贷出款的人要考察借入方的人品德行，看是否有借钱不还的可能；还要考察经济收入，看是否有偿还能力。地点选在三合号内。这中间不需要族长、保长或者绅士参加。

二是亲朋借贷。执笔人和中人必须是借贷双方都熟悉的朋友，地点就在朋友家中。

（2）借贷契约

借贷的时间有半年、一年、三年或者五年。借贷时立契约一份，出借方单独保管。事成以后中人和执笔人没有报酬，但在邀请人家中吃一顿饭。

3. 还款方法

借款到期，必须由借款方与中人结伴还款，或由借款方还款后通知中人，中人不要薪酬也不吃饭。还款后要当场撕毁契约。如果所借款项到期还不上，应由中人出面说和延期，如果借出方不同意，那中人要偿还本金，但不需要还利息。这时候中人还会找借款方想办法，一般就是用借款方的粮食、土地、家禽抵偿中人损失；如果这些也拿不出，借款方要请关系好的亲戚、邻居、朋友帮忙，"关系特别好的一般主动帮忙"。老人讲了下面这个故事：

> 村内有个混混王某，终日吃喝嫖赌，不务正业。一日雇了一个会刻银票的人，做了一个假模版，大量印刻文兴城和自然坊的银票。之后拿着伪钞将粮市的粮食全部收购，囤货居奇。后来城内银号在回账时发现，市面流通的银票大大超过了他们发行的数额，并派人调查。问了很多粮食市场的人，疑点都指向王某，于是报官。真相很快被查明，王某入狱。王某在大肆收购粮食时，深知罪行恶劣，所以提前跟家里断绝关系，写了"老不养，死不葬"的父子决裂书，并把东西全部移至家中。以致官府来查，却无法动其财产，并且自己把牢底坐穿也未供出同伙。因为王某广结朋友，狱中的生活并不比在家时差。吃牢饭十几年后，在朋友的帮助下越狱。后来改朝换代，他的事便不再追究。

(二)借粮

1. 借粮方式

(1) 向地主贷粮

地主将收来的租子在青黄不接的时候贷给贫困的农民,两三个月加倍收回,有的调换品种,从中牟利。如麦收前贷一斗高粱,麦收后还一斗小麦;秋收前贷一斗高粱,秋收后还两斗高粱。

(2) 向亲朋借粮

亲朋好友之间借粮数量较少,多数情况下是一斗或者半斗。通常情况下都不需要多还,借了多少就还多少。但有时借了小米,要用麦子还。老人说:"实在是揭不开锅了,不借也得借。"

1. 借粮手续

(1) 与地主的契约

想要跟地主借粮,必须立下契约,一是写明借贷的粮食品种和数量,二是写明归还的日期,三是写明归还的粮食品种和数量,四是写明抵押物,如果逾期不能偿还,将用抵押物来偿还。老人说:"早些时候,有人把自家房子、闺女、媳妇抵给地主,结果还粮的时候还不上,眼睁睁看着房子被收走,老婆、孩子被抱走。"

(2) 与亲朋的契约

亲朋之间不需要书面契约,都是口头约定,一般借出去的数量都在自己可以承受的范围内,一旦还不上,自己也不会有太大的压力。如果实在还不上,就权当没有这回事。但数量巨大的时候,如果还不上就容易引发矛盾。

2. 还粮方法

(1) 一次性还粮

如果到期可以完全还清粮食,就可以一次性偿还。地主会当着借粮人的面撕毁契约,表示契约结束;亲朋之间就简单地说一句"我还清了",以后就都不再惦记此事。

(2) 分期偿还

如果收的粮食不够一次性偿还,就需要延期,同时要分期偿还。这时跟地主借的粮就会不断利滚利,拖的时间越久,要偿还的就越多;如果是亲朋之间不能一次性偿还,可以跟朋友说说延期还清,亲朋之间一般会答应。

(3) 抵押物偿还

如果分期也还不上,就只能用自己的抵押物来偿还。这种方法一般是向地主借粮食的居多。老人说:"亲朋之间一般不会这么绝情。"

(4) 做工偿还

如果抵押物也没有,那就只能给地主干活,按照自己的劳动时长来计算需要偿还的粮食数量。多数情况下就是免费到地主家里做长工或者保姆。

第五节 分配与分配关系

分配是经济活动中一个重要的环节。1949年以前牛家庄的经济比较落后,农户家中可以用来支配和分配的东西比较少。但是即使这样,在对有限的农产品和钱财的支配上,也可以看到不同成员在家庭中的地位,以及农户在生活中的关注点在哪里。

一、分配单元

(一) 家庭单元分配

1. 家长绝对分配权

对于家庭自己生产的农产品,家长拥有绝对支配权。对于自己生产的粮食,平时都会锁在仓库中,钥匙掌握在家长手中;对于山药、土豆等农作物一般会放在地窖里面,虽然平时不锁,但是没有家长的同意,任何人都不得取用。家中的主要食物一般是去年的旧粮食,只有家人生病或者过年,才可以跟家长申请吃新粮;平时有人来借粮食,家长决定是借小麦还是借玉米或者山药。一旦生活中遇到了巨大的变故需要筹钱,也只有家长才能决定是否通过卖粮来解决。

2. 家长配偶影响分配

虽然家长在关于能不能用这件事上有绝对话语权,但是家长的妻子可以决定产品究竟怎么用。比如说,家长同意卖了鸡蛋去换其他东西,妻子可以决定换米还是换面;家长给钱买蔬菜,妻子可以决定买哪几种,以及买回来怎么做,做成什么味道,放多少油盐酱醋等。但是一旦有了婆婆,这些事情都要听婆婆吩咐。

(二) 家族单元分配权

牛家庄是个宗族大村,人口较多的姓氏都有自己的宗族。宗族对管辖范围内的祠堂、族田都有支配权。

1. 祠堂的支配权

牛家庄有过两个祠堂,都是王士珍所建。其中一座在村内,称为王士珍祠堂。里面供奉着王士珍家族自从迁入牛家庄以来的列祖列宗。王士珍家族也就拥有对于祠堂的支配权,权力主要集中在族长手中。族长会随着年龄的增大而发生更迭,但对于祠堂的支配权却不曾改变。还有一座在县城,称为王氏双节祠。里面供奉着王士珍的生母和嗣母[1]，王氏家族大多数人都居住在县城，对双节祠也拥有实际的支配权。主要由王氏族人使用，他族一般不得入内，想要进入必须得到族长的许可。

2. 族田的支配权

牛家庄有族田的不多，有族田的一般是很早迁居过来的大姓。本村王氏和任氏都有自己的族田。所谓族田，其实并不是一开始就拿来专门耕种，而是用来埋葬族人的，所以算作祖坟地界。支配权细说起来可以分两个主体。

（1）族长规定族田使用人

族田的规模一般不大，所以不可能让所有族人在同一时间都用上，族长便规定了一种制度叫作轮种。各户抽签，按照抽签顺序依次耕种，所得收入归轮种户所有，但是要自己负担农业税。对轮种农户有一个硬性要求：宗族每年清明都会有一次集体祭祀的活动，这一天，轮种户必须提供食物，而且要管饱；如果做不到，将剥夺下一轮的轮种权利。

（2）族人支配族田生产

轮种户在拿到土地以后，就可以随心所欲地耕种自己想要的农作物。但是当地棉花的销量最好，所以一般会选择种植棉花。

（三）村庄单元分配

村庄可以支配的东西，主要是每年丰收时在完成国家要求的赋税任务之后多缴的部分，包括粮食和货币。老人说："以前村长去饭馆吃饭、买烟从不花钱，都是直接赊账，最后从村里的账上走，这部分钱都是跟老百姓收税的时候多收的部分。就是因为这一条，有多少人都眼红村长这个小官。后来日本人来了更是，村里的所有东西几乎都归公，没有一样东西是自己的。人家想拿什么拿什么，想什么时候拿就什么时候拿，想拿多少拿多少，不用征求任何农民的意见，有意见的就给你一枪。"

二、分配内容

对于大部分农户来说，最重要的分配就是粮食的分配，还有少量货币分配。其中粮食的去向有三个方面：一个是流向国家——有土地的农户粮食要交土地税；一个是流向地主，如果是租种土地的农户则要交租；第三个是流向农户——除了交给国家和地主之外，一年所得的粮食都会自留。这里所说的分配内容，主要指农户对自家粮食以及财物的分配。公共产权的分配本村没有涉及，故不再讨论。

---

1 嗣母，出继的儿子在入继家庭的母亲。——编者注

（一）土地税

本村需要缴纳农业税、人口税和治保税[1]。收税方为县政府，按照地的好坏、地的面积以及人口的多少来收税。交税方为土地所有者，一年一次，时间大概在秋收以后，为期10—15天。县政府将任务分配给村长，村长再责成保长收税，"保长找人上街敲锣通知交税，村里王某常常兼职这个差事。"老人说。可以用农产品交，也可以用钱来交。民国及之后的各类税收的数目因为变动极大，已经无从考证。对于税收，绅士、村长和保长不能改变税收的数额，但是可以决定税收的方式，例如"当夫"的选择。收费的时候，绅士、村长、保长他们自身也一样要交费，因为谁家的地有多少，各是几等，在县里都有备案，谁也逃不了，但往往有一些尺度可以把握。可以多收上交或者当作村庄办公费用，但不能少收，那样就意味着完不成任务，别人的税要自掏腰包。国家或村落给地主的摊派不会直接摊到佃户身上，但也不会给地主造成直接负担，因为他们可以随时调整租金，将赋税摊派隐藏在佃户的租金中。

（二）交租

粮食地租又分为固定租和分成租。固定租是不管丰年还是灾年，一粒粮食都不能少——好地每亩一年交5斗粮食，中等的土地要4斗，坏地每亩一年交3斗粮食，小麦和谷子各交一半。但总体来说，交3斗的时候比较多。分成租比较人性化，无论收获多少，都要交一半。租地6个月到12个月的交一年租，不满半年的交半年租。

据民国二十七年（1938年）调查，租种50亩的佃户，每年农业收入274元，生产投资105元，交地租104元，剩余65元，平均每亩剩余1.3元。因此，必须在农业生产之外，另谋生计。当时，甲等地每亩产量8斗，交租钱7.6元，约等于4斗粮；乙等地每亩产量7斗，交租钱6元，约等于3斗粮；丙等地每亩产量5斗，交租钱4元，约等于2斗多粮。"除生产投资和苛捐杂税以外，几乎就不剩下什么了。"老人说。

（三）自留

1. 粮食部分

农户粮食部分的收入如小麦、高粱、谷子、玉米、山药等农作物，其年产量不一：小麦125斤、玉米300斤、谷子300斤、山药1000斤。用于市场交易的很少，大都自留。家户的主要粮食消费是小麦、玉米和山药，不够吃的话要到粮市购买；富余一点就会留作来年的种子；如果富余很多就会留作余粮。如果租了地，小麦绝大部分都要交给地主，可以供农户支配的小麦并不多，所以小麦就显得尤其珍贵，有一点小麦舍不得吃，一般家里来了重要客人或者过年过节才会吃一顿白面。玉米和山药比较常见，

---

[1] 又叫小公粮。

也是人们日常消费的主要口粮。

2. 货币部分

货币收入主要是年产 200 斤的棉花和豆类等经济作物的出售利润，棉线和布匹加工的利润，打工所得以及做"把式"的收入。

家中的财物一般锁在钱柜里面，只有家长有钥匙。平时买任何东西都是家长决定并拿钱。平时上街买菜，妻子要跟家长申请，剩下的钱要归还；赶集、逛庙会要零花钱，都要跟家长申请，一般不会给多，如果花不完还是需要退回。但是很多家庭成员即使花不完也不会退，留作自己的小金库。如果家长出门办事好几天不在，这把钥匙家长会交给自己的妻子，并交代谨慎使用，等家长回家后还要核对账目。

三、分配次序

1949 年以前，农户所有收入都是按照一定的次序分配的，自主的范围很小。首先要分配给国家和地主、富农，剩余的部分农民才有可能自主分配。

（一）国家和地主、富农优先分配

1. 有地的先交赋税

对于有地的农民来说，把国家的赋税交了这是头等大事。交地税不仅是一家农户进行合法土地经营的重要标志，而且也关乎农户的尊严和面子。老人说："有地不交税，村长、保长天天会来找事。有地的人大多数都是有头有脸的人物，如果连地税都交不起，那在村里是一件很丢人的事情，交的速度慢一点在村里也会被人瞧不起。"

2. 租地的收获先交租

对于租种别人土地的农民，虽然是被迫的，但交地租依旧是头等大事。因为每次秋收的时候，地主或者地主经纪会早早在田地中等待和监督农户交租，把租子交完了，剩下的东西怎么分配才轮得上农户自己说话。如果不交租，心软好说话的地主可能会减租，但是次数多了，地主将不会再出租给这一户；有时遇到不开明的地主，农户就是借粮食也要把租子交了，否则只有一条路，就是跑路，那以后的生活将无从谈起。

（二）口粮为重

传统时期，农户辛苦一年为的无非就是填饱肚子，在交了国家和地主、富农的之外，怎么也能剩下一些粮食。除非遇到荒年，如果上交了，农户自己就可能活不下去；甚至再严重的时候，都没有粮食去上交，更别说口粮。所以农民把口粮看得比天大，拼了命也要赚够口粮。老人说，"如果没有这些压迫的话，自己消费当然才是最重要的"，"活着才能交租，才能纳税，自己吃不饱都饿死了，还谈什么以后呢？"

1. 孩子不能饿着

传统时期,农户家里的孩子比较多,有了粮食往往都是紧着孩子先吃。在一个农村家庭,吃饭时一个非常常见的现象就是,当娘的在锅灶上忙活,孩子们在炕上等着吃饭,给所有孩子盛饭一圈之后,第一个吃到的孩子已经吃完了,当娘的就要继续盛饭,直到所有的孩子都吃饱。之后自己才在锅台上把剩余的饭菜吃掉。如果剩下的不多,"当娘的一般饿着,但是也不说"。

2. 老人不能不管

牛家庄高寿的老人非常多,除了水土好的原因之外,很重要的因素就是孩子的孝顺。传统时期更是如此。做好饭之后,给孩子们端上炕之后,马上就会给老娘、老爹端过去。这在村里被视为孝顺的体现。老人说:"爹娘生你养你,怎样不能让他们挨饿,就算自己不吃,也要让老人吃饱。"

3. 大人要扛一扛

给孩子和老人都把饭端过去之后,才是当家人和配偶的进餐时间。如果剩下的饭菜已经不多,当媳妇的一般会故意说自己不想吃或者不爱吃,把饭留给家里的顶梁柱——当家人吃;当家人一般身体都不错,也会心疼自己的媳妇,会故意说自己不饿,或者在外面吃了,让媳妇多吃。老人说:"没有吃的,大人们就要用身体扛一抗,不抗也没办法。"

(三)余粮留种

留种是庄户人家的常识,因为有了种子,来年的庄稼才有命根。留种尽管有如此重要的意义,但在牛家庄,它却是整个分配过程中的最后一环。这是因为丰收后的所有粮食必须先交赋税和地租,剩下的大部分都用于填饱农户全家的肚子。如果还有余粮,才会考虑留种和入库。老人说:"农户知道余粮的重要性,所以吃饭一般不会吃很饱,大概吃个七八分饱就可以,因为他要留出足够的粮食来年做种子。"

四、分配结果

牛家庄自古以来都是旱涝保收。除了特大灾年,农户的储粮在上交地租和赋税之后,一般不需要借粮也足够生活一年,但是生活水平较差,一般是靠玉米或者山药充饥,白面只能是家里"来戚"或者逢年过节时吃得到;实在不够的时候只能借钱粮,这里主要讨论跟亲戚、朋友借。如果亲朋好友有余粮,通常会答应出借;但因为小麦较少,所以多借出山药和玉米。"有的农户家特别困难,借了玉米要还同等数量的小麦,当时为了家人吃饱饭,还是会答应。"老人说。

(一)借钱顺序

一是找有钱的亲戚。如果农户有困难,首先想到的就是自己的亲戚,然后再从中找出有钱的,因为有钱意味着有能力帮忙。而且农户认为有血缘这层关系,借钱好开口,成功率比较高。如果亲戚都没有钱,一般不会在亲戚间考虑。老人说:"因为都没有钱粮,血缘再亲也没有用。"

二是找关系近的朋友。亲戚如果没有钱,朋友就是首选。这类朋友一定是关系特别好的,这样借钱的时候心里不会别扭;如果是关系一般的朋友,借钱双方都会犹豫不决;如果只是点头之交的朋友,那借钱几乎是没有可能的。

三是找高利贷。在亲戚和朋友都不靠谱,而又非借钱不可的时候,高利贷就成了不得不走的路。但本村用高利贷的还是少数,一般是有这个心,没有这个胆子。高利贷方面调查清楚农户的基本情况后,几乎都不会同意贷款。所以找高利贷,有时是地主、富农等有能力偿还者的"专利"。

(二)借据

借据上面写明借款的金额或粮食的品种、数量,规定好借期,一般是一年;还规定了归还的时间;最后是借钱双方的签名。这个借条不同于高利贷的契约,因为彼此熟悉,所以不需要中人;因为关系近,所以不要利息,也不用抵押。

牛家庄人一般借钱后都惦记着早点还钱,跟人家签了借据就会一直记着这件事情,是生活上的一个压力,也是一种动力。不会出现私自篡改借据,修改数字、日期的事情。如果出现了这种事情,不仅借钱的这个人要被耻笑,他们一家人都要跟着抬不起头。

(三)偿还规则

1. 还钱规则

哥哥借钱给弟弟娶媳妇,分为两种情况:一是已经分家,这时候"亲兄弟明算账",弟弟需要还钱,否则嫂子不答应;二是没有分家,这时候弟弟欠的不用还。

儿子借父母的钱还不还都可以,没分家时更不用还,因为父母的就是儿子的。父母借儿子的钱也不还,因为父母死后财产由儿子继承。

亲戚之间相互借钱粮必须按时还钱——"亲戚的容忍也是有限度的"。如果超过期限,根据不同原因不同处理:实在没钱可以适当把期限延长;故意不还就只能请另一个亲戚在中间调解,再难调解也要在一层调解,尽量不找保长或者村长,因为"家丑不可外扬"。

表 3-11 还钱规则

关系方		是否还	原因	处理办法
兄借给弟	分家	是	嫂子不答应	父母调解
	未分家	否	没有能力	
父母借给儿	分家	是	其他兄弟不答应	
	未分家	否	没有能力	
儿借给父母		否	财产继承权	
亲戚之间	有钱	是	有能力	亲戚调解
	实在没钱	是	期限延长	
	故意不还	是		

2. 还粮规则

还粮有方法。借粮食时因为玉米产量大、价格低，所以玉米更好借；而小麦、谷子因为产量低、价格贵而不好借。如果还不起，可用其他粮食冲抵或者折价偿还，"借了玉米，以后用小麦还"；也可以用"以工代补"的方法偿还，"干一天活顶5毛钱"。

（四）借钱纠纷

如果借的量少，双方的关系处得还不错，那一旦还不上不会影响借粮双方的关系。如果借的量大，最后约定的日期还不上，借粮的一方如果有心还要跟对方相处，会选择卖地、卖房的方式来偿还欠债，这时候出借方通常会再宽限几日，而不会做出直接跟对方决裂的极端选择；而如果再宽限多次后借粮一方还是不还，那双方关系就将难以维系，甚至结怨。

第六节 消费与消费关系

牛家庄村的自身消费位列地租和赋税之后，但这并不等于说消费不重要。传统时期的村庄都是以家户为单位，在消费方面也体现出一种"整体"消费的现象，即消费的个体差异并不大。即使这样，关于消费什么、谁决定，都有很大的讲究。它不仅与血缘的亲疏有关，还与地缘、道德等都有不可分割的关系。因为牛家庄公共产权在消费领域的体现不明显，故略去不谈。

一、消费权主体

牛家庄分家前消费单位是扩大家庭，分家后是核心家庭。不管怎样，都以家庭为基本单位进行消费。通常可见的现象是四世五世同堂，统一消费，消费的个体差异较小。

在家庭消费上,家长掌握消费权。家长一般是由一家之中辈分最大、年龄最大的男性来担任。分家前一般是爷爷辈,而分家后一般是父亲辈。全家存放粮食的仓库和放钱的钱柜钥匙统统在家长手中,任何人有消费的需要,必须要经过家长的同意。比如赶集、回娘家时需要用钱只能找父亲或者爷爷要。家里的成员,也不允许有自己的收入或者独立小金库,除非是媳妇的嫁妆。

除了男性当家人外,家户之中一般还会有个当家人的助手,即当家人的妻子或者母亲。她主要在当家人不在家时或者专门对女儿、媳妇承担消费上的责任。当家人不在时,钱粮库的钥匙一般会交给她,让她按需要取用,但是当家人回家时需要核对账目;平时对于用鸡蛋换食盐还是小米等比较细小的消费问题,她也可以全权负责。

虽然在钱粮的控制上家长占有主导权力,但是在钱粮的消费上,全家人都是一视同仁的。比如家里有好几个孩子,过年给其中一个买新衣,那另外几个就都会买;再比如家里有一块肉,父母常常舍不得吃,几个孩子平分。

二、消费内容

牛家庄各家农户主要的消费内容分为日常生活开支、生产投入开支、养老开支、宴请宾客开支、人情往来开支、教育投入开支、看病开支和节日开支。使用的货币也各不相同,清末使用大洋,民国国统区使用法币,日军占领后使用军用票。以大洋为例,介绍农户的消费情况(见表3-12)。

表3-12 消费开支统计　　　　　　　　　　　(单位:元)

项　目	日常生活	生产投入	养　老	宴请宾客	人情往来	教育投入	看　病	节日开销
花　费	50	1000+	57.6	250—350	50+	60+	3—5	180+
小　计	1650.6—1752.6							

传统时期,不同的家庭经济实力不同,在消费方面投入的侧重点就有所不同。

(一)普通农户以糊口为主

一是以自我粮食消费为主。普通农户粮食消费最大,填饱肚子是第一要务。每年打的粮食一般只够吃多半年,下半年就得靠亲戚、朋友接济,实在不行就得借高利贷。老人说:"富人家的粮食多得都被耗子啃了,穷人家的粮食还没等耗子闻到味就都吃完了,甚至还能把耗子都吃了,那时候人们可怜着呢。"

二是生产投入小。穷人家没有大车、没有水车、没有牲口,更没有地。一般是租地或者给别人打工,不需要有生产投入,换个角度,他们也没有能力去支付生产性的费用。每年赚的钱只够家人果腹。

三是人情往来投入小。在红白喜事方面，一次花费不超过300块，都是用最省钱的东西：棺木用最便宜的；酒席供应最便宜的饭菜，大概10块，宰一头猪，自家养大只需20块；给新媳妇买衣服20块一件，再多的嫁妆一般拿不出来。

四是教育零投入。穷人家的孩子从小就下地干活，没有尝过上学的滋味。有的是因为没有让孩子上学的意识，觉得浪费钱还学不好，不如帮助家里减轻负担；还有的是意识到了上学的好处但是没有钱供养。

五是看病不舍得花钱。贫农、雇农得病硬扛，受了伤会直接到地里抓一把土按在伤口上。所以村里的死亡率很高。不仅是因为没钱看病，还因为没有看病意识，觉得自己身体好，病自然会好。

（二）有钱人家侧重生产投入和其他投入

牛家庄的有钱人指中农以上的人群，包括中农、富农和地主。对于有钱农户来说，粮食占比不大，占比大的是宴请宾客、教育、节日开销。其中生产投入在整个家庭消费中占最大的比例。

一是粮食消费小。在有钱的农户家里，经常有一种说法就是"今天吃新粮还是吃旧粮"。原因是以前的粮食还没有吃完，新的粮食已经打下来了。这是让一般的农户无比羡慕的说法。因为他们什么粮食都很少，有了粮食大部分都要还债，剩下的可能还是不够吃，更不会有新旧之分。

二是生产投入大。要想种好地，必须买种子、买农具、买牲口、买大车、买水车，这些开销加在一起不是小数目，没有达到中农及以上的水平，一般农户是承受不起的。老人说："没有这些家伙什儿，可以跟别人借。但是常借也不好，会被人瞧不起。稍微有点钱，就会自己置办一套。"

三是人情往来投入大。每年有4—5次人情往来。婚宴送3—4尺布或被面，价值8块左右；磕头钱一次1—2块；白事的时候送白布。一年将近要1000块。

四是在教育上有投入。一家平均有一个上学的，通常为4年小学（语文、数学）加2年高小（语文、数学、地理、自然、历史），除了交学费，平时过年过节还要给老人送点心。大概培养出一个孩子要几百块。

五是看病方面舍得花钱。有钱的农户生病了不会用身体硬扛，感冒要喝姜糖水，红糖一斤3毛，大概一年会用掉几斤；其他的病喝中草药，大概一年花3—5块；如果是非常严重的病，会套上车去县城里找大夫。有钱的农户对自己以及家人的健康看得更重。

三、家庭内部消费关系

(一) 日常生活

一是农户的家庭消费包括吃穿用和看病。"日常生活要50块一年，看病要5元左右。"老人说。农户在吃穿用度上都非常节俭，所以常常量入为出，很少入不敷出。

二是生产不出来的要去购买。家庭生产不能完全满足日常生活需要，除了部分粮食、蔬菜和衣服可以自给自足，很多自己无法生产的东西就会到市场购买。大多用现金结账，用粮食的可以折价结算。购买时如果自家钱不够可以跟亲戚、朋友借钱，先是亲戚，后是朋友。"借期是一年，不算利息，多为口头约定，小额数目不用签约，数额巨大就会立字据。"老人说。如果到期还不上，可以延期再还。如果根本无力支付，就会导致信任危机。为了避免借钱的麻烦，买东西也可以赊账，每年结算一次。

(二) 生产消费

一是生产消费价格昂贵。农户家庭每年的生产消费如下（见表3-13）：农具1000块，小麦种子15—16斤每亩，玉米种子10斤每亩，谷子种子6斤每亩，山药种子4斤每亩，豆类种子6斤每亩，棉花种子5斤每亩，花生种子20斤每亩，高粱种子5斤每亩。农具一般要到集市上购买，种子多是使用自己家的剩余，如果没有剩余也可以到集市上买。如果还不够就需要跟亲戚、朋友借。一般来说种子都不会借很多，所以一般还得上，不需要订立合约。如果到期实在还不上还可以缓一年。

表3-13 生产消费

项 目	农 具	小麦种子	玉米种子	谷子种子	山药种子	豆类种子	棉花种子	花生种子	高粱种子
价 格	1000元	1.2元/亩	0.8元/亩	0.48元/亩	0.32元/亩	0.48元/亩	0.4元/亩	1.6元/亩	0.4元/亩

二是价高的作物多被售卖。因为小麦难得又低产，经过拔麦子、捆绑[1]、拉到打谷场、去秸秆[2]、晒麦穗[3]、轧场[4]、去花秸[5]、扬场[6]、晒麦子[7]，最后才能拉回家入瓮。所以一般的农户根本不舍得消费小麦。通常的做法多是拿到粮食市场贩卖，价格跟随市场价格。如果实在是非常富余才考虑为自己消费，而一般小麦都剩不多，仅有的这部分自己加工一下，磨成白面都留着招待客人或者过年包饺子吃。

---

1 扎捆。
2 用铡刀去掉麦秆的下部分，留下麦穗。
3 需要晴天2—3天。
4 由牲口拉木质圆柱体轧麦穗，脱粒。
5 去掉上部分秸秆。
6 去麦壳。
7 需要一天。

（三）家户养老

牛家庄农户的养老年龄在60岁以上，养老方式以老人自己提倡为主，儿子协商为辅。如果只有一个儿子，那就由儿子独自负担；如果同时有几个儿子，那就要儿子们共同负担；女儿无论有几个都没有这种义务。

一是养老项目多样。养老项目（见表3-14）一般分为养老田、养老房、养老粮、做饭送饭、洗衣服、定时看望、伺候病床和过寿等等。具体来说，分家时地多可以留养老地，至少留3—4亩，让父母用；养老房至少有一间，一般老人住在固定的房子里，就是最小儿子的正房东头；养老钱也会留，埋到土里；养老粮放入瓮中存入库房，瓮下支砖防潮，瓮上盖盖儿防虫。兄弟几个每隔七天、一个月或者几个月轮流做饭、送饭。住得稍远的可以出粮食或者钱请其他兄弟代为照顾。每个老人一年需要360斤粮食，约28.8块，由兄弟几人平摊。轮到的儿子，每到8月份庄稼成熟了就要把小麦、玉米、谷子等给老人处理好并送过去，还要帮老人舂好米。如果家里有地，公粮诸子平摊，家里实在穷的也要想办法凑齐。"实在太穷的，已经上街要饭的，就不为难他了。"老人说。但有能力不抚养的，父母可以告官。

表3-14 养老项目

养老项目	养老田	养老房	养老钱	养老粮	做饭送饭	看望	伺候病床	过寿
谁负担	诸子平摊	诸子平摊	诸子平摊	诸子平摊	诸子平摊	女儿	子女	诸子平摊
数目	3—4亩	1间		360斤/人/年	一日三餐	点心、鸡蛋若干	医药费若干	
处理方式	出好田	小儿子正房东头	埋到土里	存入库房			儿子出钱女儿出力	能者掌事

二是子女养老有别。以上养老的东西都要兄弟平摊，女儿例外。老两口有一方去世时，养老的东西留给老伴儿；老两口双双去世就把所有东西都留给几个儿子平分。儿子如果负担不起养老，老人偷偷会给点补贴，但明面儿上儿子必须给够自己的份来孝敬老人。养老钱和养老粮要诸子均摊，如果有能力却不尽义务，可以报官。外嫁女儿可以在节假日或者父母亲生病时带点心或者鸡蛋看望，但是不负担医药费和生活费，因为这部分费用必须由儿子们分摊。老人生活无法自理时，儿女要轮流照顾，不分男女。老人过寿费用要诸子平摊，其中由儿子中有才能的人掌事。

（四）子女婚娶

一是娶妻压力大，嫁人压力小。在子女婚娶这一项（见表3-15），娶媳妇一次花200—300块，宰一头自家养大的猪需20块，买菜10块，为新媳妇买衣服20块。所以娶媳妇对于农民来说压力较大;而嫁闺女几乎不花钱,只需要出点嫁妆,如被子等,压力相对较小。每个子女都必须被公平对待,如果不公平,很容易引起家庭的不和谐和争吵,甚至打架。

表3-15 婚育花费 （单位:元)

当事人	出 钱	买 菜	宰 猪	衣 服	嫁 妆
男方	200—300	10	20	20	0
女方	0	0	0	0	若干

二是娶妻、嫁女随礼的方式不同。村落其他农户家有子女结婚,关系好的都会去,不论是亲戚、朋友还是村长、保长;如果关系不好,亲戚也不会去。参加婚礼时各家农户一般是家长出席,全权代表,如果关系特别好,还会带着妻子来帮个忙。另外,只要是参加婚礼,必须要带礼物(见表3-16)。给娶媳妇家送礼,叫"上礼"或"随礼",大概需要花费5块。给嫁闺女家随礼,叫"添箱"[1],送的是价值2—3块的布或被面。

表3-16 婚礼礼物

名 称	礼物流向	数额(元/人)	礼 物
上礼或随礼	给娶媳妇家送礼	5	
添箱	给嫁闺女家随礼	2—3	布或被面

(五)老人丧葬

一是儿子主理丧葬。丧葬费用(见表3-17)主要包括孝服制作、请吃饭和棺材。其中棺材的质地不同价格也就不同,而"人死为大",对棺木的选择有很深的讲究:白木为上等木,杨木次之,柳木和杂木最次。这部分费用可以由富有的儿子单独承担,或者所有儿子平摊,如果拿钱困难必须卖田、卖房来凑,很少出现拒绝出丧葬费的情况。因为这是大不敬的表现,不仅在家人面前抬不起头,以后在村中都会一直被"戳脊梁骨",无法立足。而女儿不出钱,只给送白布,其中未出嫁的女儿不上礼也不出钱。

二是不惜一切代价办丧葬。没有钱办丧事一般会选择借钱,有钱的、关系要好的亲戚和朋友都是借钱的对象,一般借几百,不用立字据,也没有利息;如果依然借不到就只能卖田、卖房子,但不至于借高利贷。孤寡老人和乞丐会用席子卷尸埋掉,费

---

[1] 把箱子填满之意。

用将由村公所统一承担。办葬礼时，亲戚或者关系好的村民都会去帮忙，不需要报酬，但是年纪太大的如果要来帮忙需要用车接送。朋友、亲戚上礼随份子，一般不超过5块。老人说："坟地是祖传的，一般用自家的农地。分家时，坟地归属由抓阄产生，多一点少一点也不用补偿。如果没有旧坟，就埋在家里的田里。"

表3-17 丧葬账目

出资方	项目	具体	来源	没钱处理
儿子	丧葬费用	孝服制作、请客和棺材	富儿单独承担/诸子均摊	借钱、卖田、卖房
女儿	白布	未出嫁的女儿不管		
朋友、亲戚	随份子	不超过5块/人		借钱

（六）家庭债务

家庭债务（见表3-18）一般家长偿还。家长去世后遗留下的债务，如果没有分家就由妻儿还债；已经分家的由各个儿子共同继承，所谓"父债子还"。如果债权人不止一个，就按照还款日期的先后制定偿还顺序。如果各个儿子无法偿还，一般还要让孙子偿还。如果子孙都无法偿还债务，债主不能直接拿走祖业，必须通过中人写字据；如果子孙不肯，还要找保长、村长调解，如果调解不成，一般上告到乡、县。如果子孙携款潜逃，通常都无法追回，除非可以买通县衙，帮忙追债。如果欠债人没有后代，一般是村长代为处理——比如用欠债人的房子、土地等还债。如果人死了，没有后代，也没有任何财产，只能不了了之。

表3-18 债务偿还

家庭情况				还款方式	还款顺序	纠纷处理
家长在世				家长偿还	还款日期的先后	无
家长去世	未分家			配偶还债		
	已分家	有能力		父债子还		
		无能力	愿意偿还	中人写字据		保长、村长调解
			逃债			买通县衙，帮忙追债
	无后人			村长处理		

四、家庭外部消费关系

村庄每家每户都不是独立存在的，为了维系与周围农户的关系，不可避免要进行一些除家庭之外的消费，即家庭外部消费。家户的外部消费主要是人情消费、节日宴请、村庄活动的共同消费等方面。

(一) 人情消费

1. 人情概况

(1) 人情分四种

人情往来（见表3-19）要随礼，牛家庄不同的场合随礼的叫法和内容不同。随礼的场合一共有四种：红事、白事、做寿和满月。红事分两种，一种是给娶媳妇家送礼，叫"上礼"或"随礼"，需要花费至少5块；另一种是给嫁闺女家随礼，叫"添箱"，送的是布或被面，折合为现金有2—3块。白事、做寿（很少）和满月都叫"随礼"，差不多都为2—3块。

表3-19 人情消费　　　　　　　　　　（单位：元）

方　式	礼　物	折合现金
上礼	6—7尺红布	5
添箱	红布或被面	2—3
白事	白布6尺或一丈二	2—3
满月	5斤挂面、6尺布（礼重）；3斤挂面、3尺布（礼轻）	2—3
做寿		2—3
总计		13—17

(2) 人情消费占比较重

随礼每年大概在10次以上，折合为现金大概为50块左右。不同生活水平，随礼金额不同，在其年度总收入的占比也不相同（见表3-20）。贫农收入大概在50—100块，随礼占其收入的50%—100%；中农全年收入在300—500块，随礼占10%—17%；富农收入500—800块，随礼占比6.3%—10%；地主年收入在800—1000块，随礼占比5%—6.3%。可见，随礼几乎花光了贫农所有的积蓄，可见当时贫农的生活压力。

表3-20 各阶级随礼情况

成　分	数额（元）	占总收入比重（%）
贫农	50—100	50—100
中农	300—500	10—17
富农	500—800	6.3—10
地主	800—1000	5—6.3

2. 人情邀请规则

(1) 不请人不到

牛家庄存在着一些邀请的惯行(见表3-21)。红事、做寿、满月都需要请客,请客讲究不请人不到。对于亲戚、邻居、朋友,他们一请就到,因为他们关系近,随礼也大方。老人说:"如果老王的亲戚过事情没有请老王,老王会觉得丢面子,以后就会和这家亲戚疏远。有很好的朋友过事情不请老王,老王也会觉得伤心,以后不再认这个朋友。"

保长、村长更需要请,而且态度要更为恭敬,因为他们有势力,不会轻易参加村民的活动,请了才显得有地位和有面子。绅士请了不见得会来,因为做人情多是平时关系近的人,而村中多数农户都与村长、绅士搭不上关系。

如果保长、绅士过事情没有邀请,村民不会主动去,因为关系很远;同样,村民家过事情,也不会请保长、绅士,如果来了自然很高兴,但"不请自到的情况绝不会发生"。

(2) 不请人来到

白事不请人,听到炮响,邻居自然来到帮忙、随礼;住所稍远的亲戚需要通知,亲戚到自然随礼;保长、村长、绅士不参加白事,也不随礼,除非与这家有血缘关系。如果自己和邻居吵架了,自己家过事情[1],要去通知邻居[2]才会来。

表3-21 邀请惯行

大 事	是否请客	是否邀请	如何邀请							
			朋友	亲戚		邻居		村长保长		绅 士
				近	远	未吵架	吵架	沾亲	不沾亲	沾亲	不沾亲
红事	是	是	不请人不到,一请就到				道歉才来	恭敬地请	不请	恭敬地请	不请
做寿	是	是	不请人不到,一请就到								
满月	是	是	不请人不到,一请就到					通知	不通知	通知	不通知
白事	是	否	听炮响	通知		听炮响					

3. 随礼规则

(1) 红事请,白事到

红事、满月、过寿不管是谁都要收到请帖才去。发帖的对象包括亲戚、邻居、朋友,以及平时帮过忙、关系好的保长、村长,如关系不好也不会收到保长、村长的请帖。

---

[1] 红白喜事。
[2] 表示低头认错。

白事不用发帖,听到邻居炮响去随礼;接到亲戚报丧要去随礼;接到关系不错的保长、村长的报丧也会随礼,但这种情况较少,主要局限于跟保长、村长关系好的本族人群。如果邻居和自己吵架了,邻居家过事情,要来诚恳通知才会去。不论亲戚、邻居、朋友还是保长、村长,人情都差不多,不因官阶有何等差异。

(2) 关系近的随礼多

亲戚分两种,一种是平时勤走动,关系近的,另一种是不怎么活动,关系远的亲戚。关系近的自然随礼多,远的就很少。"人情往来,有往才有来。欠着别人的人情,总惦记着还,时常打听着谁过事情赶紧还清。如果还不上,就会觉得没面子,不好过。"老人说。一般每一次人情往来农户都要记账,每次去随礼前都要翻账本,根据上次的随礼情况来决定这次的数额,比如保持不变或根据物价做调整。添箱、过满月都不送钱,但送的东西都算作人情开支。

(3) 不同人情随礼不同

村里讲究"不来不去不是亲戚"。

一是红事礼最重。随礼无上限。但多随礼6—7尺布,一般是几家合送的——6尺布做裤子,7尺布做褂子;稍微有钱的送被面一套;少一点的送3尺布,但是再少面子上就过不去。送钱无上限,下次还礼的时候需要多还,但一般不超过5块,本族、本家、姻亲、朋友原则上要多送——关系越近越多给,虽还是根据自己家的经济条件,但不能低于上面的标准。本人没法去的需要随礼,所谓"人不到礼到"。住所较远的村民随礼要看平时的交往,随礼数量往往和交往的频繁度成正比。收礼情况由识字的人负责记录,不管是亲属还是一般的朋友,都要记录在册。结婚时亲戚、邻居、朋友都会帮忙,没有报酬,只是吃顿饭。帮忙的厨师需要送2瓶酒。

二是其他的礼较轻。满月分大小,分为12天小满月和一个月的大满月,可以任选一个过。大满月场面规模更大,需要更多钱。重礼一般送5斤挂面、6尺布;轻礼一般送3斤挂面、3尺布。老人做寿较少见,村民送礼1—5块钱,不超过5块。过白事时送白布6尺,关系好的送一丈二。

(二) 节日消费

表3-22 节日花费

节　日	过节方式	花费(元)
春节	吃好饭、穿新衣、压岁钱	103+
二月二	吃面坨,送老师面坨	
正月初三	祭祖	10

续表

节　日	过节方式	花费（元）
腊八	买枣做腊八粥	1—2
中秋	买月饼和苹果	—
清明	白纸和香，上饺子	10
七月十五	祭祖	10
端午	买枣和粽子叶做黄米粽子	10
重阳	吃饺子和沾油饼子，买肉、糖	3
十月一	祭祀，给祖先烧纸衣服	10
十月三十	地主请长工吃饭	10
腊月二十三	放炮，送灶神	1—2
总计		170

牛家庄几乎每一个传统节日都有花费（见表3-22），包括春节、二月二、正月初三、腊八、中秋、清明、七月十五、端午、重阳、十月一、十月三十和腊月二十三。

1. 春节消费最高

春节的消费主要体现在吃穿和压岁钱上。

一是吃得好。苦了一年，农户都想着在过年这几天吃几顿好的。伙食的改善主要体现在两方面，一个是菜里面有肉，二是可以吃上白面。肉一般是自己家杀的猪，养了一年，差不多花费了20块左右；如果没有养猪，就从市面上割几斤肉。这个肉不会全部放在菜里，白面也不会天天吃，两者结合起来，主要是包饺子用。一般在大年三十的时候全家都可以饱饱吃一顿饺子。剩下的猪肉都要存起来，等着客人来的时候再吃。

二是穿得好。一般的农户家庭如果孩子较多，衣服都不够穿。通常的情况下都是弟弟穿哥哥的，妹妹穿姐姐的。而就算是旧衣服也是有限的。只有在过年这一天才有可能换新衣，但也只能是哥哥、姐姐换，弟弟、妹妹再穿哥哥、姐姐换下来的旧衣服。如果全家都换新衣，大概要80—100块，只有富裕家庭可以承担得起，一般家庭是无能为力的。

三是压岁钱不多。中国一直有给压岁钱的传统，但是不会给太多，最多给3—5个铜板。一般是爷爷奶奶给，叔叔婶婶家里一般出不起。春节会给村长、保长拜年，去的时候不用带礼物，他们也不会给压岁钱。

2. 其他节日消费相差不大

其他节日花费大概在10块以内。二月二用白面或者荞麦混合山药丝做成面坨，除了自己吃,有上学的要给老师送,但不给亲戚。正月初三祭祖,纸钱、香等都要花钱。腊八买枣做腊八粥,大约 1—2 块。中秋自己吃月饼,还要给亲戚送;晚上摆苹果和月饼祭拜月亮,结束后家里平分,有孩子的多分一些。清明买白纸、买香、做饺子上坟,约 10 块。七月十五祭祖,约 10 块。端午买枣和粽子叶包黄米粽子,约 10 块;除了自己吃,也要给亲戚送。重阳吃饺子和沾油饼子,买肉、糖约 3 块。十月一寒衣节祭祀,给祖先烧纸衣服约 10 块。十月三十地主请长工吃饭,约 10 块。腊月二十三放炮、送灶神,约 1—2 块。

(三) 共同消费

除了农户个人的消费,牛家庄还存在一些公共的消费。最主要的就是自卫队的筹备、村内各种神庙的修缮以及共井的修建。

一是筹备自卫队。在日军结束对牛家庄的占领到 1949 年以前,村庄一度土匪丛生,很多地主富农都遭到了绑架,生命和财产都受到了巨大的威胁。这时候由村长牵头,在村中自建了一支自卫队,专门用来对付土匪。整个队伍大概十几个人,武器有大刀、长矛、镰刀、盒子炮等等,都是现买的武器。十几个都是村里的年轻后生,他们白天训练,晚上巡逻,每天都会发几个铜板作为报酬,还会管两顿饭。武器费用和酬金都是由地主和富农平摊的。

二是神庙修缮。牛家庄有龙王庙、关帝庙、菩萨庙、送子观音庙、后街菩萨庙和小鬼庙 7 座庙宇,大概每几十年就会进行一次大的整修。这部分钱由各保保长负责,从所有的村民中平摊。因为这 7 座庙都很灵验,村民对它们都有感情,所以交钱都比较痛快;有个别农户实在没有钱,可以"以工代钱",去帮忙修缮神庙。

三是共井的修建。自卫队只存在了一个时期,神庙也不是天天要修,而水井则天天都用。打井和维护的周期要远远短于前两者。一般是自己挖不起井的,就和街上的人一起出资挖井,通常是 5—10 家一起平摊费用,包括雇工、做饭和材料费用。由一个经常管事的人收取,但不会公示。井绳断了需要重新购置,提水的斗子坏了也需要重新买,井水浑浊了需要淘井,井水水位下降了还需要深挖,这些都需要重新集资。

第七节 继承与继承关系

传统时期农户的财富通过继承和分家传承下来,常出现"富不过三代"的现象。家户的财产继承方面,家户内外的不同角色有着不同的权利和义务关系。牛家庄"以男丁为主"的继承方式,一直延续到 1949 年前后。

一、继承权

（一）私人财产继承权

传统时期有句话叫"香火不断"，不单单指家户中生了男孩表示血脉得以延续，还表示家产有人继承。所以农户的财产一般来说都要传承给儿子，一个儿子就独自继承，好两个儿子就平分继承，所谓"诸子均分"。而这种继承方式有两个重要的要素，一是家中有儿子，二是儿子比较孝顺。一旦这两点有任何一点不满足，那继承权就会发生变化。一共分四种情况（见表3-23），具体如下：

表3-23 家户继承情况

继承人	继承原因	继承方式
男丁继承	有儿	倒插门的儿子和过继的儿子均分
配偶继承	没儿有妻	妻子均分
女儿继承	没儿没妻，有小女	女儿均分
兄弟抚养	没妻子，儿女还小	责任均摊

1. 有儿，男丁继承

这个范围有儿子（包括倒插门的女婿和过继的儿子）、孙子、重孙、玄孙。这时不管有没有女儿或者女儿是否出嫁，女儿都没有继承权。儿子去世则孙子继承，孙子去世则重孙继承，以此类推。如果儿子辈和孙子辈同时存在，则只继承给儿子辈；如果儿子中既有过继的、倒插门的，还有亲生的，则不分主次，平均继承。

儿子继承后，如果家中还有女儿，那女儿的嫁妆和平时的食宿由兄弟提供。如果兄弟几个还没有成年，儿女由死去家长的兄弟暂时抚养，但兄弟不分财产，只做暂时保管，将来还会把财产还给儿子们。

2. 无儿，配偶继承

如果没有儿子但是有配偶，不管有没有女儿或者其是否出嫁，财产由配偶继承。因为女儿迟早要出嫁，被视作外人，配偶则算作自家人，所以在配偶还在的情况下都会分给配偶。如果只有一个配偶，那配偶全得，如果有好几个配偶，一般是均分，不分大小老婆。继承后，如果家里还有老人，配偶一般会担负养老的责任；如果没有老人，配偶一般会选择改嫁。

3. 无儿无配偶，女儿继承

如果农户家没有儿子，父母又不在，只有一个女儿，则女儿继承全部财产，如果有好几个女儿，则财产均分。如果女儿还没有出嫁，则要用这笔钱自己出嫁妆，如果女儿有的成年，有的未成年，由成年的姐姐照顾未成年的妹妹，财产依然人人有份，但是姐姐暂时代为保管。如果几个女儿都没有成年，则由该农户的兄弟照顾，财产也代为保管。

无论是哪种继承，必须是平等继承即财产均分；如果不是均等的，必须由财产所有者即家长立下遗嘱字据。

(二) 公共财产继承权

村庄的公共财产继承主体只有一个，那就是村落全体村民。但是在实际操作中，一般归村落权威处置。村落权威在不同的时期叫法不同，一般来说是村长继承，但是实际上是绅士、村长和保长联合继承。因为村长没有单独处置公共财产的权力，必须要在绅士的指导下，在保长参会的情况下，做出决策和判断。

二、继承物

继承物主要包括私人财产和公共财产。

(一) 作为私人财产的继承物

作为私人财产的继承物有很多，主要分为动产、不动产以及债务三部分。

1. 动产继承

动产包括家具、牲口、生产农具、母亲的嫁妆、石碾、石磨、粮食、现金等等。

(1) 牲口和农具继承

在一个农户家中，工具往往是几个兄弟争夺的重点。因为在牛家庄，牲口、大车和水车是农业劳动三大件，有了这三件才能种地。缺少任何一件都不能独立承担种地的任务，只能借用。如果借不到只能给别人打工。牲口、水车和大车一般会折价给几个兄弟平分，出现分到"一条牛腿""两条牛腿"的情况，代表着分到四分之一牛和二分之一牛。

(2) 粮食、现金和母亲嫁妆继承

中农以上的家庭一般才会有余粮和现金，中农以下即使有也很少，几乎都不够分。母亲的嫁妆一般就是手镯、耳环、项链等贵重金属，一般也是折价给几兄弟平分。如果东西太少，兄弟会不要嫁妆而用其他等价物来交换。老人说："那时候家里最多的就是玉米，想要分点小麦几乎是不可能的。还有山药、高粱等等。那时候人们最想要的就是棉花，那玩意儿最值钱。常有兄弟几个抢棉花打起来的，谁都知道棉花金贵。"

(3) 家具、石磨和石碾子继承

以前农户家里都比较困难，除了富裕人家，一般的农户家里几乎没有什么像样的家具。常见的家具包括柜子、椅子、桌子。不同的材质折算不同的价格。老人说："以前我家分家的时候,我分到了一把太师椅,我记得很清楚,其他的家具我都没要,都让他们搬走了。"

以前的石磨和石碾子公共的比较多,多是共同出钱购买的,自己家单独拥有的很少。一般它们的继承也是折价,如果实在不好折算就标号,让兄弟几个抓阄,谁抓到就是谁的。同时也不能纠结于价格的问题,必须承认对方的合法拥有权。

2. 不动产继承

不动产主要指的是家里的土地、房屋、店铺、门市、水井、树木等等。

(1) 土地的继承

在所有的继承物中,土地是最为重要的继承物,农户其他的都可以不要,但是土地不可以放弃。有土地的农户一般是中农及以上的家庭。继承时要看土地的三个方面。一是土地的肥力;二是看土地的平坦程度;三是看水源情况。因为三个方面的比较比较困难,所以继承时,一般会把好地坏地搭配起来标号,分别传给兄弟几个,这样使得各自分到的土地不会太好,也不会太差。

(2) 房屋继承

农户的房屋一般不是一间,至少有三间。房屋在继承时,必须保证有一间房子留给老人住。而剩下的房间则按照面积和材料,和其他的继承物搭配起来继承。这样让兄弟几个抓阄分配,分到差的房子一般会搭配一个好的工具,分到好的房子一般会搭配一个差的田。这样可以缓解因为分配不均导致的兄弟矛盾。

(3) 店铺和门市的继承

一般做生意的农户才有自己的店铺和门市,主要是指茶馆、饭馆、铁匠铺、木匠铺等等。本村的继承,主要是说扣子茶馆,关张后给了自己的女儿。其他的茶馆还有饭馆都没有继承人,关张了店铺也就不在了。铁匠铺和木匠铺都是代代相传的,师傅年迈的时候一般会由年轻力壮的徒弟或者儿子继承。

(4) 树木和水井的继承

树木一般是指长在自家院子里的,它算是院子的附属物,与之一起继承;水井分为吃水井和地井,吃水井在院子中,也是随同院子一同继承。而地井在地里,一般随同田地一起继承。老人说:"儿子们对树木都不是很感兴趣,对水井不一样,看得比房子都重要。"

3. 债务继承

农户在继承的时候,会把债务单独列举出来,通常分三种情况。一种是当家人生病垂危的时候向儿子们交代自己有哪些债务;第二种是把债务写在分单中,作为义务让儿子们来履行;第三种是家长突然故去没有交代债务,则主要是通过查看家中留存的债务契约以及上门催债的事情来确认儿子们的继承情况。所谓"父债子还",家庭的债务由儿子们继承,同样诸子均分。

(二)作为公共财产的继承物

作为公共财产继承的继承物有很多,也主要分为动产、不动产以及债务三部分。

1. 不动产

村庄公共的继承物主要包括村落的吴家坟、树木、污龙渠和寺庙。老人说:"那吴家坟多少年了也没人管过,每次换了新的村长也不会去理会。扔死孩子、乞丐的地方,谁都不想管。那村里的树木如果是一直就有的,换届还归村里。但是老百姓自己栽的属于人家个人。那污龙渠,其实是一片不能用的土地,那也归村里。村里的几座寺庙,一换届都要过渡给下一届,普通百姓是不能继承的。"

2. 动产

公共的动产主要包括寺庙里的各种香炉、坐垫、灯台等拜神用到的设施。这部分因为是村长跟村民收钱集体买的,所以最后依然会传承给下一届村落权威,还是归村民公共使用。老人说:"那些寺庙里的桌椅板凳之类的东西,都是大伙出钱买的,但是算是村里公共财产的一部分。谁也不能私自把东西搬回自己家。如果被发现,老百姓都不会让他。因为这是违反了大忌,会触怒神灵。村里以前有人也偷过香炉,被村民发现举报了。村长带人把他打了一顿,以后他再也不敢了。"

3. 债务

如果村子里有债务一般是下一届的村落权威继承。其实是全体村民继承,因为最后都是从村民那里征收。这里的债务包括拖欠国家的税款和为了完成国家摊派的任务跟邻村或者县里借用的钱粮。"村里的税大部分都是从老百姓身上取走的。但是有实在是灾年的时候,国家不给减税,村长只能想办法出去借债。等来年收成好的时候再还上。但是这个债可不是他村长一个人还,他会说这是为了村子欠下的债,要全村都要跟着还。如果有不还的,那他以后在村里的日子可不好过。"

三、继承程序

继承程序分为两种。一种是私人财产的继承程序,一种是公共财产的继承程序。

(一)私人财产的继承程序

分家可以分为部分分家和完全分家。部分分家是想要分家的儿子出去和媳妇单过,不分家的,不论是否成婚依然和父母一块过。完全分家是按照儿子的数量,将家里的财产等分,居住在外地的儿子要赶回参加。对于完全分家,每个儿子不论是否结婚都可以分到一份;已经死亡的儿子,若妻子没孩子,她守节或者改嫁都不分财产,如果有孩子，也要分一份；过继或者抱养的儿子参与分家。而不管是分家是部分还是完全分家，都要走一遍分家的程序（见图3-9）。"把东西都划好，迟早都是要分的。只不过先分的先拿罢了。"老人说。

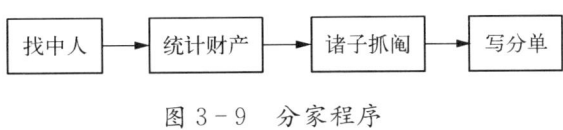

图3-9 分家程序

1. 请中人

中人又叫说合人，这次邀请的必须是本家族中的族长或有威望的邻居。把他们请来，一是帮忙清点和统计农户家的财产，二是在写分单的时候做个见证，三是日后发生纠纷的时候做个调和者。

2. 统计财产

农户的财产一般包括家具、牲口、生产农具、母亲的嫁妆、石碾、石磨、粮食、现金等动产，家里的土地、房屋、店铺、门市、水井、树木等不动产以及家庭中的债务。嫁妆地、嫁妆钱和嫁妆依然归媳妇个人所有，不参与分家。这些财产会按照儿子的数量平均分配成"几堆儿"，分配的方法一般是将所有的东西折价后进行搭配，力求每一"堆儿"的价值都差不多。"分家时若家中殷实，父母会留一些养老地或者养老钱；如果没钱就不会留。"老人说。父母去世后，养老地和养老钱由所有儿子均分。

3. 抓阄和选择

财产清点好之后就由几个儿子抓阄选择。一旦抓阄不得反悔。分家前各个儿子或者儿媳不能提出自己的特殊要求，如果有，可以在分家后由各个家庭私下调换。农民分家多选择"分田不分房"，即住在同一个屋檐下，但是分开吃饭。因为牲口、水车、旱车都很贵，一套要1000元左右，分家以后的小家庭无法独立承受，所以依然要共同使用。使用的时候由家长或者大哥主事，兄弟几个协助；使用天数一样，但先后顺序由家长或者大哥定。牲口的照顾和喂料要轮流来，饲料的钱均摊，不出钱不能使用牲口；喂料、照顾必须细心，如果消极怠工让骡子病倒或者死亡，不仅这家的生产将会受到影响，牲口死后卖的钱或者吃肉也不分给这一家。如果有兄弟先买了自己的牲口，可以把共用牲口自己的那份作价卖给其余的兄弟，费用均摊。

4. 写分单

抓阄和选择完成后就是契约时间，在村里这种契约叫作"分单"（见图3-10）。同样要在中人的见证下签订，内容包括谁分家，分家原因，所分财产具体的数量、金额、方位等，具体分给谁，养老分配，丧葬分配，最后是执笔人、见证人和当事人签字或者按手印。

分 单

××与长子、次子、三子立分据一份:

因人口众多,家道不好,居住不便,特邀本族长辈、乡亲好友将家一分为三。长子分宅院一处,房子三间,地三亩(西到××,东到××,北到××,南到××),三人合用一头骡子,均摊饲料。生产工具三家共用,赡养老人三子共同负担。次子分×××,三子分×××。老人住老三家东头房二间。百年后,一切葬买费用由三子共同负担。

立字为证,不可反悔。

执笔人:××

中证人:××

××年××月××日

三子手印(签字)

图 3-10 分单

分单每个儿子各一份,父母一份,各自保管。分单是以后土地房屋买卖和确认边界的重要凭证,各家妥善保管。分家后若房子多就分开居住,房子少就共处一院。全家吃一顿"散伙饭",下顿饭便"另起炉灶",各吃各的。

5. 纠纷调解

无论是分家时还是分家后,如果出现了矛盾,当家人是第一调解人。如果当家人调解不好,就只能请族长来。涉及家务的事情,一般到这两级就会都处理好,即使处理得再不顺心,也不愿意再找外人。因为村民认为分家毕竟不是光彩的事情,而且"家丑不可外扬",家里的人因为争夺财产打得头破血流这种事情没有脸面对外说。但是也有例外,如果家里和族内确实调解不好,而家长又控制不住局面的话,就只能找保长、村长来调解。调解的时候,一顿酒肯定少不了。保长、村长毕竟还是本村人,他们说话矛盾双方还是会听。而如果保长、村长也解决不了,闹得不可开交,最后的办法就是找县里来解决。这个时候就不是一顿酒能解决的事情,用当地话说叫"经公",一旦"经了公"那走的就是法律程序,农户为了打赢官司要付出更大的代价,有的时候会明显得不偿失。所以在县里打官司的情况比较少见。

如果是小矛盾,经过调解很快就能和好如初,毕竟分家的大都是亲兄弟。而如果矛盾愈演愈烈,最后都无法收拾,那兄弟也会形同陌路。

(二)公共财产的继承程序

公共财产的继承程序比较简单,一种是看账目,第二种是现场确认继承。

1. 看账目

对于村里有多少公共财产，有多少债务，村里都有一个账本。这个账本记录得比较详细，由村长保管。每次换届，都要把这个账本交给新一任村长。新村长对账目研读之后，有任何问题可以向之前的村长、绅士或者保长提问。这被视为继承的第一步。

> 任永吉当村长的时候就很认真，不仅搞清楚了所有的公共财产，就连所有的私有财产都摸得很透。因为他对村落的情况掌握得仔细又全面，而且非常有手腕。所以他在村里成为"三面红"，在各种势力侵入村落的时候，都可以把事情处理得非常圆满。

2. 现场确认

对于账目上的东西，跟前辈梳理好之后，做到了心里有数。但是新村长必须要实地考察，与账目上的对应才能安心。在动产和不动产方面比较好清查，只要到现场去勘察就可以。但是在债务方面比较难现场确认，一般是看以前的借据。这是继承的第二步。

四、继承关系

从古至今，牛家庄的分家传统是一脉相承，至今依然保持传统时期分家的原汁原味。私人财产的继承这部分将从分家原因、分家规则、分家程序和分家实例来展示。而公共财产的继承则主要通过不同主体的继承情况来展示。

（一）私有财产继承关系

1. 家户内部继承关系

（1）分家原因

分家的提出一般有两个人，一个是儿媳，另一个是家长。而分家的提出大体有三种原因。

一是儿子娶妻后，媳妇怂恿分家。一旦儿子结婚，媳妇会觉得总是跟父母住一起不方便，"不想受婆婆的气"；或者是跟家里共同经营，收入都是家长统一分配，媳妇想留一部分私房钱但是根本没有机会，所以会不愿意；再或者是家庭中有未成年人、老人需要照顾，住得太近付出太多，所以要分；还有扩大家庭中某家干活勤快收获多，另一家好吃懒做收入少，但因为收获都要平均分配，勤劳一家的媳妇就会觉得不公平，所以想要分。媳妇怂恿的分家是必分不可，不然媳妇天天"一哭二闹三上吊"，家长没有办法，只能快分。

二是儿子不成器，家长决定分家。儿子成年后成天好吃懒做不干活，如果家长还有体力或者是对儿子溺爱，可能还会继续养着儿子。但是时间久了，自己的体力不支，慢慢就会力不从心，这时候再不分家就要坐吃山空。如果家庭之中还有小家庭，看到懒惰的情况难免会说闲话，甚至吵包子，为了家庭和睦，家长这时候会提出分家，让诸子自力更生。

三是儿子为非作歹，家长提出分家。成年的儿子在外面犯了十恶不赦的大罪，面临着诛九族的危险，家长担心犯罪的儿子被官府通缉连累家庭，提出分家。或者是儿子做出了忤逆家长的事情，让家长不想再看到儿子，如果说逐出家门太过激，一般用分家的方式就更加温和。

（2）分家原则

不管家业多少，也不管分财产的人数有多少，分家都有几个相通的原则，如同意原则、公平原则、规避原则、少数服从多数原则和独子不分家的原则。

一是同意原则。如果父母不同意分家，就无法分家，但分家的苗头已经起来，不分会影响家庭和睦。如果家中只有少数儿子要分家，必须要经过父母的同意，因为涉及分家，必须非常慎重；而如果全部儿子都要分家，这时候父母不同意也没办法，一般会由儿子们去，但是心里会觉得儿子不孝顺。

二是少数服从多数原则。如果有三个儿子，有一家不干活，其他两家都干活，就不分家；如果有两个儿子，有任何一个儿子不干活就要分家。

三是公平原则。必须讲究公平，"公平"的体现一是权利平等——分的财产均等，二是义务均等——分摊养老费用，轮流照顾老人。父母不可以指定某一位儿子多得财产，否则就会引起家庭纠纷，吵架甚至打架。

四是规避原则。分家时儿媳带孩子回娘家回避，不参与分家。

五是独子不分家原则。如果农户家只有一个儿子，就无须分家。因为财产最终也要归这个独子所有，赡养老人是必须履行的义务；一旦分开，生产力量减弱，生活水平降低。

表 3-24 分家原则

原　则	情　况	
	部分分家	完全分家
同意	必须父母同意	父母形式上同意
公平	不分的跟父母，单过的分财产	财产、债务等分；义务均等
规避	儿媳带孩子回娘家	
少数服从多数	超过2/3的儿子不同意分家则不分	
独子不分家	只有一个儿子，因财产最终归他所有，无须分家	

（3）分家结果

儿子们组建为若干个小家庭，各自独立经营。"未出嫁的闺女或者未成年的儿子，依然同叔叔、大爷等有扶养能力的人一起生活。"老人说。兄弟几个都会正常来往，相互串门，但是毕竟已经分家，"自家各扫门前雪"，不会相互扶持，除非关系非常要好。

如果发生争夺财产或者分财不均的情况，就需要请有权威、说话好使的族长或者保长来仲裁。如果当事人不听劝解，可以上告乡长、县长来打官司。案件受理后，上级政府会派工作人员下村调查，诉讼费由输的一方全出。

访谈者王肇玉爷爷，80岁。在1948年分家，当时家里有50多岁的奶奶（爷爷的第二任妻子）、40多岁的娘、24岁的哥哥、24岁的嫂子、1岁的侄女、21岁的自己、23岁的媳妇、1岁的儿子、19岁的弟弟和12岁的妹妹。他讲述了自己分家的经历：

> 我家里有一亩多的一个大院子，3间正房和4间厢房、23亩地、一头牛、一头驴、一辆旱车、一个水车，各类农具一套，一个猪圈，家具几个。
>
> 最后能分的都分掉了（见图3-11）。正房为瓦房，奶奶住东头一间、娘住西头一间，中间的为万年屋不分。厢房为土坯房，我分靠南一间，哥哥分靠北一间，中间一间分给弟弟。奶奶留5亩，娘带着妹妹留7亩，因土质都差不多，剩下的11亩兄弟三人平分。所有牲口和农具三兄弟共同使用，用的时候提前说，轮流使用。我分到一个三抽屉的柜子和一个泡菜坛子，奶奶屋里的家具归大哥所有，娘屋里的东西归弟弟所有。
>
> 分家不久，就进行了重新整修（见图3-12），把原来的房子全部拆除，房子归谁木料就归谁。后把一个院分成3个院，弟弟在最北，大哥在中间，我在最南。后来奶奶的房子和田归大哥，由大哥单独赡养，娘的房子和田归弟弟，我单独赡养。

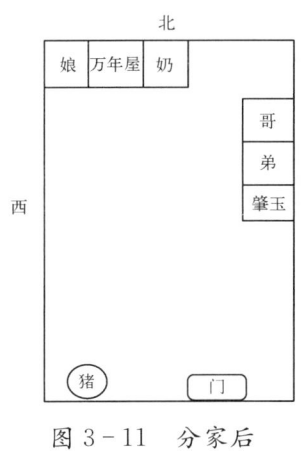

图3-11 分家后

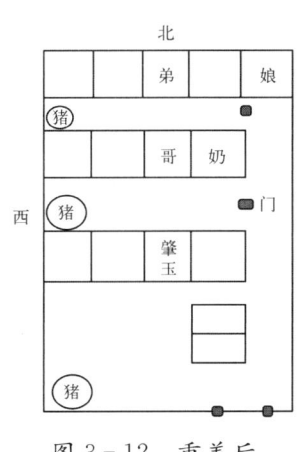

图3-12 重盖后

2. 家户外部继承关系

如果家庭财产出现无人继承的情况，就会采用家户外部继承方式（见表3-25）。需要根据血缘相近的原则，按由近到远的顺序继承，一般是由叔伯兄弟或侄子平分。任何亲戚都没有的，财产归村集体所有。本家户之外的其他人，如娘家人、外嫁女儿等，没有继承权，也不可以参加继承活动，因为害怕他们偏袒任意一方。

表3-25 家户外部继承方式

继承人	原 因	继承方法
叔伯兄弟继承	没儿女没妻子	兄弟均分
侄子继承	没儿没女没妻没兄弟	侄子均分
村子所有	没有任何亲人	充公

（1）叔伯兄弟继承

叔伯兄弟也可以继承财产，主要有两种情况。一是分财产这家的孩子有人是从叔伯那里过继来的，二是叔伯有从即将分财产的这家抱养过孩子。但两种情况之外还必须满足一个条件，那就是过继或者抱养的儿子已经去世，待分财产家也没儿女没妻子，这时候财产就是叔伯来均分。

（2）侄子继承

农户家的财产也有侄子继承的时候，那就是家里没儿、没女、没孙子、没重孙子、没妻子、没兄弟，家里沾亲的只有侄子，那财产就继承给侄子，这时候不管有几个都是平均分配。老人说："总比给外人强，侄子好歹也跟自己同姓。"

（3）无人继承

如果农户家长死后没有任何亲人，那他的所有财产将归村子所有，让村长处置。这种情况多出现在日军来的时候，农户家被灭了满门。留下的房子一般村长会充公，土地一般会找别人来租，收取租子，算作公粮。老人说："但是这种情况很少，如果把人杀了，房子也就给点了，剩不下什么东西。"

（二）公共财产继承关系

牛家庄的村落公共财产在不同的阶段可能由不同的主体继承，这些主体包括村长和绅士。在不同的时期，它们体现出不同的继承关系。

1. 村长继承

一般情况下村落的财产都是村长继承。一般是上一届的村长任期将满的时候，由他亲自把所有的账目交给下一任村长并说明情况，做一些嘱托诸如"好好干，我相信你"之类的话语。老人说："在王才臣之前，村落的财产都是这样过渡给下一任的。村里那点账目，说简单也简单，说不简单也不简单。如果有的贪污了没有在账目上写，那下一任没有及时发现的话，就要收拾上一任的烂摊子。如果是一个精明的村长，一般会避免这样的情况发生。"

2. 绅士继承

王才臣上任之后，因为非常有能力一直干了十几年的村长。后来因为年龄实在是太大了，才把手中的接力棒交给了下一任。但是在下一任刚刚赴任的时候，依然是绅士把持村落的财政，也就是由绅士直接继承了，实质上依然掌握在一个人手中。等到村长慢慢成长起来，绅士认为他可以独当一面了，才放心地把村落财政交还出去。

3. 无人继承

在刚刚建村的时候，常常遭到自然灾害和战争的摧残。所有的村民不是死于战火就是逃离了牛家庄。这个时候村落的建制全部解体，自然也不会有人来继承村落的财政。直到后来政策移民，有了新的一批移民入住，才选举出有威望的村民作为村落权威，再次获得了村落公共财产的继承权。

第八节　牛家庄村经济变迁

1949年之后，伴随着土地改革、合作化运动及家庭联产承包责任制的实行，牛家庄的传统经济形态发生了巨大变化。人口爆发式增长，街道扩张更为有序，生产、消费、分配等的方式都发生了翻天覆地的变化。

一、1949年前传统经济形态状况

牛家庄的传统经济主要是以家户为主的经济模式，它以前的经济形态主要有以下几个特征：

（一）围绕土地开展多种形式的经营

1949年之前牛家庄人多地少，人地关系较为紧张。清光绪年间（1872年），村内有耕地51顷45亩，117户，257人，人均耕地3.15亩。村内多水浇地，少坡地。地分三等：一等地，地块平整，肥力强，占20%，黏土占比多；二等地，地势不平，肥力强，占70%；三等地，地势不平，肥力差，占10%，白土、沙土占比多。牛家庄可种农作物非常多，沙地适合种花生和山药，而黏土适合种华北平原上所有的农作物。大宗小麦多用来交租，其他如玉米、山药等是主要的果腹食物。种类虽然多，但在1949年以前都普遍低产。麦田集中连片，都分布在村庄的四周，多数为"插花田"。村里的劳动事务，以农业居多，手工业、商业为辅。牛家庄不在村地主把控大量土地，村内

50％以上的土地被城内地主马家、王家和晏家通过买卖、继承占有，各自拥有土地百亩以上，村内有地的农民其实只占四成，土地较少的只有几分，多是由分家造成的，其他无地或者少地农民只能租地。本村的农户平均租地 2—3 亩，最多的租过 60 亩。如果自己家的三大件不齐全，一般是采用换工互助的方法或者觟锞来解决困境。劳动时间都是顺应自然的。具体到一年中，农户种地干活集中在清明到 10 月这段时间。具体到一天中，农户种地集中在上午和下午，正所谓"日出而作，日落而息"。还有另一种常见的活法是"觅活"，就是打工，分长工和短工两种。给别人干活一般在一年以上、十年以下，地主多不在村，但村民和地主都为本村人。村内的土地主要有私田、族田、公共田三种类型。还有官道，属于国有土地，乡间道路中部分所有权不明，各村人都可以自由通过。村间道路大部分是农户自家农田的一部分，少部分由于历史原因不得而知。

（二）家户经营，男耕女织

村落范围内，都是以"一家一户"作为土地经营单位。"一家一户"在分家前是"扩大家庭"，分家后为"核心家庭"。核心家庭为父母和未婚子女。扩大家庭则包括已婚的还没分家的子女。一个有经验的农民可以独立完成小麦种植的所有环节。如果是初学，一般需要家中熟练农民的帮助。觟锞、换工、攒忙等都是牛家庄比较普遍的生产合作方式。无论是自有土地，还是租的土地，农户都有独立的自主经营权，想种什么都是自己说了算，但必须遵循物候。地主租子多要小麦，佃户只能先种麦交租，之后才考虑其他来果腹，比如玉米、山药等等。一个农村家庭，对于家庭土地的经营，由家长说了算。一般是男性家长领导全家，遇到事情可以跟家人商量，但是决定权在男性家长。家户之中男女分工非常明确，"男主外、女主内""男耕女织"。

（三）交换行为普遍而密集

牛家庄主要的交换场所有各类集市、庙会、流动摊点等，不仅因为本村做小买卖的人数众多，还因为很多农户在丰收的时候愿意将富余的粮食、棉花等拿出来贩卖换钱，他们不是全职做生意，但还是可以贴补家用。还有的农户愿意以物换物，用富余的农产品换一些家中没有或者需要加工的产品，例如用鸡蛋换盐，用麦子换卷子、麻糖和馒头，用花生换油等等。除了本村热衷交换的农户之外，由于牛家庄是远近闻名的集市大村，周边的农户和商人都会定期赶来进行交换活动。本村不仅有村内集市，还有村外集市。村内集每个月有 6 次集：逢一、逢六，即农历初一、十一、二十一、初六、十六、二十六。村外集包括县集和其他村集：县集一个月有 12 集市，逢二、逢七为大集，逢五、逢十为小集；南牛三、八集市，吴兴四、九集，权城二、五、八集市。这些集市交织在一起，使得牛家庄的交换变得非常便利。牛家庄的集市中有各种各样的经纪,包括牲口市、猪市、粮市、糠市、菜市、线子市等。经纪管理,各司其职。他们通过"摸手""论斗"的方法,促成一桩桩生意。借贷分为贷款、贷粮两种。贷款月息30%—100%,群众称"驴打滚""阎王债"。贷粮,地主将收租的粮食于青黄不接时贷给贫困农民,两三个月加倍收回。有的调换品种,从中牟利,如麦收前贷一斗高粱,麦收后还一斗小麦;秋收前贷一斗高粱,秋收后还两斗高粱。

(四)消费有次序,消费要统一

对于家庭自己生产的农产品,家长拥有绝对支配权,而家长的妻子可以决定产品究竟怎么用。牛家庄一家普通的农户每年的农产品分配主要有三个方面:生活消费、赋税和交租。农户的分配上赋税和地租优先。牛家庄自古都是旱涝保收,除了特大灾年,农户的储粮在上交地租和赋税之后,一般不需要借粮也足够生活一年,但是生活水平较低,一般是玉米或者山药充饥,白面只能是在家里来戚或者逢年过节时吃得到;实在不够的时候只能跟亲戚、朋友借粮。分家前消费单位是扩大家庭,分家后是核心家庭。不管怎样,都以家庭为基本单位进行消费。通常可见的现象是四世五世同堂,统一消费,消费的个体差异较小。家庭内部消费包括生产消费、家户养老、子女婚育、老人丧葬和家庭债务等,并逐渐形成了各种相对应的消费关系;而家庭外部消费包括人情消费、节日宴请、村庄活动的共同消费等方面。财富的积累需要传承,这就涉及牛家庄的财产继承和分家的各类关系。

二、1949年后传统经济形态变迁

(一)土地改革运动中小农经济状况

1. 土地平分,解决了土地不均的问题

1947年4月17日,在西柏坡举行了全国土地工作会议,颁布了《中国土地法大纲》。1948年春,正定县土地改革运动全面展开,上级派来工作组4人(3男1女),成立了土改会,土改会由贫民团、农会、妇联会组成。

土改之后,全村共揪出地主3—4个,骡子是10家农户一起分一头,驴是5家分一头;其他的农具都作价分给了农民;分土地5200亩,按照土地分配原则——抽多补少、抽肥补瘦、抽近补远,平均每人分土地2亩左右。到1948年底,土改工作全部结束。县政府给所有农户颁发了土地房产所有证,废除并销毁了各种旧地契、旧债。

2. 减少单干,展开互助

土改时期,根据自愿互利的原则,全村70%农户以5—7户为一组组成互助组,有常年互助组和临时互助组两种。好处是便于合理使用劳动力,人畜变工,解决了个人单干缺少人畜的困难。

3. 交换和消费照常

土改期间，木匠、铁匠、泥瓦匠、榨油坊都照常工作。村民任永贺在村中经营了一家榨油的作坊，俗称"油坊"。左老志1903年到木庄村高家学习铁匠手艺，以锻制水车为主，1922年出徒，成为当地著名铁匠，土改期间，曾在"正定县水力推进社"打铁一年多。

除此之外，牛家庄的集市依然比较热闹，牲口市、猪市、粮市、糠市、菜市、线子市没有中断。人们织布纺棉，依然在集市上交换。

红儿1945年死了，不久红儿茶馆就因为无人料理而倒闭。1947年晏扣子和老伴不再卖茶，屋子给了子女入住，扣子茶馆很快就关张了。只有明亮茶馆还存在。

（二）集体化时期村落经济状况

1. 家户经营向家庭互助、合作社转变

1952年春天，牛家庄村的400多农户加入了互助组，提高了生产效益，很快完成了春播任务，显示出互助组的优越性。年末，全村种植小麦2200亩，总产165吨，平均亩产150斤；玉米810亩，总产93吨，平均亩产230斤。1954年，7户农民组成了牛家庄第一个农业生产合作社，也是正定县最早的农业生产合作社之一——新生社。该社是以土地、农具入股，按劳六地四的比例进行分配的农业生产组织。到1955年，发展到50多户，还得到县政府的通报表扬，并将任永吉带领大家组织农业生产合作社的先进事迹编入农民识字课本，在全县学习。在新生社的带动下，全村农民自由结合，先后组成了多个农业生产合作社，有仁和社、民建社、新兴社、全益社、大众社、民生社等。1956年1月31日，正定县委发出了《关于在春节前完成全县社会主义性质的农业合作化和开展大规模的社会主义农业增产运动的决定》。2月，全村由初级社转为高级社。高级社是农业生产合作社的高级形式，它由初级社的土地、劳动力按比例分配的形式改为全部按劳分配。农民的土地、农具、牲畜全部作价入社，由个体经济转为集体经济，完成了对农民生产资料私有制的社会主义改造任务。高级农业生产合作社实行政社合一的形式。牛家庄村为明星高级农业生产合作社，社长王忠信。下属13个生产队，本村11个队，附属的自然村五里铺村为12队，树林村为13队。年末，全村种植小麦2641亩，总产量239吨，平均亩产181斤，比1949年亩产增加23斤；玉米1681亩，总产251吨，平均亩产299斤，比1949年亩产增加79斤。

2. 分配方面实行全新方式

（1）从"劳六地四"到工分制

1955年，在初级社时期，实行的是"劳六地四"分配原则；1956年，全村合并为明星高级农业生产合作社，下分13个生产队，实行按劳分配，多劳多得的分配原则。

1958年成立人民公社后,原高级社改为生产大队,下设33个生产队,实行工分制计酬,社员每天干活收工时,由队长开工分条,作为计酬凭证,月终将工分条交会计统计上报,年终汇总后统一结算。1963年,劳动计酬改为记工制,各生产队设一名记工员,负责全队劳动记工,年终汇总结算。1982年撤销了生产队,取消了工分制。

(2)从供给制到"人七劳三"

1954年至1955年,成立初级社,农民的牲畜和大型农具,经公众评议,以合理的价格入股。土地按纯收益的40%分红,劳动报酬按60%分红。1956年转入高级社后,取消了土地分红,粮食除保证口粮外,剩余部分按劳分配。1958年,人民公社实行半供给、半工资制,当年办起了公共食堂,社员的伙食费由公社统一供给,剩余收益按劳取酬。1961年,牛家庄村认真贯彻中共中央关于《农村人民公社工作条例》和"调整、巩固、充实、提高"的八字方针,纠正"左"的偏差,取消了供给制度,解散了公共食堂,实行"三级所有、队为基础"的管理体制,劳力、粮食指标均由生产队统一支配,实行评工计分、按劳分配、多劳多得("人七劳三")的分配原则,即总收益的70%平均分配,30%按工分分配。

3. 学大寨,人海战术战偏坡

1964年初,毛主席向全国发出"农业学大寨"的伟大号召,"农业学大寨"运动在全国农村轰轰烈烈地开展起来。牛家庄村为把大寨经验学到手,党支部积极响应党的号召,带领全村党员、干部、群众学习大寨精神,利用农闲季节,大搞农田基本建设,平整坡梁、洼地,建设优质方田。村南有一块坡地(俗称"偏坡")就是方田建设的主战场。自古以来,偏坡地沟壑纵横、坡高地斜、缺边少沿,是"三天无雨苗发黄,下阵大雨地冲光"的坡梁地,耕种费工、浇地费时,多年来亩产不过百余斤。1966年冬,大队革委会做出决定,调动全村青壮劳力,发扬大寨精神,实行人海战术,大战偏坡。经过一冬的奋战,将50多亩的偏坡改造成了平整良田。

在"农业学大寨"的年代里,全村共平整坡梁地1000余亩,平坟5000余座。1970年实现了全村土地方田化。年末,夏收粮食种植面积3575亩,总产828吨,其中小麦2781亩,总产628吨,平均亩产452斤;秋收粮食种植面积3156亩,总产956吨,其中玉米1206亩,总产364吨,平均亩产604斤。经济收入675000元,纯收入338095元,人均收入90元。

(三)家庭承包到户之后小农经济状况

1. 经营主体从公社向家庭转变

1979年,党的十一届三中全会召开后,国家进入经济体制改革的发展阶段,首先在农村实行农业结构调整,分田到户、土地承包责任制在农村试行、推广。1980年,本村开始试行定额计酬的小包工,这种形式是一种包工不包产,按劳动质量和数量计算报酬的生产责任制。1981年,实行生产队统一经营,将单项作物的经营管理权分包到户,以联产计酬。1983年,实行家庭联产承包责任制,承包期为15年。村委会依照中央有关承包政策,以生产队原有土地亩数为基础,经重新丈量校对,将全村5200多亩土地按肥瘦分级,折算出标准亩,按生产队现有农业人口平均分配到户。农户以承包的标准地亩数,缴纳税费及征购粮。实行家庭联产承包责任制后,撤销了与生产力发展不相适应的大队、生产队等组织,克服了平均主义的弊端,充分发挥了农民的自主性和积极性;同时,使大量剩余劳动力去务工、经商,发展个体企业。1998年,农村土地承包合同期限再延长30年。2011年,全村小麦种植面积4258亩,总产2100吨,平均亩产986斤,比1979年亩产增加258斤。玉米4430亩,总产2570吨,平均亩产1160斤,比1979年亩产增加645斤。当年经济总收入38899万元,经济纯收入3508万元,人均纯收入6807元,比1979年的121元增加6686元。

2. 分配上从"交够国家的,都是自己的"到"取消农业税"

1983年,推行土地承包责任制,各队实行按人口分地,每户一块或两块,除征购提留统一安排外,农事活动完全由农户自己安排,农业收入除按规定缴纳征购提留外其余全部归自己所有。2006年,国家统一取消收缴农业税政策,进一步减轻了农民负担,2008年后中央又发放粮种补贴。

第九节 牛家庄村经济实态

当前,牛家庄村村民的经营方式和经营内容与改革开放之初相比,有了不少新的特色。经营范围逐渐扩大,经营内容由简单变复杂,产业也随之变得多起来,形成以乡镇企业为主的产业格局。更多的年轻人脱离家户,流向大城市。

一、产业

新时代的牛家庄,产业结构完整,除了种植业外,还有畜牧饲养、手工业等,村落在外务工人数80人。其中,种植业的比例下降,一度成为整个产业结构中占比最低的行业;而乡镇企业,因为其极高的效益,成为新时代牛家庄最重要的经济支柱。

走进牛家庄就发现,村子周围大大小小的企业林立,即使在村庄内部,也涌现出了各式各样的家庭式企业。不要小看这些企业,牛家庄亿万富翁一个,千万富翁十几个,百万富翁数不胜数的神话都是这些企业的功劳。其中不乏村办企业、队办企业、民营企业和外来企业。

（一）乡镇企业成为主要支撑

1. 村办企业

1957年，牛家庄村成立副业股，股址位于村东北角，占地十余亩。王兆贤任股长，农村工副业开始发展。副业股先后组建了五个小组：第一组，烘炉、铁制品加工。铁匠有秦大雪、秦连雪、秦小金、秦二小、王小平等。主要工艺是制作维修铁制农具，如铁锨、三齿、薅锄等。第二组，木制加工服务。除制作维修车、犁等木制农具外，根据农户需求制作门窗、房架、室内家具。当时木工有邢银福、邢四福、王银忠、王发礼、王栓、晏朝鸣、王永发等。第三组，油坊。把式是任立吉、景振芳。第四组，轧花。把式于小满。第五组，砖窑。把式马振全、王焕直。另外，还有砂壶窑、马车运输、米面加工、养羊、抄纸等，形成了一个初具规模的村办企业。

1973年，随着社会进步、科技发展和机械运用，副业股增添了电气焊，1978年又增添了车床加工、电锯加工、轮胎烫胶等项目，为农户提供维修服务。1976年，在村南建起了转盘窑。同年成立建筑队。1981年在村西建起了面粉厂。

2. 队办企业

1970年，牛家庄部分生产队开始办起了小型企业，以副养农，农副并举。15队率先办起了粉碎机罗件加工；18队加工米面，开粉坊；17队烫胎火补；5队、14队开粉坊；16队抽出剩余劳动力承揽搬运，并购买汽车一辆搞运输拉沙；还有部分生产队在农闲季节搞马车运输拉沙，以增加生产队收入，提高工值。

3. 民营企业

1977年，牛家庄成立了建筑队，先后承揽了石油三指基地、石家庄市洞天影院等建筑工程，为村集体创造了较大收入，同时也培养了大批工程技术人员，为以后建筑业的发展奠定了坚实的人才基础。1986年建筑队解体后，龚雪良、杜朝海、任小眼、王喜顺、王建军、梁小华、王中华、龚凤玲、王计平等当年建筑队培养的青年瓦、木工，2000年后都发展成为承揽大型工程的企业老板。1998年至今，他们先后承揽了正华花园、国豪大酒店、正定国际小商品市场、达诺现代城、华府名邸等大型建筑工程。

1983年，由任立正等7户农民合资购买汽车一辆经营货运，为牛家庄汽车运输开了先河，是正定县最早的民营运输户之一。随后，王丙礼兄弟的牛家庄车队和王修平车队相继壮大，形成规模，后来成为正定县运输业的龙头企业。在他们的带动下，牛家庄运输业空前发展，到1998年，全村大型卡车达120多辆，平均每辆车年纯收入10万余元。

自改革开放以来，牛家庄先后建起的企业、厂家如下：任俊国的正华实业集团；焦新愿的永丰饲料厂和天天乳业集团公司；安云霞的先锋饲料厂、先锋幼儿园和正先食品厂；王贵玉的恒光油脂厂；秦呈立、王明生的新星鞋厂；左瑞杰的楼板厂；王文平的化肥厂；王晓仁的恒旺纸箱厂；王文忠的塑料袋厂；任俊献的服装厂；王明辉的塑料机械厂；任子伟的铝合金门窗厂；张文忠电器厂；王过江电器厂；王顺利电器厂；刘立海、任国山、王恒3家汽修厂；王秀明的印刷厂；王力的有机肥厂；秦贵成加油站；任进生、任庆合加油站；王兰生的盐业公司等。

4. 外来企业

自改革开放以来，先后有28家外地企业落户牛家庄。随着企业的发展，物流仓储业也应运而生。主要企业有石家庄市晶日昌玻璃有限公司、正定县联合丽邦门业有限公司、河北诺丹家具有限公司、华峰杉杉木业有限公司、石家庄市剑桥水泥制品有限公司正定分公司等。外地企业的进入拉动了牛家庄村的服务业，为村民提供了就业机会，增加了农民收入。

(二) 农业占比低，开展多种经营

1. 种植业改进技术，产量极大提升

(1) 技术改进

一是耕作工具。1949年前后，农民的整地工具有旧式犁、犁杖、擦子、耙，后来增添了双轮双铧犁，都是用畜力拉。1958年，公社成立拖拉机站，拥有6台中型拖拉机，拖挂三铧犁、四铧犁，农忙季节分派到各村进行耕作。进入20世纪80年代后，开始使用旋耕犁，当时使用中型拖拉机（35马力），动力较小，犁具较窄，工作效率不高。到90年代，采用60马力拖拉机，犁具宽阔，犁齿加长，耕地又深又快，每天耕地80余亩，工作效率大大提高。

二是播种工具。20世纪60年代前，播种都是传统模式，用双脚耩子播种，石墩子轧实。70年代后期，开始使用播种机，但播种质量和效益都不太高。经过多年研究改进，现在使用的播种机质量非常好，能够达到籽粒均匀，播种量准确，深浅适宜，出苗率高，各种土质都能适应，每天播种百余亩。

三是收获工具。20世纪60年代以前，小麦的传统收获方式就是用手拔，到70年代改用镰刀割，然后将麦秸运到打麦场上，用牲口拉碌碡反复碾压后再把麦秸拢起来，剩下的就是麦粒和麦糠了，最后用簸箕扬场，才能达到麦粒净化。80年代后，开始使用小型收割机，牛家庄第9队最先使用滚筒式脱粒机，该机降低了劳动强度，缩短了打麦时间，随后在全村推广。90年代后，开始使用联合收割机，并迅速推广。近年来，联合收割机又增添了秸秆粉碎装置，小麦收割、颗粒净化、秸秆还田一次完成。过去收麦、打场需要一个多月，现在3—5天就可以结束。

(2) 产量提升

新时代的农牧业是科技进步下的农牧业，不仅采取了较为先进的农业技术，农民自身的文化水平也提高了。这就带来了粮食作物、经济作物、蔬菜亩产的极大提高（见表3-26），以及畜牧饲养的跨越式发展。

①粮食作物产量提升

一是小麦。1960年后，国家农业科研力度加大，农业局下设种子站，开始引进、推广优良品种。1965年，全村引进石家庄"54麦""泰山5号""津风1号"等品种，种植2290亩，总产298吨，平均亩产259斤。1981年，牛家庄农场技术员何志强经过多年努力，培育出了小麦优良品种"正麦1号"。该品种秸秆短，抗倒伏，码稀粒大，产量高，全村种植3206亩，总产1212吨，平均亩产756斤，在全县推广。另外，在农业科技部门的指导下，农民在种植方法上逐渐改进，推广合理密植，由原来的1尺行距改成二密一稀、三密一稀，产量大幅度提高。2012年，小麦优良品种不断增多，如"冀十五""冀麦26""7111"等。全村种植4258亩，总产2100吨，平均亩产986斤。

二是玉米。1958年，全村开始引种"大白牙""金皇后"等品种，产量达400斤，该品种生长期长，增长潜力小。1965年，开始推广玉米双杂交、综合杂交品种，逐渐由春播转为麦垄点播。1976年，引进早熟高产的"群单105""博单一号""京早七号""邯郸一号"单交种，其生长期短，秸秆矮，抗病抗倒伏，品质好，适合麦垄点播，亩产达800斤。2000年以来，普遍种植的优良品种有"掖单二号""邯杂一号""唐抗一号""京单28""沃土"等，生长期在95天左右，耐水肥，秸秆粗壮，品质好，适合麦茬播种。2012年，全村种植4430亩，总产2570吨，平均亩产1167斤。

三是谷子。1967年，引进抗病力强、抗倒伏的"柳条青"，亩产提高到300斤。1972年，引进"朝鲜谷"，亩产400斤。该品种秸秆细，易倒伏。1981年，引进"青到老"，亩产达500多斤，但病害严重。1983年，引进"豫谷一号"，全村播种148亩，平均亩产520斤。谷子脱皮为小米，营养丰富，食用以熬粥为主。20世纪50年代，人们习惯把小米磨成面蒸米馍馍、摊煎饼等，这些食品都是过年必备的食物。谷秸（俗称秆草）是上好的牲畜饲草，农家必备。收后去穗，及时晾干，垛成大垛，以备冬春牲畜食用。谷糠是喂猪的主要饲料，也是农村常用的熏蚊子用品。

四是黍子。1990年以来，由于产量太低，加上麻雀的危害，谷类作物已无经济效益，渐被淘汰。现今人们食用的小米都是从外地运来的。

五是豆类。1949年左右，豆类种植面积较大，种类有青豆、黄豆、黑豆、绿豆、豌豆、扁豆、红小豆、蚕豆等。由于豆类产量较低，现在青豆、黄豆只有少量种植（加工豆腐）。

表 3-26　牛家庄村粮食作物产量统计情况

(单位：亩，吨)

年度	种植面积	夏收粮食		其中小麦		秋收粮食		其中					
								玉米		大豆		薯类	
		种植面积	总产量	种植面积	总产量	种植面积	总产量	面积	总产量	面积	总产量	面积	总产量
1949	5227	2410	178	2250	169	2817	305	800	88	480	29	917	138
1952	5260	2450	184	2200	165	2810	333	810	93	500	33	950	147
1956	6583	2748	249	2641	239	3835	562	1681	251	300	29	1212	225
1957	7398	2694	198	2426	188	4705	539	1026	99	608	37	1770	304
1958	7891	3062	242	2705	213	4824	715	1124	154	574	40	2822	484
1959	6686	2973	241	2792	228	3717	561	556	53	824	56	1666	393
1960	5684	2773	237	2459	217	2909	549	342	43	525	34	1697	435
1961	6320	3117	139	2792	124	3203	512	464	83	852	64	1584	356
1962	6646	2666	207	2174	182	3980	621	1214	176	741	49	1352	219
1963	6455	2570	238	2376	219	3885	454	1044	148	586	40	1223	199
1964	6392	2720	197	2511	182	4212	673	1097	167	418	34	1462	370
1965	5972	2571	329	2299	298	3401	819	1011	240	280	25	1436	441
1966	6010	2753	448	2560	419	3257	846	1353	335	163	16	1133	379
1967	6561	3246	462	2682	396	3305	657	1181	215	183	9	1219	323
1968	6669	3251	411	2730	336	3418	886	1275	301	136	9	1362	440
1969	6912	3643	703	2716	534	3269	762	1230	295	101	7	1296	364
1970	6731	3575	828	2781	628	3156	956	1206	364	62	8	1180	441

续表

年度	种植面积	夏收粮食		其中小麦		秋收粮食		其中						
								玉米		大豆		薯类		
		种植面积	总产量	种植面积	总产量	种植面积	总产量	面积	总产量	面积	总产量	面积	总产量	
1971	6898	3712	813	2762	611	3186	861	1426	310	75	14	1121	423	
1972	6942	3737	937	2672	703	3205	987	1461	397	47	9	998	404	
1973	7008	3814	1061	3095	854	3194	1002	1438	349	46	10	1094	485	
1974	6938	3803	1035	3107	859	3135	1131	1313	518	25	5	1030	421	
1975	6947	3726	1200	3478	1085	3221	1106	1400	447	0	0	948	398	
1976	6884	3712	1226	3292	1080	3172	891	1600	402	10	4	1016	338	
1977	6845	3582	1028	3244	830	3263	1061	1565	485	8	3	1268	437	
1978	6772	3572	1580	2850	1283	3200	892	1695	532	12	4	1052	282	
1979	6683	3270	1323	3008	1095	3113	789	1864	480	24	6	1001	260	
1980	6628	3520	907	3130	777	3108	1148	2016	739	21	9	953	352	
1981	6658	3664	1481	3206	1212	2994	988	2016	737	40	8	732	193	
1986	10068	4720	1379	4700	1685	4193	1518	3380	1336	400	80	400	100	
1987	9872	4452	1353	4480	1347	3800	1347	3000	1167	400	60	400	120	
1988	9686	4526	1536	4500	1530	3600	1027	2900	899	400	38	300	90	
1989	9800	4690	1722	4690	1722	3600	1092	2900	942	400	60	300	90	
1990	9480	4500	1629	4500	1629	4100	631	3800	1566	200	28	100	36	
1991	9430	4473	1521	4473	1521	3884	1667	3664	1611	90	13	130	43	
1992	9739	4515	1828	4515	1828	3703	1615	3267	1535	90	14	130	62	
1993	8784	3704	1471	3704	1471	3703	1581	3267	1503	90	15	130	60	

续表

年度	种植面积	夏收粮食 种植面积	夏收粮食 总产量	其中小麦 种植面积	其中小麦 总产量	秋收粮食 种植面积	秋收粮食 总产量	其中玉米 面积	其中玉米 总产量	大豆 面积	大豆 总产量	薯类 面积	薯类 总产量
1994	9483	4304	1420	4304	1420	3267	1638	3267	1638	90	17	130	58
1995	9541	4304	1947	4304	1947	3766	2102	3766	2102	234	22	263	61
1996	9521	4304	1962	4304	1962	4309	2129	3766	2014	280	47	263	68
1997	9825	4304	2103	4304	2103	4305	2275	3765	2150	510	136		
1998	10048	4410	2276	4410	2276	4320	2386	3780	2260	612	206		
1999	9298	4410	2214	4410	2214	4075	2260	3750	2175	288	89		
2000	9458	4047	2024	4047	2024	3999	2182	3514	2053	648	169		
2101	9397	4047	2024	4047	2024	3982	2176	3507	2053	548	138		
2002	9404	4047	2024	4047	2024	3982	2117	3507	1994	548	138		
2003	9620	3853	1892	3853	1892	4021	2086	3507	1953	548	140		
2004	9521	3958	1912	3958	1912	3982	2129	3484	1996	348	97		
2005	9788	4098	1979	4098	1979	4102	2232	3644	2144	348	97		
2006	9828	4198	2024	4198	2024	4188	2318	3739	2193	348	100		
2007	9752	4198	2024	4198	2024	4188	2318	3739	2193	348	100		
2008	10253	4258	2100	4258	2100	4653	2608	4467	2560	544	176		
2009	10395	4258	2125	4258	2125	4538	2453	4330	2400	744	217		
2010	10257	4258	1920	4258	1920	4507	2476	4330	2432	604	168		
2011	10355	4258	2100	4258	2100	4607	2589	4430	2570	602	168		

资料来源:相关数据引自《牛家庄村志》。

六是山药。20世纪50—70年代，山药是农村的主要秋季作物，种植面积较大，亩产2500多斤，是高产作物。山药可直接食用，也可以磨粉，加工成粉面、粉条。1980年后，由于品种的退化，产量有所降低。再加上管理比较复杂，收刨费时费力，逐渐被淘汰。现在食用的粉条、粉面大都是由山区县种植的山药加工出售的。

七是荞麦。1949年前后，农民的传统种植模式以春种玉米、谷子、高粱为主，这些作物收割后到下霜还有一段时间，可以种荞麦。荞麦是一年生草本植物，生长期短，只50天左右。茎呈红色，叶互生，果粒呈三角形，有皮，产量有限，不足百斤。荞麦面做的饺子、饸饹、扒糕都是农民的上乘食品，堪称正定食品一绝，荞麦皮是装枕头的上好材料。由于春茬作物的消失，现在荞麦已无种植。

②经济作物产量提升

新时期，牛家庄的经济作物取得了相当不错的成就（见表3-27）。

一是棉花。1949年左右，农村家家户户都种些棉花，自产自用，织成土布，做衣服、被褥。当时的品种一种是中棉（后称小棉花），茎高、秆细、叶呈黄绿色，果枝短，每铃三瓣，绒短籽小。一种是紫花棉，长势与小棉花相同，棉絮为土黄色。这种棉花有两大优点：一是永不褪色，二是穿上耐脏。用紫花棉布做单衣，在当时农村最为流行。1970年，生产队引进优良品种"冀棉二号"，其特点是生长期140-145天，为陆地棉，中熟品种，植株较松散，茎秆粗壮，果节分布均匀，花冠较大，铃壳光滑，壳薄，吐絮畅而集中，易采摘，衣分达40％，不孕粒少，皮棉色白有丝光，纤维整齐，品质好，产量高。1970年，全村种植1613亩，平均亩产皮棉117.5斤，生产队连续种植多年。1980年后，随着改革开放的发展，人们都忙于发展二、三产业或进城打工，对费时、费力的棉花种植已不感兴趣，现已极少种植。

二是花生。1949年左右，农家以传统品种"筛果"和"大白稀"为主。筛果春种秋收，地上开花，地下结果，长蔓爬地，叶腋处花败生针，入地发育成果。果实较小，饱满坚实，出油率高。收获拔秧时，大部分果实落地。再用专制的筛子从土中筛出。花生筛子长2.5米，宽1.5米，筛框高20厘米，筛底是豆条（直径4毫米）钢丝制成。两框中间下有托，轴穿筛凳上，像跷跷板一样，两头上下活动，将土筛下，捡出砖头杂物，收集花生。所有花生地都得将10厘米厚的肥土层通筛一遍，费工费力，产量不高，仅200多斤，50年代后逐渐被淘汰。1978年，引进推广"天府三号""开农八号""油果""花11""花二八"等优良品种，亩产达280多斤。1984年，种植"海港一号""天府兰""伏花生"平均产量达370斤。现在花生种植面积很小，够自己食用即可。

表 3-27 牛家庄村经济作物产量统计情况

(单位:亩,公斤)

年 度	经济作物 种植面积	1.棉花 种植面积	总产量	2.油料 种植面积	总产量	其中花生 种植面积	总产量	其他作物 种植面积	蔬菜 种植面积	总产量
1949	2100	1600	24000			500	50000			
1952	2250	1700	28900			550	57750			
1956	3123	1804	29750			1319	137100			
1957	1746	887	17915			859	84351			
1958	1368	1368	33608							
1959	1757	1517	27542			184	23463			
1960	2115	1370	36867			745	72078			
1961	1769	1212	26260			557	55700			
1962	1355	1110	25404			245	31100			
1963	1611	1248	14670			363	45038			
1964	1586	1168	29010			408	39711			
1965	1723	1298	52478			425	38367			
1966	1688	1237	55172			442	37845			
1967	1803	1306	56340			431	40307			
1968	1754	1292	76901			358	33243			
1969	1651	1297	70284			285	15550			

续表

年度	经济作物 种植面积	1.棉花 种植面积	总产量	2.油料 种植面积	总产量	其中花生 种植面积	总产量	其他作物 种植面积	蔬菜 种植面积	总产量
1970	1613	1287	89507			238	20111			
1971	1654	1293	97255			266	20480			
1972	1599	1277	55626			225	17419			
1973		1305	95774			226	16395			
1974		1343	79908			199	18106			
1975		1433	68516			33	2874			
1976		1419	49741							
1977		1430	93454			53	2650			
1978		1450	33235			40	5179			
1979		1450	53925			103	7454			
1980		1450	39092			112	16595			
1981		1453	49710			161	21272			
1986	940	420	756	500	1250			215	180	11700
1987	1367	400	234	702	919	700	917	255	200	20000
1988	1210	400	11	800	98	800	98	215	210	210
1989	1230	420	340	800	120	800	120	350	300	800
1990	770	420	96	300	65	300	66	160	160	320
1991	846	429	227	417	88	417	88	227	221	972
1992	1128	705	233	424	98	424	98	394	387	1355

续表

年度	经济作物 种植面积	1. 棉花 种植面积	1. 棉花 总产量	2. 油料 种植面积	2. 油料 总产量	其中花生 种植面积	其中花生 总产量	其他作物 种植面积	蔬菜 种植面积	蔬菜 总产量
1993	424			424	98	424	98	1099	1092	3385
1994	531	107	34	424	93	424	93	1161	1161	3842
1995	617	107	64	510	162	498	161	311	291	947
1996	617	107	51	510	155	498	154	291	291	1019
1997	620	110	50	510	136	510	136	596	596	2086
1998	722	110	54	612	2062	612	2062	596	596	2746
1999	293	5	3	288	69	288	89	520	520	2918
2000	653			648	169	648	169	759	759	4424
2001	440			440	102	440	102	607	607	3473
2002	559			548	138	548	138	816	806	4831
2003	824			548	140	548	140	922	862	5712
2004	664	40	22	348	97	348	97	917	857	5939
2005	731	23	13	348	97	348	97	857	857	5887
2006	661	23	13	348	100	348	100	781	781	5284
2007	667	23	13	348	100	348	100	699	699	4850
2008	620			544	176	304	90	722	722	5024
2009	820			744	217	304	90	799	799	5532
2010	680			604	168	304	90	812	812	5700
2011	678			602	168	304	90	812	812	5360

资料来源：相关数据来自《牛家庄村志》。

三是油葵。2000年牛家庄开始种植，但种植面积不大，品种有"矮大头""矮567""矮优667"，亩产达300多斤，出油率30%—40%。

③蔬菜产量提升

牛家庄村蔬菜种植是自种自食，种植面积很小。传统品种有大白菜、白萝卜、胡萝卜、韭菜、葱、茄子、茴香、黄瓜、芸豆角、菜豆角、北瓜、西葫芦、辣椒、西红柿、香菜、菠菜等。近几年，农民吃菜多数以购买为主，很少种植。

2. 畜牧业占比较大，发展快速

(1) 大牲畜饲养

1949年前后，中国传统耕作模式是以牲畜拉犁、拉耩耧、拉车、拉水车为主。中农以上农户都饲养大牲畜，如牛、马、驴、骡，少数富裕户都喂养两三头骡子，拉水车、耕地、套车都非常得力。1956年合作化以后，生产队根据耕地多少决定牲畜数量，每队饲养5—8头不等。牲畜实行集体喂养，建有饲养棚，设专职饲养员。

改革开放后，随着农业机械化的迅速发展，牲畜逐步被淘汰。至2013年，牛家庄仅存骡子一头，偶尔为个别农户的零星地块耕作，另有一养殖户喂养肉驴4头。

(2) 生猪饲养

20世纪70年代以前，一圈一猪是农户的传统饲养模式。春季买一猪仔，饲养一年，到腊月宰杀，一家老小红火过年，一年间能积攒几圈好粪。1958年，全村养猪600头。公社化后，生产队都建起十余个大猪圈集体喂养，每队大约喂养30头左右，并设专职饲养员。改革开放后，个体喂养逐渐减少，国家对养殖业加大扶持力度，大型养猪场成为发展方向。规模都在数百头以上，甚至上千头。在县畜牧技术人员的指导下，猪场工作人员都熟练掌握了接生、疾病防治、猪舍消毒等养殖技术，为食品安全及市场供应提供了保障。

(3) 奶牛饲养

20世纪90年代以后，正定县开始发展奶牛饲养，牛家庄出现了几个养牛户，不过都是三头两头的，规模很小。进入2000年后，优胜劣汰，有两个养牛户逐渐发展起来，一个是东片的任栓岭，一个是西片的焦连申，他俩规模差不多，存栏都是三四十头。每到秋收季节，养牛户都要搞好玉米秸秆青贮工作，把全年的饲料备足，实行科学管理，定期防疫消毒，推广机械化挤奶，保证鲜奶的质量。

(4) 蛋鸡饲养

旧时，农户养鸡都是庭院散养的模式，数量不过十只八只，院内建一鸡窝，晚上入窝，白天开放，在院内自行觅食兼喂些粮食，外窗台设一鸡篓，专供母鸡下蛋之用，一天能收三四个鸡蛋。

1991年，养鸡业逐渐发展起来，两三年内牛家庄发展养鸡户三百余家，养鸡规模在三五千只不等，最多的是王恒业，到1995年发展到一万多只，成了牛家庄的养鸡大王。当时村周围遍地是养鸡场，街谈巷议都是在"说鸡"："你家购进多少只雏鸡"，"他家的鸡现在产蛋几成了"……牛家庄成了养鸡村。养鸡业的发展带动了饲料业和运输业的发展。牛家庄先后建起了7个饲料厂，即永丰饲料厂、先锋饲料厂、王恒敏饲料厂、秦焕文饲料厂、晏小国饲料厂、王建忠饲料厂、王新年饲料厂，后来，永丰饲料厂和先锋饲料厂都形成了较大规模，成为省饲料行业的龙头企业。这又带动村内十几辆卡车都以运输鸡蛋为主。2000年后，养鸡业已经达到饱和状态，随着周围各地养殖业的兴起，牛家庄的养鸡业逐渐开始衰退，2013年养鸡户已所剩无几。

二、交换与消费

（一）消费种类扩大

改革开放后，牛家庄的商业格局发生了巨大的变化，作为商业流通的主渠道，国有商业已不复存在，而个体商业展现出强劲的发展势头。从而消费格局也发生了巨大变化，百货、服装、糖酒、餐饮、农资、化肥、粮食购销、维修、摄影、理发、浴池、医药、服饰、化妆品等行业应有尽有（见表3-28）。

表3-28 牛家庄改革开放后的各类商铺情况（2003年）

超市8家	瑞天超市、会朝超市、玉来超市、文花超市、新学超市、瑞平超市、媛媛超市、焦娟超市
饭店10家	新石饭店、新星饭店、朝勋饭店、宽宽饭店、志超饭店、双全饭店、海新饭店、军义饭店、小商品市场美食城
肉店2家	龙宾肉店、新学肉店
小卖部4家	贵云小卖部、钢炉小卖部、德成小卖部、领兰小卖部
修配3家	臭仁潜水泵-电机修理部、桃乐电气焊加工部
家电维修2家	焦春潮家电维修店、王全胜家电维修店
药店2家	复庆堂药店、王文玲药店
理发店2家	张贵华理发店、王建立理发店
五金店2家	王文丙五金店、秦书杰五金店
农资店3家	常兰农业技术服务站、李小贯农资化肥店、赵小黑农资化肥店
米面店2家	王爱军米面店、王新年米面店
服装店3家	任梦茹服装店、樊梅芝服装店、王国荣服装店
糕点坊1家	邬向东糕点坊
烧饼坊2家	王来夫烧饼坊、龚老虎烧饼坊

馒头坊 4 家	张贵馒头坊、王瑞山馒头坊、秦宝珍馒头坊、王贵存馒头坊
豆腐坊 2 家	王发杰豆腐坊、边连平豆腐坊
蔬菜店 2 家	王新国蔬菜店、邢凤蕊蔬菜店
浴池 1 家	任俊文浴池

（二）交换更为便捷

上文提到，集市的兴盛，使得牛家庄远近闻名。但是 1953 年，国家对粮棉油等物资实行统购统销，限制上市。1958 年关闭集市贸易，到 1960 年才恢复。但管理仍然偏死，粮、棉、油仍不能上市。"文革"期间集市贸易被视为资本主义尾巴，严加限制。1970 年，为限制农民赶集将城内二、七大集、五、十小集，南牛三、八集，吴兴四、九集，权城二、五、八集等，统一改为一、六集，减少了农民赶集上店的机会，阻碍了物资交流。

改革开放后，牛家庄村集市在 1986 年恢复了二、七集日，方便了群众就地购物。每逢集日，四方商家、客户云集，人来人往熙熙攘攘，小百货、服装、鞋帽、布匹充塞街道，各种水果、干果琳琅满目，鲜菜、干菜、酱菜应有尽有，香油、调料浓味四溢，农用家具、生活用品一应俱全。本村的从事集日服务业的人员在此时也达到 100 多人。

三、分配

从 1949 年之后，村落的经济收入分配效益（见表 3－29）走势良好，收入呈现稳定上升的趋势，经济纯收入不断上升，人均纯收入也相应上涨。到 2000 年以后，居民收入成倍增长，按照国家的标准，大部分村民已经奔向小康。

表 3－29 牛家庄村经济收入分配效益情况

年　度	经济总收入（万元）	经济总费用（万元）	经济纯收入（万元）	人均纯收入（元）
1949				
1952				
1956	309303	77631	193617	
1957	309303	81482	189766	
1958	284003	72828	177751	
1959	265526	48458	146489	
1960	296650	54257	191076	
1961	250141	74079	164801	

续表

年　度	经济总收入（万元）	经济总费用（万元）	经济纯收入（万元）	人均纯收入（元）
1962	295618	88740	185551	
1963	289822	88553	181193	
1964				
1965	397199	108675	216656	71
1966	477857	125975	259265	81
1967	430065	124665	274878	82
1968	517573	156956	282156	83
1969	523656	143920	305208	84
1970	670050	187650	338095	90
1971	656029	168351	362690	93
1972	682890	207183	395769	92
1973	816356	310401	505955	100
1974	851217	366724	484493	98
1975	1035728	497443	538285	94
1976	1020294	458821	561473	93
1977	1053809	447981	605828	100
1978	1095143	533619	561524	117
1979	1168917	554641	614276	121
1980	1819437	686408	1133029	187
1981	1588244	566025	1022219	264
1986	555	257	298	540
1987				
1988	890	537	353	646
1989				
1990				
1991				
1992				
1993			925	
1994			1373	
1995			2485	
1996			3194	

续表

年　度	经济总收入（万元）	经济总费用（万元）	经济纯收入（万元）	人均纯收入（元）
1997	4399	2599	1800	3176
1998	4082	2056	2026	3370
1999	4733	2577	2176	3565
2000	5294	2973	2317	3709
2001	5607	3157	2450	3967
2002	6520	4014	2515	3924
2003	10704	8027	2677	4247
2004	20831	17648	3183	4417
2005	31034	27859	3175	4440
2006	32906	29480	3426	4840
2007	34039	29612	2640	5069
2008	34229	29612	2914	5421
2009	38619	35612	3007	5796
2010	38619	35371	3248	6283
2011	38879	35371	3508	6807

第四章　牛家庄村的社会形态与实态

牛家庄是以任、王为大姓氏的多姓氏村庄。在各类人际关系中，血缘关系处于最核心的位置。围绕着血缘关系，又产生了业缘、信缘等联系。使得村庄有序、正常地运转下去。本章将从血缘、地缘、业缘、信缘、交往、流动、冲突、保护、分化与群体等几个方面来考察牛家庄的村落社会形态与实态。

第一节　血缘与血缘关系

血缘关系是中国人情社会中最核心的纽带，尤其在乡村社会几乎是人们生产、生活的主要依赖。牛家庄以王、任为大姓氏，是拥有30多个姓氏的大村。各姓氏迁入村内的时间不同，人口分布也有差异。根据亲疏不同，结成不同的关系，其中包括家人、至亲、远亲和干亲。

一、血缘主体

（一）家人

1. 家人范围

家庭是村民饮食起居、生产生活最基本的单元，在一个家庭的就是一家人。传统时期，由于"儿孙满堂""多子多福"等观念深入人心，人们都不会轻易分家，所以村中几世同堂的情况非常常见。在人们心中，百人以上算大家庭，百人以下的算小家庭，平均人数都在 15 人左右。

家人的范围很广，通常即五服之内。一个核心家庭，包括高祖、太祖、曾祖、祖父母、父母、儿女、孙、曾孙、玄孙，平均都在 10 人即 4 代以上。这种家庭通过生育、结婚、过继、抱养、倒插门等方式形成。家庭的成员不需要在村里注册，只要家里认可。但分家后就不算一个家庭，分开吃饭。如果父母没有能力养老，通常要跟着儿子居住。

即使儿子长期在外打工不回来，依然是家人；妾算家人，妾生的小孩也算家人；抱养的小孩算家人，儿子私生的小孩算家人。过继出去的儿子不算家人；外嫁女儿不算家人；女儿的丈夫不算家人；外甥、外甥女不算家人；被处罚驱逐出族的家人不再是家人；没有娶进门的妾不算家人；佣人、长工不算家人。

2. 家人成员资格

判断是否是一家人，最快的方法就是看是否住在同一个家中。传统时期，房子、院落的安排就很好地体现出家庭中各个成员之间的关系。就某一家而言，家里面最少三间正房，三间房东西排列。一是客厅安排在中间，称为万年屋，它与房间大门相连；最西侧的房子是家里小辈分的人住；最东侧的房子是家里的长辈来住。东西两间房都开一扇小门冲阳面。如果家里有一对夫妻且没有孩子，则西侧的房子自己住，东侧的房子男方的父母住；如果这对夫妻有孩子，则他们跟孩子一起住，男方的父母依旧住最东边。以东为尊，象征着对长辈的尊敬和爱戴。再大一些则配 3—5 间厢房。厢房一般也是 3—5 间，在正房以南，而靠东一侧南北排列。这类房屋一般适用于家中人口较多，且生活比较富裕的家庭。一般这样的家庭会有子辈和孙辈，他们统统都要住在厢房。房间较多时还可以设置客房和丫鬟的房间。这几间房以靠近正房为贵，所以厢房中靠北的房屋留给子辈住，而靠南的几间留给孙辈和客人住。子辈和孙辈的房间互不相通，各开大门。子辈的卧室安排在北边房屋靠南的一间，因为北边的一间开门，一是来缓解煞气，二是有利于保护隐私。孙辈的房间安排在南边房屋中的最北一间，它与客房共享一个大门，相互连通，这样安排的用意，一是阻挡煞气，二是相对客人来说体现孙辈在家庭的地位，三是与子辈的房屋仅有一墙之隔，有任何动静方便照顾。

3. 家人关系

（1）当家人的领导地位

在一个家庭中，家长是对内对外的最高代表。他掌握实际的经营权、产品分配权、绝大部分的消费权。一般是由男性家长领导全家，遇到事情可以跟家人商量，但是决定权在男性家长。当家人在家里地位最高，掌管一切大事。具体的事情如红白喜事，买卖房田、牲口、工具，借钱，请工，签字等等。交税、完课、摊派等，只通知到当家人，修路、修桥、修沟渠等公共事务也只能当家人参与商议。请工、请中间人、请执笔人、请客吃饭、请保长、请家人、请绅士、请先生、请公证人等，必须由当家人出面。其他人一是没有能力，二是没有威望，三是没有经验和相应的知识。所以不是当家人，别人不认可。如果当家人不出门，大事都办不成。有些生活上的小事如柴米油盐可由家人代办。走亲戚是女方去得多，去别人家帮忙、借钱、借粮食都得跟当家人说，必须当家人出面，否则没有效力。还钱、还粮食的时候，也必须还到当家人手中，起码要让当家人知道，才算数。

（2）当家人配偶的助手角色

虽然如此，家长的妻子往往充当家长助手的角色，拥有部分的决定权，包括做饭和吃饭、纺棉、做衣服和鞋、饲养家禽和小型家畜、睡觉和起床、清洁打扫、回娘家和看闺女、看孩子和送饭。

（3）儿子的合法继承权

相对应地，家庭中的儿子一般享有合法继承权。而在"重男轻女"的观念下，女孩儿从一出生处境就差男孩好几个台阶。她们多裹脚，平时大门不出二门不迈。从小就开始干收拾屋子、喂养禽类畜类、伺候父母、织布缝衣、洗衣做饭、看孩子等事情。她们一般不被允许去上学，受过最多的教育就要"三从四德"，相夫教子，做好家庭内部的事情。在一些拔麦子等非技术性劳动中，如果农忙时人手不够，才派妇女上场。而男孩则完全相反。他们一般被视为家中的顶梁柱和香火的延续者。从小能够接受更多的文化教育，长大以后选择职业的余地也比较大。村内比较常见的职业有做农民、当兵、做小商贩、当教师、做手工业者等等。就最普遍的工作——农事生产中，都是男人下地干活。对于拉粪、到地、浇地、拱地、打耙地、擦地、耩地、扒畦、立冬浇水、春分浇水、锄草，直到6月收割这整整一套农耕流程，一个成熟的男性劳动力可以独立完成任何一个环节，没有必须由男女合作才能完成的项目或者环节。技术性最强的农事技术——使牲口，也都是男性掌握，从无例外。

（二）亲属及其关系

亲属主要包括至亲、远亲和干亲。亲属间经常联系，没事就会串门，逢年过节走动比较多。走亲戚一般会留下吃饭，也可以留宿，但最多住3—5天，通常情况下都不会住。亲戚间借钱需要还，除非是数额太小，如100元以内就不用还。借钱不要利息，不要担保，不写借条。亲属间吵架时要找与双方同是亲戚关系的中人说和，中人通常的做法是把双方叫到一起吃个饭，并且两头劝，一般可以达成和解。

1. 至亲

至亲分嫡亲、姻亲和本门，是所有亲属中关系最近的一层。

（1）嫡亲

在牛家庄，嫡亲有几种方式都可以形成。一是亲兄弟姐妹；二是堂兄弟姐妹、表兄弟姐妹；三是通过保养或者过继的方式形成嫡亲；四是同父异母或者同母异父的兄弟姐妹。全村范围内，受访者王建政老人的嫡亲有16人，属于比较平常的人口数量。

（2）姻亲

姻亲（见表4-1）是因为结婚而产生的亲戚，分长辈、平辈和后辈。长辈分为夫族和妻族；平辈分为夫族、妻族、姊妹族和兄弟族。

表4-1 姻亲

长辈	夫族	祖公父爹（丈夫的祖父）、祖婆母娘（丈夫的祖母）、外祖公父爹（丈夫的外祖父）、外祖婆母娘（丈夫的外祖母）、公公（丈夫的父亲）、婆婆（丈夫的母亲）、叔公（丈夫的叔父）、叔婆（丈夫的叔母）、姑公（丈夫的姑父）、姑婆（丈夫的姑母）、舅公（丈夫的舅父）、舅婆（丈夫的舅母）、姨公（丈夫的姨父）、姨婆（丈夫的姨母）
	妻族	爷爷（妻子的祖父）、奶奶（妻子的祖母）、姥爷（妻子的外祖父）、姥姥（妻子的外祖母）、岳父（妻子的父亲）、岳母（妻子的母亲）、姨丈母娘（妻子的姨母）、姨丈人（妻子的姨父）、舅丈母娘（妻子的舅母）、舅丈人（妻子的舅父）、姑丈母娘（妻子的姑母）、姑丈人（妻子的姑父）、叔丈母娘（妻子的叔母）、叔丈人（妻子的叔父）
平辈	夫族	大哥（丈夫的大哥）、大嫂（丈夫的大嫂），其余哥哥以此类推。小叔子（丈夫的弟弟）、小叔妇（丈夫的弟妹）、妯娌（丈夫的兄弟的妻子之间的关系）、大姑子（丈夫的姊姊）、大姑夫（丈夫的姊兄）、小姑子（丈夫的妹妹）、小姑夫（丈夫的妹弟）
	妻族	大舅子（妻子的哥哥）、大舅嫂（妻子的嫂子）、小舅子（妻子的弟弟）、小岭子（妻子的弟妹）、大姐（妻子的姊姊）、大姐夫（妻子的姊兄）、小姨子（妻子的妹妹）、小姨夫（妻子的妹弟）、连襟（妻子的姐妹的丈夫）
	姊妹族	姐夫（姐姐的丈夫）、妹夫（妹妹的丈夫）
	兄弟族	大嫂（兄长的妻子）、弟妹（弟弟的妻子）
后辈		媳妇（儿子的妻子）、女婿（女儿的丈夫）、甥妇（甥儿的妻子）、甥婿（甥女的丈夫）、侄妇（侄子的妻子）、侄婿（侄女的丈夫）、孙婿（孙女的丈夫）、孙妇（孙子的妻子）

资料来源：王肇玉老人的口述。

上门女婿的姻亲跟非上门女婿的姻亲差不多，妾的娘家人也是姻亲。结为姻亲不受姓氏、地域的限制，不需要通过村长、保长、族长、门长的同意。"只要非同族，父母不反对双方结婚就可以。"老人说。对儿媳不满意，家长或儿子可以提出解除婚约，但要家长和儿子都同意，还要有正当理由比如妻子出轨、不育等，最终由家长决定。如果妻子早逝，就不再延续姻亲关系，平时也不再来往。姻亲间借钱也不用还，不用利息和担保，不写借条。吵架时要找关系好的亲戚从中调解。

(3) 本门

本门是指跟男方同姓的男性。可以是有血缘关系的叔叔、伯伯、侄子；也可以是祖父辈、外祖父辈通过过继或者抱养的方式结成的亲属关系，依然叫叔叔或者伯伯；或是父辈通过过继或者抱养的方式形成的亲属关系，同样叫侄子。

2. 远亲

除上述所说的至亲之外，三代以外五服以内的就是远亲。之所以成为远亲，不仅是因为血缘关系远，还因为不住在一起，多是居住在外地，平时不怎么来往。只有关系较近的老人在办白事的时候会通知，平时的红白喜事一般不会通知。老人说："我的远亲大概有20人左右，多数都在外村，本村只有1—2个。在本村的平时还来往，主要是常见面也不觉得有多远。但是有的血缘其实比较近的，因为常年不见面，也像远亲似的，见了都很生分。"

3. 干亲

有一种关系叫作结拜兄弟，俗称"拜把子"，通常是没有血缘关系的农户，因为某种情感或者利益而结成一种拟血缘关系。本村内还有通过收养义子建立的拟血缘关系，就是认干爹、干妈和相对应的干儿子、干闺女。这么做多是因为同样的原因：辟邪。孩子多的家庭为了辟邪，让孩子健康长大，会找一个孩子少的人家认其为干亲；不同于过继，不管是认干儿子、干女儿都没有歧视，只是为了辟邪。认干亲的时候需要孩子的亲生父母和干父母都同意，如果有任意一方不同意就无法结成干亲。干亲的相认不需要兄弟同意或者宗族认可，更不用报告村长、保长。

二、血缘关系

(一) 过节

过年过节是亲戚相互联系最有效也是频率最高的时机。一般要走动的节日有春节、中秋、端午等等。春节是中国最隆重的传统节日。这一天家家户户都带着孩子，穿着新衣服到长辈家拜年。拜年不带礼物，拜年的先后有顺序：先给爷爷、奶奶磕头，再给爸爸、妈妈磕头，最后去看叔叔、大爷。这时候长辈们一般会给孩子压岁钱——大约是3—5个铜板，孩子要说谢谢。如果家里的情况好还可以多给一些。假如亲戚们全都来了自己家里，就不再挨家挨户去亲戚家里；如果只是家族中的小辈到了，没有见到长辈的面，这时还是需要亲自登门去给长辈拜年。如果长辈是老板、村长、保长、绅士等有势力、有钱的农户，这时更要去拜年；姻亲、近亲、结拜和虚拟血亲也去拜年，但是远亲可去可不去。中秋要给亲戚送月饼，端午送粽子。这

图 4-1 拜年顺序

时候当家人一般不去，都是派孩子去送。如果这些节日都不走动，离得稍远的亲戚可能就很难见面，关系也就慢慢疏远了。

（二）红白喜事

红白喜事是最能体现人际关系的场合，在这期间谁来谁不来、是否随礼、随礼多少都可以直接体现农户之间关系的亲疏。

参加办红白喜事免不了吃酒席和送礼，但是无论哪种形式都要"师出有名"——白事等报丧，红事等请帖。没有白事不报丧主动去的情况，也没有办红事没接到请帖就去吃饭的道理。有句话是"红事请，白事到"，这说的一般是非亲属关系的农户。尤其是遇到白事的时候，听到炮响就知道是丧事，这时候不需要邀请就会主动去帮忙。但是亲戚不同，必须要派专人去通知；有年纪较大的亲戚，还要派车把他接过来参加。来参加的人包括亲属、姻亲、近亲、结拜兄弟姐妹、远亲以及干亲。平时多走动的亲戚送礼重，有人情要还的也送礼重；走动少的送礼轻，没有人情要还的送礼也轻。给娶媳妇的农户家送礼，叫"上礼"或"随礼"，大概需要花费5块；给嫁闺女的农户家随礼，叫"添箱"，意思是把箱子填满，意味着以后的生活幸福美满，一般送的是布或被面，折合为现金有2—3块；白事、做寿和满月都叫随礼，都为2—3块。"人情往来，有往才有来。欠着别人的人情，时刻都想赶紧还清。如果还不上，就会觉得没面子，心里不好过。"老人说。

（三）祭祀

祭祀（见表4-2）全年有四次，分别为清明、十月初一、正月初三和七月十五。

清明和十月初一需要提前十天内任选一天祭拜，但不得当天祭拜，否则就意味着断子绝孙。这两次闺女和媳妇都会来拜，规模较大。十月初一又叫寒衣节，这一天要买纸衣、纸裤给逝者烧掉，表示天气转凉让逝者多穿衣服。

正月初三和七月十五是当天祭拜，清一色男性参加，规模较小。根据血缘的远近，先拜父亲，后拜爷爷。"祭祀的供品没有区别，都摆放4盘，但不能上山药、饼子等'粗粮食物'，而要上一些比较有档次的东西，如水果、熟肉、饺子等。"老人说。七月十五时庄稼已长高，进入坟地[1]会踩到庄稼，这时可以在庄稼地外的田头祭拜。

---

[1] 坟地多处于远离道路的田里，不便利，大地主的坟地除外。

表 4-2 坟墓祭拜

祭祀日	时　　间	祭拜者	祭祀方式
清明（头等）	提前十天内任选一天，不选当天	男性＋闺女＋媳妇	磕头＋烧纸钱＋摆食物
十月初一	提前十天内任选一天，不选当天	男性＋闺女＋媳妇	磕头＋烧纸钱＋摆食物＋纸衣纸裤
正月初三	当天	男性	磕头＋烧纸钱＋摆食物＋放炮
七月十五	当天	男性	磕头＋烧纸钱＋摆食物（可以田头祭拜）

全年四次祭拜活动中，只有正月初三放炮，鞭炮和二踢脚燃放的顺序和数量都没有规定。"如果有人一年当中错过了任意一个祭祀的日子，会受到兄弟和街坊邻居的耻笑。"老人说。各家各户单独祭祀，有祖坟的家族清明统一祭祀，兄弟之间会结伴祭祀，外嫁女也会参与祭祀。这四次祭祀都在坟地，有祖坟的农户会在祭祀之后聚餐，联络下亲戚之间的感情；而普通的家户支付不起费用，所以不聚餐。所以祭祀用的纸钱、食物等有两种提供方式，一是有祖坟的由轮种家提供，二是普通坟由拜祭方单独提供。牛家庄的坟墓一般在村内，如果有后代迁居到外地，祭祀的时候必须回家。

（四）攒忙

牛家庄各个农户之间的帮忙当地话叫作攒忙。攒忙是帮工不帮钱，除了借钱，盖房、打井、垒墙、种收庄稼等帮忙都叫攒忙。包括直系亲属、姻亲、近亲、结拜兄弟姐妹以及干亲在内的亲戚都会主动去帮忙。帮忙的时候不带礼物，也不收报酬，算是义务帮忙。

家里需要劳力，一般要去请人攒忙。亲戚帮忙的概率最大，只要是被请到一定给面子，而且出的都是年轻的壮劳力。如果亲戚实在没有富余劳力，农户可以理解，亲戚也不用道歉。

一般农户都会准备早饭、午饭和晚饭三顿来招待帮忙的人。老人说："人家好心来帮忙也不收钱，再不给吃顿饭就太不地道了。"而且农户要拿家里最好吃的东西来招待大家——午饭有酒，菜做鸡蛋，饭也是白面做的。因为来帮忙的人往往较多，而传统时期农户的房子都比较小，无法容纳这么多人，所以一般把饭桌支在院子里；吃饭的席位不分先后，不分尊卑，不敬酒也不陪酒。"大家吃饱喝足继续干活就得了。"老人说。攒忙可以通过换工的方式来还，如果家里壮劳力较少，也可以通过随份子的方式还。

帮忙后不会记在账本上，但是通常会记在心里。如果帮别人的忙多于别人帮自己的忙，农户不会认为是吃亏，因为对方都会补上。

在所有跟村民有联系的人群中，亲戚的帮忙是最真挚的也是最认真的，因为他们有血缘关系，来往最密切；业缘人群如邻居、熟人、乡亲就要稍次一些；而诸如保长、绅士、甲长还有老板等人因为平时没有什么交集一般不会帮忙，"即使偶尔去了，也是非常不情愿的"。

（五）纠纷

家庭纠纷（见图4-2）的调解需要找中人，而且是有顺序的。如果农户遇到了家庭纠纷，一般会找最亲的人来调解。"我家有了事第一个就会去找舅舅、姑姑等直系亲戚。"老人说。不是因为他们做官或者有钱，而是因为他们血缘近，关系亲。

图4-2 纠纷调解层级顺序

亲戚之间的口角之争，亲戚往往做中人，一般是两头劝，想出一个折中的方案，让两头都各退一步，这种矛盾比较好调解。土地纠纷、用水纠纷等利益纠纷，当事人互为亲戚关系比其他人容易调解。发生这类纠纷后，首先还是找亲戚调解，不行就要找门长或者族长；太严重的事情如杀人、偷盗、强奸等就要报官。

吵架等小纠纷解决后，亲戚之间依然来往如常；但是涉及房屋、田地等大的纠纷，亲戚间将疏远甚至结仇。

第二节 地缘与地缘关系

因为平原地形和生产、生活的需要，牛家庄形成了集中居住和土地集中连片的现象。居住上的集聚有利于平时打井、盖房等生活上的相互攒忙，集中而毗邻的土地又使人们成为共同打井、辩棋和攒忙的地邻。

一、地缘主体

（一）邻居

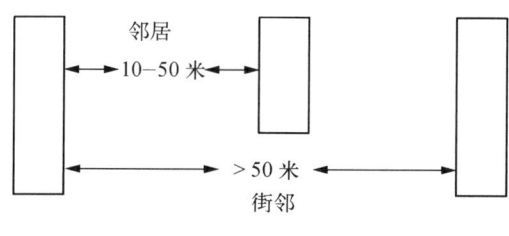

图4-3 邻居距离

一是距离够近称得上邻居。村庄内，邻居分为"对门""斜对门""邻居""街邻"和"地邻"。"对门""斜对门"顾名思义是指"门对门"，人一出来就能碰面。"邻居"指一墙之隔的住户。邻居间的距离（见图4-3）都不会太远，以本家为中心，"对门"

"斜对门"和"邻居"加起来不超过2—3圈（10—50米）；再远一些，超过2—3圈，就称为"街邻"；而土地临近，称为"地邻"。"本家兄弟在村南，大概300米。他家周围没有空地，所以无法住在一起。"老人说。

二是邻居有三大特点。一是异姓杂居。周围邻居很多都不是同姓，能做邻居是因为代代相传的祖屋就相邻。人们的身份地位也不同。"我家南边卖棺材的人家社会地位高，因为经济实力强；我家地位居中，自己可以自足；北边的两家地位最低，因为实在太穷。"老人说。二是各自经营。富有的邻居都会建3米以上的围墙，普通的农户都只建2米左右。邻居不同于亲戚，不会出现先富带后富的情况，更多的是相互竞争，"因为害怕抢了自己的饭碗"。三是借钱痛快。邻里遇到经济困难都会给予帮助，不需要借条、合同，也不用还利息，只是口头答应。一般数额较小，一旦还不上也不会太心疼；但是通常邻居都会还。"不还的农户名声在全村都会败坏。"老人说。

1. 共用物

邻居之间有几种明显的共用物。

一是水井。传统时期并不是人人家都有水井，将近40%的人都没有打过井，而又有40%的人共同使用一口井。共用水井主要分吃水用到的官井和浇地用的地井。地井的使用上，如果井周围的土地有参股的，外人不能用水。但浇水期并不长，如果征得同意，外人可以在入股方都浇完的时候使用。共井通常根据自家土地的多少分摊挖井费用，出钱最多的为"管事的"。平常的维护费用共同负担，由管事的收取，根据土地的多少，决定使用时间。井水轮流使用，无须订立字据。每次使用必须等所有人轮一圈后才可以浇下一轮。个体农户不可连续浇好几轮，因为地太湿不好，下一个人会等待用水，所以会监督。出钱方算一股，入股的可以用井水，不入股的不可用。灌溉期入股方每家轮流灌溉，使用自家的辘轳（1949年前）或水车（1949年初）浇地。用水需要经过管事的同意，否则无法用水。家井的使用上，随时取用水，不受限制。分家时算入总财产，参与分家项目。官井的使用上，用水桶取水，除了本条街出资的人可以用水，他人不可以用水。如果要用，需要找管事人协商，未经同意用水，可以找保长告状，或者找乡长、县长上告。但因为街井的用水量很小，即使被外人使用，也不会有太大的纠纷，所以打官司的几乎没有。

二是碾子。石碾分为个人家用和共用，个人家用一般家中有钱，独自出钱修建，而没钱的村民因为住一条街就需要平摊费用共同购买碾子。本街出钱的几户都是关系好的，多少都沾亲带故。如果是个人所有，他人可以借用，但是本家使用优先；平摊购买的碾子，没出钱的村民也可以使用，但也是本街出钱的优先。平时使用时要用扫把放在碾子上面,表示占用,取得优先权。用完以后,再由别人用扫帚占用。平时没有人专门看管,因为石碾子质地坚硬,不容易损坏,即使是偷也不好拉走,还容易被街坊邻居发现。因为石碾子比较大,可以坐3—4人,夏天还比较凉快,磨面、吃饭、聊天的时候,妇女会在石碾子那里逗留。其他村庄的村民也可以使用,但是要经过本村村民的同意,一般要跟管事的商量。

2. 亲密度

邻里之间可以通婚,只要没有血缘关系即可;同姓的不能结婚,即使在五服以外也不可以。邻里之间传承上一辈的辈分关系,称呼也随上一辈。平时家里都会上锁。亲戚关系的邻居出门要交代帮忙看门,才可能不锁。没有亲戚关系的邻居,一律锁门。但还是会交代邻居,让其帮忙照看下家里。请技术工人时,要看跟谁关系好,不分邻居和亲戚,都要按照市场价给钱。"人贫大街无人问,富在高山有远亲",大部分都倾向于有钱的,但是还是看关系。

3. 职业

虽然都是邻居,但是职业可能千差万别。据老人回忆,他家北边有2家贫农。一家有3亩地,因为没有牲口只能由别人代为打理。自己出去"扛长工",每年赚300斤粮食,养活自己和老母亲。另一家有一亩地,以卖豆腐为生。南边一家为中农,家中经营着棺材铺,养着木匠,属于高收

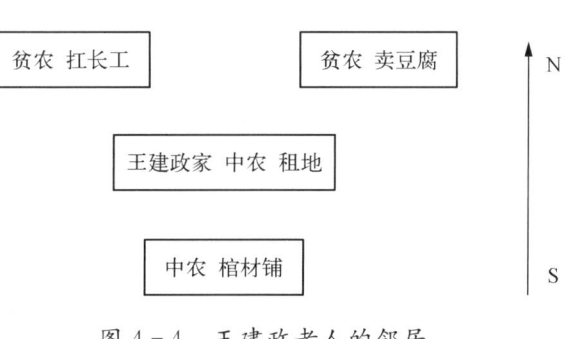

图4-4 王建政老人的邻居

入人群,因划成分时家长去世,才给孩子们划得降了级。老人自己家是中农,有10亩地,租地主30亩,养活16个人和2头骡子。当时一亩地产5斗粮食,就是125斤粮食。地主一亩地也要5斗粮食,每年几乎没有剩余,必须靠间中土豆才能勉强吃饱。

4. 边界关系

与邻居的明显的边界有墙、门脸、灰橛等。户与户之间的门脸有高低的差异,后盖的房子会想方设法比先盖的高出几厘米,以显示自家的光景比邻家的好。"老婆无家,地无主",意思是老婆可能随时跟别人跑了,地也可以随时卖掉。所以邻居的地都不是相邻的,没有永远的地邻。兄弟之间房屋、田地同样是这个道理。邻居不能随意进门,需要敲门并自报家门,等待主人同意后才能进入。邻居喜欢相互串门,但有心人都不会在饭点去,如果正好碰到,主人会留吃饭,客人常会

婉拒。根据远近亲疏和心情的好坏，主人的"挽留"和客人的"婉拒"可能是出于真心，也可能是出于礼貌。

邻居间吵架找村里有威望的人做中人调解，年龄从 30 岁至 70 岁不等，这样的人村里大概有十几个。老人说："调解时没有正式仪式，中人约纠纷双方碰个面，说说事情经过，各自说开，在中人的担保和劝说下各退一步，这事就算解决。如果情况更好一点，还可能一起吃饭。"

（二）熟人

熟人情况。分为熟人事务、熟人范围、熟人距离、熟人职业、熟人家庭情况和熟人关系，等等。

表 4-3 熟人情况

熟人事务	红事请，白事到
熟人范围	10—20 户，多为本村亲戚和邻居
熟人距离	勤走亲，不走疏。最近一墙之隔，最远 300—500 米
熟人职业	务农＞生意人＞手艺人＞外出打工
熟人家庭情况	各类都有，最好的开药铺
熟人关系	看地、帮工、换工、串门、借钱粮、调解、随礼

说明：本表为王建政本人的熟人关系。

1. 熟人范围

老人说："合得来，交心，心眼好且相互帮忙超过两次，称为熟人。仅仅知道，认识，见面打招呼，有一面之缘的都不算熟人。"村落范围内老人（指王建政）的熟人大概 10—20 户，除了本家亲戚外，熟人大都是邻居，其他的人几乎没有深刻的交集。村外几乎没有熟人，因为几乎没有联系，即使是娶媳妇，也只需要媒人和证人——"三媒六证"就可以，而跟外村不需要有直接接触。

2. 熟人关系

一是地邻。地邻也是熟人，农户大概有 14—15 个地邻，紧邻以桑棵为界。平时帮忙照看地、帮工和换工。二是进门。熟人不可以随意进门，吃饭时不会串门，除非有急事。如果恰好碰到吃饭，主人会挽留，欢迎与否要看心情和关系的远近。一般是欢迎的，但不会留宿。三是借钱。熟人借钱需要还，但是没有利息，不需要担保，不用借条。四是调解。熟人吵架需要找村里的权威人如村长、保长等出面调解。五是随礼。红事送 6 尺花布或被面。满月送 5 斤挂面，因为年轻的母亲吃着软乎，煮挂面和炖老母鸡是最好的营养品；再加 6 尺棉布，用来给小孩做衣服。白事送 6 尺白布。

3. 熟人交往

不同职业的熟人交往不同。一是务农。老人说,熟人大部分是务农,整个村就是以务农为主。卖药的,卖棺材的,卖豆腐的都有熟人。二是手艺人。技术工中,优先请亲戚,如果没有时间就再请熟人,优先照顾亲属生意。三是外出。"熟人中有做官的或者富裕的会请其帮忙,但不会介绍一起外出务工经商。最近的是只有一墙之隔的邻居,最远的就是300—500米的地邻。正所谓"勤走亲,不走疏",不管距离远近,只要是熟人都会去串门,经常走动才会熟络。红白喜事都来吃饭。"红事请,白事到。"红事在起轿、进女方村、进女方家门、出女方家门、进本村和进自家门的六个环节都要鸣炮三声,在家门口还要放2—3挂鞭炮,熟人要接到请帖才会来到;白事连续放炮百余次,熟人听到自然来到。

(三)乡亲

村落范围内受访者(王大柱)认识的乡亲有700户。"离自己居住最近的就是邻居,最远的有一公里。"老人说。职业多样(见表4-4),种地的最多,占九成以上。有些是地邻,有些不是。灰橛和桑棵是区分地界的标志。

表4-4 乡亲职业

姓 名	职 业	家庭人数	土地亩数	牲 口
任新智	榨油	8	—	2骡
樊小正	磨面	8	25	1骡、1驴
于小满	轧棉花	7	—	1骡
邢金福	木工	14	10	1驴
邢金福	木工	14	10	1驴
王秋	瓦匠	4	4	—
秦大雪	打铁	4	5	—
马振全	烧砖	2	—	—
任立福	卖香烟、糖果	6	10	1驴
秦双芝	牲口经纪	13	50	2骡
任小洪	粮食经纪	2	20	1骡
秦老行	开茶馆	1	0	—
王兆邦	开饭馆	6	15	1驴
王双业	卖烧饼、麻糖	7	5	—
孔祥瑞	卖小百货	4	—	—

续表

姓　名	职　业	家庭人数	土地亩数	牲　口
王秀智	织袜子	7	20	1马
秦明甫	开药铺	8	20	1马
任福全	抓药	8	25	1骡
王栓	打车轮	5	3	—
王五子	卖酱	15	40	1骡、1驴

资料来源：王大柱老人的口述。

二、维系地缘关系的活动

（一）借钱粮

买地、盖房、娶妻、丧葬的时候需要用钱，多借500元左右。除了借现金，还有典当的情况。借钱对象是自己关系好的邻居、熟人、乡亲或者放高利贷者。邻居、熟人不需要抵押，但关系稍远的乡亲和放高利贷者都需要中人作保。中人必须由跟借钱双方关系都不错的人来担任，因为其他人没有信任基础。借款期限最少为半年，还有1年、3年和5年的。邻居、熟人、乡亲不要利息，但是高利贷相反，不仅要，利息还会很高。如果跟关系远的乡亲或放高利贷者借钱需要写借帖，关系好的邻居、熟人就不用。借帖（见图4-5）由中人或者执笔人写，无须村长、保长公证。

借　帖

现因财务紧张，借某某××元，限期×年还。

立字为证

中人：××
执笔人：××
借款人：××
出借人：××
×年×月×日

图4-5　借帖

关于借款，老人讲述了一个故事：本村王氏通过舅舅向隔壁村刘某借款1000元，请舅舅当中人，约定一年后连本带息还1200元。时间到后，王氏全款给了舅舅，但是舅舅并没有还款，而是自己花了。刘某收不到欠款，将王氏告到县衙，出示了借帖。县衙抓王氏打了20大板，王氏说已经把钱给了舅舅，舅舅否认，说钱已经给了刘某，只不过忘了把借帖收回。县衙又打了舅舅 20 大板。后判王氏还款 1200 元。连带诉讼费，王氏要出 1400 元。以后王氏家室败落，与舅舅不再往来。

柴米油盐可以向邻居借，因为不值多少钱，还不还均可。如果借钱到期无法偿还，可以用粮食如小麦、家畜比如猪等折价冲抵。其中一斤小麦相当于 2 斤玉米或 2 斤谷子。老人还讲了另外一个小故事：灾年，本村人士王氏没有粮食吃，跟邻居任氏借高粱一升，承诺一年后还，任氏不同意。王氏提价说还一升小麦，任还不答应。当王提价还一升二斗小麦时，任氏才答应。

（二）攒忙[1]

平时的农业生产、盖房子、打井、盘炕、盘炉子、盘灶台等需要攒忙。村民寻求帮助有顺序：亲戚（血缘）第一，邻居（地缘）第二，保长、绅士（政治权力）第三，老板（经济权力）第四。请亲戚、关系好的邻居和熟人与乡亲帮忙，都不用带礼物。

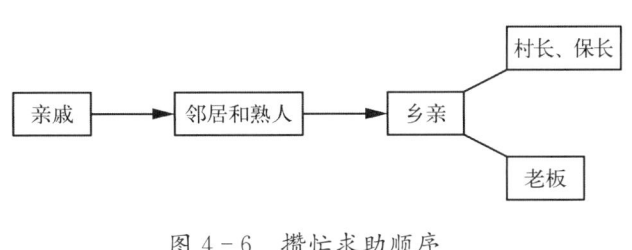

图 4-6 攒忙求助顺序

一般农户都会准备早饭、午饭和晚饭三顿来招待帮忙的人。老人说："人家好心来帮忙也不收钱，再不给吃顿饭就太不地道了。"而且农户要拿家里最好吃的东西来招待大家——午饭有酒，菜做鸡蛋，饭也是白面做的。因为来帮忙的人往往较多，传统时期农户的房子都比较小，无法容纳这么多人，所以一般把饭桌支在院子里；吃饭的席位不分先后，不分尊卑，不敬酒也不陪酒，"大家吃饱喝足继续干活就得了"。攒忙可以通过换工的方式来还，如果家里壮劳力较少，也可以通过随份子的方式还礼。帮忙后不会记在账本上，但是通常会记在心里。如果帮别人的忙多于别人帮自己的忙，农户不会认为是吃亏，因为对方都会补上。攒忙是相互的，如果帮忙双方的付出不对等且差异巨大，即使是再亲密的关系或再浓的血亲，关系也会慢慢疏远。

（三）办酒

"办酒包括喜酒和丧酒，除了赴宴也要帮忙。"村中老人说。吃喜酒熟人会主动赴宴，而邻居、乡亲需要邀请。白事邻居不请自来，亲戚需要派人报丧。对于保长、绅士、甲长、老板等家里办酒，如果不是熟人不会去主动赴宴——所谓"不请不到"；如果"不请自来"就有阿谀奉承之嫌。如果不去没有影响，因为平时就没什么往来；但要是熟人关系，不去就会把关系闹僵。赴宴有酒，帮忙就必须管饭；赴宴要带礼物，而帮忙时不用。帮忙不记账，但是随礼要记。

---

[1] 帮工。

（四）串门

熟人不可以随意进门，进门前要敲门和自报家门。尤其吃饭时不会串门，除非有急事。如果恰好碰到吃饭，主人会挽留，欢迎与否要看心情和关系的远近。如果留下吃饭，一般也不会留宿。串门的频次从熟人、邻居、到乡亲依次减少，"熟人常来往，所以走动得最勤。乡亲多是点头之交，所以串门最少。邻居间串门一般带食物，熟人、乡亲间多带酒。"老人说。

图4-7 各类人串门频次

（五）生产合作

这里的生产合作多指换工或者犄犋，包括器物类工具的借用、牲口类工具的借用以及人力的借用。邀请顺序从熟人、邻居到乡亲依次减少。"借人力来帮忙的都会管饭，不用带礼物，一般只来一个壮劳力，但是来的要有农业技术。"村中老人说。除非是非常缺人，才会多请几个。熟人之间关系好而且家里劳力充足的可以多请几个；家里劳力少，而且关系一般的邻居和乡亲一般只能请一个。请的人越多，欠的人情越多，以后还的也越多。

第三节 业缘与业缘关系

传统时期，除了务农为主，牛家庄村还有大量的职业分布，最常见的是市场里的各类经纪——牲口经纪、粮市经纪、猪市经纪等。他们相互帮助又相互竞争，在村集市的管理之下一起构成了河北牛家庄的业缘社会。

一、集市经纪及其关系

牛家庄的集市中有各种各样的经纪，包括牲口市、猪市、粮市、糠市、菜市、线子市等。经纪管理，各司其职。他们通过"摸手""论斗"的方法，促成一桩桩生意。"每个市场都有自己的经纪，负责该市场的买卖，并从中抽取利润。"老人说："各个市场都有固定的商品，例如粮市就都是卖粮食的，想要卖粮食必须要去那里，如果随便在其他地方摆摊别人会因为信不过就不去而卖不出去，出了问题也无人担责，但市场经纪负有责任；不是卖粮的人不能在粮市卖其他货物，即使卖了也没有经纪会给介绍生意。"

（一）牲口经纪

牲口市位于中街，逢一、六开市，从巳时四刻（10：00）开集到申时（15：00）毕集都有专业牲口经纪。

1. 经纪资质——"会看牲口"

牲口经纪不属于官府工作人员,通常为村里几个农户合伙做的一门生意,他们会看牲口、做事公平,在牲口经纪这个领域都有一定的威望。做牲口经纪的一般要懂得一些常识,比如每年春、秋的时候因为要种地,牲口供不应求,所以这两个季节牲口最贵;夏天牲口的使用不及耕种时频繁,但是因为要浇地,所以只比春秋时降价一点点;10月到第二年2月是冬天农闲的时候,牲口无用武之地,所以最便宜。

2. "摸手"交易

经纪的主要工作是负责帮助买牲口的人看相和促成交易,不用提前预约。促成交易时,他们常用的一种技术或是方法叫作"摸手":在衣服下面分别跟买卖双方谈价钱,手势先比大数,后比小数,具体数目根据市场行情,比如买卖牲口通常单位是百元。经纪跟卖家压价,跟买家抬价,从中牟利。比如卖家要卖一头牛,要价1000元,经纪会比手势"八",代表800元,并解释之前那个价格太高,能卖这个价格就不少。然后经纪再跟买家谈,买家在衣服里比手势"十",出价1000元,经纪摸后比手势为"十二",即1200元,并解释这么好的牲口,值这个价钱。如果双方同意,则由买家把钱交给经纪,经纪再把钱给卖家,并承诺帮忙纳税,这时交易完成,买家当场可以牵着牲口离开。请经纪不用报酬,也不用管饭。因为在"摸手"的时候,他就已经赚了。

3. 经纪担保

经纪与一个"先生"一起管理牲口市场。如果买家没带钱,但是看中了牲口,即使经纪和买卖双方都相互不认识也可以在经纪的担保下直接牵走牲口,只需要告知经纪双方住址,并说好付钱期限。承诺为口头的,不用立字据,但是比较有公信力。一般来市场的人都是本村或邻村的人,即使不知根知底,也大概知道一个人的品性,所以经纪都选择相信。如果农户拒不承认,以后在村里面或者在他自己的村里面也无法立足。人们不仅会看不起他,鄙视他,还会处处提防他。所以这种代价巨大,一般人只要赊账,都会付钱。

4. 经纪在纠纷中起积极的作用

牲口在传统社会的特殊价值,决定了买牲口往往是农户的一件大事。因为牲口较贵,选择的时候非常谨慎;一旦买了就会精心养护;等家里的牲口实在老了不中用了,才会宰杀卖肉,换钱到集市买新的牲口。如农户自己懂行,一般会自己前往;不懂就叫一个懂行的一同前往;如果没有懂行的朋友,就要全靠经纪。

如果出现了经济纠纷,一般由经纪出面解决,经纪在其中评理,从中说合;而严重一点的治安事件就不在经纪的能力范围之内了,需要请村长调解。"牲口市场的治安一般会很好，偷盗事件极少发生，因为牲口经纪的眼嘴尖，所以很少有小偷能够得手。"老人说。

（二）粮市经纪

牛家庄卖粮食必须到指定的粮市，如果随便摆摊将受到"管市的"罚款和驱逐。粮市位于中街北边，逢一、六开市，时间也是从巳时四刻（10：00）开集到申时（15：00）闭集。

1. 经纪资质要求低

粮市有专业粮食经纪，他们通常是有威望、会看粮食、做事公平的几个合伙干的农户，但不属于官府工作人员。没有专门的粮食经纪，一般是"搞个副业"。他们的资质要求往往不高。老人说："只要是会看粮食潮不潮、坏不坏就可以。"

2. "杀个"交易

粮食市场有规定，只有经过他们的手，粮食才能卖出去，所以经纪凭良心"杀个"，也从中牟利。比如他们用斗[1]帮卖方"约"[2] 粮食，一次大概一斗，每次倒进去的粮食要高于斗的上平面，然后用小木板将上面的粮食"刮"下来，这个过程称为"杀个"——使米正好位于斗的水平线上，接着高喊"一石米——"。随后把粮食倒出，再约一斗，"杀"过之后再喊"二石米——"，以此类推，直至约到农户想要的数量为止。刮下来的粮食落在铺好的麻袋皮上，归经纪所有。经纪遇到熟人会少"杀"一点，遇到外村的就多"杀"一点。

3. "分个"按人头

到收摊的时候，几个经纪"分个"——就是分账，方法就是按人头平分。卖粮食的不用再交税，也没有先生开税票。老人说："卖粮食的赚钱较少，一天下来也没有多少油水，但是门槛比较低，所以还是很多人想来干。"

（三）猪市经纪

猪市与粮市相对位于中街南边，逢一、六开市，时间也是从巳时四刻到申时。

1. "常年卖猪就可以干"

猪市是专业的，从业的人都是常年从事这个行业的农户，可以单干也可以是几个人合伙，负责帮助买猪的看相和促成交易，他们也不属于官府工作人员。老人说："卖猪的农户没事干的时候就到猪市做经纪，这个比较赚钱。"

---

[1] 一种量容积的容器。
[2] 方言，音 yāo，称。

2. 预约和摸手

与牲口经纪的不同点有二：一是买猪需要提前预约，二是交易额较小。经纪交易时也要摸手——即在衣服下面分别跟买卖双方谈价钱，先比大数，后比小数。具体数目根据市场行情，比如买卖猪通常单位是十元。流程跟买卖牲口一样，先是经纪跟卖家压价，跟买家抬价。如果双方同意，由买家把钱交给经纪，经纪再把钱给卖家，并承诺帮忙纳税，这时候交易就完成了，买家可以赶着猪离开。

3. 经纪的明暗报酬

经纪的报酬分为明报酬和暗报酬。明报酬就是买卖双方都给经纪几块做饭钱，给钱的时候双方都在场；暗报酬就是买卖双方不见面，由经纪讲价说合，从中赚取差价，即上面的"摸手"。这样经纪赚得比较多。

（四）糠市经纪

糠一般是牲口和猪的饲料。一般的农户家里都有零食的秸秆等可以做糠，但是如果饲养的牲畜比较多的话就会去糠市买一些。糠市位于中街东边，逢一、六开市，时间也是从巳时四刻到申时。

做糠市经纪的人在一行业也要历练多年才值得信任，做事公平、会看糠才会有权威。糠市主要卖谷皮、山药蔓子和豆子蔓子等，跟粮市一样，各类糠要论斗卖，农户到糠市看重哪种糠以后，要跟经纪说，由经纪做中介，并从中提取好处费。

（五）菜市经纪

由于蔬菜比较便宜，所以菜市是村中最活跃的交易平台。菜市位于中街北边，逢一、六开市，时间同样是从巳时四刻到申时。这里菜类比较丰富，主要有北瓜、白菜、萝卜、菠菜、芹菜、韭菜、莴苣、香菜、大葱、黄瓜、南瓜、大蒜、辣椒、茄子、豆角、芸豆、西红柿等等。人们在这里买菜，一般买得都比较多。因为农户自家多种一些蔬菜，买的太少。这里也有经纪，叫菜市经纪，因为菜本来就比较便宜，所以他们的提成通常比较少。干这一行不如牲口经纪、猪市经纪、粮食经纪、糠市经纪等赚钱。

（六）线子经纪

线子市位于中街西边，逢一、六开市，时间同样是从巳时四刻到申时。

1. 常年纺线子可以做经纪

这里也有比较专业的经纪，叫作线子经纪。因为这里卖的都是麻线、棉线等跟纺织有关的货物，所以做线子经纪的一般是纺织出身。老人说："他们不属于官府工作人员，会看线子、不会宰人，有单干也有合伙。"

2."秤砣里交易"

经纪背后插一杆秤,为16两秤,当时计算线子价格的方法是"斤里求两,两里求斤。斤里求两身加六,两里求斤六发六"。很多人因不会算而常常上当。所以线子经纪比其他经纪能牟取更多的好处。为了避免这种情况,很多人选择直接给明报酬,就是买卖双方都给几块饭钱。这样不偏不倚,谁也不会受偏袒,经纪自然会相对公正地做中介。

二、集市管理

村中市场有专门的管理人,称为"管事的"。一般是村长派人来管理。市场的管理主要涉及几个方面。

一是摊位统一管理。同一类型的货物必须到指定的摊位和市场去售卖,不可以随意在村中摆摊,否则将遭到驱逐。"即使没有被发现,悄悄在不是市场的地方摆了摊位,因为没有经纪,农民们不认也不敢买。所以他还是卖不出去。"

二是"先生"收税。小商小贩不需要交摊位费用,但是各个比较大的市场,比如牲口市、猪市、粮市、糠市、菜市、线子市等都是要纳税的。一般来说为了收税,还会在各个市场设立专门的"先生"。每一笔交易都要在"先生"那里开票和记账,所交的金额里面就包括了所交的税款。

三是"欺诈全赔"。通过以往的经验,农产品交易中可以识别欺骗行为。如果买家被骗,市场上有管事的会责成卖家赔偿买家;若事后发现,买家下次再来集市时也可以获得赔偿,除非卖家从此放弃这个市场。因为欺诈行为被发现一次,卖家的声誉会受到影响,进而影响到生意,所以如果和买家是熟人,买家不会声张,往往私下里解决;但若不熟,就会要求赔偿,闹得众人皆知。

四是自卫队保卫市场秩序。牛家庄因为集市远近闻名,附近村子有势力较大的丐帮常常来捣乱,不仅破坏商业气氛,还让商贩蒙受损失;其次,在日军撤退到1949年这段时间,土匪众多,经常劫掠集市。为了保卫市场的安全,牛家庄组织过十几人的自卫队,白天训练,不时在市场里巡逻;晚上在村中的主要街道和富人家周围巡逻。

第四节 信缘与信缘关系

牛家庄内信仰繁多,本章主要介绍覆盖全村甚至跨村的信缘关系,包括龙王、基督教和伊斯兰教。不同的信仰行为与互动形成了不同的信仰圈层。信仰是以村民个体为主体,不同的信仰体现了信仰主体的地缘关系、利益需求、血缘关系等方面的内容。

一、龙王的信仰及关系

牛家庄是个信仰非常发达的村落。至今都还保存着种种神庙的遗址。在传统时期，各类信仰达到井喷状态，很多信仰甚至是全村信仰，在村落每个人的心中都埋下了信仰的种子。这类神灵以龙王最能代表。传统时期，以全村为单位的信缘活动主要就是龙王庙求雨仪式和龙王庙庙会。村落范围内，几乎就没有人不信龙王。而仪式和庙会的举行都是依靠庄内惯行和村落的权威实现治理。

（一）祭祀中心：龙王庙

龙王庙（见图4-8）位于村中央十字路口东北角，建于明代。院落东西宽10米，南北长15米，庙堂坐北向南，宽4米，进深4米。西边立有石碑一块，记载着盖庙时间和捐赠者姓名；东边是面向西的三间仓房，门前有石质供桌。庙门在南，门内东侧是钟房，房内吊一铁钟，钟高70厘米，口径75厘米，撞击后钟声轰鸣，声音悠远；屋顶是起脊扣瓦建筑；门前有一旗

图4-8 龙王庙

杆，每逢农历腊月二十三晚上挂天灯，迎接众神下凡。龙王庙内有五尊神像，正中是龙王爷，四海（北海、东海、南海和渤海）龙王分立两侧，用酸枣木雕刻而成，彩绘面目衣着。神像可以移动，不雨时，人们便将龙王抬出来晒，俗称晒龙王，以求降下甘霖；久雨不止时，也把龙王抬出来淋龙王，以求龙王治水，风调雨顺五谷丰登。

（二）龙王庙的祭拜

干旱的自然环境影响了农民的信仰行为和信仰活动。对于干旱，村民在传统时期还是比较迷信，认为需要拜龙王以求保佑。每逢初一、十五和立夏的三天[1]，都是人们拜祭龙王的日子。其中5月5日或6日立夏日是本村龙王庙会，并要举办盛大的龙王祭祀仪式，从建庙一直延续至今。龙王显灵不仅保佑全村的村民，它还具有开放性，并不排斥外地香客。只要不破坏龙王庙，村民就不会纠缠信仰的问题。集体祭祀由村长无偿组织，负责祭祀当天的仪式和准备工作；平时都是农户各自分散祭祀，香火自费。

---

[1] 前后各加一天。

1. 群体祭祀隆重

（1）村长亲自安排

一年一度的龙王庙祭祀仪式是村长组织，保长、绅士、知名人士参与，对全部村民开放的盛会。祭祀的程序由村长拟定，但一般是沿用代代传下来的方法；祭祀的祭品由村长准备，经费从各家各户收取；祭祀的人员由村长安排，并派保长前去通知和邀请；祭祀需要的挖坑、上飨等一系列动作，是村长找村民来完成；祭祀吟唱的祷文也是由村长亲自誊写的；现场秩序的维护，也是村长找村民来完成。村长是这场规模盛大的祭祀的总导演和总策划。

（2）祭祀场面宏大

龙王祭祀仪式是牛家庄祭祀礼仪中规格最高的一场盛会，花费高、礼节多、程序严格、参会人身份地位不凡、围观群众多。这一天要算准立夏时的精确时间——通常在凌晨5点到6点之间，或早或晚举办都会被视为对龙王的不敬。仪式由村长站在队伍最前面主持，保长、绅士、知名人士等三十几人依次排列站成整齐队形，他们通通戴礼帽、穿大褂，集体冲村西北方向[1]上香一把，村长念祷文几千字后集体三鞠躬，之后将乌鸡、鲶鱼、带毛的猪头以及香火都扔到提前挖好的沟里埋掉，礼毕。仪式结束后人们散去，普通农户才开始到龙王庙祭拜。

2. 单独祭拜随意

龙王信奉全部自愿，不招收信徒，代代相传，耳濡目染。人人都可以祭拜，无所谓继承身份。平时的祭拜以各家各户为单位，祭拜不需要申请，不交会费。有些人不信可以不去祭拜，不会有惩罚。新的信奉者加入也没有欢迎仪式。龙王庙平时锁门，只有在初一、十五和立夏的三天才开门接受祭拜。这几天跟赶集搭配在一起，一般是万人空巷，吸引了大批男女老少。一年当中，立夏庙是祭拜高峰，因为是温带季风气候，降水主要集中在夏季，这一天求雨，是希望接下来的整个夏天有充沛的降水。村中老人说："一天中，开放时间是卯时（5点到7点）到亥时（21点到23点）。高峰期在巳时（9点到11点）和申时（15点到17点），这时间大概在人们睡醒和吃完饭之后。进入龙王庙不需要交钱，不论户籍都可以进入。去拜庙时人们要在集市[2]上买好香和供品，供品分为供果、点心。"按照"神三鬼四"的惯例，供品摆放的数量必须是三的倍数，即三盘、六盘或者九盘，以三盘最多。供品放在神像正前面的桌上，桌下设香炉，"一炷清香透苍穹，万道祥光照大千"。"九天之上，唯道独尊，万法之中，焚香

---

[1] 地势西北高、东南低，洪灾多从西北来。
[2] 庙内不卖。

为先。"通过烧香，人才能与神、与鬼都结下善缘。稍向后将香投入香炉，磕头三个，磕头的垫子位于香炉正前方。供品摆上去不可以拿走，但是买多了可以带回，传说小孩吃了不得病。

（三）龙王庙会

随之而来的立夏庙会即龙王庙会。主要是依靠村中已有的惯性。庙里没有和尚也没有专门的看护，谁进谁出，什么时候进出，进去的是男是女、是老是小、是本村还是外村，统统没有限制，体现出一定的文化包容。虽然看起来没有人管，但是"规矩在心中"，每一个进去的农户的祭拜动作、程序几乎都是一样的。他们有的是常年养成的习惯，有的是身为新来的香客模仿其他人来做的，幼年的孩子会在家长的指导下完成拜神的动作。里面的祭品一般没有人管，差不多都会被乞丐拿去。

二、基督教的信仰及关系

牛家庄有两种信仰是跨越村界的，一种是基督教，还有一种是伊斯兰教。信仰伊斯兰教和基督教的村民平日交往，主要是红白喜事办酒和攒忙，在酒席中回民不能见猪肉。至于其他方面，不同信仰的人没有集体活动。村落范围内，不会因为信缘的问题而发生冲突，如果有纠纷也是因为其他与信仰无关的事情。

基督教19世纪传入中国。民国十九年（1930年），瑞典人史比普来正定发展基督教，在正定城内小十字街北路西建教堂一座，名"福音堂"。咸丰年间建造城内天主堂和东柏棠修道院。这些年，城内、岸下村、曹村等地建造了教堂。

一是去礼拜的方式有两种。基督教跟家户没有完全脱离开来。因为家人入这种教，原则上都需要家长的同意，除此之外，出来做礼拜，祭祀用的钱都要跟家长要。牛家庄基督教会有教徒48人，周末他们经常集会进行宗教活动。一种是单独去。去的一般是成年人，近一点的教堂就步行去，远一点就搭正好要去那里的"顺风"牛车去。去的时候带《圣经》，如果路远，还要带一些干粮，比如馍馍、玉米等。第二种是结伴去。通常住得很近的教徒会相约一起去，有的家庭中子女耳濡目染也会入教，所以有时是家长带着孩子去做礼拜。如果离得近就步行，离得远就会找一家有车的教徒一同前去。随身带的东西有《圣经》和干粮。如果去的时间比较长，还会提前准备一些钱两，教徒会相约一起吃个饭。

二是首领有组织作用。一起去的时候有一个首领组织，但是具体是谁不得而知。一般首领是男性，他要能够联系到"顺风车"，还要提醒各个教徒带好必备的东西。有时一起吃饭时，他还会主动垫付饭钱，等回去以后大家再平摊。

三是信民信仰自由。去做礼拜没有性别和年龄限制，只要家长同意，家人都可以去。一般信仰基督的，家人多少也会有些理解，所以不会强行阻拦。所以他们去教堂多是自己决定，不需要跟保长、村长汇报。

三、伊斯兰教的信仰及其关系

伊斯兰教起源于公元610年，是阿拉伯半岛上的麦加人穆罕默德创立的。"1860年，正定县城内南门里有一马姓回民迁居牛家庄，从此本村有了回民，以农耕和掘墓为业——正定回民坟地多在牛家庄。"老人说。

（一）礼拜日较多

每年教历9月27日、28日或29日是穆斯林吃会和礼拜的节日，"各户穆斯林自愿到清真寺吃会，按规定交伙食费，吃会后由阿訇组织大家上殿礼拜。"教历10月1日是穆斯林最重要的礼拜日——开斋节，这天男女老少都赶到清真寺礼拜。教历11月10日是穆斯林宰牲节。教历3月12日为圣纪日，即穆斯林纪念圣主穆罕默德逝世的纪念日。这天穆斯林在清真寺吃会后，上殿礼拜，请阿訇念经，表示对圣主的悼念和崇拜。

（二）礼拜方式有三种

一种是和家人一起去。这时一般是成年人带上自家的孩子，近一点的清真寺步行去，远一点会套上自家的马车去。如果路途比较远，会带上干粮、水和《古兰经》。老人说："一路上欢声笑语，孩子往往是最开心的，他们认为不是去朝拜，而是去郊游。"

第二种是和信徒一起去。这时一般会找一辆车，如果信徒自己有，就用自家的；没有就雇一辆别人家的，费用由所有人平摊。路上也是会带各种食物和水，通常是自己吃自己的，有时大家提前说好会聚餐，费用也是平摊。到了地方礼拜时候通常会坐在一起，等结束的时候再一起回来。通常都是各回各家，但是如果心情好，还会相约去某一家吃饭，算是请客。其他人不用出钱，等下次大家再轮流请客。

第三种是和首领一起。去的时候其他的教徒什么都不用操心，都是由首领安排，比如食物、《古兰经》和马车。去的路上他会带教民一起温习《古兰经》，起头带教民一起唱歌。到了之后统一安排坐在一起。等结束的时候还会组织一起回。如果是去首领家吃饭，一般费用要平摊。

第五节 交往与交往关系

牛家庄的村民多是根据对方的外貌、人品、爱好等方面去决定是否要交往。平时交往的人群主要是家庭成员、亲戚、本村的朋友以及外村的人，交往频率也是依次降低。一般情况下村民愿意主动交往，选择的对象往往和自己的家庭情况或者经济水平持平，常常是"物以类聚，人以群分"。

一、家庭内部交往及关系

本村在传统时期，多是以家户作为基本的生产和生活单元。一个家庭多是扩大家庭，分家后成为核心家庭。无论哪种家庭规模，尊重当家人的决策权是处理家庭内部关系的重要准则。

（一）父母子女交往

父母子女之间是平日交往最多的一种关系，不同对象之间遵守着不同的规矩。

1. 家长与孩子交往有一定规矩

（1）大人要父严、母慈

在一个家庭中，父母是孩子一生学习的榜样。牛家庄的农户从为人父母之初，慢慢就形成了父严、母慈的教育格局，这种方式也是村中比较公认的非常利于孩子成长的一种。具体来说，对待一件事情，父母二人都要以身作则，成为孩子心中的榜样。如果孩子做错了，父亲多承担严厉的角色，通常会打自己的孩子，母亲一般只会责骂，通常都负责安慰和开导孩子。

（2）孩子要懂事、听话

在从小的家庭教育中，父母对孩子说得最多的一句话就是"要听话"。所以村中评价一个孩子是个好孩子的重要标准就是永远都听父母的话，在成长的过程中不会到处惹是生非，对待父母懂得尊敬和孝顺。老人说："父母让干吗就干吗，村里人都认为这样的孩子是好孩子。村里的王老黑都40多岁了，母亲跟他一起住，还是说打他就打他，他从来都没有还手甚至怨言。村里的人都以他为学习的榜样。"

2. 父母与孩子相互"照顾"

（1）家庭生活上父母照顾孩子

孩子在成年之前，自己的饮食起居都是由家长负责和照顾的。吃饭、走路、穿衣、玩耍、大小便等等，孩子的每一个人生时刻无不是家长来照看。成年之后，孩子的成婚、生子，父母依然要跟着操心。老人说："这是人们的天性，把自己的孩子养大，还要养好，不敢让他磕着碰着，健健康康地长大，快快乐乐地成长，这是每一个父母关心和希望的事儿。"

（2）农业生产上孩子帮助家长

传统时期，农业上的劳动比较繁重，而劳动力一般比较匮乏。孩子们从小就被教育要下地帮大人干活。如果孩子年龄小，一般就干一些简单容易的家务活，比如喂养牲口（包括喂养鸡、猪、狗等），又比如去拾粪、割草、放羊，再比如去给水道改畦。

一旦孩子长到 16 岁以上，地里稍微复杂一些的农活就会分配到他们的头上，比如赶车、到地、耩地、收割等等。

（二）兄弟交往

兄弟在成年之前都是结伴玩耍，任何东西都会平分。但是到成年之后，尤其是成家之后，他们之前的关系就会发生微妙的变化。

1. 亲兄弟明算账

一旦成年，就会经历分家的阶段。这个时候，家里的所有东西兄弟之间一般是平分，谁也不能多占便宜。如果兄弟之间平时有借钱、借粮的行为，没有不还的情况。一般是各自媳妇的态度影响了兄弟的行为。老人说："其实如果两个人都是单身，就又好一些。但是成家之后，都是一家子，即使是兄弟之间不愿意掰扯得那么清楚，家里的媳妇可不让。"

2. "一个娘胎出来的，帮忙应该的"

尽管有媳妇的约束，但是如有生活或者农业上的困难，兄弟之间还是要相互帮忙，毕竟"是一个娘胎出来的"，就算不能百分之百地付出，也绝不会坐视不管。

生活中一般就是吃饭和住宿的问题。如果家里没有余粮，可以在兄弟家里白吃几顿，但是时间长了，"嫂子或者弟妹就会说闲话"。还有一种是借宿，如果兄弟不住在一个村，弟弟去哥哥家住几晚，"没有赶出来的道理"。哥哥去弟弟家也一样，常常走动，反而觉得两家比较亲。但是忌讳住得时间太长，毕竟"各自都是一家子，都有自己的生活，一直打扰就不太合适"。

（三）夫妻交往

传统时期，牛家庄组成新的家庭目的很简单，一是能延续香火，二是在生活上有人能搭把手。

1. 传宗接代

牛家庄传统时期十分看重香火的延续，"不孝有三，无后为大"，一旦一个家庭没有后代，"那对不起列祖列宗"。一旦男子到了成家的年龄，父母都会帮忙张罗一桩婚事。为的就是能"早点抱上孙子"。一旦成婚，"母以子贵"，为这个家庭生出一个孩子，尤其是男孩子就成了新媳妇的主要任务。在怀孕期间，她将成为全家的中心，重活不用干，闲心不用操，只需要每天"吃好喝好"。等安心把孩子生下来之后，媳妇的地位又会下降一些，新降生的孩子将代替母亲，成为家庭的新的中心。如果媳妇无法生育，家庭将不会和睦。如果媳妇手脚又不勤快，将面临被休的危险。为了这个孩子，一到天黑，夫妻就会早早睡觉。"就是生了孩子，夫妻之间的性生活还是有的。"老人说。

2. 搭伙过日子

除了生育,夫妻之间更多的交往都体现在平时的生产和生活之中。在生产上,丈夫是主力,他要负责绝大部分的农业生产。不仅是因为他掌握的农业技术较多,还因为他天生就比女性力气大。妻子在生产上可以给丈夫打个下手,虽然活不重,但是并不是可有可无。老人说:"给家里人分担的不是一星半点。"妻子主要是负责家里的事务,包括做饭、看管孩子、牲口的照料、老人的照料,还要纺织、补衣服等等。相比丈夫,妻子的活儿更为繁杂。"生活很苦很累,但是有个伴就能多分担一点,自己的压力也没有那么大了。更多的时候是搭伙过日子,日子就过得越来越红火。"老人说。

(四)姐妹交往

姐妹关系跟兄弟关系不同,小时候的关系可以很好并且能直接体现出来,一旦嫁人,关系即使再好也不好再去表达,几乎"帮不上忙"。

1. 儿时相伴相依

如果家庭里有好几个姐妹,一般是姐姐照顾妹妹,无论是干什么,姐姐都会带着妹妹,有什么好吃的也是给妹妹先吃。在家里被父母凶了,一般也是姐姐安慰妹妹,妹妹在外面被欺负了,如果没有哥哥的话,也是姐姐帮忙出头。有时姐姐伤心,妹妹反而会宽慰姐姐。

2. 成家各自安好

成家之后,因为都各自嫁人,进入了新的家庭,所以儿时的关系再好,都不好再表现出来。主要体现在如果姐姐家有经济困难了,妹妹无法直接去支援。因为家里的钱都是当家的掌握,自己不会有钱去外借。如果姐姐生病了,妹妹想要去看望,也必须跟婆婆请假,不会来去自如;如果婆婆不同意就不能去。所以一旦嫁人了,就只能各自安好,"成了别家的人,除非是休了,不然就是泼出去的水"。

(五)婆媳、妯娌交往

婆媳关系自古都是老大难问题,妯娌之间也有着较为复杂的关系。

1. 婆媳关系紧张

因为婆婆和媳妇都围着一个男人转,所以关系难免会出现紧张。婆媳常为生活琐事吵架。因为都是女人,按照"男主外,女主内"的劳动分工,女性都比较有话语权。婆婆除了自家的家务事,还想管儿子的家务事。而儿媳自觉已经是独立家庭的女主人,所以有时会有不同的意见,想自己做主。这就不可避免会发生矛盾。出现了矛盾,要看既是儿子又是丈夫的男性的抉择。不帮母亲是不孝,会被说"娶了媳妇忘了娘",不帮媳妇常在一个家里又会吵架生气，会被说"你们全家都欺负我"。老人说："一般这种情况，夹在中间的人最难受。"

2. 妯娌间嫉妒较多

妯娌是兄弟的媳妇，在分家之前，常常是家庭之间吵架、拌嘴的重要原因。她们常常会相互攀比，如果比不过又会有明显的嫉妒。除此之外，她们会在婆婆面前争宠，极力表现自己以换取自己在家庭地位的提升。一旦分了家，关系就会变得缓和。

二、亲戚交往及关系

亲戚之间的交往活动很多，亲戚往往是除了家庭以外，农民一生当中打交道最多的群体。而亲戚之间的意义和原则在于多走动，常见面来往的感情更好，血缘关系再近若平时不常联系，血脉关系也会被冲淡。

(一) 亲戚之间勤走动

与亲戚交往的原则是"勤走动"，不仅是有事才联系，平时没事也可以上门拉家常。亲戚不仅是农户急需帮助时第一个想要求助的对象，而且也是平时消遣、娱乐的去处和倾诉的对象。

(二) 亲戚交往频繁

一是红白喜事帮忙。这里的帮忙不仅是要帮忙做饭、迎来送往、收礼记账、送亲迎亲等等。红白喜事随礼都要记清楚，下次对方办的时候要把不低于当时价钱的礼送回。但是关系越近，还礼的周期越长，偿还期待值也越低。

二是人情往来。亲戚的随礼一般是大头，礼金绝对不能比一般关系的人少，甚至要超出好几倍，这样才能体现出亲密的关系。除此以外，有人请的时候必须要提前去看是否需要帮忙，不然会被其他亲戚笑话。

三是生产攒忙。在盖房、打井等方面需要帮忙，就是在农业安排的各个环节上，也少不了亲戚提供过的人力、畜力的帮助。帮忙后要记得还，一两次不还可以，如果单方面出力太多而没有回报的话，再亲的关系也会疏远。

四是亲戚矛盾调解。亲戚之间有了矛盾，为了避免家丑外扬，首先要找的中间人就是亲戚。亲戚一般会把矛盾控制在这个亲戚的层面，不会让事态扩大。亲戚之间因为都有血缘关系在，所以跟当事人双方都好说话。

五是借钱粮。一旦农户遇到难事儿，需要借钱粮，那第一个想到的就是亲戚。数量少的话不需要中人，也不立字据，也没有利息，实在还不起可以不还；但是如果金额太大，就需要写借据，到期还不上可以延期，但不能不还，否则将会影响亲戚间的感情和关系。

六是走亲戚。逢年过节，走亲戚是沟通亲戚之间感情的一剂良药。端午送粽子，八月十五送月饼，家里穷一点的过年还会送饺子。在大年初一这一天，亲戚一般会给未成年的小辈压岁钱。住得近的亲戚平时就可以相互走动，但是离得稍微远的亲戚就很少能常聚会，如果节假日也不来，那关系就会越来越远。

三、村内交往及关系

（一）邻居交往

邻居不同于亲戚，他们之间往往没有血缘关系，但是因为地缘的关系，彼此的生活都交织在一起。

1. 邻居之间要有来有往

与邻居交往原则是"有来有往"。因为本来就住得很近，虽然农户有了困难最先想到的是亲戚，但是可能离得比较远，一时半会联系不到；而且有些小事是远水解不了近渴，只能是邻居来帮忙。农户之间想要得到邻居的帮忙，一般会主动先帮邻居做一些事情。时间一长，邻居就会处得比较好，甚至比有些亲戚之间的关系还要好。

2. "大小事儿都可以找邻居"

邻居因为居住近便的有利条件，往往成为农户"不是亲戚的亲戚"。因为在农民的生产和生活中，只要是处得好，有了困难邻居就可以帮忙解决。

一是人情来往。老人说："邻居之间的人情是不可避免的，因为平时抬头不见低头见，红白喜事都要随礼。"邻居之间随礼不大也不小，算是平均值。"如果随得太少，平时都要见面，不太好意思，如果随得太多，又不是亲戚，没有必要。"老人说。

二是红白喜事帮忙。这里的主要是帮忙做饭，白事要帮忙做白衣。去帮忙的一般是家里的女眷，因为男性一般不做饭，也不会做衣服。如果是男性帮忙，一般是忙力气活，或者如果家里有读书人，可以帮忙记账。

三是攒忙。农户家里盖房、打井都需要人，人数一般需要10个左右。这其中的一大部分都是邻居。邻居来帮忙以后，农户要留下来给吃饭。"吃得多好不敢保证，但是起码要吃饱。"

四是借东西。邻居之间借东西包括借钱粮、借井用水、借油盐酱醋。借钱粮比较少，一般跟亲戚借，但是借井和各种佐料的情况比较多。因为井水可以自然上涨，所以用多用少，邻居都不会说什么；做饭的佐料偶尔借一下可以，也不需要还，但如果每天都来借就会引起邻居不满。

五是纠纷调解。一般的邻居调解能力有限，如果是因为小事情吵架，那邻居可以出来劝架，但如果事情稍大，超出了他们的能力范围，这时候调解就不是任意一个邻居都可以，只有请作为"知名人士"的本村邻居专门来调解。调解完之后赢的一方要请知名人士吃饭。但知名人士的一般做法是找发生矛盾的双方坐下来共同吃一顿饭，费用由双方平摊。

六是帮忙看门、收衣服、看小孩。"远亲不如近邻"，如果遇到紧急的事情，可以拜托邻居照看家门；遇到下雨天家里没人来不及收衣服，邻居会帮忙收进去；有急事需要把孩子临时寄放，一般也会托付给邻居。

（二）地邻交往

地邻之间的交往比较简单，平时在一起劳动，没有工具就相互借用，缺少人力就相互帮忙，闲下来就相互聊天。

1. "能帮就帮一把"

与地邻相处的原则是"能帮就帮一把"。因为都在地里干活，难免有困难，农忙的时候一整天都在地里，接触最多的就是地邻。所以关系处得好比什么都重要。在农户的能力范围内，地邻之间往往是看到了就会帮一把。老人说："毕竟以后大家还要相处，总有用到的时候。"

2. 活动

休闲和帮忙是地邻的主题。

一是攒忙——包括辩椹和换工。地邻一般可能不住在一起，但是土地挨在一起。平时劳动的时候总能相见，所以不可避免就会有接触。有时候一户的土地并不在一起，或者自家的劳动力有限，在丰收的时候抢收就非常缺少劳力。这时地邻就是一个非常好的求助对象。地邻之间无论是出人还是出牲口，集中几天就可以做完，然后再集中精力帮下一家，这样抢收效率就会非常高。

二是共同打井。所有的农田都需要灌溉，但有些人独自打不起井，这时候就需要跟地邻商量一起打井，平摊费用，平时轮流使用。村里的地井八成以上都是共井，而地井又占绝大多数的比例。"除了土地相邻之外，农户的脾气秉性要相投，不然不可能一起合作。"老人说。

三是人情来往。地邻的红白喜事也要参加，一般不用帮忙，只是去随礼即可。随的礼可大可小，但一般跟邻居的一样。不同的年代，都有一个具体的金额，非亲戚又非朋友的一般关系的农户，会依照这个标准来随对应的礼金。

四是做中人。买卖地的时候需要地邻重新看地标，重新看四至，之后才能签田契。而四周的地邻常常会被邀请来做此事。查看一般是没有报酬的，不需要请客吃饭，因为下次地邻有谁家需要看地界的时候，其他地邻也会无私帮忙。

四、村外交往及关系

（一）交往的类型和方式

除了本村的人，农户交往的村外人多在集市。交往之人，大多为务农的，少数为耍手艺的。他们家里的人口、耕地情况、家里的经济条件和成分的划分等并不是影响人们正常交往的主要原因。农户自己是什么样子，很大概率他身边的人就是什么样的人，交往方式也这样确定的。所以常常听到"一家都是老实人""土匪窝"等话语，就是说明同一类别人之间相互吸引的程度非常高。"交朋友有很多标准，比如他真诚、忠厚、聪明，他能带你玩，他说话你很开心，他的动作很好笑，他总是帮助你，他很讲义气等等。"村中老人说。而身上有明显毛病的人，一般不受人们喜欢，比如说脑子笨、残疾、不孝顺、太小气、吹毛求疵、小肚鸡肠、喜欢占小便宜、喜欢讽刺别人等等。村民交往的对象一般围绕着几类人，但是最看重的就是朋友要"忠义"。

表 4-5 交往方式

是否喜欢	类　型	交往方式
喜欢的人	聪明、忠厚、真诚等	礼尚往来
不喜欢的人	脑子笨、残疾、不孝顺等	点头之交、通过中间人、逐渐断交

（二）交往活动

因为外村人主要是赶集进行买卖活动时认识的，所以他们交往的主要的活动一般也都在集市进行。

一是买卖活动。在各种集市上，免不了要进行货物的买卖，一来二去就会变得熟悉成为朋友。成了朋友之后买东西会更加便宜一点，农户也更愿意找熟悉的人去买，这样买东西的农户也因为销量大而活力更多，所以是一个双赢的局面。如果农户有时想买但是钱没带够，可以赊账，等下次赶集的时候再给。或者农户是拿粮食等比较奇缺的东西来市场的，他可以用他的东西跟商家以物换物。只要价值对等，这种交易就可以成。如果买卖双方本来就是朋友，卖东西的农户往往愿意多给一些。

二是聊天。有些朋友是在集市上认识的，也只有在集市上能碰到。场合一般是在茶馆或者戏台下面，遇到了会一起逛街，边逛边聊天，或者一起喝茶拉家常，再或者一起看戏。如果有一方没有带钱或者钱不够，另一方往往会先行垫付，等下次见面再还。等回家的时候农户往往会道别，并相约下次见面的时间。

三是吃饭。如果关系特别好，还可能一起在集市上吃饭。集市上最多的是小摊，他们可能各自买一碗小吃，端在手上边走边吃；也可能专门去饭馆，坐下来喝点酒。如果喝醉了，一般是清醒的一方送另一方回去，钱也是由清醒的一方来结，等下次一起吃饭的时候，再由另一方来请。

（三）交往中的问题

一是疏远。与喜欢的村民，会经常相互请吃饭，聊天，有事一起商量。如果只是单方面地付出，而另一方只知道索取，那双方的关系就会慢慢疏远。比如吃饭的时候一直都让对方结账，而自己每次都不出钱；再比如有事情的时候就会找对方帮忙，而对方有困难，他就躲得远远的。

二是断交。如果交往中农户的行为让对方不喜欢，就会逐渐断交。比如耕地越界或者经常坑人等常会断交。断交后没有发生过恶意诋毁、伤害的事情。虽然不喜欢，但是仍然保持交往，多是碍于面子；但平时都是敬而远之，红白喜事也不会相互通知。

三是调解。如果交往中出现误会，一般采用私下解决的方式。因为一旦请中人，就会闹得众人皆知。农户都讲究面子，如果不愉快的事情传出去，在村只会沦为别人的笑柄。所以一般会选择私了。如果发生了伤害、偷窃等比较严重的事情，要带礼物登门道歉。如果调解不成，就只能找村长、保长等中人出面。比如发生了盗窃，盗贼被发现，如果他想要私了，需要找村长、保长、知名人士等人做中人，并请被盗者的当家人在县城饭馆摆"请客席"，上菜八大碗，以表悔过之心，并求得谅解。这样做的好处是既不伤面子也不会赔偿太多。"因为一旦被检举揭发告到县衙，除了要赔偿巨额的钱财，还会受皮肉之苦，情节比较严重的还要吃牢饭。"老人说。

第六节 流动与流动关系

1949年以前，牛家庄的社会较为封闭，加之这里常常旱涝保收，所以人口迁入较多，而人口迁出较少。迁入的人口多是为了躲避老家的战乱，或是躲避灾荒；而迁出的人多是因为被抓丁被迫卷入战争，也有少部分是自愿当兵。总体来说迁入多是以户为单位，而迁出多是以个人为单位。

一、土地与流动关系

在第一章就介绍过，本村的形成跟因地移民有着莫大的关系。本节只介绍村落形成以后土地与人口的关系。

（一）土地与人口流入

建村后人口因土地原因而发生流入的主要有以下两个原因：

1. 大量土地待开垦

建村后，因为入住的常住人口还不是非常多，村中有大量土地待开垦，周围很多荒地太多的村子或者无地可种的村子就会有大量村民选择牛家庄定居。老人说："最远的有安徽那边逃荒过来的，现在都生活了好几代了。"因为牛家庄本来就是一个因迁移形成的村落，所以本村对外来人口没有排斥，在本村新入住的村民，只要在村长那里签字就算取得了入住许可，所有耕种的土地必须按时纳税。老人说："村长正愁有那么多土地没有人种，荒废了可惜。有村民入住可以增加赋税，他对上面也好交差，另外自己还能多落一点回扣。"

2. 大量土地待租出

再后来，村中土地几乎已经被开垦完毕，大概在清朝时期，形成了超级大地主，虽然他全家都不在村中住，但是垄断了村中大量土地。而地主家自身的劳力是有限的，以前的老租户也没有能力再多种更多的土地，这时候他就迫切要求和希望有更多的农户来帮助他耕种。他一般采取的办法是降低租税，并且雇中人在市面上广泛宣传，等有了外来农户被这个条件吸引过来安定下来之后，再由他口耳相传给其他人。这样地主手中的土地就慢慢都被租种出去，越来越多的外来人口也就在本村定居下来。"后来地主又稍微提高了租子，但是人们已经在这里娶妻生子了，生活上已经安定了下来，所以租子高一点也只能忍受，也有一小部分人承受不了抬高的租税而迁走的。"老人说。

（二）土地与人口流出

牛家庄因为60%以上都是地主的土地，而地主只有10人左右，所以大部分有地或者少地的农民就不得不租种地主的土地来谋求生存。粮食地租又分为固定租和分成租。固定租是不管丰年还是灾年，一粒粮食都不能少——好地每亩一年交5斗粮食，中等的土地要4斗，坏地每亩一年交3斗粮食，小麦和谷子各交一半。但总体来说，交3斗的时候比较多。分成租比较人性化，无论收获多少，都要交一半。租地6个月到12个月的交一年租，不满半年的交半年租。遇到灾年的时候，劳力多的人可以坚持交租，自家虽然富余比较少，但是通过挖野菜、喝糊糊等方式还可以勉强度日。但是对于劳动力少的家庭，交了地主租子，自己就要饿死，所以就会想办法躲租子。在村的地主比较好说话，缓租或者减租都是有可能实现的。但是在城地主一般不会减免，必须要交。有的人因为劳动力缺乏，实在是交不起，这时候往往会跑到亲戚家躲一阵子，等过了收租的时间再回来。但是回来的时候地往往已经租给别人了，如果再继续种别人的地，因为知道他的信誉比较差，所以往往不再租给他。很多人都是因为这样的原因而逃离了本村。

二、高利贷与流动

因为高利贷的原因，本村农户逃出的较多。本村的借贷分为贷款、贷粮两种。村内有一家房贷机构，叫"三合号"。合伙人有三：任A（中农）、任B（富农）、任C（中农）。其中，任C以种地为主，放贷为副业，家中45亩田，有一头白花骡子、一头驴，但没有担任过保长等职位。县里有两个银号："文兴城"和"自然坊"。贷款月息30%—100%，群众称"驴打滚""阎王债"。贷粮指地主将收租的粮食于青黄不接时贷给贫困农民，两三个月加倍收回。有的调换品种，从中牟利，如麦收前贷1斗高粱，麦收后还1斗小麦；秋收前贷1斗高粱，秋收后还2斗高粱。老人说："有的欠债比较久，利息就不知道翻了多少倍，想要再还，就是倾家荡产也还不起。这时候有人就会出逃来躲避高利贷。这时候的逃跑是什么都顾不上，地也不要了，房子也不要了。反正让他们收了也抵不了债。"

逃债时常常是农户全家一起逃跑，一般是用牲口套好车，把能带走的东西比如钱、存粮、家具等都带上，如果还有富余地方还要坐上媳妇和孩子，如果没有就只能媳妇抱着或者带上孩子。逃走的时候非常匆忙，来不及跟任何人打招呼，包括亲戚、朋友等，因为当时可能就是用这些人做了中人，"一旦告诉他们自己肯定走不了"。趁着天黑，一般是凌晨村民都熟睡的时候悄悄地走，也不跟村长、保长打招呼。逃债的农户的当务之急就是投奔远房亲戚，从此再也不回来。

三、当兵与流动

人口流动最大的是抓丁或者自愿当兵。村里去当兵的人几乎都是贫农。因为家里没有地，又没人觅活，做手艺人又没人要，为了吃饭只能去当兵。老人说："去当兵的村民根本不问是哪路军，被俘虏也无所谓，只要有饭吃就可以。光村西头当兵的就有5个。"通常服役都在2年以上，不仅有去做国军的，也有做治安军的。到驻地后军队每人发一身衣服、一支枪，每天管饭。"铁打的营盘，流水的兵"，选择了当兵，就要跟随部队，通常都在外地打仗或者扎营，生活居无定所。"出去了几乎是两眼一抹黑，没有任何亲人。一旦在战场上死了都没人知道，更惨的是都没有人收尸。"老人说。所以去当兵的风险极大，明白了这点，去当兵的多是单身汉，家里的父母往往都已经去世。极个别家中有妻室也有孩子的农户，实在是过不下去眼前的日子，悄悄去当兵而不跟家里说。因为"好铁不打钉，好儿不当兵"。在村民的印象中，当兵跟当匪没有区别，"都是烧杀抢掠，都是欺负老百姓的"。不仅如此，还吃喝嫖赌均沾，即使有家庭，早晚也会妻离子散，所以家里通常是一万个不同意。但是出去当兵的都是自家的日子活得太苦，看不到尽头，为了活命，农户只能跑出去。"出去当兵的几乎也没有什么家产，如果有家产，通常是家人来照看；如果家里没人，家产通常让其兄弟或者远亲照料，房子会住人，漏了坏了就修一修。"老人说。出去时，不用跟村长、保长通报。村里会保留他的户籍，只有知道他死了才会把他的户籍注销。

表 4-6 从军情况

当兵数量	村西头5个
军 种	国军、治安军
效力时间	2年以上
从军目的	有饭吃

四、日军侵略与流动

民国二十六年（1937 年），10 月 5 日，日军入侵正定，老人说"国民党军队几乎没有抵抗就撤走了"。6 日上午日军便来到牛家庄，老百姓手无寸铁无法抵抗，只能任人宰割。这时出现了一大批村民逃离本村的情况。

（一）躲避杀人

日军进村之后，为了威慑百姓，制造了残酷的杀人事件。村民王肇秀、王小林、王拐子、王不待见、王夫来、王五申、王小春、王玺珍、王长命、任满圈、任不止、任陆明、任富林、龚小费、龚腊月、于红秀、孙大毛爷爷、孙大毛爹、孙老福、龚落建、焦小群共计 21 人被杀害。当时百姓躲到瓮里，躲到柴火垛里，躲到牲口棚，躲到麦地里，还有更多的百姓因为害怕被杀害，躲到邻村或者更远。老人说："日本人一进来就杀人，谁敢挡杀谁，看见谁杀谁。人们还没反应过来怎么回事就已经死掉了。老百姓没有枪也没有炮，不敢硬拼，知道风声的早逃出村子了。一般的普通老百姓知道的时候，日本人已经到家门口了。很多人拖家带口的，或者有病重卧床的亲人，不愿意自己逃走，等日本人来了想跑也跑不掉了。"

（二）躲避抢劫

老人说："日本人仗着有枪，每次缺什么都会直接进农户家抢劫。""包括粮食、菜、砖瓦、木头、牲口等等，见什么抢什么，如果有人不从就会被毒打，要么直接捅死。"传统时期的经济水平不高，农户家里本来就没有多少财产，唯一的一点点还要被夺走，农户就几乎无法生存，很多农户都是知道日本人在其他村子有抢劫的现象，一般早早地就牵着牛、拉着粮食逃到邻村或者更远。有的是日本人来了才知道，只能趁夜里让牲口拉着粮食，带着老婆孩子逃走。老人说："夜里日本人有巡逻队，几乎跑不出去。"

（三）躲避强奸妇女

老人说："平时隔三岔五，日军三五人，就找人开路到各家各户找'花姑娘'。"他们找的都是本村人，如果有人不从，就会被毒打，甚至打死；各家各户的16岁左右的闺女、小媳妇和30岁左右的妇女都是日军寻找的对象。"日本人抓住女人以后不会拉走，而是直接在这一户的炕上强奸。"老人说。有时甚至当着当家人或者这个女性丈夫、父亲的面实施恶行。有这么一回过后，女性都会想办法躲到远亲的家里，逃往外村；如果跑不掉，村里人一般优先把女人藏起来。

（四）躲避日军抓劳工

民国三十二年（1943年），日军强行抓中国劳工到日本北海道做苦役，牛家庄村民王小眼、王绍卿、王文珍、王永顺、王三连、王同舟和王裕泉被掳往日本。村民在日本北海道主要挖煤，吃红高粱饼子，三个人才分到一碗水，天天便秘。王小眼死在日本，其他几人在日本投降后于1946年回国。其中，王三连和王文珍是父子关系，直到回国后才知道两人当时都被掳走。"父子被掳走时，正好赶上儿子文珍的孩子出生，起名为'王遗祖'，意思是祖先一辈都丢失了。"村中老人说。日军入侵以后因为要修建防御工事，经常强迫当地农户去劳动。因为体力不支被活活累死的不胜枚举，很多被抓到的都会趁日军戒备松懈的时候逃走。

1. 看铁路[1]

日军驻扎后，因铁路需要运输日军大量物资，经常受到八路军的偷袭，但是日军兵力不够，于是强迫本村村民看铁路。每次雇4—5人，派一个日军监工。八路军多是10—20人拉着车去破坏铁路，把枕木都拉走，让铁路瘫痪。"有时被村民看见，八路就会打手势，意思是假装没看见，直接走就可以了。"老人说。

2. 出官车

如果需要牲口或者车夫，日军会直接找村长，村长再找保长，保长再找有牲口的人家轮流征用，就是"出官车"。"村民只求保命，出钱出物都无所谓。如果在干活的过程中，车、牲口和人有任何状况和意外，日军一概不负责。"老人说。

日军这般野蛮行径，使更多的人逃出村庄。当时听说哪里有国民党的军队或者共产党，都想走。尽管日军有重重封锁，但是还是有不少人逃出了魔掌。逃跑的时候多是携家带口，老人说，"要走都走，不能留下家人在这里让他们糟蹋"。能带走的东西尽量都带走，一般是用牲口套上车，把家里值钱的东西，比如钱财、粮食等都拉上，当家人在前面拉车走，车上坐上老婆跟孩子。"走的时候都是趁黑夜，白天怕被发现，

---

[1] 法国人修建。

所以也不会跟村长、保长汇报。也有几家农户一起走的，多是家里比较有钱的，比如说地主和富农，他们最早得到风声。"老人说。当时的村长和保长都自顾不暇，所以也不会有保留籍贯这一说法，当地的户籍管理统统被日本人接管。

第七节 分化与群体关系

在传统社会人多地少、资源分布不均的情况下，想要生存，群体就发生了不可避免的分化，而家户的家庭条件、后天努力决定了农户后来的家族分化和职业分化，由此可能导致不同的财富分化和权力分化。

一、财富分化及其关系

在传统时期"重农抑商"的环境下，财富分化主要跟土地有关。如果一家农户的家里地多，那就积累了很多的财富，如果农户家里没有地，靠其他本事去赚钱是很难致富的。所以不同的阶级在很长一段时间内都被固定在本阶级之中，除非有通过读书顺利进入仕途步步高升的"祖坟冒青烟"的奇迹，不然改变命运的确不容易。

（一）财富分化

在牛家庄，根据家庭财富的不同，可以大致分为三个等级。这样的等级划分，主要是看家里田亩的数量和生活水平。它是一个村落内部的金字塔，有钱人居高在上，"可怜人"遍地都是，"被踩在脚下"。

1."大户人家"

一种是"大地主"。家里的地种不完，常年雇别人种地，丰收的时候跟佃户收租，自己家人因为种种原因不下地干活，靠别人种地得来的大量租金养活自己。大户人家的女人都会把指甲留得很长很长，以显示在家里不需要干活。因为他们往往在生活上雇着长工和丫鬟，长工解决所有的力气活，丫鬟服侍照料所有生活上的事情。老人说："本村最大的地主莫过于王士珍家族，因为他官至总理，土地数不胜数，家里伺候人的佣人也就数不过来。"

还有一种是富裕农民。他们家的田也种不完，自家人手不够，往往会雇长工短工来给自己常年帮忙，到年底了给所雇之人分一点酬劳。老人说："他们自己也劳动，不至于完全不干活，但是使唤人。"他们跟"大地主"比起来地位稍微高一点，但是已经比全村其他村民要强很多。"所以在村里，他们也很威风，一般人都不敢得罪他们。"

2."一般的"

所谓"一般的"，就是自己有地，土地的数量和自家的劳动匹配，正好可以满足全家的消费，不多也不少。他们有大车、水车、牲口，干农活需要的东西一样都不少。老人说："平时的生活食物上都吃得不错，但是跟大户人家肯定没法比。"他们自食自力，没有钱雇别人，也不至于给别人当佣人。在村落中处于中层地位，这样的人群不在少数，只比一无所有的人少一些。

3. "可怜人"

"可怜人"指的是村中绝大部分处于生存线边缘的，常常饥寒交迫的一群村民。他们要么没有土地，只能靠给大户人家出卖劳动力来换取少量的粮食，要么家里只有一小块土地，根本无法满足全家人的开销，没有办法还是要出来出卖劳动力。有的实在可怜的，因为年龄太小或者太老的缘故，劳动能力都没有，只能四处乞讨。他们在村中是最边缘的人群，几乎没有人会看得起他们。

（二）财富分化关系

不同的财富分化催生出不同的人际关系。牛家庄往往会出现一个同层流动的现象，就是同一层级的相互交往较多，他们或许是因为轻视或自尊心的原因，不愿意跟不同层级的人交流。

1. 同层交流多

一是攒忙。村民地里有活儿需要帮忙，第一时间就是会找自己的亲戚，除了这层血缘关系外，首先找的就是地邻。这里的地邻不是大户人家，而是跟自己家庭情况差不多的农民。老人说："就是找了大户人家也不见得搭理你。"

二是红白喜事人情。村民的红白喜事，找人帮忙还是先找亲戚，其次就会找跟自己志同道合、情况差不多的朋友。老人说："大家情况都差不多，来帮忙也比较自在。找一个比你高一头的，怎么会来给你帮忙，或者找一个比自己低太多的，那也不会交那样的朋友。"随礼的时候也一样，因为同一层级的人情况都差不多，所以随礼的金额也就差不多。"如果给太少，记在纸面上不好看，还是比较丢人的；如果给太多，又显得自己装有钱，给别人也给自己添堵。"

三是借钱粮。理论上借钱粮都是要找有钱人家借，但是村民有其他想法。老人说："家里揭不开锅了，首先会找亲戚去借，如果借不到会想办法去找自己的朋友，他们虽然跟自己的家庭差不多，但是好开口。如果他们也没有，会去找高利贷借，指望去找大户人家，我是张不开那个嘴。他们平时就瞧不起咱，去了只会让他们再羞辱一次。"

四是节日走动。逢年过节，村民之间往往相互串门，相互拜访。但是一般还是找跟自己经济水平差不多的农户来互动。没钱的找没钱的，有钱的找有钱的。老人说："不同层次的人带的礼物都不一样，如果你送的礼物太重或者太轻，总会有一个人没有面子。另外不同层次的人玩的也不一样,大户人家可能去要大钱,你普通人家怎么玩得起?"

五是串门。平时没事,农户之间都好串门,尤其是吃过晚饭都闲下来的时候,还有冬季农闲的时候。这时候村里往往是大户人家去大户人家,可怜人家去可怜人家,"好像提前商量好了一样。不同层次平时本来就没有交际,硬往上贴,那不是太没面子了?"

2. 不同层次"相互看不上"

不同层次的农户很少交流,这其中也是有原因的,那就是"相互看不上"。

(1)"上面的瞧不起下面的"

大户人家一般居高在上,虽然表面上对所有人都和蔼可亲,但是骨子里对穷苦农民是瞧不上的。大户人家的农户说:"来我家给我干活的生活都是没有退路的,不然也不会来投奔我,既然要干活那就什么活儿都要接受,干不了就走人。生在穷人家,就是干活的命,你不干活怎么生活?"

(2)"下面的不愿意跟上面的接触"

自给自足的农户一般是不愿意跟大户人家交往的,因为他们认为"有巴结人家的意思"。而去给大户人家打工的农户说:"在人家家里干活,平时虽然吃饭的时候没有区别,但是让你睡的是牲口圈,把你当牲口看,什么重活累活都让你干,要是不是在他家干活,我可不愿意跟他打交道。"

二、职业分化及其关系

传统时期,牛家庄的职业分很多,如打更人、媒人、产婆、厨子、瓦工、木匠、铁匠、榨油工、药铺先生、脚夫、叫花子、租轿子的、租棺材架子的、做卷子的、音锣把式、剃头师傅、锔露锅的、杀猪把式、地主土地经纪、人力经纪、婚宴总管等。他们有的有组织,有的没有组织,遵循着一定的规矩并延续着某种关系。

(一)有组织的职业及其关系

行业中的职业组织主要有三种类型,第一种是以雇佣关系为主的职业组织,第二种是以师徒关系为主的职业组织,第三种是以行业领袖为核心的职业组织。

1. 以雇佣关系为主的职业组织及其关系

(1)打更人及其关系

一是村长亲自挑选。一般有4—5人,每条街一个人。打更人由村长挑选,主要是家里没有地还需要租地的贫农来做,他们与村长、保长都没有太多特殊关系。"多为30—50岁的男性,20岁的男性不可靠,因为容易在晚上去找女人,无法安心工作。"

老人说。人选不固定，如果村长觉得不合适，可以随时调换。

二是打更管住不管吃。打更管住，但只能在打更棚子里小憩，或者在后街的庙里休息。村里不管吃，需要自己解决，一般是从自己家里带饭。村里每天发几个铜钱，由村长亲自发放到他手里，这部分费用由村里摊派。

三是工作多是象征性的。打更人每晚 3—4 人，主要工作是从戌时四刻（晚上 8 点）到第二天卯时四刻（清晨 6 点），需要一直在街上巡视和报时。每到正点，需要敲着梆子，一来报时，二来震慑盗贼。老人说："但贼听到以后会躲起来，等打更人走后再出来作恶，所以实际效果并不大。"

(2) 榨油坊及其关系

一是油坊概况。油坊在本村较少，但因为稀缺，所以也是村民来往聚集之地。本村有 2 家榨油坊，任氏父子和景氏父子各开一坊。设备有厂房、大碾子一个、骡子一头，压油设备若干，雇员 5 人。工作是用花生或者棉花籽榨油。工钱是头锤每月 80 元，打油的每个月 60 元。工作安排是上午压"面"[1]，下午焯、打油。赶骡子一人，打油 4 人。2 人一班，倒班制。最后产出花生油、棉籽油、花生饼[2]和黑饼[3]。油坊除了给别人打油外，也自己进花生或者棉花籽来打油。给别人打油，顾客无须带礼物，但完工后要结账，可以优惠，不能赊账。

二是油坊老板地位较高。油坊老板在村里的地位跟富农差不多。如果吃酒席可以和富农坐一起，按照辈分排座次和称呼。不同的人不同的称呼：关系近的叫小名，远一些的按辈分叫，陌生的叫名字。在村里榨油，无须向村长、绅士、保长申请或者送礼。

三是油坊招工不收徒。油坊不收徒弟，但招工，管吃三顿。本村的回家住，过年要给雇主拜年；外村的管住，过年回家，不需要给雇主拜年。雇工一般是年轻力壮的村民，稍微上岁数的不要，因为打油是一件极费体力的事情。"招的都是年轻人，五十岁往上的都不占"。

(3) 絮棉加工坊及其关系

一是絮棉加工概况。村里搞絮棉加工的有 4—5 家，都是种地主的地的中农及以下成分，最多时可以种 40—50 亩。每家 3 人，一个接待通常是女性，2 个干活的都是男性壮劳力。油坊对外接生意，也自己买籽棉加工。絮棉加工分为轧棉花（铁制机器）

---

[1] 碎。
[2] 人和猪均可食用。
[3] 不可食用，用作肥料。

和弹棉花（木质机器）两道工序，工作在农户家分开 2 间房进行，每小时加工 25 斤。棉花数量没有上限，一般有几百斤，但最少要 20 斤店家才接活。光轧棉花成品叫"皮棉"，有专门人收购，弹完叫"絮棉"，多为家用。

二是棉坊生意火爆。无论贫农或者地主，只要有需要都来加工，生意比较火爆。加工完成后收取加工费，不能优惠；因为每斤棉花出二两籽，籽又可以榨油，所以加工费可以用籽来顶替。

三是棉坊老板地位中等。跟中农一样，棉坊老板吃酒席排座和称呼按辈分。卖了钱不交税，也不用给村长、保长送礼、打招呼。平时跟中农之间来往得比较多。村中弹过棉花的老人讲了一个小故事："1943 年，纺棉花的去集市卖完'瓢子'[1] 路遇鬼子，假装摔倒，把刚刚赚的纸钱从腰中掏出来藏到土里。鬼子搜他的身什么都没找到，只能放行。等鬼子离开，纺棉花的从土里把钱又找回来。"

2. 师徒关系为主的职业组织

（1）泥瓦匠把式及其关系

一是泥瓦匠把式资格较严格。泥瓦匠把式一般是科班出身，也有"二把刀"。多数为男性，世代相传。"本村最出名的泥瓦匠把式叫王秋。家里有地 5 亩左右，一个闺女，贫农成分。据传，他曾在山西五台学艺，号称'五台把式'。"老人说。此人技术精湛，尤其擅长花草雕刻艺术，城里一些富贵人家建造华丽的楼堂瓦舍，经常请他设计施工。

二是泥瓦匠把式待遇较好。泥瓦匠把式一般能挣 3 斗米，最多的是王秋，每天挣 5 升米，薪酬也是本村泥瓦匠把式第一。老人说："做工时，材料由农户家提供，在农户家里现场作业，本家管饭。通常一天干不完的，第二天继续做，不在农户家留宿。由乡亲帮忙当小工，小工有饭吃但没工钱，干活无须送礼物，但是完工后要给足工钱，不能优惠。如果给不起工钱，也不能赊账，必须用粮食垫付。"

三是泥瓦匠把式地位居中。泥瓦匠把式在村里的地位跟中农差不多，如果去吃酒席，按照辈分排座次，不因为职业原因而跟村长、保长分开。人们平时都按辈分叫大哥、叔叔、大伯，平辈的叫他的外号。在村里做泥瓦匠把式，无须给村长、保长、绅士请示或者送礼。

四是收徒有方。王秋领了几个徒弟，有任永某（外号"老金"），任丕某（外号"栓"），王志某（外号"门楼"）等，他们在当地都很有名气。如果有人盖房、修房也会请他们，但薪酬远没有师傅高。他们都是经人介绍，由家长带去主动拜师。做徒弟

---

[1] 皮棉。

要聪明伶俐，能干吃苦。外村的徒弟师傅管吃住，本村的徒弟不管住。徒弟为师傅效力三到五年，"三年满，四年圆，五年出师"。这期间不发报酬，不交学费，封闭式管理；除了家里有大事，一般不让请假。逢年过节，徒弟要带点心等礼物去拜访师傅。大年初一要去给师傅磕头拜年。学成后，师傅给每人一套工具，包括瓦刀、抹子、盒尺和线坠，让他们选择单干或者继续跟着师傅。徒弟通常都会选单干。师傅由于没有儿子，死后由徒弟平摊买棺材。

五是与"二把刀"矛盾激烈。有些人通过平时的观察和学习，掌握了一部分甚至绝大部分泥瓦匠把式技术，称为"二把刀"。二把刀给别人盖房时只能做小工，即使技艺高超想要独挑大梁也挣不到钱，因为没有经过拜师，只能算是攒忙性质。如果二把刀想要去做大工的活如垒墙等，一般不会得到大工的允许，硬是要干的话，大工会威胁罢工，主家这时就只能向着大工，让二把刀继续干小工或直接离开。二把刀摆脱这种困境的唯一办法只有拜师。通常是由二把刀先结交一个泥瓦匠把式，等关系混熟后通过他把自己引荐给他师傅。一般经过该泥瓦匠把式的说合师傅会同意，然后二把刀需要在自己家或者到师傅家宴请师门，并磕头三个以示行礼。从此以后，这个二把刀就顺利晋升为真正的泥瓦匠把式，"可以凭借师傅的名义出去干活并挣一份大工的钱"。

六是严重排斥同行。"二门不使一线。"泥瓦匠把式这一行业存在严重的排外性，除非关系非常好，否则不同门的泥瓦匠把式不能同时为同一雇主效力。如果工程量巨大，雇主只能让同一班人马多干几天，而不能觅不同门的人。如若不然，必然会引起不必要的麻烦。

（2）木匠把式及其关系

一是木匠概况。本村做木匠活的有很多，主要是邢家和王家。邢家擅长做房架、柜箱。老邢生有四子，其中银福、四福继承父业，其后代文祥、老歪、小黑仍以木工为业。

二是木匠技术要求高。王家擅长做木轮车，这是一门独特的工艺，各项工序的质量要求非常严格，尤其卯榫制作异常精密，银忠和再勤兄弟俩都会这门技术。王氏后代小禄、庆伟都继承了父辈的木工技术。孙某有一绝活，就是做耩耧的落籽管，俗称"黄瓜腿"，落籽管由上等木料制成，长8寸，粗2寸，成品为空心管状，挖空该管需要独特的技术。据传，为了技术保密，孙某挖"黄瓜腿"都是关门在家独自操作，不让外人看见，技术从不外传。

三是木匠上门服务。除了水车和旱车因需要的零件多、技术复杂需要在木匠自家完成外，其他木匠活儿都在农户家作业；无论多远，木匠都会上门服务，无须农户家出交通费。木匠不出材料,由农户自备。农户家要管饭,用钱或米当报酬,但不能赊账。

四是地位居中。木匠不交税,地位跟中农一样。村里平时称呼就按照辈分叫大哥、叔叔、大伯,长辈则呼其乳名。如果去吃酒席则按辈分排座次,不用跟村长、保长、绅士报告和送礼。

五是拜师有要求。拜师要经别人介绍后由家长带去,或者子承父业。做徒弟同样要聪明伶俐,吃苦耐劳。本村的徒弟管吃不管住,外村的徒弟都管。徒弟为师傅效力三到五年,"三年满,四年圆,五年出师"。这期间一样没有报酬,不交学费,封闭式管理;除了家里有大事,一般不让请假。逢年过节,徒弟要带点心等礼物去拜访师傅。大年初一要去给师傅磕头拜年。

(3)铁匠把式及其关系

一是铁匠资格。铁匠往往是贫农或者中农,自己家有地,但自己不种,由家里人种。左某(1891—1963年)1903年到木庄村高家学习铁匠手艺,以锻制水车为主,1922年出徒,成为当地著名铁匠,1949年前后,曾在"正定县水力推进社"打铁一年多。焦老桐(1900—1973年)身材魁梧,力大如牛,早年跟随木庄村高某学铁匠手艺,擅长锻造铁制水车。牛家庄知名铁匠某某,早年拜山东的铁匠把式为师,擅长锻制工具、刀具,其锻制的刀具硬度高,锋利无比,俗称"钢水强"。秦氏三兄弟,是牛家庄著名铁匠,擅长锻制铁锨、三齿、大锄、铡刀等各种劳动工具,技术精湛,工艺细腻,锻制的产品样式美观,经久耐用。他们早年学艺于一个在牛家庄定居的山东师傅。

二是铁匠不上门。打铁要请铁匠,不带礼物,需要付订金。铁匠在铁匠铺干活,东西做好后需要雇主自己运回去。如果自己不方便,可以找朋友帮忙;如果雇主家距离太远就在雇主家里做。东西做好后付余款,如果雇主出不起钱,不能赊账,铁匠也不会接活。铁匠圈子也存在师门一说,非同门的铁匠,雇主不得同时雇用。

三是铁匠地位居中。铁匠在村里的地位高于贫农,相当于中农。吃酒席排座次和称呼都按辈分来。不同的人不同的称呼,关系近的叫小名,远一些的按辈分叫,陌生的叫名字。铁匠在村里打铁器,不用送村长、保长礼物,不需要他们的认可。但是村长、保长来打铁会优惠。

四是铁匠收徒有要求。老人说:"铁匠收徒看重身体健康、力大无比、不怕烧、不怕烫,一次不超过3个。"需要由家长带到师傅家里磕头拜师。学徒三年,效力三年,不交学费,师傅管吃住,每天小米加咸菜。不发报酬,封闭管理,除非有大事才能回家。大年初一,徒弟要自己拿点心等礼物给师傅拜年。由于山东师傅在本村没有儿女也没有土地，年老之后，由徒弟管吃管住，养老送终。

（4）药铺先生及其关系

一是行医概况。村中行医者4人，有秦某、王曾某、王义某和任某。秦某是下中农，家里有8口人，由哥哥打理20亩地，家里还有1匹马，雇了1个拉药斗的做伙计。王曾某是下中农，药铺是自己单干，家里的两个儿子一个做小买卖，一个种很少的地。王义某是富农成分，和侄子王群某合伙开药铺，雇一个拉药斗的当伙计。秦某医德最高，如果有病人出不起钱可以得到免费治疗。但他也不吃亏——"赖汉子看病，好汉子还钱"[1]。

二是学徒有条件。任某是秦某的学徒，又叫拉药斗的。念完高小，经过别人介绍，17岁给秦明甫当徒弟。烧火、抱孩子、做饭、烧水等杂活儿都由他干，吃住都是师傅管。学徒三年，效力三年。平时不能轻易回家，逢年过节才可以回家一两天。初一要带点心等礼物给师傅磕头拜年。后来任某也成长为一个中医，可以独立问诊。

三是治病有讲究。治病讲求"先来后到，避轻就重"[2]。如果上门服务，需要由病人支付出诊费。但是不接受会诊，一旦病人家同时请多家医生共同问诊，必有一家会离开。如果病人对诊断不放心，可以等药铺先生离开后，再请高明。三家的生意差不多。如果病情不重只需要开方子，则要给先生5斤挂面、2斤点心，不用给钱；如果病情严重需要抓药，则把诊费都折算到药费中——"卖药载住（相当于）劫道"[3]。三人都是中医，一些急性病或者中药治不好的病人，就只能等死，即使去县里也是各个村里的先生开设的中医药铺，没有西医。如果误诊，会重新医治或者换到别家看病，但是诊金照付。至于误诊致死，本村有两例：一例是任某给木匠师傅扎针治哮喘，没想到扎了以后死了，任某从后院逃跑，但患者没有追究。还有一例是王某给人扎针，拔出来人就死了，因为跟患者家里沾亲，所以没有追究。

四是社会地位高。"能够治疗疑难杂症和瘟疫的人，通常是老中医，威望很高，医治不分早晚，看病只要医药费，农户都愿意跟他们套近乎，他们有困难了都愿意帮忙。"老人说。他的地位跟村长差不多，如果有酒席则跟村长坐一桌，按辈分排座，人们称呼其为"先生"。村长、保长跟他岁数差不多，相互不拜年，行医也不需要给村长、保长、绅士打招呼或者送礼，不需要交税。

---

[1] 穷病人的诊金都会折算到富病人的头上。
[2] 先来的病人先看病，后来的病人后看病；病情严重的先看病，病情较轻的后看病。
[3] 意思就是说拿药不优惠，费用高。

（5）剃头师傅及其关系

一是行业概况。龚某，20世纪40年代50岁左右，家里5口人，10亩地，一头牛。剃头的时间、地点选择在平时的家里和农闲时的集市。中街西北单盖了一间"剃头棚"，约10平方米左右，逢集市开张，主要由师傅负责；平时带徒弟，集市棚子忙时，由徒弟负责家里的生意。家里的生意比集市多，所以一般师傅让徒弟在家里练习。在集市上还有西洋的沙某和宋氏兄弟3人，与之相比，龚某的棚子距离集市更远一点，所以在集市中龚某的生意比较差。

二是剃头流程。剃头顾客都是男性，发型以光头为主，每人每次收费一毛钱。女性一般不请剃头师傅，都在家由闺蜜、女伴相互剪发。工具是扁担一条，筐两个，一个放炉子和铜盆，一个放板凳（板凳下有抽屉，可以放剃刀、"围子"等工具）。在集市要把炉子用锯末加热，上置铜盆盛满水。顾客剃头先洗头，用胰子作洗发精；流下的水用另一个盆接着，盛满后再次倒入炉上的盆中循环使用，因此剃头都愿意赶"头水"，以后的水都不干净。"剃头时，因为我当时太小他怕乱动，脑袋被按得生疼。"老人回忆道。剃下的头发由剃头师傅回收。

三是在村中地位较低。剃头不交税，所得都归自己所有。跟村长、保长没有特殊关系，不用打招呼也不送礼物。红白喜事只参加自家亲戚朋友的，落座时跟贫农坐一桌，座次按辈分。

（6）封建先生及其关系

一是"超平"与"点主"必请先生。封建先生的工作就是占卜算卦。本村有两个封建先生，都是60岁左右，是村中的智者。他们因为平时读书多又能掐会算，成为村中"先知"类的人物。村中盖房时的超平和大家族有人去世后点主，需要请封建先生。完成工作后，先生的酬劳是一盒烟或者一壶酒。

二是收徒教口诀。先生收徒没有年龄限制，一共收过两个徒弟。本村的先生收徒时60多岁，其中一个徒弟已经50多岁。拜师需要到师傅家或者把师傅请到自己家，请师傅喝酒吃饭，如果有师兄则要一起叫上，然后给师傅磕头三个。师傅教学时有基本教材，需要背诵。基本的是"十二建行"："建满平收黑，除危定执黄。成开皆大用，闭破不相当。"老人说。建、满、平、收、闭、破六日为黑道凶日，除、危、定、执、成、开六日为黄道吉日。通常一年即可学会，"其中的一个徒弟是个瞎子，他一句句地背，三年之后才学会"。师傅只管教课，徒弟的吃住都不管，需要回自家解决。

三是先生的威望极高。因为先生一般年事已高，村中一般是他的晚辈，所以在称呼上对他都比较尊重。又因为他通过卜卦给不少人帮忙，被人们奉为"直接与神明接触的人",所以一般人都不敢怠慢他。"就连村长、保长对他也要客气三分。"

3. 以行业领袖为核心的职业组织

(1)拉脚及其关系

图4-9 大车

一是拉脚较脚夫省力。脚夫是用人力推独轮车运货,而拉脚是脚夫的进化版,用牲口拉大车运货,通常牲口都舍不得用骡子,成本太高,而要使用最便宜的牛。每车能拉1000斤,都是普通农户在冬天地里没活时,会用牲口套车出去找活。他们不是专业拉脚,多数为贫农,少部分是中农。本村王牛丸、王老富和龚秋当时都是拉脚,要去县城车站等活,行程近的是到本村,远一点需要去市里。

二是中人作保。干拉脚需要脸熟的人来介绍,即需要中人作保,新人做拉脚很难有生意。通常是他们要先到车站找中人介绍活,如果熟悉了可以自己找雇主。中人除了介绍生意,最重要的是作保。就是从起点开始运输,必须保证货物按时按点交付,否则雇主将会找中人索赔。

三是拉脚头负责组织运营。拉脚头负责联系生意,分配任务,报酬结算。整个行程可以在起点结算,也可以在终点结算,全看雇主和拉脚头的安排。在运输过程中,拉脚的车、牲口、人员遇到任何问题、任何事故,一律跟雇主无关。老人说:"拉脚的几个人结伴而行,如果路上牲口、车或者人出了问题能有个照应。一般听拉脚头的安排。"老人还讲了一个运棉花的故事:"王牛丸、王老富和龚秋运棉花,都装4个扎包,共1000斤。但龚的牛小,走到一半走不动,必须给富卸一包。后来这件事还编成了顺口溜。"

四是拉脚活较固定。拉脚上午出发找活,找到后即出发,中午在集市或者路边摊吃卷子等食物,在井边等地喝水,有时也去茶馆喝热水。大部分的活都可以当天返回,所以晚上回家睡觉;如果路程遥远无法赶回家,则住在路上的旅店。空车时走路人坐在车上,有货后平路坐车,坡路、坑路则下车跟牲口同行。县城有专门做拉脚的把式,他们的活更多也更为固定,从正定车站到南门磨面处是固定线路。本村的拉脚非职业,只能去找县里专业拉脚的盲区去找,所以拉活不容易。

五是拉脚与脚夫的配合。脚夫比拉脚的出现得早,占领市场早,认可度高,价格便宜,如果有量少而又不急的货物,人们更倾向于选择脚夫。后来旱车逐渐普及,运输的货物越来越大,货运市场的中心在逐渐转向拉脚。如果雇主有 1200 斤的货物,通常会找一辆拉脚车拉走,如果拉脚的车只能负荷 1000 斤,则会再找一个脚夫。但是拉脚的和脚夫不会结伴送货,因为不相识,而且速度不同。

(2)老花子[1]及其关系

一是老花子概况。本村有三个老花子,焦大某、焦小某和于某。焦小某在 40 年代初十三四岁,因为天生歪脖子,外号"焦歪脖";哥哥焦大某十五六岁。家中还有一个年迈的老娘,一家人住三间破房子。于某 60 多岁,老光棍,无儿无女,没房没地,只能住在庙里;庙虽多,但都不大,唯独龙王庙地方大且属于阳面,所以住在龙王庙。这三个人从不结伴,也不在同一片区域行乞,但都在本村,因为焦氏兄弟要照顾老娘,而于某人老了走不动,所以一般不会去外村。焦大某 18 岁就去打短工,但依然不能糊口,所以弟弟焦小某继续行乞。直到 1947 年解放后,生活才变好——焦大某慢慢当上了生产队长,焦小某到甘肃当工人,后来都娶妻生了子。于某解放时死在小鬼庙,村长用村饷买了席子,派人卷着他的尸体埋到官地里。

二是行乞灵活有方法。行乞时间在农户的早饭到午饭之间,就是上午。挑这个时候是因为农户家男丁都在外干活,但会留着女人和老人看家——遇到男主人乞讨太容易失败,很大概率还要挨打;但女人和老人心肠软会可怜乞丐,成功的概率大。行乞对象多是中农、富农或者地主。老人说:"因为其他人也是自身难保,顾不了他人。"老花子到农户家街门外喊"老大娘、老大伯,给个饼子吧!"或者"大兄弟、大妹子给个馍馍吧!"白天几乎都不闭户,所以农户都可以听到。如果有狗叫,老花子会用随身携带的棒子护身——俗称打狗棒,但只能把狗吓跑,如果不小心把狗打死,要不上饭不说,很可能还会挨揍。运气好的话,老花子一上午可以讨到一天的饭,比如玉米饼子、熟山药之类。焦氏兄弟因为年轻体壮,跑的人家多,讨的也多,自己吃一点,其余的都拿回去给老娘吃;而于老花子年迈体衰行动缓慢,只能讨到一人份的食物。如果遇到有人办红白喜事,则一次至少能讨到两个馒头。冬天衣不蔽体,需要乞讨被子和衣服,或者在垃圾里找破被子和衣裤御寒。路上常常被三五成群的小孩用土坷垃[2]打;成年人倒不会,因为打死了还要打官司偿命。

---

[1] 叫花子,即乞丐。
[2] 土块。

三是丐帮常骚扰村民。丐帮为外村组织，没有本村人加入，但经常在本村行乞。热闹的集市和成熟的棉花地是他们的光顾对象。在集市，通常找大一些的摊位行乞，摇着扇子唱"喜歌"，摊主觉得太麻烦通常会给几毛钱把他打发；如果不给，丐帮成员就用刀把自己脑门划破，并故意让血溅到货物上，让摊主没法卖，摊主没办法只能给钱打发；如果摊主依然不给，乞丐看要不成，则还要对着摊主唱"悲歌"，诅咒摊主"背性"[1]；如果摊主要动手，其他丐帮成员会迅速围拢加入团战。如果地里有棉花成熟但没来得及收，丐帮会在晚上趁黑偷棉花。偷来的棉花都卖掉换钱集体分赃。这也是本村看棉花组织产生的缘由。

四是给村长跑腿。虽为乞丐，但不易受欺负。老人说："丐帮老大名叫王老闲，贫农，有锣一面。平时要饭，还兼任通知收农业税（'入钱了'）、报丧（'抬架子'）。村公所出钱雇他通知，报丧时住自己家但是管饭。"本村乡亲的红白喜事他都会参加并随礼。他与村长、保长没有特殊关系，但常给保长跑腿办事，因此容易得到庇护。

（3）音锣把式[2]及其关系

一是音锣把式的组织构成。整个音锣把式队伍通常由四人组成：两个吹喇叭的，一个打镲的和一个打锣的。本村只有一个音锣把式——吹喇叭的为龚某和樊某，均在45岁左右，他俩吹奏时站中间；两边分别是自己的儿子锣把式龚某文和镲把式樊某正，均15岁左右。四人一排，演奏时齐头并进。他们每次演奏都站一排，收入平分。

二是好多队伍报酬较丰厚。无论红事还是白事，每家都给钱也要给吃。假如一天只接了一家的活儿，则在这家吃饭；假如接了多家，前面的几家不留吃饭但给米馍馍，把式把米馍馍放入上褡裢[3]继续去下一家演奏，到最后一家吃饭。每年的正月初一，在赵庄的寨子庙会举办音锣把式比赛，一等奖是一头牛。赵庄常常第一，定县第二，本村技术差，声音比较难听，排第三。本村有钱人追求音质，会找赵庄的把式，村里大部分都用本村的音锣把式，因为价格便宜，路程近，不需要接送。

三是队伍排列有讲究。办红事时，一上午可以承接2—3家的演出，喜事的队伍最前面是音锣把式，中间是轿子，最后是坐着女眷的骡子车。办白事时有时每天承接不止3家，就看当天死人的数量。白事的队伍分为三个部分，棺材在中部，人分两头。前头有6个梯队：第一是放炮的，第二梯队是音锣把式，第三梯队是手拿丧棒的孙子辈，第四梯队是侄子辈，第五梯队是儿子们，大儿子手拿幡走最后，是第六梯队。后

---

[1] 倒霉。
[2] 即吹鼓手。
[3] 一种兜子，可以装东西。

头分3个梯队：第一梯队是儿媳和女儿坐的骡子车，第二梯队是孙媳妇的车，第三梯队就是更远亲戚家女眷的车。

四是音锣把式关系简单。他们与村里的村长、保长没有特殊关系，不用给他们打招呼或者送礼物。亲戚朋友办红白事可以优惠，也可以免费帮忙。老人说："这就全看关系处得如何。"他们凭手艺吃饭，不用给村里交税。

（4）敲鼓的及其关系

本村敲鼓的人不少，分别是郑晓春、王小寿、王在勤、王双月、张敬仁、王南看、任永林、郑为奎等等，其中一人为队长。他们均是贫下中农，家中田不超过五亩，租地主的地。

一是为娱乐表演。只是爱好，纯娱乐，有兴趣参加就可以。他们有大鼓三面和鼓槌若干，经费由村里提供。平时晚上在中街练习，庙会时在台上表演，观众免费观看。不需要经过保长或者村长同意。如果发生了吵架等纠纷一般是由鼓友说和解决。

二是有偿表演。在村民办红白喜事的时候，如果付不起音锣把式的费用，往往会请敲鼓的来代替。老人说："虽然他们的水平有限，但是这种场合就是图个红火热闹，有个响动就行。最后要留人家吃顿饭，不用给钱。"

（5）杀猪把式及其关系

一是行业概况。本村在东街、西街和后街有三个杀猪摊。龚小文和龚五奎在东街，龚五奎是头；王秋子、王小强、王发武、王银锁和王老吉一伙在西街，以王秋子为首；马振全和秦小尼是一伙，在后街，以马振全为首。本村的三家杀猪把式，属西街生意最好，在东街和后街的住户也有很多去西街杀。"因为该家杀猪利索，去毛干净。"村内老人说。

二是杀猪耗时长。在过年的时候，会在街上摆摊位，生火支锅，专门给别人杀猪。客人绑着猪来杀，交给杀猪把式A，A把猪放到台子上，用布蒙住猪眼，用刀从心脏捅入，台子下放盆子接血，盆中放盐巴，加速血液凝结。刀子短，捅不到猪心，猪还会挣扎一会，如果乱跑则会再补一刀。等猪流血而亡，则把猪放到烧开的开水盆中脱毛，如果猪头部分不好脱，则要换松香水脱毛，接着用刀刮干净。脱毛后，放到架子上开膛，并清理内脏。猪尿泡可以吹起来当气球，多由杀猪把式送给街上看热闹的小孩。杀一头猪的整个流程通常需要30—40分钟。

三是集体劳动，均分报酬。猪内脏油、猪毛和猪小肠归杀猪把式。还要给杀猪钱两块。杀猪把式通常集体协作，酬劳平分，猪内脏油、猪毛和猪小肠换钱后平分。杀猪用的刀、锅、盆、炭火、架子等平摊出钱购买。

（6）婚宴组织及其关系

一是总管总领婚宴管理。婚宴总管一般由40—60岁的、经常干总管的男性担任，每条街都有一个，常干的有4人左右。大部分为下中农，少数为富农，绅士也干过总管。工作为分配任务，调集帮忙，迎宾送宾，处理突发状况。

二是团队由主家招募，总管带领。婚宴准备中还需要做菜的大厨4人，蒸馒头的小厨2—3人，端菜的托盘5人，撒盅筷的1人，撒烟酒的2—3人，端馒头的2人，茶炉2人，账房先生2人——一个记账、一个收钱。他们都由主家召集，但归总管分配和调遣。这些人通常为帮忙，不要钱，只是在席"待"完后吃饭，每天三顿。全部结束后，给大厨钱或者2瓶酒。通常要在开席前15天左右，由主家将席数报给总管，由总管报给大师傅。并由大师傅开列菜单和所有的原料，由主家去准备。正式的婚宴有3天。在之前，总管通常跟手下开会，调动手下的积极性，并讲明"如果不好好干，等轮到自己家办酒席，别人也不会好好干，所以给别人干就是给自己干"。

三是婚宴上大师傅和总管的地位突出。婚宴第一天，落座。这一天主要是煮肉，由大师傅将肉都煮好，并安排他们吃饭，一天三顿。第二天，请宾公大人。通常总管和主家迎接，通常来4男4女，将其安排到主家正房。4个男宾在万年屋，并由4个主家男性陪酒；4个女宾在内屋，并派4个主家女性作陪。通常宾公大人即新娘的爹，他会到厨房看望厨师。大师傅（厨师长）给宾公道喜："饭菜合不合口味您多担待，给您道喜了！"宾公要说："烟熏火燎的，挺不容易，给你们一点买茶钱！"然后给2个红包，意味着好事成双，每包10元。待宾公走后，大师傅把钱跟其他大厨师平分。这天上菜每桌要12个凉菜和8个热菜。第三天，请戚。由主家在门口迎接，账房先生在门口收礼记账。主管安排席位。因为这一天来的人多且多为男方的亲戚和朋友，所以没有那么正式，近一点的坐在正房，远点的坐院子里或者街上。男女分开，小孩跟母亲。富农、地主可坐同桌，中农、贫农可坐一桌。每天三顿饭，每天一盒烟，结束后会多得一盒或给2瓶酒。如果有乞丐来要饭，总管要给2个馒头把他打发走，而且来再多的乞丐都不能生气。

（二）无组织的职业及其关系

1. 红白喜事相关职业及其关系

（1）媒人及其关系

一是好心人做媒人。媒人可以专职也可以兼职，但通常是由掌握适龄男女的资料而又无比热心的人来担任。老人说："媒人是男性或女性均可，年龄在30（岁）到60岁之间。一般要跟结亲两家都熟悉，关系普遍是亲戚、朋友、邻居等。"

二是保媒有程序。媒人选择保媒对象时，常常选择家庭条件和样貌类似的。保媒不会主动进行，多是男方主动找到媒人，请求保媒。媒人同意后，要到女方家介绍男方的情况，然后再去男方家介绍女方的情况。"保媒保媒，把腿跑细。"保媒的整个流程最短 10 天，最长半年。媒人多伶牙俐齿，介绍男女情况时多带有夸张和虚构的成分。女方索要聘礼时，媒人多偏向男方并要求减少礼物，如把衣服从 6 件减为 4 件。经过纳彩、问名、换小帖、送大书、送食箩、请宾公和婚礼等一系列流程。"媳妇上了炕，就把媒人忘"，一旦将新娘娶进家，就算保媒结束。

三是悔婚要提前。结婚前，男女双方有任何一方要悔婚，需要通过媒人来说合；只要落轿，男女双方再有任何问题都与媒人无关，包括婚后的休妻、妻子的逃离和改嫁。

四是媒人有报酬。"成不成，就两瓶。"无论保媒是否成功，虽然不给钱，但男方都需要请媒人请吃几顿好菜好饭，礼物也必不可少，男媒人送一瓶好酒，女媒人给一件衣服，"毕竟这是积德行善的事"。

（2）产婆及其关系

一是产婆门槛较低。产婆在村里还是比较常见的，村里只要是上了岁数的女性，自己生育过，就常常给别人接生。受访者奶奶赵某，就是个产婆。全家都是中农成分，做了 20—30 年的产婆，经常帮街坊邻居接生。

二是接生有讲究。如果哪家有孕妇要分娩，一般来不及去医院，是由自家的丈夫去找村里会接生的产婆来给媳妇接生。产婆进门之后先要洗手，并且用灯烤剪刀用来消毒。她会提醒拿一个盆、木头和毛巾给她。产婆进孕妇的屋子以后，会把所有男性都赶出去，并用帘子挂上不让别人看到。她让孕妇把木头咬在嘴里，太疼的时候防止咬破自己的嘴巴；毛巾是给孕妇擦汗和擦血用；盆用来接血。产婆会给产妇按摩肚子，并一直喊"用力"，等孩子出来以后，她就用剪刀把脐带剪断。最后会用布匹把孩子抱起来放到产妇的身边，撩开帘子出门给当家人道喜，会说："恭喜是个男娃（女娃）。"

三是产婆有报酬。产妇顺利生产之后，一般农户因为要照顾媳妇，不会留产婆吃饭，但是一般会给几斤挂面或者十几个鸡蛋作为报酬。如果接生不成功，产婆没有报酬，还会被请她的农户责怪。如果大人、孩子都没保住，不仅没有报酬，农户还会跟产婆打官司。老人说："产婆门槛低，但风险还是挺高的，没有一定技术的人不敢揽这个活儿。"

（3）厨子及其关系

一是厨子多是兼职。常做饭的有王某、晏某、熊某、张某、闫某和大九[1]，没有全

---

[1] 受访者大伯。

职，多为兼职。除了一人是中农，其余都是贫农——种地主家的地。老孟做饭时，大九常给老孟烧火，偷艺学成。"熊某是正经厨子师傅带出来的徒弟，在村里烧菜排行第一。"村中老人说。

二是厨子用武之地较多。每到清明"摆会"，或者办红白事，办事方会请厨子2—3人。办红事常选在农闲期间，厨子都有空帮忙；而清明时是农忙时期，如果有人邀请而厨子不愿意去帮忙，那这个厨子就会得罪人。但这种情况一般很少，因为厨子家里都穷，出去干活能吃肉、喝酒还能得礼物，都觉得是美差。

三是厨子待遇较好。任务完成后，厨子集体吃饭，不分座次，称呼按辈分叫，例如叔叔、大伯、哥哥等。"每天得2瓶酒或5斤挂面，如果连续办几天酒席还能得更多。"老人说。做这份职业无须向村长、保长请示和汇报，也不用交税。

（4）租棺材架子的及其关系

一是行业概况。村民办白事的时候往往需要用专门的棺材架子。本村任家有爷孙俩，共同出资买了几副棺材架子，专门出租收取费用。他们都是中农，爷爷家7口人，20亩地，一头骡子；孙子家2人，15亩地，一头骡子。架子共用，平摊维护费，收入平分。

二是租赁规则。棺材架子当天用当天订，必须是口头订立。用完后晚上日落前必须送回，并交付全额租金——"一般就几块钱"。如果不能按时交付，则要按照多使用一天的办法来收费。如果在使用过程中架子出现了损坏，要由租户全额赔偿。

三是村中交往较少。因为爷孙俩本来就有地，干这一行只是副业，在村中的地位居中，他们不太爱凑热闹，所以跟村中的人的交往较少。老人说："他们主要跟死人打交道多，一般人也不太敢跟他们接触。"

（5）租轿子的及其关系

一是行业概况。任某和王某是本村2位出租轿子的。任某，上中农，家里4口人，20亩地，1头骡子；王某，7口人，50亩地，2头骡子。两人因为都在东街住，轿子一样，价格也一样，所以生意情况差不多。轿子每个季节都有需求，但腊月是旺季，因为处于农闲。预订时需要提前一个月，先到先得，关系好也不会迁就；约定要口头订立，无须订金。老人说："如果要修改使用日期或者取消预定，需要提前通知，但必须说好话。"

二是使用有规定。轿子一般是红事使用，由办事男方家长亲自去定，并在办事当天派人去取，另需要脚夫8人一路随行；每4人一班，换班抬轿子。如果路远，还要赶车去。娶亲的最佳时刻是上午的卯时（5点到7点）和辰时（7点到9点），所以一上午最多借出 2—3 次，每次 2 小时。换轿子时轿子不能落地，除非是空轿子。把新娘接过去后，就要立刻归还轿子以保证其他雇主及时使用。所以都是上午出借，上午归还。轿子上有装饰物的不能损坏，否则由雇主照价赔偿。轿子使用期间出现任何问题都是男方家长的责任，与出租轿子的无关。

三是村中地位居中。任某和王某与村长、保长没有特殊关系，所以不会优惠；红白喜事多参加自己亲戚的，关系稍远的不去参加也不上礼。平时出租收入都归自己所有，无须交税，也不用给村长、保长、绅士打招呼或者送礼。如果有人请吃酒席，跟中农坐一桌，按辈分排座次。因为任、王年龄都不小，过年初一会有亲戚来拜年，但他二人不去给绅士、村长、保长家拜年。

2. 集市商贩及其关系

（1）卖小百货者及其关系

一是卖小百货者概况。集市有 2—3 家小百货，称为摊主，有壮年也有老年。年轻力壮的平时在田里干活，农闲时出来卖小百货；没有地的多为老头、老太太，全年都做。主要货物是香烟，去县里进货，买卖均用独轮小车。最常去的几个集市有南牛三八集市，吴兴四九集，牛家庄一六集和权城二五八集市。

二是交易有技巧。如果碰到顾客是熟人或朋友的会主动免费送商品，这时有些顾客会不好意思并坚持要掏钱，摊主再说"给个本儿得了"，最后以成本价卖出；有些顾客心眼实，那这单生意就要亏本。如果卖给陌生人，就会以高于进价的价格出售，即使对方讲价最后的成交价也会高于成本。所以宁愿卖给陌生人也不想碰到熟人。老人说："村长买烟没有优惠，因为多用来招待公务人员，用公款；即使自己消费每次要买 2 盒以上，也不会花自己的钱。"摊主中午饿了在集市吃最便宜的食物，多为卷子[1]，渴了就到街井打水喝，街井虽由街坊几人共同出钱修建，但是喝口水还是允许的。晚上无论路多远都要回家吃。

三是关系较丰富。如果小百货摊主是本村人，一般年事已高，过年会等着小辈的亲戚来拜年；其他节日有小辈亲戚会来送礼物：中秋送月饼，端午送粽子。如果是外村摊主，不拜年也没有其他节日的来往。小百货所得不交税。不用给村长、保长送礼或打招呼。

（2）卖卷子的及其关系

一是行业概况。卷子，即方形白面馒头。本村有一个做卷子的，是从新河县来的吴掌柜。在本村租了 3 间房，雇有伙计 2 人。老人说："在牛家庄人们都比较喜欢吃面

---

[1] 即方形白面馒头，但用机器压制而成，比馒头有嚼劲，耐饿。

食，而卷子是人们在市面上常见的一种面食。"

二是制作和保温。卷子做成要经过和面、发面、压面、切面和蒸面，约需要30分钟。之后用独轮平头车送货，车上面放布筹，里面最多放100个卷子。布筹上面盖白布，用来防尘；冬天还会再盖棉被，用来保温。

三是交易较大宗。大宗订货多是红白喜事，平时是赶集人或者没空做饭的人会买。买卷子用钱，也可以用麦子换，一斤麦子换8两卷子。买得少不优惠，但是红白喜事买得多会优惠。吴掌柜在村里生活多年，处了很多朋友，红白喜事多相互参加。生意不交税，不给村长、保长拜年或者打招呼。

（3）锔露锅的[1]及其关系。

锔露锅的为男性，武安县人，因为那里比较贫穷，常常出手艺人。老人说："30多岁的壮劳力，但是没有地，只能靠出卖手艺，贫农成分。人们的锅比较脆，被火烧久了，或者被砸了，或者磕着了，都容易坏锅。冬天来的时候多，夏天比较少，因为夏天农忙，人们都不在家。补锅师傅肩挑担子，一个筐放炉子、煤，一个放小风箱。远远地就喊'锔露锅来——'。如果有人要补，则出门把他叫到院子里，他即开始烧煤，鼓风箱，大概10分钟就可以使用。把一种特殊的试剂放到炉子上烤化了，再粘到锅上即可。整个流程就在一个小时以内。每天活多了四五家，没活就一家都没有。通常是上午9点到下午5点前是营业时间。中午在集市吃个卷子，晚上在十里铺的客店住。十里铺有个孙家老店，因为处于通正定到北京的大道上，地理位置好而客流不断。门前用红绳挂柳条笊篱，这是当时自己开店的标志。店里管饭，但是需要花钱。轿夫、脚夫、赶骆驼的和镖局的人多在此地休息。"平时的红白喜事多不参加，帮忙也很少，因为耽误他出去补锅。不交税，也不用给保长、村长买礼物。遇到熟人也不优惠，不能赊账。后来随着供销社的兴起开始卖新锅，补锅的生意逐渐冷清。

（4）脚夫及其关系

一是脚夫概况。本村共2个脚夫——晏某和王某。晏某，1920年左右出生，家里有2亩地，跟他娘相依为命。王某1910年左右出生，家里15亩地，4口人，有一头驴。他们没上过学，都是文盲。

二是脚夫拉活较辛苦。脚夫使用独轮车运输货物，主要运输粮食和煤块。因为货物都重，所以独轮车能推不能拉，能走不能跑。光用手推还不行，要在脖子上套绳子，绳子两端在车上固定。货运每次200斤起，最多拉500斤，一般是300斤左右。按照里程计价，最近10里路，最远50里。本村东西长度不超过4里，所以脚夫的活动范围都

---

[1] 即补锅师傅。

是跨村的。最快的时候跑 10 里地只要一小时，一天内能跑两三趟。如果赶上下雨不出工，如果正在货运的路上被雨截住则会到树下或者店家房檐下避雨，等天晴再走。如果因为这个耽误了送货的时间，也不会被责怪，因为下雨谁也怪不着。中午饿了在集市上买卷子吃，渴了就在井口喝水。跑完以后客户付现钱但不能给粮食。秋收后活儿最多，都是富农或者地主雇用。虽然富农、地主家里有牲口和旱车，但不一定时时刻刻都赶出来，一旦有货运需求就是脚夫做生意的机会。如果超过 1000 斤，多雇牲口车拉，脚夫没有用武之地。但脚夫运比牲口车运便宜，所以有的时候超过 1000 斤的货物会同时雇用两个脚夫一起运，虽然平时大多数时候是单干。没生意的时候脚夫就自己进一些粮食和煤块在集市上摆摊。粮食去粮市摆，煤块就放在自己家，有需要的让顾客跟随自己去家里取，但是自己摆摊的情况极少。

三是脚夫地位较低。跟村长、保长、绅士没有特殊关系，所以给

图 4-10 独轮车

他们运货不优惠。但是给亲戚、朋友拉则不然——如果给雇主运输时车上有空间，多会免费把亲戚、朋友的货物捎上；如果到亲戚、朋友家时正赶上饭点，则会被邀请吃一顿饭，如果没赶上则回自己家吃。平时拉活收入都归自己所有，无须交税，也不用给村长、保长、绅士打招呼或者送礼。如果有人请吃酒席，跟贫农坐一桌，按辈分排座次。因为脚夫年龄都不大，过年初一要给亲戚长辈拜年，但不去给绅士、村长、保长家拜年。"过年休闲的时候会用独轮车一边载孩子、一边载媳妇到亲戚家串门。"老人说。

3. 经纪及其关系

（1）土地经纪及其关系

一是行业概况。土地经纪，主要工作是联系土地租佃、帮在城地主催租、照看土地、监督佃农。梁某、王某和任某，均为富农。他们单独工作，都有各自的东家，平时交集很少。县城的马家、王家和晏家，各自拥有土地百亩以上。村中老人说："梁某是文盲，王某和任某是高小毕业。"

二是经纪觅人和催租。佃户带点心找到经纪，表达租地愿望，梁、王、任到县城

与东家协商,决定租与不租。但其实决定权在梁、王、任,只需要通告东家。租地成功后,由佃户请梁、王吃饭。一切工具、肥料、牲口、人力都由佃户自己解决。到秋收时,梁、王、任催租,佃户亲自套车拉着约好的租子前往县城东家家中交租,通过东家的秤检查分量,太潮湿和太脏的都不要,需要佃户拉回家重新处理后再拉来检查,直到东家满意为止。头年的佃户第二年续租有优先权。

三是经纪难为佃户。土地经纪通常在地主不知情的情况下难为佃户。比如梁某,看某年的庄稼长势喜人,会要求佃户的租子从3斗提到4斗,否则就转租给别人。如果佃户觉得划算,则继续租种;如果觉得不划算,只能重新租地。已经种好的庄稼会租给家里劳动力多、对该地收成有很高期望值的农户。该农户则会把该地的种子和肥料折价退还给原租种农户。原农户需要找还没有租出去的土地,错过了小麦的种植期,则只能等下茬种山药。种之前跟地主约定挑"检"(即土地由垄口一分为二,挑其中一边),等收获时可以获得挑的那"检"的山药,剩下那"检"的归地主。如果农户觉得不服,只能忍气吞声,因为本村的土地极少,大部分土地都属于县城的大地主,而跟他们的唯一联系渠道是土地经纪,他们是县城地主唯一信赖的"伙伴",所以普通老百姓无法直接与在城地主对话,只能巴结土地经纪。

四是经纪在村中人情较好。"得罪了土地经纪,则没有地种。如果不服上诉到村里或者县里,都不会受理。"梁、王和任与地主关系密切,有事情常常求助于地主。常与地主来往,逢年过节常带点心去拜贺。地主的红白喜事他们都会参加并随礼。他们的红白喜事,地主也会到场随礼。

(2)人力经纪及其关系

一是行业概况。本村人有2人,外村的在北关、西关、南关各有一人。本村的经纪多在自家摆摊,如果有人就登记,干活的人可以回家等,等有活时由经纪去叫;外村的在街上摆摊,能干活的在经纪那登记后要在摊位等。

二是交易过程简单。所有的短工如果要进入市场,需要跟他申报信息。工作包括盖房、锄地、出粪、浇地、拉土、使牲口、做家务、带孩子等。所有招工的人都必须经过他来雇工,向他提要求并由他进市场选人。本村的农户,经纪会问"活全不全",如果全就可以当长工,如果不全就只能做短工或者童工;外村的农户,一般只要长工。市场上的短工自带工具,有主雇来挑人时,短工都会举起自己的工具,让主雇看"我的锄头亮不亮",主雇看他身体健壮且自带工具一般就会挑走。挑走后交给顾客,顾客按照人口给经纪一定的报酬。

三是人情关系较好。人力经纪在村中备受尊敬,因为想要做工的人都要通过他们。

所以很多巴结他们的现象。人力经纪与村长、地主的关系也极好,因为人力经纪可以给他们提供优质的劳动力。老人说:"如果关系处不好,可能给的人都是蔫蛋[1]"。

(三)职业分化的关系

1. 分化原因

(1)有组织职业的分化原因

一是经营较为烦琐,需要人力。在雇佣关系为主的职业组织中,大多数是因为经营某件事情需要的人力较多,农户单干无法满足需要。这时就需要招募和雇其他农户一起来完成同一件事情。在这个过程中,发起人和出资人成为老板或者领导,其他受雇对象成为雇员,并通过老板或者领导发放薪酬,雇员完成指定任务来结成组织并进行分化。

二是技术较难掌握,需要传承。在传统社会中,一些劳动技术是较难掌握的,必须要在一个师傅的带领下,经过长时间的实践和再纠正,才能独立掌握这门本领。这体现在各类把式的组织和其他以师徒关系为主的职业组织中。他们不依靠酬劳,依靠的是师傅传授技艺,徒弟照料师傅日常作为回报结成并分化为各类职业组织。

三是个人实力单薄,需要群体。还有一种职业组织,每个农户出来单干都可以有一碗饭吃,但是存在的问题是效率低下,利润低,甚至入不敷出。这时候就需要一个做同样职业的组织,给这些人统一安排工作。通常会出现一个经验丰富,可以把控全局的人出来做指导,成为行业领袖。这样行业领袖提供指导和发布任务,其他"会员"通过服从安排来结成和分化出各类职业组织。

(2)无组织职业的分化原因

一是经营较为简单,不需要太多人力。在传统社会,很多的职业只要有几样简单的工具,会做算数,就可以独立经营。他们谋生不凭借技术也不凭借经验,多是依靠一膀子力气和守株待兔的耐心,如小摊贩、脚夫等,由此形成和分化出各类无组织的职业。

二是各有市场,无须竞争。还有一种职业也是单干,他们由于人脉、人情等关系各自占领了一片市场,又不会主动去开拓新市场,在原有市场如鱼得水也"显得忠诚"。他们通过提供信息,做中间人来赚取报酬,如人力经纪、土地经纪等,由此形成和分化出不同的无组织职业。

三是经验需求较高,一般人无法胜任。还有一类职业,他们需要丰富的经验、人脉或者能言善辩的能力,以此形成自己的优势并可能作为自己的一种职业或者副业来

---

[1] 干活不行的人。

帮助村民解决问题，以此来取得报酬，如媒人、产婆等。因此也形成和分化出不同的无组织职业。

2. 分化结果

一是差不多的收入。有组织职业的各种类型，除了各行业的领袖、师傅、老板等领导层外，其他成员的收入都差不多。在无组织的职业中，干同一行业的农户收入也差不多。市场干小买卖的人收入都差不多，耍手艺的人每天也挣的差不多，在地里干农活的庄稼主也没有太大的差别。"而雇人种地的、放高利贷的有钱人虽然钱多，但是相互之间差别不大。"

二是差不多的地位。在同一职业组织中，他们的地位几乎是相同的。各行业的领导，他们的地位是差不多的，如药铺先生、神汉巫婆比较受人尊重，因为在当时都可以治病。地主和老板也受尊重，因为跟他们结交意味着好办事。

三是共同的圈子。差不多的收入和地位决定了村民差不多的交往圈层，而不同的圈层之间往往有排斥的性质。老人说："不同职业有不同的圈子，但是交往不完全是圈内活动，更多的是不同职业相互交往。瓦工、木匠等职业同行竞争激烈，不同师门的往往互相看不上。"

三、血缘分化及其关系

1949年以前，村落的大家族有任家730人、王家（王士珍）750人和王家（王建政）250人。王士珍家族地位最高，因为曾做国家总理，且家族人数众多。人数少的姓氏地位较低，也没有出人头地的人才。针对大的家族的血缘分化，主要是宗族各门各支的分化，这一分化主要通过分家表现出来。

（一）血缘分化

牛家庄各大家族都有自己的族谱，详细记载着支脉的流传。其中何氏已历经二十世，王氏和任氏已经在牛家庄繁衍了十八代，焦氏历经十一世，秦氏（新院）历经了十世，秦氏（呈业）历经了八世。

（二）血缘分化关系

血缘在分家的基础上不断分化，形成一个个独立的家户，但依然编织在整个家族的体系之中，统一听一族之长的号令。在各门中设门长，负责集合开会和传达族长会议精神。在平时的生产、生活中，族人之间相互扶助，共同进步。

1. 独立门户

分家之后，各家独立成户。一个明显的标志就是分开做饭，"在一口锅里吃饭的就是一家人，分家后都要回自家吃饭"。以前的大家长说话依然有分量，但是主要靠各家各户的新家长来做决定；以前所有的对外联络都要以大家长的名义，现在统统都以新家长的名义。老人说："如果自己的分量不够，还是会请大家长出面，但有时大家长会故意历练儿孙，让他们多见世面。"

2. 听命于族长

一个家族一般会默认年龄最大、资格最老的男性作为族长。族长负责协调全体族人的生活，在关键时刻发挥着引导作用。老人说："族长的作用有限，在族田的分配上比较有话语权，但是一般会沿袭上一任族长的意志，所以当族长的一般性格都好，是老好人。"族长在教育方面也发挥着重要作用。一是有不听话的孩子族长会进行规劝，平时家长也会常常用"族长打屁股"的话来吓唬小孩。除此之外，族长的主要作用就是族人之间矛盾的调解。如果谁家有了问题，一般是族长把当事人叫到一起，"说和说和，这事儿就算结了"。

3. 相互扶助

同辈的族人之间相互帮忙的情况比较普遍，因为"大多数都是血缘很近的亲戚关系"。无论是攒忙、耩耩还是红白喜事，人之间的相助都是第一时间给予的。但随着时间的推移，族人在经过分化之后分成了不同门，门下又分化成很多的支。在经历几世之后，族人之间关系会越来越远。老人说："这时人们几乎都忘记了和谁是统一族的关系，可能要查族谱才会知道。"所以也就几乎不再相互帮忙，"跟陌生人差不多。"

四、权力分化及其关系

1949年以前，村民们在村中的地位与其权力有着密不可分的关系。村民们按其权力可分为这几个阶层：绅士、村长和保长、族长、门长和家长、知名人士、普通农户。他们的权力大小也是按这个顺序依次减小的。

（一）绅士

一是王士珍是最大的绅士。本村绅士最大，村长和保长都要听他的。因为他早期做了很多年的村长，在村中有很高的影响力。即使是他的继任者也是他一手提拔的，大的事情要跟他商量。跨村的事情几乎都要由他做主。本村最大的绅士当属王士珍，他在北洋军阀统治时期曾经解甲归田。因为他对牛家庄的村民非常感恩，也乐意帮助他们，所以村民有很多事情都愿意找他帮忙。当时他虽然卸任在家，但是势力不减，"村民的那些芝麻绿豆的小事，很快都能办好"。包括村里人丢了牛、挖了坟、当了逃兵，都是王士珍帮忙解决的。

二是王才臣赎回百姓。除王士珍以外，村中还有一个绅士，叫王才臣，富农，当过小学校长。家中 40 亩地，常雇长工，农忙时雇短工，不租地。因为常常为别人办事，灾年捐钱捐物，成为最有威望的人。日军占领牛家庄期间，曾经以"搜捕共产党"的名义，到村中大肆逮捕男性农户，集体关押并准备送到日本北海道去当劳工。这时王才臣出面解决，用赎金救回了绝大多数的农户。

三是绅士跟普通百姓不亲近。绅士因为在村落范围内地位最高、权力最大，往往跟村民没有那么亲近，一般的农户不可能跟他们沾上特别的关系。所以红白喜事、随礼、攒忙等事情，都是表现的时候，村民都希望能以此"攀高枝"。但是往往这样的机会非常少。

（二）村长、保长

一是村长、保长亲民。除了绅士之外，村里最大的就是村长和保长了。相对于绅士，他们更为"亲民"，因为他们每天都在处理村里的事情，跟村民打交道的时间长。比如村长除了到县里汇报工作之外，大部分时间都在村里，管理的事情涉及纳税、抓丁、教育、防御等等，保长一般是配合村长来完成。除此之外，帮助村民解决纠纷是村长、保长最常做的事，包括土地纠纷、水井纠纷、其他财物纠纷等等。请他们做裁判，他们一般会欣然答应，事后一般要请他们吃饭。

二是村长、保长有强制一面。当然村长和保长也有强制性的一面。比如抓丁、收税时，他虽然没有权力直接暴力处置村民，但是他有权通报县衙，让县衙来人处理。在强制性中，他们也有很多人性关怀，比如，对于实在交不起税的农户，他们会给他们安排当夫的差事，来缓解农户家的压力。而对于不想去当兵或做当夫的人，村长、保长也会同意甚至牵头出钱买丁和换丁。

三是村长、保长人情交往好。所以村民对于村长和保长的感情就是"爱恨交织"，红白喜事是必须要请的座上宾，村长、保长的红白喜事、攒忙则都不用人招呼，自然会有人帮忙，"随礼也显得非常大方"。

（三）族长、门长、家长

一是族长管理全族。牛家庄有两个比较大的宗族，至今还存在着族长的称谓。每一族的族长，由辈分最高、岁数最大、土地多、威望高、学识高、头脑精明的一个男性担当，通常以辈分最高为首要原则，女性不可以担任。不是终身制，但是默认产生，在任期间没有工资或者酬劳。本村家族和跨村家族都有族长，作为本村最大的两个宗族王氏是本村家族，任氏就是跨村的。本村落的族长自然也是门长和家长，三个位子都是一人担任。

二是门长负责传达和召集。一门中的最高领导是门长，通常在财富、威望、学识和威望突出的人中选择，但辈分和岁数占比重较大，女性不可以担任。门长不是终身制，默认产生。在任期间没有工资或者酬劳，全凭责任感。

三是家长是一个家庭中的权威。各个家庭辈分最高，岁数最大的是家长。一般辈分最高的也是岁数最大的。当家长的人辈分、财富、威望、学识、年龄中，辈分、年龄和威望中起码有一样比较突出。没有选择的程序，一般是默认产生的终身制。没有工资或者酬劳，但女性不可以担任，除非家中再无男丁。

（四）知名人士

一是知名人士有资格。爱管事，有能力，办事公道，肯出头露面才有资格做知名人士，他们一般在30岁到60岁之间，没有职位，是威望低于保长的农户户主，每条街大概有2—3人。常做的有王才臣、秦明普、任永吉、王二春、王永相等等。邀请他们的场合主要是过继分家、买房置地、银号借贷、村会议。

二是知名人士出现在多种场合。老人说："请知名人士的时候不用礼物，但态度要客气。事情办成之后，必须请人家喝酒，买房置地要摆合食，过继分家和银号借贷在家喝顿酒就可以。""参加村会议是有面子的事，是荣誉，不是人人可以参加。"知名人士分散住在村的东西，村民一般会找离自己最近的帮忙。开村会议时，知名人士全体参加。银号借贷需要用自己的财产担保，村会议需要发言和表决，其他的情况知名人士都没有责任，最多在发生纠纷时做证。

（五）普通农户

普通农户在村落中的地位最低，就是平凡的农户，在村中、保中、族中、家中都是要听指挥的人。他们往往是家庭中的女性、未成年的孩子，以及没有分家的成年男性。在村落的公共事务中，决策的会议一般不会有他们的身影，他们存在的意义就是执行。在宗族中，他们不会去帮忙调解，更多的是当事人，或者看热闹的一方。在家中他们对家长要言听计从，虽然有一定的发言权，但是没有决策的能力和机会。对外交往的事情也不会落在他们的头上，因为没有资格，同样他们也是受保护的对象。

第八节 冲突与冲突关系

牛家庄是个人口大村，而又由于职业、血缘、想法等不同，很可能造成纠纷与冲突。这些冲突不仅包括家庭内部的冲突，村民之间的冲突，也包括村民与外村之间的冲突，还包括村民与外国人的冲突。

一、家庭内部冲突

家庭内部有多少成员，就可能酝酿着多少冲突，家庭内有多少种关系，就可能出现多少种冲突。这里主要讨论夫妻冲突、父母冲突、父子母女冲突、兄弟姐妹冲突、婆媳冲突和妯娌冲突。

（一）夫妻冲突

农户一旦成家后，朝夕相处最多的就是夫妻之间。他们之间也最容易发生冲突。最主要的冲突一共分为两种冲突。

1. 对事情看法不同

家户之中，对于同一件事情，夫妻之间可能采用不同的角度去理解，如果没有站在对方的立场上去思考问题，就可能各执一词，发生冲突。日常生活中，对于一件很小的事情，都可能引发矛盾。老人说："北街有一对夫妻经常吵架。为的都是些鸡毛蒜皮的小事。比如媳妇认为要每天睡够8个小时才能有精神干活，但是丈夫认为睡6—7个小时就可以。丈夫一直说她是睡懒觉，不勤快；媳妇说他丈夫是虐待她，把她当牛马使唤。"

2. 相互嫌弃对方的缺点

夫妻生活中，相互嫌弃的实例不胜枚举，多是生活中的小毛病。到吵架的时候就会被无限放大。比如妻子嫌弃丈夫不爱干净，晚上不洗脚就上床；而丈夫反而会埋怨媳妇太过于爱干净，都是夫妻了，还要被嫌弃。"时间长了就是吵包子的份，有时候父母来劝架都不好使。"再比如丈夫嫌弃媳妇干活不弯腰，说她"腰软肚硬"，在农村这是一句很刺耳的骂人的话，媳妇听了会不服气，又会反说"我如果像你一样五大三粗，那还是女人么"。

（二）父母冲突

农户成家以后多为家庭琐事而烦恼，但如果有了子女，那将会把更多注意力都倾注在孩子身上。因此父母的冲突会体现在两个方面，一个是针对子女的事情态度不同，第二个是针对家庭琐事的态度不同。由此就可能引发激烈的冲突。

1. 因对子女表现的意见不同而冲突

在家户之中，子女往往是父母关注的中心，子女的一举一动都牵动着父母的心。但父母可能对子女教育有不同的理解，因此对于子女的一个举动会做出不同的反应和评价，由此引发父母之间的矛盾和冲突。

一是对于子女做了错事的不同态度。在子女成长的不同阶段，父母对于孩子犯错的态度不同。小时候是父亲打骂、母亲安慰为主。如果父亲太过严厉，母亲就会"护犊子"，为此可能会跟丈夫发生激烈争吵。等子女长大，一般不会再有打罚这种激烈的教育方式，一般以说服、批评为主。如果丈夫想要采取惩罚的手段，而妻子想要息事宁人，那就会产生矛盾。"对于子女，父母总是操不完的心。"

二是对于子女努力程度的不同态度。对于孩子的教育和发展问题，丈夫家中虽然都是听家长的，但是妻子有时候有不同的态度。丈夫想要孩子务农，但是妻子会想让孩子读书，"就是砸锅卖铁也要让孩子出人头地"。孩子办不成一件事，父亲可能会批评他没出息，但是母亲可能会指出"不需要那么努力，过好平凡普通的生活也不错"。

2. 因家庭琐事而冲突

父母虽然已经有了子女，但是他们的根本关系是夫妻，夫妻之间依然会因为生活中的琐事而发生冲突。冲突的点依然是对同一件事情的看法和观点不同，还有以前不在意的对方缺点会被无限放大。但是跟纯粹的夫妻冲突又不同。老人说："他们会拿孩子说事儿，说'这么做都是为了孩子'，'这么做你就算没有考虑过我，也不考虑孩子么？'"

（三）父子母女冲突

父母与子女的冲突分为两个时段，一个是子女未成年的时候，父母管孩子，孩子会反抗；第二个是子女已经成年，甚至分家，父母已经老去需要子女养老的时候，如果子女干涉老人的生活太多，也会引发父母的不满。

1. 父母管教，子女反抗的冲突

小时候子女不懂事，总觉得父母管他是约束，所以不听话的孩子总是很野，父母的话也不听。孩子的抗争分两种，一种是有声的，父母打骂他就哭；还有一种是无声的，父母打骂不哭不闹，但是依然我行我素。对于这种孩子父母往往无可奈何。老人说："他们认为不听话是一种对父母的反抗，父母让往东，他偏朝西。有一句话说的是'三天不打上房揭瓦'，说的就是这个孩子。调皮得没人管得了，打也没用，骂也没用。"

2. 子女干涉，父母反抗的冲突

子女成家立业之后，就要开始操心父母的养老问题。一共有两种冲突，一种是分家的冲突，一种是分家后的冲突。

分家的冲突体现在给父母的养老房太偏，养老钱、养老地都太少。"这在村里被看作是不孝。"但老人有时候也没有办法，充其量就是跟街坊邻居诉诉苦。"还真能把自己的骨肉告上法庭么？那是不可能的。自己受点罪就受点罪。"

分家后的冲突主要体现在对父母的赡养上。一是子女不送粮食、不做饭，让父母自生自灭；二是父母生病了子女不来探望，不出钱；三是平时子女对老人过于苛责，甚至打骂；四是父母去世，子女不承担白事费用。老人说："这样的子女就算是白养了,跟白眼狼一样的。"

(四)兄弟姐妹冲突

子女之间的冲突主要体现在两个时段,一个是未成年时期,如果父母有偏爱,就会引起其他子女的不满;第二个是分家的时候,如果分家不均,也会造成子女间的冲突。

1. 因父母偏心的冲突

在未成年时期,一般父母都偏爱"老肝儿",即最小的孩子,在平时的生产生活中,父母会告诫年长的哥哥姐姐要照顾弟弟妹妹,有好吃的、好玩的要先给小的。懂事的哥哥姐姐一般会顺从这一安排。如果遇上"不懂事的",偏偏就是"做得硬、放得赖[1]",他心里不平衡,往往会欺负弟弟妹妹。这样又会被父母责罚,于是他对弟弟妹妹就更加没有耐心,"反而会把怒火都撒在弟、妹身上"。

在各自成家之后,如果父母有积蓄可能会给最疼爱的孩子,或者家家都出养老粮,唯独父母默认有一家不用出。这时候就会引发其他子女心理的不平衡,吵嘴打架的事情就在所难免。

2. 分物不均的冲突

在儿童时期,孩子们不懂事,往往都喜欢自己吃最大的、玩最好的,兄弟姐妹之间会因为这些问题而拌嘴打架。年长的子女常被教育"要让着弟弟妹妹",弟弟妹妹就会认为就该让。由此会引起兄长或者姐姐的不满,认为自己礼让是被迫的,时间长了就会对弟弟妹妹"不再客气"。

分家时,女孩子没有分家权,一般要"躲得远远的",不被允许参与家庭财产的争夺。有些女孩认为这是正常的,因为父母常说"自古都是这样";但有的女孩就会认为受到了歧视,会做出跟家庭对着干的举动,例如离家出走。兄弟几个分家并非相安无事,家庭的财产分割往往没有特别的不偏不倚,总会有一点点误差,关系较好的兄弟可能不会计较,但是分家一般是兄弟各自有了自己的家庭,"他们的媳妇可不见得会让"。

(五)婆媳冲突

婆媳之间的"战争"是历来都无法回避的问题。她们的冲突焦点总是会有两点。一是婆婆作为家庭内部的女眷总管,她会想着让所有的儿媳们都在她的管教下服服帖帖,而儿媳总会有不同的意见。二是婆婆的儿子虽然已经成家,但依然是自己的"心头肉",所以常常跟儿子"求关注";而儿子已成为儿媳的合法丈夫,儿媳更希望丈夫

---

[1] 指耍无赖。

有更多的时间花在自己身上，这就又会引发冲突。

1. 婆媳管教，媳妇反抗的冲突

婆婆认为媳妇嫁进自己的家门就要服从自己的管教，对待儿媳"总是比较严厉的"。在做饭上面，婆婆总是"催促儿媳赶紧做，或者（嫌）做得不好吃"；在穿针引线方面，婆婆总是觉得"儿媳的针线活太糙"；在做其他家务方面，婆婆也会教训儿媳"手脚不利索"；在伺候公婆方面，婆婆会认为儿媳"不懂得孝顺"；在伺候丈夫方面，婆婆会觉得儿媳"不会心疼她男人"。

而儿媳方面如果是逆来顺受类型的，一般就会服从婆婆，但很多时候儿媳"并不是善茬"。她们自己的劳动被婆婆挖苦和讥笑的时候会跟婆婆吵包子，多数情况下"都被她们各自的丈夫劝架拉走"。但有时候冲突升级，婆婆会让儿子"休了她"，而儿媳则会跟丈夫说"咱妈不讲理"。

2. "争夺男人"的冲突

儿子成家之后，如果儿子长时间没有跟母亲说话或者很少去她那里看望，她往往会说儿子"有了媳妇忘了娘"，对待儿媳就会比从前更加严厉。而儿媳认为丈夫对自己的疼爱是"理所应当的"，并且一直会鼓动丈夫早日分家，"离老人越远越好"。既是儿子又是丈夫的男性只能从中调和，太过于偏向一方，都会引发另外一方的强烈不满。

（六）妯娌冲突

作为家户中各个儿子的媳妇，为了体现自己的地位和尊严，一般会有两种冲突：一种是在分家前努力表现自己，以取得"当家人和婆婆更多的关注"；另外一种就是分家后，依然会相互攀比，如果比不过又会相互妒忌。

1. 相互争宠的冲突

传统时期，虽然家户中的分家一般是"诸子平分"，但是因为家中的财物不能分割得那么细小，总会出现差异化。而谁能得到更多的那一点，除了抓阄，一般就要看当家人和婆婆更加喜欢哪个儿子。为了给自己的丈夫"添一把火"，一般在分家前都会努力在婆婆面前表现自己的勤劳和疼人，都竭力想跟婆婆走得近，"搞好婆媳关系"。如果几个儿媳都有这样的打算，那就会陷入"争宠"的混战中。"不知道哪天就骂起来了。"

2. 相互嫉妒的冲突

分家前，妯娌之间因为都想博得婆婆的关注，一旦有人跟婆婆走得更近，其他的就会心生无限妒忌。分家时，如果哪家分了相对更多更好的东西，别的家还是会妒忌。分家后如果谁家"日子红红火火，一天比一天好"，还是会有人妒忌。老人说："妒忌的结果不是吵包子就是打架，老人们天天为这事儿生气。"

二、村民之间的冲突

村民之间的冲突有几种，最主要的分别是地界的冲突和房屋边界的冲突。

（一）土地产权冲突

土地产权冲突包括公共田的冲突、族田的冲突和私田的冲突。

1. 公共田产权冲突

一是吴家坟。跟其他坟地的矛盾一样，就是挖祖坟导致的。不管是用来种庄稼还是盖房子，抑或是修路，这里自古都是祖坟的地界，只要挖祖坟就产生矛盾。挖祖坟的主体又分两种，一是政府，二是村民。政府的行为一般难以抗拒，但是在1949年以前政府采取的还是克制和保护的态度，即不去强行占用土地并对这里的土地采取保护性的政策。村民的行为主要分为本村和外村两种。本村村民一般知道这里的产权和用途，所以矛盾发生得很少，一旦发生了，找村长一说和问题就会迎刃而解。但与之相邻的外村村民因不明情况，就会产生占地行为。这样的事情属于村落之间的矛盾，一般是由村民告到本村村长处，再由矛盾双方的村长出面调和。因为牛家庄自古以来都比较强势，所以周围的村落一般会敬重三分，所以一般调解都会顺利解决矛盾。但不排除村民产生的过激行为，使得矛盾升级，比如死了人，或者确实已经挖了坟，那就"非闹到县衙不可"。

二是污龙渠。污龙渠的冲突主要体现在对水道的堵塞上，本村发生这种情况的时候很少，一般会发生在外村人入住又想建房的时候。老人说："很早以前，有外村人住进来，买的土地不够大，村里又没有多余的土地，就想在污龙渠的地方上扩建自己的围墙。还没盖一半，就被村民报告给了村长。村长带了一大帮人来阻止。尽管没有法律的文书规定污龙渠属于公共的地方，但都是为了百姓的利益。"

三是寺庙。寺庙的产权冲突主要体现为两类。一是因为翻修或者重建，建筑规模超过了原有的土地，侵占了周围百姓的土地。二是寺庙面临换址，重新选择的地方如果跟该土地所有者没有协调好也可能产生冲突。这时候都需要村长出面，如果是非计划内的建筑，一般会拆除，按照规定重建；如果是计划内的或者是重建成本太大，则需要跟土地主人商量，给予一定的经济补偿或者免除一定期限的赋税和徭役。

2. 族田产权冲突

一是宗族之间的冲突。族田之外往往是其他宗族的土地，如果因为边界发生了问题，一般会被看作宗族之间的矛盾。这时候要由矛盾双方的族长出面，坐在一起，协商解决。多数情况下都是各退一步，以求得结局的皆大欢喜。如果有一方太强势不愿意退让，会邀请更多知名人士加入，并由村长、保长主持大局。到这一步，一般的矛盾都会迎刃而解。如果事态更加严重，比如出现了伤人、死人的事件，就必须呈报县衙，由县官定夺。

二是族内冲突。族内矛盾主要集中在产权基础上对使用权的争夺。小族小姓人少田少，租种比较容易安排；而大族大姓人多田却不见得多，就容易出现矛盾。关于使用顺序，一般是由各家户抓阄确定，实行轮种。如果每一户轮种的时间太久，排在后面的家户则会不满。因为族田内一般会种棉花，到了棉花需求旺盛的年份，没有租种上的农户往往会羡慕轮种的农户，从而引发嫉妒和生气。而种上族田的家户必须负担种植时期的土地税，而且要贡献清明宗族一起吃饭的费用，否则会被剥夺下一年的使用权。

3. 私田产权冲突

（1）因分家而起

中国传统时代分家是考验家长智慧的一关，因为自古"不患寡而患不均"。分家时家中土地的多少是固定的，但是关于分配比例问题，好坏地分配问题，与其他财产搭配在一起来分配的问题接踵而至。这时候不仅需要家长的决断能力，更需要村中德高望重、有经验的中人来主持大局。"亲兄弟明算账"，分单必不可少，要对所分土地位置、好坏、时限等方方面面做出详细的规定。

（2）因土地流动而起

虽然"皇权不下县"，但是因为国家对乡村依然有收税的需求，所以对村中土地的买卖、租佃、典当和置换要求非常严格。这体现在村中所有交易土地，必须到县城报备并缴纳土地交易税。一旦交易的土地有了冲突，县城衙门就不得不管。除此之外，村中的绅士、村长、保长也是重要的仲裁者，因为土地交易必须要有田契，而田契的签订，必须要有他们在场证明。交易完毕后，买地者通常会请所有中人吃饭、喝酒。这就使得这桩交易一旦发生问题，再需要用到中人仲裁，他们就没有借口推诿。老人说："相邻的土地会留出20—25厘米的间隙，产权一人一半。不得越界，边界不允许种任何东西，也不允许私自占用。如果种了植物会被邻地的那家拔走；如果占用了间隙小物件会被移走，大物件搬不动也无法破坏的就会被告村长；如果还无法解决就会告到县里。"

（3）因边界模糊而起

土地冲突虽多，但大多是因为土地边界地标因多年风化而模糊甚至消失，使土地使用者越界使用造成的。被侵占土地的一方感觉受到了莫大的委屈，一般会要求侵占方赔偿损失。一旦私了无法解决，就只能再次请中人出山。这时要按照当年订立的田契，将四至重新确认，然后去丈量土地做核实。如果情况属实，一般中人都是有头有脸的人物，会要求侵占方赔礼道歉和给予经济补偿。侵占方如果不傻还想继续在村中立足，一般会照办；如果他跟中人或者当事者的另一方有仇，就非要闹到不可开交的地步，这就需要到县城对簿公堂。除去侵占者收买县官成功的可能，一般来说证据确凿，侵占者都会被判败诉，除了兑现中人的要求，还要遭到大板抽屁股等肉刑。当然到了这一步，被侵害人也少不了上下打点，要不是为了争这一口气，其实得不偿失。

（二）屋界冲突

屋界冲突是村民之间常见的冲突。"大家住得都很近，有个磕磕绊绊都是难免。"处理家户之间房屋冲突一般要有三个最重要的要素：灰橛、田契和中人。

1. 房屋边界原则

相邻的房子遵循不越边界的原则，包括地基不越界、屋檐不越界、高度不越界和排水不越界。

（1）地基不越界

"地基条件好的地方，容易相邻建房。"老人说。只要不超过房界，不需要邻居的同意就可以盖房；原房屋是无主之地，同样可以建房，不用征求邻居的意见。房屋宅基地由祖传、购买或者建造而来，都可以拿出来卖。盖房子前，与相邻房屋之间的边界要提前挖土看灰橛来确认，以确保地基不越界。所谓地基不越界就是房屋之间的距离适中，即要保持20—25厘米的间隙。如果距离太小，将来就会引发冲突，族长、保长、村长调解不成，就会打官司。因为在买地时就已经请说合人定好了边界，并立了字据。冲突处理后不需要告知四邻。

（2）屋檐不越界

有时候地基没有越界，但是因为屋檐修得太长，也会导致越界，产生冲突。这时还是要请村长、保长、知名人士等中人来查看灰橛，如果这个标志物已经模糊不清，则可以拿出田契。屋檐不得超过田契中规定的边界，多占的一方要赔钱或者将自家的屋檐改小。事后，维权成功一方请调解人喝酒。但如果调解不成，往往只能上告县政府来打官司，但是这种情况很少。

（3）高度不越界

房屋修得不一定一样高，但都不能挡住阳光。老人回忆说："户与户之间的门脸有高低的不同，后盖的房子就要想方设法比先盖的高出几厘米，以显示自家的光景比邻家的好。"不管是不是故意的，如果房子修得太高挡住了阳光，将会引发矛盾，这时还是要请保长、村长调停解决。虽然在田契中没有规定房屋的高度，但是如果遮住了阳光，村长保长一般会使用两头劝的方法，让屋子太高的农户将屋子改低或者直接赔偿。

（4）排水不越界

对房屋之间的空地，不会搁置也不会共同使用，一般是周围各户平分，因为共同使用不好照看，其实根本就无人照看。村庄内部的居民，不用特意修筑排水沟。因为平时使用水井，下雨很少有积水，即使有水也都下渗到了地底。平时的生活用水或者暴雨时的积水根据自然流向[1]向东南方流去，都流入大街，最后汇入污龙渠。老人说："如果不小心自家的排水流入他家，这时需要垫土，引导水流方向。流进水的那家，也会相应地垫高地势，或者堆土将水截到外面。"排水到邻家的冲突很少，最多流到别家的院子里。这时候由保长、村长或者知名人士调解一下就好，没有出现打官司的现象。

2. 屋界冲突的场景

关于屋界冲突，主要包括分家、建造、扩建和损坏几个场景，都属于空间利益的冲突。主要的冲突点多围绕经济、安全、风水、交通等等。

分家时对房屋的处理又比土地稍有难度，因为房屋都有朝向，有大小，又有风水。除了用其他财产搭配补齐房间的差异，有智慧的家长用的分配方法是抽签法，即抓阄。还是要在有威望的中人的见证下进行，抓阄之后就不能反悔。而这些中人也是日后处理房屋冲突的关键人物。

因为大家都向往风水宝地，而这类珍贵的地段又不是到处都是，所以就一定会出现房屋的扎堆建造。这就难免会与先盖好房子的农户发生冲突。比如地基的越界、高度的越界、屋檐的越界和排水的越界等等。这些多发生在没有血缘关系的村民之间。解决的方法还是要麻烦中人，看田契，两头劝。

扩建产生的冲突多发生于兄弟之间。因为分家时分到了相邻的房间或者至少相隔不远，有人想要扩建，那施工时的噪声、对共用道路造成的拥堵、施工后对另一方边界的侵犯等等问题就会成为冲突的导火索。这个时候父母是解决问题的第一仲裁者，可手心手背都是肉，无法得出令双方都满意的解决办法。于是又得求助族长、保长、村长、绅士等做中人来裁决。事情一般是止步于此。除非下决心不做兄弟，否则不会再深究下去。

损坏房屋边界的情况多是牛撞坏了墙，别人家的孩子在墙上乱涂乱画等问题。一般除了家长要赔礼道歉外，都要有经济补偿。还有的损坏是人为放火烧坏房屋等犯罪行为，一般村里已经解决不了，必须要请县城衙门来决断。

---

[1] 村庄地势西北高、东南低。

三、村民与外村之间的冲突

村民与外村之间的冲突,主要是偷棉花、闹土匪以及武校的冲突。

(一)棉花引发的冲突

牛家庄因为自然条件优越,种植的棉花又大又白,就自然招致外村人的偷盗,常常发生冲突。被偷过几次之后,村落成立了棉花看护小队,但是依然会发生激烈的冲突。

1. 看护小队成立前的冲突

地里不仅种小麦,还种棉花。立秋到立冬是棉花的采摘季节,因为棉花轻便、经济效益好,很容易被盯上,尤其是岸下[1]。由于中午地里常有农户劳作和休息,所以盗贼不容易下手;而晚上有夜色掩护,这就给盗贼以可乘之机。老人说:"有个村民叫孔修,20多岁、大高个、力气大,一个人一次能扛375斤粮食。晚饭后去看地,发现有两个人正在偷摘他家的棉花。他仗着自己有长矛在手和身体优势,刺伤一个人、吓跑一个人。"

2. 看棉小队成立后的冲突

看棉小队一般以地邻几户为单位,每家出一个壮劳力,中午看庄稼,晚上看棉花。每天结队,携带大刀、长矛、锄头用来自卫,准备皮袄来御寒。没有队长,通常由爱管事的人安排看护的事情。这几家轮流准备午饭,晚上各自回家吃。小队一般把岗位安排在田中间,因为那里视野最好,便于观察四周。每两个人组成一个班,一个班看护1—2小时,值班的人绕田巡视,空闲的人或躺着闲聊,或吸旱烟,或者睡觉。这种看护大概要持续一个月。老人说:"村中有一个人叫赵构吊,他吃过晚饭后,没有等小队(而是)独自先到了田地。突然发现有一帮8个人正在偷棉花,他说'干什么的!'结果被对方围住。对方用镰刀锵[2]他,他只有小铁锹抡起来转圈让对方没法近身,他还一边喊:'快来人啊!偷东西啦!'后来小队其他成员赶过来,才把那伙人吓唬跑。"

(二)土匪引发的冲突

日军撤军以后,造成权力真空,本村及周围各村都出现了土匪,常常骚扰农户。在有水灾或者收成不好的年份,土匪人数会激增。老人说:"土匪不止一股势力,绑架觉得来钱容易,就会铤而走险。当土匪要胆子大,还需要有枪。"他们与村民的冲突主要集中在三个方面,一种是土匪绑票,二是土匪杀人,三是村民的反抗。

---

[1] 牛家庄附近的一个村。
[2] 砍。

1. 绑票

绑票时间多为冬天的夜里。老人说："因为夏天街上、房上都睡人，不好绑票，容易被发现。"土匪的通常做法即看准时机，直接绑票，然后索要赎金；或者半夜到农户家绑架和强奸妇女。土匪在要抢的村中发展眼线，称为"地线"。地线在该村乔装为商贩跟本村人攀谈，或者直接在本村招募土匪。他们一旦摸清村落富裕人家的财产、人员和生活习惯后就开始动手。绑票成功后，由地线充当土匪的说合人，会在夜里蒙面去被绑票人的家里威胁农户。本村就发生过这样两件事：

案例一

土匪探查以后发现村中有一户富农家中殷实，但是考虑大人不好绑架，知道家中有个孩子叫任某，7—8岁的样子，庙会的时候会单独出来玩，就在庙会当天派人去抓。但是只知道名字和年龄而不知道模样，在跟任某一起玩的有好几个年龄身高都差不多的儿童。于是绑匪看着哪个像就随便抓了一个，绑回去才知道错绑了幼年王士珍[1]。王士珍当时家境贫寒，自幼丧父，全靠母亲和婶娘带大。后匪首认为没钱可收，又害怕管饭，于是就把王士珍放走了。

案例二

村中最大的房子在1949以前住着国民党独立营营长任某一家。一天，姚某知道营长在南方作战，没法回家顾及老小，于是带手下到营长家绑票。姚某站在花墙上，对乡亲们说："离近不如离远，离远不如不管，听我的盒子炮！"一顿打枪后，又说："要想打你的左眼，不打你的右眼。"村民都害怕，没人敢上前，所以姚某趁机劫走了营长的老娘。后来营长家中出了很多现大洋才把老太太赎回去。

2. 杀人

土匪除了绑架勒索之外，逼急了会真的撕票。他们在平时跟村民的交往中也会斗狠耍横。有不少村民和土匪都因此丧命。老人讲了两个故事：

案例一

王某是村中富农，土匪打听到其家中有现大洋。一天不小心被绑票，土匪要求当晚出钱赎人。家中的三个儿子因为刚刚分家，钱都由儿子分走，都

---

[1] 长大后，做过北洋军阀陆军总长、国家总理。

舍不得出钱，只能任由土匪宰割他们的父亲。等天亮以后，还是没有人来送钱。其实当时土匪拿不到钱有心将人质打一顿后放回，但王某现场认出了在场的土匪之一就是市场中卖肉的小黑并开口求饶。小黑害怕王某出去报官，于是用刺刀从王某肩膀捅入，腰部穿出，人质当场就死了。后来小黑被国民党大乡警卫力量王某的侄子抓住砍了头。不久之后村里成立了村民自卫队。

案例二

村内恶霸郎某在红儿茶馆喝茶与王某起了争执。王某用镰刀先砍了郎某，并逃到家中。郎某找到说合人，把王某找来，如果他承认郎某就是"穷大爷"，这事就不再追究。王某承认郎某是老大。郎某把镰刀拔出，若无其事，笑笑走人。后郎某一直睡在五道庙，逐渐病重。他哥哥知道以后，想为民除恶，就带着打坯用的工具将郎某砸死了。郎某的江湖大哥秦某知郎某的死讯，威胁他哥哥三日内必须带着全家离开这个村，否则就全部杀死。他哥哥没办法，全家搬离，在秦某死后才又返回该村。

3. 民众的反抗

土匪不仅局限于抢本村，常抢一个村会激起反抗，所以通常是打一枪换一个地方，下次就会抢周围的其他村子。因国民党忙于和中共内斗，忙于剿灭"共匪"，所以村里的"小匪"通常不在考虑范围内，很少去剿匪。因而村内常常遭受抢劫。1945年，由村长牵头，召集村民组成自卫队，专门防止土匪绑票。1949年以后，中共镇反剿匪，土匪逐渐消失。关于这个话题，老人又讲了一个故事：

> 土匪秦某是家中老大，还有3个弟弟，5亩地，中农成分，本村人，常常拦路抢劫、强奸妇女，民不聊生。根据地位于藁城、无极县，与手下约十几人歃血为盟。其手下不是亲属关系，而是各村土匪集聚而成。他们常常劫道，一次王某套车在一条路上走，秦某率部下突然冲出跳上车，并用枪指着王某的脑袋。王某认出是秦某但没敢吱声。秦某也认出了王某就是同村的乡亲。王某给了秦一些大洋，秦就让他走了，并让王以后走这条路唱"秧歌"[1]。后王再走这条路，一路都唱，果然没人劫道。秦某每次回家都会怂恿妻子出去找漂亮的姑娘带回家。很多女性被诱拐到家中，秦某就会拿枪威胁，不从就杀掉，屡屡得手。一次诱拐了熊某的幼女，未满十八岁，强奸后卖掉。熊不

---

[1] 本地一种剧种。

服去找秦理论，秦从家中朝熊射击，熊趴倒在地躲过一劫。本村乡亲对他忍无可忍甚至不共戴天，红白喜事都不会叫他参加，他也从不参加此类活动，不会给任何人拜年，或在逢年过节送礼。村长、保长开始招惹不起，敢怒不敢言，但后来也是不再忍耐。甚至其兄弟都无法忍受其恶行。落秋的时候回家，熊某和秦某的几个兄弟商量要将其杀死。秦某在家熟睡，早晨他七岁的孩子出门倒山药，他的妻子被拉出来控制住，熊某和其他人冲进屋内，老二用菜刀砍到秦某肩膀，秦某醒来想伸手拿枪，被老三用刀劈中脑门死去。秦某手下找上门，兄弟对外称一直没回来，他们才散去。

（三）武校冲突

牛家庄武校从成立到没落不仅为村民的强身健体存在，还制止和引起了很多冲突。

1. 制止冲突

李家庄与牛家庄挨着，因戏班唱得特别好而出名。在吴兴搭台时，遭到当地武校的阻拦和刁难。班主赶忙向牛家庄求援，牛家庄村长于是带本村武校人，带长矛、大刀赶去吴兴保护戏班。"吴兴本地势力知道是牛家庄就不敢动了。后来李家庄为了感谢牛家庄，派人帮助牛家庄组建了牛家庄第一家戏班。"

元氏县的一个闺女跟本村焦氏恋爱私奔到本村，但女方家里不允许，叫了十几人带着刀枪棍棒到牛家庄焦氏家里抢人。本村乡亲赶紧报信，消息传到武校，"同宝带4人出面，亮了几下招式，就把闹事者吓跑了"。

2. 同行间因怨杀人

清朝末年，山东把式匠[1]在正定县城摆擂，地上立18跟铁橛子[2]，并叫板"拳打三山猛虎，脚踢滹沱蛟龙，来到真定府没有对手之将，不怕死的上来！"城南25村的武校都在观看，但是无人敢应战。"金主"[3]师傅正好带队也在周围，循声上台。很轻松将18根铁橛子全部踢倒。擂主马上就要动手，但是金主师傅说要找县长做个见证，不要伤害性命，点到为止。先比刀——没有用刀而用藤条，一端沾白灰，如果碰到人体会有记号。几个回合下来，周围的人发现擂主的脖子和手腕上都有一圈白灰，擂主败。再比拳——开始擂主将金主师傅逼到墙角，师傅一个上抬手，打到擂主脸上，马上出血，擂主又败了。从此以后，擂主找人每天打听金主师傅，并于十年后的一天，翻墙

---

[1] 习武之人。
[2] 铁棍。
[3] 牛家庄村武校校长兼老师的外号。

进入金主师傅家中,用迷香将他迷晕,背到村西邬家投入井里。金主师傅溺水而死,享年70岁。后师傅家人报官,乡亲提供的线索说曾有可疑人员假装对师傅很崇拜并打听过他的住处,但是县官一直也没有查出真凶,此事只能不了了之。出殡当天,村里大部分农户都前来送殡,棺材由师傅的两个儿子购买,众徒弟都去吊唁并随礼。

四、村民与外国人及其代理人的冲突

关于村民与外国人及其走狗的冲突,主要讲与日本人的冲突,以及与日本人的代理人——汉奸的冲突。

(一)与日本人的冲突

日本人的野蛮残暴在前面章节已经介绍过,这里主要介绍村民对日军的反抗。

1. 扒电线

日军入侵以后因为要修建防御工事,经常强迫当地农户去劳动,本村有中共的地下接头人,常常给日军造成破坏。老人说:"1945年晚上8点多,八路军从东边骑马来了12个人,把马藏到农户家并嘱托农户照看。12人用了一个时辰的时间把大量日军电线扒走,让日军的电网瘫痪。日军炮楼打机枪一个也没打到,最后电线也被八路拉走了。"民国三十四年,即1945年,日军投降,国民党接管牛家庄。

2. 杀日本兵

村西北有炮楼据点,于1937年九月初六开始修建,由日军主持。平时约20到30个日军驻守,发动本村及周围村所有壮丁都去干活,即做当夫,由村长带着去,共400多人。干一天活,不给钱也不给粮食,需要自备干粮和水,如果干不动就会被打。晚上回自家休息,第二天继续干活。"我也去给修过公路,当时才8岁,拿一个小火铲铲土。日军长官看到我太小,于是跟村长说了说就放我回去了。"老人说。修公路需要在地上挖坑,几公里派一个日本兵监工。有时八路会渗透到民工队里,猛然用铁锹把日本兵拍死,直接埋到土坑中,"日军想要追查但是根本查不到"。

(二)与狗腿子的冲突

当时有本村人担任日本翻译官、情报官,卖国求荣、欺压百姓。本村有2人,分别是"情报官"张某和"翻译官"任某。"帮日军做事,可以得到一定的奖励,如工钱、免除农业税、日军的保护等。"百姓认为他们是真正的汉奸,猪狗不如,帮助日军祸害百姓,让百姓过水深火热、不及牛马的生活,罪该万死。"但是明着不敢对这些狗腿子不敬,处处留心怕得罪他们。只有背地里敢喊他们为'汉奸'。"老人讲了三个故事:

案例一

1945年的日军大搜查和拷打就是张某告密。当时全村都被保释，但唯独没有释放王某，王某是本村的医生，由家里人单独出了一次钱才保释回家。第二天，王某买官当上了国军督练，掌管全乡兵权，次日骑马带两名随从到村里缉拿张某，并在五里铺枪决。

案例二

任某是本村人，小名"傻八"，会说日语，日军入侵后成为"翻译官"。狐假虎威，到处赊账。1945年2月，任某带着一个日本兵去赶集赊烟。摊主任永福是他的同族远亲，要求结算上次的烟钱，傻八瞪眼就要打。后来周围长辈拦了下来，傻八才离开。他平日会参加红白喜事，但不随礼；有些巴结的人去他家的红白喜事都需要上礼。他当时势力大，村长、保长都得罪不起，逢年过节除了自己的亲戚，不给任何人拜贺。和日军亲近，但也只是利用和被利用关系，派一个日本兵保护他的安全。因为他没有命案，所以一直没有处决他，在解放后成为了"地富反坏右"中的"坏分子"，每天扫马路，在20世纪60年代病死。

案例三

王某在日军统治时期是牛家庄的特务队队长，常常为非作歹。有一天他在吴家庄树上掏鸟，远远看到一家农户出来一个闺女，便起了色心。于是纠结他的特务队去找村长提亲，村里不敢不从。日军投降后，王某带着妻子逃到内蒙古。解放后，公安部门到内蒙古搜捕王某，拘捕后当场击毙。

第九节　保护与保护关系

1949年之前，村中如果遇到了冲突、自然灾害、战争等，农户可以选择不同的保护主体来保护自己。传统时期的牛家庄可以选择的保护者有很多：出了问题，第一时间是找家庭寻求保护，如果超出了家庭的能力范围就去找亲戚；有时亲戚也无法解决，就去找邻居；因为地主在村中的威望较高，可能还会去找他们提供保护；最后的一道保护线是村落。

一、家庭保护

家庭遇到危险或者灾难时，通常是家长出面保护，比如爷爷、父亲、叔叔、伯伯等。受保护的是儿子、孙子、妻子、儿媳等弱势群体。通常是投入人力、物力和财力，想尽一切办法救援，甚至牺牲自己的生命。如果家人有能力保护却没有保护，那么以后其他家人也将不再保护他。有的会断绝关系，即"老不养，死不葬"，严重的甚至会杀害自己的父母。这里主要从打架、欠债和生病三方面来讲家庭的保护。

（一）打架与保护

打架时会有家人提供保护，一个是兄弟，一个是家长。如遇到流氓、土匪的时候，通常不会让女性出头，"因为人们往往见色起意"。

1. 兄弟保护

农户在幼年的时期，如果跟别人起了冲突，非常容易打架，"村里孩子们多，天天打得鸡飞狗跳"。"小时候打架要么是打别人，要么是被打。"要打别人需要有阵势，一般会找自己的兄弟帮忙；被打了就更需要有人出头，一般是哭着找自己的兄弟，兄弟替他报仇。

2. 家长保护

如果打架的时候被打坏了，一般是家长出面去找打人的家庭"讨个说法"。"孩子的母亲一般会去。"老人说。对方家长如果了解了事实，会把自己的孩子拽出来，当着被打孩子的面给父母赔不是，并且还会象征性地对自己孩子"骂上几句或者打几下"，还要问自己的孩子"还敢不敢了"。一般这样做，被打的孩子及其母亲才会气消。

（二）欠债与保护

农户不是每次碰到麻烦都会求助，如果是小事自己就可以摆平；如果是欠债等可以解决的事情多要请家人帮忙；如果是伤人、盗窃、害命等无法解决的事情，一般会逃跑。但家人也只能在自己的能力范围内提供帮助。

家人保护通常有几种办法：一是跟亲戚朋友借，"能借多少是多少，填不上就只能卖房子卖地"。二是当家人托关系找人，要找债主问清楚情况，"到底欠多少，什么时候还，能不能延期"。如果无法延期就要想其他的办法。这时女性不能出面，"一旦出面就意味着靠失身拉关系"。

二、亲戚保护

每次遇到困难，家人办不了才会找亲戚，都是家长亲自登门拜访。

（一）亲戚保护的方式

一是捎话。如果亲戚有关系，就会帮忙捎话，但是钱要本家自己出。如果亲戚有能力但是不管，亲戚关系会疏远，但是不会报复。亲戚间会相互保护，如果己方占理但是受到伤害，通常会使出全力保护，不会有所保留。

二是表面文章。如果己方不占理，多数情况下不愿意帮忙，即使帮了也是表面文章。而常用的托词是"我去找了人，但是管不了"，想拒绝也不能说得太直接。舅舅、妹夫、姑父、姐夫等会出面保护自家人，只要有能力一家人都会保护。

（二）亲戚保护的结果

一是私了。在亲戚的调和下一般有两种方法解决，一种是私了，小事都可以私了。如果事情过于严重则私了不能奏效。"杀父之仇和欺妻之恨最为严重，女性如果出事，私了会拼命，公了就要求对方被枪毙或者坐牢。"

二是感谢亲戚。对于保护自己的亲人，要请吃饭或者喝酒来表示感谢，"不用对方要求，都是主动邀请"。当家的要准备东西，让孩子去邀请，并让脱险的孩子亲自登门感谢，甚至磕头。

三、邻居保护

邻居因为离农户住得最近，有紧急情况往往可以成为保护的第一道屏障。传统时期，牛家庄村民的邻居提供的保护主要涉及三个场景。一是战争年代躲避日军和土匪，二是天干物燥的时候可以救火，第三是可以防盗。

（一）躲避日军和土匪

在日军侵略牛家庄时期，有不少日军的烧杀抢掠。有时候邻居家是一个很好的藏身之所。老人说："日本人常来找'花姑娘'，隔壁老邢家的闺女就急忙跑到我家，躲在地窖里，才没有被他们发现。不然又被糟蹋了。"日军撤走后，土匪比较猖獗，有时候会四处抢劫。财物、粮食，"什么好东西都不放过，见啥拿啥"。有的自家没有地方藏的，往往会找邻居家分散藏起来。老人说："土匪进家搜人搜东西，往往搜不到，因为已经藏到邻居家里，而且邻居还帮忙打掩护，他们根本找不到。"

（二）救火

牛家庄地处华北平原，在春末秋初的时候非常干燥。晚上打更的人都会喊一句话："天干物燥，小心火烛。"干燥的天气很容易失火，而农户家里晚上常常点灯，稍有不慎，让火接触到可燃物，就会造成惨剧。王爷爷讲了一个故事：

> 吴老六是老张的邻居，有一天就眼看着隔壁家有火光。砸门喊老张，老张没在家，一会火苗就蹿出来了。他赶紧叫人救火，周围邻居都出来用自己家缸里的水救火，火一会就熄灭了。第二天老张回来才知道了这件事。如果没有邻居及时发现，隔壁早就烧没了。

（三）防盗

村里的盗贼比较少，但是"总是难免的"。如果有贼人惦记的家户，他会趁主人不在的时候下手。这时农户自家的狗可以起到警示贼人的作用，但如果贼心不死，那邻居就起到了决定性的作用。老人讲了一个故事：

> 一天半夜，老罗家的孩子起夜，听到隔壁老孔家有动静，于是跑回去跟大人说了。老罗出来又听了会，发现确实有动静。因为老孔家不在，临走的时候交代要走好几天，回来的时候肯定会让自己知道。他朝那边喊了声"老孔回来了？"那边瞬间没有声音了，他就知道可能是进贼了。他赶紧大喊"抓贼啊，有贼偷东西啦"。只听见隔壁一阵翻墙后奔跑的声音，等隔壁邻居都赶过来，发现老孔家的门刚被撬开，还好里面东西没乱。但贼已经跑掉了。

四、村落保护

遇到亲人无法克服的危险或者困难的时候，或者农户私了解决不了事情要公了，就会寻求村落保护。村落保护最容易找的是保长和村长。先请保长，因为保长跟农户更亲近、更熟悉。保长无法解决才会找村长。"遇到大事，保长和村长通常要一块儿请"。但是如果问题比较棘手，绅士更加可靠。本村绅士最大的官是王士珍，他官至民国总理，有他出马，几乎什么事情都可以摆平。

（一）绅士保护

这里的绅士主要是指王士珍，因为他家里已经非常有钱，而且对乡亲非常友善和大方，他会尽量帮助村民解决困难，且不要任何回报。

1. 缉拿盗贼

村里的事无论大小，如果村长、保长管不了，王士珍都会管。老人讲了一个他帮村民找牛的故事：

> 本村村民杜某在城中拉脚（拉车搞运输），中午去饭馆吃饭，黄牛和车都拴在门外。等吃完饭一看，只剩车，牛不翼而飞。于是杜拉着车就去找住在城西门公馆的王士珍。经过通报后，门卫放行。王认出后问："这不是杜么，有什么事么？"杜说明了事情经过。王问："牛有什么特殊记号么？"杜说："是一只小黄牛，头上的一个犄角只剩半个。"于是王士珍便要求马快去通告县衙，要求四门紧闭，并逢人便问，是否见过这头牛。但找了一圈都没有。

最后在"杀个"（屠宰场）找到，牛还没有被杀。马快把偷牛的打了一顿，并将牛归还。杜十分高兴，第二天买了二斤点心去看望王士珍。王说："这是干吗呀？"杜说："你为我找回了牛，我买点东西，来看看你。"王说："我不缺这些东西，你拿回去孝敬你的老娘吧。"

2. 免除赔偿

村中很多村民因为无心办了错事，如果按照律法负有经济责任，会赔偿给别人很多的金钱。但是在王士珍的保护下，可以免除这一惩罚。老人讲了一个"救信"的故事：

> 李某有一天拉脚送信，经过滹沱河时不小心把车翻了，信件全部掉进河里，虽然全部打捞了上来，但是已经都湿透了。按照当时的律法，信件湿了要法办，至少也要赔很大一笔钱。李某没辙，哭着去找王士珍。王士珍说："这是小事，晒晒就好了。"李某回去照办，晒干了又把信送过去，但是没有人追究他的责任。

3. 免除死刑

王士珍做绅士的阶段已经暂时隐退，但是依然有免除死刑的权力。他对自己的村民往往都比较宽容，即使犯事儿了也会网开一面。老人讲了两个故事。一个是逃兵的故事。有一个跟王士珍同族的王某在国民党当兵时逃跑。因为他是携枪逃跑，按照军法就会就地枪决。他的家人找到王士珍，王士珍曾做过陆军总长，给了一张自己的名片，这张名片在刑场把同族的王某救下。另一个是盗墓的故事。本村同族有人盗墓销赃，第一次干就被抓住了。按照当时的律法，"盗墓者犯红叉子罪"，至少也是个死刑。他的家人找到王士珍求他说情，也是王士珍作保，同族人才得以释放。

4. 交涉赎人

除了王士珍，村里还有其他的绅士。他们在关键时也会提供保护。最主要的一件事情就是赎人：

> 1945年正月初九，因为汉奸张小页报告牛家庄有八路，所以日军带队扫荡。八路其实为地下工作者，藏在村西口的地窖里。因为日军没有找到，一怒之下将全村所有20岁以上50岁以下的壮劳力全部逮捕，受访者的父亲和

大伯也在其中,并准备由岸下村坐火车押往日本做劳工。当时的人们夏天常在屋顶或者街上睡觉,因为天气太热,屋里太憋闷;冬天实在没地方睡,也会睡在屋顶。王双福就睡在屋顶,大雪覆盖无人发现,躲过一劫。由于男人都被抓走了,全村都没了壮劳力,女人、小孩、老人哭天抢地。没有办法,绅士带领全村,指挥村里统一出钱把人们都赎回来。但不知道什么原因,日军唯独没有释放王子旗。王子旗是本村的医生,他的家里人单独出了一次钱,才把他保释回家。第二天,王子旗买官当上了国军督练,掌管全乡兵权。第三天,他骑马带两名随从到村里缉拿张小页,并把他在五里铺枪决。

(二) 村长保护

村长保护也是要看关系的,关系好解决起来会起到积极作用,关系不好的甚至会起反作用。如果关系好,村里就会全力保护,如果村长觉得这个农户平时就作恶多端,即使帮了也是应付。如果帮不了就不管,村长、保长不会道歉,农户也不会报复。事情办完后,受保护的一方要主动请村长喝酒表示感谢,如果不邀请就意味着不懂事,下次可能不再受到保护。本村村长对村民的保护主要体现在两件事上,一是局子里捞人,二是成立自卫队。

1. 局子里捞人

所谓的局子,就是县里的大牢。村民如果犯了事,很多会被县里直接扣押到大牢里。他的亲人就会千方百计地营救他,第一时间就是想到村长来解决。老人说:"通常是自家的人犯了事被扣在局子里,要请村长、保长帮忙捞出来。"办事后由请人办事的农户请客喝一顿酒,地点可以在农户家也可以在酒馆。因为一顿好饭和好酒就花费很多,所以不再送礼物。如果农户对处理结果不满意,可以上告。

2. 组织自卫队

一是村长组织。自卫队存在的时间不久,只是从1945年到1947年两三年的时间。1945年日军撤退,出现权力真空,匪患猖獗,由村长牵头,在村中召集人手组成自卫队。1947年解放时,被民兵组织取代。成员有队长和队员,不设副队长。村长任命自卫队的队长和招募队员。队长需要体格健壮、高大威猛、敢闯敢拼、身后不凡,有一定协调组织能力,年龄在20—50岁之间,男性。队员需要身体健康、有胆量,年龄在20—50岁之间,也需要男性。最后选王老踹(贫农)为队长,队员约有15人(贫农)。

二是村长布防。自卫队的作息都是村长制定的:白天训练和巡集,晚上巡夜。平时就在吴家坟和打谷场的场地训练。巡夜是每天亥时四刻(22:00)到第二天卯时四刻（6∶00），队员带着武器列队在村中巡逻，边界是村边界，主要在东西街和南北街两条干道。巡集就是在本村逢一、逢六有集市的时候巡查。农历初一、十一、二十一、初六、十六、二十六，每个月6次集，当天巳时（上午9∶00）到午时（11∶00）到集市巡逻，以防止土匪的骚扰。自卫队有比较严格的换班制度，3人为一班，换5班。必须由本人执勤，不可以让家人代班，如果发现会受到村长口头警告。

三是村长筹集资金。自卫队常见的装备有大刀、长矛、盒子炮。队长有"老缺枪"，又叫盒子炮，是一种土枪，单发，射程不远，准度差；队员有大刀和长矛。自卫队的酬劳是管饭：巡夜管晚饭，巡集管午饭。因为当时富农、地主是土匪主要骚扰和勒索对象，所以武器装备和自卫队的饭钱全部是富农、地主平摊，由村长征收。

第十节　牛家庄村社会变迁

1949年以来，经过土地改革运动、集体化和土地承包到户，村庄传统的社会状况发生了剧烈的变化。传统时期人们依靠血缘、地缘、业缘、信缘而结成的交往、流动、分化、冲突和保护关系也改变了以前的模式。

一、1949年以前的村庄社会形态

总体来说，1949年前牛家庄是一个基于血缘的熟人社会。它以家户为基本单元，靠各类关系应对内部和外部的各种挑战。在血缘的基础上，它又融合了其他因素完成分化，继而继续接受各类社会事务。具体来说有以下几个特点：

一是个人权威是农户行为的重要参考和指导。个人权威体现在村落的方方面面。从最基本的家户单元来说，当家人在家中是主导地位，他的一言一行都牵动着整个家庭的未来走向。在地缘关系中，如果农户相互邻近需要共同打井，那"管事的"就成为这个水井单元的核心，他在打井、用井和护井方面都发挥指导作用。在业缘关系中，小到一个果木会的会首、集市经纪，大到武校校长，他们在自己的领域都是本地区本行业的标杆。在信缘关系中，各类信仰组织的首领起到了带头和组织的作用。

二是温饱是农户行为的终极目标。除去少部分大户人家，传统社会的大部分农户，从未奢望过大富大贵，即使小富都没有考虑过。"大户"是村民可望不可即的高度，大部分人的目标是做一个自给自足的农民，"三亩地、一头牛，老婆孩子热炕头"。自给自足意味着不需要给别人扛活，不需要给别人种地到了丰年交着沉重的租子，只需要"管住自己的嘴"。而在村落中占大多数人口比例的"可怜人"，他们要么没有生产工具，要么没有土地，要么没有劳动力，穷尽一生都在为一口饭而奔波。他们精神和肉

体都承受巨大的压力,压力甚至大到"让人麻木"。

三是"面子"是农户行为的弹性尺度。在农户平时的生产生活中,总是无数次地编织在各类交往活动中,而面子就是一个指导农户行为的弹性尺度。参加红白喜事,如果份子钱拿得多,叫"有面子",反之叫"没面子";家中的农具一应俱全,不需要外借,别人还要求他出借,叫"有面子",那个求他的人,叫"没面子";自家的媳妇能吃能睡能劳动,"生了一炕大胖小子",这叫"有面子",如果相反,就是"没面子"。在传统社会中,村民都羡慕"有面子"的生活,但是多数情况下,只能追求"不丢面子",甚至是不要被耻笑。

四是血缘关系是农户行为的坚强后盾。传统时期,一个新的生命诞生在农户家庭之中起,他的命运就永远地牵绊着血缘关系,这也成为他一生最坚强的后盾。成长过程中衣食住行都要从血缘关系结成的家户中汲取;成家需要家户中的父母找人说媒;外出谋差事需要家族的亲戚帮忙"打听打听";遇到借钱、借粮首先想到的就是血亲的支持;受了欺负或受伤,总有家庭和亲属为自己出头和处理。

二、1949年以后的村庄社会形态变迁

1949年以后的牛家庄可谓日新月异,随着每一次不同历史时期的推进,每一次都会发生重大的社会形态变迁。在政治运动、自然灾害等因素的干预下,土改时期、合作化时期以及土地承包时期都发生了强烈的社会形态变化。

(一)土改时期的社会形态

牛家庄土改时期的社会形态变迁受到政治运动的深远影响,主要体现在权威重塑、医疗变迁以及通信和交通的变迁。

1. 土改时期的权威重塑

一是在土地改革中,村落的所有政治版图全部被打碎重塑。绅士、大户人家、先生、族长等传统时期的村落高层全部被消除,形成了地主、富农、富裕中农、上中农、中农、下中农、贫农和雇农的新阶级。政治版图的重塑带来了经济关系的变化,以前的租佃经济、雇主经济全部消失,全村所有人的财产被重新分配。老人说:"所有的东西都被平分,尤其是土地。这是老百姓最为关心的财产。"

二是以血缘、地缘为主的关系全部被阶级所替代。建立在血缘关系上的宗族关系逐渐淡化甚至解体;建立在地缘关系上的地邻和邻居,在生活中不再拥有以前的"种种便利",他们的功能基本被贫农团、农会主席、土改工作队所代替。

2. 土改时期的医疗变迁

清道光年间,王朝凤在家开设药铺诊所,是牛家庄村著名的中医,医术精湛,乡

里闻名。清末民初,王如京跟随国务总理王士珍行医多年,并在北京开设药铺、诊所。1930年迁回故里牛家庄,仍以行医为业。1949年前,王老曾在牛家庄开设药铺诊所至终。1953年,人民政府号召组织联合诊所,秦明甫组织成立了牛家庄联合诊所,任所长,并兼任正定县卫生协会南牛分会主任。医务人员有任俊杰、龚大锁、山西人马俊岐、北王庄王玉林,后又增木庄曹凤菊、牛家庄王晨秀。

3. 土改时期的通信和交通变迁

1949年前后,村民对外联络主要以捎口信或邮寄信件为主,遇到紧急事项则到城里邮政局拍发电报。以前人们出行多为步行,带东西靠肩挑、背扛或推独轮车。中等以上生活水平的人家才有一辆木轮大车。木轮大车有两种:一种是"普通型",配有简单车厢,主要用于农业生产。另一种是"豪华型",俗称"细车子",其车厢较高,配有花栏杆、小窗口及弧形车篷,做工精致,且红漆装饰,此车只被少数富裕人家用于赶集上店或探亲访友。

(二)集体化时期的社会形态

集体化时期牛家庄跟随党的政策发生了重大的政治形态变化,在卫生医疗、交通和通信方面也有大幅度的改变。

1. 集体化时期政治形态的变化

(1)"大跃进"和人民公社

1958年初,在总路线、"大跃进"、人民公社"三面红旗"的指引下,全国掀起"大跃进"的高潮,农村开展"人民公社化"运动。人民公社的特点是"一大二公"。"大"即经济规模大,将原来只有几百户的农业生产合作社合并,成为上千至上万户的大集体——人民公社;"公"是指公有化程度高,将经济状况贫富不等的合作社合并,财产上缴,由公社统一核算,统一分配。1958年8月,实行政社合一的东风人民公社在南牛村成立,牛家庄村改为牛家庄生产队,归东风人民公社管辖,下设11个生产小队。当时,"人有多大胆,地有多大产"的浮夸风愈演愈烈,各村各队争放"卫星",虚报粮食产量,由起先报亩产几百斤到几千斤到最后报上万斤。出现了谁先汇报谁落后,谁后汇报受表扬的极不正常的荒唐事。秋收种麦为赶进度,山药地还没收刨,连夜耕地就种上麦子,全村数百亩山药大多被丢烂到地里。1958年9月,全国开始大炼钢铁运动,当时"全民动员,大炼钢铁"是压倒一切的中心任务,各行各业都"停车让路"让"钢铁元帅"升帐。在这种形势下,南牛公社在新安火车站以东空地上建起了十几座炼铁土高炉,还有许多小土炉。全村劳力都自带工具到炼铁场砸矿石,人手不够还调学生停课参加,每个高炉40多人吃住在一起,分三班昼夜奋战,整个现场一片火海。炼铁的原料一是从灵寿山区运来的铁矿石，二是从家家户户收缴的废铁，甚至把铁锅和农具都交出来炼铁。由于炼铁的设备简陋，又缺少技术，炼出的铁大多是废渣，劳民伤财，得不偿失，时间不长便停止了。

（2）食堂化

人民公社成立后，极左思潮膨胀，高调宣扬跑步进入共产主义，掀起"食堂化"高潮。下半年村内建起了公共食堂，实行"半供给半工资制"，社员吃饭不要钱。食堂办起后，各户不许留余粮，不许立锅灶，每个队抽调几个劳动力到食堂当炊事员，食堂由队长和管理员负责，社员到食堂排队打饭，吃饱为止。后来，全村又合并为5个大食堂。第一食堂在焦搭腰家，主任任立铭、会计于永春。第二食堂在任白人家，主任刘小皂、会计任志勤。第三食堂在秦新贞家，主任龚小臭、会计王志忠。第四食堂在秦大堂家，主任高计堂、会计秦长顺。第五食堂在王修直家，主任吴凤岐、会计任立生。

（3）三级所有，队为基础

刚开始，粮食富裕，社员吃得还好一点，经常改善生活。后来由于平均主义和管理不善以及1858年的丢、烂、糟现象逐渐凸显，粮食短缺，饭菜质量日趋下降。1960年又遇自然灾害，造成严重缺粮，人们靠"低指标，瓜菜代"艰难维持。后来食堂改用饭票，定人、定量发饭票买饭。到1961年，食堂已经无法维持，年底全部解散。人民公社初建时期，由于"共产风"、浮夸风乱刮，大搞不切实际的大炼钢铁、食堂化，加上严重的自然灾害，造成了国民经济三年（1960—1962年）困难。党中央察觉到农村中存在的问题，及时纠正了"共产风"和浮夸风。1962年，及时提出"确立人民公社三级所有，队为基础"，坚持"各尽所能，按劳分配"的社会主义分配原则。社员的积极性有所提高，农村经济有了转变。

2. 集体化时期的卫生事业变迁

1961年，牛家庄联合诊所更名为曹村公社卫生所，秦明甫任所长。1963年，秦明甫培养张计书、秦书梅、龚梅琴、任小桃学医。1965年7月，曹村公社卫生所迁往公社所在地曹村，秦明甫、任俊杰、张计书、龚大锁、龚梅琴同时转到曹村公社卫生所工作。原址更名为曹村公社卫生所牛家庄分所，医生有高义公、王晨秀、秦书梅、任小桃，高义公任所长。同年12月，由大队推荐，卫生所批准秦更辰、焦碗子参加半农半医学习班，1968年结业后进入牛家庄卫生所工作。1971年，村卫生所新增秦春杰、秦小申、郑金华为医生，任小丙、龚民会为司药。1976年增王小燕为司药，王小娥为妇产科医生。

3. 集体化时期的通信和交通变迁

1958年，牛家庄安装第一部手摇电话机，设在大队办公室，农民接、打电话都要到大队，非常不便。20世纪60年代初期，生产队开始有了胶轮大车，这种车装载多，而且拉着轻快。当时生产队牲口少，经常是七八个人拉一辆大车，拉土送粪。

（三）承包到户后的社会形态

承包到户以后的社会形态也发生重大变化，主要体现在政治形态和卫生事业两方面。

一是土地承包制度不断改进。1979年，党的十一届三中全会召开后，伴随着改革开放，国家进入经济体制改革的发展阶段，首先在农村实行农业结构调整，分田到户、土地承包责任制在农村试行、推广。1980年，本村开始试行定额计酬的小包工，这种形式是一种包工不包产，按劳动质量和数量计算报酬的生产责任制。1981年，实行生产队统一经营，将单项作物的经营管理权分包到户，以联产计酬。1983年，实行家庭联产承包责任制，承包期为15年。村委会依照中央有关承包政策，以生产队原有土地亩数为基础，经重新丈量校对，将全村5200多亩土地按肥瘦分级，折算出标准亩，按生产队现有农业人口平均分配到户。农户以承包的标准地亩数缴纳税费及征购粮。实行家庭联产承包责任制后，撤销了与生产力发展不相适应的大队、生产队等组织，克服了平均主义的弊端，充分发挥了农民的自主权和积极性，同时，使大量剩余劳动力去务工、经商、发展个体企业。1998年，农村土地承包合同期限再延长30年。2011年，全村小麦种植面积4258亩，总产2100吨，平均亩产986斤，比1979年亩产增加258斤。玉米4430亩，总产2570吨，平均亩产1160斤，比1979年亩产增加645斤。当年经济总收入38899万元，经济纯收入3508万元，人均纯收入6807元，比1979年的121元增加6686元。

二是卫生事业得到发展。1977年，秦春杰任牛家庄卫生所所长。1978年大队推荐王玉来、王恒杰到卫生所工作，1983年二人离职。1984年增任长岁、王增梅。1986年卫生所人员分化，郑金华与王小燕、王小娥与任长岁转为个体诊所，秦春杰与龚民会为牛家庄第一卫生所，龚蕴国与冯瑞新为第二卫生所。1988年高素志卫校毕业后分配到曹村卫生院，1994年调回牛家庄卫生所任所长至今。1997年王增梅，2001年王朝辉与仝辉华，2002年王荣镇与刘彦娜、任民会相继开办个体诊所。2011年何倩开办牙科诊所。2012年，牛家庄村实行新型农村合作医疗后，新建卫生室落成，一、二诊所合并。医务人员有高素志、陈建敏、龚蕴国、冯瑞新，高素志任所长。

三是通信、交通逐渐发展。到1980年代初，村内兴起了小双轮车，俗称"小拉车"。在生产队干活，一般三人拉一辆，一个人驾辕，两个人拉。装车时，架辕的保住车，两边人装车，卸车时，三人一齐用力将车仰起，车上的土粪便卸下来。改革开放以后，农民为种地方便，开始购买机动三轮车（"三马"），一些运输专业户开始购买汽车，起初，三两家合买一辆，慢慢发展为一家一辆或几辆。1989年，牛家庄开通28门全自动电话交接机，成为正定县第一个安装全自动电话交接机的村，从而结束了手摇电话机的历史。20世纪90年代，农户陆续安装了固定电话，并迅速普及。进入21世纪后，随着改革步伐的加快，人们对于信息的需求更加迫切，手机也逐渐进入农民家庭。到2012年，据初步统计，全村1164户已有手机3000部以上。21世纪以来，小轿车进入家庭，据统计，到2012年，全村轿车、面包车共计500余辆，电动车代替了自行车，几乎家家都有。

第十一节　牛家庄村社会实态

如今，随着政策变化、经济变化和环境的不断变化，牛家庄的社会状况也有重大的变革。与传统时期相比，村庄内部的血缘关系、地缘关系和社会分化表现出了新的特征。人口流动在加剧和加快，社会保障的力度也在逐年加大，社会冲突依然时有发生。

一、血缘关系

新时代的牛家庄，经历了多次政治变革和社会变革，血缘关系发生了很多变化，有血缘关系收缩的一面，也有血缘关系扩展的一面。

（一）血缘关系收缩的一面

一是亲密血缘关系的范围减小。在传统时期，血缘关系一般讲究"五服以内皆亲人"，有了红白喜事无论血缘多远的亲戚，只要是在五服之内，都规定好了相应的规矩和礼数。随着社会的变革，这种规模的血缘关系已经不常见，如果有了特大的事情如红白喜事要办理，最主要的核心力量是家庭内部的直系亲属以及三代以内的亲属。用金钱雇用的社会上更加专业的团队，弥补了因为血缘关系范围减小而带来的人手不足的问题。

二是家族观念淡化。传统时期家户的事情可以放到一个家户、一门甚至一个家族内部去解决。但是如今这样的家族观念已经完全淡化。询问当地稍微年轻的村民，根本不知道自家是哪个族，哪个门，哪个支，更不清楚自己的族长是谁。如果要搞清楚，要去翻阅族谱才知道。而村落存在的担任族长的村民，几乎只是保留一个头衔，没有任何实质性的功能和责任。

三是血缘关系的亲密度减弱。传统时期除了家庭关系，叔侄是一家，家庭财产继承时是非常有可能被侄子所继承的。但是现在"几乎不可能"。老人说："谁家的就是谁家的，侄子算其他家庭的成员，他会继承他家的财产，而我家的不会给。即便是抱养，以后也绝不相认，财产也绝不能继承。"

（二）血缘关系扩展的一面

血缘关系总体上是收缩的，但是还有扩张的一面。那就是继承权扩张到女性，继承规则从以前的唯子继承，变成了现在的男女平等。女子在分家的时候不再需要"躲得远远的"，而是作为正式家庭的一分子，合理合法地参与家庭财产的继承。老人说："前几天村东头王某家分家，那家里的三个闺女厉害着呢，在财产方面，一点都不让她的几个兄弟，就是要平分。而且现在的法律也支持，所以以前的那一套不管用了，她那几个兄弟也没话说。"

二、地缘关系

新时代的地缘关系也分为两种，一种是地邻，一种是邻居。地邻更多地集中在点头之交上，从前那种相互攒忙、辫䅺、换工的日子再也看不到；而邻居因为相互需要的时候减少，所以更像是"住得很近的陌生人"。

（一）地邻关系减弱

传统时期的地邻主要靠相互借用劳动力和工具来促进相互之间的合作，并且通过闲暇时的聊天和吃饭来增进感情。而如今这样的情况很少发生，因为现在都实现了机械化作业，辫䅺和换工早已被淘汰，灌溉方面实现了用机井抽水，甚至喷灌。以前需要大量人力的农业事务几乎都被机器所代替。人们见了面只能是"点个头或者笑一笑，问声吃了么，就算得了"。

近些年根据土地流转的政策，很多人都把土地承包出去，每年拿几百元的分红。自己几乎不再上地干活。老人说："有时甚至都不去看一眼。都不去地里了，还哪有什么地邻，也就是赶集的时候能碰上，但是年轻的一代没干过活的，又谁认识谁？"

（二）邻居关系淡薄

以前村民大多住平房，有一个自己的大院子，院墙都较低。有任何情况邻居都可以看得一清二楚，帮忙或者保护也非常方便。而现在家家都住进了洋楼，都是"独门独栋"，真正意义上的邻居距离变远了；其次现在都建成非常高大又漂亮的院墙，墙上扎满玻璃碴，想要再透过墙来观察邻居的一举一动已经"比登天还难"。老人说："最主要的原因是，即使人们住在一栋楼里，回家是大门一关几乎就不会再与外界联系，虽然隔壁也住人，但是晾衣服、看小孩等事情现在可以找保姆或者自己的父母；要是防盗也防不住，贼能进来，就不会让邻居听见，就算听见了他也不敢管，现在的人们都惜命得很。"

三、社会分化

新时代的社会分化，跟传统时期一样，有着不同方向的分化。但是因为宗族已经几乎被消灭，所以这里主要指职业的分化和财富的分化。

（一）新型职业不断涌现

从传统时期的"重农抑商、当大官"，到1949年以后的"工农学商兵"，牛家庄村的职业在不断地发展。在新时期，涌现出一批批更为独特、更为高端、更为让人羡慕的职业。人们不再以"学而优则仕"的标准来要求自己，反而是为了追求心中的"幸福感"来选择职业；也摆脱了"能干啥都别种地"的思想，不少走科技兴农路子的农民都赚到了钱。除此之外，不断涌现的高新技术产业、服务业、互联网等行业又不断催生着各类职业的产生，以供村民自己选择。

（二）乡镇企业促进财富的分化

牛家庄的乡镇企业遍布村庄周围，因为技术好、交通方便、市场开阔，取得了不少的收益。所以在村里一派人人有好车，家家小洋楼的小康景象。财富积累的过程催生了不少千万富翁、百万富翁。他们不仅以"有钱论英雄"，也以慈善做标兵。

1. 以"有钱"论英雄

传统时期，人们不敢想自己可以飞黄腾达，甚至小富即安都做不到。但是现在只要敢想敢做、敢闯敢拼，财富就会流进村民的口袋。传统时期，"人们炫耀自己生活富足的方式不过是在嘴上抹猪油，出门逛街也不擦，显示自家吃了肉，但其实根本没有吃；而现在动不动就是开一辆宝马、兰博基尼回来，娶一个洋媳妇，住豪华的别墅，买自己的庄园"。以前人们想都不敢想的事情，现在人们有了钱，统统都实现了。

2. 以慈善做标兵

人们除了积累财富，越来越觉得做更多的慈善，更多地回馈社会才能体现自身的价值。村中很多项事业都是要花费巨额财产的，但是很多不需要花费一分钱，甚至村里都没有公共拨款，全靠有钱人的慈善就可以支撑。

> 任俊国在事业上取得巨大成功，但他始终不忘家乡父老，多次慷慨解囊支援家乡建设。2005年出资40余万元为牛家庄修筑外环公路。2011年捐资7万元为全村70岁以上老人发放养老补助金。2013年捐资300万元为牛家庄修

建纪念堂一座。任俊国的奉献精神得到牛家庄全体村民的一致赞扬。

王丙理在2005年为牛家庄修建外环路车队捐款5万元。自2005年当选运输商会会长以来从来不收会员会费，几年来车队支付活动经费3万余元。2008年汶川地震捐款4000元，并组织运输商会会员到县城集中捐款。2009年初冬一场百年不遇的大雪厚达50多厘米，为方便群众出行，组织车队人员开铲车清除街道积雪。2010年王岐山为救落水儿童牺牲后车队为其家庭捐款1000元，为正定聋哑学校儿童捐款1000元，村内搞街巷硬化捐款1万元。2011年，王发敬要编写《王士珍》一书，苦于没有资金，牛家庄车队捐资1万元，加上其他人的赞助，圆了王发敬的出书梦。

焦新愿积极支持新农村建设，参与社会公益事业。2006年捐资10万元修建乡村道路，2010年捐资1000元资助聋哑儿童，获得社会好评。

杜朝海积极参加社会捐赠和救助工作。2006年牛家庄修外环路捐款2万元。2008年汶川地震捐款7.6万元。2009年正定县志再版捐款5万元；2009年正定青年歌手大奖赛捐款5万元。2010年各种书画展捐款3.3万元。2010年助学捐款41960。2010年正定民俗活动捐款9.8万元，其他演出2.5万元。2011年至2013年捐款3.2万元，为全村村民赠送对联。2013年捐款3万元资助牛家庄学校组建常山战鼓队。

四、社会保障

传统时期几乎没有任何的社会保障，所以全部要依靠血缘关系、地缘关系、业缘关系来进行交往、流动、分化，并依次提供保护，以顺利化解冲突。而时至今日，社会保障方面已取得巨大的进展，村民的生活得到了保障。这主要体现在医疗保障的实现、社保的完善以及养老保险的完善。

（一）医疗保障的实现

旧时期，牛家庄的医疗条件差，全部要靠家户的力量，村落和国家的保障比较滞后。而新时期建立了更多的医疗保障，很多是从无到有，但更多的体系得到完善。医疗保障主要包括农村合作医疗和新型农村合作医疗，它们都极大地保障了村民的医疗、卫生条件。

1. 第一次农村合作医疗

1969年2月，村卫生所开始推行合作医疗制度，农村医生统称"赤脚医生"。享受合作医疗的对象为全体社员，有病可到卫生所就诊，只付5分钱医药费。疑难重病由卫生所开具证明信转院治疗。赤脚医生的报酬实行工分制，年终参加生产队统一分红。合作医疗的基金由生产队从公益金中按人头提取，统一使用，后因资金匮乏于1973年停办。

2. 新型农村合作医疗

一是参合对象。2007年1月，国家推行新型农村合作医疗制度，规定凡是有农村户口的农民可以以户为单位自愿参加新型农村合作医疗，按规定的时间和标准，足额缴纳参合费用，领取合作医疗证。参合人员凭合作医疗证或按规定办理转诊手续后，可到上一级医疗机构就诊，享受合作医疗补偿待遇。牛家庄参合人数4487人，占应参合人数的90%。

二是补偿标准。新型农村合作医疗的门诊、住院医疗费的补偿标准，按《正定县农村合作医疗实施方案》的规定执行。以全省统一规定的药品、诊疗项目为标准，全部费用减去不可报费用，减去起付线，按照省市县不同级别、不同标准给予补偿。补偿标准逐年增加。以2011年为例：乡村两级定点医疗机构门诊统筹补偿不设起付线，补偿比例村级30%、乡级25%，补偿封顶线为每人40元，家庭成员之间共用。住院补偿方面，乡级医疗机构起付线150元，补偿比80%；县级定点医疗机构起付线为400元，补偿比65%；市级定点医疗机构起付线为800元，补偿比55%；省级定点医疗机构起付线为3000元，补偿比40%；其他非营利机构起付线3500元，补偿比35%。

三是补偿程序。第一，参合农民在本乡镇定点医疗机构的门诊费用，随诊随补偿。第二，县内住院实行出院即补，农民住院由个人预付医疗费用，出院时持合作医疗证、身份证、户口本办理补偿。第三，参合农民经批准到县外就医的，由个人预付住院费用，出院后持合作医疗证、身份证、户口本、住院费用清单到县新农合管理中心按规定审核，凭审核手续到指定银行支取现金。

四是缴费标准。2007年至2008年，每人每年缴费10元。2009年至2010年每人每年缴费20元。2011年每人每年缴费30元。2012年每人每年缴费50元。2013年每人每年缴费60元。

(二)新时代社保的完善

社会保障体系主要体现在五保户和低保户两方面。

一是五保户。20世纪60年代，牛家庄村曾办过敬老院，对丧失劳动能力的孤寡老人（五保户）任小四、王老荣家、王赵氏、王牛犊家、王爬爬、王寿文等实行集体供养。村委派专人负责，集中吃住，原址在秦狗蛋家。1978年，村内对孤寡老人（五保户）的供养方式采取本人自愿原则。有生活自理能力不愿住敬老院的，就在自己家中生活，由国家供给衣食费用；对愿意住敬老院的，由国家供给衣食费用，村委负责住宿费用，常年居住在敬老院。2012年至2013年牛家庄住敬老院的五保户有焦四福、张红山、王玉、焦瑞成，在家生活的五保户有王永兰、王发霞、梁大雨、秦新海、王文志。

二是低保户。低保户的低保金由国家统一发放，2012年牛家庄享受低保的共计38户72人，年发低保金额65520元[1]。"这要在以前，自己没什么本事就要上街去要饭了，但是现在政策好，就是这样国家也管你，让你有口饭吃。"

（三）农村养老保险

2011年，正定县实行农村养老保险，其对象是非城镇户口，以村为单位，参保人员不分性别、职业，年龄16—60周岁。参保人员年交保险费100元，领取保险金的年龄为60周岁，领取时间为60周岁的次月。2011年末，牛家庄参保人数为2066人，60岁以上领取养老金的有762人。60—69岁，每人每年120元，共515人，金额61800元；70—79岁，每人每年180元，共244人，金额43920元；80—89岁，每人每年300元，共105人，金额31500元；1923年以前出生的每人每年480元，共11人，金额5280元，合计142500元。[2]

五、社会流动

传统时期，土地是牛家庄的人员流动的主要因素，高利贷、当兵与日军侵略等因素占较小的比例。除去大规模移民建村的流动，这些因素全部加起来，人员流动依然是较小的规模。而如今的人员流动达到一个井喷状态，越来越多的村民走出家户，走向大城市，也有越来越多的外村人来本村打工，在这里娶妻生子。

（一）外出务工人员增加

新时代，因为土地流转不断步入正轨，越来越多的农民选择把少量的土地承包给个人，自己从土地中解放出来，以创造更多的收入。依据不断完善的政策，牛家庄村建立了一大批乡镇企业，吸引了大部分的农村剩余劳动力，也吸引了一大批外村人来本村工作与生活。但是依然有大量的本村农户外出务工，他们奔向更大的城市，用体力和脑力不断贡献自己的价值，也实现了自己的人生价值。

（二）青壮年外出增多，空巢现象严重

"能走的都是年轻的，剩下的都是老人和孩子。"老人的一句话，道出了牛家庄村的现状，即青壮年大部分都不在本村劳动和生活，只留下老人和孩子留守，空巢现象

---

[1] 来源于《牛家庄村志》。
[2] 数据来源于《牛家庄村志》。

比较严重。但这样做也是不得已而为之，在村里往往没有那么多的就业机会，为了实现自己的抱负和理想就必须要走出去，而在青年在外拼搏的过程中，他们无暇照顾或者也无力照顾老人，只能将老人留在老家。除了这部分原因，老人都比较安土重迁，认为自己生活了一辈子的土地不能轻易离开。老人说："在这个村子起码都是我熟悉的环境，还有我认识的人。到了人家大城市，咱们能认识谁？太憋屈，咱不去。"

六、社会冲突

传统时期，社会主要矛盾都集中在大的家户内部，村民之间的矛盾以及村民与外村的矛盾都少有发生。而在新的时代，冲突依然不断。但是形式上有了不小的变化，以前的家户矛盾最为突出，而今却得以减少，其他矛盾逐渐升级。

（一）家庭冲突矛盾变少

在传统社会，一个家庭至少是三世同堂，有的甚至达到四世同堂，家庭的人口比较多，关系就相对复杂。所以一个家庭的矛盾，除了夫妻矛盾、夫妻与子女的矛盾、子女之间的矛盾，还涉及婆媳之间的矛盾、妯娌之间的矛盾等等。但在新时期，越来越多的家户解放开来，他们不再有如此规模的家庭人口，通常都是二世同堂，即只有夫妻俩和子女。更多的子女成家后，选择跟婆婆分开居住。很多子女都是把父母接到离自己很近的小区里或者到同一个城市生活，但是不会再住在一起。"即使住隔壁，也不要住在一个家里。那样的矛盾太多，夫妻也很难做。"

（二）其他矛盾升级

传统时期的社会风气相对而言较为良好，"夜不闭户、路不拾遗"在一段时期是真的实现过。这都归功于人们的心地都比较善良，且在生产力较低的情况下，每家每户的情况都差不多，没有值得去以身涉险的事情。但是在新的时期，在以经济建设为导向的方针的指引下，滋生了很多"拜金主义"和"认钱不认人"的情况。而且在改革开放浪潮的推动下，产生了一批先富起来的人，社会贫富分化迅速拉大。这就导致了一部分人的心态失衡，社会开始出现更多的矛盾，导致犯罪率提升，矛盾升级。

七、社会保护

在传统社会，社会保护主要体现在家庭保护、亲戚保护、邻居保护和村落保护上，但是现在邻居保护几乎不存在，其他几种方式影响力和效力减弱，已经不再能够在复杂环境中解决各类矛盾。所以村民使用新方法来为自己提供更多形式的保护。

一是上访。"官大一级压死人。"村中发生了不公平的事件，如果村委会处理不好，村民一般首先想到的就是越级上访，而且会专门挑开人大会等重大政治场合去申诉。老人说："很多情况下都是村民跟村委的矛盾，所以再通过村委已经没有意义，只能通过上访，给自己讨一个说法。"如今政府设置了更多的信访办等机构，专门接待和处理村民的各种投诉。但是依旧挡不住村民去堵县委书记、市委书记、省委书记，以便直接"跟大领导沟通"。

二是法律。随着我国法律的健全，逐渐从人治走向法治。每年国家都要在村里做大量的普法宣传，村民已经逐渐变成知法、懂法甚至用法的人。对于民事和刑事案件，村民首先都会报警。当然也存在很多私了的现象，但是"民不告官不究，你不告那法律不管你，但是要是杀了人、强奸了妇女，那就是天王老子也护不住你"。

三是媒体。如果说十几年前是媒体社会，人们可以通过找报社、电视台、广播进行申诉来保护自己，那么如今已经进入自媒体时代，人们可以通过网络来直播、发小视频、发图片，一个很小的事情马上就会被全世界知道。越来越多的村民选择这种方式来保护自己和他人。但是这种方式也容易造成先入为主、过度解读等现象，也可能造成对他人的伤害。

第五章 牛家庄村的文化形态与实态

牛家庄独具特色的自然、经济和社会环境，形成了特有的崇拜关系、信仰关系、思维关系、态度关系、习俗关系、规训关系和文娱关系。这种文化模式是基于农户的小农意识形成的，它体现着农户的生产和生活习惯。

第一节 崇拜与崇拜关系

先人崇拜不仅是对祖先的思念和敬畏，同时也代表着村民对美好未来生活的期待。其中对先人的崇拜主要通过建祠堂、供祖先、拜祖坟、祭祖、家祭、遵守孝道体现出来。在这些形式中，又能反映出农户对自己未来的希望。

一、祠堂及其崇拜关系

祠堂是宗族表达对先人思念、教育子孙、开会动员的场所。本村最大的宗族拥有祠堂两座——王士珍祠堂和王氏双节祠，都由本村曾担任民国政府国务总理兼陆军总长的村民王士珍筹资所建。

（一）王士珍祠堂及其关系

1. 王士珍祠堂概况

王士珍祠堂（见图5-1）位于村子西北角，现在改建为小学校址。为了给本族办事，王士珍自费修建，纪念崇祯六年（1633年）六月二十三因发大水而从胡村迁至牛家庄的祖先。祠堂占地5亩，由自家的田地改造。里面供奉着从王守朝开始12代王氏先人。院内最北边有4间砖房，专供看门人居住，中间有3间瓦房，屋内靠北全部供奉祖先的祖盒，这是人们祭拜的地方。院内东南角立有石碑，上面刻字："自胡村迁至牛家庄，传十一世，士珍立石。肇发恒阳，经尊家教，世泽绵延，永维善道。"

2. 看门人受族长领导

从族内选一个人做祠堂看门人，受每一任族长直接领导。"我记事起是由族长王如璧领导。"老人[1]说。看门人都是义务看管，没有报酬。他们的主要工作是掌管钥匙，在清明节集

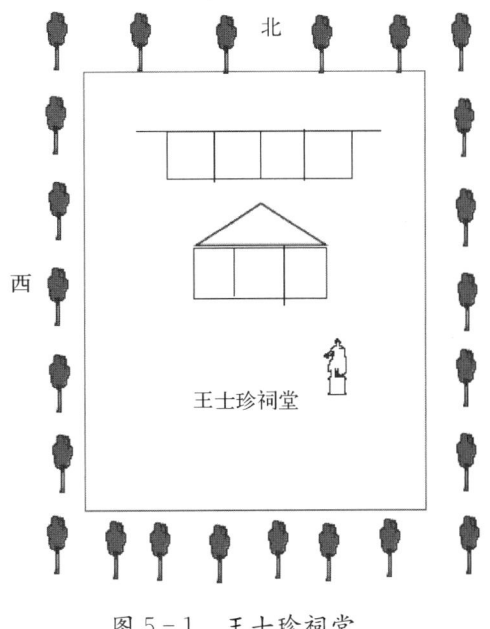

图5-1 王士珍祠堂

体祭祀时开放，结束后关闭。如果有人想单独祭祀，可以跟族长申请单独开放。一般有小孩在祠堂附近玩，会被看门人赶走。对于农户来说，祠堂不是神圣不可侵犯的，但是也不容任意破坏。如果有外族人来捣乱，比如砸锁进门偷东西或者毁坏祖先牌位，那就是全族的仇人。"如果有人侵犯和破坏祠堂，那就意味着与全族人为敌，都会跟他拼命——轻的会吵架，重的会械斗。"老人说。但当时都知道王士珍的名号，一般人都不敢造次。

3. 祠堂的养护费由王家平摊

修祠堂前，要由族长召开会议，由各门长和家长参加，商量由谁去收养护费。自告奋勇或者由门长推选出平时表现积极活跃的来做这件事。本族有祖坟，可以用来种棉花，每家轮种，所得全部归轮种家所有，如果不出养护费则会被剥夺轮种权。老人说："种的经济收入远远大于养护费，所以养护费没有不交的。"修祠堂的时候还发生过纠纷，因为王士珍孙子辈的王发文和王秋子受命敛财重修祠堂，但钱都被自己独吞了。查出以后，他们被逐出了本族。

（二）王氏双节祠及其关系

1. 纪念双母立祠

王士珍本为二门王如柏家的儿子，因为掌门伯伯王如松家没有男丁，于是过继到他家；三门叔叔王如云家生了监珍和仲珍，就把监珍过继给如柏家。但王士珍的生父

---

[1] 王肇玉。

和养父,即王如柏和王如松不久都去世了,是其生母丁太夫人和嗣母刘太夫人养大。为了纪念把他养大的丁太夫人和刘太夫人,王士珍又修建了王氏双节祠(见图5-2和图5-3)。

图 5-2 王氏双节祠前门

图 5-3 诰命一品夫人节孝之坊

2. 祠堂规模较大

王氏双节祠坐落在正定西门里中山西路南侧,于民国九年(1920年)建成。其规模较大,坐南面北,分正院和东西两院,原有房屋40余间。现存祠堂正门面阔三间,进深一间,青瓦硬山顶建筑,设正脊和博脊,明间辟一券一伏石门脸。穿过大门便是一所开阔整齐的四合院,院中屹立着一座牌坊,是为王士珍的嗣母刘太夫人和生母丁太夫人所立,牌坊为青石质,四柱三间式,通面阔6.85米,进深2.07米,高大挺拔,气宇轩昂。正中石匾额上镌刻楷书大字"诰命一品夫人王母刘太夫人丁太夫人节孝之坊",上首镌刻"率礼蹈和",下首镌刻"称诗纳顺",落款为"中华民国九年夏历庚申年六月吉辰承嗣男出嗣男士珍敬立"。牌坊内侧正中石匾额上阴刻"钟郝垂形"四字,落款为"民国九年庚申四月徐世昌题"。这里的"中郝垂型"出自一历史典故,据《世说新语·贤媛》载:晋司徒王浑妻钟氏,为魏太傅繇曾孙女,与弟湛妻郝氏皆有德行。钟虽门高,与郝相亲重,郝不以贱下钟,钟不以贵凌郝,时称"钟夫人之礼,郝夫人之法"。这里用来比喻刘夫人和丁夫人两位妯娌之间的和睦相处。

关于王士珍的嗣母刘夫人及生母丁夫人何时被封"诰命一品夫人",史料记载:

> 清光绪三十一年(1905)年,清廷调集两万余新建陆军,在河北河间举行秋操,王士珍任总指挥。当时光绪皇帝、慈禧太后、朝廷大臣、各国驻中国使节都在场观看。这次军事演习非常成功,大家对王士珍的组织指挥能力大为赞赏。之后,慈禧太后召见了王士珍,当面一一质询,王士珍不卑不亢,回答振振有词,慈禧大悦,破例授王士珍为内蒙古副都统,赏一品顶戴。朝廷为表彰

两位母亲为国家培育出了栋梁之材，特封两位夫人为"诰命一品夫人"。[1]

穿过牌坊，迎面便是正厅，面阔三间，宽敞高大。厅内正面为王氏宗祠牌位龛楼，内供王氏祖宗牌位，有四个祖盒，分别为王士珍的生父母和过继父母。龛楼前分立四尊汉白玉石雕仙女像，像高1.5米，雕工细致，形态逼真。厅内四周墙壁上悬挂超度亡灵的壁画诗文和挽联、挽帐。最醒目的是当时军政名人、亲朋、同僚馈赠的手书牌匾72块，如：徐世昌题的"慈孝恭和"，黎元洪的"双节凌霄"，华世奎的"庸训同传"，曹锟的"水清玉洁"，吴佩孚的"松韵媲美"等。牌位前供桌、供具摆放齐全。正厅外侧有耳房一间，是祭祀时盛放杂物的地方。西院则是师爷蔡寿山的住宅。蔡寿山为正四品衔，15岁起便跟随王士珍直到其去世，历时35年，卒于1954年，享年75岁。

3. 祠堂看管严格

祠堂除了王士珍一族可以进门之外，他族不得入内。因为供奉的只有自己的两位母亲，所以一般是自己前去祭拜。平时雇用了专门的人留在祠堂，他们的主要工作是看门、打扫、上香。因为祠堂的院子比较大，所以他们都住在这里，就在东院，又称为马号。因为人多，他们还有一个厨师，专门负责这些人平时的饮食。他们还负责喂马，因为王士珍的身份特殊，来这里一般会骑马，这时候他们的职责就体现出来了，要牵马、喂马和饮马，让马得到很好的休息。晚上的时候会有人专门巡夜，以防止有人进来破坏或者偷东西。这里墙高人多，想进来绝非易事，而且碍于王士珍如雷贯耳的身份，一般不敢在这里放肆。如果被抓住，"除了被看门的人打一顿不说，还可能要吃牢饭"。

二、祖坟和族田及其崇拜关系

一是祖坟神圣不可侵犯。本村几个大的姓氏都有祖坟，各家占地面积不一样。祖坟周边是农田，没有空闲地。祖坟都在本村，如果有人在村外去世，也要把遗体埋到本村的祖坟，世代看护。目前12代以内的祖坟和先人都可以找到，再远因为早期族谱的遗失就没法考证了。祖坟不得出卖、典当，由族内公共管理，族长不得任意处置。祖坟神圣不可侵犯，如果祖坟被铲，族人将跟破坏者结仇，并报告官府，以"红叉子罪"（杀头罪）论处。祖坟都在一起，包括从第一代祖先到农户家刚去世的一代。祖坟一年一修，大多在清明时节，拔草、填土、用土块盖黄纸。修缮费没有多少，由族里平摊，只要是本族人，如果有人不交，就会被剥夺轮种权。

---

[1] 引自《牛家庄村志》。

二是族田轮种。村南王氏一族的族田，多用于种植棉花。王氏有族田共4亩，属于祖坟地界。由族人以家户为单位，按年轮流耕种棉花，收入归个人所有，但自负农业税。老人说："因种植棉花经济效益通常比较好，所以没有交不起税的情况。"每年清明节，上午由族长组织，带领本族（不跨村）各家出代表共同到祖坟祭祖，去的一般是男性，共30人左右，不得缺席，否则失去轮种机会。祭拜完后由当年的轮种一户出资请大家吃午饭，不请客也同样失去下次的轮种机会。

三、族谱及其崇拜关系

族谱不光记载了家族的来龙去脉，每一次修编都是对历史的一种重温，对列祖列宗的缅怀，同时也可以加强家族内部人员的交流和沟通以增进感情。牛家庄共有34姓，其中有很多家族都保留了完整的族谱。

（一）族谱管理

1. 族长负责编写

旧时，一般只有大的家族才有能力编纂自己的族谱。村中有能力的包括王氏、任氏、秦氏、呈氏等。修谱的时候要由族长组织，由他带领一个本族识字或者有知识的人，到本族各家去收集各户的信息并记录，全部收集完以后由族长指派这个识字的人按照族长的想法把族谱按照支脉延续或者村居地点罗列出来。最后由族长向全族征收费用，每家每户平摊，共同出资完成族谱的成书工作，并支付识字的人一点酬劳。条件好的宗族每2年就会重新修谱，把新增的族内人及其家属加入，但是不会成书，到5年的时候才会重新成书；老人说："条件差的可能10年才修一次。"

2. 族长负责保管

族谱编好以后，都存放在族长家中。族长要将族谱像列祖列宗一样地祭拜，一般会有一个单独的神龛，旁边摆放族谱。如果有人查阅，必须得到族长的允许，而且查询只限于族内人，外族不被允许。等到族长老去或者去世，族谱会交给下一任族长保管。老人说："族长家里有小孩子玩耍一般不让轻易碰族谱，都会说'上一边玩去'；如果有孩子确实想看，必须要让孩子跪下，先给祖宗的神龛磕头，然后在族长的监督下，毕恭毕敬地看，不允许撕毁或者把纸张揉皱。"

如果不小心失火或者家中被盗，族谱不慎丢失，族长不会自己承担责任，依旧要全族出资，重新编订。老人说："曾经有过一次大火，全烧没了，因为当时各家各户都很困难，收不上来钱，所以族谱就一直没有修。等到条件好了，才又想起来老祖宗的东西了。"

（二）族谱寻根

族谱是记录一个家族生命延续历史的载体，在牛家庄村有几种不同版本的族谱。

他们的写作和记录方式多样，但是一般围绕几个重要内容。

一是序。几乎每本族谱都会作序来大概介绍本族的情况。它包括本族的开山祖先的名字，源于何地，延续了多少支脉，分别生活在哪里，什么年份发生过迁徙，最初规定的相同辈分用哪个统一的字，人数渐多时又重新增加了那些字，修谱的人名，修谱的过程等等。在牛家庄众多的序中选择了几个有代表性的例子，具体的情况如下：

> 王家先祖守朝有四子亦称四门，三世后辈为"香有元德朝履如珍"。二门四支子履辈后未接"如珍"，而是请黎元洪采"昌运永裕树光荣耀宏业浩荫佳运长春"十六字作为谱序。1909年，王士珍主持重续家谱，并请徐世昌采"肇发恒阳，经尊家教，世泽绵延，永维善道"十六字作为谱序，从此同族出现两部家谱。1989年正月，族长王喜珍率王氏后裔重续家谱，一致同意并警示后世子孙铭记用完"佳运长春"之后同归"善道"顺延。以此为据，择名排辈。（《王氏族谱序》）

> 任氏家族于明朝万历年间由山西省洪洞县移民至正定县牛家庄村，繁衍生息四百余年，至2006年底已传十八代，现有261户1400人。1948年在"俊"字后重新排了"子嗣繁衍世德允隆行慈履义克振家声"。（《任氏家谱序》）

> 秦氏家族迁居牛家庄，生息繁衍至今已历十世，共69户，320余人。依照现存的老房基地，确认始祖以下分为五门，各门人员经过认真排查、反复论证，列出世系名单，经编写人员校正、整理，最后完成秦氏家谱的编写。本家谱在"老"字辈之后又续写十六字"维新自立仁义世继礼智信守普裕善士"。[《秦氏（新院）家谱序》]

> 秦氏家族自先祖秦庆始至今已历八世，而近三世族人无谱可循，立名杂乱，且多相冲撞。至此，续编家谱在所必需也。族长立德召族人商聚，自"德"以后，又取"国富振士清风琦明伟科自玉修金功成"十六字以续之。[《秦氏（呈业）家谱序》]

> 于氏家族在清朝年间由岸下村前往牛家庄。为弘扬精神文明，使我于氏家族血脉长流，由春堂为后人续"贵忠永博文世志美茂明"十字。后由贵海主笔，整理于氏家谱，并编印成册，望后世子孙妥善保管，世代相传。（《于氏家谱序》）

> 始祖从南永固迁至牛家庄，至今大约二百余年，生息繁衍已历十一世。定居后，从二世起，分居东西两院共七门。第四世时故居南永固先祖修谱排辈，用"金殿德善庆朝"六字，后又续"晨天万志元开彦宗自勤立富瑞发传荣"十

六字相接，共二十二字作为焦氏家族世系繁衍的灵魂，以供后世沿用。(《焦氏家谱序》)

何氏家族原籍山西吉县，始祖义于明洪武三年（1370年）由山西省洪洞县迁至真定府真定县（今正定县）北高家营村，七世祖道、遵兄弟二人分居。道祖留居北高营，遵祖于明正德三年（1508年）移居南高营。二十世祖广智、广裕、广庆兄弟三人于清朝末年迁居牛家庄，繁衍生息，已历五世，现有14户，57人。(《何氏家谱序》)

二是正文。族谱的正文是从开山祖先到编订时间出现的在册的族内所有成员的名字，按照分支图样列出。有的族谱还会把族人配偶的名字以及各户的住址和职业注明。有些编纂或按照"生不立传"的原则，只写到记录年代的上一辈人。

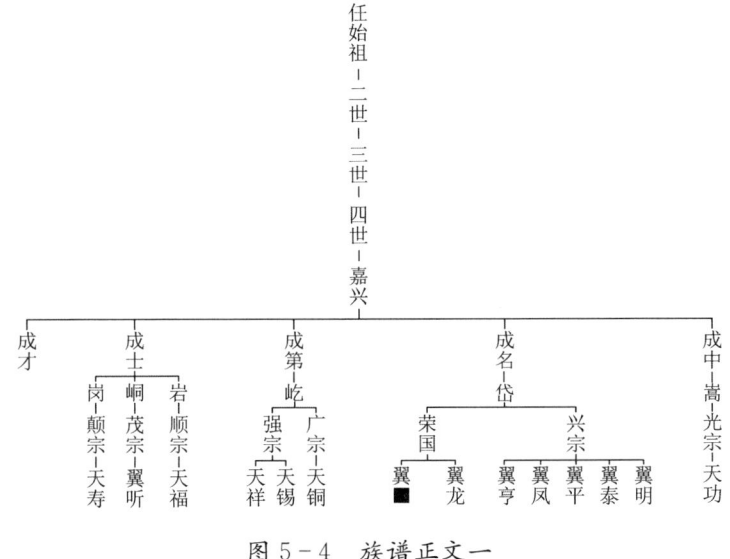

图 5-4 族谱正文一

一门二

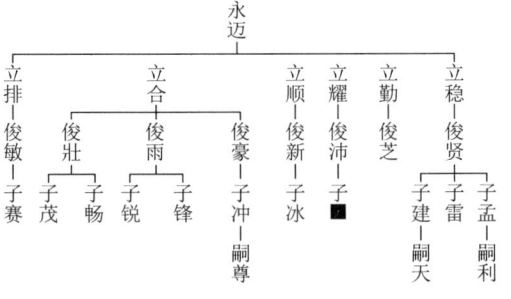

图 5-5 族谱正文二

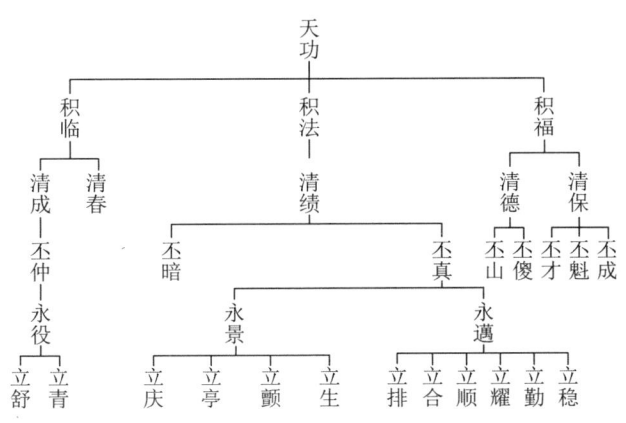

图5-6 族谱正文三

四、祭祖及其崇拜关系

对于祖先从哪里来、是谁、怎么来的等问题，通常由长辈传授或者看家谱获知，先祖对农户来说意味着自己的根。"农户相信先人会给生产、生活带来好运气，保佑自己平安幸福、升官发财。农民都以祖先为荣，因为孝顺父母、崇敬祖先是一个美好的品德，同时也会给带来好运。如果以祖先为耻而不尊敬祖先，会被村民笑话。"村中老人说。祭祖分为几种形式，一是上祖坟，二是在祠堂，三是在家。

（一）祖坟祭祖

祖坟祭祀分为两种类型，集体祭祀和单个祭祀。

1. 祖坟集体祭祀

一是祭祀主体。每年清明时，大的宗族都要举行集体祭祀。祭祀地点在各族祖坟。每年清明节，上午由族长组织，本族（不跨村）各家出代表共30人左右共同到祖坟祭祖。因为重男轻女的观念比较重，出席的人必须为男性，如果某家庭没有男性当家也可以由女性当家人代表，但至少去一个，一个人都不出代表对祖宗的大不敬，而且会失去轮种机会。老人说："如果本家祠堂在本村，而有族人在外村的就不会通知，因为平时很少来往，不管通知与否，都不回来。"

二是祭祀程序。为了请求祖先保佑，族人要进行一系列的动作：拔草、填土、压黄纸、烧纸若干、磕头三个，与此同时各户的其他人分别祭祀自家的父辈和祖父辈。最后集体聚餐吃午饭，聚餐费由当年的轮种一户出。

2. 祖坟单个祭祀

一是祭祀时间。单个家庭可以去坟头祭祖，除了正常的祭祖日期，遇到了家人被抓丁、染上重病等情况也会祭祖。时间一般在初三或者十月一，初三主要是女眷去祭祀，十月一是这一户的家长去祭祀。

二是祭祀程序。祭祀程序跟集体祭祀的差不多，但因为是独自去，少了旁人的围观，村民可能会说些心里话。"去了嘴里嘟囔着什么，大概意思是请求祖先保佑，然后拔草、填土、压黄纸、烧几张纸、磕头三个，祭祀就算结束了。"老人说。

（二）祠堂祭祖

祠堂不仅有老祖先，还有自家新去世的人的祖盒。为了表达对先人以及亲人的思念之情，每年宗族都会组织集体的祭祀，而农户平时也可以在特殊的时间进祠堂单独祭祀。

1. 祠堂集体祭祀

每年清明，宗族集体上午先去祖坟祭祖，回来后再去祠堂祭祖。

一是祭祀主体。祭祀时由本族族长组织所有家长前去，族内的男性都要参加，如果有的家户没有男性而由女性当家，那就由女性代表。每家至少要去一人，多去不限，小孩也可以去，但因为重男轻女的观念重，所以通常是小男孩去比较合适。如果族人有事走不开可以请假，不会有惩罚，但会被同族人笑话。祭祖费用由各家平摊，如果不出就会被剥夺轮种权。

二是祭祀程序。祭祀的时候由族长带领站在队伍最前，其他人按辈分大小依次从前往后排列，族长烧香三炷，放到香炉中，随后带领族人在地上（没有垫子）对祖先磕三个头。仪式完毕后，各农户找到自家祖盒烧香三炷、磕头三个。大约30分钟后，集体退出祠堂，由族长锁门。

2. 祠堂单独祭拜

一是祭祀时间。单独祭祀没有特别的时间规定，如果农户家发生了比较重大的事情，比如生产、生活中的不顺，或者家人的亡故等，"他们心里难受，想跟去世的亲人说说话"，想让祖先保佑自己，就会去祠堂祭拜。

二是祭祀程序。想要单独进行祠堂祭祀的农户，必须是本族的农户。先要跟族长说明情况，取得祠堂的钥匙。进入祠堂后，一般是焚香三炷，跪坐在祖盒面前，双手合十。心中想着自己想要对祖先和逝去亲人说的话，"也可以直接说出来"。最后给祖盒磕头三个。进去不能随意触碰祖盒，走的时候要把垃圾带出去。最后把钥匙还给族长。

（三）家祭

家祭一般要用到祖盒[1]，而全村大的姓氏如王士珍一支才有。在祠堂修建之前，祖

---

[1] 神龛。

盒多摆放在各个农户的家中，祠堂修建后出于自愿原则大部分人都把祖盒供奉到祠堂，按辈分排序。"文革"时，祠堂被毁，多数祖盒被毁坏或者遗弃，只有少部分被抢救出来，收藏在部分农户家中，但不再祭拜。

1. 祖盒供奉

祖宗的祖盒一般放在长子家中，也有由各个儿子各自保存的少数情况。祖盒一般放在万年屋[1]的正中间，与正房朝向相同，如正房朝南则祖盒朝南，朝西则祖盒朝西。村中老人说："多数都朝南，南方为阳，风水最好。"里面供奉父亲、曾祖父、太祖父和高祖父四辈。其他的祖先因为太过遥远，已经不属于自己这一支，由其他的子孙供奉。

图 5-7 祖盒

2. 祖盒祭祀

一是祭祀程序。农户平时没事不会祭拜祖盒，不烧香也不摆寿桃。祭拜的时间集中在初三，少部分情况是在清明祭拜。这一天，一大家子到长子家祭拜，无论男女老少都要参加。先要上香一炷，点燃后插在香炉中。祖盒前摆三个菜、三杯酒。然后就开始磕头。磕头有排序和不排序之分。排序的家庭由家长及其伴侣排在最前，儿子辈排第二排，孙子辈第三排，曾孙第四排，玄孙第五排；不排序的家庭则按照先到排前、后到排后面的方法，不分长幼，共同祭拜。

二是点主。祖盒上需要点主，点主即在逝者去世百天后请专门的封建先生来点，以代表亡者的灵魂已经附在祖盒之上。老人说："点主必须要找封建先生，其他人是不灵的。"点主前后的祭拜方式有略微的不同：点主前要祭拜需要磕头三个，而点主后要磕头四个。

五、孝道及其崇拜关系

传统时期的牛家庄非常重视孝道，主要体现在长幼有序、日常礼仪和养老上。

（一）严格的长幼尊卑体现孝道

1. 房屋安排体现秩序

就房屋安排来看，家里面最少三间正房，三间房东西排列。一是客厅安排在中间，

---

[1] 客厅。

称为万年屋，它与房间大门相连；最西侧的房子是家里小辈分的人住；最东侧的房子是家里的长辈来住。东西两间房都开一扇小门冲阳面。如果家里有一对夫妻且没有孩子，则西侧的房子自己住，东侧的房子男方的父母住；如果这对夫妻有孩子，他们跟孩子一起住，男方的父母依旧住最东边。以东为尊，象征着对长辈的尊敬和爱戴。

2. 吃饭座次体现秩序

平时吃饭的时候座次没有讲究，如果家里面有老人的话，一般是让他们盘腿坐到炕里面，因为那里暖和，称为"上炕"；而媳妇或者闺女就只能坐在炕沿边，称为"跨"，这样她们也方便给家人盛饭盛菜，她们常常把难得一见的肉、鸡蛋给老人和孩子先吃。而如果来了客人，媳妇、闺女几乎是不上桌的，全程都在忙活着做饭、炒菜、盛饭、盛菜，等客人都走了才自己在厨房的灶台上简单吃一口。

（二）日常的礼仪体现孝道

一是早上问好。每天起床，闺女要去爹娘屋子收拾屋子、叠被子、扫地、倒尿盆，还要问爹娘"睡好了没有"；如果有了媳妇，就是媳妇来做。平时的饭都是她们做，而吃什么、吃多少都要听从婆婆的安排。除此之外，有做衣服、纳鞋底、做鞋、缝衣服、洗衣服等活儿通常也是闺女和媳妇主动揽过来，帮娘或者婆婆减轻负担。

二是晚上问安。晚上睡前要去"问安"，就是去爹娘的屋子，伺候他们睡下，帮忙盖好被子，摆好尿盆，然后说"爹娘早点睡吧"。尤其是新媳妇，娶进家门的第二天，必须跟公婆问安，晚上要伺候公婆洗脚、睡觉。

（三）养老方式体现孝道

在养老方面，一般分为养老田、养老房、养老粮、做饭送饭、洗衣服、定时看望、伺候病床和过寿，等等。

一是养老物质上要留足。分家时地多可以留养老地，至少留3—4亩，让父母用；养老房至少有一间，一般老人住在固定的房子里，就是最小儿子的正房东头；养老钱也会留，埋到土里；养老粮每个老人一年需要360斤粮食。老两口有一方去世时，养老的东西留给老伴儿；老两口双双去世就把所有东西都留给几个儿子平分。

二是生活上要轮流照顾。如果家里有地，赋税要诸子平摊。兄弟几个每隔七天、一个月或者几个月轮流做饭、送饭。每到庄稼成熟了就要把小麦、玉米、谷子等给老人处理好并送过去，还要帮老人舂好米。放入瓮中存入库房，瓮下支砖防潮，瓮上盖盖儿防虫。住得稍远的可以出粮食或者钱请其他兄弟代为照顾。外嫁女儿可以在节日或者父母生病时带点心或者鸡蛋看望，但是不负担医药费和生活费，因为这部分费用必须由儿子们分摊。老人生活无法自理时，儿女要轮流照顾，不分男女。老人过寿费用要诸子平摊,其中由儿子中有才能的人掌事。

三是不养老的处理。养老是每个儿子都要尽到的义务,家里实在穷的也要想办法凑齐。如果家里明明有能力养老但是故意不养老,老人会报官讨回公道。老人说:"实在太穷的已经上街要饭的,就不为难他了。有时老人还会偷偷给点补贴,但明面儿上儿子必须给够自己的那份来孝敬老人"。

第二节 信仰与信仰关系

1949年以前的牛家庄信仰关系丰富,信仰体系众多,不同的信仰主体、信仰对象形成了不同的信仰关系,神灵、家神和鬼怪的信仰是本村传统时期几个最重要的信仰体系。在所有的信仰体系中,农户的人数从寺庙神、家神到鬼怪依次减少。本节将从这三个方面来考察牛家庄的信仰和信仰关系

一、寺庙神及其信仰关系

信仰各类寺庙神的大部分是本村的村民,也有外村慕名而来的村民。信仰寺庙神,不分性别、不分年龄、不问贵贱,只要有需要都可以信仰。本村除了人人都去的龙王庙之外,还有关帝、菩萨、送子观音和后街菩萨。他们的信仰次序不同,除此之外不同信仰对象的信仰方式、信仰交往都各有讲究。

(一)寺庙神信仰方式

根据不同的需要,村民会在不同时间去给不同的寺庙神祭拜。一天中,神庙的开放时间是卯时四刻(6:00)到亥时四刻(22:00),高峰期在巳时(9:00)左右和申时(15:00)左右。"进庙不需要交钱,只要心诚即可。"

一是全能的关帝。关帝宣扬"仁、义、智、勇"。仁就是爱心,义就是信誉,智就是文化,勇就是不怕困难。文关公,保佑考取功名;武关公,保佑杀敌四方;与此同时还可以求雨。六月二十三主要是求雨,"关老爷磨大刀,道不干"。每个月初一、十五和六月二十三开放,平时不开门。

二是求健康信仰菩萨。每逢农历二月十九观音菩萨圣诞日、六月十九观音菩萨成道日、九月十九观世音菩萨出家日,庙内香火缭绕,善男信女进香的、许愿的、求签的、求药的挤满庙堂,是人们祈求幸福安康的地方。老人说:"百姓用于求姻缘、求健康,非常灵验。"

三是求子信仰送子观音和后街菩萨。村中有很多结婚很久但是依旧没有小孩的夫妇。他们不仅会受到家庭内部父母的压力,也会被外人耻笑。为了延续香火,他们常

常会求神来相助。每逢初一、十五都是人们拜祭送子观音和后街菩萨的日子。老人说："家中无子嗣的农户家庭，一般是婆婆、媳妇自己或者两个人结伴到送子观音庙去祭拜。家中有人生病或者被抓丁，家中为他担忧的亲人会到菩萨庙祈求平安，一般是家中的女性，不是母亲就是奶奶辈的。这时候的香火钱都要跟家长要，对于这种行为家长一般非常支持，不仅会给零花钱，可能还会多给一点，让家人顺便去逛一逛，散散心。"

四是有求必应的狐神。传说狐神能帮人治病，来这里医病的多是有病但是没钱医病的人或者其亲属，一般是在晚饭后在狐神像或者狐子圪垯前祭拜，上香三炷，烧纸三、六、九张。然后在圪垯上面放上一张纸就能讨到药——"实际上就是纸香灰或风吹的土"。除此之外狐神还能借给人桌子板凳，农户家里遇到婚丧嫁娶需要桌子板凳的时候，都可到那里去借。去的人都是一家之长，借时不需要供品，但要上香三炷，表明用途和借期。"但是后来再也借不出来了，传说是有人借了不还得罪了狐神。"老人说。

（二）寺庙神信仰次序

1. 全民信关帝

除了全村都信仰的龙王以外，因为关帝的功能跟龙王的功能最为相似，所以信仰关帝的村民最多。信仰了关帝，无论是考取文功名还是武功名，就都有了保证。除此之外，传说关帝庙也有非常灵验的求雨功能。村落缺水的时候，除了全村祭祀龙王庙之外，"村民还是会同时给关公烧三炷香"。在村民心中，关公是跟龙王一样全能的神。

2. 女性多信菩萨

牛家庄有关菩萨的神庙就有三座，可见村民对菩萨的重视和信仰。观世音菩萨因传说可以普度众生，所以农户的女性有任何生产或者生活上的烦恼，都会在观音那里寻求慰藉。"送子观音又专门负责让农户抱上娃"，据说非常灵验，所以菩萨成为女性闲暇之日必去祭拜的神仙。

（三）寺庙神信仰的虔诚性

在拜神时，农户都是专程而去，而不是顺路，"因为那样显得对神不敬"。在给各种神灵上香、祭拜的时候，必须心无杂念，心怀敬畏，不然非但农户的心愿不会实现，反而会遭到神灵的惩罚。拜神之后可以再做别的事情，但是不能把拜神放到最后做。虽然本村每年立夏有立夏庙，也必须先去祭拜，后去赶集，否则也视为对神灵的不敬。

（四）寺庙神信仰交往

对于有庙宇的神灵，人们往往到神庙祭拜，农户每次去都会产生其他的交往。

一是村长、绅士的交往。村长和绅士会组织立夏庙，平时如果家中有任何的麻烦事，同普通的农户一样，都会到寺庙中去祭拜。如果在寺庙中碰到村民一般会点点头或者问声"你也来了"。如果他们遇到自己很久不见的朋友，一般会在集市上或者去饭馆吃个饭或者在茶馆喝茶。如果是村长遇到了绅士，一般会跟绅士汇报一下工作上的事情，"毕竟他是人家绅士提拔上去的"。地点会选择离共同祭拜的神庙不远的饭馆、茶馆，如果有非常私密的事情，他们一般会到村长家中长谈。

二是普通农户的交往。农户的交往跟平时一样，主要依据相互的关系来定，不会因为各自不同的信仰而故意远离对方。相反他们会相互交流信仰的事情，谈论信仰的神灵是否灵验，如果灵验，一般还会吸引对方来加入自己。在神庙碰到的一般是有共同信仰的农户，他们除了会探讨信仰的话题，一般还会说些家长里短的事情，因为他们不像大户人家有钱，所以交谈的地方可能就是在路上或者其中一户的家中。

二、家神及其信仰关系

村民家中普遍都有家神、门神。从屋外到屋内，依次有门神秦琼和尉迟、影壁[1]上的土地神、二门上的狐神、万年屋的天地众神、万年屋门后的暗财神赵公明、厨房锅台上的灶神和卧室里的老母奶奶，功能繁多，包罗万象。

（一）家神信仰方式

一是门神。门神位于大门上，一边各有一个——秦琼和尉迟。功能是驱邪辟鬼、卫家宅、保平安、助功利、降吉祥。平时不祭拜，在大年三十贴在大门上。也有的人家在过年贴春联，也是为了驱邪辟鬼，当作门神用。有小孩的农户家庭，家长一般不允许孩子去乱碰这些年画，虽然只是一张纸，但那是神仙的象征，有神的力量，如果乱碰意味着对神的"亵渎"，"不光不能保佑自己，可能还会得罪神仙以后倒大霉"。

二是土地神。土地神位于农户家中影壁正中间，是一家中的主神，能保平安和收成。一般在过年的时候换一张新的土地神年画。平时也不需要祭拜，但是也不能随意动，不然意味着对神的不敬，可能会影响来年的收成。

三是狐神。除了狐神圪垯，有的农户会把狐神印在年画上贴在家中。尤其是农户家里有病人，就会把狐神的年画贴在家中二门西边朝下，因为传说狐神能医百病，但有狐神的家庭不多。

四是天地众神。天地众神的年画位于万年屋外墙上靠左，上面有玉皇大帝、王母娘娘等，中间有八仙和其他各路神仙，下面为关公等，大约50个神仙。在农户家中所有的神中，天地众神最大，因为它包含的神仙最多，人们也认为它能管的事情最多。

五是财神。财神多出现在集市各个摊位、茶馆、饭馆等一切有商业来往的地方，

---

[1] 农户家用来格挡视线的一堵墙，建在院落中，正对大门。

部分农户的家中也会供奉，农户的目的就是要保佑自己财运亨通。因为财神有赵公明和关公，两人分别为明财神和暗财神。赵公明多是用年画来供奉，有条件的会做成塑像来供奉。它在农户家的位置在万年屋门后。赵公明手下掌管四名与财富有关的小神，分别是招宝、纳珍、招财和利市，所以他自己成为财神。画像贴在背阴的墙上，叫作暗财神。因为关公叫作明财神，所以赵公明与之对应，明暗呼应，表明招财进宝、财不外露。家里有生意的，会把塑像摆在做生意的地方，平时没事就要焚香三炷，每天拜一拜。祭拜的方法大致差不多，首先看农历找财神时辰，然后是财神方位，最后都要按着这样念："弟子（信女）××××（姓名、出生日期、家庭地址），今日焚香并准备了供品恭奉财神，祈求财神帮弟子（信女）带来正财运（偏财运），让弟子财运亨通。"不会这套祭拜的农户，一般会请教邻居、长辈等明白人。但一般农户都是单独祭拜，没有几个人一起祭拜的情况。

六是灶神。灶神的年画位于东边厨房的锅台上，有灶神爷爷和灶神奶奶。因为他们是专管灶台的神仙，家里能否吃得起饭、吃得上好饭全靠灶神的保佑。汉族民间传说灶神每年腊月二十三晚会上天汇报，除夕日返回人间。在这两天，农户一般会放炮送灶爷和迎灶爷。如果家中没有供奉其他的神仙，那灶神是必须有的一尊。这两天一般是当家人在零点时刻点燃爆竹，不允许孩子去点，一是对神的不尊敬，二是怕孩子受伤。

七是老母奶奶。老母奶奶就是王母娘娘，位于万年屋内东北角，王母画像摆在万年屋西屋正对门的墙上。这个位置坐北朝南，是屋内的最佳位置，表示农户对王母地位的崇拜和尊重。每年的初一和十五时要上香三炷，磕头三个，祈求平安健康。信仰者主要是家里的女性，比如媳妇、母亲等等。因为在家里祭拜，不会产生太多的费用，平时老母奶奶周围的卫生也是女性来打扫。老人说："家里常备一些香火，钱还是得跟当家人要。"

（二）家神信仰次序

在所有的家神之中，老母奶奶是最为灵验的，所以信仰的村民最多。除此之外，多信灶神和赵公明。

一是除病灾多信老母奶奶。拜神频率最高的时候，一般是本家有人被抓丁或者生了重病。老人说："王母在被抓丁时也显灵过。"家里主要是女性拜老母奶奶，年龄从20岁到70岁不等。但其实没有年龄或者性别的限制，谁都可以拜神，因为神是宽容大度的，"能容一切难容之事，能容一切难容之人"。

二是求吃饱多信灶神。牛家庄农户除了会在灶上贴灶神的年画之外，还会专门放炮送迎灶神。老人说:"灶神就是保佑来年风调雨顺,能让自家全家吃饱穿暖的神,几乎人人都信,我们都叫它为灶火爷爷。"

三是求财宝多信赵公明。村中做买卖的农户对于财富有更多的渴望。他们除了会在家中摆放赵公明,还会在自己的经营场所摆放。茶馆、饭馆无一没有供奉赵公明的。老人说:"就连小摊上也会放一个赵公明的小人,灵不灵是一说,起码有个盼头。"

(三)家神信仰交往

家神因为在家中供奉,它的信仰交往主要是指平时家中对于孩子的信仰教育以及来戚时的信仰交流。

一是平时对孩子的信仰教育。家长信仰什么,孩子往往都会耳濡目染。孩子是天生好奇的,他会对家中摆放的东西问东问西,这时就是大人进行信仰教育的时刻。除此之外,因为孩子会不听话,大人就会用家神中长得凶神恶煞的来吓唬他。

二是来戚时的信仰交流。平时农户之间相互串门,什么话题都会谈论,有时看到农户家中供奉的家神,就会交流神仙是否灵验、自己家中有哪些家神等问题。所以血缘关系很近的人家中供奉的家神都是差不多的。老人说:"有的其实也不懂,他就是看人家家里都贴,他就跟着一起。就是图个好看。"

三、鬼怪及其信仰关系

村落有供奉牛头马面和小鬼的五道庙,相传在明朝以前就传进村了。虽然跟寺庙神、家神比起来村民最不信鬼怪,但是因为传统时期很多现象无法解释,而鬼怪恰好弥补了这一点空白,所以在牛家庄鬼怪的信仰依然有一席之地。

(一)鬼怪信仰方式

一是五道庙概况。村落除了女巫、道士、作法的,唯一跟鬼怪相联系的就是五道庙。五道庙位于中街西行120米路北,占地0.5亩。坐北向南,东西长5米,进深4米,高3米有余,起脊飞檐,青瓦盖顶,五脊六兽。青铜兽面衔环于大红庙门之上,上方有天蓝底木匾额,上书金色"五路神通"四个大字,门柱上对联是"秦穆公敕封五道,汉高祖恩赐将军"。庙内塑四尊神像,为马王爷、五道爷、牛王爷、土地爷。中间供桌是青石磨光方台,台的两边各有泥塑小鬼判官服侍,墙壁上有八洞神仙东游过海的精美壁画。庙前有台,高1米,长7米,宽5米,占据半边街道,东西大街到此向南绕半圆。台前是广场空地,也是村民丧葬礼仪中心。

二是祭拜程序。五道庙也叫小鬼庙,全年开放,一直都不锁门。家中贫困、没有读过书选择相信的占比较多,与富裕家比,面对生老病死,他们更加无力。一旦发生生老病死,就会去祭拜。老人说:"凡村中有人死去,夜里故者家属皆要披麻戴孝,将故者姓名写于纸上,焚烧于庙前,俗称烧黄纸,即视为上报阎王将此人从生死簿上一笔勾销,并祈求亲人早日轮回,早日投胎为人,少受地狱之苦。"

(二)鬼怪信仰交往

一是交往互助。凡去五道庙祭拜的人,一般是家中有人亡故了,去的人一般是小辈。例如有父亲或者母亲过世,则儿子和妻子也一同前往。祭祀用的香纸一般由男性准备,等到了小鬼庙,如果妻子很害怕,丈夫会牵着她的手说"不用怕,别看小鬼都挺可怕,但是挺灵";如果丈夫因为失去亲人太过伤心,妻子还会搀扶他,并劝说他不要太难过。

二是交往的冲突。早年人的生老病死无常,人们无法解释也无力改变,一部分就借鉴道教和鬼神的说法,选择了相信。在村里农户信或者不信都很平常,跟信神没有区别。但有时会遭到无神论和无鬼论者的讽刺和讥笑。老人说:"这时候不是吵包子就是要打架,非得保长、村长拉架才能解决。"

第三节 思维与思维关系

在日积月累的生产、生活中,牛家庄村民逐渐形成了一定的思维模式与思维关系,其中经验思维、务实思维、循环思维、中庸思维、平均思维等内容都深刻地影响着人们的生产和生活。可以说生产、生活孕育了这些思维,而这些思维又指导着生产和生活。

一、经验思维

因为在漫长的牛家庄历史中,农耕社会存在了几百几千年。很多事情不需要重新开始实践,只需要根据"过来人"的指导就可以解决大部分的问题。这类指导集中体现在生产上和生活上。

(一)生产经验

1. 生产经验内容

村民的农业生产常识都是从经验出发的。牛家庄因为处于北方平原地带,又缺少河流,自古就是麦作区。关于种植小麦的经验和方法在农户中间一代又一代地传承下来。比如二十四节气歌:"春雨惊春清谷天,夏满芒夏暑相连,秋处露秋寒霜降,冬雪雪冬小大寒。上半年是六廿一,下半年来八廿三,每月两节日期定,最多相差一两天。"老人对谚语也是出口成章,"倒茬如上粪""六月六,见谷秀"[1]"麦怕二月雪""有钱难买五月的旱,六月的连阴吃饱饭""八月老头会种田"等

---

[1] 谷穗冒出。

等。由于经过了长期实践,所以都十分可靠。"正定府不怕遭贱年,就怕纺棉不卖钱。"这是说牛家庄除了种植小麦之外,还会种棉花纺棉,一旦遭遇了旱灾,依靠卖棉花也能把自己养活。虽然市场上的棉花价格高,但是因为价格混乱,怕到时候跌价,所以不敢放弃种植小麦而全部种棉花,总要种一些小麦保底。"虽然正定府的棉花纺织是出了名的,但是人们都是饿怕了。"

2. 生产经验来源

生产经验全部来自农户在生产实践中长时间的积累。村民一般不会轻易更换耕作方式,因为他们认为千年流传的方法才更可靠。如果亩产一直提不上去,他们也会尝试新事物,而且会相互商量着讨论新的方法和思路。"不忙的时候,一家人会讨论怎么让地里的粮食更高产,琢磨点新的点子。"老人说。

(二)生活经验

"生活教会了我们生活不易,但是我们依然要生活。"在生活中取得生活经验,并且一代代传承下去,大部分的时候都可以正确地指导农户的实践。可是难免有失灵的时候,那时会根据实际情况进行纠正。

1. 生活经验来源

千百年来,牛家庄村民在日常生活中积累了大量的生活经验。这些经验从一个牛家庄新生儿呱呱坠地一刻起,就由父母和各类亲戚一点一滴地传授给他,并且如影随形地伴随这个孩子一生。关于吃穿住行,关于做人做事,关于人生意义、理想等等都有现成的生活经验可以汲取。

2. 生活经验内容

一是在吃穿上面。老人曾提到"春捂秋冻不生杂灾乱病""水萝卜不吃五月土"[1]"八月十五云遮月,正月十五雪打灯""吃了五月粽,才把棉衣送"[2] 等。这些都是根据祖先经验的积累,依靠口耳相传而来。

二是在做人做事上。"三岁看小,七岁看老""龙生龙凤生凤,老鼠的儿子会打洞"等是大致可信的;"一言既出驷马难追""滴水之恩当涌泉相报""做人留一线日后好相见"等等都在实际生活中指导着人们处事与交往。

3. 生活经验质疑

有很多事情是变化的,需要灵活应对。但对于村长、族长、家长以及其他上年纪的人或者有学问的人所说的话,人们往往会奉为权威,不敢质疑。"因为会挨打,尤其

---

[1] 农历五月前都要吃完。
[2] 开始不穿棉衣。

是族长会体罚。"老人说。

二、务实思维

农户在长期的农业文明中，形成了一系列的务实思维。他们认为实实在在的东西更能让他们安心，由此形成了重勤劳、重利益、重情义的务实思想。

（一）重勤劳

无论是在日常生活中还是在劳动生产中，村民都是比较务实的。他们很少去想不切实际的东西，看得见摸得着、实实在在的东西更加让他们信服。他们认为"土地就是他们的命根子，有了土地就能长庄稼，有了庄稼就能填饱肚子"。他们信奉"勤劳致富"——"勤勤勤勤，衣饭捉住；懒惰懒惰，等着挨饿"；他们相信如果不努力干活，"别说荣华富贵，填饱肚子都成问题"。这是最简单也是最普通的道理，而其他一些虚无缥缈的东西，比如经商、干大买卖等，村民通常都认为不靠谱。

（二）重利益

村民比较看重眼前的实在利益，相信"有钱能使鬼推磨"；但同时也看重将来的价值，比如培养一个孩子上学，"就希望他将来能飞黄腾达，改变家族命运"。村民虽然既看重眼前利益，又看重长远利益，但是眼前利益更重要。如果"有钱只够买一块地，只会买地，先要管饱；如果还有余钱则会考虑孩子的教育，让他将来飞黄腾达"。在生活、生产中，如果有看得见、很明晰的长远利益，村民敢于尝试，但是不会把全部身家都赌上，总会用老办法留一条路再去创新。"毕竟吃得饱才有可能去干别的。"老人说。

（三）重情义

除了重利，村民更注重情。"家庭之间的亲情看得比什么都重要，村民间的友情，也比金钱来得更珍贵。"老人说。亲戚之间、邻里之间、乡亲之间，"情义"二字当头。老人说："平时农户相互攒忙，一般不要钱，就是因为村民认情；红白喜事去帮忙、去随份子也标志着一份情；而平时有了纠纷，帮忙做中人仲裁也是免费，只喝一顿酒，也是冲着情去的。"

三、循环思维

生产和生活中也有一些循环思维，由村民根据自己和前人的经验总结出来。

（一）生产与循环

1. 循环的内容

因为农民要靠土地活着，而土地又要靠气候、靠时令、靠天气，所以对于村民来说，最大的循环就是气候和时间。一年365天、一年四季、一天24个小时，村民严格按照这样的循环来安排自己的生产活动。有句话说"与天斗其乐无穷"，但是在自然面前，在如此巨大而又不可阻挡的循环面前，村民只能遵守，并好好利用。这就是农民说的"看天吃饭"，按照农时进行农业劳动。老人说："既然无法逃脱，那就去承认它，接受它，拥抱它。"村民对这种"周而复始"的农耕循环一直充满希望，将全部热情倾洒在大地上。除非有其他手艺，不然大多数村民都在这巨大的轮回中度过一生。

2. 在循环中克服困难

生产虽然处在巨大的循环之中，但在日常生产遇到困难的时候，村民不会循规蹈矩，而是会想办法去克服。"天不下雨地里缺水，那就去打井；冬天太冷无法纺棉，就主动打窖子；一些年份的丰收有早晚，就提前或者推迟几天收割。"老人说。

（二）生活与循环

一是看待生死的问题。村民认为生老病死是一个循环，有些人认为人的去世和新生儿的出生就是轮回与循环的体现，"有人死后投胎到了这个婴儿身上"，还有的人认为"我在这个世界死了，但是在另一个世界却活了"。这些都与他们的信仰有关，比如各类道教、佛教，还有村内的其他信仰。

二是看待做人做事。认为善恶有报是一个循环，"善有善报恶有恶报，不是不报时候未到""做鬼也不会放过你"等等都体现出村民的这一想法。所以他们都一心向善，做坏事不仅会被村民讨厌，被官府惩罚，自己的内心也会承受巨大的恐慌。与村民的交往中，坚持"来而不往非礼也"的循环思想，比如帮忙、随份子等都要坚持这一原则。"这次有人来帮忙下次就会惦记着还回去，不然关系就会使得冷淡、疏远。"老人说。

三是看待好坏事情的辩证关系。认为旦夕祸福是一个循环，此时此刻的这件事，从一个角度看是好事，但是从另外一个角度看却不见得。比如村中日军抓民工的时候，村中的一个村民因为没处住，住在屋顶，看似非常可怜，但是他因此躲过了一劫，所以从这个角度看又是一种福气。

四、中庸思维

农户在日常生产和生活中，最大的思维模式就是中庸。他们奉行"多一事不如少一事""财不外露"和"随大流"。

（一）多一事不如少一事

在日常生产生活中，村民的"中庸思想"主要体现在"少管闲事"上。

除了平时愿意当中人的那些村长、保长、知名人士之外，绝大部分是极其不愿意管别人的事的,无论是分家、土地边界、水井边界的原因导致的纠纷,还是日常鸡毛蒜皮的吵架,人们更愿意在旁边看热闹,而主动去帮忙的少之又少。"街上有人打架,村民会认为多一事不如少一事,懒得主动拉架。"老人说。在选村长、族长、保长等各种组织的领导时,有兴趣或者有利益才会去做。比如老人说的:"村长可以贪污,所以多数人都愿意当;保长搞不好就要贴钱,所以大部分人都不愿意做。"

(二)不显摆

就某一农户而言,有钱了会多买地或者牲口,这不是为了炫耀;但是把门脸建得很高却是为了扬眉吐气,要比邻居高一等。"农民之间还是要面子的。"老人说。如果有的农户太过招摇、太过炫耀或者太过冒尖,其他人心里不会记恨,有的会羡慕,但有的会嫉妒。"小时候母亲经常教导我不要太显摆,小心被人惦记。"老人说。

平时趾高气扬的农户,仗着家里有粮、有钱各种吹嘘。在日军撤军、土匪横行的年代,他们往往成为头号目标。在所有被杀害、被绑架的人中,大都是家里有钱而且还到处炫耀的富农或者地主。而有些富农,虽然家里很有钱,但是从不吹嘘,自己把日子过好就可以,因此躲过了很多劫难。

(三)枪打出头鸟

在平时的言谈中,人们多采取随大流的口径,争取让自己不要显得太极端;在其他公共事务中,大多采取"跟其他人差不多"的策略,以免让自己太露锋芒。这样做的原因,不仅是因为农户懒得思考,还因为在人群中不想太突出,因为"枪打出头鸟"。

清朝末年,山东把式匠[1]在正定县城摆擂,地上立18跟铁橛子,并叫板"拳打三山猛虎,脚踢滹沱蛟龙,来到真定府没有对手之将,不怕死的上来!"城南25村的武校都在观看,但是无人敢应战。金主师傅正好带队也在周围,只有循声上台。老人说:"每一回合,都是金主师傅胜利,如果不是他出头,可能也不会招来杀身之祸。"

五、平均思维

平均思想在牛家庄村民中是广泛存在的一种思想,不仅体现在各种生产活动中,也体现在大多数的生活场景中。

(一)生产中的平均思维

1. 家庭生产中的平均

牛家庄的生产活动中,人们都比较信奉平均的思想。在传统的"男耕女织"的家庭分工中,看似每个人的劳动不同,但是任务量以及所付出的力气、心血都差不多。

---

[1] 习武之人。

一是男女的劳动量差不多。男人在地里干活，每天日出而作，日落而息；女人在家中干活，缝补洗衣、做饭喂牲口、看孩子，同样是忙碌一天才得以喘息。就男女的工作时间以及劳动强度来看，男女的劳动量是平均的。

二是同性之间的劳动量差不多。同时下地的几兄弟，如果年纪相仿，父亲会督促他们加紧干活，对于偷懒的行为会给予警告。在几个兄弟自己的角度看，如果干得太少，会非常明显，不仅要被骂，可能还要挨饿。所以兄弟几个的劳动量也是差不多的。对于能胜任家务的儿媳来说，她们的工作量都是婆婆给平均安排好的，不会谁会做太多或者太少。

2. 犏犋、攒忙的平均

在攒忙和犏犋中，虽然不需要为此付钱，但却十分讲究平均。

一是平时的犏犋平均。出的人力和畜力虽然没有特别的规定，但是农户之间都会按照平均的方法来进行。比如按照人力和畜力的实际作用会进行比例分割。老人说："今天农户老任出了一头牛帮王某干农活，下次王某再不济也要还老任一个等额的人情；比如今天老王出了一个男劳力帮任某做了两天的农活，那下次老王叫任某帮忙的时候，任某就不可能只干一天，除非他一次性出两个人来帮。"

二是攒忙平均。在生产中的攒忙一般是帮忙收割。跟犏犋的办法一样，如果帮忙必须要还，而且是等额相助。"你帮我割2亩麦子，我就帮你收2亩的山药。"不会让谁特别的吃亏。村里都讲究个你来我往。

3. 其他生产中的平均

除此之外，牛家庄村在生产中还存在诸多平均的情况。比如打井出资要平摊，吃饭要各家轮流做饭；纺棉织布窨子的场地要农户轮流寻找，灯油费要平摊；族中集体祭拜的伙食要轮流出，因为种族田也是轮流的。

（二）生活中的平均思维

村民所重视的平均思想是物质上的平均，"是看得见、摸得着的数量上的平均。但有时明面上不公平，暗地里会补齐"。

1. 家庭中的平均

在家庭内部，要求所有家庭成员都一样。具体体现在养老、分家、老人看病、丧葬花费上。平均体现了诸子平等的权利和义务，不平均会使家庭不睦，产生纠纷。

一是分家。传统时期，分家讲究"诸子均分"，不论什么东西必须平分。如果是不好直接平分的东西，就把东西折价，与其他东西一起按照平分的原则分出去。"家里因为这事儿也经常闹矛盾，在分家上体现得尤为明显，给兄弟多分一个椅子儿媳妇的脸色都不好看。"

二是养老。在上文中已经提到,分家后,在养老问题上也是"诸子平分"。养老粮按照老人每年的实际需要,每个儿子都要出;父母的养老钱,每个儿子都要孝敬;父母平时的做饭和洗衣,每个儿子都要照顾;父母生病在床,每个子女都要看望;父母去世办丧葬,每个儿子都要出钱,每个子女都要在场。

2. 村落中的平均

在村落范围内,涉及金钱、物质的时候,多数情况会要求平分,如果不平分就会伤和气。

一是饭馆聚会吃饭。吃饭的时候最讲究一个平摊。平摊的方式有两种,一种是一桌人,这次由一个人付钱,其余的人在以后的聚餐中再分别请客;另一种方式是,由一个人先付钱,然后其他人私下里把自己的那份补给先付的农户。

二是红白喜事。从两家农户相互帮忙的角度看,农户 A 来参加 B 的红白喜事帮了忙也随了份子,那下次轮到 A 家办的时候,农户 B 也要出相同的一份力和出相同的礼。从农户 A 一家办事,其他农户参加的角度看,跟 A 关系差不多的其他农户一般要随差不多的份子。老人说:"如果差异太大,总有人不舒服,没面子。"

(三)对不平均的反应

村民对于不平均的事情一般会有两种截然相反的反应,一种是得理不让,另一种就是"当什么都没发生"。

一是闹矛盾。如果不平均,有些农户会认为受到了不公平待遇,家里的不平均会导致家人闹矛盾,村民间的不平均则会有更麻烦的纠纷。对于分家时老人偏心,分家不均,老人说:"先别说少分的儿子有什么不满,就光他的媳妇一个人一哭二喊三上吊就够全家人受的。"如果说好的共同打井,但是就有人没出钱,而且还次次都用井,"时间久了其他出钱的农户就会心生不满,最终得个理由矛盾就会爆发,不是吵包子就是打架"。

二是不当回事。不当回事是有原因的。一类是村民在遇到不公平事情的时候,自己无力去改变,"忍一时风平浪静"。地主经纪仗着自己可以单线跟不在村地主联系,对不同的佃户提出不同的租子。老人说:"那都是没办法的事儿,胳膊拧不过大腿。"一类是村民真的不在意。"今天我帮你干了两天活,明天你帮我干了一天半。其实差不多,反正活都干完了,计较那些没有用。"老人说。

第四节 态度与态度关系

牛家庄特定的自然环境、社会环境和经济环境决定了村民独特的思维,而独特的思维又会对村民的态度产生影响。为此,本节将从生育态度及其关系、生产态度及其关系、生活态度及其关系、政治态度及其关系、人生态度及其关系等五个方面去考察1949年以前牛家庄的态度及态度关系。

一、生育态度及其关系

传统社会中,关于生育村民有着"多子多福"和"重男轻女"的观念。"如果一家中一连生了好几个都是女孩,一定要等生出男孩为止。"老人说。如果没有子嗣只能通过抱养或者过继的方式来弥补,所以生育在婚姻中起着至关重要的作用。

(一) 生育观念

传统时期,牛家庄村民的生育观念主要有两种,一种是多子多福,第二种是重男轻女。这样的观念几乎持续了几十个世纪。

1. 多子多福

一是生育的多种意义。子女对家庭,意味着生命的延续、薪火的传递,意味着劳力的保证、祖训的坚守。生育有着深刻的影响。首先是尊严问题。村中老人说:"村里,有孩子不一定受人尊重,但没孩子一定被人瞧不起。"有孩子不一定受人尊重是因为,孩子很小,如果家庭没钱没势的话,不能给其他人带来好处,但孩子长大后有光耀家门的可能;如果没有孩子就意味着没有光耀门楣的可能性,自然要受到人们的耻笑。其次是经济问题。村里儿子多穷富是个动态的过程,儿子未成年不能带来收益,家庭自然穷;一旦成年,即便没有升官发财,给别人扛长工也可以赚375斤粮食,家庭生活水平自然会提升。再次是养老问题。没有儿子则意味着家业、财产无人继承,劳动力损失以及农户年迈无人抚养的问题。最后是劳动力问题。生孩子会在孩子童年阶段亏损劳力,因为母亲要腾出劳动的时间来照看。老人说:"七八岁的时候可以去拾粪、喂牲口,但是劳动量很小,到了十八岁的时候才成为一个成熟劳力。"而如果这时大人已经老去丧失了劳动力,那么成年的子嗣将弥补劳力的减少。所以在生产上,生育对于家庭是一个劳力从亏损到增长,至少是补缺的过程。

二是理想的生育数量。生4个孩子,即3男1女最为理想。男孩用来传递香火,继承家业,扶养老人。女儿出嫁又可以减轻家庭负担,至少不会给家庭增添负担。"溺婴在村里不常见,顶多是送人。"村中老人说:"生了女儿也不会溺婴。日军侵略的时候,孩子总在哭,怕被日军听到声响,着急捂住孩子的口鼻,有时会不小心捂死。"

三是盛大的生育仪式。生育以后,农户往往会做盛大的仪式——满月。满月分为12天小满月和一个月的大满月。这两个可以任选一个过——大满月场面规模更大,需要更多钱。"生男生女都不叫村长,但会叫族长。近亲远亲,关系好的就来。"村中老人说。请人的时候必须由小孩的父亲或者祖父去请,请时不用带礼物。一般没有不请自来的,必须要通知到才可以。客人来了以后往往会带礼物:关系好的送礼重,一般是5斤挂面、6尺布;关系一般的送礼轻,一般是3斤挂面、3尺布。娘家人还会带鸡蛋或者童装,不用回礼;下次再去他家吃满月酒,带礼物就算回礼,而且礼物要一样多。

2. 重男轻女

一是男孩给家户带来更多好处,村民倾向于男孩。"男孩是正宗传宗接代的人,女儿早晚要嫁人,是他家人";生男孩还可以养老——"养儿防老";有了儿子,在族里的地位会变高——"母以子贵"。

二是男孩生育的仪式隆重。一是满月。生头胎要办满月酒——生儿子办大满月,生女儿办小满月。"如果自己头胎生的是女儿,而家里其他几个兄弟也是女儿的,这时候谁家第二胎能生一个男孩的,家里都会非常高兴,也会办大满月。"老人说。大满月花钱多,来的人也多;小满月花钱少,规模小,来的人也少。

三是上学偏向男孩。如果是男孩可能上学,如果是女儿基本不可能。老人说:"男孩子上了学还可能读出个大官,那女孩子在家里做家务就是了,迟早都是要嫁人的。"如果男孩去上学,一般在吃饭的时候家长会叮嘱"孩子好好念书,听老师的话,如果不好好读书,就让他回来种地"。

四是过寿。男人过寿更为隆重,场面要大一些,家里收拾得一尘不染,布置得比较精心。因为喝酒,请客比较多,上到农户能认识的最高身份的人譬如村长、保长,下至自己的亲戚、邻居都会叫来。女人过寿就比较简单,老人说:"房子还是要收拾一下,但是饭菜比较简单,最多是请自己的闺蜜、女性亲戚一块吃个饭就得了。"

(二)生育关系

如果农户家中没有儿子,通常是通过过继、抱养的方式来补充人丁,但村里不存在买卖孩子现象。

1. 生育与过继

一是过继孩子的来源。过继分为同姓过继和异姓过继。过继时,先问同姓再问异姓。同姓过继要先问年纪紧挨自己的兄长,如不愿意再向上问。例如自己排行老五没有儿子，想过继先问老四，老四不同意再问老三，以此类推。村中老人说："如果老大也不愿意，才去问异姓。"

二是过继的要求和报酬。过继的孩子有要求——不丑、不傻。同姓过继是免费的，"也是因为自己家养不起，不然怎么舍得给别人。给了亲戚算还是自己的孩子，怎么忍心要钱，那不就是把自己的亲骨肉卖了一样。"老人说。异姓的就要给一石粮食。

三是过继有仪式。在双方家长都在场的情况下，由要孩子一方的家长请本族长辈或一个有威望的人作保立字据——即过继单，一旦反悔要给10石小米。"保长不参与，村长、绅士更挨不上。"老人说。不给报酬，管一顿饭，但是过继方的家长"因为心情不好不留下吃，在字据上签完字就会离开"。

表 5-1 过 继

分　类	同姓过继和异姓过继
寻找顺序	先问同姓，逐级向上，再问异姓
报酬	同姓免费、异姓一石粮
要求	孩子不丑、不傻
仪式	过继家长双方在场，在本族长辈监督下立好过继单

2. 生育与抱养

抱养也是另外一个不能生育家庭的救命稻草。

一是抱养的对象。因为没有血缘关系就很少有途径和机会得到抱养的信息，所以抱养倾向于在亲戚之间找。老人说："村里养不起孩子的人家会把小孩给关系好的人家抱养。"如果农户自己没钱但是还是坚持自己抚养，想要孩子的亲戚不能抢夺，要对方同意才能抱养。抱养的孩子一般年龄不能太大，"孩子要找不满月或3岁以前的，太大的会从家跑回去"。

表 5-2 抱 养

方　式	无钱多子的给关系好的有钱无子家庭抱养，多在亲戚间
是否要回	否，除非打官司
对象	3岁以下
仪式	请中间人，无字据
措施	孩子改姓改名改口
探望许可	生母以亲戚身份
孩子义务	生病探望

二是抱养需要中人。抱养的时候"不能悄悄就把孩子领走了，必须要有一个证人"。这个证人就是说合人，一般要请亲戚或者朋友来当。程序是在说合人的见证下，抱养孩子的农户把孩子从亲生父母身边抱过来，并表示"放心吧，以后对孩子一定像对待自己的亲孩子一样"。孩子的亲生父母也会表示"从此跟孩子一刀两断，不再有任何联系"，并且要保证不再反悔。全部都是口头承诺，不需要立字据。

三是抱养后改名改姓。抱养来的孩子，姓氏、名字都要改，姓要随新家庭的父亲姓，名字也要重新起，意思是跟以前的家庭彻底分割。"孩子要改口管新家庭的父母叫爸妈，管亲生父母叫叔叔、婶婶。外村的甚至不让见面，谈不上改口。"老人说。

四是抱养后孩子与亲生父母的关系。抱过来就不再归还，除非打官司。如果抱养的是本村的，同姓的孩子不定时可以回以前父母家看看，但必须以亲戚的身份去看，还要经过新家长的同意；如果是外村的几乎不来往。对于前父母，抱养的孩子一般没有给他们养老送终的义务；如果是同族的，前父母生病，他可以拿着鸡蛋、点心以亲戚名义去看，但不承担医药费；外村外姓的很少看，因为不来往，所以都不知道父母是谁。对于以前的家庭，抱养的孩子不能参与分家和分财产；以前的家族家谱也不会留下抱养者的名字，因此也不会特意留下财产。

3. 生育与婚姻

一是生育中的女性优待。婚姻之中，女性一般要操持家务，但是唯独在生孩子或者生病的时候可以有例外。妇女怀孕和分娩后是否干活，要看妇女本身的体质，在以小孩为主的前提下，能干则干，不能干则免。村中老人说："生育要在家中，通常由丈夫去请专业产婆或者有过类似经验的老婆婆接生，距离不超过一条街。使用火烤过的剪刀，算唯一的消毒器械。接生顺利后会给产婆一些点心或吃一顿饭。"

二是"母以子贵"。促成婚姻和维系婚姻的很大一部分就是孩子。没结婚的时候如果有了孩子，即使之前家里不同意结婚，看在孩子的份儿上也会结婚；而如果结了婚还没有孩子，地位一落千丈，在家里抬不起头来，在村里将会被同情甚至嘲笑。开始公婆还会心平气和地跟媳妇做思想工作，问是不是丈夫哪里做得不好。一旦确定是媳妇没有生育的能力，公婆会怂恿儿子休妻。在这之前，会先跟媒人通气，提前通知媳妇娘家。公婆托识字的人写休书一封，派儿子拉车连人带休书一并送回媳妇娘家。"只要生了孩子，不论男女都不会休妻，即使是个女孩。因为起码有了下一胎生男孩的可能。"老人说。因为不能生育而被休的女性一般很难再嫁，只有条件特别差的比如身有残疾、岁数特别大、特别穷的男性，实在是找不到媳妇了才会同意。"否则这个女人就可能一辈子都嫁不出去。"老人说。

二、生产态度及其关系

一是独立经营,互助弥补。在传统时期,农业是村落中最重要的职业。在农业生产中,以个体作业为主。村民偏好个体作业是因为自己经营,自负盈亏,不用跟其他人分享,用村中老人的话说就是"种什么除了上交都是自己的"。如果家里的劳动力不够,则通过换工、辫犋、攒忙的方式来弥补。如果家里没有地,但是有富余劳动力,一般会出去做长工,如果没有长工的技术就只能做短工。如果对农活完全不感兴趣,家里也没有地,这时候才会选择其他职业,比如说做个小买卖或者耍手艺。小买卖包括在集市上摆摊,开饭馆、茶馆、赌坊等等;耍手艺包括去做木匠、铁匠、泥瓦匠等等。

二是家长决策,家人配合。在没有分家的家庭中,一般是个核心家庭到扩大家庭的过程,而一旦分家,就可能又回到核心家庭。但是无论是哪种家庭模式,家长在其中都起绝对作用。不仅是东西的分配,谁干农活、怎么干、什么时候去干,谁休息,几点吃饭等有关农业事情的安排,都是家长的权力支配范畴。在生产中,交了地租、赋税,剩下的都是自己的。这些剩下的粮食多劳多得,但由家长分配。"无论是什么东西,分家前家庭的收入都是由家长管理和支配的。"老人说。但家人不是完全没有权力,"他们可以提意见,多数情况下家长还是愿意听的"。

三是受外界影响大。在农业生产中,村民没有很高的自主性,要根据物候、气候和土地肥力来选择农作物以及种植时间。有时候会受到不可抗力的影响。一是市场经济会影响村民的选择——比如棉花的市场价值更高,促使村民会腾出一块地来种棉花;二是战争的影响,日军强迫农民种棉花、使用化肥,也会对农民的选择造成影响。

四是鼓励勤勉、鄙视懒惰。村民在农业生产中,大部分都很勤劳,比如早睡早起,专事农业。一方面是农业安排根据物候和时令不得不早;另外务农多年也形成了习惯。村落里也有懒人,有农户"家里有地不愿意干,或者没地也不愿意出去打工,整日游手好闲,蹭吃蹭喝"。对于这些人,村民都会鄙视。除了家人,很少有人说教或者帮助,多数村民都会对其采取置之不理的态度。

三、生活态度及其关系

因为之前的生产力水平比较低,农户只能维持温饱,多余的消费都非常谨慎。在家庭消费中,通常遵守几个规则。

一是量入为出,节俭生活。农户家庭中花钱的时候,因为涉及的都是小钱,所以一般不记账,除非是需要记载的人数特别多。即使不记账,心里也十分清楚到底花了多少。"以前花费不记账是因为东西就那么多,少了什么很容易知道。"老人说。虽然不记账，但是开销非常谨慎。家里的东西不会轻易换，坏了不能用要先修，修不好才会买新的。"以前家里没有钱，能吃饱就不错，有了钱也要攒起来有事儿才用，比如儿子娶媳妇、盖房子等等，所以根本舍不得随便花钱。"老人说。

对于农户来说，勤俭是一种习惯，如：衣服可以买新的却缝缝补补一直穿；能吃得好却舍不得，能吃饱就可以。吃剩下的饭菜和家里有钱不乱花被认为是勤俭，是一种美德，而家里本来没什么钱还要乱买不需要的东西会被认为是极大的浪费。"过去一件衣服正着穿三年，反着穿三年，缝缝补补又穿三年，不是不愿意换新的，实在是穿不起新的。"老人说。

二是面子大于天。人都爱面子，牛家庄的村民也不例外。为了面子，有时候就会违背勤俭节约的信条。宴请宾朋、赶人情一般会有浪费，多了几桌甚至几十桌饭菜，吃不了一般倒掉。不会有人都打包起来吃掉，多数是因为面子。"因为面子在什么时候都很重要。村子里面子比天大，干什么都怕街坊邻居说三道四。"老人说。

三是反对过度简、奢。对于村落里非常勤俭的农户，大家都认为他们"活得太仔细，不会享受"；对于浪费的人又会说闲话。对于败家子，人们都看不起，平时都不会来往，更不会借钱给他，即使是亲戚关系见了也躲着走，因为本性难改，"人们知道即使借了也还不了，谁借谁倒霉"。

四、社会态度及其关系

一是专注利己。在社会活动中的小农会体现出私性，村民在挣钱和帮忙上表现得非常积极，但在做当夫和抓丁等公共事务方面就非常消极。农户对于与自己无关且自己不感兴趣的事情就不愿意参加，如果在某活动中有自己不喜欢的人或事也会很消极。老人说："大家干什么都是为自己，没有油水、没有好处谁会去干？就拿给别人当厨子的人来说，你以为他真的是为了帮忙？婚宴结束以后他是有好处拿的。而且婚宴上吃啥他吃啥，总比自己家吃得强。干其他的也是一样的道理。人不为己天诛地灭。"

二是观望与不动。很多事情上，农户并不会首先发表自己的意见，他们一般会采取观望的态度，等其他村民做出来决策再以此来决定自己的行为。这样做最大的好处就是不会让自己显得太突出。正所谓"枪打出头鸟"，老人说："日本人来的时候，很多人都不敢动。看到人们强奸妇女，人们才慌了。但还是很少有反抗的，因为第一个起来的就是一个死。包括后来被掳到日本干活一样，都不敢跑，生怕被日本人从背后打死。"

三是左右摇摆。牛家庄经历了多次的政局动荡，多数采取的策略是"谁来都行，让咱吃饭就行"。所以在难以看清局势的情况下，村民会选择支持当局。由此也出现了很多丢失气节、投敌叛国的行为。老人说："以前我们都叫狗腿子，其实家里有的并不是很穷。但是日本人逼到家里了，不跟他们合作就要杀掉他全家。为了活下去，他选择了欺负老百姓。但也有是纯粹为了自己能狐假虎威，但这样的人，老百姓都不会放过他。后来几个狗腿子都没活成。"

五、政治态度及其关系

村民对于政治有着复杂的感情。在参加村落共同组织的活动中，村民表现得不会很随意，往往要考虑家庭的利益，在家族活动中也是如此。"尤其是结婚以后，即要考虑家庭，不管影响好不好，涉及的都不再是自己一个人。"老人说。

一是崇拜当官。官员的权力是无比巨大的，村民对乡镇、县府的官员都非常崇拜，"因为他们可以决定自己的相关利益甚至生死"。所以村民都十分渴望自己成为有权势的人，以此来扬眉吐气、光宗耀祖、名利双收。如果自己没有成功，他们也会"望子成龙"。有句话叫"学而优则仕"，很多农户会拼命供孩子读书，就是为了有一天能当上大官，不光是孩子自己升官发财，全家都会"一人得道鸡犬升天"。"除了赔钱赚吆喝的保长没人愿意干，其他的职位都愿意干。因为当上了就意味着权势，意味着金钱。"老人说："王士珍是村里最大的官，也是我们全村人的骄傲。他最高的官做到陆军总长和全国总理，让人人都羡慕。平时村里人教育孩子都是向'王族长'学习，这样叫更为亲近。学堂里挂的也是王士珍的照片，等他一回来，村里一般是夹道欢迎，没有人不服。但是王族长人比较好，他每次都不愿意这么劳民伤财，所以每次都悄悄回来，不让铺张浪费。"

二是畏惧权势。面对权势，村民又十分害怕。官员掌握着权力和知识，对普通农户拥有生杀大权。老人说："县长一句话，那就会有人头落地，村里很少把官司打到县里的，大家都知道去那里没有什么好果子吃。"但是也会害怕村长和保长，他们管赋税征收和平时的村里的各种调解。"得罪了他们，在村里以后几乎都不会有舒服日子过。"老人说。

六、人生态度及其关系

一是理想生活定位低。有句老话说，北方小农的理想人生是"三亩地、一头牛，老婆孩子热炕头儿"。牛家庄的村民也差不多。村中老人说："理想的生活是20亩地一处宅，又有老婆又有孩。如果再有一头大驴、一辆旱车，生活不能再精彩。"一处宅指的是3—5间房子，老婆指的是健康又能劳动的伴侣，孩子最好是3男1女，大驴指的是7岁的,这时正是驴子最强壮的时候。可见理想的生活都是物质上的满足,精神上的尚未涉及。农户对自己的理想生活定位是较低的。

二是通过"多生"来改变人生。跟面子或者地位无关,在"多子多福"生育观念的影响下,农户都愿意多生。当时医疗条件差,婴儿死亡率极高,只有多生才能提高成活率。当时即使想少生,因为缺乏节育措施也不能实现。老人说:"人多力量大,自己家人多了,就算打群架都不担心。如果孩子都长大了,差一点的就出去扛活,除了养活自己,还能给家庭减轻负担;好一点的做生意发财了,那家里就跟着不差钱了;再好一点当了大官,那家里人以后都吃穿不愁了。"

三是现实惨淡,无可奈何。小农对于自我的认知与评判都是"生活不易,命运艰辛"。当时战乱频繁,政局动荡,能活着就不易。百姓无力改变现状。村中老人说:"读书太费钱,当匪对不起祖宗,当兵还可以是条道,但也是有今天没明天,稍微有点其他办法都不会选择。"村民被束缚在土地上,面朝黄土背朝天,几代人都被卷入命运的轮回。老人说:"其实哪家都想过上好日子,但是本来家里就穷,平时都吃不饱,所有的力气都要花在填饱肚子这件事上。想要改变命运,最好的办法就是去读书,但是赚来的粮食都不够吃,哪还有富余给学校给先生呢。农民多是一辈子当农民,一辈子都为了吃饱活着。"

第五节 习俗与习俗关系

习俗是一个地方的居民经过漫长的岁月形成的一套文化模式,体现了一个地方的特色和生活习惯。本节将从婚姻习俗及其关系、丧事习俗及其关系、节庆习俗及其关系、日常习俗及其关系等五个方面去考察1949年以前牛家庄的习俗与习俗关系。

一、婚姻习俗及关系

(一)婚姻范围

因为结婚都需要保媒,而媒人的关系一般并不会跨县或者跨市。所以村落范围内的婚姻大部分集中在本村和邻村3—6里的地方,当然也不排除与外省迁来人口成婚。"最近的距离是邻家。最远的跨省,有一家,在1945年在福建当兵,娶妻后带回村里。"老人说。

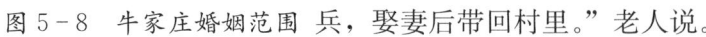

图5-8 牛家庄婚姻范围

（二）结婚条件

一是家长做主。婚事由男女双方的父亲做主，"所谓男主外，女主内"。没有经过父母许可的婚姻是不被承认的，即使结婚，也会常常被家里歧视，得不到正常婚姻家庭应有的待遇。

二是门当户对。牛家庄的结婚条件比较多，比如年龄、家庭、长相，但最重要的是讲究"门当户对"。家庭条件虽然要相对，实力相称，但男的比女的稍强，这样男的在家有面子。"如男地主配女地主或女富农，男富农配女富农或中农，男中农配女中农或贫农，男贫农配女贫农，也叫女攀高门。"村中老人说。

"女性15—16岁就可嫁人，男性14—15岁可以娶妻。婚配年纪相仿最为适宜，相差3—5岁比较正常。女大男小的情况是因为男家是富农地主，招大一点的闺女干活，而贫雇农、中农人家是养不起的。"老人说。

三是媒人介绍。只要有媒人介绍，可以娶同村的结亲，不论远近。同姓结婚也可以，但同族同姓[1]不可以，超出五服也不被允许。同族结亲视为大逆不道，破坏了传统，也会被乡亲们笑话。正常情况下，媒人不会介绍同姓同族结亲。私奔现象很少，因为结婚前家长不让两人见面。而通婚的村庄几乎没有什么特别的联系，因为男女结亲是通过媒人的作用，是个体行为。

（三）婚前仪式

婚前仪式六个，分别是纳彩、问名、换小帖、送大书、送食笼和请宾公。

1. 纳彩、问名和换小帖

一是纳彩。纳彩就是求媒人办事的过程。想娶亲的一方要给媒人送些点心或者请媒人喝酒一顿，委托媒人到女家提亲。男女双方通常从没见过面，个人信息只能由媒人在中间传达。若女方同意议婚，男方再去女家求婚。

二是问名。男方托媒人询问女方名字和出生年月日时辰，请先生占卜或从皇历查询男女双方的生辰八字，以定婚姻的吉凶。若八字合即可定婚。

三是换小帖。媒人把问名的情况告知男方，男家得知吉兆后再请媒人到女方家决定婚约，这是订婚阶段的重要礼仪。换小帖的程序，是男方选一吉日，托媒人持帖，上写"敬求金诺"送予女方以示求婚，女方回帖"谨遵台命"表示同意（见图5-9）。"事儿成以后，男方要设酒招待媒人来表示感谢。"老人说。

---

[1] 区分同族同姓的标准是本族的祖先是否籍贯相同。

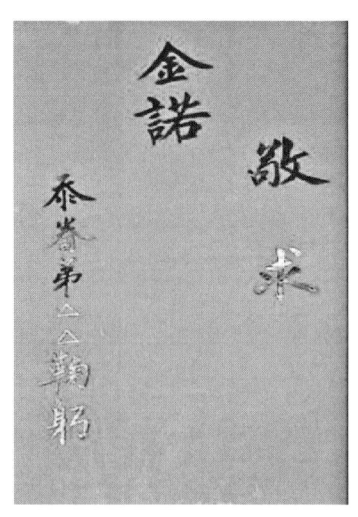

图 5-9 小帖

2. 送大书

一是大书的内容。亲事说成以后，男方要送"大书"[1]来确定婚期。婚帖署名为男方家长，多为父亲。村中老人说："按照传统习惯，男方请阴阳先生选择良辰吉日并定出禁忌属相等，然后写一书帖，内容包括结婚日期、下轿时间、娶送客禁忌属相，俗称'大书'。禁忌属相包括太岁门前一五九——比女方小一岁、五岁和九岁的属性相冲，不可以成亲。"

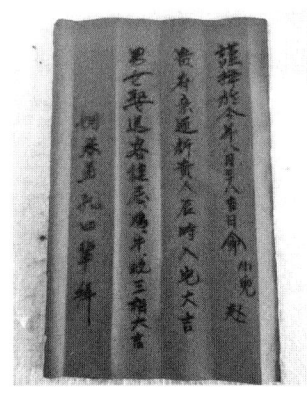

图 5-10 大书

二是送大书的礼节。在婚前几天，一般是 2 个月，选择双月双日由媒人把大书及事先商定好的彩礼送到女方家。彩礼包括很多种，比如 1 件大袍、2—3 件上衣（多是缎子做的，差一点的有麻线的），还有金银手镯等。衣服的花式样式由女方提前告诉代表，比如女方的母亲、嫂子、婶子等等，并派代表和男方家的代表比如男方的舅舅在媒人的陪同下选定，男方出钱。买完后全部送给女方，来提示女方提前做好各项准备。

三是送大书后的男女不能私自见面。订婚后没有任何的约束，依然像往常一样，不用相互走动或者看望长辈。在洞房前，二人始终不能见面，"即使街上碰到也要假装没看到，否则就是丢了面子，自降身份"。

四是悔婚。从送大书起到结婚前一天，男女双方都可以悔婚。但必须有理由：家里摔了盘子、摔了碗，老人无缘无故生病了——表示这桩婚姻不吉利。如果男女双方

---

[1] 大帖子。

在这期间死亡可以退婚，后续安排也是媒人来操办。

3. 抬食笤

一是男方送食笤。结婚前一日，男方要请媒人给女方"抬食笤"。食笤里要放10样东西：猪肉半扇，约百十斤，条件差的40—50斤也可以；馒头100个，实际送96或98个，留2个自家吃；挂面10斤，点心10斤，白酒2瓶，香菜2把，葱2把——每把4根，"葱"象征以后生小孩"聪明"；大米10斤，盐2包，喜鸡一对——公鸡、草鸡各一只，必须为红毛或黄毛，带白毛的不要，不吉利。村中老人说："由2人用食笤架抬着送去，架子上有很多层。媒人亲自点数，如果不够需要男方拿回去重新置办，这时候男方面子上会非常不好看。"

二是女方兴"陪送"。男方送来了礼物，女方绝不会让男方空手而归，总要有所表示。所以送礼的人在返回时，女方的家人一般会在笤头里面塞一块中等大小的石头，寓意"实心实意过日子"，表示自己的愿意嫁人的立场。

4. 请宾公

到女家后稍事寒暄，还要接回女方客人——俗称"宾公大人"。宾公大人多是女方本家长辈，4男4女。男方与之协商第二天结婚的各项事宜，比如行走路线、出发时间，还要互通习俗说明注意哪些事项。中午备上酒菜——8热12凉，吃"按席面"，并选几个能说能喝的做陪客——也是4男4女——来热情款待客人和媒人，以表谢意让新婚顺利进行。客人往往都是当地有名的人，喝酒特别能喝。把各项事宜说好以后一般能喝到日落。当天夜里，新郎穿黑褂戴黑礼帽披十字红绸，给祖父、祖母、生父和生母磕头，表示即将大喜。

（四）婚庆仪式

1. 婚庆准备

首先就是通知喜讯。通知都是按长辈、平辈、小辈的顺序，一般由家中父亲通知其长辈和平辈，子女通知子女平辈。村落内农户子女结婚，平时关系好的会去捧场，包括亲戚、邻居、朋友等等，一两个人一起，但都需要提前下请帖，不能不请自来，否则来了也会觉得没面子。新人的父辈、长辈都要接送，平辈不需要。

二是收礼。只要是通知了，不管能不能到，被邀请的人一般会随礼，但主办的这家不用回礼。送礼给女方是布或被面，男方就是一两块钱。收礼不唱礼物，但是要记账。关系近的亲戚、朋友就会多随一点，而一般的邻居和乡亲，"只要象征性地给几毛钱就可以"。

三是迎接和落座。乡亲们由管事的迎接并安排座次，对于村长、队长、其他官员、有钱人以及办事家长的舅舅、姑姑、姨姨等最亲的亲戚，主办方家长会亲自迎接，双手抓住来宾的手问："这么冷（热）的天，你怎么来了？"嘘寒问暖后让客人进来坐，按照辈分排座次。正北为尊，正东为次，正西为三，正南为最次；南北相对，北为尊，东西当对，东为尊（见图5-11和图5-12）。男人们坐同一桌，女人们坐同一桌，小孩跟女人在一起。

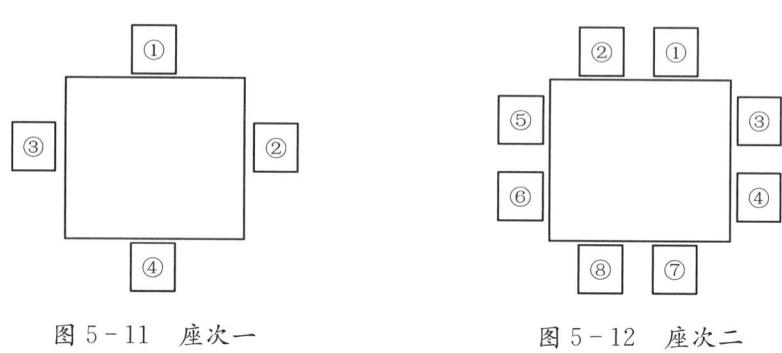

图5-11 座次一　　　　　　图5-12 座次二

2. 迎亲

一是轿子迎娶。新郎迎亲要穿长衫、戴礼帽、插花披红，骑马或坐四人抬的轿子——去时新郎可乘花轿，回来时让给新娘乘坐，雇四个吹鼓手，媒人带领二男二女四名娶客陪同去女方家迎亲。迎亲队伍要从村西口出，从村东口进——俗称"喜门"。

二是响炮报喜和"绞脸"。在起轿、进女方村、进女方家门、出女方家门、进本村和进自家门的六个环节都要响炮三声。来到女家门口先鸣三声炮报信，媒人进去联系。女家有掌事人出门迎接，让迎亲的人进去坐坐喝茶，新郎与伴郎要表示谢意，但不能进去。新娘上轿之前有"开容"一说——俗称"绞脸"[1]，盖上红头巾。

三是上轿。新郎不能碰新娘，而是由女方的家人——弟弟们或者是乡亲中年龄差不多的二男二女把她抬到轿子里面。带的嫁妆通常是箱子、镜子、梳头盒、脸盆、茶具等，这些都归新媳妇所有。

四是下轿。到婆家后，要等吉时，在预先规定的时间内由男方家里一名没出嫁的青年女子扶着新娘下轿，由送客保护进入洞房。接着在家门口放2—3挂鞭炮，男方设宴招待媒人、新娘及女方客人，男一桌、女一桌，俗称"落轿席"。娶亲娘家不来，婆家婆婆老公公坐台上——上席。另外婚事筹办需要一个记性好、脑子灵活、做事干练而且有经验的人。老人说："在迎亲这个环节，新媳妇和再婚以及其他形式的婚姻，都

---

[1] 旧时妇女修饰容貌时用绞在一起的细线一张一合去掉脸上的汗毛。作为一种婚俗，绞脸指婚礼前为新娘修饰梳妆脸面。它是旧时女子的一种成人礼，出嫁前由女性长辈（一说多由公婆、丈夫、子女俱全的所谓全福妇女）施行，一生只一次，表示已婚。——编者注

大为不同。新婚是最盛大和最为热闹的一次。娶妾为扶正,标准不变。如果是再婚,标准低至少一半,甚至没有标准。所以新媳妇的迎亲是最受重视的。"

3. 拜堂和闹洞房

一是拜堂。宴后举行拜堂仪式,通常有个司仪主持。老人说,"司仪必须是村里有头脑、伶牙俐齿、经常干司仪的人"。一拜天地,二拜高堂。随后是叔、伯、姑、舅,按亲疏辈分依次参拜。被拜者是按亲属关系远近拿出喜钱——约1—2块。拜堂完毕,男方设宴招待亲朋好友,新郎偕同新娘返回女家,拜见岳父、岳母,认识女方亲友,俗称"回门"。待女方设宴招待亲属四邻完毕后,派人先将新郎送回,待到日落之前,再将新娘送至男方家(婆家)。

二是闹洞房。当天晚上,年轻人开始闹洞房。闹洞房有三天不分大小的说法,这不仅能使新人和乡亲彼此熟悉,还能增进邻里感情,当然闹洞房不能粗暴出格,引发不愉快的事。"新娘下轿时,一些小姑娘小伙子扑上前往新娘脸上抹红,往头发上放苍耳。新娘这时候不能生气,更不能骂人,不然会破坏喜庆的气氛。但是人们不能闹得太久,因为会影响新婚夫妻休息。"老人说。夜深人静后,小辈们还要偷偷到窗外听新人的悄悄话,俗称"听房"。听到的悄悄话则成为第二天人们谈论的笑料。

4. 宴请宾客

红事办三天,每天安排都不同。

一是三天的不同内容。第一天叫作"落作"[1]——做菜,根据认识人的多寡由全家人准备饭菜。一般用方桌,每桌8人。一桌备5—6斤肉,各类蔬菜。而准备饭菜的人吃得比较随意,就是大烩菜。第二天叫作"请客",女方来4男4女,男方出4男4女作陪。男性一桌,女性一桌。每桌上12个凉菜,8个热菜。第三天叫"娶亲",4人大轿去接新娘。请回来之后拜堂成亲,开始吃饭,这时的饭菜是"8凉8热8大碗"。

二是8凉8热8大碗。8凉,即8个凉菜——4荤4素,或6荤2素。选用哪种食材没有固定搭配,6两一盘的猪肉凉菜是必备。8热,即8个热菜——芹菜炒肉、豆角炒肉、香菜炒肉、黄花菜炒肉、苤蓝炒肉、木耳炒肉、春不老炒肉、蒜薹炒肉。8大碗,即8个大碗菜——方块肉、间条肉、白丸子、小疙(红丸子)、豆腐、粉条、白菜(或海带)、丸子蛋。

5. 婚姻花费

儿子结婚大概花费200—300块,主要用在酒席、衣裳和家具购买上。"这个花费

---

[1] 这里指预先烹煮供酒宴之需的菜肴。"落"有"留下来"之意,"作"指帮忙做事,"落作"即留下帮忙。北方遇红白大事,主家忙不过来,除了雇人,大量的筹备工作要靠亲朋"留下帮忙",即"落作"。——编者注

压力很大，随礼几乎还不回来。"老人说。女儿出嫁，酒席是大头，但男方送的食箩可用于办酒席，所以几乎不花钱，压力很小。老人说："每个子女都平等对待。不然会引起家庭矛盾。如果有不平等，需要用钱补上。"

（五）婚后程序

婚后女方改称呼，如果姓王而嫁到任家，别人称呼她为任王氏。婚后还要请安和干活。

一是请安。第二天，上午起床后去给婆家公公、婆婆请安——"双手手掌向上，左手叠放在右手上并放在腰间，同时双膝微屈，之后还要给老人倒尿盆[1]"。之后全家去祭祖上坟。回来后由嫂子领着媳妇去所有远门的同族家长家"拜家"。不用给哥嫂、小姑子、小叔子请安，碰面说几句就可以。一旦女方嫁入本村，即为本村人，不用报告村子。"结婚同他们关系不大。"老人说。

二是干活。嫁人后就要开始做衣服——"先做裤，两家富；先做袄，两家好"。而做饭可以稍缓：媳妇在男方家先待三天，但是不做饭；三天后因为"认生，要回家几天"——回女方家待六天，也不做饭；之后再回男方家。前后要待满九天，这九天过了就要做饭了。从此以后媳妇出门回家都需得到婆婆的许可。

三是休妻。休妻是指妻子被丈夫解除婚约。夫妻生活久了就有了感情，不会轻易休妻，如果不生孩子，会抱养或者过继。妻子不生孩子、水性杨花或是好吃懒做都可能被休。一般情况下是丈夫休妻，但有时是婆婆怂恿。休妻不写文书，小帖、大书不回收，直接把妻子用车拉回妻子娘家，并说"我家不要她了"，表示以后这个女人的冷暖生死都与男方没有关系。嫁妆可以让女方带回家，但是迎娶女方时下的聘礼如衣服、食箩等女方不再退还。

（六）其他婚姻形式

1. 娃娃婚

娃娃婚是指父母为自己幼小的子女缔结的婚约。提亲的年龄男孩子在十岁左右，女孩在七八岁左右。也有的孩子刚出生就被双方父母订婚。还有在怀孕期间双方父母就商量好，假如双方生一男一女就结为连理，即"指腹为婚"，但要等到成年以后才能举行婚礼。老人说：

> 本村的娃娃婚有几个。双方的家长平时的关系都不错，家庭条件也差不多，认为结为亲家谁也不吃亏。后来生出来一看确实是一男一女。但是后来

---

[1] 夜壶。

长大以后，女孩子越长越好看，男孩子不仅丑还不爱干活。女方不愿意出嫁，两家关系就闹僵了。现在都没有缓过来。

2. 寡妇婚和活头婚

妇女丈夫死后再嫁的婚姻，称为寡妇婚；女人被丈夫休后的再度结婚称为活头婚。

一是再婚条件。"寡妇要嫁，老天爷要下，谁也拦不下"。老人说："不守三年守百天，不守百天也要守到坟头干。"寡妇受封建礼教的约束，即使再婚也须等到守孝期满；活头婚不允许在白日迎娶，只能安排在深夜的半路上接送。

二是再婚与婆媳关系。丈夫死后，60岁以前大部分寡妇都会改嫁。婆媳关系好的，会帮忙介绍改嫁；关系不好的只能依靠自己找下家。如果婆家"光景好"就留下；如果不好就"往前走"。如果留下，婆婆表示欢迎；如果强走也拦不了。

三是再婚与孩子关系。如果有孩子，女孩多会带走，男孩多被留下，因为婆婆希望留根。如果带男孩走，孩子不可以分财产。如果婆媳常常打架，女方一般会再婚。再婚后孩子改姓，对以前男方的家不再有赡养义务，以前旧的亲戚断绝往来。"有的孩子长大后会找亲爹，如果有人说合，依然会分男方家的财产。"老人说。后娘对亲孩子好，新丈夫的孩子要受委屈。如果家里有钱，无论谁家的孩子都可以上学，如果只够一人上学的，会让先达到学龄的上。

四是再婚仪式。再婚时还会有媒人，但是聘礼会减少。没有小帖，没有大书，请客人数较少，一天内办完。同样需要"演礼"，轿子、放炮仪式一样，花钱非常少。老人说："该有的流程都有，但是不会办得那么细致，毕竟已经不是头婚了。"

3. 续亲婚

男子结婚后妻子死去，续娶妻妹为妻称为续亲婚。

一是续亲条件。续亲多发生在已有子女的家庭，双方都担心娶他妻后子女会受继母的虐待，所以用姨妈代替母亲，续娶妻子的妹妹。男方多是有钱有势或者念过书的人，但年龄一般会比较大。村中老人说："女方娘家人常常劝妻子的妹妹，嫁了以后孩子不受委屈，所以她也就同意了。"

二是续亲结果。迎娶的仪式跟明媒正娶一样。刚结婚的时候，各种关系都比较混乱，新夫妻彼此对家庭的各类关系都比较别扭。如果新媳妇把前妻的孩子当自己的亲孩子看待，一般会让孩子叫自己娘，如果还想保留以前的关系，一般会让孩子叫自己婶子。无论孩子叫新媳妇哪种称呼，他在财产继承上其实没有多大的区别。

4. 扶正婚

正妻死后娶妾为正房的婚姻称为扶正婚。

一是扶正条件。正房死后100天、烧100天纸后才可扶正。村中老人说:"婚礼不能省,而且仪式与正娶规格场面相同。"经过扶正,妾就名正言顺地成为正妻,享受正妻的一切权利。婚礼的时候,妾坐在万年屋正中听管事的口令,不演礼,由娘家人把妾的头、身体扶正,表示"扶正"的意思,之后请亲朋好友吃饭。

二是扶正的地位变化。扶正后,乡亲们要另眼看待,地位也会有明显的上升,孩子的地位不变。当家人不变,丈夫跟哪个妻子亲近就让谁当家来掌管家务。对于原配亲戚来说,扶正即为"续闺女",扶正后经常来往,关系不变。

5. 童养媳

童养媳一般要从十一二岁开始做起,"太小的无法劳动,接过来不划算,年龄太大的就不叫童养媳了"。

一是需要童养媳的原因。一是家中无劳力,从小帮儿子用金钱买年龄较大的女子帮家中干活,等到儿子成年便可成婚;二是贫穷户怕儿子以后娶不上媳妇,便先行收养或买进别家幼女,待长大成人后再与之成婚;三是家中贫困,无法抚养,送到有钱人家寄养以后当媳妇。多数情况下都是女方穷、男方富,童养媳平时的吃穿用度都由未来婆婆负责。

二是当童养媳生活较苦。童养媳去了新家庭以后要抬水、烧火、哄孩子、拾粪。中间不能无缘无故跑回家去,一旦发现会受惩罚——用扫把头打屁股。童养媳在老公家的待遇比本家的闺女差,闺女不干的她要干。虽然不会吃剩饭剩菜,但是要端饭端菜,给老人端尿盆。如果家里农忙或父母生病,童养媳可以跟婆婆请示自己能不能回家帮忙,婆婆通常会给予一天的假。获准后不会有人送,媳妇自己跑回去,回时男方要接。但是请假有限度,不能太频繁。如果不允许就不可以回家,违抗就要挨打。平时她没有零花钱,婆婆家也不会让她参与家中的事务。关于钱的事不能打听,不然也会挨打。婆婆不让上学,有的未来老公可能会上学,钱少的也上不成。女性一旦嫁入别人家,就不再参与财产分配,包括娘家和婆家。童养媳在婆婆家受了委屈父母不能找麻烦,除非孩子的境遇非常悲惨,比如被打伤、打残甚至死亡。一旦父母找来,就需要按照族长、绅士、保长、村长的顺序[1]出面解决,解决无效可以上告。

三是童养媳的正式婚礼。童养媳到了十七八岁就正式完婚。结婚时仪式跟明媒正

---

[1] 从最能说上话的权力底层开始,最节约诉讼成本。

娶的大致相同，不同点在于，因为从小就寄养在这家，所以不用请媒人，同时也不需要花轿去娶。结婚当天早饭后，给爹娘、叔伯、姨婶等磕头，女方家出婶子、大姨来参加，父母在家等。中午在家请乡亲们吃饭，乡亲们随礼。婚前的称谓依然按照辈分叫，婚后才改，但自己的姓氏不会改。婚前童养媳与家里的闺女睡或者单独睡，婚后才跟丈夫同房。童养媳都是正房妻子，有了妻子再找童养媳的情况非常少见。"村中任氏兄弟俩都是定了童养媳，媳妇一个来自同村，一个来自外村。养了多年，女方如果有了新欢可能就想退婚，如果男方不愿意就只能私奔。"老人说。

6. 入赘

农户家中没有男丁，尝试了过继和抱养但都没有成功，这时就会找那些娶不起媳妇的作为招婚对象。

一是入赘后地位低下。入赘后男方不改姓，但是所生孩子的姓要随女方。入赘的女婿地位低下，没有说话的权力。老人说，"掌事人排名第一是女方父亲，第二是女方母亲，第三是媳妇，最后才轮到女婿"。女婿不能参与分家和继承财产，但对入赘家庭老人有养老送终的义务，如果不履行，老人可以向族长求救，没有效果可以向村公所、县官层层上告，而保长、绅士关联度不大。入赘来的女婿不能进祠堂，祭拜时只能由闺女参加。女婿去世后，可以进家谱，但是要标明"入赘"二字；所有后代都在女方下面展开分支。"他们可以进媳妇家的祖坟，因为本家的坟已经不让他进了，媳妇家的祖坟再不让进那尸体没处放。死后不上牌位，家中只有神位。"村中老人说。

二是入赘后与亲父母关系变淡。入赘后，对于以前的父母没有送终养老的义务，即使父母生病了，明面上也不能给钱，只能去偷偷地看望。同时，前父母也不会给他留下财产。老人说："入赘就跟嫁人一样，进了人家的门就是人家的人，不再有男性的各种权利和待遇。"

7. 换亲婚

换亲婚分换亲和转亲：两家互为婚姻为换亲；三家以上互为婚姻是转亲。

一是换亲的原因。换亲婚的家庭多是贫穷人家。"如果是富裕人家，一方有残疾也可以换。"这种婚姻跟正常婚姻一样，父母包办、媒人介绍。这种婚姻的特点是连带关系——"一家好，家家好；一家散，家家散"。

二是换亲的安排。换亲和转亲不是偶然，要想换的农户提前安排好，"每次婚姻不能定一样的时间，必须错开"。一旦约定了换亲，农户日后就不能反悔。"没有人真正反悔，都是揭不开锅的，能相互照顾把自己孩子的婚姻大事解决了就是谢天谢地了。"老人说。

8. 冥婚[1]

冥婚就是没有成婚的男女死后，为了不让他们在阴间寂寞，男女方父母会去找合适的死人跟自己死去的孩子配对结婚。配对时要选死亡年龄差不多，死亡类型也差不多的作为对象，多数年龄集中在十几岁到三十几岁不等。成功后男女尸体合葬埋到男方家的坟地中，婚后双方的父母会像亲家一样相互往来。老人说：

> 冥婚又叫阴婚，都是大户人家才办得起。没钱的人家活人都娶不起媳妇，更别说死人。村里以前有一户大户的孩子本来都要结婚了，结果出去赌博让人家给打死了。家里人说要办个婚礼冲冲喜，正好不久前有一家的闺女去县里玩在河里淹死了。大户找了闺女家，给了一大笔钱，那家才同意两人办阴婚。

9. 续弦

妻子死去再娶一门媳妇叫续弦。

一是续弦的条件。续弦不需要经过族长，但是必须经过家人的同意，村中老人说："通常家人都不会阻拦，因为知道拦着也没用，只能增加更多矛盾。"找的对象都是年轻貌美又不同族的，而愿意被续的家庭一般很穷困。"跟明媒正娶一样，该有的仪式一样也不能少。"老人说。

二是续弦与财产分配。因为那时候"母以子贵"和"重男轻女"，如果丈夫去世，财产分配有几种情况：一是前妻没孩子续妻也没有，那么财产归丈夫的叔伯弟兄所有；二是前妻有孩子但续妻没有，不论孩子是男是女财产都归前妻孩子；三是前妻没孩子续妻有孩子，不论男女财产给续妻孩子；四是都有孩子，谁有儿子给谁，如果孩子性别相同就在孩子间平分财产。分财产的时候，续妻都会得到房子和口粮。如果前妻没有孩子，续妻生了孩子，无论男女续妻都会得宠；续妻和前妻都有孩子，那谁有男孩谁得宠；孩子性别相同，年幼的那个得宠。

三是续弦与进祖坟（见图5-13）。续弦的媳妇去世可以进祖坟，但是位置是有讲究的。丈夫要居首位，续妻要排在前妻之下，即丈夫在中，前妻在左，续妻在右。

图 5-13 祖坟续妻、前妻和丈夫的位置安排

---

1 娶阴亲。

这些规矩在家长死后，由小辈通常是儿子执行。

10. 纳妾

妻子还在世，但是还想继续娶妻就叫纳妾。

一是纳妾条件。纳妾就是娶小老婆，通常是家中有钱的大户会纳。家长、族长不会管，但是这种事需要大房媳妇同意。如果大房不同意就纳不成，这时候丈夫非要纳妾会影响家庭和睦。小老婆一般是比男方年轻8—10岁的貌美未婚女子。老人说："有钱了都愿意娶小的，老的谁会愿意？"

二是进门后的生活。妾要明媒正娶，跟大房的礼数一样。进了家门跟正房以姐妹相称，家中后院的生活一般是以大房为中心。但妾因为年纪小，更得丈夫的欢心，所以可能很快上位。如果丈夫去世，财产分配和进祖坟跟续妻的待遇一样。

二、丧葬习俗与关系

丧葬习俗包括送终、小殓、报丧、吊丧、打墓、入殓、戴孝、出殡和丧后祭祀。

（一）送终

在老人患病后到逝世期间，他的子女应该一直陪在老人身边用心照料，不然会被乡亲笑话为不孝。子女亲人日夜守护在身边也是老人临终前最大的心愿，往往亲人不到老人坚持不愿意离去，亲人一到才会闭眼。人快要死的时候，家人会找专人做纸车马，在他枕前烧掉，代表灵魂驾马远去天国。

（二）小殓

一是穿寿衣。人死后要及时穿上寿衣。寿衣讲究穿单不穿双，上三件、下三件，男士上穿内衣、棉衣、长袍，下穿内裤、棉裤、单裤。女士上穿内衣、棉衣、外套，下穿内裤、棉裤、罗裙。死者不论男女都要戴寿帽、穿布鞋，女士布鞋应选择绣有荷花图案的，来表示足登莲花赴西天拜佛去了，或去瑶池会王母去了。人死后不能穿戴皮毛类的衣帽，传说如果接触了皮毛类的东西，下辈子转生会成牲畜或禽兽。衣料也不能选用缎子的，因为"缎子"与"断子"是谐音。内衣不系纽扣，只需严合，因"纽"和"扭"字是谐音，对子孙不利。

二是烧倒头纸。穿上寿衣后，在死者屋内烧"倒头纸"，然后把死者安放在灵堂临时支架的床板上，姿势是头朝外[1]，脚朝里，仰卧，口衔铜钱，下铺黄褥子，

---

[1] 指冲门。

头枕寿枕，将两脚合并用麻刀缠绕，随后把蒙单[1]盖在尸体上。安放好以后，及时在死者的头前摆上香案。"上面放四盘供品，点上长明油灯，用碗装上熟米饭，上插打狗棒，数量以死者年龄计算，每十岁插一支，并要在火上稍微烧烤。"老人说。

（三）报丧

一是给本村报丧。布置妥当后，在街门旁边挂上纸吊，位置遵照男左女右，接着放几声炮，表示家里"老了人"[2]，本村亲戚、邻居听到炮响后主动前来帮忙料理丧事。

二是给外村报丧。死者家属都到灵前号啕痛哭，表示哀悼。及时请来执客[3]，召集死者家里主要成员商议丧葬安排，确定埋葬时间及丧葬规模。随后安排账房、厨房，列出报丧名单，指派报丧人员。由乡亲或"花子头"[4]去死人的亲戚家口头通知；派车送死者女儿去婆家磕头，告知公婆及近门长辈；逝者儿子绕着全村走一圈，逢人便磕头[5]；或由女儿坐车到婆婆家，边走边哭泣。[6] 执客联系送殡的架子及车辆，召集一些老年妇女缝制孝衣、孝帽，及时派人购买棺材，制作幡和丧棒，拉锅支灶点火做饭。当天晚上，孝子还要到五道庙为死者烧倒头纸，表示到阴间报到。这些事情都不用向村长汇报。

（四）吊丧

一是吊丧资格。亲戚、朋友都回来参加葬礼，不分同姓异姓，异性多为朋友和邻居。亲戚全体参加，但村长不参加，关系好的除外。自己租种地的地主不来，关系好的除外。长辈、同辈都会参加。儿子、儿媳、女儿、女婿有一人没有到齐不能开始办丧事。办事的方案需要长辈同意，但不用村长或者娘家人同意。

二是吊唁过程。一切事宜安排妥当后，孝子孝女们在灵堂跪地守灵，孝女在室内，孝子在室外。街门口处设一小鼓，指派一人专门负责击鼓，宾客乡亲前来吊唁，男宾击鼓一响，女宾击鼓两响，以示孝子孝女做好准备迎接来宾。吊唁人员来后，向逝者叩头四个[7]，有人专门负责点纸，待行礼完毕，喊"还礼！"孝子们磕头一个并作揖表示谢意。宾客吊唁后还要到账房上礼。如果当天不埋，还要安排好晚上守灵人员，买下酒菜，以备守灵人员半夜食用。儿子、儿媳、女儿、女婿守灵七天，每日啼哭。不

---

[1] 七尺白布。
[2] 就是死了人。
[3] 丧事管理人员。
[4] 乞丐头。
[5] 对象必须是成年人。
[6] 报丧不分先后、不分男女。
[7] 神三鬼四。

扎纸人，只设灵堂；地主家有过继的儿子会给死去的地主父亲搭专门的台子摆满花圈和纸人，分半棚纸人和满棚纸人。

二是吊唁时间安排。不同经济能力的家庭办白事的天数不一样。贫农办一天，中农办三天，富农地主办七天。一天的包括通知亲戚、订棺材、捋孝服、下葬、磕头，一气呵成，一天搞定，并安排大烩菜。三天白事的第一天包括报丧、订棺木、捋孝服，第二天要家人守灵，第三天要在亲朋的见证下下葬、磕头、吃大烩菜。七天白事的第一天包括报丧、订棺木和捋孝服，第二到第六天是家人守灵，第七天是在亲朋的见证下下葬、磕头、吃"回头席"[1]。

（五）打墓

打墓要由长子身穿重孝引领打墓人员去坟茔确定墓穴位置。在坟前摆上祭品，磕四个头，把酒洒在地上，叫作"祭穴"。然后由长子看好墓穴方位，方位按本家族中辈分依次排列，合葬者可按男左女右并列在穴内，如果死者有前妻，可将第二位妻子安排在前妻右边，叫作"排葬"，也可放在男的左侧，叫作"夹葬"。定好墓穴轮廓之后，孝子要亲自持锹挖几下，叫作"破土"，然后就由打墓人员动手挖穴。

（六）入殓

入殓前先将棺内清扫干净，用白纸糊裱。由死者亲属往棺内自上而下撒放硬币，叫作"垫背钱"。

入殓时，尸体不能见阳光，要用苇席或被子遮住。入棺后，要用棉花或死者衣物填塞严实，防止运送时尸体移动。把打狗棒和死者喜爱的东西如书籍、眼镜、酒具、茶具等一起放入棺内或死者手里，表示"不能让死人空手而去"。入殓前还有"扯福"[2]一说，死者有几个儿子，就把蒙单的大部分分成几份，每个儿子一份，扯"福"时顺便把"福"缠在腰间，意思是老人留下的福分给儿子。这时亲属不许大哭，防止眼泪滴到尸体上。最后封棺钉盖，孝子孝女高喊"爹（娘）躲钉！"盖棺后全家一起大哭。乡亲们把灵柩抬到大门以外，和架子固定牢靠等起丧的命令。

（七）戴孝

戴孝情况（见表5-3）主要是规定戴孝的衣着、时间和戴孝人。

---

[1] 八荤八素。
[2] 扯白条，每条白布都是一个"福"。

表 5-3　戴孝情况

戴孝时间	戴孝者	戴孝形式	
出殡当天	全部亲友	儿子、女婿	戴白帽、穿白大褂,鞋面绷白布一圈
		儿媳、女儿	披长白布、穿白衣白裤,鞋面绷白布一圈
		孙子、侄子	穿白衣,鞋面绷白布前面半圈
		同姓重孙	戴白帽,缀大布
		异姓重孙	戴白帽,缀深蓝布
		同姓玄孙	戴纯大红帽
		异姓玄孙	戴纯深蓝帽
		其他亲戚	白衣
百日内	儿子		大孝,穿白鞋三年,坏了要不断换新
	孙子、侄子		一双白鞋,穿坏就不再换新
复三	其他亲戚		白衣

一是不同辈分衣着不同。儿子、儿媳、女儿、女婿均戴大孝,就是从头到脚全身白衣。此外儿子和女婿戴白帽、穿白大褂[1],鞋面绷白布一圈;儿媳和女儿披长白布、穿白衣白裤,鞋面绷白布一圈。孙子、侄子穿白衣,鞋面绷白布前面半圈;其他亲戚只穿白衣,裤子为平常裤。同姓重孙戴白帽,缀大布;异姓重孙戴白帽,缀深蓝布。同姓玄孙戴纯大红帽,异姓玄孙戴纯深蓝帽。

二是不同的亲疏关系,戴孝时间也不同。出殡当天集体戴孝;第二天亲友摘孝;儿子戴孝百日,穿白鞋三年,坏了要不断换新;孙子、侄子一双白鞋穿坏就不再换新;其他亲戚出殡当天和下葬后的"复三"戴孝。

三是丧事后有一些忌讳(见表 5-4)。百日内孝子不得剃头理发、喝酒和结婚,以示对死者的敬孝。当年不贴春联,第二第三年贴蓝色对联,第四年恢复正常春联。三年之内不得穿花红鲜艳的衣服,要穿黑灰色衣服和白鞋,老人说:"这时候平时不串门,过年不能拜年。"

表 5-4　丧事后的忌讳

时　间	忌　讳
百日	孝子不得剃头理发、喝酒和结婚
当年	不贴春联
第二第三年	贴蓝色对联
三年之内	不得穿花红鲜艳的衣服,不串门,不拜年

1　长衫,可以遮住腿。

（八）出殡

出殡就是抬死人下葬的过程。

一是出殡队伍。由专门从事丧葬的人封棺，不设灵牌；亲戚、乡亲和逝者同辈都可以参加出殡。准备起丧时孝子们手里拿着丧棒、花圈，小辈在前依次排成长队跪在街上。长子、长孙打幡跪在灵柩前。

二是起丧。总管一声令下"起丧！"长子把面前的瓦盆摔碎——说是断绝死者对阳世住宅的眷恋，让他知道以后再没有吃住的地方了，然后在姐夫或妹夫的搀扶下边走边哭，喊爹或者叫娘。孝女们[1]按亲疏关系依次坐车跟在灵柩后面。起丧命令发出后，灵柩架子由32人或48人同时抬起慢慢走，由总管统一指挥，定时换班，换班时灵柩不能落地。乡亲们两边跟随，直到坟前灵柩才可以落地。

三是转坟。这时孝子孝女跪在墓前大哭，乡亲们将灵柩放入穴里，长子看好方位，孝子孝女开始转坟[2]，把丧棒扔到墓内，边转边用手把土撒到穴里。转完后乡亲们填土埋葬堆成坟丘，孝子孝女跪在坟前烧纸痛哭，然后长子把幡插在坟丘之上，拔三下——代表节节高升。埋完后，孝子孝女当场向帮忙的乡亲们磕头致谢。葬后当天，要集体给死去的父亲、爷爷、太爷爷上坟。

（九）祭祀

丧葬后不设灵牌，不用上香。丧事后第三天，孝子孝女及近亲晚辈，穿戴孝服，携带烧纸、冥钱、纸楼、祭品到坟前拜祭，扎幡，给坟头重新填土，压黄纸——代表死者还有家人。这些都结束后，主办者要把乡亲们请回家摆宴致谢。一七、三七、五七、七七、一百天、周年都是上坟烧纸的祭日。"三代以内的亲属每个祭祀日都参加，五代以内的只参加一七和五七。"老人说。

一是四次祭祀。村中老人说："祭祀全年有四次，分别是清明、十月初一、正月初三和七月十五。"清明和十月初一要提前十天开始祭拜，任意选一天，不能当天祭拜，否则意味着断子绝孙；这两次闺女和媳妇都会来拜，规模较大。十月初一又叫寒衣节，这一天要买纸衣服和裤子给逝者烧掉，表示天气转凉让逝者多穿衣服。正月初三和七月十五要当天祭拜，都是男丁祭拜，规模较小。根据血缘的远近，先拜父亲，后拜爷爷。祭祀的供品没有区别，但不上山药、饼子等"粗食物"，而是一些比较好吃的东西，如水果、熟肉、饺子等。供品要摆放四盘。七月十五因为庄稼已高，大地主的除外，坟地多处于远离道路的田间，进入坟地不便利，所以就在庄稼地外的田头祭拜。

---

1 怀孕女眷不参加送殡。
2 绕着坟地走圈。

十月初一寒衣节的来历传说有二：

>一是东汉时期蔡伦发明了造纸术，蔡伦的嫂子惠娘见有利可图，就让丈夫蔡莫去向弟弟学习造纸。三个月后开始营业，因纸质粗糙低劣卖不出去，夫妇俩看着满屋子货发愁。机灵聪明的惠娘想出一个鬼主意，她躺在棺材里装死，让丈夫烧纸哭泣，惊动了左邻右舍都来探望。这时惠娘在棺材里呼喊起来，众人开棺。她坐起来念道："阳间钱路通四海，纸在阴间是钱财。不是丈夫把纸烧，谁肯放我回家来。"还说人间拿铜当钱，阴间以纸作币，她用丈夫烧的纸买通了三曹官府，才放她还了阳。在场人信以为真，不但争着买纸，还把这事情传出去。后来烧纸的人越来越多，蔡莫夫妇的纸很快就卖完了。因惠娘"死而复还"，烧纸这天正是十月初一，后来在这天上坟祭祀死者便形成风俗，流传至今。
>
>二是来源于秦时。相传孟姜女和丈夫范喜良是一对恩爱夫妻，丈夫被抓去为秦始皇修长城，冬天孟姜女想丈夫身单衣薄，为丈夫做了厚厚的棉衣御寒，是谓寒衣。并于十月一日起身，顶着刺骨寒风历尽千辛万苦来到长城脚下。不想范喜良已因劳累致死，只剩一堆白骨。孟姜女将棉衣盖在丈夫白骨上，大哭七天七夜，将长城哭塌一角。从此，长城内外的乡亲们便将孟姜女送寒衣这天定为"寒衣节"并相沿至今。每逢十月一日，人们都用五色纸剪成衣裤到坟上烧掉，为死去的人送上"寒衣"，以此寄托人们对已故亲人的缅怀之情。

二是不祭祀视为不孝。全年四次祭拜活动中，只有初三放炮，鞭炮和二踢脚燃放的顺序和数量都没有规定。如果一年当中任意一个祭祀的日子没有给逝者祭祀，会受到兄弟和街坊邻居的耻笑。各家各户单独祭祀，有祖坟的家族清明统一祭祀，兄弟之间会结伴祭祀，外嫁女会参与祭祀。农户都在坟地，但只有有祖坟的人家在祭祀后聚餐，其他的家户不聚餐。需要准备的这些东西，有祖坟的由轮种家提供，而普通坟就由拜祭方单独提供。本村没有在外村的坟墓，如果后代迁居到外地，清明时要回家拜祭。

（十）费用

一是丧事费用。丧葬的费用主要有孝服制作、请吃饭和棺材。棺材也比较讲究，白木为上等木，杨木次之，柳木和杂木最次。坟地一般不用出钱，一般坟地是祖传的，都是用自己的农地。如果已经分家,坟地也不会分,依然是埋葬死人的地方。

二是诸子均分。可以是富有的儿子单独出钱,或者各个儿子平摊,不存在不出丧葬费的情况,没有钱办丧事需要找有钱的关系好的亲戚和朋友借钱。找朋友借可以借几百,不用立字据,也没有利息。"实在出不起就要卖田卖房,但不会借高利贷。"

三是其他关系随礼。村落来帮忙的不给报酬,女儿也不出钱,只是给白布,未出嫁的女儿不上礼也不出钱。孤寡老人和乞丐将由村公所统一出钱,买席子卷尸埋掉。村落内其他老人的丧葬,有亲戚关系的回去帮忙,不需要报酬。年龄大的老人也会去,但是要用车接送。上礼随份子,不超过五块。

三、节庆习俗及关系

村落的节日(见表5-5)有很多:正月初一为春节、二月二龙抬头、正月初三祭祖、腊月初八腊八节、八月十五中秋节、春分后15天为清明节、七月十五中元节祭祖、五月初五端午节、九月初九重阳节、十月初一寒衣节、十月三十地主请长工吃饭、腊月二十三送灶神,等等。

表5-5 年 节

年 节	风 俗
初一	吃饺子、穿新衣、给至亲拜年
初二	出嫁的闺女回家过年
初三	父母不都健在的妇女回娘家探亲
初四	给姑表亲、姨表亲、舅舅拜年
初五	五琼日
初十	老鼠节
十五、十六	吃元宵、看花灯、烤百龄火

(一)过年

过年从小年、除夕,初一、初二一直到正月十五才算结束。初一去拜年主要去看望爷爷、奶奶、叔叔、大爷。初二、初三、初四是旧历年节走亲属最多的日子,又叫串亲,实际也是拜年。姑表亲、姨表亲、舅舅多在初四以后走动,一直到初九拜年才接近尾声。

1. 小年接神

一是妇女回家。"二十三,糖瓜粘",农历腊月二十三是小年,也是祭灶王爷上天的日子,但不祭祖。据说这天灶王爷要清查户口,所以住娘家的妇女都要赶回婆家。一家一户各自祭祀,不用上山,只在家中。

二是全家接神。傍晚时要放鞭炮，给灶王爷供奉糖瓜、烧香磕头，写对联"上天言好事，回宫降吉祥"，横批"一家之主"。全家都可以参加，但妇女同时也要在厨房做饭，吃饭时不说话。接神的时候用方桌或者圆桌，如果是圆桌，就按照南北向北为尊、东西向东为尊的顺序坐；方桌也同样。吃完饭女人要收拾桌子，因为男人还要下地干活。

2. 除夕

一是除夕前的准备。一过腊八人们就开始杀猪宰羊，准备烧酒，做豆腐渣饼、玉米馍馍，准备新的黑蓝裤子和白褂子。二十四扫房日，迎新年大扫除。这天人们把屋里的家具摆设都要挪动开，房屋四壁都要清扫干净，然后再安放好。被褥、床单、沙发罩更要重新洗一遍。待客用的餐具、茶具全部清洗备用。

二是除夕团聚。腊月三十是人们最忙的一天，室内整理好，院落清扫完。贴对联、吊吊花、挂灯笼、贴窗花、贴年画。家家都挑选些年画贴在室内墙壁上，特别爱选象征吉庆的画，如"连年有余""吉庆富贵"。老人说："贴年画时要更换一次神像，有天地、财神、门神、灶王等。"大人们包饺子，六七点开始吃饭。过年的饺子讲究多包有余，寓意年年富裕，光景越过越好。年夜饭都是五服以内的人在一起吃，居住在同一栋房屋或同一院落内的亲戚都可以参加。过节只请关系最近的亲戚和朋友，由家长托小辈去通知小辈，长辈通知长辈。吃完年夜饭，孩子们放鞭炮。除夕夜一家人围坐在一起，摆上一桌菜——八大碗，开始守岁。直到新年钟声一响，开始鸣炮放花，炮声越响越能祛除污秽，一般放10—20个二踢脚，迎接新的一年。

3. 初一

一是忌讳。初一时不祭祖，不烧纸钱，忌讳大声说话、生气、拌嘴，太阳不出不得打井水——因为龙王管水，害怕惊动龙王。如果犯了忌讳，一年都会不顺利。但是可以动刀、剪子等利器，可以出门，可以把水、垃圾倒进猪圈里，女性也可以第一个进别人家门。

二是吃饺子，穿新衣。人们起得很早，起来吃白面饺子，这也是全年唯一的一顿，其他时间可以吃荞麦饺子或者面饼子。无论大人小孩都要穿上新衣。老人说："过年穿新衣、戴新帽、放风筝、燃鞭炮。因为过去的生活太穷，平时很少买衣服，过年才有钱买一些。"

三是拜年。在家先给爷爷、奶奶拜年，再给爸爸、妈妈磕头拜，最后去看叔叔、大爷。亲戚、关系好的邻居、朋友都要去，不带礼物，关系一般的乡亲可以不去。假如亲戚全都来了自己家里，就不再去亲戚家里；如果只是小辈到了，那还需要去拜年。

如果老板、村长、保长、绅士是自己的长辈就要去拜年，如果不是就不去。磕头后老人们会给孩子压岁钱，大概几块钱。走亲多用马车，富裕人家有专门载人用的轿车，做工精细、雕琢美观、上有篷罩布幕的马车。没有车的家户一般是骑马、驴或步行，成群结伙走街串巷去拜年。平辈见面互道发财，见了长辈要磕头；长辈早上在家准备好瓜子、糖果迎候，一直到中午拜年结束。下午年长的平辈间相互拜年。

4. 初二到初四

（1）初二、初三回娘家

这两天是妻子带着丈夫、儿女回娘家给父母拜年的日子。

一是带礼物。回家的时候用一椭圆形竹篮装20—30圆馒头，馒头顶上要染上红点或红花表示吉利。村中老人说："家里大人酒菜招待全是上等的，还要请本家长辈和弟兄来陪上门客，非常热闹。"

二是祭祖。初三各个兄弟早上先自己祭祖，等姐妹来了以后，再陪伴姐妹祭祖。婚后妇女先上坟祭拜，然后回家做客。"每年各个兄弟轮流接待，不到自己接待时，不作陪。"村中老人说。尤其是父母刚过世不久的子女们，一到坟前摆好供品，烧完纸后，坐在地上放声大哭，以寄托对老人的思念。

（2）初四给姑表亲、姨表亲、舅舅拜年

农户去拜年不能空手，一般去时带一口袋的白面馒头，约15个。如果亲戚家没有白面馒头，就吃带来的这些，剩下的带回家。如果有就用这些换对方的几个馒头，意味着"尝尝对方的灶台味，图个热乎气"。

5. 初五和初十

初五为"五琼日"[1]，分为以下几种——这一天不兴走亲叫"避穷"；一大早，家家户户放鞭炮，叫"崩穷"；包饺子叫"包穷"；象征性地下地干活叫"恨穷"；把过年以来的炮皮、垃圾清扫出去叫"送穷"。"崩跑了、吃掉了、送走了，剩下的就是福。"老人说。这里面还有一个小故事：

> 据传说，隋炀帝追杀太原留守李渊，李渊被追得走投无路，这时，秦琼突然杀来，击退了官兵，营救了李渊。李渊为了日后报恩，三番五次请教秦琼大名，秦琼无奈，只好一面挥手一面道出"秦琼"二字，策马而去。由于李渊离秦琼较远，只听清一个"琼"字，根据秦琼的手势，误把五个手指和琼连在一起，认定救命恩人叫"五琼"。他称帝后，下令修建五琼庙，并放炮

---

[1] 民俗中正月初五多称"五穷日"。——编者注

庆祝庙的落成。随着年代的流逝，人们早已忘记"五琼"，放炮的习俗却流传下来。[1]

初十又叫老鼠节。在这一天老年人要给小孩子们讲耗子娶媳妇的故事。各家都要吃饺子，必须给孩子们包一些形似老鼠带有一只长尾巴的饺子。"孩子们边玩边吃，能多吃一些。其实就是图个乐呵，哄孩子玩的，不然哪能真有老鼠过节？"老人说。

9. 正月十五和十六

一是正月十五挂红灯，吃汤圆。元宵是春节的延续，又是春节的最后一个高潮。节日传统食用的是汤圆（元宵）。元宵节又叫灯节，在村内各个街道上，两旁各悬挂有一行长龙似的灯笼，四方形的灯笼四面各绘有一个历史古装戏剧场面，每到晚上灯笼内点燃蜡烛，男女老少多云集在街道上观看。

二是正月十五有娱乐表演。"落子"和"绊子"是戏曲的一种，"是本村 10 个左右爱唱戏的人自发组织、道具自备在十字街表演，他们都是贫农成分，关系非常好。时间是初一到十五，全村的人都来看，但是不收费，同姓和外姓都可以参加。没有会费，也没有主持人。"村中老人说。东街、西街和后街都有敲鼓的，村公所出鼓，贫农和中农 10 个关系非常好的人组成"敲鼓的"，在初一晚上到十五晚上公开表演。"看的人也很多，不论姓氏，纯属娱乐，谁都不用交钱。"老人说。

三是正月十六烤百龄火。在元宵节最后一日就是正月十六的晚上，有烤百龄火的习惯。本地习惯称柏树为百龄树，每到十六晚上各家门口都堆起柏树枝燃烧，而全家围在周围烤火便称为烤百龄火。据说每年一次百龄火，可祛灾除病，延年益寿。"火堆烧得越旺，日子过得越红火。"老人说。

（二）龙头节

农历二月二龙抬头，俗称"龙头节"。

一是禁忌打水。正定县农村，每年二月一日家家户户都要打扫庭院，把水缸里打满水。在二月二这天太阳出来之前，不允许从井中打水。因龙住在水井中，打水会惊龙王的觉，或冲撞龙王爷的头，是对龙王的不敬。

二是吃面坨。这天人们还有吃面坨的习俗。面坨的做法很奇特，用白萝卜擦成细丝，然后用开水焯过，和上适量面粉，再添加少许食盐和五香粉，搅成糊状，锅内加油少许，然后舀一勺放入锅中用勺子蹾，蹾得薄厚匀称，熟后出锅。再蘸上香油醋蒜，外焦里嫩、酸软香辣，非常好吃，是正定县城乡颇具特色的二月二美食。

---

[1] 出自《牛家庄村志》。

（三）清明节

一是先过寒食节。清明节的前一天为寒食节，又称"冷节"。这一天村民禁烟火，只吃冷食。除此之外寒食节还是祭祖、踏青、斗鸡的日子。一般村民都把这个节日与清明一起过。据说寒食节起源于春秋时期，老人讲了这个典故。

> 传说，晋献公听信爱妃谗言，欲立妃之子为太子，杀害其长子。长子重耳为避杀身之祸，在几位忠臣的拥戴下，流亡异域19年之久。在其流亡期间有一次又饿又累，昏倒在地，跟随大臣介子推亲自割下自己大腿上的肉煮熟让重耳吃，重耳感慨万分，含泪对群臣说："我日后即位，终生不忘今日之情。"重耳在秦穆公的帮助下回国即位，介子推却不辞而别，据说同母亲到绵山隐居了。晋文公去绵山寻找却未能找到，这时有人说：介子推是孝子，如放火烧山他定会背母亲出来。晋文公依计烧山，三天三夜未见母子出山，火熄灭后人们在大树下发现介子推母子相抱已被烧死了。晋文公十分惋惜悔恨，为表彰他的忠孝，把母子二人葬在绵山，并改名为界山。把介子推被烧死那天定为寒食节，从此以后这天成为传统祭祀的日子。

二是提前过清明。牛家庄的习俗在清明节前十天即进入节期，节期内人们择日带上铁锹、祭品上坟扫墓，去除坟丘上的荒草，将坟丘添土加高，然后摆上祭品，烧纸祭拜。在节期内，凡失去父母的媳妇们都要回娘家上坟扫墓。

（四）端午节

一是端午插艾。农历五月初五日为端午节，牛家庄称"五月单五"，这一天有插艾的风俗，民间谚语说："清明插柳，端午插艾。"

> 插艾的风俗据说是明朝"燕王扫北"时留下的。燕王朱棣未到河北之前，谣传他杀人不眨眼，兵到之处鸡犬不留。燕王率兵来到获鹿境内，见一农妇背一包袱，怀抱五六岁大男孩，手拉三四岁小男孩，正仓皇逃避，感到奇怪，便截住问她为何如此。农妇答道："这大男孩是我邻居的，他爹被抓去修城累死了，一家只留下这一根苗。这小的是我亲生的，万一出事了，宁可失去小的也要保住大的。"燕王听罢，暗自佩服农妇的仁义品德，感慨地说："你爱邻居的孩子，我爱天下百姓，只有爱，不会杀呀。"说着顺手拔了路边的蒲艾递给两个孩子，并嘱咐：穷人门上都插上艾，可保平安无事。农妇听后，通

知邻居照此去做，一夜之间，千家万户都插上了蒲艾。这天正是五月初五。燕王大军过境，果然秋毫无犯。人们为纪念此事，端午插艾沿以为俗。

二是端午包粽子。这一天家家户户包粽子祭奠爱国诗人屈原。"小时候根本不知道是纪念谁，只知道这一天能吃到粽子。"端午节这天一到，当家人会去买枣和粽子叶，回来让孩子们一起包，然后让媳妇在大锅里蒸。买粽子的这些材料大概要花10块左右，家里的每个孩子都能分到一个，如果包的多，除了自己家里吃，也会让孩子在饭前给各个亲戚送去。"都在本村，离得很近，一般住在隔壁。"如果包得不够，当母亲的一般就不舍得吃，都给孩子和当家的吃。有好心的邻居，这一天看家里的粽子不够，也会送几个过来。"那关系要处得相当不赖才行，我小时候那邻居就是这样。"

（五）七夕节

农历七月初七日，牛家庄称之为"七夕节"，亦称"乞巧节""少女节"或"七姐诞"。

一是"乞巧节"与"女儿节"。七夕节这天晚上，因为俗传牛郎织女相会天河，女儿家们陈瓜果祀天朝拜，向织女乞巧。由于过去女子的命运只能嫁作人妇、相夫教子，因此不少女子都相信牛郎织女的传说并希望以织女为榜样。所以每逢七夕节，她们都会向七姐献祭，祈求自己能够心灵手巧，获得美满姻缘。这也就是"乞巧节"这名称的来源。妇女亦会结彩楼，预备黄铜制成的细针（七孔针），以五色细线对月迎风穿针。久而久之，七夕也成了"女儿节"。

二是幽会。传统时期的牛家庄，是绝对禁止私自恋爱的。如果没有家长的同意，没有媒人说媒，任何形式的恋情都是不合伦理的。但是到了恋爱年龄的年轻人，总是会冲破禁忌。这一天，往往成为青年男女偷偷幽会的日子。老人说：

> 民国初的时候，王家有个小子喜欢上了住在对面一条街的老吴家的闺女，常常借助特殊的日期偷偷幽会。大概偷偷交往了三年，不小心被老吴家的佣人发现了。老吴家是不同意的，因为嫌弃王家太穷。后来两人孩子都有了，家长也没办法，只能让他俩成婚。

（六）中元节

农历七月十五日为中元节，俗称"鬼节"。

一是中元传说。传说这一天是为了纪念一个叫麻姑的女子，麻姑七月十五日死去，人们每年这天为她烧纸，渐成习俗。后来，七月十五逐步演化成给自己的亲人上坟烧纸的日子。还传说农历七月是鬼月，自农历七月初一起阴间就大开鬼门关，放出禁锢在那里的孤魂野鬼到人间来接受祭飨。人间为免受邪祟的干扰侵害才有了这些各式各样的祭祀祈禳活动。

二是中元烧纸。这天人们都要上坟烧纸，媳妇们要回娘家为死去的父母烧纸。一般是媳妇坐自家的马车回娘家，如果没有马车就步行。回去的时候不能空手，一般会准备一个口袋，里面装着孝敬父母的供品，还要准备去哥哥家给嫂子准备的馒头等礼物。借着这个机会，各个闺女可以相互了解对方最近的情况。回家之后兄弟几个要管饭，"免不了就要跟嫂子打交道"，通过上坟烧纸的机会，也增加了兄弟姐妹及姑嫂之间的情感交流。

（七）中秋节

农历八月十五日为中秋节，是一年之中第二个大节日。

一是回家团圆。八月十五这一天，牛家庄村民要求所有的家人必须回家团圆。这天走娘家的媳妇必须当天回婆家团圆，外出办事的和远离家乡的也要争取回家团圆。如果不能回去，会被家人认为不孝，也会被村民所耻笑。

二是做月饼和送月饼。牛家庄有中秋节自己做月饼的习惯，多数是自己选好原料，让糕点作坊加工。村民做出来的月饼花样多、品种全，有酥皮的、有蛋黄的、有提糖的，馅的种类也很多，有五仁馅、豆沙馅、枣泥馅，村民喜欢什么可随意挑选。做好以后，一般会把月饼装在一个比较好看的盒子中，穿戴好衣装帽子，给亲戚恭恭敬敬地把月饼送去。

三是祭月。"中秋节亲友以果肴月饼相馈，遣月下会聚，飞觞呼卢，至月影西流乃罢，谓之玩月"[1]。牛家庄村素有"祭月"的习俗，以表达晚辈的孝敬之意。传统时期，八月十五家家买上几斤月饼、水果，晚上在院中摆上供桌，上置月饼、水果祭月，全家人团团圆圆坐在一起，一边赏月一边听老人讲月宫嫦娥的故事，并向月宫里善良的嫦娥祈求吉祥平安。然后老人将月饼切开同水果一人一份共同品尝。"能上去切的必须是长辈或者是当家人，如果有孩子提前吃，会被家长骂，严重的还会被打一顿。"

（八）重阳节

农历九月九日为重阳节。传统时期，以"六"为阴数，"九"为阳数。因为九月九日两个阳数相重，所以人们习惯称之为"九九重阳节"。

一是登高和吃糕。九月九一般要登高、吃糕，象征着步步高升。在比较久远的年

---

[1] 引自《牛家庄村志》。

代，牛家庄村民不是人人都过这个节日。因为炸糕费油，非得是大户人家才有能力过这个节日。而且牛家庄周围没有高山，甚至没有土丘。所以想要登高，必须要去很远的地方才能找到山。一般的农户家庭没有时间去玩耍，自家的农活都干不完，所以登高依然是大户的专利。他们家里面有车有马，还有长工给赶车。到了重阳节，一般是大户一家子，套车出去，晚上再回村。"每逢九月九日，正定人民喜欢制作花糕，酿造菊酒，亲友相馈，步行到城郊外，登高阜饮酒，曰'登高'，边吃边喝边赏菊，尽欢方散。"[1]

二是送礼。在民国初年，这个习俗发生了变化。除了大户，就是普通农户也开始过这个节日。但是他们一般不是登高和吃糕，而是由晚辈给长辈送礼。老人说："礼物一般是馒头、饺子、炸糕等好一点的食物，以及在集市上新买的高等布匹。"

（九）腊八节

农历腊月（即十二月）初八日又叫腊日。

一是腊八日的演化。据说始于神农氏时期，在这一天人们用米粟和各种果实祭祀保佑农业丰收的神并祈求来年丰收。后来秦始皇将冬末春初的十二月定为腊月。腊月的初八是佛教始祖释迦牟尼成佛得道之日，也就成了佛教节日。东汉时佛教传入中国，将佛教节日演变为民间食素喝粥的日子。

二是佛教习惯。多少年来，每逢腊月初八，人们就用大米、小米、黄米、红豆、绿豆、豇豆、红枣、花生八种粮果熬制成粥食用，故称腊八粥。腊八节原是佛教的节日，旧时，此日是汉族地区佛教始祖释迦牟尼的成道日，有的吃饺子。佛教寺院还有在这一天进行诵经，做腊八粥供佛并在寺院门口施舍的习惯。

三是农户喝粥。一到腊八，农户家里一般是由当家的去买枣和白糖。回来之后让媳妇熬粥。平时的稀粥一般只是小米粥，也舍不得放糖，而八宝粥里面不光有红枣，还可以根据喜爱自己添加。老人说："孩子们喝了一碗又一碗，这样的粥一年才喝得上一回。"

四、日常习俗及关系

习俗发挥的作用覆盖整个村落，区别一个人是不是本村人的标志之一，就是人们的习惯和认可。在日常生活中，村落有很多习俗，比如借钱的习俗、敬老的习俗、患病的习俗等等。村民认为这些习以为常的习俗都是人们在生活中积累而来的，没人质疑它的合理性，认为"存在即合理"。这些习俗将村落的村民都联系起来，没有组织进行运作，靠的是人们的自发思想。"人们从小生活在这个环境

---

[1] 引自清乾隆时期的《正定府志》。

中，如果不照着这个规矩来，就会被瞧不起，而且会背后说闲话，平时都很少跟他们来往。"老人说。有人家抱养了孩子，媳妇不喜欢，孩子生病了也不给治导致孩子死亡，不仅全家埋怨，全村人看到这个女人后也是指指点点敬而远之。老人说："如果是外村嫁过来的媳妇，也要习惯这里的习俗，这样大家才会认可你，不然生活上会难很多，因为大家都不会照顾你。"老人说。

（一）敬老习俗

敬老的习俗，除了祝寿以外，还有带着老人看戏、逛街和赶集。

一是祝寿。60岁开始筹办寿宴，男女一样。遇到60、70、80、90、100等整数要"大办"，规模最大，请的人最多——几乎五服五代亲和其他朋友都会叫到；65、75、85、95、105等遇到5的要"小办"，通常请三代亲和朋友们一起吃饭。""大办"和"小办"因为要请朋友，所以要炒菜、做寿桃和寿果；普通过生日，只吃长寿面条。吃饭也只吃中午一顿饭，与婚宴的座次相同，晚餐前散席。不同亲戚带的礼物不同：最少要带一小捆，约3斤挂面和2包2斤的点心；稍微近些带一大捆，5斤挂面和4包4斤的点心；最好的有的带2大捆，约10斤挂面和8包约8斤的点心。挂面代表长寿，点心代表一点心意。

二是看戏。老人出生的年代一般在清末民初，没有其他的爱好，但是对于听戏情有独钟。村里正月十四到十五会连开两天的戏班，每次都会表演一整天。农户去听戏时一般是全家出动。孩子坐在父亲肩膀上，旁边领着媳妇和老人。因为看戏都是站着看，所以一天连续看有点受不了。所以老人一般最多看半天，歇半天，然后第二天再去。因为体力的问题，如果遇到特别喜欢的戏份，家人会回家通知老人。

三是逛街和赶集。牛家庄的集市比较多，平时买菜、换炸糕、换棉布等都是老人和媳妇一起。遇到龙王庙大集，一般不会让老人留守。"全家都去热闹热闹。"当家人给老人一些零花钱，让老人买点自己喜欢的东西。但是老人逛街看的时候多，买的时候少。如果要买，一般要货比三家，买到自己认为最便宜又实用的东西。如果买完之后，遇到一家更便宜的小摊，老人往往会不开心。这时候媳妇一般会安慰。

（二）病患习俗

1. 普通疾病习俗

对于生病这件事，当家人对全家都一视同仁，任何人病了都会竭尽全力去治疗，不惜砸锅卖铁。普通的病会去求医生，如果医生治不好就会找神汉巫婆。如果感冒，用葱根、香蕉根、白菜根、生姜、红糖、扫帚籽熬制热汤，用来发汗。如果有皮外伤，用尿或者用火烧以后的棉花止血；还有用土的，嘴里念"一道，两道，当间的就是好药"。如果病再大就需要请医生。如果给家里的某个人治疗花了很多钱，其他人不能有意见，因为谁都会有生病的时候，当家人都会同样对待。老人说："治病不会影响分家，没钱借钱，不会卖田、卖房。所以分家时照常，该得多少就分多少。"

2. 传染病习俗

牛家庄的传染病病种有很多，多在夏天发病，一旦来了都会得，不分穷富、男女和老少。

（1）病种多

一是霍乱。解放前，成人多得霍乱，得了以后上吐下泻，如果不及时医治几个小时内就会死，严重时村里每年会死20人左右。二是天花。孩子比较容易得，得了以后身上起红泡，不及时医治3—5天就会死。第三是兀疮。也是孩子易得，得后身上起红点，吃不进去饭，只能喝水，如果不及时治疗十几天就会死亡。第四是疥疮。孩子和成年人都容易得，得这种病的身上发痒，3—5个月就会毙命。遗传病的后遗症是普遍存在的。得了病如果没死，也不会免疫，今年得了明年可能还会得。麻疹出了以后会留下疤痕，但是老年间讲究"麻子精、麻子俏，不和麻子打交道；一个麻子一个点，十个麻子多个心眼"，说明麻子聪明，娶媳妇时不影响，反而很乐意娶

（2）家人保护习俗。

传统时期的牛家庄国家和村庄的救助比较少，生病之后主要是家人的陪伴和保护。

①家长保护

那时人们应对传染病的方法比较原始。一是不串门。如果有人得了传染病，不会主动去别人家串门，别人知道后也不会再来。二是不隔离。家里人无论谁得了这种病，不懂得隔离。三是主动治疗。如果得病，不管是家里人还是长工，家长会找村里药铺先生看病，抓草药或用针灸。如果治疗及时，很多都可以医好。请先生时只需要出药费，不会留先生吃饭。如果治不好，富农、地主会再请外地的先生。四是找人驱邪。如果传统先生治不了病，家长会找村内或外村的神汉或者巫婆来"治病"，保长、村长不会组织，都是农户家自己去请。五是打疫苗。国统时期，县政府会派1—2个县医院的大夫给村里的上学儿童打疫苗，称为"种牛痘"。原则上只给在小学里读书的孩子接种，不上学的孩子或者其他成年人，如果也想接种花钱也可以，但必须去县医院，"记事以来，接种疫苗没有发生把人打死的例子"。六是死亡处理。遇到得病而死的尸体，没有特殊处理，像往常一样盖棺掩埋，即使病死了依然可以进入祖坟。七是借钱。如果本家没钱治病家长通常会借钱，但不会卖房卖地。八是不逃避。如果发生瘟疫不会逃跑，因为即使外地有亲戚可以投奔，但是"亲戚知道了本村的瘟疫情况也不会接纳

自己"。

②兄弟姐妹保护

如果家人生病了,关键还是要靠长辈,出钱的还是父母、祖父母等老人。"兄弟姐妹多是走个过场。"老人说.兄弟来看望最多说一些场面话表示安慰,而姐妹会帮忙照顾伺候病人,"买一些鸡蛋、点心来看看"。老人说:"大户人家的兄弟姐妹是很有作用的,他们有钱也有关系,不仅会出医药费,还会帮忙请最好的大夫,这个咱一般的百姓可比不了。"

第六节 规训与规训关系

传统时期,牛家庄人主要通过家庭、私塾和学校了解世界、懂得做人的道理,也是通过这种方式对自己及其他家庭成员进行教化与规训。本节将从家庭教化、族内教化和学校教育这三个方面来考察1949年以前牛家庄人的规训与规训关系。

一、家庭教育及其关系

一是以家庭教育为主。传统时期,村中虽然办过私塾、村塾、各类学校,但不是所有农户都有条件去上学。绝大多数农户都主要依靠家庭中的长辈来传授知识。即使去上学,很多上几年能识字了就会辍学回家务农。"以后分家、打拼,不会因为不识字被骗就可以了。"老人说。

二是言传身教。家庭对于孩子的教育有生活常识、日常礼节、为人处世的道理等等。主要依靠父母的言传身教,孩子犯错的时候通过好好解释、骂一顿或者打一顿来实现教育目的。如果实在不听,还能让舅舅、大伯等"教训他一顿"。一般祖父母和外祖父母对于孙子辈都比较溺爱,相对于教育,他们更多给的是呵护。家庭中教育的主要"老师"还是父母。小事上,母亲教得多一些,比如穿衣、吃饭、走路、睡觉等生活常识、日常礼仪等等;但父亲在大事上教得多一些,主要涉及人生理想、做事原则、做人品格等等。孩子稍微大一些的时候,女孩接受的更多的是洗碗、做衣服、纳鞋底、磨面等生活上的教育,以及嫁人后应该遵守的妇道;而男孩接受的则更多的是农业劳动、继承家业、做顶梁柱等方面的教育。

三是打骂结合的教育方式。有时男孩跟母亲更亲、女孩跟父亲更亲,这样的关系使父母在教育孩子的时候一般不会下狠手,而偏向与较为温和的方法来教育,比如"说一顿、骂一顿"等等。而对于不同性格的孩子,父母也会采用不同的方式,比如性格比较乖巧听话,一般就使用较为温和的教育方式,而对于不听话的,一般是非打不可。

二、族内教化及其关系

一是族内教化的对象和主体。族内的教育主要是针对家庭内部解决不了的问题。从家长、门长到族长都有惩罚子孙的权力，但都对自家的孩子教育严格，对非本家而是同门或者是同族的子孙，规劝占多。族长的惩罚权力最大，实施也最频繁。

二是族内教化的三种方式。如果遇到子孙不孝或者违反国法，轻一点的时候会规劝，规劝需要家长去请门长、族长到本家来当面劝说该子，直到孩子口头保证立刻悔改；重一点会体罚，体罚的方式有很多，比如面壁、长跪和责打，责打包括鞭笞和杖刑。而惩罚要到孩子态度诚恳地悔过，表示要从头再来才可以结束惩罚。体罚可以是族长亲自动手，也可以由族长让与族长同辈的族人来实施。被罚者不会反抗，因为族长代表本族最高的权威，受罚后都会悔改。如果有触犯国法、冥顽不灵的族人，一般会交给政府处理。族内最严重的惩罚就是逐出本族，并从族谱上除名。老人针对这个讲了一个故事：

> 王士珍安排孙子辈的王发文和王秋子筹款重修祠堂，但他们悄悄"觅"[1]了很多钱。因为都有账目明细，很快就被查出来了。等核实后，他们两人被逐出了本族，并从家谱上除名。除名后，王发文和王秋子另起炉灶，自立家谱，同样借鉴王氏的"十六字"给自己的族排辈分起名字，但具体的字不同。与本族也不再来往。在2015年出现缓和，可能重入本族族谱。

三、学校教育及其关系

牛家庄自明代开始，村中出现了各类教育机构和形式（见表5-6）。清代设立家塾、村塾，均尊崇周公、孔子为道统，进行儒学教育，为科举取士培养初级人才。民国初年（1912年），村中始建初级小学。民国十五年（1926年），成立男子学校和女子学校各一所。[2] 各种学校教育并没有形成等级制度，只要上得起学，先生都会一视同仁，而且偏爱聪明和学习上进的学生，使得村里真正爱学习和愿意学习的孩子在学习期间可以得到好的教育。"有的孩子不爱学习就逃课，除了受到先生的再次责罚，家长也会加重惩罚，最终导致辍学。"老人说。

---

[1] 偷。
[2] 引自《牛家庄村志》。

表 5-6 传统时期牛家庄各类教育

办学方式	时　间	校　址	学费和工资	学生数量	学制（年）	科　目
家塾	清代	王家大宅	王氏宗族出	—	—	儒学教育
私塾	明代	邻居院子	邻居出	15	3—10	三字经、千字文、百家姓
村塾	清代	王中伏家老宅	村民共同出	20	—	论语、毛笔字、珠算
初级小学	1912—1947	王士珍家临街房	王士珍出	30		古文、算术、修身、卫生、尺牍
女校	1926—1947	王永发家后院	—	30		忠君孝亲、尊孔礼义
男校	1926—1947	保健站处	村里出	—	2—4	识字、算术、珠算、政治
私学	—	保健站西	上学家庭出	—		
奴化教育	1937—1944	—	上学家庭出	—		奴化教育

（一）家塾、私塾和村塾及其关系

1. 家塾

一是大族开办。家塾是宗族办的塾馆，本村只有一个，是王士珍家族所建。于1912年到1937年10月5日开办，后改名村初级学校。王士珍亲自选王家的一个大宅作为校址，并派人负责塾馆中的各种事务。家塾招聘了几个品学兼优的老师教书，多数都是本村当过秀才的老先生，他们的工资和其他办公费用都是王氏家族来出。家塾外面有一个看门的族人，防止有人捣乱，也为了保护孩子的安全。先生和看门人中午和晚上都管饭，专门找了一间房子雇厨师做饭；住宿不管，晚上他们要回自己家睡觉。1945年8月，日本无条件投降，村初级学校恢复上课；之后因国民党发动内战，学校于1947年停办。

二是学习免费。能到这里上学的都是王士珍家族的孩子，年龄在5—10岁之间，大概30人左右。老人说："年龄太大，先生不好调教。"学习免费，只要来人就可以。一般是孩子的家长接送，每次把孩子送进课堂再走，等放学了再来接。"有的家长想学，也会在窗外听一听先生讲的内容，但是多数人是听不懂的。"因为离家比较近，学校不管饭，学生们都要回家吃。开办的课程一般是幼儿启蒙课程，包括古文、算术、修身、卫生、尺牍[1]等等。

三是奖励优生。对于不爱学习的孩子，先生会用戒尺打手三下，对于学习好的学生，先生不光会当着所有学生的面夸奖这个学生，还会跟学生的家长夸奖。对于特别

---

[1] 学习写信札、书帖之类的书。

聪明而且好学的孩子，先生会跟族长通报，族长会奖励孩子粮食和书本等奖品，而且还会把孩子的父母找来，当面夸奖他们的孩子。

2. 私塾

（1）街坊合办

村里的私塾大概有3—4个，大部分是4—5家关系不错的邻居或者街坊一起出钱办。一般选在自家办学，要找一个50平方米左右的房子。

一是先生待遇好、不偏心。请本村或者外村的秀才当老师。每月给老师工资，逢年过节要送礼，比如八月十五要给月饼，端午要给粽子，二月二要给面坨，春节初一要给点心、学生要给先生磕头。父母把孩子送去的时候，跟老师最常说的一句话是："不听话打他！"私塾的先生对于不听话的学生会责骂，轻了罚站，重了用戒尺或者藤条打，打三下就把手打红，或者头上起大包。对于村长、保长的孩子，先生很少开小灶，但是对聪明孩子老师也特别爱才。

二是学制长短不一。私塾招收7岁至10岁的小孩儿。《三字经》《千字文》《百家姓》是启蒙读物。如果这些都学会了，还有《算数》《地理》《历史》等书籍。但是一般停留在启蒙读物的阶段。小孩子至少读3年就算合格，最多要读10年。上学必须每天都去，没有寒暑假，不论刮风下雨都必须去。过年会放15天的假期，正月十五就会开学。老人说："当时上个私塾比干活的累多了，孩子们上课的时间长，然后回家还要写作业。当时一般用毛笔，写的身上、手上、脸上全是墨。"

（2）农户自办

村里还有两家农户独自请先生办私塾，就是村里的富农、药铺的先生王老义和王老增。他们分别办学，在村子的不同方向。都在本村找了一个教书的先生教课，然后招呼他们家各自一门十几个孩子在这里上学，家长们平摊学费，办学不用跟村长、保长或者绅士申请。虽然办学的规模小，但是对自己的上学的子孙要求非常严格，如果有孩子淘气不好好学习，不仅丢家长的面子，还会被其他同门的家长笑话。老人说："十几个孩子都是各种亲戚，平时都在一起玩，在课堂上更是都玩疯了。先生换了好几个，都管不住。"

3. 村塾

一是村落开办。村塾是由村里集资办的塾馆，校址在王中伏家老宅处。村中聘请先生一名，薪水由村民共同出。凡是本村的适龄儿童都可以入学，大概有20多名。能去的孩子都是"可以的"农户或者部分大户人家的。每个学期都要交学费，一般的人家负担不起。学费一般是小麦或者谷子，一次要给够先生半年的口粮。除了支付先生的薪水，还要管吃管住。吃饭是租用村塾旁边的百姓的房子，旁边一间供先生睡觉。

二是课程较为全面。村塾比家塾、私塾的课程更多，也更全面。年龄小的以读《三字经》《百家姓》《千字文》《弟子规》为主，年龄稍大的学习《论语》《孟子》《名贤集》等。写毛笔字是学生的必修课，先生对这个非常重视。珠算也是学生的必修课，"九遍九""斤秤溜"是学珠算的基础课。当时的笔墨纸砚都要学生自己准备，如果不是大户或者"可以的"农户，一般也是买不起的。

三是先生管理严格。村塾中讲究师道尊严，学生要绝对服从先生，如果偷懒或犯规就会受严惩，轻则罚跪罚站，重则被打。惩罚的工具是长一尺左右、宽一寸有余的竹板或者藤条。家长知道老师打孩子后也不能护短，反而要谢谢老师的严加管教。因为先生是村长所请，所以他对村中大部分孩子都没有私心，不会因为谁是保长的儿子、谁是大户的孙子就会用其他方式教学。老人说："当时那个先生是比较厉害的，孩子不努力就是打，家长是天王老子也没有用。家长们也没有脾气，因为带出来的学生确实学到不少。"

（二）男校和女校及其关系

1. 男女校分开

村长认为男女分开教育更加有利于孩子的成长，于是同时分别创办了男校和女校。

（1）女校

1926 年到 1937 年 10 月 5 日，成立女子学校一所。1945 年 8 月日本无条件投降，女子学校恢复上课，之后因国民党发动内战，学校于 1947 年停办。女子学校在王永发家后院，学生 30 多名。因学生年龄大小差很多，学习内容也不一样。当时教课的先生姓陈，除了教识字以外，还教忠君孝亲、尊孔礼义等。

以前能上得起的家庭本来就很少，如果让女孩子去上学那就更是稀奇。女校招的都是大户人家的小姐和陪读。如果不听话一般不会打手心，先生采用罚站、背诵课文以及告诉家长的方式。

（2）男校

1926 年到 1937 年 10 月 5 日成立男子学校一所。也是日本无条件投降后，男子学校恢复上课，同样在 1947 年停办。校址是现在的保健站处，校长是王才臣，教师有吴兴村、于国华和李金耀，李金耀是富农，家有 2 头骡子。初级学生要学习识字、算术、珠算、政治，内容以"三民主义"教育为主。这个时期男校每年有 3 个学期，6 月初放"麦假"10 天，9 月初放秋假 30 天，过年放寒假 20 天，正月十六开学。

2. 学生读书率低

来这里上学的孩子不用出学费。那时读书率很低,不读书很正常,即使读书也只上2年到4年。有的是因为上不起,有的是读不进去书就干脆下地干活了。读书的主要目的不是升官而是识字。老板、绅士、保长的孩子上学与否也要看具体情况,一是要看他们是否有钱,还要看他们对孩子教育的重视程度——只有家里有钱,还愿让孩子读书的家庭才能实现。他们的孩子一旦读书,一般在4年以上,大部分也是为了识字。除了去男校和女校,他们的孩子小的时候一般上过村初级小学。

3. 先生因材施教,受人尊重

一是先生因材施教。男校中如果上课调皮或者不好好学习,也会体罚,一般是用细竹竿打手心或者打脑袋。不管是普通农户的孩子,还是地主、富农、村长的孩子,只要不听话一样受罚,学习好则一样鼓励。老人说:"每个孩子都有自己的特点,熟悉并且掌握他们各自的特点才能更好地传授知识。"

二是先生备受重视。先生的工资就是村里统一给先生每月发放的3斗米。二月二每个有上学小孩的家长都会做好面坨让小孩带到学校送给先生五六个。过春节需要给本村的先生李金耀和任立杰拜年,而外村的于国华过年回家,所以不用拜。除此之外,八月十五要送月饼,五月端午要送粽子。因为于先生已经60多岁,从外村来生活非常不方便,村长任永吉就安排他住在13岁的堂弟任永康家里的厢房。并且找任永康和任永吉的侄子——12岁的任立赢,每天给先生烧炕,陪睡,并在早上起来要倒尿盆。先生在学校就自己做饭吃。教书先生碾米和种菜不用学生或者家长负责。

三是先生地位崇高。除了教书,先生还在村里做执笔人,因为忙于教学不做说合人。教书先生与保长、绅士等比起来地位差不多,属于村里的"知名人士",但是不参加纠纷的调解。村里谁有不懂不明白的事情,一般会请教先生。就连村长和保长都要礼让三分,有时会请先生给自己出谋划策。

(三)奴化教育

1937年10月5日日军入侵正定,学校停办,教师逃亡。1938年日伪时期,人民生活特别困难,没钱让孩子上学,政府教育科为实施奴化教育强迫教师回校上课。这种奴化教育1944年才停办。

一是任用本地先生。由王才臣担任名誉校长,先生有吴贞如、李金耀、李金奎。后来还有任立杰,他是上中农,家里有60亩地、3头骡子。"教日语的先生叫任兰,男性,家里兄弟5人。叔叔任永吉当时是村长,也是叔叔资助他学习了日语。先生没有工资，但是可以免除农业税。当时的先生都是日本人强制任用的，如果不从，他们自身以及全家的性命都难保。

二是强制学习。所有学习内容由伪社会局制定，在此基础上增开一门日语课，从日语拼音学起，包括日本文化。因为老百姓都害怕日本人，所以日本人就发动军队到处到农户家里抢孩子进学校学习。在学校内设有学监一名，由日本人担任。他负责维持教学秩序以及对先生的监视。如果有先生或者学生罢课、学习非指定的知识，将被学监现场处罚。先生会被带出去，到宪兵队殴打；学生则会在教室现场打手心。

三是强制交学费。凡是去日本人开设的学校上学的孩子，不管是不是被强制，每个月都要交一袋粮食作为学费。如果交不起，日军就会派人到家里抢粮。如果没有粮食就拉走牲口。如果家中一无所有，会把年轻女性带走做慰安妇。

第七节 文娱与文娱关系

传统时期，由于农业生产比较繁重，农户在每天的体力劳动之后亟须娱乐来释放下压力。而冬季漫长的农闲期也给广大的农户提供了休闲娱乐的机会。本村的休闲和娱乐活动较少，主要围绕"看戏"和"打牌"来考察1949年以前牛家庄的文娱与文娱关系。

一、看戏及其关系

（一）戏班

1. 戏班拉活

本村正月十四到十六会连续三天唱戏——京剧。每天三开箱，上午巳时（9点）到午时四刻（12点），下午未时四刻（2点）到酉时（5点），戌时四刻（晚上8点）到亥时（11点）。本村没有戏班，所以要请县里或者其他村的戏班。唱得好的价钱高，次一点的价钱低。通常一个戏班要20—30人。戏班各种乐器间的配合是必须的，这些配合中会有一个爱管闲事且爱张罗的人做领导。开戏前这个做领导的会在各村"拉活儿"，问是不是需要唱戏，并且谈好价格和时间，如果预定要提前2—3个月。各个戏班子都很卖力气，因为吃这碗饭不容易，演出时不会出现太大的失误。村中老人说："如果有失误不会影响这次的收入，但下一次村里可能不再请这个戏班了，消息传出去，其他村子也许也不听了。"

2. 村落主办

唱戏都是村里主办，用村里的公费，或者是大户捐赠。通常是由村长负责找戏班。

每年的戏班不一定是同一班，但如果唱得好或者价格合适，会继续请。如果需要取消戏班，必须在开演 15 日前取消，好让戏班继续找下一家。如果超出时限退订，需要付全款。村里派专人接待戏班，通常会排一个厨师每天做三餐，然后联系本村的地主或者富农，找空闲的房子供戏班住。村里负责演出前搭台和演出后拆台。台子会搭在村中心的一块大的空地上。

（二）看戏现场

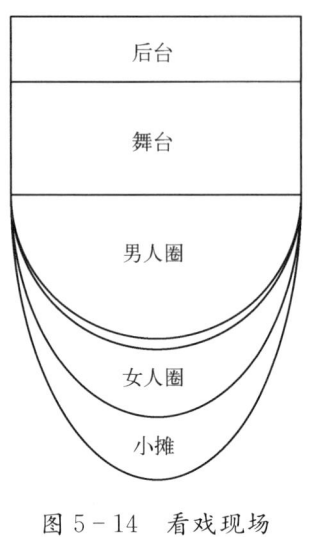

图 5-14 看戏现场

一是看戏的。看戏的人多数是本村的，少数是外村的，但都没有座位统统"立着看"。男人在戏台前面，女人和老人在后面；位置不是固定不变，通常都是挤来挤去，谁有力气，谁就可以去前面；在最前面的一排称为"扒台"（参见左图[1]）。如果全家人一起去，男人会在女人那一圈里陪着媳妇、闺女和老人，防止有人揩油和偷东西。如果有小孩子，通常让他骑在父亲的脖子上看。散场时回家吃饭，饭后继续看下一场。除了本村的戏，其他村有戏也会去看，但在外村看戏晚上无论多远都会赶回家睡觉。

二是看台的和巡台的。看戏现场，会专门设一名看台的和 2—3 名巡台的。看台的负责跟戏班商量曲目的演出顺序并且报幕，要维持现场的秩序，比如不得打架、不是戏班演员不得进入后台等。巡台的负责在场外巡查，看是否有打架的，如果有要赶紧制止，散场后还需要打扫卫生。巡台的对看台的负责，看台的对管台的负责。老人讲了一个故事：

> 1920 年，牛家庄正演戏，国民党有一个班的兵在人群中"发贱"[2]。当时被管台的发现但是无法解决，于是报告给了正在看戏的王老太爷[3]。老太爷一声令下，围观群众把士兵围住打了一顿，士兵就都逃跑了。第二天这个班的连长带着手下亲自给老太爷下跪道歉，老太爷就原谅了他们。后来被王士珍听说了这件事，非常生气，把这些士兵都调往东北齐齐哈尔去挨冻。

三是管台的。管台的一般是戏班的副班主，主管唱戏现场的秩序以及表演秩序。

---

1 来源于王建政老人口述。
2 调戏妇女。
3 王士珍的小叔。

看台的和巡台的都是他的手下。在看戏观众的最外围是一圈摊位，通常有卖香烟、瓜子、糖块、卷子等。"他们不会到人群中去卖，因为货物会被挤掉或者偷走。"老人说。在开演前或者结束后可以叫卖，但演出时不能叫卖，因为会有管台的管。为了节目效果，管台的会安排人在人群中喝彩或者喝倒彩。如果戏演得精彩，会带领观众鼓掌、叫好，如果演得不好，或者人物角色被人厌恶，又会带领观众说："咚——"

四是观众专注看戏。观众不会谈论其他内容。一般不会邀请村长、保长等有权势的人一起参与，除非关系特别要好。关系不好的村民不会一起去看戏，因为"在一起心里就别扭，不舒服"，所以更倾向于跟志同道合和有相同兴趣的人一起。

二、打牌及其关系

因为晚上和冬天无法务农，人们闲来无事就会找些娱乐活动。打牌就是其中一个。村里的农户平时晚上都打牌，这个牌是牌九，由竹板制成，过年期间最集中，"也就是正月十五、十六全天和初一到十四的晚上"。

（一）牌友及其关系

1. 打牌及冲突

（1）牌友主体

打牌就是牌友，参加人没有小孩儿，男性、女性和老人都可以，一般是30—40岁的本村的男性。打牌的地点一般在牌友家里或者小鬼庙，每桌4—5人。因为打牌一般会涉及金钱，只要村民上桌就能一起玩。"身上有现金更好，如果没有现金可以抵押东西，实在没有可以抵押人。所以只要敢上桌，就不怕赖账。"

（2）赌注可大可小

另一位老人回忆说："赌场游戏分为纸牌或者牌九。"玩牌九时最少4人，一人为推手，其他人带注、押注。可以变换方位，比大小论输赢。押注分几种形式：一是押钱，赌一把可以押上几毛几块钱，"赢了就拿走桌上的钱，输了就被别人拿走"。一种是押粮，村民用一粒小麦代表一袋粮食，在桌上下几粒就代表用几袋粮食下注。还有用牲口抵押的，家里有牛、马、骡子等牲口的可以抵押，但是必须要找一个大家都信任而且熟悉他情况的人给他做一个公证，并且要现场写一份契约，内容写用某某牲口作为赌资，不得反悔。再一种是赌房子的，也是要村里熟悉的人公证，但是要把房契拿出来，抵押要房契的原本。还有一种是押人的，一般是押老婆或者孩子。押老婆的要提前说好，如果输了老婆要陪胜者睡觉几天，如果输得太多，就会把老婆直接抵债。押孩子的一般是家里缺少孩子的农户要，孩子不能太大，如果赢了就算是免费抱养一个。

（3）打牌专注，不问其他

打牌的人都有瘾，不等牌友来叫，自己就会去找牌友集合。一旦开局，打牌的村民全身心扑在牌局上，一心想如何赢牌，所以不会讨论家长里短或者国家大事；如果杀红了眼睛，即使家里出事，家里人来叫他也舍不得回去。老人说：

> 清末有一家姓呈的农户，非常爱打牌。为了打牌饭都可以不吃，一进牌局什么都不顾。有一次家里着火，媳妇来喊他。他就是不信，依然要继续打牌。媳妇没办法回去喊了街坊邻居去帮忙，但是那时火已经烧得差不多了。等他回去了也傻眼了，家里烧得已经差不多了。但是他一看牲口、媳妇、孩子还在，他觉得以后还可以再赌。

（4）打牌贷款

平时打牌，一般会有一个农户专门跟"三合号"联系，负责做中间人现场贷款。有村民现场输了钱，但是深信自己下一盘就能赢回的就会找他贷款。贷款的时候要画押，抵押物一般是家中的房产、牲口。很多人输得越来越多，贷款也越来越多，最后钱也输光了，还欠下一屁股债。"三合号"因此赚了不少钱，会派专门的打手去找农户收债。收完之后给中间人提成。所以中间人也赚不少钱。

（5）打牌的矛盾及调解

一是打架原因。如果输钱太多心里也不舒服，很少有人愿赌服输。如果农户身材弱小一点可能输了自动离场，但是有些身材比较魁梧的，咽不下这口气的话就会赖账。所以打牌时常常打架。还有一种原因是有人出老千。这种矛盾更为激烈，在牌局上这样的行为一般要斩手一只来作为对欺诈行为的惩罚。早几年有好几个独臂的农户，就是因为出老千被抓。

二是矛盾调解。这种矛盾都由牌友自己调解，除非出现伤残情况，否则族长、保长、村长也不会管。如果真伤了人，受害者家人会带点心请保长等做说合人来调解，事成之后请说合人吃饭。一般说合人说话比较好使，事情容易解决。但如果发生了命案就要告官，"死了人村长也保不住他"。

2. 牌友喝酒及冲突

一是喝酒不分亲疏。牌友各回各家吃饭，如果要留在打牌处吃饭，通常要加钱。打牌结束后关系好的会喝酒，但是不强制。喝酒的人不固定，但都是关系好的。女性可以自己喝酒，但是不跟男性在一起喝。亲戚之间会在打牌后一起喝酒，一般来说喝酒无所谓是不是亲戚，可以有外姓家族或者外村的人参加。谁请客谁提供酒，常喝的是枣做的"枣缸子"和大米、小米做的"大叉酒"，不会平摊；喝酒时不会谈论也不关心官府的事情；喝醉了让酒友或者家人带回去。在朋友家喝醉时如果有住处会留宿。

二是纠纷调解。如果发生喝醉酒打架等纠纷，要由两家人各自劝，劝好后再继续喝。官府不会劝酒也不会管，除非发生命案。老人讲了一个故事：

> 村里有个村民叫张某，他常常打牌输了很多钱，欠了高利贷一屁股债。经常赢他钱的人叫任某，他常常耻笑张某"没钱就别出来玩了"。张某心中不服，说要请任某吃饭，理由是要向他讨教赢牌的方法。等到任某喝醉的时候，张某拿出早已准备好的菜刀直接把任某劈死了。后来他跑到县里被抓个正着，进了监狱没几天就死了。

（二）牌头及其关系

1930—1945 年，牌头组织牌局。

一是设赌局多为农民兼职。"本村赌场至少有 4—5 家。"老人说。常开的有 3 家，一家在村东头，由任某在自家开办；另外一家在西头，是焦某在家开设的，他们二人都是普通百姓，平时种地，晚上或者农闲时开馆。还有一家是王某，地点在小鬼庙。"他家里没有地，没有媳妇，是光棍。"老人说。通常赌场中都有一个管事儿的和一个跑腿的。管事儿的一般就是开赌场这家的家长，主要负责招揽生意、放贷和维持秩序。而跑腿的一般是家中的女性，多为家长的妻子或者儿媳，再或者是未成年的儿子、女儿、孙子或者孙女，他们负责收费，提供白开水和带饭服务。

二是两种收费方式。他们主要靠收取灯头费[1]和送餐费[2]来赚钱。一般打牌都在晚上，牌头会提供灯油来照明，一天一块钱，由当天赢钱最多的村民出钱。如果牌友肚子饿但是没有时间回家吃饭，牌头负责去他家里带饭或者去饭店买饭，不需要给跑腿费，去饭馆买饭的钱也要牌友自己出。一个月下来，牌头能赚几十块钱。他们自己也喜欢赌博，得来的钱一般用在了打牌上。

三是村长默许。村长的默许有两处：一处是默许王氏使用庙宇。因为小鬼庙平日荒废不堪，给他用也不用出钱。一处是默许他们设赌局。因为村民不在小鬼庙赌一般

---

[1] 夜里打牌需要电灯。
[2] 可以委托他送餐但要支付跑腿费。

就会在农户家里赌,村长认为固定的地点更容易控制,方便管理。

四是与村民的关系。他们平时不给保长、村长、老板送礼,也跟他们没有直接关系。但是红白喜事他们有时也会参加并且随礼,主要是为了自己的生意好做。在村里他们的身份跟贫农没有差别,因为他们虽然能赚钱,但是输得也很快。村里的人很瞧不起他们,不仅因为他们赌博又没钱,"尤其是王氏,最主要还是他一直单身,没有一家农户的闺女愿意跟他"。

第八节 牛家庄村文化变迁

中华人民共和国成立之后,在几十年的变革和改革中,村民经历了土地改革、集体化和土地承包到户之后,村落文化形态发生了多次变迁,形成了巨大的改变。村民的世界观和人生观都得到了前所未有的洗礼。

一、1949年以前的村落文化形态

传统时期,牛家庄展现出一种保守、怀古、务实的文化形态。

(一)回避现实

牛家庄人因为对自身困境的无奈,会不自觉地回避现实。1949年以前的文化透露出无奈的影子,主要体现在三个方面。

1. 极度怀古

牛家庄人对古人有着固有的怀念和迷恋。这种固有的态度有时甚至是发展为极度的。

一是牛家庄人有着一整套完整的祭祖程序,可以看出他们对古人的怀念。人的生老病死本是一种非常自然的生命现象,但是却被村民赋予了非凡的意义。他们坚信前人死后灵魂不灭,只要后人心诚、善待前人,那后人就可能受到前人的庇佑。于是牛家庄建立了高大气派的祠堂,在田地里专门预留了祖坟位置,家里供奉着先人神龛。每次祭拜都有严格的时间、地点和人员的规定,只有这样才能体现对前人的崇拜和尊重。只有程序一丝不苟,才能体现心诚。"先人在天有灵才能听得见你的呼声。"老人说。

二是牛家庄村民沿袭传统的习俗,相信这样可以融入人群。在婚姻习俗中,他们严格遵守着保媒、迎亲、结婚、问安等礼数的顺序,一个程序不对就是"奸夫淫妇",就有悖常伦。在丧葬习俗中,纷繁复杂的程序让本来因为丧失亲人的生人耗费更多的精力,"办个丧,脱层皮"。在各类节日庆祝中,也是遵循一成不变的规矩和礼数,如果犯了忌讳,"一年都要提心吊胆担心遭到报应"。而在日常习俗中,敬老和患病体现的原则依然是平等。从古至今无人打破,村民认为只有平等才是对个人最大的尊重。

2. 信奉鬼神

牛家庄村民信奉各路神仙,以逃避现实,汲取力量。

寺庙神、家神、鬼怪的崇拜和信仰,无一不体现出村民对于现实的无奈。祈求的内容范围涉及下雨、避灾、躲蝗虫等方面,几乎涵盖了大部分的生产需要;还包括借东西、求子、配姻缘、求功名、求发财、消病灾等方面,也几乎涵盖了生活中的各种事情。他们在现实中对于没有把握或者没有认识的事情,只能祈求神灵鬼怪,以借助他们的力量来帮助自己。

3. 娱乐麻醉

村民平时的生活虽然困苦,但是依然会抽空给自己"找点乐子"。

一是休闲。在吃饭的时候可以选择不同的食物,选择不同的吃饭地点,这就是去饭馆或者去集市。聊天可以谈不同的话题,选择不同的倾诉对象,这就是找朋友、亲戚聊天。实在无聊只想发呆也可以选择不同的地方,这就是晒太阳或者去旅馆睡觉。

二是看戏。传统时期没有太丰富的娱乐项目,看戏成为几乎人人喜欢又人人艳羡的项目。人人喜欢是因为表演红火热闹,新奇的打扮、新奇的表演方式会给人以放松的感觉;免费观看的形式,降低了消费的门槛;表演中刻画的人物表达出了村民心中的喜怒哀乐,讲出了他们想讲却不敢讲、敢想不敢做的事情。

三是打牌。打牌与其说是一种放松自己的娱乐方式,倒不如说是一种让农户神经更为紧张的活动。打牌就会涉及赌博,他们总想在短短的时间内赢取几年甚至一辈子的财富。所以打牌才成为几乎全村都在进行的娱乐活动。就连村长、保长也会参与其中。人们贪婪的一面暴露出来,但其实更体现出村民求生的本能。

(二)挣扎当今

村民虽然对现实无奈,但是依然充满了信念,为了求生挣扎于世。

一是相信生育。虽然现实很无奈,但他们依然坚信可以改变自己的命运。他们用自己的方法来改变自己的生活——生育。"有人才有希望",村民相信人多力量大,有人才能承担更多的体力劳动,有人才能赚取更多的财富。他们鼓励多生,也不会节制,认为"多生是福"。在生育方面,女性生前生后两个样,因为"母以子贵";对于男性,儿孙满堂被认为是成功的标志,而如果膝下无子,则被认为可耻也可怜。

二是相信教育。村中兴办了形式多样,适合于各类学生的学堂和学校。从家塾、私塾、村塾再到男校和女校,都体现出村落对孩子教育的重视。村民对孩子的教育也非常上心，如果条件允许，村民往往会"举全家之力供孩子上学"，"勒紧裤腰带也不能苦了孩子"。家长对先生尊崇备至，除了给先生当面恭维之外，还要在逢年过节时送礼，如果先生有地还要帮忙干活。"学而优则仕"，他们相信教育的力量，相信教育好了孩子就能当大官，当了大官定能带他们整个家族脱离困境

三是相信勤劳。村民口中流传一句话叫"勤能补拙"。村中大部分农户的家庭情况都差不多，唯有靠自己的勤劳努力才能在人群中获得一席之地。勤劳在男性身上体现为干活的勤劳和读书的勤奋，在女性身上体现为操持家务的本领。光有勤奋还不行，村民相信"勤俭持家"，相信"成由勤俭败由奢"。

二、1949年以后的村落文化形态变迁

1949年以后的牛家庄在文化形态上发生了几次变化，下面分三个时期进行阐述。

（一）土地改革运动时期的文化

1. 增设学校

一是开办夜校。1952年，牛家庄村成立了农民夜校，学生有200多名。农民白天干农活，晚上到指定地点学习文化知识。当时农民学习的积极性非常高，纷纷参加农民夜校。夜校根据学生识字程度编班，分为初级班和高级班。初级班以识字为主，课程主要是农村常用的字，如人与人之间的称呼、庄稼名、工具名，同时配合学习初级识字课本。高级班设有语文、数学、珠算，教师10人左右。农民夜校为牛家庄村培养了很多人才，还有很多后来在大队、小队担任了干部。

二是开办高级小学。1952年，牛家庄开办高级小学（完小），全体师生300多人，第一届高级班招生56人，生源来自牛家庄、木庄、三角村、曹村、东洋、教场庄、岸下、树林、五里铺。课程有语文、算术、珠算、自然、卫生、地理、历史、政治常识、体育、图画、手工、唱歌，中午每个学生写一篇毛笔字。高级小学成立后，组建了军乐队，购置大鼓1面、小鼓4面、军号24把、钹2个，全体队员30多名。牛家庄学校把指示列入教学改革的重要内容，上课一律使用普通话。[1]

2. 自设戏班

在这个时期，村落不再外请戏班，成立了自己的京剧团。1953年，牛家庄村成立业余京剧团。龚俊江任团长，蔡兰英任教师。须生3人、青衣2人、老旦1人、花脸4人、武生1人、丑角2人、小生2人；司鼓2人、司锣1人、小钹1人、京胡1人、剧务1人。演出的剧目主要有《辕门斩子》《借东风》《战长沙》《玉堂春》《二进宫》《秦香莲》《狸猫换太子》《空城计》《打龙袍》《华容道》《秦琼卖马》等。剧团除日常

---

[1] 来源于《牛家庄村志》。

在本村演出外，还经常应附近各村庙会的邀请出村演出，王永发演的包公戏，嗓音洪亮，手眼架子在行，动作、气魄到位，在吴兴村庙会上一举成名，人称"小老包"。

（二）集体化时期的文化

1. 教育在波折中进步

一是开办幼儿园。1958年，按照县委指示，办起了幼儿园，实际是托幼性质，招收儿童40多名。为办好幼儿园，大队抽调几名有文化的妇女当先生，把幼儿组织起来。地点在王士珍旧居的临街房内，由先生带领集中玩耍，同时学习些简单的汉字、数学、唱歌、做游戏等，直到1960年夏停办。当时的教师是王文秀，当教师可以挣工分。1964年，牛家庄小学开始招收幼儿班，也叫育红班，有学生50余名。

二是学生参加田间劳动。1958年，《汉语拼音方案》正式公布，牛家庄小学停用注音字母，改用汉语拼音字母。秋天，教育局贯彻"教育为无产阶级政治服务，教育与生产劳动相结合"的教育方针，强调突出政治和保证劳动时间，学校卷入"大跃进"运动。频繁停课，参加田间劳动，正常的教学秩序被打乱，教育质量受到严重影响。当年冬天，县里按教委通知纠正了学生劳动过多的偏差。1960年至1962年经济困难时期，粮食短缺，造成师生营养不良，体质严重下降，学校决定缩短上课时间，实行劳逸结合，停开体育课，解散幼儿园。1963年后，情况逐渐好转。1966年"文化大革命"开始后，原教学计划受到严重干扰，学校成立了红小兵组织，取代了原来的少先队，但仍能坚持上课。1968年，贫下中农代表进驻学校，参加学校管理。公办小学下放到大队来办，国办教师回原籍任教，由商品粮转为农业粮，由挣工资改为挣工分。

三是开办初中和高中。1968年底实行社办高中、村办初中。原初中三年制改为两年制，小学六年制改为五年制，即七年一贯制。1976年增设村办高中，校址在牛家庄原副业股院内，设两个班，110名学生。1977年底取消，原班学生回初中复读，参加1978年中考。当时由于农村中学盲目兴起，小学教师提升到初中、高中任教。因小学教师不足，由民办教师补充，结果造成了师资水平全面下降，直接影响了教学质量。1976年10月，在粉碎"四人帮"之后，贫下中农代表撤出了学校，学校配备了校长、主任，取消了红小兵组织，恢复了少先队，教学秩序得到恢复。

2. 成立俱乐部

1964年，牛家庄成立俱乐部，主要是"要把村民的业余生活丰富起来"。负责的两个人都是外行，既没有经验，又缺少人才，更谈不上乐器设备，找了几个初中、高小毕业生，所演出的节目非常单调，只有快板、对口词等一些无伴奏的节目。1966年，"文化大革命"开始，俱乐部队伍扩大，改称为"毛泽东思想宣传队"。党支部宣传委员任立庆主抓，队长熊老榜，队员15个，小乐队成员有3人。随着人员的增加，经验的积累，县文化馆也定期下发一些宣传资料，节目的种类有所增加，逐渐学排小合唱、表演唱、舞蹈、独唱、天津快板、三句半等群众喜闻乐见的节目。1968年后，革命样板戏风靡全国，选场、选段都成为宣传队的主要节目，有实力的还排练了全场，根据需要，宣传队又增加了一部分力量。排练的节目有样板戏《沙家浜》中的选场"军民鱼水情""坚持""智斗"以及《智取威虎山》中的选场"深山问苦""李勇奇"等。加上一些小节目，都能组成整场演出，每年正月和公社各村进行对换演出。"文革"后期宣传队解散。

（三）土地承包到户时期的文化

1. 教育上了新台阶

一是幼儿园硬件设施提升。到1978年，教育环境得到改善，育红班增添了教室和活动场所，也有了一些玩具。1986年义务教育法实施以后，幼儿教育列为九年义务教育的基础，成为小学的学前班。当时，学校幼儿入学率达到95%。教室有桌凳、黑板、风琴、计数器。户外有球类、跳绳、滑梯、转椅等玩具设备。入学儿童240名，幼儿教师有3人。

二是庆祝第一个教师节。1979年，牛家庄小学共有教学班22个，其中初中班6个，全体学生960名，教员、职工42名。1985年9月10日，县政府在常山影剧院召开千人大会，庆祝第一个教师节。

2. 重新组织战鼓队

战鼓是牛家庄的传统文化娱乐项目。早在1950年至1960年，由于当时农村还没有电视、收音机，也没有其他娱乐项目，每遇到各种庆祝活动都要敲战鼓，尤其是春节期间（初一到十五），每天晚上都要敲到半夜。会敲鼓的轮流敲，不会敲的围在四周看热闹。主要鼓手有5人。"文化大革命"期间，由于鼓手们年龄较大，部分人员相继去世，战鼓声逐渐消失了。1980年，伴随着改革开放，以任立宅为首的新一代战鼓队又重新组织起来，村中有5—6人为骨干，在继承传统鼓谱的基础上，又到东杨庄战鼓队取经学艺，并采纳了他们的部分鼓谱，同时又增加了部分妇女充实队伍，全体队员40多人。除在本村开展娱乐活动外，还经常应邀参加企业、门市开业等庆典活动。

第九节　牛家庄村文化实态

进入新时代，牛家庄人的生活发生了天翻地覆的变化，传统的文化也遭到了冲击，逐渐形成了新的文化现象。在信仰、习俗、教育和娱乐等方面的表现表明牛家庄已然步入了新的时代，但依然部分延续着传统。

一、信仰和崇拜

（一）崇拜变化

一是神的崇拜几乎不见。传统时期的关帝庙、小鬼庙、三座菩萨庙已经全部被拆除。只保留了一座龙王庙，但是已经不在原来的位置。老人说："修建龙王庙完全是为了保存文化，但是真正相信的人已经很少。"许多年轻的村民甚至都不知道龙王庙的具体地点，也就意味着当初盛极一时的龙王在当代越来越没了市场。

二是祖先的崇拜形式改变。以前随处可见的祖坟由于国家政策的原因已经消失不见。祖盒也散落各处，多数人都不知道祖盒为何物；虽有部分人收藏，但是也只是出于兴趣，早已失去了纪念先人的功能。祠堂现在改成了小学，没有了当年祠堂的气息。族谱重新整编，进入了《牛家庄村志》，作为村庄的文化保留了下来。没有坟墓、没有祠堂、没有祖盒，人们如果想要祭祖，一般要去村落新建的纪念馆去祭拜，那里统一收藏着全村亡者的骨灰。

（二）信仰改变

一是怪力乱神信仰消失。由于寺庙消失，人们很难再想起寺庙神，以前的各类家神也消失不见，人们过年不再贴家神的年画，取而代之的是国家领袖画、水墨画、水果画等等，只保留了装饰的功能，去除了信仰功能。以前各种"道"杂多，信仰鬼怪的也多，但现在多数农户认为人生老病死是正常现象，也不存在鬼怪。很多以前无法解释的现象，在科学面前，都一一被看破。小鬼庙被拆除，标志着人们与鬼神的信仰基本决裂。

二是明星信仰崛起。随着各种老旧信仰的根除，更多明星信仰逐渐占据了村民，尤其是青少年的脑袋。"哈韩""哈日"风崛起，各种后援团、明星粉丝团"异军突起"。不同的人信仰不同的明星，把明星作为自己的榜样，相信他们能给自己带来正能量。

二、文化习俗

进入新时代以来，牛家庄村民的一些习俗在改变。

(一)丧葬方式改变

一是从土葬到火葬。传统时期人们都是土葬,流行建墓穴。牛家庄的南部和西部,在20世纪60年代经常挖出砖砌冥堂,距地面三四米不等,多数墓内放有陶罐等物,不知距今多少年。明代回民将军白邦安葬于村南,原有石桌石碑。清代张将军墓在村西与吴家坟为邻,曾有石桌石碑。村东北有唐家坟、闫家坟、郑家坟,都是规模较大的坟地,1986年因平坟划方,现已无存。到了新时代,土葬慢慢改为火葬。

二是纪念堂摆放骨灰。本村专门存放骨灰盒的地方叫作牛家庄纪念堂。2013年7月纪念堂工程基本竣工。牛家庄纪念堂位于牛家庄村东南,北距南环路200米,南临京珠高速公路,占地12亩。纪念堂面南坐北,东西长40米,南北宽18米,建筑面积720平方米,框架结构。堂内净空5.5米,中部屋顶(面积150平方米)升高至8.5米,呈双坡形,脊高10米。屋面盖金黄色琉璃瓦,外墙面镶蓝灰色面砖,堂前设4米宽平台、青石板地面、汉白玉栏杆。正门前设9级台阶,中间镶龙凤石雕。阶前8米宽的甬道直通前大门,前大门门楼四梁八柱,檐高6.5米,黄瓦起脊屋顶,两边各挎两间耳房。门外一对石狮分蹲两旁,距大门外15米有影壁一座,长12米,高6米,壁面镶黑绿色大理石。纪念堂后有18米深的后院,在靠后墙中间建有塔式燃烧炉,专供烧花圈、丧棒之用。炉两侧后墙上镶石质十二属相各一套。属相前设有烧纸的灶膛。纪念堂内设置有骨灰盒架,能存放骨灰盒2000套,可供牛家庄使用50年。纪念堂的建成解决了墓地紧张问题,彻底消除了乱葬、乱埋、侵占耕地的弊端,为农田的充分利用创造了条件,为农村的殡葬改革开创了先例。

(二)年味变淡

一是新方式过年。以前过年全家人都会一起过,"有钱没钱回家过年",但是现在有很多人采取旅行过年的方式,不再回家。或者忙于工作,过年只放几天假,过了初七就要回去上班,正月十五无法再与家人一起过。

二是过年不热闹。以前过年要放炮,但现在因为安全问题以及大气污染的原因,村里已经不再允许燃放烟花。以前网络不普及的时候,人人都守着电视看春晚,而现在更多的人选择在网上冲浪。

三是拜年不真挚。以前拜年见了长辈要磕头,现在只是问好;以前各种亲戚都要拜年,现在路太远的就打电话拜年;朋友、亲戚间越来越多短信和微信拜年,复制粘贴一段祝福的话,然后群发。老人说,"有的名字都没有改就转发给了别人",显得失去了很多真诚。

四是不再盼望过年。以前过年才能穿上的新衣,现在随时都可以买;以前一年等过年才吃一顿饺子，现在顿顿吃都没有问题；以前孩子期盼过年能得到几块几毛的压岁钱，而现在家里几乎都不缺钱，如果有红包也给得很多，动辄几百、上千块。

五是惧怕过年。以前过年了可以跟家人团聚，有一种归属感。现在的村民回家过年，如果还在上学，会被亲戚的"学习好不好""有没有对象"等问题所困扰；如果已经工作，会被"工资待遇如何""有没有对象"等问题所困扰；等结婚了，又会被"什么时候要宝宝"等问题困扰。对于正在打拼的年轻人来说，工作了回家要送礼，这对于他们是一份沉重的负担。

(三) 红白喜事增加现代感

现代思想和科技的涌入，使得现在的红白喜事都显得更有现代感。乐队从以前的敲锣打鼓换成了歌手演出，娶媳妇用的大花轿变成各种豪车，以前在农户家办的酒席现在多在酒店举办，以前通过媒人才可以成婚的习俗到现在多数都是自由恋爱了。

1. 婚前准备

近年来，农村婚庆方式有了很大变化。在男女双方确定婚姻关系后，要先拍大型结婚照，以备在婚礼上展示，同时再照数张小型照片，装入相册留作纪念。婚礼前一天，男方婚事管理人员由媒人带领，携简单礼品到女方家中告知行车路线和迎亲时间，确定嫁妆开箱礼的数目，以防现场发生争执。另外，还要熟悉双方习俗，勘查道路状况，敲定女方送亲人数，为迎亲做好充分准备。晚上要敲战鼓，放礼花炮，大门前搭建充气彩虹门，营造婚庆气氛。鼓炮结束后，开启音响，在欢快的舞乐声中，民间舞蹈队的队员们跳起优美轻盈的健身舞直至尽兴。

2. 迎亲

结婚日清晨，在迎亲出发前，要在录像人员的指挥下举行简单的仪式，新郎对父母的养育之恩及为儿女婚事的辛苦操劳深表感激之情，说一些感谢父母的话，并和父母一一拥抱。之后新郎与四男四女八名娶客在媒人和主管的带领下，加上四五个放炮的和两个录像的，乘坐汽车前呼后拥直奔女方家迎亲。沿路放炮，仍按旧俗。男方人员到女方门口不进家门，只有新郎一人前去接迎新娘。这时女方送客伴娘都在新娘屋内，将门紧紧关闭，新郎手持鲜花在门外苦苦哀求开门，门内则提出好多"刻薄"条件，新郎全部应允，最后新郎高歌一曲，并大声喊新娘的名字说"我爱你！"方能进屋。新郎进屋后跪在新娘面前，献花并说"某某我爱你！""你嫁给我吧"等求婚之类的话语，新娘微笑点头以示应允，随后准备上车。新娘上车脚不能着地，要由新郎抱到车上，这时鞭炮齐鸣，总管将男女双方人员安置上车，浩浩荡荡前往男方家。到男方家后，要等吉时下车，新郎手挽新娘在鞭炮声中缓缓进入洞房。男方将女方客人迎进家中入座，女客人在洞房，男客人在堂屋。休息片刻，即设宴招待，俗称为"落轿席"。

3. 婚礼

宴后举行拜堂仪式，程序是一拜天地，二拜高堂。现场将公公婆婆安坐至儿媳妇前方，磕头后，儿媳当众改口叫爸叫妈，婆婆即时给儿媳赠送三金（即项链、耳环、戒指），随后婆媳俩、父子俩深情拥抱，接着拜叔、伯、姑、舅等亲戚，被拜者按亲属关系的远近、辈分的大小拿出数量不等的喜钱（磕头钱）。拜堂结束后，主人大宴宾朋，同时新郎偕同新娘返回女家拜见岳父岳母，认识女方亲友，俗称"回门"。在女方宴后，新人再回男方家入洞房。婚礼过程全部录像制成光盘以备将来观赏。

（四）满月习俗改变

牛家庄村在20世纪60—70年代，做满月习惯是挎一个篮子，盛满馒头、油条，或几斤鸡蛋，或五斤挂面，上盖3尺或6尺花布。最引人注目的还是外祖母即姥姥的礼品，不仅给孩子打手镯、定长命锁，还要做几双不同款式的虎头鞋、老虎枕头。"据说，老虎是百兽之王，穿虎头鞋、枕老虎枕头可以祛病辟邪，保佑孩子长命百岁。"给小孩做衣服也有讲究，"姑姑袄、姨姨裤、妗妗的花兜肚"。满月这天，多是妇女参加，争看小孩姥姥、姑姑、姨姨、妗子的做工。一般满月活儿都是细心裁剪缝制，做工精致细密，吸引众多亲朋欣赏评论，也是妇女们做满月活儿交流取经的机会。

到20世纪80—90年代，做满月又有了新的发展，多是送营养品、童装、毛毯、睡袋、童车之类。现今，实物礼品改为贺喜上礼钱，少则几十元，多则上百元。过去做满月宴请宾客是在家中，开席前先吃挂面或饸饹，随后八凉八热八大碗。现在多数在饭店一定几十桌，其场面之大、人员之多不亚于婚宴。

三、文化教育

以前只有村里少数人才可以得到的教育，现在几乎得到了全面普及。学校的硬件、软件设施也逐渐从简陋的环境中脱离出来，走上了现代化和科技化的道路。2012年末，牛家庄小学教室里冬有暖气、夏有电扇，并配有多媒体播放室、微机室、音乐室、远程教育接受室、仪器实验室、体育器材室，劳动器材室、现代教学设施成龙配套，功能齐全，优美的环境和完备的设施均达到了国家2类标准。学校现有6个教学班4个学前班，教师32名，其中本科31名、中师1名。学校实行义务教育制度，学费、书费全部免除。

四、文化娱乐

一是新时代娱乐更为多样。1997年，为丰富群众业余文化生活组织了老年秧歌队，每天晚饭后排练。1998年农历正月十五,村秧歌队曾到正定县城参加了正定民间花会表演。1999年之后,每年春节都要在村委大院进行文艺汇演。战鼓队在2002年2月,参加了正定县第十届迎春战鼓比赛,并获得好评。

二是娱乐更为个性化。2001年秋天,在筹备房舍、桌椅、笔墨、纸砚之后,成立"牛家庄老年大学书法班"。学员20人左右,每天坚持练习,并多次聘请书法名家来现场指导。学员的书法作品2009年荣获第五届"欧阳询奖"、全国书法大赛金奖;2010年荣获全省廉政文化建设现场观摩活动正定书画比赛二等奖;2012年在白沟新城杯全国书法大赛中被评为入展作品。除此之外,人们可以唱KTV,跳广场舞,等等。

第六章　牛家庄村的治理形态与实态

在传统社会，税收、劳役、摊派要依靠保甲制度来落实，保甲是牛家庄政权治理的基石。除此之外，村落的大部分事情要靠村民实行自治。其中需要家户、亲族来治理，同样也需要信缘和业缘的治理。

第一节　政权治理与治理关系

牛家庄唐代属于真定县尚德乡，明代开始迁入大量山西移民，先后更名为柳下庄、朱家庄、牛家庄。抗日战争时期属于正藁县第4区，解放战争时期又属于正定县。这里为平原地区，地势开阔，有千顷良田，是兵家必争之地。后来又经过国民党、日伪、土匪等祸乱，于1947年第一次解放，在1949年正式解放。

一、政权治理概况

牛家庄的区划经历过巨大的变化。明万历至清顺治期间，全县乡村置12社，牛家庄村属北牛社。

民国设保甲制。保甲以户为单位编组，设户长；十户为甲，设甲长；十甲为保，设保长。各保就该管区域内原有乡镇界址编定，或并合数乡镇为一保，但不得分割本乡镇一部编入他乡镇之保。老人说："100户为一保，日军来之前牛家庄只有三保半。当时也就有三个保长，另外半个由村长兼任。"当时没有保公所，都要到乡公所办公。

平时就在村长家里办公。

> 大乡镇得编组为若干保，设保长联合办公处，由保长互推一人为主任。户长基本由家长充任，保甲长名义上由保甲内各户长、甲长公推，但县长查明不能"胜任"，或认为有更换必要时，得令原公推人另行改推。户长须一律签名加盟于保甲规约，并联合甲内户长共具联保连坐切结，声明如有"为匪通匪纵匪"情事，联保各户，实行连坐。保甲长受区保长指挥监督，负责维持保甲内安宁秩序。联保主任受区长指挥监督，负维持各保安宁秩序总责，但各保应办事务仍由各该保长负责。保甲组织的基本工作是实施"管、教、养、卫"。"管"包括清查户口，查验枪支，实行连坐切结等；"教"包括办理保学，训练壮丁等；"养"包括创立所谓合作社，测量土地等；"卫"包括设立地方团练，实行巡查、警戒等。[1]

民国二十一年（1932 年），全县划为 9 个区，牛家庄属第 2 区。抗日战争时期（1943 年），抗日政府行政区划，牛家庄为正藁县第 4 区。日伪政府行政区划，牛家庄属第 5 区牛家庄乡，牛家庄是整个伪乡的行政中心。解放战争时期，民主政府行政区划，正定县辖 7 区，牛家庄属第 5 区（朱河）。国民党政府行政区划，5 镇 29 个乡，牛家庄属牛家庄乡（1944—1947 年）。中华人民共和国成立后（1950 年），全县设 6 个区，牛家庄属第 4 区牛家庄乡。

二、政权治理主体及其关系

牛家庄的政治治理结构（见图 6-1）比较完整，有绅士、村长、村副、保长、账房先生等。

（一）政权治理主体

1. 保长

一是担任资格。保长一般由绅士任命，任期 3 年，多数是富农或富裕中农来担任，工作时要踏实能干，入职后名单要报到县政府备案。在本村，村民都认为保长是吃力不讨好的活，不仅没有工资，得罪人还要自掏腰包，所以不到万不得已都不会主动去当保长。当保长空缺而实在没人自愿出任时，绅士会在富农以上的家户中指派一个担任。老人说："历任保长有王喜桢[2]、秦老法、秦锁子、王老吉、张老凤、任堂子、龚

---

[1] 选自《正定县志》。
[2] 受访者父亲，家中 6 口人，30 亩地，上过 3 年私塾。

富禄、王晓清、王双文、王小环和王老伯。"

二是地位较高。保长是村中的权威人物，地位在族长和老板之上、村长之下。他在赋税方面担负职责，从农户中收不齐钱时会寻求帮助，但有时抹不开面子会自己掏腰包补缺。抓丁时扮演坏人的角色，如果完不成任务，一般会要求各族族长配合，让他们轮流从本族派人出丁，但不能用金钱或者劳役代替。

2. 村长

村长一般是富农或富裕中农，要踏实能干、有资历。村长的产生通常是上级任命，人选要报到县政府备案。历任村长包括王才臣、任永吉。王才臣担任村长十几年，同时兼任小学校长，成为绅士；卸任后任命任永吉为村长。任永吉人称"三面红"，对于日军、共军和国军都能左右逢源。1949 年解放后，任永吉不再担任村长，但依然是村内委员，到 50 年代再次成为村长，1956 年退休。

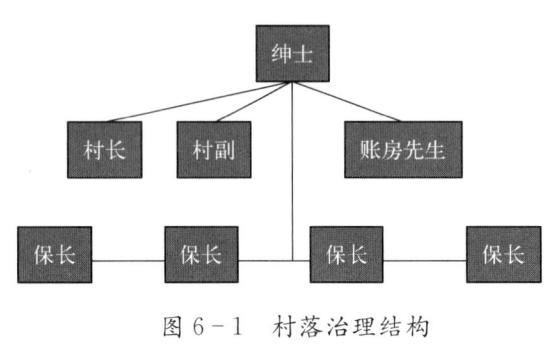

图 6-1　村落治理结构

3. 绅士

一是担任资格高。本村绅士默认产生，不通过选举。绅士任期不固定，一般 50 岁以上可以担任，70 岁干不动了就卸任，不能世袭。"他一般会指挥下属去做，自己只是指挥"，一旦确定了人选，他就不再过问，其中村长、村副、保长、管账先生上任的时候都不用跟绅士请安。每年大年初一，人们去作揖但不送礼，小孩要磕头拜年，然后绅士要给孩子们 1—5 块压岁钱。"1940 年，国民党独立营长驻扎在牛家庄，过年乡邻带小孩去给他拜年，他都给了压岁钱。"老人说。

二是管理大事。村中大事情要跟他商量，而跨村的事情几乎都要由他做主。本村最大的绅士当属王士珍，他在北洋军阀统治时期曾经解甲归田。因为他对牛家庄的村民非常感恩，也乐意帮助他们，所以村民有很多事情都愿意找他帮忙。当时他虽然卸任在家，但是势力不减，"村民的那些芝麻绿豆的小事，很快都能办好"。包括村里人丢了牛、挖了坟、当了逃兵，都是王士珍帮忙解决的。村中还有一个绅士叫王才臣，曾出面赎回了绝大多数被日关押准备送往北海道当劳工的村民。此事文已经提及，兹不赘述。

三是地位崇高。但是他们因为在村落范围内地位最高、权力最大，往往跟村民没有那么亲近，一般的农户不可能跟他们沾上特别的关系。所以遇红白喜事、随礼、攒忙等事情，都是表现的时候，村民都希望能以此"攀高枝"。但是往往这样的机会非常少。

（二）政权治理主体关系

1. 任命和被任命

绅士不在村行政体系之内，但村长、村副、保长、管账先生均由他任命，所以他的地位很高。在绅士减少对村落干预的时候，村长可以自行任命保长。村长和保长被任命以后，要对绅士负责，也要对整个村落负责。

2. 商量与决策

绅士主管跨村大事，村长、保长主管村落事项。在平时处理村落事情的时候，保长因为是村长的下属，所以要向村长请示和商量。村长平时也会召集所有的保长开会来商讨对策；如果事情超出了村长、保长的能力范围，或者村长有任何拿不准的主意，也要同绅士商量。

3. 拜访与红白喜事

因为绅士一般是长辈，逢年过节时，绅士的这些"下属"都要到绅士家拜访。拜访的时候要带礼物，但是绅士一般不会收。在绅士的红白喜事中，村长和保长必须到场，不然"一定会影响以后的发展"；而村长和保长的红白喜欢，绅士一般也会参加，村长、保长也把绅士的到来作为自己的最高荣誉，要把绅士当作最尊敬的宾客来款待。平时保长要去拜访村长，也要去参加村长的红白喜事。如果保长办红白喜事，村长同样会"回一个人情"。

三、政权治理内容

保长治理、村长治理和绅士治理是政权治理的最主要内容。

（一）保长治理内容

1. 收取农业税

一是收税等级。保长的治理内容最为基础，但是也最为重要。他的头项事务是收取农业税。全村5474亩地，土地分三等，一等交最多，三等交最少，地越多税越多。一般在秋收时收税，交税要用钱而不能交粮，因为交粮没有地方可以放，税收通常都能完成八成以上。

二是避税和当夫。村中老人说："如果村民与国民党、中共或者日军任何一方有联系就不用交税，保长也不能抓人，只能由保长垫付。如果没有势力，则只能乖乖顺从。"没势力、没关系、实在交不起的村民，可以向亲戚、邻居或者关系好的有钱老板借。但如果借钱失败，就无法交税，只好去当夫，即出卖劳力。当夫没有年龄限制，只要是男性、能干活,都可以算数,但必须时刻准备着,在国家、县里有需要的时候经村长通知便能马上干活。当夫的工作通常为修桥、铺路等公共性工程建设。但如果没钱没势还没力气,就只能出逃,只要出了村就没事。等风头过了再回来,依然种自家的地。

2. 收取人头税

(1) 收税流程

人头税都由保长收取,每年一次,时间大概在秋收以后,持续 10—15 天。保长先派人在街上敲锣,通知全村交税,这时大部分农户会主动到村公所交,由先生记账。收税的时候,绅士、村长、保长往往有一些尺度可以把握,可以多收作为村庄办公费用,但不能少收,少收意味着完不成任务,需要自掏腰包。他们自己也一样要交。

(2) 收税尺度

一是一般农户躲不掉人头税。对于少数不交的农户,保长必须亲自入户要税。"因为谁家的地有多少,各是几等,在县里都有备案,谁也逃不了。"老人说。交不起的农户,既不会说情,也不会找亲戚朋友借钱,因为交不起税意味着也还不起账。他们也不会搬家,因为搬家包括雇人、雇马车、请人吃饭也需要花钱;即使从一个地方搬到另一个地方,收税时还是交不起。所以交不起都会赖着,历任保长对这样真穷的也无没办法。老人说:"这时候保长不会抓人,通常保长会探明原因,如果知道是实在交不起,会自掏腰包垫付,也不需要这户偿还;如果了解这户有交税能力但就是赖账,会报告村长,由村长报告县长拿人。"

二是有后台的可以避税。还有一种有后台的不交税,保长也没有办法。例如赵某为国民党特务队长,从不交人头税也没人敢要;左某的儿子是八路军游击干部,也没人敢收税。而对于普通百姓,多数情况下都是保长垫付的,派当差的拿人很少见。老人说:"毕竟都是乡里乡亲的,如果逼得人们太狠了,等他卸任了怎么在村里混?王老吉和王双文是兄弟俩,他俩轮流当保长,但办事不利索,收不上农业税,都是卖了自己的地后充公粮。"这也是人们"谈保色变"的原因。

3. 纠纷调解

红白喜事纠纷,同族族长解决不了的族内纠纷,邻居之间或者邻居与同保人之间的纠纷,房屋地界或土地地界的确立,土地或者房屋的买卖、分家、继承、满月酒、祝寿等事务,都由保长参与。参与一般不是无偿参与,事成之后村民都会请保长吃顿饭、喝顿酒。

（二）村长治理内容

一是独立决策权。村长拥有一项重要的权力——决策。上文提到，村庄理事机构由村长、村副、保长、账房先生组成，日常事务也是由这几人分工协同完成的，每人都拥有发言权，但村长独自拥有最终决策权。遇到棘手问题，如日军侵略，需要跟绅士商量。对于村庄需要全体动员的事务，普通农户没有发言权也不能参与村会，一般由"知名人士"前往，他们只拥有发言权，村长最后决策。

二是拥有全部行政权。村长还掌管了村庄全部的行政权力，常常召集开会。开会的主要内容就是收农业税、摊派、修庙、修路、修防御工事、治安等。1945年，日军将要撤离之际，匪患增多，为此村长组织成立了自卫团。生产性事务村长不会管，一般是由各家各户自己组织生产。"教育上，民国时期，村长要负责找校址、校长、教员，还要给校长、教员发工资。"老人说。

（三）绅士治理内容

绅士不办日常事务。绅士主要负责任命村长、保长以及与外部势力的接洽，如和日军谈判。日常事务交给村长、保长办理。绅士自己经营土地或者对外出租土地获取收入。普通村内日常事务，村民不会找绅士，一般找村长。因为大事都是村长与绅士商量着办的。老人说："其他事务村民有事不通过绅士，也够不着。"另外老人还讲了一个事例：

> 1945年正月初九，大雪覆盖。汉奸张小页报告牛家庄有八路，日军带队扫荡。八路其实是地下工作者，藏在村西口的地窖里。可是日军没有找到，一怒之下把全村所有20岁以上50岁以下的壮劳力全部逮捕并准备从岸下村坐火车押往日本做劳工，当时我父亲和大伯也在里面。当时的人们夏天常在屋顶或者街上睡觉，因为天气太热，屋里太憋闷；冬天实在没地方睡，也会睡在屋顶。当时王双福就睡在屋顶，因为下了雪正好把他盖上了，日军没有发现躲过一劫。最后还是绅士有面子，从村子筹集了一笔钱去找日军，捡回了百十条人命。

四、政权治理方式

政权治理方式是国法、族规与家法共同治理，以惩罚为主。牛家庄的族规和家法通常都跟国法相一致，从小父母就教育孩子要遵纪守法，做个老实本分的人，所以村民们都清楚，不仅接受国法，也认为国法大于家法、族规。

一是国法惩罚较重，村民只有粗略了解。牛家庄人基本知道国家法律不许杀人、偷盗、奸淫、掘坟。但究竟哪些行为能够触犯国法，村民们并没有一个特别清晰完整的概念。他们判断的标准就是村里有人犯了法被衙门的人带走了，关到大牢里，或者被判死刑了，他们才知道这件事情干了就会触犯国法。除此之外，关于国家的法律知识，主要是通过人们的口耳相传。传统时期，牛家庄是个大村，集市密集，天南海北的人会把新鲜的见闻带到牛家庄。人们有时会惊奇有些事情居然也会犯法，但从心里会默默记住，警告自己不要犯同样的错误。老人说："不论本村人还是外村人，村长没有实际的惩罚权力，如果惩罚，必须向县级申报，由县衙派人惩罚。农民都不愿意打官司，因为打不赢；如果官府违法农民也无从知道，因为没有监督。"如命案发生要上报，坑蒙拐骗等违法活动要上报，征兵、征粮、征钱遭到抵抗也需要申报。这些事件的发生因为事关重大，如果仅是个人问题，将不再考虑，会绕开家、族，直接申报。如果是同一族、同一家的人违反，就会存在包庇现象，比如征钱、征粮会自己补贴，征兵可以出钱由穷人顶替。总之都会想尽办法免于惩罚。

二是族规惩罚较轻，偏向于做人，无明文规定。族规其实比较少，村民只要遵守基本的做人做事道理即可。比如不可以近亲结婚，甚至不能同姓结婚；卖地的时候要先问问兄弟，再问亲戚，实在没人买才问外人；想要过继孩子的时候，先要问跟自己岁数差距最小的哥哥，然后再问第二小的，以此类推；有族田的大族，要严格遵守轮种的规矩，集体祭祀要出人，聚餐时轮种方出钱，包括族长在内谁也不能任意处置族田，以及在祠堂祭拜的时候要遵守各类礼仪等等。平时的门长、各类亲戚，都有过问的权力，但是只有族长拥有对全族任何人惩罚的权力。常见的手段是"说一顿"，罚站、罚面壁思过、罚跪、责打，严重的会逐出本族，并将犯事者从族谱中去掉，还要收回他名字中的家族字。村内没有成文或者不成文的村约规定，大多在国家颁布的法律下生活。族规、祖训只是在族内起作用，家谱、族谱里很少涉及。平常的道德惯行，通常是靠绅士的谈吐举止、为人处事还有村学、私塾、家塾教育的孔孟之道维系。约束力最强的为法律，其次是族规，族规的影响力很小。

三是家法惩罚可轻可重，由家长制定。相比国法和族规，家法在村民日常生活中出现的频率更高。其主要制定者是家长，执行者也是家长。而家法的制定原因和根据都是平时的生产、生活所需。在饮食起居、做人做事、农业劳动、伦理纲常等各方面都有适应家庭需要的一套标准。但是更多的都是普适性的。一旦孩子忤逆了父母，触犯了家法，轻的会被责骂、罚去干活，重一点的会被打，非常严重时甚至会断绝关系，赶出家门。

五、政权治理关系

(一)村民对政权的评价

清朝末年，村民感觉传统治理比较有效，社会没有陷入混乱。人们都根据当地的乡约习俗生产、生活,整个社会都在良性运转。其中村长、保长起到了关键作用。老人说:"如果没有了他们,村内一定变得混乱。"从民国开始到1949年以前,村落经历了国民党统治、日伪军占领以及土匪的烧杀掳掠。村民认为"天下难太平","谁管中国都一样,因为都是要跟百姓要粮食、要钱,还要劳动力,本质上没有太大的区别"。

(二)村民对政权的认同

在传统时期,对政权的认同体现在两个方面。

一是体现在遇到了纠纷和麻烦,村民愿意通过保长、村长、绅士和县衙来解决。而保长为第一顺位——"保长往往比其他人办事更为公道",村长其次,绅士第三,县衙第四。村民若要办事,先请保长后请村长,因为保长跟农户更亲近、更熟悉。如果事情保长无法解决才会找村长。遇到大事,保长和村长一块请。"自家的人犯了事,很多被扣在局子里,要请村长、保长帮忙捞出来。办事后要喝一顿酒,地点在农户家,也可以在酒馆。因为一顿好饭和好酒就花费不少,所以不再送礼物。"老人说。如果对处理结果不满意还可以再找绅士。如果还处理不了,就只能上告到县衙。逢年过节,不用给保长、村长、绅士拜年。村长、保长、绅士过事[1]时,村里的一半人都会去,他们都会有请帖,没有请帖的不会去。村民不愿意打官司,更愿意私了。因为打官司太费财力,没钱的根本没有胜算。而打官司必须找村长帮忙,但是不一定管用。没有律师,出事了会由上级政府派人下来查案,每次需要贿赂才有成功的可能。"即使给再多也打不赢,因为有权势的人往往给得更多,所以老百姓不会轻易打官司。"老人说。

二是村民对"官"的敬畏。以前的村民都比较怕官,因为他们的权势足以掌控村民的命运。"保长也是官,只是比较小。但百姓依旧很怕,以为他掌管收税等职责,如果得罪了他,害怕被整。在村内,绅士更受人待见,因为他年龄最大,德高望重。"老人说。村落范围内,村民最怕绅士,因为权威大于村长、村副、保长和先生。

(三)村民对政权的反抗

针对不同的政权,村民采取不同的抵抗方式。但多数都采取不合作的方式。其中包括逃避、心里反抗和武装反抗。对于政府的摊派和兵役,实在无法接受的村民会想办法逃离村落,等风头过了再回来;对于日军的烧杀抢掠,不少村民武装了自己,走上了抗日的道路;对于土匪的骚扰,村民在村长的组织下成立了自卫队保卫村庄。"抗议的人比较多,但是多局限在心里抗议,而真正拿出实际行动的还是少数。毕竟胳膊拧不过大腿。"老人说。

---

[1] 办红白喜事。

第二节 村落治理与治理关系

传统时期,村落中较大的事务要依靠绅士、村长、保长进行治理,同样还要依靠知名人士、说合人和执笔人等在村中有民间权威的人,依靠他们解决村落更为复杂和多样的小事情,实现共同治理。

一、村落治理主体

村落除了村长、保长、绅士等治理主体外,还有一些民间的治理主体,比如知名人士、说合人和执笔人。他们在不同的领域都发挥作用,"缺了他们一般不行,需要好酒好菜招待人家才来"。

(一)知名人士

一是知名人士"有威望"。爱管事、有能力、办事公道、肯出头露面就有资格做知名人士。他们一般在30岁到60岁之间,没有职位,是威望低于保长的农户户主,每条街大概有2—3人。村里老人说:"常做的有王才臣、秦明普、任永吉、王二春和王永相。"

表6-1 牛家庄的知名人士

姓 名	文化水平	住 址
王才臣	高小	村西
秦明普	高小	村东
任永吉	文盲	村东
王二春	高小	村西
王永相	高小	村西

二是受邀场合较正式。他们的邀请场合(见图6-2)主要是过继分家、买房置地、银号借贷和村会议。知名人士分散住在村的东西两侧,村民一般会找离自己最近的帮忙。"请知名人士的时候不用礼物,但态度要客气。事情办成之后,必须请人家喝酒,买房置地要摆合食,过继分家和银号借贷在家喝顿酒就可以。"老人说。如果去参加村会议,知名人士一般会全体参加。

过继分家 > 买房置地 > 银号借贷 > 村会议

图6-2 知名人士出席场合及频次比较

"参加村会议是有面子的事,是荣誉,不是人人可以。"老人说。银号借贷做中人,需要知名人士用自己的财产担保,参加村会议需要发言和表决,而其他的情况知名人士都没有责任,最多在发生纠纷时做证。

（二）说合人

"说合人"又称"中人""管事的"。知名人士、保长、村长、绅士都可以做说合人。不同的人，受邀频次不同。

一是说合人受邀原因和场合也比较正式。保长最常被邀请做说合人，因为每100户都有保长，有事找保长就可以。村长为其次的人选，因为有的时候保长不好使，村长全村都认识，但不及保长跟自己关系近。知名人士为第三人选，因为不是每个保都有知名人士，有的保多，有的保一个都没有，如果知名人士恰好在这个保，才会邀请他。绅士是最次的选择，因为绅士虽有权威，并不是谁都有面子动用绅士，他虽退居二线，但依然是幕后操作者，大事情村长都要与他商议。邀请场合按频率由高到低排序依次是过继分家、买房置地和银号借贷。

二是邀请说合人的待遇要好。请说合人的时候态度要客气，虽然不用送礼物，但事情搞定之后必须请喝酒，与知名人士的待遇一样，买房置地要摆合食，过继分家和银号借贷在家喝顿酒就行。"对于穷苦之人，喝一顿的钱还是出得起的，所以都请得起说合人。"老人说。人们选择说合人的时候没有等级之分，无论是普通农民还是保长、村长、绅士，都可以选择任意的说合人，具体要看自己与说合人的关系远近。老人说："说合人的唯一责任就是担保的双方如果日后纠纷可以出面做证，其他的责任都是定约人双方的责任，这在契约上规定得很清楚。"

（三）执笔人

一是执笔人有文化。执笔人（见表6-2）又称"能写字的"或"代笔人"。他们至少高小毕业，要有文化，会写字，有执笔经验。李进坤（富农）、李庆一（中农）、秦喜申（富农）、王才臣（富农）、王兆勤（中农）、王玉山（中农，会计）、任一润（中农）、王绍文（中农）、任银相（富农）均做过执笔人。

表6-2 执笔人情况

姓　名	成　分	受邀场合
李进坤	富农	房契、地契、分单、过继单、福字、喜字、请帖、对联、记账、大书、小帖、挽联、春联、借帖等
李庆一	中农	
秦喜申	富农	
王才臣	富农	
王兆勤	中农	
王玉山	中农	
任一润	中农	
王绍文	中农	
任银相	富农	

二是受邀场合繁多。邀请场合有买卖房屋（房契）、买卖田地（地契）、分家（分单）、过继（过继单）、红事（福字、喜字、请帖、对联、记账、大书、小帖）、白事（挽联、记账）、春节（春联）、满月（请帖、记账）、银号借贷（借帖），等等。

三是邀请"不白用"。他们分散住在村的东西南北不同方向，农户一般会找离自己最近的做执笔人。除了银号借贷需要用自己的财产担保，其他的均无责任，最多在发生纠纷时做证。请的时候不用礼物，态度要客气，办妥之后必须请喝酒，买房置地要摆合食，过继分家和银号借贷在家喝顿酒即可。

二、村落治理内容

村落治理包括村内事务和村外事务。村内的事务较为繁多，占据平时村落治理的绝大部分时间，而村外事务较少，是偶然性和突发性的。

（一）村内事务

村长、村副主要承担国家分配的任务，包括抓丁、换丁、买丁、拉当夫和修建炮楼。

1. 抓丁

一是抓丁要壮年男性。日军占领时期，日军在牛家庄碰到能劳动的村民就会抓丁，而清末民初不会乱抓。村中老人说："牛家庄解放前有20人左右在军队服役，其中被抓丁的3—4人。他们都是体格健壮的男性，年龄20岁以上、50岁以下，个头要150公分（厘米）以上。"

二是抓丁方法野蛮。参军前，驻军长官对自愿参军的态度好，对抓丁的态度差，通常会推搡他、威胁他等等；参军以后，伙食、住宿等其他待遇都一样。抓丁时，村长、保长不管，由驻军长官在村内了解村庄大概人员情况和当地的势力和背景，然后带兵亲自抓。老人说："抓人也是有讲究的，比如打眼一看穿着上档次的，比如穿绸缎，就不抓，专抓粗布衣服的和在地里干活的。如果抓了村长或者保长的亲属，只要报上名号，请村长当说合人在中间调解，再出50—100块大洋就可以放人。大规模抓丁时，不是只从一个村抓，会跨越村落、乡镇，在各个乡镇村分摊任务。如果实在没人应征，就从地里直接抓丁。"

三是壮丁发枪发饷、管吃管喝。壮丁由当地驻军亲自押送，新兵没有正式的体检，只是通过肉眼识别是否有病。如果发现体弱、有传染性疾病，会退回，接着重新抓丁补充兵员。凡是参军的都有一身衣服、一支枪，每天管饭，每月发军饷。有服役的家庭在服役期间可以免除农业税；牺牲后也没有优抚，不管村内还是国民党军队都不会管。后来解放军征兵时，对有服役的家庭有优待，经常找人替耕；对于牺牲战士的家庭，还会发放一定的补贴优抚。本村有逃避过兵役的老人讲了两个故事：

案例一

村民老龚，在地里劳动的时候突然被抓丁抓走，没有通知任何人。当时老龚有个妻子，还有1岁的儿子。这消息还是乡亲们告诉了他们。老龚因为怕被枪毙一直不敢逃跑，追随蒋介石跑到台湾。退役后在那里承包农场、娶妻生子。台海两岸关系解冻后，老龚飞回来看望家人，发现妻子还没有改嫁。他把妻、子接到台湾，但是不习惯那里的生活又回来了。老龚后来死到了台湾。

案例二

1944年，任某在国军服役4个月左右，担任国民党军某部炊事班长，驻扎在石家庄，有了逃跑之心。他用军饷提前买通了农户家准备好了便装。某天利用上街买菜的时候，溜入农户家，换好便装，把军装丢入滹沱河。因为怕搜捕不敢回家，于是跑到合家庄去投靠姐姐。4个月后，部队开拔，任某重回牛家庄。"铁打的营盘，流水的兵"，军队与村里没有长期合作关系，村里都向着本村的人，所以没人举报。

2. 换丁和买丁

村长、保长除了配合驻军长官抓丁之外，还常常配合村民换丁和买丁。买丁和换丁的区别在于，买丁是村民自己找替代者，并把钱直接给代替服役的人，村长再收中介费；换丁则是要把钱交给村长，让村长帮忙找别人代替。

一是买丁情况较少。买丁的人多中农以上的有钱人家，富农、地主最多，家里有一些人脉，知道谁经常卖丁。卖丁的人一般不是家中的独子。本村人多，买丁都由村长在本村找。保长没有资格，因为他没有村长那样的权威。买丁时需要立下契约——不管是死是活，是荣禄还是贫贱，都与买家无关，所谓"买定离手"。因为是自愿卖的壮丁，交付时也不用捆绑。"毕竟他自己也挣钱了。"老人说。如果交兵后壮丁逃跑，跟买方没有任何关系。发现士兵丢失，驻军通常会到士兵原籍寻找，等几个月后驻军离开就不会再追究，只要这段时间不被抓到，壮丁就算逃脱。被抓后，逃兵往往被打一顿或者军法从事，但逃跑后从没有再被抓到的例子。逃兵都是在驻军开拔以后才回村，只要军队不查，村中都会偏向村民。

二是换丁情况较多。村民只要给了钱都可以换丁，但还是有条件。那就是农户需要在交兵截止日期之前给足村长钱粮，也就是不能赊账或者分期付款，不然村长不会管。被抓丁的农户通常由家里的家长托村长的关系，花50—100块大洋找别家壮丁顶替，村长代替农户去找卖丁的并谈好价钱，一般他自己可以留20—50块，事成之后请村长喝酒。如果被抓丁的家庭与村长有过节或者与驻军有矛盾，那就没法换。老人讲了一个故事：

> 于某和王某他俩是出了名的"兵油子"。1945—1946年期间，于某和王某分别被抓丁3—4次。每次都是刚被抓去，趁人不备就跑出来躲到其他村子，等驻军一走再回来。因为每次驻防的军队不同，所以也没法知道他们做过逃兵。甚至有人专门找他们俩换丁，做法是自家有人被抓丁了，就花50元找他俩中的一个去顶包。他俩都是光棍，没有父母需要赡养，家中无田，成天游手好闲、赌博喝酒，卖自己当壮丁可以换钱赚赌资。

3. 拉当夫[1]

除了行军打仗需要抓丁补充兵员之外，村长、保长的职责还在于拉当夫，给国家或者某种势力准备服徭役的人。

一是当夫和净门夫。当夫的工作主要为帮助政府搞公共建设，如修路、建炮楼、维护铁路等。有一种当夫叫"净门夫"。"净门夫"是指全村各户必须出一个壮劳力，在修炮楼、铁路等大工程上用得到。

二是可以出钱顶替。平时有工程需要少量的人，去的都是当夫。这些人，一般是保长从平时没交齐税费的农户家中找。当夫去干活儿时由村长带领，自带工具，免费干活，不管吃喝。"拉当夫的时候，地主、富农等有钱人会贿赂村长、保长，让自家不出人；需要的人实在多，瞒不住，那他们还要再出钱让村长雇别人去做。"老人说。

4. 修建炮楼

国民党时期建过炮楼，主要作用是防止中共夺取牛家庄的控制权。日军撤走后，国民党接管牛家庄。当时牛家庄的乡长王玉仁是个地主，在他的主持下在村东南的大道上建炮楼、架机枪。他家中有个老母亲和弟弟，他弟弟玉清家中20间房，王玉仁和他共享一院，炮楼就修在院中，地下挖有地窖和暗道，常备驻军50人左右。老人讲了一个故事：

---

[1] 当夫，即苦力。

乡长王玉仁常常仗势欺人，勒索村民良田。如果看上谁家的田地，直接要，如果农户不从就会把他抓到炮楼中关禁闭、严刑拷打，直到农户同意为止。他在任期间，曾逮捕3名共产党，并在村南坟地将其枪杀。民国三十六年，即1947年4月12日，中国人民解放军第一次解放正定，全歼敌军5000余人，生俘国民党中高级军官8人，并将王玉仁击毙。

（二）与外村交往事务

村长有跨村性事务，集中在给庙会做武校的支援或者戏班援建。除了本村的"立夏庙"，牛家庄村还参加诸福屯的"六月六庙"和吴兴村的"三月三振武庙"。一般不参与邻村之间的械斗，但也有例外。老人讲了一句顺口溜，"永安的好打架，吴兴村子大，牛庄有仗势，岸下哪都怕"，表明附近几个村子的势力对比。永安村有的一家子全嗜血，打架不要命；吴兴村子大，人口众多；牛家庄有王士珍做民国总理，所以有所依仗；岸下村最为人少村小，势单力薄，谁都得罪不起。老人讲了牛家庄保护外村的故事：

1949年以前，距离牛家庄5里的吴兴村举行三月三振武庙会。这是远近闻名的大庙会，传说是明朝开朝元勋刘伯温在春天踏青时路过吴兴村，发现天象异常，恐有小皇帝降生，必然掀起腥风血雨。为保当朝帝位稳固，找人盖振武庙，以阻止逆反势力的降生。四周各村，甚至县城居民都会赶来参加。李家庄是与牛家庄相邻的一个村，因为戏班技艺精湛出名，在吴兴搭台的时候，被当地的武校阻拦和欺负。戏班主赶紧向牛家庄求援，牛家庄村长于是领着本村武校人，带着长矛、大刀赶去吴兴保护戏班。吴兴本地势力一下就被打跑了。后来牛、李两村的关系就非常好，李家庄还派人帮助牛家庄组建了第一家戏班。

三、村落治理方式

村内的治理以奖励为主，村长和保长都没有实际的惩罚权力，如果想要惩罚村民，必须上报到县里。所以在平时的治理中，村落中都以奖励的方式进行。国家、县长、村长、绅士、保长都可以成为奖励主体。如果有国家的奖励，村落一般是积极配合，如果有村民之间的相互奖励，村落一般是采用默许的态度。

（一）配合国家对个人的奖励

对于国家给予村民的奖励，村落有两种办法表明态度。

1. 表示祝贺

国家和县长多为实物奖励。国家对于于国有功之人，一般会给予官位，并给予极高的荣誉。以本村的名人王士珍为例。王士珍（1861—1930年），字聘卿，号冠儒，正定县牛家庄村人，曾任民国政府国务总理兼陆军总长。他一生的事迹都表明国家对他的奖励。

王士珍4岁丧父，寄居在正定城内东门里伯母娘家，与寡伯母刘氏、寡母丁氏相依为命，靠针黹维持生活。9岁入私塾读书，15岁到正定镇叶志超部下当勤务兵，19岁考入正定镇总兵学兵队，旋即随叶志超赴山海关驻防。清光绪十一年（1885年），王士珍顶替福建籍的"黄世珍"进入天津武备学堂学习，肄业3年被任命为炮队教司，回守山海关。甲午战争后，清政府命袁世凯在天津小站用新法练兵，袁世凯让天津武备学堂总办荫昌为他推荐军队教学人才，荫昌将武备学堂的高材生王士珍、段祺瑞、冯国璋、梁华殿依次提名推荐，袁世凯全部录用。王士珍被任命为督操营务处会办兼讲武堂总教司，不久升任工程营管带，德文学堂监督。光绪二十六年（1900年），袁世凯署理山东巡抚，王士珍任军队参谋，袁世凯邀请德国胶州总督阅操，德国总督称赞袁世凯所练新军确比旧军操练精娴，赞扬王士珍、段祺瑞、冯国璋为"北洋三杰"，王士珍又被世人称为"三杰"之首。同年，黄河陈家窑段决口，王士珍率工程营前去治理，减缓了灾情，使数千顷荒滩变成沃土。光绪二十九年（1903年）12月，清政府在北京设立练兵处，王士珍任练兵处军学司正使。光绪三十一年（1905年），袁世凯以北洋军左右两镇为基础，建立陆军6个镇，王士珍为第6镇统制。光绪三十二年（1906年），王士珍被任命为陆军部侍郎江北提督。宣统三年（1911年）夏，武昌起义爆发后，清政府被迫重新启用袁世凯，任他为湖广总督，继又提升为内阁总理大臣，任王士珍为陆军大臣。次年2月12日，宣统退位。王士珍说："身为陆军大臣，决不愿署名于皇帝退位诏后。"遂辞官退居家乡正定。民国元年（1912年），袁世凯当大总统后，函电交驰，随后又派人来正定请王士珍担任要职，均被拒绝。民国3年（1914年）夏，袁世凯又派其子袁克定及北洋僚友等数人专车到正定。临行前袁世凯对克定说："王公不来，勿归也。"克定一行到正定，毕恭毕敬传达父意，固请王士珍出山，王士珍执意不从，克定无奈返回。不久，段祺瑞去南方视察，回程路过正定，预先电告王士珍"拟正定下车登门拜访"，王士珍届时到车站迎接,段专车到站,派亲信请王士珍上车会见,说话间火车开动,把王士珍骗到北京。王士珍身不由己,遂就任模范团筹备处办事员,授陆军上将。民国4年(1915年),袁世凯命王士珍署理陆军总长。民国5年(1916年)6月6日,袁称帝失败,羞愤而死。黎元洪继任大总统,任王士珍为京畿警备司令。民国6年(1917年),张勋复辟。7月1日,王士珍任溥仪内阁议政大臣和参谋大臣。9月1日,孙中山就任广州护法军政府大元帅,出兵北伐,开始了护法战争。王士珍因赞成冯国璋的"和平统一"政策,被任命为政府国务总理、陆军总长。时值俄国十月革命,日本为了对付苏联向中国政府提出订立中日军事合作协定,由日本人指挥中国军队,王士珍巧妙周旋,终使日本人未能如愿。此后段祺瑞进行倒阁活动,王士珍于民国7年(1918年)2月引疾告归,冯国璋封王士珍为德威上将军。直奉战争中,总统徐世昌商请王士珍出任国务总理,王士珍辞而未就。北京商会、银行公会团体组织临时治安会,王士珍被推为会长。张作霖到北京后任安国军司令,把持北京政府,派鲍贵卿请王士珍出任总统,王断然拒绝。又聘请王为最高顾问,仍被拒绝。不久,张作霖又请王士珍任故宫博物院院长,其对故宫博物院管理极为严格。奉系军阀撤离北京欲窃博物院珍宝,王士珍拼死劝阻,张作霖只得作罢。民国17年(1928年)6月,张作霖退出关外,北京暂时出现无政府状态,王士珍再次出任临时治安会会长。[1]

在王士珍的每一次晋升中,村落都会为其鸣锣放炮,由村长亲自去他还留守在村中的亲人家里表示慰问,祝贺他的成功。在王士珍退隐的时期,甚至给他立传,记录在村中的史册上。

2. 积极配合,落实奖励的实施

有很多时候,国家是直接从上面派人,到村中进行奖励。村落这时候能做的就是积极配合,为上面的差使提供食宿,告知受奖人的家庭住址、家庭背景等情况。在奖励的当天要给差使带路,并准备礼炮和酒席。老人讲了本村的获奖情况:

> 本村秦氏,18岁出嫁不久丈夫便死去,一直守寡到60岁依然单身。县衙颁发"贞节牌坊"一块。王家有两个儿子——王大瓜和王二瓜,非常孝顺父母,二三十岁时还任母亲打骂解气,绝不还手,县衙赐"大孝子"匾额。村

---

[1] 选自《牛家庄村志》。

中出了一个武进士，国家赐"武进士"匾额一块、上马石两块。这些费用均由县衙财政支出。

（二）村落对个人的直接奖励

村长、保长的奖励一般是口头奖励，对于村内的好人好事给予表扬，并号召全村人向他学习；但也有实质性的奖励，村里有特别大的好人好事，如村民捡到巨款交公，就可以让村公所出钱请当事人吃饭作为鼓励。这部分费用往往是收税时超过上级要求的任务额产生的剩余。这样的事情比较多，老人讲了几个，摘取其一如下：

> 民国二十几年的时候，村里有人丢了孩子，怎么找也找不到。后来是村中的老邢家的大小子邢儒在井里打水的时候发现井里有个人。他赶紧把亲戚喊来一起救人。等把孩子救上来孩子差不多都咽气了。邢儒学着老人们以前救人的动作给孩子做人工呼吸。一会孩子就醒了。后来孩子的家长赶过来，对邢儒千恩万谢，直接给他下跪。村里看到这种情况，在全村村民中表扬了邢儒，把他的好人好事讲给孩子听。除此之外还给他家送了一个匾额，全部由村里出钱，就叫"见义勇为"。

（三）默许村落奖励

对于村民的奖励有的直接来自村落的其他机构或者村民，他们不需要跟村落报备，会直接奖励。村落对于这种奖励的态度是默许。

1. **默许村落其他机构的奖励**

村落中除了有权势的村长、保长的直接奖励外，还有其他较大村落机构会对村民进行奖励，以表彰村民对于该机构做出的贡献。老人讲了一个故事：

> 王牛犊是武进士王朝翰的孙子。有一天，他在村西大道上闲转发现有一麻袋，走到跟前一看，竟是满满一麻袋纸币。过了一会，有几个乡亲围上来，问清了情况都说："牛犊，这回你可发大财了，赶紧把钱背回去吧！"牛犊听后久久不语，一会说："我是发财了，可你不想想人家丢钱的人现在多着急呀！这钱我不能要！"他就原地等候，过了一个时辰失主才找回来。原来是银行的运钞车不慎丢失的，他们见钱袋原封没动，感激万分，连声道谢。后来，每逢过年过节，银行都派人带上礼物专程看望他。

2. 默许村民之间的相互奖励

村民的奖励主要是在生产和生活中的相助。任岱是牛家庄任氏家族第七代传人，自幼勤奋劳作，勤俭持家，家境由贫致富，置田数百亩，成为牛家庄的富裕户。但他致富不忘穷人，邻里有求必应，贫苦人家碾米磨面，随便使用牲畜，从来不要报酬，颇受邻里敬重。相传有一年任岱种荞麦数十亩，到成熟季节，夜间忽起大风，岱长叹"完矣！"但天明他到地里一看，荞麦已被乡亲们抢收完毕，整整齐齐地放在地里，这就是乡亲们对他的回报。当然村民的奖励还有对恩人的报恩。

> 秦老合是秦荣庆的爷爷，在晚清年间，从事拉脚（马车运输）的行当。有一天，他赶车往回走，在进京大道上遇到一个赶考的举人，那举人见到马车忙说："大叔，拉我一程吧！"秦老合欣然答应。上车后二人聊上了，得知这个举人在路上遇到了贼人，把衣服和钱物全部抢走了。说到这里举人难过地哭了起来，道："十年寒窗就盼着到京应试跳跃龙门，今天这般光景不知道还能不能赶到京城参加考试。"举人的遭遇让秦老合顿起怜悯之心，便说："你别着急，我给你两身衣服，再给你些零钱，赶快考试去吧！"举人感激万分，千恩万谢而去。后来这举人还真中了进士，并要求到正定任职。朝廷接受了他的请求，让他当上了正定的县官。他赴任来到正定，当地的官员和乡绅摆宴为他接风，正要开宴时，新任县官忙说："慢，恩人不来不能开宴。"当时在场人员都丈二和尚摸不着头脑，忙问缘由，县官就把路上遇到贼人抢劫，又遇到恩人救济的经过叙说了一遍。大家听后深受感动，齐声说："应该等！应该等！"其实，县官早已派人到牛家庄接恩人去了，时间不长就来到宴前，大家将老合捧为上宾，争相敬酒。后来，县官特意安排老合给县衙赶车。这件事在正定被群众传为佳话。[1]

四、村落治理关系

（一）村长的权威

村长在村中的权威可以用一句话来概括：村长不算官。

以前的村民见到村长一般很恭敬，见面主动打招呼，不是因为他是官，只是因为村长多为长辈。如果不是亲戚村民一般不会主动去拜年，而对那些处事不公的村长，村民甚至都不愿意见到他。村民心中认为村长压根就不是官，理由有二：

---

[1] 引自《牛家庄村志》。

一是没有俸禄。以前在村民心中,当官了可以拿俸禄,有了俸禄你才能生活。人们拼命考试就是为了拿俸禄。但是村长却不发俸禄,在村民心中的地位自然下降。既然他是没有得到国家承认的,村民也就没必要把他当作官。村民给村长的定义是"比我们年龄稍大、有经验的智者"。

二是没有实际权力。村长没有实际权力,大事要请示上面,小事找族长、保长。老人说:"单靠他自己一个光杆司令,根本没法管理。"国家要收税、要人出力他只是配合,如果村民不配合,他只能上报,没有任何实际的处罚权力。而对于村落内部的事情,大都被几个大的家族所垄断。家族内部的事务,他有权过问,但是必须先经过族长。"族长都有权力惩罚自己的子孙,但是唯独村长不能这么干。"老人说。对于跨越村落的事务,村长一般也管不了,必须要请绅士出山。

(二)村民对村落决策的参与

一是普通村民被排除在决策者范围之外。在一般性事务的决策上,村长不会请村民参加,一般由村长、村副、保长、先生四人各司其职,村长决策。如果事情比较重大,已经完全超出村长能力范围时,这时会请绅士或者乡长出面解决。如遇需要动员全村征兵、修路、修庙等涉及全体村民整体利益的公共性事务,会请村民共同商议,但不是请全体村民,只是知名人士到场即可。

二是知名人士参谋,绅士建议,村长拍板。知名人士可以发言,好的建议会被采纳。如果多数村民支持或者反对某一决策,村长将服从多数。村民对有理有据的发言都拥护,对胡乱弹琴的建议普遍反对。村长的决策一般会得到拥护,除非有明显重大的失误或者偏见,因为村长就代表本村的最高权威。"村长属于执行官,绅士算董事长。"老人说。

(三)村长与村民关系

村长与村民的关系概括为一句话是:离不开村长,有时候又有些害怕村长。因为在国家纳税、抓丁、拉当夫的几个事情中,村长有人为操作的空间。

一是帮助村民合理避税。对于普通村民来说,跟村长搞好关系是非常明智的。村长会帮助保长催收赋税,如果农户家交不上,村长可以不硬强迫,可以给村民找个清闲的工作做当夫,村民对这一点比较感恩。老人说:"跟村长关系处好了,给你找的活也不累,还可以少交甚至不交地税。"有的时候,如果村民家中没有劳动力没法出当夫,家里又实在没粮,村长会自己垫付,不需要还;但是如果遇到耍无赖不交的,村长就会上报乡、县。还有一种情况是村民逃跑无法交税,那村长也要自行垫付。

二是帮助村民换丁或买丁。抓丁主要是抓兵上战场,是由部队的人亲自去农户家,

"看到壮劳力就抓走,能找几个就是几个,没有数量限制,越多越好,不管家中是否有父母需要赡养"。如果不想去需要花大价钱换丁或者买丁。在国家抓丁的时候,村长可以睁只眼闭只眼,允许村民买丁,也可以帮助村民来换丁。不想被抓丁又出得起钱的一般是大户,他们会想尽办法讨好村长,让自己的家人免于被抓。如果农民想办法逃兵役,通常是躲到庄稼地里或其他村子。村长一般会派保长主动出去寻找,如果找不到只能上报乡、县。抓丁的总人数是一定的,可以换,但是不能少,所以对于这种逃丁的情况,村长都不敢包庇村民,否则自己也性命不保。

三是害怕村长点名做当夫。当夫和抓丁不一样,当夫一般是选干苦力活儿的人,有任务数量的限制,由村长挑选村中男丁多的农户商量要人,不出男丁可以由农户出钱雇其他穷人家的男丁顶替自家的去做当夫。有些大户人家,能出得起地税,但如果得罪了村长,村长就会少收他的地税,让他家出人去做工。一般找的都是非常重的体力活,而大户人家的子弟一般是受不了也是不愿意的。所以大户也要跟村长搞好关系。

(四)国家治理与村落治理关系

国家与村落的关系是一对矛盾。国家为了收获赋税和人力实施了一系列措施对村落实行控制,而村落在自己的行为准则中反抗着国家的控制,收获了人心。

1. 国家对村落的控制

一是村落向国家汇报,人情关系淡薄。村长要大概两三个月到县开一次会,定期向官府汇报,直接找乡长或者县长接受训话和任务,称为"受训"。一般是官府找村长多,因为常有摊派、抓丁。日常交往中,政府官员对村长不会太客气,因为村长再大也是自己的下级——村长如果完不成任务会体罚甚至免职。监证土地买卖不需要到县里开会,但县里还是会管村里土地的事,因为所有的田地买卖都需要到县里顺契备案。因为关系不好,村落事务的集体活动比如红白喜事等等一般不会邀请政府官员。"即使邀请了官府的人,他们也不会来。"老人说。

二是国家直接入村执法。1949年前,牛家庄是乡公所所在地,为伪大乡。勘查命案现场、抓捕逃犯和征兵县里的官员都会下乡。官府会在全村人最密集的地方——通常为中街——张贴告示。"如果村长或保长不执行命令会被县衙训斥或者体罚,实在不听话就会重新任用新的村长。"老人说。

2. 村落对国家的反控制

一是从赋税中榨取油水。村长通过多收少交的方式来挣钱,自己会私自留一点,跟县政府汇报时就说收成不好。因为政府还要依靠村长收税,所以对这种事一般司空见惯,睁一眼闭一眼。

二是在执行国家任务中收获村民人心。保长和村长几乎天天见面，不光是处理村内的日常事务，也有红白喜事。日常的行政事务，保长找村长的时候较多，多是调解村内的事务，但是村长找保长的时候较少，因为"村长把事情已经安排给了保长，等着听信儿就行"。而村落红白喜事，村长与保长相互联系比较频繁，他们双方无论谁被邀请，都一定会给对方一个面子。

第三节 亲族治理与治理关系

传统时期，家户虽然是治理的基本单元，但是基于血缘形成的亲族关系，形成了凌驾于家户之上的现象。而亲族内部也有着严格的层级，层级不同，功能不同，分工不同。本节将着重考察1949年以前牛家庄的亲族治理及其关系。

一、亲族治理主体

一是族长。每一族的族长，由辈分最高、岁数最大、土地多、威望高、学识高、头脑精明的一个男性担当，通常以辈分最高为首要原则，女性不可以担任。不是终身制，但是默认产生，在任期间没有工资或者酬劳。本村家族和跨村家族都有族长，本村最大的两个亲族中，王氏是本村家族，任氏就是跨村的。"本村落的族长自然也是门长和当家人，三个位子都是一人担任。"老人说。一族之长在族内是权威的象征，所有家户内部解决不了的事情都会去找族长。在传统时期，族长的权力较大，族人也愿意服从。而1949年以后就只保留了族长这个称呼，其他的功能渐渐消失。

二是门长。所谓门，就是在亲族之下分出的不同支脉，一支少的有几户人家，大的几十户。管理这一支的领导就是门长。一门中的最高领导是门长，通常在财富、威望、学识突出的人中选择，但辈分和岁数占比重较大，女性不可以担任。门长不是终身制，默认产生。"在任期间没有工资或者酬劳，全凭责任感。"老人说。在本村的各个亲族内，虽然有门长的存在，名义上权力介于族长和当家人之间，但其实平时几乎不怎么用到他们，存在感比较低。

三是当家人。"各个家庭辈分最高、岁数最大的是当家人。"老人说。一般一家之内当家人是辈分最高的也是岁数最大的。在辈分、财富、威望、学识、年龄中，当家人的辈分、年龄和威望起码有一样比较突出。当当家人没有选择的程序，一般是默认产生的终身制。没有工资或者酬劳，但女性不可以担任，除非家中没有男丁。

四是亲戚治理主体。"家里有事，首先去找舅舅、姑姑等亲戚。"老人说。不是因为他们有人做官或者有钱，而是因为他们关系亲，血缘近。亲戚之间的矛盾需要另外的亲戚来调解，因为熟悉的人会互相给面子，有利于矛盾的解决。如果亲戚调解失败，只能再找门长、族长、保长、村长、官府解决。

二、亲族治理内容

（一）对内事务

一是祖产。牛家庄亲族的祖产比较少。两大亲族王氏和任氏都有族田。王氏有祖屋即王士珍祠堂、王氏双节祠，还有王士珍故居。老人说："王氏有族田 4 亩、族井一口、族碾子一个、族绳若干，有一本家谱，有一座祠堂。"现在祠堂已经翻新，家谱也重做，族田也划给了别人。

二是丧葬和祭祀。丧葬需要告知同门族人，只要是通知了一般会到场，上礼 5 元左右。除此之外，族人还要帮忙做饭、记账、打墓、送殡、抬棺材等。老人说："来参加白事的多是同村的，外村的关系没那么好。"王氏有族田 4 亩，属于祖坟地界。族人以家户为单位，按年轮流耕种棉花，收入归个人所有，但要自己负担农业税。每年清明节，上午由族长组织，在本村的本族人各家出代表共 30 个左右的男性共同到祖坟祭祖，如果缺席将失去轮种机会；然后由当年的轮种一户出资请大家吃午饭，不请客的也会失去下次的轮种机会。祖坟不能出卖、不能典当，族长不得任意处置，由族内共同管理。"如果祖坟被铲，族人会跟破坏的人结仇，并报告官府，以红叉子罪论处。"村中老人说。

三是修族谱。村内几个大的亲族都有族谱，一般经历过几次重修。修谱时由族长带头，族长自费或者共同集资修谱，成书后免费发给本族成员；或者由族长牵头成立编委会，垫付资金，成书后发给需要的各户，并收取一定的工本费。"现在的王氏族谱就是按照后面一种方法做的。"老人说。

四是认可。同族之间有强烈的认同感。族长、门长对族人的教育批评大家都会听，不会遭到反驳。"如果不履行族内规定，不会罚款，也没有其他的体罚权力，但是可以收回他轮种族田的权利。"老人说。分家、婚姻、土地买卖、抱养孩子等都不用得到族内认可；但是过继需要，因为要改成本族姓氏。具体的就是需要族长、门长和当家人的一致同意，"但实际情况只要族长同意，大家都会同意"。

五是调解。亲族之间发生矛盾，首先找亲戚调解。如果调解不成，就需要找门长、族长，门长通常都是有辈分的老人，找他们帮忙需要去请，请来不用报酬。"他们来了就是了解情况两头劝，实际上也没有什么强硬的方法。"村中老人说。

六是规劝和惩罚。从当家人、门长到族长都有惩罚子孙的权力，但都对自家的孩子教育严格，对非本家而是同门或者是同族的子孙，规劝占多。族长的惩罚权力最大，实施也最频繁。如果遇到子孙不孝或者违反国法,轻一点的时候会规劝,重一点会体罚。规劝需要当家人去请门长、族长到本家来当面劝说该子,直到孩子口头保证立刻悔改;体罚的方式有很多比如面壁、长跪和责打。责打有鞭笞杖刑。要到该子态度诚恳地悔过,表示要从头再来才可以结束惩罚。体罚可以是族长亲自动手,也可以由族长让予族长同辈的族人来实施。被罚者不会反抗,因为族长代表本族最高的权威,只要受罚都会悔改。如果有触犯国法、冥顽不灵的会交给政府处理。族内最严重的惩罚就是逐出本族,并从族谱上除名。

(二) 对外事务

家户与外族发生矛盾,需要保长、村长调解,这时候族内当家人、门长、族长无力调解。族长不会代表族人与政府交往,比如减税、抓丁等等。如果族长自己家摊上这样的事,可以协商人员安排,如出钱买丁等。亲族犯罪会庇护和营救,但多是象征性地出点钱,不会拼命。族长、门长不会代表族人与他族交往,比如娶妻。一般是娶不同族的人,"这时候需要家户自己去找媒人,族内不会管"。

三、亲族治理过程

一是会议治理。村中亲族内部最主要的也是唯一的会议就是亲族会议。亲族层面的事务中,没有一人可以单独做出决策,必须是亲族内部集体商议解决。会议一般由族长召集,会址在族长家中,对全族公开,各门长必须参加,不可以请代理人。村中老人说:"住的距离远的族人也要参与,女性、小孩和乞丐不得参加。"一般亲族的会议召开主要围绕4亩族田展开,议题往往是轮种、清明祭祖、井的修缮、绳子的换修和碾子的管理。会议规则为:族长先发言,然后由门长发言或表决,最后族长总结和决定。决策时如果意见不同,就需要表决,过半数通过。决策结果通知所有族人,由各门长各家各户传达。族人有异议可以提出,由门长在下次会议上提出。经过再议论表决,过半数就可以推翻原表决。针对同一问题,只能提一次意见,做出修正后,会议结果由门长逐户通知。会议决策由门长执行,就是通知各户,并督促各户照做。执行结果由族长监督,如果没有落实,这一户会被剥夺轮种权利。除此之外,本门之间、亲戚之间、亲族与亲戚之间都没有会议。

二是普通治理。在农户的日常生活中,不可能任何事情都要开会来解决。一般是族长亲自处理。处理的方式有两种,一是本族发生了事情难以解决,邀请族长去处理,一般是本族孩子的教育问题。据老人说:"这类问题族长比较在行,他对于教育比较精通,培养出很多好孩子。"还有一种就是事情无法解决,没有邀请他,但是他不得不去。小到农户之间的吵包子、打架,大到官府来族内拿人,他必须要亲自出面调和。

"他是村内的最高代表,他再不出来就没人管得了了。"老人说。

四、亲族治理关系

(一) 纠纷处理

一是当事人为亲戚关系。亲戚之间的纠纷有大有小。亲戚之间的口角之争由亲戚调解,一般很好调解。土地纠纷、用水纠纷等利益纠纷,当事人有亲戚关系的比其他人好调解。调解的时候首先找亲戚调解,不然就要找门长或者族长。小纠纷虽然会引起吵架等小摩擦,但只要解决了亲戚之间仍然会来往;但是涉及房屋、田地等大的纠纷,亲戚之间会疏远,甚至结仇。"如果纠纷太严重就要告官,比如盗窃、强奸、杀人等。"老人说。

二是当事人为同村同族。同村同族的纠纷一般发生在不同门之间,这时一般会找族长来解决。"同样的纠纷,同族人和亲戚之间的哪个比较好解决要看具体关系的亲疏。"老人说。在亲族内部大部分纠纷都能得到解决。如果不能解决就要找保长、村长甚至官府。

三是当事人为不同村同族。不同村同族人发生纠纷,依然找族长化解。同样的事情,与亲戚之间、同村同族间相比,不同村同族的不容易调解。"因为跨了村就涉及到不同村子的事情,不是一个村长那么容易解决。"老人说。跨村的事务很少,在亲族内部就可以得到解决,事情太大就需要找保长、村长甚至官府。族人与外族发生矛盾纠纷时,要找村长调解。不再找族长、门长,因为他们没有力量解决。村长无法调解的就要找官府。与亲戚之间、同村同族、不同村同族的纠纷相比,本族和他族的纠纷最难调解。"不过也分事情,同村的不同族很多都是乡亲,大家各让一步就过去了。"老人说。

(二) 亲族秩序

一是称呼上尊重。族长、门长、亲戚中的长辈非常受族人的尊重,平时见面要按辈分称呼,不可以直呼其名,因为这样不礼貌。老人说:"一般不叫族长,而是叫爷爷、大爷等等。"如果不按规矩称呼,会被长辈教育批评。

二是活动礼仪要重视。在亲族集体活动的礼仪上,族长、门长站在最前面,因为他们地位最高。亲戚的集体活动上,也是辈分最大的站前面。族长是平日的事务调和者,但不是管理者。"他们没有多少权力,但是人人爱戴,总要给个面子。"老人说。过年与其他特殊的日子,需要去族长、门长家拜访。比如拜年时需要磕头,长辈给压岁钱;端午带粽子、中秋带月饼,长辈还会给小辈带一些吃的。

三是聚餐上座。集体聚餐上,族长、门长都安排上桌就座。同桌上,如果有族长、门长,那么族长在上座;再有亲戚中的德高望重者,或者婚嫁时的舅舅,那么辈分大的排上座。其他人按照南北向北为尊、东西向东为尊的次序依次落座。在婚宴酒席中,新人或主人敬酒,要先敬辈分最大的。

四是对背叛的处罚较严厉。亲族对背叛的定义是做了对不起族人的事情,比如勾结外族欺压本族尤其是当汉奸,将亲族的公共财产等中饱私囊尤其是掘墓、卖族田、贪污祠堂善款等。一般只要发生了类似的事情,最大的惩罚就是逐出本族,并从族谱中除名。亲戚和外人之间的矛盾,不会帮外人。族与亲戚之间的矛盾,谁有理就帮谁。"族内对背叛的最大惩罚就是赶出。如果事情很大,还会报官。"老人说。

(三)亲族与国家

一是日常来往。族长虽然在族内的荣誉成分更高,但是国家各级干部还是比较喜欢与他们交往。"政府人员、村长和保长对待族长、门长比对族内其他普通人要尊重和客气,因为他们是家族的权威代表。"村中老人说。族长、门长不会常去拜访政府人员、村长或保长,除非关系非常好。亲族举办集体活动也一般不会邀请政府人员参加,因为关系够不着;如果不是族内成员的村长、保长被邀请了他们反而会来,因为觉得脸上有光。在聚餐中,如果保长、族长、门长几人同时出现,不是按照官阶而是按照辈分排座位。

二是事务联系。县级、乡级、村级干部遇公共事务比如修路、修水利等不会找族长、门长帮忙做事,而是会直接找各户,因为族长在这些事上对族内成员没有约束力。在摊派、收税事务上,保长会直接找当家人要,也不是族长或者门长。因为族内的组织本来就不管村内的公共事务,而且亲族的权力在逐渐退化,多数的权力都停留在文化礼仪层面,实质的内容很少。如果族人中有人犯了大罪,其他族人不会受到株连。一般只是当事人受罚,跟其他人没有关系。"以前推行的保甲制度,说是一人犯罪整个保都要跟着受罚,但是其实很少。"老人说。

三是对亲族行为的态度。祭祀、聚会或亲族族谱修编等族内活动,"文革"前政府不会禁止也不会干涉,因为亲族的这些事情对政府无法造成实质的威胁,反而更多地会在维护政府形象和权力上起到作用。亲族可以自由建设祠堂,政府也不会阻挠。1949年以前没有出现过政府破坏、拆毁或者占用祠堂的情况。亲族或亲戚购买公田,政府也不会干涉,只要交农业税就可以。政府对亲族公田的收税标准与对农户私田的标准一样。"自古也没有发生过政府强占或者没收族田的事情。"老人说。

第四节 家户治理与治理关系

传统时期,家户是村落的基本单元,在生产、生活等方面都由家户来统一调度。牛家庄的家户往往人口都在 16 人左右,而如何治理好这么多人的家庭也成为考验家庭的一道难题。本节也将围绕这个问题探讨 1949 年以前牛家庄的家户治理和家户关系。

一、家户治理单元

保甲时期以户为行政管理单位,此时当地的"户"即平日里说的"家"。"户的标准是同食一锅饭,分家后则成为新的一户。"老人说。关于是不是亲属有几种情况(见表 6-3)。

一种是家人。即使儿子长期在外打工不回来依然是家人;妾算家人,妾生的小孩也算家人;抱养的小孩算家人,儿子私生的小孩算家人。

另一种不是家人。过继出去的儿子不算家人;外嫁女儿不算家人;女儿的丈夫不算家人;外甥、外甥女不算家人;被处罚驱逐出族的家人不再是家人;没有娶进门的妾不算家人;佣人、长工不算家人。

表 6-3 家人的范围

身　份	算	不　算
儿子	打工不回家	过继出去的
	妾生的	
	抱养的	
女儿	未出嫁	外嫁
		女婿
兄弟姐妹的孩子	侄子	外甥、外甥女
	未出嫁的侄女	出嫁的侄女
妻子	已经娶进门的	有关系但没有娶进门的
孙辈	孙子、未出阁的孙女	出嫁的孙女
佣人		长工、短工
族人	族内	开除出族

二、家户治理主体

家户的治理主体是家长,家长被称呼为当家的(见表 6-4)。

一是当家人的选择有序。当家人一般是自然产生,原则是以男性为主,长辈优先。

分家后儿子各自当家，父亲可以提出建议，但不再有决定权。三代亲是父亲当家；有孙未分家的，爷爷当家；有孙分家的，父亲当家；自己分家的，长子是当家人。父亲不在，儿子未成年，若母亲能干，则母亲当家；老公公去世，婆婆能干，则婆婆可以做当家人。

"妇女当家是否会被人看不起，要看妇女的能力和与邻居间的关系。能力强、关系好，就不会看不起，相反人们会敬佩；能力差、关系好的，人们会同情；能力强、关系不好的，人们会嫉妒；能力不强，关系也不好的，人们会耻笑。"村中老人说。

表6-4 当家人情况

当家人	家庭情况
爷爷	有孙未分家
婆婆	老公公去世，婆婆能干
父亲	三代亲
	有孙分家
母亲	父亲不在，儿子未成年
儿子	自己分家

二是当家人在家里地位最高，掌管一切大事。具体的事情涉及红白喜事、房田买卖、牲口、工具、借钱、请工、签字等等。交税、完课、摊派等，只通知到当家人，修路、修桥、修沟渠等公共事务也只能当家人参与商议。请工、请中间人、请执笔人、请客吃饭、请保长、请家人、请绅士、请先生、请公证人等，必须由当家人出面。其他人不光没有能力，而且没有威望，同时也没有经验和相应的知识。老人说："如果不是当家人，别人是不认可的。如果当家人不出门，大事都办不成。"有些生活上的小事如柴米油盐等可由家人代办。走亲戚是女方去得多，去别人家帮忙、借钱、借粮食都得跟当家人说，必须当家人出面，否则没有效力。村中老人说："还钱、还粮食的时候，也必须还到当家人手中，起码要让当家人知道，才算数。"

三、家户治理内容

家户治理以男性为中心。"有父从父，无父从兄。"有父亲时，服从父亲；没有父亲时，服从大哥。男女分工不同，一般是"男主外，女主内"（见表6-5）。老人说："男人管理家外面的一切事务，女人管理家内的一切事务。当家人通常让男性担当，指挥所有的儿子，而家务事由当家人妻子说了算，指挥所有的儿媳。婆婆去世后，可由当家人直接领导儿媳。"家庭事务商量不正式，在田间地头或者吃饭休息时就商量了。

表 6-5　男女不同的家户治理内容

男	女
主　外	主　内
投资、牲口管理、干农活、家庭公共事务、织布、添置衣服、喝酒与陪酒、零花钱、财务和钥匙保管、赶集、扫院子和开闭门、借、来客长住、治疗	做饭和吃饭、纺棉、做衣服和鞋、饲养家禽和小型家畜、睡觉和起床、清洁打扫、回娘家和看闺女、看孩子、送饭

（一）男性主导的事务

男性主导的事务包括很多。比如投资，投资是男性主导的重大事件，投资顺序是"一辈田，二辈房，三辈排场"。一买地，二买牲口，三买旱车，四买水车，五买房子。除此之外还包括牲口管理、干农活、家庭公共事务、织布、添置衣服、喝酒与陪酒、零花钱、财务和钥匙保管、赶集、扫院子和开闭门、借、来客长住和治疗。

1. 家禽牲畜宰杀

一是杀猪。猪养大以后，当家的要找男性邻居帮忙，把猪用车拉到街上请杀猪师傅杀。如果有2头猪，在过年时要先杀一只大的，留一只小的。如果有200斤，自家留下50斤，卖150斤。如果有2头大猪，杀一头，卖一头。"留下的猪肉，既要在春季做饺子馅，初一自己家吃，等客人来吃，还要预防自家有红白事时吃。"老人说。

二是杀狗。老人说："人对自己家的狗总是有感情的，一般情况下不愿意杀。如果狗病死或者老死，通常会卖给别人或者掩埋。"

三是杀鸡、鸭、鹅。一般是当家人或者成年儿子主刀。以杀鸡为例：先把鸡翅膀反别到鸡背后，然后把鸡脖子也按到鸡背上，用刀在鸡咽喉拉，支一个盆放血。盆里放少量盐，帮助鸡血快速凝结。放血后把鸡扔到地上等它死透。然后是婆婆、儿媳或者闺女煮沸水，把鸡放进去泡一会儿后开始拔毛。拔好后，当家的或者成年儿子给鸡开膛，并清理内脏。最后把肉放到案板上。

2. 干农活

干农活也是家长负责制，男性为"地头地脑"，当家的去世后，由长子说了算。没有儿子的，由当家的妻子说了算。干农活时，都由干活的人自己做主，如果有不懂的事可以请教父亲或者祖父，因为他们可以独立完成小麦耕作的任何一个环节。老人说："当家的通常干在前面，挑最苦最累的活做，给儿子们起表率作用。有儿子干得太多会被当家的劝阻，害怕儿子伤了身体。"如果不干活或者没干完都有处罚。

其一是不干活处罚。如果儿子不干活需要说明理由，比如有生病等特殊原因，可以休息不干。但如果故意不做，母亲会骂但很少，主要父亲会责骂或者责打。打的时候会使用家里的棍棒等农具，轻则打伤，重则打残，直至儿子求饶说"我不敢了，以后再也不敢了"。打一次都会长记性,以后就会好好干。如果打也没用,就会断绝父子关系,家长会说"你以后别回来了"来威胁,这时儿子下次就不敢了。

其二是没干完处罚。如果是只干了一部分没有完成任务,需要跟家长说明情况,理由可以是自己是新手干得慢、技术差、地不好锄等,家长会说"先吃饭吧",吃完饭要接着干直到干完。但如果儿子故意不干或者撒谎自己有特殊原因,会招来父亲的一顿打。通常九成以上的农户家庭儿子们都老实干活,不听话不好好干活的是极少数。

3. 家庭公共事务

虽然家长拥有决定权,但是家中大小事务想要决策,都要跟家人商量来取得家人的支持。村中老人说:"如果有不同意见可以提出来,但最终还是要听家长。如果大部分家庭成员不同意家长,家长会重新考虑,但很少有这种情况。"如果家里有读书、经商、耍手艺、当兵、扛长工、短工、童工、抓丁、当夫等,分家时不受影响,该分多少就是多少,诸子平分。下面讨论各类家庭公共事务中的家长的作用。

一是租地。租地有两种原因。第一种是家里有劳动力但没地也买不起地,需要租地;第二种是家里有人也有地,但地少人多劳动力过剩,还想要扩大生产但又买不起地时也要租地。租地必须以农户当家人的名义。这时当家人要先跟妻子商量,再跟成年儿子们商量,最后当家人做决定并通知未出嫁的闺女和儿媳。妻子跟当家人有最亲密的关系,所以要跟她商量;儿子们是家庭重要的劳动力和支柱,所以必须跟儿子们商量。租地的收入关系到全家的生活,属于共同财产,所以需要全家人的知情。"如果当家人独自决定没有跟任何人商量,家里一定会有怨言,儿子们可能会因此不好好干活。"村中老人说。

二是出租地。当家里地多人少、供过于求时就要出租地,依然是以农户当家人的名义。同样是当家人先与妻子商量,然后再和儿子们商量,最后做决定并让闺女和儿媳知道。老人说:"如果当家人独自决定,没有跟儿子或者妻子商量,或者没有告知其他家人,则会导致家庭不和睦、生气、拌嘴、打架。"

三是扛长工、当短工、童工和雇工。有一种情况会促成出去打工的决定,那就是家里地少人多,空有多余劳动力而没有活儿干,这时候通常以当家人的名义选择去扛长工、当短工或童工。也是与妻子、儿子商量,其他家庭成员知情。如果没有跟儿子们商量,儿子们不会去,去了也不好好干。出去打工也要看情况,比如要派有务农经验、技术全面、身体健康的去做长工;技术不全、身体健康的去做短工;年龄小,但是能干活的去做童工。老人说:"如果家里人少地多,但是又不想出租地时就会雇工。"流程跟上面的一样,商量、决定和知情。

四是卖地和典地。如果家里有多余的土地，而又急需要钱，就会卖地或者典地，当然要以农户当家人的名义。地是农民的生存之本，所以必须跟儿子们商量，而卖地属于大事，与全家的生活挂钩，所以儿媳、未出嫁闺女都有知情权。老人说："如果当家人独自决定，必须有正当的理由，家里都会理解；如果是为了换钱嫖赌、吸大烟，家里一定会生气、吵架或者打架。"

五是买地。买地的原因很简单，那就是家里有钱。依然以农户当家人的名义。买地后需要儿子们共同耕种，所以必须跟儿子们商量，而买地意味着全家生活的改善，所以儿媳、未出嫁闺女都有知情权。如果当家人独自决定，没有跟儿子或者妻子商量，也没有告知其他家人，"家人是不会不高兴的，毕竟这是一件好事"。因是一件好事，不会受到指责。多数情况下，家人都很高兴。

六是当兵。村中老人说："家里儿子多，有的儿子如果不愿意干活，当兵是首选，去的时候就以儿子个人的名义。"当兵是比较靠谱的职业，因为起码有饭吃，有衣穿。最关键是要征求去当兵儿子的意见，如果儿子不愿意，不会强迫；但是不想干活的儿子都愿意去。

七是抓丁。国统时期，如果需要农户出人随军打仗，多会抓丁，每家抓一个，保长挑人。一般是让成年男性去，而且都会找家里男丁多的人家。如果家里有两个以上的兄弟，就让没有家室的去，如果都有家室，就让没有孩子的去。如果情况都一样，也没有人自告奋勇，实在不行就只能抓阄。"如果家里只有一个男丁，可以花钱雇别人去。如果家里没钱，就只能这个男丁去。"老人说。

八是做当夫。国统时期，如果交不上农业税，家里又有壮劳力，就会被抓去做当夫；日军侵占时期，如果需要劳工，也会被抓去做当夫。"因为当夫只是去干活，还可以回家，所以家里的壮劳力都会主动参加，一般是长子带头去做。"老人说。如果没人愿意去，当家人就要开会做工作。全家都可以听，但是主要和儿子们商量。出人的方法是谁有空谁去做，如果都没有空就只能抓阄去。

九是读书。家里有了剩余劳动力或者家里渴望孩子识字、有出息，就会让孩子去读书。有钱的人家会根据资质选择儿子去学习，但普通的中农或者贫农都让孩子去劳动。如果去读书，家里的钱通常只够供一人，家长会选择资质聪慧、懂事好学的儿子或者孙子去读书，而不让女性去读书，除非是大户。读三年就不再继续供应，因为家里供不起，并且家长认为能识字就可以了。如果资质都差不多，就选年纪小一点的适龄儿童去学习，"因为年长的兄长已经干活很久成了庄稼把式，对种地更为熟悉。"老人说。

十是经商。选择经商有两种情况,一种是家里没有地,出去打工又没力气;另一种是家里有地,但是有的儿子不想种地只想经商。这时候家长可以筹集或者借一笔钱供儿子去做生意。一般是小买卖,能挣到钱就算是自己的本事。有钱的人家会根据资质选择儿子去经商,但普通的中农或者贫农都让孩子去劳动。可以当家人自己经商开店,如果当家人干不动,可以让儿子去干。村中老人说:"如果家里以种地为主,而且家里的钱只够资助一个人,会让平时聪明而又不爱干活的儿子去做。"

十一耍手艺。村中老人说:"耍手艺的要么是世家,要么是跟师傅学习。"如果儿子从小动手能力强但是不想干地里的活可以让去学手艺。实际情况是如果家里是耍手艺的,那这家的所有儿孙都会是耍手艺的,不容商量;如果家里没有这个基因,动手能力强又能吃苦的孩子可以去跟师傅学习。

十二其他事务。盖房、打井、红事、白事等自家的事务通常没有多正式,简单地说就是家人在一起商量,家长拿主意。闺女能拿主意的情况只有出嫁买衣服的时候。

4. 织布

当地有俗语说"正定府不怕遭贱年,就怕纺织不赚钱",以此来说明织布在当地的重要性。对地多的农户来说,平时种地就够;对于地少的农户来说,除了种地还要织布。地多的冬天出来干活,家里没地的只能全职做手工。一般在自己家里,但也有挖地窨子的。"织布不分男女,但因为男性力气大反而是主力。"老人说。

5. 添置衣服

老人说:"添置衣服都要从当家人那里支钱,通常是当家人交到婆婆手上,再由婆婆发给各个儿子。"添置要按人头或者需要。比如按人头。有什么东西需要买,家长都会提前把钱分给几个儿子,平时的吃穿用度不用申请也人人有份。过年时,家里的所有成员都会买或者做一身新衣服。买了布,给男的染成黑色、白色或者灰色,给女的染成红色或绿色。再比如按需要。平时如果谁的衣服穿坏了,可以单独申请再买或做一件,其他人不会有意见,因为人人都有这个待遇。

6. 喝酒和陪酒

一是当家人多一人喝酒。通常家里穷,平时吃饭只有当家人一人喝酒;如果其他人如儿子、闺女或者当家人妻子喝会受到当家人的责骂、责打,儿媳妇喝会受到婆婆的责骂,严重时婆婆会让儿子打儿媳一顿甚至休妻。来亲戚时,除了自己陪酒外,可以让儿子陪酒——"来戚是儿子们喝酒的最好时机"。少数情况下当家人妻子也可以陪酒,但当家人必须在场;闺女和儿媳不陪酒。座次依然很重要。如果当家人不喝酒,平时就不喝酒。

二是来客坐席安排。来客时，不在炕上吃饭，要在八人方桌上吃。来男客时，正北为尊，正东为次，正西为三，正南为最次；南北相对，北为尊，东西相对，东为尊；或者冲门为主位，左为尊。如果客人辈分比当家的大，客人坐主位，由当家人作陪坐客人右边，其他成年儿子按年龄按次序坐。如果男客比当家人辈分小，当家人坐主位，客人稍逊，其他成年儿子陪酒，座位最次，按年龄排；若当家人年龄大了不愿意参与，通常由成年儿子陪酒，男客按辈分坐主位，儿子们按大小排，但都在客人之后。女人不上桌，在自己屋或者在灶台吃。来女客时，家里的闺女、儿媳和孙媳作陪。依然按照辈分排列，主次参照男客待遇，女客不喝酒。通常女一桌，男一桌，男性不会到灶台吃饭。如果男女客人都有，会安排男女各一桌，家里成年男性陪男客，女性陪女客，小孩跟着母亲一起坐。座次参照男客。男客通常喝酒，女客不喝酒。

三是陪酒的禁忌。陪酒忌吃饭太快或太慢。太快的话，客人还没有吃完，自己先吃完显得不尊重；太慢的话，客人都吃完了，自己没吃饱也不能再吃了。不能喝醉，否则会被媳妇和老人埋怨。喝酒分白酒和黄酒。用酒盅喝酒，三盅为一两。长辈喝完后，晚辈要给长辈满上。碰杯时，杯子高低无所谓，但是必须喝完。"如我到你家喝酒，我不用自己带酒，喝你家的就可以。"老人说。

四是劝酒。如果朋友在一起喝，多会劝酒，即找各种理由让对方喝酒。如果玩得高兴，还要由本家出代表陪客人划拳行酒令，通常是成年儿子。如果A作为客人是本村的，喝醉后，通常由本家当家人B安排成年儿子C（清醒）到A家告知A的妻子D。C会说："他喝多了，今晚留在我家睡，不用太担心。"D会说："还是不麻烦了，把他弄回了吧。"D就会叫自家A的兄弟或者当家人赶着车把A接回家。如果家里没有其他男人，则由妻子D亲自去接。如果A是外村的，通常就在B家客房休息，等第二天清醒后再回家。如果有人呕吐，通常由本家的男性用土把呕吐物掩盖后用簸箕铲走。

7. 零花钱

家里的钱通常由当家的保管，零花钱通常由当家的给妻子，再由妻子给儿子，儿子再给儿媳。老人说："儿媳跟丈夫要，丈夫跟老娘要，老娘跟当家的要。儿子可以跟爹要，也可跟娘要，向爹要的时候多。自己妻子要时，当家的会偏心多给一些，但妻子考虑持家的艰难，会舍不得花。"每年会给4次，每次不超过10个铜板，平均每3个月给一次，共计不超过4元钱。庙会、走亲戚和赶集给零钱。庙会时，给5个左右铜板买午饭吃；走亲戚时，由当家的和妻子商量，为了不折面子，给钱买一些点心；如果当家人没空，会让儿子赶集，给5个左右铜板。

8. 财物和钥匙保管

一是财物上锁。财物包括钱、粮、各种契约凭证以及金银首饰，来源是每年种的小麦、高粱、谷子、玉米、山药等农作物的出售利润，棉花、花生等经济作物的利润以及纺织的棉线和布匹的利润。钱和契约凭证放在钱柜里，有锁；金银首饰放在小柜子里，也有锁；粮食包括小麦、谷子、玉米、青豆、绿豆等放在粮仓，有锁；山药放在地窖，没有锁。凡是门都有锁，二门可能只有门闩。

二是当家人掌管绝大部分钥匙。包括自己屋子的钥匙、粮仓的钥匙、钱柜的钥匙、各儿子家的钥匙和大门、二门的钥匙，最主要的是钱柜钥匙。当家人去世后，交给妻子掌管。婆婆拿自己金银首饰的箱子的钥匙和所有门的钥匙，包括自己屋子的钥匙、粮仓的钥匙、各儿子家的钥匙和大门、二门的钥匙。儿子和儿媳通常有自己屋子的钥匙，大门、二门钥匙和父母屋的钥匙。儿媳通常还有自己金银首饰等嫁妆的钥匙。但是婆婆、儿子和儿媳都没有钱柜的钥匙。

三是当家人出门留钥匙。家庭开销分为日常生活开支、生产投入开支、养老开支、宴请宾客开支、人情往来开支、教育投入开支、看病开支和节日开支。"清末使用大洋，国统时期使用法币，日本人来的时候用军用票。"老人说。当家人出门3天以内，会留3天的零钱3—5元，不留钥匙；出门3天以上会给家里留钥匙，由当家人妻子保管。吃穿用度由其妻子取钱，等当家人回来对账。如果对不上妻子会挨打，甚至被休。如果当家人出门没留钥匙，遇到有人借钱、借粮，需要等当家人回来再商议是否要借；如果有家里人急需要钱，零钱不够的话需要跟亲戚朋友借钱，等当家人回来还账。家里有多少钱、多少粮，当家的都会跟几个儿子公开，儿子们知道家境干活才有干劲。如果当家的欺骗儿子，就会失去信任。

四是财物的规定。关于家里的财物有两个规矩。第一个是不得偷拿钱柜钥匙。如果是妻子偷拿，会受到当家人的责骂、责打甚至休妻；如果是儿子偷拿则会受到当家人的责骂、责打甚至赶出家门、断绝父子关系；如果说儿媳偷拿会由婆婆责骂或婆婆责令儿子打儿媳一顿，甚至休妻。第二个是家庭成员不允许有自己独立的收入。除了媳妇娘家人给的钱以外，分家前都要统一交给家长管理。老人说："平时的零钱多是逛庙会不吃饭攒下的，但是钱很少，可以忽略不计。"

五是家庭也有赠送财产的习惯。如果家里好几个儿媳一直都生女孩，突然有一个儿媳生了男孩，婆婆会因为高兴拿出首饰奖励这个儿媳。儿子新娶了媳妇，婆婆为了表示欢迎，也会赠送儿媳值钱的物件儿。自己闺女嫁人，娘通常会把首饰给闺女一部分作为嫁妆。

9. 赶集

"跟现在不一样，以前赶集多是男性去，只有极少数情况下女性也可以。"村中老人说。因为当家人掌管经济大权，买东西都是他去。去时会带儿子一起，好让儿子学习如何讨价还价，哪里卖的物美价廉等常识。如果当家人没空，多派儿子去买东西。如果儿子自己要买东西需要跟当家人说，当家人再给钱。当家人妻子会去庙会烧香，需要跟当家人说，一般当家人都会同意。儿媳要买东西，需要跟其丈夫说，其丈夫再跟老娘说，老娘跟当家人说，然后当家人支钱。去时必须在丈夫或者婆婆的陪伴下，回来后需要跟婆婆对账。老人说："如果对不上，婆婆会责骂，严重时婆婆会让儿子打她一顿甚至休妻。"

10. 开门和关门

一是"起得早的开门"。老人说了一句话叫"黎明即起，洒扫清除，内外整洁"。开门人没有特指，谁早起谁开门，通常都是当家的早起，开门、扫院子、扫完后洒水。"这个活儿可以让14岁以上的儿子去干，但是不让闺女去。如果半夜有人叫门，当家人要去开门，并隔着门问是对方谁、有什么事情，熟悉的人才会开门，如果对不上人不开门。白天不存在开门，因为门一直开着。"老人说。

二是"最后回家的关门"。有句话是"既昏便息，关闭门户，必亲手检点"。黄昏时，一般是谁最后回来谁闩门，如果没关，当家的会在家人都回来以后派儿子去闩门。闩好以后，当家的会亲自在院子里绕一圈检查是否闩好。晚回来的孩子会被关在门外，叫门才会开，而且会受到当家人的一顿训斥。老人说："平时一般不锁门，睡觉只闩门，即使是去逛庙会家里也会留人而不锁门，除非家里一个人都没有。"

11. 借

一是以当家人的名义借。当家人以自己的名义借钱、借粮食、借物件。如果当家人没空或者身体不舒服，可以让儿子或者孙子代表，儿子、孙子多的，只要能把借东西这个事情说清楚都可以去借，但必须以当家人的名义；女性不可以代表。如果儿子或者孙子有了自己的能力和威望得到了对方的认可和信任，也可以自己的名义借。但多数情况下，以儿子自己的名义都不会成功，因为如果私自借了别人的钱到时候还不上，不管是以当家人的名义还是以自己的名义，出借方都有权要求借钱方的父亲偿还，正所谓父债子还、子债父还。"如果当家人去世了，可以让他的妻子和他的儿子结伴去借，这时候依然要看死去的当家人生前与出借方的情分，所以还是要以当家人的名义。"村中老人说。

二是当家人本人出借。有这个资格的必须是当家人本人，只有他有权出借物件、钱或者粮食。当外人敲门问"家里有没有人"时,如果当家人不在只有妻子在,妻子会回答"没有人"。意味着女性在家里没有处置家庭财产的权力,不可以随意出借东西。如果当家人去世,就由成年长子决定是否出借。如果没有儿子,就由当家人妻子决定。妻子也去世,就由当家人闺女决定。

12. 来客长住

来客需要长住的,无论男女,通常由当家人或者儿子决定,婆婆和儿媳不能决定。如果家长决定让客人住下,母亲和儿媳反对也没用。但是家长多数情况下都会跟家人商量,如果屋子少了会不方便;如果客人住的时间太长,媳妇或者母亲就会反感。

13. 治疗

对于生病这件事,当家人对全家都一视同仁,任何人病了都会竭尽全力去治疗,不惜砸锅卖铁。老人说:"如果给家里的某个人治疗花了很多钱,其他人不能有意见,因为谁都会有生病的时候,当家人都会同样对待。"治疗花钱不会影响分家,没钱时通常会借钱,但不会卖田、卖房。"所以分家时照常,该得多少就分多少。"

(二) 女性主导的事务

女性主导的事务也有很多,包括做饭和吃饭、纺棉、做衣服和鞋、饲养家禽和小型家畜、睡觉和起床、清洁打扫、回娘家和看闺女、看孩子和送饭等等。

1. 做饭与吃饭

女性为"锅头炕脑"。厨房里面的事儿都是女性说了算,有了儿媳就是婆婆说了算。当婆婆去世后,厨房的事儿才是当家的说了算。

一是做饭有顺序。没儿媳妇的,由家长妻子做。有儿媳妇的由各个媳妇一起做。只有一个儿媳,就由婆婆指挥,婆婆打下手,媳妇主厨。若两个以上媳妇,就让年长的媳妇指挥和帮厨。比如大媳妇和二媳妇,通常是大媳妇派任务,规定谁做饭、谁烧火,婆婆不再参与。如果有不会做饭的媳妇,婆婆或者大媳妇会带。如果儿媳妇好吃懒做,短时间可以容忍,长时间会受到婆婆的责骂,严重的时候婆婆会让儿子打她一顿或者直接休妻。

二是婆婆决定吃什么。"婆婆直接命令媳妇,不用经过当家人和儿子。婆婆决定吃什么,会以'给当家的弄点×××(吃的)''给孩子们弄点×××(吃的)'为理由。婆婆去世后,吃什么是大儿媳说了算。"老人说。如果儿子或者闺女自己开小灶,会受到当家人的责骂甚至责打;如果是儿媳妇自己开小灶,婆婆会让儿子打她一顿或者休妻。

三是用料节俭。通常会非常节省,如炒菜用油,用绳吊一个铜钱,在油瓶中沾一下,再把铜钱放入菜中,"尝出味道就可以了"。每人每年用油不超过3斤。做菜舍不得放其他的佐料，仅有的佐料都要到集市上购买。

四是买菜要对账。平时吃自家种的蔬菜，如果到集市买通常是当家人自己去，或者让当家人媳妇去，如果他俩都没空就让儿媳妇去，但回来需要对账。如果对不上会受到婆婆的责骂，严重时婆婆会让儿子打她一顿或者休妻。

五是吃饭次序。做饭时，妻子或者儿媳做饭，只能尝尝饭菜是否可口，但不能自己先吃，必须端上饭桌等大家一起吃。如果自己先吃饱会受到婆婆的责骂，严重时婆婆会让儿子打她一顿或者休妻。等家长落座动筷子了，其他人才可以动。除非听到家长说'你们先吃'，其他人才可以先吃。

六是吃饭的地方有差异。人多时是万年屋桌子，人少在炕上，通常是冬天在炕上支一张小桌子吃饭，夏天在万年屋支一张桌子吃饭。如果坐八人方桌，家长要坐面向门的位置，家长左侧为尊，平时是婆婆坐，其他位置儿子、孙子、儿媳、孙媳随意坐。如果在炕上，就随意坐，不讲座次，但儿媳、孙媳在炕沿或者灶台，并随时准备盛饭。如果家里人口较多，几十口人都挤在一起不方便，这时当家人会回自己屋吃，留小辈在万年屋吃，或者在厨房领饭，各回各屋吃。

七是吃饭姿势有讲究。在炕上吃饭时，要盘腿而坐，如果有老人或者有病人腿脚不方便，可以放一个小板凳坐在上面。其他人可以蹲着吃，可以跪着吃，但是不可以趴着或者躺着吃。如果违反会被当家人训斥。

八是吃饭禁忌。不能吧唧嘴，不能用筷子、勺子等敲击碗、盆等发出声音，不能把筷子插入饭或菜中，违反了这些都会挨当家人一顿骂。必须吃自己一边的菜，不可以乱挑，如果乱挑会被当家人用筷子打走，即使夹到菜也会被撸下来，还要挨骂。可以剩饭，但是下一顿必须自己吃，或者喂家禽。平时吃饭快慢无所谓。

九是开小灶。病人、坐月子或者不到7岁的孩子可以得到特殊照顾。病人生病期间可以先吃饭，不必等家长，一直吃平时不常吃的挂面和鸡蛋，直到病好。儿媳妇坐月子可以先吃饭，不必等家长，吃挂面、鸡蛋、红糖等，通常吃30天左右。不满7岁的孩子可以先吃，不必等家长，除了鸡蛋、挂面、红糖，还可以吃烧饼、麻糖、点心等。初生的婴儿如果没有奶可以吃白面糊糊，几个月后可以由其母亲或者祖母将鸡蛋、挂面、红糖、烧饼、麻糖、点心等嚼烂后喂给婴儿。特殊照顾的食物，也是由婆婆决定，通常是婆婆命令儿媳做，少数情况是儿媳请示婆婆。

2. 纺棉

如果在自家，没有儿媳时，当家人妻子纺棉。如果有了闺女，长到14岁左右就让闺女一起纺棉。如果有了儿媳也让儿媳参与纺棉。如果儿媳多了，婆婆不再纺棉，指挥儿媳们一起纺棉。纺棉机器不够的轮流纺棉。冬天也可能去纺棉窨子，由街坊邻居10个左右的妇女（比如小媳妇或者六七十岁的老太太）相约一起纺棉。"他们自带棉花和纺车，煤油灯油钱平摊，从申时四刻（下午 4 点）吃过饭后就开始纺织，一直到亥时四刻（晚上 10 点）左右，织好后到集市上卖。"老人说。

3. 做衣服和鞋

（1）做针线的主体是女性

包括婆婆、儿媳或者闺女。闺女通常在 11 岁到 12 岁就要开始学习针线活，包括纺棉、织布、做衣服、做鞋。老人说："如果不好好学习，就会被娘用针扎。"嫁人前，跟娘一起负责全家的针线活；嫁人后，负责婆婆家全家的针线活。老人说："如果儿媳不好好做会被婆婆骂，有时婆婆会怂恿儿子打媳妇甚至休妻。"儿子在结婚前，通常由娘和姐妹做针线；儿子结婚后但没有分家前，由儿媳负责自家和婆婆、当家人的针线，婆婆给衣料，如果媳妇多，除了负责自家的针线，老人的针线轮流负责；儿子分家后，儿媳只负责自家的针线，婆婆不再给衣料。

（2）全家的衣服和鞋都要做

每人夏天需要一件单衣，春秋需要一件夹衣，冬天需要一件棉衣。做鞋也有讲究。

一是男人的衣服，冬夏不一样。夏天穿紫花布裤子、白褂子。紫花裤上边加白裤腰，打折，扎白布腰带，褂子为立领对襟，缀纫扣，下边两个兜。少数老人还扎黑绑腿带子。紫花布是用紫花棉织成的原色布。冬季穿黑色或蓝色的棉裤棉袄。老年人还外穿一件大襟棉袍。经常推车挑担外出的人爱穿衩裤，这种裤子只有两条裤腿，没有裤腰、裤裆，多数人扎绑腿带，穿白布做的夹袜子，自做的双鼻梁棉鞋。习惯用白布头巾包头，后来改用毛巾，老人戴毡帽或帽壳儿。

二是女人的衣服。中老年人春夏穿白色、蓝色的大襟褂子和打折裤子，扎绑腿带子，穿自做的鞋袜。青少年穿自织的花条布、方格布和蓝底白花的印花布衣服和自做的绣花鞋。冬季穿红棉袄、绿棉裤。

三是孩子们的衣服。通常是老大穿了老二穿，一直穿得补丁摞补丁，不能穿了，拆了制成袼褙做鞋底。大人穿衣更是十分珍惜，"新三年，旧三年，缝缝补补又三年"，穿得没了颜色，自己染一染还穿。置一件衣服不容易，总要穿很多年。

四是做鞋。先粘鞋底，大概 20 层左右，晾干变硬后，再纳鞋底，平时的鞋用麻绳，冬天的鞋用棉线；最后上帮子，冬天要续棉。"两天做一双，初学时，做三到五个就熟练了。"老人说。

4. 睡觉和起床

(1) 睡觉

老人说:"日落而息,通常是天色暗了以后,晚上9点左右就开始睡觉。"没成家的孩子,是母亲哄孩子入睡,然后父母再睡;成家后,儿子、儿媳每晚需要到父母家里问安,安顿老人睡下,再回自己屋睡。

一是睡觉位置和组合。炕上的被褥多为两人一铺,俗称"打通脚"。根本没有炕被、炕单之类,叠了被褥就是苇席。多数情况下只有一个被窝,夫妻睡一起,有孩子后孩子在婴儿期和幼儿期跟母亲睡,7岁后婆婆会多做一个被子,小孩在父母中间睡。儿子、女儿长大后,如果没成家就单独睡,有单独的被子,成家后儿子跟媳妇一起睡。妻子睡靠窗户的位置,当家人睡靠外面的位置,这样的安排方便当家人如果有事起来处理;睡觉时脚冲门,这样有事情头部可以先看到门的情况。如果孩子多了睡不下,就会头、脚相对而睡。

二是睡觉禁忌。不能趴着睡,不能蒙头睡。这样做对身体发育不利,如果违反,会被当家人或者母亲责骂。睡觉不能摆"大"字占太多空间,因为孩子多,炕的空间有限,不听话会被家长主要是母亲纠正或者责骂。睡觉不能打呼噜,丈夫打呼噜时,会被妻子捅醒或者捏鼻子,太严重了会去医治,如果治不好,妻子只能忍受。

三是睡觉照顾。"儿女在5岁前由父母给脱衣服。"老人说。儿子、女儿未成年时,由母亲铺被子,睡前父亲把孩子们的被角掖好;夏天踢被子,母亲会把被子盖好。女儿长大没出嫁前,要给父母和没有娶妻的兄弟铺床,晚上要给父母问安、放尿盆。有儿媳后,儿子自己家由儿媳铺被子、放尿盆,晚上要去给父母铺被子、放尿盆,儿媳较多要轮流去铺床、放尿盆。

(2) 起床

一是起床时间。所谓"日出而作","天刚亮就要起床"。一般是卯时四刻(早上6点),如果是农忙尤其要起早,凌晨寅时(3点)、寅时四刻(4点)起也算正常,农闲时可以辰时(7点)、辰时四刻(8点)起。

二是起床事宜和照顾。"平时夫妻之间是先起床的叫还在睡的起床,孩子们由母亲叫起床。"老人说。谁先起谁先洗脸、漱口。孩子在5岁以前要由母亲给穿衣服、洗脸和梳头。起床后,妻子叠被子、倒尿盆、扫地和擦桌子,然后洗脸漱口;如果有老人,先倒自家尿盆、叠被子、扫地和擦桌子,然后给老人叠被子、倒尿盆、扫地和擦桌子,最后洗脸漱口。男性,通常是当家的,起来后开门、扫院子、洗脸漱口。老人起来有时自己叠被子,洗脸漱口、喝水、遛弯或者休息。

三是起床禁忌——不能睡懒觉。老人说："在大家都起床后,只能多睡一个小时。"如果生病了可以更晚起。新婚的儿子起得晚,但到辰时(7点)还不起的话,母亲会叫他起床吃饭。农忙时尤其不能睡懒觉,否则会受到当家人的责骂甚至责打。

5. 清洁打扫

房屋打扫需要女性料理,包括收拾房屋、洗衣服、洗碗洗锅。

一是收拾房屋。当家人的房子,如果没有儿媳妇,要由当家人妻子打扫。有了闺女,通常由闺女打扫;如果有了儿媳妇,几个儿媳妇轮流打扫:晚上先去放尿盆(尿盆是瓷盆,比脸盆稍小,光棍多用夜壶),然后是铺被子,最后对当家人和婆婆说"爹娘早点睡";早上到当家人房里要先倒尿盆(就是倒进猪圈,尿盆放到猪棚上),然后叠被子、扫地、擦桌子。如果儿媳妇有的体弱多病,可以让其他儿媳代劳。如果所有儿媳都不打扫,会受到婆婆的责骂,严重时婆婆会让儿子打她一顿或者休妻。实在没法,婆婆会亲自打扫。各个儿子屋子,通常是儿媳自己打扫。"闺女的房屋由闺女自己打扫,如果有钱还可以雇眉厢[1],由眉厢打扫。"老人说。

二是洗、晾、收衣服。没有儿媳时,通常是当家人妻子洗全家的衣服。有女儿后,等女儿12—13岁就开始洗衣服,包括父母和未成家兄弟的都要洗。如果有了儿媳,儿子自家的衣服由儿媳洗,当家人和他妻子的衣服多是还没出嫁的闺女洗,闺女没空或者生病就让儿媳轮流洗。儿媳不给妯娌家洗衣服,除非家里生了小孩,如大哥家生了小孩,弟媳多会给小孩洗尿布。洗完衣服,晾在院子里或房顶上的绳上,不需要别人帮忙,如果洗坏了就补一补,婆婆通常不会说什么。"衣服干了,通常是谁洗谁收;如果还没干碰上下雨天,通常是谁先发现谁收,男女都可以。"村中老人说。

三是洗碗刷锅。没有儿媳妇时,由当家人妻子洗碗刷锅,闺女长大些到12岁由闺女洗碗,等有了儿媳就会让儿媳洗碗。每餐必洗,不能等到下一餐再一起洗。儿媳多了就按天轮流洗碗。如果偷懒不洗,轻的会受到婆婆的责骂,严重时婆婆会让儿子打她一顿甚至休妻。洗干净以后,要按次序摆放,把小碗摆在大碗上,从下到上依次减小。每一摞必须要立得稳,如果发生摇晃要再摆一摞。"如果不会摆,儿媳又会受到婆婆的责骂。"老人说。

四是自身清洗。清洗包括洗手、洗脚、洗头、刷牙、洗澡、理发、剪指甲等。洗手比较勤,饭前、便后、干完农活都会洗手。早上洗脸,晚上不洗脸。两口子先洗脸,然后给孩子洗脸,全家用一盆水。冬天更是如此,因为冬天洗脸要冷水兑热水,烧一回水要烧柴,用锅烧,十分不易,所以珍惜热水。夏天无所谓,可以多用一些水。如

---

[1] 就是丫鬟。

果是扬场的时候,要洗很多次脸。每天晚上都洗脚,但多是媳妇带丈夫洗,因为丈夫多不愿意洗,只能媳妇先洗,或者给丈夫把洗脚水端过去,这样丈夫不好意思就会洗。女孩子洗脚比较勤,男孩子洗脚需要母亲催促。没有牙膏,也没有牙刷,所以不刷牙。通常早上用凉水漱口。如果前一天做米饭,通常把淘米水留下漱口,比凉水更有清洁效果。男性头发短,多是光头,所以洗脸时顺便就把头洗了,抹一些胰子,理发时也会洗头。女性头发长,三五天就会洗一次,也用胰子。如果是夏天洗澡,通常几天就洗一次,或者一天洗几次,因为太热,需要冲凉。男人多在院子里用凉水冲,孩子多坐在大盆里让母亲或者奶奶洗,女人多在屋里找一个盆或者大木桶在里面洗。冬天因为太冷,男女分开到村里的公共澡堂洗,一个月一次;如果村里的不开,就是夫妻二人带孩子去县城的公共澡堂洗,男女分开。男人30天理一次发,多去剃头师傅那里。每次理发一毛钱,发型不多,以光头为主,顾客为男性,没有女性。女性都在家让闺蜜、女伴相互剪发,大概几个月剪一次。"通常指甲长长就会剪,但是有个别富裕人家为了显示其优越的地位不剪指甲,留很长,表示自己不用干活。"老人说。

6. 回娘家和看闺女

一是回娘家。如果儿媳想家、娘家有事需要帮忙、娘家人有人生病或去世等,可以申请回娘家。要丈夫同意,然后向婆婆申请。婆婆不用经过当家人就可以做主。丈夫或者婆婆任意一方不同意都不能回家。回家带孩子一起,通常待一周左右。如果时间太长,婆婆会派儿子去看情况。到了时间,娘家会主动提醒自己闺女要回去了。如果回去晚了会惹丈夫和婆婆不高兴。如果腊月回娘家,在腊月二十三必须赶回婆家。因为这一天灶爷上天,要清点人数。如果赶不回来,严重时婆婆会非常嫌弃她,甚至让儿子休妻。"回娘家不带东西,空手回去。"老人说。

二是看望出嫁闺女。如果一个母亲想自己出嫁的闺女了,或者闺女怀孕、生产、生病、死亡等,可以去看望。去的时候要丈夫同意,然后向婆婆申请。婆婆不需要经过当家人就能做主。丈夫或者婆婆任意一方不同意都不能去。一般是去一天,最多去三天。"家长和婆婆商量,给儿媳点零钱,给孙女买些点心等礼物,不让孙女婿家看不起。"老人说。

7. 看孩子

一是看孩子有方法。首先是哄睡觉。婴儿觉多,需要轻拍孩子身体,抱着孩子轻轻摇晃,嘴里轻语"哦哦睡觉觉"。孩子再大一些就不用抱了,只需要轻拍和轻语。然后是喂奶,一般是由母亲喂奶,如果母亲没有奶,可以找刚生孩子有奶的兄弟媳妇或有奶水的邻居、朋友代喂。如果周围的人都没有奶则只能喂孩子吃白面糊糊。其次是换介子，就是换尿布，婴儿小便大便后要及时更换介子，比如小便后要换一块干净介子，尿湿的要清洗；大便后给狗添，重新换干净介子，用过的要清洗。老人说："尿常用作药引，不经蒸煮直接喝，有利于治疗妇科病。"最后是不掉地。婴儿多动，尤其到3岁左右会爬能走，都在炕上或者床上活动，必须严防孩子掉到地上。"如果在怀里抱着，不能太紧也不能太松，太紧孩子热，喘不上气，太松容易把孩子掉了。"老人说。

二是大人小孩都可以看孩子。成年男性不看孩子，由婆婆看孩子，如果婆婆临时有事可以让14岁左右的姐姐和哥哥看，没有婆婆则让孩子的母亲看。婆婆看孩子要给孩子换介子，擦屁股，哄睡觉，不能让掉地上等。母亲看的时候要给孩子换介子，擦屁股，哄睡觉，喂奶，不能让掉地上等。晚上要和孩子一起睡，方便照顾。女性坐完月子就开始下地干活，由婆婆带，到饭点母亲要回来给孩子喂奶。"如果自己带，劳动多的要把孩子拴着背在背上，继续干活。哥哥姐姐看时只能看着孩子不掉在地上，其他的管不了。"老人说。

8. 送饭

如果家里的地离家太远，就需要有人送饭；如果为了抢收庄稼或者防止下雨、下冰雹、被盗等不回家吃饭，也需要送饭。如果早上早饭前出去干活，早饭需要有人送；如果中午不回来休息，也需要人送。下午通常会回家吃。送饭的人通常是妇女，可以是婆婆、儿媳或者闺女，通常不让14岁以下的小孩去送饭，因为要去地里，担心把饭摔到地上或者半路孩子的人身安全没有保障而出事。"如果小孩也去通常是母亲陪着一起。"老人说。

四、家户治理规则

（一）家户治理方式

1. 说服教育为主

传统家户治理中"能不打就不打"，农户对自己的孩子还是比较爱护和心疼的。在进行家户治理的时候多是以说服教育为主。

一是当家人的说服。传统社会的家户中，当家人虽然拥有管理全家的权力，但是他主要对农事比较操心。平时管理的对象就集中在自己的妻子和各个儿子身上。对于自己的妻子，有什么事情多是商量的语气，"直接打骂的还是比较少见的"；而对于自己的儿子，无论是否成年，父亲遇到儿子的事情都是先要苦口婆心地进行劝说。

二是当家人妻子说服。妻子的说服主要体现在两个方面。首先是对于自己丈夫的说服。有些大事如果丈夫的决策出现了明显的失误或者会极大地损害家庭的利益，妻子就会对其进行说服。如果当家人对于孩子过于严厉，妻子往往也会进行劝导。其次是对子女的说服。子女大多调皮,母亲多是唱红脸的角色,调和他们和父亲的矛盾;如果子女太过分,她也会向着丈夫来教育女子。

三是哥哥姐姐的说服。如果有弟弟妹妹不懂事,往往不会先告诉家长,哥哥姐姐会帮忙批评教育。如果年龄小的子女不接受他们的劝告,哥哥姐姐才会告诉家长由家长来处理。哥哥姐姐一般不会打弟弟妹妹。"说几句就哭了,还怎么打。"老人说。

2. 赏罚分明

奖励和惩罚的主体一般是当家的。

一是奖励。家里的奖励分为简单的和隆重的两种。如果平时孩子表现乖或者妻子表现好,家长一般会口头表扬他们。如果妻子生了孩子,当家的会摆大桌的宴席来宴请亲朋,并且每天都给妻子做好的东西吃。如果孩子考取了功名,家长会奖励孩子钱财、土地等。老人说:"一般情况下,给家人的最高奖励就是一顿好饭。"

二是惩罚。一旦孩子忤逆了父母,触犯了家法,轻的会被责骂、罚去干活,重一点的会被打,非常严重时会断绝关系,赶出家门,甚至送衙门。如果妻子不生育或者水性杨花,丈夫一般要跟她吵架、打架,"如果有老娘的怂恿,差不多会休妻"。

(二)家户治理原则

1. 独立决策

一是家长独立决策。家庭治理的规则主要制定者是家长,而家法的制定原因和根据都是平时的生产、生活所需。在饮食起居、做人做事、农业劳动、伦理纲常等各方面都有适应家庭需要的一套标准,多数具有普适性。

二是拒绝外部干扰。如果在一个大的宗族里面,村长、保长、族长、门长想要干预一个农户家庭内部的事情,先要去做家户当家人的思想工作,再由他来实施。因为"家家有本难念的经",如果由其他的权威直接处理家庭的事务,一般难以看清事实的真相。

三是新决策者的产生。在分家后,父母对独立出去的子女不再有决策权,新成立的家庭自己说了算。从此这个家庭的未来走向的指挥权就落在了新当家人的头上。但是此时的决策并不是封闭的,必要的时候年轻的当家人还是会向自己的父亲或者其他长辈请教。

2. 凡事商量

一是跟妻子商量。传统时期,并不是当家人的一言堂。老人说:"很多时候当家的都是要跟妻子商量的。"这个时期适用于家户没有子女或者子女还未成年的时候。家内小事是当家人妻子说了算,生产性、经济性事务和婚丧嫁娶都由家长说了算。

二是跟子女商量。子女大了还没有分家，如果有了自己不同的意见可以表达。他们有了自己独立判断的能力，有的时候甚至会超过家长的能力。家长此时可能已经老去，他不得不跟家人商量家庭中的事情，遇到事情当家的要跟子女商量，但最终由家长决定。

三是跟父母商量。此时的农户一般已经分家，但是如果遇到特别困难的事情，还是需要长辈的经验。老人说："刚当家的儿子还是会跟父亲商量，毕竟他懂得多。"比如第一次生孩子、带孩子，初为人父、人母的农户一般是手足无措的，他们需要长辈的帮忙。这时候一般是当家的去父母家请自己的老母亲来处理。

五、家户治理关系

（一）家户治理与家户关系

1. 家内成员相互之间的关系

（1）与雇工的关系

一是当家的不是唯一指挥者。当家的、少东家、长工头、短工头都可以指挥。一般是主家的当家人安排长工、短工和自己成年的儿子工作。如果主家的儿子——少东家也懂劳动且技术全面，有时他也可以指挥长工、短工和安排工作；如果主家的儿子技术不全面，生产活动还是由长工头指挥。长工头技术全面，可以指挥其他长工、主家一起干活的成年儿子和短工的生产活动。通常是当家的和长工一起商量干活，主家各个成年儿子不能瞎指挥，只能协助工作。长工、短工的工作内容不同，如果短工人数较多，长工不能指挥短工的工作，而是由主家指定一个男性短工担任短工头。

二是当家人地位最高。当家人排第一，少东家第二，长工头第三，普通长工和短工地位差不多。主家当家人最大，拥有对所有雇工和儿子的支配权；少东家为主家人，大多数情况下即使其技术不全面也要听他的，排名第二；长工中技术最全面的成为长工头，在具体的农事生产上可以支配其他长工和短工，有时少东家包括主家长子和其他成年男性也需要向他请教，排名第三。

三是待遇方面，长工和短工各有不同。

①长工待遇好

长工每年4石粮食左右，管吃住；长工头没有特殊待遇。八月十五，主家会给每个长工一篮子月饼。十月三十，主家做饺子和几个肉菜。过年主家给每个长工够做2件衣服的布，外加一篮子白面馒头约20—30个。吃在主家，每天3顿，没有区别；如果土地比较远，中午在地里和少东家一起吃饭，饭菜没有区别，晚上回到主家在牲口屋吃，少东家回自己屋吃。住都在主家的牲口棚中，也没有区别；衣服穿自己的；工具和牲口都用主家的。

②短工待遇较差

短工分三类，男工、女工和童工。男工干一天，管3顿饭，如果早饭后招募，干半天只管中午饭；如果下午招募，干半天只管下午饭。工资都是当天结算，每天5分至3角。不管住，需要回自己家。衣服也穿自己的，工具需要自备。短工都不会使牲口，如果要用就用主家的。女工干一天管3顿饭，如果早饭后招募，干半天管中午饭；如果下午招募，干半天管下午饭。工资都是当天结算，每天5分至3角。不管住，需要回自己家。衣服也穿自己的，工具需要自备。童工如果干一年，只管吃住，最多时可以得到一石粮食。"如果干一天，就管3顿饭，得几个铜板，衣服穿自己的。"老人说。

（2）夫妻关系

一是丈夫决策，与妻子商量。丈夫纳妾要跟妻子商量，如果妻子反对而丈夫一意孤行会导致家庭不睦，但现实情况下妻子很少反对，因为她知道反对也没有用，丈夫可以随意休掉妻子或者妾。老人说："但纳妾都是大户人家的事，一般的农户可能老婆都娶不到，更甭说二房了。"在家庭事务中，丈夫起决定性作用。平时的事务全家都可以商量，但决定权在家长。其他家庭成员娶妻妾在分家前需要家长的同意，分家后就不再需要。

二是妻子决策，丈夫不干预。一种是妻子管女眷不受干涉。家长没有权力直接做主休掉其他家庭成员的妻妾，所有女眷由家长妻子管理。老人说："说到女眷，其实这里的妻子一般是婆婆，她对所有的儿媳和闺女拥有最红的裁决权力，闺中事是丈夫不能参与的。"第二种是在家庭中，如果妻妾聪明伶俐而且比家长能干，得到了大家的认可，这样家庭成员都会听从妻妾的领导。"村里有的家庭男人腰软肚硬，性格懦弱，半天放不出一个屁。要想把家庭经营下去，必须要听媳妇的领导。村东头的王大姐就是这样的人，非常强势，但是跟村民的关系都非常好。"老人说。

（3）父子关系

一是儿子当家，善待父亲。如果父亲已经年迈，他已经无心或者无力再去操持家中事务，因为这个阶段绝大多数父亲都丧失了劳动力或者成了半劳动力，自己的生活也需要别人来照顾。此时需要儿子当家，他自然会比父亲更有话语权。老人说："这个时候一般是父亲年老的时候，但遇到事情还是要跟父亲商量。"父亲的饮食起居要管，父亲的生活要照料，但如果父亲犯了错误，这常常体现在爱喝酒、爱打牌等兴趣爱好上，一般要以说服和规劝为主，不能用家法，但有时会放任："苦了一辈子了，让他做吧。"

二是父亲当家，管教儿子。如果父亲还是年轻力壮，一般还是父亲当家，那儿子的一切都要听从父亲的安排，包括生产、生活、娶妻生子等等，不能反抗。如果不反抗凡事都顺着父亲，一般被认为这是懂得孝顺；如果不服从，父母会打骂，严重的还会把他扫地出门，永不相认。在村里这样的人也会遭到耻笑。

（4）兄弟姐妹关系

一是"大的管小的"。如果兄弟姐妹几个都处于年幼时期，那一般是按照年龄排序，弟弟妹妹要听哥哥姐姐的，谁最大就都听谁的。一旦有人成年，不论男女就要都听他的。如果成年的当中既有男性又有女性，还是谁的年龄大就听谁的。

二是"大的听小的"。如果这时候分家了，有哥哥或者弟弟分出去了，那姐姐妹妹都不再听他们的；而如果父亲年迈，由哥哥或者弟弟当家了，那其他人都要听他的。"小时候姐姐可以管弟弟，长大了弟弟可以管姐姐。"老人说。

2. 家与成员之间的关系

（1）关系脱离

除了分家、分户或者被逐出家门，家户成员可以在征得家长的同意后自行决定从家户中脱离。但要立下字据，就是"老不养，死不葬"。家长不会对他进行惩罚，但从此就不再往来。脱离关系的成员可以重新回归家庭，但必须取得家庭的谅解。老人说："村中王某曾非法印制假银票，并且大肆收购粮食，赚了不少。但他深知罪行恶劣，所以提前跟家里断绝关系，写了'老不养，死不葬'的父子决裂书，并把东西全部移至家中。以致官府来查，却无法动其财产。"

（2）家庭互助

家中有人在外面遇到困难时，家中会给予帮助。如果不帮，家长权威将受到影响。老人说："家庭中相互帮助是必须的，不然这个家庭迟早要解散。"家庭互助分对内和对外两方面。对内主要是生产劳动上的相互帮忙、工具的借用、钱粮的借用。当身体不好的时候，家人会给予照顾。对外主要是当遭遇危险的时候，家人要挺身保护；当心情不好的时候，家人会给予安慰。

3. 当家人权威

当家人在家户的权威最大。

一是当家人座次排第一。平时休息的时候，家中的上座由当家人来坐，当家人不在家时可以随便坐。吃饭的时候如果当家人没上桌其他人不能动筷子；当家人没有允许其他人喝酒，不能擅自喝。老人说："喝酒是当家人的专属，成年的儿子见父亲天天喝酒，会感到嘴馋，但是父亲不给他自己是不能偷着喝的。"

二是见了当家人要微笑问候。"平时见了当家人要有笑模样，并要时常问候。"家里的成员早上要去问"爹你起来了？"平时碰面要叫声"爹"，不能低头不语；晚上睡觉要去给当家人说晚安。

三是当家人是最后的拍板人。家里有什么事情首先都要跟当家人通报，让他做决定。家庭的投资、牲口管理、干农活、家庭公共事务、织布、添置衣服、喝酒与陪酒、零花钱、财物和钥匙保管、赶集、扫院子和开闭门、借东西、来客长住、治疗等等都要当家人来决定。当家人对家庭的事情做出决定后，"家庭成员可以反对，但是是否有用还是要看当家人最后拍板"。

四是当家人说话有分量。平时当家人叫到谁的名字要马上赶到当家人那里，不能假装没听到，动作也不能太慢；家庭成员对当家人说的话语不能当耳旁风，如果被他教育了应该虚心接受，不能顶嘴。

（二）家户治理与国家治理

1. 家法与国法

家法是在农户平时的生产、生活中总结出来的，却是不成文的，指导着家户成员的言行。一般来说，家法在国法的框架之下，不存在与国法冲突的内容，家法往往是国法的重要补充。

一是违反家法。如果违反家法，家长一般采取批评教育的方式，对于稍微严重的事情，会采取罚跪、罚站、用扫帚或鸡毛掸子打的方式来惩罚。再稍微严重一点，当家人可以将家庭成员"赶出去"，之后家户的家谱会把他除名，官府不会干涉；如果当家人将自己的孩子打死，国家不会处理，认为这是家务事。"如果儿子当家打死了父母、兄弟姐妹等，官府会治罪。"老人说。

二是违反村规、族规。如果违反族规、村规，一般按照族规和村里的规定来进行惩罚。跟家庭的一样，犯错较轻的会被警告和批评，稍微严重会被罚站、罚跪、面壁思过；对于更为严重的犯错，族内可能采用驱除出族的方式，而村落可能采取驱除出村的方式来实施惩罚。族内和村落都没有权力剥夺人的性命，如果发生了要追究实施者的责任。

三是触犯国法。如果家庭成员同时触犯国法、家规，就要按照国法处置，比如杀人、奸淫、盗墓等死罪要将成员送入官府。家人犯法一般有两种解决方法。第一种是普通人家，一般会选择包庇，因为他们知道如果犯了这种罪都是难逃一死，所以一般会想方设法让犯罪的家庭成员逃走。第二种是大户人家，一般会选择告官，不仅因为自己家里有钱,可以疏通关系,"把他捞出来",还因为家人认为不报官辛苦经营的家庭将受到牵连。

2. 家户对国家治理的顺从和反抗

家户对于国家的治理大部分情况下采取的是顺从的态度,当然也有消极反抗的时候。

(1) 顺从

一是交税顺从。针对一年一度固定收取的土地税和人头税,大部分村民都不敢不交。过得"可以的"以及"大户人家"一般也出得起,因为地税不高,在家庭的承受范围之内。他们在村中的生活水平往往是中等及以上的,交不起地税意味着家境不行。老人说:"农户是爱面子的,他们绝不会允许村民笑话。"

二是拉当夫顺从。村里大部分农户跟村长、保长都没有血海深仇,这就意味着在拉当夫的时候,村长往往找的活都不会太过繁重。如果繁重,村长会多找几人以减轻个人的负担。另一方面,如果不想出人就要出钱,除了大户人家,一般的农户是出不起的,对于做当夫只能选择顺从。

三是抓壮丁顺从。抓壮丁如果是自愿前往,很少有农户会选择。但为了保证抓丁任务的完成,村落一般会强制,其本身虽然没有强制权力,但是会通告给县里或者驻军来拿人。老百姓为了活命不得不顺从。其中变通的方式是换丁和买丁,但依然是对抓壮丁这件事情的妥协。

四是配合缉捕盗贼顺从。在县里展开的跨村缉捕盗贼方面,村民表现出来的是积极配合。因为村民也不愿意有盗贼偷盗自己的东西,对于这类公共的好事,村民在心里和行动上都是支持的。"他们会给衙役带路,并且帮忙抓捕。"

(2) 消极反抗

一是逃税。有地就必须交地税,但是有些农户家中常年缺少劳动力,土地荒芜,没有任何能力去支付地税。这类农户一般是妇女和孩子,他们会在丰收的时候逃离本村,一般到外村的亲戚家生活一段时间。但再回来的时候,土地一般会被没收卖掉或者租给别人。所以这类的反抗是不成功的也是很少见的。

二是躲丁。如果农户家中的男丁少,躲丁就是非常正常的事情。一旦家中仅有的男性被抓丁,不光男性自身前途渺茫、生死未卜,自己的家庭也会因为缺少顶梁柱而土崩瓦解。没有生产能力的老人、妇女和孩子只能上街要饭。

三是消极出工。对于无法躲掉的当夫,农户一般消极抵抗,选择出工不出力。对于建造的工程也会应付了事,不会尽心尽力。老人说:"无论去哪里干活,都不给吃饭，那简直就是把老百姓当牲口使唤，谁会老老实实给他干。"

第五节　信缘治理与治理关系

传统时期的牛家庄信缘关系体系发达，前面章节重点介绍了各类信缘的社会关系，本节将着重介绍 1949 年以前本村落信缘的治理关系，其中好好道、香道、财神治理对于信仰的发展都起了不同的作用。

一、好好道及其治理关系

传统时期，牛家庄道门众多，这类组织规模不大，少的只有几个人，多的有几十人，所以称他们为部分村民的信仰。他们都有自己供奉的神灵，都宣称信奉者不是能升官发财，就是能内心清静、无忧无虑。他们把祭拜的神灵都供奉在首领的家中，但首领要求成员供奉在心里。

（一）"心善即可入道"

好好道以佛为信仰对象，具体是哪种佛不得而知，但是要求成员都严守"信佛、信道、不骂人、不打人、积德行善"的好好道宗旨。这里的成员自称道民，大概 10 人左右，男性居多，多是贫农或者下中农，年龄都在 40 岁以上。

入道的条件比较简单：心善、信道、信佛。进去也不用交会费，不需要家人的同意，更不需要村长或者保长许可。

（二）"首领组织祭拜"

好好道的组织是由固定的首领完成的。同时他也是整个组织的直接负责人，治理全靠他一人。从神的引进、供奉地点的选择、道民的引荐和介绍、祭祀仪式的安排、聚餐的安排，到道民资格的判断、道民纠纷的处理等等一系列事情都由他负责。但是在平时的交往中，因为道民的祭祀习惯，大家也会相互监督，有时即使首领不在，道民也可以自行祭祀和聚餐。"但必须是首领提前有安排。"老人说。

首领为中农郝某，他是最早把这类佛引进牛家庄的农户。他家里比较大，供奉王母、关公和猴王画像。所有的道民都是他介绍入道的，并且在每个月的初一和十五统一在他家举行集会，共同祭拜。祭拜完之后会在首领家聚餐，首领会做很多菜招待道民，而道民去的时候通常挎篮子带几个馍馍，礼尚往来。如果有不是道民的村民也想去首领家祭拜，要自己掏香火钱。"其实就是去聚餐。"老人说。

（三）"道民都好帮助人"

好好道的道民平时除了祭祀交往外，还可能是朋友，主要会一起吃饭、聊天。除了在首领家吃饭外，吃饭聊天可能下饭馆也可能去某一道民的家里，吃饭钱平摊。除了道民之间，道民对其他村民也非常好。受访者王建政的奶奶以前就是好好道的道民，从小他跟着奶奶长大，听了不少那里的故事。

> 奶奶家中有间低矮的房屋，门窄，用立柜挡住门看不出，可以藏人。村长、保长和共产党人都在这藏过。1947年正定解放以后，中共任命了自己的干部管理牛家庄。但国军卷土重来，架机枪搜捕共产党人。奶奶发现后赶去通报。干部听后跑到村外但心里还纳闷情报是真是假，于是开了几枪试探，马上就听到了村内机枪的突突声，这才相信。后来八路对受访者奶奶非常尊敬。

二、香道及其治理关系

（一）组织概况

本村在1949年以前各种神鬼类组织繁多，如香道、坐宫道、如意道、弘扬道、小西志、北斗道等。各类组织少至三四人，多达50人，是村内的公开组织，官府知情，但因这类组织不威胁统治，所以不镇压。各种道的首领有男性也有女性，称为神汉和巫婆。各组织虽叫法不同，但性质都差不多，故以香道为例。

（二）专职"治病"

村内老人说："本村大概有四五人入香道，出名的有晏某、何某、秦某和王某，都是40岁以上，有妻儿，家里均为贫农，不种地，主要就是干这个。"因为这个道宣扬专门解决人心理或者精神上的问题，所以传统药铺先生医治不好的病人家属常常来求道。去求助的人多数是本村村民，村长、保长家中有没法医治的病人也会来求助。外村较少，一般是慕名而来求"药"的地主或者富农，有时还会用轿车来接。各个神汉、巫婆都是单干，从不搭伙，"因为不是夫妻，不好分钱"。由于晏某能说会道，能开解病人，成为当时最红的神汉。

（三）"施法"运气成分较大

病人家属邀请神汉施法，必须亲自去其家里邀请，不然心不诚。神汉到了以后焚香一把，先判定是何方神圣作怪，接着掐诀念咒，焚纸作法，先"规劝"，后"铲除"。手画"锁仙绳"或"斩妖剑"来驱神除鬼。村中有个女人常常裸奔，不知羞耻，家人怎么找大夫看病都看不好。于是请晏某治疗。晏某把旁人支开与这个女人发生了关系。女人睡着后，晏某想着她不容易治好，于是从后院逃走。正巧当时下雪，大雪掩盖了他的脚印。病人家属赶来发现这个女人病竟然好了，知道穿衣，也知道羞耻了。但晏某却不见踪迹，也不见脚印，以为这是"神迹"。于是拿礼物前去拜访晏某，给他重谢。

（四）报酬丰厚

"心到神知，上供人吃"，神汉和巫婆到雇主家，通通以神的名义吃饭、喝酒。酒后作法，如果有疗效，需要雇主买点心、香纸到神汉、巫婆家"还愿"。所谓"还愿"就是给报酬，少的送一些粮食，多的还会送整头猪。"医治"难度大要香火也多，如果患者家中富裕，自然也要得多。晏某供奉"路二爷"，有一次，想喝酒了就对雇主说二爷要喝酒三斤，看到雇主家柜子上有瓜想吃又说二爷想吃西瓜。雇主说寒冬腊月哪里去弄西瓜？晏某问柜子上是什么。雇主说那是冬瓜。晏某说二爷看错啦。

香道中的晏某与何某所经手的病人中一半以上都能"医好"，所以名气最大。如果一时"医"不好，会定时持续"治疗"，若实在"治"不好，神汉和巫婆会说："这个神（鬼）太厉害，我拿不了，你们另请高明吧！"但即使事情办不成，农户依然要给香火还愿。

（五）师傅治理

香道有多个师傅，并非一门。村中老人说："如果想拜师，通常要达到20周岁以上，因为年龄太小了布道时难以自圆其说。"程序是师傅喝酒、徒弟磕头。平时由师傅传功，教授徒弟各类神比如关公的司命所属；还教授仙的司命所属——如狐、猴、猫和各种厉鬼的管辖范围。学功至少要三年甚至更久，在这期间师傅不管吃住。每年举行两次"摆会"，就是在师傅家烧纸、拜神，各个徒弟要带礼参加。过年时徒弟要给师傅拜年，需要帮忙时，都要去尽力。有些徒弟觉得师傅传功太慢，会跳槽到其他师傅那学功，通常也是请吃饭和磕头，但一旦跳槽就跟以前的师门彻底决裂，不会再有任何来往。师傅死后，徒弟都要随礼。各派师门之间的师傅互有来往，如果有大型的驱鬼需要帮忙，其他门派中关系要好的师傅会请自己的徒弟去帮忙作法；徒弟之间不会有太多来往，因为一旦发现会认为是有心跳槽。平时的盖房、打井、农业生产等邻里帮忙，神汉和巫婆通常不去参加，但是红白喜事因为能吃喝就会参加并随礼。村民认为他们很灵验，都愿意跟他们坐在一起吃饭喝酒。

三、信缘组织与民众

其实无论是以个人为单位、以家户为单位、以教会组织为单位，还是以全村为单位，全部的信仰关系起点都是农户个人要愿意才可以。没有人逼迫谁必须要信什么。农户对于信仰的选择一般是基于四点考虑。

一是自己有需求。对不同神灵的信仰，表现出农户不同的需求。"比如财神，不会有人强迫，那必须是自己真心实意地想要发财。"老人说。比如对于送子观音菩萨，去那里祭拜的都是想要求子和求姻缘的，不想要孩子的绝对不会去。"比如去菩萨庙的，如果不是乞丐，去那里的都是求平安的。"比如对狐神的祭拜，如果家里没有病人或者红白喜事不需要桌椅板凳的话，也不会去祭拜。

二是当家人说了算。比如家中祭灶神、贴门神、贴天地众神等等，家里的孩子一般不懂是什么意思，更不会去主动地信仰。而是当家人还有其他大人每年都这么做，他们耳濡目染，也习惯了对它们的信仰。

三是随大流。这类农户其实并不知道要信什么，但是他们相信"大家信的就是好的"。比如在龙王庙会上会有很多外村的人祭拜，他们有些并不是专门来祭拜的，而是经过这里的时候发现了本村的祭祀大典，顿时对龙王肃然起敬，心里也多了一份信仰。

四是为了融入一个集体。这类农户内心对于这种信仰并没有那么明显的需求，但是因为身边的朋友、熟人都信某种神灵，为了不被他们排斥，也为了找到更多的话题，所以选择相信。

第六节 业缘治理与治理关系

牛家庄因为从事同一行业而实现业内治理的分为集市治理、武校治理和果木会治理。集市治理在前文中已经谈到，这里不再赘述；武校是牛家庄的一大特色，师门弟子众多，治理有其独特性；果木会规模较小，但是却难以忽视，治理在其中发挥着关键作用。

一、武校及其关系

（一）武校概况

1. 师傅是武校的核心

清朝末期到1950年左右是武校的办学时间。校长兼老师外号"金主"，19世纪40年代生人，是王文贞的父亲。幼年师从山东济南府[1]拳脚师傅，精通岳飞"岳家拳"。年迈后在村里招收徒弟办学。家中有2个儿子、2个儿媳、3个孙子等十几口人，还有十几亩地、一匹马，生活自给自足。办学宗旨为强身健体，习武防身。金主师傅在自家院中办学，位于中街西一点，约50平方米，有刀枪棍棒等兵器。

王同宝（贫农）、王同顺（贫农）、王二恒（贫农）、王庚申（贫农）、王二群（贫

---

[1] 本村武举进士王明翰也是在此地学武，后考取进士第23名。

农)、焦小于(贫农)、焦连保(贫农)和吴老举(中农)均为出师的徒弟。老人说:"他们都跟着师傅至少学了3年以上,出师后在老师傅的院子里边学边教。其中王同宝是金主师傅的大儿子,王同顺是二儿子。师傅死后,他们继续运转着武校。"老人说。

2. 教学方式免费

学校采用免费教学的方式,愿意学习的孩子都可以报名。学校规定12岁及以上的娃娃均可入学,3年学成,最长不超过10年。因为白天孩子们要上学或者干活,所以吃过晚饭后7点开始训练。训练科目主要为岳家拳。徒弟如果不能坚持则会体罚,比如罚站或者罚跪,但是不会轻易让他退学;徒弟实在有事可以请假,但不能撒谎,不然不准假。有时学拳先练抗击打能力,如果不能坚持就吓唬徒弟交出2斤油——2斤油在当时可不是小数目,徒弟们只能乖乖练习。晚上照明用的棉油灯让徒弟平摊油钱。

3. 训练科目固定

训练科目包括4种基本功和3种对垒方式。基本功包括踢腿,必须踢到眉心;打斜跤,要保证身体平衡,不能自己摔倒;打二踢,腿腿必须踢过头顶;蹲裆式,即扎马步,腿不酸不能起身。这些是每天必有的热身。热身完毕就开始对垒。主要有打拳,双人对打,一人着上手[1],一人着下手[2];耍刀,依然是两人对打,每人一刀;对枪,双人对持红缨枪,但安全起见去掉枪头。拳、刀、枪(见图6-3)三天内每天练习一样,不重复,下一个三天再重复练拳、刀、枪。刀、枪都是徒弟出钱买的,平时放在师傅家院子里。

图6-3 武校常用练习兵器

表6-6 武校科目表

基本功	时间	对垒	时间
踢腿	每天热身	打拳	周一周四
打斜跤	每天热身	耍刀	周二周五
打二踢	每天热身	对枪	周三周六
蹲裆式	每天热身		

---

1 进攻。
2 防守。

4. 师傅死后武校没落

师傅死后，由金主师傅的大儿子王同宝、二儿子王同顺掌舵，以王同顺为主。他们依然在自己家办学，照常招收学生，依然沿用金主师傅的办学模式，威望跟以前一样。乡亲常主动帮忙，如果师傅亲自邀请帮忙，乡亲们尤其是徒弟家的当家人更是义不容辞。从办学之初到学校没落，共办学3期，收徒50人左右。到第3期时，已经没有刀枪练习，武器——各徒弟自己出资购买——都被往届徒弟拿回各家，只剩拳法。当时师傅已经年迈体衰，腿脚已经不如以前：踢腿，不能到眉心，常常只到腰部；打斜跤，身体重心常常不稳；打二踢，腿腿都踢不过头顶；蹲裆式，即扎马步，因年纪大了，只能扎一会。20世纪50年代入社后，供销社主任王某害怕练拳容易当匪、欺行霸市，主张停办，受访者当时是最后一批徒弟，大概十二三岁。1960年代初，村长焦某想重办武校，但老师傅们大都荒废武艺多年，而且都已经年迈，且赶上自然灾害和人民公社时期，人都吃不饱无心练拳，岳家拳逐渐失传。其他村子的武校在同时期也主要因为温饱问题而逐渐没落直至消失。

（二）武校核心——师傅的人情往来

1. 徒弟家的当家人感谢师傅

"因为是免费教学，许多农户都觉得过意不去。所以逢年过节都会送礼物。"老人说。过春节当家人会领孩子带着点心等礼物看望师傅，孩子给师傅磕头拜年；二月二每个有上学小孩的当家人都会做好面坨，由小孩带到学校送给老师五六个；五月端午派孩子给师傅送粽子；八月十五差孩子给师傅送月饼。除此之外，"每次家里有农活，徒弟的当家人们都会主动去干"，从锄地、浇水到收割，地里农活几乎每一个流程都有当家人帮忙。帮忙的时候每次都去五六个人。师傅家里打井、盖房子等，邻里和徒弟家当家人都会主动参加，他们义务劳动，做完不收费，也不在师傅家吃饭。

2. 村中其他人十分尊重师傅

金主师傅在村里面极有威望，不仅仅是徒弟家的当家人，村里的大多数其他农户对师傅也十分崇敬和仰慕。如果遇到金主师傅家里有红白喜事都会主动去帮忙。随礼。因为金主师傅岁数大了，村里的红白喜事他都不方便前去帮忙，但会去随礼。师傅跟村长、保长的关系也特别好，红白喜事上都会相互通知，做客和随礼一般会到场。村里需要保卫的时候，村长、保长都很倚赖金主师傅的武校，因此对金主师傅特别尊重。

（三）武校间关系

武校间都是和平共处的。每年五月十七是正定县城的城隍爷庙，五月端午也会有庙会。各村的人都会去县里赶集，包括各村的武校。当时县南有 500 个村，有武校几十个。办学方式都一样，均为免费教学，以强身健体、习武防身为宗旨。其中以牛家庄武校和吴兴武校最出名。"各校都知道彼此的存在，但是不会主动去切磋。"老人说。庙会这一天，本村武校除了刚入学的孩子，凡是练过 3 年以上有工夫的都要去，大概有十几个人。9 点以后出发，通常是由金主师傅带领，他老了以后由他的两个儿子带队。队列前面一人负责敲锣，一人打鼓，一人打旗——旗为红色，上写"牛家庄武校"。锣、鼓、旗子都是武校徒弟平摊。大概一个小时到县城，先去庙里上香，然后在庙会各处逛街，最后找一个空地练武耍把式。表演不为挣钱，目的是展示牛家庄的力量和武校的水平。大家口渴了就到县里的井里打水喝，或者有热心的当地人会偶尔送水；饿了就在庙会摊上买点吃的，如卷子、炒饼、饸饹等。"同席吃饭，各自回钱"，队长去买吃的，所有队员一起吃，但最后伙食费平摊。各个武校都在空地表演，但是不会扎堆，也不会主动到其他武校的摊上挑衅。大概未时四刻（下午 2 点）武校便集合队伍回来。晚上照常训练。

二、果木会及其关系

果木会是专门搭伙卖水果、核桃等小商品的农户自发成立、管理的组织。建立于民国后期，衰落于 1955 年。成员有王老公、任藏扬、孙大奔、王小允、龚武群、龚丢坡、龚二群 7 人。

（一）入会资格

果木会有严格的入会资格。一是身份一致。大家都是贫农，家里面一般没有地，即使有也不会超过 5 亩。平时春天要去扛长工，等冬天没活干的时候愿意做一些小生意。二是人品要好。想要入会，非常注重人品。一般要求是艰苦朴素、为人厚道、合群，还要有点集体意识。三是服从领导。因为果木会是个集体，就跟单干不一样，不能随心所欲，要服从会首的安排和指挥。符合以上三点，才能进入果木会，不需要缴纳会费。

几十年来，该组织最多的时候就是 7 个人，少的时候就只有会首一人。因为最初会首是单干的，后来生意好了以后把其他人都拉了进来，算是合伙。之所以能把别人吸引进来，是因为会首为人正派，没有私心，吃苦耐劳，不怕吃亏。老人说："他在组织中永远是最积极也是最无私的。"

（二）经营

在会首的安排下，果木会的生意一般分为集合、进货、入市、卖货和清点几个步骤。

1. 按点集合

因为水果生意的保鲜期比较短，所以都要当天进货还要当天出货，否则就很难赚钱，甚至还要倒贴。为了保证水果的新鲜程度，一般要起个大早，一般在凌晨4点就要集合去进货。集合的地点一般在会首的家门口，因为都是牛家庄人，所以大家都离得不远。会首起得最早，第一个出门等待其他人。如果有人没请假却临时没有来，一般会首会等几分钟，等不到就会到会员的家中找他，直到了解了情况。但是毕竟会员比较多，不能个个都去了解情况，这样也耽误生意。所以一般规定如果会员有事要提前一天请假，假如生病了，或者家里有事，要在头一天干完活的时候就跟会首说好，否则第二天会首不好安排生意。到点了不来也就不再等待。

2. 统一进货

集合完毕后就一起出发去进货。进货源多选择在县城和邻村。因为那里有人贩卖水果，价格比较便宜。果木会的成员每人都有一个扁担，步行去集市。后来条件稍微好的农户买了独轮车。去县集步行一个小时，邻村的要稍微近一些。而具体选择哪个市场都是经过长时间比较得出的结论。因为会首当年独自卖果木的时候，几乎跑遍了村落附近所有的水果点儿，熟悉每一个果木老板，也知道各类价格。如果有价格、品质等问题需要沟通，也是会首去协调。会员要做的就是跟着会首，这样就可以拿到价低质优的货源。因为人多，所以一次性进货也多，比会首独自进货时有优势，有条件跟水果批发老板讲价，以更低的价格拿到更多的水果。因为人多，在路上每个人都挑着扁担或者推着小车，非常有气势，所以一般没有人敢惹，果木会的安全得到了保证。而且有些力气大的会主动帮力气小的多分担一些，有车的行动更快，路上耽搁的时间就少。

3. 分散入市

拿到货后，就要进入集市开始卖。对于集市的选择也是有讲究的。并不是所有人都扎堆去，而是分散到不同的集市。因为牛家庄的村集、邻村集和县集非常多，即使没有集市也可以挑货郎的身份进入，所以一般会有生意。而具体到哪个农户去哪个集市，这就要由会首来决定。不同的集市生意好坏不同，远近也有不同，生意好的集市和比较近的集市大家都愿意去，这时候会首就采用抓阄的方式，每天都抓一次，谁抓住哪个就去哪个，不能反悔也不能耍赖。如果犯规，第一次会警告，第二次就踢他出会。

4. 卖货有方法

集市多的时候就各个会员分开去，集市少的时候就结伴去。做买卖时间久的一般会带一个生意新手,即两个人结伴。卖货是有方法的,首先要选一个好的地段。集市中人流量最大的地方就是最好的地段,这样的地方一般在固定的集市中,尤其是集市的入口和出口,比较显眼,就比较好卖。还有就是走街串巷去寻找住户密集的地方。这样做的好处在于可以省去农户去集市的时间,人们往往就愿意付钱。其次是有一副好嗓子。不论在集市还是走街串巷,吆喝是必不可少的一环。吆喝的内容除了卖什么东西之外,还要把这个东西的特点喊出来。比如"卖苹果——新鲜又好吃!""卖梨——皮薄香脆!"三是有不要脸的精神。首先是针对顾客,要敢喊,不出声不说话的生意大都不怎么好;其次是针对同行的竞争,他的声音大,自己的声音就要更大。四是要懂市场。价格的上下浮动都是可以的,不能一成不变。早晨的瓜果和晚上的瓜果就不能是一个价格,货多和货少的时候也不能是一个价格。五是嘴要甜。见到顾客,要根据他们的外貌、气质等来夸赞,如果实在想不到对应的赞词,至少也要有礼貌。这样才能赢得顾客的好感。因为有时是结伴而行,一旦跟同行、顾客发生了摩擦或者纠纷,往往都是两人一心,一起去面对。"即使打架也不吃亏。"老人说。

5. 清点严格

在晚上散集的时候,果木会的成员必须到会首所在的集市集合。一是清点货物,二是平摊利润,三是交流一天的感想。清点货物的时候,一般要和利润相结合来看,因为卖了多少、剩下多少一目了然。成员不能私藏货物,藏了也没用,因为一对账目就清楚。如果私藏,第一次必须交代原因,并给大家道歉,第二次则立刻开除出会。一天挣的钱,无论多少都要平摊。因为进货用的钱是大家平摊的,剩下的水果如果保质期较长,一般第二天继续卖,如果快要烂了,一般就分给成员,让他们自己处理。成员的扁担、小车不管是破损还是丢失都要自己负责,因为这些都是私有的。除此之外,就是大家结伴回去的路上交流一下当天的见闻,比如哪个顾客特别难缠,哪个同行特别刁钻等等。

(三)成员关系

果木会的成员平时也保持着较多的来往,并在一次次交往中促进了彼此的关系。

1. 攒忙积极

平时的农业生产、盖房子、打井、盘炕、盘炉子、盘灶台等需要攒忙。虽然优先请亲戚,但是因为果木会的成员住得近、关系好,所以一般也会去帮忙。帮忙都不用带礼物。一般农户都会准备早饭、午饭和晚饭三顿来招待果木会的成员。老人说:"大家平常就认识,还一起卖果木,再不给吃顿饭就太不地道了。"而且农户要拿家里最好吃的东西来招待大家——午饭有酒,菜做鸡蛋,饭也是白面做的。因为来帮忙的人往往较多，而传统时期农户的房子都比较小，无法容纳这么多人，所以一般把饭桌支在院子里。吃饭的席位不分先后，不分尊卑，不敬酒也不陪酒，"大家吃饱喝足继续干活就得了"。攒忙可以通过换工的方式来还，如果家里壮劳力较少，也可以通过随份子的方式还礼。帮忙后不会记在账本上，但是通常会记在心里。如果帮别人的忙多于别人帮自己的忙，农户不会认为是吃亏，因为对方都会补上。攒忙是相互的，毕竟低头不见抬头见，以后还要一起共事，不会冒风险占这种小便宜。

2. 红白喜事主动帮忙

果木会的成员听到了炮响就会主动去帮忙，接到了请帖就会去参加红事。因为大家常在一起做生意，所以一般上的礼要比一般的农户多，但是大家都是贫农，家里也没有太多的钱，所以只能是多一点，不会比有钱人家给得多。给娶媳妇的农户家送礼，叫"上礼"或"随礼"，大概需要花费5块；给嫁闺女的农户家随礼，叫"添箱"，意思是把箱子填满，意味着以后的生活幸福美满，一般送的是布或被面，折合为现金有2—3块；白事、做寿和满月都叫"随礼"，都为2—3块。

3. 过年过节走访频繁

过年过节虽然是亲戚相互联系最有效也频率最高的时机，但是因为果木会的人关系非同一般，所以在过年过节的时候也会互送礼物，相互拜访。一般要走动的节日有春节、中秋、端午等等。在给同族长辈拜完年后，家长会带孩子到其他成员家拜年。这时候对方一般会孩子给压岁钱——大约是3—5个铜板，孩子要说谢谢。中秋要给成员送月饼，端午送粽子。这时候当家人一般不去，都是派孩子去送。

4. 平时串门遵守规矩

果木会成员之间不可以随意进别人家门，进门前要敲门和自报家门。吃饭时尤其不会串门，除非有急事。如果恰好碰到吃饭，主人会挽留，欢迎与否要看心情和关系的远近。如果留下吃饭，一般也不会留宿。串门的频次从熟人、邻居、果木会成员到乡亲依次减少。"熟人常来往，所以走动得最勤，乡亲多是点头之交，所以串门最少。邻居间串门一般带食物，果木会成员、熟人、乡亲间多带酒。"老人说。

5. 借钱粮较大方

买地、盖房、娶妻、丧葬的时候需要用钱，果木会成员因为平时都在一起，所以也会跟他们借。成员之间不需要抵押，借款期限最少为半年，还有1年、3年和5年的。不要利息，也不用中人。柴米油盐可以向成员借，因为不值多少钱，还不还均可。如果借钱到期无法偿还，可以用粮食如小麦、家畜比如猪等折价冲抵。其中一斤小麦相当于2斤玉米或2斤谷子。

第七节 牛家庄村治理变迁

1949年以后牛家庄经历了土地改革、集体化、土地承包三次大的变革,村落的政治、经济、文化、社会在政权的干预下发生了重大变化,同时旧有的治理体系以及治理关系也都随之改变。

一、1949年前传统治理形态概况

传统时期,政权治理、村落治理、家户治理、亲族治理、信缘治理、业缘治理共同作用,形成牛家庄独特的治理生态圈。其具体特点有以下几个:

一是各类治理相结合,形成治理生态圈。在1949年前,村落共有6大治理圈层同时作用于农户的日常生产和生活中,形成了一直良性的治理生态。政权治理主管纳税、抓丁和拉当夫,是村民与国家的互动;村落治理主抓村落内外的公共事务与个人事务,是村落与村民的互动;家户治理主管家庭的生产和生活,是当家的与家庭其他成员的互动;亲族治理主抓亲族内部和一部分外部治理,是族长与族内成员的互动;信缘治理主管同一信仰人群的治理,是信仰首领与教徒之间的互动;业缘治理主管同一行业的治理,是行业首领与行业内成员的互动。这些圈层彼此独立,又相互重合,是一个较为完整的治理生态圈。

二是当家的治理和乡绅治理为核心点,其他治理为补充。在整个治理生态圈中,有两个基点,也是核心点,它们分别是家户和村落。在家户中,当家的是一家之首,是家户管理的核心点;在村落中,乡绅是一村的最高权威代表,是整个村落的核心。他们构成了农户生产和生活最基本的两个核心点,覆盖了农户日常接触领域中的绝大多数关系。而国家的治理历来"皇权不下县",它要通过村长、乡绅才能得以实施;业缘治理解决的是同行业的问题,而家户中从事任何行业都要得到当家的首肯;信缘治理解决同一信仰人群中的问题,而农户想要接受任何信仰的洗礼,还是首先要得到当家的同意。

三是赏罚结合,各有侧重。在每个治理活动中,都加入了奖赏和惩罚的机制和环节。但是各有侧重。政权治理方式以惩罚为主,"天高皇帝远",对于不能按时完成国家任务的农户,国家采取暴力对待的方式。村落的治理方式以奖励为主,因为它没有实际的惩罚权力。在家户治理中,惩罚的措施有但是以劝导和奖励为主。在业缘的治理中,奖励较少,多是以惩罚为主。在信缘的治理中,几乎没有什么奖励,也是以惩罚为主。

二、1949年后传统治理形态的变迁

(一) 土改时期的村庄治理变迁

原有的治理生态被打破，乡绅治理被消灭，亲族被打倒，取而代之的是工作队队长、土改会主席为中心的村落治理；抓丁、摊派、拉当夫等政治治理行为统统被取消，取而代之的是"分田地打土豪""自愿参军保卫革命果实"。

1947年4月17日，在西柏坡举行了全国土地工作会议，颁布了《中国土地法大纲》。1948年春，正定县土地改革运动全面展开，上级派来工作组，成立了土改会，土改会由贫民团、农会、妇联会组成。贫民团团长是王兆维，委员有韩金祥、李金泽、王玉春、焦五保、于傻毛、晏堂恩、王在勤、王绍堂、王老功。农会主席为王玉春，妇联会主任为李凤珍。1947年正定解放后，牛家庄成立了村公所，并设妇女主任一职，其间主要配合贫民团、农会进行土地改革，宣传新婚姻法，提倡男女平等等国家新政策。到七八十年代，妇女工作重点转入计划生育工作，由提倡计划生育到动员育龄妇女做结扎手术、绝育手术，及时兑现独生子女户、双女户的奖扶政策。1946年，牛家庄成立武委会，人员十余人，主要配合区武装工作。1948年改为民兵中队，主要负责村内治安。

表6-7 历届村政机构成员统计表

	1947年	1948年	1949年	1950年
村 长	王义斋	张黑蛋	任秋成	任秋成
副村长	韩金祥	韩金祥 王肇谦	任永吉	任永吉
后勤队长	任立显	任立显	任立显	任永吉
民兵中队长	焦计合	王绍堂	王绍斌	任立显
民兵指导员	王忠信	于福成	王永江	王忠信
治安员	秦明甫	王肇贤	秦明甫	秦明甫
财政主任	李清琪	王肇谦	王发祥	王傻增
粮秣主任	任永吉	任永吉	王绍堂	龚俊江
教育主任	龚俊江	龚俊江	龚俊江	王永祥
妇女主任	李凤珍	李凤珍	李凤珍	李凤珍
团支部书记	龚俊江	龚俊江	龚俊江	龚俊江

表 6-8　土改期间民兵组织负责人名单

时　间	姓　名	职　务
1947	焦计和	武委会主任
1948	王绍堂	民兵中队长
1949	王绍斌	民兵中队长
1950—1953	任立显	民兵中队长
1953—1954	王绍斌	民兵中队长

（二）集体化时期的村落治理

村落治理体系再次被打破，村长、革委会主任成为村落的核心。信缘组织几乎被粉碎，业缘组织的治理被合作社治理所替代。

1956年成立高级社，政社合一，社长即是村长，另有副社长、会计、生产主任、劳动定额主任、公安员、教育主任、团支部书记、妇女主任等。1958年成立人民公社，各村称生产队（1961年改为生产大队），村政领导机构为牛家庄大队管理委员会，由大队长、副大队长、民兵连长、治保主任、会计、秘书、监察主任、教育主任、妇女主任组成。1968年牛家庄成立革命委员会，党政合一，由革委会主任及10名委员组成。1969年至1978年党支部恢复工作，革命委员会成为村政管理机构，主任由支部书记兼任，副主任主抓生产，另有9—12名委员。

表 6-9　牛家庄集体化时期团支部书记名单

时　间	姓　名
1952—1954	王肇朋
1955—1956	任永康
1957	任立卿
1958—1960	王肇维
1961	张经仁
1962	王庆瑞
1963	左梅利
1964	任老面
1965	王志刚
1966—1981	秦荣兰

表6-10 牛家庄集体化妇联会主任名单

时 间	姓 名
1954—1958	阎秋姐
1959—1961	王绍荣
1962—1963	张春岑
1964—1967	张瑞英
1968—1970	曹小扣
1971	康秀琴
1972—1974	秦荣兰
1975—1978	王会联

民兵组织1959年改为民兵连。到1960年代，以民兵为主体参加了横山岭水库、岗南水库、黄壁庄水库建设。到1970年代，响应毛主席"备战备荒为人民"的号召，进行大练兵运动，并挖掘备战地道3000余米。

表6-11 牛家庄集体化时期民兵组织名单

时 间	姓 名	职 务
1950—1953	任立显	民兵中队长
1953—1954	王绍斌	民兵中队长
1955—1958	任立显	民兵中队长
1959—1962	王肇维	民兵连长
1963—1964	王发奎	民兵连长
1964—1973	焦庆瑞	民兵连长
1974—1979	任立庆	民兵连长

（三）土地承包到户之后的政治机构变迁

村委会成为村落治理中心，新的业缘组织不断建立。当家人的功能越来越弱，家庭成员不再依靠当家人分配劳动成果，当家人往日的辉煌不再。

1979年至1984年1月革委会改为牛家庄大队管理委员会，由大队长、副大队长及数名委员组成。1984年7月至2000年牛家庄大队管理委员会改为村民委员会，由村主任、副主任及数名委员组成。改革开放以来，国家转入发展经济的快车道，民兵工作以护村、护路（铁路）、护厂等社会治安维护为主。

表 6-12 牛家庄土地承包到户时期团支部书记名单

时　间	姓　名
1982—1984	王会联
1985	任东来
1986—1987	王桂珍
1988	晏双明

表 6-13 牛家庄土地承包到户时期民兵组织负责人名单

时　间	姓　名	职　务
1979—1980	王庆瑞	民兵连长
1980—1984	王庆义	民兵连长
1984—1985	王志辰	民兵连长
1986—1990	秦金贵	民兵连长
1991—2003	龚小坡	民兵连长
2003—2006	任振海	民兵连长
2006—2012	王小忠	民兵连长

第八节　牛家庄村治理实态

进入新时代以来，村委会承揽了政权治理和村落治理的功能，成为村落治理体系的核心。各类新兴行业不断涌现，都在进行自我新的业缘管理；国家保护宗教信仰的政策下，也逐渐形成了新的信缘组织和治理；家户的治理的核心依然是当家的，但是不再拥有往日那般权力，成为一个家庭的符号和象征。而这些治理都要在国家的法律法规下进行，并且统一归入村委会管理。

一、村委会治理

2000 年后，精简机构，村委会由村主任、副主任、妇联主任三人组成，经村民投票产生。团支部书记也进行了选举。为活跃农村业余文化生活，1998 年妇联会组织成立了战鼓队、秧歌队、太极队、健身舞蹈队等群众文化娱乐健身组织。2006 年，组织了多场妇女知识讲座，创建了"知心帮大姐""女性大讲堂""说事广角""半边天驿站"等多项宣传教育项目，对于维护妇女儿童合法权益、化解家庭邻里矛盾、教育农村妇女尊老爱幼、创建美好和谐家庭起到了推动作用，为牛家庄精神文明建设做出了贡献。2010 年 3 月，牛家庄被河北省妇女联合会命名为"基层组织建设示范村"，7 月被中华全国妇女联合会命名为"全国妇联基层组织建设示范村"。2013 年 6 月县政法委在牛家庄召开了护路现场会，治保主任王小忠介绍了牛家庄的经验。7月，石家庄市政法委领导来牛家庄视察，肯定了牛家庄的民兵治安工作。

表 6-14 牛家庄新时代妇联会主任名单

时　间	姓　名
1985—1987	王桂珍
1988—2000	梁金荣
2001—2012	刘小扣

二、划片治理

牛家庄根据南北十字街，将全村分为东片、西片、东北片和西北片四个片区。不同片区由不同的村干部负责，使用了专人专区、分片治理的治理模式。王计锁、王小中、王立朝、刘小扣、王志康都是村委的核心干部，结队分管四个片区，让每个片区的百姓都有一个依靠的对象，他们个人也成为所辖区域治理的核心。"虽然各村干部的职位不同，但他们对于不同片区的老百姓来说就是父母官，找他们就对了。"村中老人说。

表 6-15 牛家庄新时代团支部书记名单

时　间	姓　名
1989—2000	任凤申
2000—2011	刘小扣
2012 至今	任子康

三、会议治理

村落对于重大事项都采用开会协商治理的办法，并成立了各类委员会、理事会。2013年12月25日，村两委召开全村党员和村民代表会议，共商节俭办丧事事宜，会议通过《牛家庄村红白理事会章程》。以此为例，说明会议治理的方法与流程。

一是会议性质。红白理事会是党总支、村委会领导下的群众性自治组织，其基本任务是办理本村婚嫁、丧葬事宜。为了充分发挥红白理事会"服务群众，教育群众"的作用，倡导文明、健康、科学的风情习俗，破除铺张浪费、大操大办、封建迷信、愚昧落后的传统陋习，做到婚事新办、葬事简办，创造文明、和谐的社会环境，现结合我村的实际情况，制定本章程。

二是组织机构。组织机构是红白理事会。红白理事会在党总支、村委会的指导下开展工作；设会长1人，副会长2人，理事若干人；在业务上接受县民政局的业务指导，并接受村民代表的监督。职责和任务是积极宣传贯彻政府对婚丧嫁娶事务的政策和规定，耐心做好群众的思想疏导工作，主动热情地为婚葬事主做好各项服务。

三是具体规定。操办婚事（满月）的具体规定是理事在接到举行婚礼或做满月的申请后，按照章程规定与事主确定婚礼规模、范围，安排人员做好各项准备工作；理事会要按照《婚姻法》的规定办事，严禁买卖婚姻、近亲结婚、转亲、换亲，未到法定结婚年龄禁止结婚，理事更不能为其提供服务；婚事（满月）坚持新事新办，废除陈规陋习，不准讲排场，摆阔气，互相攀比，借机敛财，对亲朋好友予以适当招待；废除婚事、做满月前试菜、开菜单等环节，如确实需要，可在婚事前一天将婚事当天的司机、娶送客、厨师适当招待，以便安排第二天的工作；严禁婚事前一天晚上燃放烟花爆竹，婚事当天尽量减少烟花爆竹的燃放，力争平平安安地办完婚事；严禁吹奏班、小戏班、乐队在我们婚礼上出现；严禁二胎以上（含二胎）搭设礼桌做满月。以上各条如有违规者，视情节轻重，按照《婚姻法》、《河北省计划生育条例》等有关规定，予以批评教育或处罚。

四是操办原则。规模上操办葬事坚持从简原则，规模宜小不宜大。人去世后，丧事主应在第一时间向理事会报告情况，并予以审办，丧事范围降到最低限度。孝服上丧事当天，除亲生儿女、儿媳、女婿可穿大孝外（孝衣到理事会租赁），其余亲戚不论远近厚薄一律按辈分戴孝帽，不得变相扯孝衫。伙食上吃饭一律采用大锅菜，不得成席定碗。一七、三七、五七严禁理事及乡亲到场参与。丧礼上丧礼不准请歌舞、戏班、吹喇叭，严禁乱埋乱丧，提倡骨灰存放纪念堂。以上各条，事主要严格遵守，并在出殡前由理事、包片干部查验合格后报理事会长批准，方可到村委会开具火化信。如有违者，不予开具火化信，直到事主将所扯孝衫全部收缴到村委会并缴纳2000元罚款，经理事会长同意后方可开具火化证明。

五是理事会负责。制度和措施是理事会实行会长负责制，理事与事主互相沟通后，按照本章程的规定实施；红白理事会每季度召开一次会议，理事要及时向上级领导汇报工作，研究工作，总结经验和教训，不断提高服务质量。纪律是理事要认真贯彻执行"红白理事会章程"，坚持原则，不徇私情，不接受婚丧事主赠送的钱物，不在婚丧事主家中大吃大喝；理事对待婚丧事主要一视同仁，不搞优亲厚友，以上条目如有违者，除批评教育外可将其清除出理事会。[1]

---

1 引自《牛家庄村志》。

附录一

牛家庄村调查小记

虽然经历过三次寒暑假调研,但是对于60天以上的村庄调研一直心驰神往,想对这个触手可及却又遥远神圣的博士项目一探究竟。于是跟老师申报了这个项目。经过了激烈的选点角逐,终于选到了心仪的地方——石家庄市正定县牛家庄村。

一、准备与入村

因为本科就读于石家庄,所以一心想着选一个在市区的村。一来比较熟悉地形,利于开展工作;二来有一些当地的人脉,可以助力调研。但是后来得知入户长住是一个必要条件,我担心市区的村民不太配合,于是决心换到县城偏一点的村里。在剩余几个可选的县中,我了解到习大大曾待过正定,于是心向往之。

大多数调研员都选择"十一"之后入村,但是我觉得7天时间不可荒废,于是决定赶在国庆前出发。恰好碰到了同门的海归博士学姐和厉害的学长一车同行,一路欢声笑语,算是有了一个好的开头。

大约一上午的时间就到了石家庄市区,于是我们分头行动,各自踏上征程。但是我的点联络出现了一点小问题,由于公函上写明是在桥西区,所以临时要换的话还真是个头疼的问题,政府不好安排。于是向一个亲戚求助,好不容易才换到正定县。到了正定也是一头雾水,不知道哪里符合条件,但心里有希望,只要心诚,一定好运。

下午赶到正定县已经快到了下班时间,我火急火燎地冲进民政局,受到了局长的大方接待。攀谈中拉近了距离,也增进了感情。得知我的选点要求后,科员于叔叔推荐我去牛家庄村，说那里前几天还有微信推送，讲村里的百岁老人过寿，去那里准没错。一番愉快的寒暄后，我顺利地入住到附近的宾馆。向老师汇报了一天的进度，运气好的话，第二天即可入村。

第二天我起了个大早，千辛万苦才找到传说中的另外一个联络点。但是在这里受到了重重阻力，起因就是那不能对号入座的公函。经过了一番博弈和较量，终于得到了入村许可。我拿着开路条，犹如有了尚方宝剑，直奔乡里而去。

路上大概用了30分钟，乡政府便映入眼帘。跟我家乡的同级政府比起来，这里还算气派，一堵影壁气势恢宏。乡政府的妇女主任也姓刘，给我们进一步交谈创造了话题。突然感觉到基层事务更为烦琐，更为难以处理。一个老大爷因为一个指标跟主任纠缠了整整一个下午。热心的主任一听到我要驻村2个月以上，决定把我安排到工厂，与工人同吃同住，但这与学院的要求不符，我嘴上答应，决定到时候看情况再说。没过多大一会，主任就跟村里取得了联系。我再次开拔，直奔村里。

来到牛家庄村委会大院，发现一堆人在院子里驻足，我没有多注意，想靠自己的眼睛发现村委会的牌子。这时有人开口问我了，是不是哪里哪里来的调研员，我说是。于是很快就融入了一片。恰好那天市里的电视台要来人采访当地的百岁老人，我被安排一同前往。

采访的老人是当地年龄最大的一个，有一百多岁，头发全部花白，出入都推一个多功能的手推车，知冷知热知饿，但是视力、听力全部严重退化，记者采访了多次均以老奶奶听不到而失败告终。采访期间，我向妇女主任了解到，本村老人数量竟然达到惊人的百位以上，街上晒太阳的老人无极其数，我当时怀着激动的心情给老师汇报了此事，老师也欣然同意我在本村长驻。

当天中午村里请我和各位记者吃饭，详细了解了我的调研要求，中午就睡到值班的保安室内。但是听我要住2个月以上，而且最好住到农户家，村主任表示有些困难，但是已经尽力而为。由于每次值班只需要有一个人，但是有两张床，我当天的住宿有了着落。晚上值班的是刘恒杰大叔，他语重心长地跟我介绍了村内的老人情况，在我的整个调研中起到了关键性的作用。

第二天，另外一个值班的保安到岗，我已经不能再在保安室待下去，于是我被安排到一个平时不怎么有活动的调解委员会，里面有两张长椅，建议我睡在那里。还是刘恒杰大叔帮我大忙，他把自己家的床借给我用，虽然很旧，但是起码可以用。被子床褥一直没有解决，过了几天才落实，于是我只好趁换岗的时候，依然睡在另一个保安的床上。直到将近入村一周的时候，我才终于有了自己的房间。

至此，我算在本村有了一个自己的窝，虽然门上有块超级大的玻璃，人在屋内毫无隐私可言，还有小孩晚上看到屋内有亮光常来踢门；虽然每天晚上7点半开始就有大妈大叔在院子里打太极、跳"精忠报国"；虽然每天晚上都担心有人值班要进来而总会半夜惊醒；虽然每周总有那么一两天这个屋子要用，我就会连人带东西都被暂时清理出去；虽然在北方的冬，晚上整理时双腿总是瑟瑟发抖，即使里面有空调；虽然每次接水都要在院子里的露天水管，稍微降温就会结冰；虽然没有地方晾衣服，在院子挂了晾衣绳单被无情扯断……但看着院子里的小树郁郁葱葱，饭后在错落的街道散步，我发现其实生活还是蛮安逸的。

二、长驻与调研

一旦住下，接下来最重要的就是采访和调研了。一开始就跟妇女主任要本村的老人名单，但一直没有拿到，正好院子里有个老年大学，很多高龄的老人在里面平时没事就写写画画，村支部书记推荐我先来这里采访，没想到在这里我竟然待了一个多月。每天老人还没来，我就已经早早落座，像是上班一样，雷打不动。老人没空的时候，我就回自己屋子整理。饿了就去村委会背后的一个小饭店要炒饼或者馒头就着小菜吃。日子久了，我跟饭店的老板哥哥和嫂子建立了深厚的友谊，一些菜可以卖半份给我，取快递也可以借小电驴给我。

再说老人。老年大学的老人每个人都给予了无私的帮助。校长任立正爷爷，借我个村志看，推荐我采访的合适人选，还带我找过一次其他老人。

王建政爷爷，号称前知一百年，后知一百年。我跟他采访了几乎40天。虽然有时他也会嫌我烦，但是我对他尤其毕恭毕敬，所以嫌弃归嫌弃，但始终没有真的舍弃我。我全部的整理的绝大部分也要归功于他。后来村里有个一年一度的写春联活动，由本村首富任俊国出资，老年大学的成员出力，为全村5000人写对联。所以有一个月的时间，我不再跟王爷爷采访。临行前我去了爷爷家，才发现他家真的很赞，儿子有钱又孝顺。每天骑车来写字，虽然字不如校长，需要儿子加工，但在我看来已是上乘。

第二要感谢的是王肇玉爷爷。他也是刘恒杰大叔介绍的，是本地民国大官王士珍的亲戚。年纪已经到了八十，但依然坚持给人修理自行车，风雨无阻。独自一人住在一个小屋子，他的儿子每天来看望他一次。老人的经历也很丰富，很多建政爷爷不知道的事情，可以找肇玉爷爷来补充。在爷爷这里大概采访了一个月的时间，其间在老人家的推荐下找了其他的老人，都是他的亲戚或者与他有交情的朋友，极大地丰富了数据。

街上一直有一群爱晒太阳和打牌的老奶奶。只有第一天的时候顺利采访了十几分钟，后来再问就一直不再理会。直到 2 个月后我又出现在她们眼前，她们还大吃一惊："他怎么还在这里？"

在村里有很多智力有缺陷的小孩和年轻人，衣衫褴褛地在街上晃荡。有一个很讨喜的，一直带着一个高分贝功放机的约莫 20 岁左右的男子，也是智力有些问题。一天中午我在午睡，突然发现有人在撞玻璃。直接用脸，毫不迟疑，着实下了我一大跳。后来他自己推门进来问我他的功放机什么时候还他。从他含糊的言语中，应该是他的功放机因为扰民被谁没收了，见我在村委会里待着，以为可以帮他解决。思路倒是没错，任我多次解释我不管这事，依然赖着不走，对付智力有缺陷的人我还没有太多的经验。还好过了不多一会他就自己走了。当时我着实被惊了一下。

三、思考和感悟

在村里的开始一周，由于一直埋头调研和整理，没有一点个人的休息，整个人都很紧绷，效率明显下降，甚至出现"厌调"的现象。当我意识到这一点，试着调慢了节奏，给自己一点空间去放松，效果很好，对于长期调研的坚持有很大益处。所以一个平常心很重要，不可以急功近利，把总的目标切割成小的目标，每天完成一点点就可以积少成多，水滴石穿。

总结的时候也发现，录音是一个记录采访内容的条件，但却不可成为依赖。因为一分钟的录音要花费六分钟来分辨内容。所以要养成当日事当日毕的好习惯，如果可以用笔记则更好。

从调研来看，如果单单靠提纲，过一遍只需要一个月左右的时间，但是很多惯行都没有调查出来。这时候就需要新的提纲。其实拿同一个提纲问不同人是一个思路，但缺陷是大部分内容会重复，把一个提纲中需要不同职业或者不同成分的人来回答的内容分开问即可。再有，如果一些普遍性的问题受访者没有回答上来，再去采访不同的人是一个不错的选择，切不可一股脑儿地全部重问，毕竟 2 个月的时间，用来补充的只有一个月多一点。即使后来做补充调研，也是针对性的调查，不能再做地毯式轰炸调查。

最后写作时，更多的是要保留村庄的原汁原味，个人主观价值观不要加入太多。虽然仅仅调查了一个村庄，我已经被中华大地上农民的惯行和惯行的力量所折服。中国农村调查任重道远，愿这些历史文化社会宝藏及早、更多、更深入地被挖掘出来，供世人了解、参考、学习！

附录二

牛家庄村调查日记（节选）

《牛家庄村调查日记》是 2016 年 9 月 28 日到 2016 年 12 月 15 日（共计 79 天），我在河北省石家庄市正定县牛家庄村，从事田野调查的工作笔记，主要内容是按照时间顺序记载的调查准备、调查经过、材料来源、调查感受以及心得体会。

9 月 28 日　大风　20 ℃

愚笨如我，幸运如我

本来打算"十一"过后再出发调研，但是眼看河北公函已经下发，心里有点儿迫不及待了，索性就在庄里过一个别样的国庆吧。

可能是兴奋，凌晨 3 点就醒来一次，挨到早晨 6 点，再也睡不着。提前叫了滴滴顺风车，司机不认路，走了好远去找他。

终于到了武汉站，取了票，可检票口一直通不过，仔细一看：买成了 10 月 28 号的票了，足足晚了一个月！改签！心急火燎的我在 3 号窗口等了半天，居然还有插队的！所幸，开车前一刻，顺利上车。在车上与可爱的进鹏师兄和漂亮的小覃学姐相遇——石家庄先遣队顺利会师！三人一路欢声笑语，旅途的疲惫抵消了大半。

中午 1 点多到达石家庄站。师兄和学姐先去了藁城。走了还不放心我，一直叮嘱我多联系，满满的感动。由于之前选的桥西区属于市区，一方面担心不好入户，另一方面也担心不符合理想类型的村庄，于是将点换到正定县——习总书记待过的地方。可是河北省的函件已经下发，正定并不在我所列的选点区域，担心对接困难，于是拜托一个在井陉矿区当矿长的表哥帮着打个招呼。

下午4点多等到表哥短信，立刻马不停蹄赶到正定县。司机不认识路！绕来绕去找不到民政局，导航也找不到。已经4：45，眼看就要到下班时间，我的心在飞！正好经过正定县政府，我下车问了门卫老大爷，他告诉我民政局就在旁边。

终于到了！拖着沉重的皮箱飞奔5楼！走进民政局接待室，一个年轻的小伙子接待了我。看了我的公函，他果然提出没有正定的点不能入村的问题。我赶紧说已经联系过了，局长已经同意。他似信非信地把我引荐给民政局科室李主任。李主任也对这一点提出质疑，直到打电话向自己的局长确认过才认同此事。我对李主任做了简单的自我介绍，告诉他我是来做村史调查的，完成之后要写一本30万字的村史，并拍摄一部纪录片，来保存村庄的历史文化，还可以赠送他们一套。他听了以后和颜悦色起来。

坐在李主任对面的于利勇叔叔是个科员，对我无比好奇，前前后后问了我的"前世今生"，从籍贯到未来打算无所不包。知道我就是张家口人，聊了很多坝上天路的事。晓得我是河北师大本科毕业的，一直郁闷我为什么不来正定看看。得知我是华师的政治学硕士，甚至准备介绍我去正定中学当政治老师，说那里除了北师大、东北师大、华东师大和华中师大哪都不要！听说我单身还说主任的闺女是公务员（我当时并没有反应过来这句话的意思）……听到我要选老人多的村，他向我推荐了离县城不远的牛家庄。据说是出了名的长寿村，还上过电视新闻。百岁老人有3个，80岁以上的100多个。在明代就是历史名村，全部种小麦。唯一遗憾的是没有河流经过。当即将牛家庄记下，作为我的第一选村对象。

于叔还说他们都珍惜人才，李主任一定会帮上大忙。我赶紧说一看李主任人就特好，主任听到有人夸自己还有女儿，或许觉得我"真是个人才"，毫不吝啬地借了我一套三本厚厚的正定文件汇编，赠送了一套正定纪录片。还叮嘱我要查资料多来5楼的资料室。临走还热心地推荐我住附近的7天酒店，让我明天一上班就可以找老龄办的人带着下村，说他已经打好招呼。关上门的一刹那，我还听到于叔叔在说：这是个好后生！

真是遇到贵人！

7天的前台态度真不是一般的好，点10个赞。办好入住手续，在一家农家菜馆吃了一碗刀削面，赠送了精致凉菜，吃完还问我"客户体验"。

群里看到进鹏哥和小覃姐的动态，他们也顺利对接了，并且得到陈老师和师兄师姐的莫大鼓励。小分队初战告捷!

行走在正定的夜色里,远处灯火阑珊,不喧闹,不刺耳。突然觉得,我会爱上这个小镇。

愚笨如我。

幸运如我。

9月29日　阴天　13—21℃

挑战与机遇并存

生物钟形成就不易改,6点准时醒来。一直在纠结要不要把东西带着,万一今天落实不了住处,还不是要回7天?那拿着那么多东西东奔西跑,是不是太遭罪?想了几分钟,还是决定壮士断臂。背起行囊,退房走人。

虽然8点半才开门,但我7点半就早早出发。因为还没有找到传说中的老龄办,倍加忐忑。问了路旁头发花白的老人,执勤的交警,甚至昨天政府的门卫,没有一人知道此处的存在。最后还是给跟我忘年交的于叔叔打了电话,他告诉我就在邮政大楼里。

老龄办在邮政大楼!

一直在门口等到8点半,老龄办李主任按时上班。了解了我的情况以后,只是把公函复印了几份,但是他觉得公函上没有正定这个点,还是有些犹豫,遂带我去找老龄办的书记。路上我说已经跟县民政局局长张亚伟打过招呼,他问,局长不是在休假么?一脸的不可思议。我于是展示了跟局长来回的短信,表示上级已经同意。到了书记办公室,书记一直在打电话,对我视而不见。好不容易撂下电话,对我的公函左看右看,问了一连串问题:"你是谁?你是干吗的?谁让你来的?"那架势似要把我吃掉。待李主任帮忙解释一番,还给他展示了那条短信,他长叹一声,眉头紧锁,极其痛苦的样子,对我说:这事不好办。我问能不能直接下村,他说不好安排。我说那有没有老年人名单,他说没有。我说跟乡里打个招呼就好,他说不好打。我沉默。看我俩僵持不下,李主任解围:我来打个招呼就得了!我像抓住了救命稻草,赶紧跟他走了出去。

李主任倒是十分热情,三下五除二就给南牛乡民政主任刘军霞打了电话,还提到给我安排住宿的事。最后热情地告诉我坐几路公交转几路再转几路就可以到达,几乎把我绕晕。千谢万谢,再次出门。

索性！打的！一路上见识了牛家庄的两个亿元户的企业。玉米七零八落地躺在田里，只等上四五天，就要撒上小麦的种子。

南牛乡政府大院一进门就是"为人民服务"几个大字。用了"障景"法，将主体建筑挡住。正好刘主任在开会，稍微等了一会，便微笑着请我进了她的办公室。别说公函，介绍信她都没看，直接问我有什么需要。我说想去牛家庄或者其他符合我们要求的村庄住2个月。她也极力推荐牛家庄。打了N个电话，建议我住在工厂里，与工人同吃同住，有自己的宿舍，吃食堂饭，什么都方便。我坚持住农户家，她说村民几乎都在外打工，没有固定时间回家做饭，我又不会做饭，去了也不现实。我说可以给钱，她说这里都有钱，不在乎那几个钱，关键是不方便。等了半天电话，村里也没商量出结果。就让我直接来村里，到村委会值班室将就一晚。

见了刚刚30岁的龚主任、妇女主任和王副书记。也没看公函。他们正在接待一个市电视台对百岁老人的采访，要在重阳节播放。我跟着一行人走进老人家，发现老人精神矍铄，谈吐清楚。跟妇女主任确认，百岁以上2人，90岁以上十几人，80岁以上100多人，将近200人。我突然有了在这个村子长驻的想法。

下午意外发现，村委会里面有个老年人书法协会。会长任老爷爷同时是老年大学校长，今年71岁，刚刚编纂出版了牛家庄的村史。他给我介绍了好多协会的成员，下午做了一些专题，都引起我的很大兴趣。

晚饭村委会安排我在一家小馆吃了馒头肉菜。

期待明天的继续访谈。

9月30日　多云　15—24 ℃

于夹缝中求生存

在梦中被叫醒，睡在隔壁床的六旬大叔刘恒杰告诉我，7：30值班室上班，不可赖床。一看表其实只有6：30。在室外一个水管子接了水，洗脸漱口。没有镜子，用手机看到自己蓬头垢面。稍作拨弄，终于呈现"可见人状态"。

遵照刘大叔的提醒，出门左拐再左拐，果然看到一个早点摊。要了根油条和一碗豆腐脑。没吃饱，怕老人们早到，快步回去。幸好，书法协会大门紧闭。折回值班室，呼呼啦啦就进来一大堆人，烟气熏天，吵吵闹闹。我搬着电脑和提纲躲到室外一个有阳光的地方迅速温习提纲。

8：30，看到一辆自行车停在书法协会门外。以为是任爷爷已到，进门发现不是，

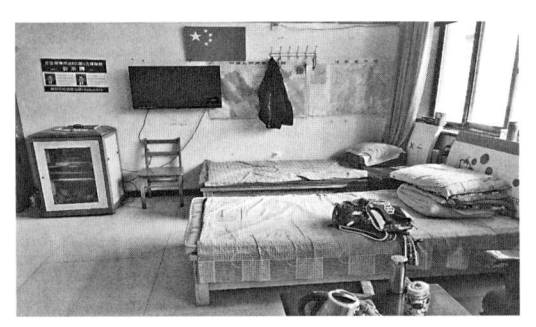

图 1 保安室（外侧为笔者铺位）

迅速攀谈，得知对方姓孔，71 岁，是孔子第 72 代玄孙。族谱有着落了！

正说话间，任爷爷款款而来。我提到还未找到村史，他马上带我去找村干部，王委员说管村史的人到张家口出差了，无法办到。任爷爷二话不说，骑车回家把自己家的村史借给我看，我又感动泛滥。

惊喜地发现，村史上有些东西可以被自己直接利用，但遗憾的是覆盖面小、深度不够。我听从胜辉博士的建议，决定还是要从 80 岁老人口中挖出宝藏。去找妇女主任要名单，恰好又碰到市台三农频道的记者采访，主任答应隔天交付完整名单。一上午匆匆而过，突然想起我的住宿问题，找王副书记问起此事，他回应称龚主任正在安排，应该定在工厂。我心里有些不甘，但是没底。咨询了小覃姐住宿的问题，她支了好多妙招。翻看朋友圈，看到邓老师也给我留下宝贵建议，要我慢慢找到农户家借住。此时我已经坚定信念，一定要住进农户家！于是给龚主任发了短信，龚答应帮忙，但一上午没见人影。王委员受龚委托为我解决此事，但依然满脸愁容。

中午去吃了肉丝削面，睡了一觉。跟胜辉博士探讨了两本提纲如何使用的问题。下午 2 点等到 77 岁的王建政爷爷，试问了专题"邻里关系"。回答得还是有板有眼的。有些细节，因为解放前爷爷尚年幼，一知半解。一直到 5 点，王爷爷开始看表，我才放他走。

本来想换个地方吃饭，但是找来找去，附近好像也只有一家饭馆。因为不卖米饭，又点了面食。

就今天访谈来看，还是要从 80 岁老人入手，号称"前知五百年，后知五百年"的 77 岁的王爷爷可以作为补充调查对象。

明天就是祖国母亲的生日了，希望快点拿到老人名单，用几个深度访谈来给祖国母亲庆生。

10 月 1 日　雾霾　15—24 ℃

一路前行

今天磕磕绊绊，终于跟妇女主任拿到了老人名单。但是只有 2014 年的版本，而且有的复印得不清楚，我索性用笔抄了一遍。整完以后，村干部让我去找老年大学校长。

说起老年大学，它是坐落在村委会朝北角落里的一间平房。门上装了滑轮，我第一次进去的时候还感觉这个安排非常巧妙。进去之后一股墨香扑鼻而来，映入眼帘的是满墙的字画。细看字画的落款，我知道都不是非常的有名，但是在老人的介绍下我知道，它们部分是本村老人参加全县乃至全市老人组书法、书画比赛的参赛或获奖作品。虽然不能与大家媲美，但

图 2　老年大学屋内

是字迹之工整，力道之均匀还是让我叹为观止。各种画作也是让我心旷神怡。

整个屋子大概有 40 平方米左右，大概摆放了 20 张桌子，每两张桌子并在一起。其中一张上面摆满了红纸、宣纸，另有一张则摆放着一方砚台和几支毛笔。桌子下面垫着桌布，已经被墨迹沾染。

我去的是时候，有零星的几个老人在练习书法。任爷爷就坐在最里面靠墙的一张桌旁。他的书桌旁堆放着更多的杂物，包括各类族谱、期刊和报纸。我找到他请他帮我确认老人名单，筛选明白人。他从 214 个 80 岁以上老人中筛出 14 个。

图 3　老年大学校长

说干就干。下午就找到了坐在街边的一群名单上的 80 岁以上的老奶奶。我问起解放前怎么过年，问得她们眼中泪花闪动，开始拒绝我的提问。我赶忙换到以前开茶馆的话题。但是她们有几个是后来才来的牛家庄，对具体情况不了解，所以还是抗拒。后来她们见我一直不走，想打老牌，我只好约定改天再谈。

下午值班室推说人太多，让我住在隔壁的调解委员会。我进去一看，只有长椅 2 张。搞得心情很不好，被赶出来的滋味，第一次尝到。但是实在没法睡，晚上还是睡到了值班室。

明天一定要找到住处才行。

10 月 2 日　雾霾　16—27 ℃

意外的惊喜

值班室大爷的冷眼态度，让我一度十分寒心。一早就去村主任的办公室，商量住

处的问题。我提出还是要找到农户，这样便于观察村民的生活，利于调研。主任当时一口答应，给找一个87岁的独居老人，不仅身体健康，还可以喝酒呢。我想这次可是赚到了。

来了几天，老人的事情已经基本定下来了，所以我就想着在村里转转，对全村有个整体印象。

牛家庄村比较大，村委会位于全村大概中心的位置，决定今天一路向北，看看村庄的样子。首先的感觉就是道路整齐、干净，几乎没有土路。这让我对北方的农村的印象大为改观。其次是平房较少，高大的院墙较多。村民的房子从外面看装修得都比较豪华，只有零星几处房子年久失修，无人居住。然后是村巷道多，一条南北的大路，然后东西方向平行分布着无数的小路，把一排排的房屋分割开来，也把牛家庄村分割开来。一路走，一路看，直走到村的最北边。听到噪声刺耳，原来已经到了高速路旁边，对面就是木庄村。高速路上开着各类饭店、汽修店、超市等等。这里人来人往，我竟然有种在市区的错觉。

下午去老年书法班问了婚俗专题的一些内容。里面的王爷爷特别清楚，一说起来就滔滔不绝。老人稍微有些耳背，但是记忆力惊人。"上知一百年，下知一百年"真不是吹出来的。

晚上一直可以吃饭的饭店突然锁门了，我找了半天周围也没有第二家可以吃饭。索性买了泡面在值班室吃。晚上治保主任路过看到我吃泡面，还关心了一句。大妈们跳广场舞从8点跳到9：15，声音之大，导致每天这个点我都很难安安静静地写东西。

希望明天更好。

10月3日　雾霾　14—25℃

惊喜连连

因为住宿的问题一直协调无果，我索性又去找了另一个村委员。他只是答应向村主任反映，我估计还是无法解决。出办公室，恰巧看到书记的车开过来。委员介绍了我的情况，我说了现在的困难。书记二话没说就让我住在他的办公室，说有地暖。我说那倒不必，当务之急是在调解委员会能有我住的地方，农户家可以慢慢找，因为值班室已经没有我的容身之所了。

在此要特别感谢跟我睡过一屋的王恒杰大叔。他听说了我的情况以后，从自己家搬了一张空床过来，这样，只要有床上的一些用品，就可以住了。真是感动得我不知道说什么好。

上午去找王爷爷继续谈婚俗的部分。没想到他还是个婚礼老管家,讲得头头是道。

下午在我的再三催促下,主任终于托王委员给我送来了一些床垫、被子。至此,我终于有了个固定的容身之所了。

图4 恒叔给我的床

我的这个小天地是村委会调解委员会靠东边的一间。虽然床比较简陋,但是里面有空调,有办公桌,有电源。我自己买来热水壶、拖鞋、洗脸盆。王小忠大叔是村里的一个主任,他主管这里,我借了他的钥匙复制了一把。我的小天地就算形成了!

但是有一个问题,因为这里毕竟是办公场所,所以我必须在办公之前就要起床,打扫好卫生,然后把东西收拾好,只能留一个皮箱在外面。所有的东西都要重新塞进去。这让我比较懊恼。但是好在已经有了住宿的地方,这也就不是问题了。习惯就好,我这样安慰自己。

10月4日　雾霾　13—24 ℃

婚俗专题

今天大雾霾,索性一心一意去访谈。今天找了一个85岁的老人,也是书法协会的,他对婚事也有不少了解。他的口述,加上王爷爷的口述,几乎就把婚俗部分的问题全都搞清楚了。

中午去吃了炒面。我跟老板娘协商,可不可以吃米饭,她说这里米销路不好,我说我在这里吃两个月,最好每天都能吃一顿。经过跟她的丈夫协商,最后达成一致,隔几天就给我吃一顿米饭。

图5 村里的午餐

这里讲讲这家小店。位置就在牛家庄村村委会出门靠北,也算是中心地带。开店的是一对年轻的夫妻,大概35岁左右。时不时有一个老人帮忙,大概是丈夫的父亲。房子里面有三间,一间厨房,一间前台,还有一间是餐厅区。前台前面也有一个餐厅区,我每次都是坐在这里吃饭。小店以面食为主,我最常吃的就是肉丝炒饼。每次去吃饭，都可以看见老板娘的上小学的儿子在餐桌上写作业。我心里想如果在这样的环境下都如此勤奋，肯定成大器。但是后来听老板娘说，儿子学习并不好，她还有一个闺女不常出来，一直在家学习，她的成绩比较好。那怪我想错了！

下午一直在整理专题，头晕眼花。有需要补充的就赶紧跑到书法协会去咨询。到下午饭点，4500多字的专题终于写完了。

晚上去饭店吃饭，居然又没开。我转了一圈，心灰意冷，准备泡面。但是没想到折回来的时候发现它又开了。我满意地叫了一份炒饼。

明天开启新的专题，希望顺利。

10月5日　晴

欢乐的一天

今天王爷爷来得很晚，几乎到9点才骑着蓝色自行车赶来。我拿了材料和录音笔，匆匆赶去书法协会。今天聊到入赘、续弦、纳妾等话题，老人顿时滔滔不绝。

村里开始整修道路，过来一辆刨路机，整个村委会的人都出去围观。广播里又播放了农民收购和销售的广告，还有每天准时播送的农民气象节目。

睡到1点，起来整理上午的材料。到2点的时候，发现王爷爷已经到了，我便再次出发。中途录音笔没电了。没有理睬，继续采访。

今天收获很多，晚上终于吃到了8天以来的第一顿米饭。回来跟爸妈通了电话。准备将下午的专题都整理出来。

图6　老人的书法

听说老人们下个月要忙着写对联，居然要忙20天。我在担忧到时候工作如何开展。车到山前必有路。

说到写对联，我从老人那里了解到，老年大学不仅是一个书法爱好班，也是一个春联生产基地。每年春节前，全部书法协会的老人都会齐上阵，为全村的村民免费提供对联。但是他们自己是有报酬的，一天几百块。据说这里的笔墨纸砚和工资都是村里的有钱人资助的，年年如此。我碰到几次，他们不仅在老年大学里面写，还在村委一间大的会议室里面写，在其他小的会议室里面写。就是除了办公，哪里都能看到他们。写完之后还要晾晒，每次老人碰到我都热情地喊我过去帮他们找空地方晾春联。我看过老人写春联，写得又好又快。其中任立政老人不仅是校长，也是常年的书法冠军，他写出来的字历来是村里人争抢的对象。让他老人家担任校长真的是当之无愧！

10月6日　阴天

忧郁的一天

上午是平淡无奇的。照例去了老年大学，任爷爷在看新闻，和他探讨了一会国际大事，骑浅蓝色自行车的王爷爷便来了。

整个上午都在讨论当家人、家庭纠纷处理这些小的板块。不知不觉已经11点。王爷爷起身回家吃饭，我突然发现，录音笔没有开。

村里翻修新路，中午被碎路机巨大的轰鸣声震醒，整个房子都在摇摆，吓得我以为发生了地震。跑出去眼看着碎路机远走，才安心回去继续整理资料。

下午王爷爷如期而至，深度探讨了解放前的田地和房屋的产权边界问题。讨论了一会我就跑出去散步了。

今天是从村中心向西出发。这里就接触到了农田和散落在农田附近的农户家。这时麦子刚刚割完，新一轮种子已经种好。有零星的农民在劳作，他们有的还是在人力除草，但是也有使用拖拉机的。我站在一棵柳树下触景生情，感慨万千。如果我的家乡也有这样的条件，那该多好。因为我家在华北平原的最西北，与黄土高原和内蒙古高原接壤。那里不像这里，每年只能种一茬，漫长的冬天都-20℃左右，没有办法做到这里的种二

图7　机械作业

茬子。除此之外，这里已经实现了机井和喷灌的结合，而我家还在使用大水漫灌。这里的机械化也让我兴奋，我家那里无论有多少田地，还是不断地投入无止境的人力来完成。也希望自己以后能有机会建设自己的家乡。

晚上越整理越兴奋，今天大概整理了5000字。算是最多的一次，距离每天5000字的梦想更近了一步。

每次阴天总是莫名烦躁。还好今天全都投入到访谈和整理中，不然压力无处释放。

希望明天依然顺利。

10月7日　雨

雨中曲

阴雨连绵，村里新挖开的道路积水严重。老人们无法出门，我也无法走出村委会。索性就整理材料吧。看了很多村史档案，发现牛家庄还真是个古老而又神奇的地方。

淅淅沥沥的小雨，下午终于停了。让我喜出望外的是，书法协会来了个新面孔的老人。原来今天有人家给女儿准备婚礼，请他写大"喜"字。听说他83岁，父亲当过保长，是富农，我赶紧介绍了自己，想了解下当年的情况，但是他一心写字，根本不理我。我只好帮他研磨，替他拿纸，晾干，夸他的书法好，不一会他才开始主动跟我说话，让我多练书法。我问了几个问题，但是他总是听不清也说不清，还不时地咨询王爷爷。看来这个成分好的老人真是不记事呀。

既然访谈不是很顺利，自然地我又想起了出去逛逛。但是想起外面积水过于严重，我就留在了村委会。跟老年大学的一位大叔聊了起来。他岁数只有40多，在书法协会里面算是最年轻的。他说年轻的时候当过兵，但是受过伤，后来就退伍了。复员找了一份工作，但是因为伤病一直不能很好地完成，干了10年左右索性就回家了。媳妇比较厉害，有自己的事业，他就给她打个下手。全家也都活得很滋润。他有一个十几岁的女儿，放学的时候就来找他玩。他感觉此刻非常的幸福。

晚上回来整理，才发现录音笔又没有录到东西。心里想着，要不要换个再用。这种事情不能一而再再而三地发生了！

老人还待继续挖掘。

今天入村10天了，特此纪念。我回顾了这10天的成效：

一是感觉对于全村的整体把握还不够，也就是说要多出去走走。

二是对于老人的问题，还不会引导。老人常常跑偏，以致浪费了很多时间。

三是联系上的老人太少，要继续开拓更为广阔的天地。

奖励自己一顿好吃的！

10月8日　晴

重聚首

今天是个阳光明媚的日子，与室内的阴冷形成了鲜明对比。书法协会早早就停了一辆蓝色自行车，我没瞧仔细，快步冲进去，却发现里面只是任爷爷。等到9点过半，王爷爷才到。我马上对比发现，任爷爷的车是浅蓝色没有后挡泥板，而王爷爷的车更新更亮，深蓝色，零件齐全。

一上午都在缠着爷爷讲当年茶馆的事，还拉着他画了当时茶馆的具体位置。北方的茶馆不如南方的功能强大，只是一个喝水的地方，等级性没有那么明显。

中午那家饭店又没有开门。正跟远方的室友抱怨只能泡面的时候，惊喜地发现路的拐角处还有一家副食店，点了饺子，吃得胃里难受。

下午，王爷爷跟我"捉迷藏"，来了一趟协会，等我来找他，他却骑车跑了。无奈，只得返身再次整理材料。下午谈了很多当年绅士、保长的职能。

吃完饭，我好好地参观了一下村委会。村委会拥有一个大院子，主体建筑是一栋坐北朝南的二层小楼。东侧分布着一排房间，包括图书室、妇女活动室以及我住的村民调解委员会。正北是一个戏台，每次有大型演出都在这里举办。戏台西侧就是老年大学。东侧是一个公共厕所。厕所每天都有人打扫，后来早起才知道就是本村看村委会的保安大叔。他每天的任务，除了负责村委会警戒之外，晚上要留下来守夜，

图 8　村委会的院子

第二天早起扫院子、扫厕所。我跟他打过几次交道，他对我也比较熟悉，每次要去县里市里的时候都是请他帮忙留意我的东西不要被偷走。

明天是重阳节，县里举办老年大学书法展，他们受邀都去参加。看来我要继续整理材料了。

10月9日　阴天

等　待

虽然已经知道今天重阳老人不在，但我还是希望他们能有人留下。望眼欲穿了一上午，居然没有一人回来。我把以前的资料整理了一遍，继续整理史料。

中午去饭店吃了炒饼，跟老板娘要了电话，这样以后就可以提前订餐。没事绕着村子西街溜达，发现了很多晒玉米的地方。正忙着和山羊合照，突然冲出来的恶犬吓了我一大跳。

那里有两个妇女一个男人，显然是一家三口。他们显得很开心。我详细问了晒玉

米的情况。妇女说今天有一点点阴，但是不至于下雨，如果再不拿出来晒就太潮了。妇女说他们一家三口都是种玉米的，也是靠种玉米发了家致了富。我发现她家住着宽敞的二层小楼，家里有一辆轿车和一辆卡车。从这个角度看，她家确实是富裕了。她又说，玉米有时候行情也不好，但是她女儿懂上网，他们开了网店在上面卖，销量非常好。以前他们全靠村里的一个专门收玉米的作为销路，但这时候那个人也卖不动了。玉米太多了。她还讲了她女儿本来是大学生，但是为了家里的生意，现在也放弃了市里的工作，全力支援家里。我看到她的女儿被晒得黢黑，但有一双漂亮的眸子。那一刻，我懂得了什么是孝顺。

图9 村里路边的玉米

下午3点多，王爷爷终于来了。我整理了一上午资料，差点憋坏。虽然只有一个小时的时间，但还是把"赶人情"的部分问完了。说起这些事，王爷爷真是滔滔不绝。他常常说，为什么比他年龄大的人都不懂的事他都知道，因为他跟他的爷爷经常一块睡，耳濡目染，听到了不少故事，知道了不少历史。

下午吃了面条，去找龙王庙。跟想象中的差距有点大，还在修缮当中。

还是整理资料来得实在。

10月10日　阴天

时光匆匆

转眼下村调研接近2周了，总体来说进度不紧不慢，一切都在计划之中。专题也有将近20个，总算对得起自己的辛苦。

上午把自己的专题总结发给了邓老师，下午就得到了回复，受到了表扬。但也指出了不足之处：惯行少；概括少；不丰满。

前期问得还不详细吧，"肉"的部分，看来需要更高年龄段的人来解答才是。

今天一天都泡在协会，找王爷爷攀谈。问到宗族话题，险些把老人家问毛。用他的话说，"总是问些奇奇怪怪的事，抽象的事，不存在的事"。

帮老人泡好了茶，却发现茶叶放少了。帮他研了墨，水放多了。讨好老人不易呀。

老人断断续续地讲了自己的经历。以前过过苦日子，跟着村里人到市里包火车去南方卖马。本来这笔买卖成了每人至少都能挣一万块，但是路上遇到各种关卡不说，还差点把马丢了。那些马价值20多万。在九几年的时候，他说那可不是一笔小数字。当时因为碰到了检查人员，死活都不让过检。老人和同村的一个人一起去，把他俩都要急死了。后来还是那个哥们有办法，千辛万苦找了各种亲戚和朋友才说上话，让他们通行。最后他们都拿到了一万块，但是把马差点饿死。送到的时候接货的人还有些不高兴。好在都是熟人介绍，彼此跟熟人都是老交情，这件事就不计较了，才顺利地挣到了这笔钱。前后耗时2个多礼拜。自从那一单起，老人说他就再也不干这种长途贩运的买卖了。后来回村做了一点小本买卖，现在交给了儿女，生活过得挺滋润。

晚上整理了几个小专题，发现有些问题，专题上还需要完善。层级分析，惯行分析，还需要多下功夫。

明天老人说要去吃酒席，希望早点回来。

10月11日　晴天

村民的婚礼

早上6点多就被隆隆的炮声震醒。今天我以为王爷爷要直接去参加婚礼，都做好了整理材料的准备，没想到他来得特早。事不宜迟，我赶紧问了他几个专题。

大概10点半的时候，王爷爷就去吃酒席了。我吃过了午饭，没事溜达，就发现村东头一排排的豪车：奔驰、宝马、路虎、保时捷、凯迪拉克。我以为附近有车行什么的。再仔细一瞧，原来这就是王爷爷参加婚礼的那家。本来想进去看看，但是不太喜欢那种场合，就折回小屋写材料。

在路上正好碰到一个老人。跟他聊起了婚礼的事情。他知道得挺多，于是就讲了开来。他说村里现在有钱人多了，办个婚礼一般是大费周折，非常的奢华。以前有个几辆车在村里绕一圈就可以了，现在必须是清一色的豪车。过去结婚可能礼金只有几万块，现在一出手就是几百万。今天办婚礼的家里开了5家服装厂，女儿出嫁，老爹陪了一千万，这还不算房子的费用。

我出门正好碰到婚礼的车队，好多人围观。先是一辆法拉利在前面指路，后面跟着20辆宝马，每一辆都是纯黑色，车前面挂着一朵大红花。中间的一辆车车窗是打开的，有个人探出身来摄像。他应该就是婚礼负责摄像的人员，选择了中间的位置，可以把前后都照顾到位。第二辆就是新娘坐的车，隔着玻璃没有看清人长什么样子。车队过去以后是仪仗队，虽然都是老太太，但是表演得还算整齐。

这几天无线信号特别不好，很多资料都无法及时查到。这几天小伙伴们都陆续下村，有的很顺利，有的却困难重重，真是家家有本难念的经啊。

下午3点多爷爷还没来，我以为下午又要泡汤，结果抬头瞅到王爷爷的深蓝色小自行车。意外问出了"果木会"，高兴了好一阵。

晚上总结了3000多字，希望明天依然顺利。

10月12日　晴天

资源枯竭

今天心态极其平和。上午被调解委员会的主任赶出来。匆匆收拾完东西，就直奔协会了。

老人和50多岁的刘叔在争论，整得老人面红耳赤。我赶紧帮忙圆场，换到我的"村调"话题上。今天问了家庭和土地的租赁。

在家庭方面老人还能滔滔不绝，但是土地租赁方面就不太知道了。中农成分造成了他的局限性。

中午睡起来感觉脑子很疼，也许是连续工作的原因。想着这个周末放松一下。看老人已经来了，便起身赶去。

下午的老人要平和很多，没有上午那样气急败坏。但是问到地主富农的事情，他再次表示爱莫能助。

真的需要拓展访谈了。但我查了老人的名单，发现地主的后代几乎没有，富农、中农、贫农倒是不少。

今天是个大晴天，我又出发了。今天是朝南走，不久就可以到农田。还看到了传说中的污龙渠。我看更像是一个臭水沟，只不过里面没有水，已经使用钢筋水泥加固过。一路走一路看。这里的各类小厂子非常多，什么鞋厂、服装厂、被子厂、床垫厂等等。正好我缺一个床垫，就进去问问。厂子里面有一条大狼狗，非常凶悍，一直朝我叫，主人喊了半天它才停止。主人有两个，都比较年轻，不到30岁的样子。他们住在一排非常长的平房之中，侧面就是他们的加工厂。我被带进去挑选，里面摆放了至少有几千个床垫，简直可以用堆积成山来形容。但是问了价格，差一点的要200多，好一点的要几千。我想想自己的卡上余额，显然超过了我的预算。其实价格还是比较划算的。我回来跟村主任说了这件事，他马上找人帮我从市里买了一个床垫给我，我要非常地感谢他。

下周开始全新访谈。希望这周平和顺利。

10月13日　晴天

惯　行

依然吃了豆腐脑、油条，一共一块五，没有比这更便宜的早餐了。

今天一早，任爷爷、王爷爷还有比较年轻的王叔叔一直在讨论前几天吃酒席当总管的事，抱怨总管不好当，里外不是人。几个人说起来足足说了一个多小时。还好最后都说得没了力气，我才见缝插针，赶紧聊以前的事。

提起以前的文化，特别是打牌，王爷爷显得很气愤，似乎特别瞧不上那些以此为乐的人。但依然说了不少其中的事情，顺带还爆出了一个特殊的职业——牌头。我一直以为是头牌，但文字顺序的差别导致了性质的极大差异。忍着笑听完了关于"牌头"的所有事情。爷爷开始不耐烦了，我赶紧换了一个话题。

图10　村里的集市

中午依然吃了炒饼，没有任何可替代食物。

下午问了爷爷民间组织的事情，不太多，但还是有板有眼。

今天有集市，我想着重介绍下。村里的各条主要干道几乎已经不能通车了。邻村的小摊贩在这里聚集。有各种小吃，最多的还是卖布匹、服装的。来赶集的人也是不少，孩子拉着母亲的手到处看，一直都有想要的东西。母亲把孩子抱起来，不给买，孩子就哭。母亲看看周围的人都在看，无奈只能满足了孩子

图11　集市里的食品

的要求。我突然想起自己小时候，是不是也是这样的呢？回忆了一下，并不是，有什么想要的，家长一般会给买。但是我小的时候就比较懂事，不是见什么要什么，只有在自己生日的时候才会跟家长要礼物。我在村里转，见孩子们穿的都是耐克、阿迪，比我现在穿的都好。而我的童年都是穿三姨做的单鞋和棉鞋，一个月就要坏一次，后

来三姨都说我太费鞋。现在的生活好了,三姨家也住进了小楼。我感慨着生活的变化给我们每个人带来的全新感觉。在集市买了一顶冬天要戴的帽子,就回去整理了。

10月14日　晴天

龙王庙

早就知道本村依然留下一个庙,龙王庙。

早上就以它为线索,问了老人很多问题,比如立夏庙,比如唱戏,比如其他庙会。令人兴奋的是,立夏庙现在依然存在。而且每年都很红火。这是在"四清"和"文革"后尚存的为数不多的古代遗产。其实本村还有关帝庙、送子观音庙(又叫奶奶庙)、狐子圪垯庙、五道庙,但均毁于"文革"中。

听完爷爷的介绍,马上启程去参观。

走啊走,绕啊绕,问了很多路人,大都不知。好不容易找到一个好心的阿姨,还把我带到那里。我心想,哪里有庙,不就是一个厕所么?可我走近一看,还真是庙,只不过处于整修期,一切都面目全非。突然感觉好失望,也许是景点去得太多,习惯于惊喜,这种惊吓还是头一次。

在老人的帮助下,我找到了专门负责看管龙王庙的一位奶奶。她年龄大概在60岁左右,知道我要去参观非常热情,直接去开门了。我发现里面非常残破不堪,已经很久没人打扫了。但是基本的龙王像、香台、跪垫都有。奶奶一进门先点了三炷香,然后直接开始磕头,她是那种跪下之后,手伸直向前手心向上,每次磕头都要磕好几下,看得我心惊肉跳的。以前也见过不少拜神拜佛的人磕头,但是像奶奶这样虔诚的还是第一次见。

图12　龙王庙

奶奶跟我说,以前龙王庙不在这里,而在村中央的位置,在"文革"的时候全部被摧毁了。她小时候就跟着她的奶奶一起拜龙王。那时候她的奶奶比她还要虔诚,今天我只是站在那边呆呆地看,如果放在以前她在她奶奶面前也是这样的话,会被骂一顿。因为那表示对龙王的不尊重,只要进了庙就要跪拜。这是她的奶奶告诉她的一句话。

10月16日　晴天

出　行

今天重点关注了解放前后百姓出行的情况。

解放前，带东西靠肩挑、背扛或推独轮车。中等以上生活水平的人家才有一辆木轮大车。木轮大车有两种：一种是"普通型"，配有简单车厢，主要用于农业生产。另一种是"豪华型"，俗称"细车子"，其车厢较高，配有花栏杆、小窗口及弧形车篷，做工精致，且红漆装饰，此车只被少数富裕人家用来赶集上店或探亲访友。

20世纪60年代初期，生产队开始有了胶轮大车，这种车装载多，而且拉着轻快。当时生产队牲口少，经常是七八个人拉一辆大车，拉土送粪。到80年代初，村内兴起了小双轮车，俗称"小拉车"。在生产队干活，一般三人拉一辆，一个人驾辕，两个人拉。装车时，驾辕的保住车，两边人装车，卸车时，三人一齐用力将车仰起，车上的土粪便卸下来。

听完了爷爷讲出行，我就跑去找王肇玉爷爷问他的出行，结果惊异于爷爷的生活环境。他自己开了一个修理自行车的摊位，离村委会步行5分钟的距离。那个小摊有三间房子。一间放着各种修理用的东西，中间夹杂着锅碗瓢盆和他喜欢的白酒。一间卧室，里面只能容得下一张床，平时用门帘遮住不让看。另外一间没有房顶，是一个天然的厕所，有围墙围住。

每天有人的自行车车胎破了，没气了，都来找他帮忙，每次赚几毛钱到几块钱不等。没事儿的时候就在外屋坐着。他的朋友很多，村里的老人没事儿就来他的小店坐坐。里面也准备了非常多的长椅和板凳。但是里面的气味比较难闻，充满着旧仓库的霉味和各种修理机油的味道。每次去访谈都要忍住难受。谁让爷爷知道的东西多呢！

图13　王肇玉爷爷爱看书

爷爷今年80岁，于1948年分家，当时家里有50多岁的奶奶（爷爷的第二任妻子）、40多岁的娘、24岁的哥哥、24岁的嫂子、1岁的侄女、21岁的自己、23的媳妇、1岁的儿子、19岁的弟弟和12岁的妹妹。另有一个一亩多的大院子，3间正房和4间厢房，23亩地，一头牛、一头驴、一辆旱车、一个水车、一个猪圈，各类农具一套,家具若干。

王上过6年学,中农,教过民校高级班,后一直务农。1984年到1990年行医,有中医执照,是父亲王业珍的祖传医学。后来卖过药,在建筑工地做过看门人和食堂材料保管员,做过瓦工。1992年开始修自行车,一直到现在,从市里修到村里。

不管风霜雨雪,王爷爷都坚持在自己的岗位,有子女但是却不方便住在一起。用爷爷的话说,"回得早了,一大家子还得伺候你;回去晚了,人家已经吃过饭了"。

10月17日 晴天

村 志

今天下村整整20天啦,鼓掌!

上午因为协会在整理东西,王爷爷被迫和我一起到我的小屋里访谈。

今天整个专题已经接近尾声,统计下文字,有6万字左右,与预先设想的30万还差十万八千里,路途漫漫、任重道远。

明后天要开启新的篇章——从访谈提纲入手了。今天大致看了一下,部分与专题重合,但很大部分需要补充和完善。下个月初王爷爷就要去写对联了,连续写一个月。到时候还真是要找其他老人谈谈了。

图14 牛家庄村志

今天在整理的过程中发现很多有意思的细节。比如人们对惯行的认知,往往是没有认识,只要别人从中得到过好处,就会成为他信奉的对象。本村诸多庙,各种信奉,但终没有一个靠谱的。发达的信仰原来并不在乎信的是什么,而是信不信。

今天书记给我拿来了一本村志,让我好好研读一下。整个村志制作非常精美,用的是硬皮装订,跟县志用的材质差不多。里面都是彩印,纸张成本就非常高。我估算了下,里面大概有10万字。据老人说,这本书是找了20多位村中90岁以上的老人,听完他们的介绍和回忆之后,又去县里和市里的档案馆多方取证,最后由村里最有文化的人组成编委会编纂,多次修改,历时几个月才完成。我发现里面的字体都非常大,看着不太习惯。但又想编纂的都是老人，字太小了估计是会看不清吧。书记说这本书就送我了，再次表达了感谢。每次接受别人的礼物都是非常不好意思，想着临走的时候要给书记带一点礼物。里面的内容也是非常的全面，从政治、经济、文化、社会等各个方面介绍了牛家庄的前世今生，对我的帮助非常大。在此再次感谢牛家庄人民，感谢书记！

希望明天顺利。

10月20日　阴天

平稳进行中

今天接着昨天的问题，问了劳动时间。

具体到一年中，农户种地干活集中在清明到10月，共8个月。从11月到次年的2月是比较闲的。具体来说，农户种地一般集中在上午和下午。早上6点出门，8点有人去地里送饭，中午12点回家吃饭，休息到下午3点出门，下午6点回家吃饭。但太热的时候要凌晨3点起床拔麦子，中午10点回家，12点吃饭，下午4点到7点去锄地和打场。如果下雨或者下雪则不出门。农忙的季节集中在芒种前后的6月（收麦子）和立秋前后的8月（收玉米和谷子）。闲的时候要摘棉花柴（即把还有未开放的棉花的花骨朵搬到房上晒干，将棉花取出）、纺棉花织布和拉碱土（外村有不要的碱性土壤，可以用来垫猪圈，冬天不冻，每天拉一车，大约半吨）。

不仅仅是日出而作、日落而息，农民把自己全身心都投入到跟作物的共舞当中！

今天出门吃饭，又是阴天，看到依然有人在晒玉米。今天很别致，并没有把玉米粒都脱下来，而是整个装进铁丝口袋中，整齐地码在墙边。它们好像在静静地等待主人把它们脱粒。正好碰到了以前的那个阿姨，她告诉我，这样做是因为之前的玉米脱粒之后没地方晾晒，所以现在人们都学聪明了，要分批次拿出来晒。

图15　未脱粒的玉米

而且这样的玉米也可以直接卖，除了玉米本身的价格，还要加上玉米秆的价格。一般是卖到饲料加工厂里面去。

10月23日　阴天

经　营

今天调查了经营的提纲，但我做成了专题的模式。

无论是自有土地，还是租佃土地，农户都有独立的自主经营权。但地主一般要小麦，农户只能先把麦子收了，把租子交了，之后才能种自己想种的。一般家族、地主、村落都不能也不会干涉。家族不干涉是因为家族只管族田，而族田种什么也不会管，只在乎不要让地被刨了就可以；地主不干涉是因为他只管收租，至于租子交完以后想种什么，他才懒得管；村落不干涉是因为各家收多少、收什么完全跟别人家没有关系，种什么、怎么种、何时种全部取决于各家各户自己的想法。

其实这里受的剥削也没有那么严重，如果产量再高一点，有现今的机械设备，百姓完全可以过得更好。但历史就是有逃不掉的局限。

图16　牛家庄的农田

我问了老人农村现在的情况。他说现在国家政策好了，皇粮国税都免除了，种多少都是自己的。以前人们全家都是农民。现在一般只有家里的老人是农民，全都让孩子们出去上学、工作。因为现在都是机械化，要是劳动其实也是雇人。老人自己是干不了的。这部分的费用一般是子女出。老人只要每天盯着就可以。老人的状态就是没事看看电视，把任务交代给雇来的人，之后就不管了。机器一般也是自己的，只需要让人来操作就可以。等干了一段时间地里都忙完了，老人会把账跟人家结清。然后又开始了悠闲的生活。

我又在想我的几个亲戚都还在苦哈哈地劳作，什么时候才能享受到这样的生活。这简直就是美国农场主的生活啊！

10月29日　阴天

看棉花

今天采访到一个有意思的话题——看棉花。

从立秋到立冬,是棉花的采摘季节。因为棉花轻便、经济效益好,特别容易被偷窃。村里的地邻成立了"看棉花"小队,以5—6家为单位,每家出一个壮劳力,中午看庄稼,吃完晚饭7点后结伴出发。在田中间,便于发现四周,视野最好。晚上看棉花,没有队长,通常由爱管事的计划时间。由几家轮流做饭。准备大刀、长矛、锄头、皮袄,晚上在地里守夜。或躺着闲聊、吸旱烟,或绕田巡视。2人一班,一班1—2小时,没事的睡觉。大概持续一个月。

老人讲了两个案例。孔修,大高个,在1930年代时20多岁,力气大,能扛375斤粮食。有一天,他吃了晚饭去地里看,发现有人正在地中间摘棉花。他马上趴下,匍匐前进,从垄口进。还有一丈远的时候,一下子跳起用长矛扎入一人屁股,另一人吓跑。殴打后,离开。另一人回去叫人把同伙抬走。还有一次,村民赵构吊先吃饭,到棉花地发现丐帮8人左右在偷棉花。他出声阻止,被团团围住。敌方有镰刀,他有小铁锹。他就抡圆圈,喊人,喊救命。村民秦凤至、秦凤连闻讯赶来。之后就不敢单独去了。

今天采访的这个老人的爷爷就是当年有亲身经历的。他说他爷爷当年还在20岁左右的时候就去跟人看棉花了。因为比较年轻,一般被安排在后半夜。一开始还行,但是越到后面越困,有时候坚持不住就睡着了。这时候隔壁的王叔是他们的队长。他精力非常旺盛。看他睡

图17 访谈的老人

着了也不忍心叫他,就继续帮他站岗守夜。等后来次数多了才告诉他,他觉得很羞愧,以后再困就围着地里跑,跑出一身汗,也就不困了。

11月16日 阴天

任永康爷爷

今天在王肇玉爷爷的引荐下,找到了任永康爷爷。

爷爷家很气派,闺女和老伴都很开朗,十分欢迎我的到来。我了解到解放前,他家有2个哥哥,分别是永增和永健,大他10岁和7岁,还有个大姐,大他20岁。自己家有4亩半田,还有17亩左右是租的地主的。从小就开始上学,后来还上过中学。所以老人对上学的事情特别了解,并且透露了当时对外村老师的待遇问题。

爷爷1956年回村开始务农,后来做过团支书、农业副主任。1957年做过木庄信用

社会计。1958年去南牛银行做过储蓄业务。1959年在承德兴隆矿务局任职，大大小小的岗位都干过一遍，包括井下地质测量、保卫科、人事科、工资科等部门。1993年退休赋闲在家。每年的夏天在承德避暑，"十一"后赶回牛家庄。

虽然爷爷大部分时间不在村里，对村里的事情了解得比较少，但还是被爷爷家里的热情好客所感动。

图18　任永康爷爷

11月20日　阴天

视　频

今天接到老师短信，建议把村调成果拍成视频。当时别提多激动和紧张。激动是因为本科时候就做过编辑、导演和后期制作，对拍摄有一定的认识。紧张是因为，从未接触过农村历史题材的片子，感觉难度大，不好把握。

幸好摄制组的同学给力，给我发了大部分的往年脚本作为参考。由于我是第一个拍摄，要作为样本，所以压力无限，但动力也是巨大的。

晚上马上构思，但是总也感觉抓不住重点，因为采访的东西多，不好把握哪里是底色，哪里是特色。后来经过姜博士的开导，逐渐有了些思路。

大致把视频需要素材和人在脑中过了一遍，觉得老人们的配合应该没有问题，到时候就要看是否应景，跟内容是否契合了。

不过今天已经很冷了，晚上水管子已经冻坏不能用了。我需要考虑找个桶了。

11月21日　阴天

取景——碾子和驴

今天拜托修车爷爷联系了一家有驴和大车的人家。爷爷亲自带我去，他骑车，我步行。因为他早年干瓦工腰就不好，开车时还被车撞过腰，所以近些年一直无法直起腰。走路多了就会喘，本来心疼爷爷不要他走那么远的路，我自己就可以，但是爷爷坚持要带我去，心里满满的感动。走了大概一公里，找到了传说中的驴棚和大车。

驴还真不少,有5头,大车只有一辆了,但是这是全村唯一还是用大车的人家了,想要还原当年的场景还非找这家不可。爷爷帮我说了很多好话,于是驴主人很痛快地答应了。

回去的时候还是于心不忍,于是给爷爷带了些小礼物。爷爷坚持不肯要,但我更坚持。迫于无奈,终于向我妥协。

就等摄制组来啦。

图19 村里的碾子

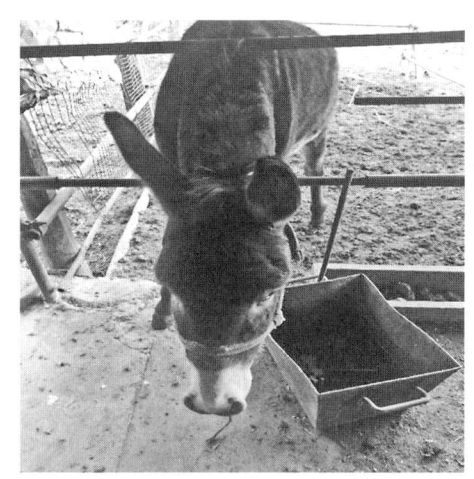

图20 村里的驴

11月29日　晴天

拍摄一

心心念念的拍摄小组今天终于抵达。一大早我打车去接她们,发现是两个可爱的小姑娘。一个是同年级同学,虽然同处一班,但是平时交集很少。一个是低年级的学妹,以前有所耳闻,但从未接触。把她们安排到妇女主任那屋住宿,可惜没有床褥,幸亏她们带了睡袋。

中午带她们体验了我每天吃的炒饼和面条。南方的姑娘表示新鲜又好奇。

下午直接带她们去了早已联系好的农户家,因为他家是全村唯一的养驴人。可是那头是个叫驴,怎么都不愿意出镜,揪了半天耳朵才搞定。

图21 摄制组的小姑娘

爷爷一直兴奋地跟我们要照片,但是我们的视频什么时候才能编辑好还是个问题。

晚上带她们去洗了澡,一直守护在那里,直到她们洗完。我原来是如此贴心的人!

愿她们今晚有个好梦!

11月30日　晴天

演　员

今天找了好多老爷爷来客串视频的主角。按照我的脚本,每个板块都设置了一个老人的访谈环节。

因为四壁都是书画,有比较浓郁的历史感和复古感,于是把书法协会那里选择为第一场景。出镜的有老年大学的校长任爷爷,他是本村任家的族长,保存着完整的任家族谱。村庄之内,他是最厉害的书法家,无人匹敌。

图22　参与摄制的老人(部分)

第二位出镜的是常常接受我采访的王爷爷。他是王家的族长,有惊人的记忆力,很多材料都出自他之口。

第三位当然是修车爷爷,做了治理单元的镜头和拉碾子的镜头。

第四位是家里有老院子的一位爷爷,其院落格局保存良好,成为出镜的理由。

我和小伙伴爬上房顶,极目远望,看见远处绿色苍茫,近处炊烟袅袅。这大概就是陶渊明赋闲之所见吧。

12月2日　晴天

结　局

今天是拍摄的最后一天,我们决定去县城拍摄民俗。

不是心疼门票,而是发现我们去了完全是包场。空旷的各类场馆,是我们的天堂,但是时间有限,不能一一玩耍,只能挑选可以出镜的地方进行长时间拍摄。当时水车、辘轳、大车、茶馆等处是我们待得最久的地方。里面冷得要命，要不是有任务在身，真的不想多待一秒。

中午去吃了一家饺子馆。量给得太足，根本吃不完，导致我把饺子都背了回去。

下午去了正定城的各段城墙。夕阳西下，古老的城墙格外的壮美。选了一处僻静的角落，拍摄行人，拍枫叶、拍树、拍风。

临了，去了大观园。因为十分临近闭馆，只在门外照了合影。

图 23 作为村界的建筑

明天她们就要离开，据说是去一个不能洗澡的地方。于是赶紧痛快地洗了最后一次，仿佛真的是最后一次。

12月3日 晴天

接 机

今天上午送走了她俩，自己又马不停蹄赶回村委会。本来想要继续改脚本，但是村委会妇女主任找我帮忙，修改PPT，又帮她改了第三遍。

下午早早赶到机场。等了一小会，陈老师和胡师兄就赶到了。大概等了一个多小时，终于顺利接到了邓老师。

先去了一家饭店吃饭。感觉好久都没吃过这些"大餐"了。晚上就在附近休息，邓老师一路从上海飞来，旅途劳顿。我和陈老师去换车。陈老师也是女中豪杰，全程当司机，又快又稳，要是我有这般功力就好了。

晚上，把邓老师、陈老师安顿好后，我和胡师兄共处一室。博四的师兄，令人佩服。如果我到了博四，大概早已30多岁了吧，不敢想象。

读博士一直是我的一个梦想，但是道路想必会无比艰辛。希望这次巡查能够学到更多。

12月4日 晴天

巡 查

今天上午去的是胡师兄的村，一户90岁的老人，一户87岁的老人。老人虽然不怎么懂，但是却得到了老师的高度评价，看来年龄是关键呀。

中午去栾城休息后，下午直奔牛家庄。我的老人一个76、一个80，老师批评为太年轻。一直被表扬，从未被批评，看来未来路任重道远啊。不过多受批评，多修正，未来的路才会更加平坦。

晚上在村里吃的饭，之后一路狂奔到保定，去下一个点学习。陈老师的车技真是没得说，在大雾霾中都能灵活应对。

大概9点多终于到了保定，朱同学已经在等了。

住进宾馆，今天感觉格外累，希望明天学习到更多，希望自己的调研之路更加顺利。

晚安朋友。

12月5日　晴天

学习和离开

今天是在保定学习的日子，也是本次学习的最后一个点。朱妹找的老人都是80岁以上，有个地主不当家，所以不怎么记得，但是受到了老师的夸赞。看来年龄还是硬道理。

结束后，我自己从白洋淀返回。连续几天的大雾霾，让我怀念家乡的蓝天。

大概坐了几个小时的火车，赶回了牛家庄。书记依然和蔼，主任还是那么热情，老人依然满面春风。

晚上整理了一下这几天的学习心得。发现七大关系法真是个好东西，不仅解决了字数荒，更解决了"无问"荒。纵向关系，从七个层级看，分个人性、家庭性、宗族性、社会性、村庄性（公共性、治理性）、国家性。从横向关系上看，又有长幼、男女、贫富、贵贱、高低。还有四个关键词：资格、形式、条件和顺序。

12月11日　晴天

戏

今天找了87岁的秦爷爷，重新核实了村庄的治理情况。

解放前，100户为一保，日军来之前只有三保半。保长由绅士任命，任期3年。名单要报到县政府备案。保长一般为富农或富裕中农，踏实能干。历任保长有王喜桢

（访谈者父亲，家中6口人，30亩地，上过3年私塾）、秦老法、秦锁子、王老吉、张老凤、任堂子、龚富禄、王晓清、王双文、王小环和王老伯。保长主要负责收农业税（全村5474亩地，土地分三等，一等交最多，三等交最少，地越多税越多，一般在秋收时收税——不可交粮，交粮无处放），摊派收费和征兵。王老吉和王双文是兄弟俩，轮流当保长，但办事不力，收不上农业税，都是把自己的地变卖了充公粮。旧时的官员，如果不能很好地处理上级官僚和群众的关系，自己终将身败名裂。

今天村委会有一场演出，是河北省各村的文艺联袂演出。大概晚上5点以后就陆续有人进场。男女老少都在饭后散步到这里。演出开始前，他们相互聊天，有的还拿着瓜子，并分享给别人一起吃。晚上开始以后，因为音响的声音特别大，吸引了更多的人前来。他们一般是站着看。前排设立了一排专门给老人预备的马扎。还有人把三轮车开进来站在三轮上看。

图24　牛家庄的戏台

我也看了一会。节目还不错，既有现代的歌舞，也有传统的戏曲，符合了各个年龄段的观众的口味。

大概10点钟左右，表演结束。演职人员把搭建的舞台拆掉。村警卫人员帮忙打扫了卫生。

12月14日　晴天

核　对

今天经过任爷爷的介绍，找到一个88岁的王爷爷，真是百事通。我仔细地核对了各个职业、治理、传染病、神汉、打井、邻里关系、红白喜事、土匪、生产、茶馆、饭馆、看戏、王士珍、土地关系、祭祀、赶人情、分家、盖房、教育、市场、农事安排、村落特殊人群、防卫、春节、窖子、武校、拜神、财产、打牌、家族、产权、榨油、丧葬、水沟、官地、好好道、地主、亲戚、过继和抱养、果木会、当家人、养老、续弦、入赘、生育等专题的数字问题。发现大部分都是准确的，当然也经过甄别，排除了很多不靠谱的回忆。

做了这么多的专题，也许不是最多的，但却是总结得最认真的。整整校正了一天，感觉这些日子的总结总算没有白忙。

晚安。

12月15日　晴天

再　会

今天就要离开了。上午跟各位爷爷一一道别，跟所有村干部道别，跟所有的房子、树木、道路、狗与田野告别。

在这里将近80天，受到了各方的照顾。也许时光太短，不能让我把这里的一草一木都记录在册。也许是我在这里的时间太长，临别却隐隐不舍。

走的时候，是治保主任开车送我到车站，挥手告别中，没有流泪，斜阳中，温暖的太阳洒满整个牛家庄。也许真的像古话那样，千百年来，牛家庄都受到了神的庇佑。

我祝愿，祝愿牛家庄风调雨顺。

我祝愿，祝愿牛家庄的百姓安居乐业。

我祝愿，祝愿这里的一草一木，一牛一驴都快乐生活。

一次相遇，也许就是诀别，但谁知道我们会不会相遇呢？

牛家庄，我曾梦魂牵绕的地方，艰难而又快乐生活的地方，给我挫折又教我成长的地方。

图25　牛家庄的书法协会的全体成员

本卷后记

经过精细的筹划、调查、写作与编排，《中国农村调查》（总第52卷·村庄类第21卷·黄河区域第2卷），终于与读者见面了。2015年初，在徐勇教授、邓大才教授的统筹规划之下，华中师范大学中国农村研究院正式启动了村庄调查、家户调查和口述史调查三大"世纪工程"。在徐勇教授和邓大才教授的亲自主持下，三大工程同时启动，而村庄调查是三大调查中最复杂、最庞大、最深入的调查。新版中国村庄调查以"村"为调查单位，主要围绕"村庄形态与实态"展开，以1949年之前的村庄形态为调查起点和主要内容，同时调查1949年之后到当下60多年的村庄变迁与实态，涵盖村庄由来、自然、经济、社会、文化、治理等六个方面。通过2—3个月的驻村调查，调查员与农民同吃同住同劳动，在田野调查中搜集了大量的、翔实的、第一手的文献资料、访谈资料、视频资料、录音资料与图片资料，并在此基础上撰写了村庄形态与实态调查报告。本卷就是在众多调查报告中，选录了两份质量较高的调查报告，合体编辑而成。

2016年9月正式启动"黄河区域村庄调查"项目，中国农村研究院有70多位老师、博士生走进陕西、山西、河南、河北、山东、安徽、江苏等省的多个地级市的村庄，与村庄明白人访谈，与老人们聊天交谈，走进乡镇与县政府档案部门查询资料，撰写调查日志，然后进一步撰写调查报告。正是调查员们深入扎实的调查，中期不厌其烦的整理，后期认真仔细的写作，使得本卷能收录到较为完美的调查报告。在后期，调查员们已经返校，就通过电话与村民们反复核实，这使得本卷的文本表述更加准确。在此，感谢各位调查员们认真负责的态度以及为学术执着求索的品质。

本卷的问世，首先要感谢为调查员们提供调研支持与帮助的宁晋县、正定县等县政府以及所属职能部门的各位领导。同时，更要感谢接受调查员们访谈，并为调查员们提供支持的农民朋友：你们耐心地为调查员们详细讲解1949年之前的小农形态，你们热心地为调查员们翻箱倒柜找资料，你们将调查员们视为自己的家人，使调查员在调研中感受到了家的温暖。有的调查员与村庄融为一体，成为村庄一分子，有的调查员成为你们的干儿子、干女儿，有的调查员则成为村民们的知心人……正是你们的热心、好客、慷慨、无私鼓舞了我们的调查员，使调查员每每在调查低谷中有所发现、有所收获，最终完成驻村调查与报告写作。如果说田野是我们调查员的第二课堂，那么村庄的农民朋友则是我们调查员的老师。以农为师，方能深入田间地头，深耕、深挖与扎根，而这离不开你们的帮助与关怀。

调查员吕进鹏在宁晋县的调查。首先，要感谢邢台市老龄办于主任、宁晋县民政局程副局长、宁晋县档案局陈局长、宁晋县史志办工作人员、唐邱乡乡政府刘主任、双井村村委会李书记和张副书记、双井村便民服务室张龙龙等对调查工作的支持与帮助，感谢双井村村委会提供宝贵的文字资料和数据资料。其次，要感谢双井村的张联须、张小考、王丰娟、史增麟、王根春、史永来、周小路、张仁江、张焕水、池春入、池文献、高县格、王华明等人热情地接受访谈并提供丰富且宝贵的文献资料。

调查员刘馨宇在正定县的调查。首先，要感谢河北省正定县民政局、正定县南牛乡人民政府、南牛乡牛家庄村村民委员会。其次，要感谢任新石、龚迅、王计锁、王小中、王立朝、刘小扣、王志康等几位村干部的配合；最后，要感谢任立正、王建政、王肇玉、王肇义、王恒杰、王小祥、闫脊柱、梁计合、王克敬、王喜林、王小祥、龚小留、孔令杰、王朝勋、王荣娜等村民热情地提供资料和无私地帮助。

要特别指出的是，徐勇教授和邓大才教授为本卷的写作、审稿、编排等倾注了极大的心血。从调查的筹划布局到提纲的设计修改，从调查培训到调查开展，从调查指导到调查汇报，从材料使用到报告写作，两位老师都全程参与，并悉心指导调查员们写作、修订、完善报告。酷暑当头，两位老师深入村庄，开展"现场教学"，指导调查员们调查；在百忙之中认真阅读各位调查员的调查汇报，及时予以指导；在报告写作阶段认真审阅报告并及时纠正错误，有时在车上微信指导调查员，有时直到凌晨还在审阅……正是两位老师的辛勤付出与孜孜不倦的教诲，本卷才得以迅速地、高质量地完成。

本卷收录了两份村庄调查报告。一是吕进鹏的《"户落"整合：井灌区村庄的社会联结与治理——黄河区域双井村调查》，共计 32 万字。二是刘馨宇的《环井而治：平原紧凑型村庄的秩序与权力——黄河区域牛家庄村调查》，共计 38 万字。

最后，非常感谢江苏人民出版社的徐海社长、杨建平副总编对黄河区域卷书稿出版工作的支持，感谢汪意云编审、鲁从阳副编审、陈俊阳编辑在文稿的校对、编辑、排版、印制等方面所付出的细心工作。本卷的审稿、统稿、编辑与校对等工作由李华胤负责，内容核实与修改等工作由各位调查员负责，在此一并表示感谢。

由于编者的水平有限，错漏之处难以避免，敬请专家、学者及读者批评指正，我们将在今后的编辑中不断改进和完善。

编者谨记